"十三五"普通高等教育本科系列教材



# 画法几何及机械制图

## （附习题集）

·画法几何及机械制图·

主　编　张　洪
副主编　倪　莉
编　写　梁　颖　陈剑勇
主　审　赵建国

中国电力出版社
CHINA ELECTRIC POWER PRESS

## 内 容 提 要

本书共 14 章，主要内容包括制图的基本知识，点、直线、平面的投影，直线与平面、平面与平面的相对位置，投影变换，基本立体，立体表面的交线，组合体，轴测图，机件的图样画法，标准件和常用件，零件图，装配图，展开图，焊接图。本书附有习题集配套使用，供 60～120 学时选用。

本书可作为高等学校机械类、近机械类各专业的制图教材，也可供高职高专院校师生和工程技术人员参考。

**图书在版编目（CIP）数据**

画法几何及机械制图：附习题集/张洪主编．--北京：中国电力出版社，2018.8（2023.8 重印）
“十三五”普通高等教育本科规划教材
ISBN 978-7-5198-2077-0

Ⅰ.①画…　Ⅱ.①张…　Ⅲ.①画法几何-高等学校-教材②机械制图－高等学校－教材　Ⅳ.①TH126

中国版本图书馆 CIP 数据核字（2018）第 108284 号

出版发行：中国电力出版社
地　　址：北京市东城区北京站西街 19 号（邮政编码 100005）
网　　址：http://www.cepp.sgcc.com.cn
责任编辑：周巧玲
责任校对：黄　蓓　太兴华
装帧设计：赵姗姗
责任印制：吴　迪

印　　刷：北京雁林吉兆印刷有限公司
版　　次：2018 年 8 月第一版
印　　次：2023 年 8 月北京第五次印刷
开　　本：787 毫米×1092 毫米　16 开本
印　　张：33.75
字　　数：823 千字
定　　价：84.00 元

# 前　言

本书根据教育部高等学校工程图学教学指导委员会制定的“高等学校工程图学课程教学基本要求”及近年来发布的有关制图的新国家标准，针对应用型人才培养情况，总结多年的教学改革经验编写而成。可满足机械类、近机械类 60～120 学时的教学要求。

本书具有以下特点：

（1）系统地介绍画法几何及机械制图的内容，适应学生在学习上的不同需要，为自学留有足够的空间。

（2）全书采用最新的《技术制图》《机械制图》国家标准及其他相关标准。

（3）在画法几何的章节中侧重对图形分析，选取生产实际中的经典立体，有针对性地加强学生线面分析能力，从而起到提高空间想象力和形象思维能力的作用。

（4）与传统的制图教材相比，结合计算机绘图的需要，增加了组合体构形分析等有关内容。

（5）教材配有丰富的习题，在习题的选取上，符合学生的认识规律，由浅入深，逐步提高；习题形式多样，知识点考察全面，针对性强。

（6）本书提供习题集第六、七、九、十一、十二章的部分立体轴测图和动画视频，使用手机扫码即可随时查看。

本书由中原工学院张洪任主编，倪莉任副主编，参加编写的有梁颖、陈剑勇。本书所附数字资源由倪莉制作。

本书由郑州大学赵建国主审，他认真仔细地审阅了全部书稿，并提出了许多宝贵意见和建议，在此表示衷心的感谢。

由于编者水平有限，书中不足之处在所难免，敬请广大读者批评指正。

编　者

2018.4

查看

手机扫码

习题集轴测图
和动画视频

# 目 录

# 绪 论

## 一、本课程的研究对象

在工程技术中，根据投影原理和国家标准的相关规定，用图示和图解的方法准确表达工程对象的形状、大小和技术要求的图样称为工程图样。在现代工业中，图样帮助技术人员表达和交流技术思想，是工业生产中的重要技术文件，被称为“工程界的语言”。每个工程技术人员都必须熟练地掌握这种语言，具备绘制和阅读工程图样的能力。

用于各种机械及设备的设计、加工、制造的工程图样称为机械工程图样，简称机械图样。常用的机械图样有零件图和装配图。机械图样传递着机械设计的意图和加工制造的指令，从机械图样中，可以知道零部件的形状结构、大小、材料和各种技术要求等内容。

## 二、本课程的任务

本课程通过学习正投影法的基本理论及其应用，培养学生具有画图、读图和空间想象能力。本课程主要任务如下：

(1) 学习用正投影法图示空间物体的基本理论和方法。

(2) 培养绘制和阅读机械图样的基本能力。

(3) 培养空间想象能力和形象思维能力。

(4) 培养空间几何问题的图解能力和将工程问题抽象为几何问题的初步能力。

(5) 熟悉《机械制图》等国家标准及初步掌握查阅有关手册的能力。

(6) 培养认真负责的工作态度和严谨细致的工作作风。

## 三、本课程的特点及学习方法

画法几何及机械制图是高等工科院校中一门既有理论、又有实践的技术基础课程。因此，在本课程的学习过程中，不仅要很好地掌握投影理论和基本概念，还要认真学习国家标准。通过不断地画图和读图，逐步提高空间想象能力，增强工程意识。

学习本课程时，应注意以下几个方面：

(1) 认真学习基本理论知识，牢固掌握投影原理和图示图解方法。只有“从空间到平面，再从平面到空间”进行反复研究和思考，才是学好本课程的有效方法。也只有在这个过程中，才能不断地提高空间想象能力和形体分析能力。

(2) 完成一定数量的作业和习题是巩固基本理论和培养画图、读图能力的保证。要善于分析已知条件，明白题目要求，按照正确的方法和步骤作图。养成正确使用绘图仪器和工具的习惯，逐步熟练并提高绘图、读图水平。

(3) 熟悉制图的基本知识，严格遵守《机械制图》等有关国家标准，学会查阅有关标准和资料。

(4) 图样是生产中主要技术文件和依据，画图和读图中的任何差错都会给生产带来损失。所以，在学习中还必须养成认真负责的工作态度，以及耐心踏实、一丝不苟的工作作风。

由于学生在学习本课程时没有相关的专业知识支撑，故本课程只能为学生打下画图和读图的初步能力，在后续课程、工作实践中还要注意继续学习和提高。

# 第一章 制图的基本知识

## 第一节 国家标准《技术制图》与《机械制图》的有关规定

为了便于技术交流、档案保存和各种出版物的发行，使制图规格和方法统一，国家质检总局颁布了一系列有关制图的国家标准（简称国标）。例如，GB/T 14689—2008 是国家标准《技术制图 图纸幅面和格式》的代号，“GB/T”表示推荐性国家标准，是 GUOJIA BIAOZHUN（国家标准）和 TUIJIAN（推荐）的缩写，如果“GB”后没有“/T”表示强制性国家标准，“14689”是该标准的编号，“2008”表示该标准是 2008 年发布的。

国家标准《技术制图》是一个基本标准。机械、建筑、电气、土木、水利等行业根据自己的特点，都制定了相应的制图标准，如国家标准《机械制图》《土建制图》《电气制图》等，但都不能与国家标准《技术制图》的内容相矛盾。绘图时必须严格遵守国家标准的有关规定。

### 一、图纸幅面及格式（GB/T 14689—2008）

1. 图纸幅面

绘制图样时，应优先采用表 1-1 规定的基本幅面尺寸。基本幅面代号有 A0、A1、A2、A3、A4 五种。基本幅面 A0 为 $1m^2$。必要时，也可以按规定加长幅面，加长幅面的尺寸由基本幅面的短边成整数倍增加后得出。各种幅面如图 1-1 所示，粗实线为基本幅面（第一选择），细实线和细虚线为加长幅面（第二选择和第三选择）。加长后幅面代号记为基本幅面代号×倍数，例如 A3×3，表示图幅一边按 A3 长边保持不变，另一边按 A3 短边增长至 3 倍，即加长后图纸尺寸为 420×891。

**表 1-1** 图纸幅面代号和图框周边尺寸 mm

<table>
<tr><th colspan="2">幅面代号</th><th>A0</th><th>A1</th><th>A2</th><th>A3</th><th>A4</th></tr>
<tr><td colspan="2">$B\times L$</td><td>841×1189</td><td>594×841</td><td>420×594</td><td>297×420</td><td>210×297</td></tr>
<tr><td rowspan="3">周边尺寸</td><td>$a$</td><td colspan="5">25</td></tr>
<tr><td>$c$</td><td colspan="3">10</td><td colspan="2">5</td></tr>
<tr><td>$e$</td><td colspan="2">20</td><td colspan="3">10</td></tr>
</table>

2. 图框格式

图纸上，限定绘图区域的线框称为图框，需用粗实线绘制。图框格式有留装订边和不留装订边两种，如图 1-2 和图 1-3 所示。同一产品中所有图样均采用同一图框格式，周边尺寸见表 1-1。

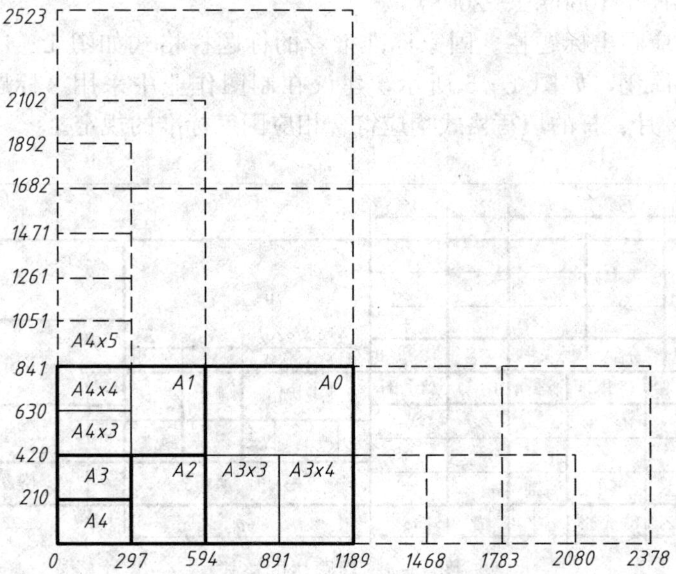


图 1-1　图纸的基本幅面和加长幅面

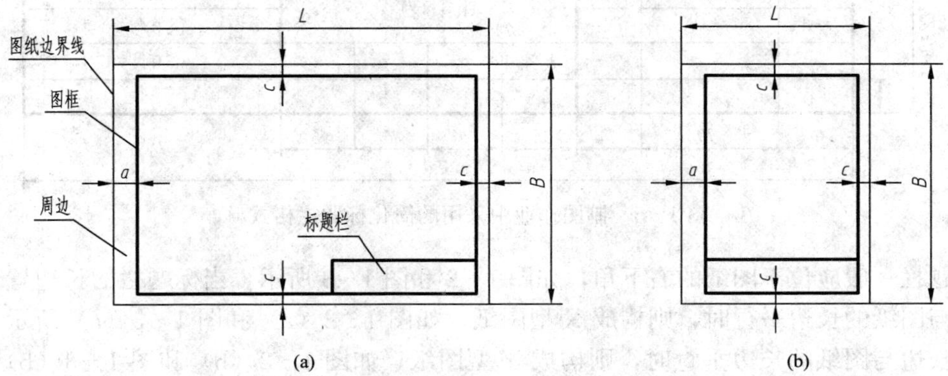


图 1-2　留装订边的图框格式

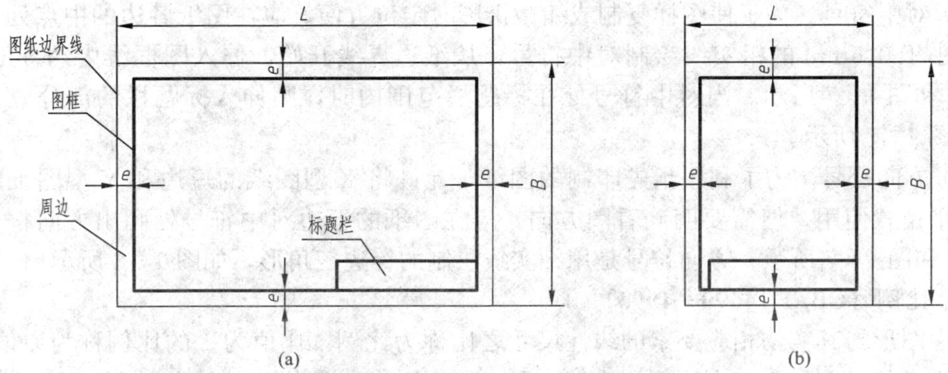


图 1-3　不留装订边的图框格式

3. 标题栏（GB/T 10609.1—2008）

每张图纸中均应画出标题栏。国家标准推荐的标题栏格式如图 1－4 所示，比较复杂。本书将标题栏做了简化，如图 1－5 所示，建议在制图作业中采用。标题栏的线型、字体（签字除外）和年、月、日的填写格式均应符合相应国家标准的规定。

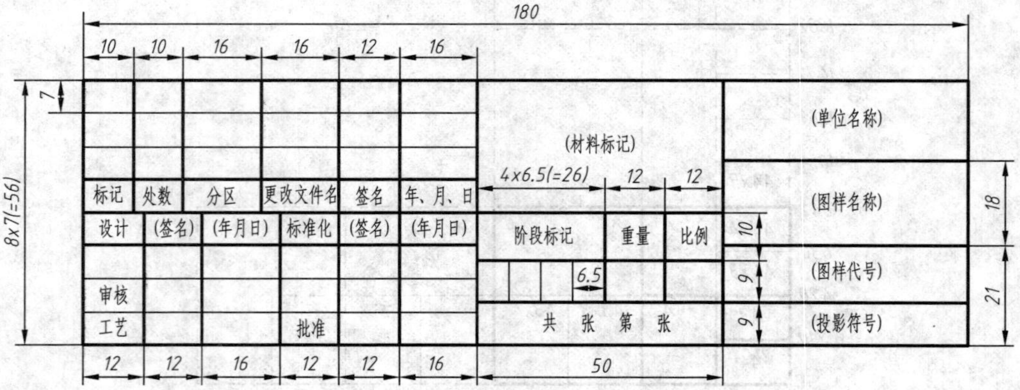


图 1－4　标题栏的格式

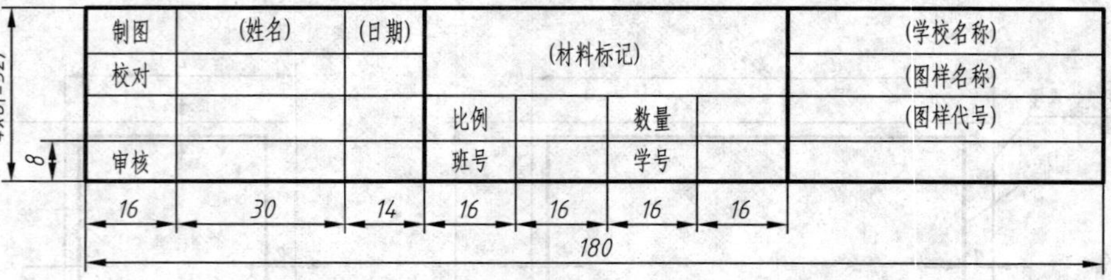


图 1－5　制图作业中采用的简化标题栏格式

标题栏一般应位于图纸的右下角，如图 1－2 和图 1－3 所示。当标题栏的长边置于水平方向并与图纸的长边平行时，则构成 X 型图纸，如图 1－2（a）和图 1－3（a）所示。当标题栏的长边与图纸的长边垂直时，则构成 Y 型图纸，如图 1－2（b）和图 1－3（b）所示。在此情况下，看图的方向与看标题栏的方向一致，即标题栏中的文字方向为看图方向。

4. 附加符号

(1) 对中符号。为了使图样复制或缩微摄影时定位方便，应在图纸各边的中点处分别用线宽不小于 0.5mm 的粗实线绘制对中符号，从纸边界线开始，伸入图框线内约 5mm，如图 1－6 和图 1－7 所示。当对中符号处在标题栏范围内时，则伸入标题栏的部分应省略不画，如图 1－7 所示。

(2) 方向符号。为了利用预先印制的图纸，允许将 X 型图纸的短边和 Y 型图纸的长边放成水平位置使用。但需要明确看图方向，应在图纸的下边对中符号处画出方向符号，如图 1－6 和图 1－7 所示。方向符号是用细实线绘制的等边三角形，如图 1－8 所示。

**二、比例（GB/T 14690—1993）**

图中图形与其实物相应要素的线性尺寸之比称为比例。比值为 1 的比例称为原值比例；比值大于 1 的比例称为放大比例；比值小于 1 的比例称为缩小比例。按表 1－2 中所规定的第一系列中选取适当的比例，必要时也允许选取第二系列的比例。

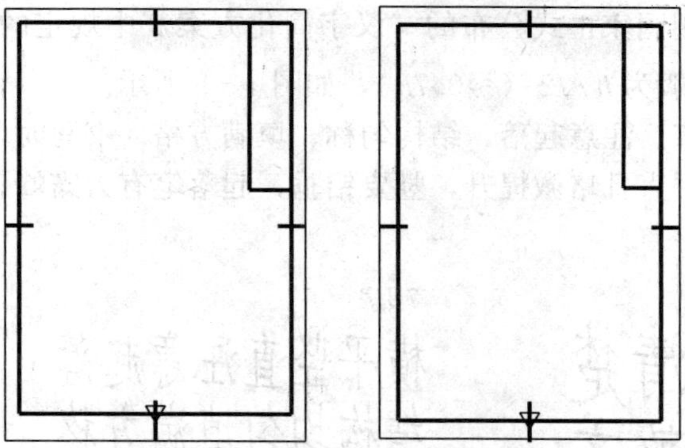

图 1-6　X 型图纸作为 Y 型图纸使用

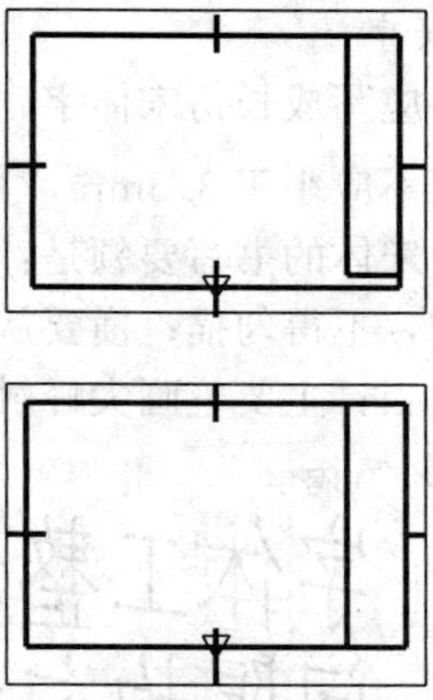

图 1-7　Y 型图纸作为 X 型图纸使用

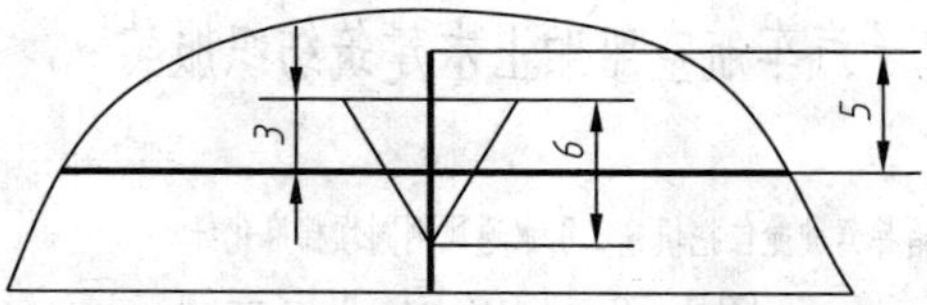


图 1-8　对中符号和方向符号的画法

**表 1-2**　　**比　　例**

| 种类 | 比例 | |
|---|---|---|
| | 第一系列 | 第二系列 |
| 原值比例 | 1∶1 | |
| 放大比例 | 2∶1　5∶1<br>$1\times10^n$∶1　$2\times10^n$∶1　$5\times10^n$∶1 | 2.5∶1　4∶1<br>$2.5\times10^n$∶1　$4\times10^n$∶1 |
| 缩小比例 | 1∶2　1∶5<br>1∶$1\times10^n$　1∶$2\times10^n$　1∶$5\times10^n$ | 1∶1.5　1∶2.5　1∶3　1∶4　1∶6<br>1∶$1.5\times10^n$　1∶$2.5\times10^n$<br>1∶$3\times10^n$　1∶$4\times10^n$　1∶$6\times10^n$ |

绘制图样时，应根据机件的大小及其结构的复杂程度来选取相应的比例，一般应尽可能选取原值比例绘制图样，以便直接从图样上看出机件的真实大小。对于小而复杂的机件，可采用放大比例；对于大而简单的机件，可采用缩小比例。但无论采用哪种比例，图样上标注的尺寸数值必须是机件的实际尺寸。比例一般应标注在标题栏中的比例栏内。必要时，可在视图名称的下方或右侧标注比例。

### 三、字体（GB/T 14691—1993）

在图样上除了表示机件形状的图形外，还要用文字和数字来说明机件的大小、技术要求和其他内容。

图样中书写的汉字、数字、字母必须做到：字体工整、笔画清楚、间隔均匀、排列整齐。

字体的高度（$h$）代表字体的号数，如 7 号字的高度为 7mm。字体高度的公称尺寸系列为 1.8、2.5、3.5、5、7、10、14、20mm，共 8 种。如需要书写更大的字，其字体高度应按$\sqrt{2}$的比率递增。用作指数、分数、极限偏差、注脚的数字及字母，一般采用小一号字体。

1. 汉字

汉字应写成长仿宋体字，并应采用国家正式公布的《汉字简化方案》中规定的简化字。汉字高度不应小于 3.5mm，其字宽一般为 $h/\sqrt{2}$（$\approx 0.7h$），如图 1－9 所示。

长仿宋体的书写要领是：横平竖直、注意起落、结构匀称、填满方格。书写时，笔画要一笔写成，不得勾描；横要从左到右平直且略微提升，竖要铅垂，起落笔有力露峰；偏旁部首比例适当；主要笔画尖峰触格。

10号字

字体工整笔画清楚

间隔均匀排列整齐

7号字

横平竖直注意起落

结构均匀填满方格

5号字

技术制图机械电子汽车航空船舶土木建筑纺织服装

3.5号字

螺纹齿轮端子接线飞行指导驾驶舱位挖填施工引水通风闸阀坝棉麻化纤

图 1－9　长仿宋体汉字示例

2. 数字和字母

字母和数字分为 A 型和 B 型。A 型字体的笔画宽度 $d$ 为字高 $h$ 的十四分之一，B 型字体的笔画宽度 $d$ 为字高 $h$ 的十分之一。在同一图样上，只允许选用一种形式的字体。

数字和字母可写成斜体或直体。斜体字字头向右倾斜，与水平基准线呈 75°。绘图时，常用 B 型斜体字。B 型字体如图 1－10 和图 1－11 所示。

图 1－10　B 型斜体数字和字母

字母、数字及其符号等混合书写时的应用示例，如图 1－12 所示。

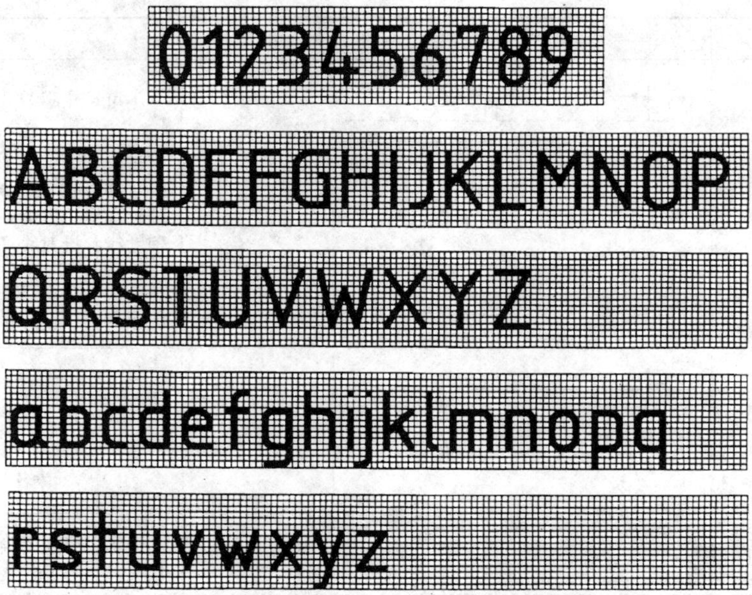


图 1－11　B 型直体数字和字母

$10Js5(\pm 0.003)$　$M24-6h$　$10^3$　$D_1$　$R8$

$\phi 25\dfrac{H6}{m5}$　$\dfrac{\mathrm{II}}{2:1}$　$\phi 20^{+0.010}_{-0.023}$　$\dfrac{3}{5}$　$5\%$

图 1－12　数字、字母书写示例

**四、图线（GB/T 4457.4—2002、GB/T 17450—1998）**

1. 图线的线型及应用

绘制机械图样使用 9 种基本图线，即粗实线、细虚线、细实线、波浪线、双折线、细点画线、细双点画线、粗点画线、粗虚线，见表 1－3。

图线宽度应根据图样的类型、尺寸、比例和缩放复制的要求，在下列数系中选择：0.13、0.18、0.25、0.35、0.5、0.7、1、1.4、2mm。

在机械图样中只采用粗、细两种线宽，它们之间的比例为 2∶1。粗线宽度 $d$ 优先采用 0.5mm 或 0.7mm。为了保证图样清晰易读，便于复制，图样上尽量避免出现线宽小于 0.18mm 的图线。

**表 1－3**　　**图线的线型及应用**

| 图线名称 | 线型 | 图线宽度 | 一般应用 |
|---|---|---|---|
| 粗实线 | 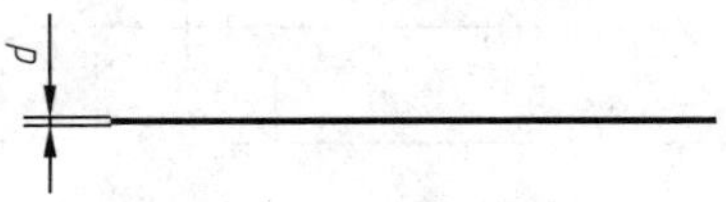 | $d$ | 可见轮廓线、相贯线、螺纹牙顶线、螺纹长度终止线、齿顶圆（线）、剖切符号用线等 |

续表

| 图线名称 | 线型 | 图线宽度 | 一般应用 |
|---|---|---|---|
| 细虚线 | 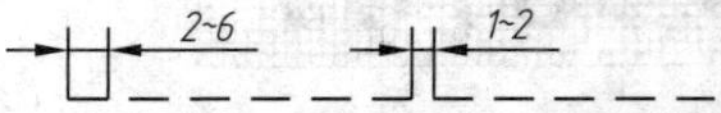 | $d/2$ | 不可见轮廓线 |
| 细实线 |  | $d/2$ | 过渡线、尺寸线、尺寸界线、指引线和基准线、剖面线、重合断面的轮廓线、短中心线、螺纹牙底线、辅助线、投射线等 |
| 波浪线 |  | $d/2$ | 断裂处的分界线、视图与剖视图的分界线 |
| 双折线 | 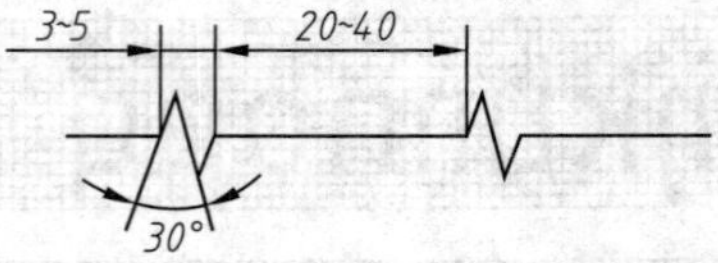 | $d/2$ | 断裂处的分界线、视图与剖视图的分界线 |
| 细点画线 | 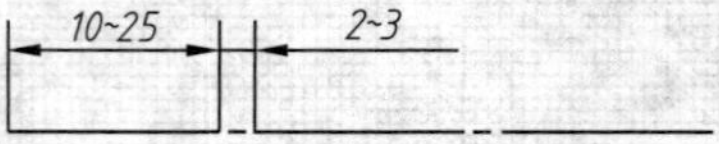 | $d/2$ | 轴线、对称中心线、分度圆（线）孔系分布的中心线、剖切线 |
| 细双点画线 |   | $d/2$ | 相邻辅助零件的轮廓线、极限位置的轮廓线、成形前轮廓线、轨迹线、中断线等 |
| 粗点画线 |   | $d$ | 限定范围表示线 |
| 粗虚线 |   | $d$ | 允许表面处理的表示线 |

图线的具体应用如图 1－13 所示。

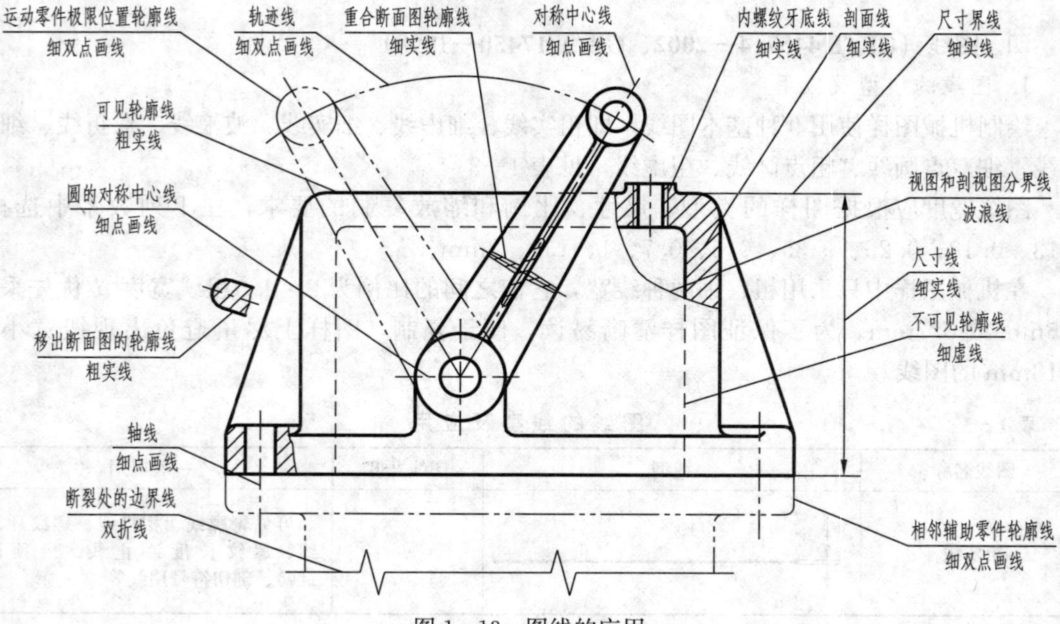


图 1－13　图线的应用

2. 图线的画法

（1）同一图样中，同类图线的宽度应基本一致。虚线、点画线及双点画线的线段长度和间隔应大致相等，见表 1－3。点画线和双点画线中的“点”应画成长约 1mm 的短画线。点画线和双点画线的首尾两端应是线段而不是短画，如图 1－14（a）所示。

（2）两条平行线之间的距离应不小于粗实线宽度的两倍，其最小距离不得小于 0.7mm。

（3）绘制对称中心线时，细点画线两端应超出图形的轮廓线 2～5mm，圆心应为线段的交点。在较小的图形上绘制细点画线或细双点画线有困难时，可用细实线代替，如图 1－14（a）所示。

（4）当图线相交时，必须是线段相交，不应在空隙或短画处相交；当虚线位于粗实线的延长线时，在虚线、实线的连接处应留有空隙，如图 1－14（b）所示。

（5）当有两种或更多的图线重合时，通常按图线所表达对象的重要程度优先选择绘制顺序：可见轮廓线—不可见轮廓线—尺寸线—各种用途的细实线—轴线和对称中心线—假想线。

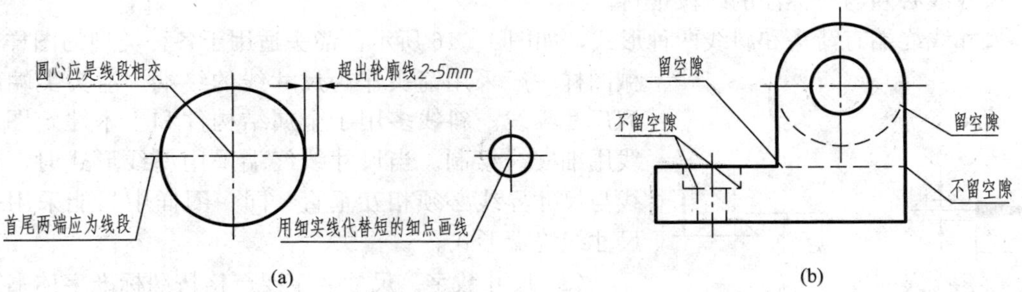


图 1－14　图线的画法

## 五、尺寸注法（GB/T 4458.4—2003、GB/T 16675.2—2012）

图样中的图形只能表达机件的形状，而机件的大小则由标注的尺寸确定。国家标准对尺寸标注做了一系列规定，必须严格遵守。

1. 基本规则

（1）机件的真实大小应以图样上所注的尺寸数值为依据，与图形的大小和绘图的准确度无关。

（2）图样中的（包括技术要求和其他说明）尺寸，以 mm 为单位时，不需标注单位符号（或名称），如采用其他单位，则应注明相应的单位符号。

（3）图样中所标注的尺寸，为该图样所示机件的最后完工尺寸，否则应另加说明。

（4）机件的每一尺寸，一般只标注一次，并应标注在反映该结构最清晰的图形上。

2. 尺寸组成

一个完整的尺寸应由尺寸界线、尺寸线和尺寸数字三个要素组成，如图 1－15 所示。

（1）尺寸界线。尺寸界线表示尺寸的范围。尺寸界线用细实线绘制，并应由图形的轮廓线、轴线或对称中心线处引出，也可利用轮廓线、轴线或对称中心线作尺寸界线。尺寸界线一般应与尺寸线垂直，并超出尺寸线终端 2mm 左右；必要时，才允许倾斜。

（2）尺寸线。尺寸线表示尺寸度量的方向。尺寸线用细实线绘制。尺寸线必须单独画出，不能用其他图线代替或者与其他图线重合，不要画在其他图线的延长线上。标注线性尺

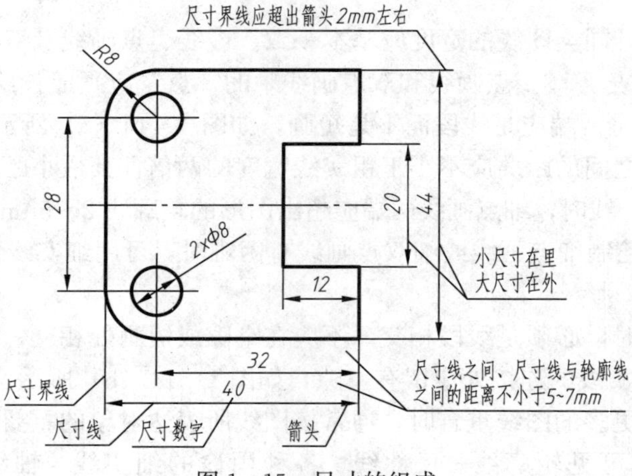

图 1－15　尺寸的组成

寸，尺寸线必须与所标注的线段平行。

尺寸线终端有箭头和斜线两种形式，如图 1－16 所示。箭头适用于各种类型的图样，机械图样一般采用箭头作为尺寸线的终端。箭头尖端应指到尺寸界线。斜线多用于金属结构件和土木建筑图。斜线用细实线绘制。当尺寸线终端采用斜线形式时，尺寸线与尺寸界线必须相互垂直。同一图样中只能采用一种尺寸线终端形式。

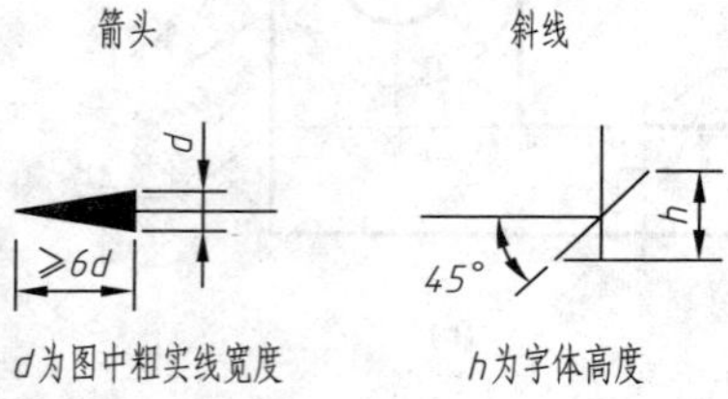

图 1－16　尺寸线的终端

（3）尺寸数字。尺寸数字要严格按照标准字体书写清楚。在同一张图纸上，尺寸数字的字高要一致，一般采用 3.5 号字，且不能被任何图线通过，否则应将该图线断开。

3. 标注尺寸的符号及缩写词

标注尺寸的符号及缩写词见表 1－4。

**表 1－4**　　**标注尺寸的符号及缩写词**

| 名称 | 符号或缩写词 | 名称 | 符号或缩写词 |
|---|---|---|---|
| 直径 | *Φ* | 深度 | ↧ |
| 半径 | *R* | 沉孔或锪平 | ⌴ |
| 球直径 | *SΦ* | 埋头孔 | ⌵ |
| 球半径 | *SR* | 弧长 | ⌒ |
| 厚度 | *t* | 斜度 | ∠ |
| 均布 | EQS | 锥度 | ◁ |
| 45°倒角 | *C* | 展开长 | ○→ |
| 正方形 | □ | 型材截面形状 | （按 GB/T 4656—2008） |

4. 尺寸标注示例

常见的尺寸注法见表 1－5。

**表 1-5　尺寸标注示例**

| 标注内容 | 示例 | 说明 |
| --- | --- | --- |
| 线性尺寸的注法 | 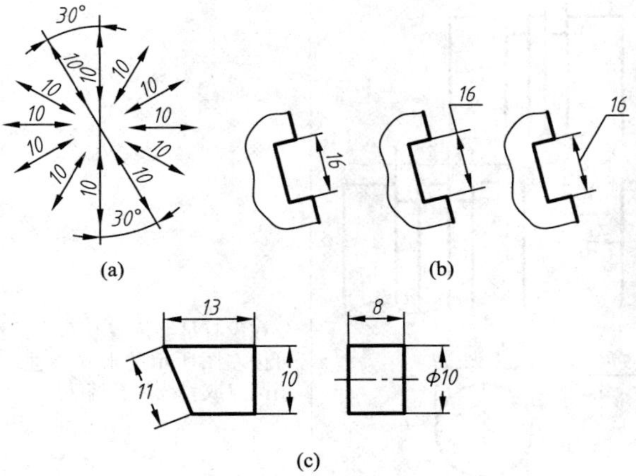  | 线性尺寸数字的方向有两种注写方法，一般应采用方法一注写。但在一张图样中，应尽可能采用同一种方法。<br>方法一：尺寸数字应按图（a）中所示的方向注写，水平方向尺寸数字的字头朝上，垂直方向的尺寸数字的字头朝左，倾斜方向的字体应保持朝上的趋势。尽可能避免在图示 30°范围内标注尺寸，当无法避免时应按图（b）所示的形式标注。<br>方法二：对于非水平方向的尺寸，其数字可水平地注写在尺寸线的中断处，如图（c）所示 |
| 直径 | 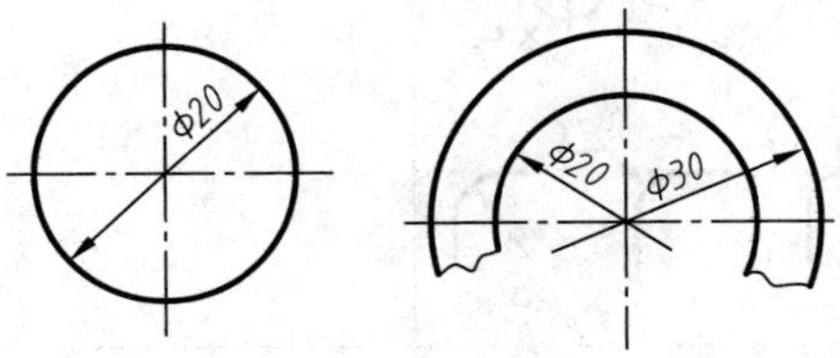 | 圆或大于半圆的圆弧，应标注直径，在尺寸数字前加注符号“$\phi$”，尺寸线一定要通过圆心 |
| 半径 | 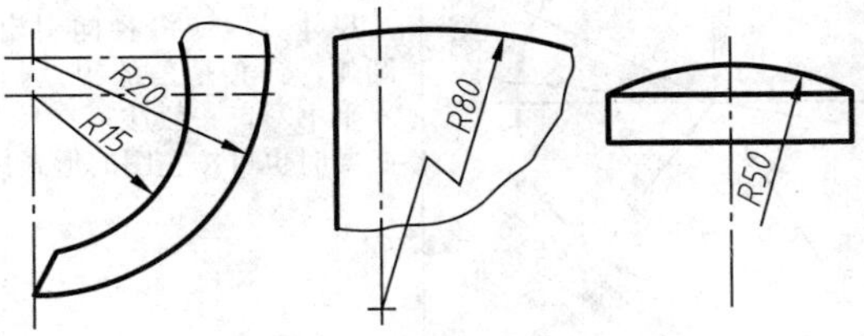 | 小于或等于半圆的圆弧，应标注半径，在尺寸数字前加注符号“$R$”，尺寸线一定要通过圆心，只需一端画出箭头。当圆弧的半径过大或在图纸范围内无法标注其圆心位置时，可如左图中“$R80$”所示形式标注；若不需要标出圆心位置，可按“$R50$”所示的形式标注 |
| 球面 | 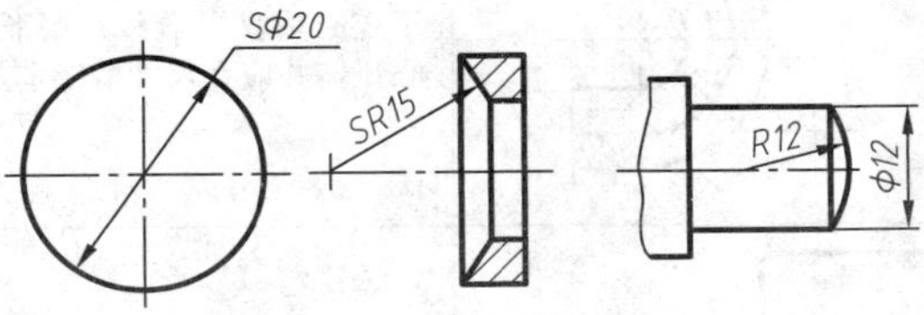 | 标注球面的直径或半径时，应在符号“$\phi$”或“$R$”前再加注符号“$S$”。对于轴、螺杆、铆钉、手柄等的端部，在不致引起误解的情况下，则可省略符号“$S$”，如左图中的“$R12$”球面 |

续表

| 标注内容 | 示例 | 说明 |
|---|---|---|
| 小尺寸 | 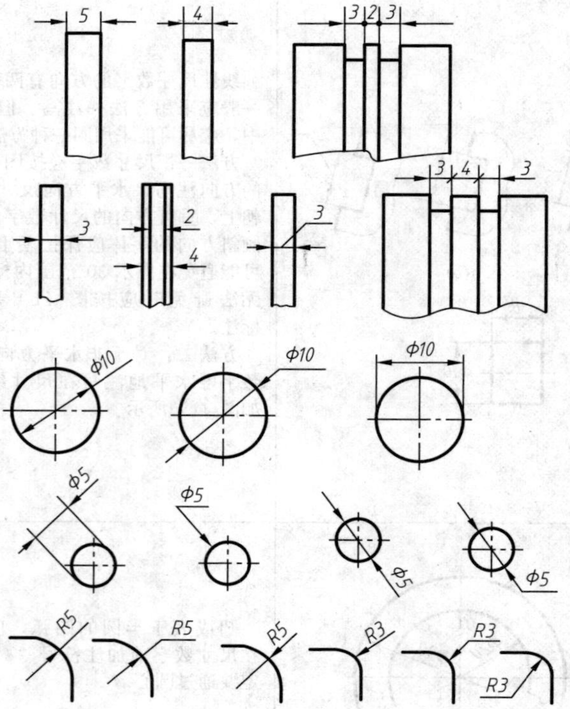 | 在没有足够位置画箭头或注写数字时，可按左图所示的形式标注。此时，允许用圆点或斜线代替箭头 |
| 角度 | 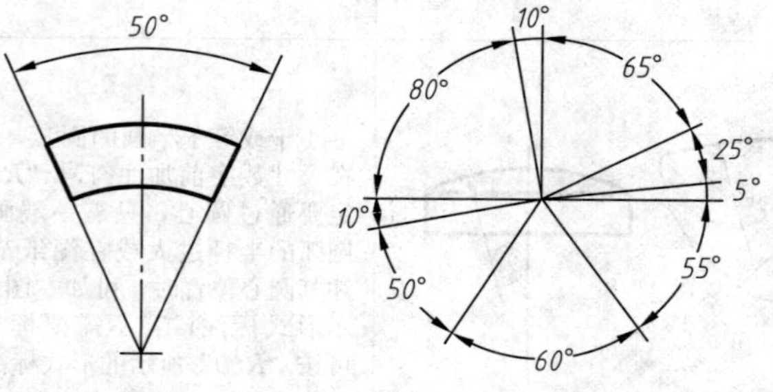 | 尺寸界线应沿径向引出，尺寸线画成圆弧，圆心是角的顶点。尺寸数字一律水平书写，一般注写在尺寸线的中断处，必要时也可按左图的形式标注 |
| 弦长和弧长 | 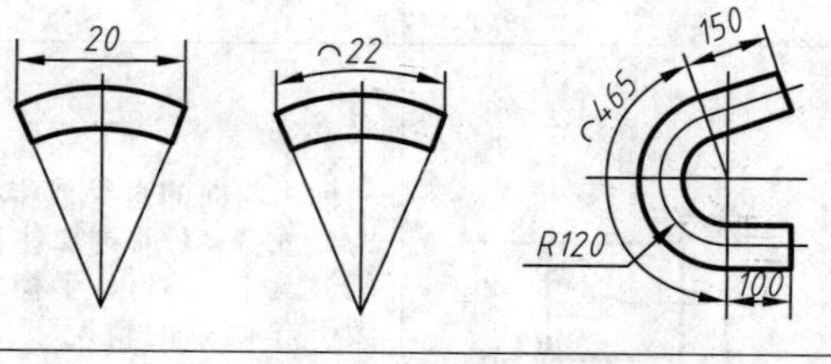 | 标注弦长和弧长时，尺寸界线应平行于弦的垂直平分线。弧长的尺寸线为同心弧，并应在尺寸数字前加注符号“⌒” |
| 板状零件 | 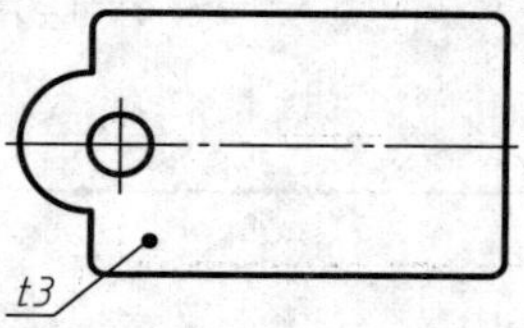 | 标注板状零件的厚度时，在尺寸数字前加注符号“*t*” |

续表

| 标注内容 | 示例 | 说明 |
|---|---|---|
| 正方形结构 | 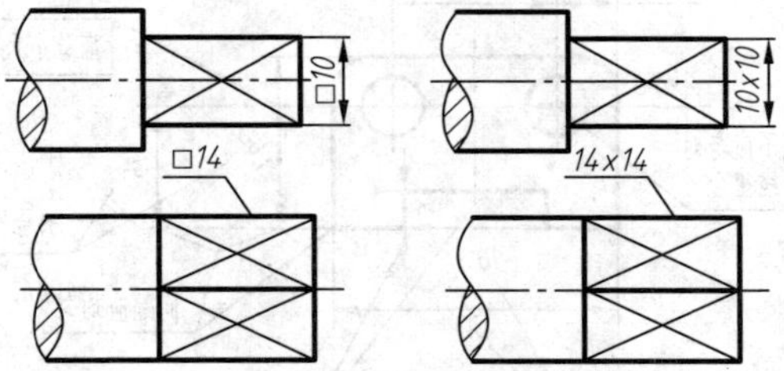 | 标注剖面为正方形结构的尺寸时，可在正方形边长尺寸数字前加注符号“□”，或用“12×12”代替“□12”。图中相交的两条细实线是平面符号（当图形不能充分表达平面时，可用这个符号表达平面） |
| 对称机件 | 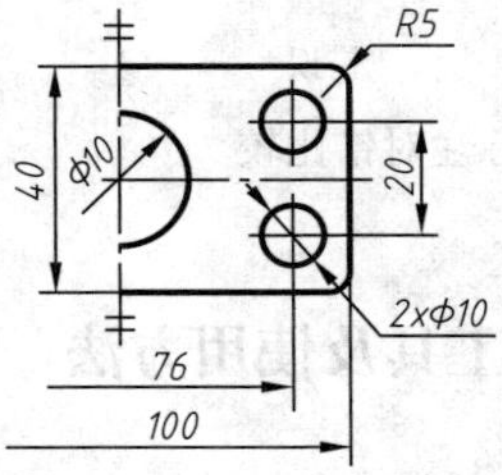 | 当对称机件的图形只画出一半或略大于一半时，尺寸线应略超过对称中心线或断裂处的边界，并在尺寸线的一端画出箭头 |
| 光滑过渡处的尺寸 | 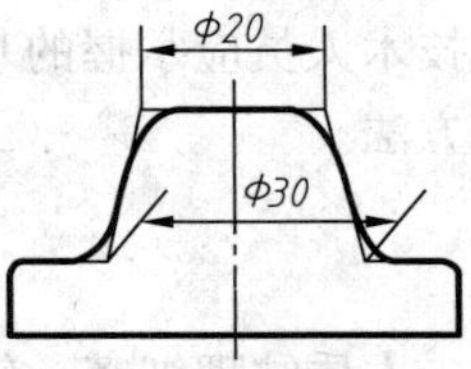 | 在光滑过渡处标注尺寸时，应用细实线将轮廓线延长，从它们的交点引出尺寸界线 |
| 允许尺寸界线倾斜 | 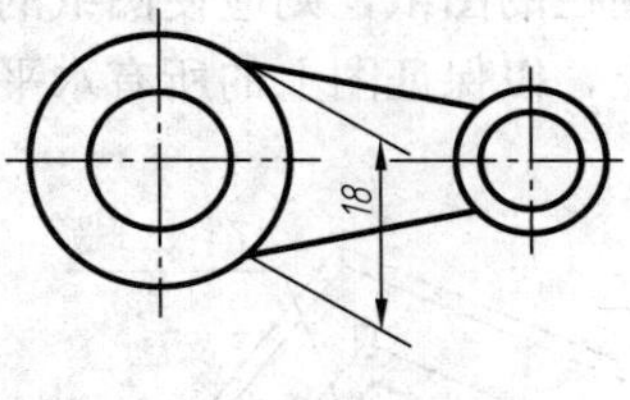 | 尺寸界线一般应与尺寸线垂直，必要时才允许倾斜 |
| 图线不可通过尺寸数字 | 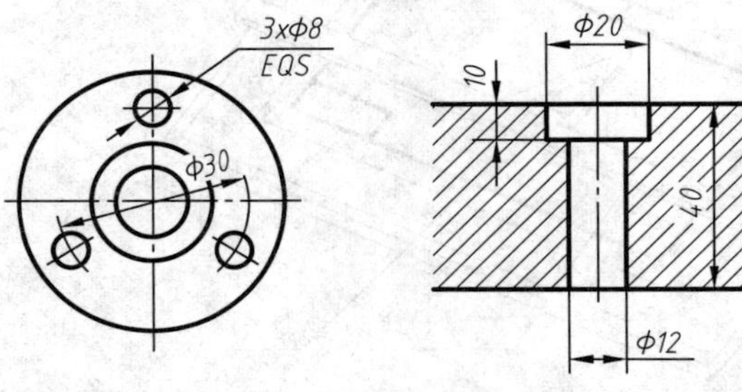 | 尺寸数字不可被任何图线所通过，否则应将图线断开 |

图 1－17 采用对比的方法，指出了初学尺寸标注容易犯的一些错误，请认真比较，掌握正确的尺寸标注方法。

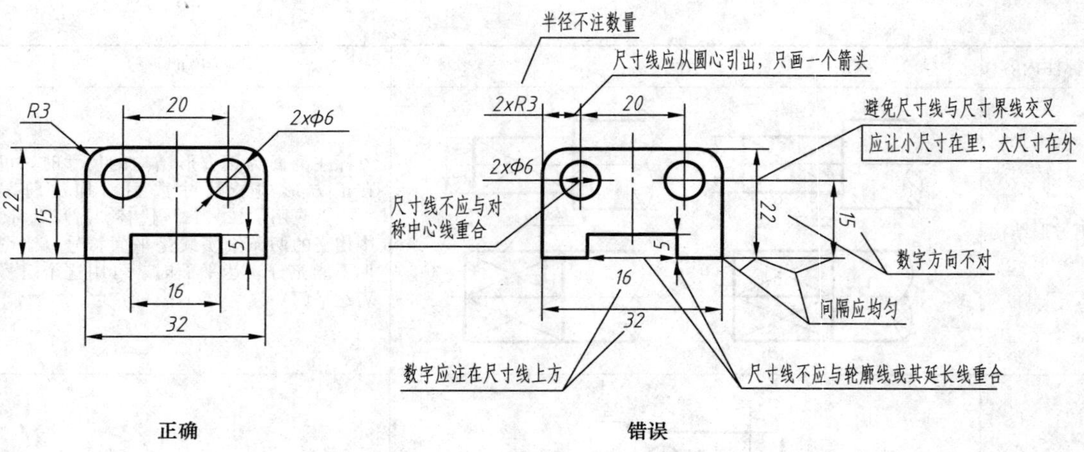


图 1－17　尺寸标注对错比较

## 第二节　尺规绘图工具及使用方法

尺规绘图是指用铅笔、丁字尺、三角板、圆规等为主要工具绘制图样。虽然目前工程图样已广泛使用计算机绘制，但尺规绘图仍是工程技术人员应掌握的基本技能。为了保证尺规绘图的质量和效率，应掌握尺规绘图工具的使用方法。

常用的绘图工具有以下几种。

**一、图板和丁字尺**

图板是铺贴图纸用的，要求板面平坦、光洁，木质纹理细密，软硬适中，左、右两导边必须平直光滑。如果采用预先印好图框及标题栏的图纸，则应使图纸的水平图框线对准丁字尺的工作边后，再用胶带纸将其固定在图板上，以保证图上的所有水平线与图框线平行，如图 1－18 所示。

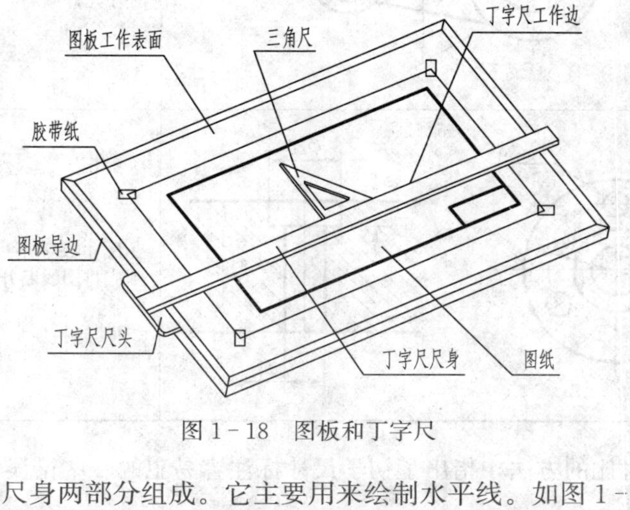


图 1－18　图板和丁字尺

丁字尺由尺头和尺身两部分组成。它主要用来绘制水平线。如图 1－19 所示，画水平线时，左手握住尺头，使尺头内侧紧靠图板导边，上下移动丁字尺到所需位置，然后压住丁字尺，沿丁字尺上方工作边从左往右画线。铅笔沿尺边画直线时，笔杆应稍向外倾斜，尽量使笔尖贴靠尺边。

**二、三角板**

三角板有 45°和 30°、60°两块，可配合丁字尺画铅垂线，从下往上画线，如图 1－19 所示。还可画 15°倍角的斜线，或画已知线段的平行线或垂直线，如图 1－20 所示。

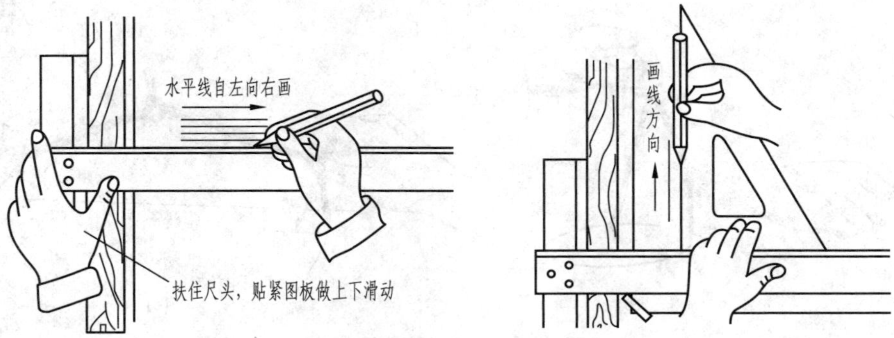


图 1－19　图板和丁字尺的使用方法

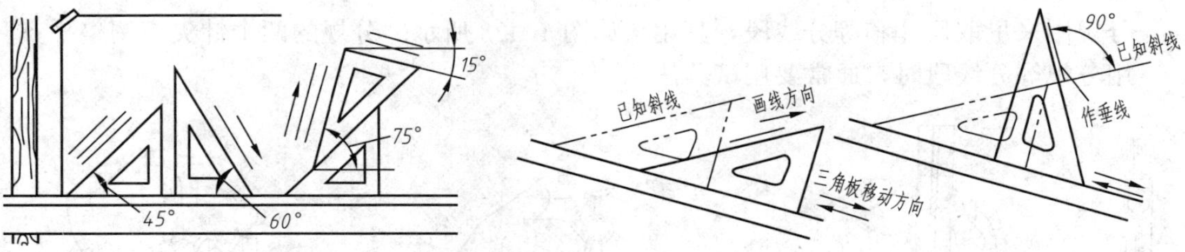


图 1－20　三角板的使用方法

**三、圆规**

圆规用来画圆和圆弧。圆规有两只插腿，其中一只装活动针尖，针尖一端为长尖作分规用，另一端为带台阶的短尖画圆时用；另一只有活动关节及可换插腿，装上铅芯插腿可画圆，装上带针插腿作分规使用，装上延长杆可画大圆，如图 1－21 所示。铅笔插腿内可装入软或硬两种铅芯，通过更换铅芯以适应画粗、细两种不同图线的要求。画粗实线圆时，铅芯应用 2B 或 B（比画粗实线的铅芯软一号），并磨成矩形，画细线时，用 H 或 HB 的铅芯并磨成铲形。铅芯露出长度见图 1－21，画图时需经常磨削。

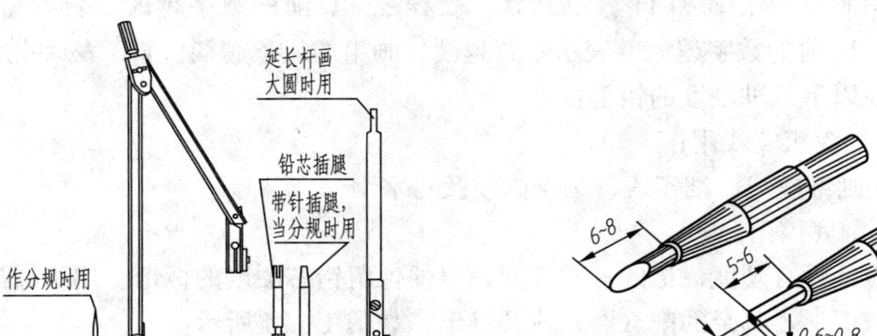


图 1－21　圆规

在使用前，应先调整针脚，使针尖略长于铅芯，钢针的台阶与铅芯尖平齐。用圆规画图时，将钢针插入纸面圆心处，铅芯接触纸面，并将圆规向前进方向稍微倾斜，做顺时针旋转画圆。在画较大圆时，须使用加长杆，并使钢针和铅芯尽可能垂直于纸面。圆规使用方法如图 1 - 22 所示。

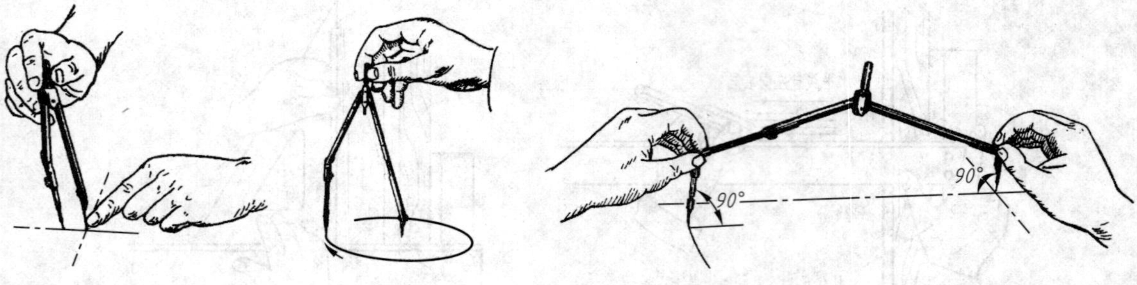


(a) (b) (c)

图 1 - 22 圆规的使用方法

**四、分规**

分规用来量取尺寸和等分线段，其用法如图 1 - 23 所示。分规的两个针尖应调整平齐。用分规等分线段时，通常要用试分法。

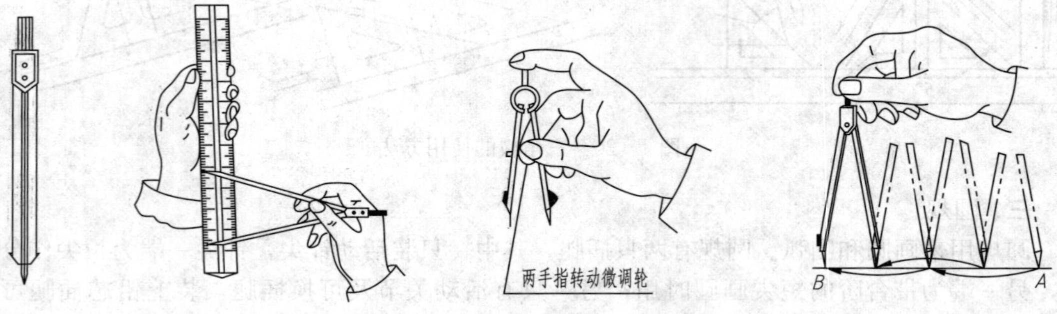


(a) (b) (c) (d)

图 1 - 23 分规的使用方法

**五、铅笔**

绘图铅笔的铅芯分别用 B 和 H 表示其软、硬程度。B 前的数字越大，表示铅芯越软，画出的线条越黑。H 前的数字越大，表示铅芯越硬，画出的线条越淡。HB 表示铅芯软硬适中。绘图时应准备以下几种硬度的铅笔：

B 或 HB——加深粗实线用；

HB 或 H——画细虚线、细实线、细点画线及写字用；

H 或 2H——画底稿用。

削铅笔时，应从没有硬度标记的一端削起，以便保留铅芯硬度的标记。用于加深粗实线的铅笔削（磨）成矩形，其余的削（磨）成圆锥形，如图 1 - 24 所示。

**六、曲线板**

曲线板用来画非圆曲线。其使用方法如图 1 - 25 所示：①由作图求得曲线上若干点；

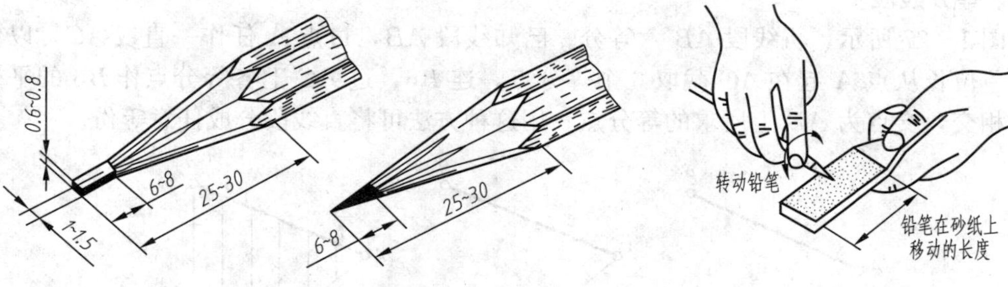


图 1－24　铅芯的削法

②用铅笔轻轻地将各点连起来；③选择曲线板上曲率适合的部分，逐步分段画线；④再移动曲线板使之与以后几点吻合。但必须注意，后者必须要和上次所画的一段重叠一部分，这样才能保证连接光滑。

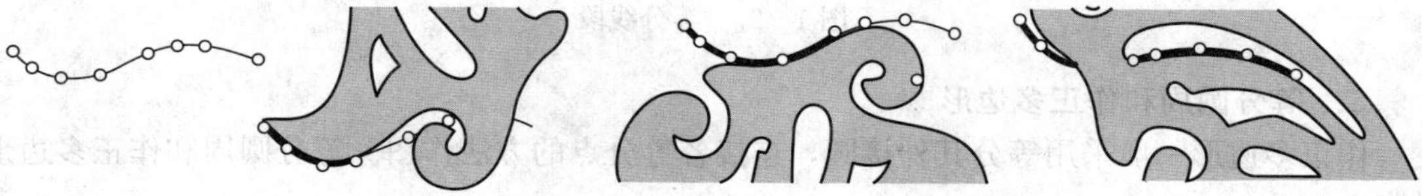

图 1－25　曲线板的使用方法

**七、其他绘图工具**

除了上述绘图工具之外，绘图时还需要准备测量角度的量角器、橡皮、擦图片（修改图线时用它遮住不需要擦去的部分）、削铅笔刀、固定图纸用的胶带纸，磨铅笔用的砂纸及清除图面上橡皮屑的小刷，如图 1－26 所示。

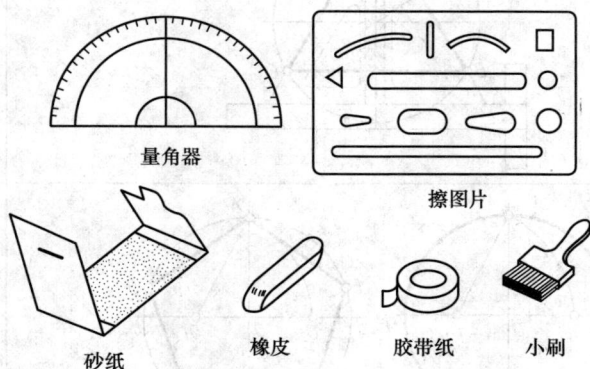

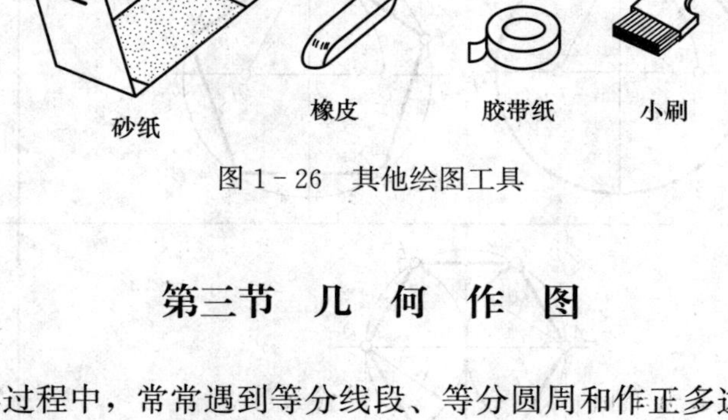


图 1－26　其他绘图工具

## 第三节　几　何　作　图

在绘制机械图样过程中，常常遇到等分线段、等分圆周和作正多边形、画斜度和锥度、圆弧连接、绘制椭圆等几何作图问题。

## 一、等分线段

如图 1－27 所示，将线段 $AB$ 六等分。已知线段 $AB$，过点 $A$ 任作一直线 $AC$，以任意长度为单位长从点 $A$ 起在 $AC$ 截取 6 个等分点，连 $B6$，过 $AC$ 上各等分点作 $B6$ 的平行线与 $AB$ 相交，交点为 $AB$ 上所求的等分点。用这种方法可将直线段分成任意等份。

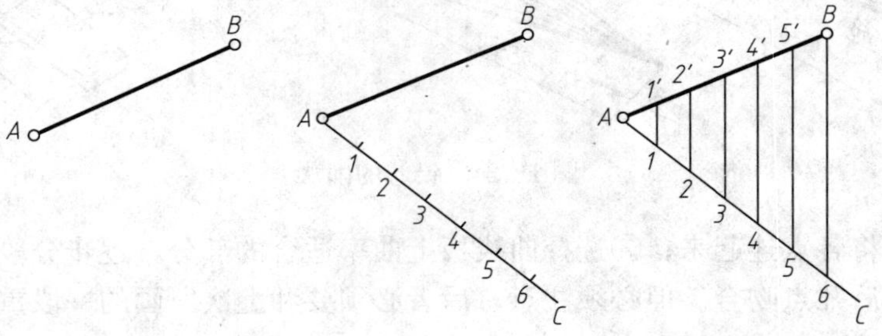


(a) (b) (c)

图 1－27 等分线段

## 二、等分圆周和作正多边形

作正多边形一般采用等分其外接圆，连接各等分点的方法作图。等分圆周和作正多边形见表 1－6。

**表 1－6** **等分圆周和作正多边形**

| 类别 | 作图 | 说明 |
|---|---|---|
| 三等分圆周和作等边三角形 | 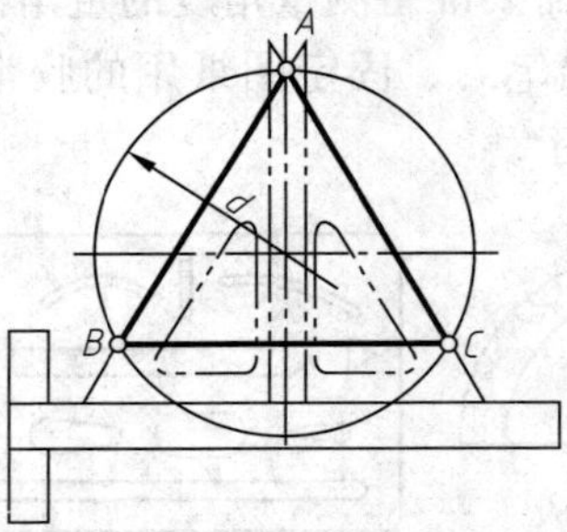 | 用 60°三角板过点 $A$ 画 60°斜线 $AB$、$AC$，用丁字尺连 $BC$ |
| 五等分圆周和作正五边形 | 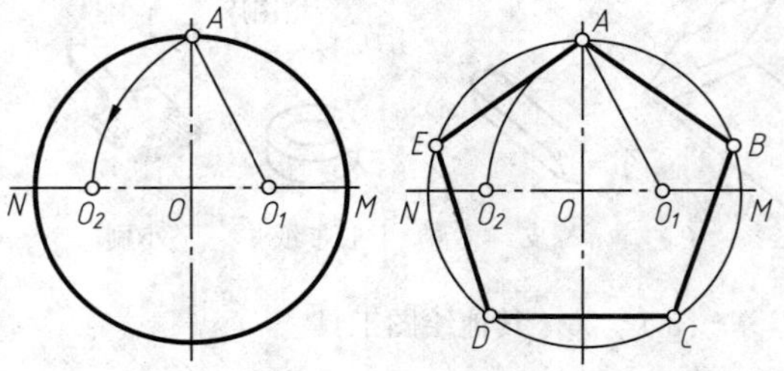 | 作半径 $OM$ 的中点 $O_1$，以点 $O_1$ 为圆心，$O_1A$ 为半径画圆弧得到点 $O_2$，$AO_2$ 即为正五边形边长，等分圆周得到五个顶点 |
| 六等分圆周和作正六边形 | 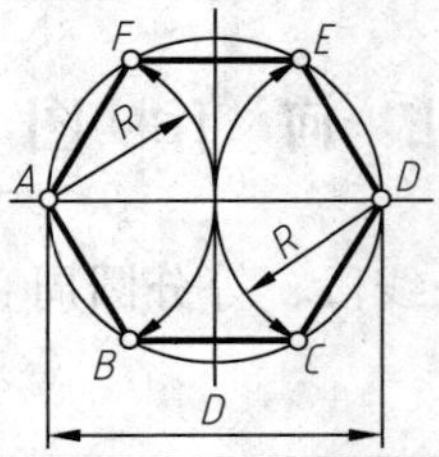 | 利用正六边形的边长等于外接圆半径的原理，以点 $A$、$D$ 为圆心，圆的半径为半径画圆弧与圆周相交，得到等分点 $B$、$C$、$E$、$F$ |

续表

| 类别 | 作图 | 说明 |
|---|---|---|
| 六等分圆周和作正六边形 | 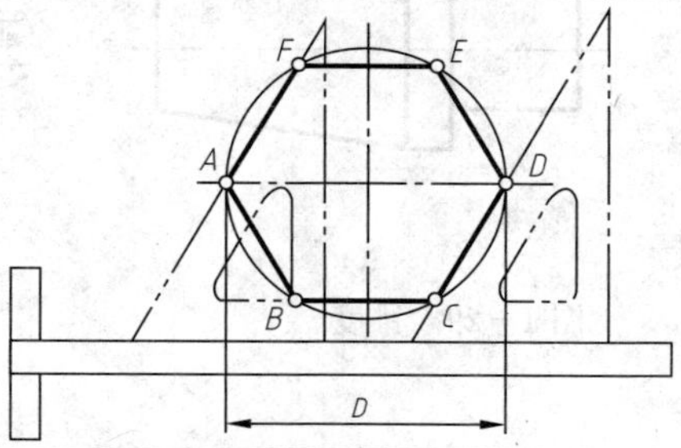  | 用 60°三角板过点 $A$、$D$ 画 60°斜线 $AB$、$AF$、$DC$、$DE$，用丁字尺连 $BC$、$FE$ |
| 任意等分圆周和作正 $n$ 边形 | 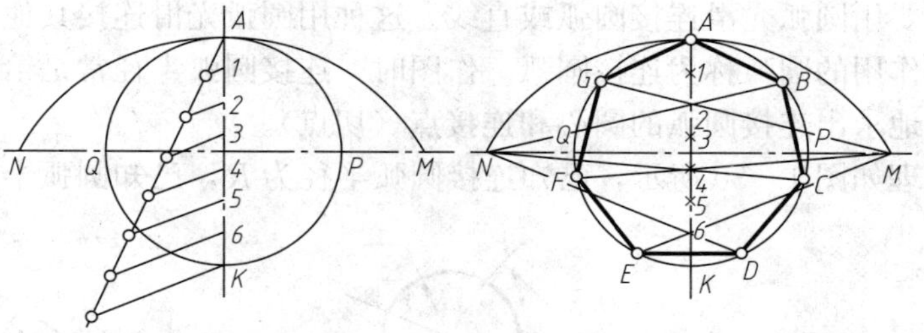  | 将直径 $AK$ 七等分，以点 $K$ 为圆心，$KA$ 为半径画圆弧交 $QP$ 延长线于点 $N$、$M$，作点 $N$、$M$ 与直径 $AK$ 的奇数点（或偶数点）连线，延长到圆周得到等分点 |

## 三、斜度和锥度

1. 斜度

斜度是指一直线或平面对另一直线或平面的倾斜程度。其大小用倾斜角的正切值表示，并把比值写成 $1:n$ 的形式，如图 1－28（a）所示，即斜度$=\tan\alpha=H:L=1:n$。

斜度符号的画法如图 1－28（b）所示。在图上标注斜度时，符号斜线方向应与斜度方向一致，如图 1－28（c）所示。斜度的作图方法如图 1－28（d）所示。

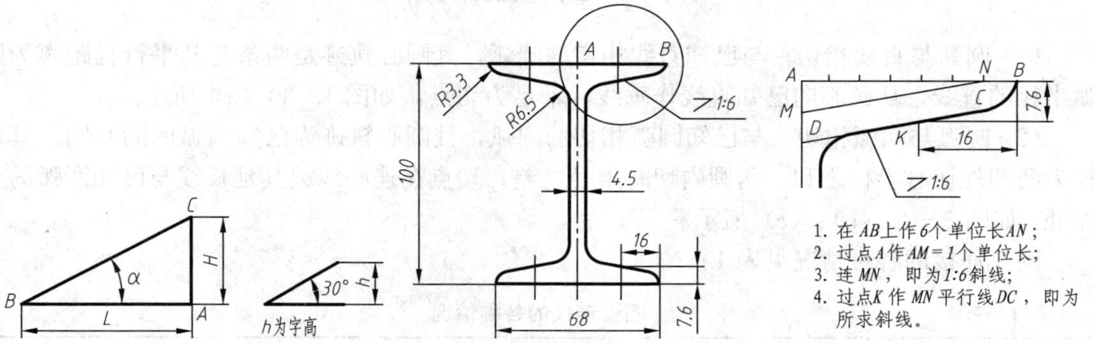


(a)　(b)　(c)　(d)

图 1－28　斜度

2. 锥度

锥度是指正圆锥的底圆直径 $D$ 与高度 $H$ 之比或正圆锥台两底面圆直径之差与圆锥台高度之比，如图 1－29（a）所示，即锥度$=2\tan(\alpha/2)=D:L=(D-d):l=1:n$。锥度符号的画法如图 1－29（b）所示。锥度符号的方向应与锥度方向一致。锥度的作图方法如图 1－29（d）所示。

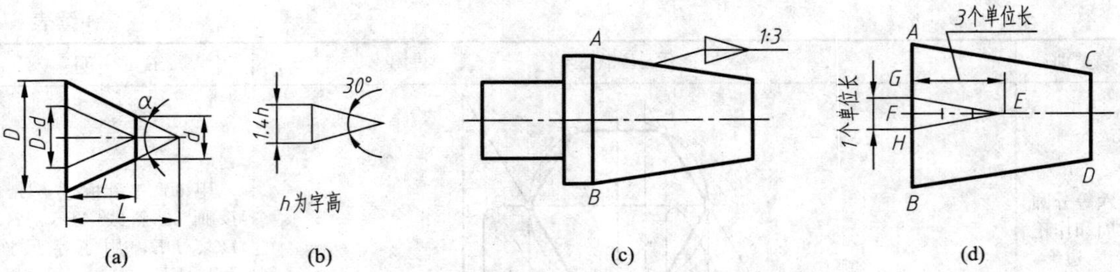


图 1-29 锥度

## 四、圆弧连接

工程图样中常常需要用圆弧光滑连接圆弧或直线。这种用圆弧光滑连接其他图线的方法称为圆弧连接。起连接作用的圆弧称为连接圆弧。作图时，连接圆弧半径常是给定的。要做到光滑连接，必须准确地求出连接圆弧的圆心和连接点（切点）。

圆弧连接的作图原理如图 1-30 所示，已知连接圆弧半径为 $R$，已知圆弧半径为 $R_A$。

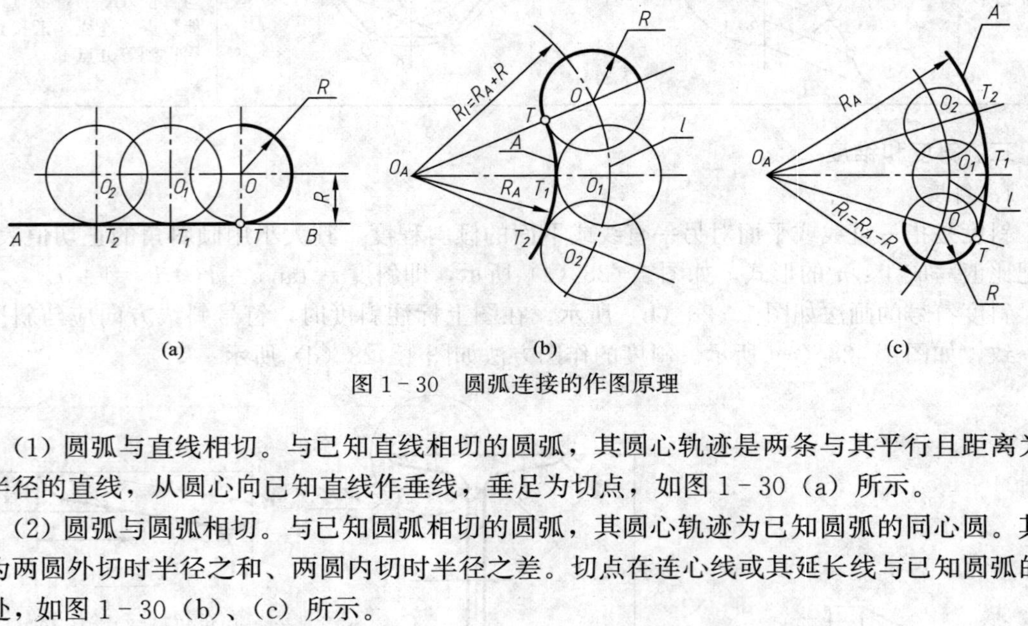


图 1-30 圆弧连接的作图原理

(1) 圆弧与直线相切。与已知直线相切的圆弧，其圆心轨迹是两条与其平行且距离为圆弧半径的直线，从圆心向已知直线作垂线，垂足为切点，如图 1-30（a）所示。

(2) 圆弧与圆弧相切。与已知圆弧相切的圆弧，其圆心轨迹为已知圆弧的同心圆。其半径为两圆外切时半径之和、两圆内切时半径之差。切点在连心线或其延长线与已知圆弧的交点处，如图 1-30（b）、(c) 所示。

圆弧连接的各种情况见表 1-7。

**表 1-7　　圆弧连接的各种情况**

| 连接要求 | 作图方法和步骤 | | |
|---|---|---|---|
| | 1. 求连接圆弧圆心 $O$ | 2. 求切点 $A$、$B$ | 3. 画连接圆弧并描粗 |
| 用已知半径为 $R$ 的圆弧连接两直线 $MN$、$EF$ | 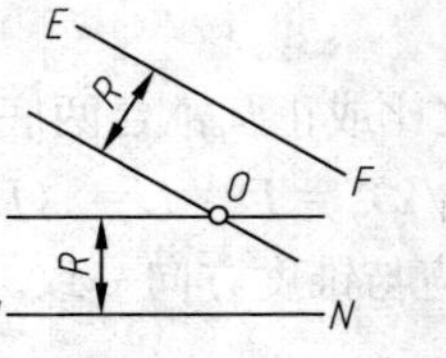 | 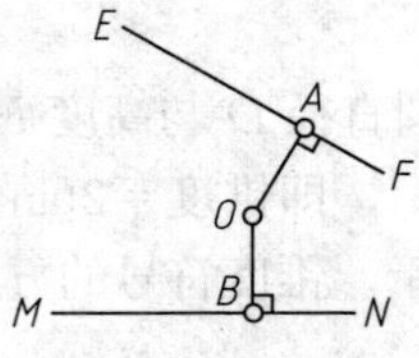 | 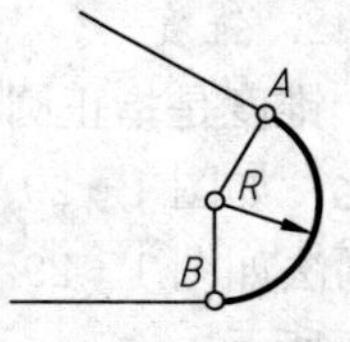 |

续表

| 连接要求 | 作图方法和步骤 | | |
| --- | --- | --- | --- |
| | 1. 求连接圆弧圆心 $O$ | 2. 求切点 $A$、$B$ | 3. 画连接圆弧并描粗 |
| 用已知半径为 $R$ 的圆弧连接直接 $MN$ 和半径为 $R_1$ 的已知圆弧 | 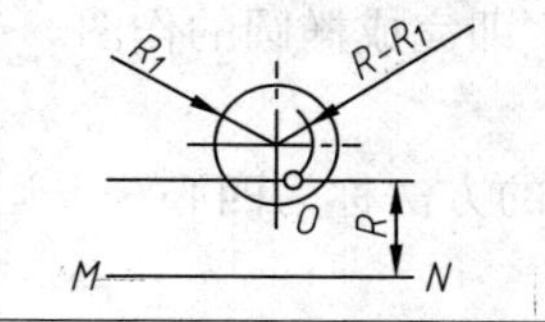 | 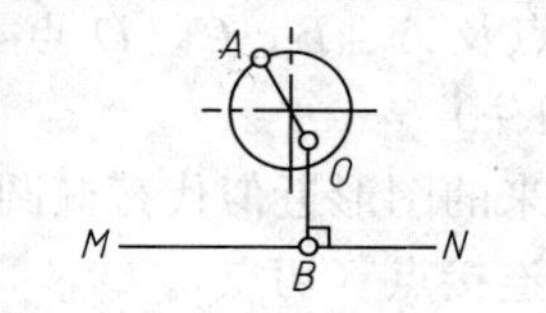 | 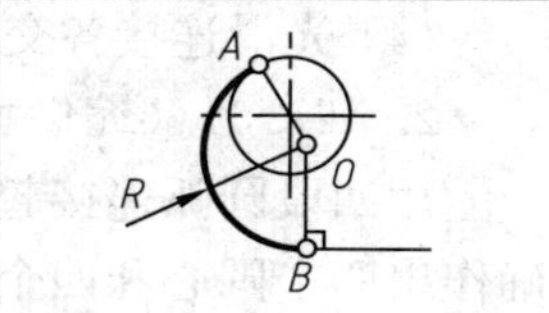 |
| 用已知半径为 $R$ 的圆弧外切两个半径分别为 $R_1$、$R_2$ 的已知圆弧 | 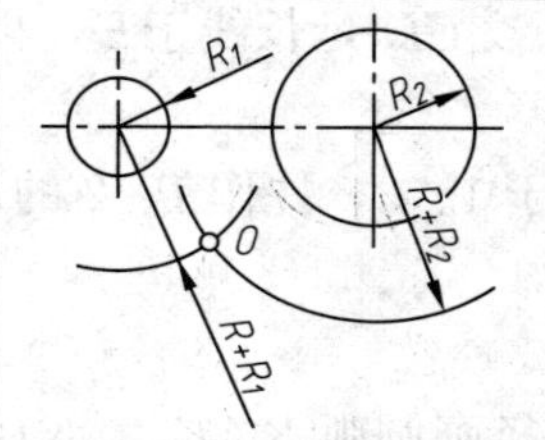 | 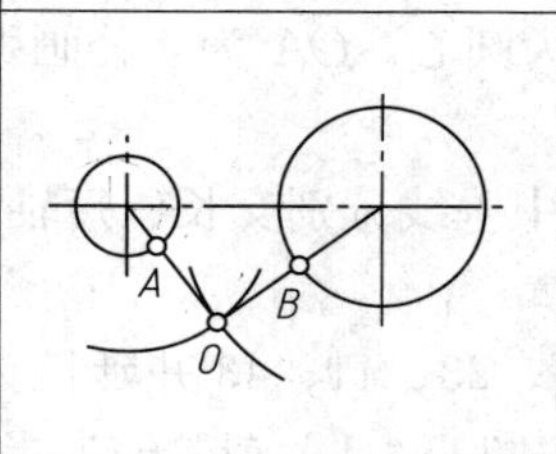 | 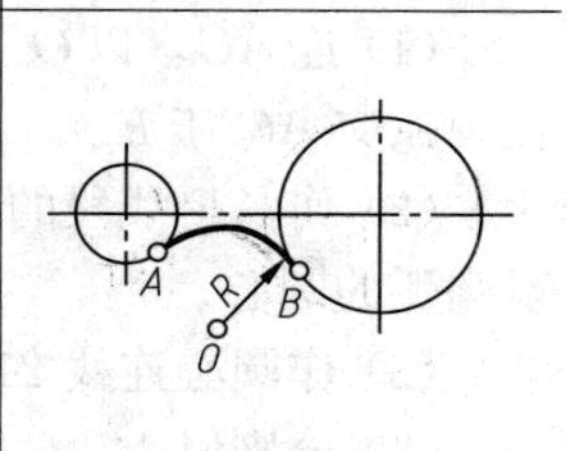 |
| 用已知半径为 $R$ 的圆弧内切两个半径分别为 $R_1$、$R_2$ 的已知圆弧 | 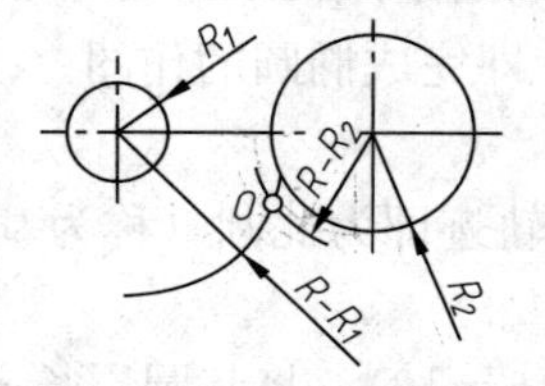 | 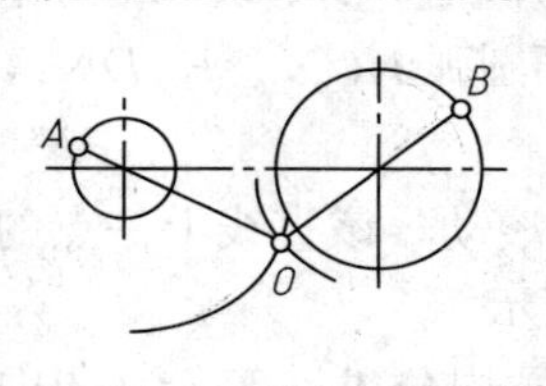 | 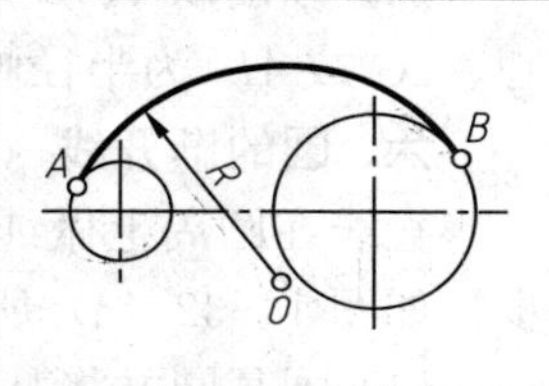 |
| 用已知半径为 $R$ 的圆弧内、外切两个半径分别为 $R_1$、$R_2$ 的已知圆弧 | 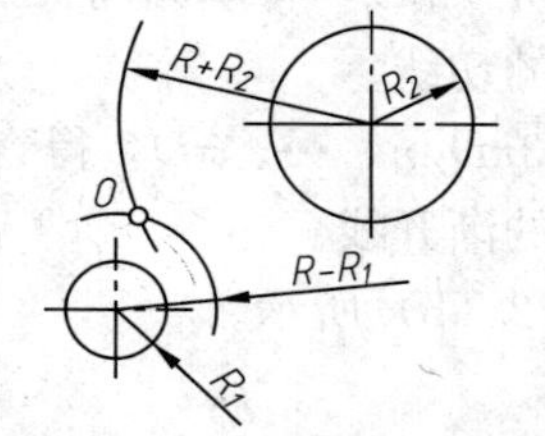 | 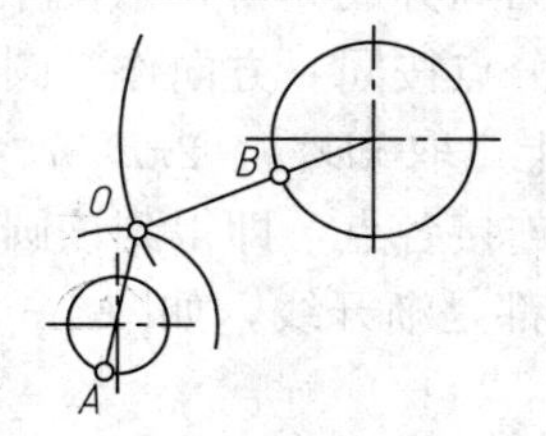 | 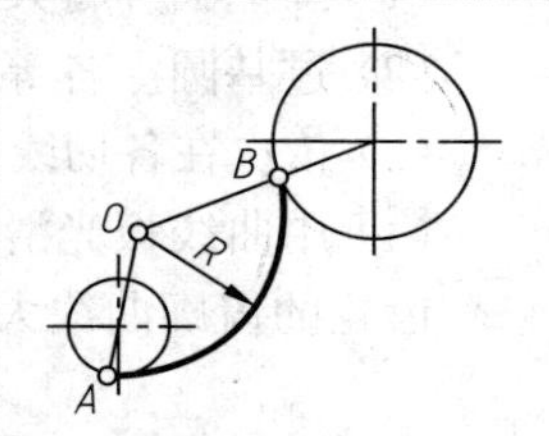 |

## 五、椭圆

已知长轴 $AB$、短轴 $CD$，下面介绍作椭圆的两种方法，如图 1-31 所示。

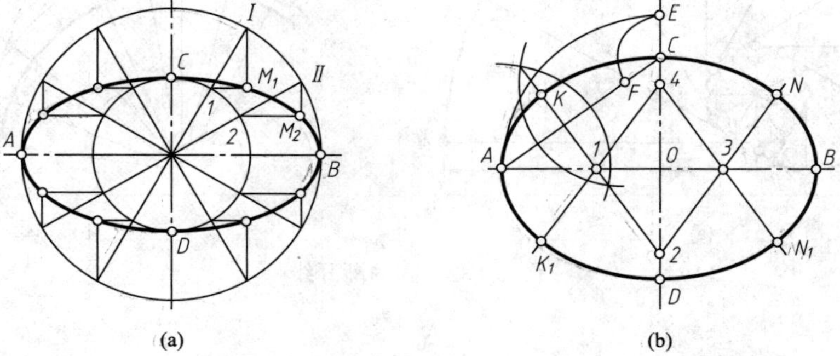


图 1-31　椭圆的画法

(a) 同心圆法；(b) 四心法

1. 同心圆法（准确画法）

(1) 分别以 $AB$ 和 $CD$ 为直径作两同心圆。

(2) 过中心 $O$ 作一系列射线与两圆相交得若干交点，过大圆上的各交点作竖直线，过小圆上的各交点作水平线。

(3) 同一条射线的竖直线和水平线交于一点，如此可得一系列交点。

(4) 光滑连接各交点及 $A$、$B$、$C$、$D$ 点，即完成椭圆的作图。

2. 四心法（近似画法）

用四段圆弧连接起来的图形近似代替椭圆的方法称为四心法。运用四心法作图，必须准确作出四个圆心和四个连接点（切点）。

(1) 连 $AC$，以 $O$ 为圆心，$OA$ 为半径画弧交 $CD$ 延长线于 $E$，再以 $C$ 为圆心，$CE$ 为半径画弧交 $AC$ 于 $F$。

(2) 作 $AF$ 线段的中垂线分别交长、短轴于 1、2，并作 1、2 的对称点 3、4，即求出四段圆弧的圆心。

(3) 作圆心连线 21、23、41、43 并延长。

(4) 分别以 1、3 为圆心，$1A$ 或 $3B$ 为半径画圆弧 $KAK_1$、$NBN_1$，分别以 2、4 为圆心，$2C$ 或 $4D$ 为半径画圆弧 $KCN$、$K_1DN_1$，即完成椭圆的作图。

**六、圆的渐开线**

直线在圆周上做纯滚动，该直线上一点的轨迹即为此圆（称为基圆）的渐开线。其作图步骤如图 1-32（a）所示。

(1) 画基圆并将其圆周分成 $n$ 等份（图中 $n=12$），将基圆周长 $\pi D$ 也分成 $n$ 等份。

(2) 过基圆上各等分点按同一方向作基圆的切线。

(3) 依次在各切线上量取 $\pi D/n$、$2\pi D/n$、$3\pi D/n$、…、$\pi D$，得到点Ⅰ、Ⅱ、Ⅲ、…、Ⅻ。

(4) 用曲线板光滑连接各点，即得到该圆的渐开线。

齿轮的齿廓曲线大都是渐开线，如图 1-32（b）所示。

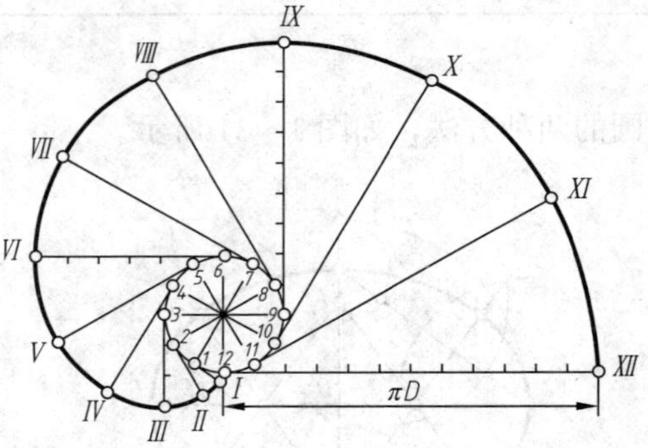

(a)

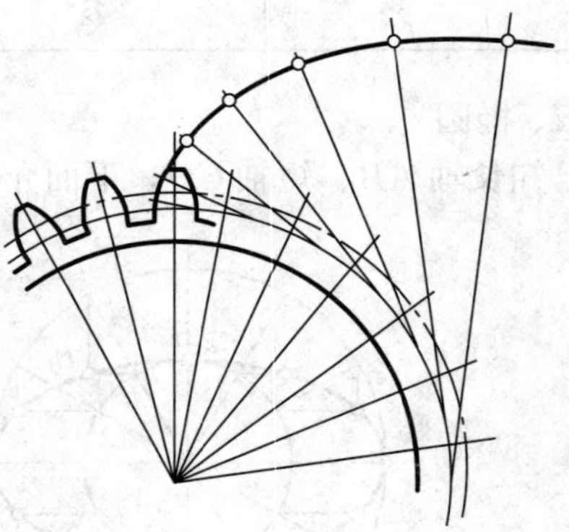
(b)

图 1-32　圆的渐开线

## 第四节　平面图形的尺寸分析及作图步骤

平面图形是由若干线段（包括直线段、曲线段）连接而成的，每条线段又由相应的尺寸来决定其长短（或大小）和位置。只有给出正确和完整的尺寸，才能将平面图形绘制出来。

因此，绘制平面图形时应先进行尺寸分析和线段分析，才能确定作图步骤。

## 一、平面图形的尺寸分析

平面图形中的尺寸按其作用可以分为两大类。

(1) 定形尺寸。确定平面图形中几何元素大小的尺寸称为定形尺寸。例如直线段的长度、圆的直径、圆弧的半径、角度大小等，图 1-33 中的 15、$\phi 20$、$R15$、$R50$ 等均为定形尺寸。

(2) 定位尺寸。确定几何元素位置的尺寸称为定位尺寸。标注定位尺寸的起点称为尺寸基准，简称基准。平面图形应有长度和宽度两个方向的基准。通常以较长的直线、图形对称线或圆的中心线作为尺寸基准。

手柄的尺寸基准如图 1-33 所示，尺寸 8 是圆 $\phi 5$ 长度方向的定位尺寸，尺寸 75 是圆弧 $R10$ 长度方向的定位尺寸，尺寸 $\phi 30$ 是圆弧 $R50$ 宽度方向的定位尺寸。

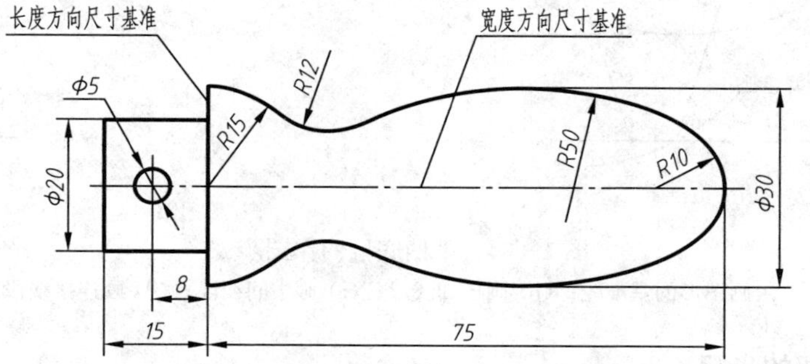


图 1-33　手柄

## 二、平面图形的线段分析

平面图形中的线段，根据其定位尺寸的完整性可分为三类。

(1) 已知线段。定形尺寸和定位尺寸齐全的线段称为已知线段，如图 1-33 所示的圆弧 $R15$、$R10$。

(2) 中间线段。已知定形尺寸和一个定位尺寸的线段称为中间线段，如图 1-33 所示的圆弧 $R50$ 只有一个定位尺寸 $\phi 30$。

(3) 连接线段。只有定形尺寸没有定位尺寸的线段称为连接线段，如图 1-33 所示的圆弧 $R12$。

## 三、平面图形的作图步骤

(1) 分析图形，画图形的基准线。

(2) 画已知线段。这种线段根据尺寸直接作出。

(3) 画中间线段。这种线段定位尺寸不全，应根据与其相邻的一个线段的连接关系作图。

(4) 画连接线段。这种线段没有定位尺寸，应根据与其相邻的两个线段的连接关系作图。

画手柄底稿的作图步骤如图 1-34 所示，最后检查无误，擦去多余的图线，加深图形，标注尺寸，就得到图 1-33 中所示的手柄图形。

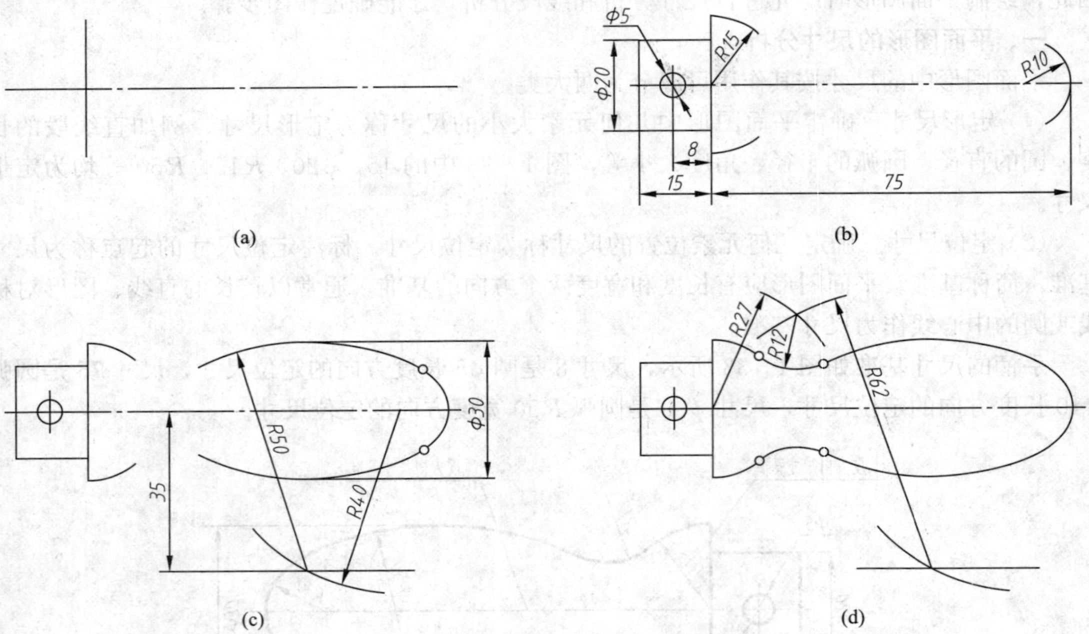


图 1-34　手柄底稿的作图步骤

(a) 画图形的基准线；(b) 画已知线段；(c) 画中间线段；(d) 画连接线段

**四、尺规绘图的步骤**

1. 绘图前的准备工作

(1) 准备绘图工具，擦净图板、丁字尺、三角板，将铅笔和圆规上铅芯按线型要求削磨好。

(2) 分析了解所绘对象，根据图形的大小和复杂程度确定绘图比例及图幅大小。

(3) 将图纸按图 1-18 所示用胶带纸固定在图板上。

(4) 按国家标准要求绘制图纸边界线、图框线和标题栏。

2. 用细线画图形的底稿

(1) 布置图面，绘制基准线。图形在图纸上的位置应适中，不应偏置或过于集中。根据每个图形的长宽尺寸，同时要考虑标注尺寸、有关文字说明等所占用的位置来确定个图形的位置，画出各图形的基准线。

(2) 用 H 或 2H 的铅笔（铅芯削成圆锥状）尽量轻、细、准地画好底稿，以便于擦除和修改。依次画已知线段、中间线段、连接线段。底稿一律用细线画出。

绘制底稿出现错误时，不要急于擦除、修正，以利于图纸清洁。可做出标记，留待底稿完成后一次擦除和修改。

绘制底稿时，细点画线和细虚线均可用极淡的细实线代替，以提高绘图速度和描黑后的图线质量。

3. 检查加深

(1) 检查图形是否有画错、漏画的图线，及时修正错误，并将图面掸扫干净。

(2) 加深图线。加深图线是指将粗实线描粗、描黑，将细实线、细点画线和细虚线等描黑、成型。加深时，对图线要求是线型正确，粗细分明，连接光滑，深浅一致。加深图线的顺序是：从上而下，从左向右；先加深粗实线后描细线；先加深曲线，后加深直线。尽可能同一类型、同等粗细的图线一起描深，相同大小的圆或圆弧一起描深。

一般用 B 或 HB 的铅笔加深粗实线。圆规用的铅芯应比画线用的铅笔软一号为宜。加深粗实线时，先加深圆和圆弧，再从图的左上方开始，顺次向下加深所有水平方向的粗实线，从图左上方开始，顺次向右加深所有垂直方向的粗实线，最后加深其余粗实线。

用 H 的铅笔加深所有细线——细虚线、细点画线、细实线等，这些线型一般以清晰可见为宜。

4. 标注尺寸、填写标题栏及文字说明

书写的汉字、数字和字母应符合国家标准规定。

## 第五节　徒手绘图的方法

徒手绘图是指用铅笔，不用丁字尺、三角板、圆规等绘图工具，全凭目测估计比例进行绘图的过程。以目测估计图形与实物的比例，按一定画法要求徒手（或部分使用绘图仪器）绘制的图，称为草图。草图只是不用绘图工具，绝非潦草之图。草图应做到图形正确、图线清晰，比例匀称，尺寸齐全，字体工整，绘图速度快。

在机器测绘、讨论设计方案、技术交流、现场参观时，受现场条件或时间的限制，需要绘制草图。徒手绘图可以加速新产品的设计、开发，有助于组织、形成和拓展思路，便于现场测绘，节约作图时间等。因此，徒手绘图是工程技术人员应当学习和掌握的一种绘图方法，要经过不断实践才能逐步提高。

初学画草图时，最好在方格纸上进行，这样可使直线画直并便于控制方向和比例。待绘图技巧进一步提高后，就可在空白纸上画图。画草图一般选用 HB 或 B 的铅笔。

### 一、徒手画直线

徒手绘图时，图纸不必固定，因此可以随时转动图纸，使需画的直线正好是顺手方向。徒手画直线时，笔杆略向画线方向倾斜，执笔的手腕或小手指轻靠纸面，眼睛应看着线段的终点以控制画线的方向，如图 1－35 所示。

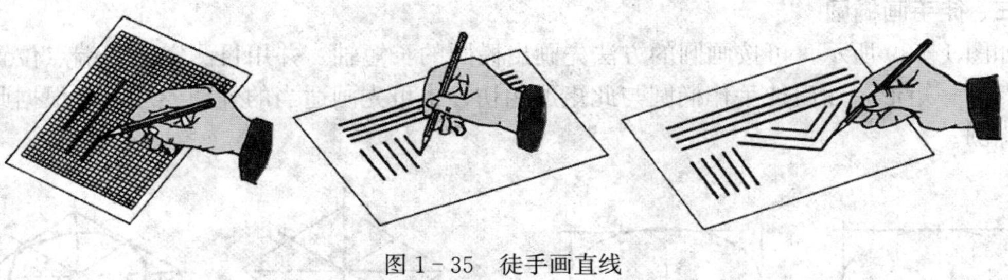

图 1－35　徒手画直线

画与水平呈 30°、45°、60°等常见角度的斜线时，可按两直角边的近似比例关系，定出两端后再连成直线，如图 1－36 所示。

### 二、徒手画圆和圆角

徒手画圆时，应先作两条互相垂直的中心线，定出圆心，再根据半径大小用目测在中心

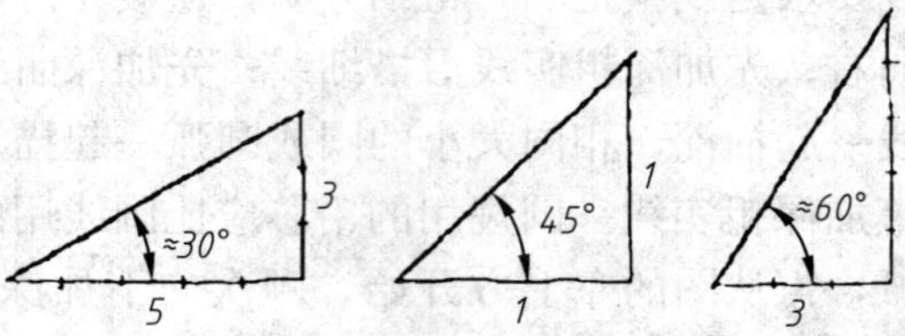

图 1－36　徒手画 30°、45°、60°斜线

线上定出四点，过这四点画圆。当圆的直径较大时，可过圆心增画两条 45°斜线，在线上再定四点，过这八点画圆，如图 1－37 所示。

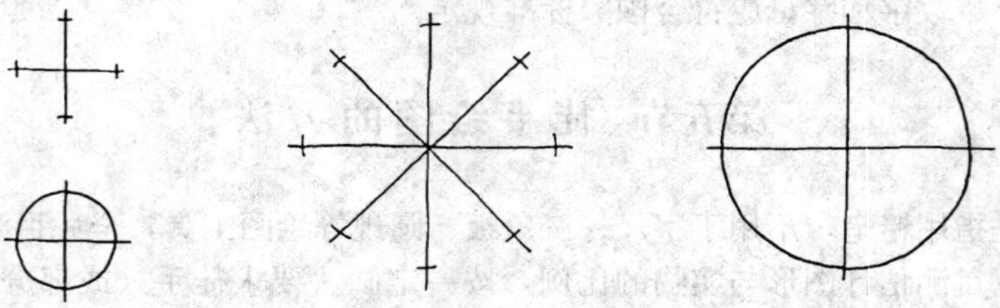
图 1－37　徒手画圆

画圆角时，先用目测在分角线上选取圆心位置，使它与角的两边距离等于圆角的半径大小。过圆心向两边引垂直线定出圆弧的起点和终点，并在分角线上也画出一圆周点，然后徒手作圆弧把这三点连接起来。用类似方法可画圆弧连接，如图 1－38 所示。

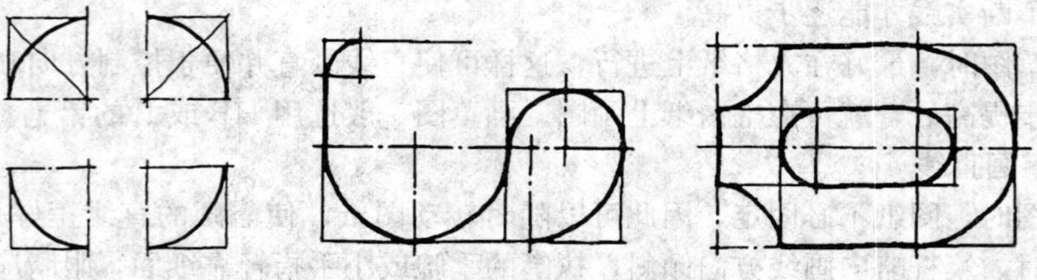
图 1－38　徒手画圆角和圆弧

**三、徒手画椭圆**

如图 1－39 所示，可按画圆的方法先画出椭圆的长短轴，并用目测定出其端点位置，过这四点画一矩形，然后徒手作椭圆与此矩形相切；也可先画适当的外切菱形，再根据此菱形画出椭圆。

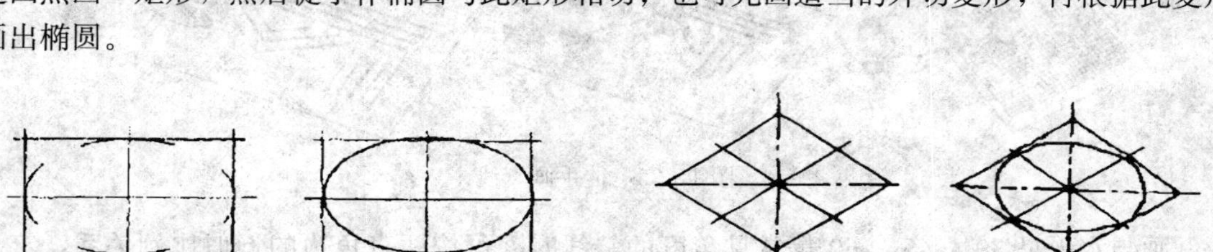
(a)　(b)

图 1－39　徒手画椭圆

# 第二章　点、直线、平面的投影

工程实际中的各种技术图样都是按照一定的投影方法绘制的，机械工程图样通常用正投影法绘制。本章首先介绍投影法的基本知识，再讨论点、线、面等几何元素的投影原理，为学习后续内容奠定基础。

## 第一节　投　影　法

### 一、投影法

用灯光或日光灯照射物体，在地面或墙面上便会产生物体的影子。人们从这一现象中得到启示，并经过科学的抽象，概括出用物体在平面上的投影便是其形状的投影方法。如图 2－1 所示，$S$ 为投射中心，$A$ 为空间点，平面 $P$ 为投影面，$S$ 与点 $A$ 的连线为投射线，$SA$ 的延长线与平面 $P$ 的交点 $a$ 称为点 $A$ 在平面 $P$ 上的投影，这种产生图像的方法称为投影法。

### 二、投影法的分类

常用的投影法分为中心投影法和平行投影法两大类。

1. 中心投影法

当投影中心 $S$ 在有限距离时，投射线均由投射中心 $S$ 出发，称为中心投影法。图 2－2 所示为三角板 $ABC$ 用中心投影法在投影面上得到投影$\triangle abc$。

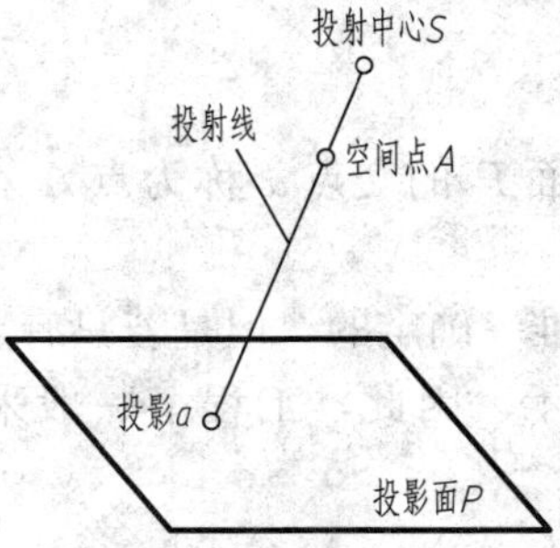


图 2－1　投影法

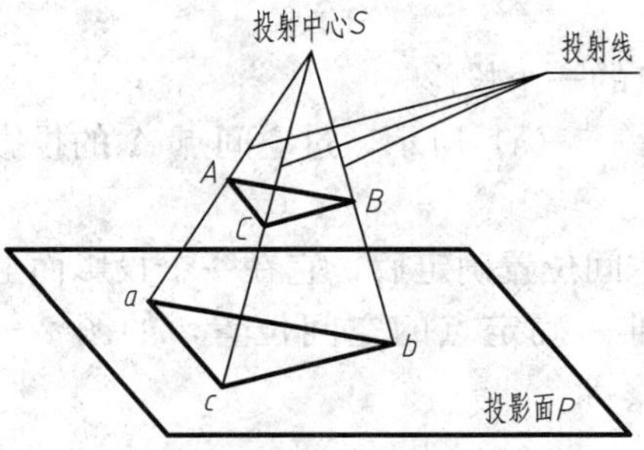


图 2－2　中心投影法

中心投影法与人眼看东西得到的影像相似，具有较强的直观性，立体感好，厂房、建筑物常采用这种投影法绘制透视图。但用中心投影法绘制的图像，不能反映物体表面的真实形状和大小。若改变图 2－2 所示三角板与投射中心 $S$、投影面 $P$ 的相对位置和距离，所得到投影的图形大小和形状便会改变。

2. 平行投影法

当投射中心与投影面的距离为无穷远时，则投射线相互平行。这种投射线相互平行的投影法称为平行投影法。按照平行投影法作出的投影称为平行投影，如图 2－3 所示。

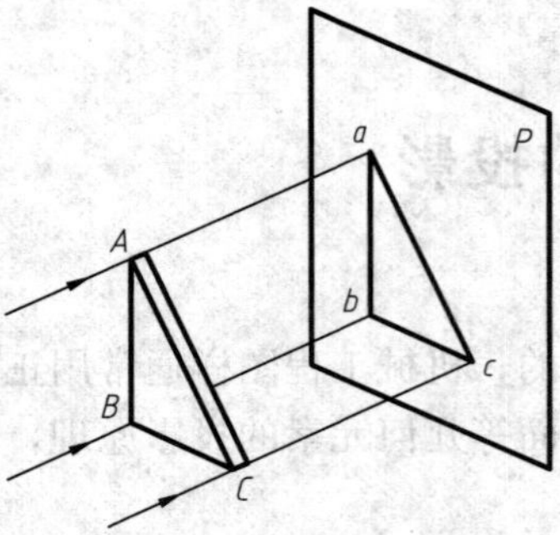


图 2－3　平行投影法

平行投影法又可分为正投影法和斜投影法两种。

正投影法——投射线与投影面相垂直的平行投影法，如图 2－4（a）所示。

斜投影法——投射线与投影面相倾斜的平行投影法，如图 2－4（b）所示。

用正投影法绘制的投影图直观性差，但其度量性好。如图 2－4（a）所示，三角板与投影面平行，即使改变三角板与投影面之间的距离，其投影仍反映三角板的真实形状和大小，所以机械制图多采用正投影法绘制图样。

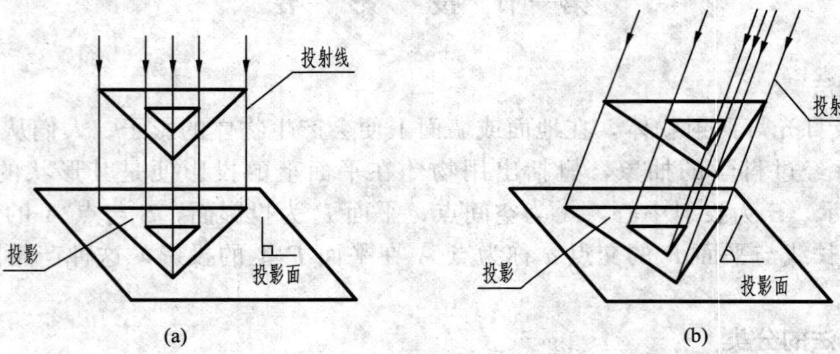


图 2－4　平行投影法的种类

（a）正投影法；（b）斜投影法

## 第二节　点　的　投　影

### 一、点的一个投影

如图 2－5（a）所示，过空间点 $A$ 的投影线与投影面 $P$ 的交点 $a$ 称为点 $A$ 在投影面 $P$ 上的投影。

点的空间位置确定后，它在一个投影面上的投影是唯一确定的。但是若只有点的一个投影则不能唯一确定点的空间位置，如图 2－5（b）所示，因此，工程上一般采用多面正投影。

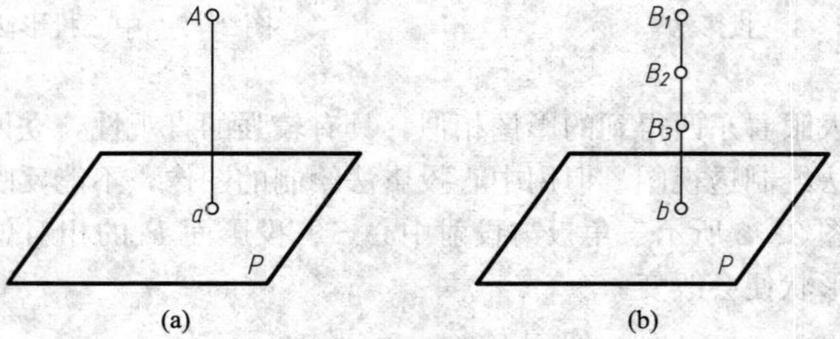


图 2－5　点的一个投影

## 二、点的三面投影及投影特性

1. 三投影面体系

以相互垂直的三个平面作为投影面，便组成了三投影面体系，如图 2－6 所示。正立放置的投影面称为正立投影面，简称正面，用 $V$ 表示；水平放置的投影面称为水平投影面，简称水平面，用 $H$ 表示；侧立放置的投影面称为侧立投影面，简称侧面，用 $W$ 表示。相互垂直的三个投影面的交线称为投影轴，分别用 $OX$、$OY$、$OZ$ 表示。

如图 2－7 所示，投影面 $V$ 和 $H$ 将空间分成的各个区域称为分角。将物体置于第Ⅰ分角内，使其处于观察者与投影面之间而得到正投影的方法称为第一角画法。将物体置于第Ⅲ分角内，使投影面处于物体与观察者之间而得到正投影的方法称为第三角画法。我国国家标准规定工程图样主要采用第一角画法。

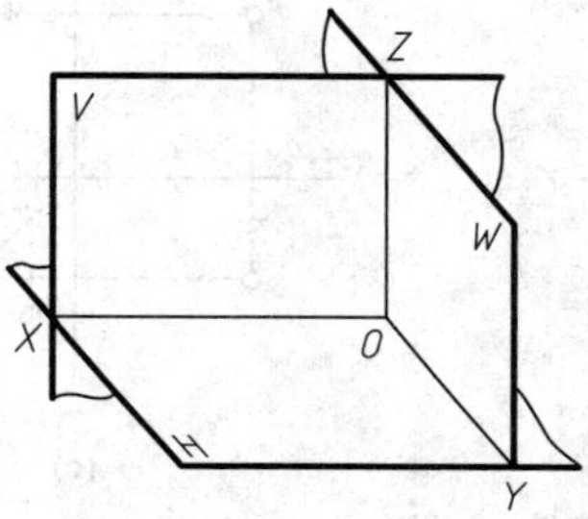


图 2－6　三投影面体系

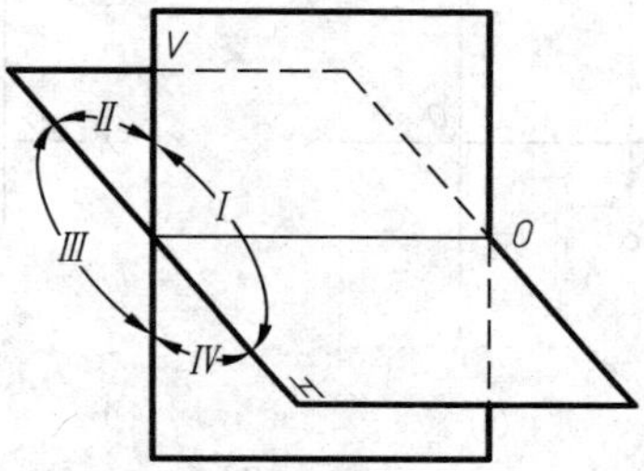


图 2－7　四个分角

2. 点的三面投影

如图 2－8（a）所示，将空间点 $A$ 分别向 $H$、$V$、$W$ 三个投影面投射，得到点 $A$ 的三个投影 $a$、$a'$、$a''$，分别称为点 $A$ 的水平投影、正面投影和侧面投影。展开后如图 2－8（b）所示，$H$ 面绕 $OX$ 轴向下翻转，$W$ 面绕 $OZ$ 轴向右翻转，画图时不必画出投影面的边框。

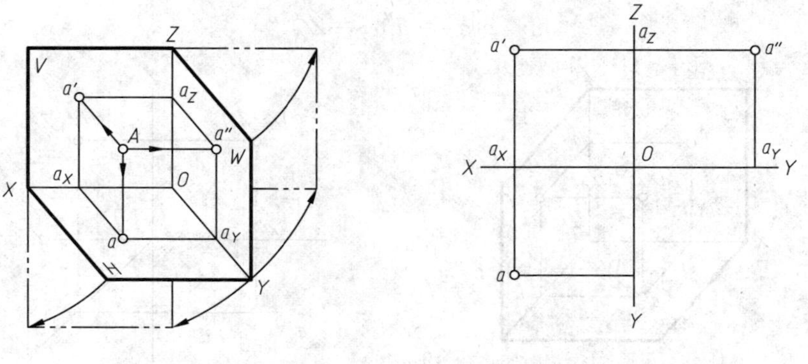


图 2－8　点的三面投影

3. 点的三面投影的投影特性

由图 2－8 不难证明，点的三面投影具有下列特性：

（1）点的正面投影与水平投影的连线垂直于 $OX$ 轴，即 $a'a \perp OX$；点的正面投影与侧面投影的连线垂直于 $OZ$ 轴，即 $a'a'' \perp OZ$。

(2) 点的水平投影到 $OX$ 轴的距离等于点的侧面投影到 $OZ$ 轴的距离，即 $aa_X=a''a_Z$，表示点 $A$ 到 $V$ 面的距离。同理，$a'a_X=a''a_Y$，表示点 $A$ 到 $H$ 面的距离；$aa_Y=a'a_Z$，表示点 $A$ 到 $W$ 面的距离。

根据上述投影特性，在点的三面投影中，只要知道其中任意两个面的投影，就可以很方便地求出第三面的投影。

**【例 2-1】** 如图 2-9（a）所示，已知点 A 的正面投影和水平投影，求其侧面投影。

**解** 由点的投影特性可知，$a'a''\perp OZ$，$a''a_Z=aa_X$，故过 $a'$ 作直线垂直于 $OZ$ 轴，交 $OZ$ 轴于 $a_Z$，在 $a'a_Z$ 的延长线上量取 $a''a_Z=aa_X$，见图 2-9（b）。也可以采用作 45°斜线的方法转移宽度，见图 2-9（c）。

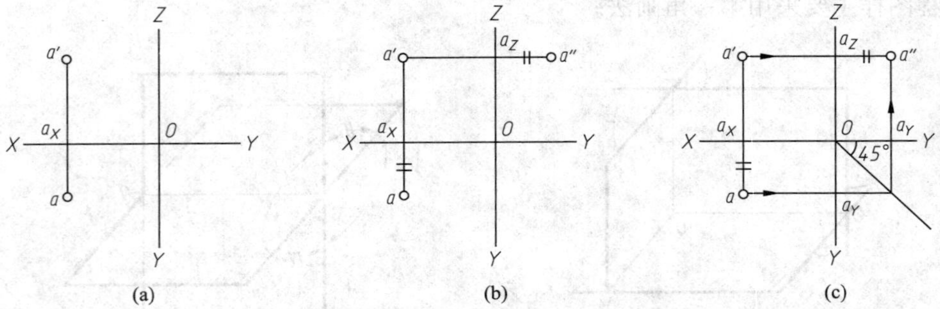


图 2-9 已知点的两个投影求第三投影

4. 点的投影与坐标之间的关系

如图 2-10 所示，在三投影面体系中，三条投影轴可以构成一个空间直角坐标系，空间点 $A$ 的位置可以用三个坐标值（$X_A$、$Y_A$、$Z_A$）表示，则点的投影与坐标之间的关系为

$$aa_Y=a'a_Z=X_A$$
$$aa_X=a''a_Z=Y_A$$
$$a'a_X=a''a_Y=Z_A$$

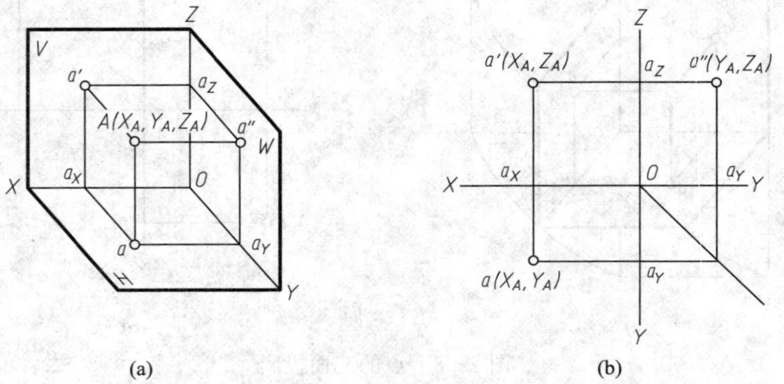


图 2-10 点的投影与坐标之间的关系

## 三、两点的相对位置与重影点

1. 两点的相对位置

两点的相对位置指空间两点的上下、前后、左右位置关系。这种位置关系可以通过两点

的同面投影（在同一个投影面上的投影）的相对位置或坐标的大小来判断，即 $X$ 坐标大的在左，$Y$ 坐标大的在前，$Z$ 坐标大的在上。

如图 2－11 所示，由于 $X_A > X_B$，故点 $A$ 在点 $B$ 的左方，同理可判断出点 $A$ 在点 $B$ 的上方、后方。

2. 重影点

如图 2－12 所示，点 $C$ 与点 $D$ 位于垂直于 $H$ 面的同一条投射线上，它们的水平投影重合。

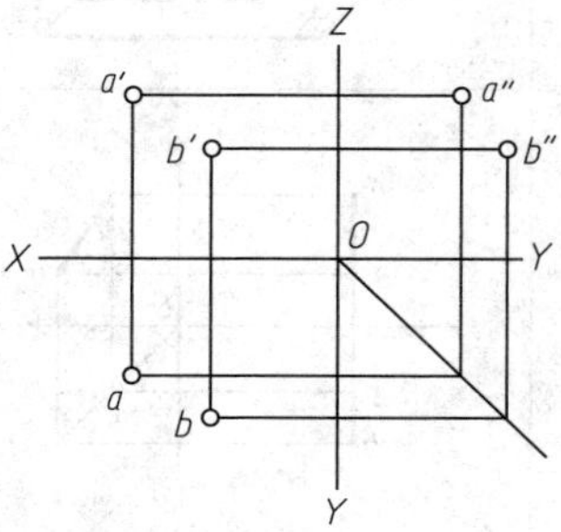

图 2－11　两点的相对位置

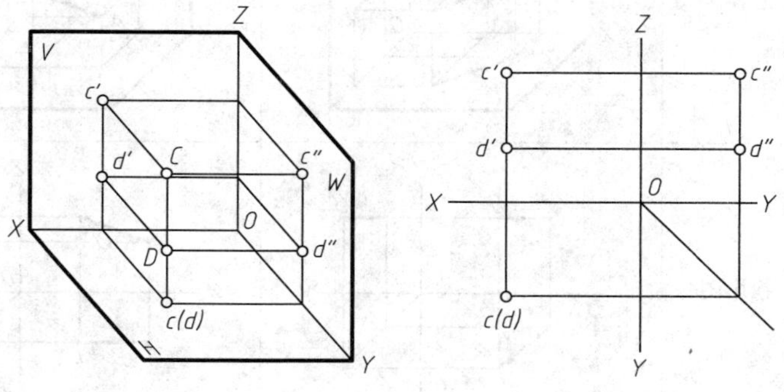

(a)　(b)

图 2－12　重影点

若空间两点在某个投影面上的投影重合，则这两点称为对该投影面的重影点。

重影点的两对同名坐标相等。在图 2－12 中，点 $C$ 与点 $D$ 是对 $H$ 面的重影点，$X_C = X_D$，$Y_C = Y_D$。由于 $Z_C > Z_D$，故点 $C$ 在点 $D$ 的上方。若沿投影线方向进行观察，看到者为可见，被遮挡者为不可见。为了表示点的可见性，被挡住的点的投影加括号表示，如图 2－12 所示。

## 第三节　直线的投影

### 一、直线的投影

由平面几何得知，两点确定一条直线，故直线的投影可由直线上两点的投影确定。如图 2－13 所示，分别将 $A$、$B$ 两点的同面投影用直线相连，则得到直线 $AB$ 的投影。

### 二、直线的投影特性

直线在三投影面体系中的投影特性取决于直线与三个投影面之间的相对位置。根据直线与三个投影面之间的相对位置不同，可将直线分为三类：投影面平行线、投影面垂直线和一般位置直线。投影面平行线和投影面垂直线又称为特殊位置直线。

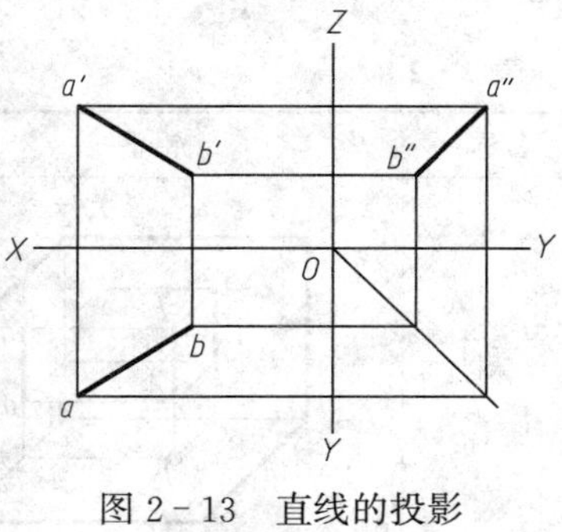

图 2－13　直线的投影

1. 投影面平行线

平行于某一投影面而与其余两投影面倾斜的直线。其中，平行于 $H$ 面的直线称为水平线，平行于 $V$ 面的直线称为正平线，平行于 $W$ 面的直线称为侧平线。它们的投影特性见表 2-1。直线与 $H$ 面、$V$ 面、$W$ 面的倾角分别为 $\alpha$、$\beta$、$\gamma$。

**表 2-1　　投影面平行线的投影特性**

| 名称 | 水平线 | 正平线 | 侧平线 |
|---|---|---|---|
| 立体图 | 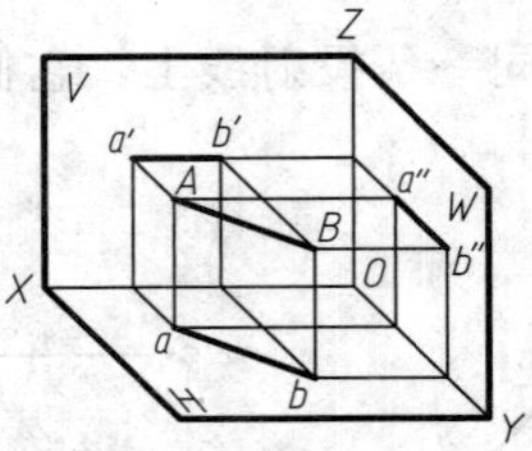 | 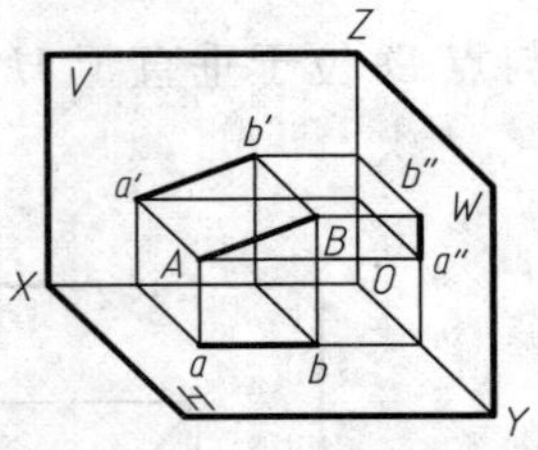 | 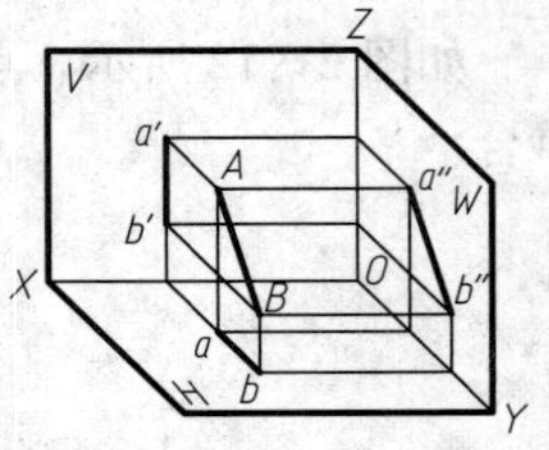 |
| 投影图 | 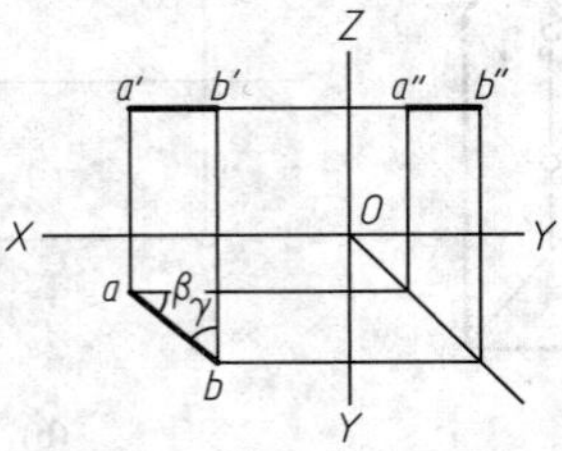 | 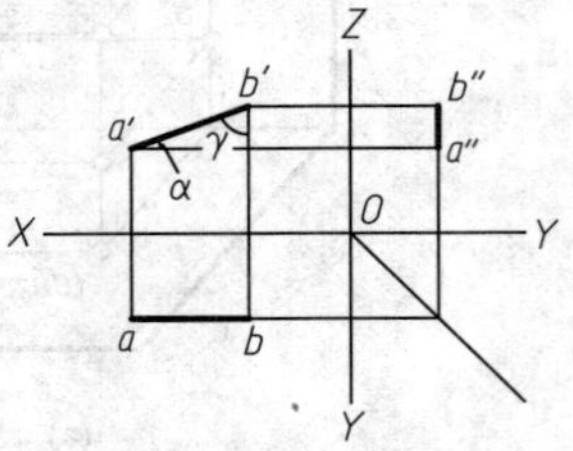 | 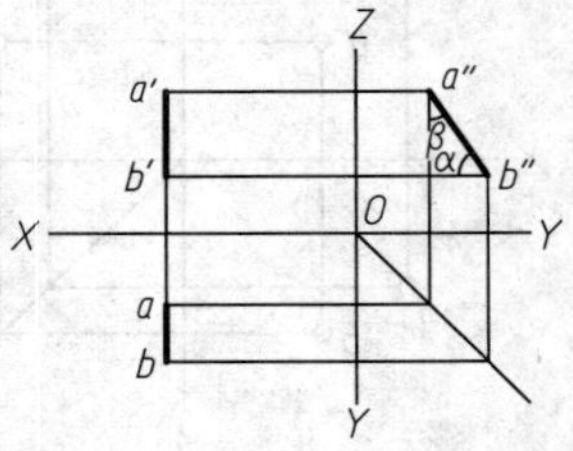 |
| 投影特性 | $ab=AB$，反映实长；<br>$ab$ 与 $OX$ 轴的夹角反映 $AB$ 对 $V$ 面的倾角 $\beta$；$ab$ 与 $OY$ 轴的夹角反映 $AB$ 对 $W$ 面的倾角 $\gamma$；<br>$a'b'//OX$，$a''b''//OY$ | $a'b'=AB$，反映实长；<br>$a'b'$ 与 $OX$ 轴的夹角反映 $AB$ 对 $H$ 面的倾角 $\alpha$；$a'b'$ 与 $OZ$ 轴的夹角反映 $AB$ 对 $W$ 面的倾角 $\gamma$；<br>$ab//OX$，$a''b''//OZ$ | $a''b''=AB$，反映实长；<br>$a''b''$ 与 $OY$ 轴的夹角反映 $AB$ 对 $H$ 面的倾角 $\alpha$；$a''b''$ 与 $OZ$ 轴的夹角反映 $AB$ 对 $V$ 面的倾角 $\beta$；<br>$ab//OY$，$a'b'//OZ$ |

根据表 2-1 可知，投影面平行线的投影特性有以下两个方面：

(1) 在其平行的投影面上的投影反映实长，且投影与投影轴的夹角分别反映直线与相邻两个投影面的倾角的实际大小。

(2) 另外两个投影面上的投影分别平行于相应的投影轴，且长度比空间直线段短。

2. 投影面垂直线

垂直于某一投影面而与其余两个投影面平行的直线。其中，垂直于 $H$ 面的直线称为铅垂线，垂直于 $V$ 面的直线称为正垂线，垂直于 $W$ 面的直线称为侧垂线。它们的投影特性见表 2-2。

**表 2-2　　投影面垂直线的投影特性**

| 名称 | 铅垂线 | 正垂线 | 侧垂线 |
|---|---|---|---|
| 立体图 | 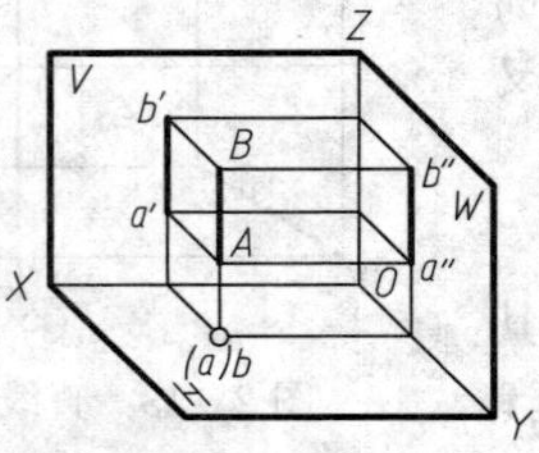 | 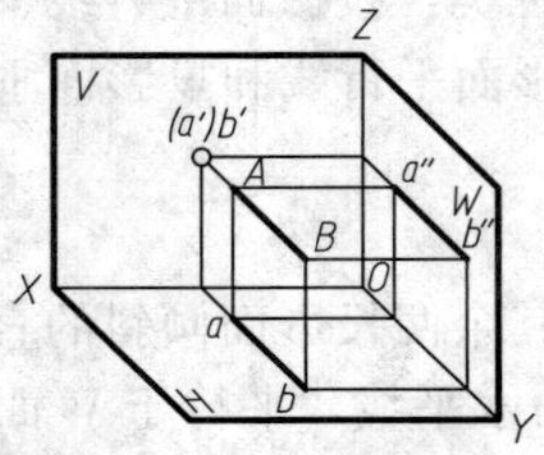 | 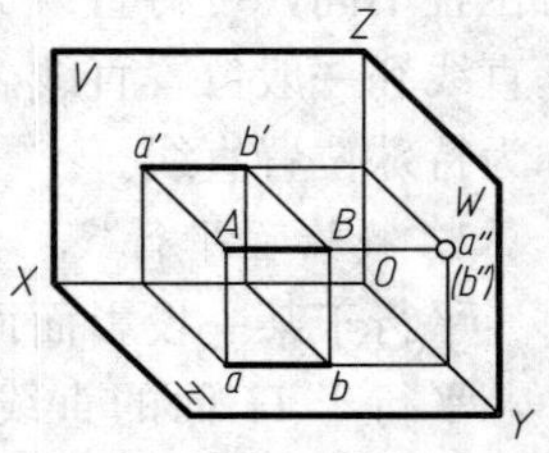 |

续表

| 名称 | 铅垂线 | 正垂线 | 侧垂线 |
|---|---|---|---|
| 投影图 | 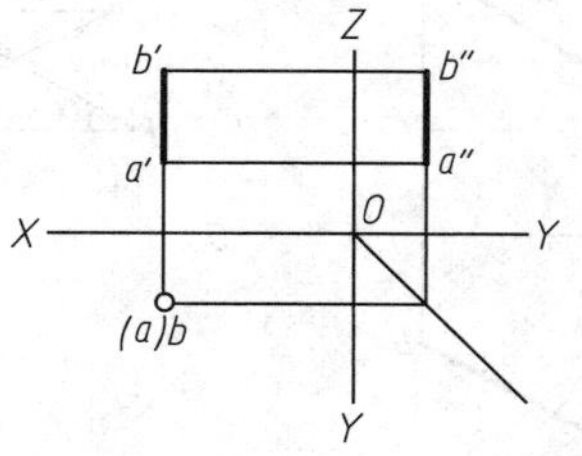 | 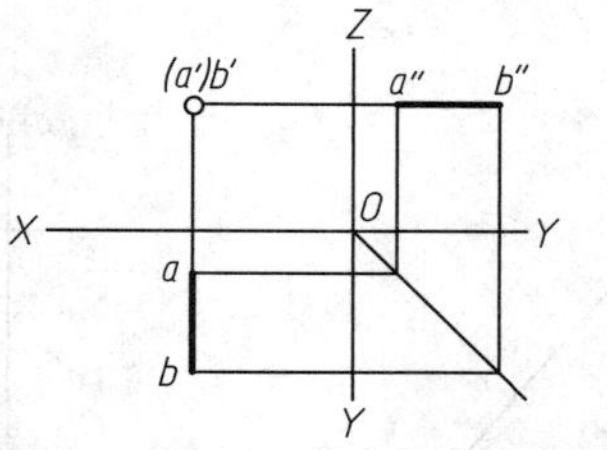 | 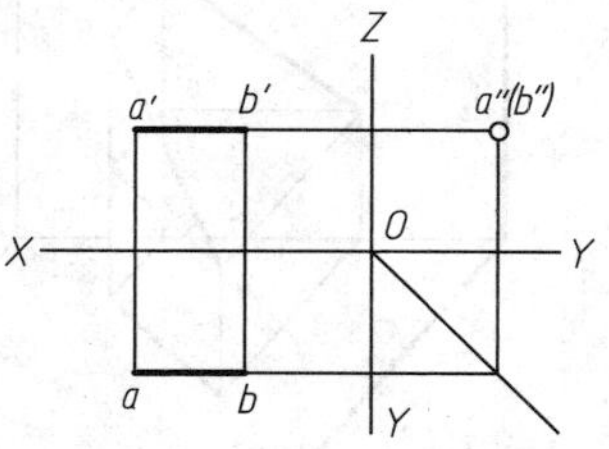 |
| 投影特性 | 水平投影积聚为一点；<br>$a'b'=a''b''=AB$，反映实长；<br>$a'b'\perp OX$，$a''b''\perp OY$ | 正面投影积聚为一点；<br>$ab=a''b''=AB$，反映实长；<br>$ab\perp OX$，$a''b''\perp OZ$ | 侧面投影积聚为一点；<br>$ab=a'b'=AB$，反映实长；<br>$ab\perp OY$，$a'b'\perp OZ$ |

根据表 2－2 可知，投影面垂直线的投影特性如下：

(1) 在其垂直的投影面上的投影积聚为一点。

(2) 另外两个投影面上的投影反映空间线段的实长，且分别垂直于相应的投影轴。

3. 一般位置直线

与三个投影面都倾斜的直线称为一般位置直线，如图 2－14 (a) 所示。

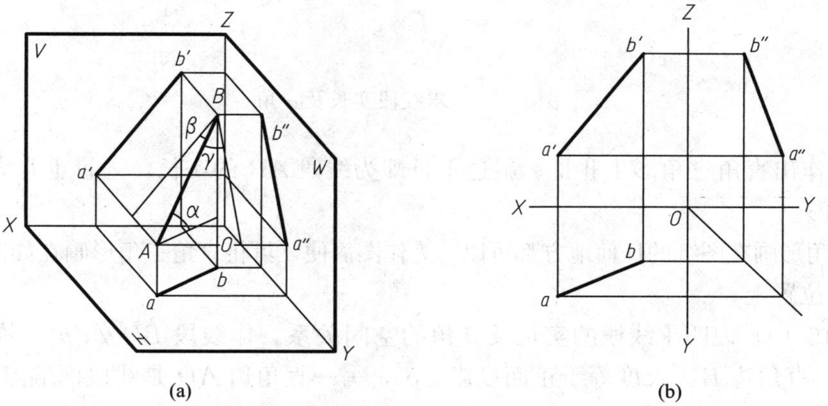


(a)　　　　(b)

图 2－14　一般位置直线

如图 2－14 (b) 所示，一般位置直线的投影特性如下：三个投影都倾斜于投影轴，其与投影轴的夹角并不反映空间线段对投影面的倾角，且三个投影的长度均比空间线段短，即都不反映空间线段的实长。工程上求一般位置线段实长和对投影面的夹角常用的方法为直角三角形法。

图 2－15 (a) 所示为一般位置线段 $AB$ 的直观图。分析线段和它的投影之间的关系，以寻找求线段实长的图解方法。过点 $A$ 作 $AC/\!/ab$，构成直角三角形 $ABC$，其斜边 $AB$ 是空间线段的实长。两直角边的长度均可在投影图上量得。一直角边 $AC$ 的长度等于水平投影 $ab$；另一直角边 $BC$ 是线段两端点 $A$ 和 $B$ 离水平投影面的距离之差，即 $|Z_A-Z_B|$，其长度等于正面投影 $b'c'$。知道直角三角形两直角边的长度，便可作出此三角形。

在投影图上的作图法见图 2－15 (b)。以ⅡⅢ($=b'c'$) 为一直角边，ⅠⅡ($=ab$) 为另

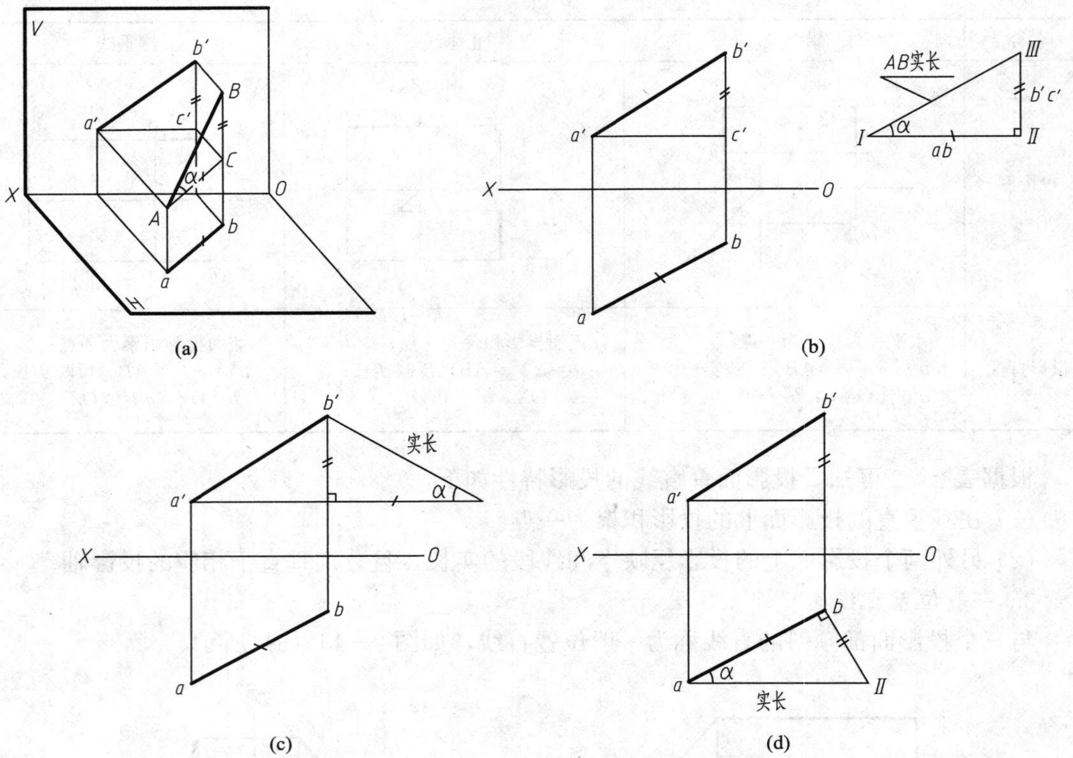


图 2－15　求线段实长及 $\alpha$ 角

一直角边，作出直角三角形ⅠⅡⅢ。斜边ⅠⅢ即为线段 $AB$ 的实长，∠ⅢⅠⅡ为线段 $AB$ 对 $H$ 面的夹角 $\alpha$。

直角三角形画在图纸的任何地方都可以。为作图简便，可将直角三角形画在如图 2－15（c）、（d）所示的位置上。

图 2－16（a）说明求线段的实长及 $\beta$ 角的空间关系。作线段 $BD /\!/ a'b'$，构成直角三角形 $ABD$。一直角边 $BD$ 长度等于正面投影 $a'b'$，另一直角边 $AD$ 是线段两端点 $A$ 和 $B$ 离正立投影面的距离差，即 $|Y_A - Y_B|$，长度等于水平投影 $ad$。

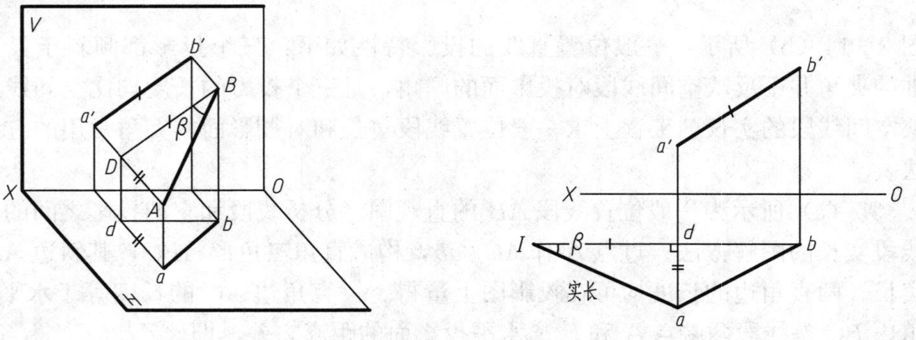


图 2－16　求线段实长及 $\beta$ 角

在投影图上的作图法见图 2－16（b）。作 $bd // OX$，截得长度 $ad$，在 $bd$ 延长线上取 $d$ Ⅰ（$=a'b'$），作出直角三角形 $a$ Ⅰ $d$。斜边 $a$ Ⅰ 即为线段 $AB$ 的实长，$\angle a$ Ⅰ $b$ 为线段 $AB$ 对 $V$ 面的夹角 $\beta$。

图 2－16（b）中求出的实长 $a$ Ⅰ 与图 2－15 中求出的实长是相等的，都是同一线段 $AB$ 的实长。

同理，若要求线段的 $\gamma$ 角，则需利用侧面投影，其原理、方法都是一样的。

直角三角形法的作图要领总结如下：

（1）以线段一投影（如水平投影）的长度为一直角边。

（2）以线段的两端点相对于该投影面（如水平投影面）的距离差（即对该投影面的坐标差）为另一直角边，该距离差可在线段的另一投影图上量得。

（3）所作直角三角形的斜边即为线段的实长。

（4）斜边与该投影（如水平投影）的夹角为线段与该投影面的夹角（如 $\alpha$）。

**【例 2－2】** 已知$\triangle ABC$ 的投影如图 2－17（a）所示，试求$\triangle ABC$ 的实形。

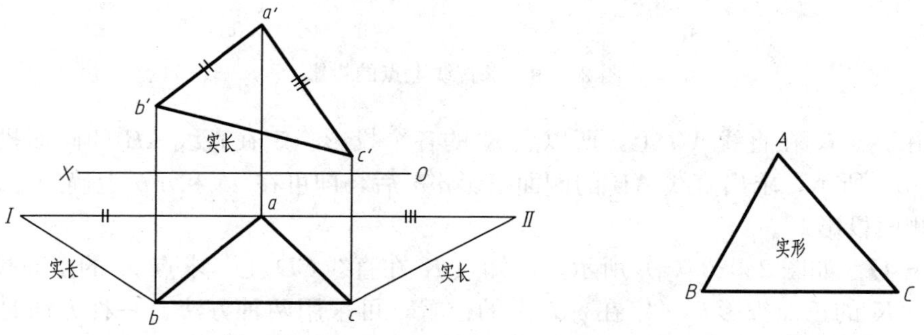


图 2－17　求三角形实形

**解**　先求出三角形各边实长，作图确定三角形的实形。从投影图上判断，$BC$ 边为正平线，故 $b'c'$等于实长，不用再求；用直角三角形法分别求出 $AB$ 边的实长 Ⅰ$b$ 和 $AC$ 边的实长 Ⅱ$c$。用三边的实长作成的三角形 $ABC$ 即为所求。

**三、直线上的点**

如图 2－18 所示，直线与其上的点有如下关系：

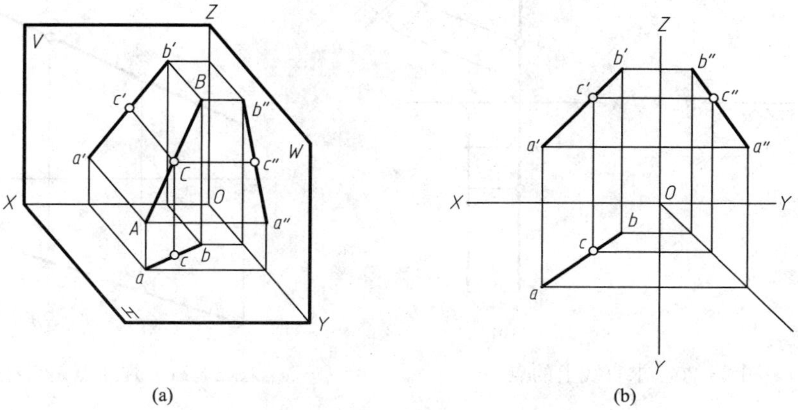


图 2－18　直线上的点

(1) 若点在直线上，则点的投影一定在直线的同面投影上，反之亦然。

(2) 若点在直线上，则点的投影将线段的同面投影分割成与空间线段相同的比例，反之亦然，即 $ac:cb=a'c':c'b'=a''c'':c''b''=AC:CB$。

1. 求直线上点的投影

**【例 2-3】** 如图 2-19（a）所示，已知点 $K$ 在直线 $AB$ 上，求作它们的三面投影。

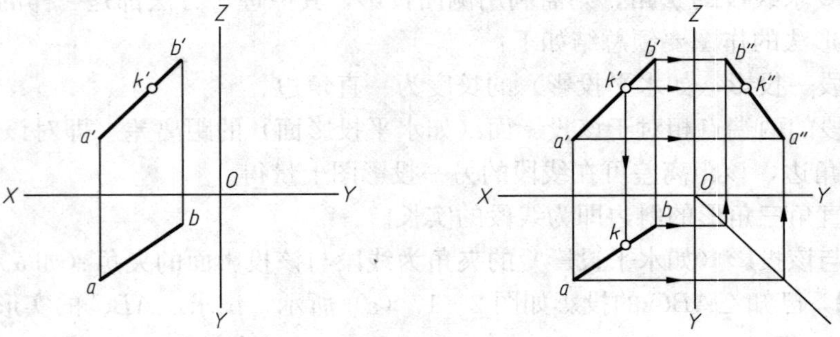


(a) (b)

图 2-19 求直线上点的投影

**解** 由于点 $K$ 在直线 $AB$ 上，所以点 $K$ 的各个投影一定在直线 $AB$ 的同面投影上。如图 2-19（b）所示，求出直线 $AB$ 的侧面投影 $a''b''$后，即可在 $ab$ 和 $a''b''$上确定点 $K$ 的水平投影 $k$ 和侧面投影 $k''$。

**【例 2-4】** 如图 2-20（a）所示，已知点 $K$ 在直线 $CD$ 上，求点 $K$ 的正面投影。

**解** 点 $K$ 的正面投影 $k'$一定在 $c'd'$上的位置，可采用两种方法：一种方法是求出它们的侧面投影（作图略）；另一种方法如图 2-20（b）所示，用点分线段成定比的方法作图。

2. 判断点是否在直线上

判断点是否在直线上，一般只需判断两个投影面上的投影即可。如图 2-21 所示，可以判断出点 $C$ 在直线 $AB$ 上，而点 $D$ 不在直线 $AB$ 上（因 $d$ 不在 $ab$ 上）。但是当直线为投影

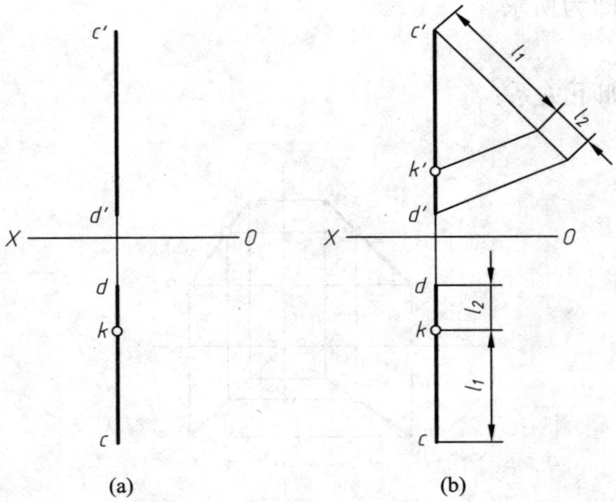


(a) (b)

图 2-20 求直线上的点

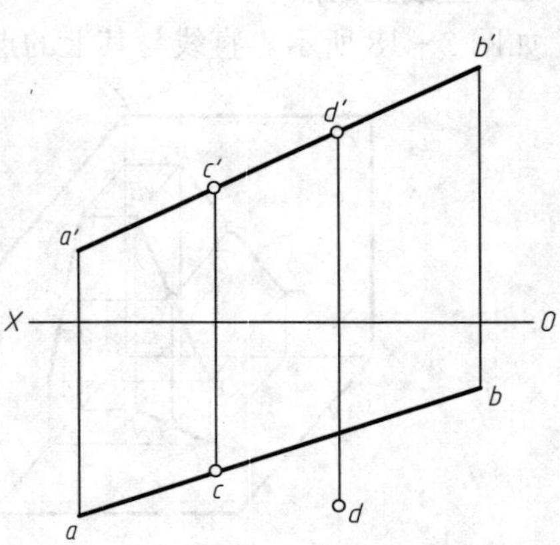


图 2-21 判断点是否在直线上

面平行线且给出的两个投影又都平行于投影轴时，则还需求出第三个投影进行判断，或用点分线段成定比的方法判断。

**【例 2-5】** 如图 2-22（a）所示，已知侧平线 $AB$ 及点 $M$ 的正面投影和水平投影，判断点 $M$ 是否在直线 $AB$ 上。

**解**　判断方法有两种。

（1）求出它们的侧面投影。如图 2-22（b）所示，由于 $m''$ 不在 $a''b''$ 上，故点 $M$ 不在直线 $AB$ 上。

（2）用点分线段成定比的方法判断。如图 2-22（a）所示，由于 $am:mb \neq a'm':m'b'$，故点 $M$ 不在直线 $AB$ 上。

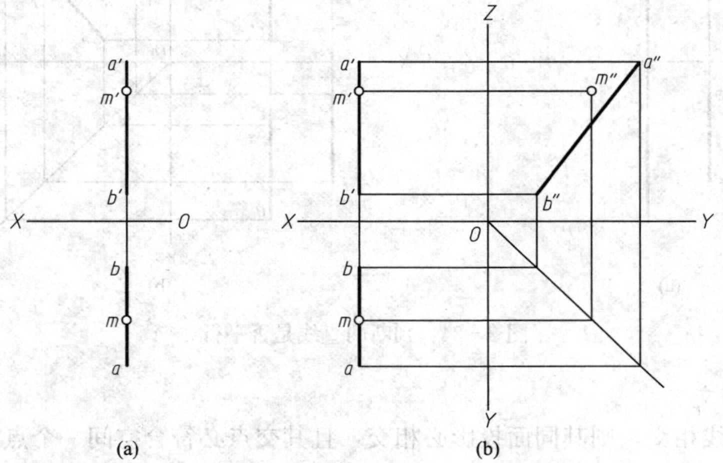


图 2-22　判断点 $M$ 是否在直线 $AB$ 上

## 四、两直线的相对位置

空间两直线的相对位置有三种：平行、相交和交叉（异面）。

1. 两直线平行

若空间两直线互相平行，则其三个同面投影必分别相互平行；若两直线的三个同面投影分别相互平行，则空间两直线必相互平行，如图 2-23 所示。

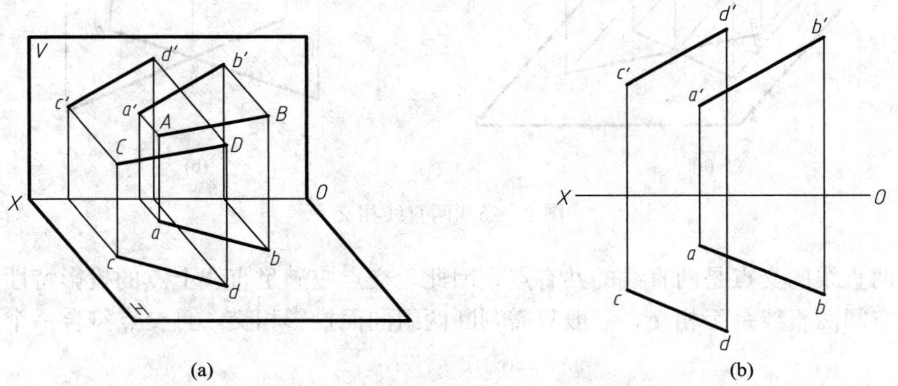


图 2-23　两直线平行

判断空间两直线是否平行，一般情况下，只需判断两直线的任意两对同面投影是否分别平行，如图 2-23（b）所示。但是当两直线均平行于某一投影面时，只有当所平行的投影面上的投影平行时，才能判断其相互平行。如图 2-24（a）所示，$CD$、$EF$ 为侧平线，虽然 $cd /\!/ ef$，$c'd' /\!/ e'f'$，但求出侧面投影后，如图 2-24（b）所示，由于 $c''d''$ 不平行于 $e''f''$，故直线 $CD$、$EF$ 不平行。

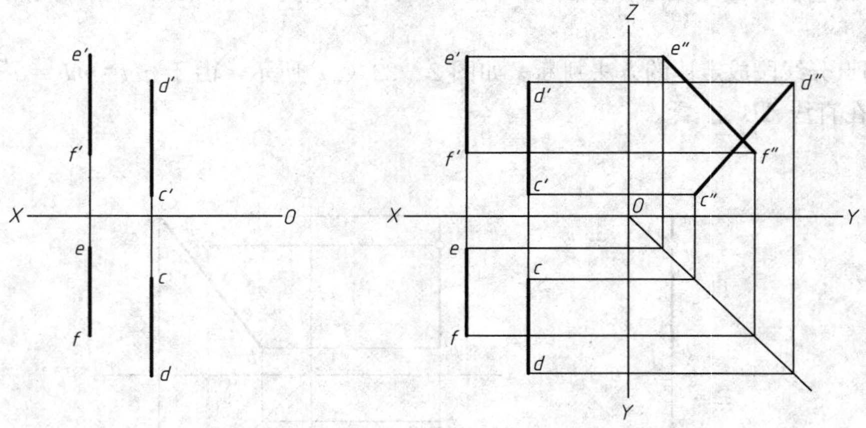


图 2-24　判断两直线是否平行

2. 两直线相交

若空间两直线相交，则其同面投影必相交，且其交点必符合空间一个点的投影特性，反之亦然。如图 2-25 所示，直线 $AB$、$CD$ 相交于点 $K$，其投影 $ab$ 与 $cd$、$a'b'$ 与 $c'd'$ 分别相交于 $k$、$k'$，且 $kk' \perp OX$ 轴。

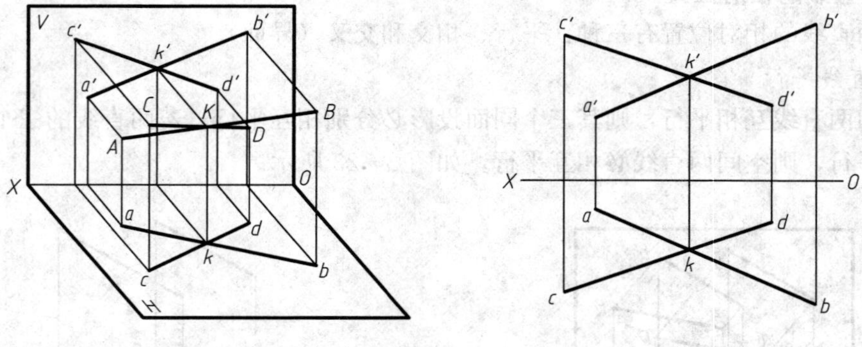


图 2-25　两直线相交

相交两直线的交点是两直线的共有点，因此，交点应满足直线上点的投影特性。

判断空间两直线是否相交，一般只需判断两组同面投影相交，且交点符合一个点的投影特性即可。

**【例 2-6】** 如图 2-26（a）所示，判断直线 $AB$、$CD$ 是否相交。

**解**　由于 $AB$ 是一条侧平线，所以根据所给的两组同面投影还不能确定两条直线是否相交。可用两种方法判断。

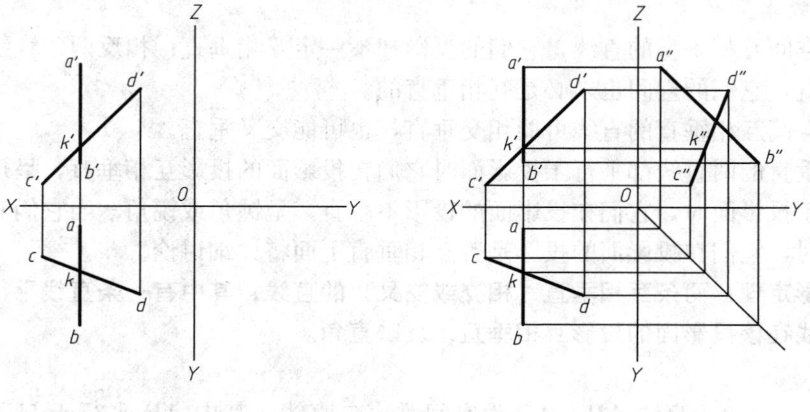


图 2-26　判断两直线是否相交

(1) 求出侧面投影。如图 2-26 (b) 所示，虽然 $a''b''$、$c''d''$ 也相交，但其相交点不是点 $K$ 的侧面投影，即点 $K$ 不是两直线的共有点，故 $AB$、$CD$ 不相交。

(2) 运用定比定理由投影直接判断。$ak:kb \neq a'k':k'b$，则点 $K$ 不在直线 $AB$ 上，即点 $K$ 不是两直线的共有点，故 $AB$、$CD$ 不相交。

3. 两直线交叉

既不平行又不相交的两直线称为两交叉直线。

如图 2-27 所示，直线 $AB$ 和 $CD$ 为两交叉直线，虽然它们的同面投影相交，但交点不符合一个点的投影特性。

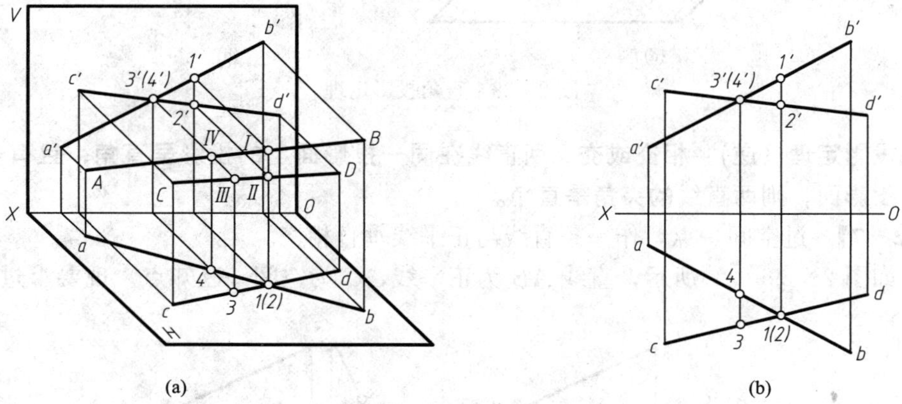


图 2-27　两直线交叉

两交叉直线同面投影的交点是直线上一对重影点的投影，用它可以判断空间两直线的相对位置。在图 2-27 中，直线 $AB$、$CD$ 水平投影的交点是直线 $AB$ 上的点Ⅰ和直线 $CD$ 上的点Ⅱ（对 $H$ 面的重影点）的水平投影 1 (2)，由正面投影可知，点Ⅰ在上，点Ⅱ在下，故直线 $AB$ 在直线 $CD$ 的上方。同理，直线 $AB$ 和直线 $CD$ 正面投影的交点是直线 $AB$ 上的点Ⅳ和 $CD$ 上的点Ⅲ（对 $V$ 面的重影点）的正面投影 $3'$（$4'$），由水平投影可知，点Ⅲ在前，点Ⅳ在后，故直线 $CD$ 在直线 $AB$ 的前方。

4. 两直线垂直

两条在空间互相垂直的直线，它们的投影却不一定互相垂直；相反两条直线在投影面的投影互相垂直，它们的空间也未必是互相垂直的。

两条在空间互相垂直的直线可能相交垂直，也可能交叉垂直。

当互相垂直的两直线都平行于投影面时它们在投影面的投影互相垂直，呈现直角；当它们都不平行于投影面时，它们在投影面的投影不垂直，呈钝角或锐角；当它们其中有一条平行于投影面时，它们在投影面的投影是否互相垂直下面将详细讨论。

**直角投影定理：两条互相垂直（相交或交叉）的直线，其中有一条直线平行于一投影面时，则两直线在该投影面的投影互相垂直，反映直角。**

证明：

见图 2-28（a），直线 $AB$、$AC$ 为空间垂直二直线，其中 $AB$ 平行于 $H$ 面，$AC$ 为一般位置直线。因为 $AB$ 垂直于 $AC$，也垂直于 $Aa$，所以 $AB$ 垂直于平面 $ACca$，由立体几何直线垂直于平面定理可知，$AB$ 垂直于面内任一直线，所以 $AB$ 垂直于 $ac$。又由于 $AB$ 平行于 $ab$，因此，$ab$ 也垂直于 $ac$，即它们在 $H$ 面的投影互相垂直。证毕。

图 2-28（b）所示为它们的投影图。

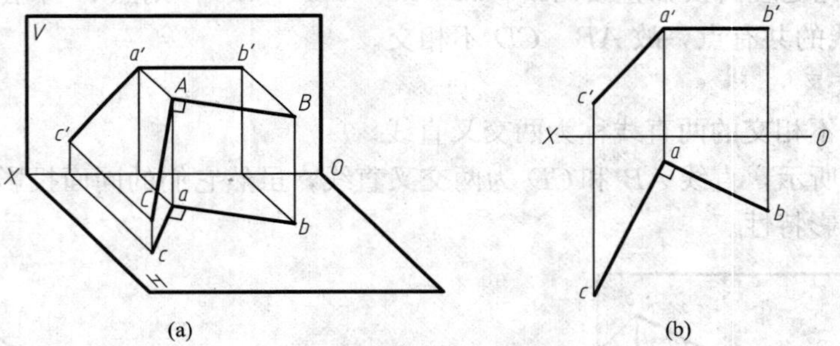


图 2-28　直角投影定理

**直角投影定理（逆）：相交或交叉两直线在同一投影面上的投影呈直角，且有一条直线平行于该投影面，则两直线的夹角是直角。**

**【例 2-7】** 过空间一点，作一条直线与正平线垂直相交。

**解**　如图 2-29（a）所示，直线 $AB$ 为正平线，$C$ 为空间一已知点。现要求过 $C$ 作一

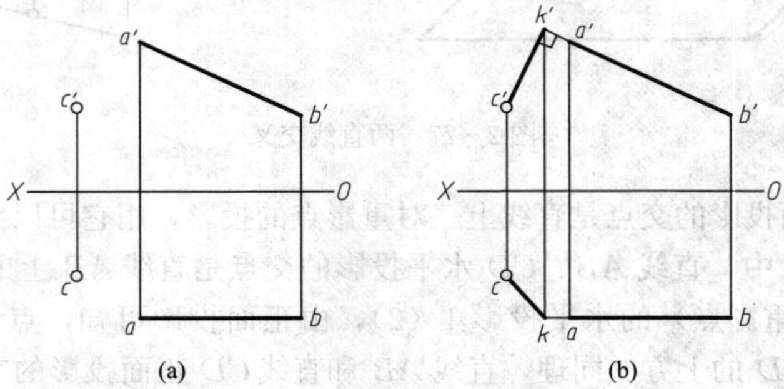


图 2-29　作直线与正平线垂直相交

条直线垂直于 $AB$。设该直线为 $CK$。根据直角投影定理，$CK$ 的正面投影与 $AB$ 的正面投影垂直。由于过 $C$ 可以作无数条垂直于 $AB$ 的直线（包括交叉垂直），所以 $CK$ 的水平投影有无数种情况。但本作图要求的是垂直相交，所以 $CK$ 的水平投影要满足相交的条件，因此情况只有一种。

作图步骤：

(1) 过 $c'$ 作 $a'b'$ 的垂线，与 $a'b'$ 的延长线相交于点 $k'$，即为交点的正面投影。

(2) 过 $k'$ 作投影轴的垂线与 $ab$ 的延长线相交于点 $k$，即为交点的水平投影。

(3) 连接 $ck$，则 $c'k'$ 和 $ck$ 即为所求垂线的两个投影。

**【例 2-8】** 过空间一点，任作一条直线垂直于已知的一般位置直线。

**解**　如图 2-30 (a) 所示，$AB$ 为一般位置直线，$C$ 为空间一已知点。如前所述，过空间一点可作无数条直线垂直于已知直线，本作图要求是任作一条，可根据直角投影定理直接作投影面平行线垂直于它。

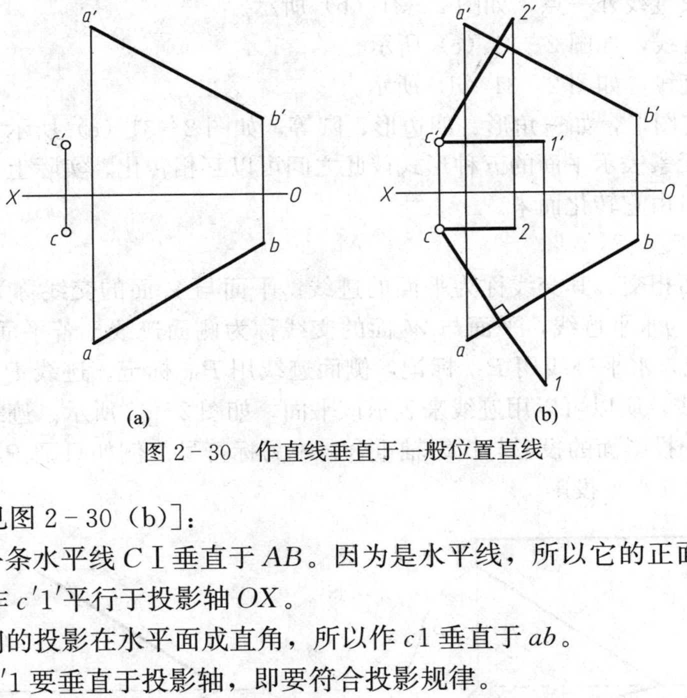


图 2-30　作直线垂直于一般位置直线

作图步骤［见图 2-30 (b)］：

(1) 首先作一条水平线 $C$Ⅰ垂直于 $AB$。因为是水平线，所以它的正面投影应该平行于相应的投影轴，作 $c'1'$ 平行于投影轴 $OX$。

(2) 由于它们的投影在水平面成直角，所以作 $c1$ 垂直于 $ab$。

(3) 注意使 $1'1$ 要垂直于投影轴，即要符合投影规律。

同理还可以作一条正平线 $C$Ⅱ垂直于直线 $AB$。

应该注意，这两条平行线均不与 $AB$ 相交，它们与 $AB$ 的关系是交叉垂直。

作这样两条平行线垂直于一般位置直线，是一种比较重要的作图方法，常用它来解决一些比较困难的问题。

## 第四节　平面的投影

### 一、平面的表示法

1. 用几何元素表示平面

在投影图上，通常用如图 2-31 所示的五组几何元素中的任意一组表示一个平面的投影。

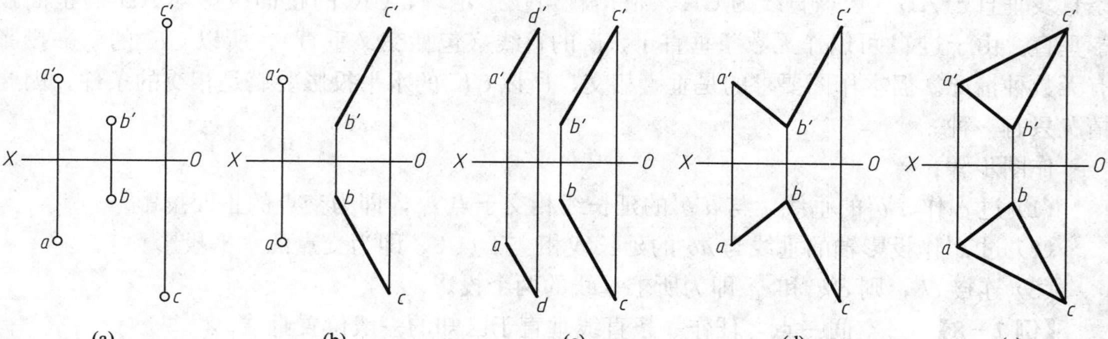


图 2-31 用几何元素表示平面

（1）不在同一直线上的三点，如图 2-31（a）所示。

（2）一直线及直线外一点，如图 2-31（b）所示。

（3）平行两直线，如图 2-31（c）所示。

（4）相交两直线，如图 2-31（d）所示。

（5）平面几何图形，如三角形、四边形、圆等，如图 2-31（e）所示。

以上用几何元素表示平面的五种形式彼此之间可以互相转化。实际上，第一种表示法是基础，后几种均可由它转化而来。

2. 用迹线表示平面

平面与投影面相交，其交线称为平面的迹线。平面与 $V$ 面的交线称为正面迹线，平面与 $H$ 面的交线称为水平迹线，平面与 $W$ 面的交线称为侧面迹线。若平面用 $P$ 标记，则正面迹线用 $P_V$ 标记，水平迹线用 $P_H$ 标记，侧面迹线用 $P_W$ 标记。迹线 $P_V$ 和 $P_H$ 是属于平面 $P$ 的相交两直线，所以可以用迹线来表示该平面，如图 2-32 所示。迹线是投影面内的一条直线，在另两个投影面的投影与投影轴重合，不另标符号。例如只画 $P_V$ 的正面投影，就用 $P_V$ 标记，不画其水平投影。

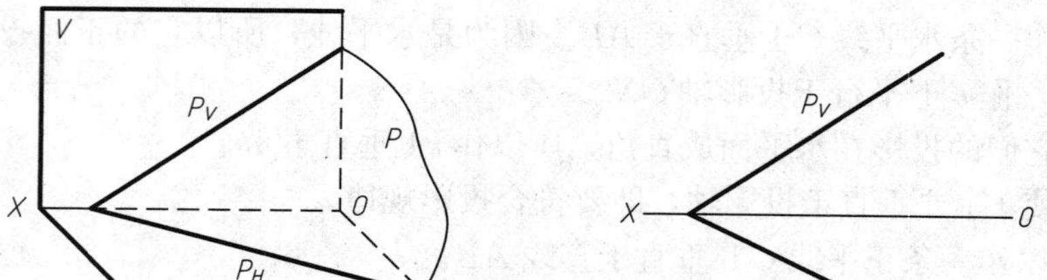


图 2-32 用平面的迹线表示平面

也常用迹线来表示与投影面垂直或平行的平面，其表示方法和符号见平面的投影特性。

## 二、平面的投影特性

1. 平面对一个投影面的投影特性

平面对一个投影面的投影特性取决于平面与投影面的相对位置，可分为以下三种：

（1）平面垂直于投影面。如图 2－33（a）所示，$\triangle ABC$ 垂直于投影面 $P$，它在投影面 $P$ 上的投影积聚成一条直线，平面内所有几何元素在投影面 $P$ 上的投影都重合于这条直线上。这种投影特性称为积聚性。

（2）平面平行于投影面。如图 2－33（b）所示，$\triangle ABC$ 平行于投影面 $P$，它在投影面 $P$ 上的投影反映 $\triangle ABC$ 的实形。这种投影特性称为实形性。

（3）平面倾斜于投影面。如图 2－33（c）所示，$\triangle ABC$ 倾斜于投影面 $P$，它在投影面 $P$ 上的投影与 $\triangle ABC$ 类似。这种投影特性称为类似性。

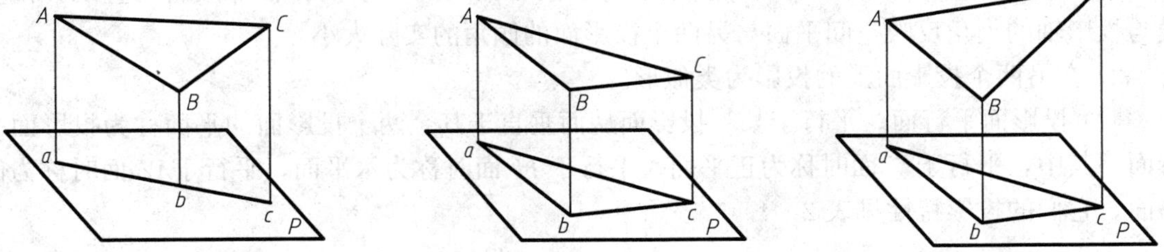


(a)　(b)　(c)

图 2－33　平面对一个投影面的投影特性

2. 平面在三投影面体系中的投影特性

平面在三投影面体系中的投影特性取决于平面对三个投影面的相对位置。根据平面与三个投影面的相对位置不同，可将平面分为三类：投影面垂直面、投影面平行面和一般位置平面。投影面垂直面和投影面平行面又称特殊位置平面。

（1）投影面垂直面。垂直于某一投影面而与其余两投影面都倾斜的平面称为投影面垂直面。其中，垂直于 $V$ 面时称为正垂面，垂直于 $H$ 面时称为铅垂面，垂直于 $W$ 面时称为侧垂面。它们的投影特性见表 2－3。平面与投影面倾角的定义与直线相同。

**表 2－3**　**投影面垂直面的投影特性**

| 名称 | 铅垂面 | 正垂面 | 侧垂面 |
| --- | --- | --- | --- |
| 立体图 | 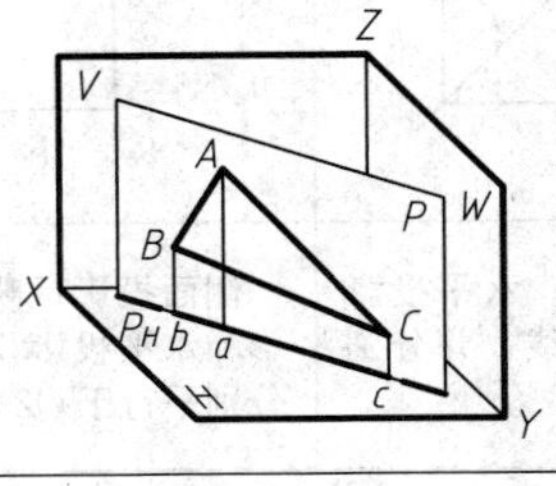 | 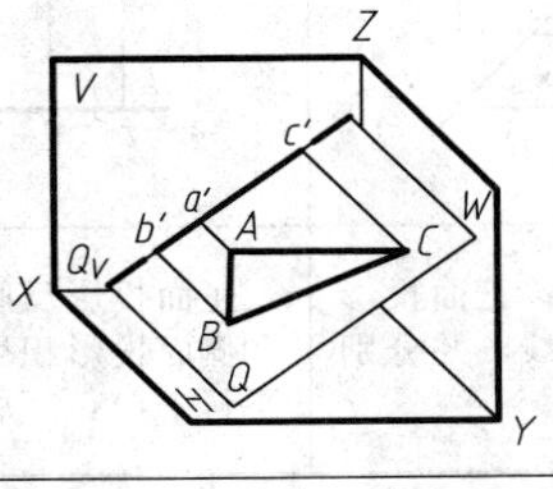 | 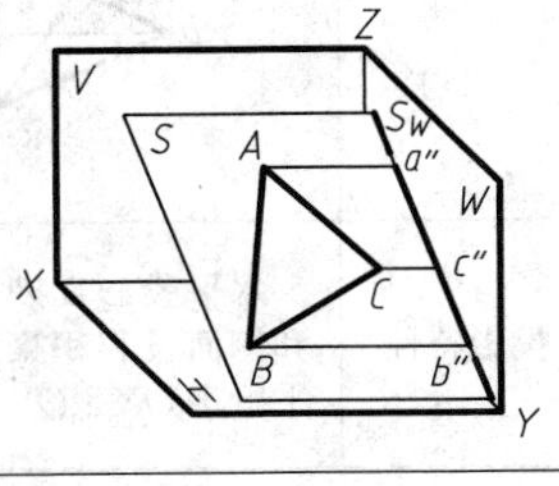 |
| 投影图 | 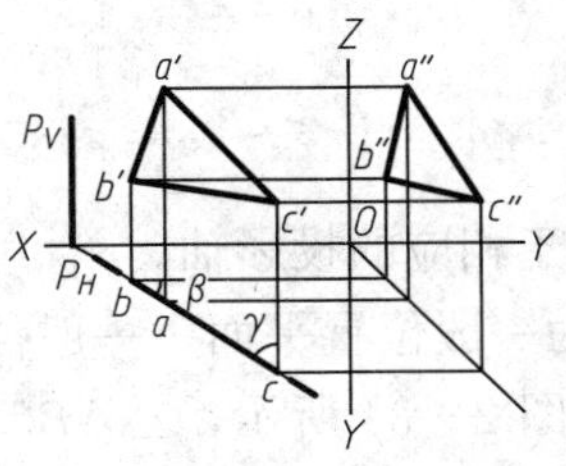 | 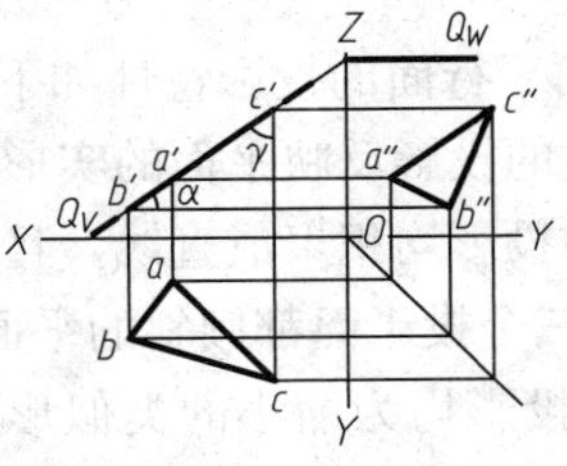 | 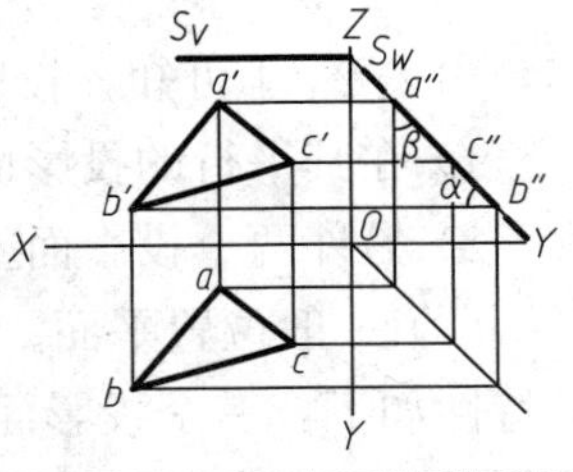 |

续表

| 名称 | 铅垂面 | 正垂面 | 侧垂面 |
| --- | --- | --- | --- |
| 投影特性 | 水平投影积聚为直线，它与 $OX$、$OY$ 轴的夹角分别反映平面对 $V$ 面、$W$ 面的倾角 $\beta$、$\gamma$；正面投影与侧面投影为类似形 | 正面投影积聚为直线，它与 $OX$、$OZ$ 轴的夹角分别反映平面对 $H$ 面、$W$ 面的倾角 $\alpha$、$\gamma$；水平投影与侧面投影为类似形 | 侧面投影积聚为直线，它与 $OY$、$OZ$ 轴的夹角分别反映平面对 $H$ 面、$V$ 面的倾角 $\alpha$、$\beta$；水平投影与正面投影为类似形 |

由表 2－3 可知，投影面垂直面的投影特性如下：

1）在其垂直的投影面上的投影积聚成与该投影面内的两条投影轴都倾斜的直线，该直线与投影轴的夹角反映空间平面与另两个投影面的倾角的实际大小。

2）在另两个投影面上的投影为类似形。

（2）投影面平行面。平行于某一投影面从而垂直于其余两个投影面的平面称为投影面平行面。其中，平行于 $V$ 面时称为正平面，平行于 $H$ 面时称为水平面，平行于 $W$ 面时称为侧平面。它们的投影特性见表 2－4。

**表 2－4　　投影面平行面的投影特性**

| 名称 | 水平面 | 正平面 | 侧平面 |
| --- | --- | --- | --- |
| 立体面 | 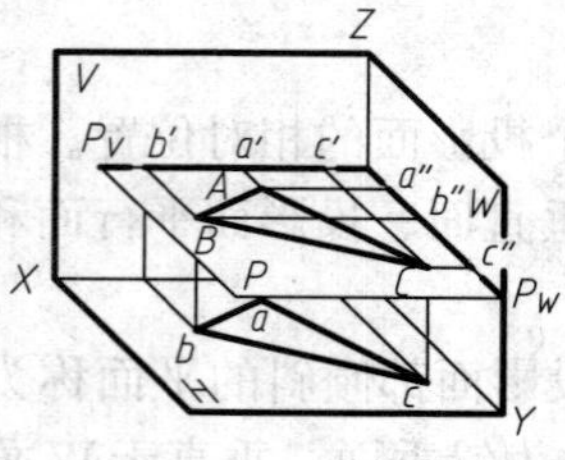 | 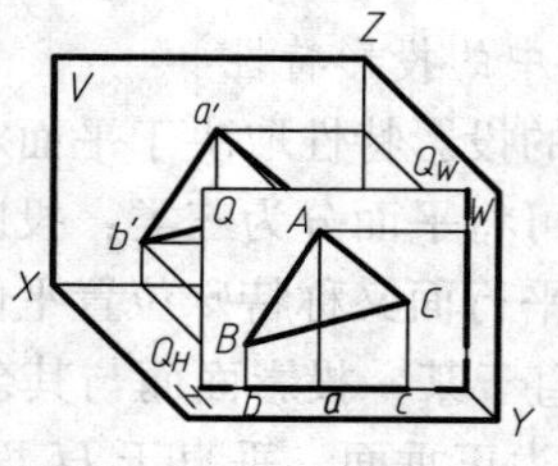 | 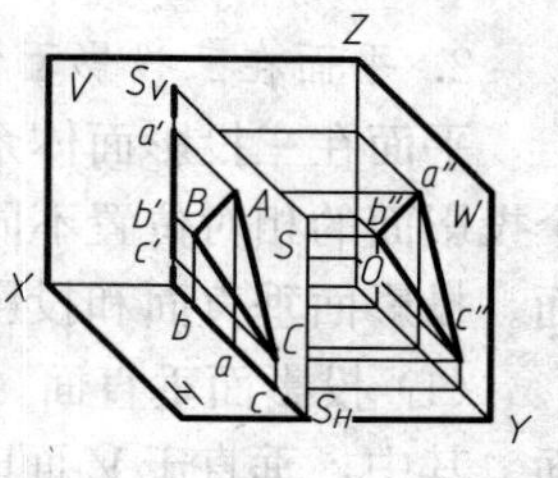 |
| 投影面 | 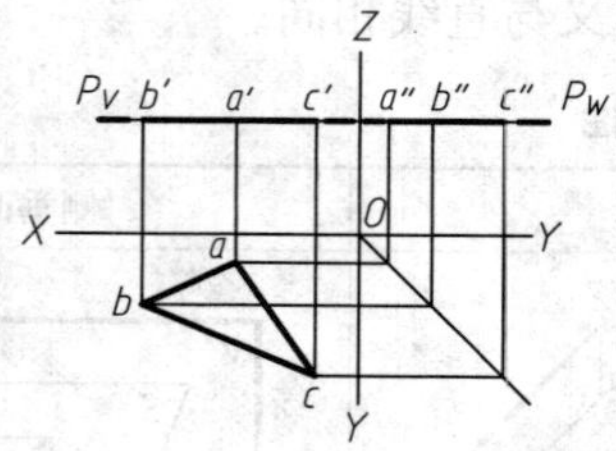 | 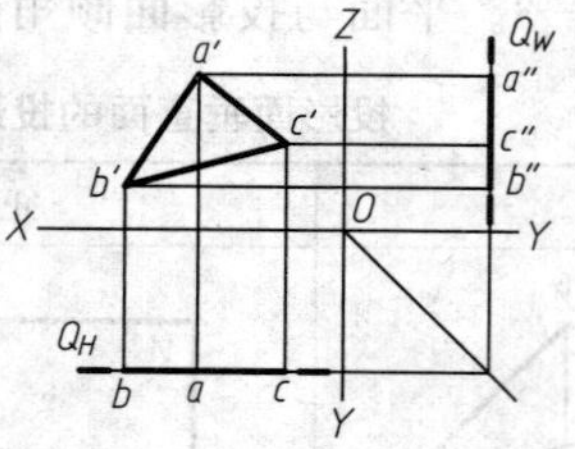 | 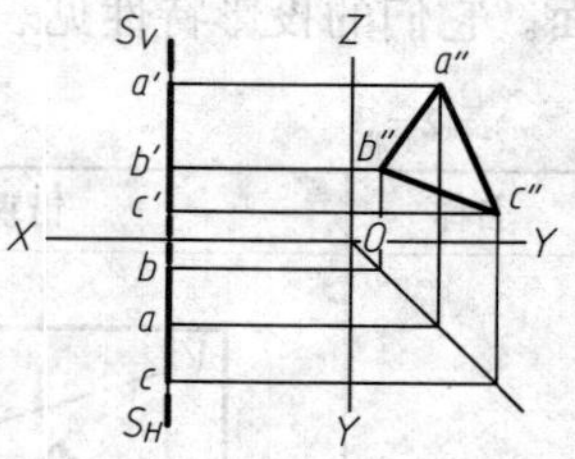 |
| 投影特性 | 水平投影反映实形；正面投影和侧面投影积聚成直线，并分别平行于 $OX$、$OY$ 轴 | 正面投影反映实形；水平投影和侧面投影积聚成直线，并分别平行于 $OX$、$OZ$ 轴 | 侧面投影反映实形；正面投影和水平投影积聚成直线，并分别平行于 $OZ$、$OY$ 轴 |

由表 2－4 可知，投影面平行面的投影特性如下：

1）在其平行的投影面上的投影反映平面的实形。

2）另外两个投影面上的投影均积聚成直线，且平行于相应的投影轴。

（3）一般位置平面。与三个投影面都倾斜的平面称为一般位置平面。一般位置平面的投影特性如下：三个投影面的投影均为缩小的类似形。如图 2－34 所示，$\triangle ABC$ 与三个投影面都倾斜，三个投影为类似形，但都不反映$\triangle ABC$ 的实形。

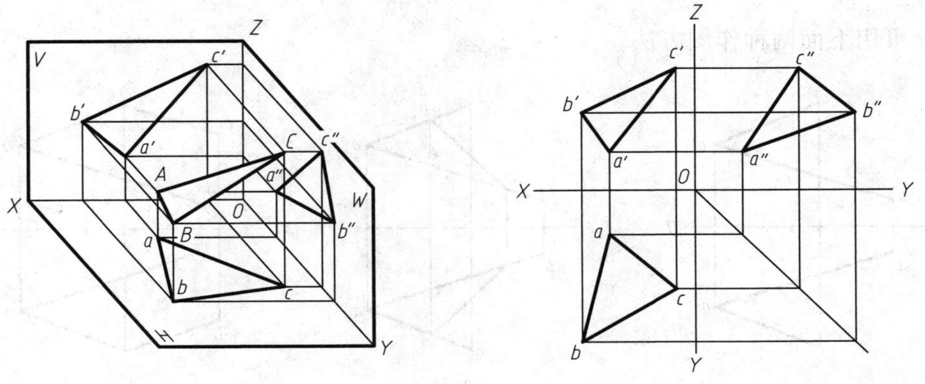


(a)　　(b)

图 2-34　一般位置平面

**【例 2-9】** 如图 2-35（a）所示，△*ABC* 为一正垂面，已知其水平投影及顶点 *B* 的正面投影，且△*ABC* 对 *H* 面的倾角 $\alpha=45°$，求△*ABC* 的正面投影及侧面投影。

**解**　△*ABC* 为一正垂面，它的正面投影应积聚成直线，且该直线与 *OX* 轴的夹角为 45°。

如图 2-35（b）所示，过 $b'$作与 *OX* 轴呈 45°的直线，再分别过 *a*、*c* 作 *OX* 轴的垂线与其相交于 $a'$、$c'$，则得△*ABC* 的正面投影。分别求出各顶点的侧面投影并连接，便得△*ABC* 的侧面投影。

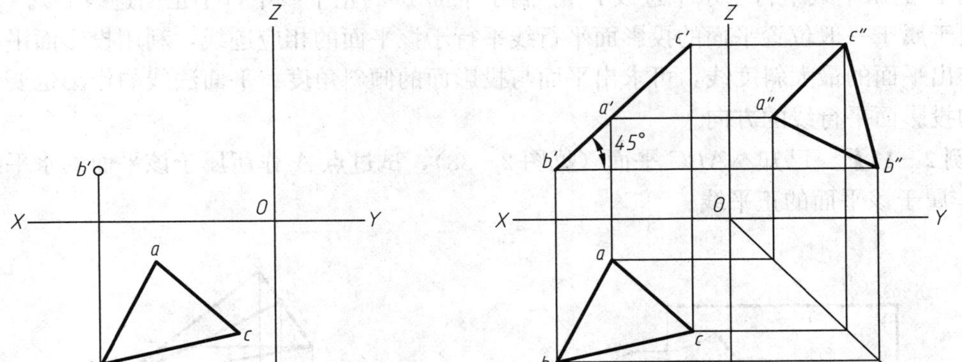


(a)　　(b)

图 2-35　求正垂面的投影

## 三、平面内的直线与点

### 1. 平面内取直线

具备下列条件之一的直线必位于给定的平面内：

（1）直线通过一平面内的两个点。

（2）直线通过平面内的一个点且平行于平面内的某条直线。

**【例 2-10】** 如图 2-36 所示，已知平面由相交两直线 *AB*、*AC* 给出，在平面内任意作一条直线。

**解**　可用下面两种作图方法。

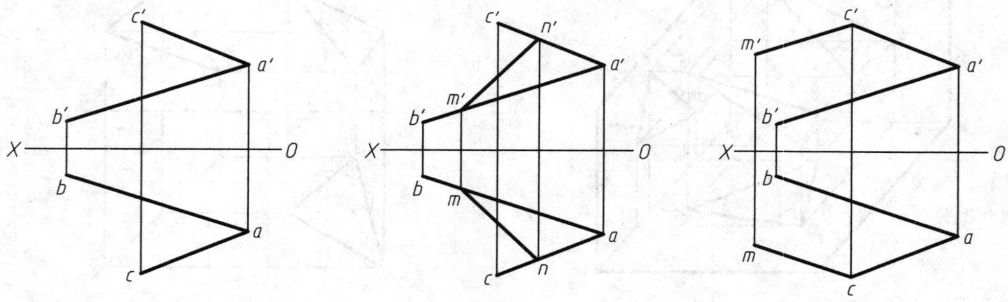


(a)　(b)　(c)

图 2-36　平面内取任意直线

（1）在平面内任找两个点连线，见图 2-36（b）。在直线 $AB$ 上任取一点 $M(m, m')$，在直线 $AC$ 上任取一点 $N(n, n')$，用直线连接 $M$、$N$ 的同面投影，直线 $MN$ 即为所求。

（2）过面内一点作面内已知直线的平行线，见图 2-36（c）。过点 $C$ 作直线 $CM/\!/AB(cm/\!/ab, c'm'/\!/a'b')$，直线 $CM$ 即为所求。

2. 属于平面的投影面平行线

属于平面的投影面平行线具有投影面平行线的投影特性，又与所属平面保持从属关系。

属于一般位置平面或投影面垂直面的投影面平行线方向是一定的。如图 2-37 所示，属于平面 $P$ 的水平线平行于水平迹线 $P_H$。属于平面 $P$ 的正平线平行于正面迹线 $P_V$。

由于属于一般位置平面的投影面平行线平行于该平面的相应迹线，利用投影面平行线的方向作出平面的最大斜度线，可求出平面与投影面的倾斜角度。平面法线的作图也要依靠该平面的投影面平行线的方向。

**【例 2-11】**　已知△$ABC$ 平面（见图 2-38），试过点 $A$ 作所属于该平面的水平线，过点 $C$ 作属于该平面的正平线。

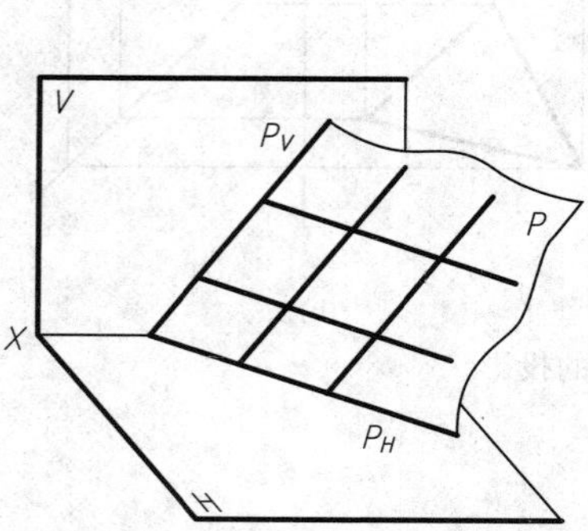


图 2-37　平面内的投影面平行线

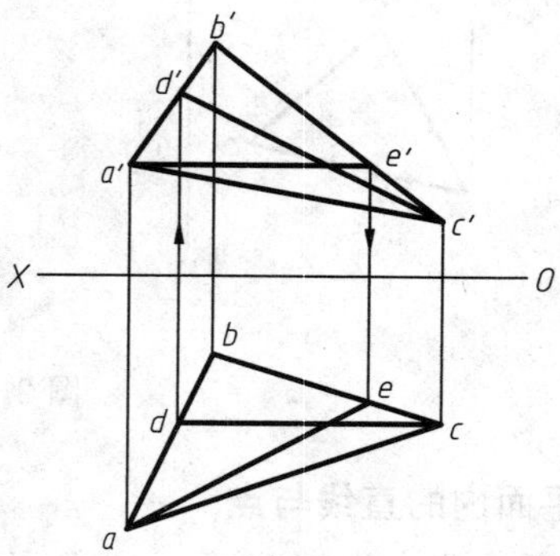


图 2-38　作平面内的水平线和正平线

**解**　水平线的正面投影总是平行于 $OX$ 轴的。因此先过 $a'$ 作 $a'e'$ 平行于 $OX$ 轴，与 $b'c'$ 交于 $e'$；在 $bc$ 上定出 $e$，连 $ae$；$AE(ae, a'e')$ 即为所求水平线。同理，先过 $c$ 作 $cd$ 平行于 $OX$ 轴，然后作出 $c'd'$，$CD(cd, c'd')$ 即为所求正平线。

读者还可再试作该平面内的另一水平线，以验证它们是平行于 $AE$ 的。

**【例 2-12】** 如图 2-39（a）所示，已知平面由△$ABC$ 给出，在平面内作一条正平线，并使其到 $V$ 面的距离为 10mm。

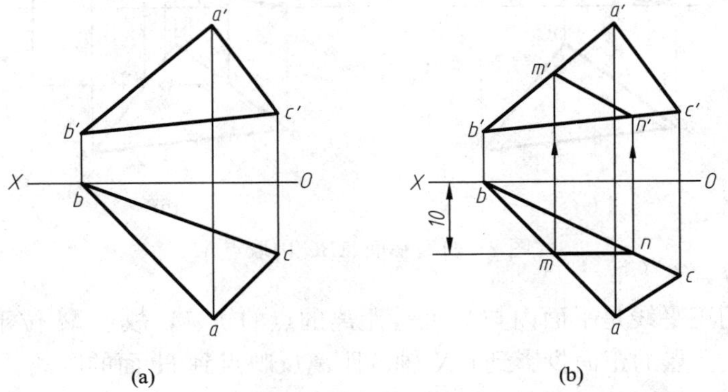


图 2-39　在平面内取正平线

**解**　平面内的投影面平行线应同时具有投影面平行线和平面内的直线的投影特性。因此，所求直线的水平投影应平行于 $OX$ 轴，且到 $OX$ 轴的距离为 10mm，其与直线 $ab$、$bc$ 分别交于 $m$ 和 $n$。过 $m$、$n$ 分别作 $OX$ 轴的垂线与 $a'b'$、$b'c'$ 交于 $m'$、$n'$，连接 $mn$、$m'n'$，即为所求。

3. 平面内取点

点位于平面内的几何条件是点位于平面内的某条直线上，则点的投影也必位于平面内某条直线的同面投影上。因此，在平面内取点应首先在平面内取直线，然后再在该直线上取符合要求的点。

**【例 2-13】** 如图 2-40（a）所示，已知点 $K$ 位于△$ABC$ 内，求点 $K$ 的水平投影。

**解**　在平面内过点 $K$ 任意作一条辅助直线，点 $K$ 的投影必在该直线的同面投影上。

如图 2-40（b）所示，连接 $b'k'$ 与 $a'c'$ 交于 $d'$，求出直线 $AC$ 上点 $D$ 的水平投影 $d$，按投影关系在 $bd$ 上求得点 $K$ 的水平投影 $k$。

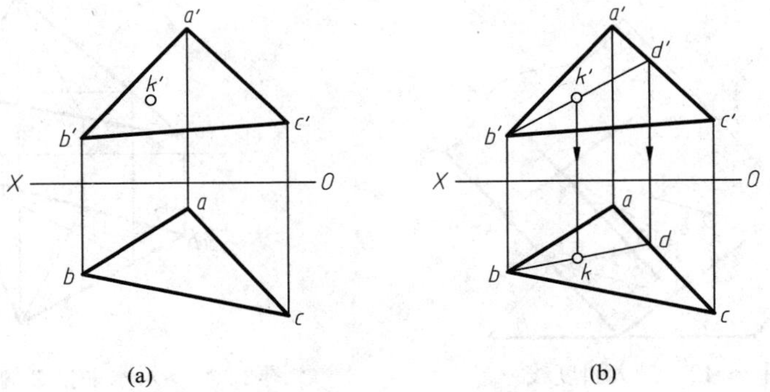


图 2-40　平面$ABC$ 内取点 $K$

**【例 2-14】** 如图 2-41（a）所示，已知△$ABC$ 的两面投影，在△$ABC$ 内取一点 $M$，使其到 $H$ 面和 $V$ 面的距离均为 10mm。

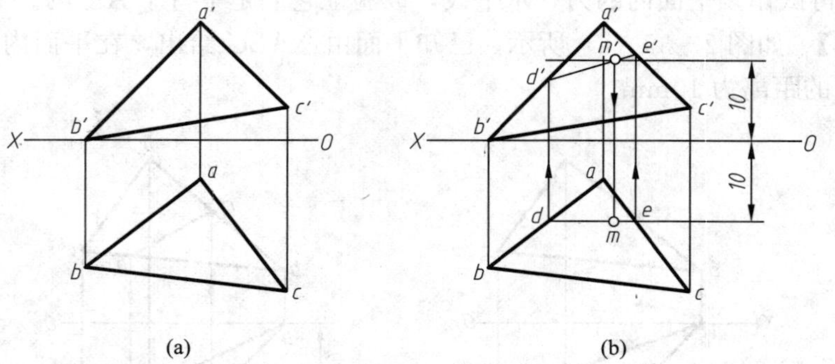


图 2-41　平面 $ABC$ 内取点 $M$

**解**　平面内的正平线是平面内与 $V$ 面等距离的点的轨迹，故点 $M$ 位于平面内距 $V$ 面为 10mm 的正平线上。点的正面投影到 $OX$ 轴的距离反映点到 $H$ 面的距离。

如图 2-41（b）所示，在△$ABC$ 内取距 $V$ 面 10mm 的正平线 $DE$，在正面投影面上作与 $OX$ 轴相距为 10mm 的直线与 $d'e'$ 交于 $m'$，取得点 $M$ 的正面投影，按投影关系在 $de$ 上确定点 $M$ 的水平投影 $m$。

4. 属于平面的最大斜度线

（1）最大斜度线的定义。平面上相对投影面倾角最大的直线称为该平面的最大斜度线，它是属于平面并垂直于该平面的投影面平行线的直线。平面上垂直于水平线的直线，称为对水平投影面的最大斜度线；垂直于正平线的直线，称为对正立投影面的最大斜度线；垂直于侧平线的直线，称为对侧立投影面的最大斜度线。

如图 2-42 所示，直线 $CD$ 是属于平面 $P$ 的水平线，垂直于 $CD$ 且属于平面 $P$ 的直线 $AE$ 是对 $H$ 面的最大斜度线。显然，一平面对 $H$ 面的最大斜度线有相互平行的无穷多条。

如图 2-43 所示，给定平面 $ABC$。为作属于平面的水平投影面的最大斜度线，先任意作一水平线 $CD(cd,\ c'd')$。再根据直角投影定理在平面上任作 $CD$ 的垂线 $AE(ae,\ a'e')$，$AE$ 便是对水平投影面的最大斜度线。

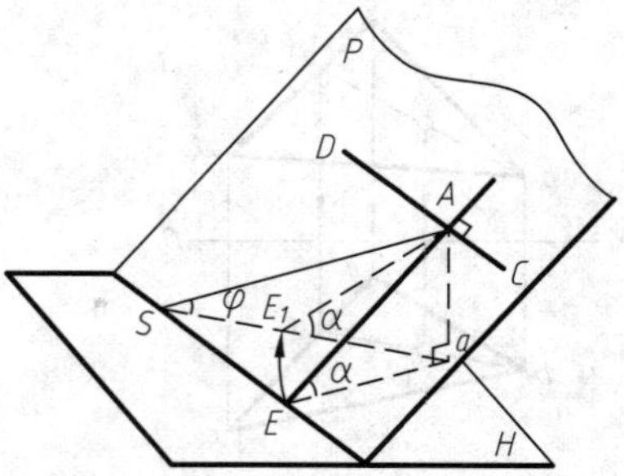


图 2-42　最大斜度线

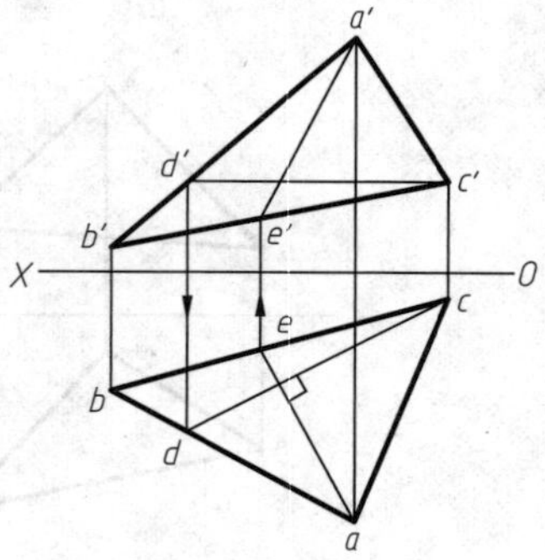


图 2-43　对水平投影的最大斜度线

（2）最大斜度线对投影面的角度最大。如图 2-42 所示，水平线对 $H$ 面的夹角为 0°，最大斜度线对 $H$ 面的角度为 $\alpha$。最大斜度线对投影面的角度是最大的。

如图 2-42 所示，过点 $A$ 作最大斜度线以外的属于平面 $P$ 的任意直线 $AS$。它对 $H$ 面的角度为$\varphi$。因$AE\perp CD$，且$SE /\!/ CD$，故$AE\perp SE$。根据直角投影定理，$aE\perp SE$，则$aS>aE$，两个直角三角形$ASa$和$AEa$有相等的直角边$Aa$，而另一对直角边$aS>aE$，故相应的锐角$\varphi<\alpha$。即最大斜度线对投影面的角度最大。

(3) 平面对投影面的倾角。最大斜度线的几何意义是可以用它来测定平面对投影面的角度。二面角的大小是用平面角测定的。在图2-42中，平面$P$与$H$构成两面角，其平面角$\alpha$即为最大斜度线$AE$对$H$面的角度。

如图2-44所示，给定一平面$ABC$。为求该平面对$H$面的倾角，先任作一属于该平面的对$H$面的最大斜度线$AE$。再用直角三角形法求出线段$AE$对$H$面的倾角$\alpha$即可。

欲求该平面对$V$面的倾角$\beta$，则要作对$V$面的最大斜度线，如图2-45中的$AG$。作出$AG$对$V$面的倾角即为$\beta$。

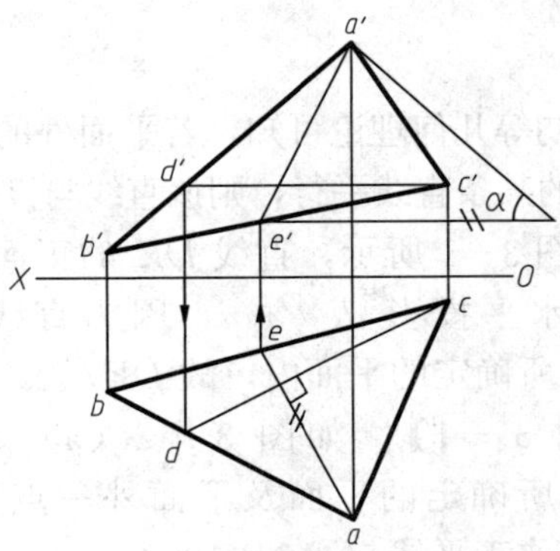


图2-44　平面对$H$面的夹角

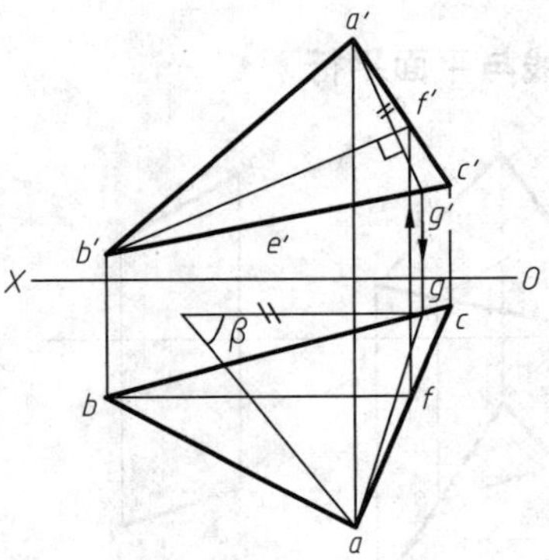


图2-45　平面对$V$面的夹角

**【例2-15】** 试过水平线$AB$作一与$H$面呈30°夹角的平面（见图2-46）。

**解**　因平面对$H$面的最大斜度线与$H$面的夹角反映该平面与$H$面的夹角，只要作出任意一条与已知水平线$AB$垂直相交，且与$H$面呈30°的最大斜度线，则问题得解。

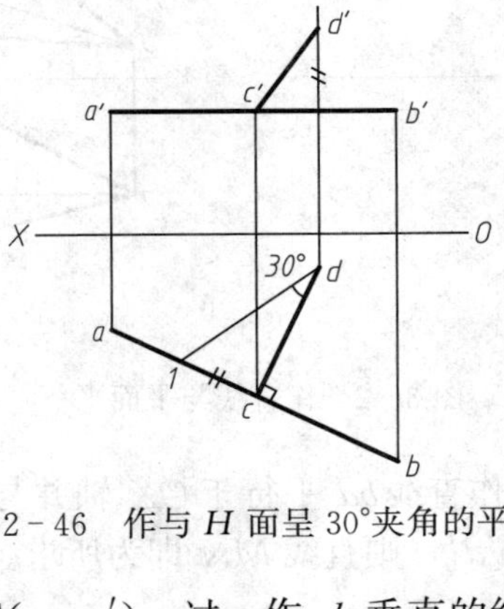


图2-46　作与$H$面呈30°夹角的平面

在水平线$AB$上任取一点$C(c, c')$。过$c$作$ab$垂直的线段$cd$，过$d$作夹角为30°的作图线与$ab$交于1，1$c$即为线段$CD$的$Z$坐标差，由此得$d'$，连接$c'd'$。线段$CD$与水平线$AB$确定的平面即为所求。

# 第三章　直线与平面、平面与平面的相对位置

本章将重点讨论直线与平面、平面与平面之间的平行、相交及垂直关系问题。熟练地掌握这些内容，有助于进一步掌握图示法；同时，对培养空间想象能力和分析、解决空间问题的能力，也有重要作用。

## 第一节　平　行　问　题

### 一、直线与平面平行

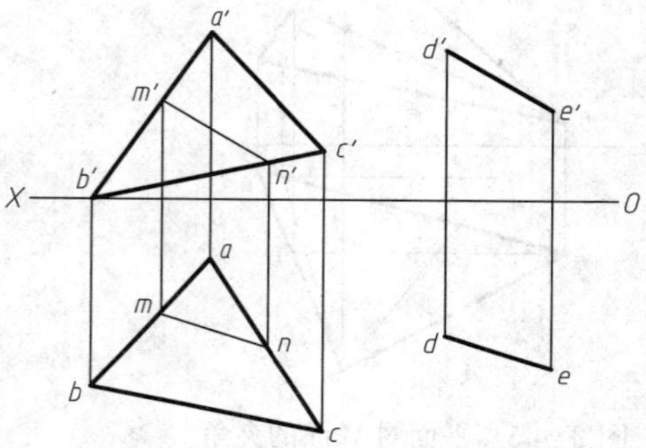


图 3-1　直线与平面平行

由初等几何理论可知，若平面外的一条直线与平面内的某条直线平行，则该直线与该平面平行。

如图 3-1 所示，直线 $DE$ 的正面投影 $d'e'//m'n'$，水平投影 $de//mn$，因为直线 $MN$ 位于 $\triangle ABC$ 所确定的平面内，故 $DE//\triangle ABC$。

**【例 3-1】** 如图 3-2（a）所示，已知 $\triangle ABC$ 所确定的平面及平面外一点 $M$ 的投影，过点 $M$ 作正平线与 $\triangle ABC$ 平行。

**解**　在 $\triangle ABC$ 内取一条正平线，然后过点 $M$ 作该直线的平行线即为所求。

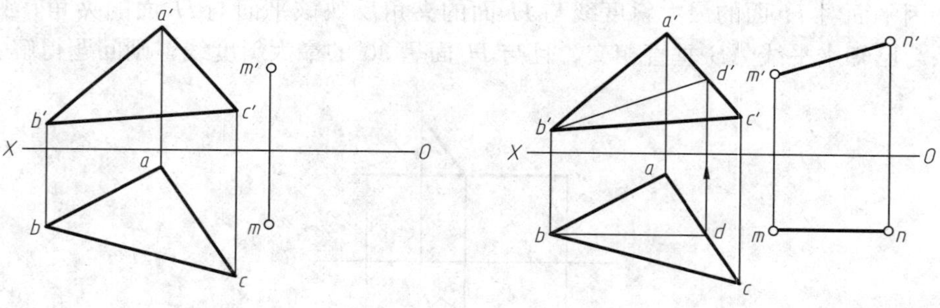


(a)　　(b)

图 3-2　作直线与平面平行

如图 3-2（b）所示，过 $b$ 作直线 $bd$ 平行于 $OX$ 轴并与 $ac$ 交于 $d$，按投影关系在 $a'c'$ 上确定 $d'$。作 $mn//bd$，$m'n'//b'd'$，则直线 $MN$ 即为所求。

### 二、两平面平行

由初等几何理论可知，若一平面内的两条相交直线分别平行于另一平面内的两条相交直线，则两平面相互平行。

**【例 3-2】** 如图 3-3（a）所示，过点 $K$ 作平面与 $\triangle ABC$ 平行。

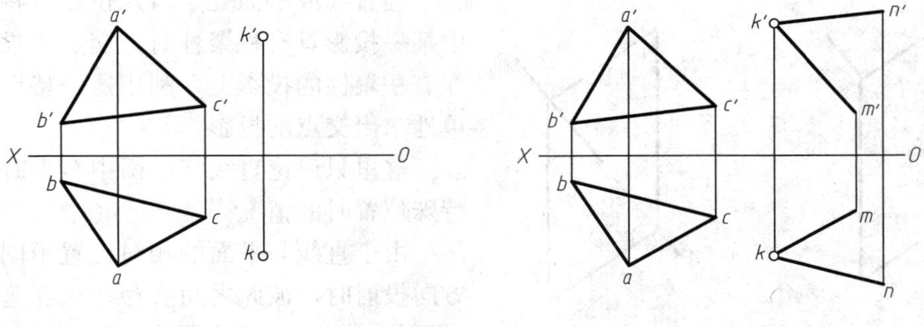


(a)　(b)

图 3-3　过点作平面与已知两平面平行

**解**　根据两平面平行的几何条件，可以将两平面平行的问题转化为两直线平行的问题来解决。

作 $km /\!/ ac$，$k'm' /\!/ a'c'$，则直线 $KM /\!/ AC$。作 $kn /\!/ bc$，$k'n' /\!/ b'c'$，则直线 $KN /\!/ BC$。平面 $MKN$ 即为所求。

**【例 3-3】**　如图 3-4（a）所示，已知 $AB /\!/ CD /\!/ EF /\!/ GH$，判断平面 $ABCD$ 与平面 $EFGH$ 是否平行。

**解**　两平面平行的条件是分别位于两平面内的一对相交直线对应平行。本题只要再判断平面 $ABCD$ 内与 $AB$（或 $CD$）相交的某条直线是否平行于平面 $EFGH$ 内与 $EF$（或 $GH$）相交的一条直线即可。

如图 3-4（b）所示，连接 $ac$ 及 $a'c'$，则直线 $AC$ 在平面 $ABCD$ 内。过 $e'$ 作 $e'k' /\!/ a'c'$ 与 $g'h'$ 交于 $k'$，求直线 $GH$ 上点 $K$ 的水平投影 $k$，连接 $ek$，则直线 $EK$ 在平面 $EFGH$ 内。由于 $ek$ 不平行于 $ac$，故两平面不平行。

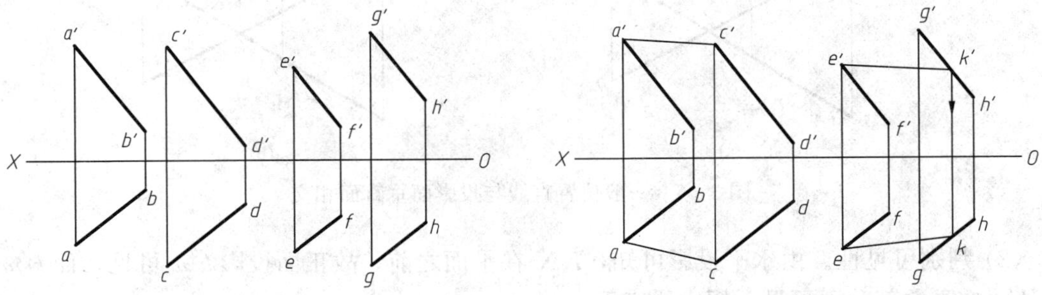


(a)　(b)

图 3-4　判断两平面是否平行

## 第二节　相　交　问　题

### 一、直线与平面相交

直线与平面相交，其交点是直线与平面的共有点。因此，交点的投影既满足直线上点的投影特性，又满足平面内点的投影特性。

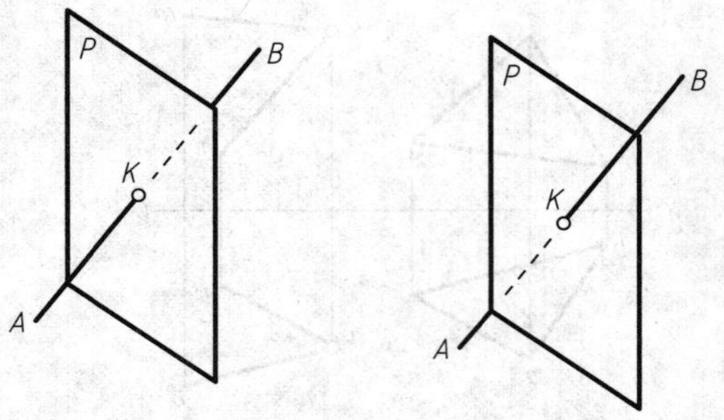


(a) (b)

图 3-5　平面与直线的相互遮挡关系

当直线或平面处于特殊位置，特别是当其中某一投影具有积聚性时，交点的投影也必定在有积聚性的投影上，利用这一特性可以较简单地求出交点的投影。

这里只讨论直线与平面中至少有一个处于特殊位置时的情况。

由于直线与平面的相对位置不同，从某个方向投射时，彼此之间会存在相互遮挡的关系（见图 3-5），且交点是直线的可见段与不可见段的分界点。因此，求出交点后还应判别可见性。

**【例 3-4】** 如图 3-6（a）所示，求直线 $MN$ 与$\triangle ABC$ 的交点 $K$，并判别可见性。

**解** 作图过程如图 3-6（b）所示。

(1) 求交点。$\triangle ABC$ 的水平投影有积聚性，根据交点的共有性可确定交点 $K$ 的水平投影 $k$，再利用点 $K$ 位于直线 $MN$ 上的投影特性，采用线上找点的方法求出交点的正面投影 $k'$。

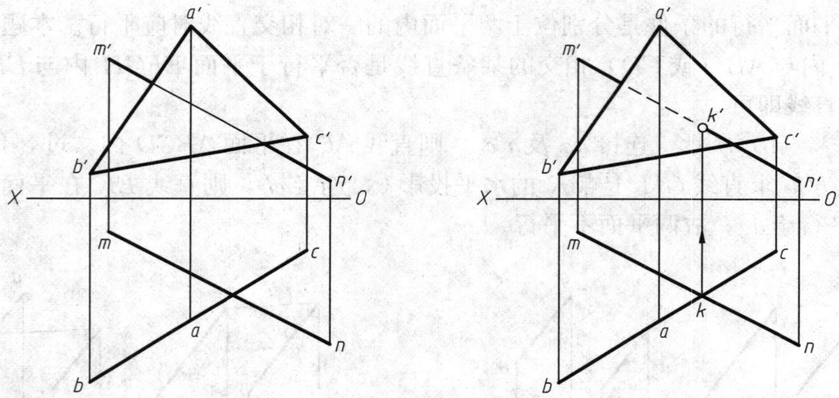


(a) (b)

图 3-6　一般位置直线与投影面垂直面相交

(2) 判别可见性。由水平投影可知，$KN$ 在平面之前，故正面投影 $k'n'$可见，而 $k'm'$与$\triangle a'b'c'$的重叠部分不可见，用虚线表示。

**【例 3-5】** 如图 3-7（a）所示，求铅垂线 $EF$ 与$\triangle ABC$ 的交点 $K$，并判别可见性。

**解** 作图过程如图 3-7（b）所示。

(1) 求交点。因为 $EF$ 的水平投影有积聚性，故交点 $K$ 的水平投影与直线 $EF$ 的水平投影重合。根据交点的共有性，利用交点 $K$ 位于$\triangle ABC$ 内的投影特性，采用面上找点的方法求出交点 $K$ 的正面投影 $k'$。

(2) 判别可见性。选择重影点判别。其方法是判别哪个投影面上的可见性就在哪个投影面上找重影点的投影，如 $m'(n')$。假设点 $M$ 在 $EF$ 上，点 $N$ 在 $AC$ 上，由水平投影可知点 $M$ 在前，点 $N$ 在后，故 $e'k'$可见。

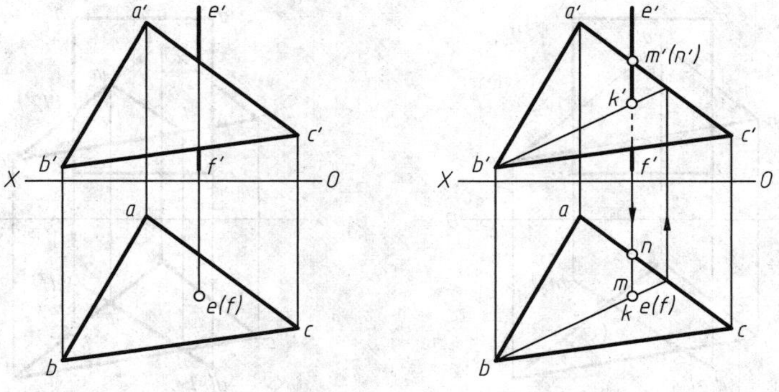


(a)　　　　(b)

图 3－7　特殊位置直线与一般位置平面相交

## 二、两平面相交

两平面相交，其交线为一条直线，它是两平面的共有线。所以，只要确定两平面的两个共有点，或一个共有点及交线的方向，就可确定两平面的交线。

这里只讨论两个相交的平面中至少有一个处于特殊位置时的情况。

**【例 3－6】**　如图 3－8（a）所示，求△*ABC* 和△*DEF* 的交线 *MN*，并判别可见性。

**解**　作图过程如图 3－8（b）所示。

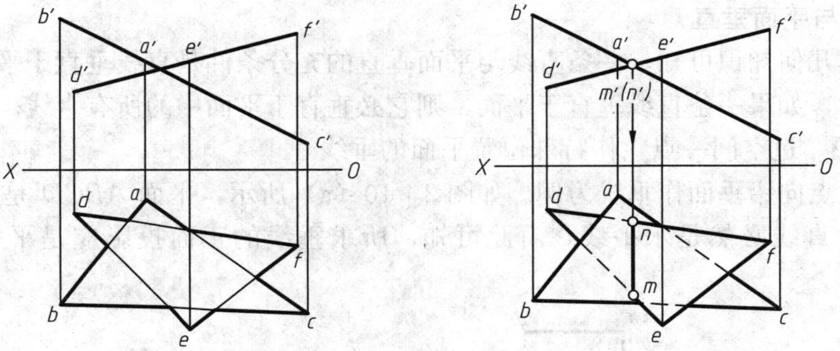


(a)　　　　(b)

图 3－8　两个特殊位置平面相交

（1）求交线。因两平面都垂直于 *V* 面，其交线应为正垂线。两平面的正面投影的交点即为交线的正面投影。交线的水平投影应垂直于 *OX* 轴，由此可求得交线的水平投影。

（2）判别可见性。由正面投影可知，△*DEF* 在交线 *MN* 的左侧部分位于△*ABC* 的下方，其水平投影与△*ABC* 的水平投影相重叠的部分为不可见。

**【例 3－7】**　如图 3－9（a）所示，求△*ABC* 和平面 *DEFH* 的交线 *KM*，并判别可见性。

**解**　作图过程如图 3－9（b）所示。

（1）求交线。平面 *DEFH* 的水平投影有积聚性，它的水平投影与 *bc* 的交点 *k*、与 *ac* 的交点 *m* 即为两平面的共有点的水平投影，分别在 $b'c'$ 和 $a'c'$ 上求出其正面投影 $k'$、$m'$，连接 $k'm'$ 即为交线 *KM* 的正面投影。

（2）判别可见性。选择重影点Ⅰ、Ⅱ判别。点Ⅰ在 *AC* 上，点Ⅱ在 *FH* 上，由于点Ⅰ在

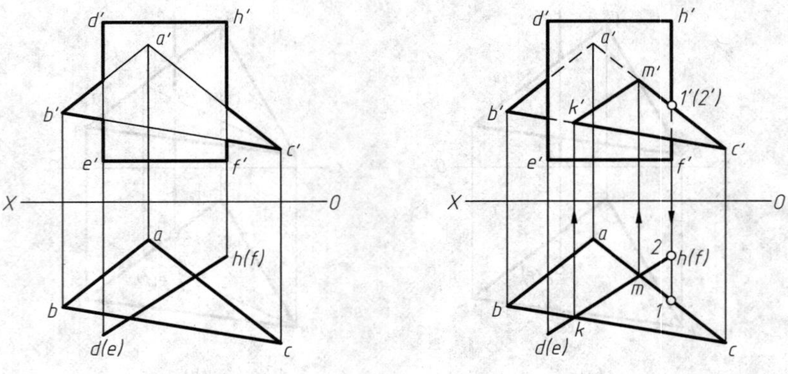


(a) (b)

图 3-9 特殊位置平面与一般位置平面相交

前，点Ⅱ在后，故 $c'm'$ 可见。同理，可判别其余部分的可见性。

利用水平投影也可直观地判别。由水平投影可知，△$ABC$ 的 $CKM$ 部分在平面 $DEFH$ 的前面，其正面投影为可见。

## 第三节 垂 直 问 题

### 一、直线与平面垂直

根据立体几何知识可知，一条直线与平面垂直的充分条件是直线垂直于平面内的两条相交直线；同时，如果一条直线垂直于平面，则它必垂直于平面中的所有直线。

**【例 3-8】** 过空间一点，作特殊位置平面的垂线。

**解** 以过点向铅垂面作垂线为例。如图 3-10（a）所示，平面 $ABCD$ 是铅垂面，过 $K$ 点垂直于它的直线必然是水平线。由此可知，所求垂线的正面投影应是平行于投影轴的直线。

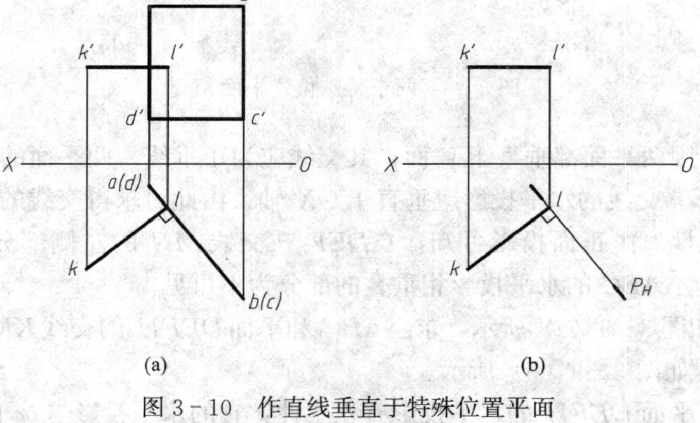


(a) (b)

图 3-10 作直线垂直于特殊位置平面

由于垂线垂直于直线 $AB$ 或 $CD$，而 $AB$、$CD$ 是水平线，根据直角投影定理，垂线水平投影与 $AB$ 或 $CD$ 的水平投影彼此垂直。

作图步骤：

(1) 过 $k$ 作 $kl$ 垂直于 $ab$ 或 $cd$，$l$ 同时也是垂线与平面交点的水平投影。

(2) 过 $k'$ 作 $k'l'$ 平行于投影轴，注意 $l'$ 与 $l$ 的连线应垂直于投影轴。

图 3-10 (b) 所示为当铅垂面用迹线表示时的作图。

**【例 3-9】** 过空间一点，作一般位置平面的垂线。

**解**　作一般位置平面的垂线，无法直接作出，根据直线垂直于平面的条件，需垂直于平面中的两条相交直线，为便于应用直角投影定理，在平面内构建由一条水平线和一条正平线组成的两相交直线，然后作同时垂直于它们的直线。

作图步骤（见图 3-11）：

(1) 过 $C$ 点作水平线 $CD$，得 $c'd'$ 和 $cd$。

(2) 因垂线应垂直于 $CD$，根据直角投影定理，它们的水平投影应相互垂直，所以过 $k$ 作 $kl$ 垂直于 $cd$。不够长可以延长。

(3) 过 $B$ 点作正平线 $BE$，得 $b'e'$ 和 $be$。

(4) 因垂线也应同时垂直于 $BE$，根据直角投影定理，它们的正面投影应相互垂直，所以过 $k'$ 作 $k'l'$ 垂直于 $b'e'$，则 $KL$ 直线，就是所求的平面 $ABC$ 的垂线。

## 二、两平面互相垂直

根据立体几何的知识可知，如果 $A$ 平面包含有 $B$ 平面的垂线，则 $A$ 平面垂直于 $B$ 平面；反之，如果 $A$ 平面垂直于 $B$ 平面，则从 $A$ 平面中的任何点向 $B$ 平面所作的垂线，都必定在 $A$ 平面内。

**【例 3-10】** 过定点作一平面垂直于一般位置平面。

**解**　作图步骤（见图 3-12）：

(1) 过已知点 $S$ 作平面 $ABC$ 的垂线 $SN$，得 $s'n'$ 和 $sn$，作法同例 3-9。

(2) 过 $S$ 点任作一直线 $SM$，则 $SM$ 与 $SN$ 构成的平面即为所求。因为包含 $SN$ 的平面都是垂直于平面 $ABC$ 的平面，所以该问题有无数多解。

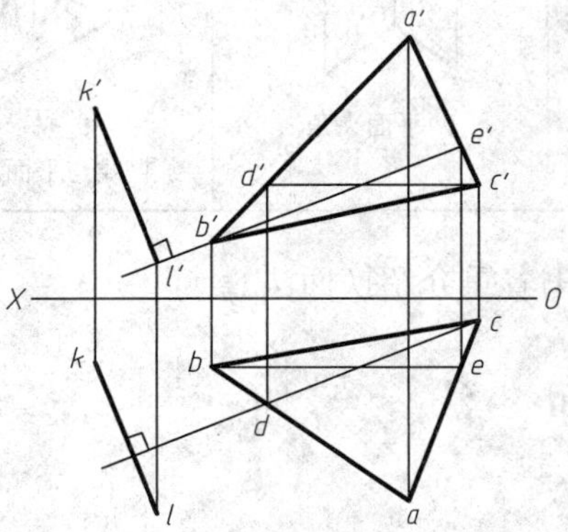


图 3-11　作直线垂直于一般位置平面

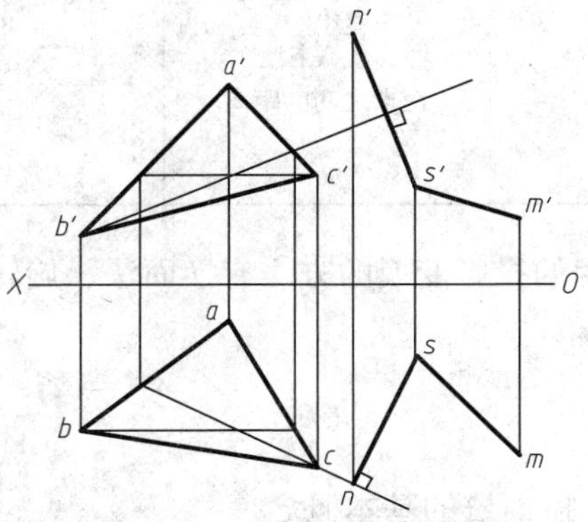


图 3-12　过点作一平面垂直另一平面

# 第四章　投　影　变　换

从前面的章节可知，一般位置直线和一般位置平面的投影既不反映真实大小，也不具有积聚性，但当空间的直线和平面相对于投影面处于特殊位置时，则它们的投影可直接反映真实大小或具有积聚性，见表 4－1。因此，对于一般位置的空间几何元素应想办法改变其相对于投影面的位置关系，使之处于特殊位置，从而能够较为容易的解决空间几何元素的度量或位置问题。改变空间几何元素对于投影面的相对位置或改变投射方向，变换成对投影面处于有利于解题的位置，以达到简化解题的目的，这种方法称为投影变换。

**表 4－1　　几何元素对投影面的相对位置**

| | 求距离 | 求实形 | 求夹角 | 求共有点 |
|---|---|---|---|---|
| 一般位置 | 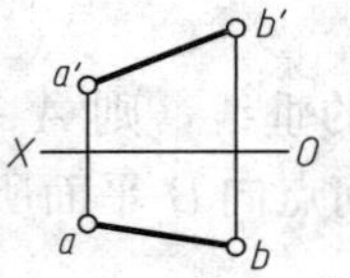 | 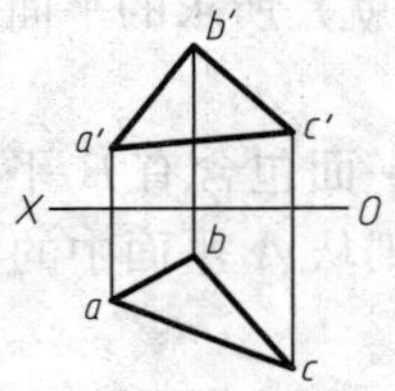 | 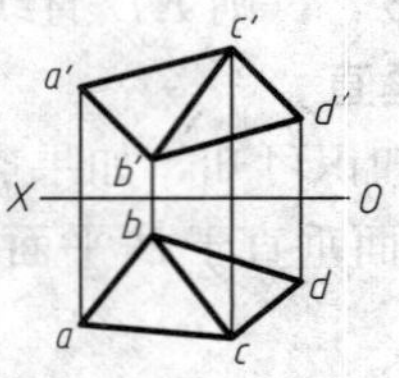 | 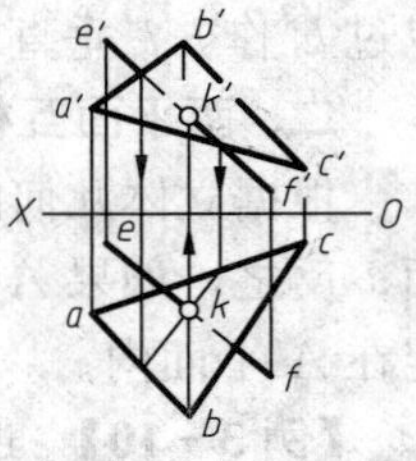 |
| 特殊位置 | 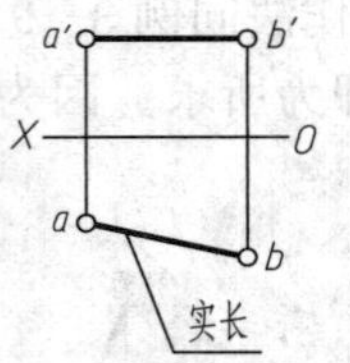 两点之间的距离 | 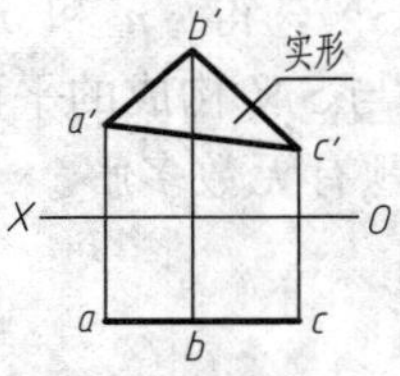 平面的实形 | 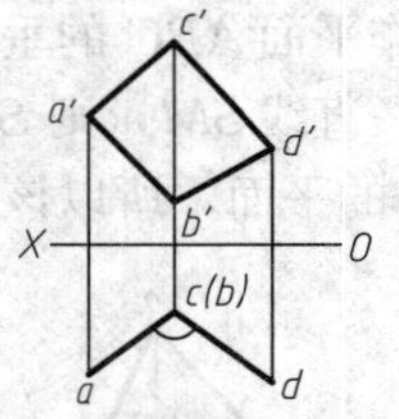 两平面夹角 | 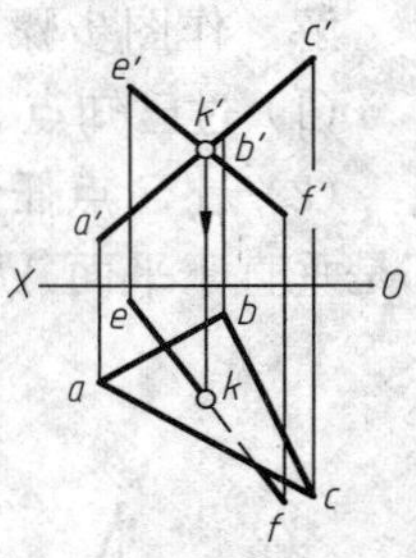 直线与平面的交点 |

常用的投影变换的方法有换面法、旋转法。本书着重介绍换面法。

## 第一节　换　面　法

### 一、换面法的基本概念

保持空间几何元素的位置不变，增加一个新的投影面来替换原投影面体系中的某一个投影面，组成一个新的两投影面体系，使空间几何元素在新投影面体系中对投影面处于方便解题的特殊位置，达到简化解题的目的。这种方法称为变换投影面法，简称换面法。

如图 4－1 所示，△$ABC$ 在原投影面体系中是铅垂面，它的两个投影均不反映实形。现设置一个新投影面 $V_1$，并使 $V_1$ 面与△$ABC$ 平行，此时 $V_1$ 面必然垂直于 $H$ 面，于是组成了一个新投影面体系 $V_1/H$，在这个投影面体系中，$\triangle ABC$ 是 $V_1$ 面的平行面，所以它在 $V_1$ 面上的投影反映实形。

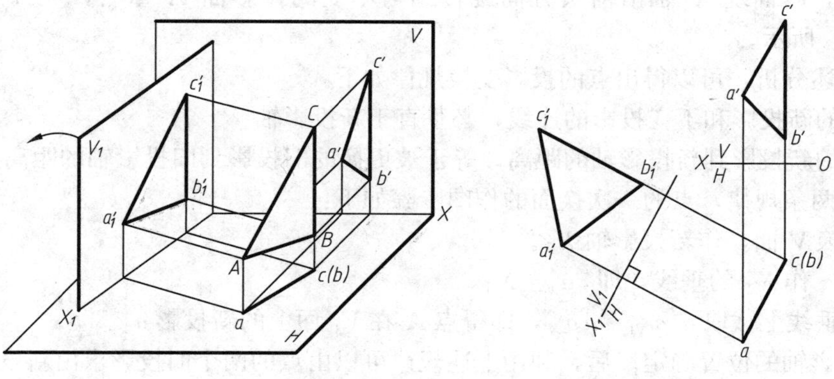


(a) (b)

图 4-1 换面法的基本概念

(a) 直观图；(b) 投影图

在换面法中，新投影面的设置必须满足以下两个条件：

(1) 新投影面必须垂直于原投影面体系中的一个投影面，这样才能建立一个新的投影面体系，以便于用正投影法作图。

(2) 新投影面必须与空间几何元素处于有利于解题的位置。

## 二、点的投影变换规律

1. 点的一次变换

点是最基本的几何元素，要学会运用换面法解决问题，首先必须掌握点的投影变换规律。

如图 4-2 所示，点 $A$ 在原投影面体系 $V/H$ 中的投影为 $a'$、$a$，现在令 $H$ 面不变，取一个新投影面 $V_1$ 面替换 $V$ 面，形成新投影面体系 $V_1/H$。则点 $A$ 在新投影面体系中的投影为 $a_1'$、$a$。$V_1$ 面垂直于 $H$ 面，并与 $H$ 面相交于 $X_1$，则 $X_1$ 即为 $V_1/H$ 投影面体系中的投影轴。这样点 $A$ 在新、旧两投影面体系中的投影（$a$，$a_1'$）和（$a$，$a'$）均为已知。其中，$a_1'$为新投影，$a'$为旧投影，而 $a$ 为新、旧体系中共有的不变投影。

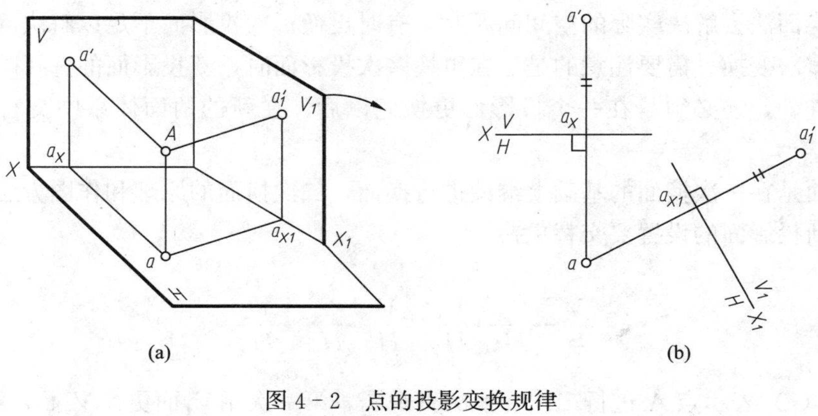


(a) (b)

图 4-2 点的投影变换规律

根据正投影原理，新投影 $a_1'$ 与不变投影面 $H$ 上的投影 $a$ 的连线垂直于新投影轴 $X_1$，$a_1'$ 到 $X_1$ 的距离与 $a'$ 到 $X$ 轴的距离相等，且都反映了点 $A$ 到 $H$ 面的距离。

展开时，$V_1$ 面绕 $X_1$ 轴沿箭头方向旋转到与不变的投影面 $H$ 重合，展开后的投影如图 4－2（b）所示。

根据上述分析，可以得出点的投影变换规律如下：

（1）点的新投影和不变投影的连线，必垂直于新投影轴。

（2）点的新投影到新投影轴的距离，等于被更换的旧投影到旧投影轴的距离。

根据这两条规律，点的一次换面的作图步骤如下：

（1）变换 $V$ 面，作新投影轴 $X_1$。

（2）过 $a$ 作 $X_1$ 的垂线，即 $aa_1' \perp X_1$。

（3）在垂线上截取 $a_1'a_{X1}=a'a_X$，即得点 $A$ 在 $V_1$ 面上的新投影 $a_1'$。

当新投影轴的位置确定以后，利用上述规律可以由点的两个旧投影求出新投影。

**【例 4－1】** 如图 4－3（a）所示，已知点 $A$ 的两个投影 $a$ 和 $a'$，以及用 $H_1$ 面更换 $H$ 面时的新投影轴 $X_1$ 的位置，要求作出新投影 $a_1$。

**解** 作图过程如图 4－3（b）所示：

（1）过不变投影 $a'$ 向 $X_1$ 轴作垂线。

（2）从垂足 $a_{X1}$ 起，在此垂线上向右截取长度等于 $aa_X$ 的线段，即 $a_1a_{X1}=aa_X$，便得到新投影 $a_1$。图 4－3（c）所示为点 $A$ 在新、旧投影面体系中投影的直观图。

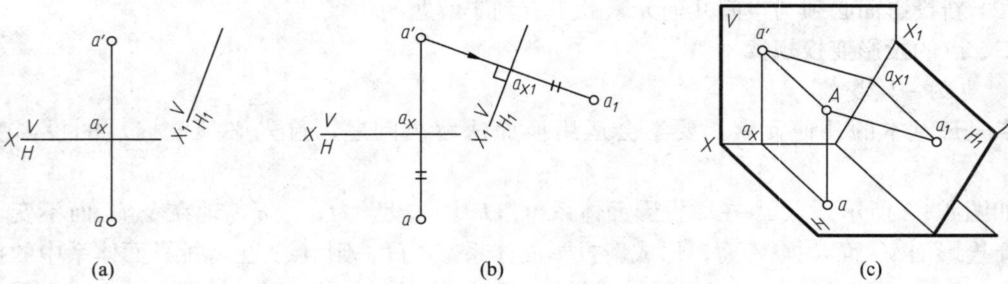


图 4－3 根据点的旧投影求新投影的作图方法

2. 点的两次变换

在运用换面法去解决实际的空间问题时，有时更换一次投影面不足以解决问题，必须进行二次或更多次变换。需要注意的是，在更换多次投影面时，新投影面的选择除必须符合前述的两个条件外，还必须是在一个投影面更换完以后，在新的两面体系中交替地更换另外一个。

二次换面是在一次换面的基础上继续进行换面，二次换面的原理和作图方法与一次换面相同，只是新投影面的设置要交替更换：

$$\frac{V}{H}\rightarrow\frac{V_1}{H}\rightarrow\frac{V_1}{H_2} \text{或} \frac{V}{H}\rightarrow\frac{V}{H_1}\rightarrow\frac{V_2}{H_1}$$

图 4－4（a）表示点 $A$ 进行二次变换的直观图，第一次用 $V_1$ 面更换 $V$ 面，第二次用 $H_2$

面更换 $H$ 面，从而在第二次变换后构成 $V_1/H_2$ 新体系，新投影轴则用 $X_2$ 表示。

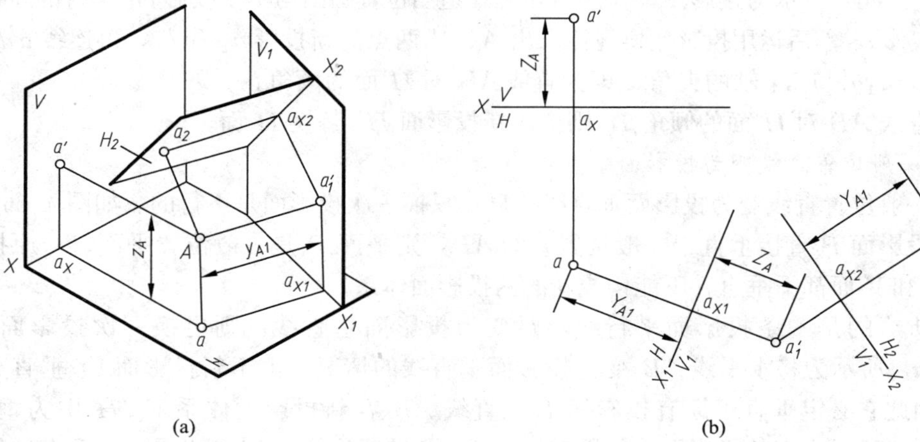


图 4-4　点的二次变换作图方法

在投影图中，点的二次换面作图步骤如图 4-4（b）所示：

(1) 作 $X_1$ 轴，以 $V_1$ 面替换 $V$ 面，求出 $V_1$ 面上的投影 $a'$（一次换面）。

(2) 作 $X_2$ 轴，以 $H_2$ 面替换 $H$ 面，求出 $H_2$ 面上的投影 $a_2$（二次换面）。

在作二次换面时，应使 $a_1'a_2 \perp X_2$，且取 $a_2a_{X2}=aa_{X1}=Y_{A1}$。

**三、四个基本问题**

1. 将一般位置直线变为投影面平行线

投影面平行线可以反映直线的实长，只有使一般位置直线成为新投影面体系中的投影面平行线时，才能在新投影面上反映该直线的实长及其对不变投影面的倾角。因此，只要使新投影面既平行于该直线，又垂直于原投影面体系中的一个投影面即可。

图 4-5（a）所示为将一般位置直线 $AB$ 变为投影面平行线的情况。增加的新投影面 $V_1$ 平行于直线 $AB$，同时又垂直于 $H$ 面，直线 $AB$ 在新投影面体系 $V_1/H$ 中为 $V_1$ 面的平行线。此时直线 $AB$ 在新投影面 $V_1$ 上的投影 $a_1'b_1'$ 反映直线 $AB$ 的实长，$a_1'b_1'$ 与 $X_1$ 轴的夹角

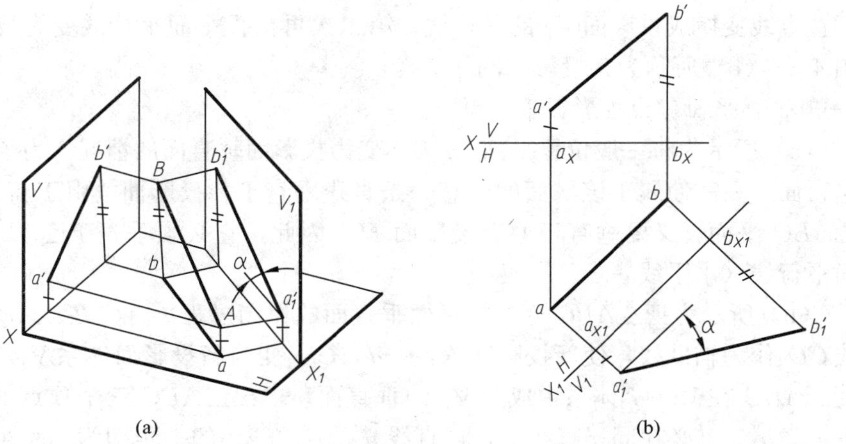


图 4-5　将一般位置直线变为投影面平行线

反映了直线 $AB$ 对 $H$ 面的真实倾角 $\alpha$。

图 4－5（b）所示为投影图，作图时，先在适当位置画出与不变投影 $ab$ 平行的新投影轴 $X_1$，使 $X_1 /\!/ ab$，然后运用投影变换规律求出 A、B 两点的新投影 $a_1$ 和 $b_1$，再连线 $a_1'b_1'$，则 $a_1'b_1'=AB$，$a_1'b_1'$与 $X_1$ 轴的夹角 $\alpha$ 即为直线 $AB$ 对 $H$ 面的倾角。

若求直线 $AB$ 对 $H$ 面的倾角 $\beta$，则应用新投影面 $H_1$ 替换 $H$ 面。

2. 将一般位置直线变为投影面垂直线

要把一般位置直线变为投影面垂直线，显然只换一次投影面是不行的。如图 4－6 所示，若选的新投影面 $P$ 直接垂直于一般位置直线 $AB$，则平面 $P$ 是一般位置平面，与原投影体系中 $H$ 面和 $V$ 面都不垂直，不能构成新的两投影面体系。

如果所给的是一条投影面平行线，要变为投影面垂直线，则更换一次投影面即可。图 4－7（a）所示为将水平线 $AB$ 变为投影面垂直线的情况。由于新投影面 $V_1$ 垂直于水平线 $AB$，因此它必定垂直于原有投影面 $H$，直线 $AB$ 在新投影面体系 $V_1/H$ 中为垂直线。图 4－7（b）所示为它的投影图。作图时，先在适当位置画出与水平投影 $ab$ 垂直的新投影轴 $X_1$，再应用投影变换规律作出直线的新投影 $a_1'b_1'$。$a_1'b_1'$应积聚为一点。

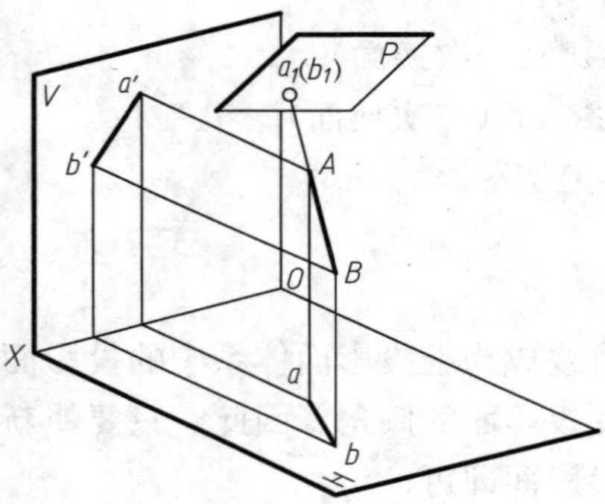


图 4－6　$P$ 面与 $V$ 面、$H$ 面都不垂直

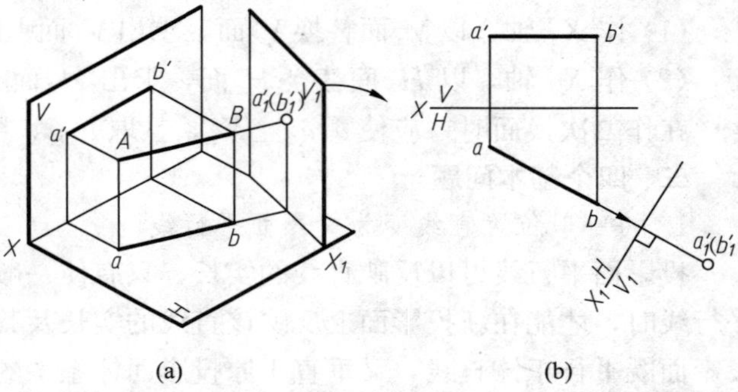


图 4－7　将投影面平行线变为投影面垂直线

要把一般位置直线变为投影面垂直线，必须经过二次换面，如图 4－8（a）所示 。第一次把一般位置直线变换成投影面 $V_1$ 的平行线，第二次再把投影面平行线变为投影面 $H_2$ 的垂直线。图 4－8（b）所示为其投影图的作法。

3. 将一般位置平面变为投影面垂直面

图 4－9（a）所示为将一般位置平面△$ABC$ 变为投影面垂直面的情况。为了使三角形变为投影面垂直面，只需使属于该平面的任意一条直线垂直于新投影面。由于新投影面 $V_1$既要垂直于△$ABC$ 平面，又要垂直于原有投影面 $H$，因此，它必须垂直于△$ABC$ 平面内的一条投影面平行线（水平线）。

图 4－9（b）所示为把△$ABC$ 变为投影面垂直面的作图过程。首先在△$ABC$ 平面内取一条水平线 $CD$ 作为辅助线，使新投影轴 $X_1 \perp cd$，$CD$ 变为新投影面体系 $V_1/H$ 中的垂直线，就可使△$ABC$ 在 $V_1/H$ 体系中成为 $V_1$ 的垂直面。求出△$ABC$ 三个顶点的新投影 $a_1'$、$b_1'$、$c_1'$，则 $a_1'$、$b_1'$、$c_1'$必在同一直线上，且直线 $a_1'b_1'c_1'$和 $X_1$ 的夹角即为△$ABC$ 对 $H$ 面的真实倾角 $\alpha$。

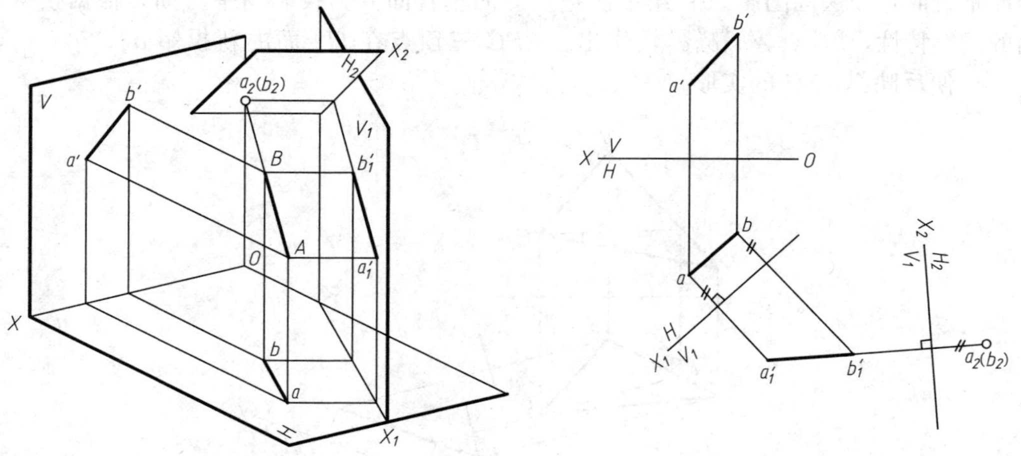


(a)　　　　　　　　　　　　　　　　(b)

图 4-8　一般位置直线二次变为投影面垂直线

(a) 直观图；(b) 投影图

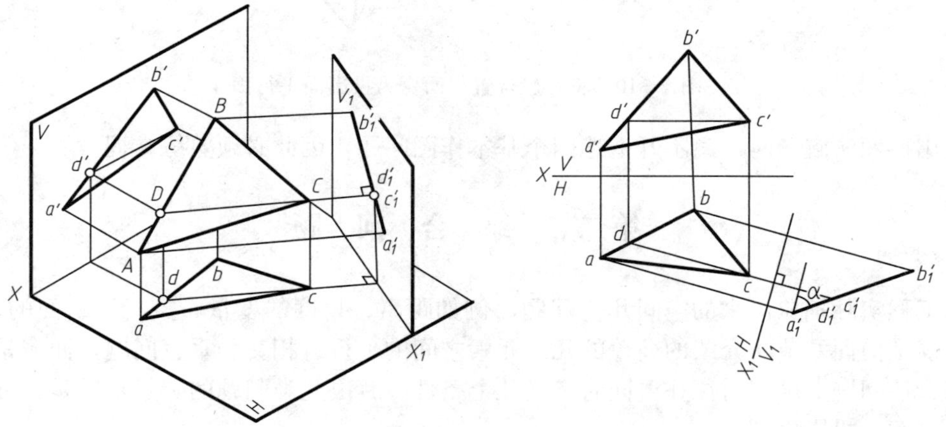


(a)　　　　　　　　　　　　　　　　(b)

图 4-9　将一般位置平面变为投影面垂直面

同理，若要求作△$ABC$ 对 $V$ 面的倾角 $\beta$，增加的新投影面 $H_1$ 应垂直于△$ABC$ 内一条正平线，△$ABC$ 平面就变为新投影面体系 $V/H_1$中 $H_1$ 的垂直面，其在 $H_1$ 面上有积聚性的投影与 $X_1$ 的夹角即为对 $V$ 面的真实倾角 $\beta$。

4. 将一般位置平面变为投影面平行面

要把一般位置平面变为投影面平行面必须更换两次投影面。若取一个新投影面平行于一般位置平面，则这个新投影面也一定是一般位置平面，它和原投影体系中 $H$ 面和 $V$ 面都不垂直，不能构成新的两投影面体系。要解决这个问题必须更换两次投影面：第一次把一般位置平面变为投影面垂直面；第二次再把投影面垂直面变为投影面平行面。

图 4-10 所示为把△$ABC$ 变为投影面平行面的作图过程。第一次把一般位置平面变为

投影面垂直面，作法同图 4－9；第二次把投影面垂直面变为投影面平行面，根据投影面平行面的投影特性，取 $X_2 // a'_1b'_1c'_1$，作出△$ABC$ 三顶点在 $H_2$ 面的新投影 $a_2$、$b_2$、$c_2$，则△$a_2b_2c_2$ 便反映△$ABC$ 的实形。

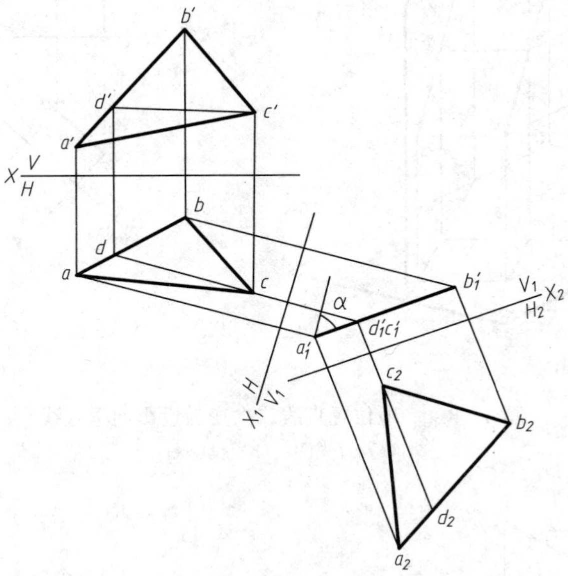


图 4－10　将一般位置平面变为投影面平行面

应用换面法解题时，离不开上述四个基本作图问题，因此必须熟练掌握。

## 第二节　综　合　问　题

从工程实际抽象出来的空间几何问题，例如距离、角度的度量，点、线、面的定位等，并不仅仅是前面章节所介绍的简单的几何元素之间的平行、相交、垂直问题，而多是较为复杂的综合性问题，求解时往往要同时满足几个条件。解决此类问题的一般步骤是：分析、确定解题方案、投影作图。

解题时首先要根据已知条件和求解要求进行空间分析，想出已知的空间几何模型，然后进行空间思维，想象出最终结果的空间几何模型，再分析确定从已知几何模型到最终结果几何模型的空间解题步骤。这一过程中应着重考虑已知的空间几何元素（或者其中的一部分）与新投影面所应处的相对位置，即当它们处于怎样的相对位置时，才能最容易求得解答；然后再根据上面所介绍的基本作图方法，确定变换的次数和变换的步骤；最后进行具体作图。如果最终结果几何模型很难直接确定，也可以使用轨迹法，即逐个满足限制条件，找出满足每一个条件的无数解答的集合——即轨迹，弄清该集合是什么形状，在投影图上如何实现；多个条件则形成多个轨迹，这些轨迹的交集即为所求结果。

为了使图形清晰易看，应尽量避免作新投影时所画的图线与旧投影中的图线交错重叠，为此，作图时必须将新投影轴画在适当位置。

### 一、综合问题解法举例

**【例 4－2】**　如图 4－11（a）所示，求平面 $P$ 的实形。

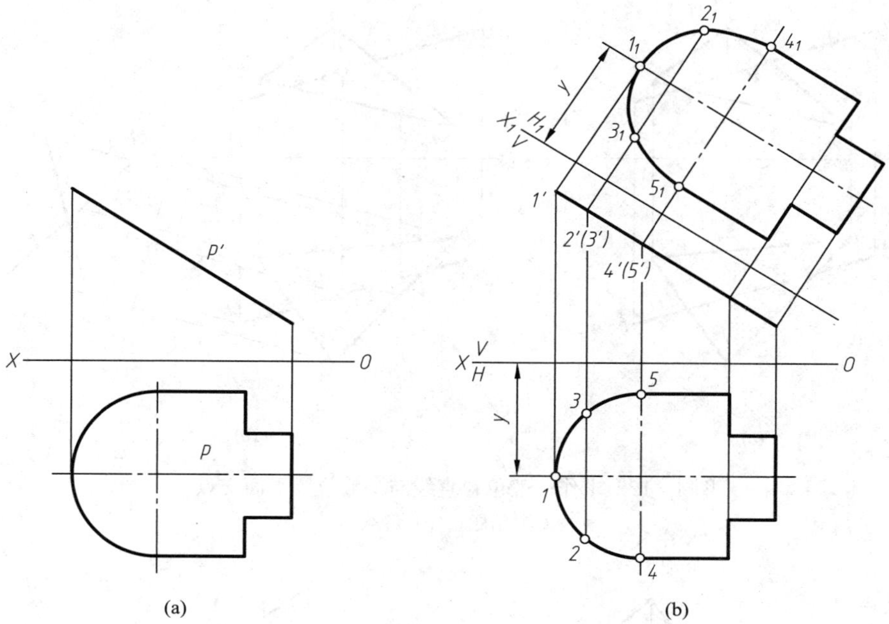


图 4－11　求平面 $P$ 的实形

(a) 给题；(b) 解题

**解**　平面 $P$ 是正垂面，若设置一个与其平行的投影面 $H_1$，则在 $H_1$ 上反映实形。由于 $P$ 平面是对称图形，为作图简便，可以作出对称轴在 $H_1$ 面上的投影，再按图形上的点或线相对于对称轴的宽度坐标换面前后相等的规律作图，就可以求出 $P$ 平面的实形。

作图过程如 4－11（b）所示，先作 $X_1 /\!/ p'$；再作出图形对称轴在 $H_1$上的投影；在平面上找出若干点，根据水平投影上各点到对称轴的距离求出相应各点在 $H_1$面上的投影，如根据水平投影上 2 点到对称轴的距离，则可得到 $H_1$面上的 $2_1$点。依次类推，截取其余若干点，连接后即得 $P$ 平面的实形。

**【例 4－3】**　如图 4－12（a）所示，已知一般位置平面和一般位置直线相交，试求它们的交点。

**解**　从相关投影知识可知，当平面垂直于投影面时，在该投影面上就能直接显示直线与平面的交点的投影。因此，只需将平面△$ABC$ 变换为投影面的垂直面就很容易求解。

作图过程如图 4－12（b）所示，将△$ABC$ 变换为投影面垂直面，直线 $EF$ 同时作变换；在新投影面 $V_1$ 中 $a_1'b_1'c_1'$和 $e_1'f_1'$的交点 $k_1'$即为直线 $EF$ 和平面△$ABC$ 的交点。根据换面法的投影规律，将点 $K$ 投影返回原体系，求得 $k$ 和 $k'$。

**【例 4－4】**　如图 4－13（a）所示，过点 $M$ 作直线与平面△$CDE$ 平行，并与直线 $AB$ 相交。

**解**　采用换面法将△$CDE$ 变为投影面垂直面，在新投影体系中方便求解。

作图过程如图 4－13（b）所示，将△$CDE$ 变换为投影面垂直面，点 $M$ 及直线 $AB$ 随同变换到 $V_1/H$ 体系；过 $m_1'$作平面 $Q$（迹线）平行于△$CDE$ 的积聚性投影，交 $a_1'b_1'$于 $n_1'$；将点 $N$ 投影返回原体系，求得 $MN$ 的两面投影。

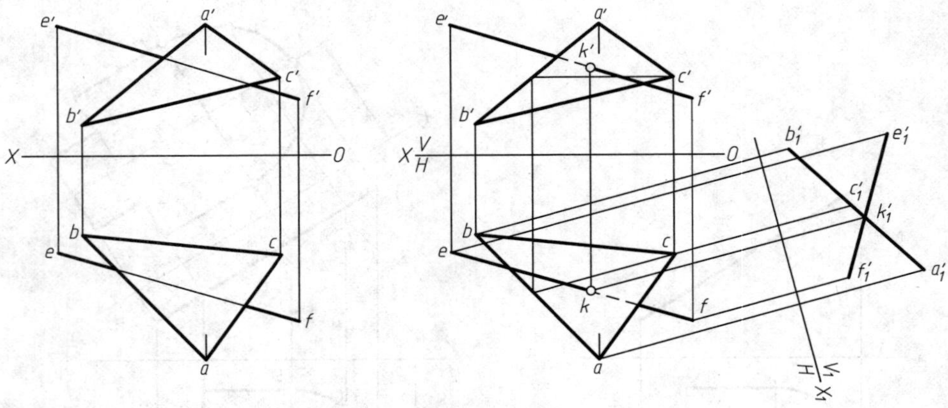


(a) (b)

图 4-12 求作一般位置直线与一般位置平面交点

（a）给题；（b）解题

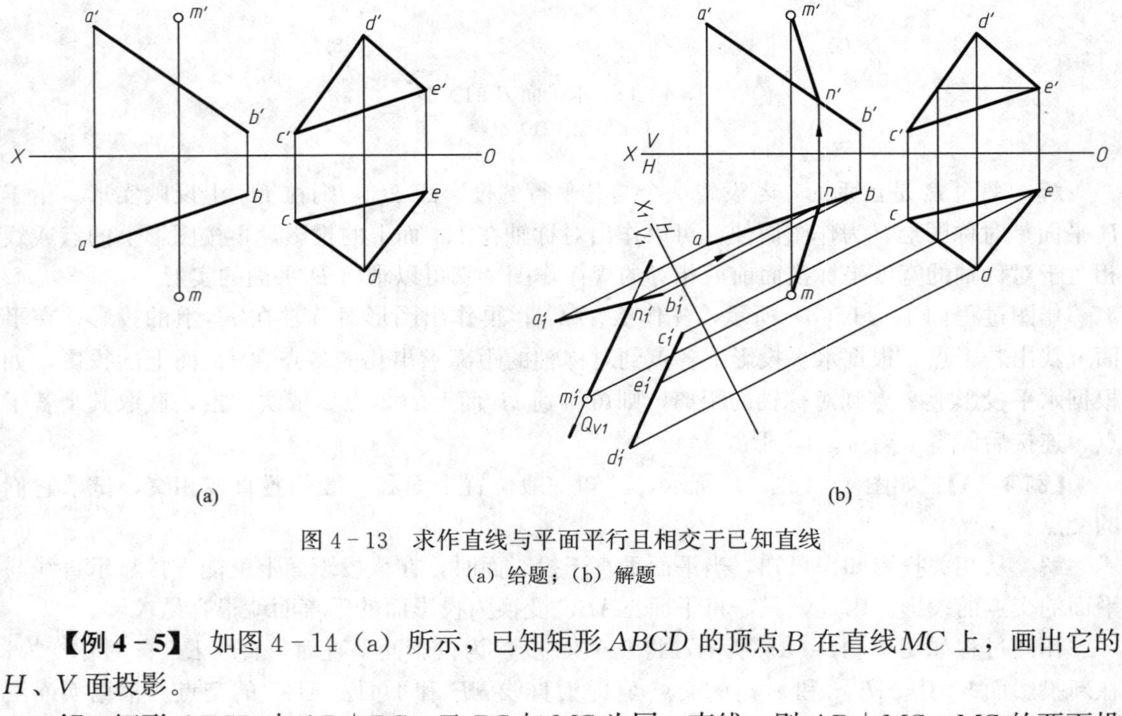


(a) (b)

图 4-13 求作直线与平面平行且相交于已知直线

（a）给题；（b）解题

**【例 4-5】** 如图 4-14（a）所示，已知矩形 $ABCD$ 的顶点 $B$ 在直线 $MC$ 上，画出它的 $H$、$V$ 面投影。

**解** 矩形 $ABCD$ 中 $AB \perp BC$，又 $BC$ 与 $MC$ 为同一直线，则 $AB \perp MC$。$MC$ 的两面投影已知，需求出 $AB$ 的两面投影，过点 $A$ 垂直于直线 $MC$ 的直线的轨迹为过点 $A$ 垂直于直线 $MC$ 的平面 $P$，所以平面 $P$ 与直线 $MC$ 的交点即为点 $B$。再根据对边平行关系得出所求矩形即可。

作图过程如图 4-14（b）所示，将 $MC$ 变为新投影面的平行线，点 $A$ 随同变换为 $a_1'$；在新投影体系中，过 $a_1'$ 作 $m_1'c_1'$ 的垂线交点即为 $b_1'$；将交点 $b_1'$ 返回原体系得 $b$、$b'$；根据对边平行关系求得 $d$、$d'$；连线各点，完成矩形的两面投影。

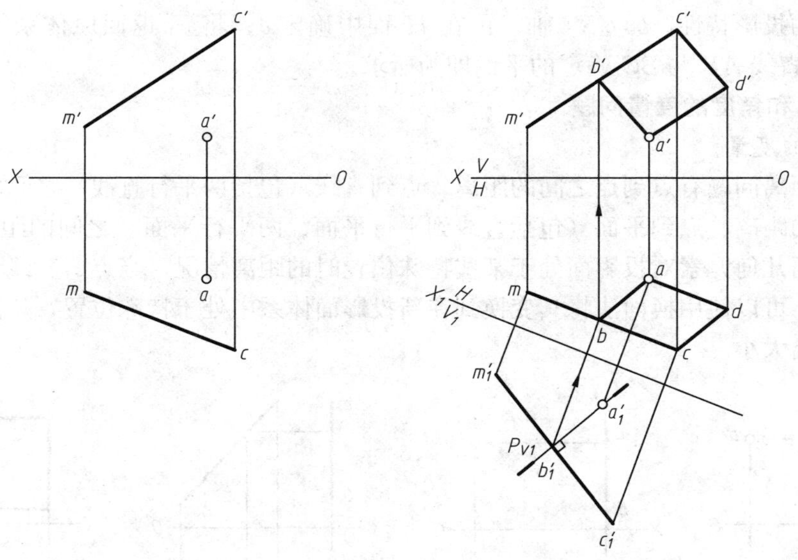


(a)　　　　　　　　(b)

图 4-14　根据已知条件求作矩形

(a) 给题；(b) 解题

**【例 4-6】** 如图 4-15（a）所示，过线段 $AB$ 作一平面垂直于平面△$DEF$。

**解**　从前面章节可知，若两平面相互垂直，所求平面中需包含一条平面△$DEF$ 的垂直线即可。过线段 $AB$ 的某点作直线垂直于△$DEF$，所作直线与 $AB$ 构成的平面即为所求。利用换面法，将△$DEF$ 变成新投影面的垂直面，其垂线可直接作出，且必为新投影面的平行线。

作图过程如图 4-15（b）所示，将△$DEF$ 变换为投影面垂直面，直线 $AB$ 同时做变换；在新投影面中过 $b_1'$ 作直线 $b_1'c_1'$ 垂直于△$DEF$ 的积聚性投影 $d_1'e_1'f_1'$，垂足为 $c_1'$；依投

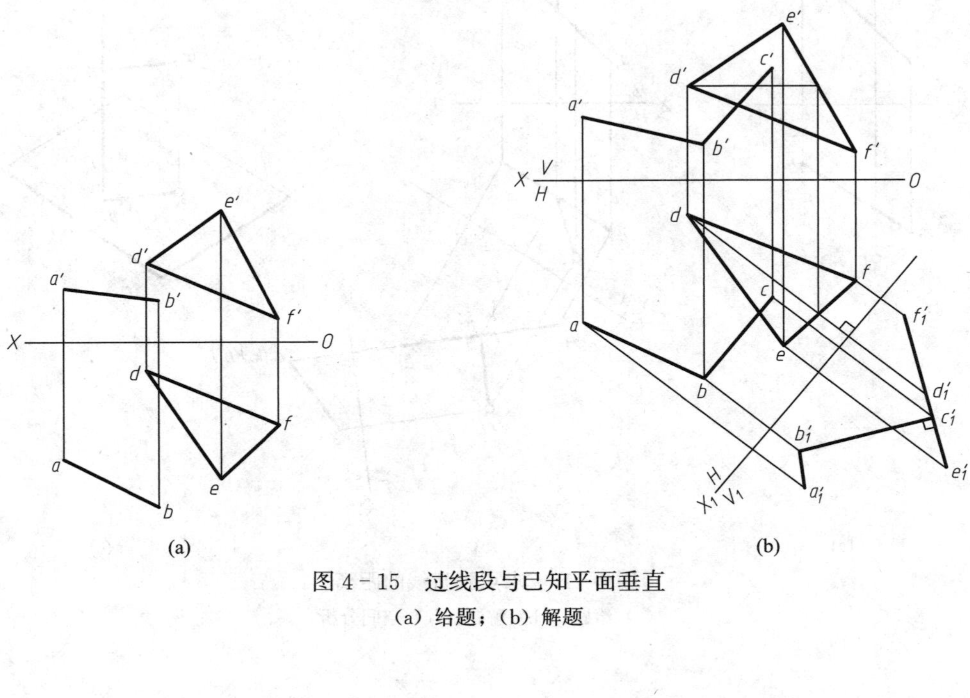


(a)　　　　　　　　(b)

图 4-15　过线段与已知平面垂直

(a) 给题；(b) 解题

影面平行线的投影特性，$bc // X_1$ 轴，可在 $H$ 面中确定 $c$；将 $c_1'$ 返回原体系得到 $c'$；连接 $BC$，则相交直线 $AB$ 与 $BC$ 确定的平面即为所求。

## 二、距离和角度的度量问题

### 1. 距离的度量

常见的距离问题有点到点之间的距离、点到直线（包括两平行直线）之间的距离、两交叉直线之间的距离、点到平面（包括直线到平行平面、两平行平面）之间的距离。图 4－16 中列举了空间几何元素对投影面处于某些特殊位置时的距离情况。当点、直线、平面不处于上述位置时，可以使用换面法将其变换到在新投影面体系中处于特殊位置，从而在新投影中直接显示距离大小。

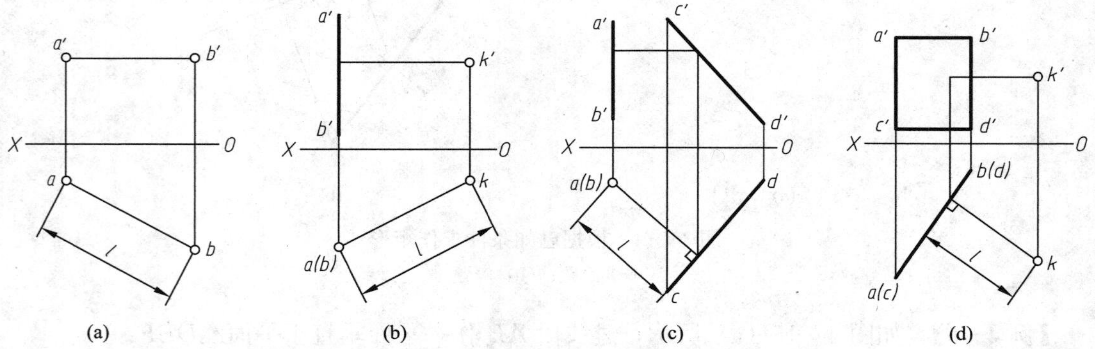


图 4－16 空间几何元素对投影面处于某些特殊位置时的距离情况

（a）两点间的距离；（b）点到直线的距离；（c）两交叉直线的距离；（d）点到平面的距离

【例 4－7】 如图 4－17（a）所示，已知线段 $AB$ 和线外一点 $C$ 的两个投影，试求点 $C$

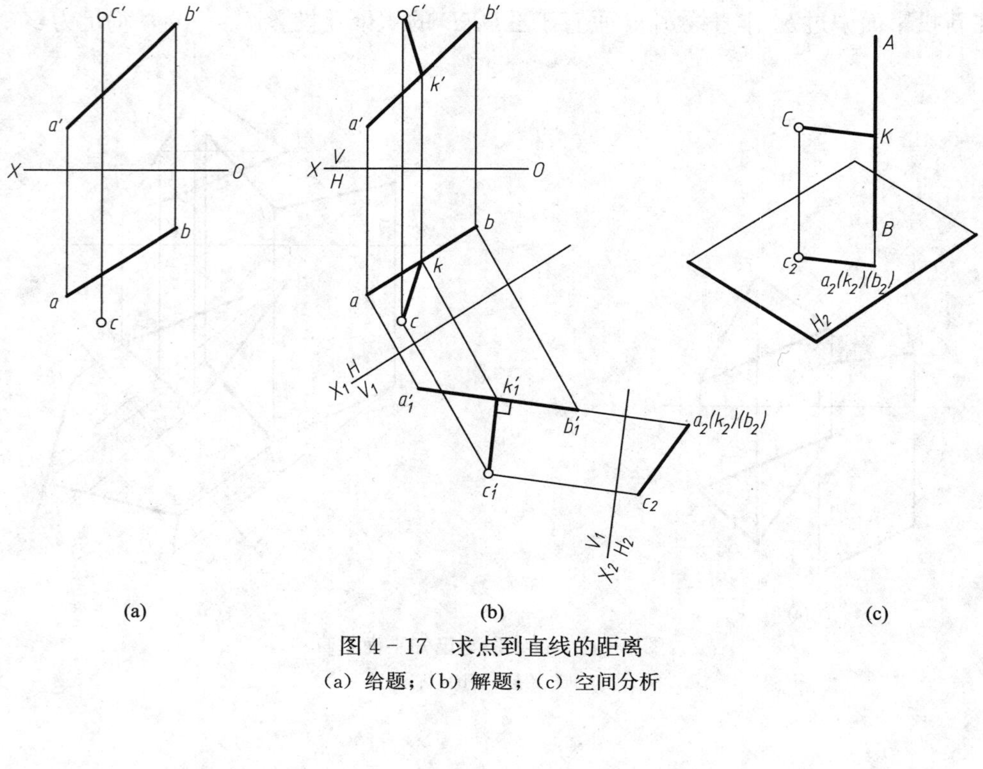


图 4－17 求点到直线的距离

（a）给题；（b）解题；（c）空间分析

到直线 $AB$ 的距离，并作出过点 $C$ 对直线 $AB$ 的垂线的投影。

**解**　如图 4－17（c）所示，将直线 $AB$ 变为投影面的垂直线，则 $C$ 点到 $AB$ 的垂线 $CK$ 必平行于该投影面，它的投影反映实长，此即为点 $C$ 到 $AB$ 的距离。

由于原题中 $AB$ 为一般位置直线，所以需采用二次换面，将其变为投影面垂直线，$C$ 点也随之变换。

作图过程［见图 4－12（b）］：

（1）先将 $AB$ 变为 $V_1$ 面的平行线，作 $X_1/\!/ab$，得 $a_1'b_1'$，同时求出 $c_1'$。

（2）再将 $AB$ 变为 $H_2$ 的垂直线，作 $X_2\perp a_1'b_1'$，得 $a_2b_2$（积聚为一点）及 $c_2$。

（3）作 $c_1'k_1'\perp a_1'b_1'(c_1'k_1'/\!/X_2)$，$k_2$ 也积聚在 $a_2b_2$ 处，则 $c_2k_2$ 即为点 $C$ 到直线 $AB$ 的距离。

（4）将点 $K$ 从 $V_1/H_2$ 体系返回到 $V/H$ 体系，得 $CK$ 的投影 $ck$、$c'k'$。

**【例 4－8】**　如图 4－18（a）所示，过点 $A$ 作△$BCD$ 的垂线 $AK$、垂足 $K$ 及点 $A$ 到△$BCD$ 的真实距离。

**解**　将本题中一般位置平面变换为新投影面的垂直面，问题便可得到解决。

作图过程如图 4－18（b）所示，将平面△$BCD$ 变换为 $V_1$ 面的垂直面，点 $A$ 随同一起变换；过 $a_1'$ 作直线 $a_1'k_1'\perp b_1'c_1'd_1'$，则 $a_1'k_1'$ 即为所求。

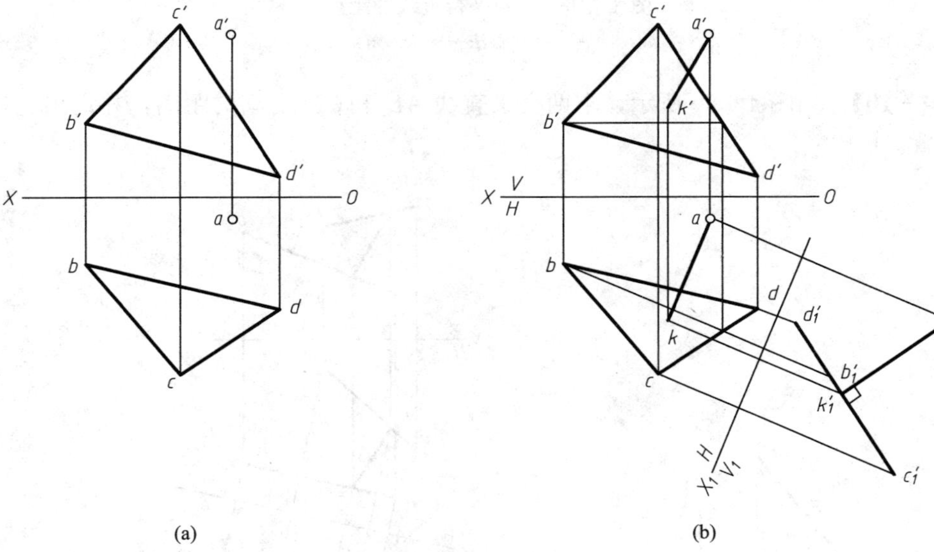


图 4－18　求点到已知平面的距离
（a）给题；（b）解题

**【例 4－9】**　如图 4－19（a）所示，求两平行直线 $AB$ 和 $CD$ 之间的距离。

**解**　作图过程：

（1）如图 4－19（b）所示，将两平行直线变换为新投影面平行线。

（2）在新投影体系 $V_1/H$ 中作出两平行直线的垂线 $EF$。其中，$e_1'f_1'$ 位置可任意确定，随之得出 $ef$。

（3）在此基础上再做一次换面，$X_2\perp a_1'b_1'$（或 $c_1'd_1'$），在新投影面 $H_2$ 中可直接得出垂

线的实长 $e_2f_2$。

此题还有另一种解题思路，即通过两次换面求出两平行直线所确定的平面实形，在平面实形内求解垂线，如图 4-19（c）所示。

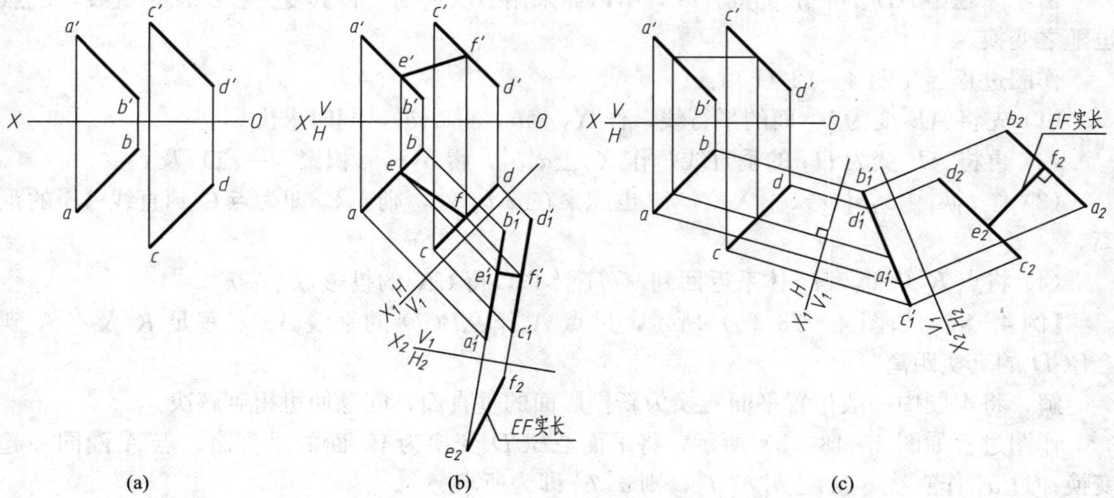


图 4-19　求两平行直线的距离

（a）给题；（b）解法一；（c）解法二

**【例 4-10】**　如图 4-20 所示，求两交叉直线 $AB$ 和 $CD$ 之间的距离，并定出它们的公垂线的位置。

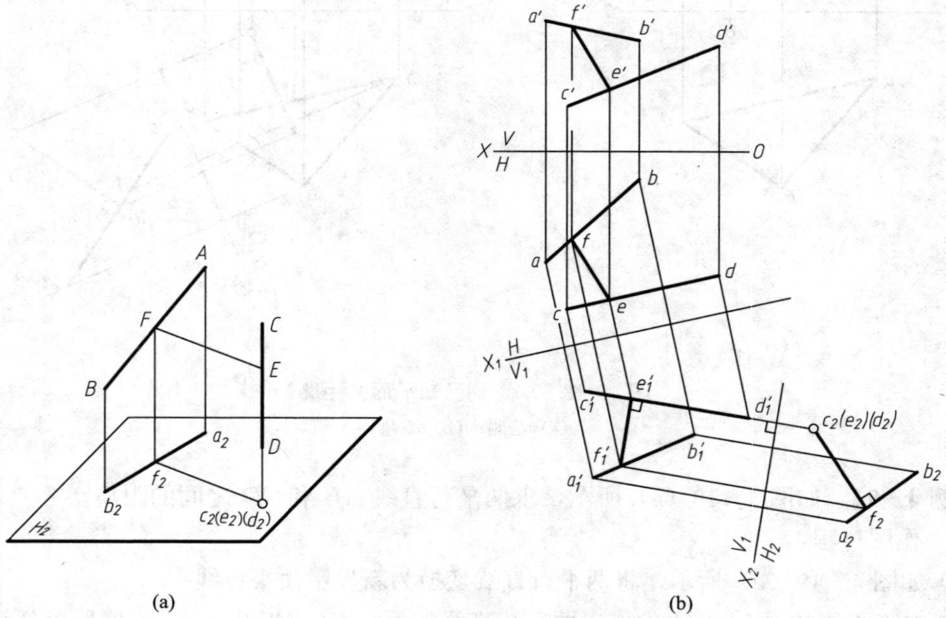


图 4-20　求两交叉直线的距离

（a）空间分析；（b）解题

**解** 如图 4－20（a）所示，如果两交叉直线之一成为某一投影面的垂直线，则问题容易求解。如图 4－20（b）所示，直线 $CD$ 变换为投影面垂直线，则 $AB$ 与 $CD$ 的公垂线 $EF$ 必是该投影面的平行线，$EF$ 在新投影面上的投影反映两交叉直线之间的距离。因公垂线 $EF$ 与直线 $AB$ 垂直，则其在 $H_2$ 面上的投影反映直角，由此可定出公垂线 $EF$ 的位置。此过程需要变换两次投影面。

作图过程：

（1）将一般位置直线 $CD$ 变为新投影面的垂直线，直线 $AB$ 随同一起变换。

（2）根据直角投影定理，过 $e_2$ 向 $a_2b_2$ 作垂线，与 $a_2b_2$ 交于 $f_2$，$e_2f_2$ 即为所求距离。

（3）将 $f_2$ 返回原体系求出 $H/V$ 体系中 $f$、$f'$。

（4）因 $EF$ 为 $H_2$ 面的平行线，过 $f_1'$ 作 $e_1'f_1' /\!/ X_2$ 轴，交点为 $e_1'$。由 $e_1'$ 反求出 $H/V$ 体系中的 $e$、$e'$，连接 $ef$、$e'f'$ 即为所求公垂线的投影。

2. 角度的度量

常见的角度问题有三种：两相交直线间的夹角、直线与平面间的夹角和两平面间的夹角。

两相交直线间夹角问题的解决方法如图 4－21 所示，使用换面法求出两相交直线 $AB$ 和 $AC$ 所构成平面△$AEF$ 的实形，则∠$EAF$ 即为所求两相交直线间的夹角 $\theta$。

图 4－22、图 4－23 列举了当直线、平面相对于投影面处于某些特殊位置时，其投影能够直接反映直线与平面的夹角、两平面间的夹角的真实大小。当空间几何元素不处于上述位置时，可以根据需要使用换面法将其变换到在新投影面体系中处于特殊位置，就能在新投影中直接显示夹角的真实大小。

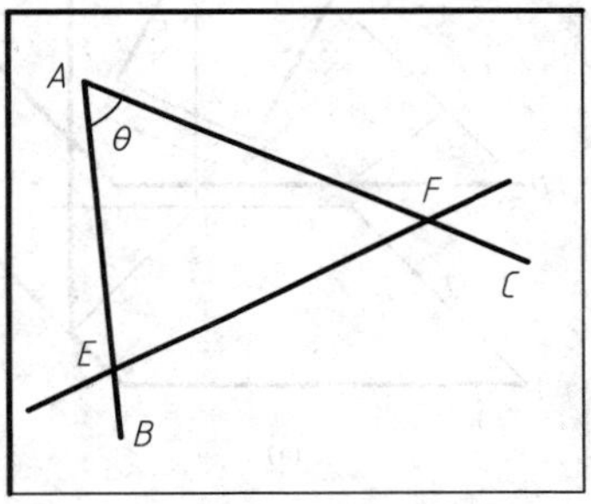

图 4－21 两相交直线间的夹角

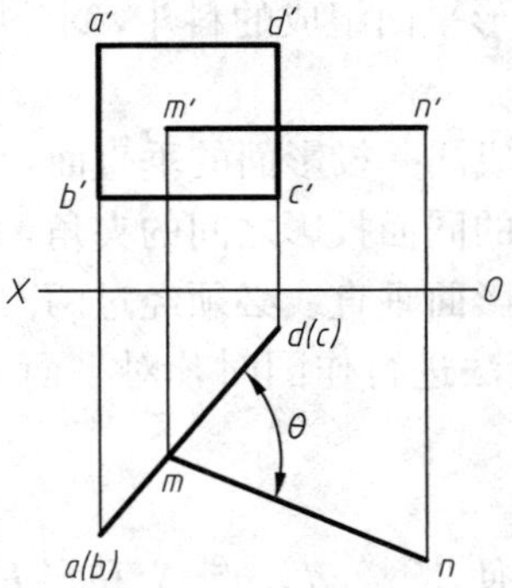

图 4－22 在投影图中直接反映直线与平面夹角

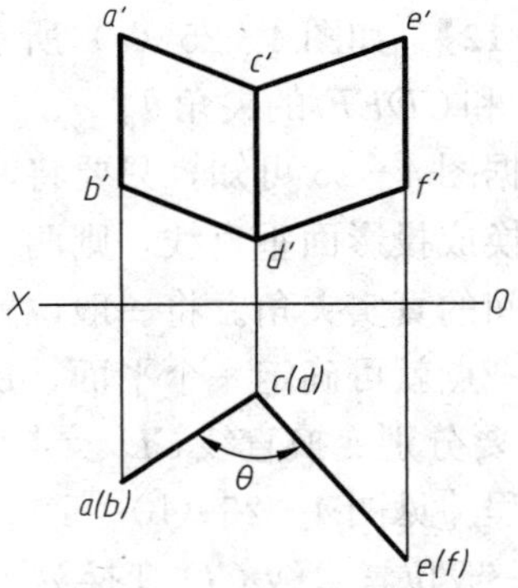

图 4－23 在投影图中直接反映两平面夹角

**【例 4－11】** 如图 4－24 所示，求直线 $AB$ 与平面△$DEF$ 之间的夹角 $\theta$。

**解** 如图 4－24（a）所示，当一投影面既与直线 $AB$ 平行，且与平面△$DEF$ 垂直时，则在该投影面的投影必反映直线与平面的夹角。由于平面△$DEF$ 处于一般位置，应首先把它变为投影面平行面的位置，需要变换两次投影面。然后再作新投影面 $V_3$ 与直线 $AB$ 平行，同时平面△$DEF$ 必与之垂直。因此，本题共需变换三次投影面才能求解。

具体的作图过程如图 4－24（b）所示，第一步将一般位置平面△$DEF$ 经过两次变换为新投影面的平行面，直线 $AB$ 一同变换；第二步在此基础上再将一般位置直线 $AB$ 变换成新投影面的平行线，同时平面△$DEF$ 也随同变换，则 $a_3{}'b_3{}'$ 与 $d_3{}'e_3{}'f_3{}'$ 之间的夹角 $\theta$ 即为所求。

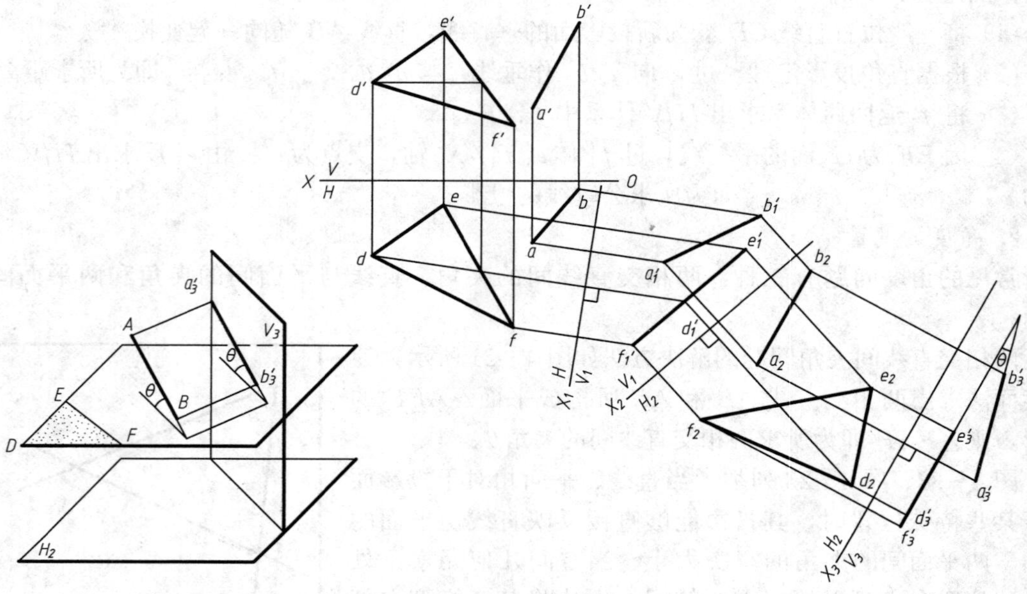


(a)　　　(b)

图 4－24　求直线与平面间的夹角

（a）空间分析；（b）解题

**【例 4－12】** 如图 4－25（a）所示，已知由四个梯形平面组成的料斗，求料斗的相邻两平面 $ABCD$ 和 $CDEF$ 的夹角 $\theta$。

**解** 根据图 4－25 可知，只要将两个平面同时变换成同一投影面的垂直面，也就是将它们的交线变换成投影面垂直线，则两个平面的有积聚性的同面投影之间的夹角，就反映出这两个平面之间的真实夹角。将一般位置的交线变换为投影面垂直线必须经过两次换面。由于直线与线外一点就可确定一个平面，所以本题在用换面法进行作图时，对平面 $ABCD$ 和平面 $CDEF$ 只要分别变换直线 $CD$ 及点 $A$ 和点 $E$ 即可。

作图过程［见图 4－25（b）］：

（1）将一般位置直线 $CD$ 变换为新投影面平行线，使 $X_1 /\!/ cd$，点 $A$ 和点 $E$ 一同变换，连接 $c_1' d_1'$ 即为直线 $CD$ 在 $V_1$ 面的新投影。

（2）作 $X_2 \perp c_1' d_1'$，把直线 $CD$ 和点 $A$、点 $E$ 进行第二次变换，直线 $CD$ 变换为新投影面的垂直线，在 $H_1$ 面内得到积聚性投影 $c_2$（$d_2$），将 $a_2$、$e_2$ 分别与点 $c_2$（$d_2$）相连，即为平面 $ABCD$ 和平面 $CDEF$ 的有积聚性的 $H_2$ 面投影，它们之间的夹角即为所求的夹角 $\theta$。

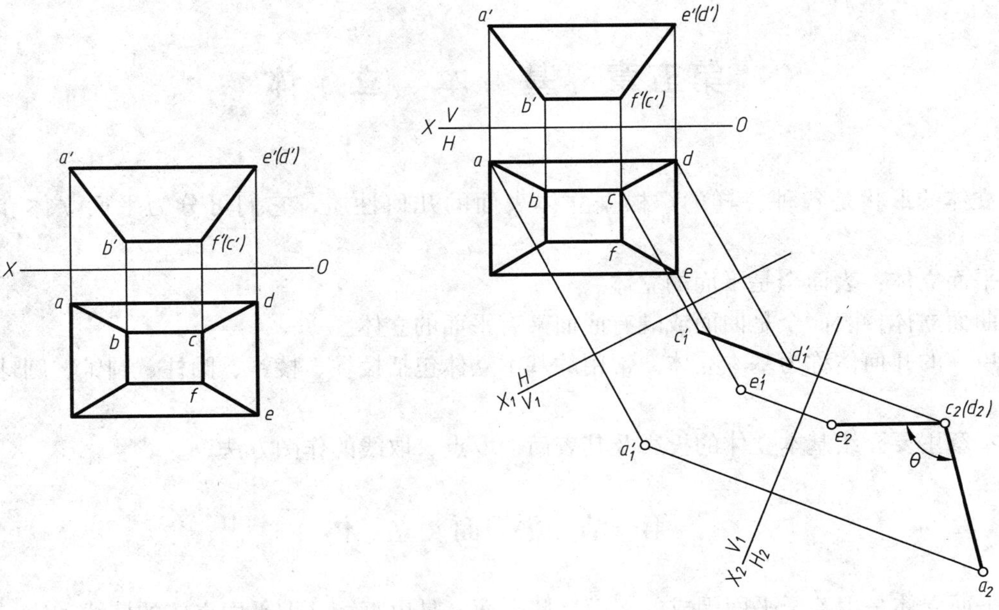


(a)　　　　　　　　　　　　(b)

图 4-25　求两平面间的夹角

(a) 给题；(b) 解题

# 第五章　基　本　立　体

立体的形状是各种各样的，根据立体表面的几何性质，它们可分为平面立体和曲面立体。

平面立体：表面全是平面的立体。

曲面立体：表面全是曲面或既有曲面又有平面的立体。

单一的几何体称为基本立体。常用的基本立体包括棱柱、棱锥、圆柱、圆锥、圆球、圆环等。

本章主要介绍基本立体的投影及其表面上取点、取线的作图方法。

## 第一节　平　面　立　体

平面立体是由若干平面围成的，而这些平面又是由直线（即平面立体的棱线和边）围成的。因此，画平面立体的投影图，实质上是分析立体上直线、平面及其相对位置，运用各种位置直线、平面的投影特性进行作图和判断。画出平面立体上直线和平面的投影后，需判别可见性。当立体投影可见时，画成粗实线；不可见时，画成细虚线。当粗实线与细虚线重合时，画粗实线。图形的对称中心线用细点画线画出。

立体的投影取决于它在三投影面体系中的位置。为了使画图简便，应将平面立体合理放置，使尽可能多的表面处于投影面平行面或投影面垂直面位置上。

工程中常用的平面立体包括棱柱、棱锥等。

**一、棱柱**

棱柱可以由一个平面多边形沿某一与其不平行的直线方向移动一段距离（又称拉伸）形成。由平面多边形形成的两个互相平行的面称为底面，其余各面称为棱面，相邻棱面的交线称为棱线，棱线互相平行且相等。

棱柱有直棱柱（棱线与底面垂直）和斜棱柱（棱线与底面倾斜）。底面是正多边形的直棱柱，则称为正棱柱。

1. 棱柱的投影

图 5 - 1 所示为正五棱柱的直观图和投影图。该正五棱柱由正五边形 *ABCDE* 沿其法线方向移动一段距离形成。

图 5 - 1（a）所示为正五棱柱的直观图。当按如图所示位置放置时，正五棱柱的上、下底面都是水平面，它们的边分别是四条水平线和一条侧垂线，棱面是四个铅垂面和一个正平面，棱线是五条铅垂线。

本书从这里开始，在投影图中都不画投影轴。从图 5 - 1 可以看出，立体与各投影面的远近并不影响立体的投影。作图时，需按照各点的正面投影和水平投影位于铅垂的投影连线上，正面投影与侧面投影位于水平的投影连线上，以及任意两点的水平投影和侧面投影保持前后方向的宽度相等和前后对应的三条原则。

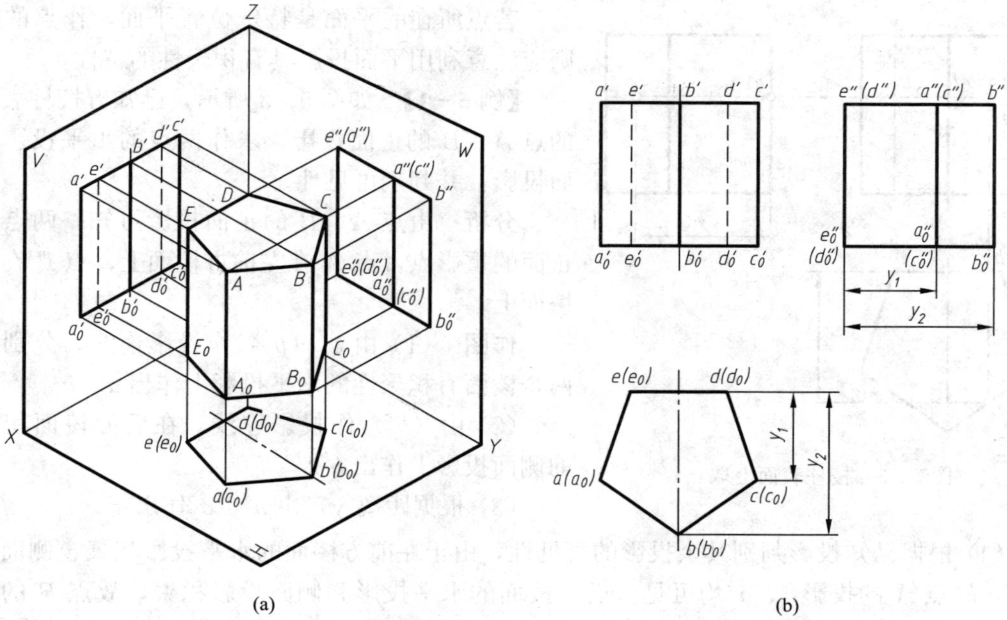


图 5-1 正五棱柱的投影

根据平面的投影特性，画出正五棱柱的三面投影图，如图 5-1（b）所示。作投影图时，先画两底面的投影，再画五条棱线的投影。在正面投影图中，棱线 $DD_0$、$EE_0$ 被前面的棱面挡住，为不可见，故画成细虚线；在侧面投影图中，$CC_0$、$DD_0$ 分别被棱线 $AA_0$、$EE_0$ 挡住，且投影重合，故按粗实线绘制。作投影时，尤其要注意水平投影与侧面投影中立体前后的对应关系和宽度尺寸（$y_1$、$y_2$）要相等。

下面给出几种棱柱的投影图，供读者自行分析，如图 5-2 所示。

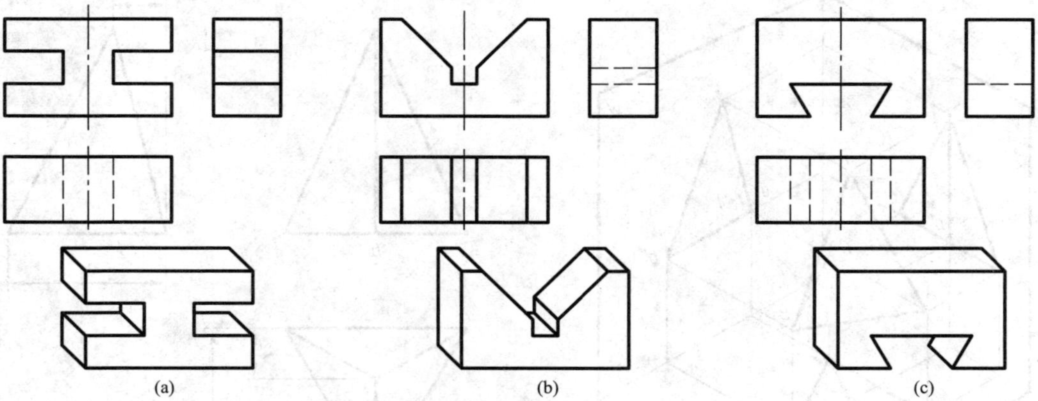


图 5-2 棱柱的投影

2. 棱柱表面上取点

平面立体表面上取点的方法与平面上取点的方法一致。只是，首先应确定点在立体的哪个平面上，然后再用平面上取点的方法作点的投影。判别可见性的原则：若点所在的面的投影可见（或具有积聚性），则点的投影可见。

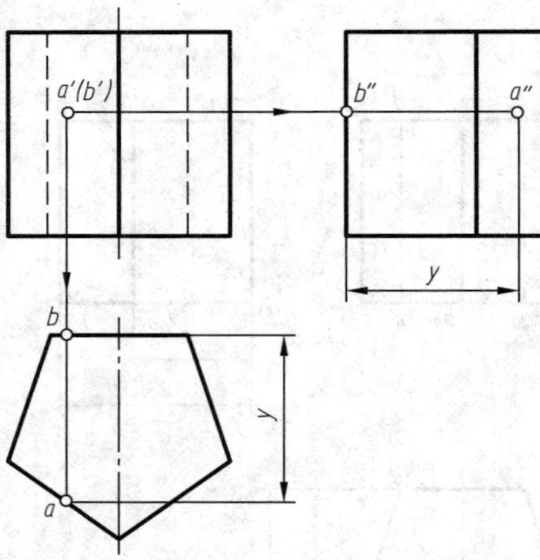


图 5－3　棱柱表面上取点

若点所在的平面是特殊位置平面，作点的投影则应注意利用平面投影具有积聚性的特性。

**【例 5－1】** 如图 5－3 所示，已知五棱柱表面上的点 $A$、$B$ 的正面投影，求作两点的水平投影和侧面投影，并判别可见性。

**分析** 由点 $A$、$B$ 的正面投影可知，两点是对正面的重影点，点 $A$ 在左前方棱面上，点 $B$ 在后方棱面上。

**作图** （1）由 $a'$（$b'$）作投影连线，分别在这两个棱面有积聚性的水平投影上作出 $a$、$b$。

（2）由（$b'$）作投影连线，在后方棱面积聚性的侧面投影上作出 $b''$。

（3）根据距离 $y$，由 $a'$、$a$ 作出 $a''$。

（4）根据已知投影判别其余投影的可见性，由于左前方棱面的水平投影积聚、侧面投影可见，故点 $A$ 的投影 $a$、$a''$均可见。后方棱面的水平投影和侧面投影积聚，故点 $B$ 的投影 $b$、$b''$均可见。

**二、棱锥**

棱锥可以由一个平面多边形沿某一与其不平行的方向直线移动，同时各边按相同比例线性缩小（或放大）而形成（又称线性变截面拉伸）。此平面多边形称为底面，其余各面称为棱面，相邻棱面的交线称为棱线，所有棱线相交于锥顶。

1．棱锥的投影

下面以正三棱锥为例讨论棱锥的投影，如图 5－4 所示。

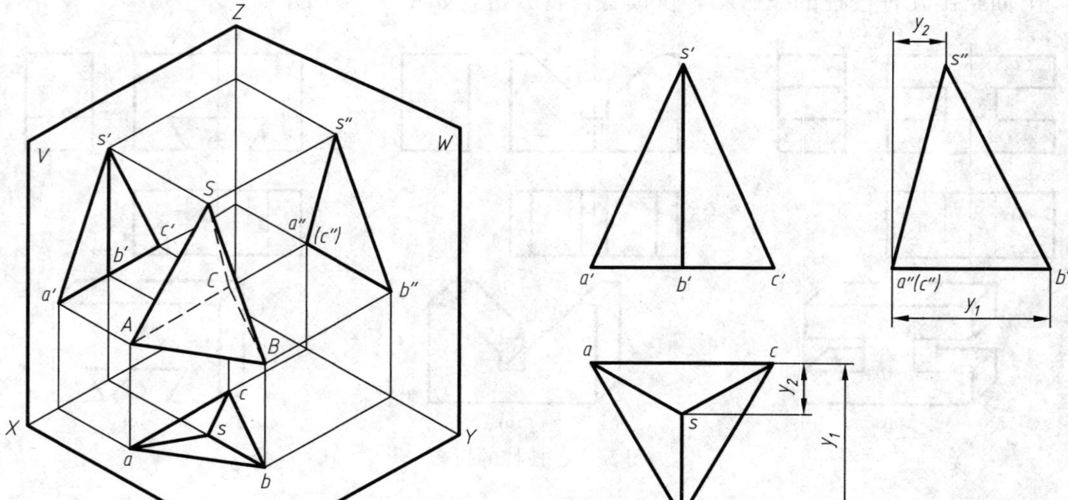


(a)　　(b)

图 5－4　正三棱锥的投影

图 5－4（a）所示为正三棱锥的直观图。当按如图所示位置放置时，正三棱锥的底面 $ABC$ 是水平面，棱面 $SAC$ 是侧垂面（$AC$ 是侧垂线）。左、右棱面 $SAB$、$SBC$ 是一般位置平面。

图 5－4（b）所示为正三棱锥的投影图，作图过程如下：

（1）画出底面 $ABC$ 反映实形的水平投影及有积聚性的正面、侧面投影，注意距离 $y_1$。

（2）画出锥顶 $S$ 的三面投影。作侧面投影时，注意距离 $y_2$。

（3）分别连接锥顶 $S$ 与底面各顶点的同面投影，画出各棱线的投影。

平面立体投影的外轮廓总是可见的，应画成粗实线；其余图线，应根据线、面的投影分析，按左遮右、前遮后、上遮下判别投影的可见性，需要时可利用交叉两直线的重影点来判别其可见性，再决定画粗实线或细虚线。

2. 棱锥表面上取点

**【例 5－2】** 如图 5－5 所示，已知正三棱锥表面上点 $E$ 正面投影、点 $F$ 的水平投影，求两点的其他投影。

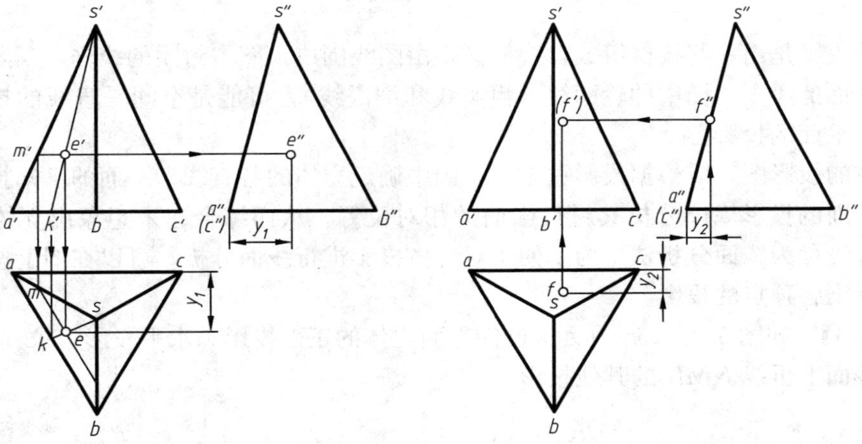

(a)　　(b)

图 5－5　棱锥表面上取点

**分析**　由点 $E$ 正面投影、点 $F$ 的水平投影的可见性可知：点 $E$ 位于棱面 $SAB$（一般位置平面）上，作其投影需在平面过点作辅助线；点 $F$ 位于棱面 $SAC$（侧垂面）上，作其投影可利用投影面垂直面投影的积聚性。

**作图**　（1）如图 5－5（a）所示，过点 $E$ 作与 $AB$ 平行的辅助线 $ME$，在 $ME$ 的水平投影上确定 $e$，由 $e'$、$e$ 求得 $e''$。也可过点 $E$ 作辅助线 $SK$，来求点 $E$ 的其他投影。

（2）如图 5－5（b）所示，根据距离 $y_2$，作点 $F$ 的侧面投 $f''$，由 $f$、$f''$ 求得 $f'$。

（3）判别可见性：由于棱面 $SAB$ 的水平投影和侧面投影均是可见的，故点 $E$ 的投影 $e$、$e''$ 均可见。而棱面 $SAC$ 的正面投影不可见，侧面投影积聚，故点 $F$ 的投影 $f'$ 不可见，$f''$ 可见。

棱台是用平行于棱锥底面的平面截去锥顶而形成的。其顶面与底面为互相平行的相似多边形，各棱面为等腰梯形。图 5－6 所示为四棱台的直观图和投影图。棱台的上、下底面的边对应平行，棱线延长相交于有限远的一点。棱台的投影及表面取点、取线均与棱锥相同，请读者自行分析各个表面和棱线的投影。

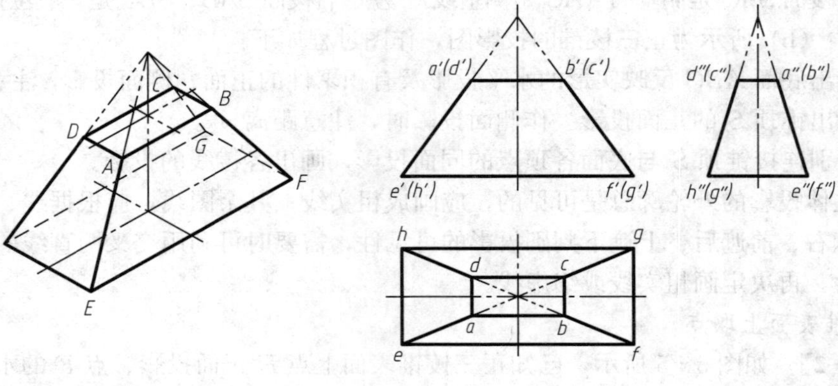


(a) (b)

图 5－6　四棱台

立体的投影是由一些线框组成，线框又是由图线围成。图中封闭的线框，一般情况下表示立体某个面的投影。图中的轮廓线（粗实线和细虚线），可能是空间一直线的投影，也可能是空间一平面的投影。

读立体的投影图，应根据投影关系，在图中确定立体的各直线、平面的已知投影，再根据直线、平面的投影规律分析其对投影面的相对位置，从而综合起来想象出立体的形状结构，这种方法称为**线面分析法**。为了便于对立体投影进行线面分析，可以在图上按点的投影规律，先标出各顶点的投影。

**【例 5－3】** 如图 5－7（a）所示，已知平面立体的正面投影和水平投影，求其侧面投影，并作出其表面上折线 $KML$ 的其他投影。

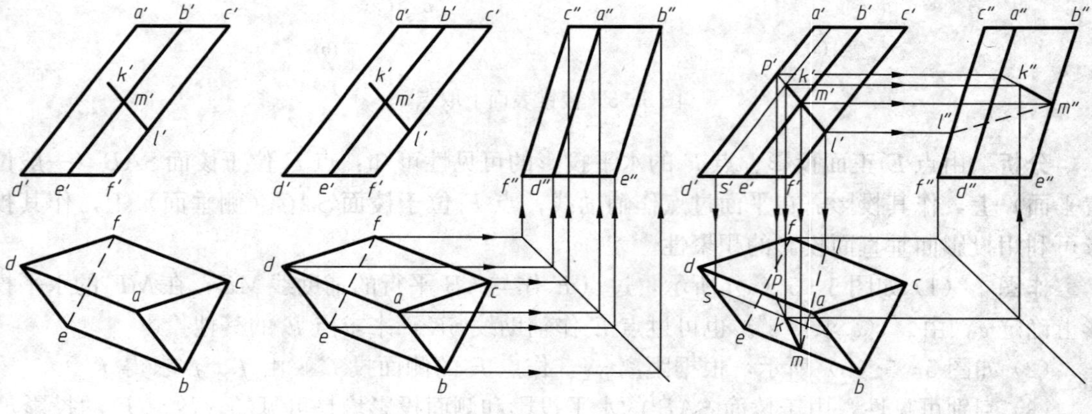

(a) (b) (c)

图 5－7　作平面立体及其表面折线的投影

**分析**　(1) 如图 5－7（a）所示，棱线 $AD$、$BE$、$CF$ 的两面投影均倾斜于投影轴，为一般位置直线。两底面上的 $AB$、$BC$、$CA$、$DE$、$EF$、$FD$ 的正面投影平行于 $OX$ 轴，水平投影均倾斜于投影轴，为水平线。平面 $ABC$、$DEF$ 的正面投影积聚且水平，是两个水平面，水平投影反映实形，侧面投影具有积聚性。平面 $ABED$、$BCFE$、$CADF$ 的两面投影均为封闭线框，且不包含侧垂线，为一般位置平面，侧面投影是类似的封闭线框。通过以上对图线和线框的分析，从而想象出由这些平面围成了一个斜三棱柱。

(2) 折线 $KML$ 有两段 $KM$、$ML$，分别在平面 $ABED$ 和平面 $BCFE$ 上。点 $K$ 在多边形 $ABED$ 内，作其投影需过点作辅助线；点 $M$、$L$ 分别在棱线 $BE$、$CF$ 上，运用直线上取点的作图方法求其投影。

**作图** (1) 如图 5-7 (b) 所示，先作出点 $F$ 的侧面投影，再根据点的投影规律作出其他点的侧面投影。棱线 $AD$ 在立体最左方，其侧面投影可见。斜三棱柱的侧面投影的轮廓线均可见，画成粗实线。

(2) 如图 5-7 (c) 所示，在棱线 $BE$、$CF$ 的水平投影和侧面投影上分别作出点 $M$、$L$ 的水平投影和侧面投影；在平面 $ABED$ 上过点 $K$ 作平行于 $AD$ 的辅助线 $SK$，在 $SK$ 的水平投影上作 $k$，再由 $k'$、$k$ 作出 $k''$，也可过点 $K$ 作辅助线 $MP$ 来求点 $K$ 的投影。平面 $ABED$ 的水平投影和侧面投影可见，直线段 $KM$ 的水平投影和侧面投影可见，画成粗实线；平面 $BCFE$ 的水平投影和侧面投影不可见，直线段 $ML$ 的水平投影和侧面投影均不可见，画成细虚线。

## 第二节 回 转 体

回转体是由回转曲面或回转曲面与平面围成的立体。工程中最常见的回转体主要有圆柱、圆锥、圆球、圆环等。

如图 5-8 (a)、(b) 所示，回转曲面是一条母线（直线或曲线）绕一轴线旋转一周而形成的曲面。母线在旋转中的任何一个位置称为素线。母线上每一点绕轴线旋转一周的轨迹都是垂直于轴线的一个圆，称为纬圆。

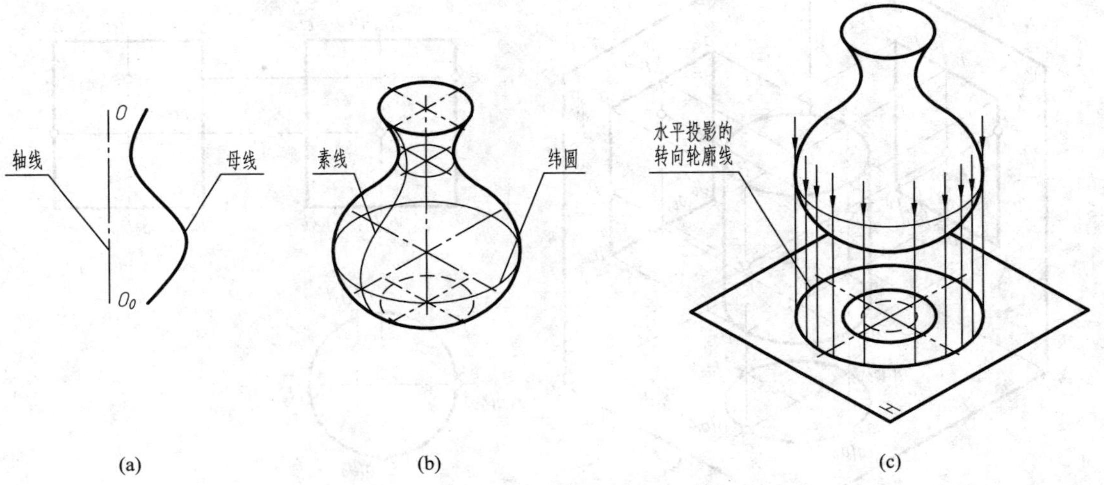


图 5-8 回转曲面的术语

回转曲面的形状取决于母线的形状及母线与轴线的相对位置。常见的回转曲面的形成如图 5-9 所示。

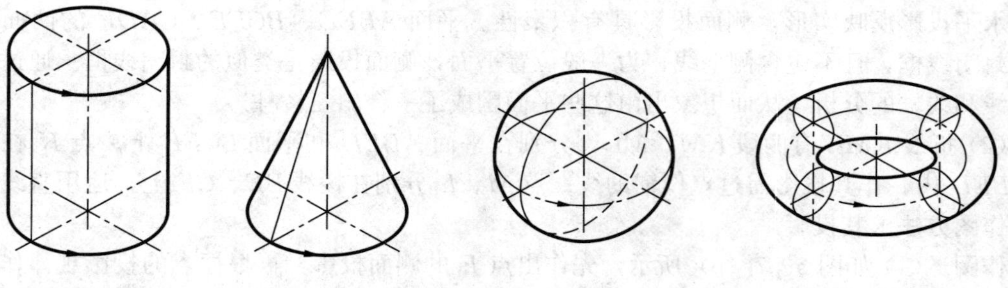

(a)　(b)　(c)　(d)

图 5-9　常见回转曲面的形成

(a) 圆柱面；(b) 圆锥面；(c) 球面；(d) 圆环面

回转曲面的投影用转向轮廓线表示，如图 5-8（c）所示。转向轮廓线是与曲面相切的投射线与投影面的交点所组成的线段，它确定了回转曲面投影的范围。转向轮廓线是回转曲面上可见和不可见部分的分界线。

作回转体的投影，实质上就是作出回转体的回转曲面或平面的投影。在回转曲面上取点、取线与在平面上取点、取线的作图原理相同。取回转曲面的点，需先过此点在该回转曲面上取简单易画的圆或直线，即过此点的纬圆或素线，或运用回转曲面投影具有积聚性作图。取回转曲面上的线（直线、曲线），则需先取该回转曲面上能确定此线的若干个点，再依次连线并判别可见性。

## 一、圆柱

### 1. 圆柱的形成

如图 5-10 所示，圆柱是由圆柱面和上、下底面围成的。圆柱面是由一直线绕与它平行

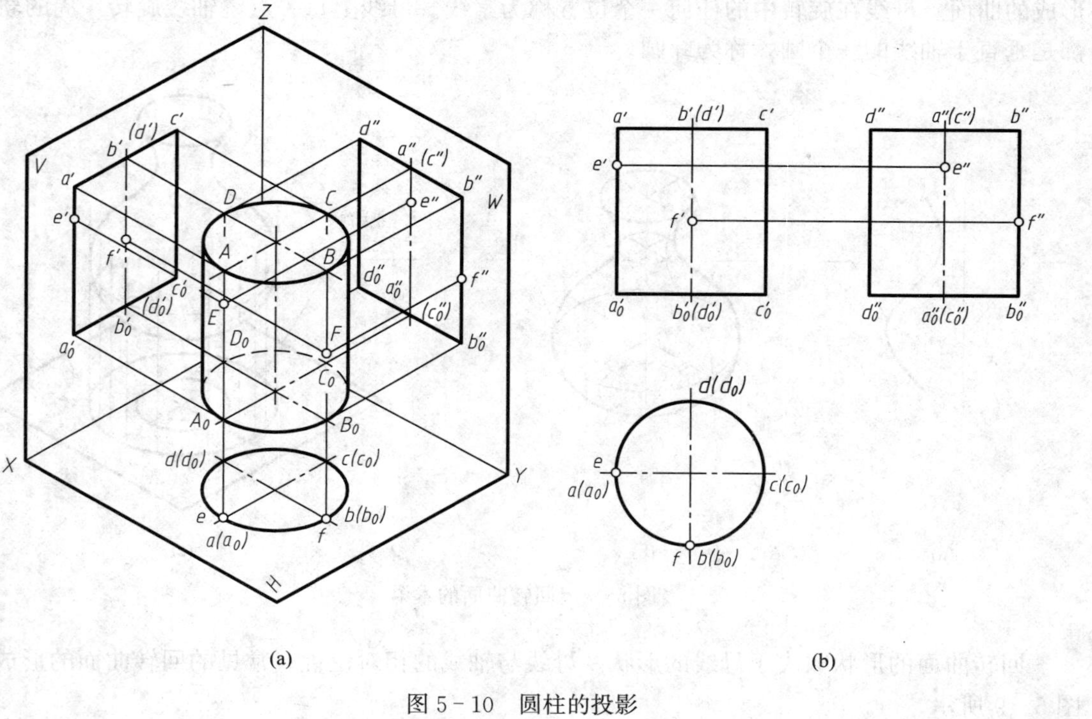


(a)　(b)

图 5-10　圆柱的投影

的轴线旋转而成。上、下底面均为圆形平面且垂直于轴线。

2. 圆柱的投影

按如图 5－10（a）所示位置放置圆柱时，轴线为铅垂线，用细点画线画轴线的正面、侧面投影。圆柱面上所有素线与轴线平行，均为铅垂线，圆柱面的水平投影积聚成一个圆，圆柱面上的任何点和线的水平投影都积聚在这个圆上。圆柱的上、下底面是水平面，它们的水平投影是圆，反映实形，它们的正面、侧面投影具有积聚性，是等于圆直径的直线段。用细点画线画出圆的对称中心线，对称中心线的交点是轴线的水平投影。

圆柱面上最左、最右两条素线 $AA_0$、$CC_0$ 是圆柱面前半部分和后半部分的分界线。它们的正面投影 $a'a_0'$、$c'c_0'$是圆柱面正面转向轮廓线，也是圆柱面正面投影可见与不可见的分界线。圆柱面上最前、最后两条素线 $BB_0$、$DD_0$ 是圆柱面左半部分和右半部分的分界线。它们的侧面投影 $b''b_0''$、$d''d_0''$是圆柱面侧面转向轮廓线，也是圆柱面侧面投影可见与不可见的分界线。转向轮廓线的其余两面投影与轴线投影重合，不必画出。初学者必须在掌握转向轮廓线空间概念的基础上，熟悉它们的投影关系，为以后的学习打好基础。在图 5－10 中，点 $E$ 在素线 $AA_0$ 上，点 $F$ 在素线 $BB_0$ 上。

从图 5－10 可知：圆柱在其轴线所垂直的投影面上的投影为圆（直径等于圆柱的直径），另两面投影为相同大小的矩形，其边长分别等于圆柱的直径和高。这一结论对轴线垂直于 $V$ 面或 $W$ 面的圆柱也完全适用。画圆柱的投影图时，先画轴线的投影和中心线，然后画上、下底面的投影，最后画转向轮廓线。

立体上有回转曲面形成的孔，如图 5－11 所示，内圆柱面由于它的形成与外圆柱面相同，因此，其投影特性与外圆柱面的相同。孔位于立体内部，当投影不可见时用细虚线表示。

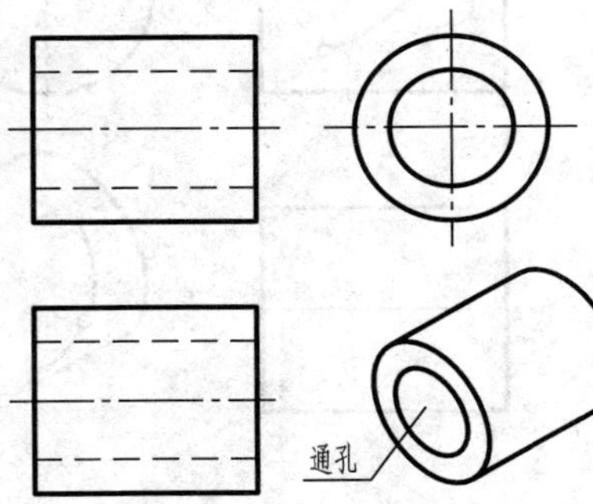


图 5－11　圆柱套筒

3. 圆柱表面上取点

**【例 5－4】**　如图 5－12（a）所示，已知圆柱上三点 $A$、$B$、$C$ 的一个投影，求作它们的其余两个投影。

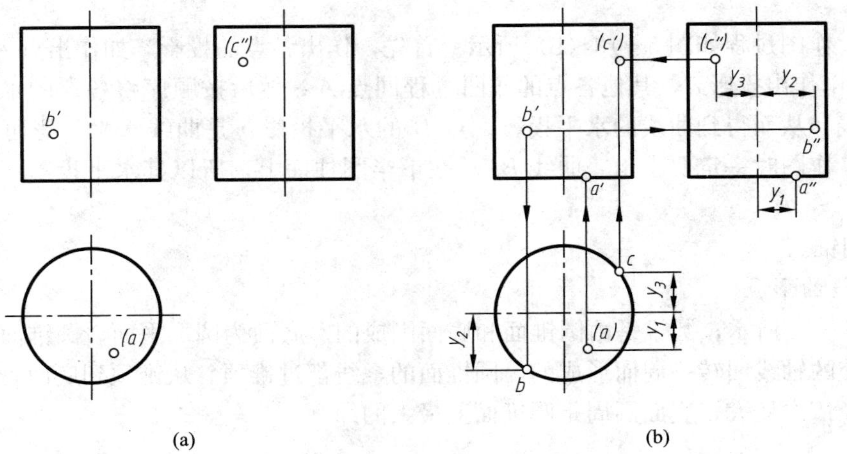


图 5－12　圆柱表面上取点

**分析** 首先判断点在立体的哪个表面，再具体作图。作圆柱面上点的投影应运用圆柱面某一投影具有积聚性这一特性作图。

**作图** 作图过程如图 5 - 12（b）所示。

（1）由投影（a）可知，点 $A$ 在圆柱的下底面上，其正面和侧面投影分别在底面积聚的正面和侧面投影上，从而作出 $a'$、$a''$。

（2）由投影 $b'$可知，点 $B$ 在圆柱面的前半部分、左半部分，其水平投影 $b$ 在前半圆周上，再由 $b$、$b'$作出 $b''$，$b$、$b''$均可见。

（3）由投影（$c''$）可知，点 $C$ 在圆柱面的后半部分、右半部分，其水平投影 $c$ 在后半圆周上，再由 $c$、（$c''$）作出（$c'$），$c$ 可见，$c'$不可见。

**【例 5 - 5】** 如图 5 - 13（a）所示，已知圆柱上曲线 $ABC$ 的正面投影，求作曲线的其余两个投影。

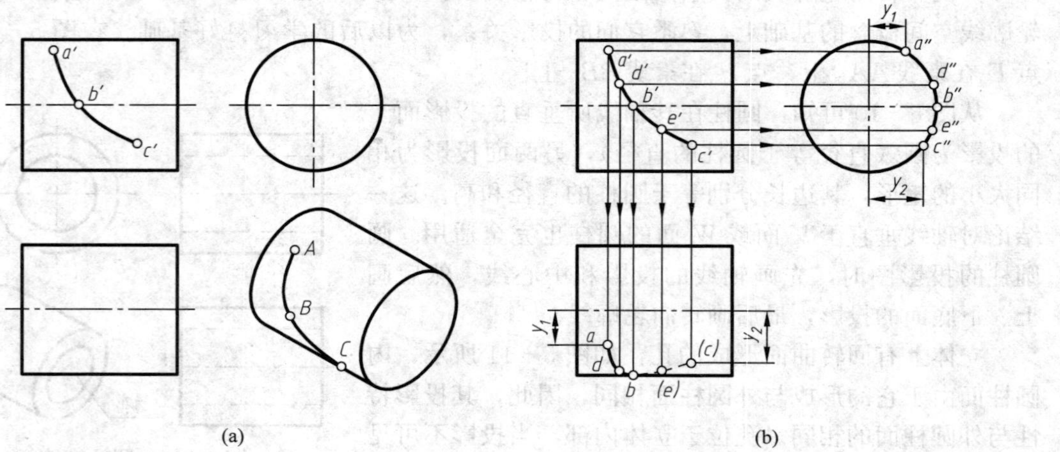


图 5 - 13 圆柱表面上取线

**分析** 由图 5 - 13（a）中正面投影 $a'b'c'$可以判断曲线 $ABC$ 在圆柱面的前半部分，它的侧面投影在圆柱面侧面投影积聚的圆周上。为了使曲线投影连接光滑，在曲线上增加两个点 $D$ 和 $E$。

**作图** 作图过程如图 5 - 13（b）所示。首先，作出各点的投影，如作出点 $A$ 的投影 $a''$，再由距离 $y_1$ 作出投影 $a$，其他各点的作图过程同点 $A$。然后按顺序将各点的水平投影连成光滑的曲线，从而得到曲线的水平投影。点 $B$ 的水平投影 $b$ 是曲线水平投影可见与不可见的分界点，作图时一定要求出。曲线 $BEC$ 在下半圆柱面上，所以其水平投影不可见，应画成细虚线。

**二、圆锥**

1. 圆锥的形成

如图 5 - 14 所示，圆锥是由圆锥面和底面围成的。底面为圆形平面。圆锥面是由一直线绕与它相交的轴线回转一周而形成的，圆锥面的素线都过锥顶。从锥顶到底面，在圆锥面上的纬圆半径依次变大，底面圆周是圆锥面上最大的纬圆。

2. 圆锥的投影

当圆锥按如图 5－14（a）所示位置放置时，轴线为铅垂线，则圆锥的底面为水平面。

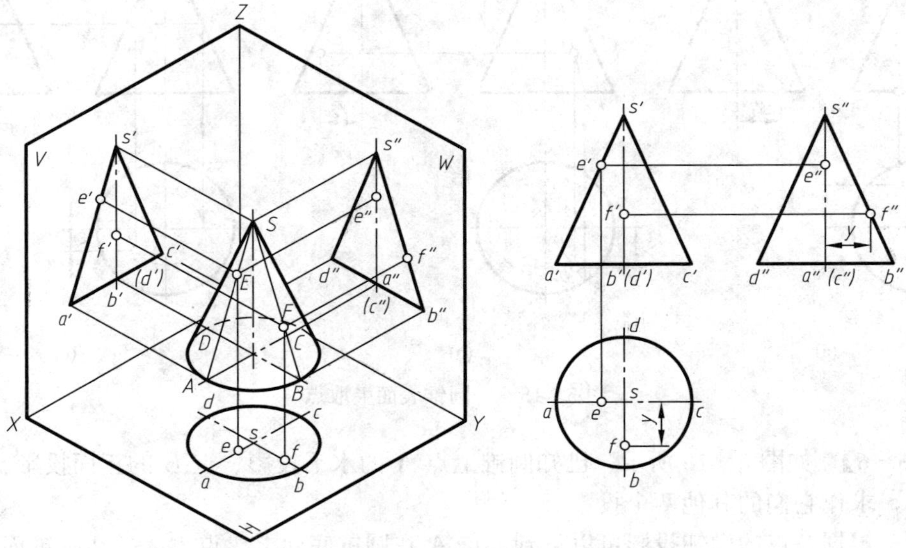

(a) (b)

图 5－14 圆锥的投影

作图步骤：

(1) 用细点画线作正面、侧面投影上轴线的投影和水平投影的圆的中心线。

(2) 画底面的投影。其水平投影反映实形，正面、侧面投影积聚为长度等于直径的直线段。

(3) 作圆锥面的投影。圆锥面的水平投影为圆，与底面的水平投影重合。其正面投影和侧面投影分别画出转向轮廓线。正面转向轮廓线是最左和最右的两条素线 $SA$ 和 $SC$ 的投影，侧面转向轮廓线是最前和最后的两条素线 $SB$ 和 $SD$ 的投影，它们的其余两投影都是与轴线的投影重合，不必画出。在图 5－14 中，点 $E$ 和 $F$ 分别在素线 $SA$ 和 $SB$ 上。

从图 5－14 可知：圆锥在其轴线所垂直的投影面上的投影为圆（直径等于底面的直径），另两面投影为相同大小的等腰三角形，其底边等于底面圆的直径，腰等于圆锥母线的长。

3. 圆锥表面上取点

由于圆锥面的三个投影均没有积聚性，因此，圆锥面上取点时必须先过此点在该回转曲面上取简单易画的辅助线。

方法一：素线法。采用素线作为辅助线，过锥顶和已知点作一素线，求出素线投影，再用直线上取点的方法作点的投影，如图 5－15（b）所示求点 $B$ 的投影。

方法二：纬圆法。采用纬圆作为辅助线，过已知点作该圆锥面上的纬圆。该纬圆垂直于轴线，平行于底圆。它的一个投影反映实形，另两个有积聚性的投影与底面投影平行，且等于该纬圆直径。然后在圆的投影上作点的其他投影，如图 5－15（c）所示求点 $C$ 的投影。利用纬圆法进行取点作图可适用于各种回转曲面。

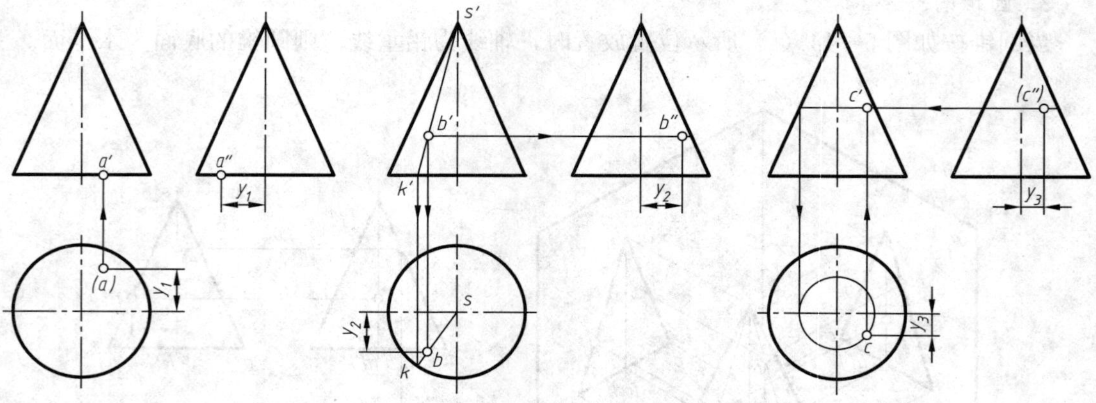


(a) (b) (c)

图 5-15　圆锥表面上取点

**【例 5-6】** 如图 5-15 所示，已知圆锥上点 $A$ 的水平投影、点 $B$ 的正面投影、点 $C$ 的侧面投影，求作它们的其他两个投影。

**分析** 根据各点的已知投影可以得到，点 $A$ 在圆锥底面上，点 $B$、$C$ 在圆锥面上。

**作图** (1) 点 $A$ 的正面和侧面投影必分别在底面积聚的正面和侧面投影上，从而求出 $a'$、$a''$。

(2) 用素线法求点 $B$ 的投影。过锥顶 $S$ 和点 $B$ 作一素线交底面圆周于 $K$ 点。在 $SK$ 的水平投影 $sk$ 上作出 $b$，再按点的投影规律作出 $b''$。因为点 $B$ 在圆锥面的前半部分和左半部分，所以点 $B$ 的投影 $b$、$b''$均可见。

(3) 用纬圆法求点 $C$ 的投影。过点 $C$ 在圆锥面上作一个纬圆，该纬圆平行于水平面，又称为水平纬圆。作出纬圆的三面投影后，先在纬圆的投影上作出 $c$，再作 $c'$。因为点 $C$ 在圆锥面的前半部分和右半部分，所以点 $C$ 的投影 $c$、$c'$均可见。

**【例 5-7】** 如图 5-16 (a) 所示，已知圆锥上曲线 $ABC$ 的正面投影，求作曲线的其余两个投影。

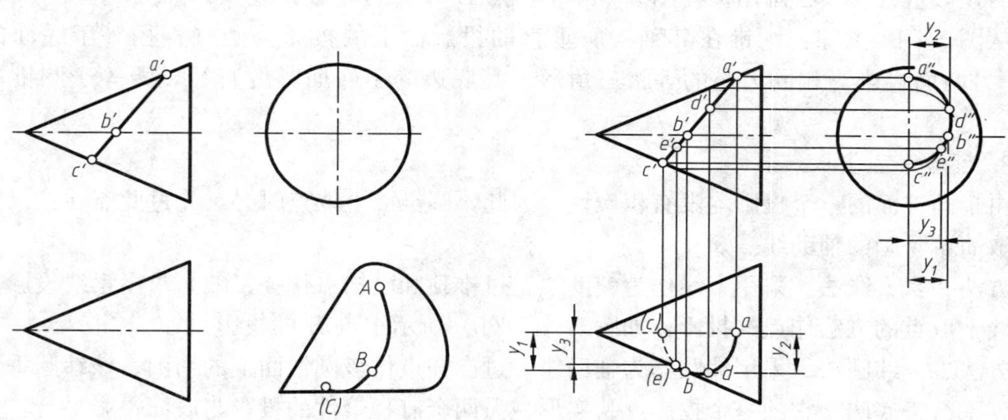


(a) (b)

图 5-16　圆锥表面上取线

**分析** 由图 5－16（a）中正面投影 $a'b'c'$ 可以看出曲线 $ABC$ 在圆锥面的前半部分，点 $A$、$B$、$C$ 在转向轮廓线上。为了使曲线投影连接光滑，在曲线上增加两个点 $D$ 和 $E$。

**作图** 作图过程如图 5－16（b）所示，先作正面转向轮廓线上点 $A$、$C$ 的投影。再作水平转向轮廓线上点 $B$ 的投影，点 $B$ 的水平投影 $b$ 是曲线水平投影可见与不可见的分界点，作图时一定要求出。然后运用纬圆法作出点 $D$、$E$ 的投影，最后按顺序将各点的水平投影和侧面投影连成光滑的曲线。曲线 $BEC$ 在下半圆锥面上，所以其水平投影不可见，应画成细虚线。

**三、圆球**

1. 圆球的形成

如图 5－17 所示，圆形的母线绕其直径旋转形成的回转曲面称为圆球面。圆球即是由圆球面围成的。圆母线的圆心是球心，过球心的任意一直径都可作为回转轴线。圆球面上不存在直线。

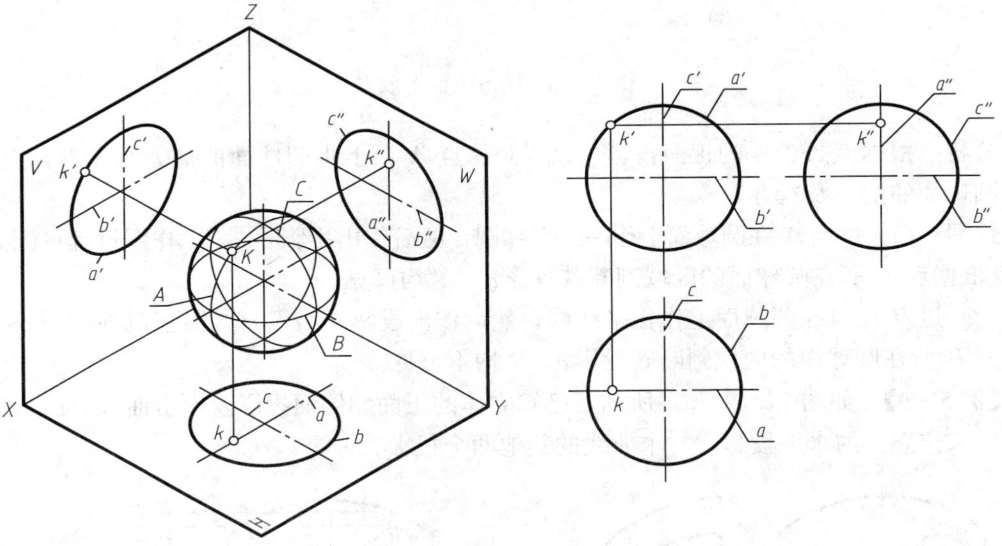


(a) (b)

图 5－17 圆球的投影

2. 圆球的投影

如图 5－17 所示，圆球的三个投影均是圆，其直径与圆球的直径相同，分别是平行于相应投影面的最大圆的投影。例如，圆球上平行于正面的最大圆 $A$（正平纬圆）是圆球面前半部分和后半部分的分界线，其正面投影 $a'$ 是圆球正面转向轮廓线，也是圆球正面投影可见与不可见的分界线，投影 $a$、$a''$ 均与中心线重合而不必画出。关于圆 $B$、$C$ 可做类似分析。图中点 $K$ 在最大正平纬圆 $A$ 上。

3. 圆球表面上取点

球面上任意两点的连线均为曲线，在其表面上取点只能运用纬圆法。使用的纬圆可以是过此点的正平纬圆、水平纬圆或是侧平纬圆。

**【例 5-8】** 如图 5-18 所示，已知球面上点 $A$、$B$ 的正面投影，求其他两个投影。

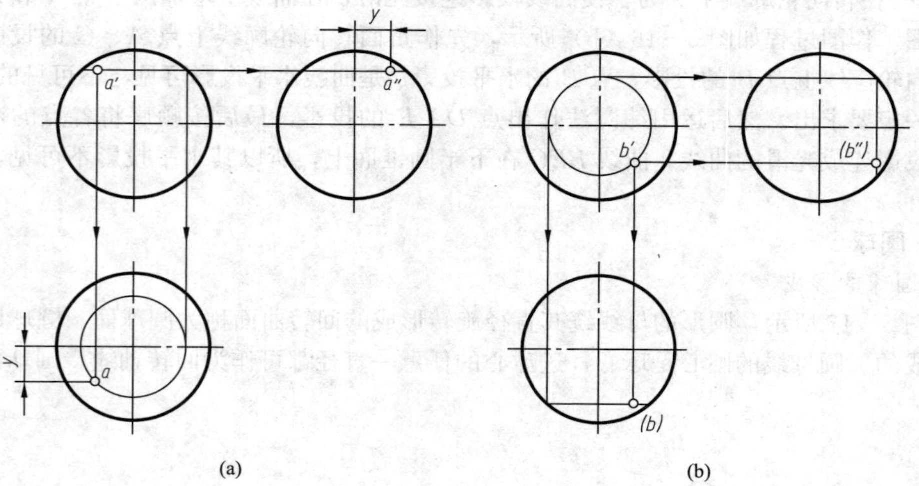


图 5-18 圆球表面上取点

**分析** 根据点 $A$、$B$ 的正面投影可以得到：点 $A$ 在上半圆球面的前方及左方，点 $B$ 在下半圆球面的前方及右方。

**作图** （1）过点 $A$ 在圆球面上作一水平纬圆，然后作出投影 $a$、$a''$，作图过程见图 5-18（a）。根据点 $A$ 所在圆球面的区域判断其投影 $a$、$a''$均可见。

（2）过点 $B$ 可在圆球面上作正平纬圆，然后作出投影 $b$、$b''$，作图过程见图 5-18（b）。根据点 $B$ 所在圆球面的区域判断其投影 $b$、$b''$均不可见。

**【例 5-9】** 如图 5-19（a）所示，已知立体的正面和侧面投影及面上曲线 $ABC$ 的正面投影，求作立体的水平投影，并求曲线的其他两个投影。

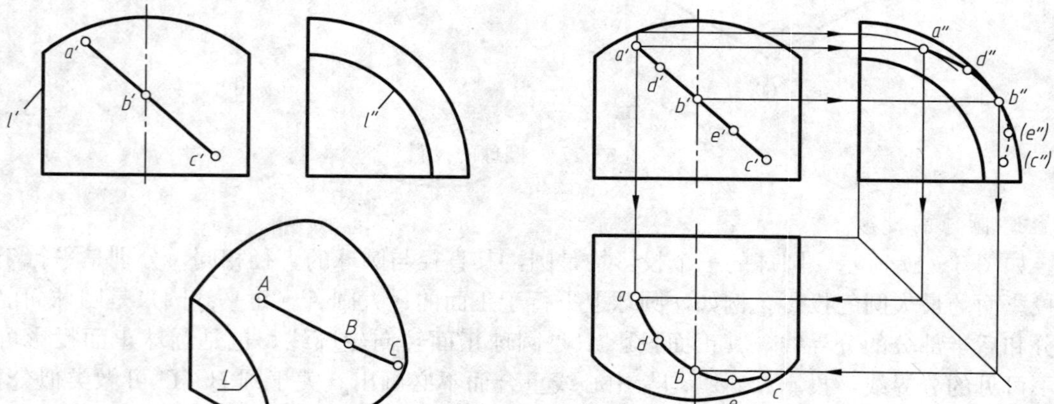


图 5-19 立体表面上取线

**分析**　(1) 由图 5-19 (a) 可以看出，立体的正面和侧面投影的外形轮廓线都是圆弧，而且二者半径相等，所以判断它是 1/4 圆球面。同时它又被两个侧平面左、右对称地切去一部分，在圆球面产生交线 $L$，是 1/4 圆弧。该立体是不完整圆球体，由部分圆球面和四个平面围成的。

(2) 曲线 $ABC$ 在圆球面的前半部分，点 $B$ 在最大侧平纬圆上。为了使曲线投影连接光滑，在曲线上增加两个点 $D$ 和 $E$。

**作图**　(1) 如图 5-19 (b) 所示，补画立体的水平投影，可先用球面的半径画圆弧，然后画出两个侧平面的投影及其他图线。

(2) 作曲线 $ABC$ 的投影时，可先作侧面转向轮廓线上点 $B$ 的投影，$b''$是曲线侧面投影可见与不可见的分界点。再运用纬圆法（侧平纬圆）作出其他各点的投影，图中给出点 $A$ 的作图过程。最后按顺序将各点的水平投影和侧面投影连成光滑的曲线。曲线 $ABC$ 的水平投影均可见。曲线 $BEC$ 的侧面投影不可见，应画成细虚线。

**四、圆环**

1. 圆环的形成

圆环是由圆环面围成的。圆环面是由一圆母线 $A$ 绕与它共面但不过圆心的轴线回转一周而形成的回转曲面，如图 5-20 (a) 所示。由圆 $A$ 左半圆弧形成的表面称为外环面，由圆 $A$ 右半圆弧形成的表面称为内环面，两者分界线是圆弧 $C$、$D$。

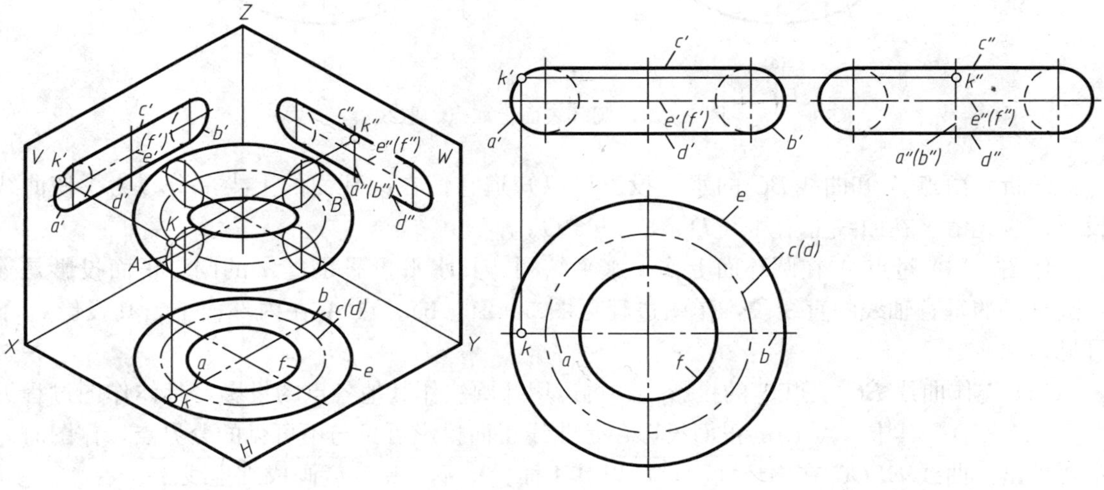


(a)　　(b)

图 5-20　圆环的投影

2. 圆环的投影

图 5-20 (b) 所示为轴线为铅垂线的圆环的三面投影。从图中可知：在圆环正面投影中，左、右两个圆是圆环面最左、最右两个素线圆 $A$、$B$ 的投影，上、下两条公切线是最高、最低两个纬圆的投影，它们都是正面转向轮廓线；外环面的前半部分可见，圆环面其余部分均不可见。圆环的侧面投影与正面投影相似，请读者自行分析。圆环的水平转向轮廓线是垂直于轴线的最大纬圆 $E$ 和最小纬圆 $F$ 的投影，细点画线圆是母线圆心轨迹的投影，纬

圆 $C$、$D$ 的水平投影与之重合；圆环上半部分可见，下半部分不可见。图中点 $K$ 在素线圆 $A$ 上。

3. 圆环表面上取点

与圆球类似，圆环面上取点只能运用纬圆法。

**【例 5-10】** 如图 5-21（a）所示，已知圆环表面上点 $A$ 和曲线 $BC$ 的水平投影，求作它们的正面投影。

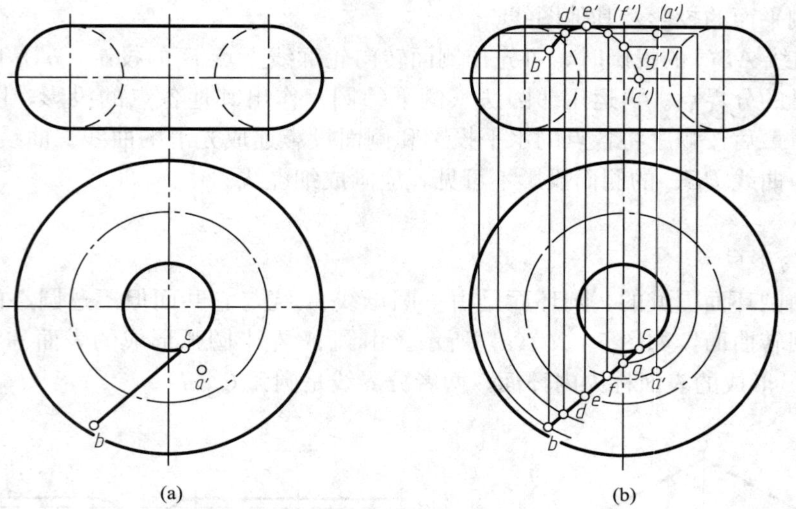


图 5-21　圆环表面上取点、取线

**分析**　由点 $A$ 和曲线 $BC$ 的水平投影可以知道它们在圆环面的上半部分。为了使曲线投影连接光滑，在曲线上增加点 $D$、$E$、$F$、$G$。

**作图**　(1) 过点 $A$ 在圆环面上作一水平纬圆，其水平投影是过 $a$ 的圆，正面投影是等于圆直径的垂直轴线的直线段，作图过程见图 5-21（b）。点 $A$ 在内环面上，其投影 $a'$ 不可见。

(2) 先作曲线 $BC$ 上点 $C$ 的投影 $c'$，再运用纬圆法作其他各点的投影，具体作图过程见图 5-21（b）。其中，点 $E$ 的正面投影 $e'$ 是曲线正面投影可见与不可见的分界点，作图时一定要求出。曲线 $EFGC$ 在内环面上，所以其正面投影不可见，应画成细虚线。

**五、不完整的回转体**

工程上还经常用到不完整的回转体，如图 5-22 所示。

**六、斜置的回转体**

当回转体轴线与投影面倾斜时，称为斜置的回转体。作斜置的回转体的投影，以及在其表面取点，可以用换面法。

以轴线为正平线的斜置圆柱为例，如图 5-23 所示。圆柱直径为 $\phi$，高为 $h$，运用一次换面可以准确地求出底面的水平投影椭圆。已知圆柱表面上点 $K$ 的正面投影，可以过点 $K$ 作平行于轴线的素线，在素线水平投影上作 $k$，或用换面法直接求出投影 $k$ 的准确位置。具体作图过程见图 5-23。

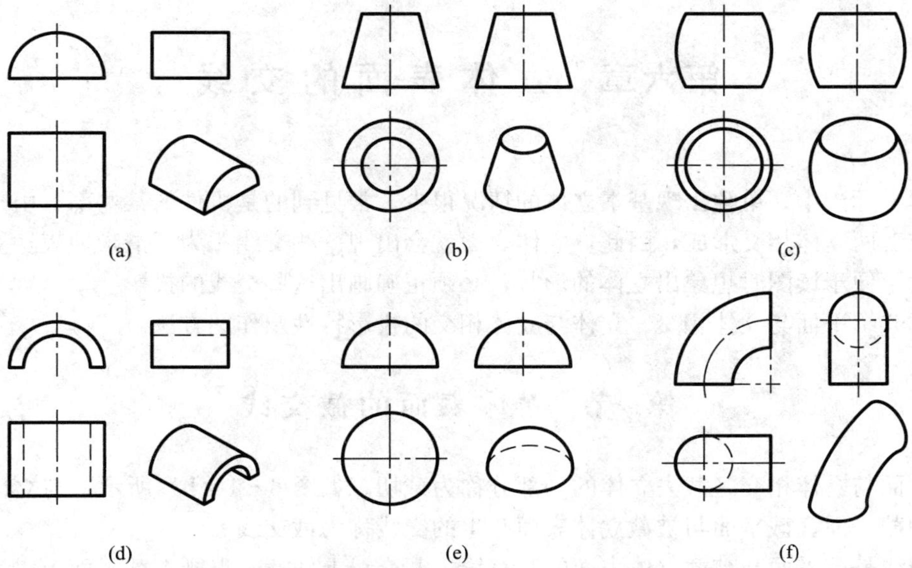


图 5－22　不完整的回转体

作斜置的圆锥的投影与斜置的圆柱相同，如图 5－24 所示。在其面上取点的方法可运用素线法或纬圆法，具体作图过程请读者自行分析。

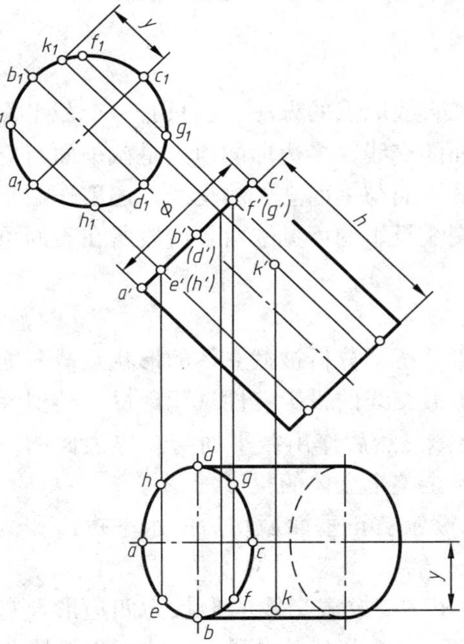


图 5－23　斜置的圆柱

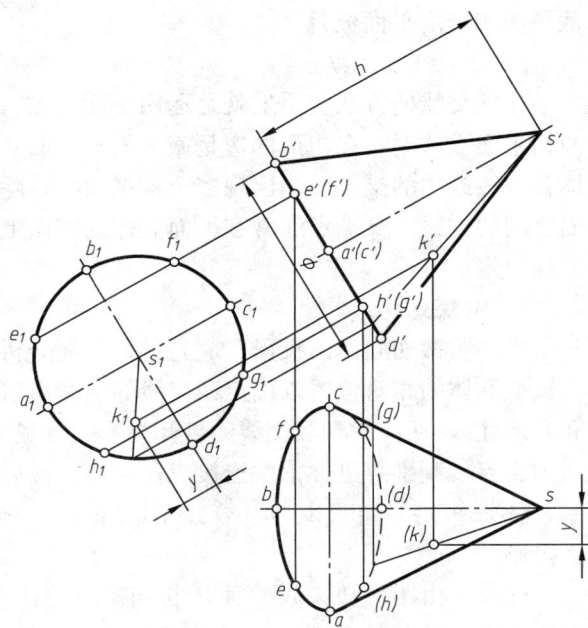

图 5－24　斜置的圆锥

# 第六章　立体表面的交线

工程实际当中，单独出现基本立体的情况很少，常见到的是机件的某些部分由平面与立体相交或者两立体相交形成，因此，立体表面就会出现一些交线。为了清晰地表达立体的形状，也为了便于读图时想象出立体的形状，必须正确画出这些交线的投影。

本章介绍平面与立体相交、立体与立体相交的投影特性及作图方法。

## 第一节　立体表面的截交线

用平面与立体相交，截去立体的一部分称为截切。如图 6-1（b）所示，与立体相交的平面称为截平面。截平面与被截立体表面产生的交线称为截交线。

截交线是截平面与被截立体表面的共有线，截交线上任意一点既在截平面上，又在立体表面上。截交线的形状取决于被截切立体的形状，以及截平面与被截切立体的相对位置。

### 一、平面与平面立体相交

1. 截交线的性质

平面与平面立体相交，其截交线是由直线段围成的平面多边形。多边形的边数取决于与截平面相交的平面数目。

2. 作截交线的方法

作截交线的方法实质上就是运用平面取点、取线和直线取点的方法。当只有一个截平面截切平面立体时，多边形的边是截平面与平面立体表面的交线，多边形的顶点是截平面与立体各棱线或边的交点。当出现多个截平面时，除了作截平面与平面立体的交线，还需作截平面之间的交线，其端点通常在平面立体的表面上。截交线投影的可见性由各线段所在表面可见性决定。

3. 作截交线的步骤

求作被截切立体的投影，应先进行空间分析和投影分析，分析被截立体的形状及截平面与被截立体的相对位置以确定截交线的空间形状，分析截交线的投影特性（积聚性、类似性和实形性），从而找到截交线的已知投影，预见未知投影。然后作出截平面与立体表面的一系列交点，判别可见性依次连接成截交线。最后检查补全整个立体的投影。

**【例 6-1】** 如图 6-1（a）、（b）所示，补全正四棱锥被正垂面截切后的水平投影和侧面投影。

**分析**　由图可知，截平面 $P$ 与四棱锥的四个棱面相交，故截交线的形状为四边形，它的四个顶点是截平面 $P$ 与四条棱线的交点。因截平面 $P$ 是正垂面，故截交线的正面投影与 $p'$重合，水平投影和侧面投影是类似形（四边形）。

**作图**　如图 6-1（c）所示，由于截平面 $P$ 的正面投影有积聚性，故截交线顶点的正面投影 $1'$、$2'$、$3'$、$4'$可直接得出，然后在 4 条棱线上分别求得截交线各顶点的水平投影 1、2、3、4 和侧面投影 $1''$、$2''$、$3''$、$4''$，将四个顶点的同名投影依次连接可得截

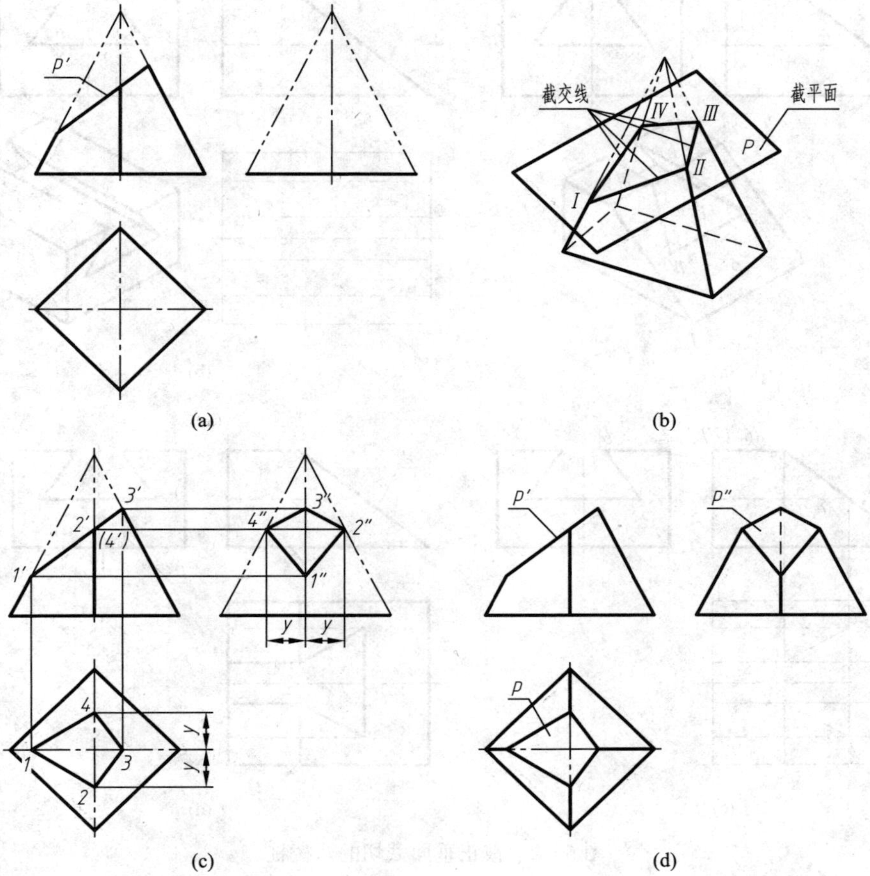


图 6-1 被正垂面截切的正四棱锥

交线的投影。

分析四条棱线的投影（哪一段被截去，哪一段被保留）并检查截交线的投影特性（其水平投影和侧面投影是否为类似形），从棱线上各交点往下方连线，最后完成投影图，如图 6-1（d）所示。

**【例 6-2】** 如图 6-2（a）所示，求作八棱柱被正垂面截切后的水平投影。

**分析** 由图可知，截平面 $P$ 与棱柱的八个棱面均相交，故截交线为八边形，八个顶点分别在棱柱的八条棱线上。

截平面 $P$ 是正垂面，因此截交线的正面投影与 $p'$ 重合。棱柱的八个棱面侧面投影有积聚性，截交线的侧面投影与棱柱的侧面投影重合。截交线的侧面投影和水平投影为类似形（八边形）。

**作图** 首先作出八棱柱完整的水平投影，如图 6-2（b）所示。然后在八条棱线的水平投影上作出截交线各顶点的水平投影，依次连接可得截交线的水平投影，如图 6-2（c）所示。最后分析各棱线的投影及可见性，从棱线上各交点往右侧连线，检查截交线的水平投影和侧面投影是否为类似形，完成水平投影，如图 6-2（d）所示。

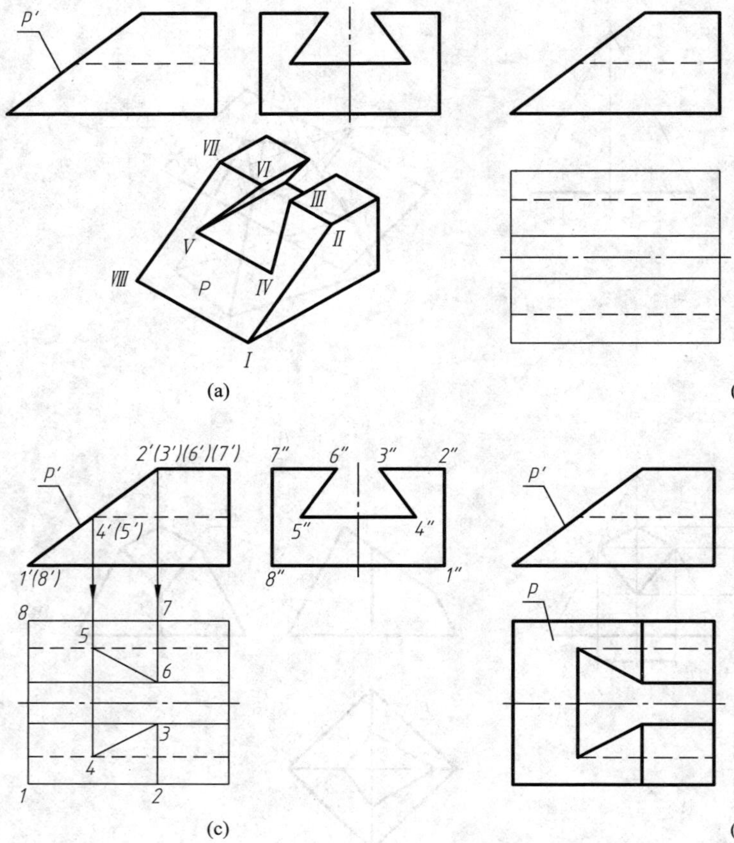

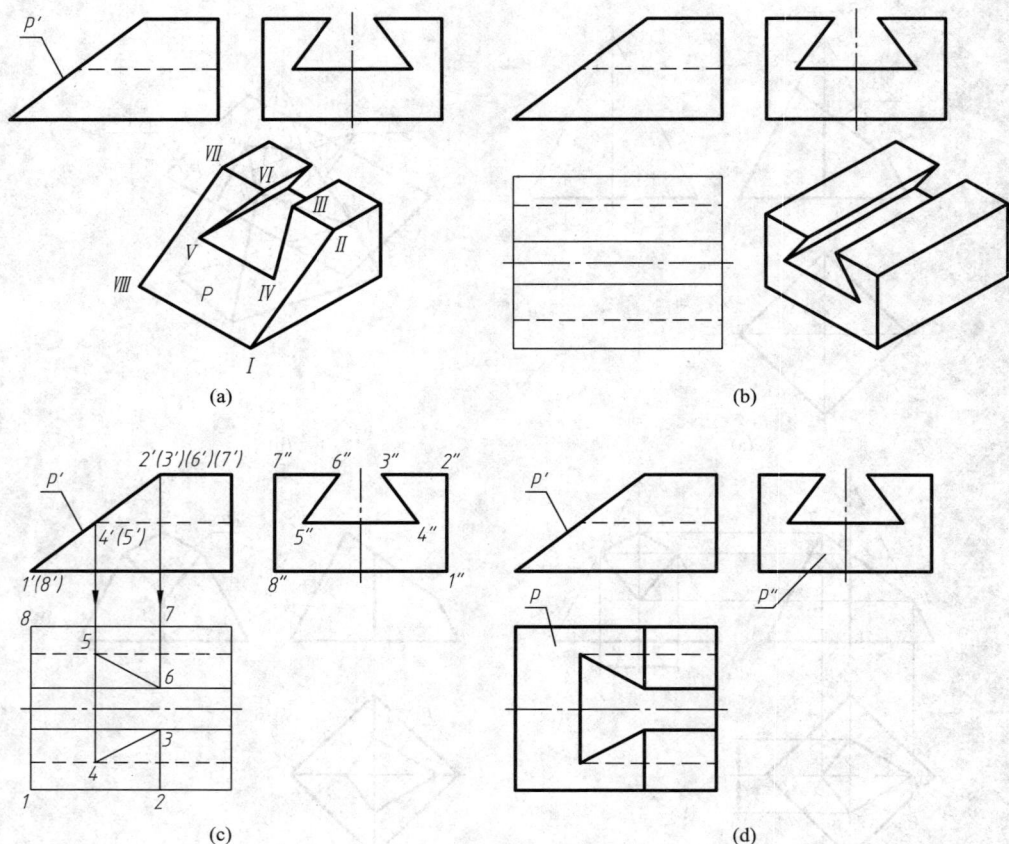

图 6-2　被正垂面截切的八棱柱

**【例 6-3】**　如图 6-3（a）、（b）所示，补全带切口三棱锥的水平投影和侧面投影。

**分析**　由图可知，三棱锥的切口是由水平面 $P$ 和正垂面 $Q$ 截切形成的。截平面 $P$ 与三棱锥的底面平行，故它与棱锥三个棱面的交线和三棱锥底面各边分别平行。截平面 $Q$ 与三棱锥三个棱面均有交线。另外，截平面 $P$ 与 $Q$ 也相交，故截交线为共交线ⅢⅣ的两个四边形。

**作图**　如图 6-3（c）所示，首先求出截平面 $P$ 与三棱锥的截交线（当立体局部被截切时，可假想立体整体被截切，求出截交线后再取局部）。然后求出截平面 $Q$ 与三棱锥的截交线。求出截平面的交线ⅢⅣ。最后分析棱线的投影及可见性，完成水平投影和侧面投影，如图 6-3（d）所示。

**【例 6-4】**　如图 6-4（a）所示，已知被穿孔三棱柱的正面投影，补全水平投影，求作侧面投影。

**分析**　由图可知，三棱柱被五棱柱穿孔，截平面是五棱柱的五个棱面（两个正垂面、两个侧平面及一个水平面）。截交线的正面投影与截平面的正面投影重合，水平投影与三棱柱的棱面的水平投影重合。需注意：五个截平面之间的交线（五棱柱的棱线）在立体内部，其水平投影和侧面投影都是虚线；截交线ⅢⅣ在左前方棱面上，而ⅣⅤ在右前方棱面上。

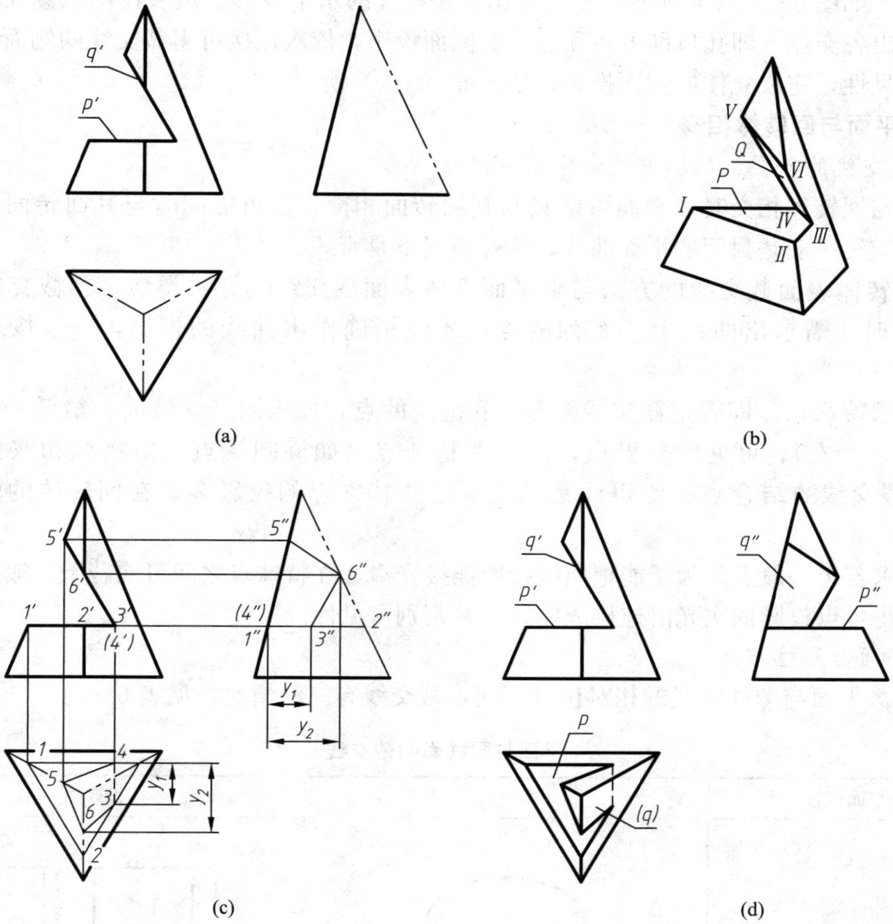


图 6-3　带切口的三棱锥

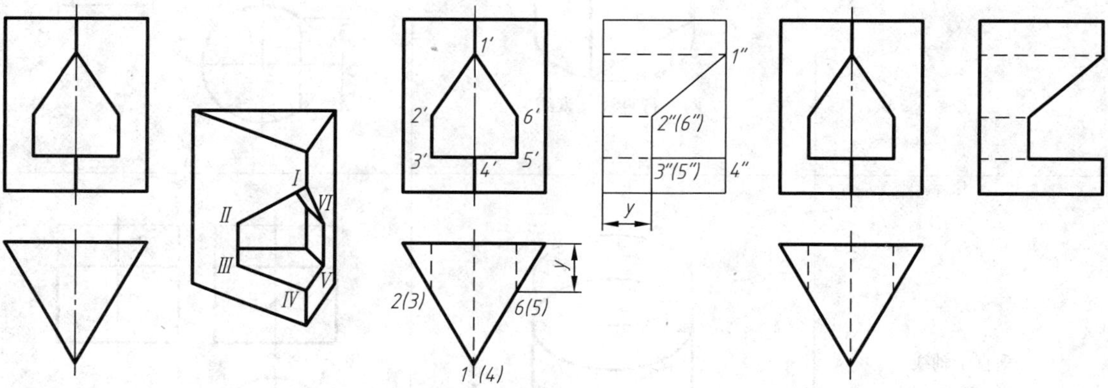


图 6-4　穿孔的三棱柱

**作图** 如图 6－4（b）所示，首先作出五棱柱孔的水平投影，然后作出三棱柱的侧面投影，并作出各交点（即孔口前方各顶点）的侧面投影，依次连接可得截交线的侧面投影，最后根据可见性，完成立体的侧面投影，如图 6－4（c）所示。

**二、平面与回转体相交**

1. 截交线的性质、作图方法和作图步骤

平面与回转体相交时，平面可能只与其回转面相交，也可能同时与其回转面和平面相交。故截交线一般是封闭的平面曲线，特殊情况下是直线。

求回转体表面截交线的方法与求平面立体表面截交线的方法类似。当截交线为平面非圆曲线时，需求出曲线上一系列的点，才能精确作出曲线的投影，一般按下述步骤作图：

(1) 求特殊点，即确定截交线的形状和范围的点，如极限点（最高、最低、最前、最后、最左、最右），可见性分界点，曲线的特征点（如椭圆端点、抛物线和双曲线的顶点），多段交线的结合点。值得注意的是，这些特殊点的投影多数在回转体的转向轮廓线上。

(2) 求若干一般点。为了能把曲线投影连接光滑，在特殊点之间可取若干一般点。

(3) 将各点投影依次光滑连接成曲线，并判别可见性。

2. 平面与圆柱相交

根据截平面与圆柱轴线的相对位置不同，截交线有三种情况，见表 6－1。

**表 6－1　　　　平面与圆柱面的截交线**

| 截平面位置 | 截交线 | 投影图 |
|---|---|---|
| 平行于轴线 | 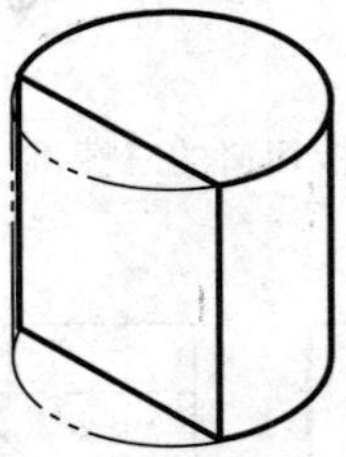 两平行直线（素线） | 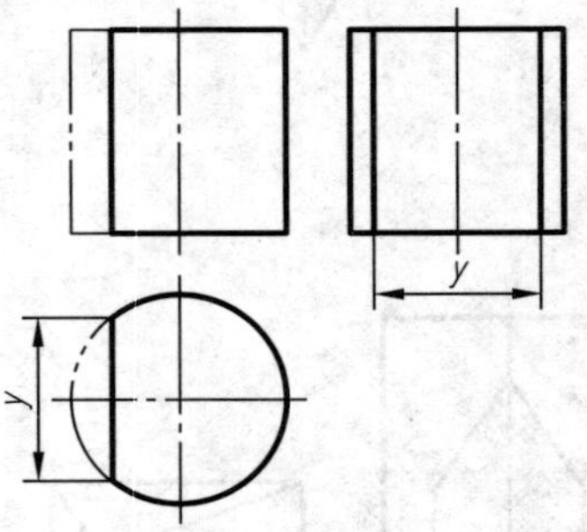 |
| 垂直于轴线 | 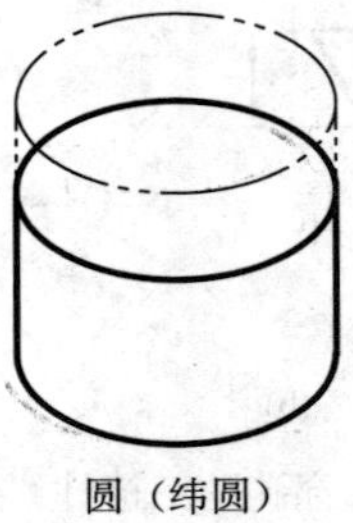 圆（纬圆） | 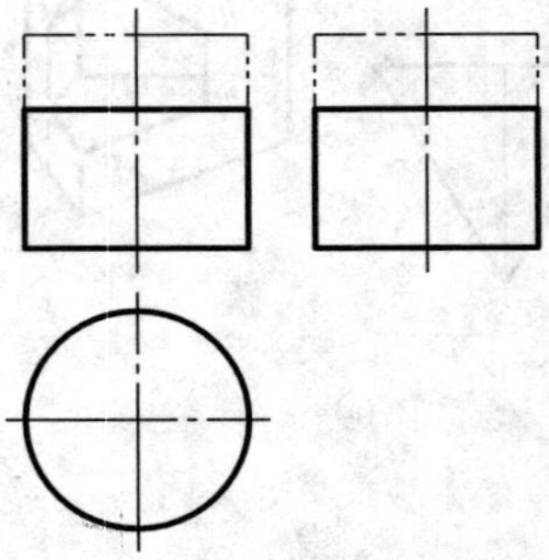 |

续表

| 截平面位置 | 截交线 | 投影图 |
| --- | --- | --- |
| 倾斜于轴线 | 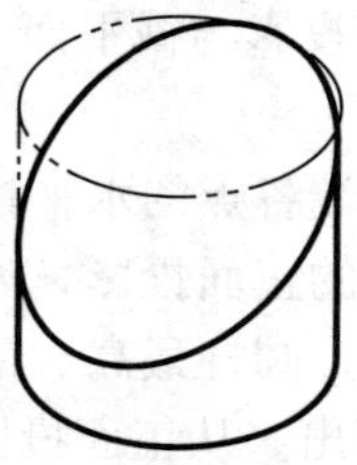 椭圆 | 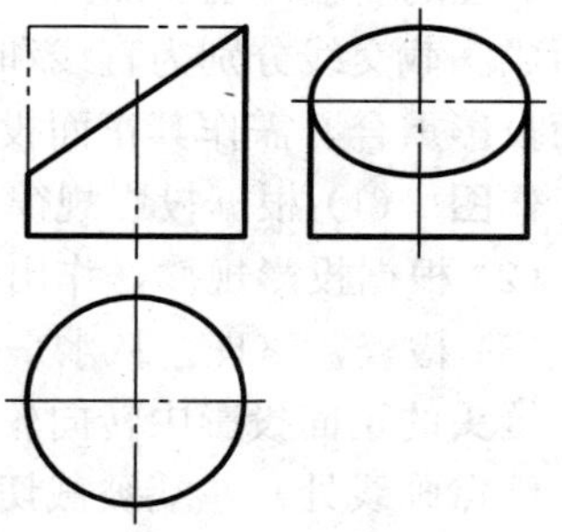 |

【例 6-5】　如图 6-5（a）所示，补全接头的正面投影和水平投影。

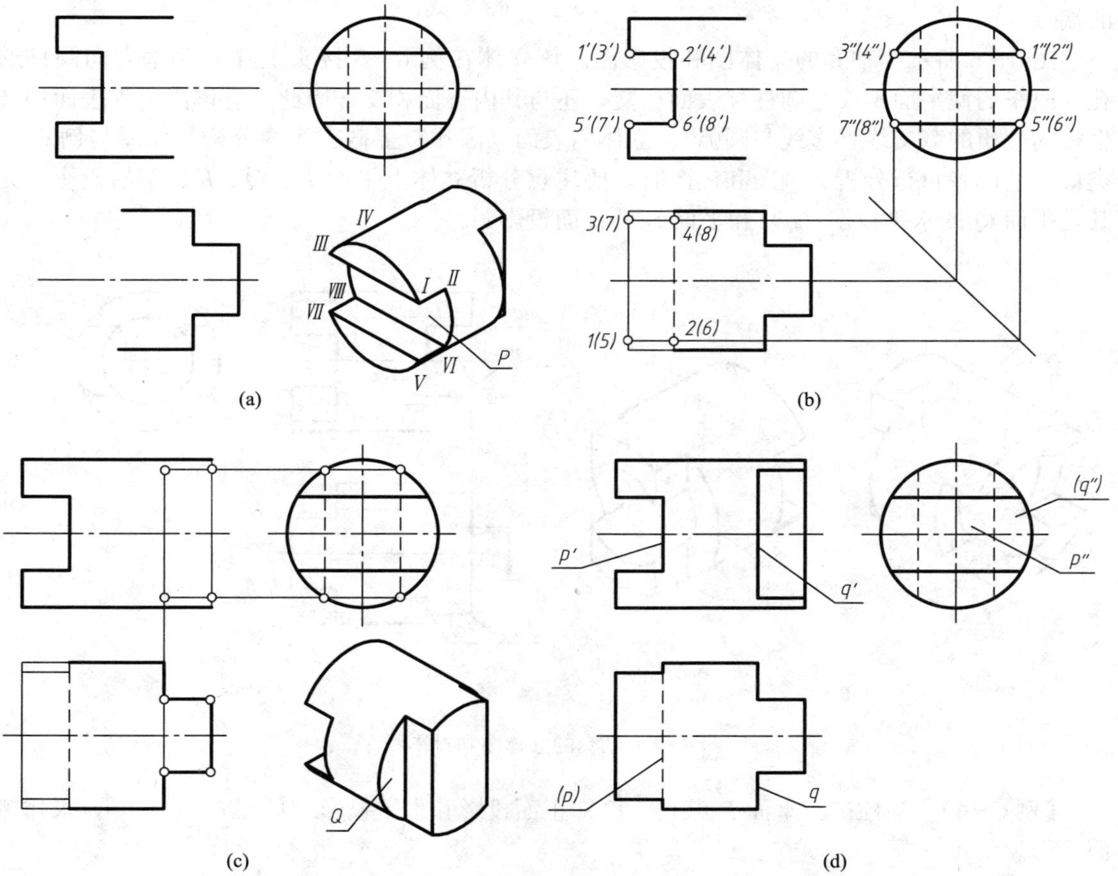


图 6-5　补全接头的正面投影和水平投影

**分析**　从图 6-5（a）中可以看出，接头是一个圆柱被几个平面截切而成的。

圆柱的左端用上、下两个平行于圆柱轴线的对称水平面及垂直于圆柱轴线的侧平面切出的一个方形槽切口。截交线分别为直线ⅠⅡ、ⅢⅣ、ⅤⅥ、ⅦⅧ和圆弧ⅡⅥ、ⅣⅧ，其正面投影与方形槽的正面投影重合，侧面投影与圆柱侧面投影重合，需作其水平投影。

圆柱的右端用前、后两个平行于圆柱轴线的对称的正平面及垂直于圆柱轴线的侧平面截切而成。截交线分别为直线和圆弧，其水平投影与截平面的水平投影重合，侧面投影与圆柱侧面投影重合，需作其正面投影。

**作图** （1）根据投影规律，作出接头左端各点的水平投影，如图 6－5（b）所示。

（2）根据投影规律，作出接头右端各点的正面投影，如图 6－5（c）所示。

（3）检查，整理。从水平投影可以看出，圆柱最高、最低两素线（细点画线处）未被截切，接头的正面投影中转向轮廓线应完整画出。从正面投影可以看出，圆柱最前、最后两素线（细点画线处）左端被截切，作图时应擦去接头水平投影中转向轮廓线的这一段。最后加深完成投影，如图 6－5（d）所示。

需注意图中平面 $P$、$Q$ 的投影，初学者往往会将其积聚投影长度画错。作平面 $P$ 的水平投影 $p$ 和平面 $Q$ 的正面投影 $q'$时，应根据它们反映实形的侧面投影来确定它们积聚投影的端点。

图 6－6 所示为轴套的立体图和投影图。该立体在例 6－5 接头上穿一侧垂方向圆柱通孔，原来的截平面不仅与圆柱外表面相交，还与其内表面相交，因此，立体内、外表面均产生相同性质的截交线（直线与圆弧）。立体内表面（圆孔）上截交线的分析与作图与例 6－5 类似，请读者自行分析。画图和读图时，要注意分析立体上平面 $P$、$Q$、$R$、$S$ 的投影，尤其是平面 $Q$ 的水平投影（$q$）和平面 $S$ 的正面投影 $s'$。

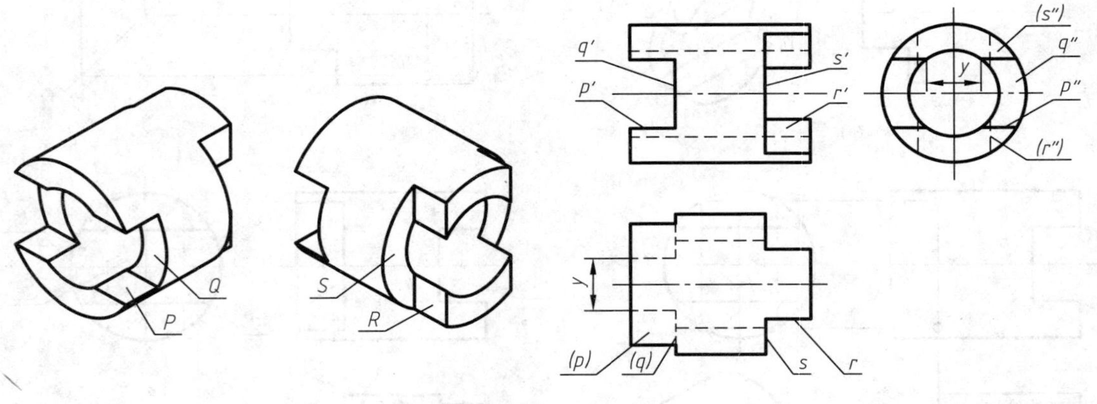


(a) (b)

图 6－6 轴套的立体图和投影图

**【例 6－6】** 圆柱被正垂面 $P$ 截切，已知正面投影和水平投影［见图 6－7（a）］，求作侧面投影。

**分析** 截平面 $P$ 与圆柱的轴线倾斜，截交线为椭圆。由于截平面 $P$ 为正垂面，故椭圆的正面投影与平面投影 $p'$重合；椭圆的水平投影与圆柱积聚的水平投影圆重合。而截交线的侧面投影仍为椭圆，但不反映实形。

**作图** （1）作图过程如图 6－7（b）所示。首先作出圆柱完整的侧面投影。

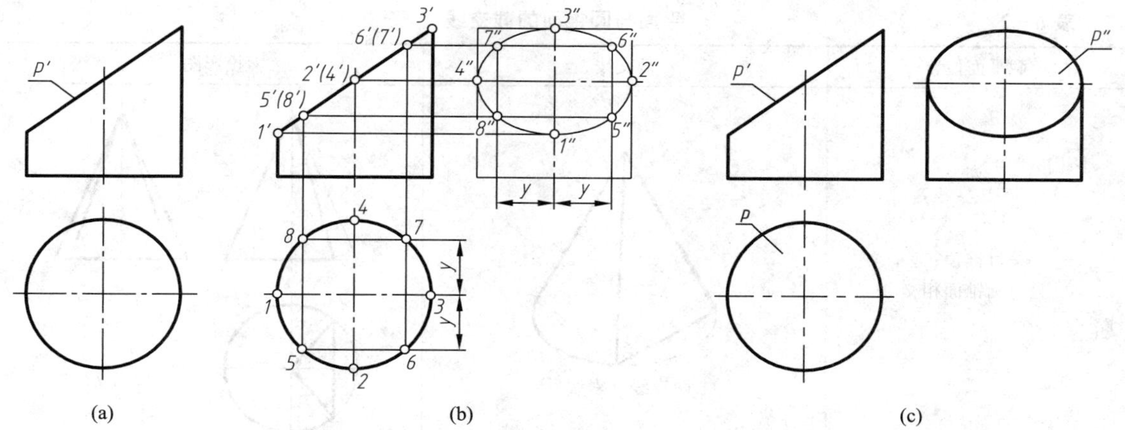


图 6-7 被正垂面截切的圆柱

(2) 然后作出截交线椭圆长、短轴的端点。空间椭圆的长、短轴ⅠⅢ、ⅡⅣ互相垂直平分，Ⅰ、Ⅲ两点的正面投影位于圆柱的正面转向轮廓线上，Ⅱ、Ⅳ两点的正面投影重合为一点且位于1′3′的中点处，根据点的投影规律求出椭圆端点的侧面投影。

(3) 补充若干一般点，用曲线光滑地连接起来。

(4) 最后检查并加深，完成投影。由正面投影可知，圆柱的最前、最后两条素线的点Ⅱ、Ⅳ上方被截切，侧面转向轮廓线应从2″、4″往下画线，且与椭圆相切。作图结果如图6-7 (c) 所示。

如图6-8所示，当截平面 $P$ 与圆柱轴线倾斜时，随着夹角的变化，截交线椭圆的长轴 $AB$ 的长度会发生变化，而短轴 $CD$ 的长度不发生变化。但不管夹角如何变化，椭圆的正面投影与截平面积聚的正面投影重合，水平投影始终是圆。当截平面 $P$ 与圆柱轴线的夹角为45°时，由于椭圆长、短轴的侧面投影长度相等，故其侧面投影为与圆柱直径相等的圆，如图6-8 (b) 所示。

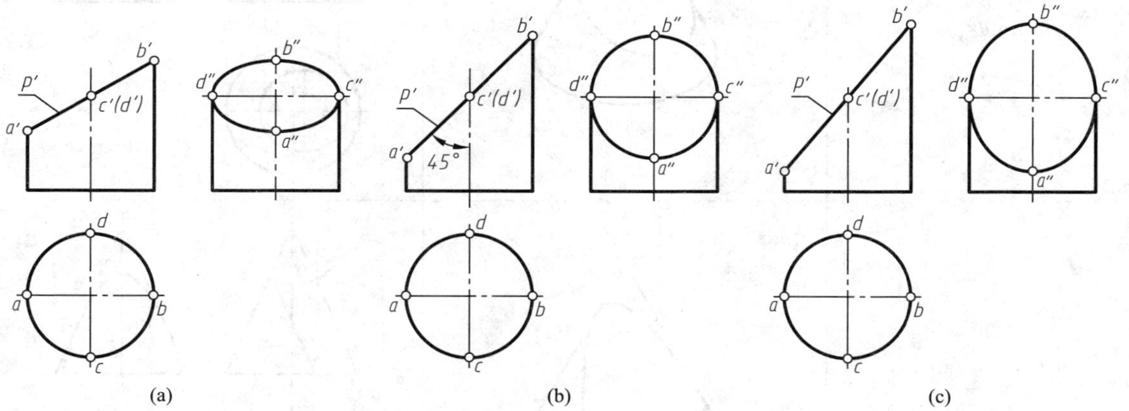


图 6-8 截平面与圆柱轴线倾斜时椭圆变化趋势

3. 平面与圆锥相交

根据截平面与圆锥面的轴线相对位置不同，截交线有五种情况，见表6-2。

**表 6－2** **平面与圆锥面的截交线**

| 截平面位置 | 截交线 | 投影图 |
| --- | --- | --- |
| 过锥顶<br>且与圆锥面相交 | 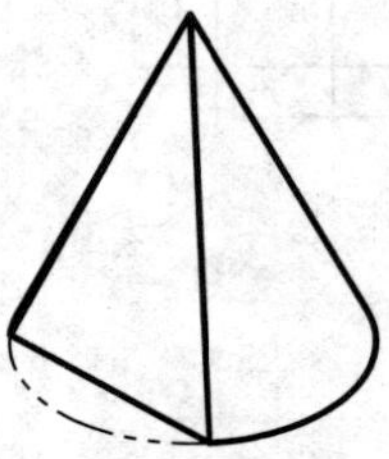<br>两直线（素线） | 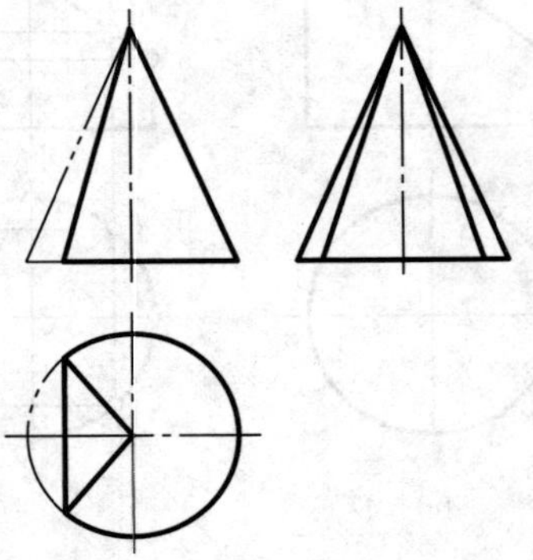 |
| 与轴线垂直<br>$\theta=90°$ | 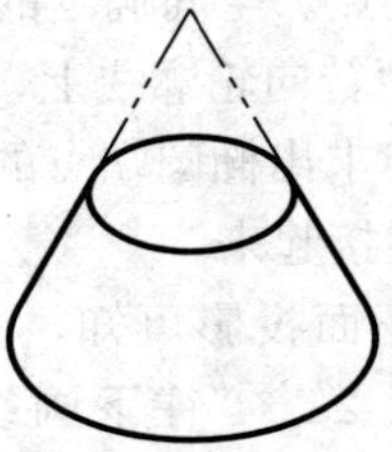<br>圆（纬圆） | 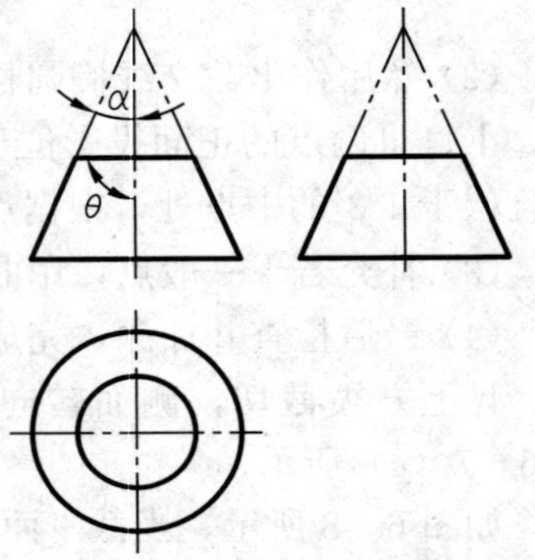 |
| 与轴线倾斜<br>$\alpha<\theta<90°$ | 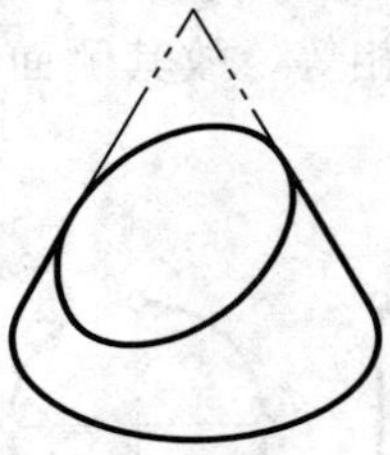<br>椭圆 | 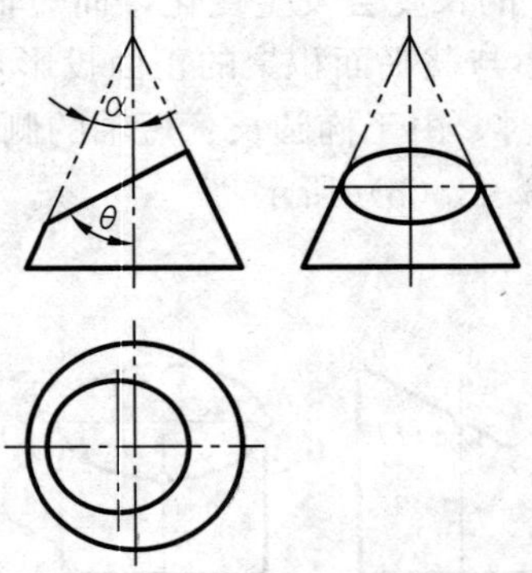 |
| 与一条素线平行<br>$\theta=\alpha$ | 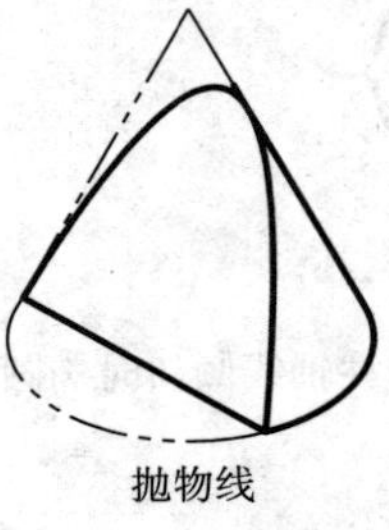<br>抛物线 | 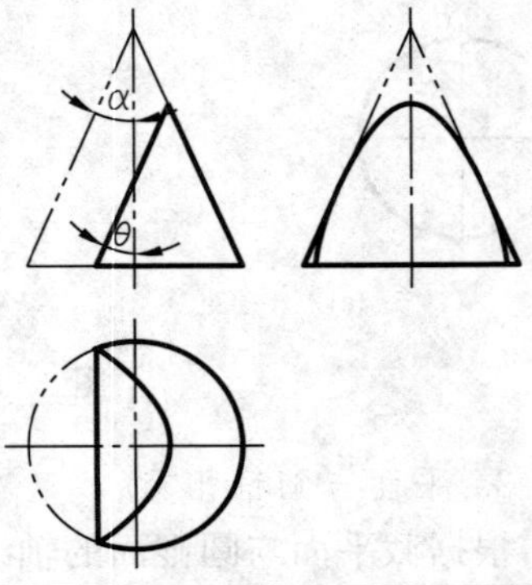 |

续表

| 截平面位置 | 截交线 | 投影图 |
|---|---|---|
| 与轴线平行或倾斜<br>$0° \leqslant \theta < \alpha$ | 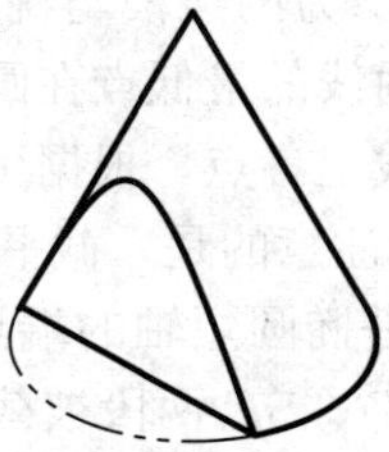<br>双曲线 | 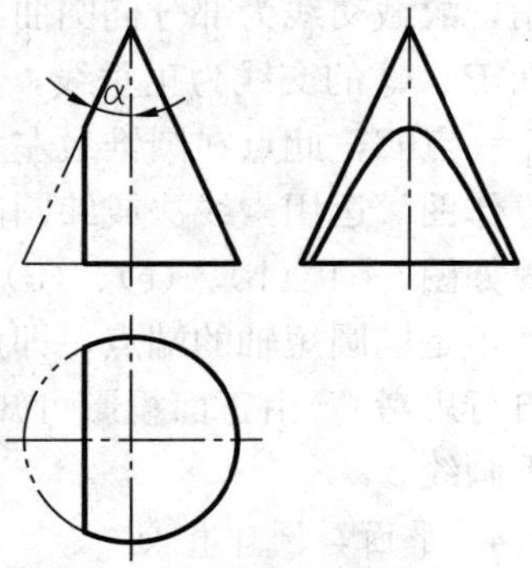<br> |

【例 6-7】 如图 6-9（a）所示，已知被截切圆锥的正面投影，完成水平投影并画出侧面投影。

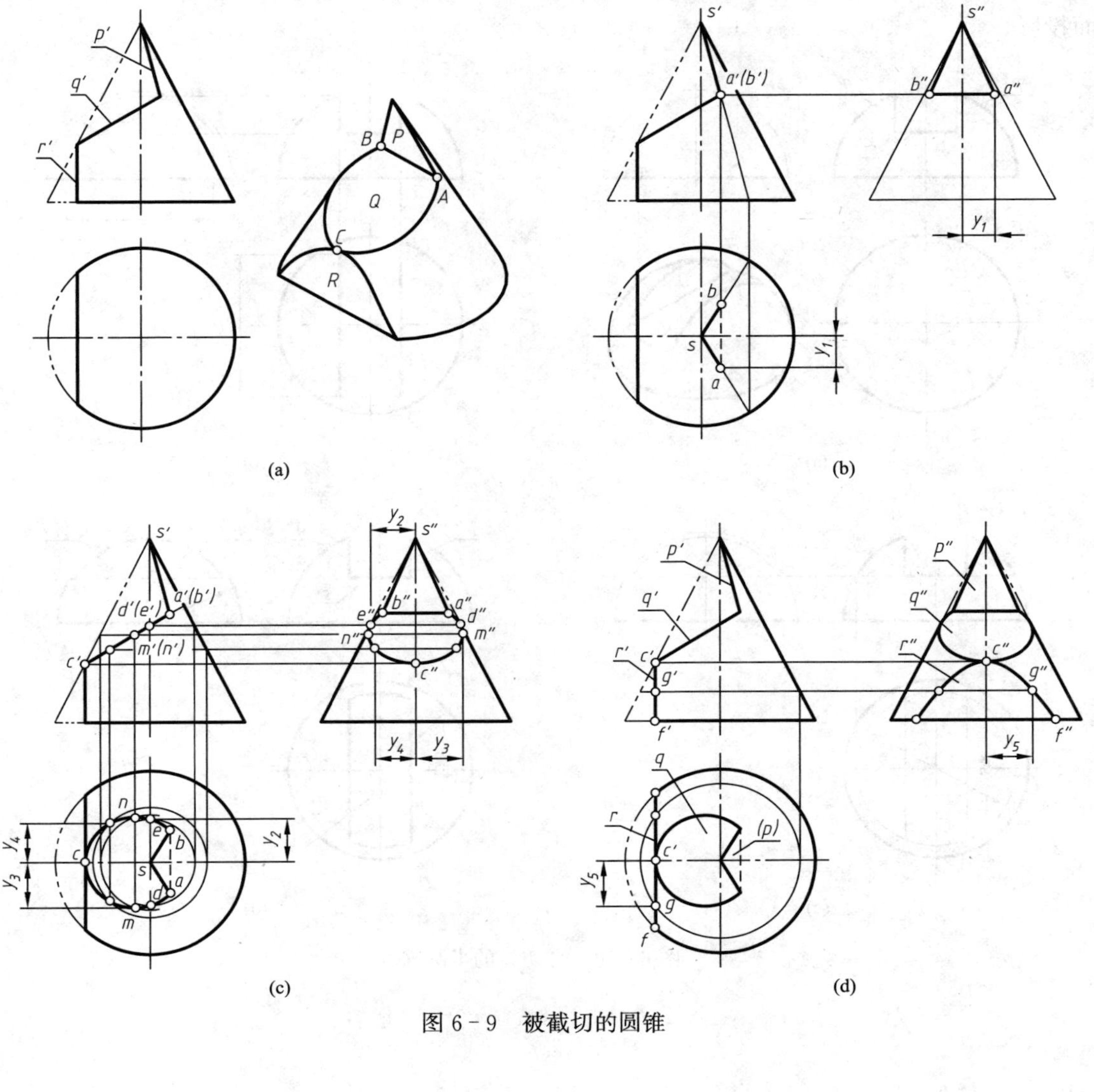


图 6-9　被截切的圆锥

**分析** 由图可知，圆锥被正垂面 $P$、$Q$ 和侧平面 $R$ 截切。由于截平面 $P$ 过锥顶，故与圆锥的截交线为相交于锥顶的两条线段；由于截平面 $Q$ 与圆锥轴线倾斜，且夹角大于锥顶半角，故截交线为部分椭圆曲线；由于截平面 $R$ 与轴线平行，故截交线为一支双曲线。截平面 $P$、$Q$ 的交线为正垂线，其端点 $A$、$B$ 为两线段与椭圆弧的结合点。椭圆弧和双曲线交于一点 $C$，此点在圆锥最左素线上。双曲线的最低点在圆锥底面圆周上。

**作图** 运用素线法或纬圆法求出截交线上各点，根据可见性，依次连线完成投影，作图过程如图 6－9（b）、（c）、（d）所示。值得注意的是，截平面 $Q$ 与圆锥最前、最后素线的交点并不是椭圆短轴的端点，即点 $D$、$E$ 不是椭圆短轴的端点（应为 $M$、$N$ 两点，原因请读者自行思考）。由正面投影可知，圆锥的 $SD$、$SE$ 两段被截切，侧面转向轮廓线应从 $d''$、$e''$ 向下画线。

4. 平面与圆球相交

平面与圆球相交，截交线均是圆。根据截平面与投影面的相对位置，截交线的投影可能是圆、椭圆或直线段。

**【例 6－8】** 如图 6－10（a）所示，已知带切口半圆球的正面投影，补全水平投影和侧面投影。

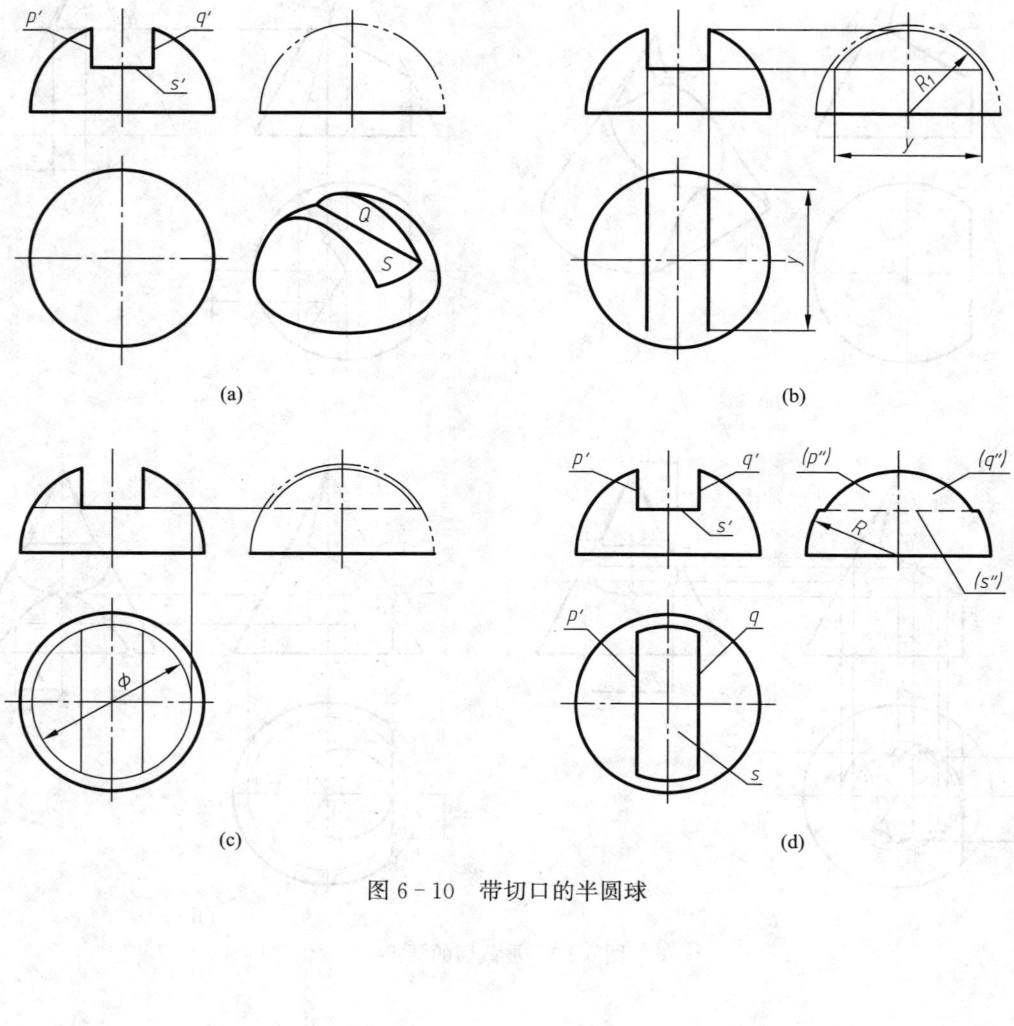


图 6－10 带切口的半圆球

**分析**　由图可知，半圆球被侧平面 $P$、$Q$ 和水平面 $S$ 所截切，截交线均为一段圆弧。由于截平面正面投影积聚，截交线的正面投影与之重合。截平面 $P$、$Q$ 上截交线的侧面投影均为一段反映实形的圆弧并且重合，其水平投影与截平面的 $P$、$Q$ 的水平投影重合。截平面 $S$ 的侧面投影积聚为一直线段并且中间一段不可见，截交线水平投影为两段同心的圆弧。

**作图**　(1) 作图过程如图 6-10 所示。作平面 $P$、$Q$ 与半圆球的截交线，其侧面投影的半径为 $R_1$，积聚的水平投影的长度与侧面投影的宽度相等。

(2) 作平面 $S$ 与半圆球的截交线，其水平投影直径为 $\phi$，取平面 $P$、$Q$ 之间的两段，侧面投影积聚。

(3) 检查并连线，完成投影。由正面投影可知，圆球最大侧平纬圆被平面 $S$ 截切去上方，画侧面投影时，以圆球半径 $R$ 为半径从平面 $S$ 往下画侧面转向轮廓线。

5. 平面与圆环相交

平面与圆环相交，除截平面垂直圆环轴线或通过圆环轴线时是圆外，其余均为非圆曲线，如图 6-11 所示。

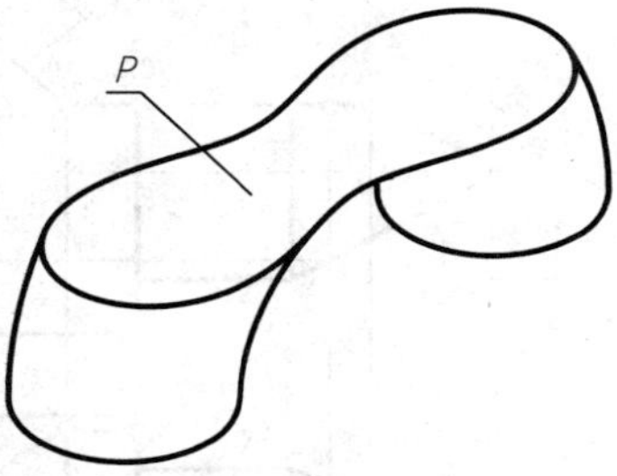


图 6-11　圆环的截交线

**【例 6-9】**　如图 6-12 所示，已知被水平面截切的半个圆环的正面投影，求作其水平投影。

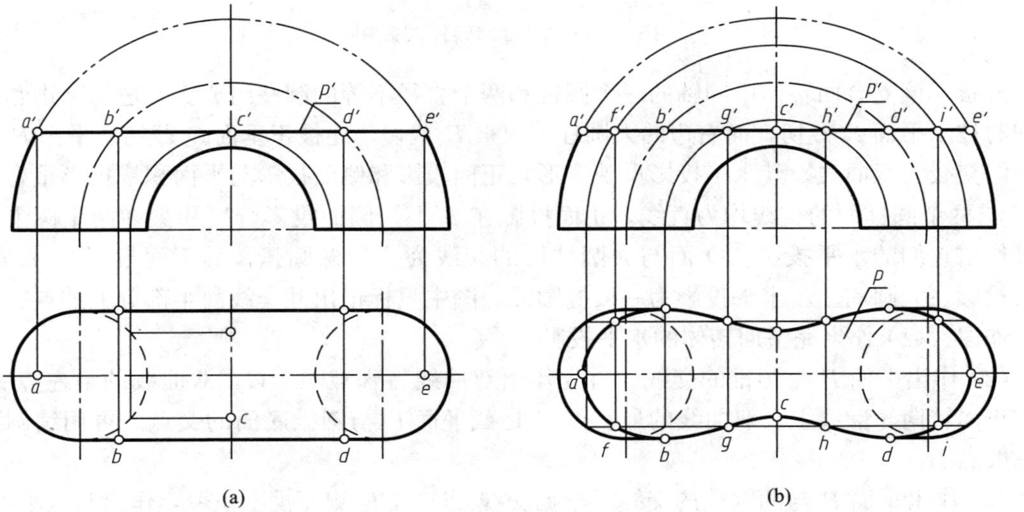


图 6-12　平面与圆环相交

**分析**　由图可知，截平面与内、外环面均相交，截交线为左右、前后对称的平面曲线。其正面投影与平面 $P$ 的积聚投影重合，水平投影反映该曲线的实形。图中只标记了曲线前半部分点。

**作图**　(1) 作特殊点。最左点 $A$、最右点 $E$ 在正面转向轮廓线上，点 $B$、$D$ 在水平转向轮廓线上。点 $C$ 的正面投影在 $a'e'$ 的中点处，用纬圆法求其水平投影。

(2) 用纬圆法作一般点 $F$、$G$、$H$、$I$ 的水平投影。

(3) 最后将各点依次连成光滑曲线。半圆环水平转向轮廓线中的 $bd$ 一段应不画线。

6. 平面与复合回转体相交

复合回转体是由多个共轴线的基本回转体组合而成的立体。当平面与复合回转体相交时，应首先分析复合回转体由哪些基本回转体组成，以及它们的连接关系，然后分别求出这些基本回转体的截交线，并依次将其连接。

**【例 6－10】** 如图 6－13 所示，已知被截切复合回转体的正面投影和侧面投影，求作其水平投影。

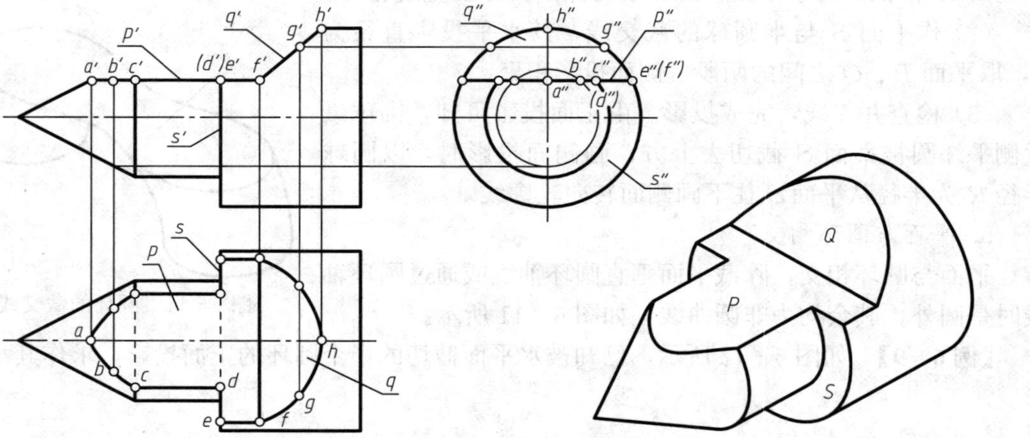


图 6－13　复合回转体的截切

**分析**　该复合回转体由同轴的一个圆锥和两个直径不等的圆柱组成。左边的圆锥和小圆柱同时被水平面 $P$ 截切，而右边的大圆柱不仅被 $P$ 截切，还被正垂面 $Q$ 截切。平面 $P$ 与圆锥面的交线为双曲线，其水平投影反映实形，正面投影和侧面投影与平面积聚投影重合。平面 $P$ 与两个圆柱面的交线均为直线，正面投影在 $p'$上，侧面投影分别积聚在两个圆上，由此可作出它们的水平投影。$Q$ 面与大圆柱面的交线为一段椭圆弧，其正面投影与 $q'$重合，侧面投影在大圆周上，水平投影为一段椭圆弧。图中只标记出截交线前半部分上的点。

**作图**　(1) 作出完整回转体的水平投影。

(2) 作出平面 $P$ 与圆锥的交线。首先作出双曲线特殊点 $A$、$C$，双曲线的最左点 $A$ 在圆锥正面转向轮廓线上，双曲线的最右点 $C$ 是截平面 $P$ 与圆锥底面的交点。再用纬圆法作出一般点 $B$。

(3) 作出平面 $P$ 与两圆柱的交线。根据交线 $CD$、$EF$ 侧面投影积聚，作出其水平投影。应注意两圆柱结合处的平面 $S$，截平面 $P$ 还与平面 $S$ 相交，交线 $ED$ 为正垂线。

(4) 作出平面 $Q$ 与大圆柱的交线。首先作出交线特殊点 $F$、$H$，椭圆弧最左点 $F$ 是截平面 $P$、$Q$ 交线的端点，椭圆弧最右点 $H$ 在圆柱正面转向轮廓线上。再作出一般点 $G$。

(5) 最后检查并加深。由于截交线位于回转体的上半部分，因此其水平投影可见，应画成粗实线。在水平投影中，还要分析该回转体其他轮廓线的可见性，由于圆锥和两圆柱的底面圆的下半个圆周不可见，应画成细虚线，与上半个圆周重合部分画成粗实线，如图 6－13 所示。

## 第二节　立体表面的相贯线

### 一、概述

两立体相交称为相贯，两立体表面的交线称为相贯线。

根据参与相贯的两立体表面性质，立体相贯可分为三种情况：平面立体与平面立体相贯；平面立体与曲面立体相贯；曲面立体与曲面立体相贯。

如果将参与相贯的平面立体分解成若干平面，那么前两种情况求相贯线可归结为求若干平面与平面立体或曲面立体的截交线。此时，相贯线是由若干段截交线组成的。因此，本节将只介绍第三情况中的两回转体的相贯线画法。

1. 回转体相贯线的性质

(1) 两回转体相贯，一般情况下，相贯线为封闭的空间曲线，在特殊情况下为平面曲线或直线。

(2) 相贯线是两立体表面的共有线，也是两立体表面的分界线，所以相贯线上的点是相贯两立体表面的共有点。

2. 相贯线的作图步骤

求相贯线的实质就是求两回转体表面的共有点，其作图步骤与作回转体上截交线的步骤类似。首先作出两回转体表面一系列共有点的投影，然后依次光滑连线，并判别可见性。相贯线可见性判别原则：在两立体表面均可见范围内的相贯线可见；否则，不可见。

3. 求相贯线上点的方法

常用的方法有表面取点法、辅助平面法和辅助球面法三种。

### 二、表面取点法

表面取点法适用于相贯两立体中，至少有一个是轴线垂直于投影面的圆柱，则相贯线在该投影面的投影与圆柱积聚性的投影重合。因此，求圆柱和另一回转体的相贯线的投影，可以看作是已知另一回转体表面上的点或线的一个投影而求作其他投影的问题。这种方法又称为积聚性法。

**【例 6-11】** 如图 6-14 (a) 所示，求作两正交圆柱的相贯线。

**分析** 由图可知，两圆柱正交，相贯线为一前后、左右均对称的封闭的空间曲线。小圆柱面的轴线垂直于 $H$ 面，其水平投影有积聚性；大圆柱面的轴线垂直于 $W$ 面，其侧面投影有积聚性。相贯线为两圆柱面的共有线，其水平投影与小圆柱面水平投影圆重合，侧面投影与大圆柱面侧面投影重合，为两圆柱面侧面投影共有的一段圆弧。此时问题归结为已知相贯线的水平投影和侧面投影，求作其正面投影。

**作图** (1) 求特殊点 $A$、$B$、$C$、$D$ [见图 6-14 (a)]。由相贯体的水平投影可知，点 $A$、$C$ 既在小圆柱最左、最右素线上，又在大圆柱最高素线上，是两者的交点。点 $A$、$C$ 的正面投影是大、小圆柱正面转向轮廓线的交点。点 $B$、$D$ 在小圆柱最前、最后素线上，它们的侧面投影是小圆柱侧面转向轮廓线和大圆柱积聚投影的交点。

(2) 利用大圆柱侧面投影具有积聚性，根据点的投影规律，求一般点 $E$、$F$、$G$、$H$，如图 6-14 (b) 所示。

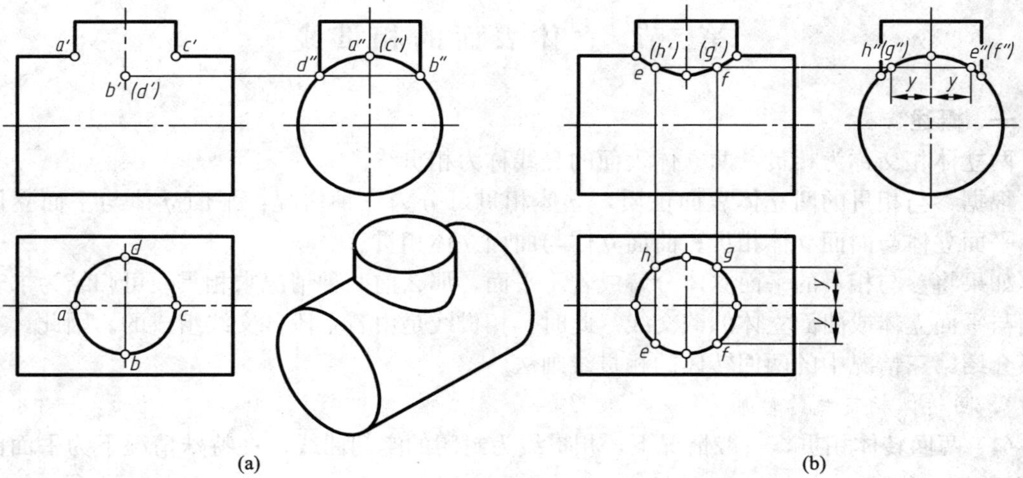


(a)　　　　　　(b)

图 6-14　两圆柱正交相贯

（3）判别可见性，依次光滑连接各点的正面投影，如图 6-14（b）所示。注意：在正面投影中，两圆柱相贯区域不应有圆柱面转向轮廓线。

**讨论：**

（1）相贯线的产生。两正交圆柱在零件上最常见，它们的相贯线一般有如图 6-15 所示的三种形式：两外表面相交、一内表面和一外表面相交和两内表面相交。只要圆柱内、外表面的大小和相对位置不变，其相贯线的形状和特殊点的投影是完全一样的，其分析过程和作图方法也是一样的。

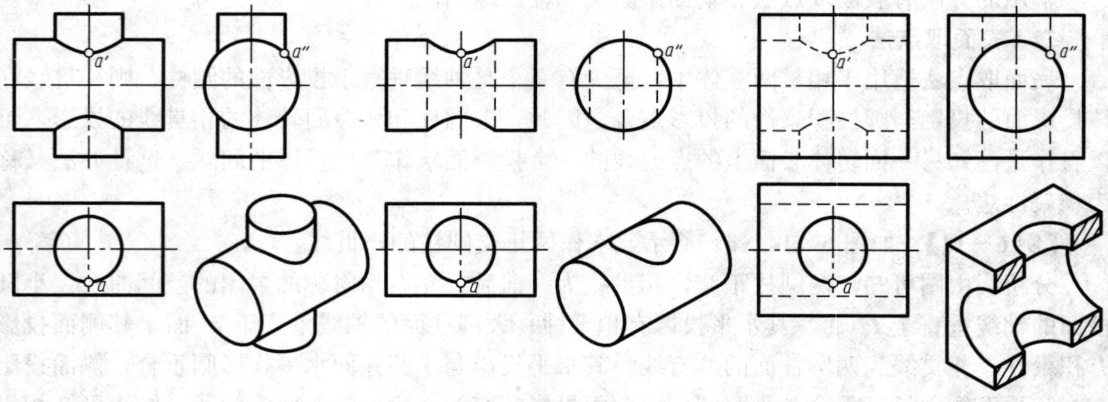


(a)　　　　　　(b)　　　　　　(c)

图 6-15　相贯线产生的三种形式

（2）两正交圆柱相贯线的变化趋势。图 6-16 表示两正交圆柱直径大小的变化对相贯线形状的影响。当两圆柱的直径相等时，相贯线是椭圆，且椭圆所在的平面垂直于两条轴线决定的平面，故如图 6-16（b）所示，此时相贯线的正面投影为两条相交直线。由图 6-16 可知，在相贯线的非积聚性投影上，相贯线的弯曲方向总是朝向较大圆柱的轴线，如图 6-16（a）、（c）所示。读图时，应根据投影分析相贯线的位置。如读图 6-16（a）侧面投影，即大圆柱面积聚的那个投影，可以知道，小圆柱与之产生的相贯线是上、下两条，而由图（c）水平投影可知，相贯线是左、右两条。

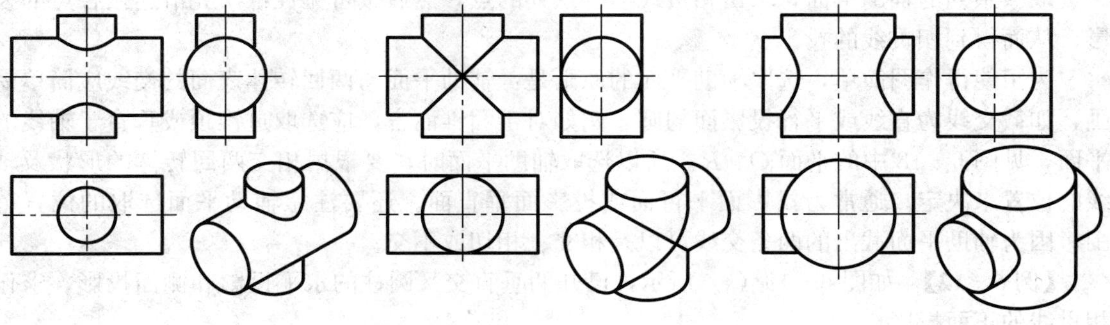

(a) (b) (c)

图 6-16 两正交圆柱直径大小变化时相贯线的变化

在实际画图中，若对相贯线的准确度要求不高，两圆柱正交时相贯线的投影允许采用近似画法，即可用圆弧代替。具体画法如图 6-17 所示。

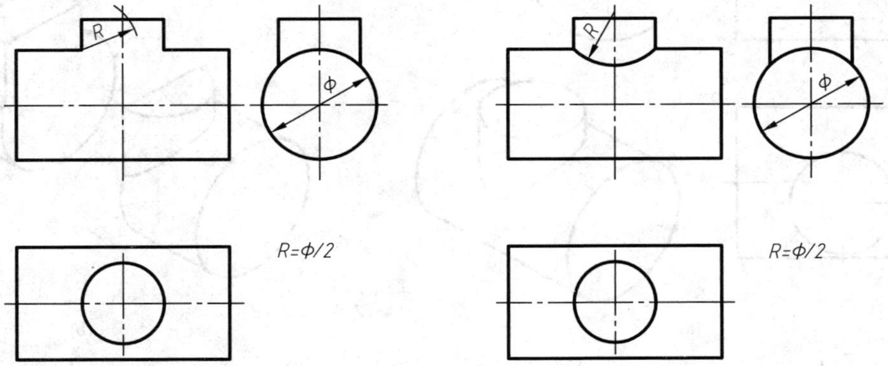


(a) (b)

图 6-17 两圆柱正交时相贯线的近似画法

### 三、辅助平面法

作两回转体的相贯线时，用一辅助平面（见图 6-18 中平面 $M$、$R$、$Q$）与两立体都相

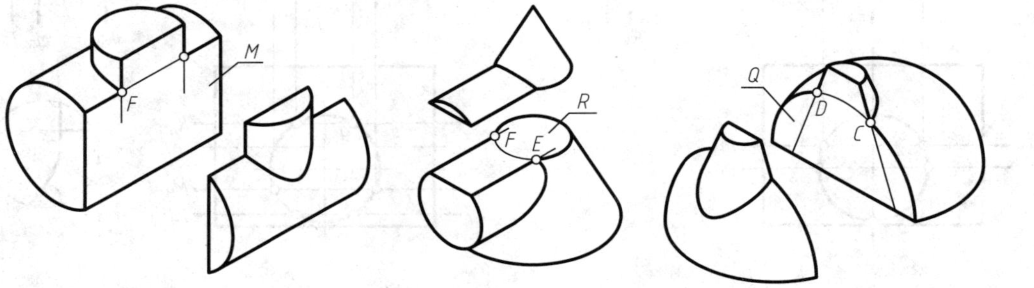


(a) (b) (c)

图 6-18 辅助平面法求相贯线

交，则两组截交线的交点是辅助平面和两回转体表面的三面共有点，即为相贯线上的点。用这种方法求作相贯线，称为辅助平面法。

取一系列的辅助平面，求出相贯线上一系列的点，然后按可见性依次光滑连接各点的投影，从而得到相贯线的投影。

为了使得作图简单，选取辅助平面的原则是：辅助平面与两回转体表面的交线应简单易画，如截交线为直线或平行投影面的圆。例如对于圆锥而言，应选取过锥顶或垂直于轴线的平面，见图 6－18 中的平面 $Q$、$R$。所以选取辅助平面时，要根据相交两回转体的形状及轴线的位置来决定，通常为投影面平行面或投影面垂直面。还要注意辅助平面选取的位置范围，因为辅助平面截出的两条交线可以是相交、相切或不交。

**【例 6－12】** 如图 6－19（a）所示，已知两垂直交叉圆柱的水平投影和侧面投影，求作相贯线的正面投影。

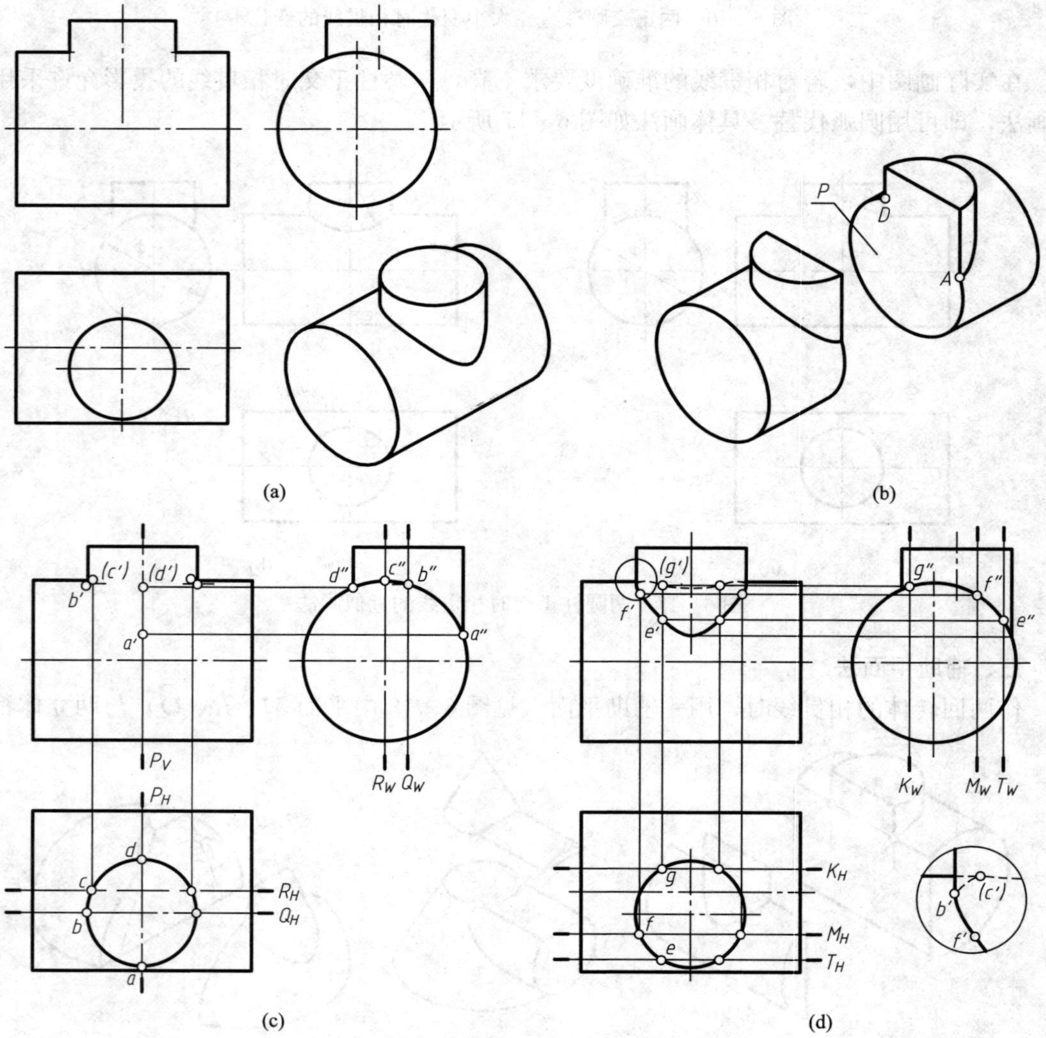


图 6－19 两圆柱偏交相贯

**分析**　由图可知，大圆柱轴线垂直于侧面，小圆柱轴线垂直于水平面，两圆柱轴线垂直交叉。因此，相贯线为左右对称的封闭空间曲线，其水平投影与小圆柱面水平投影圆重合，侧面投影与大圆柱面侧面投影重合，为两圆柱面侧面投影共有的一段圆弧。由于相贯线前后不对称，所以相贯线前后部分的正面投影不重合。对于圆柱而言，应选取平行于轴线或垂直于轴线的平面。图中只标记了相贯线左半部分的点。

**作图**　(1) 求特殊点 $A$、$B$、$C$、$D$。如图 6－19 (b) 所示，过小圆柱轴线作侧平面 $P$，截大圆柱交线为圆，截小圆柱交线为最前、最后素线，求得交点 $A$、$D$（相贯线最前、最后点)。过小圆柱轴线作正平面 $Q$，与大圆柱的交线为直线，与小圆柱的交线为最左、最右素线，求得交点 $B$（相贯线最左点)。如图 6－19 (c) 所示，过大圆柱轴线作正平面 $R$，与大圆柱的交线为最高、最低素线，与小圆柱的交线为直线，求得点 $C$（相贯线的最高点)。

(2) 选取同时平行于大、小圆柱轴线的正平面 $T$、$M$、$K$ 为辅助平面，求一般点 $E$、$F$、$G$，如图 6－19 (d) 所示。

(3) 判别可见性，依次光滑连接各点的正面投影，如图 6－19 (d) 所示。小圆柱的正面转向轮廓线应画到 $b'$，大圆柱的正面转向轮廓线应画到 $c'$。由水平投影可知，大圆柱的正面转向轮廓线有一段位于小圆柱正面转向轮廓线之后，在正面投影中应画成虚线，见图 6－19 (d) 中右下方局部放大图。大圆柱的正面转向轮廓线的中间一段没有线。

例 6－12 也可选取水平面 $S$ 作为辅助平面，如图 6－20 所示，此时截小圆柱交线为圆，截大圆柱交线为直线，两者交点是相贯线上的点。此外，本例题求相贯线的问题同例 6－11，仍可归结为已知相贯线的水平投影和侧面投影，求作其正面投影，可运用表面取点法作相贯线。

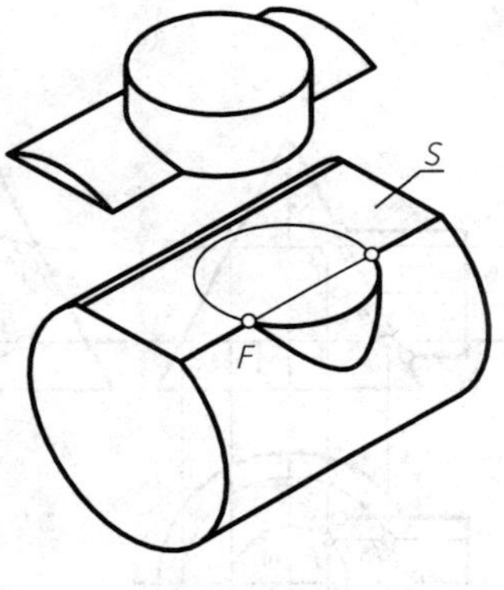

图 6－20　辅助平面为水平面

图 6－21 所示为两圆柱轴线垂直时相贯线的变化趋势。两圆柱直径不变，轴线的相对位置发生改变，相贯线随之变化。

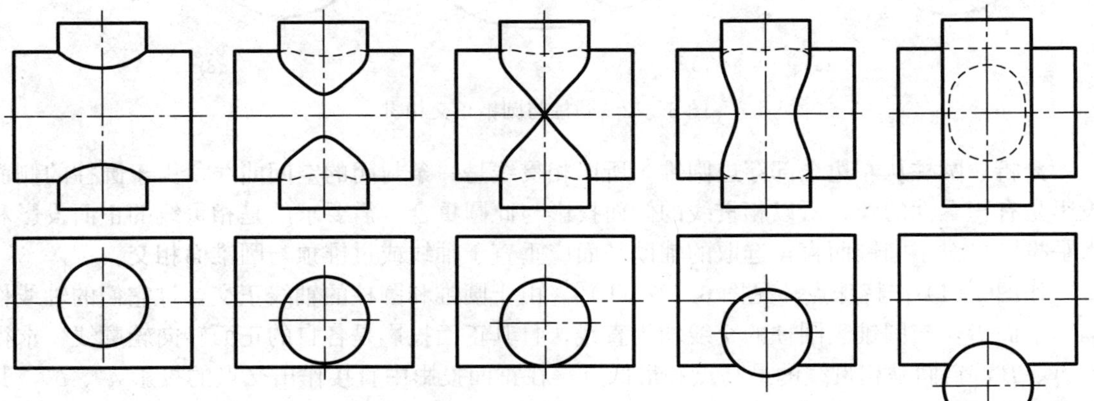

图 6－21　两圆柱轴线垂直相贯线的趋势

**【例 6-13】** 如图 6-22（a）所示，已知圆柱与圆锥正交的侧面投影，补全正面投影和水平投影。

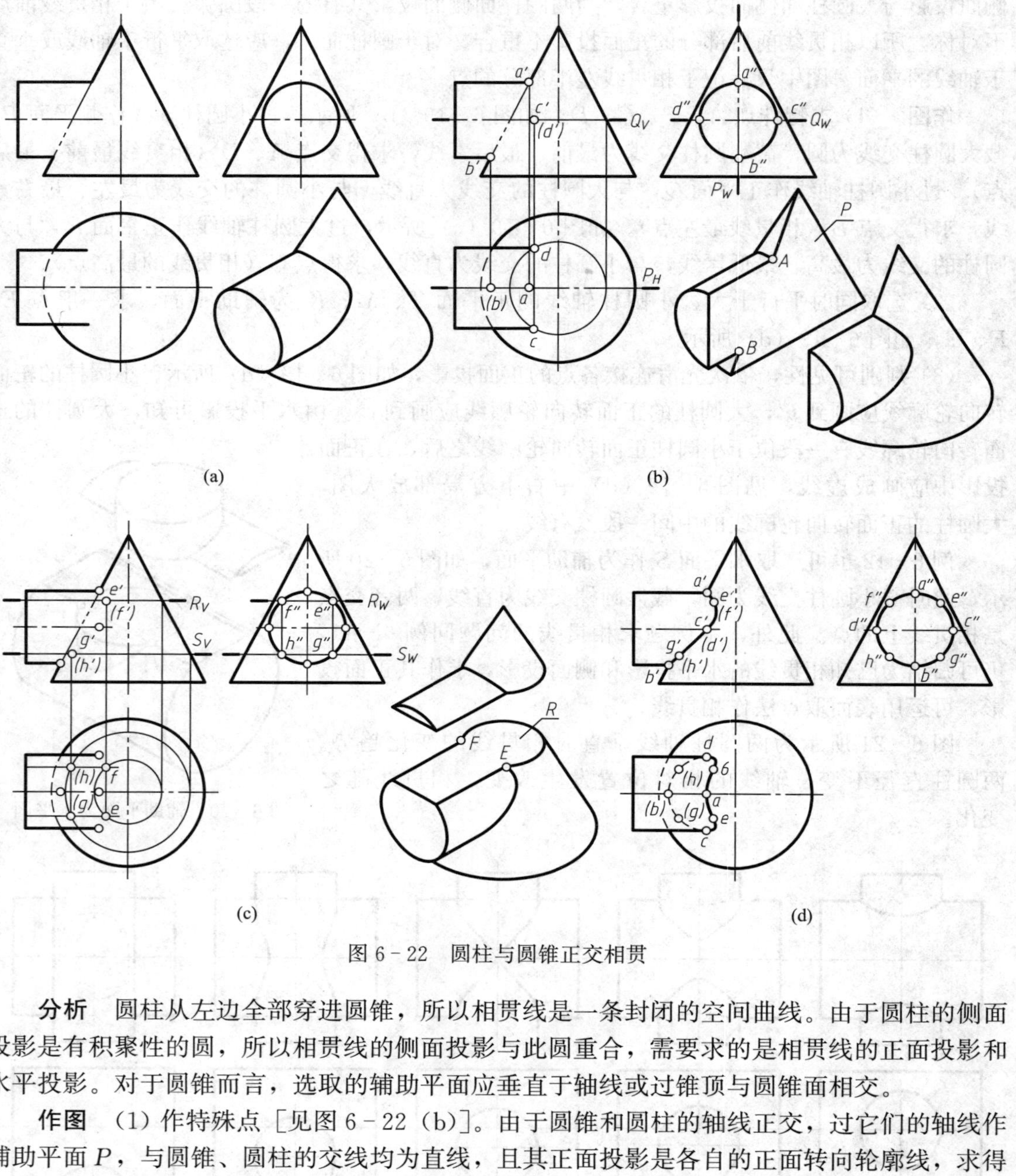


图 6-22 圆柱与圆锥正交相贯

**分析** 圆柱从左边全部穿进圆锥，所以相贯线是一条封闭的空间曲线。由于圆柱的侧面投影是有积聚性的圆，所以相贯线的侧面投影与此圆重合，需要求的是相贯线的正面投影和水平投影。对于圆锥而言，选取的辅助平面应垂直于轴线或过锥顶与圆锥面相交。

**作图** （1）作特殊点［见图 6-22（b）］。由于圆锥和圆柱的轴线正交，过它们的轴线作辅助平面 $P$，与圆锥、圆柱的交线均为直线，且其正面投影是各自的正面转向轮廓线，求得点 $A$、$B$，它们是相贯线的最高点和最低点。在正面投影中直接作出交点的投影 $a'$、$b'$，其水平投影、侧面投影在对称中心线上。

过圆柱轴线作水平面 $Q$，与圆柱的交线为圆柱最前、最后两素线，与圆锥的交线为纬圆，两组交线的交点 $C$、$D$ 为相贯线上的点（最前、最后点）。作出两组交线的水平投影，则它们的交点即为 $c$、$d$，其正面投影 $c'$、$(d')$ 在截平面 $Q$ 具有积聚性的正面投影上。

（2）作一般点［见图 6－22（c）］。取水平面 $R$、$S$，求得点 $E$、$F$、$G$、$H$。作图过程同点 $C$、$D$。

（3）光滑连线，并判别可见性。根据相贯线可见性判别原则可知，由于相贯线前后对称，故相贯线前半部分与后半部分的正面投影重合。在下半个圆柱面上的相贯线，其水平投影不可见，应画成虚线，投影 $c$、$d$ 是相贯线水平投影可见和不可见的分界点。参照各点侧面投影的顺序，将各点的同面投影连成光滑的曲线。

（4）最后检查并加深［见图 6－22（d）］。圆柱水平转向轮廓线应只画到 $c$、$d$。

本例题由于圆柱轴线垂直于侧面，已知相贯线侧面投影，也可运用表面取点法求相贯线。即已知圆锥面上曲线的侧面投影为圆，求作其他两面投影。

**【例 6－14】** 如图 6－23（a）所示，求圆台与半圆球的相贯线。

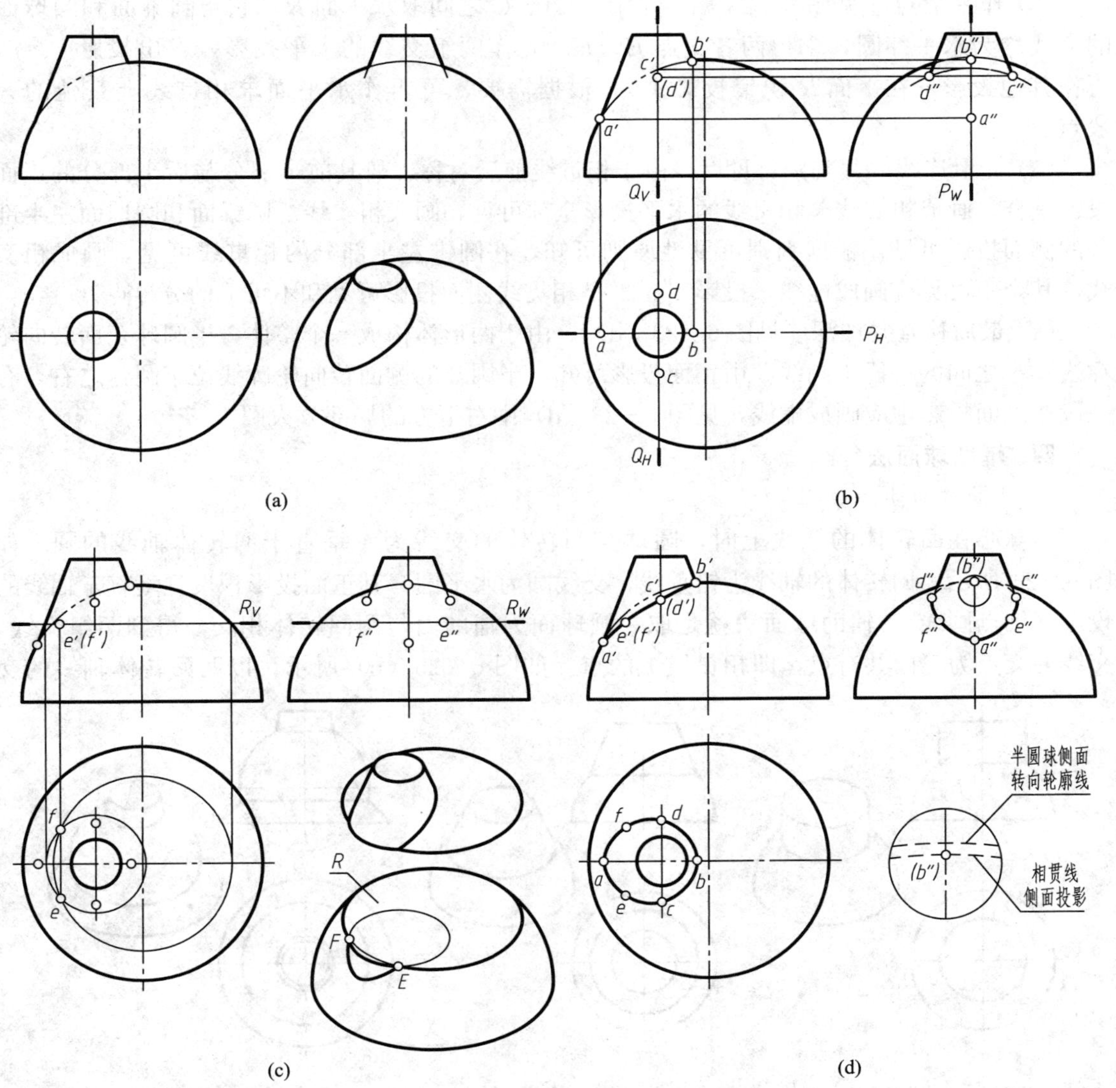


图 6－23　圆台与半圆球相贯

**分析** 相贯线是封闭的空间曲线，由于圆锥面和圆球面的三个投影均无积聚性，故相贯线的三面投影均需要求出。对于圆球而言，采用投影面平行面作为辅助平面，交线为纬圆。本例题采用过锥顶的正平面、侧平面和同时与圆锥、圆球相交的水平面作辅助平面来解题。

**作图** （1）作特殊点［见图 6－23（b）］。过锥顶作正平面 $P$，它与圆锥面、圆球面的交线分别为直线、圆弧，且其正面投影是各自的正面转向轮廓线，求得点 $A$、$B$，它们是相贯线的最左、最右点，也是最低、最高点。在正面投影中直接作出交点的投影 $a'$、$b'$，再作其他投影（在平面 $P$ 积聚投影上）。

过锥顶作侧平面 $Q$，与圆锥面的交线为直线，其侧面投影是圆锥侧面转向轮廓线，与圆球面的交线为侧平纬圆，两组交线的交点 $C$、$D$ 为相贯线上的点（最前、最后点）。先作两组交线的侧面投影，求出投影 $c''$、$d''$，再作其他投影（在平面 $Q$ 积聚投影上）。

（2）作一般点［见图 6－23（c）］。在点 $A$、$C$ 之间取水平面 $R$，它与圆锥面和圆球面的交线均为水平纬圆，求得两者交点 $E$、$F$。先作两组交线的水平投影，求出投影 $e$、$f$，再作其他投影（在平面 $R$ 积聚投影上）。根据需要，可再作水平面求相贯线上其他的一般点。

（3）光滑连线，并判别可见性。由于相贯线前后对称，故其前半部分与后半部分的正面投影重合，画成粗实线。相贯线的水平投影全部可见，画成粗实线。圆锥面和圆球面左半部分的侧面投影可见，根据判别可见性原则可知，在圆锥左半部分的相贯线可见，画成粗实线，其余不可见应画成虚线，投影 $c''$、$d''$是相贯线侧面投影可见和不可见的分界点。

（4）最后检查并加深［见图 6－23（d）］。由于两形体构成一个整体，半圆球正面转向轮廓线 $a'b'$之间的一段不画线。由正面投影可知，半圆球的侧面转向轮廓线位于圆台之右，有一段在侧面投影中应画成虚线，见图 6－23（d）中右下方的局部放大图。

**四、辅助球面法**

1. 辅助球面法的原理

当球心在回转体的轴线上时，圆球与回转体的交线为一垂直于回转体轴线的圆。如图 6－24 所示，回转体的轴线为铅垂线，交线圆为水平圆，其正面投影积聚且垂直于轴线的投影（细点画线）。辅助球面法就是取一圆球面为辅助面与两回转体相交，得到两组交线，交线的交点为三面共有点，即相贯线上的点。如图 6－25（b）所示，以两回转体轴线的交

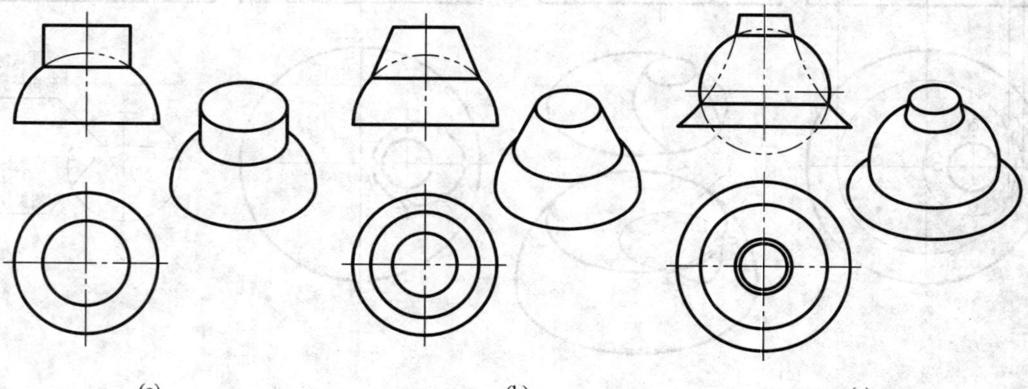

(a) (b) (c)

图 6－24 辅助球面法

点 $O$ 为球心，以适当半径作一圆球面，它与圆柱的交线为圆 $R$，与圆锥的交线为圆 $P$、$Q$，三个圆相交得到四个点，这四个点是三个面（圆球面、圆柱面、圆锥面）的共有点，也是相贯线上的点。

2. 辅助球面法的应用条件

辅助球面法的应用条件：①相交两回转体的轴线必须相交，交点是辅助球面的球心；②两回转体的轴线所确定的平面是投影面平行面，这样，辅助球面与回转体的交线在该投影面上的投影积聚为直线。

**【例 6-15】** 如图 6-25（a）所示，求圆柱和圆锥斜交的相贯线。

**分析** 圆柱和圆锥斜交，相贯体前后对称，相贯线是封闭的空间曲线。由于圆柱的轴线

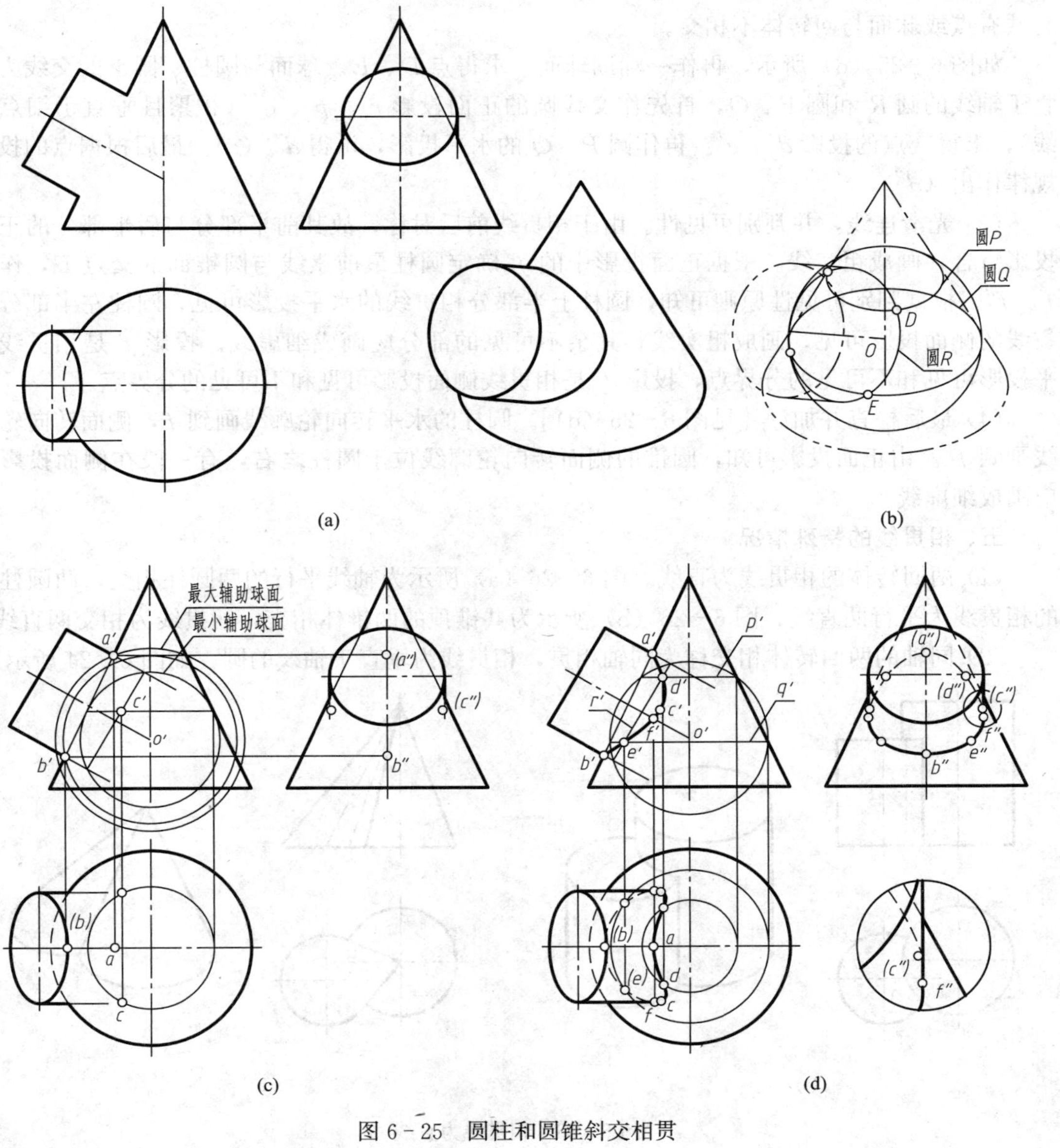


图 6-25　圆柱和圆锥斜交相贯

倾斜，除过锥顶的正平面可作为辅助平面外，其余特殊位置平面均不适合作辅助平面。因为圆柱和圆锥的轴线相交且同时平行于正面，所以可用辅助球面法求相贯线上的点。相贯线的三面投影均需要求出。图中只标记了相贯线前半部分的点。

**作图**　(1) 作特殊点［见图 6－25 (c)］。相贯体前后对称，相贯线最高点 $A$ 和最低点 $B$ 的正面投影为两回转体正面转向轮廓线的交点 $a'$和 $b'$。以两回转体轴线交点 $O$ 为球心，过点 $A$ 作辅助球面，球面与圆柱和圆锥的交线圆相切于点 $A$，此球面为最大辅助球面。同理，也可过点 $B$ 作辅助球面，得到交点 $B$。

(2) 作一般点。如图 6－25 (c) 所示，作一球面，其正面投影与圆锥正面转向轮廓线相切，此球面为最小辅助球面，从而求得相贯线上点 $C$。

所作辅助球面的半径应在最大和最小辅助球面的半径之间，否则球面与回转体的交线没有共有点或球面与回转体不相交。

如图 6－25 (d) 所示，再作一辅助球面，求得点 $D$、$E$。球面与圆柱、圆锥的交线为垂直于轴线的圆 $R$ 和圆 $P$、$Q$，首先作交线圆的正面投影 $r'$、$p'$、$q'$（积聚且垂直于细点画线），求得交点的投影 $d'$、$e'$。再作圆 $P$、$Q$ 的水平投影，求得 $d$、($e$)。最后根据点的投影规律作出 ($d''$)、$e''$。

(3) 光滑连线，并判别可见性。由于相贯线前后对称，故其前半部分与后半部分的正面投影重合，画成粗实线。根据正面投影中的 $f'$确定圆柱最前素线与圆锥面的交点 $F$，作出 $f$、$f''$。根据判别可见性原则可知，圆柱上半部分相贯线的水平投影可见，圆柱左半部分相贯线的侧面投影可见，画成粗实线，其余不可见的部分应画成细虚线。投影 $f$ 是相贯线水平投影可见和不可见的分界点，投影 $f''$是相贯线侧面投影可见和不可见的分界点。

(4) 最后检查并加深［见图 6－25 (d)］。圆柱的水平转向轮廓线画到 $f$，侧面转向轮廓线画到 $f''$。由正面投影可知，圆锥的侧面转向轮廓线位于圆柱之右，有一段在侧面投影中应画成细虚线。

**五、相贯线的特殊情况**

(1) 两回转体的相贯线为直线。图 6－26 (a) 所示为轴线平行的两圆柱相交，两圆柱面的相贯线为平行两直线；图 6－26 (b) 所示为共锥顶的两锥体相交，相贯线为相交两直线。

(2) 同轴的两回转体相交称为同轴相贯，相贯线为垂直于轴线的圆，如图 6－24 所示。

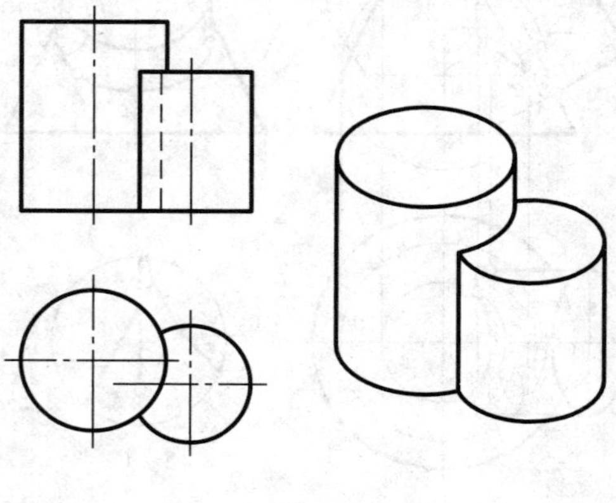

(a)

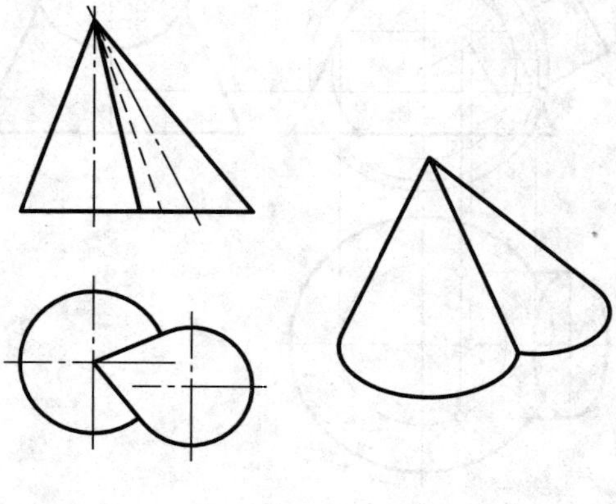

(b)

图 6－26　相贯线为直线

(3) 当相交两回转体公切于一个球面时，相贯线是椭圆。图 6－27（a）所示为正交两圆柱公切于一个球面，其相贯线为两个大小相等的椭圆，图 6－27（b）所示为斜交两圆柱公切于一个球面，其相贯线为大小不等的两个椭圆。以上两种情况，椭圆的水平投影与圆柱积聚投影圆重合，正面投影为两直线。图 6－27（c）所示为正交的圆柱和圆锥公切于一个球面，其相贯线为两个大小相等的椭圆，图 6－27（d）所示为斜交的圆柱和圆锥公切于一个球面，其相贯线为大小不等的两个椭圆。以上两种情况，椭圆的水平投影仍是椭圆，正面投影为两直线。

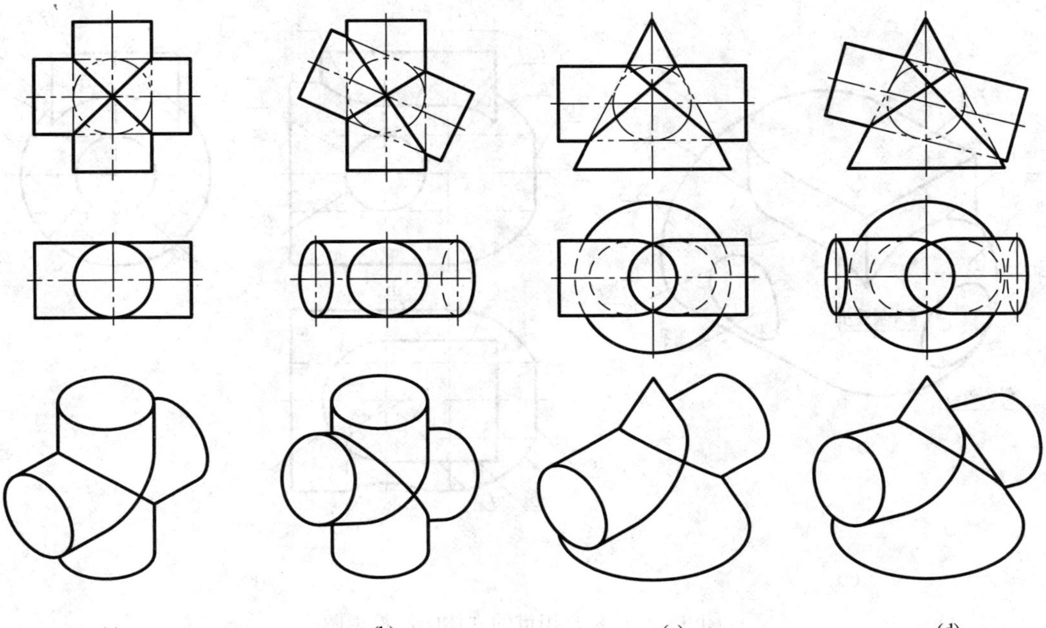


图 6－27　相贯为平面曲线

## 六、复合相贯

当出现三个或三个以上立体相交，称为复合相贯。实际机件上经常会遇到复合相贯的情况，此时的相贯线比较复杂，由多段相贯线复合组成，这些相贯线的共有点，称为结合点。复合相贯线的空间分析及作图和前面所讲的方法是一样的，只是在作图前要分析各相贯体的形状及相对位置，再逐个求出彼此相交部分的相贯线。

**【例 6－16】** 如图 6－28 所示，补全相贯体的三面投影。

**分析**　(1) 读图 6－28，首先根据基本体投影特性，判断相贯体由哪些形体组成：相贯体上方为 U 形凸台，左侧为半圆

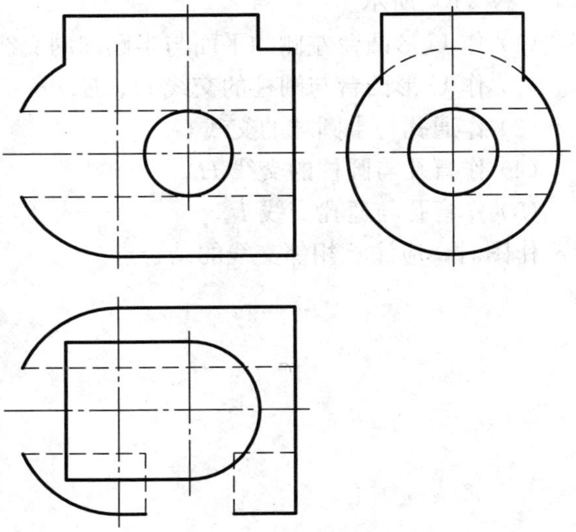

图 6－28　复合相贯

球，右侧为圆柱，相贯体内部左右方向有一通孔，前后方向一盲孔。

（2）根据各形体结构及其相对位置，分析交线的空间形状。圆柱与半圆球同轴相贯且表面相切，连接处无交线，不需要画图线。U形凸台左侧的一个侧平面、两个正平面与半圆球相交，其交线为侧平圆弧 $A$ 和正平圆弧 $B$、$C$。U形凸台的两个正平面、右侧半圆柱面与圆柱的交线分别为两段直线 $D$、$E$ 和空间曲线 $F$。通孔与半圆球同轴相贯，交线为一个侧平纬圆 $G$。盲孔与圆柱的交线为空间曲线 $H$。由水平投影和侧面投影可知，盲孔与通孔前半圆柱面相交且两孔直径相等，交线为两支椭圆弧 $I$。相贯体的立体图如图 6-29（a）所示。

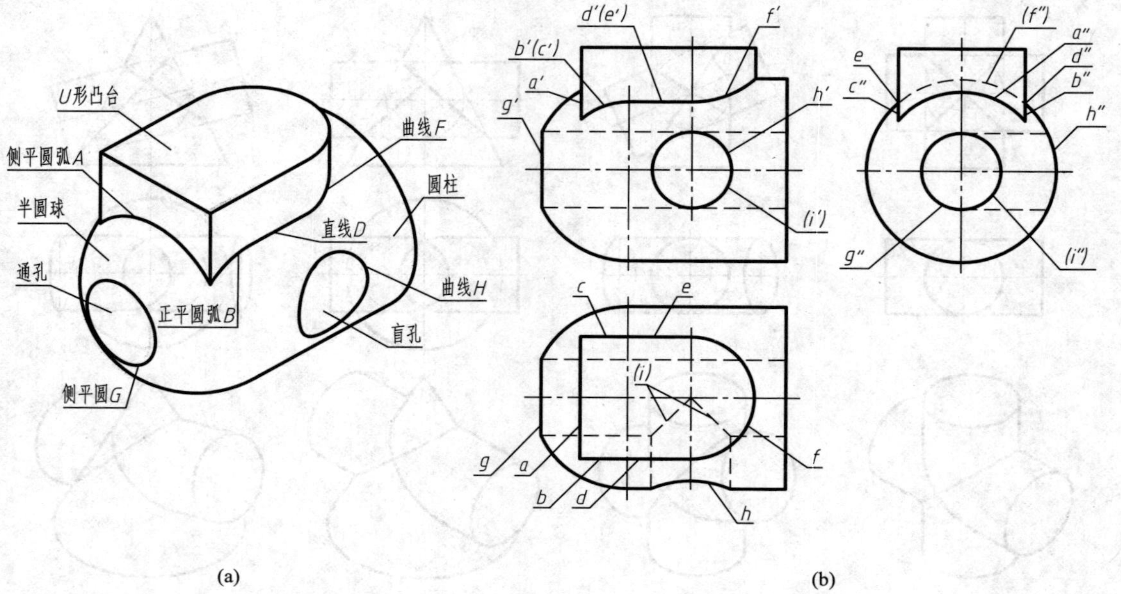


图 6-29 复合相贯的立体图和投影图

**作图** 根据截交线和相贯线的作图方法，依次作各交线的投影。复合相贯体的投影图如图 6-29（b）所示。

（1）作U形凸台左侧的平面与半圆球的交线 $A$、$B$、$C$。

（2）作U形凸台与圆柱的交线 $D$、$E$、$F$。

（3）作通孔与半圆球的交线 $G$。

（4）作盲孔与圆柱的交线 $H$。

（5）作盲孔与通孔交线 $I$。

作图时，应注意相邻交线的结合点。

# 第七章　组　合　体

组合体可看作是由机器零件经过抽象和简化而得到的立体。本章主要介绍如何运用形体分析法、线面分析法，解决组合体的画图和读图中的问题，以及组合体的尺寸标注等内容。

## 第一节　三视图的形成及其投影规律

### 一、三视图的形成

在绘制机械图样时，将物体向投影面作正投影所得的图形称为视图。在三投影面体系中可得到物体的三个视图，其中：

主视图——由前向后投射所得的视图；

俯视图——由上向下投射所得的视图；

左视图——由左向右投射所得的视图。

由此可见，物体的主视图、俯视图、左视图就是前面所学的正面投影、水平投影、侧面投影，两者的本质是相同的，如图 7－1 所示。视图间的距离通常可根据图纸幅面、尺寸标注等因素来确定。

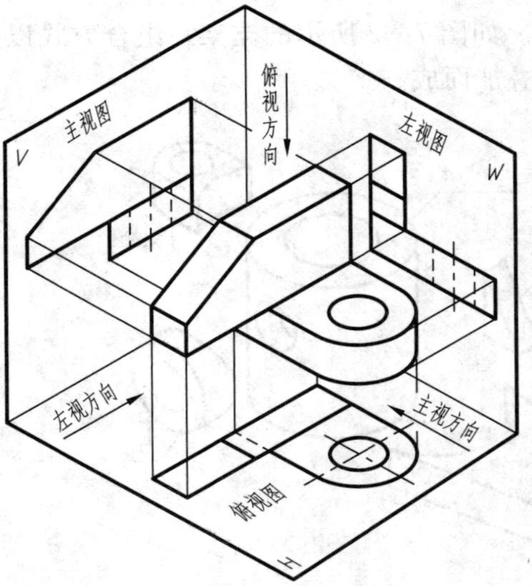


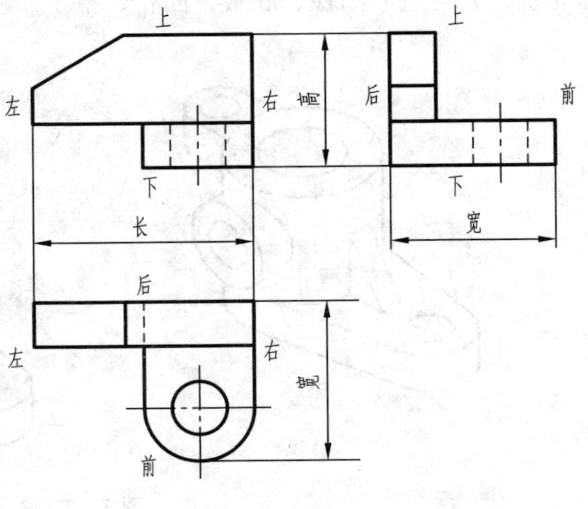


图 7－1　三视图的形成和投影规律

### 二、三视图的投影规律

如图 7－1（b）所示，三视图的位置关系为俯视图在主视图的正下方，左视图在主视图的正右方。

主视图反映物体上下、左右的位置关系，即反映物体的高度和长度；俯视图反映物体左右、前后的位置关系，即反映物体的长度和宽度；左视图反映物体上下、前后的位置关系，即反映物体的高度和宽度。

由此可得出三视图之间的投影规律如下：

主、俯视图——长对正；

主、左视图——高平齐；

俯、左视图——宽相等。

“长对正、高平齐、宽相等”是画图和读图必须遵守的最基本的投影规律。不仅整个物体的投影要符合这条规律，物体局部结构的投影也必须符合这条规律。在应用这个投影规律作图时，要注意物体上下、左右、前后六个方位与视图的对应关系，如图 7-1（b）所示。尤其是前后两个方位，在俯视图和左视图中，靠近主视图的一侧表示物体的后方，远离主视图的一侧表示物体的前方。因此，在俯视图和左视图上量取宽度时，不但要注意量取的起点，还要注意量取的方向。

## 第二节　组合体的构形分析

组合体是由基本形体按一定方式组合形成的。为了掌握组合体的画图、读图和尺寸标注，需对组合体的形状进行分析。

### 一、组合体的组合方式

组合体的组合方式有叠加和切割两种。

（1）叠加。叠加是将实形体和实形体进行组合。如图 7-2 所示的支架，组合方式以叠加为主，它是空心圆柱、底板、凸台、搭子、肋板叠加而成。

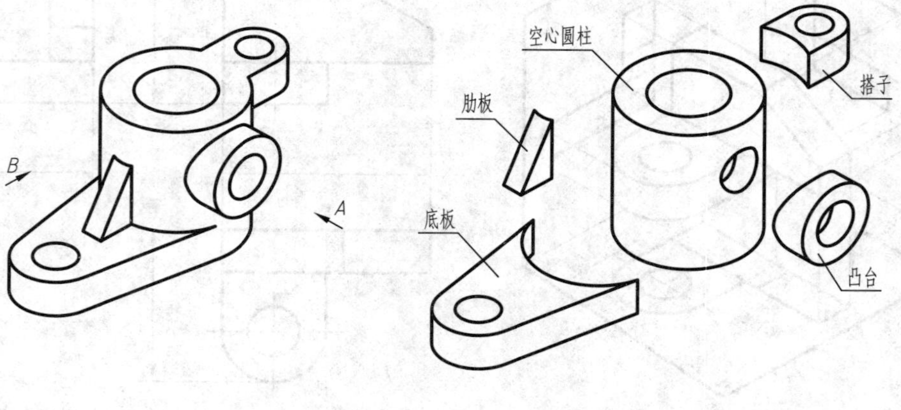


图 7-2　叠加式组合体

（2）切割。切割是在实形体上切去一实形体或挖去一实形体，形成切口、槽、孔洞等结构。如图 7-3 所示的组合体，组合方式以切割为主，它是由一长方体切去三棱柱 $A$、$B$ 和四棱柱 $D$、$E$，再挖去半圆柱 $C$ 形成的。

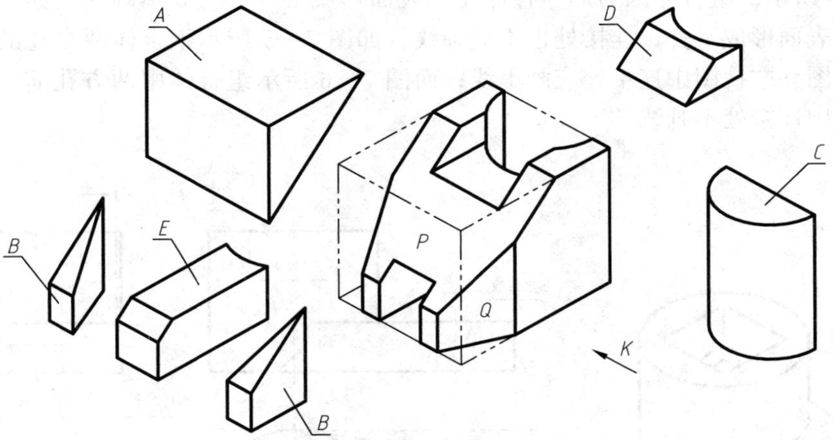


图 7-3 切割式组合体

在工程中，只有叠加或切割方式的机器零件比较少见，更多的是综合叠加和切割形成的零件。

**二、组合体相邻表面连接关系**

组成组合体的各形体经叠加和切割组合后，形体之间可能处于上下、左右、前后的相对位置，整个组合体可能同轴或某个方向对称。如图 7-2 所示，若支架的主视方向为 $A$，除去凸台，支架的宽度方向对称。

组合体各形体的相邻表面之间会产生下面三种连接关系。

1. 平齐

当形体表面平齐时，由多个面形成一个面，连接处不存在分界线，不需画线。

如图 7-4 所示，组合体可分解为形体Ⅰ、Ⅱ两部分。在图 7-4（a）中，两形体的平面 $A$、$B$ 为正平面，两平面前后错开，可通过读俯视图判断平面 $A$、$B$ 的前后位置。在画组合体主视图时，连接处应画分界线。在图 7-4（b）中，两形体的前方正平面平齐形成平面 $C$，可通过读俯视图判断出两形体表面平齐。在画组合体主视图时，连接处因平齐不画线。

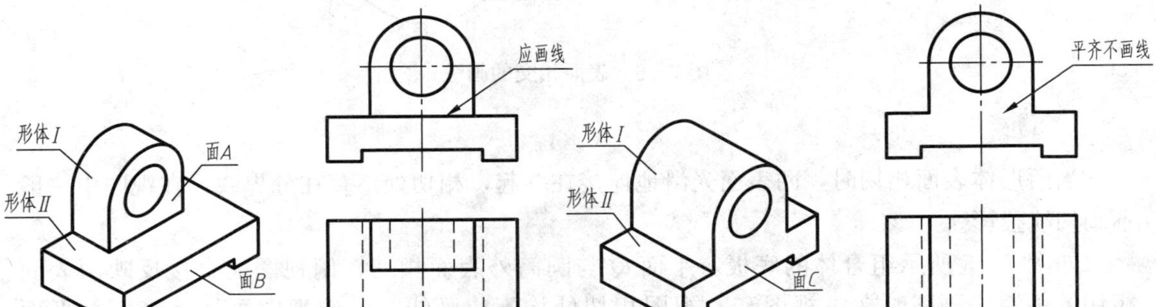


图 7-4 表面平齐处的画法

图 7－4 所示的组合体因为形体叠加在外表面形成平齐，所以不画线。如果因形体挖切在组合体内表面形成平齐，连接处也不应画线。如图 7－5 所示组合体两个孔的表面均不平齐，在主视图和左视图中连接处应画虚线；而图 7－6 所示组合体中两方孔前、后正平面平齐，主视图中连接处不画线。

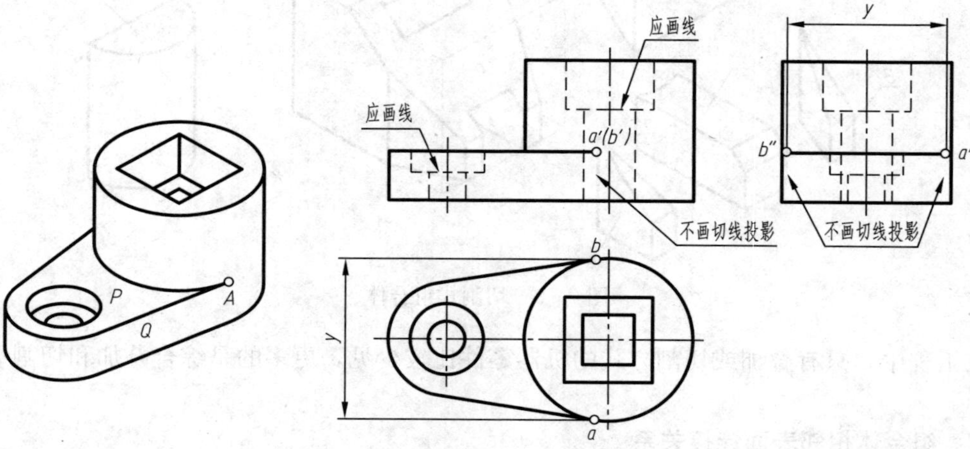


图 7－5　表面相切处的画法

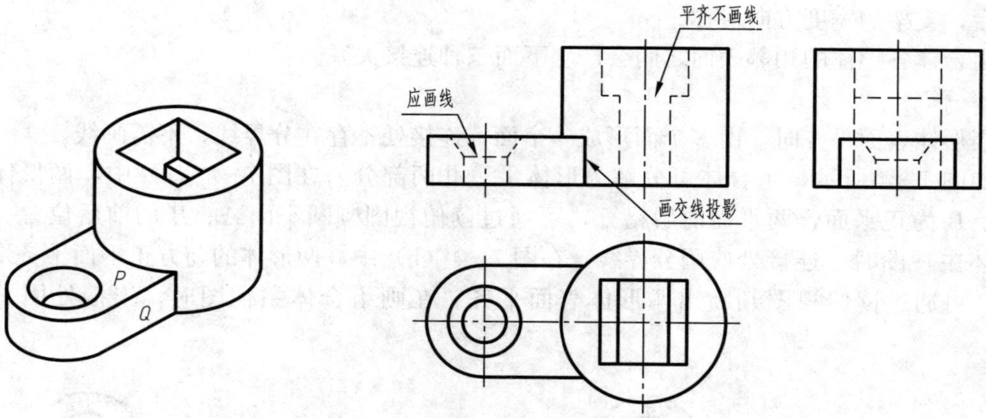


图 7－6　表面相交的画法

2. 相切

当两形体表面相切时，两表面光滑地连接在一起，相切处不存在分界线，在视图中一般不画切线投影。

如图 7－5 所示组合体的底板，平面 $Q$ 与圆筒外表面相切，俯视图能直接反映两表面相切的关系，画图时在主视图和左视图相切处均不应画线。由俯视图可知，底板上平面 $P$ 向右到切点 $A$、$B$，故在主视图中，平面 $P$ 的积聚投影应向右画到 $a'$。仅当切线恰好与回转面某个方向的转向轮廓线重合时，才画出与其重合的切线的投影，如图 7－7（b）所示。

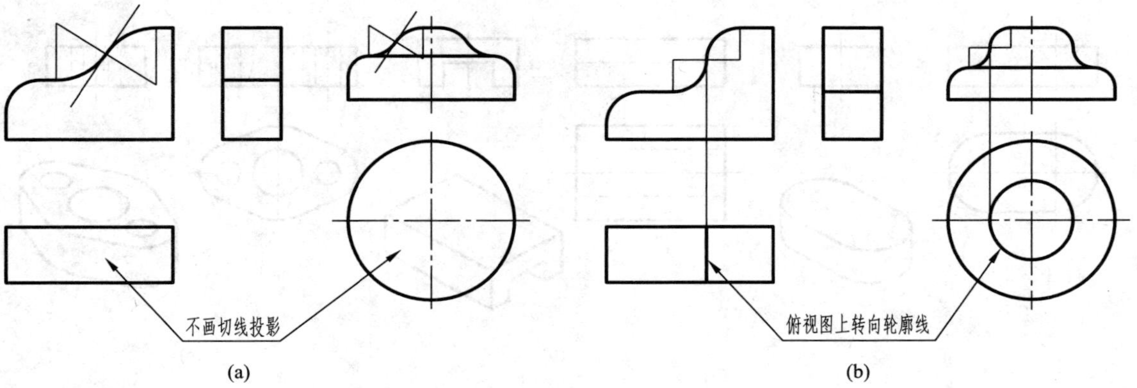


图 7-7 切线的投影

3. 相交

当两形体表面相交时，相交处产生交线，在视图中应画出交线的投影。如图 7-6 所示，底板上平面 $P$、$Q$ 均与圆筒外表面相交，底板中的圆柱孔和圆锥孔相交，应画出这些交线的投影。

**三、组合体形体分析的方法**

组合体形状分析方法有形体分析法和线面分析法两种。任何一个复杂的物体，可以从形体角度来看，把它分解成若干基本形体来理解；也可以从线、面的角度来看，把它分解成若干平面和曲面来理解。

1. 形体分析法

将组合体分解为若干基本形体，分析各基本形体的形状、相对位置及相邻表面连接关系，从而得到对组合体完整认识的方法称为形体分析法。形体分析法是画图、读图和标注尺寸时应用的一种最基本的方法。应注意：组合体是一个完整的物体，分解组合体是假想的，其目的是使画图、读图和尺寸标注简便。

如图 7-2 所示，支架由五个基本形体组成。支架主体部分为一直立空心圆柱。底板的前、后两侧面与空心圆柱相切，底面平齐。凸台为水平空心圆柱，它与直立空心圆柱正交，两孔接通，在圆柱内、外表面均产生相贯线。搭子的前、后两个侧面与空心圆柱的交线为两直线，顶面与圆柱上底面平齐。肋板与底板间是简单叠加，肋板前后两侧面与空心圆柱的交线为两直线，斜面与空心圆柱的交线为一段椭圆弧。

组成组合体的基本形体可以是一个完整的基本立体，也可以是一个不完整的基本立体或是它们的简单组合。图 7-8 所示为零件上常见的一些简单组合体。熟悉这些常见形体的形状及其三视图，对组合体的画图和读图有很大的帮助。

运用形体分析法分解组合体时，同一组合体可以有不同的分解方案。如图 7-9（a）所示，组合体可以由形体 $A$、$B$ 左右叠加，$A$、$B$ 连接处表面相切；也可以由形体 $C$、$D$ 上下叠加，$C$、$D$ 连接处表面平齐。如图 7-9（b）所示，组合体可以看作形体 $A$、$B$、$C$ 叠加，也可以看作形体 $A$、$D$、$E$ 叠加。虽然同一组合体的分解方案不同，但是三视图是相同的。

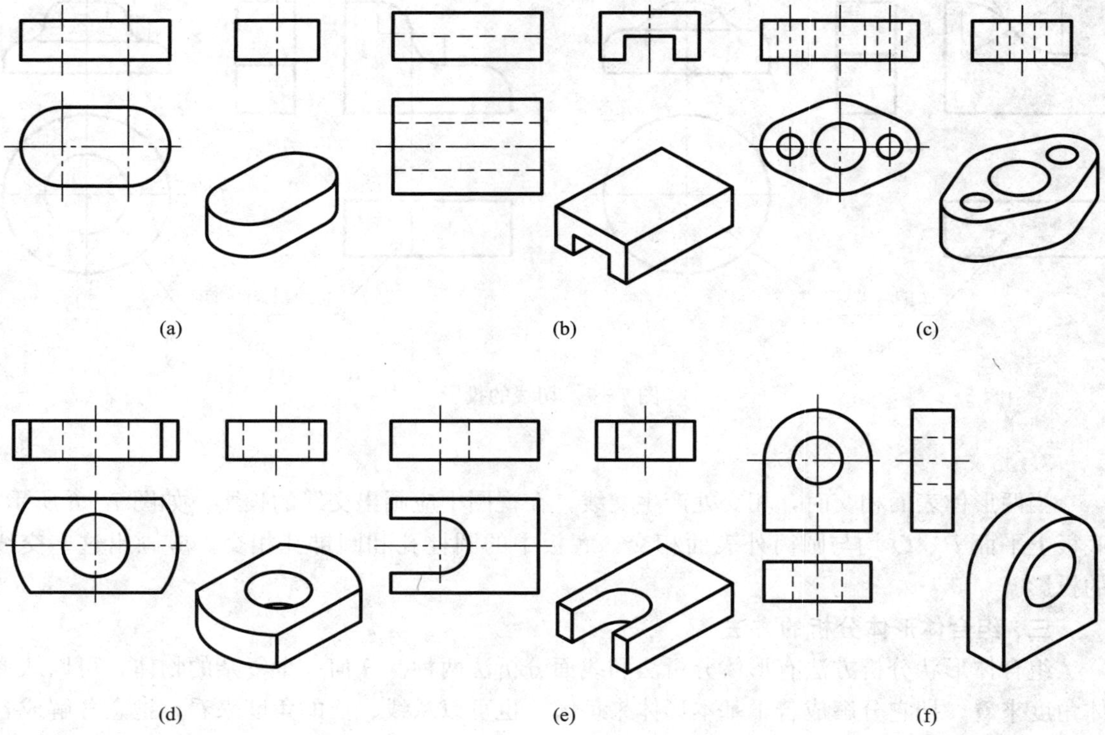


图 7-8　常见简单组合体

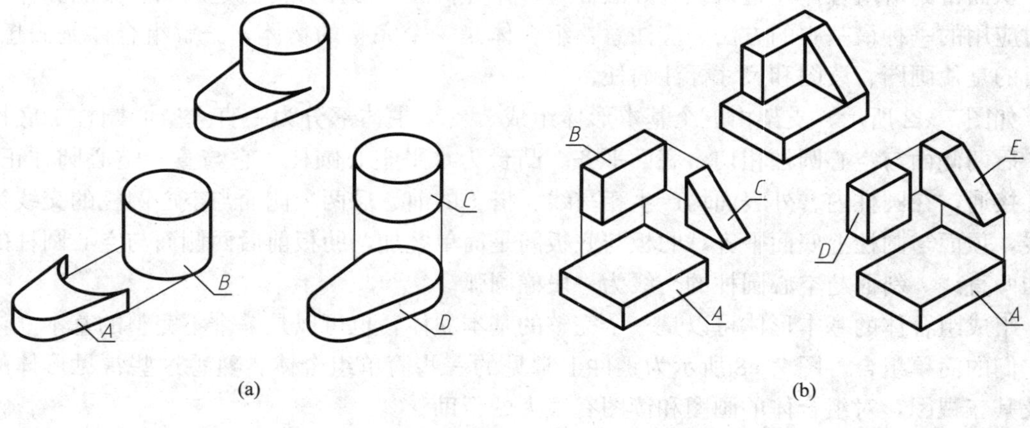


图 7-9　组合体的分解方案

2. 线面分析法

这种方法曾在第五章第一节中介绍过。线面分析法是在形体分析法的基础上，将视图中比较复杂的局部进一步分解成若干线和面，然后根据直线、平面、回转面的投影特性，分析形体表面或表面之间的交线与视图中的线框或图线的对应关系，从而确定组合体的形状。

运用线面分析法时，应重点分析形体相邻表面的特殊连接关系（平齐、相切或相交），或分析形体上投影面垂直面或一般位置平面。如图 7-3 所示，组合体的主视方向为方向 $K$，组合体被截切后前后对称。形成投影面垂直面 $P$、$Q$，平面 $P$、$Q$ 的交线为一般位置直线，切去的方形通槽 $D$、$E$ 与半圆柱 $C$ 产生的交线为平行圆柱轴线的素线。

运用线面分析法，应了解视图中线框和图线的含义。如图 7-10 所示，从面的角度来看，视图中的封闭线框表示平面或曲面的投影、孔洞的投影、形体相切表面的投影；视图中的轮廓线（粗实线、虚线）表示具有积聚性表面的投影、两相邻表面交线的投影、曲面转向轮廓线。视图中的细点画线一般是对称中心线或回转体的轴线。

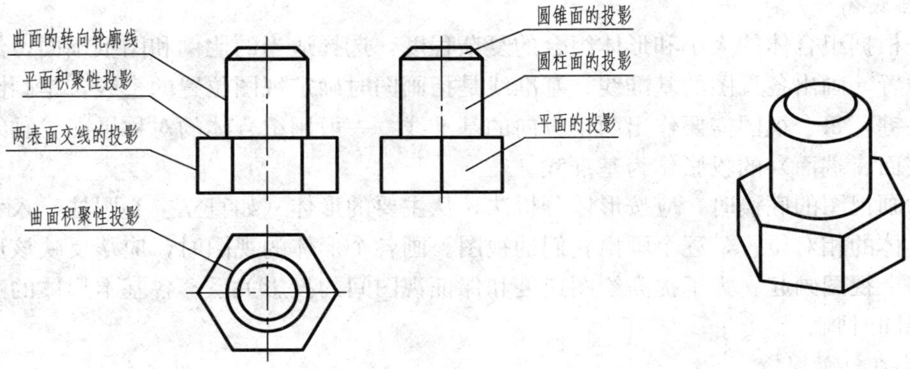


图 7-10　视图上封闭线框和图线的含义

实际画图和读图时，常常是两种方法并用，一般以形体分析法为主，线面分析法为辅。形体分析法是从形体的角度分析组合体的组成及结构，适用于叠加式组合体；线面分析法是从组合体各表面形状和空间位置来分析物体，适用于切割式组合体或局部形状复杂的叠加式组合体。可以用形体分析法解题后，再用线面分析法来验证所得的结果。

## 第三节　画组合体的视图

画组合体的视图，通常分四步进行：①形体分析；②选择主视图；③画底稿；④检查，加深图线。下面分类举例说明。

### 一、画叠加式组合体

下面以图 7-2 所示支架为例，说明画叠加式组合体三视图的具体步骤。

1. 形体分析

把组合体分解为若干基本形体，并确定它们的组合方式和相对位置，确定各形体相邻表面的连接关系。在第二节中已对支架的形体进行了分析。

2. 选择主视图

主视图是三个视图中最主要的视图。选择主视图，需确定主视图的投射方向和组合体的放置位置。选择主视图应考虑以下几点：

（1）选择能较多地反映组合体的形状特征及各形体相对位置的方向作为主视图投射方向，并使各视图中的不可见轮廓线尽可能地少。

（2）选择组合体的自然安放位置，或使组合体的主要平面（或轴线）平行或垂直于投影面的位置，作为放置位置。主视图一旦确定，其他视图也就随之确定。

如图 7－2 所示的支架，通常将直立空心圆柱的轴线放成铅垂位置，并把底板、搭子、肋板的对称平面放成平行于投影面的位置。显然，选取方向 $A$ 作为主视图的投射方向最好。例如选取方向 $B$ 作为主视图的投影方向，则各形体间的位置关系没有方向 $A$ 那样清晰，且搭子在主视图不可见，故不选取 $B$ 方向的投影作为主视图。

3. 画底稿

首先根据组合体的大小和形体组合的复杂程度，选择适当的比例和图纸幅面，然后布置视图的位置，画出各视图的基准线。基准线是指画图时确定视图位置的直线，是画图和测量尺寸的关键，每个视图需要作出两个方向的基准线。一般用组合体的对称平面、轴线和较大平面（底面、端面）的投影作为基准线。

开始画视图的底稿时，应按形体分析法，从主要的形体（如直立空心圆柱）入手，根据各基本形体的相对位置，逐个画出它们的视图。画各个形体的视图时，应从反映该形体形状特征的那个视图画起。为了提高绘图速度和保证视图间的投影关系，各基本形体的三个视图应尽可能同时画。

4. 检查、加深

完成底稿后，必须经过仔细检查。重点检查各形体之间的相对位置关系及相邻形体的表面连接关系，必要时采用线面分析法检查重要平面的投影。修改错误，擦去多余图线，再按规定的线型加深，可见部分用粗实线画，不可见部分用细虚线画。当组合体对称时，在其对称时图形上要画出对称中心线。对半圆或大于半圆的圆弧要画出对称中心线。回转体要画出轴线。对称中心线和轴线用细点画线绘制。

支架三视图具体作图过程如图 7－11 所示。

**二、画切割式组合体**

画切割式组合体的三视图时，首先用形体分析法分析该组合体未切割前完整的形体、被哪些截平面截切、每一个截平面的形状位置特征，然后画出未切割前的完整形体的视图，再按切割顺序依次画出切去每一部分后的三视图。

图 7－12 为图 7－3 所示组合体的作图过程，形体分析见第二节。画截平面或切口投影时，一般先画有积聚性的投影或切口形状特征明显的投影，再画其他投影。如图 7－12 所示，图（a）中截去形体 $A$ 应先画主视图，图（b）、（c）中截去形体 $B$、$C$ 应先画俯视图，图（d）中截去形体 $D$、$E$ 应先画左视图。切割式组合体的特点是斜面比较多，最后检查并加深视图时，还应对一些重要的斜面进行线面分析，如图 7－12（d）中的平面 $P$、$Q$。还应检查因截切产生的交线，如平面 $P$、$Q$ 的交线（一般位置直线），方形通槽 $D$、$E$ 和半圆柱 $C$ 的交线（素线）。

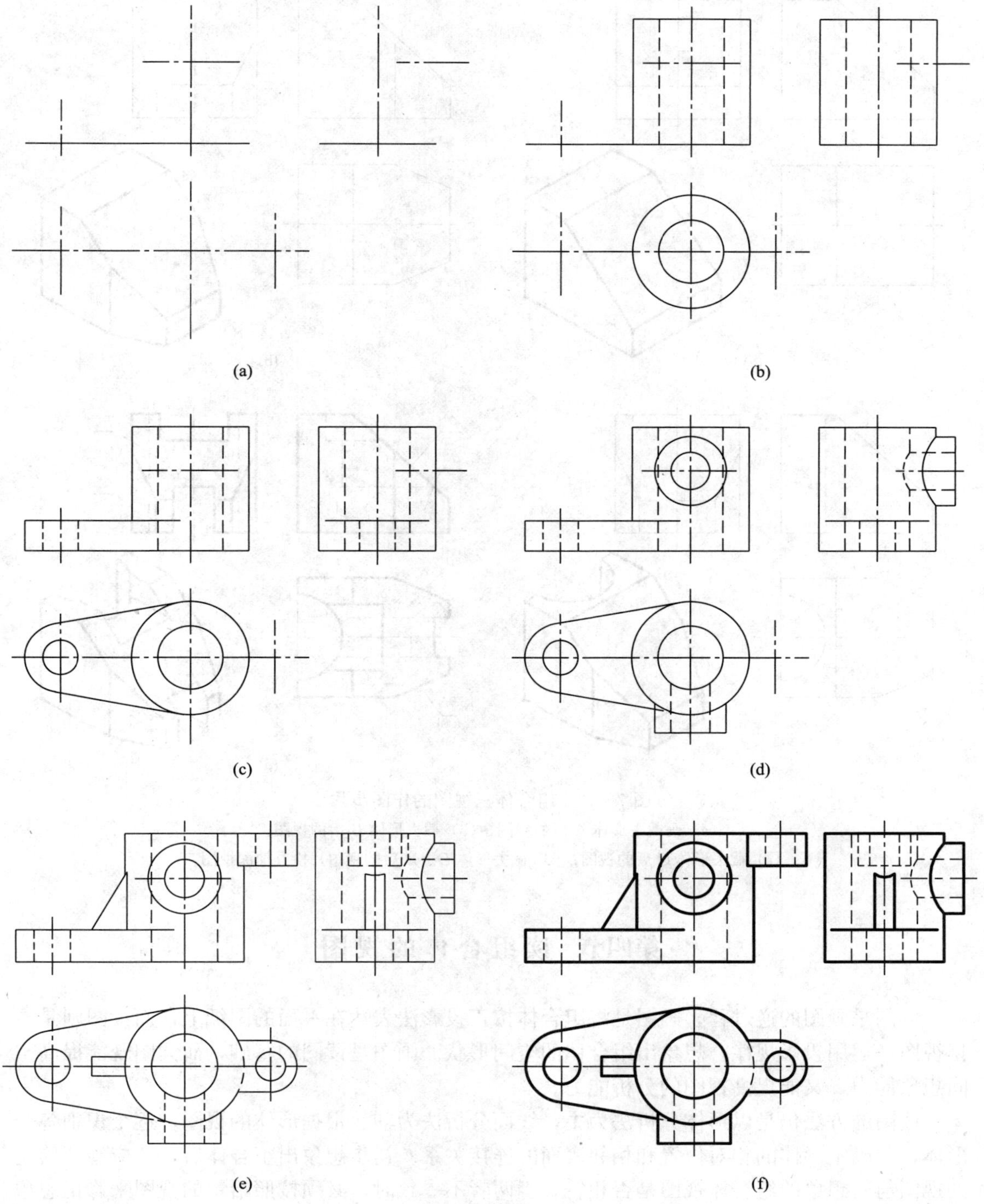


图 7－11　支架三视图的作图过程

（a）画基准线；（b）画空心圆柱的视图；（c）画底板的视图；
（d）画凸台的视图；（e）画搭子及肋的视图；（f）检查后加深视图

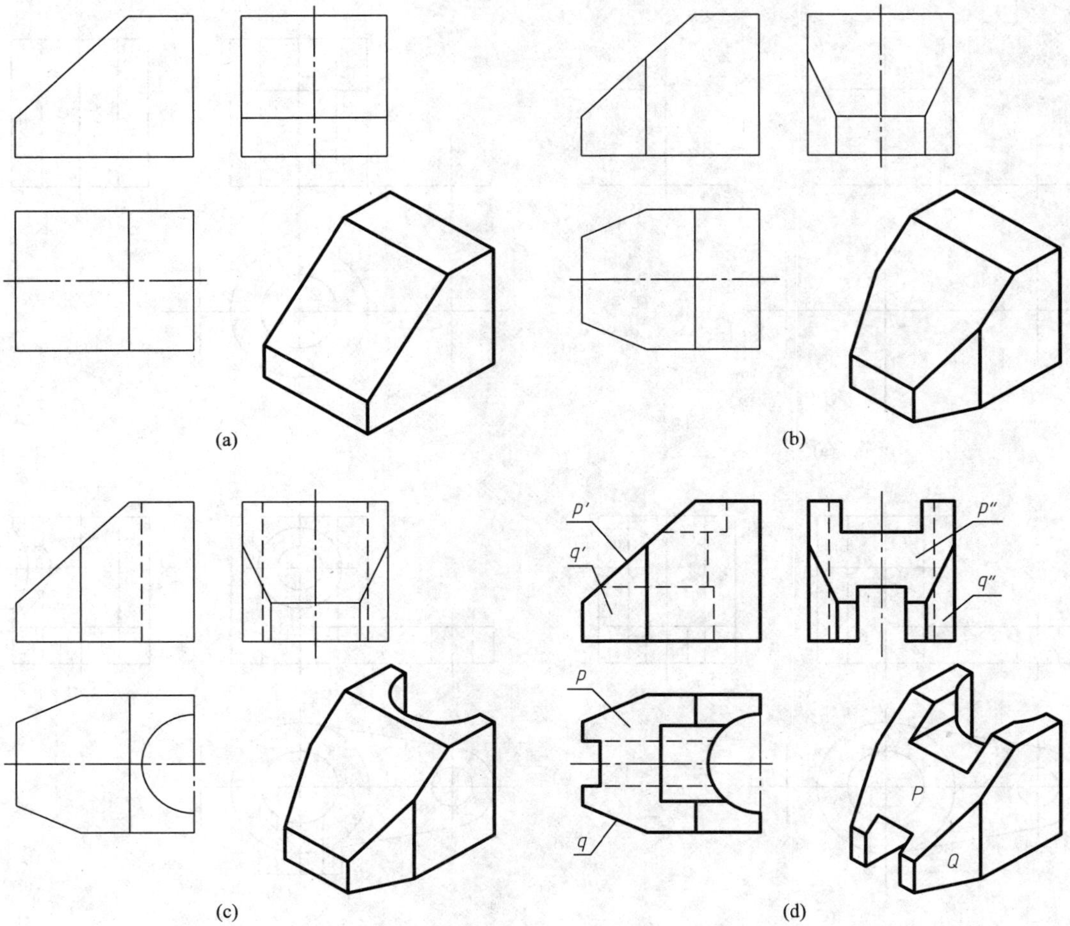


图 7－12　组合体三视图的作图步骤

（a）画截去形体 $A$ 后的视图；（b）截去形体 $B$ 后的视图；

（c）截去形体 $C$ 后的视图；（d）截去形体 $D$、$E$ 后的视图，检查加深视图

## 第四节　读组合体的视图

读图是画图的逆过程，画图是将组合体按正投影法表达在平面的图纸上，而读图则是根据视图，运用投影规律，想象出组合体的空间形状。画图是读图的基础，而读图既能提高空间想象能力，又能提高视图的分析能力。

读图的方法仍是以形体分析法为主，线面分析法为辅。根据形体的视图，逐个识别各个形体，并确定形体的相对位置和相邻表面的连接关系。初步想象出组合体后，还应验证给定的视图与所想象的组合体视图是否相符。当两者不一致时，必须按照给定的视图来修正想象的组合体，直到各个视图都相符，此时想象的组合体即为所求。

### 一、读组合体视图的要点

1. 几个视图联系起来看

通常一个视图不能确定物体的形状，如图 7－13 所示。有时两个视图也不能确定物体的

形状，如图 7－14 所示。因此，读图时不能孤立地只看一个视图，而应该根据投影规律，把几个视图联系起来，才能想象出物体的正确形状。

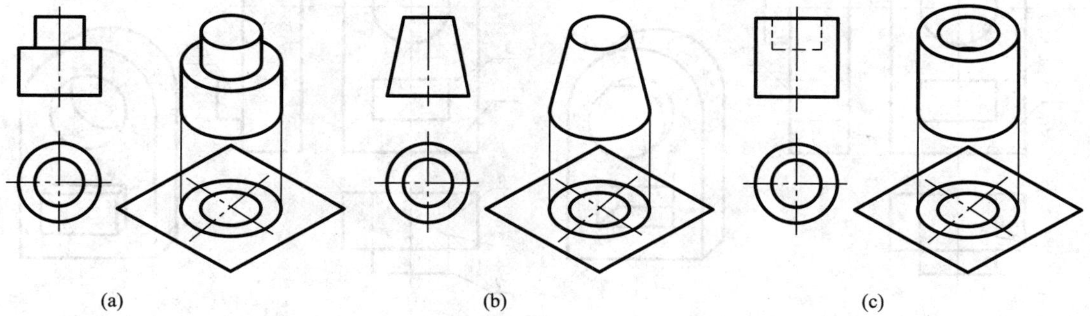

图 7－13 一个视图不能唯一确定组合体的形状

图 7－14 两个视图不能唯一确定组合体的形状

2. 从反映形体特征的视图入手

特征视图包括形状特征视图和位置特征视图。

(1) 形状特征视图是最能清晰地表达物体的形状特征的视图。如图 7－14 中的俯视图清晰地表达了物体的形状特征。

(2) 位置特征视图是最能清晰地表达构成组合体的各形体之间位置关系的视图。由图 7－15 可知，组合体由形体 $A$、$B$、$C$ 组成，主视图反映了形体间上下、左右位置关系；由于形体 $B$、$C$ 的长度尺寸相等，俯视图不能唯一确定两者前后位置。由左视图可知，图 (a) 中很明显形体 $C$ 是凸台，形体 $B$ 是孔；图（b）中，形体 $B$ 是凸台，形体 $C$ 是孔。故左视图清晰地表达了形体间的前后位置特征。

由此看出，从形体特征视图入手，与其他视图联系起来读图，就能较快、较准确地想象出物体的形状。

3. 分析视图中的线框，识别形体表面间的相对位置

视图中，线框套线框，通常表示两个面凹凸不平或具有打通的孔，如图 7－16 所示；若两线框相邻，通常表示两个相邻的面高低不一或相交，如图 7－17 所示。

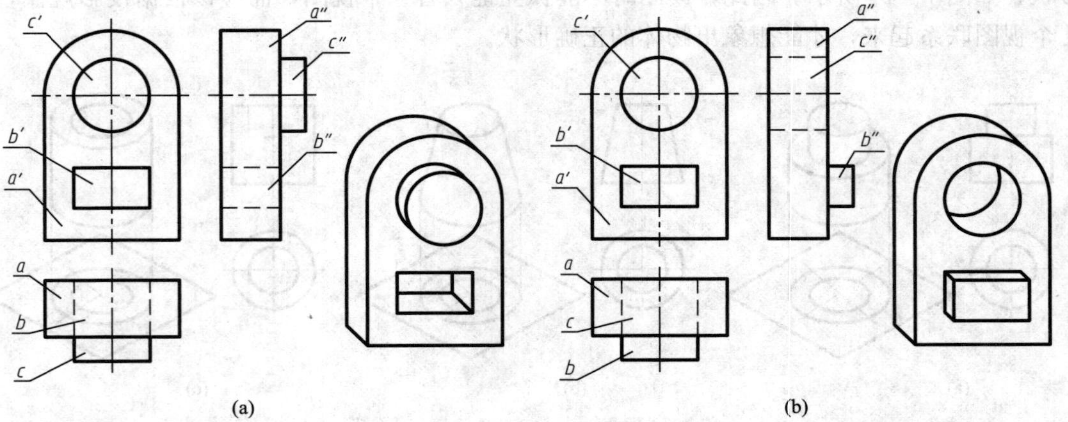


图 7-15　位置特征视图

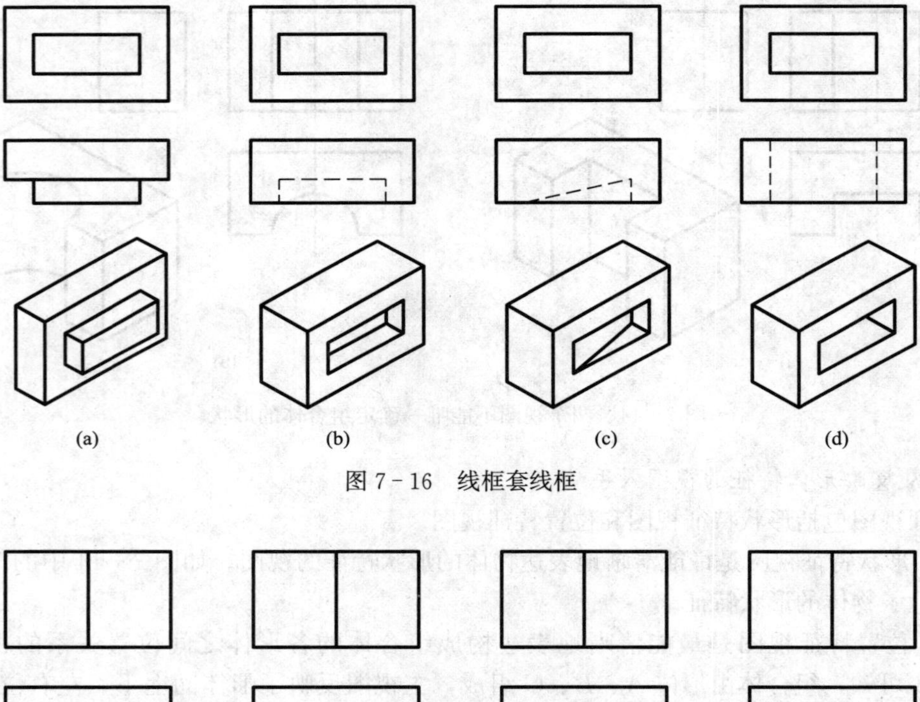


图 7-16　线框套线框

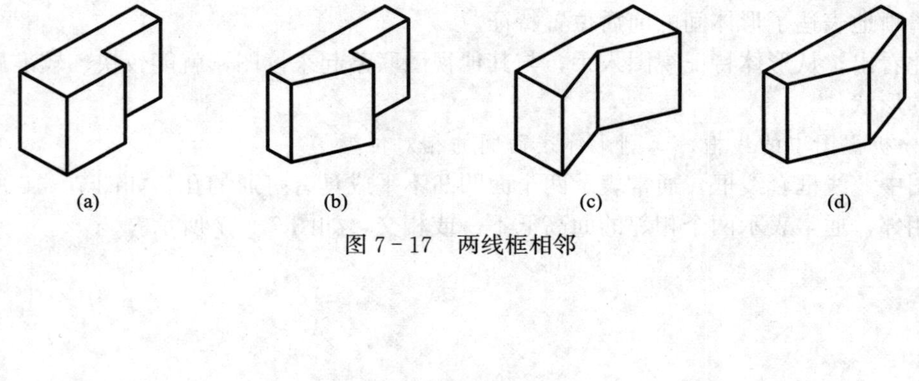

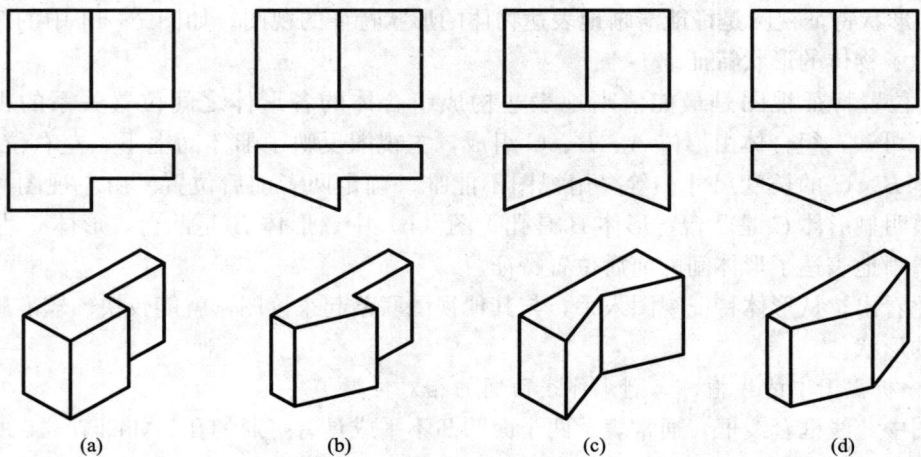


图 7-17　两线框相邻

另外，还要注意利用图中虚、实线的变化来判断形体表面的位置关系。如图 7－18 所示，根据组合体的主视图和俯视图判断表面的前后位置关系。由组合体的主、俯视图可知，表面 $A$、$B$、$C$、$D$ 均为正平面，图（a）中的俯视图其投影均为粗实线，说明上方表面 $A$、$B$ 靠后，下方表面 $C$、$D$ 靠前，彼此不遮挡；而图（b）中的俯视图其投影有粗实线和细虚线，说明上方表面 $A$、$B$ 靠前，下方表面 $C$、$D$ 靠后被遮挡。

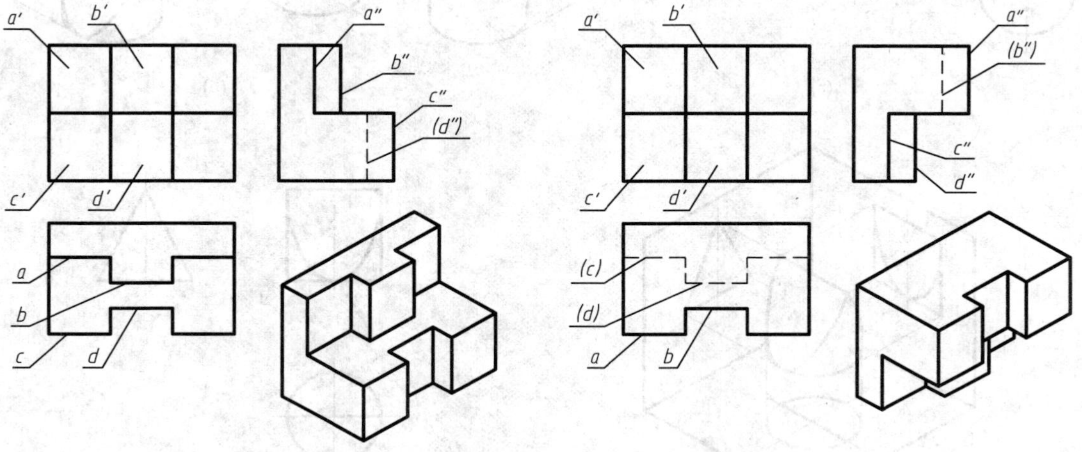


(a) (b)

图 7－18 判断表面间的位置关系

4. 善于构思空间物体

为了提高读图能力，应注意不断培养构思物体形状的能力，从而进一步丰富空间想象能力，以正确和迅速地读懂视图。因此，一定要多读图，多构思物体的形状。下面列举一个有趣的例题来说明物体形状的构思步骤和方法。

**【例 7－1】** 如图 7－19（a）所示，根据组合体三个视图的外轮廓构思其形状，并画全三视图。

组合体一般要根据三个视图才能确定形状。因此，在构思过程中，可以逐步按三个视图的外轮廓来构思，最后想象出这个组合体的形状。

构思的过程如图 7－19（b）所示。由主视图是正方形，可以想象出很多物体，如立方体、圆柱等。再结合俯视图为圆，构思出一个圆柱体。最后结合左视图为三角形，通过思考可以想象出，圆柱体被两个侧垂面切去前、后两块。如图 7－19（c）、（d）所示，主视图上应画出两个侧垂面与圆柱面截交线（半个椭圆）重合的投影，俯视图上应画出两个侧垂面交线（侧垂线）的投影。

通过上述读图要点的讨论可知：读图时，不仅要几个视图联系起来看，还要对视图中的每个线框和每条图线的含义进行分析，才能逐步想象出物体的完整形状。同时，对物体构思能力的训练，也是培养读图能力的一个途径。

## 二、读组合体三视图的步骤

读图的步骤可以归纳如下：分线框，对投影；按投影，定形体；综合起来想整体。

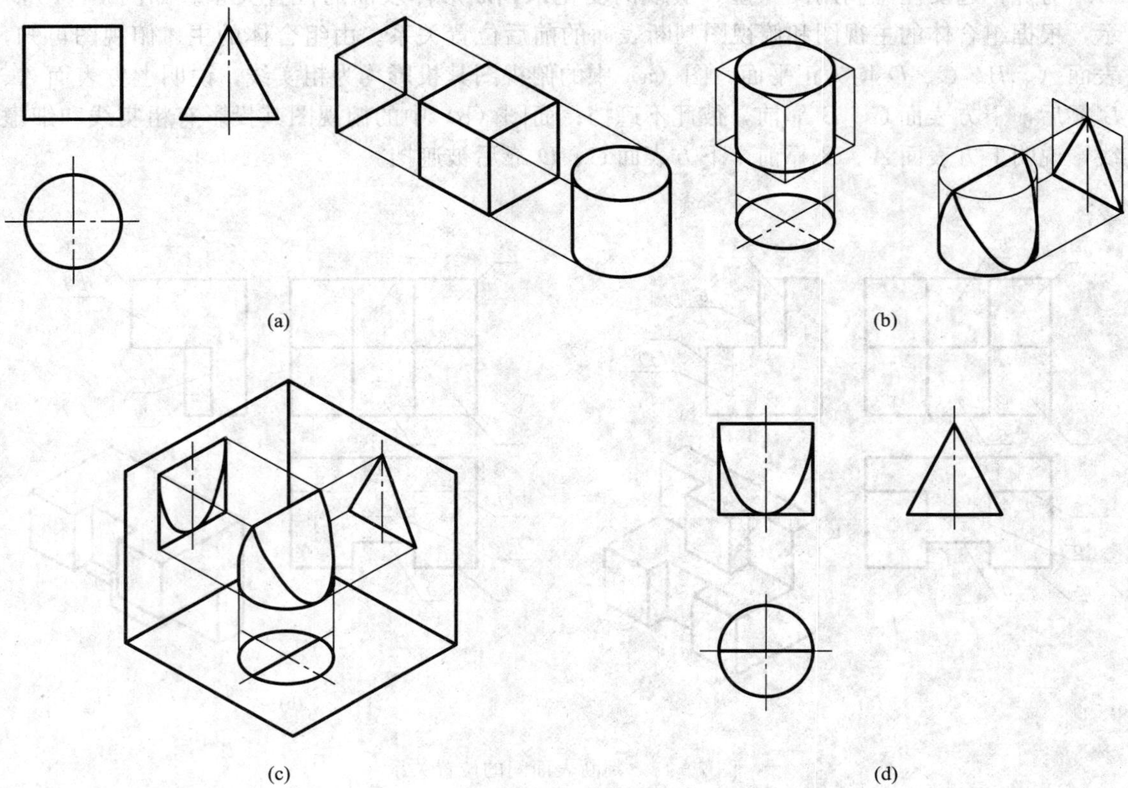

图 7-19　物体形状的构思过程

（a）物体三个视图的外轮廓；（b）构思过程；（c）轴测图；（d）组合体的三视图

读图一般从主视图开始，将其分解成若干个代表基本形体的封闭线框，并按投影规律找出每一线框所对应的其他投影；然后抓住特征视图，想象出各基本形体的形状及其在整体中所处的位置；最后把各形体按相互位置组合在一起，弄清相邻表面的连接关系，想出整个物体的形状。

**【例 7-2】** 画出图 7-20（a）所示组合体的左视图。

此题是读图和画图的综合。首先按读图的步骤想象出组合体的形状，再按画图的步骤画出组合体的左视图。

**读图**　（1）分线框，对投影。主视图线框左右对称，对照俯视图，主视图可分为三部分。按投影关系找到每一部分在各视图中的投影。

（2）按投影，定形体。根据形体对应的投影，确定形体 $A$、$B$、$C$ 的形状，如图 7-20（b）、（c）所示。

（3）综合起来想整体。根据视图中反映的形体间相对位置，将各形体组合成一个整体，如图 7-20（d）所示。

**画图**　根据想象出的物体形状，逐步画出物体的左视图，如图 7-21 所示。应注意：形体 $A$ 外表面有截切，内表面有相贯，左视图中应画出截平面的积聚投影、相贯线的投影；组合体是一个整体，形体 $A$、$B$ 结合处不要画虚线。

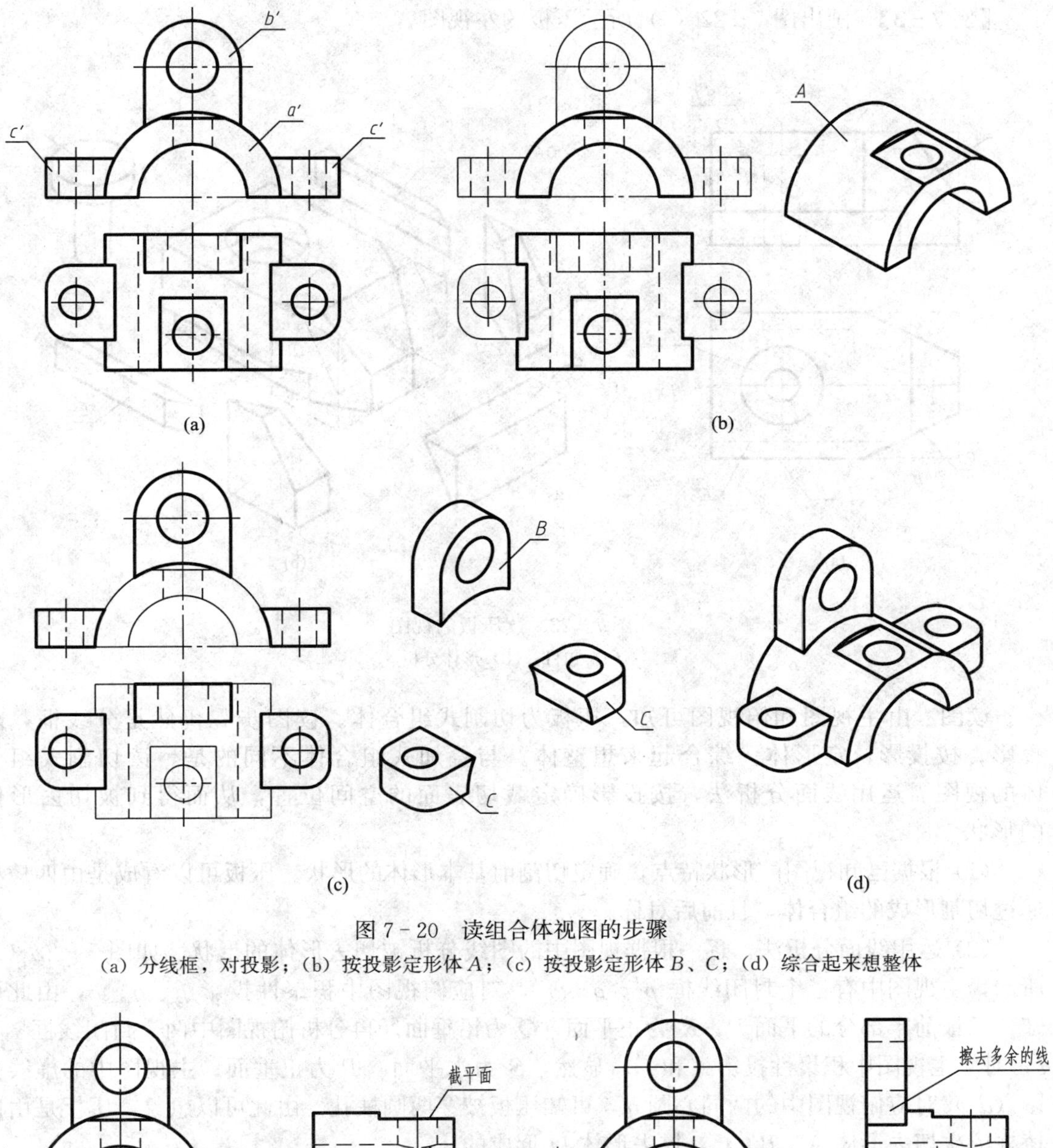


图 7-20 读组合体视图的步骤

（a）分线框，对投影；（b）按投影定形体 $A$；（c）按投影定形体 $B$、$C$；（d）综合起来想整体

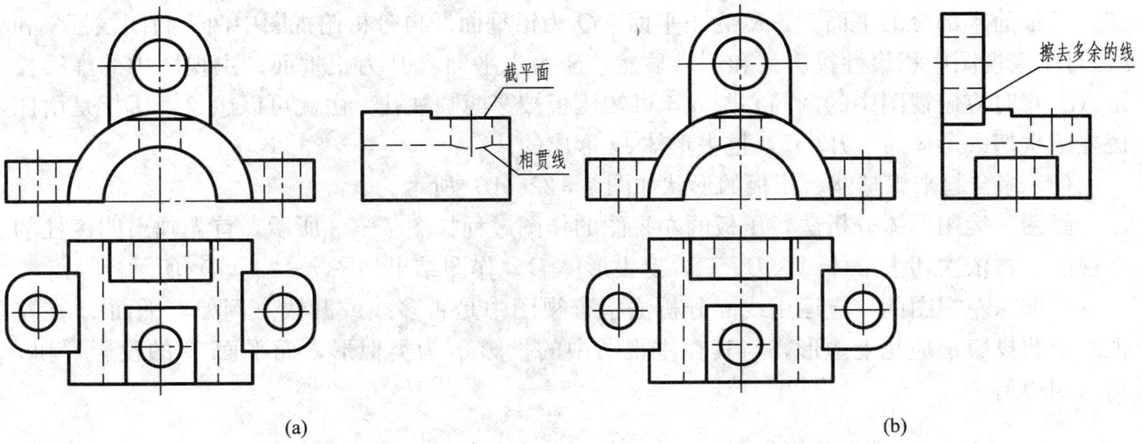


图 7-21 画组合体左视图

（a）画形体 $A$ 的左视图；（b）画形体 $B$、$C$ 的左视图并检查加深视图

【例 7-3】 画出图 7-22（a）所示压板的左视图。

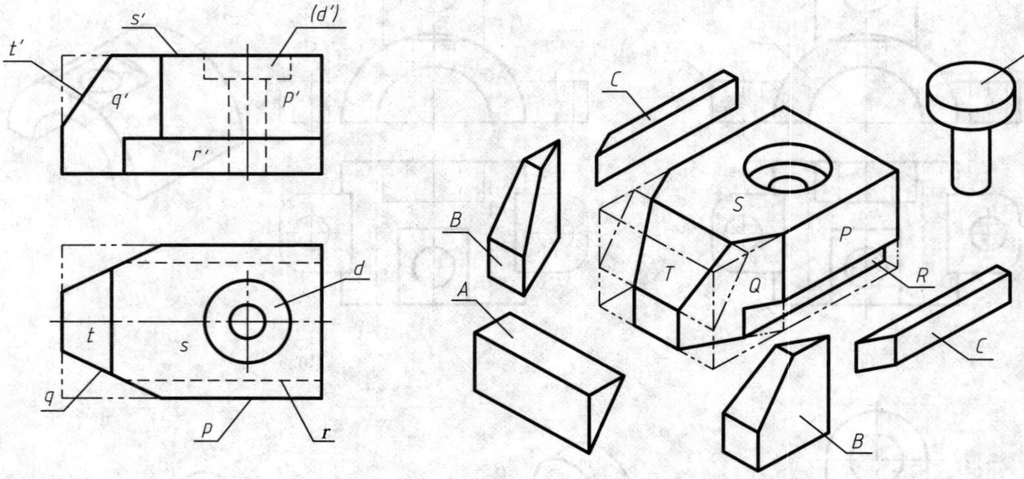


(a) (b)

图 7-22 读压板的视图

（a）题目；（b）形体分析

**读图** 由主视图和俯视图可知，压板为切割式组合体。读图步骤仍然是分线框，对投影；按投影，定形体；综合起来想整体。与叠加式组合体不同的是，读切割式组合体的视图需运用线面分析法，按投影确定截切表面的空间位置，从而得到被切去形体的形状。

（1）根据已知视图的形状特点，确定切割前基本形体的形状。压板可以看成是由四棱柱通过切割形成的组合体，且前后对称。

（2）运用线面分析法，逐一根据视图中的图线分析被切去形体的形状。如图 7-22（a）所示，主视图中有三个封闭线框 $p'$、$q'$、$r'$，对应俯视图中积聚性投影 $p$、$q$、$r$，由此可知，压板前半部分的平面 $P$、$R$ 为正平面，$Q$ 为铅垂面。再分析俯视图中两个封闭线框 $s$ 和 $t$，对应主视图中积聚性投影 $s'$和 $t'$。显然，$S$ 为水平面，$T$ 为正垂面。主视图中的虚线投影（$d'$）对应俯视图中的两同心圆 $d$，可知压板被穿两圆柱孔。由此可以想象，压板是由四棱柱依次切去形体 $A$、$B$、$C$，挖去形体 $D$ 形成的。

（3）综合起来想整体。压板的形状如图 7-22（b）所示。

**画图** 运用形体分析法，压板的左视图的作图过程如图 7-23 所示，首先画出四棱柱的左视图，再依次切去形体 $A$、$B$、$C$，挖去形体 $D$。作图结果如图 7-23（d）所示。

在加深左视图前，应运用线面分析法检查视图中是否多线或漏线。例如，平面 $Q$ 在左视图中的投影 $q''$应是七边形，与其在主视图中的投影 $q'$为类似形，而平面 $T$ 的投影 $t''$和 $t$ 均为四边形。

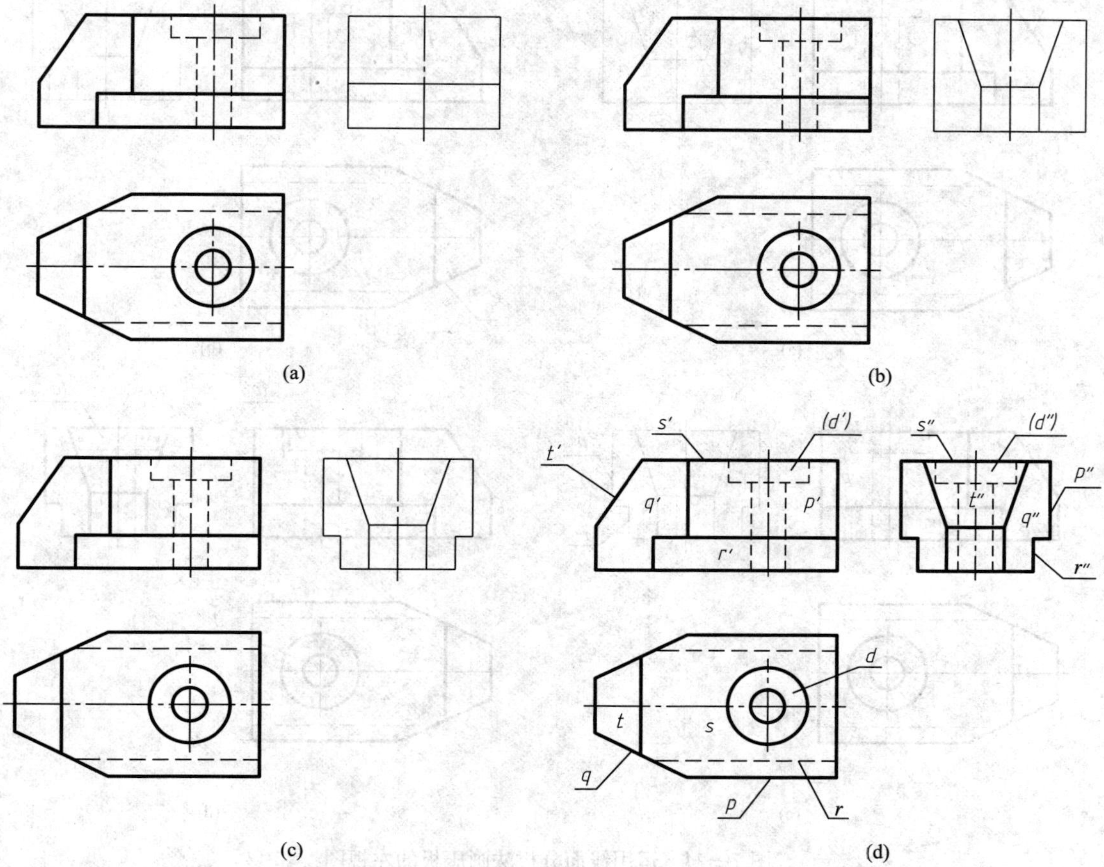


图 7－23 运用形体分析法画压板的左视图

(a) 截去形体 $A$；(b) 截去形体 $B$；(c) 截去形体 $C$；(d) 挖去形体 $D$，检查并加深视图

可以运用线面分析法画压板的左视图，作图过程如图 7－24 所示。首先画出四棱柱的左视图，然后根据平面的投影特性，依次画出平面 $T$、$Q$、$P$、$R$ 在左视图中的投影，再画形体 $D$，最后检查并加深视图。

**【例 7－4】** 画出图 7－25（a）所示支座的左视图。

**读图** 运用线面分析法，读图 7－25（a）可知，主视图上三个长度尺寸相等的封闭线框 $a'$、$b'$、$c'$，对应俯视图中前方的三条粗实线 $a$、$b$、$c$，所以平面 $A$、$B$、$C$ 均为正平面。由于 $a$、$b$、$c$ 为粗实线，三个平面上下没有遮挡，故平面 $A$ 在后，平面 $B$ 在中间，平面 $C$ 在前。线框 $b'$ 中有一个小圆，对照俯视图分析可知，为一圆柱孔。俯视图中 $b$、$c$ 间的三个封闭线框对应主视图 $b'$、$c'$ 间的三段线段，为三个水平面，俯视图中 $a$、$b$ 间的封闭线框对应主视图 $a'$、$b'$ 间的圆弧，为一圆柱面，俯视图中 $a$ 后方的三个封闭线框对应主视图 $a'$ 上方的二段线段和一圆弧，为两个水平面和一圆柱面。由上述表面围成的支座如图 7－25（b）所示。

**画图** 在读懂支座形状的基础上，画出它的左视图，如图 7－25（c）所示。

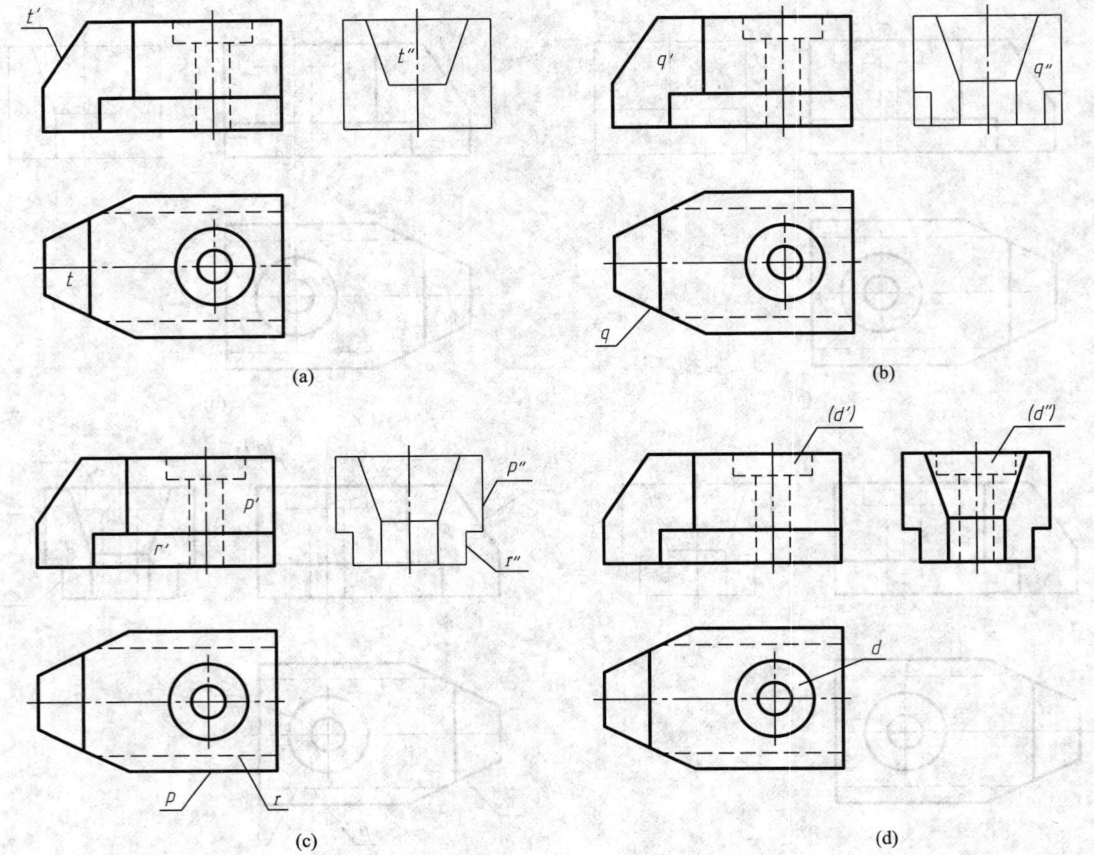


图 7-24　运用线面分析法画压板的左视图

（a）画出平面 $T$；（b）画出平面 $Q$；（c）确定平面 $P$、$R$ 投影，擦去多余图线；（d）挖去形体 $D$，检查并加深视图

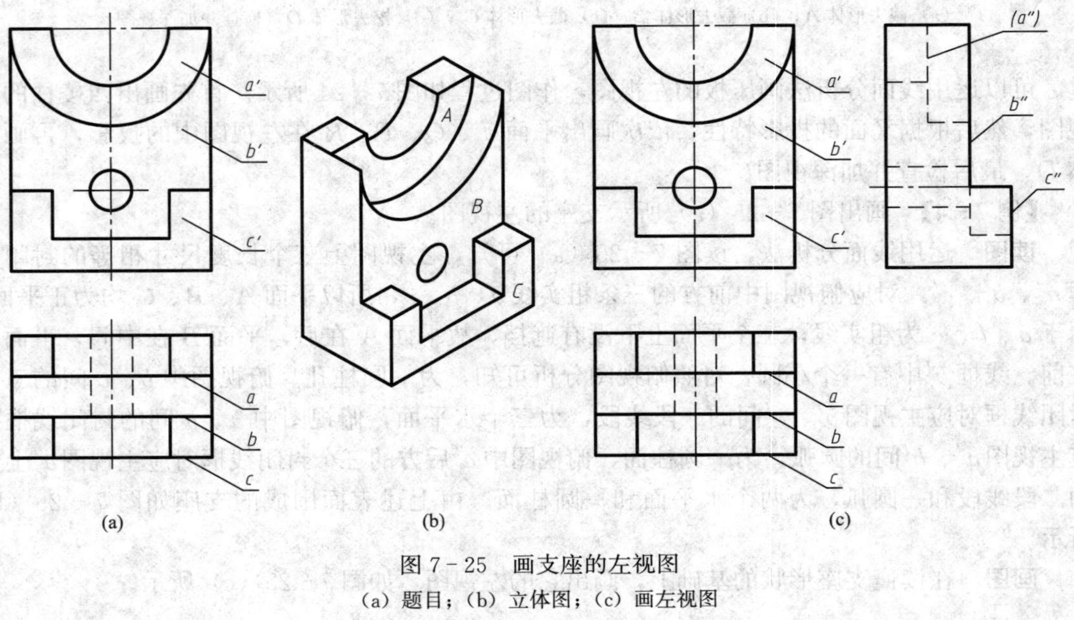


图 7-25　画支座的左视图

（a）题目；（b）立体图；（c）画左视图

读者不妨考虑本题是否还有其他解。

**【例 7-5】** 补全图 7-26（a）所示组合体的三视图。

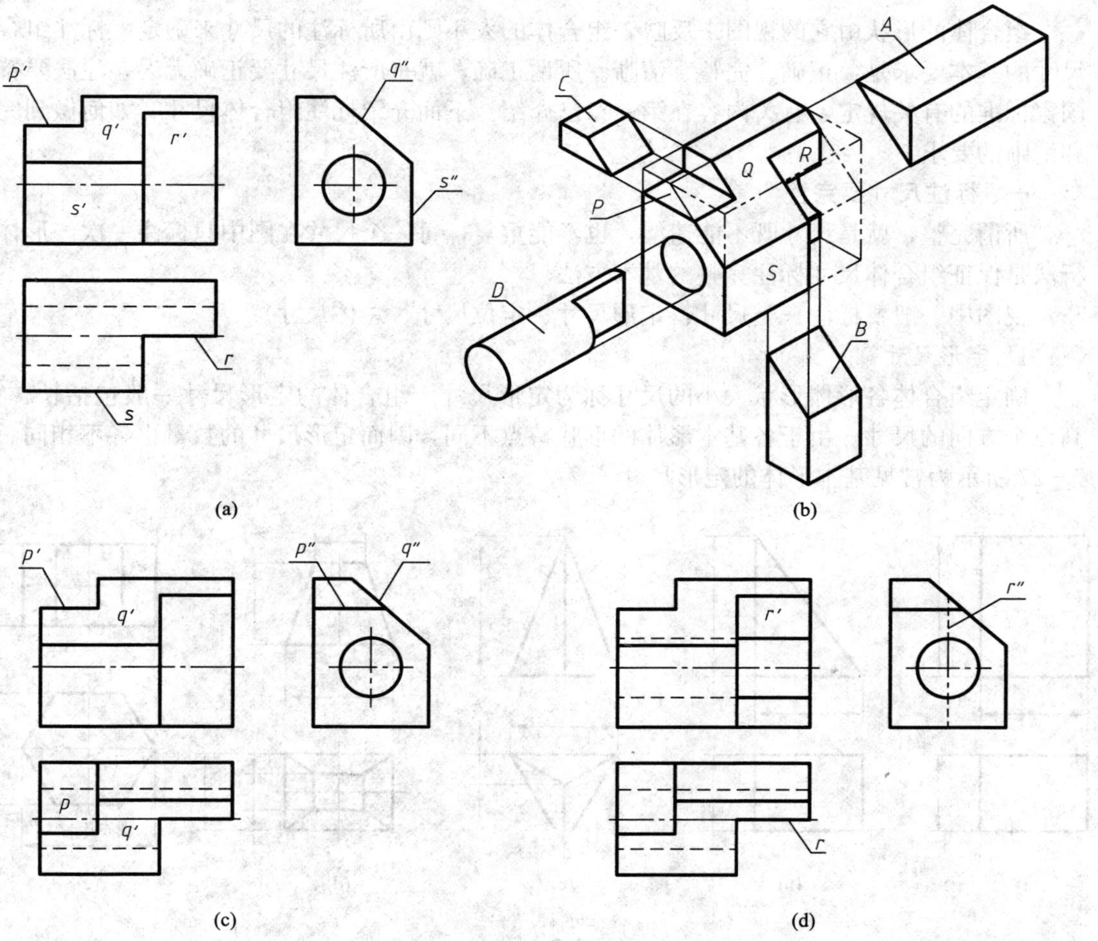


图 7-26　补全组合体的三视图

（a）题目；（b）形体分析；（c）补画平面 $P$、$Q$；（d）补画平面 $R$，挖去形体 $D$

**读图**　由图 7-26（a）可知，该物体是由四棱柱通过切割形成的切割式组合体。运用线面分析法，对照平面 $P$、$Q$、$R$、$S$ 的投影，可分析出，平面 $P$ 为水平面，$Q$ 为侧垂面，$S$、$R$ 为正平面。对照左视图的圆和俯视图的虚线可知，组合体有一水平方向的通孔。通过将这些平面和孔组合，可以想象出组合体是由四棱柱切去形体 $A$、$B$、$C$，挖去形体 $D$ 形成的，如图 7-26（b）所示。

**画图**　首先画水平面 $P$ 的积聚性侧面投影、根据平面的投影特性作其水平投影。然后画出侧垂面 $Q$ 的水平投影。再画正平面 $R$ 不可见的侧面投影。最后画通孔 $D$ 的正面投影，注意孔右侧一段在外用粗实线画。

## 第五节　组合体的尺寸标注

组合体的形状由它的视图来反映，组合体的大小则由所标注的尺寸来确定。标注组合体尺寸的基本要求是：正确、完整、清晰。所谓正确，就是所注尺寸要正确无误，注法要符合国家标准的有关规定，有关内容在第一章已介绍。下面介绍标注组合体尺寸时如何做到完整和清晰的要求。

### 一、标注尺寸要完整

所谓完整，就是尺寸既不能遗漏，也不能重复，每一个尺寸在图中只标注一次。形体分析法是保证组合体尺寸标注完整的基本方法。

视图中一般要标注三类尺寸：定形尺寸、定位尺寸、总体尺寸。

1. 定形尺寸

确定组合体各形体形状大小的尺寸称为定形尺寸。组合体的定形尺寸一般包括长、宽、高三个方向的尺寸。由于各基本形体的形状特点不同，因而定形尺寸的数量也各不相同。图 7－27 所示为常见基本形体的定形尺寸。

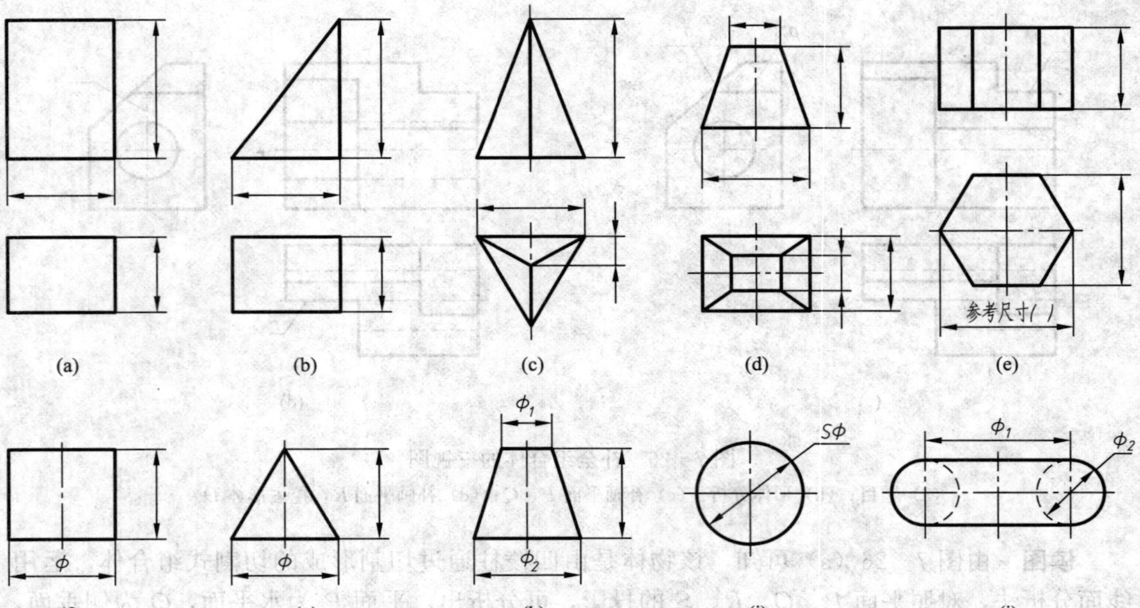


图 7－27　常见基本形体的定形尺寸

（a）四棱柱；（b）三棱柱；（c）正三棱锥；（d）四棱台；（e）六棱柱；

（f）圆柱；（g）圆锥；（h）圆台；（i）圆球；（j）圆环

2. 定位尺寸

确定尺寸位置的几何元素称为尺寸基准，简称基准。组合体的长、高、宽三个方向上一般应各有一个基准。一般采用组合体的对称平面、主要的轴线和较大的平面（底面或端面）作为基准。图 7－28 中标出三个方向的基准。

确定各形体相对位置的尺寸称为定位尺寸。基准选定后，各方向的定位尺寸就应从相应的尺寸基准进行标注。

两形体间一般有三个方向的定位尺寸。若两形体在某一方向处于共面、对称、同轴时，就可省略一个定位尺寸，如图 7－28 中底板上孔 2×$\phi$6 省去了高度定位尺寸。

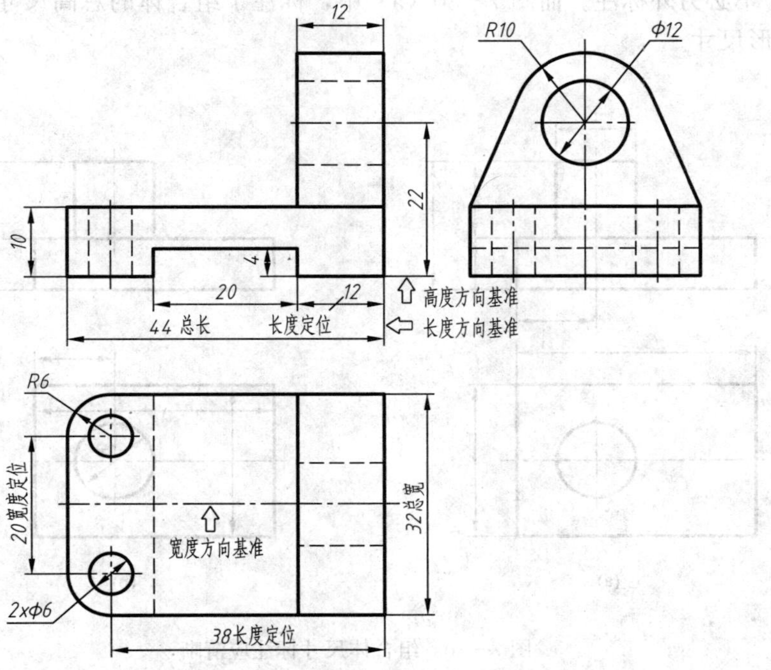


图 7－28 组合体尺寸标注

对于被切割后的不完整基本立体，其尺寸除了应注出基本立体的定形尺寸，还应注出产生截交线的截平面的定位尺寸、产生相贯线的两形体的定位尺寸，如图 7－29 所示。不应直接注标截交线和相贯线的尺寸，如图 7－29 中画“×”的尺寸不应标注。

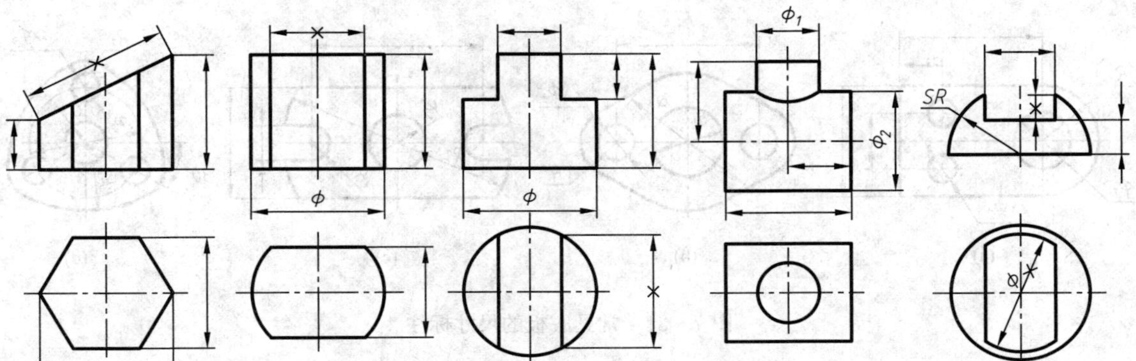


图 7－29 不完整基本立体的尺寸标注

3. 总体尺寸

组合体的总长、总宽、总高尺寸称为总体尺寸。组合体按形体标注定形尺寸和定位尺寸后，尺寸已完整，若再加注总体尺寸会出现重复，因此每加注一个总体尺寸，就要减去同方向的一个定形尺寸或定位尺寸。如图 7－28 所示，组合体的总长和总宽尺寸就是底板的长 44 和宽 32，不必另外标注。而图 7－30（a）中，标注了组合体的总高尺寸，应去掉上方圆柱的高度定形尺寸。

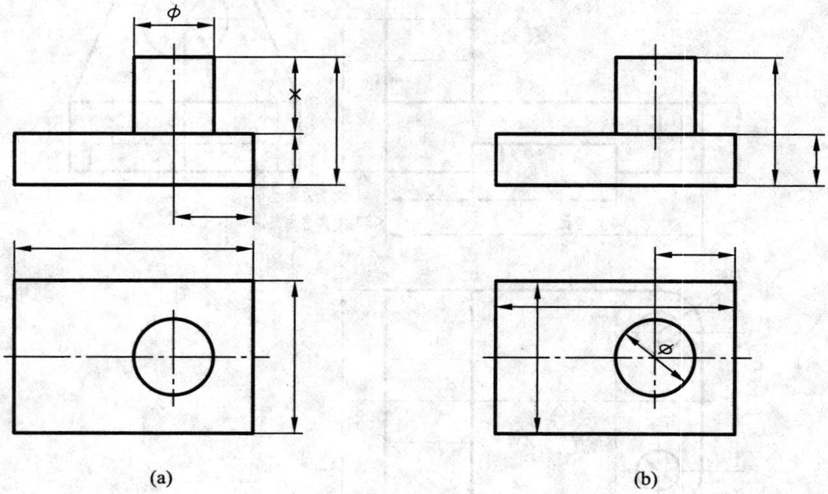


图 7－30　组合体尺寸标注应清晰

（a）清晰；（b）不清晰

当组合体的一端或两端是回转面时，该方向一般不直接标注总体尺寸，而是由确定回转面轴线的定位尺寸和回转面的定形尺寸来间接确定。如图 7－28 所示，组合体的总高没有直接标出。常见底板的尺寸标注如图 7－31 所示。

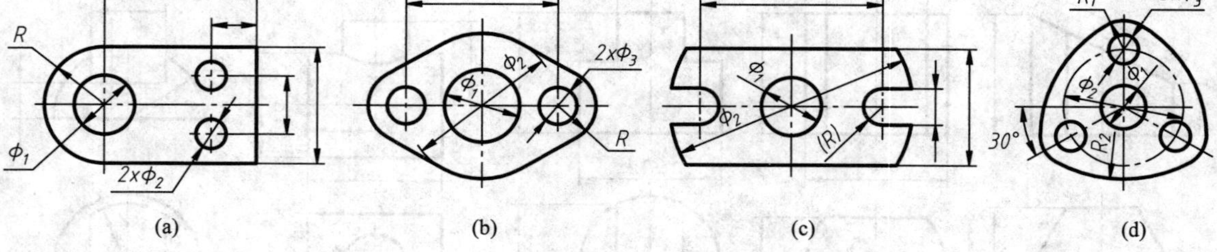


图 7－31　常见底板的尺寸标注

有时为了满足加工要求，既标注总体尺寸，又标注定形尺寸。如图 7－32 所示，图（a）中底板四个圆角和孔同轴，而图（b）中则不同轴。当两者同轴时，应校核所标注的尺寸数值，不要发生矛盾。

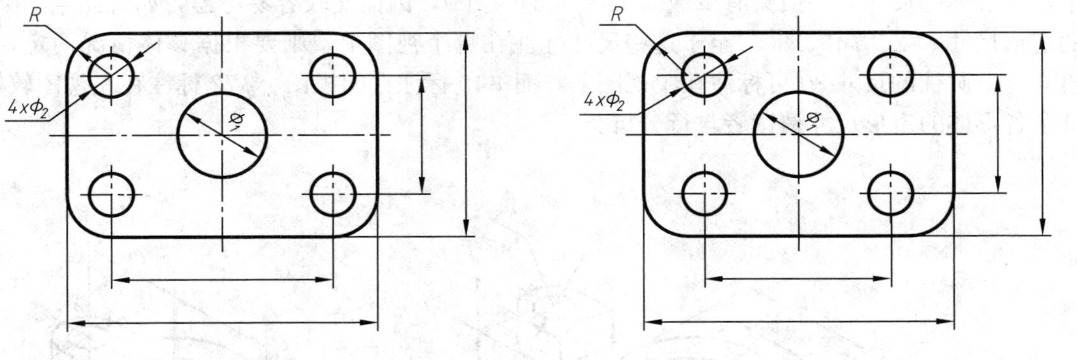


(a)　　(b)

图 7-32　注全总体尺寸

## 二、标注尺寸要清晰

所谓清晰，就是所注的尺寸要布置整齐清楚，便于读图。

要做到尺寸标注清晰，在标注尺寸时应注意以下几点：

(1) 尺寸尽可能标注在形状特征、位置特征明显的视图上。回转体直径尺寸宜标注在不反映圆的视图上，如图 7-30 中组合体的圆柱直径标在主视图中。半径尺寸都应标注在反映圆弧的视图上，如图 7-28 中尺寸 $R6$、$R10$。切口的尺寸应标注在反映其实形的视图上，如图 7-28 中尺寸 20 标在主视图上。

(2) 把有关联的尺寸尽量集中标注。为了读图方便，应把有关联的尺寸尽量集中标注。如图 7-28 所示，与方形槽有关联的尺寸，定形尺寸 20、4 和定位尺寸 12 都标在主视图上。

(3) 尺寸尽量标注在视图外面，排列整齐，且应小尺寸在里（靠近图形），大尺寸在外，避免尺寸线和尺寸界线相交，如图 7-30 所示。同一方向上连续标注的几个尺寸应尽量配置在少数几条线上，如图 7-28 主视图中的尺寸 20 和 12。

(4) 尺寸尽量不注在虚线上。如图 7-28 所示，上方通孔 $\phi12$ 宜标在左视图上。

在标注尺寸时，有时会出现不能兼顾以上各点的情况，必须要根据具体情况，统筹安排，合理布置。

## 三、标注组合体尺寸的步骤

标注尺寸时，一般先对组合体进行分析，然后选定三个方向的尺寸基准，标注出各形体的定形尺寸和定位尺寸，再调整总体尺寸，最后检查。

下面仍以图 7-2（a）所示的支架为例，说明组合体尺寸标注的步骤。

### 1. 形体分析

在本章第二节中已对支架做了详细的形体分析。

### 2. 选定尺寸基准

支架长度方向以直立空心圆柱的轴线作为基准，宽度方向以支架前后基本对称平面为基准，高度方向则以支架底面作基准。

### 3. 逐个分别标注各基本体的定位尺寸和定形尺寸

如图 7-33（a）所示，将支架分解成五个基本形体后，分别注出其定形尺寸。由于每个基本形体的尺寸，一般只有少数几个（如 2～4 个），因而比较容易考虑，如直立空心圆柱的定形尺寸 $\phi72$、$\phi40$、80。至于这些尺寸标注在哪个视图上，则要根据具体情况而定，如直立空心圆柱的尺寸 80 可标注在主视图上，而 $\phi40$ 标注在俯视图、$\phi72$ 标注在左视图较好。其余各形体的定形尺寸请读者自行分析。

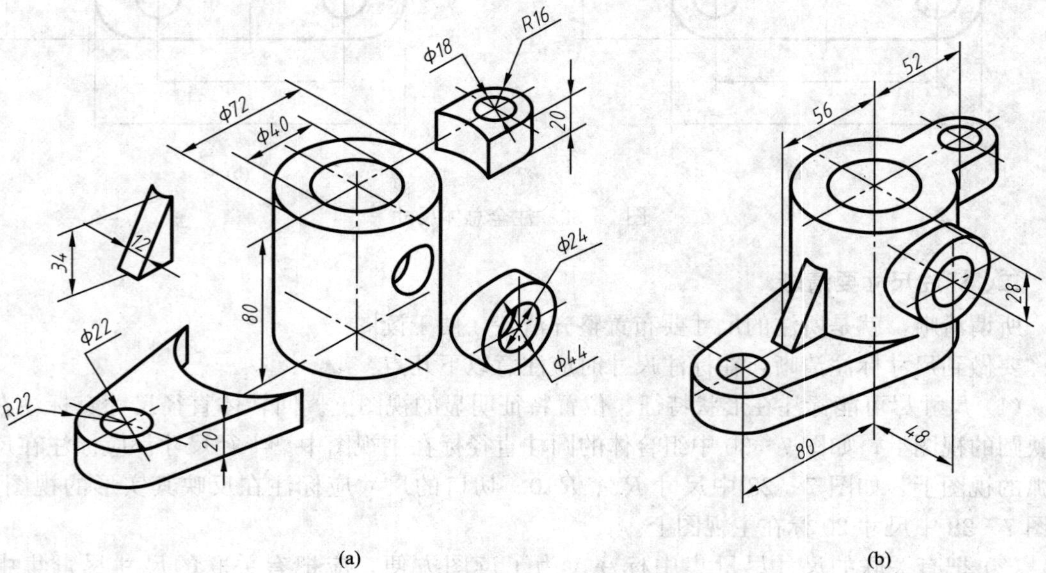


图 7-33 支架的尺寸分析

(a) 定形尺寸；(b) 定位尺寸

如图 7-33 (b) 所示，支架各形体之间有五个定位尺寸。直立空心圆柱与底板孔、肋、搭子孔之间在长度方向的定位尺寸 80、56、52，圆柱凸台和直立空心圆柱在高度方向的定位尺寸 28，以及宽度方向的定位尺寸 48。和凸台有关联的尺寸，定形尺寸 $\phi24$、$\phi44$ 和定位尺寸 28、48 集中标在左视图上较好。

4. 标注总体尺寸

支架长度方向和宽度方向有圆柱面，不需标总长和总宽尺寸。支架直立空心圆柱的高 80 就是支架的总高尺寸。

5. 检查

逐一检查各形体，要从三个方向去检查尺寸是否齐全，清晰。最后，检查总体尺寸。支架的尺寸标注如图 7-34 所示。

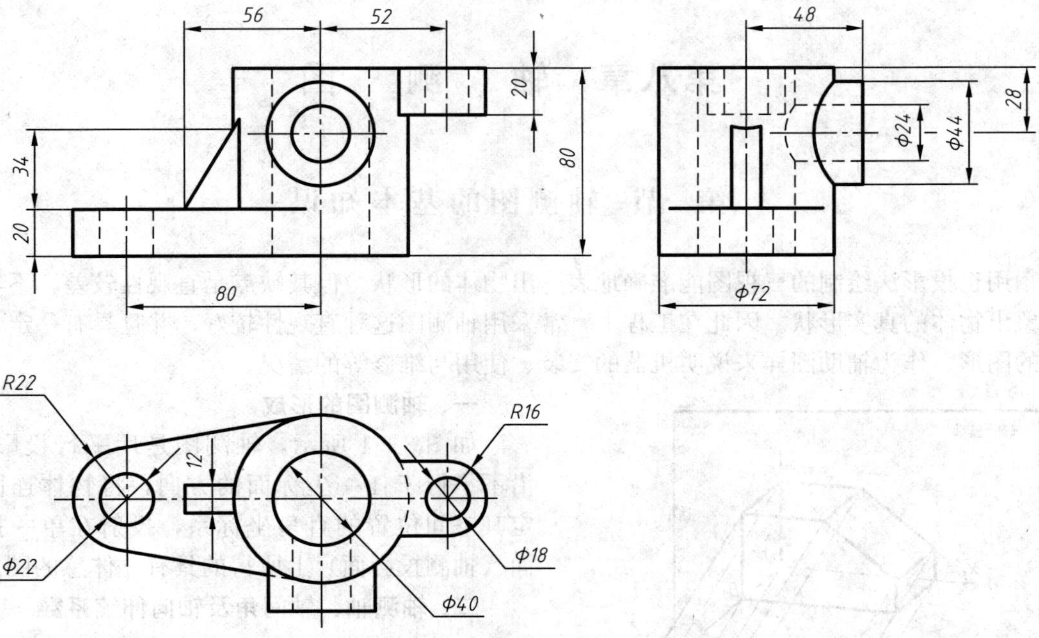


图 7-34　支架的尺寸标注

# 第八章 轴 测 图

## 第一节 轴测图的基本知识

用正投影法绘制的三视图能准确地表达出物体的形状，但其缺点是直观性较差，不容易想象出物体的真实形状。因此在工程上，常采用轴测图这种直观性较好，并且具有一定立体感的图形，作为辅助图样来说明机器的安装、使用与维修等的情况。

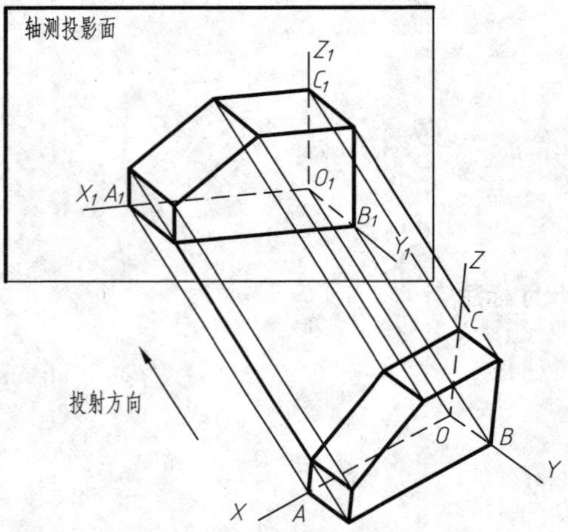

图 8-1 轴测图的形成

**一、轴测图的形成**

如图 8-1 所示，轴测图是用平行投影法，沿不平行于任一坐标面的方向，将物体连同确定其空间位置的直角坐标系，投射在单一投影面（轴测投影面）上所得的具有立体感的图形。

**二、轴测轴、轴间角及轴向伸缩系数**

1. 轴测轴

如图 8-1 所示，直角坐标轴 $OX$、$OY$、$OZ$ 在轴测投影面上的投影 $O_1X_1$、$O_1Y_1$、$O_1Z_1$，称为轴测轴，简称 $X$ 轴、$Y$ 轴、$Z$ 轴。

2. 轴间角

两根轴测轴之间的夹角，如 $\angle X_1O_1Y_1$、$\angle Y_1O_1Z_1$、$\angle Z_1O_1X_1$，称为轴间角。

3. 轴向伸缩系数

与空间直角坐标轴平行的线段投射到轴测投影面上时，其投影长度往往会发生变化，因此用轴向伸缩系数来衡量它们长度的变化情况。轴测轴的单位长度与相应直角坐标轴上的单位长度的比值分别称为 $OX$、$OY$、$OZ$ 轴的轴向伸缩系数，用 $p_1$、$q_1$、$r_1$ 表示。从图 8-1 中可以看出

$$p_1=\frac{O_1A_1}{OA},\quad q_1=\frac{O_1B_1}{OB},\quad r_1=\frac{O_1C_1}{OC}$$

为了便于作图，轴向伸缩系数应采用简单的数值，简化后的系数称为简化伸缩系数，分别用 $p$、$q$、$r$ 表示。

**三、轴测图的基本投影特性**

由于轴测图是用平行投影法形成的，因此物体上互相平行的线段，在轴测图上也互相平行。

根据直线间的平行性规律，凡是物体上与坐标轴平行的线段，它们在轴测图上也一定与相应的轴测轴平行，并且其轴向伸缩系数也与相应轴的轴向伸缩系数相同，即投影长度等于该坐标轴的轴向伸缩系数与线段长度的乘积。

由以上性质可得出结论：画轴测图时，凡是与坐标轴平行的直线段，就可以沿着轴向进行作图和测量。所谓“轴测”就是指“沿轴测量”的意思。

**四、轴测图的分类**

轴测图根据投射线方向和轴测投影面的位置不同可分为正轴测图和斜轴测图两大类。当投射方向垂直于轴测投影面时，称为正轴测图，当投射方向倾斜于轴测投影面时，称为斜轴测图。

由此可见：正轴测图是用正投影法得到的，斜轴测图是用斜投影法得到的。

按照投射方向与轴向伸缩系数的不同，轴测图可按图 8-2 所示分类。

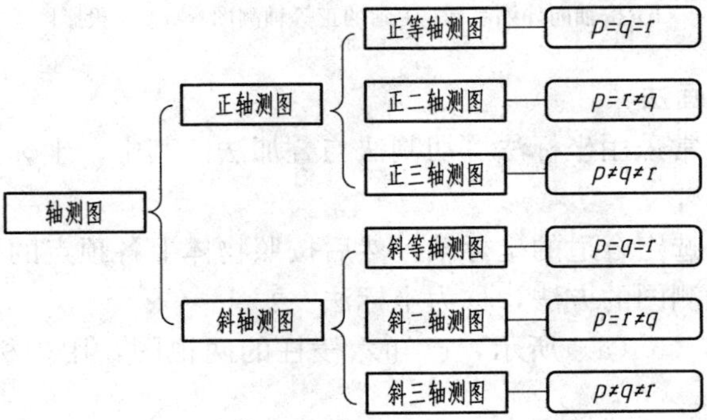


图 8-2　轴测图的分类

为了方便作图，工程上常采用正等轴测图和斜二轴测图。本书也只介绍这两种轴测图。

作物体的轴测图时，应先选择画哪一种轴测图，从而确定各轴向伸缩系数和轴间角。轴测轴可根据已确定的轴间角，按表达清晰和作图方便来安排，而 $Z$ 轴常画成铅垂位置。

## 第二节　正等轴测图

**一、轴间角和轴向伸缩系数**

当三坐标轴与轴测投影面倾斜的角度相同时，用正投影方法得到的投影图成为正等轴测图。

正等轴测图空间直角坐标系的三个投影轴与轴测投影面的倾角都是 35°16′，三个轴间角同为 120°。而三个轴测轴的轴向伸缩系数 $p_1=q_1=r_1=\cos35°16'=0.82$。为了作图方便，将轴向伸缩系数简化为 1，即 $p=q=r=1$，如图 8-3 所示。

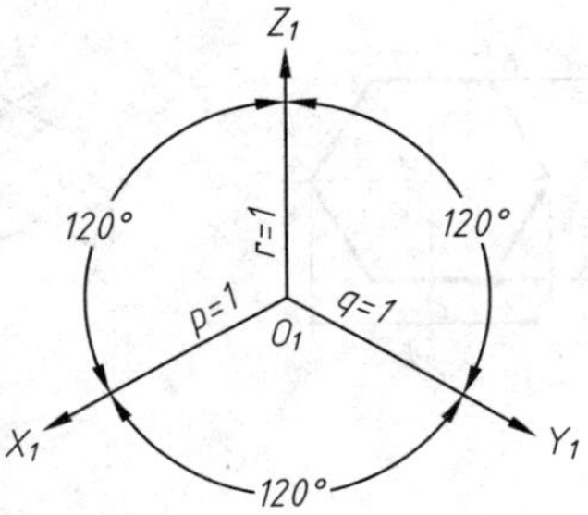


图 8-3　正等轴测图的轴间角和轴向伸缩系数

用简化轴向伸缩系数画出的轴测图比原轴测图沿轴向都放大了 1.22 倍。图 8-4（a）、（b）所示为用这两种轴向伸缩系数画出的轴测图，图 8-4（c）所示为立体的三视图。

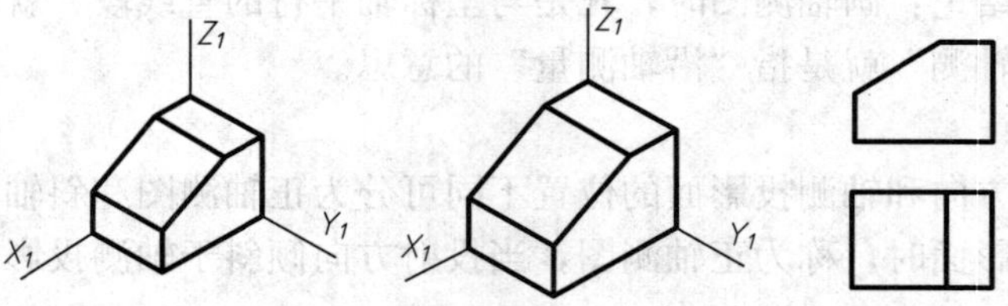


(a)　　(b)　　(c)

图 8 - 4　立体的正投影图和正等轴测图

(a) 按轴向伸缩系数＝0.82 画的正等轴测图；

(b) 按轴向伸缩系数＝1 画的正等轴测图；(c) 正投影图

## 二、正等轴测图的画法

绘制物体的轴测图常采用坐标法、切割法与叠加法。其中，坐标法是最基本的画法。

1. 坐标法

根据物体的特点，选定合适的坐标轴，然后按照物体上各顶点的坐标关系画出其轴测投影，并相连形成物体轴测图的方法，称为坐标法。

**【例 8 - 1】** 如图 8 - 5（a）所示，已知六棱柱的两视图，用坐标法画六棱柱的正等轴测图。

**解**　(1) 选定六棱柱顶面外接圆的圆心为坐标原点，建立如图 8 - 5（a）中所示的坐标轴方向。

(2) 画轴测轴，并根据尺寸 $D$、$S$ 在轴测轴上直接定出 $\mathrm{I}_1$、$\mathrm{IV}_1$、$A_1$、$B_1$ 四点，见图 8 - 5（b）。

(3) 过 $A_1$、$B_1$ 两点分别作 $O_1X_1$ 的平行线，在线上定出 $\mathrm{II}_1$、$\mathrm{III}_1$ 和 $\mathrm{V}_1$、$\mathrm{VI}_1$ 各点；依次连接各顶点即得顶面的轴测图，见图 8 - 5（c）。

(4) 过顶点 $\mathrm{VI}_1$、$\mathrm{I}_1$、$\mathrm{II}_1$、$\mathrm{III}_1$ 沿 $O_1Z_1$ 轴的负方向向下画棱线，并在其上量取高度 $H$，依次连接得底面的轴测图，然后描深，见图 8 - 5（d）。在轴测图上，不可见的线一般不画出。

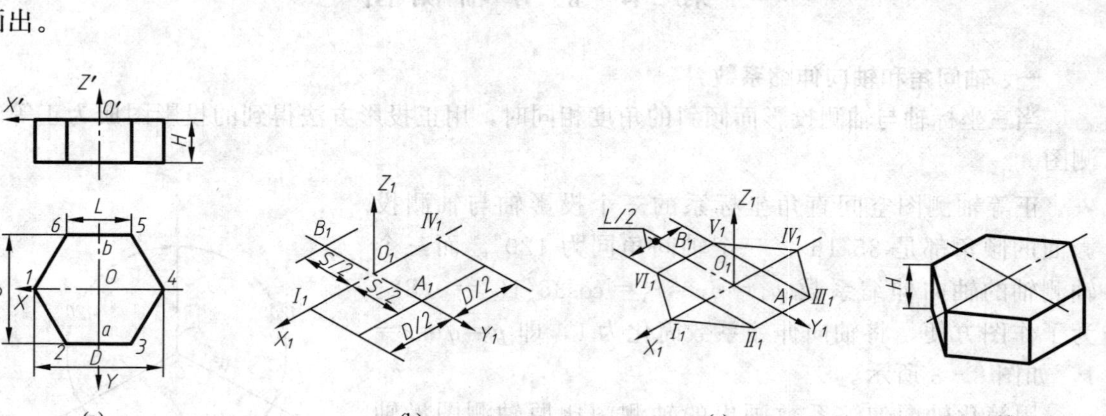


(a)　　(b)　　(c)　　(d)

图 8 - 5　用坐标法作六棱柱的正等轴测图

2. 切割法

切割式组合体，可以先画出它的完整形体的轴测图后，再按形体的形成过程逐一切去多余部分而得到所求的轴测图。

**【例 8-2】** 如图 8-6（a）所示，已知五棱柱的两视图，用切割法作五棱柱的正等轴测图。

**解** （1）将原形体补全成完整的长方体，并定出坐标原点与坐标轴，见图 8-6（a）。

（2）画轴测轴，并根据尺寸 $L$、$B$、$H$ 画出长方体的轴测图，见图 8-6（b）。

（3）在轴测图上定出 $\mathrm{I}_1$、$\mathrm{II}_1$ 点，然后切去该角，见图 8-6（c）。

（4）擦去多余的线，并加深可见的部分，最后得到五棱柱的轴测图，见图 8-6（d）。

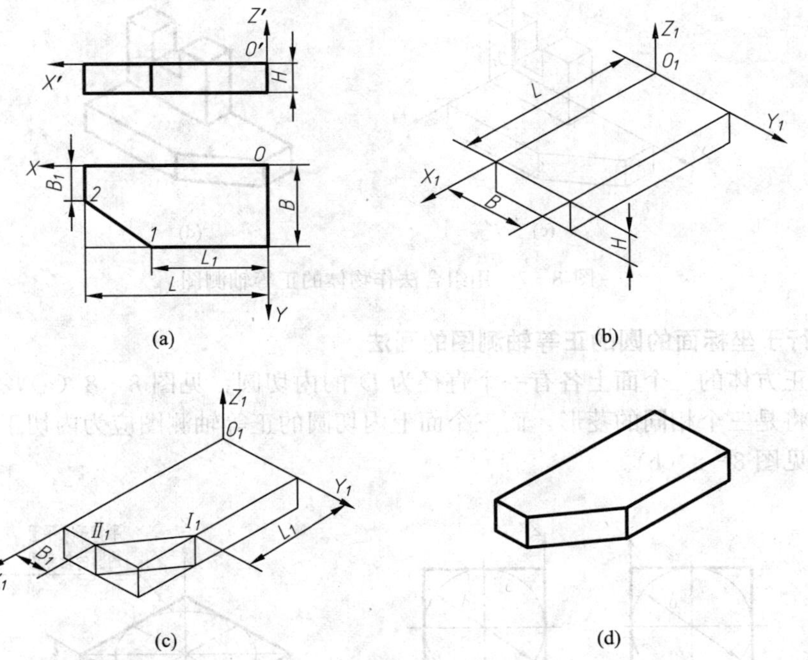


图 8-6 用切割法作五棱柱的正等轴测图

注意：在轴测图上作与轴测轴不平行的斜线时，应先定出其两个端点，再连接而成。

3. 叠加法

叠加法是运用形体分析的方法将物体分成几个简单的形体，然后按照各部分的位置关系分别画出它们的轴测图，并根据彼此表面的过渡关系叠加起来而形成轴测图。

**【例 8-3】** 用叠加法作图 8-7 所示物体的正等轴测图。

**解** 按照形体分析法，图 8-7 所示的物体可以分解成两部分。按照它们的相对位置分别画出其轴测图，并擦去多余的线，即可得到物体的轴测图。

注意：在画后一个形体时，必须以坐标法先定准其与前一个形体的相对位置。例如，在画上面的槽形板时，必须使该板后端面右下方的角点与下板上的角点 $O_1$ 重合。

切割法与叠加法都是从坐标法引申出来的，在绘制轴测图时，应根据物体形状特征选择使用，并力求使作图过程简化、准确。

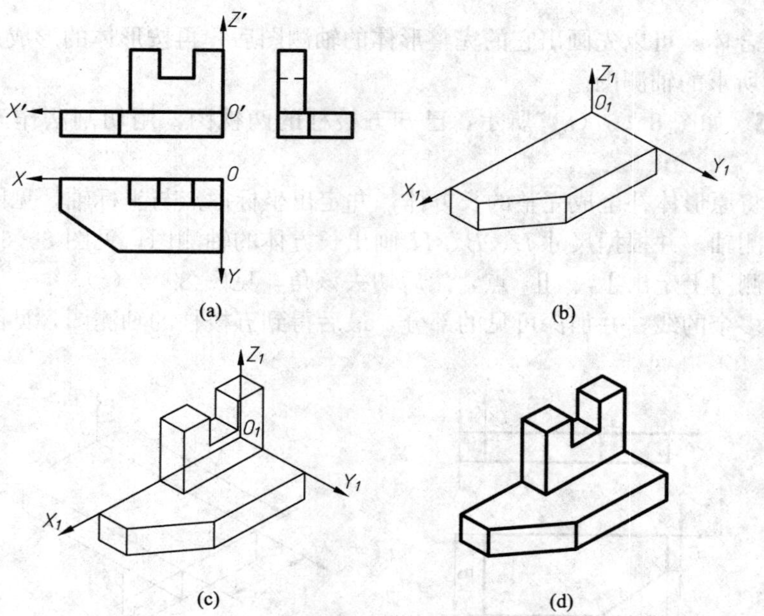


图 8－7　用组合法作物体的正等轴测图

## 三、平行于坐标面的圆的正等轴测图的画法

假设在正方体的三个面上各有一个直径为 $D$ 的内切圆，见图 8－8（a），那么这三个面的轴测投影将是三个相同的菱形，而三个面上内切圆的正等轴测图应为内切于菱形的形状相同的椭圆，见图 8－8（b）。

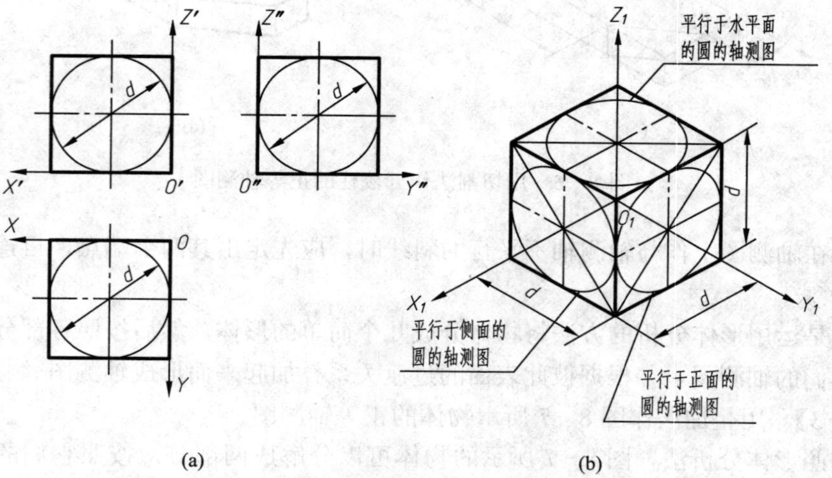


图 8－8　平行于各坐标面的圆的正等轴测图的画法

1. 椭圆的长、短轴的方向

椭圆长轴的方向是菱形长对角线的方向，短轴的方向是菱形短对角线的方向。它们与轴测投影轴的关系如下（此处保持 $XOZ$ 平面与 $V$ 面平行）：

平行于 $XOZ$ 面的圆：其轴测椭圆的长轴垂直于 $O_1Y_1$ 轴，短轴平行于 $O_1Y_1$ 轴。

平行于 $YOZ$ 面的圆：其轴测椭圆的长轴垂直于 $O_1X_1$ 轴，短轴平行于 $O_1X_1$ 轴。

平行于 $XOY$ 面的圆：其轴测椭圆的长轴垂直于 $O_1Z_1$ 轴，短轴平行于 $O_1Z_1$ 轴。

2. 椭圆的长、短轴的大小

椭圆长轴的长度约为 $1.22d$，短轴的长度约为 $0.7d$。

3. 椭圆的共轭直径

在圆上过内切圆四个切点的直径，分别平行于相应的坐标轴，它们在轴测图中的投影仍然平行于相应的轴测轴，其长度仍然为 $d$，且为椭圆的一对共轭直径。

4. 椭圆的近似画法

椭圆常采用“四心椭圆法”绘制，如图 8－9 所示。它是用四段圆弧光滑地连接起来近似代替椭圆曲线。其画法步骤如下（以平行于 $H$ 面的圆为例）：

（1）画外切菱形，见图 8－9（b）。

（2）连接 $A_1$ 与 $2_1$，该直线与长轴的交点 $D_1$ 为小圆弧的圆心，连接 $B_1$ 与 $4_1$，得到另一侧的小圆弧的圆心 $C_1$，见图 8－9（c）。

（3）分别以 $A_1$、$B_1$ 为圆心，以 $A_12_1$ 为半径画圆弧，以 $C_1$、$D_1$ 为圆心，以 $C_11_1$ 为半径画圆弧与大圆弧相切，见图 8－9（d）。

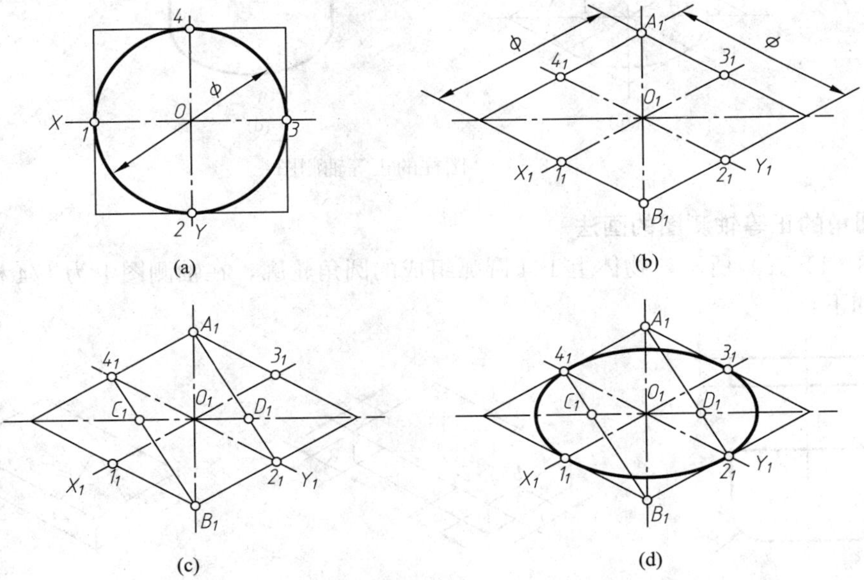


图 8－9 四心椭圆法

**【例 8－4】** 作圆柱的正等轴测图。

**解** （1）选上底的圆心为坐标原点，画出坐标轴，见图 8－10（a）。

（2）画出轴测投影轴及上、下底的菱形，见图 8－10（b）。

（3）用“四心椭圆法”作出上、下底的椭圆，见图 8－10（c）。

（4）作两椭圆的公切线，并擦去多余的作图线，然后加深，见图 8－10（d）。

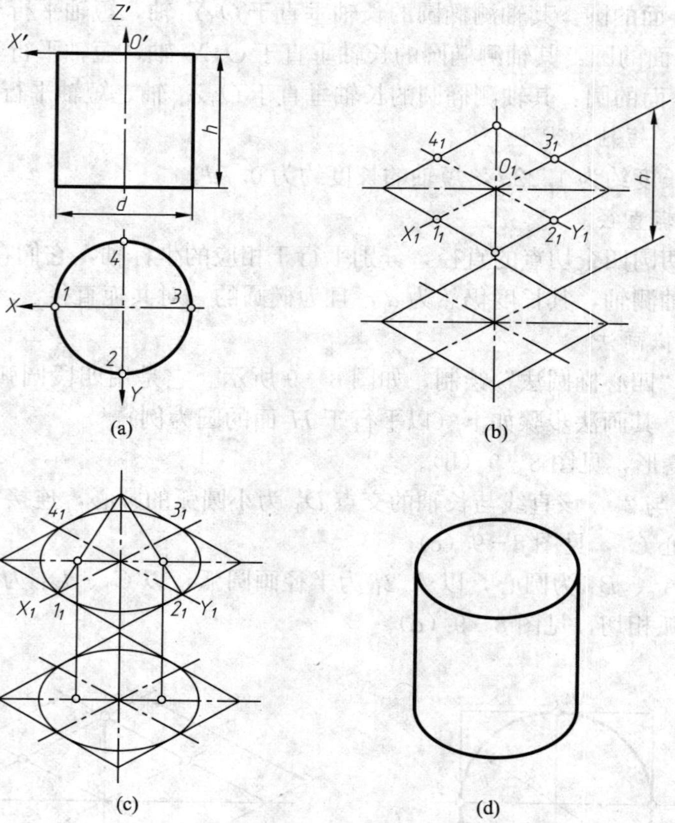


图 8－10　圆柱的正等轴测图

## 四、圆角的正等轴测图的画法

如图 8－11（a）所示，物体上 1/4 圆弧组成的圆角轮廓，在轴测图上为 1/4 椭圆弧。其简便画法如下：

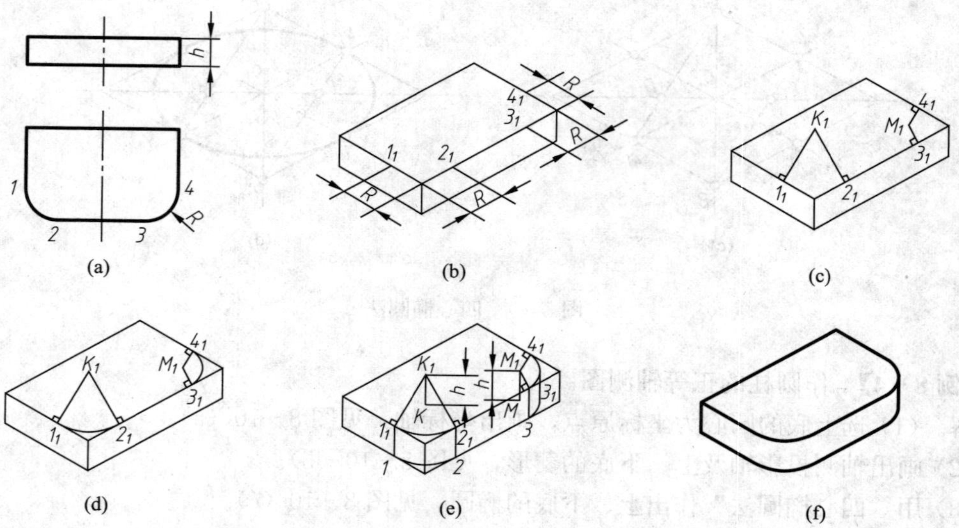


图 8－11　圆角的正等轴测图的画法

（1）先画出直角板的轴测图，并根据半径 $R$，得到四个切点，见图 8－11（b）。

（2）过切点作相应边的垂线，得到上表面的圆心，见图 8－11（c）。

（3）过圆心作圆弧切于切点，见图 8－11（d）。

（4）从圆心处向下量取板的厚度，得到下底面的圆心，同样方式作圆弧，见图 8－11（e）。

（5）作圆心为 $M$、$M_1$ 的两段圆弧的公切线，并擦掉多余的作图线，然后加深，见图 8－11（f）。

**五、组合体的正等轴测图画法**

画组合体的轴测图时，将基本体从上至下，从前向后，由主到次，按它们的相对位置一个一个画出，最后擦去各形体之间不应有的交线和被遮挡的线。

**【例 8－5】** 作图 8－12（a）所示支架的正等轴测图。

**解** 由视图可知，该组合体由两部分叠加而成，故用叠加法画其轴测图，作图步骤如图 8－12 所示。

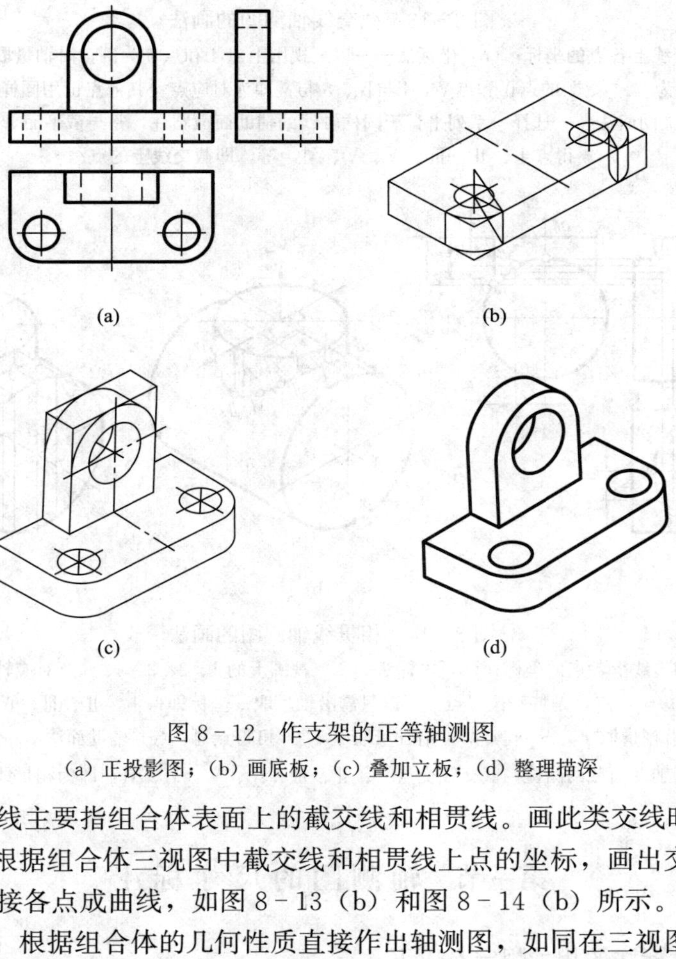

图 8－12 作支架的正等轴测图

（a）正投影图；（b）画底板；（c）叠加立板；（d）整理描深

组合体上的交线主要指组合体表面上的截交线和相贯线。画此类交线时有两种方法：

（1）坐标法：根据组合体三视图中截交线和相贯线上点的坐标，画出交线上各点的轴测图，然后用光滑连接各点成曲线，如图 8－13（b）和图 8－14（b）所示。

（2）辅助面法：根据组合体的几何性质直接作出轴测图，如同在三视图中用辅助面法求截交线和相贯线的方法一样。为便于作图，辅助面应取平面，并尽量使它与各形体的截交线为直线，如图 8－13（c）和图 8－14（c）所示。

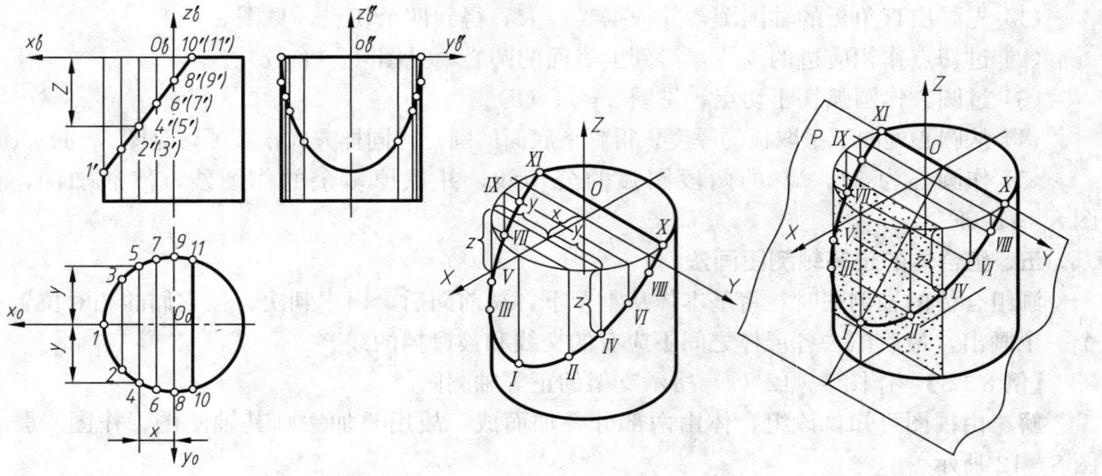

(a) (b) (c)

图 8-13 截交线轴测图的画法

（a）在视图上定截交线上各点的坐标；（b）坐标法——以三视图上点 4 和点 5 为例，沿轴量取，在对应的轴测图上找到坐标为 $x$、$y$、$z$ 的点Ⅳ和点Ⅴ，4 与Ⅳ、5 与Ⅴ即为对应点。其他点也用同样方法求得；（c）辅助面法——选择一系列平行于圆柱轴线的辅助面截圆柱，并与截平面 $P$ 相交，得点Ⅰ、Ⅱ、Ⅲ、Ⅳ、Ⅴ、Ⅵ，等，即截交线上的点

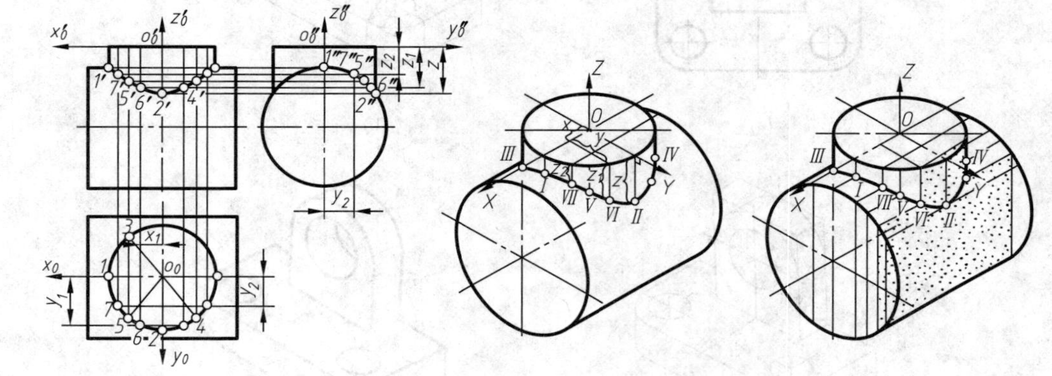

(a) (b) (c)

图 8-14 相贯线轴测图的画法

（a）在视图上定相贯线上各点的坐标；（b）坐标法——三视图上的 1、2、3、4、5 点对应轴测图上轴向直径的端点和长短轴端点，是特殊位置点，所以只需沿轴量取 $z$ 坐标即得Ⅰ、Ⅱ、Ⅲ、Ⅳ、Ⅴ各点，再沿轴量取 $x_1$、$z_1$ 得点Ⅵ，沿轴量取 $y_2$、$z_2$ 可得点Ⅶ；（c）辅助面法——选取一系列辅助面截两圆柱，截交线交点Ⅰ、Ⅱ、Ⅲ、Ⅳ、Ⅴ、Ⅵ、Ⅶ，即为相贯线上的点

## 第三节 轴测图的尺寸标注

轴测图上尺寸标注的相关规定有以下几点：

（1）轴测图的线性尺寸，一般应沿轴测轴方向标注。尺寸数值为机件的基本尺寸。

（2）如图 8-15 所示，尺寸线必须和所标注的线段平行，尺寸界线一般应平行于某一轴测轴，尺寸数字应按相应的轴测图形标注在尺寸线的上方。当在图形中出现数字字头向下时，应用引出线引出标注，并将数字水平书写。

(3) 标注角度的尺寸时，尺寸线应画成与该坐标平面相应的椭圆弧，角度数字一般写在尺寸线的中端处，字头向上，如图 8-16 所示。

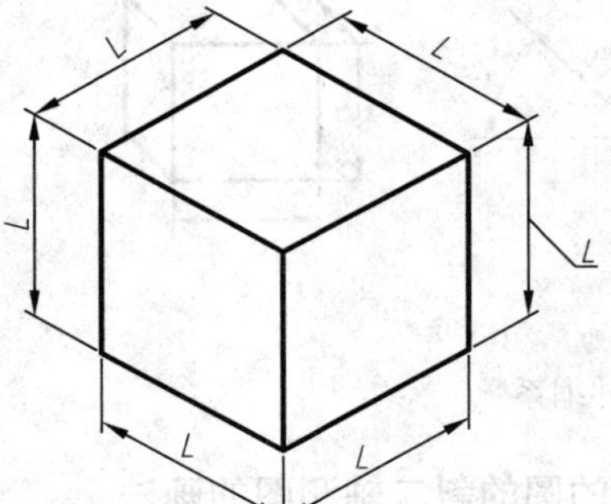


图 8-15 轴测图上线性尺寸标注

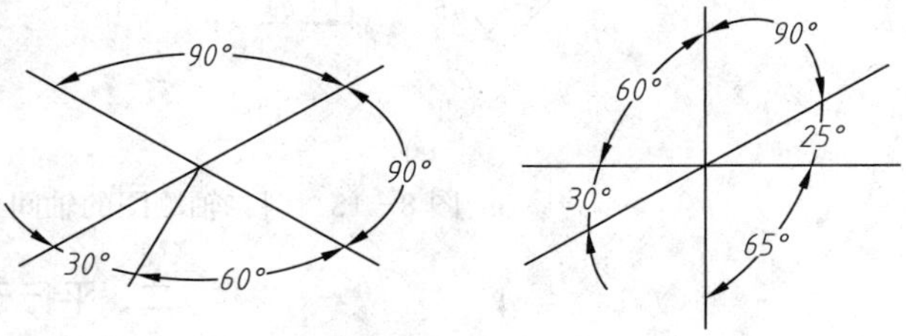


图 8-16 轴测图上角度尺寸标注

(4) 标注圆的直径时，尺寸线和尺寸界线应分别平行于圆所在平面内的轴测轴。标注圆弧半径或较小圆的直径时，尺寸线可从（或通过）圆心引出标注，但注写尺寸数字的横线必须平行于轴测轴。具体标注示例见图 8-17。

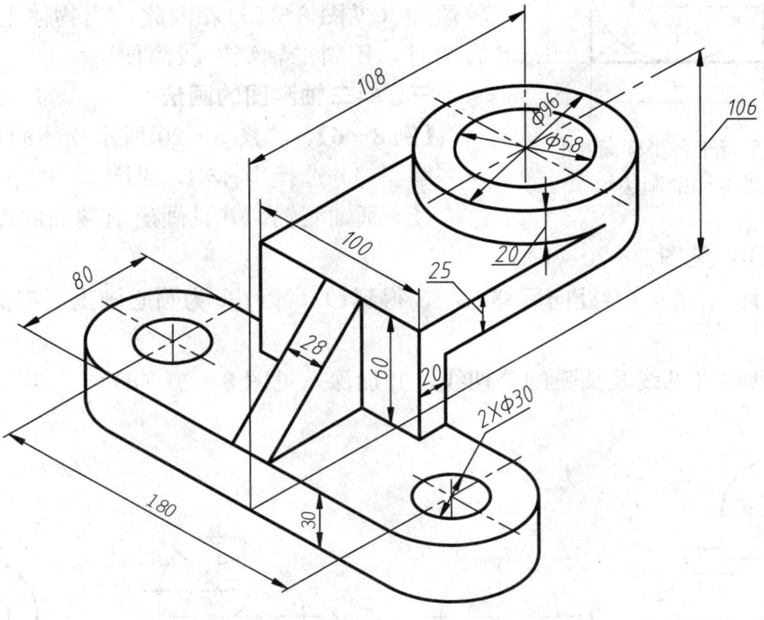


图 8-17 轴测图的尺寸标注示例

## 第四节 斜 二 轴 测 图

### 一、轴间角与轴向伸缩系数

工程上常用的斜二轴测图，其轴间角 $X_1O_1Z_1$ 为 90°，并且 $OX$ 轴与 $OZ$ 轴的轴向伸缩系数都为 1。而 $O_1Y_1$ 轴测轴的方向与 $OY$ 轴的轴向伸缩系数将随着投影方向的改变而改变，一般取 $q=0.5$，$O_1Y_1$ 与水平线的夹角为 45°，如图 8－18 所示。这时物体上与 $XOZ$ 坐标面平行的平面在轴测图上反映实形。

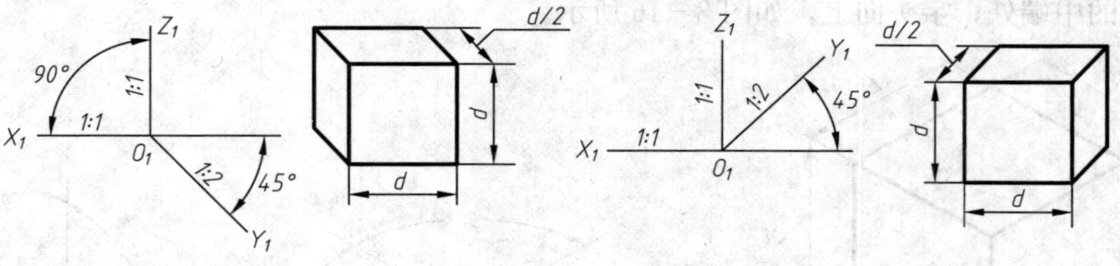


(a)　(b)

图 8－18　斜二轴测图的轴间角与轴向伸缩系数

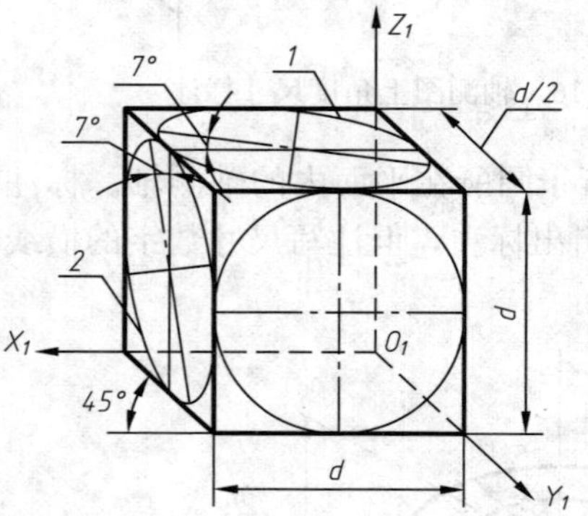


图 8－19　平行于各坐标面圆的斜二轴测图的画法

## 二、平行于坐标面的圆的斜二轴测图的画法

在上述斜二轴测图中，平行于 $XOZ$ 坐标面的圆反映实形，而平行于 $XOY$、$YOZ$ 坐标面的圆则为形状相同的椭圆。顶面上的椭圆 1 的长轴对 $O_1X_1$ 轴偏转 7°；侧面上的椭圆 2 的长轴对 $O_1Z_1$ 轴偏转 7°；它们的长轴约等于 $1.06d$，短轴约等于 $0.33d$。画起来较烦琐（见图 8－19）。因此，当物体上只有一个方向有圆时，用斜二轴测图较简便。

## 三、斜二轴测图的画法

**【例 8－6】**　作图 8－20 所示立体的斜二轴测图。

**解**　(1) 选择坐标轴，见图 8－20（a）。

(2) 画轴测轴，并且画出前端面的图形，该图形与主视图完全一样，见图 8－20（b）。

(3) 在 $O_1Y_1$ 上，从 $O_1$ 处向后移 $L/2$，得到 $O_2$，以 $O_2$ 为圆心画出后端面的图形，见图 8－20（c）。

(4) 画出其他可见线及圆弧的公切线，并加深，见图 8－20（d）。

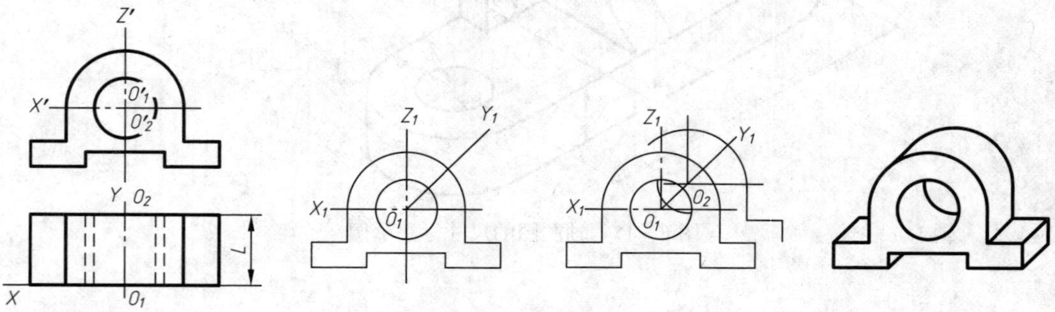


(a)　(b)　(c)　(d)

图 8－20　支架的斜二轴测图画法

注意：不要漏画孔、槽中可见的实线。

## 第五节 轴测剖视图

为了清晰地表示机件的内部结构形状或装配体的工作原理及装配关系，可以假想用剖切平面将机件或装配体剖开，用轴测剖视图来表达。

### 一、剖切平面的选择

为了在轴测图上能同时清楚表达出机件的内外形状或装配体的装配关系，通常采用平行于坐标面的两个互相垂直的平面来剖切机件或装配体。即不采用切去一半的形式，而只剖切机件或装配体的 1/4，以免破坏立体的完整性。如图 8－21 所示，应采用图（a）所示的剖切方法，而图（b）所示的剖切一半的方法使外形不够完整清晰，不应采用。

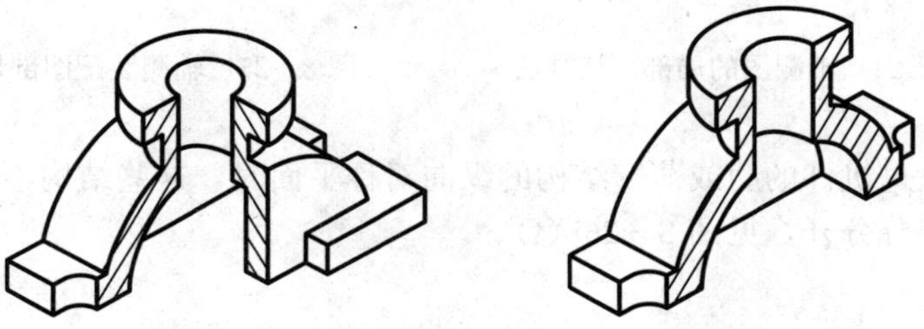

(a) (b)

图 8－21 轴测剖视图的画法

（a）内外形清楚，好；（b）外形不清楚，不好

### 二、剖面线的画法

用剖切平面切出的断面内，应填充剖面符号以区别于没有被切到的区域。不论什么材料的剖面符号一律画成互相平行且等距的细实线，即为剖面线。剖面线倾斜方向应平行于各坐标面的截断面上的剖面线的方向，其方向随不同的轴测图的轴测轴方向和轴向伸缩系数而有所不同，如图 8－22 和图 8－23 所示。

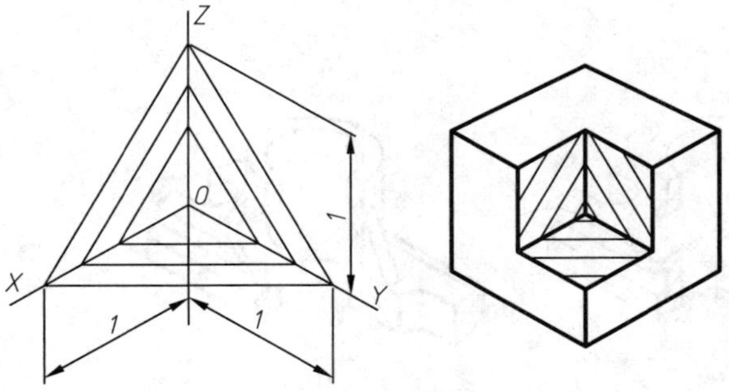


图 8－22 正等轴测图剖面线画法

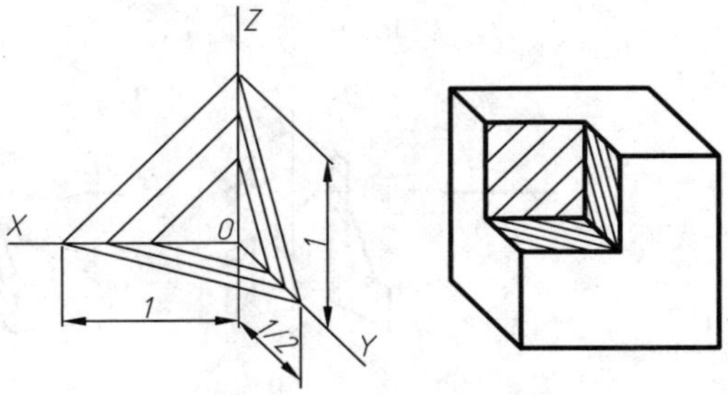


图 8－23 斜二轴测图剖面线画法

### 三、轴测剖视图画法的有关规定

可根据表达需要采用局部剖切方法。局部剖切的剖切平面也应平行于坐标面，断裂面边

界用波浪线表示，并在可见断裂面上画出小黑点，如图 8－24 所示。

轴测装配图中，相邻零件的剖面区域中，剖面线的方向和间隔应有明显的不同，如图 8－25 所示。

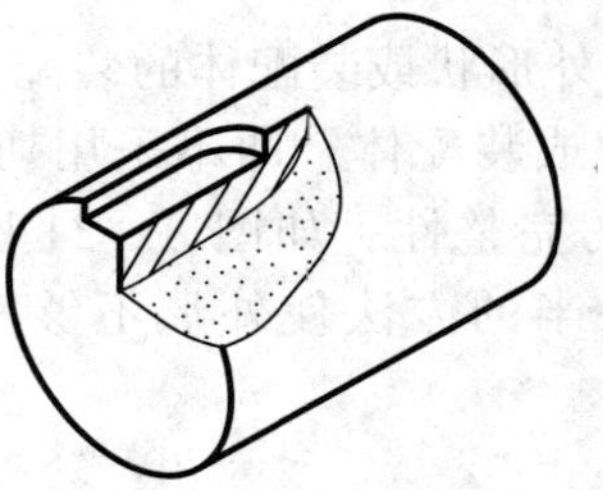

图 8－24　轴测图的局部剖切画法

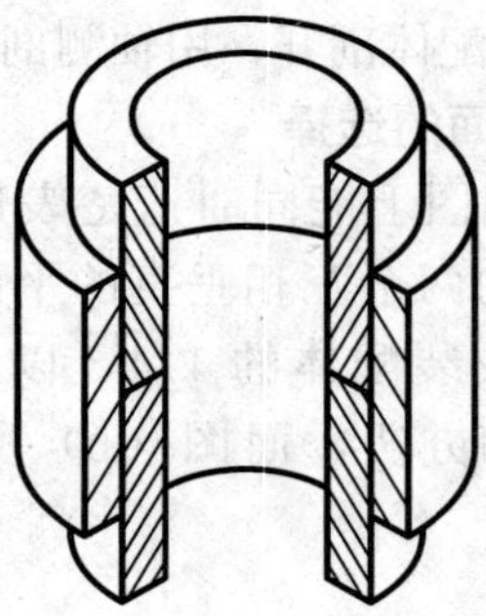

图 8－25　轴测装配图剖切画法

当剖切平面通过机件的肋或薄壁结构的纵向对称平面时，这些结构不画剖面线，而用粗实线将它与相邻部分分开，见图 8－26（f）。

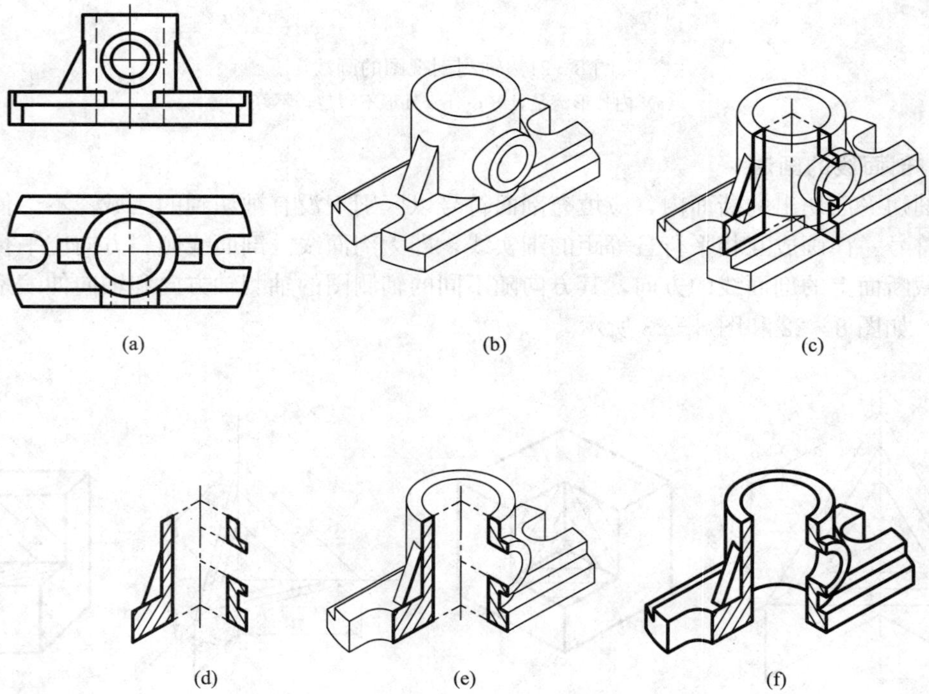


图 8－26　正等轴测剖视图的画法

依照国家标准《机械制图》的规定，在轴测装配图中，当剖切平面通过轴、销、螺栓等实心机件的轴线时，这些机件应按未剖切绘制。

**四、轴测剖视图的画法举例**

轴测剖视图的常见画法有两种：

(1) 先画出完整立体的外形［见图 8－26（b）］，再按所选定的剖切平面的位置画出剖面区域［见图 8－26（c）］，最后将被剖去的部分擦去，同时画出可见的内部形状，画出剖面线，加深粗实线，最后结果如图 8－26（f）所示。

(2) 先画出剖面区域［见图 8－26（d）］，然后画出和剖面区域有联系的形状［见图 8－26（e）］，再将其余可见形状画出并加深，最后结果如图 8－26（f）所示。

图 8－27 所示为斜二轴测剖视图。

图 8－27　斜二轴测剖视图

## 第六节　轴测图的选择

在画机件轴测图时应根据机件的结构特点选择轴测图的种类、机件摆放位置及恰当的投射方向。

选择轴测图时应满足以下三方面的要求：

(1) 机件结构表达清晰。选择的轴测图要能够清楚地反映机件上的形状，避免其上的面和棱线有积聚或重叠的情况，避免过分遮挡。

(2) 立体感强。比较前面讲述的正等测和斜二测，正等测的立体感较好，度量方便，平行于各坐标面的圆的轴测投影为椭圆，其近似画法较为简单，一般情况下首先考虑选用正等轴测图，特别是当机件上与三个坐标面平行的平面上都有圆时，都应选择正等轴测图。而斜二测的最大优点是物体上凡是平行于投影面的平面在轴测投影图上都反映实形，因此当物体只有一个方向平面形状复杂（如有曲线或圆）而其他两个方向形状简单，常采用斜二轴测图。

(3) 作图简便。一般来讲，轴测图的作图过程较为烦琐，如能利用绘图工具可简化作图。同时，也应选择恰当的轴测图使作图简便。

图 8－28（a）所示的机件，由于其多个方向上的图形较为复杂且有两个坐标面方向上都有圆，比较两种轴测图，正等测表示较为全面，通孔的绘制也较为简单；而图 8－28（b）所示的机件显然较适合采用斜二轴测图。

有时为了把机件表示将更清楚应选择较为有利的投射方向。图 8－29 所示为常用的四种投影方向所得的正等轴测图和轴测轴之间的关系，图 8－29（c）所示更加清晰。因此，在选择绘制轴测图时，要首先根据机件的形状特点选择采用哪种轴测图形式，再选定坐标系，确定轴测轴，最后再具体作图。

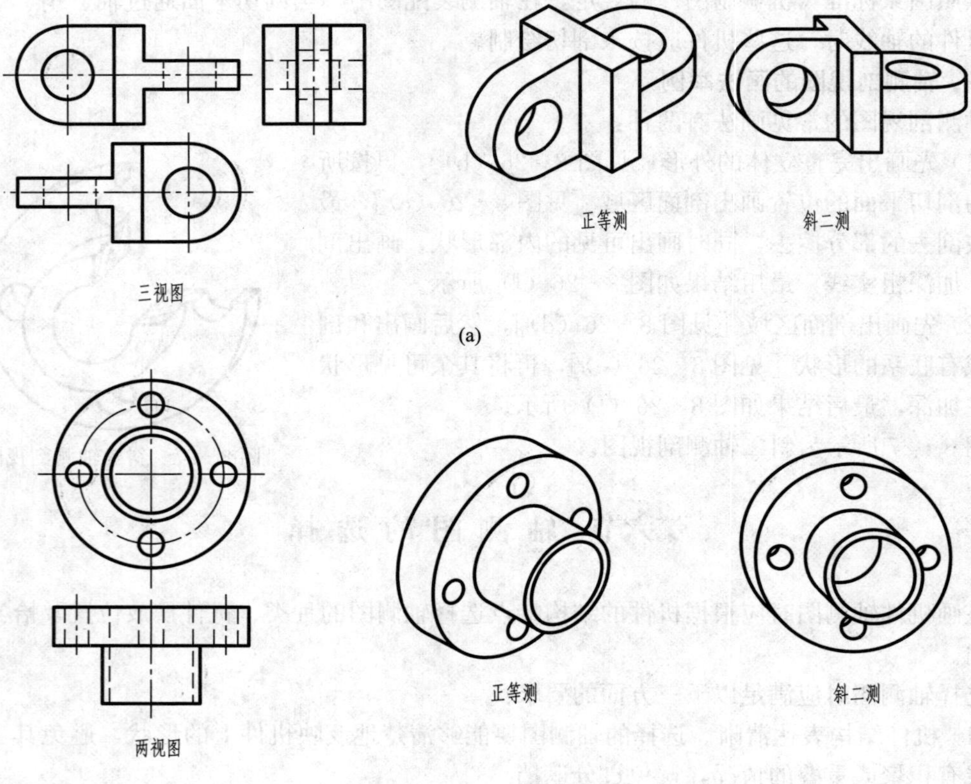


图 8－28　两种轴测图的比较

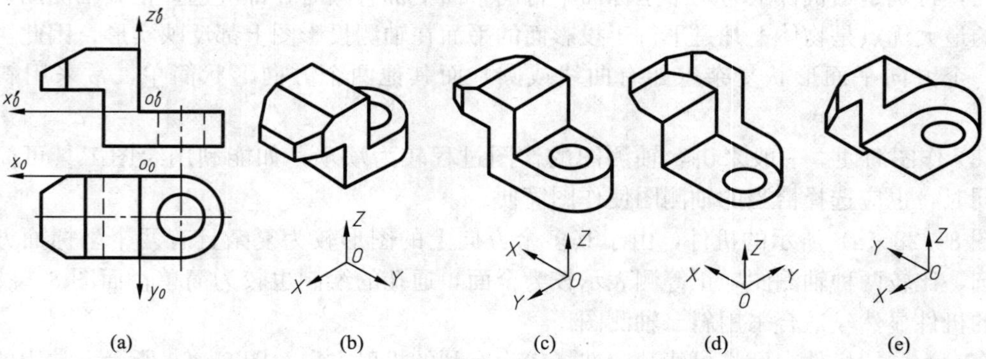


图 8－29　常用的四种轴测投射方向

（a）两个视图；（b）从左上角向右下角看；（c）从右上角向左下角看；

（d）从左下角向右上角看；（e）从右下角向左上角看

# 第九章　机件的图样画法

在实际生产中，机件的形状是多种多样的。当机件形状比较复杂时，用三个视图仍然很难把它的内外形状准确、完整和清晰地表达出来。另外，还要考虑看图方便，合理运用图样画法采用适当的表达方法，在完整、清晰地表达机件形状的前提下，力求减少视图个数，使作图简便。

为了解决这些问题，国家标准《技术制图》和《机械制图》规定了一系列的图样画法，对每种图样画法做了明确的规定，每个工程技术人员在画图时都必须严格遵守这些规定。本章介绍国家标准中规定的机件图样画法，应熟悉其应用条件，规定画法和标注方法。

## 第一节　视　　图

为了便于看图，视图一般只画出机件的可见部分，必要时才用虚线画出其不可见部分。视图分为基本视图、向视图、局部视图和斜视图四种。

### 一、基本视图

机件向基本投影面投射所得的视图，称为基本视图。

在原来三个投影面基础上，增设三个投影面，构成一个正六面体。正六面体的六个投影面称为基本投影面，如图 9－1（a）所示。

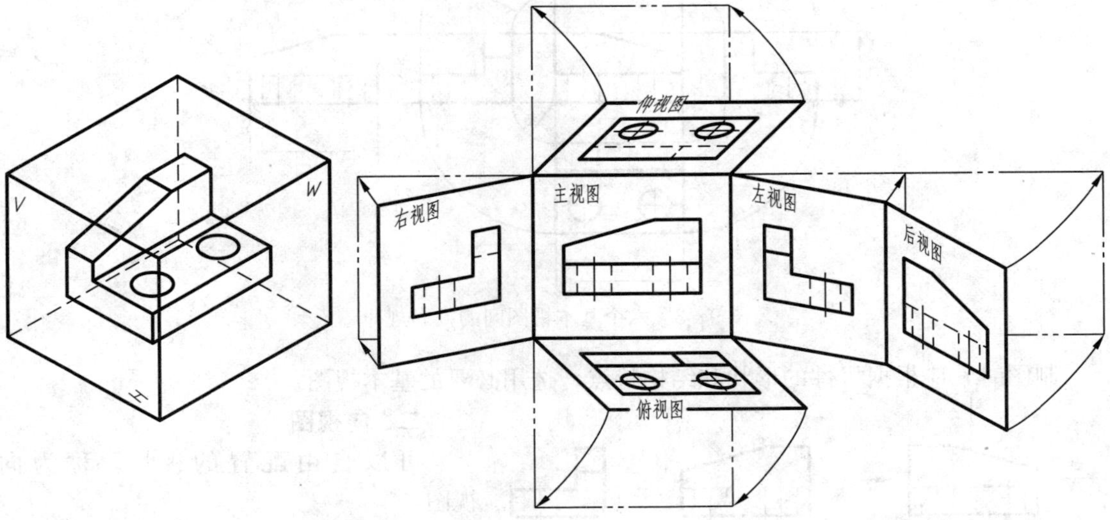


(a)　(b)

图 9－1　六个基本视图的形成

（a）基本投影面；（b）基本视图的展开

将机件放在六面体中，按第一角画法，分别向六个基本投影面投射，就得到六个基本视图。在原有三个视图（主视图、俯视图、左视图）的基础上，新增的三个视图分别是右视图（从右向左投射）、仰视图（从下向上投射）和后视图（从后向前投射）。六个基本投影面在展开时，仍保持正面不动，其他投影面按图 9－1（b）所示箭头所指的方向展开到与正面同一平面上。展开后各视图的位置如图 9－2 所示，且各视图不需要标注视图名称。

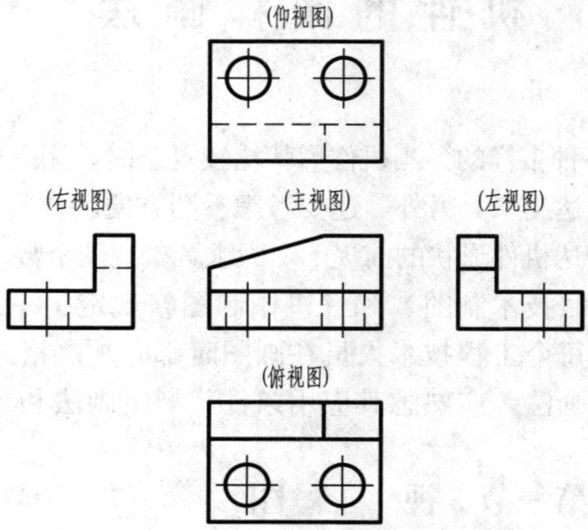


图 9－2　六个基本视图的配置

六个基本视图仍然符合三视图中的投影规律：长对正、高平齐、宽相等。基本视图中方位如图 9－3 所示，应注意围绕主视图的四个视图，仍然是靠近主视图的一方是机件的后方，远离主视图的一方是机件的前方。

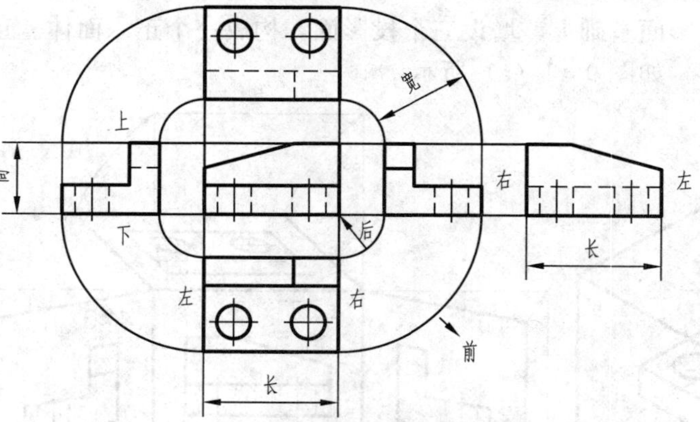


图 9－3　六个基本视图间的投影规律

制图时，应根据机件的形状和结构特点，选用必要的基本视图。

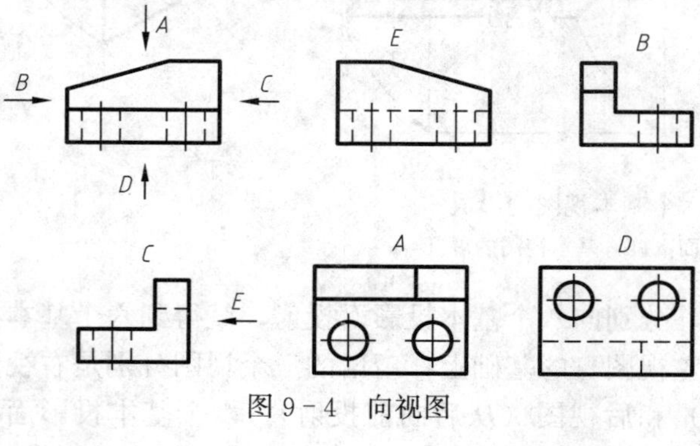


图 9－4　向视图

## 二、向视图

可以自由配置的视图，称为向视图。

从图 9－4 可以看出，向视图较基本视图而言，配置灵活，而且可节约图纸幅面，但需要标注。

向视图需在视图上方中间位置标注视图名称“×”（如 $A$、$B$、$C$…），在相应视图的附近用箭头指明投射方向，并注上同样的字母“×”。除后视图外，箭头应尽可能配置在主视图上。

## 三、局部视图

将机件的某一部分向基本投影面投射所得视图，称为局部视图。

当采用几个基本视图后，机件仍有部分结构未表达清楚，且没有必要再画出完整的基本视图，可以采用局部视图只画出未表达清楚的结构。如图 9-5 所示，机件采用主、俯视图已将机件主要的结构形状表达清楚，只有两侧凸台形状和左下侧肋板厚度没有表达清楚，因此，需要画出表达该结构的局部视图 $A$ 和局部视图 $B$。局部视图的断裂边界用波浪线表示，如图 9-5（b）中的局部视图 $A$。断裂边界也可用双折线或细双点画线表示。若表示的局部结构完整，且外轮廓线封闭，波浪线可省略不画，如图 9-5（b）中的局部视图 $B$。波浪线画在机件的实体部分，不应画出机件，如图 9-5（c）所示。

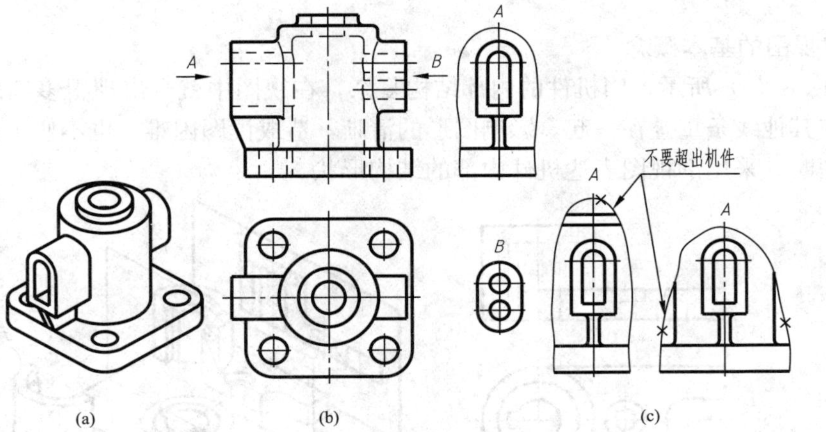


图 9-5　局部视图

一般情况，在局部视图的上方中间位置标注视图的名称“×”，在相应视图附近用箭头指明投射方向，标注同样的字母“×”；当局部视图按基本视图的形式配置时，视图可省略标注，如图 9-5 中的局部视图 $A$。局部视图也可按向视图的形式配置，此时视图名称不能省略标注，如图 9-5 中的局部视图 $B$，此时可称为向视图 $B$。

## 四、斜视图

将机件向不平行于基本投影面的平面投射而得到的视图，称为斜视图。

如图 9-6 所示，机件某些表面不平行于任何基本投影面，在基本视图上不能反映实形，给画图和读图带来困难，也不便标注尺寸。为表达这部分的实形，可以加一个平行于倾斜部分的投影面，将倾斜部分按垂直于投影面的方向投射，得到反映实形的斜置的视图。

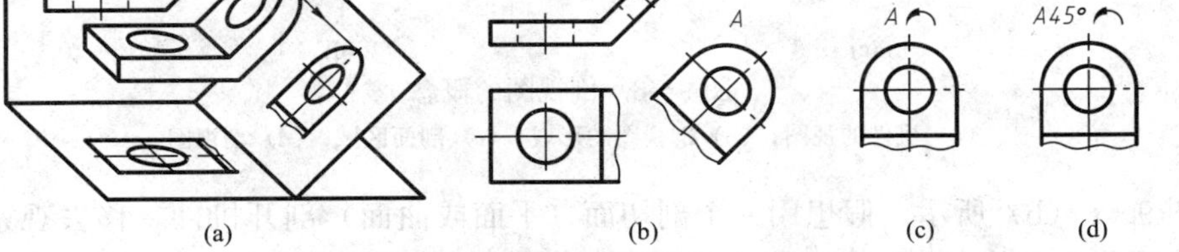


图 9-6　斜视图

斜视图只为表达机件上倾斜部分的实形，因此只画机件的局部形状。

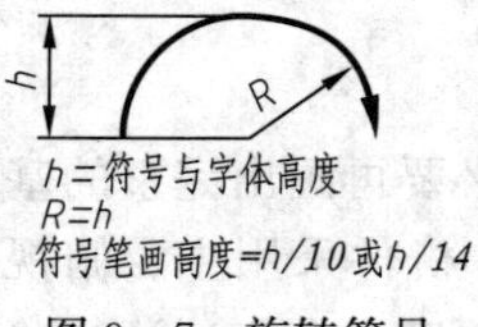

图 9-7 旋转符号

斜视图一般按投影关系配置，也可按向视图的形式配置。不论斜视图如何配置，都必须在视图上方中间位置水平标出视图的名称“×”，并在相应视图附近用箭头指明投射方向，并注上同样的字母“×”。为使画图方便，允许将图形旋转，但视图名称需加注旋转符号“↷”或“↶”，如图 9-7 所示。旋转符号是半径为字高的半圆弧，箭头指向要与实际图形旋转方向一致，且将箭头靠近字母，如图 9-6（c）所示；也允许将旋转角度注在字母之后，如图 9-6（d）所示。

## 第二节 剖 视 图

### 一、剖视图的基本概念

如图 9-8（a）所示，当机件的内部结构复杂，在视图中就会出现很多细虚线，这些细虚线往往与其他线条重叠在一起，影响图形的清晰，造成读图困难，也不便于标注尺寸。因此，在画图时，采用剖视图表达机件内部的结构形状。

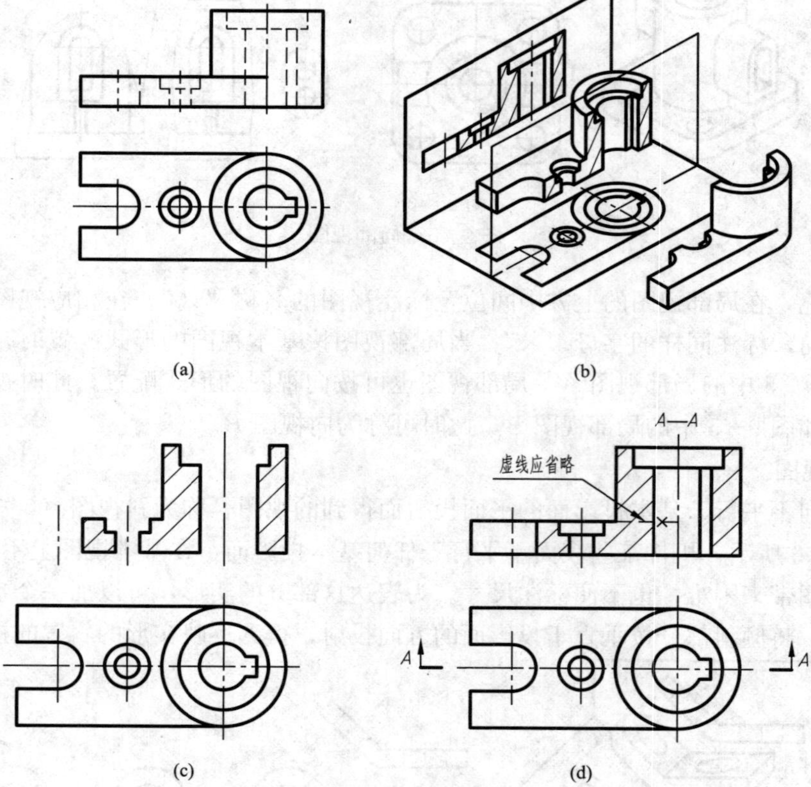

图 9-8 剖视图的概念

（a）机件的视图；（b）剖视图的形成；（c）剖面区域；（d）剖视图

如图 9-8（b）所示，假想用一个剖切面（平面或曲面）剖开机件，移去观察者与剖切面之间的部分，将其余部分向投影面投射所得图形，称为剖视图，简称剖视。剖切平面与被剖机件相接触的部分称为剖面区域。

画剖视图的步骤如下：

（1）确定剖切面的位置。剖切面一般是平行基本投影面的平面，其位置通过机件内部结构的对称平面或轴线。如图 9－8（b）所示，剖切面为正平面。

（2）画剖面区域和剖面符号。机件被剖开后，在视图中首先用粗实线画出剖面区域，它是剖切面与机件内、外表面交线所围成的图形，如图 9－8（c）所示。

国家标准规定，剖面区域内要画剖面符号。剖面符号一般与机件的材料有关，见表 9－1。在同一金属零件的图中，剖视图、断面图中的剖面线用细实线绘制，应画成间隔相等、方向相同且一般与剖面区域的主要轮廓或对称线呈 45°的平行线。必要时，剖面线也可画成与主要轮廓线呈适当角度，如图 9－9 所示。

**表 9－1　剖面符号**

| 材料名称 | 剖面符号 | 材料名称 | 剖面符号 |
|---|---|---|---|
| 金属材料（已有规定剖面符号者除外） | 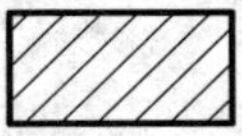 | 木质胶合板（不分层数） |  |
| 线圈绕组元件 | 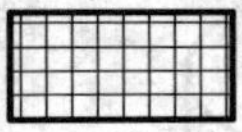 | 基础周围的泥土 |  |
| 转子、电枢、变压器和电抗器等的叠钢片 |  | 混凝土 | 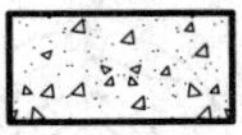 |
| 非金属材料（已有规定剖面符号者除外） | 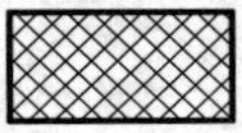 | 钢筋混凝土 |  |
| 型砂、填砂、粉末冶金、砂轮、陶瓷刀片、硬质合金刀片等 | 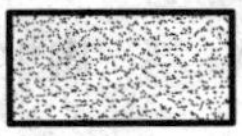 | 砖 | 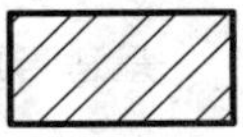 |
| 玻璃及供观察用的其他透明材料 |  | 格网（筛网、过滤网等） |  |
| 木材 纵剖面 |  | 液体 | 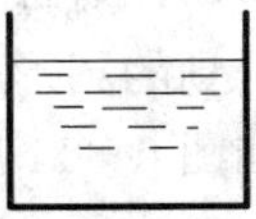 |
| 木材 横剖面 |  | | |

（3）画出剖切面后面的投影。通常只画剖切面后面可见部分的投影。对于剖切面后的不可见部分，如果在其他视图上已表达清楚，细虚线应省略，如图 9－8（d）所示。对于需要在此表达的不可见部分，仍可用细虚线画出，如图 9－10（b）所示。

（4）标注剖视图。如图 9－8（d）所示，一般在剖视图的上方用字母标出剖视图的名称“×—×”，在相应的视图上用剖切符号和剖切线表示剖切位置，剖切符号为粗短画，长为 5～10mm，剖切线为细点画线，用箭头（画在粗短画的外端，并与粗短画垂直）表示投射方向。在剖切符号附近还要注上相同的字母“×”。剖切符号之间的剖切线可省略不画。

当剖视图按投影关系配置，中间又没有其他图形隔开时，可省略箭头，如图 9－10（b）所示。当单一剖切面通过机件的对称平面或基本对称平面，且剖视图按投影关系配置，中间又没有其他图形隔开，可省略标注，如图 9－8（d）、图 9－10（b）中的主视图可省略标注。

注意：剖切是假想的，并不是将机件真的拿走一部分，因此，当一个视图取剖视后，其他视图仍应按完整的机件画出。

**二、剖视图的种类**

根据机件被剖开的范围，可将剖视图分为三类：全剖视图、半剖视图和局部剖视图。

1. 全剖视图

用剖切面完全地剖开机件所得的剖视图，称为全剖视图。如图 9－8（d）中的主视图和图 9－10 中的主视图。

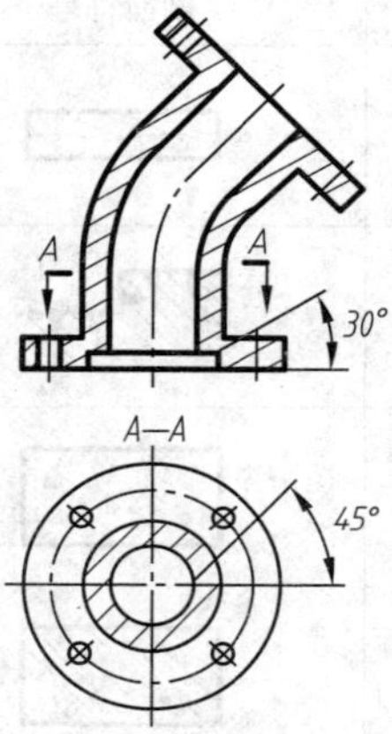


图 9－9　与主要轮廓线呈适当角度

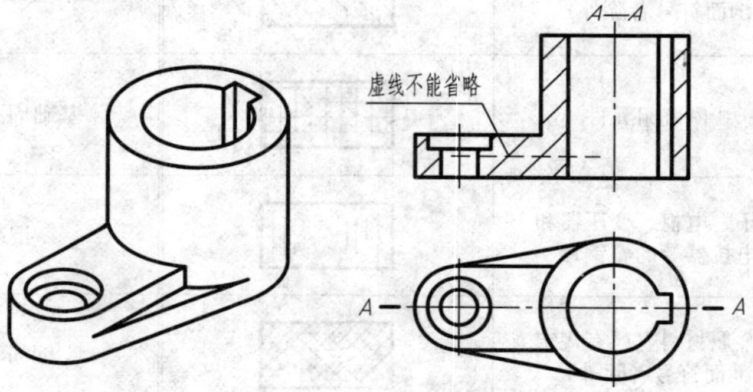


(a)　(b)

图 9－10　剖视图中不能省略的虚线

全剖视图一般用于表达在投射方向上不对称机件的内部结构，或外形简单的对称机件。

2. 半剖视图

当机件具有对称平面，向垂直于对称平面的投影面上投射所得的投影，以对称中心线为界，一半画成剖视图，另一半画成视图，这样得到的图形称为半剖视图。

如图 9－11 所示支架，机件内、外形状都比较复杂，若按照图 9－12（b）所示的表达方式，主视图、俯视图均采用全剖视图，则支架外形表达不清楚。此时，采用半剖视图就可兼顾内、外形状的表达，如图 9－13 所示。

图 9－11　支架

半剖视图用于内、外形状都需要表达的对称或基本对称机件。

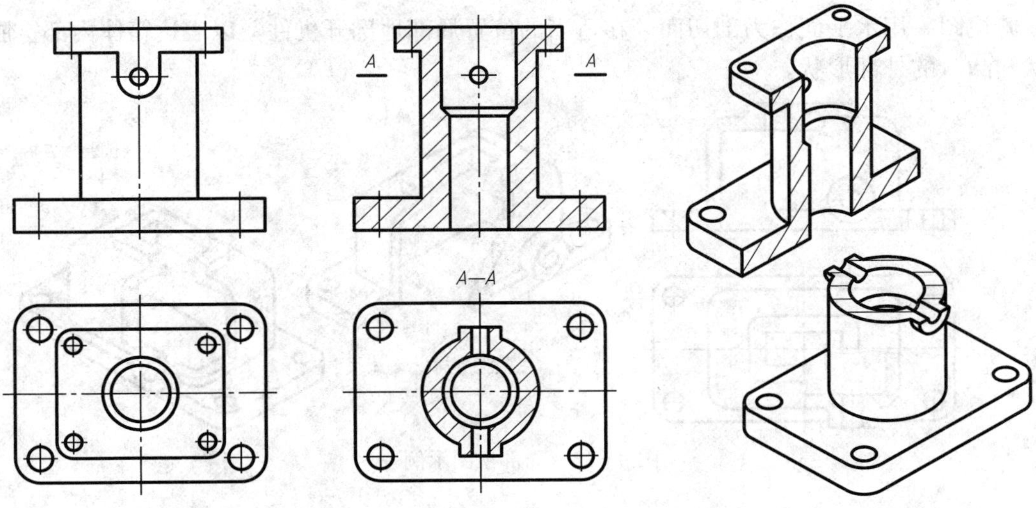


(a)　　(b)　　(c)

图 9－12　支架的外形图和全剖视图

（a）外形视图；（b）全剖视图；（c）轴测剖视图

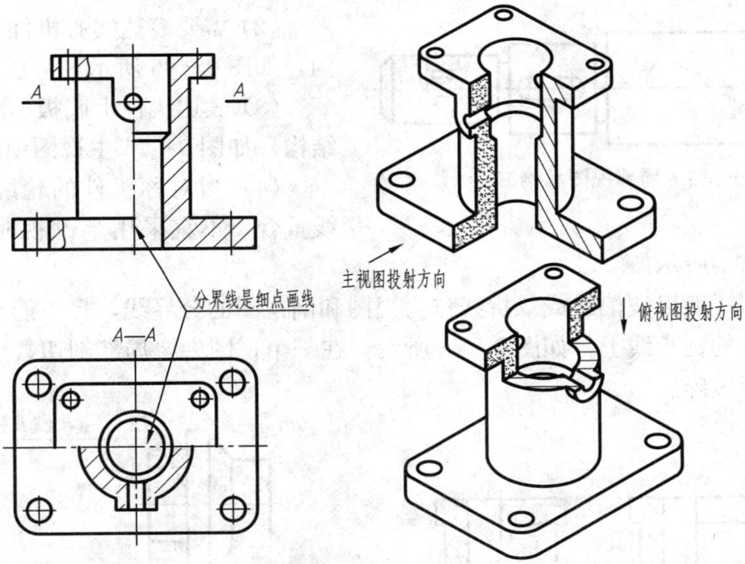


图 9－13　半剖视图

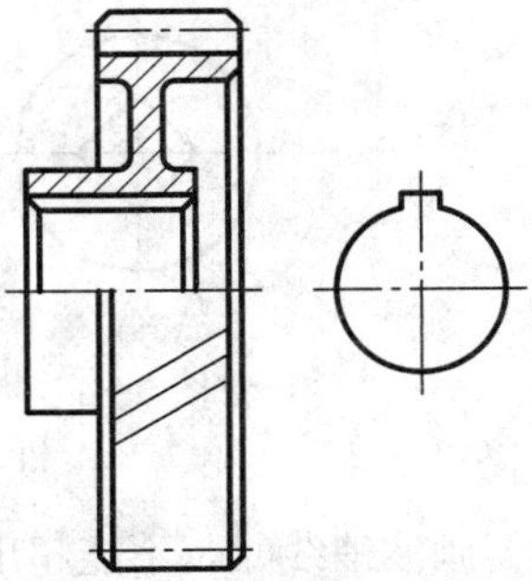

图 9－14　半剖视图的应用

在半剖视图中，半个外形视图和半个剖视图的分界线应画成细点画线，在视图部分不应画出已表达清楚的内部结构的虚线。

当机件的形状基本对称，且不对称部分已另有视图表达清楚时，也可画成半剖视图，如图 9－14 所示。

3. 局部剖视图

用剖切平面局部地剖开机件所得的剖视图，称为局部剖视图。如图 9－15 所示的箱体，其主视图采用正平面作剖切面，俯视图采用水平面作为剖切面，在适当的位置局部地剖开机件，以表达箱体内部空腔的形状和凸台的外部形状。

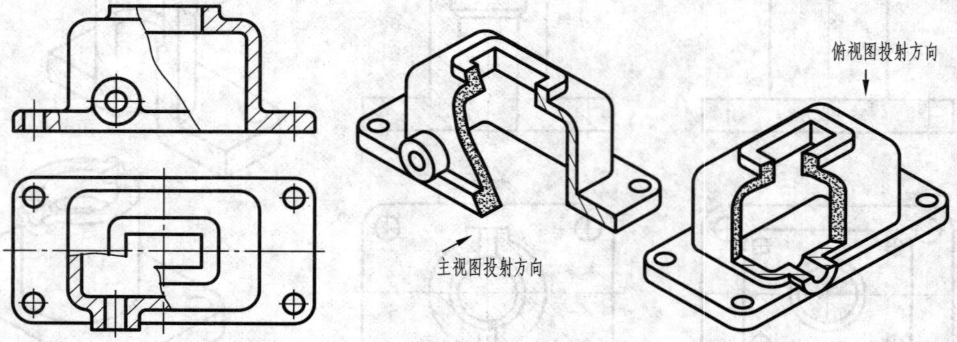


图 9－15 局部视图示例一

局部剖视图的剖切范围可大可小，是一种比较灵活的表达方法，运用得当可使视图简明清晰。常用于下列情况：

（1）同时需要表达不对称机件的内、外形状，如图 9－15 所示。

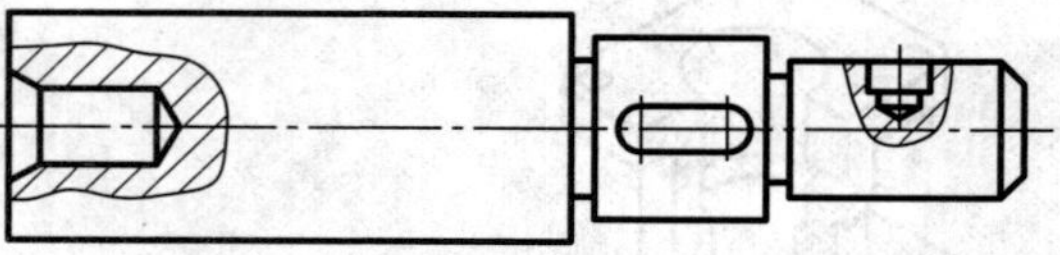

图 9－16 局部视图示例二

（2）需要表达实心机件上的槽、孔等结构，如图 9－16 所示。

（3）表达机件上底板、凸缘上的小孔等结构，如图 9－15 主视图中底板上的小孔。

（4）当对称机件的轮廓线与对称中心线重合，不宜采用半剖视时，采用局部剖视图，如图 9－17 所示。

局部剖视图一般以波浪线或双折线作为视图和剖视图的分界线，且不能与其他图线重合或画在其他图线的延长线上，如图 9－18 所示。在一个视图中，局部剖切数量不宜过多，否则会使图形过于破碎。

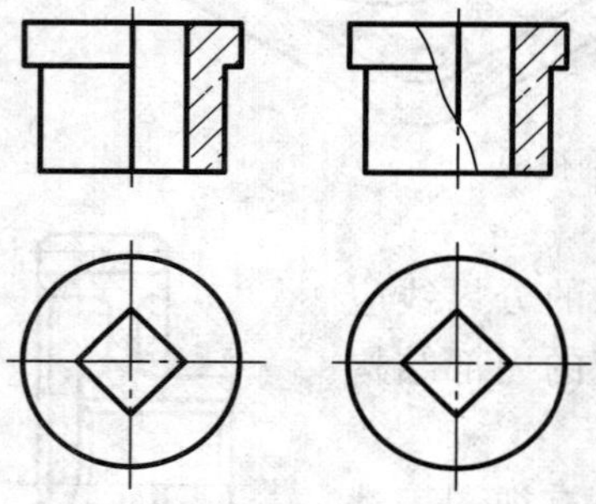

(a) (b)

图 9－17 局部视图示例三

（a）错误；（b）正确

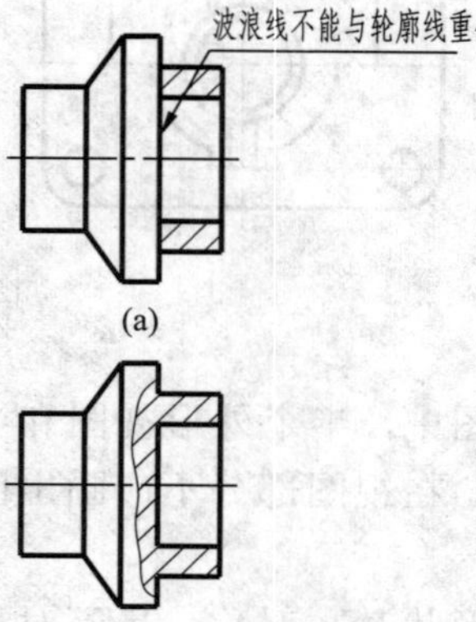


图 9－18 波浪线的画法示例一

（a）错误；（b）正确

画波浪线时，不能超出机件的轮廓线，也不可画在机件的中空处，如图 9－19 所示。

当被剖切结构为回转体时，允许将该结构的中心线作为局部剖视与视图的分界线，如图

9－20 所示。

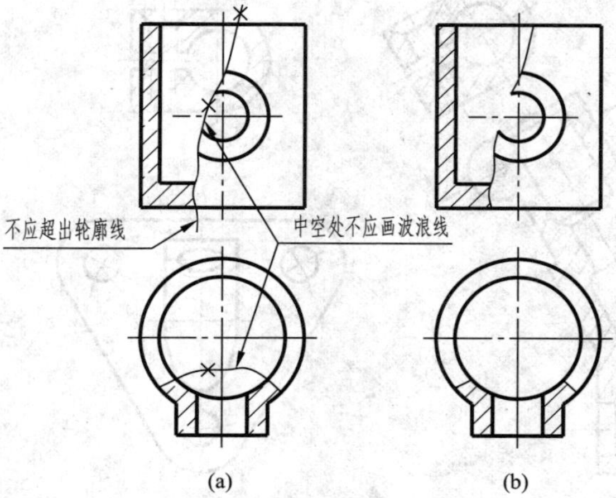


图 9－19　波浪线的画法示例二
(a) 错误；(b) 正确

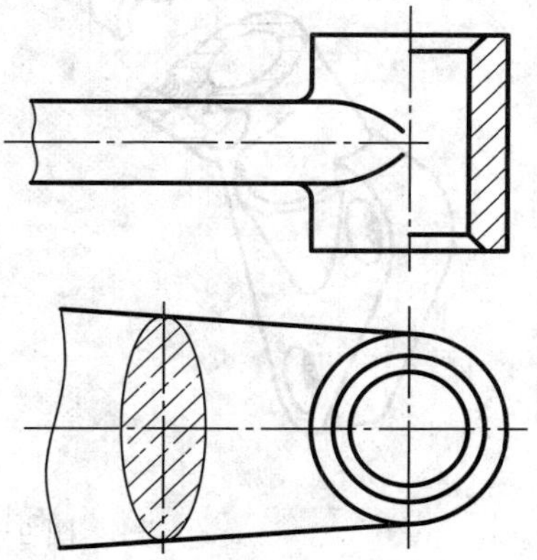

图 9－20　中心线作为分界线

如图 9－21 所示，用双折线表示局部剖视图与视图的分界线。双折线应保持连续，且应超出视图的轮廓线。

局部剖视图的标注同前，当单一剖切平面位置明显时，局部剖视图的标注可省略。

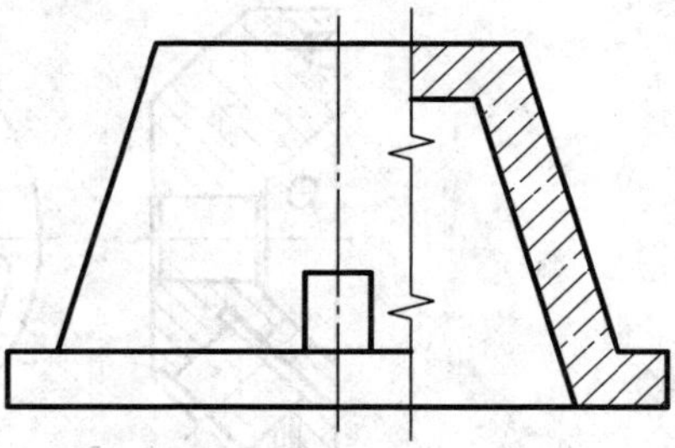

图 9－21　双折线的画法

**三、剖切面的种类**

根据机件形状结构的不同，按国家规定可以采用下面三种剖切面剖开机件。

1. 单一剖切面

(1) 单一剖切平面。前面介绍的各种剖视图均为单一剖切平面剖得，而且剖切面为平行于基本投影面的平面。如图 9－22 所示，当机件上倾斜部分的内部结构需要表达时，可使用与基本投影面不平行但垂直的剖切面来剖开机件。这种方法习惯上称为斜剖，所得剖视图称为斜剖视图。斜剖视图一般放置在箭头所指方向，并与基本视图保持对应的投影关系，也可放置在其他位置。图形必须按照国家标准规定进行标注，如图 9－22 (b) 所示。在不会引起误解时，允许将图形旋转，其视图名称加注旋转符号。

(2) 单一剖切柱面。必要时可用单一剖切柱面剖切机件，如图 9－23 所示。当采用柱面剖切机件时，剖视图应按展开绘制，在图名后加注“展开”二字（此处展开是将柱面剖得的结构展成平行于投影面的平面后再投影）。

2. 几个平行的剖切平面

如图 9－24 所示，当机件上的孔、槽的轴线或对称面位于几个相互平行的平面上时，可以用几个与基本投影面平行的剖切平面切开机件，再向投影面进行投射。这种方法习惯上称为阶梯剖。

采用阶梯剖画剖视图时，图形必须按照国家标准的规定进行标注。如图 9－24 所示，在

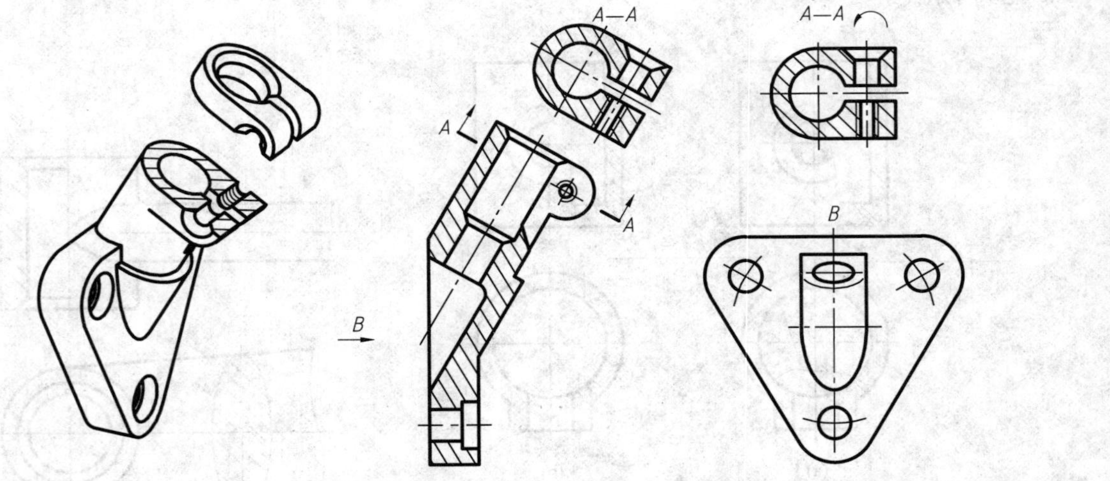


图 9 - 22　用单一斜剖切平面剖切机件

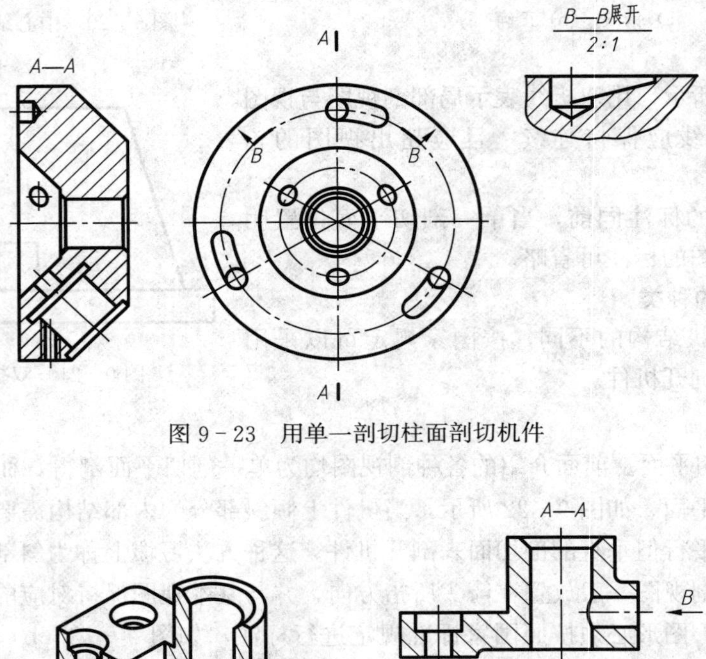


图 9 - 23　用单一剖切柱面剖切机件

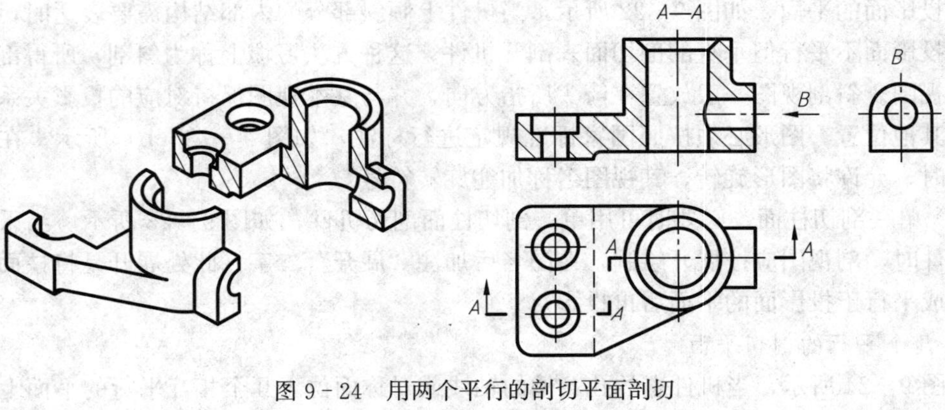


图 9 - 24　用两个平行的剖切平面剖切

剖切平面的起始和转折处用相同的大写字母（水平书写）标出，各剖切平面的转折处必须是直角，在剖视图上方注出视图名称“×—×”。

画图时应注意：剖切平面转折处的界线不应画出，剖切平面转折处不应和机件轮廓线重合，如图 9－25 所示；图形中不应出现不完整要素，如图 9－26 所示。当两要素在图形上具有公共对称中心线或轴线时，才可出现不完整要素，这时，以对称中心线或轴线为界，各画一半，如图 9－27 所示。

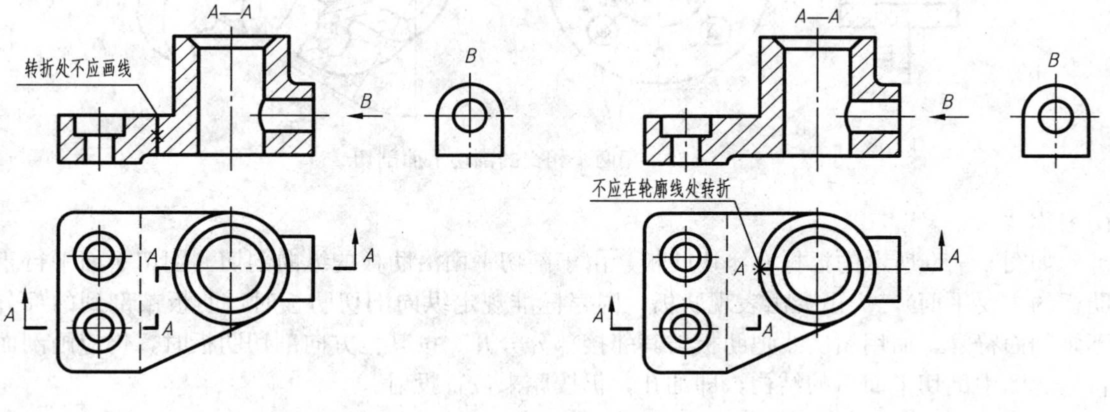


(a)　　(b)

图 9－25　容易出现的错误

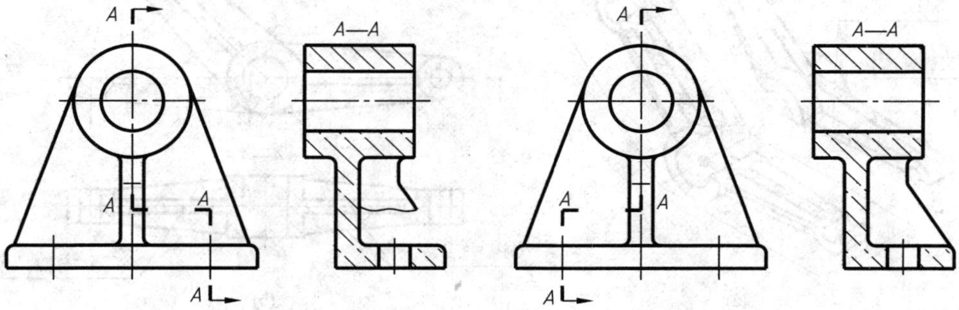


(a)　　(b)

图 9－26　剖视图中不应出现不完整要素

(a) 错误；(b) 正确

3. 几个相交的剖切面

用几个相交的剖切平面（这些平面的交线垂直于某一基本投影面）剖开机件，如图 9－28 所示。图 9－28 所示机件的内部结构形状用一个剖切平面不能表达完全，而机件又具有回转轴时，可以采用两个相交的剖切平面剖开机件，并将与投影面不平行的那个剖切平面剖开的结构及其有关部分旋转到与投影面平行再进行投射。这种方法习惯上称为旋转剖。

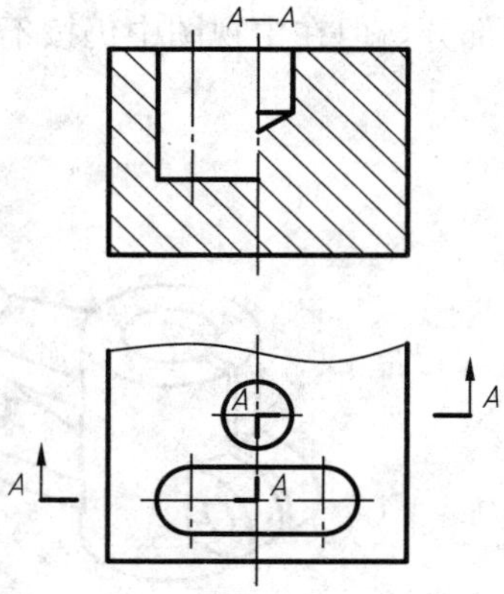


图 9－27　具有公共对称中心线或轴线时的画法

采用旋转剖画剖视图时，图形必须按照国家标准规定进行标注。在剖切面的起始、转折和终止处画上剖切符号，并标注相同的大写字母（水平书写），在剖视图上方注出剖视

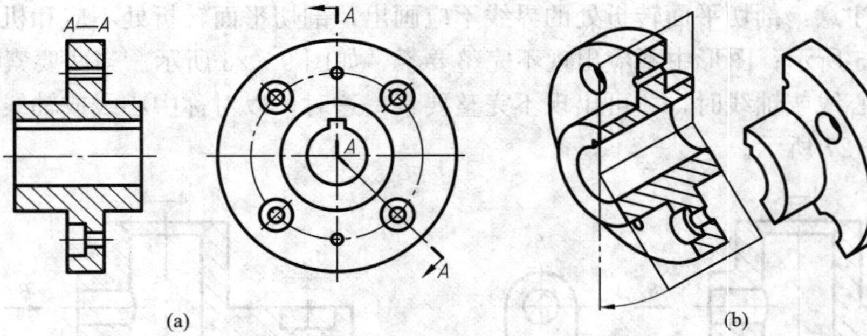


图 9-28　用两个相交的剖切平面剖切

图名称“×—×”。

如图 9-29 所示的摇杆有 4 块肋板，由于剖切平面沿肋板的纵向剖切（剖切平面平行于肋板的主要平面），为了突出表现肋板，国家标准规定纵向剖切肋板时，肋板被剖到的部分不画剖面符号，而用粗实线把肋板与其邻接部分分开。按其他方向剖切肋板时，仍应画剖面符号。图中剖切平面后的结构，即油孔，仍按原来位置投射。

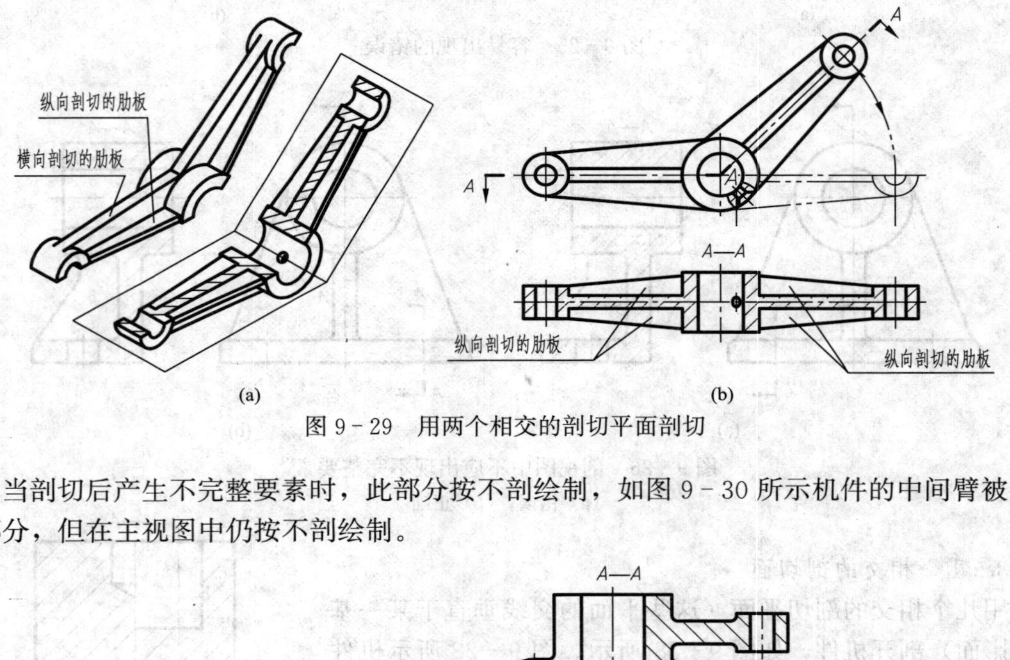


图 9-29　用两个相交的剖切平面剖切

当剖切后产生不完整要素时，此部分按不剖绘制，如图 9-30 所示机件的中间臂被剖到一部分，但在主视图中仍按不剖绘制。

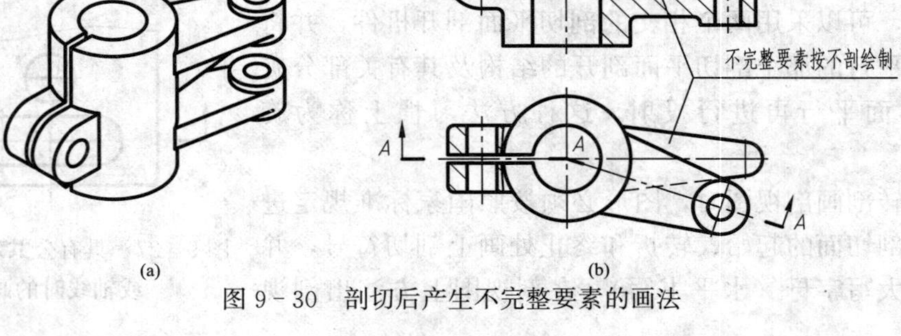


图 9-30　剖切后产生不完整要素的画法

当机件形状较复杂，单独使用上面三种剖切面都无法满足要求时，可以将这几种剖切面组合起来使用。这种方法习惯上称为复合剖。如图 9－31 所示的主视图即为用几个剖切平面得到的半剖视图。对于展开的复合剖，应在剖视图上方标注“×－×展开”，如图 9－32 所示。

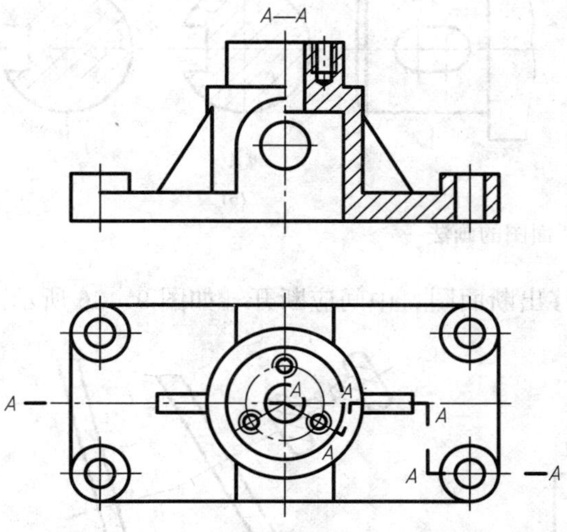


图 9－31　几个剖切平面剖切机件得到半剖视图

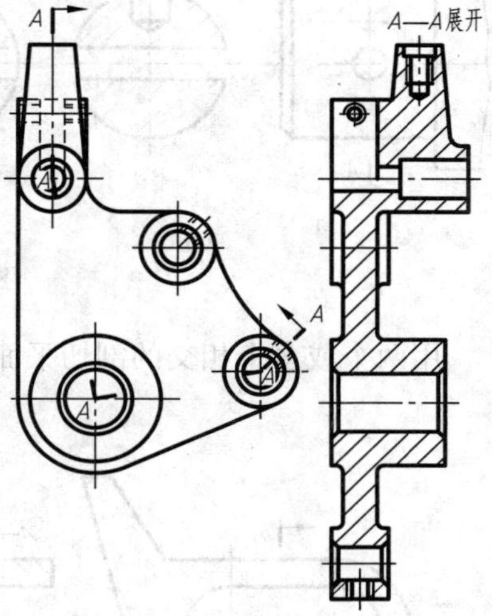


图 9－32　四个剖切平面剖切机件的展开画法

## 第三节　断　面　图

假想用剖切面将机件某处切断，只画剖切面与机件接触部分的图形，称为断面图，如图 9－33 所示。断面图常用于表达机件上某部分断面形状，例如肋、轮辐、键槽等，以及各种型材的断面。

断面图与剖视图的区别在于：断面图只画出机件的断面形状，而剖视图除画出断面形状外，还要画出剖切面后面可见部分的投影，如图 9－33（c）所示。

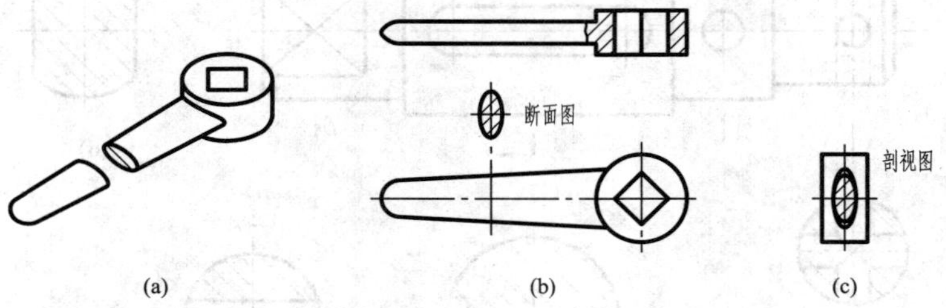


图 9－33　断面图的概念

断面图有移出断面图和重合断面图两种。

### 一、移出断面图

画在视图外面的断面图，称为移出断面图。

1. 画法

移出断面图的轮廓线用粗实线绘制。当剖切面通过回转面形成的孔或凹坑的轴线时，或当剖切面通过非圆孔，会出现完全分离的两个图形时，则这些结构应按剖视绘制，如图 9－34 和图 9－35 所示。

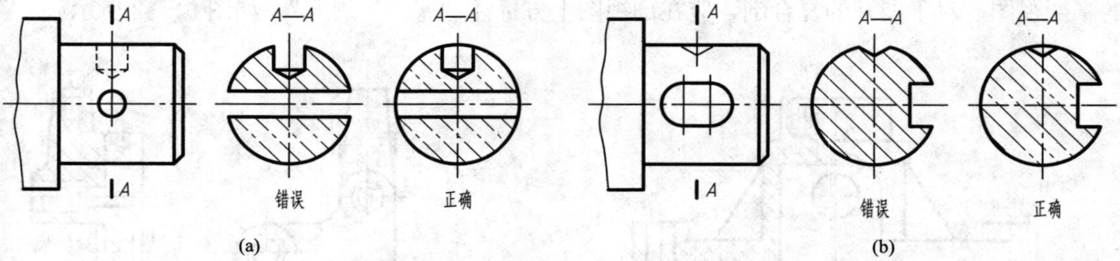


图 9－34　移出断面图的画法一

用两个或多个相交的剖切平面剖切得到的移出断面图，中间应断开，如图 9－36 所示。

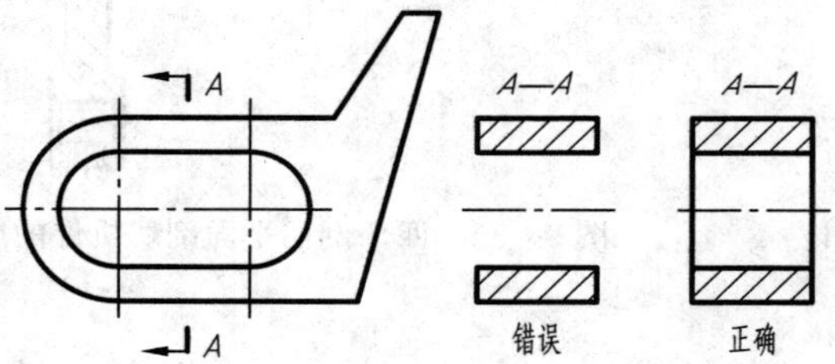


图 9－35　移出断面图的画法二

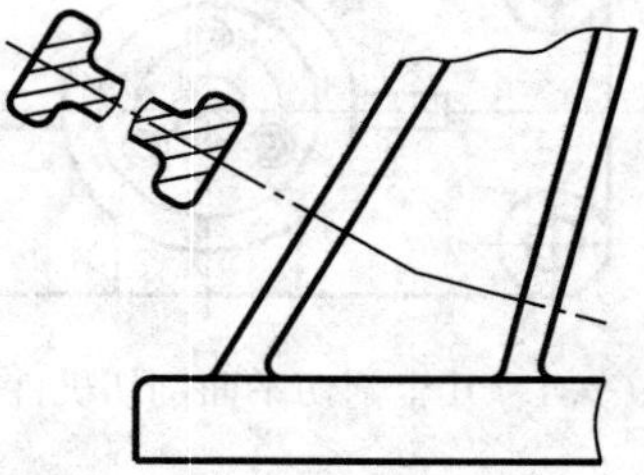

图 9－36　用两个相交的剖切平面获得的移出断面图

2. 配置

移出断面图通常配置在剖切线的延长线上，如图 9－37（a）、（b）所示；当断面图的图形对称时也可画在视图的中断处，如图 9－38 所示；必要时移出断面图可配置在其他适当的位置，如图 9－37（c）、（d）所示。在不引起误解时，允许将图形旋转。

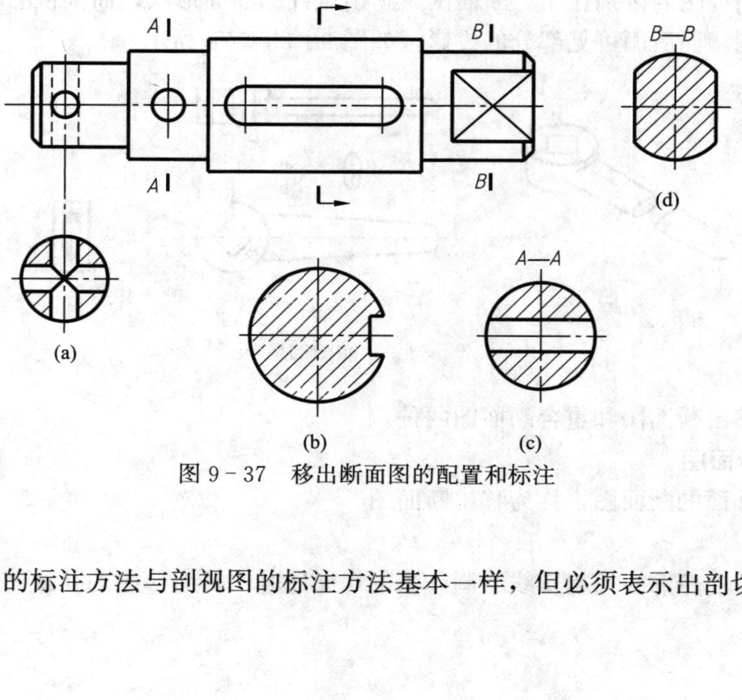


图 9－37　移出断面图的配置和标注

3. 标注

移出断面图的标注方法与剖视图的标注方法基本一样，但必须表示出剖切位置。用剖切符号表示剖切位置和投射方向（用箭头表示），并标注字母，在相应移出断面图上方中间位置用同样的字母标注相应的名称“×—×”。

下述情况，标注可省略：

（1）配置在剖切符号延长线上的不对称的移出断面图，可省略字母和断面图名称，如图9－37（b）中键槽处的断面图。

（2）按投影关系配置的移出断面图，以及不配置在剖切符号延长线上的对称的移出断面图，可以省略箭头，如图9－34（b）和图9－37（c）所示。

（3）配置在剖切线延长线上的对称的移出断面图，以及配置在视图中断处的对称移出断面图，可省略标注，如图9－37（a）和图9－38所示。

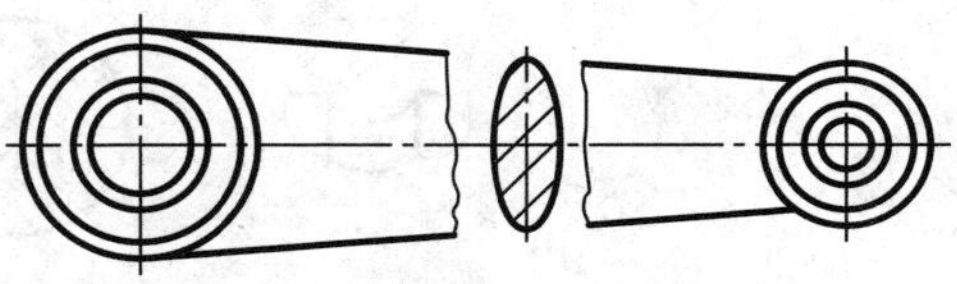

图9－38　移出断面图画在视图中断处

**二、重合断面图**

画在视图里面的断面图，称为重合断面图，如图9－39所示。当断面形状简单，且不影响图形清晰的情况下，才采用重合断面图。

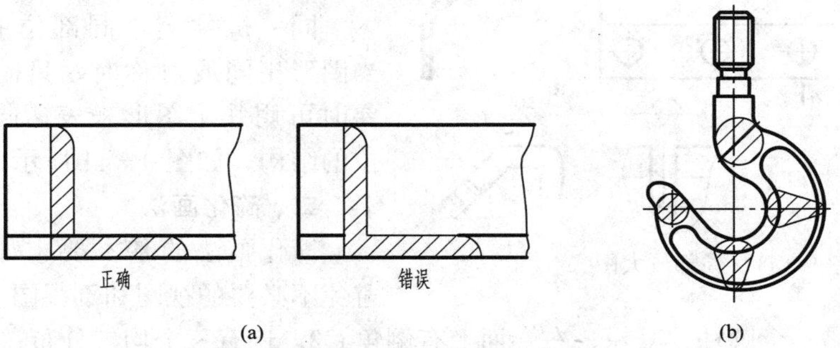


图9－39　重合断面图

重合断面图的轮廓线用细实线绘制。当视图中的轮廓线与重合断面图重叠时，视图中的轮廓线仍需完整地画出，不可间断，如图9－39（a）所示。对称的重合断面图不必标注，不对称的重合断面图可省略标注。

## 第四节　其他规定画法和简化画法

制图时，在不影响对机件表达完整和清晰地前提下，应力求制图简便。国家标准规定了一些规定画法和简化画法，本节将介绍一些常用的图样画法。

**一、局部放大图**

把机件上的部分结构用大于原图形所采用的比例画出的图形，称为局部放大图。这种画法用在机件某些细小结构在视图上表示不清楚或标注有困难时，如图9－40所示，Ⅰ和Ⅱ处均为局部放大图。

局部放大图可画成视图、剖视图或断面图，根据需要而定，它与被放大部位原来的表示方法无关。画局部放大图时，应用细实线圈出被放大部分的部位（圆圈或长圆圈）。当同一机件上有几个被放大的部分时，应用罗马数字依次标明被放大的部位，并在局部放大图的上方标注出相应的罗马数字和采用的比例。罗马数字与比例之间的横线用细实线画出。当机件上仅有

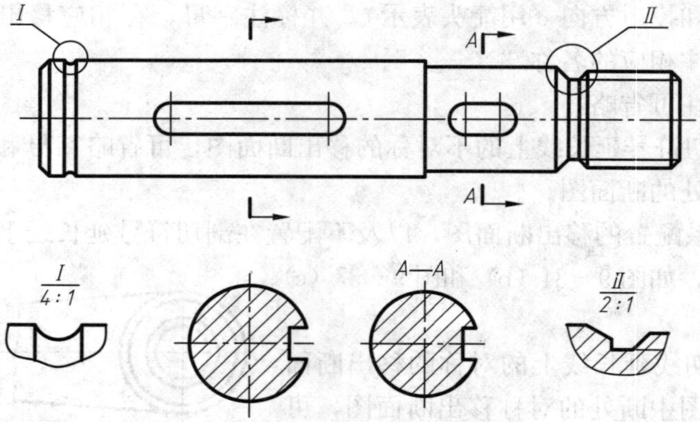


图 9－40　局部放大图一

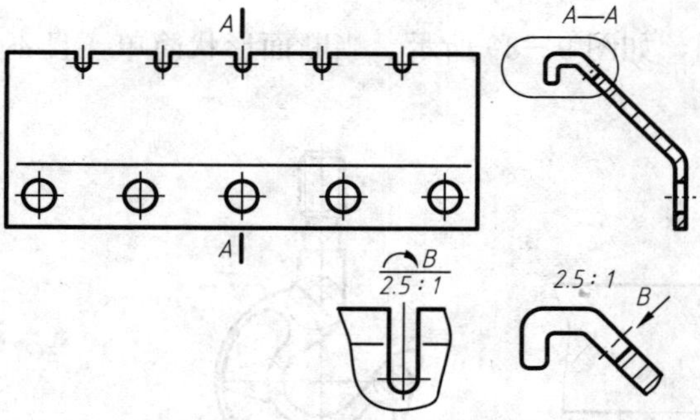


图 9－41　局部放大图二

一个需要放大的部位时，在局部放大图的上方只需注明采用的比例即可。局部放大图应尽量配置在被放大部位的附近。

同一机件上不同部位的局部放大图，当图形相同或对称时，只需画出一个。必要时可用几个图形来表达同一个被放大部位的结构，如图 9－41 所示。

## 二、简化画法

简化画法的基本要求如下：第一，应避免不必要的视图和剖视图。如图 9－42 所示，机件主体是一个圆柱，其左、右端面上有倒角 $C2$，还有三个均匀分布在圆周上的圆孔，圆孔右端有倒角 $C1$。简化后，在尺寸的配合下，一个视图已将机件结构表达完整、清晰。零件图中小圆角、锐边的 45°小倒角允许省略不画，但必须注明尺寸或在技术要求中加以说明。第二，在不致引起误解时，应避免使用虚线表示不可见的结构。第三，尽可能使用国家标准规定的符号，表达设计要求，如图 9－42 中 EQS 表示“均布”。第四，尽可能减少相同结构要素的重复绘制，如图 9－43 所示。

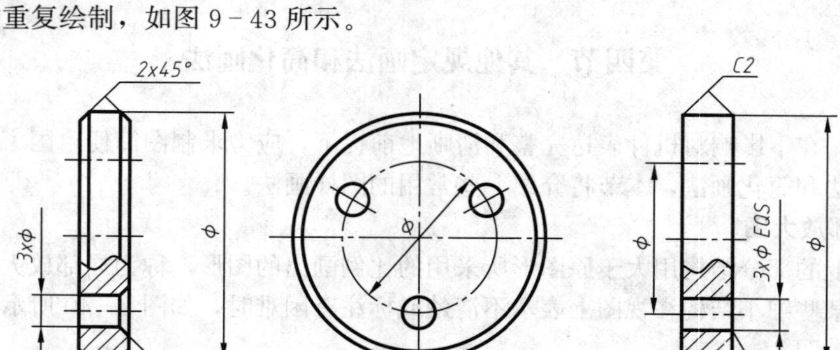


图 9－42　简化视图和剖视图

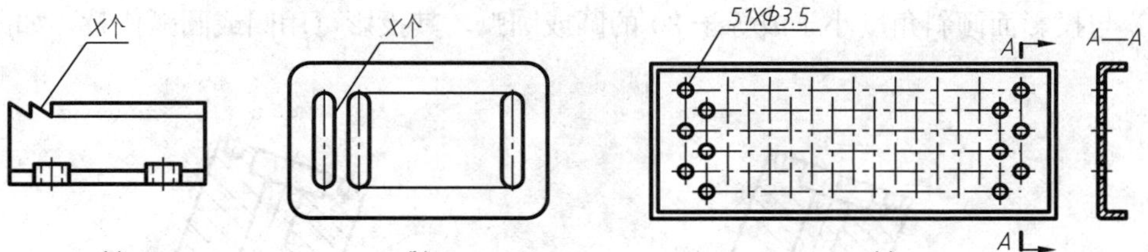

(a)　(b)　(c)

图 9 - 43　规律分布的结构要素的简化画法

（1）相同结构。当机件具有若干相同结构，并按一定规律分布时，只需画出其中几个完整的结构，其余用细实线连接，在图中必须注明该结构的总数；若干直径相同且成规律分布的孔，可以仅画出一个或少量几个，其余只用细点画线表示其中心位置，如图 9 - 43 所示。

（2）剖切平面前的结构。在需要表示位于剖切平面前的结构时，这些结构按假想投影的轮廓线（细双点画线）绘制，如图 9 - 44 所示。

（3）剖面符号。在不致引起误解的情况下，剖面符号可省略，如图 9 - 45 所示。

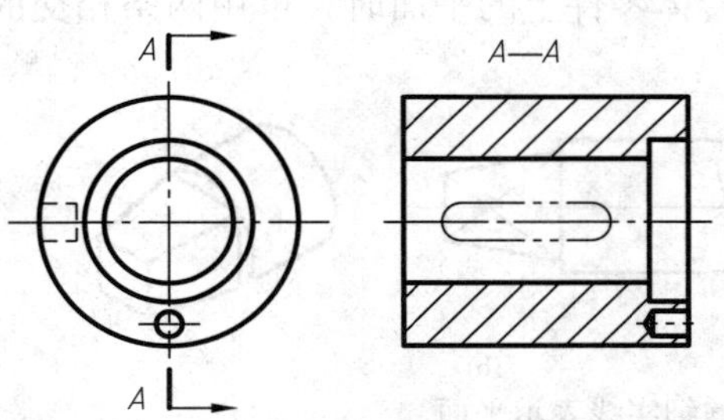

图 9 - 44　剖切平面前的结构按假想投影的轮廓线绘制

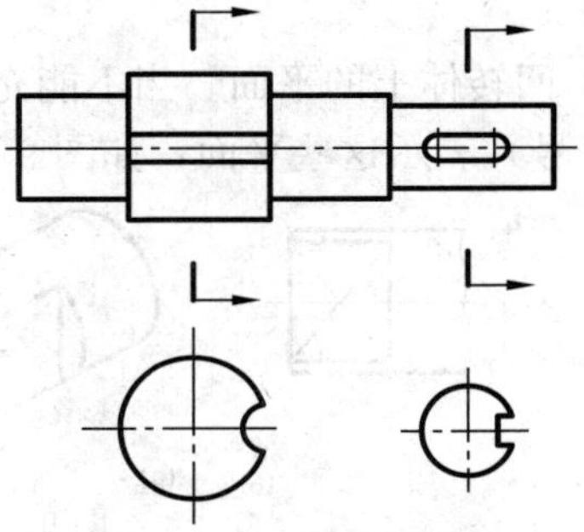
图 9 - 45　省略剖切符号

（4）剖视图中再作局部剖。在剖视图的剖面区域中可再作一次局部剖视，这种方法习惯上称为“剖中剖”。此时，两个剖面的剖面线应同方向、同间隔，但要互相错开，并用引出线标注其名称，如图 9 - 46 所示。

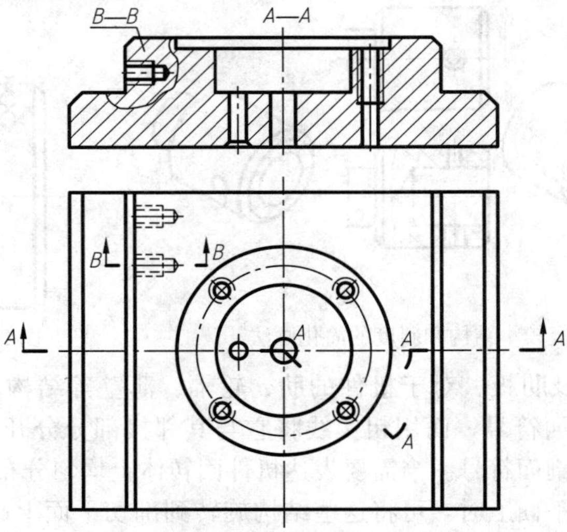

图 9 - 46　剖视图中再作局部剖视

（5）与投影面倾斜角度小于或等于 30°的圆或圆弧，其投影可用圆或圆弧代替，如图 9－47 所示。

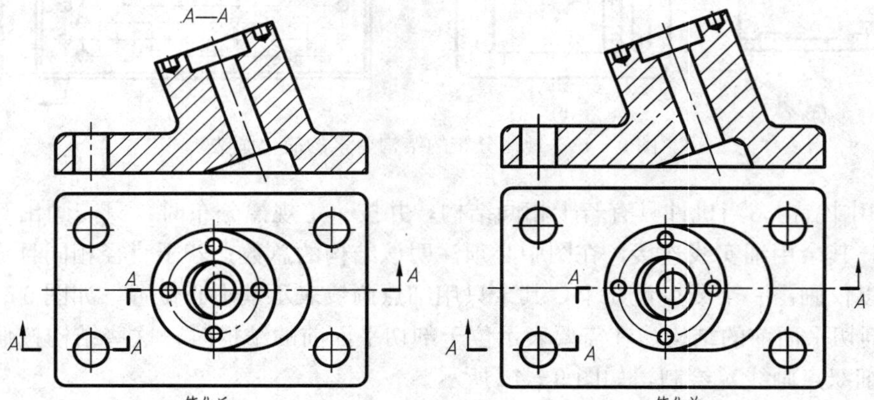


简化后　　简化前

图 9－47　与投影面夹角≤30°的圆、圆弧画法

（6）回转体上的平面。当不能充分表达回转体零件上的平面时，可用两条相交的细实线（平面符号）表示这些平面，如图 9－48 所示。

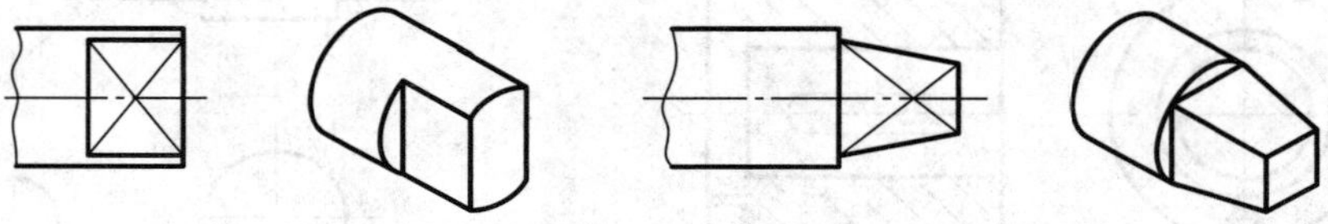

(a)　　(b)

图 9－48　用相交的细实线表示平面

（7）较小结构及斜度。当机件上较小的结构及斜度已在一个图形中表达清楚时，其他图形应当简化或省略，如图 9－49 所示。

（8）滚花。机件上的滚花应采用粗实线完全或部分地表示出来，如图 9－50 所示。

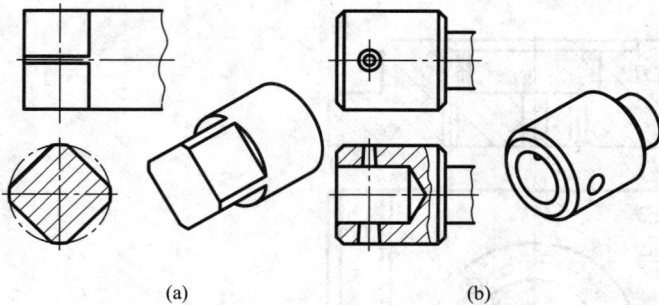

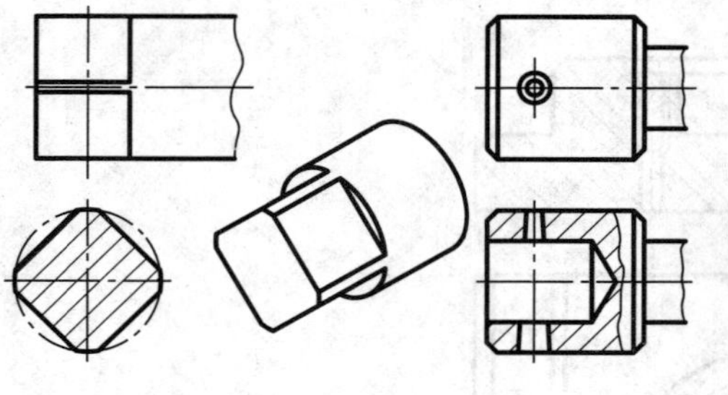

(a)　　(b)

图 9－49　机件上较小结构和斜度的简化画法

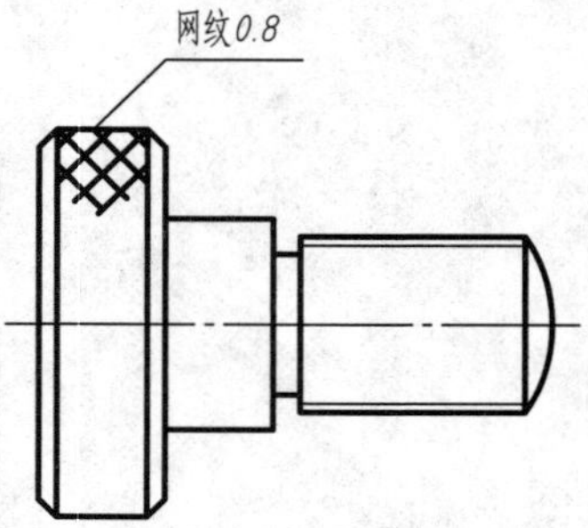


图 9－50　滚花的简化画法

（9）均匀分布的孔及肋板。对于机件的肋、轮辐、薄壁等结构，如剖切平面按纵向剖切，这些结构都不画剖面符号，而用粗实线将它与其邻接部分分开；如剖切平面按横向剖切，这些结构必须画出剖面符号。当需要表达机件回转体上均匀分布的肋、轮辐、孔等，而这些结构又不处于剖切平面上时，可将这些结构旋转到剖切平面上画出，不需加任何标注，如图 9－51 所示。

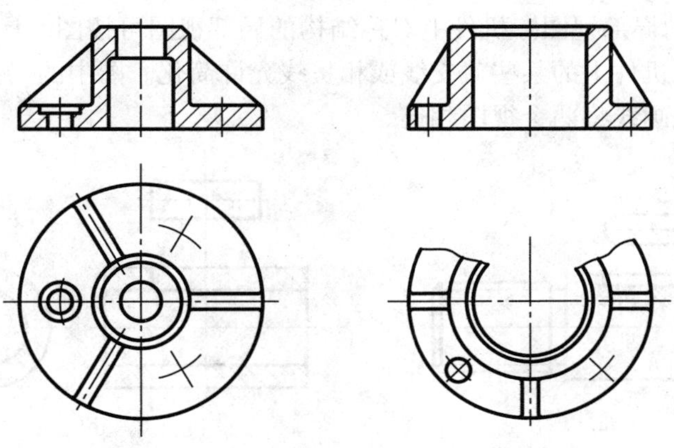

(a)　　　　(b)

图 9－51　均匀分布的孔及肋板的简化画法

(10) 对称机件的视图。在不会引起误解时，对称机件的视图可只画出一半或四分之一，并在对称中心线的两端画出两条与其垂直的平行细实线，如图 9－52 所示。

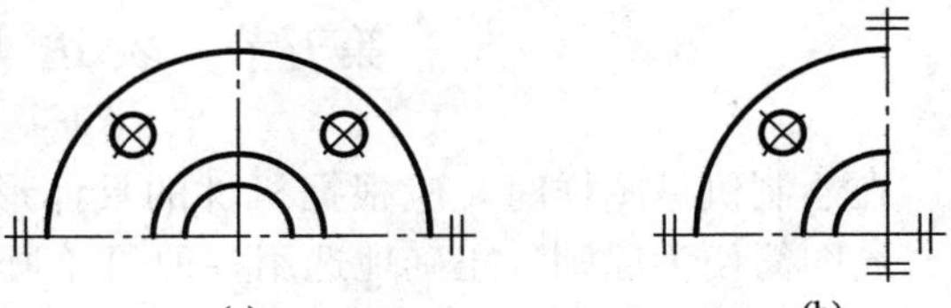

(a)　　　　(b)

图 9－52　对称机件的简化画法

(11) 断裂画法。较长的机件沿长度方向的形状一致或按一定规律变化时，如轴、杆、型材、连杆等，可以断开后缩短绘制，但要标注实际尺寸，如图 9－53 所示。断裂边界用波浪线绘制，也可用双折线或细双点画线绘制。

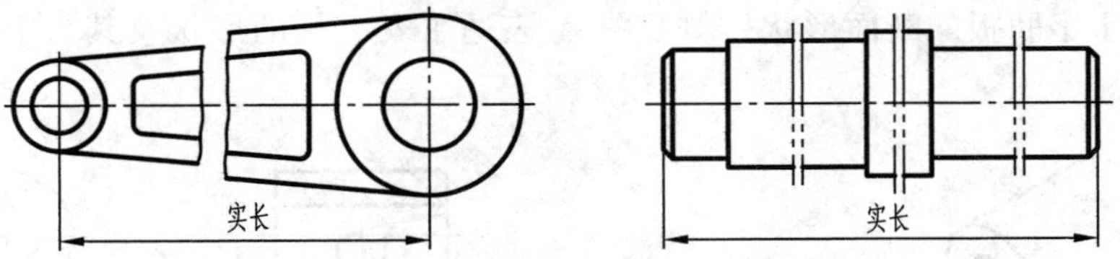


图 9－53　断裂画法

(12) 法兰结构。圆柱形法兰和类似零件上均匀分布的孔可按图 9－54 所示的方法表示(由机件外向该法兰端面方向投影)。

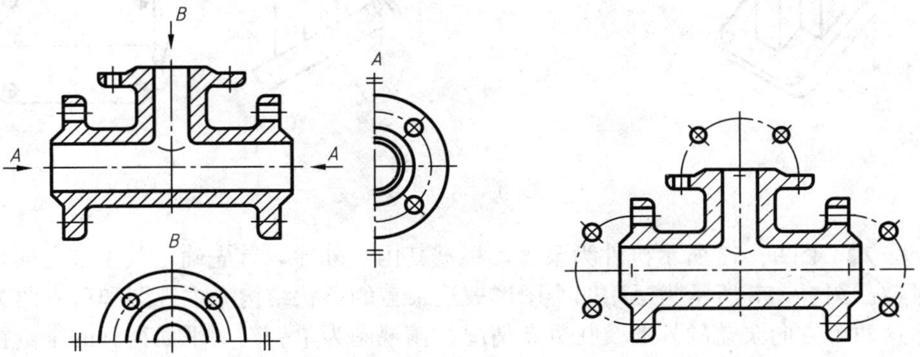


简化前　　　　简化后

图 9－54　法兰上均布孔的画法

（13）对称结构的局部视图。机件上对称结构的局部视图可按图 9－55 所示的方法绘制。在不致引起误解时，机件上的某些截交线或相贯线允许简化。图中的局部视图是按第三角画法配置的，需用细点画线将两个视图相连。

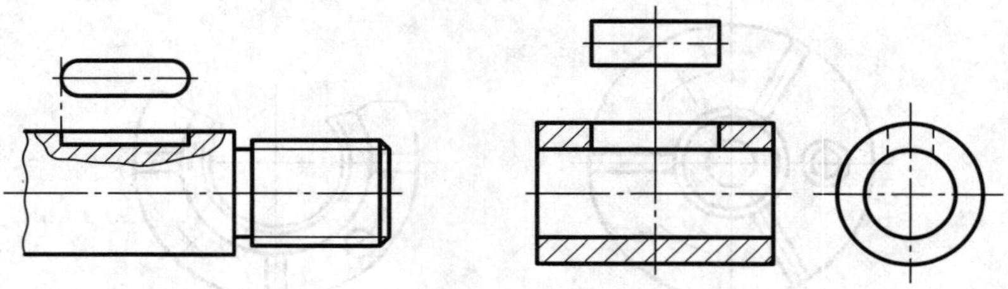

(a) (b)

图 9－55 对称结构的局部视图

## 第五节 表达方法综合举例

在绘制机械图样时，应根据机件的具体形状和结构，以完整、清晰为目的，以读图方便、绘图简便为原则，正确地选用各种图样画法。下面举例说明。

**【例 9－1】** 图 9－56（a）所示支架由圆筒、安装板和十字肋板三部分构成。首先确定主视方向，机件前后对称。图 9－56（b）所示为运用四个图形表达支架的形状结构。主视图两处采用局部剖视，既表达了三部分的外部形状和相对位置，又表达了圆筒的通孔、安装板的小通孔；左视图为局部视图，表达了圆筒和十字肋板左视外形和宽度的相对位置；移出断面图表达了十字肋板的断面形状；斜视图 $A$ 表达了安装板的形状及其与十字肋板的宽度方向相对位置。

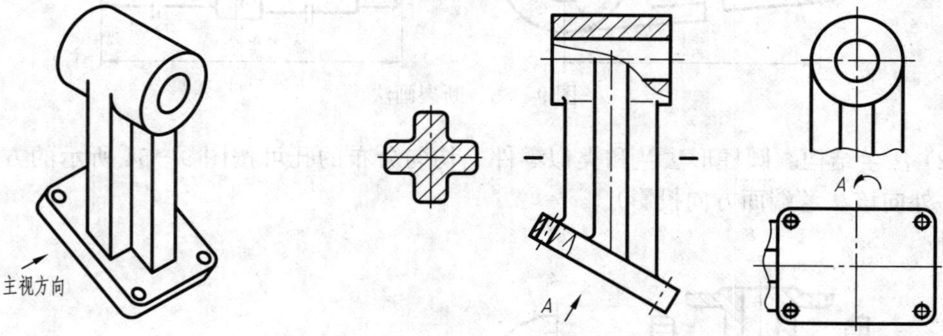


(a) (b)

图 9－56 支架

**【例 9－2】** 图 9－57 所示机件为泵盖，根据其内、外形，首先确定其主视方向，机件左右基本对称。图 9－58 所示为运用四个图形表达泵盖的形状结构。主视图和后视图为外形视图，表达这两个方向泵盖的外形及孔分布情况；俯视图为单一剖切平面得到的全剖视图，表达了中间横向孔的结构和相对位置；左视图为全剖视图，采用了复合剖的方法，表达其内部各种孔的结构，并用细虚线表达了泵盖的不可见轮廓。

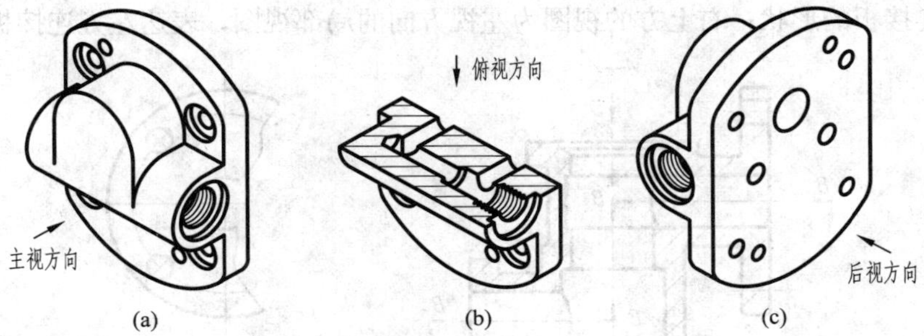


图 9-57　泵盖

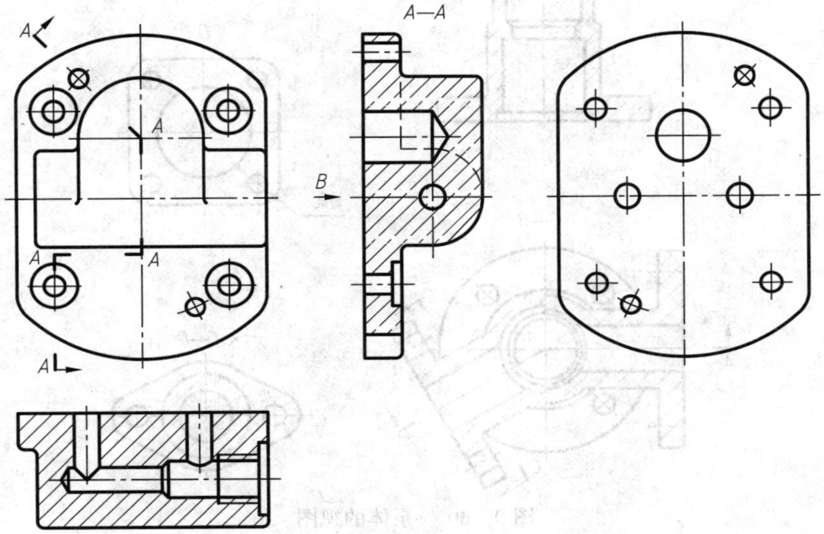


图 9-58　泵盖的视图

【例 9-3】 图 9-59 所示机件为泵体，由圆筒和四个连接板组成，根据其内、外形，首先确定其主视方向。图 9-60 所示为运用五个图形表达泵盖的形状结构。主视图 $A$—$A$ 是由两个相交的剖切面得到的全剖视图，表达了左、右两个连接板和圆筒的内部结构；俯视图 $B$—$B$ 是由两个平行的剖切平面剖切得到的全剖视图，表达了下方连接板的形状和宽度方向各形体的相对位置；斜剖视图 $C$—$C$ 表达了右方连接板的形状；局部视图 $D$ 为俯视方向的局部视图，

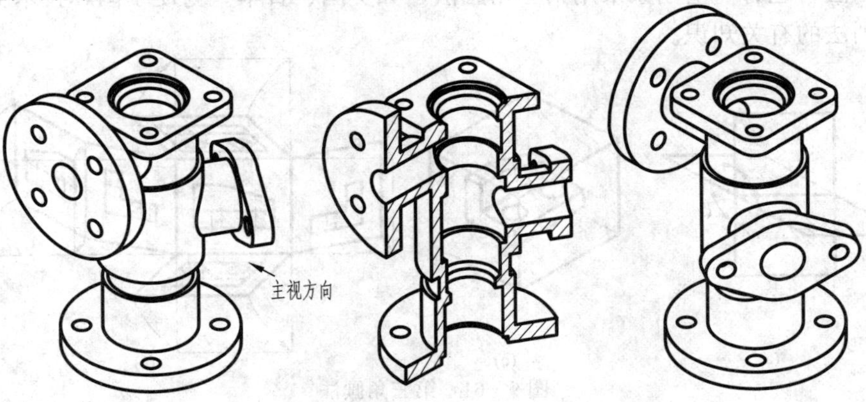


图 9-59　泵体

表达了上方连接板的形状；右上方的视图为左视方向的局部视图，表达左方连接板的形状。

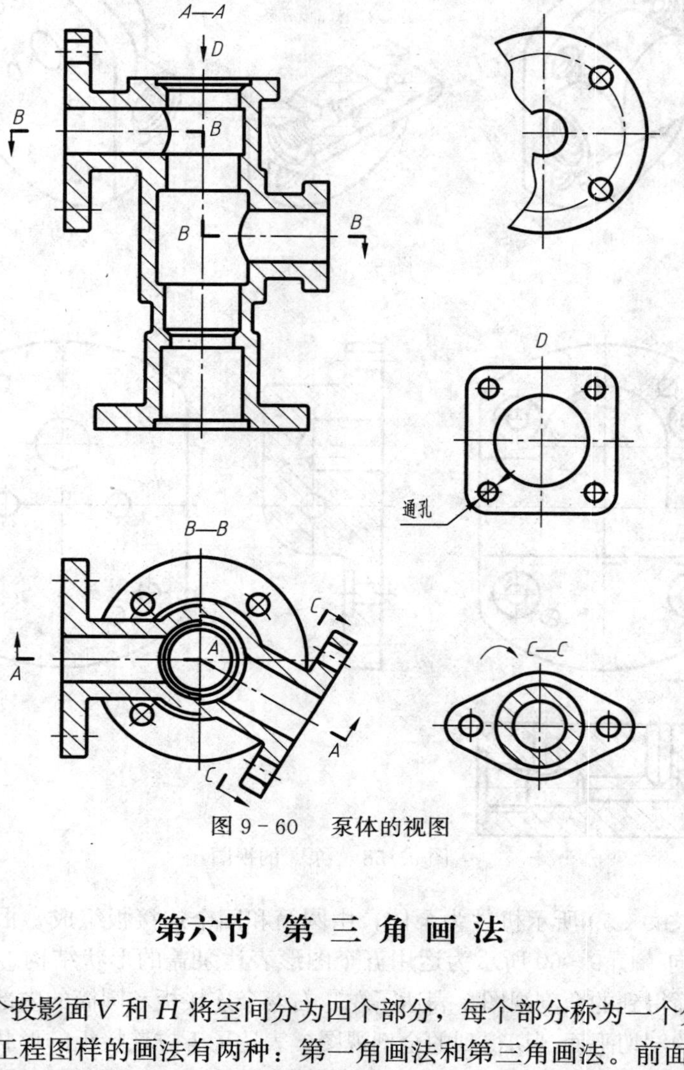


图 9－60　泵体的视图

## 第六节　第 三 角 画 法

互相垂直的两个投影面 $V$ 和 $H$ 将空间分为四个部分，每个部分称为一个分角，如图 9－61（a）所示。国际上工程图样的画法有两种：第一角画法和第三角画法。前面各章的图形均采用第一角画法。也有一些国家采用第三角画法，如美国、日本。为便于国际技术交流，应学习第三角画法的有关知识。

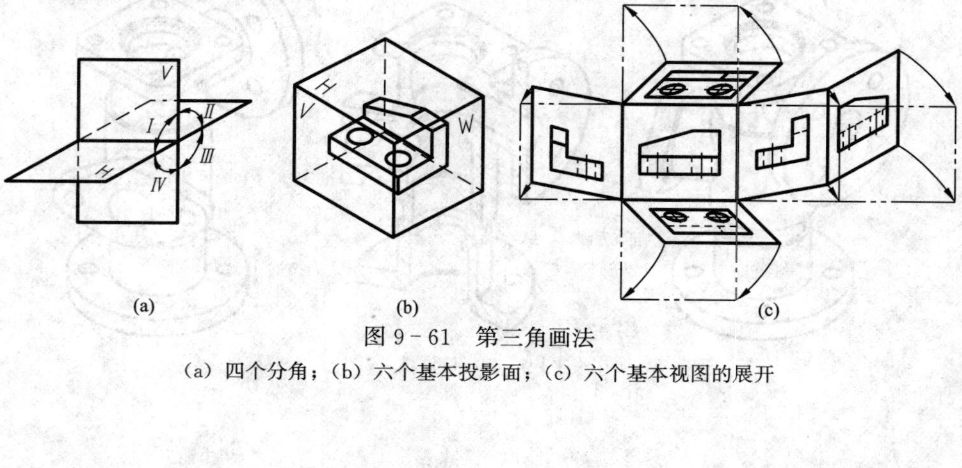


图 9－61　第三角画法

（a）四个分角；（b）六个基本投影面；（c）六个基本视图的展开

将机件放在第三分角内，使投影面处于机件和观察者之间，按正投影法进行投射，在投影面上得到图形，这种方法称为第三角画法。此时，机件在 $V$ 面之后、$H$ 面之下、$W$ 面之左，如图 9－61（b）所示。第三角画法的投影面展开时，$V$ 面保持不动，但 $H$ 面是向上旋转，$W$ 面向前旋转，其他投影面按图中箭头展开，如图 9－61（c）所示。第三角画法得到的六个视图配置如图 9－62 所示。

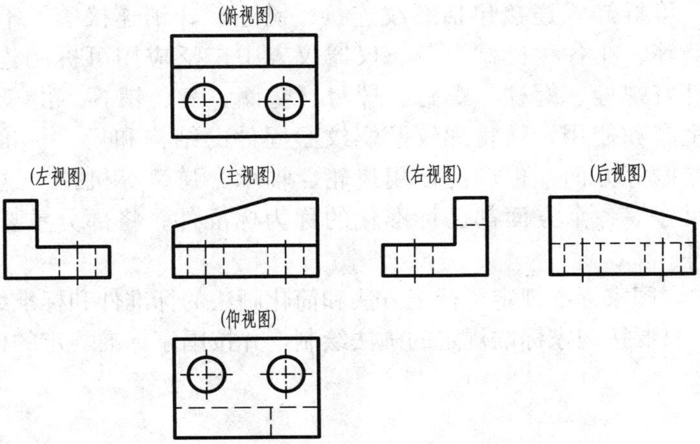


图 9－62　第三角画法六个基本视图的配置

第一角画法和第三角画法都采用正投影法，所以正投影法的基本原理和投影规律两者完全相同。对照图 9－2 和图 9－62，两种画法不同之处在于：①视图的配置不同；②第三角画法中，除后视图外，其他视图靠近主视图的一方是机件的前方，远离主视图的一方是机件的后方。这与第一角画法是相反的。

国家标准规定，我国采用第一角画法，必要时（例如在合同约定下）也可采用第三角画法。图 9－63 给出第一角画法和第三角画法的投影识别符号。投影识别符号一般放置在标题栏中名称及代号区下方。如果采用第一角画法时，可以省略标注。

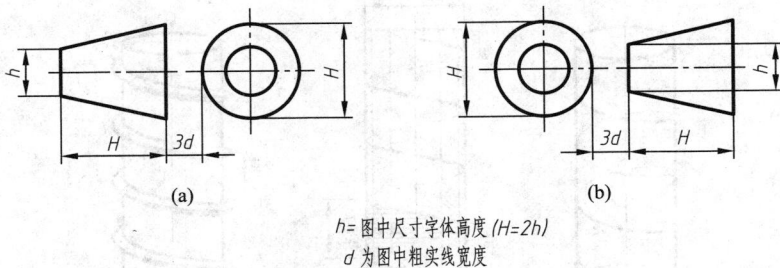

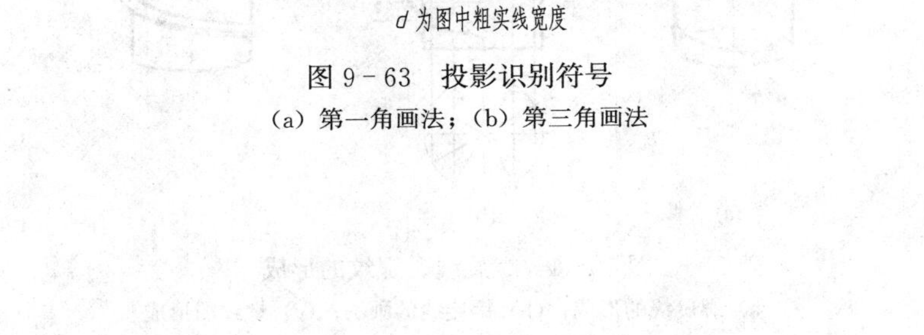


图 9－63　投影识别符号

（a）第一角画法；（b）第三角画法

# 第十章 标准件和常用件

在机器或部件的装配、安装中将零件与零件连接起来的方式有可拆卸式连接和不可拆卸式连接两大类。可拆卸式连接包括螺纹连接、键连接、销连接等，不可拆卸式连接有铆接、焊接、粘接等。在各种机械设备、仪器仪表中广泛应用可拆卸连接，常用螺纹连接中的螺纹紧固件有螺栓、螺柱、螺钉、螺母、垫圈、键、销等。由于螺纹紧固件被大量使用，为方便生产和使用，已将螺纹及螺纹紧固件的结构和尺寸标准化。同时，在机械传动、支承、减振等方面，也广泛使用齿轮、轴承、弹簧等机件。这些被大量使用的机件，在结构、尺寸等各个方面都已标准化的称为标准件；将部分重要参数标准化、系列化的称为常用件。

在工程图样中，国家标准规定了标记方法和简化画法的标准件和标准结构，不需要画出真实的结构投影，只要按国家标准规定的画法绘制，并按国家标准规定的代号或标记方法进行标注即可。

## 第一节 螺 纹

### 一、螺纹的形成

如图 10-1（a）所示，当动点 $A$ 沿圆柱面的母线做等速直线运动，而母线又同时绕圆柱轴线做等速旋转运动时，动点 $A$ 的运动轨迹称为圆柱螺旋线。母线旋转一周，动点轴向移动的距离 $P_h$，称为螺旋线的导程。

图 10-1（b）所示为螺旋线的画法。

螺纹是指在圆柱或圆锥表面上沿螺旋线所形成的，具有相同剖面的连续凸起和沟槽。内外螺纹成对使用，可用于各种机械连接，以及传递运动和动力。如图 10-1（c）所示，若将

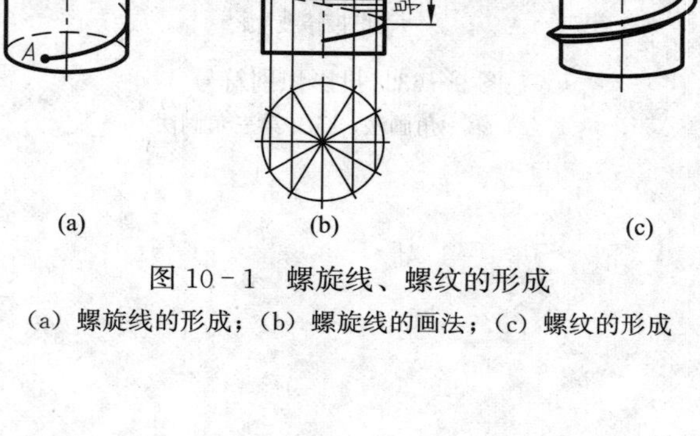

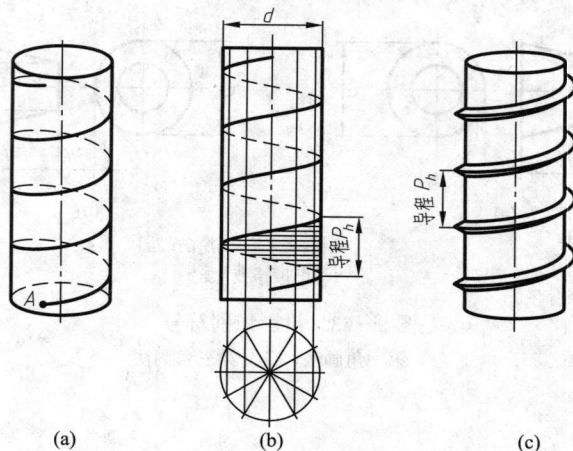

图 10-1 螺旋线、螺纹的形成

（a）螺旋线的形成；（b）螺旋线的画法；（c）螺纹的形成

动点 $A$ 换成一个与轴线共面的平面图形（如三角形、梯形等），便形成相应的螺纹（三角形螺纹、梯形螺纹等）。

螺纹可车削而成［见图 10-2（a）］。装夹在车床卡盘上的工件等速旋转，车刀沿其轴线方向等速直线移动，刀尖相对于工件表面的运动轨迹即为圆柱螺旋线。在圆柱表面上形成的螺纹为圆柱螺纹；在圆锥表面上形成的螺纹为圆锥螺纹。当车刀切入工件一定深度时，便在工件表面加工出螺纹。在零件外表面上形成的螺纹称为外螺纹，在零件内表面上形成的螺纹称为内螺纹。螺纹的加工方法还可以用成形刀具加工，如图 10-2（b）所示加工内螺纹的丝锥、加工外螺纹的板牙和用碾压法加工螺纹的模具。

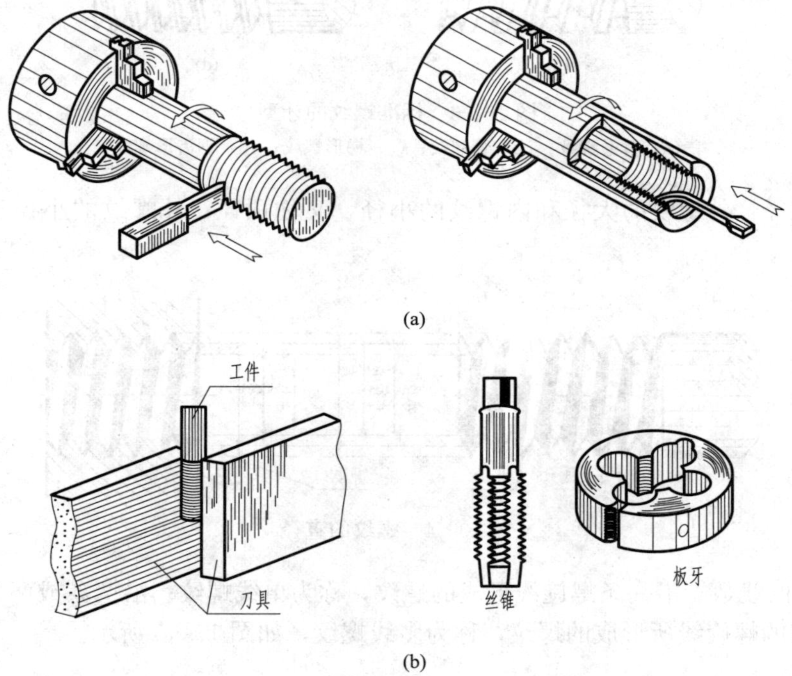


图 10-2　螺纹加工

（a）车削螺纹；（b）加工螺纹的成形刀具

## 二、螺纹的要素和结构

1. 螺纹的要素

（1）螺纹的牙型。在通过螺纹轴线的剖面上，螺纹的轮廓形状称为螺纹牙型。常见的螺纹牙型有三角形、梯形、锯齿形等，如图 10-3 所示。

（2）螺纹的直径（见图 10-4）。

大径：螺纹的最大直径，又称公称直径，即与外螺纹牙顶或内螺纹牙底相切的假想圆柱面的直径。外螺纹的大径用 $d$ 表示，内螺纹的大径用 $D$ 表示。

小径：螺纹的最小直径，即与外螺纹的牙底或内螺纹的牙顶相切的假想圆柱面的直径。外螺纹的小径用 $d_1$ 表示，内螺纹的小径用 $D_1$ 表示。

中径：在大径和小径之间有一假想圆柱面，在其母线上牙型的沟槽宽度和凸起宽度相等，此假想圆柱面的直径称为中经，外螺纹中径用 $d_2$ 表示，内螺纹中径用 $D_2$ 表示。

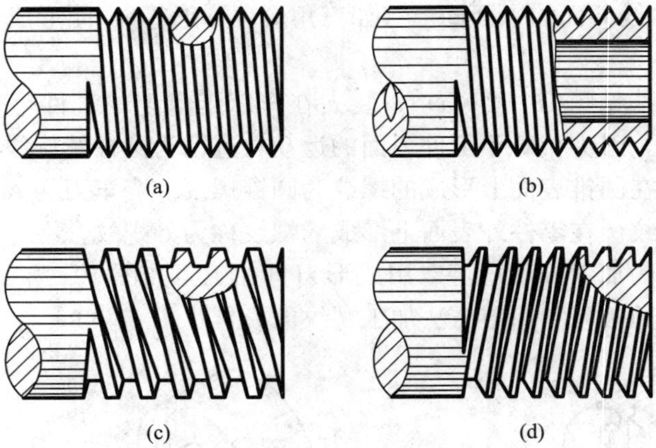


图 10－3　标准螺纹的牙型

（a）普通螺纹；（b）管螺纹；（c）梯形螺纹；（d）锯齿形螺纹

顶径和底径：外螺纹的大径和内螺纹的小径，又称顶径；外螺纹的小径和内螺纹的大径，又称底径。

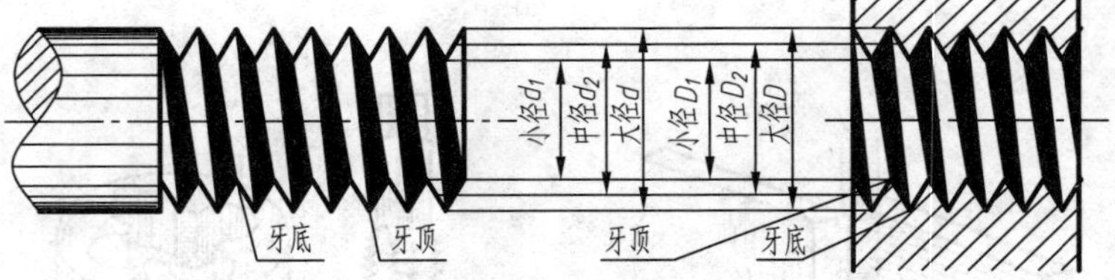


图 10－4　螺纹的直径

（3）螺纹的线数。沿一条螺旋线形成的螺纹，称为单线螺纹；沿两条或两条以上且在轴向等距离分布的螺旋线所形成的螺纹，称为多线螺纹，如图 10－5 所示。

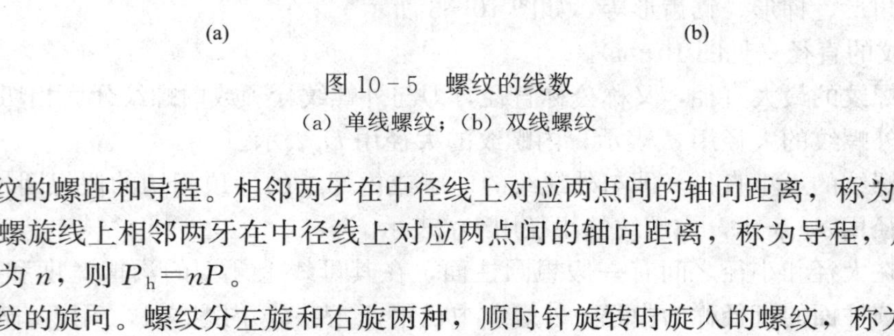

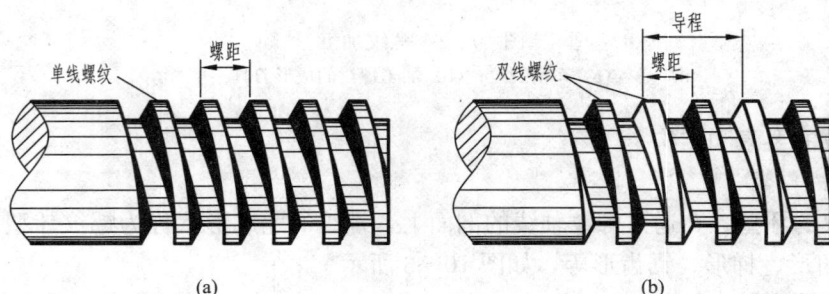

图 10－5　螺纹的线数

（a）单线螺纹；（b）双线螺纹

（4）螺纹的螺距和导程。相邻两牙在中径线上对应两点间的轴向距离，称为螺距，用 $P$ 表示。同一螺旋线上相邻两牙在中径线上对应两点间的轴向距离，称为导程，用 $P_h$ 表示。若螺旋线数为 $n$，则 $P_h=nP$。

（5）螺纹的旋向。螺纹分左旋和右旋两种，顺时针旋转时旋入的螺纹，称为右旋螺纹；

逆时针旋转时旋入的螺纹，称为左旋螺纹。常用的螺纹为右旋螺纹。螺纹旋向的判断方法如图 10－6 所示。

当螺纹的牙型、大径、螺距、线数和旋向五个要素完全相同，内、外螺纹能成对配合使用，内、外螺纹才能相互旋合。

国家标准对螺纹的牙型、公称直径和螺距三个要素规定了标准值。凡螺纹三要素符合标准的称为标准螺纹。只有牙型符合标准，而大径和螺距不符合标准的螺纹称为特殊螺纹。牙型不符合标准的螺纹则为非标准螺纹。

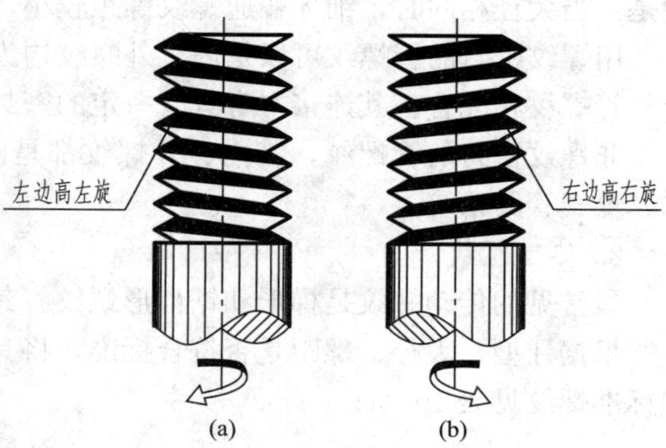

图 10－6　螺纹的旋向
(a) 左旋；(b) 右旋

2. 螺纹的结构

(1) 螺纹端部。为了便于安装和防止端部损坏，通常将螺纹端部做成规定的形状，如图 10－7 所示。为了便于内、外螺纹的旋合，在螺纹的端部制成 45°的倒角。

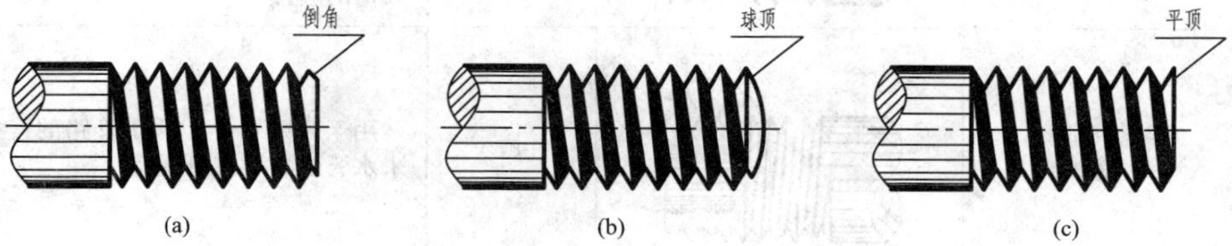

图 10－7　螺纹端部的常见形式
(a) 倒角；(b) 倒圆；(c) 平顶

(2) 螺尾及退刀槽。在制造螺纹时，由于退刀的缘故，螺纹的尾部会出现渐浅部分，这种不完整的牙型称为螺尾。为了避免这种现象，必要时可在螺纹终止处预先加工一个退刀槽，如图 10－8 所示。

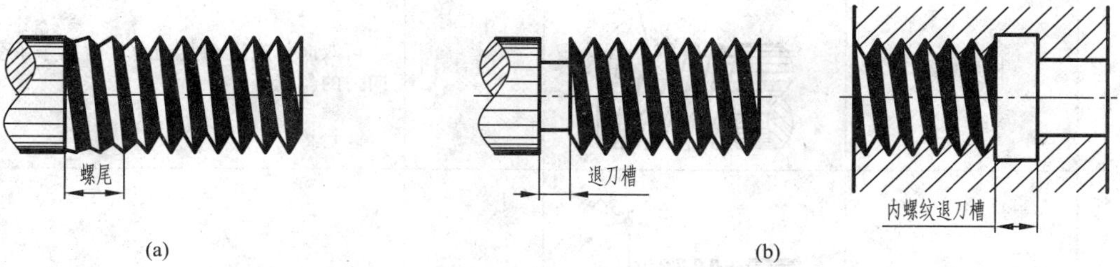

图 10－8　螺尾及退刀槽
(a) 螺纹收尾；(b) 退刀槽

## 三、螺纹的种类

螺纹按用途可分为连接螺纹和传动螺纹两大类。

1. 连接螺纹

最常用的螺纹就是普通螺纹。普通螺纹又分为粗牙普通螺纹和细牙普通螺纹。它们的区别是：当大径相同时，细牙普通螺纹螺距较小，小径较大（即牙浅）。

用螺纹密封的管螺纹可以是内、外螺纹均为圆锥形管螺纹，也可以是圆柱内管螺纹与圆锥外管螺纹相配合。其连接本身具有一定的密封性，常用于中、高压管路系统。

非螺纹密封的管螺纹，其内、外螺纹都是圆柱管螺纹，无密封性，常用于压力较低的水、煤气管路系统。

2. 传动螺纹

最常见的传动螺纹是梯形和锯齿形螺纹。其中，梯形螺纹应用最广。

根据牙型、大径、螺距是否符合标准，将其分为标准螺纹、特殊螺纹和非标准螺纹。常用标准螺纹见表 10-1。

**表 10-1　　常用标准螺纹**

| 螺纹种类 | | 外形及牙型图 | 特征符号 | 用途 |
|---|---|---|---|---|
| 连接螺纹 | 粗牙普通螺纹 | 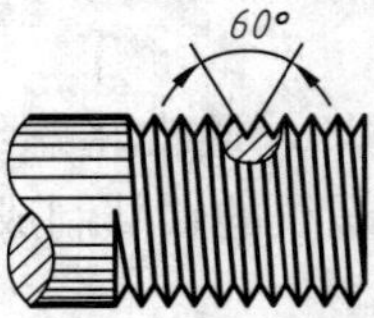 | M | 用于一般零件连接 |
| | 细牙普通螺纹 | | | 细牙螺纹多用于精密、薄壁、负荷大的零件上，还可用于承受变载、冲击、振动载荷的连接 |
| | 非螺纹密封管螺纹 | 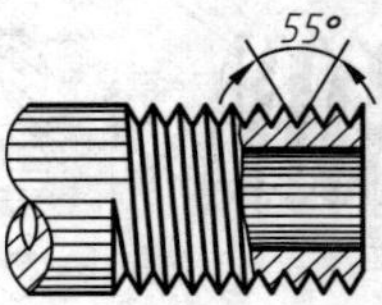 | G | 用于薄壁管子、低压管路的连接，如自来水管道、煤气管道等 |
| | 用螺纹密封的锥管螺纹 | 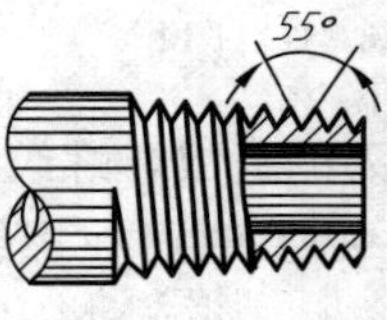 | 圆柱 $R_1$（外） $R_p$（内） 圆锥 $R_2$（外） $R_c$（内） | 锥管螺纹的锥度为 1∶16，其密封性能比圆柱管螺纹好，常用于中、高压管道的连接 |
| 传动螺纹 | 梯形螺纹 | 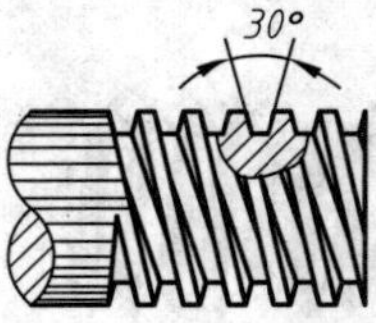 | Tr | 可双向传递运动及动力，常用于承受双向力的丝杠等 |
| | 锯齿形螺纹 | 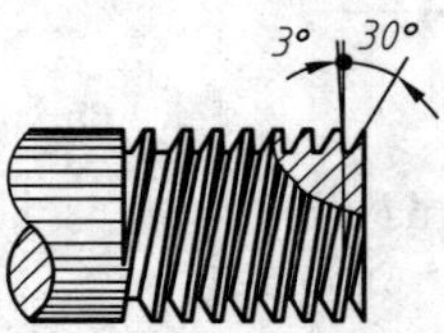 | B | 只能传递单向动力，如千斤顶的螺杆等 |

## 四、螺纹的规定画法

国家标准中统一规定了螺纹的画法，标准螺纹的所有结构要素均已标准化，绘图时不必画出螺纹的真实投影。

(1) 螺纹的牙顶（外螺纹的大径线、内螺纹的小径线）用粗实线表示；牙底（外螺纹的小径线、内螺纹的大径线）用细实线表示，并画进螺杆头部的倒角或倒圆部分，螺杆的倒角和倒圆部分也要画出。螺纹终止线用粗实线表示。在投影为圆的视图上，表示牙底的细实线只画约 3/4 圈，螺杆端面的倒角圆省略不画。螺尾一般不画。

(2) 在螺纹的剖视图或断面图中，剖面线都必须画到粗实线，如图 10－9 和图 10－10 所示。

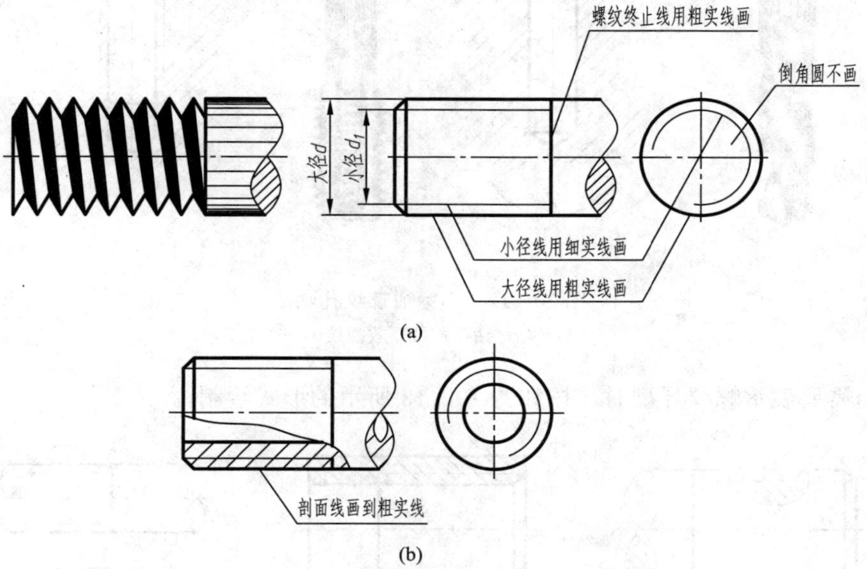


图 10－9 外螺纹规定画法

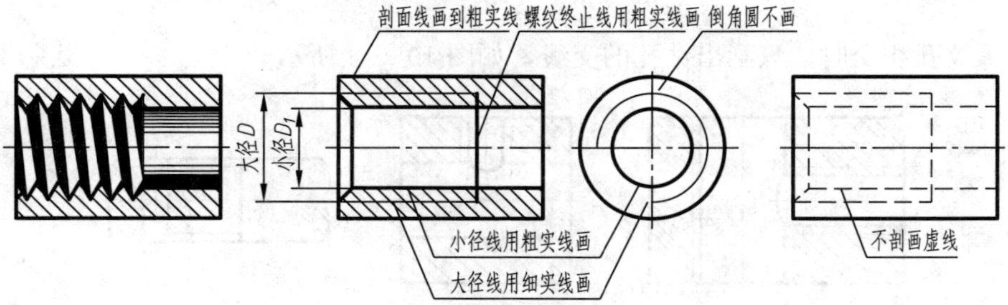


图 10－10 内螺纹规定画法

(3) 当需要表示螺尾时，表示螺尾部分牙底的细实线应与轴线呈 30°夹角，如图 10－11 所示。

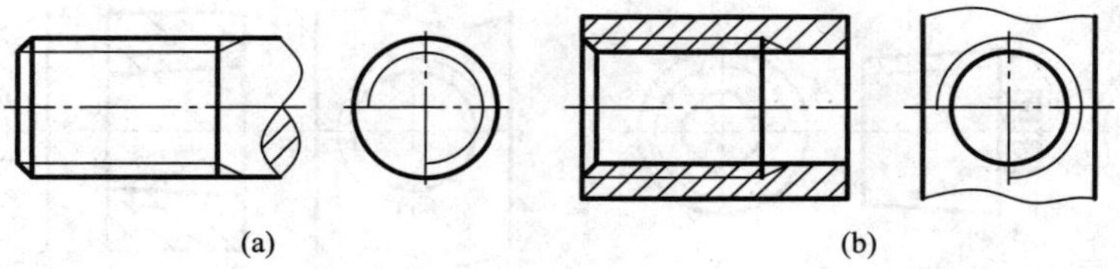


图 10－11 螺尾的画法

(a) 外螺纹；(b) 内螺纹

（4）绘制不穿通螺纹孔（或称为螺纹盲孔）时，一般应将钻孔深度与螺纹部分的深度分别画出，钻孔深度一般应比螺纹深度深 0.5*D*（*D* 为螺纹大径），钻头顶部有一锥顶角为 118°的圆锥结构，钻不通孔（称为盲孔）时在孔底形成一个圆锥面，为画图方便，钻头头部形成的锥顶角画成 120°，如图 10－12 所示。

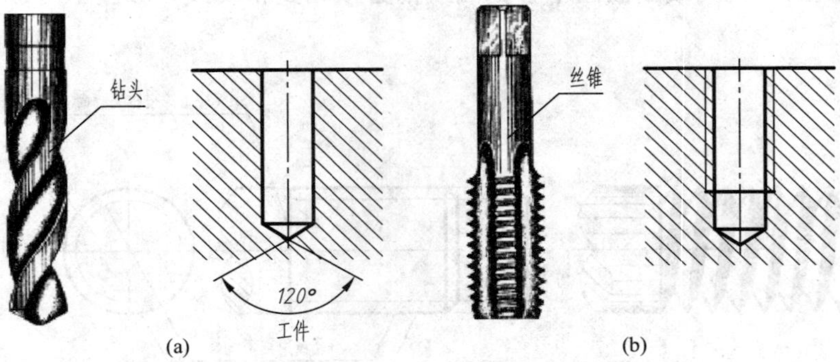


(a) (b)

图 10－12 不穿通螺纹孔画法

（a）钻孔；（b）攻螺纹

（5）当需要表示螺纹牙型时，按如图 10－13 所示的形式绘制。

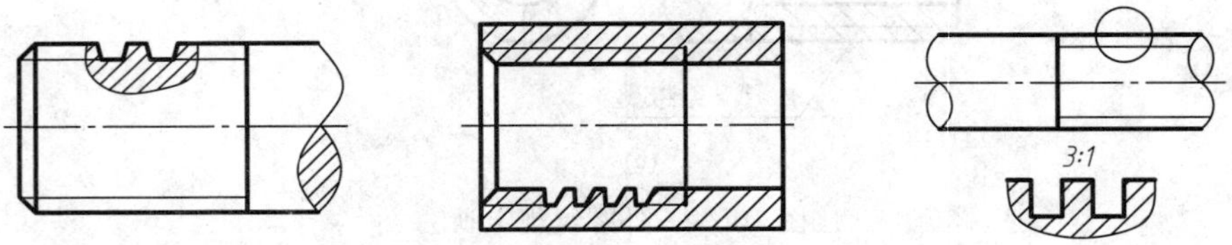


图 10－13 表示螺纹牙型的画法

（6）螺纹孔相交时，只画出钻孔的交线，如图 10－14 所示。

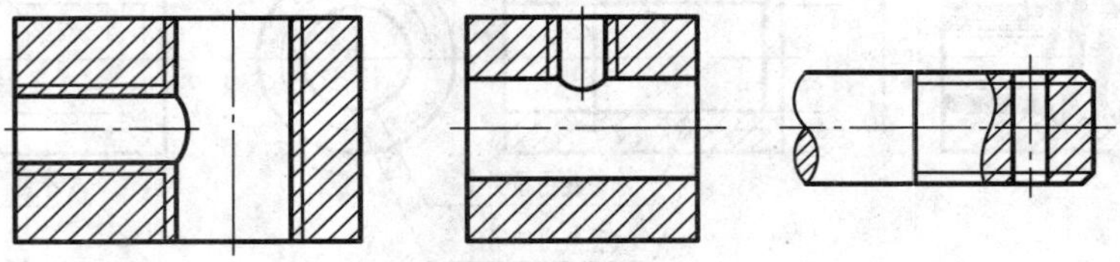

图 10－14 螺纹孔相交的画法

（7）圆锥外螺纹和圆锥内螺纹的画法如图 10－15 所示。

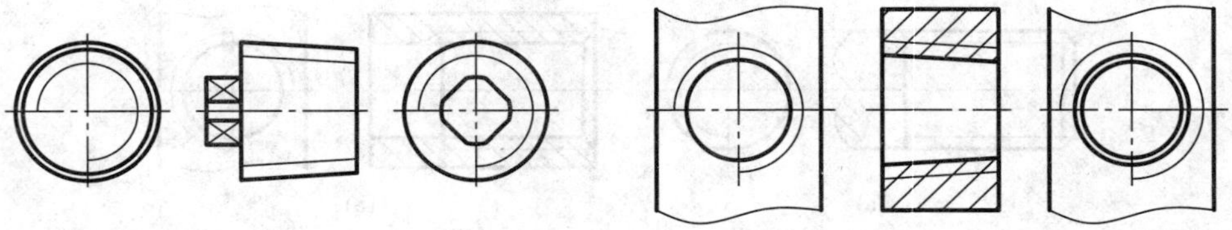

图 10－15 内外锥螺纹的画法

（8）零件上只有部分螺纹时，画法如图 10－16 所示。在垂直于螺纹轴线的视图上，表示螺纹牙底的细实线也应空出约 1/4。

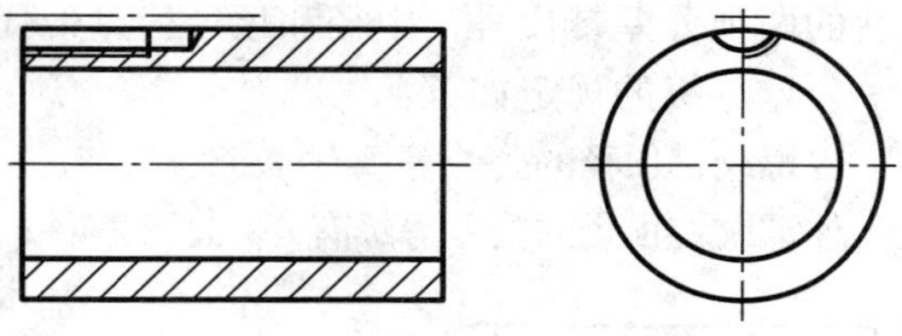

图 10－16　部分螺纹的画法

（9）螺纹连接的画法。内、外螺纹的连接以剖视图表示时，旋合部分按外螺纹画出，其余各部分仍按各自的画法表示。当剖切平面通过螺杆轴线时，螺杆按不剖绘制。内、外螺纹的大径线和小径线，必须分别位于同一条直线上，如图 10－17 所示。对于传动螺纹，应在旋合处用局部剖视表示几个牙型，见图 10－17（c）。

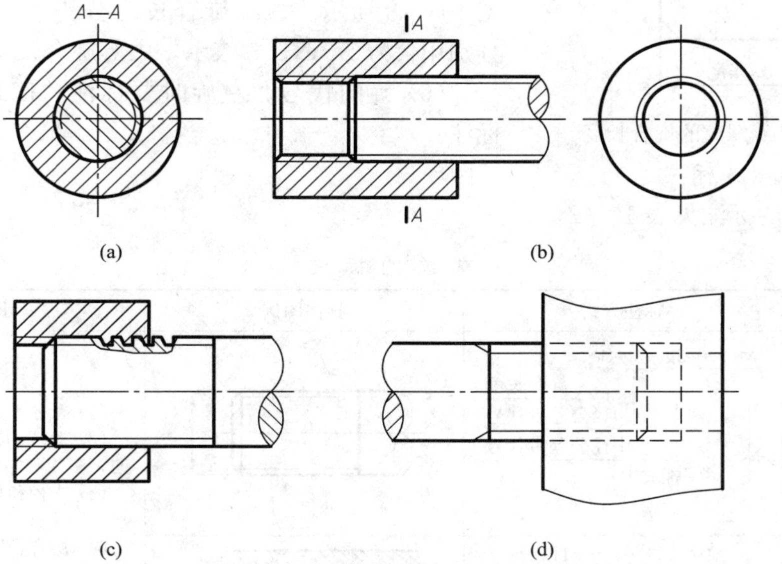


图 10－17　螺纹连接的画法

在内、外螺纹连接图中，同一零件在各个剖视图中剖面线的方向和间隔应一致；在同一剖视图中，相邻两零件剖面线的方向或间隔不同。

**五、螺纹的标注**

各种螺纹都按同一规定画法表示，为加以区别，应在图上注出国家标准规定的螺纹标记，见表 10－2。

1. 螺纹标注的基本格式

特征代号　公称直径×导程（*P* 螺距）　公差带代号—旋合长度代号—旋向代号

（1）螺纹特征代号。螺纹特征代号见表 10－1。

（2）公称直径。公称直径一般为螺纹大径，但在管螺纹标注中，螺纹特征代号（如 G）后面为尺寸代号，它是管子的内径，单位为英寸，管螺纹的直径要查相应的国家标准确定。

（3）导程（*P* 螺距）。单线螺纹的螺距与导程相同，导程（*P* 螺距）一项只注螺距，查标准确定。粗于普通螺纹和管螺纹不标注。

（4）公差带代号。公差带代号由表示其大小的公差等级数字和表示其位置的基本偏差代号的字母组成（外螺纹用小写字母，内螺纹用大写字母）。一般要同时注出中径在前、顶径在后的两项公差带代号。中径和顶径公差带代号相同时，只注一个，如 6g、7H 等。

公差等级的规定如下：

内螺纹：顶径的公差等级有 4、5、6、7、8 五种；中径的公差等级有 4、5、6、7、8 五种。

外螺纹：顶径的公差等级有 4、6、8 三种；中径的公差等级有 3、4、5、6、7、8、9 七种。

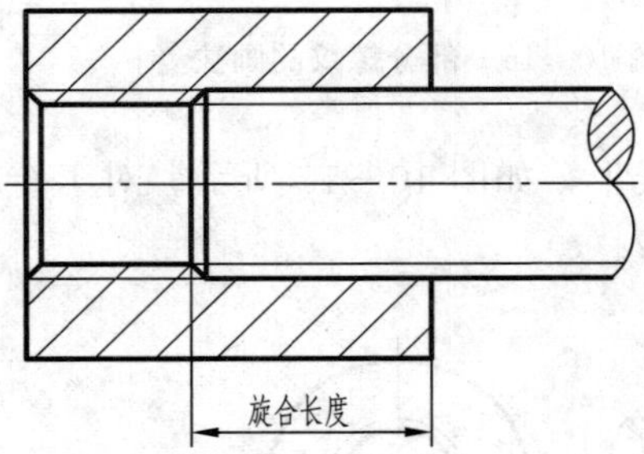


图 10－18 螺纹的旋合长度

基本偏差规定如下：

内螺纹的基本偏差有 G、H 两种；外螺纹的基本偏差有 e、f、g、h 四种；中径和顶径的基本偏差相同。

（5）旋合长度代号。两个互相配合的螺纹，沿其轴线方向相互旋合部分的长度，称为旋合长度，如图 10－18 所示。螺纹旋合长度分为短、中、长三组，分别用代号 S、N、L 表示，中等旋合长度 N 不标注。

（6）旋向代号。左旋时要标注“LH”，右旋时不标注。

2. 标准螺纹的标注

标准螺纹的标注见表 10－2。

**表 10－2** **螺纹的标注**

| 螺纹种类 | | 标注方式 | 标注图例 | 用途 |
|---|---|---|---|---|
| 连接螺纹 | 粗牙普通螺纹 | M 10-5g 6g-S<br>旋合长度<br>顶径公差带代号<br>中径公差带代号<br>螺纹大径<br>牙型 | 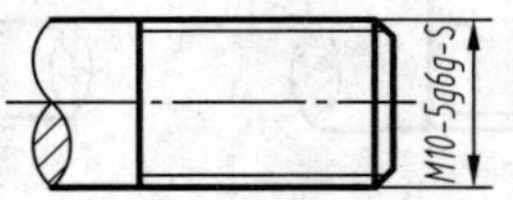 | （1）粗牙不注螺距；<br>（2）单线右旋不注线数和旋向，多线和左旋要标注；<br>（3）中径和顶径公差相同时，只注一个代号，如 7H；<br>（4）旋合长度为中等长度时，不标注；<br>（5）图中所注螺纹长度不包括螺尾 |
| | | M10 7H －L－LH<br>旋向<br>中径和顶径公差带代号 | 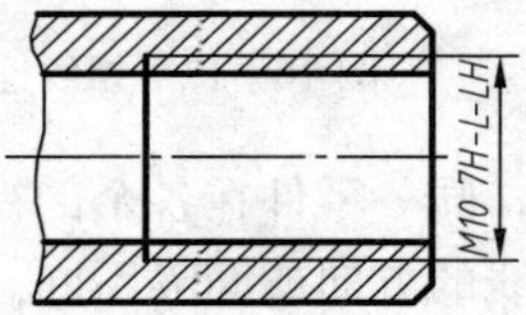 | |
| | 细牙普通螺纹 | M10×1.5－5g 6g<br>螺距 | 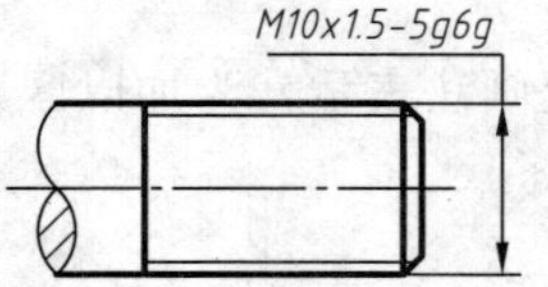 | （1）细牙要注螺距；<br>（2）其他规定同粗牙普通螺纹 |
| | 非螺纹密封的管螺纹 | 非螺纹密封管螺纹的内管螺纹标记：<br>G1/2<br>内螺纹的公差等级只有一种，不标注 | 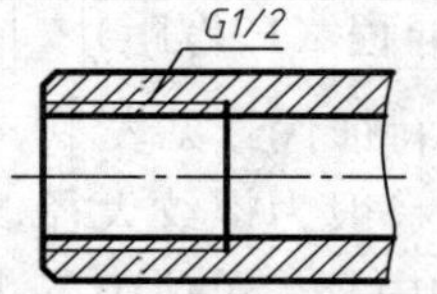 | （1）管螺纹尺寸代号不是螺纹的大径，作图时应根据尺寸代号从标准中查出螺纹的大径；<br>（2）只能以旁注的方式引出标注；<br>（3）公称尺寸为英制；<br>（4）右旋省略不注 |
| | | 非螺纹密封管螺纹的外管螺纹标记：<br>G1/2A<br>外螺纹的公差等级分为 A 级和 B 级，需要标注 | 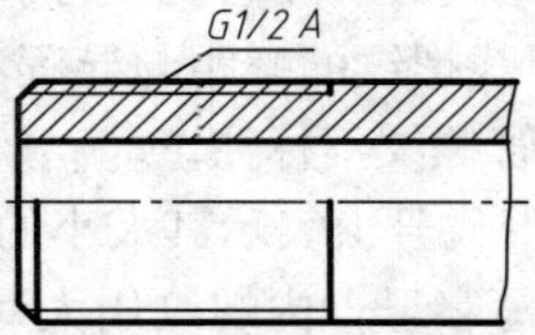 | |

续表

| 螺纹种类 | | | 标注方式 | 标注图例 | 用途 |
|---|---|---|---|---|---|
| 连接螺纹 | 用螺纹密封的锥管螺纹 | | 螺纹密封管螺纹的外管螺纹代号为<br>$R_1$、$R_2$<br>内管螺纹分为圆锥和圆柱，代号分别为<br>$R_c$、$R_p$ | 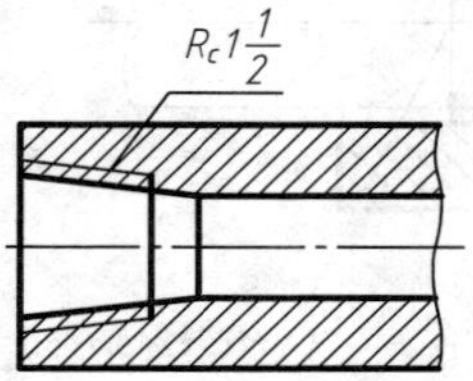 | (1) $R_1$、$R_2$ 圆锥外螺纹分别与 $R_p$ 圆柱内螺纹和 $R_c$ 圆锥内螺纹配合；<br>(2) 内外螺纹均只有一种公差，省略标注 |
| 传动螺纹 | 梯形螺纹 | 单线 | Tr40×7<br>螺距<br>公称直径 | 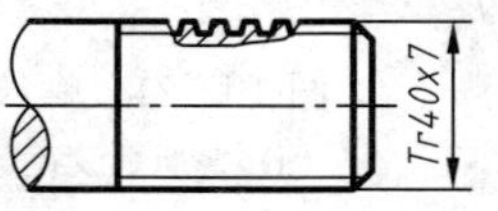 | (1) 要注螺距；<br>(2) 多线要注螺距和导程；<br>(3) 右旋省略不注，左旋要注 LH；<br>(4) 旋合长度分为中等 (N) 和长 (L) 两组，中等旋合长度符号可省略标注；<br>(5) 只注中径公差带 |
| | | 双线 | Tr40×14 (P7) －LH<br>左旋<br>螺距<br>导程<br>公称直径 | 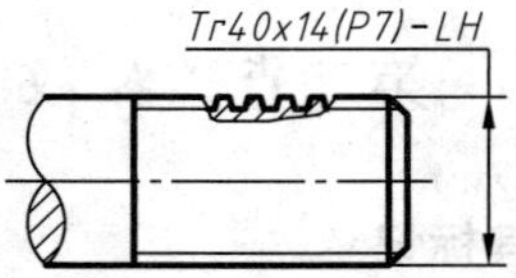 | |
| | 锯齿形螺纹 | 单线 | B40×7<br>螺距<br>公称直径 | 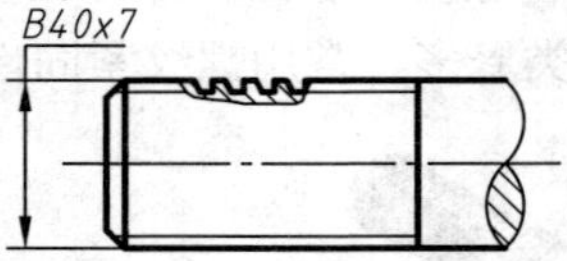 | |
| | | 双线 | B40×14 P(7)<br>螺距<br>导程<br>公称直径 | 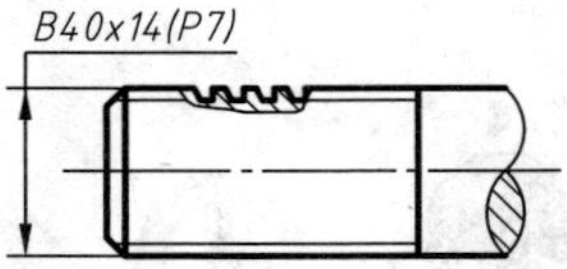 | |

3. 特殊螺纹与非标准螺纹的标注

(1) 牙型符合国家标准规定的螺纹称为特殊螺纹，应在特征代号前加注“特”字，并标注出大径和螺距，如图 10－19 所示。

(2) 螺纹要素均不符合国家标准规定的螺纹称为非标准螺纹，绘制非标准螺纹时，需画出螺纹的牙型，标注出所有尺寸及技术要求，如图 10－20 所示。

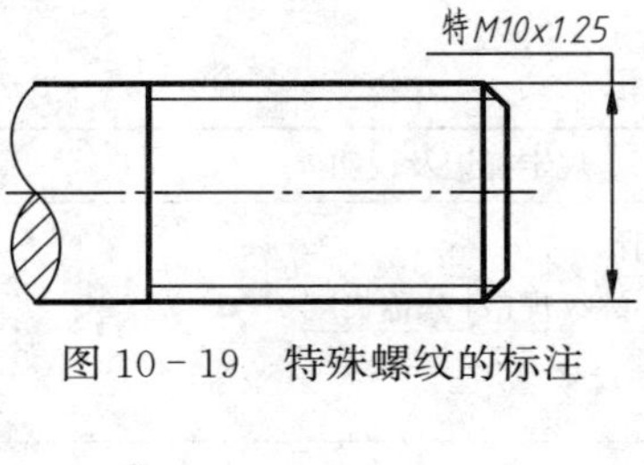


图 10－19　特殊螺纹的标注

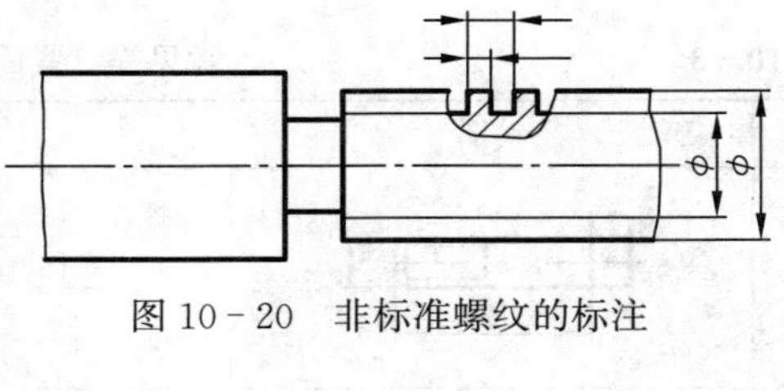


图 10－20　非标准螺纹的标注

4. 螺纹副的标注

内外螺纹配合在一起称为螺纹副，其公差带代号用斜线分开，左边表示内螺纹公差带代号，右边表示外螺纹公差带代号，如图 10－21 所示。

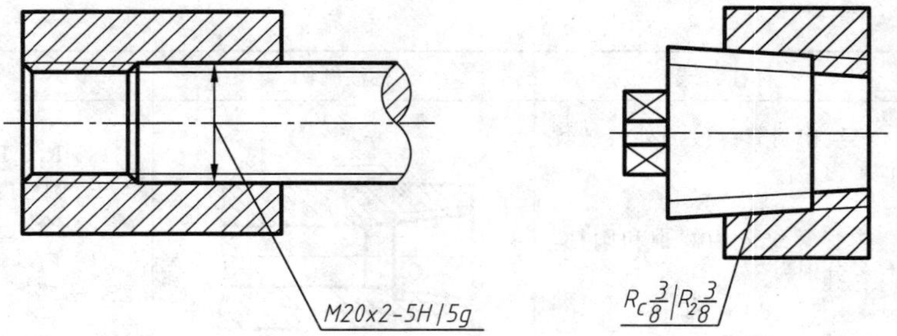


(a)　　(b)

图 10-21　螺纹副的标注

（a）普通螺纹；（b）管螺纹

## 第二节　螺 纹 紧 固 件

### 一、常见螺纹紧固件及其标记

常见螺纹紧固件有螺栓、螺柱、螺钉、螺母、垫圈等，其结构形式和尺寸都已标准化，又称为标准件。螺纹紧固件种类繁多，常用螺纹紧固件如图 10-22 所示，其标记见表 10-3。

图 10-22　常见螺纹紧固件

**表 10-3**　　**常见螺纹紧固件及其标记**

| 名称 | 简图 | 规定标记及说明 |
|---|---|---|
| 螺栓 | 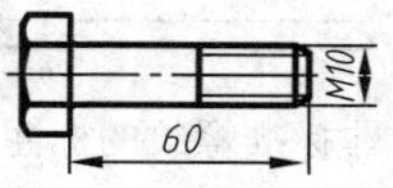 | 螺栓 GB/T 5780 M10 × 60<br>名称；国家标准代号；螺纹规格；公称长度 |
| 螺柱 | 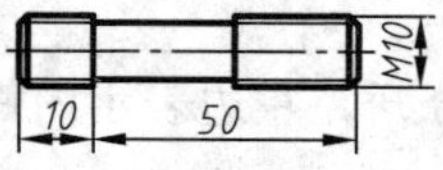 | 两端均为粗牙普通螺纹、$d=10$、$l=50$、性能等级为 4.8 级、B 型、$b_m=1d$ 的螺柱标记：螺柱 GB/T 897 M10×50 |

续表

| 名称 | 简图 | 规定标记及说明 |
|---|---|---|
| 开槽圆柱头螺钉 | 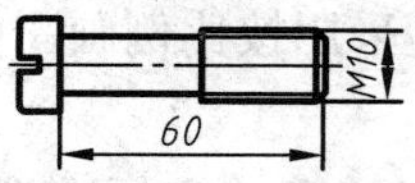 | 开槽圆柱头螺钉，螺纹规格 $d$=10、公称长度 $l$=60、性能等级为 4.8 级、不经表面处理。<br>标记：螺钉 GB/T 65 M10×60 |
| 开槽沉头螺钉 | 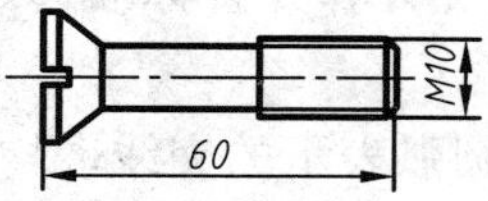 | 开槽沉头螺钉，螺纹规格 $d$=10、公称长度 $l$=60、性能等级为 4.8 级、不经表面处理。<br>标记：螺钉 GB/T 68 M10×60 |
| 十字槽沉头螺钉 | 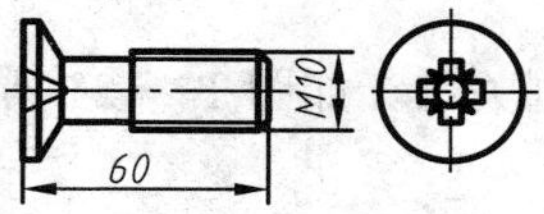 | 十字槽沉头螺钉，螺纹规格 $d$=10、公称长度 $l$=60、性能等级为 4.8 级、不经表面处理。<br>标记：螺钉 GB/T 819.1 M10×60 |
| 内六角圆柱头螺钉 | 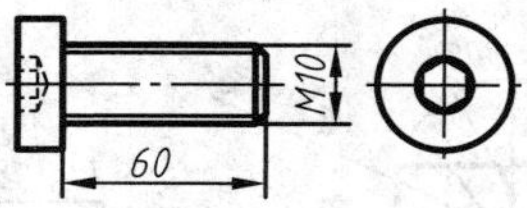 | 内六角圆柱头螺钉，螺纹规格 $d$=10、公称长度 $l$=60、性能等级为 8.8 级、表面氧化。<br>标记：螺钉 GB/T 70.1 M10×60 |
| 木螺钉 | 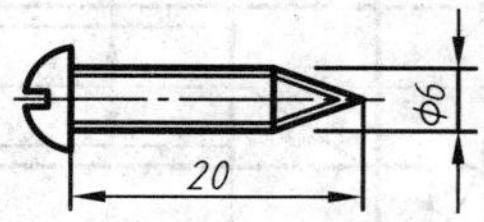 | 木螺钉，螺纹规格 $d$=6、公称长度 $l$=20、性能等级为 4.8 级、不经表面处理。<br>标记：螺钉 GB/T 99 6×20 |
| 开槽紧定螺钉 | 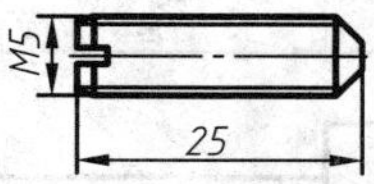 | 开槽紧定螺钉，螺纹规格 $d$=5、公称长度 $l$=25、性能等级为常用的 14H 级、不经表面处理。<br>标记：螺钉 GB/T 71 M5×25 |
| 开槽长圆柱头螺钉 | 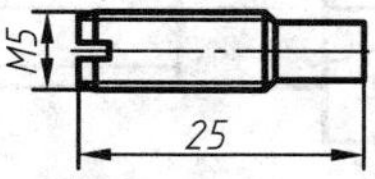 | 开槽长圆柱头紧定螺钉，螺纹规格 $d$=5、公称长度 $l$=25、性能等级为常用的 14H 级、不经表面处理。<br>标记：螺钉 GB/T 75 M5×25 |
| 六角头螺母 | 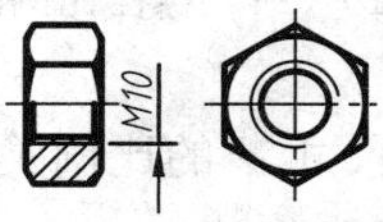 | 六角头螺母，螺纹规格 $D$=10、性能等级为 8 级、不经表面处理、产品等级为 A 级的六角螺母。<br>标记：螺母 GB/T 6170 M10 |
| 开槽六角头螺母 | 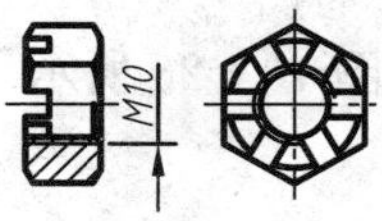 | 1 型开槽六角头螺母，螺纹规格 $D$=10、性能等级为 8 级、表面氧化、产品等级为 A 级的 1 型六角螺母。<br>标记：螺母 GB/T 6178 M10 |
| 平垫圈 | 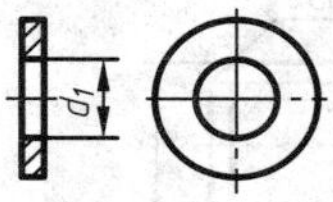 | 本标准系列，规格为 10mm，性能等级为 200HV 级、表面氧化、产品等级为 A 级的平垫圈。<br>标记：垫圈 GB/T 97.1 10（从标准中查出 $d_1$=10.5mm） |
| 弹簧垫圈 | 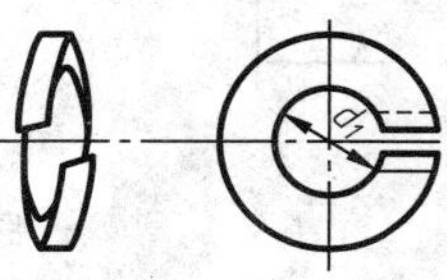 | 本标准系列，规格为 10mm，材料 65Mn、表面氧化处理的标准弹簧垫圈。<br>标记：垫圈 GB/T 93 10（从标准中查出 $d_1$=10.5mm） |

各种螺纹紧固件都有相应的规定标记，根据规定标记可以从有关国家标准中查出相关尺寸。螺纹紧固件的规定标记主要包括名称、标准编号、规格尺寸、产品形式、性能等级、材料等级、表面处理、产品等级等内容组成，实际生产中一般采用简化标记。

## 二、螺纹紧固件的画法

螺纹紧固件都是标准件，根据它们的标记，在有关标准中可以查到其结构形式和全部尺寸。为了作图方便，在画图时，一般不按实际尺寸作图，而是采用按比例画图的方法。

1. 螺纹紧固件的比例画法

比例画法就是当螺纹大径尺寸选定后，除公称长度 $l$ 需经计算并查标准选定标准值外，其余各部分尺寸都按与螺纹大径 $d$（或 $D$）成一定比例确定。

(1) 螺母。六角螺母各部分尺寸及每个棱面上产生的用圆弧表示的交线，均以螺纹大径 $D$ 的比例关系画出，如图 10-23 所示。

(2) 螺栓。六角头螺栓各部分尺寸与螺纹大径 $d$ 的比例关系，如图 10-24 所示。

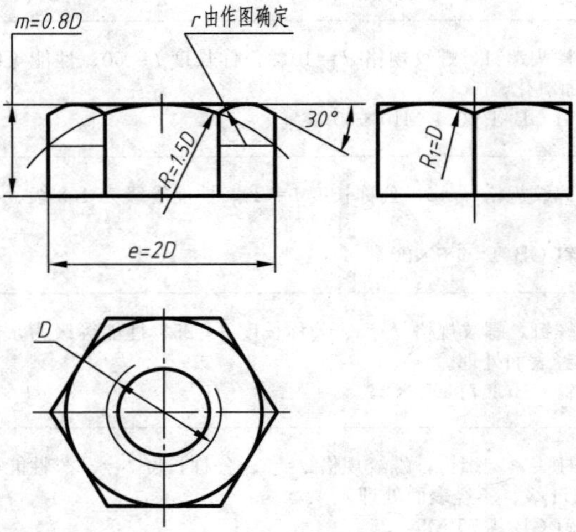


图 10-23 螺母比例画法

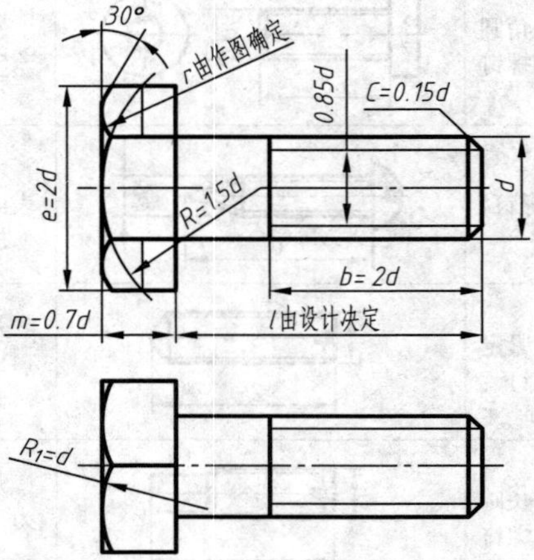


图 10-24 螺栓比例画法

(3) 垫圈。垫圈各部分尺寸按与它相配的螺纹紧固件大径尺寸 $d$ 的比例关系画出，如图 10-25 所示。

(4) 螺柱。螺柱各部分尺寸与大径尺寸 $d$ 的比例关系，如图 10-26 所示。

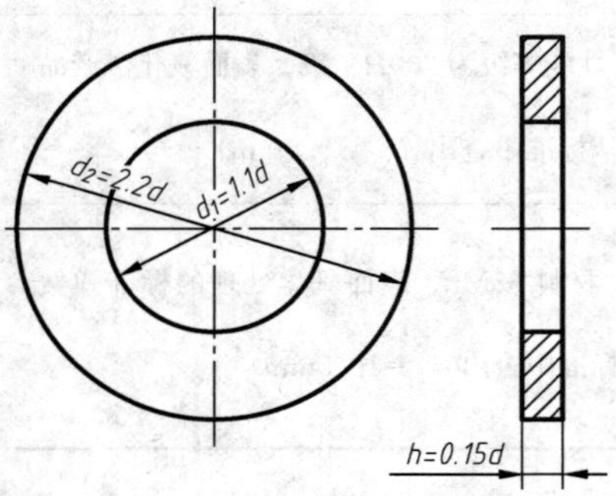


图 10-25 垫圈的比例画法

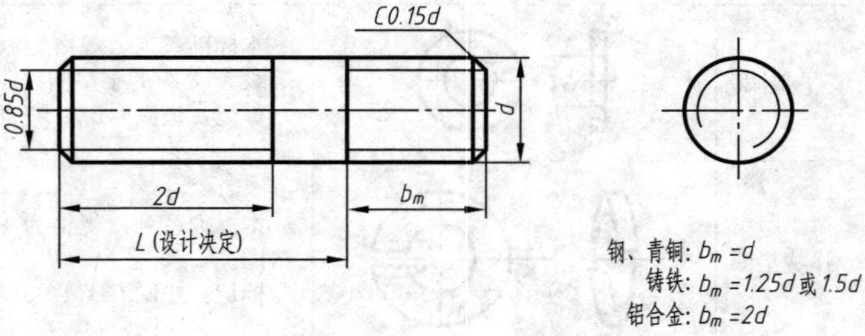


图 10-26 螺柱的比例画法

(5) 螺钉。各种螺钉头部的比例画法见图 10-27。

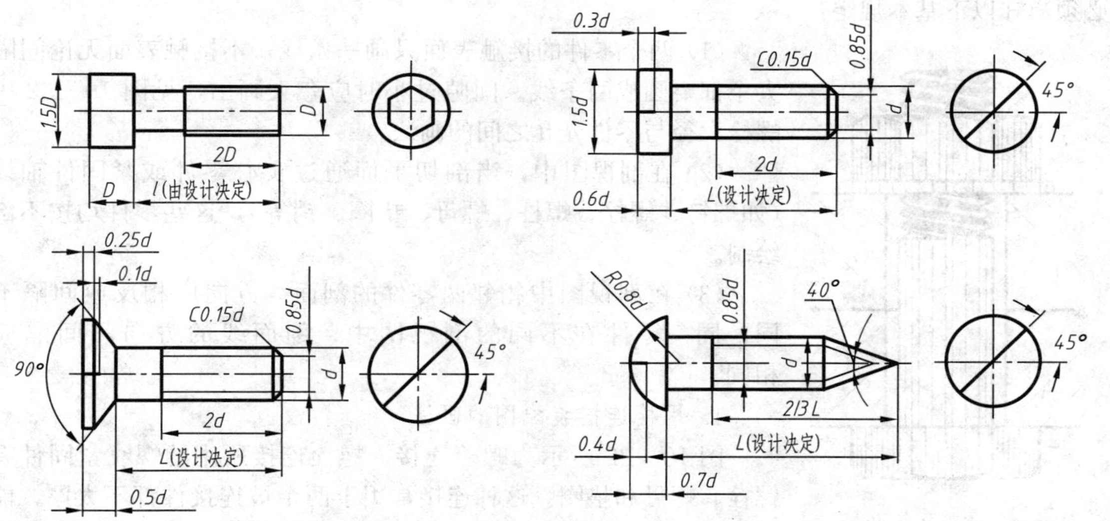


图 10-27　螺钉头部比例画法

2. 螺纹紧固件的简化画法

螺纹紧固件都是标准件，根据标记购买，一般的工程图样上不需要画出详图，常采用简化画法。图 10-28～图 10-31 所示分别为六角螺母、六角头螺栓、平垫圈和螺柱的简化画法。螺栓的六角头除厚度为 0.7$d$ 外，其余尺寸与如图 10-28 所示的六角螺母画法相同。

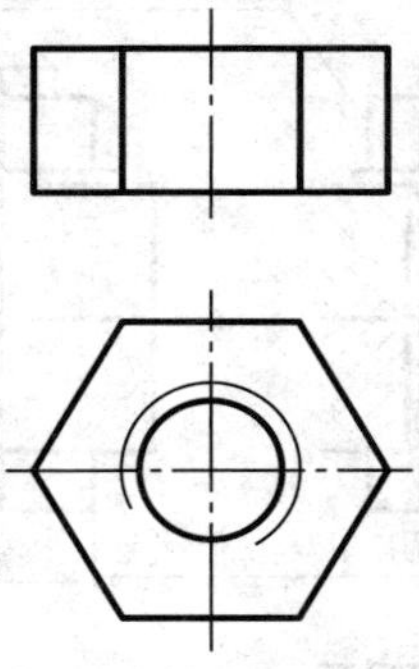

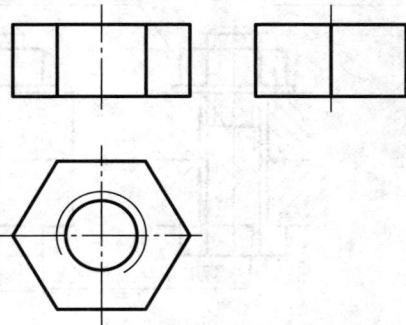

图 10-28　六角螺母简化画法

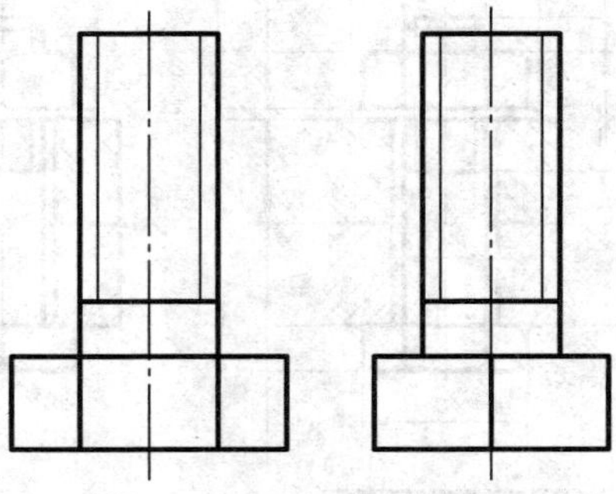

图 10-29　六角头螺栓简化画法

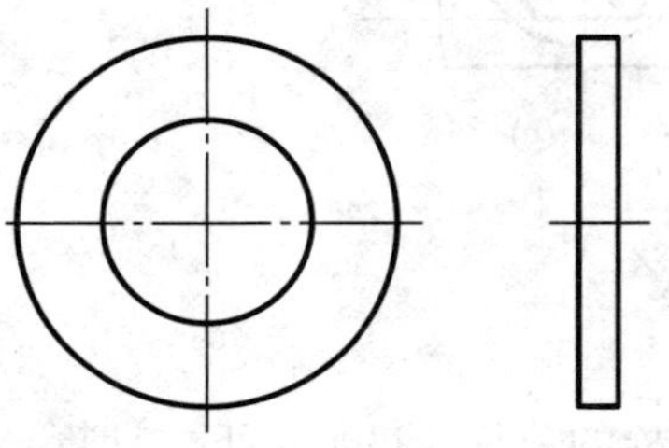

图 10-30　平垫圈简化画法

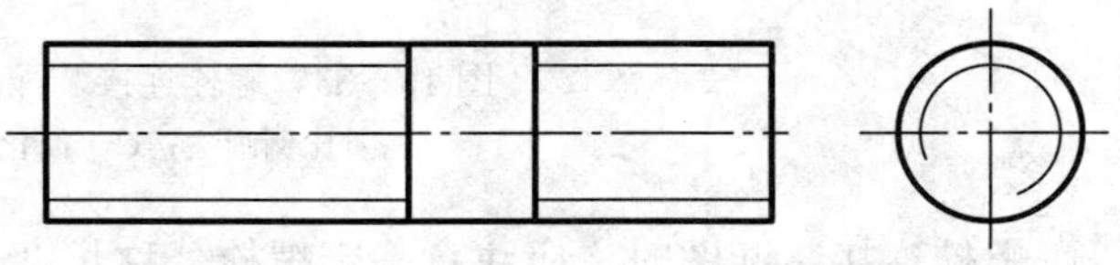

图 10-31　螺柱简化画法

## 三、螺纹紧固件装配图的画法

螺纹紧固件的连接通常有螺栓连接、螺钉连接和螺柱连接三种。画螺纹紧固件连接图时必须遵守以下基本规定：

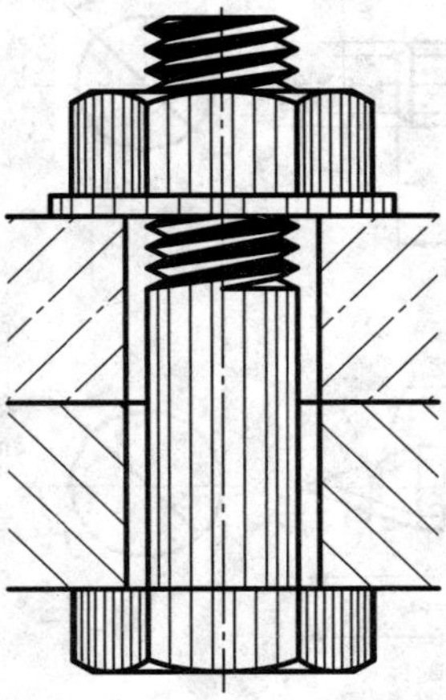

图 10－32　螺栓连接

（1）两个零件的接触表面只画一条线，不接触表面无论间隔大小都要画成两条线。间隙过小时应夸大画出，见图 10－32 中螺栓大径与零件光孔之间的画法。

（2）在剖视图中，当剖切平面通过实心零件或紧固件轴线（如螺钉、螺栓、螺柱、螺母、垫圈、销等），这些零件均按不剖绘制。

（3）在剖视图中相邻两零件的剖面线方向应相反或间隔不同，同一零件在不同的剖视图中，剖面线的方向和间隔应相同。

1．螺栓连接装配图的画法

图 10－32 所示为螺栓连接。螺栓连接所用的螺纹紧固件有螺栓、螺母和垫圈。这种连接常用于两个被连接件都不太厚，能制出通孔的情况。其通孔的大小，可根据装配精度的不同，查阅机械设计手册确定。为便于成组（螺栓连接一般为 2 个或多个）装配，被连接件上通孔直径比螺栓直径大，可按 $1.1d$ 画出。螺栓连接装配图的画法如图 10－33 所示。

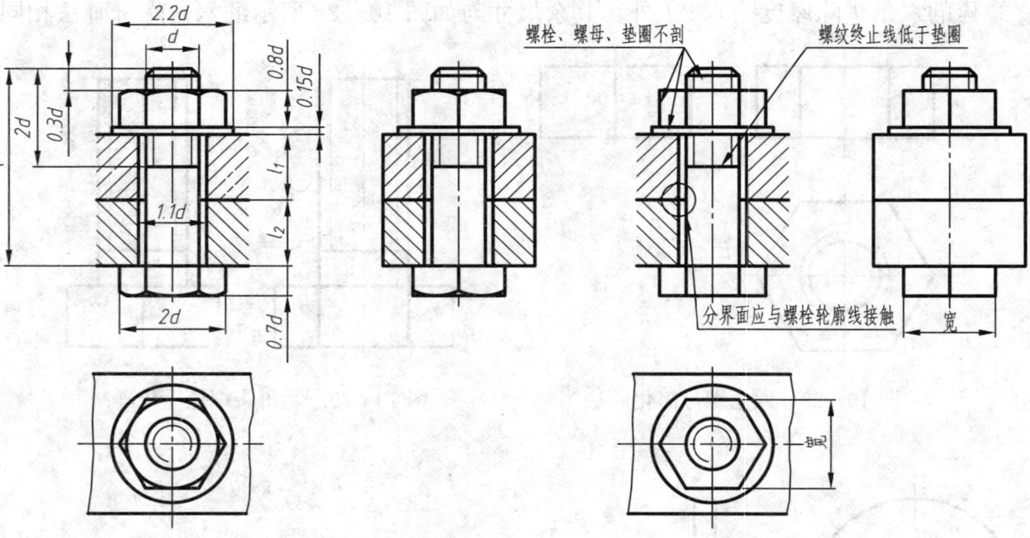


(a)　(b)

图 10－33　螺栓连接装配图的画法

（a）比例画法；（b）简化画法

画螺栓连接装配图时，应注意确定螺栓公称长度 $l$。螺栓的公称长度 $l$ 按下式计算：

$$l_{计} = l_1 + l_2 + h(垫圈厚) + m(螺母厚) + 0.3d$$

在标准中，选取与 $l_{计}$ 接近的标准长度值 $l$，即为螺栓标记中的公称长度。

2. 螺钉连接装配图的画法

图 10－34 所示为螺钉连接。这种连接用于受力不大的情况。螺钉根据其头部形状的不同有多种形式。图 10－35 所示为两种常见螺钉连接装配图的画法。

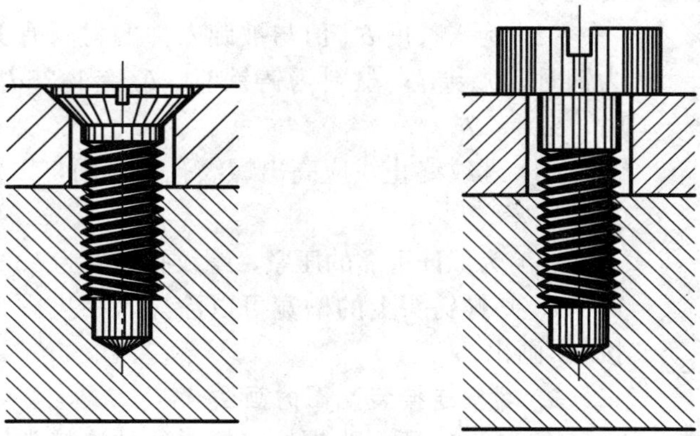

(a)　(b)

图 10－34　螺钉连接

（a）开槽沉头螺钉；（b）开槽圆柱头螺钉

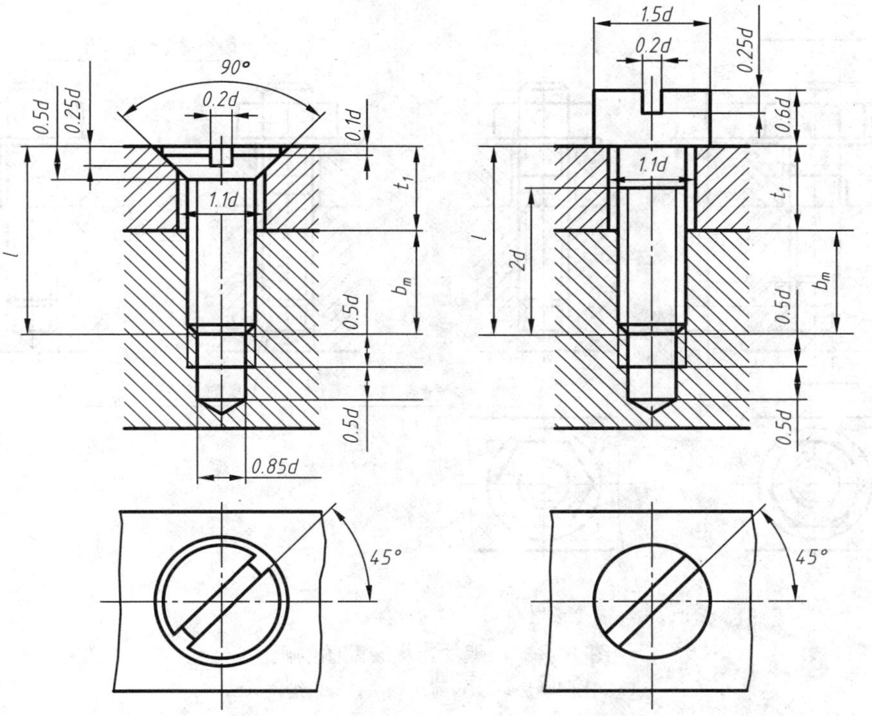


(a)　(b)

图 10－35　螺钉连接装配图的画法

（a）开槽沉头螺钉；（b）开槽圆柱头螺钉

画螺钉连接装配图时，应注意以下几个问题：

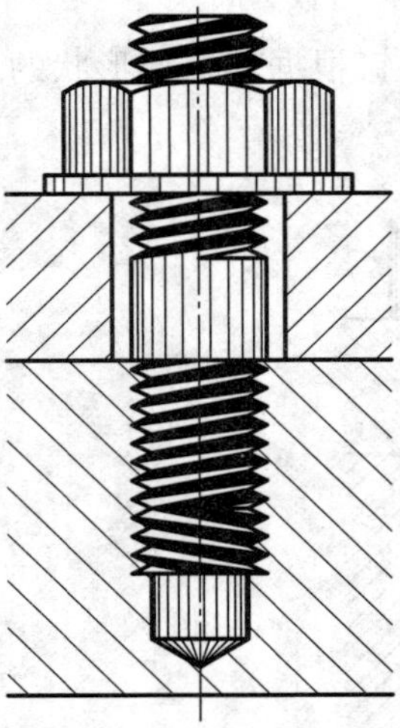

图 10－36　螺柱连接

（1）螺钉公称长度 $l$ 的确定。螺钉的公称长度 $l$ 按下式计算：

$$l_{计}=t_1+b_m$$

查标准，选取与 $l_{计}$ 接近的标准长度值为螺钉标记中的公称长度 $l$。

（2）旋入长度 $b_m$ 值与被旋入件的材料有关。被旋入件的材料为钢时，$b_m=d$；材料为铸铁时，$b_m=1.25d$ 或 $1.5d$；材料为铝时，$b_m=2d$。

（3）螺纹终止线应高出螺纹孔上表面，以保证连接时螺钉能旋入和压紧。

（4）为保证可靠的压紧，螺纹孔深度为 $b_m+0.5d$。

（5）螺钉头上的槽宽可以涂黑，在投影为圆的视图上，规定按 45°画出。

3. 螺柱连接装配图的画法

图 10－36 所示为螺柱连接。这种连接常用于一个被连接件较厚，不便或不允许打通孔的情况。拆卸时，只需拆下螺母等零件，而不需拆螺柱，所以这种连接多次装拆不会损坏被连接件。螺柱连接装配图的简化画法如图 10－37 所示。

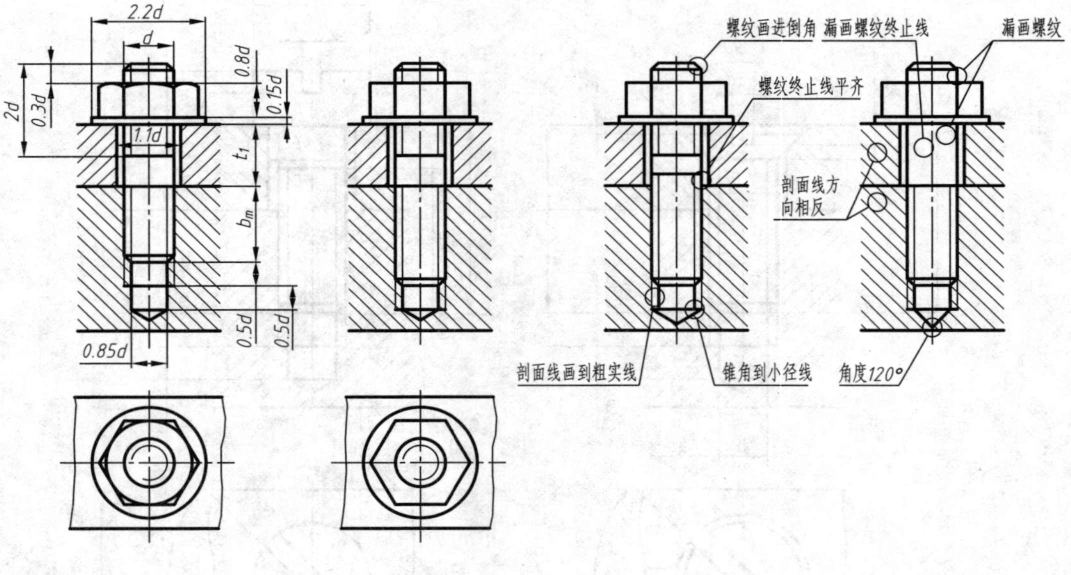


图 10－37　螺柱连接装配图的画法

（a）比例画法；（b）简化画法；（c）错误画法

画螺柱连接装配图时，应注意以下几个问题：

（1）螺柱公称长度 $l$ 的确定。螺柱的公称长度 $l$ 按下式计算：

$$l_{计}=t_1+h(\text{垫圈厚})+m(\text{螺母厚})+0.3d$$

查标准，选取与 $l_{计}$ 接近的标准长度值为螺柱标记中的公称长度 $l$。

（2）螺柱连接装配图的画法，上半部分同螺栓，下半部分同螺钉。螺柱连接旋入端的螺纹应全部旋入机件的螺纹孔内，拧紧在被连接件上。图中的螺纹终止线与旋入机件的螺孔上端面平齐。

4. 紧定螺钉连接装配图的画法

紧定螺钉根据其尾端的形状可有多种形式，如开槽锥端紧定螺钉、开槽长圆柱端紧定螺钉等。使用时，将螺钉拧入一个零件的螺纹孔中，并将其尾端压在另一零件的凹坑或插入另一零件的小孔中，主要用于固定两个零件的相对位置。紧定螺钉连接装配图的画法如图 10－38 所示。

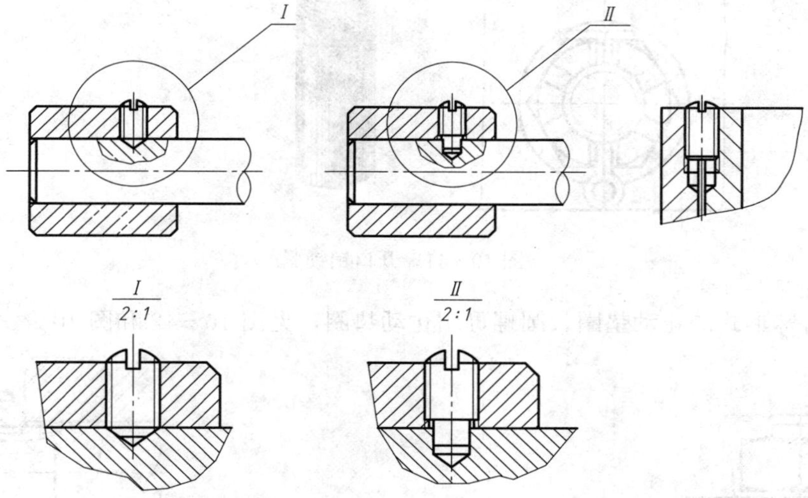

(a) (b) (c)

图 10－38 紧定螺钉连接装配图的画法

（a）开槽锥端紧定螺钉；（b）开槽长圆柱端紧定螺钉；（c）骑缝螺钉

## 四、螺纹连接的锁紧装置

在螺纹连接中，由于机器运动中的振动及材料的蠕变等因素，会随使用时间的延长出现逐渐变松的现象。为防止螺母松脱现象的发生，常采用以下几种锁紧装置：

（1）用两个重叠的螺母，见图 10－39。

（2）用弹簧垫圈，见图 10－40。

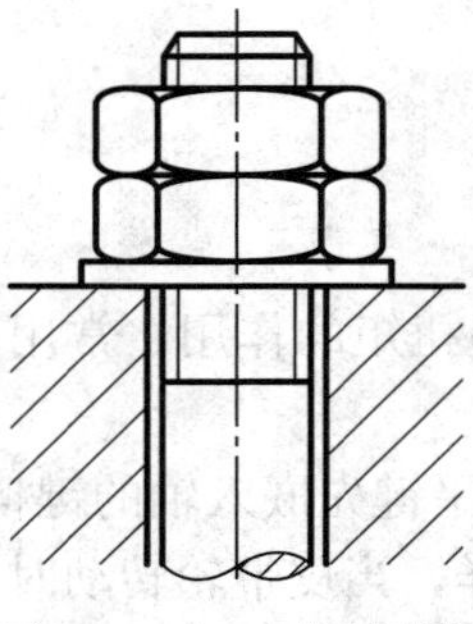

图 10－39 双螺母锁紧

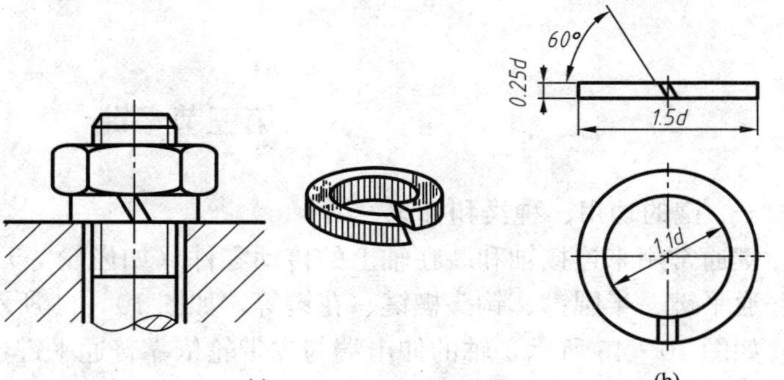

(a) (b)

图 10－40 弹簧垫圈锁紧

（3）开口销锁紧，见图 10－41。

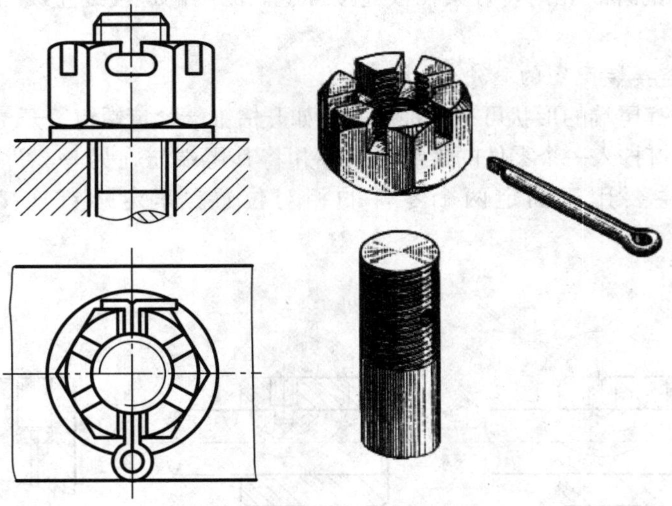

图 10－41　开口销锁紧

（4）用特殊形式的止动垫圈、圆螺母用止动垫圈，见图 10－42 和图 10－43。

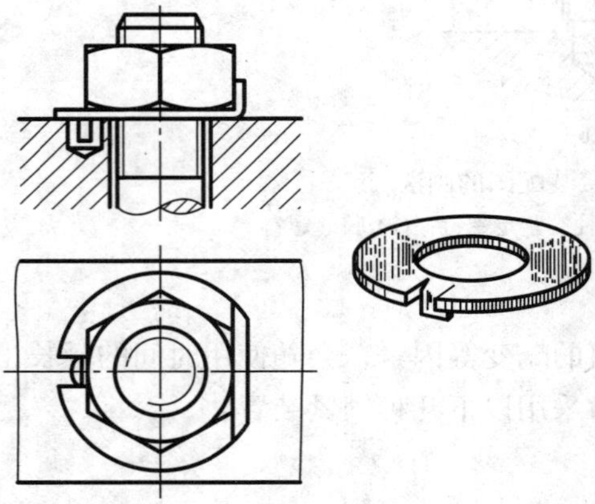

图 10－42　外舌止动垫圈锁紧

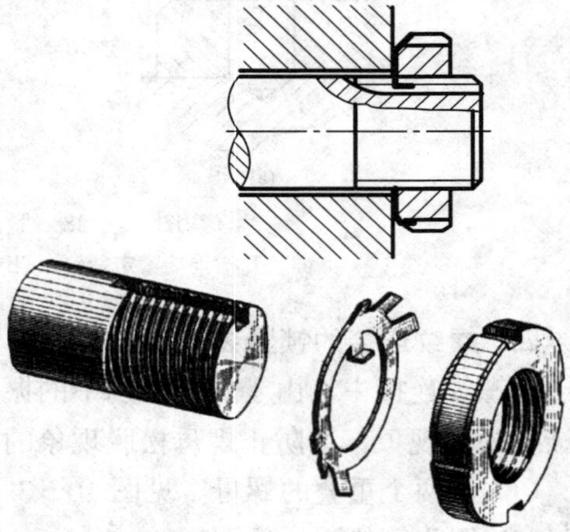

图 10－43　圆螺母用止动垫圈

## 第三节　键

### 一、键的功用、种类和标记

键通常用来连接轴和装在轴上的传动零件（如齿轮等），起传递扭矩的作用。常用的键有普通平键、半圆键、钩头楔键、花键等，如图 10－44 所示。

如图 10－45 所示，轴的伸出端与皮带轮依靠普通平键连接。将平键先嵌入轴的键槽内，再将轴与键对准皮带轮上的孔和键槽插入，使轴与皮带轮连接。这样，当皮带轮转动时，就带动轴一起转动。

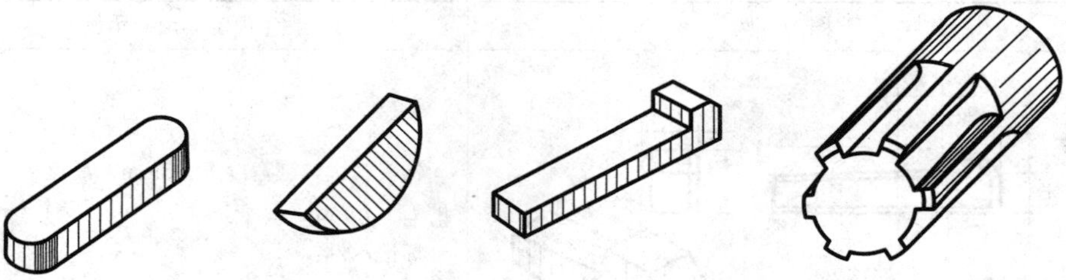

(a)　(b)　(c)　(d)

图 10－44　常用键

(a) 普通平键；(b) 半圆键；(c) 钩头楔键；(d) 花键轴

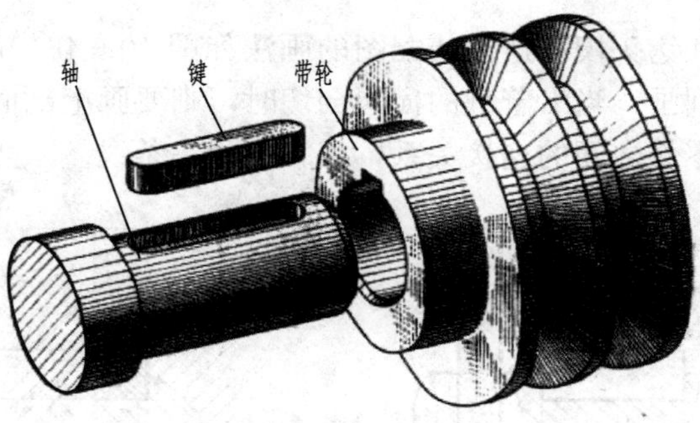


图 10－45　键连接

普通平键、半圆键和钩头楔键都是标准件。常用键的形式和规定标记见表 10－4。

**表 10－4　　常用键的形式和规定标记**

| 名称 | 图　例 | 规定标记与示例 |
|---|---|---|
| 普通平键 | 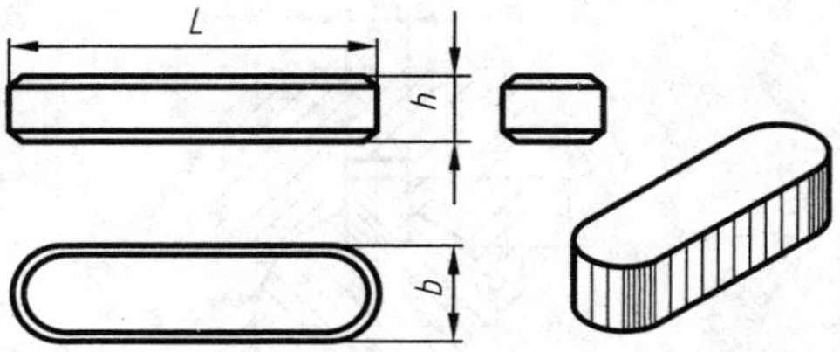 | A 型圆头普通平键，键宽 $b=10$mm，高 $h=8$mm，长 $L=36$mm。<br>标记示例：<br>GB/T 1096 键 10×8×36 |
| 半圆键 | 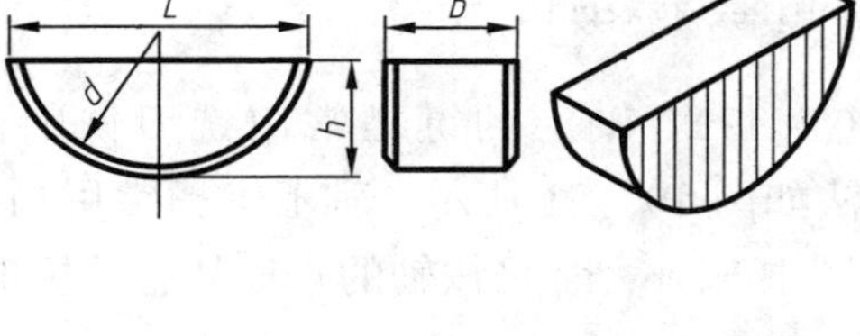 | 半圆键，键宽 $b=6$mm，高 $h=10$mm，$d=25$mm。<br>标记示例：<br>GB/T 1099.1 键 6×10×25 |

续表

| 名称 | 图　　例 | 规定标记与示例 |
| --- | --- | --- |
| 钩头楔键 | 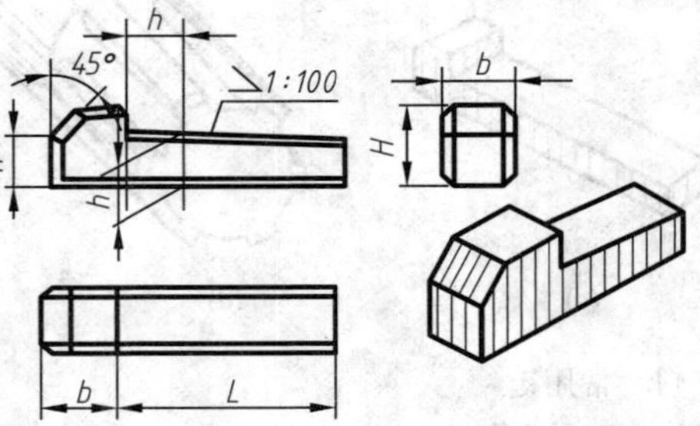 | 钩头楔键，键宽度 $b=8$mm，高度 $h=7$mm，长度 $L=40$mm。<br>标记示例：<br>GB/T 1565 键 8×40 |

## 二、键的画法

普通平键、半圆键和钩头楔键连接装配图的画法如图 10-46～图 10-48 所示。当沿着键的纵向剖切时，按不剖画；当沿着键的横向剖切时，则要画上剖面线。通常用局部剖视图表示轴上键槽的深度及零件之间的连接关系，接触面画一条线。

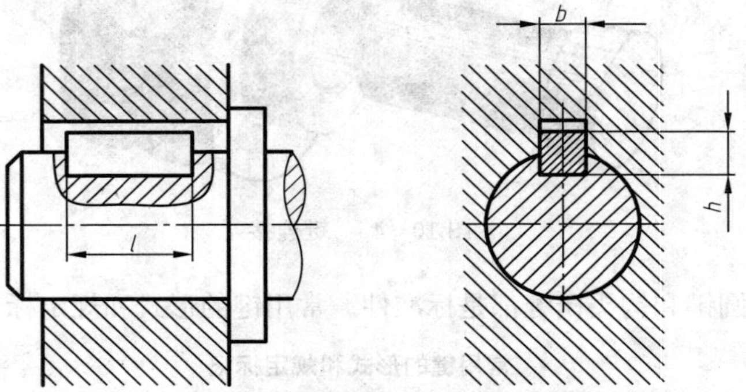


图 10-46　普通平键连接装配图

图 10-47　半圆键连接装配图

轮毂上的键槽常用插刀加工（见图 10-49），轴上的键槽常用铣刀铣削而成（见图 10-50）。轴及轮毂上键槽画法和尺寸注法如图 10-51 所示。轴上键槽常用局部剖视表示，键槽深度和宽度尺寸应注在断面图中，图中 $b$、$t$、$t_1$ 可按轴的直径从有关标准中查出，$l$ 由设计确定。

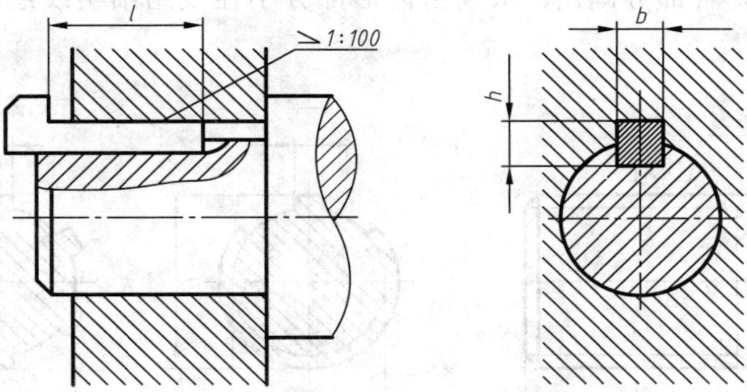


图 10－48　钩头楔键连接

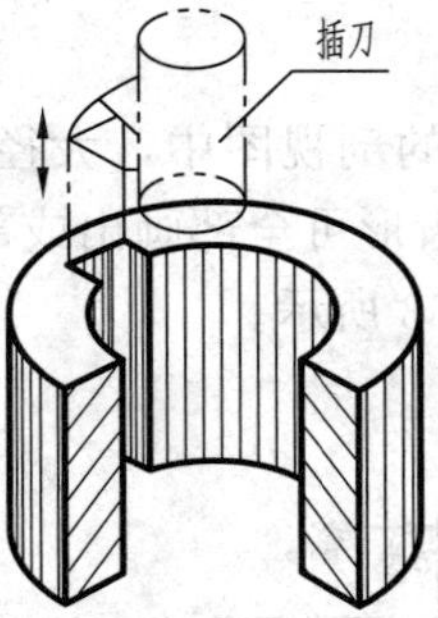


图 10－49　轮毂上键槽的加工

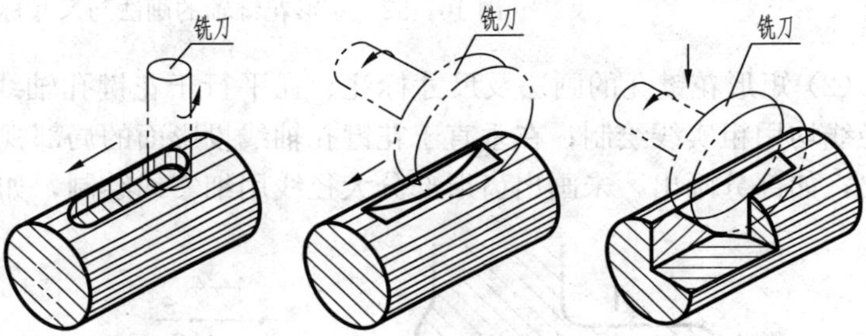


嵌圆头平键　　嵌方头平键　　嵌半圆键

图 10－50　轴上键槽的加工

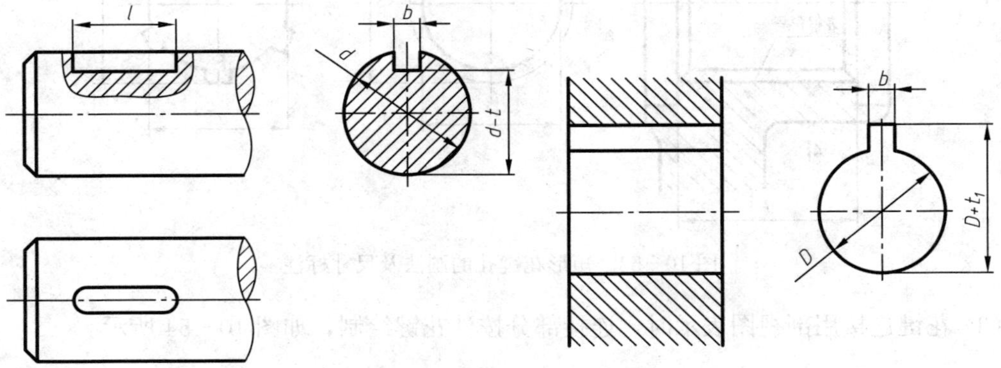


图 10－51　轴及轮毂上键槽画法和尺寸标注

## 三、花键

花键连接可靠、同轴度好、能传递较大扭矩。花键连接由制在轴上的外花键和制在孔内的内花键装配在一起，以实现传递动力或运动的目的。

花键的齿形有矩形、渐开线形等，常用的是矩形花键。

1. 矩形花键的画法

矩形花键的画法国家标准做出了规定。

（1）矩形花键轴的画法及尺寸标注。在平行于花键轴线投影面的视图中，花键轴大径线用粗实线，小径线、分界线等用细实线绘制；在垂直于花键轴投影面的断面图中，齿形可全部画出或部分画出，若部分画出，未画出齿形部分小径线用细实线绘制。详细规定见图10－52。

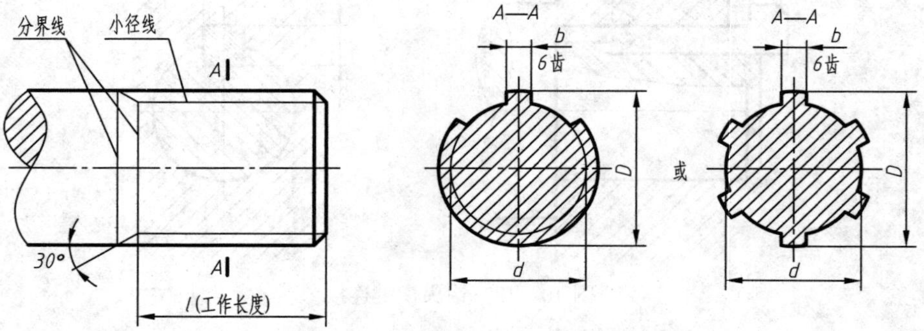


图 10－52　矩形花键轴的画法与尺寸标注

（2）矩形花键孔的画法及尺寸标注。在平行于花键孔轴线投影面的剖视图中，大径线、小径线均用粗实线绘制；在垂直于花键孔轴线投影面的局部视图中，齿形可全部画出或部分画出，如部分画出，未画出齿形部分大径线用细实线绘制，如图 10－53 所示。

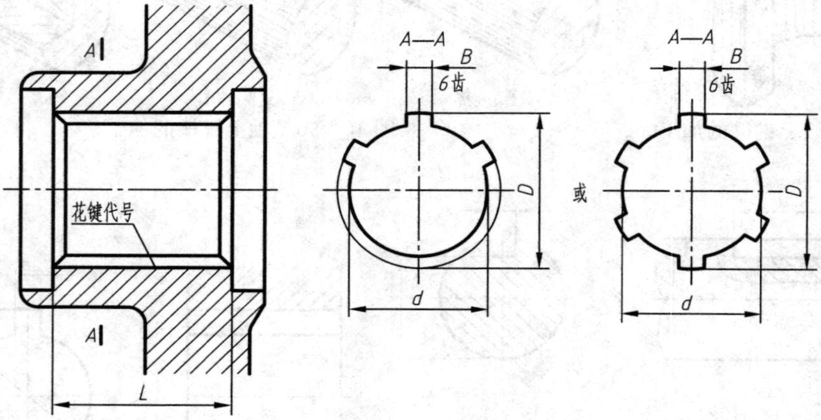


图 10－53　矩形花键孔的画法及尺寸标注

（3）花键连接用剖视图表示时，连接部分按外花键绘制，如图 10－54 所示。

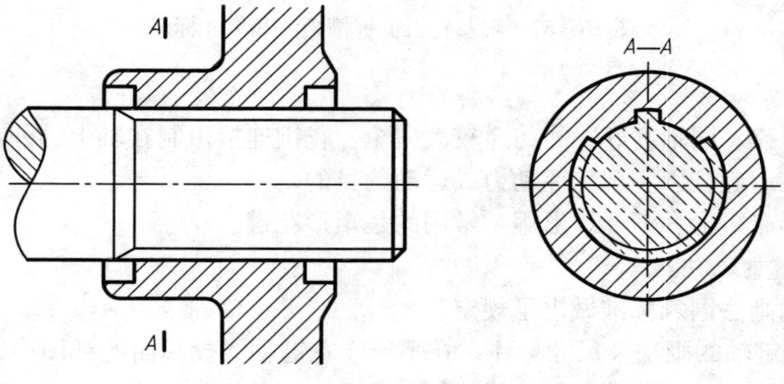


图 10－54　花键连接的画法

2. 矩形花键代号的标注

花键可以直接在图中标注尺寸，见图 10－52 和图 10－53；也可以用代号表示，见图 10－55 和图 10－56，花键的代号如下：

$$Z \times d \times D \times b$$

其中，$Z$ 为齿数；$d$ 为小径；$D$ 为大径；$b$ 为槽宽。

花键副的标注中分子是内花键，分母是外花键，如图 10－57 所示。

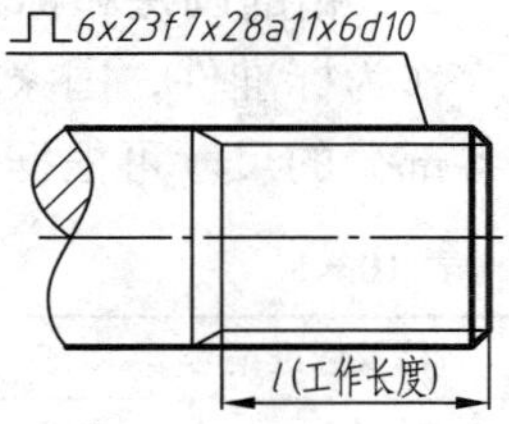


图 10－55　外花键代号标注

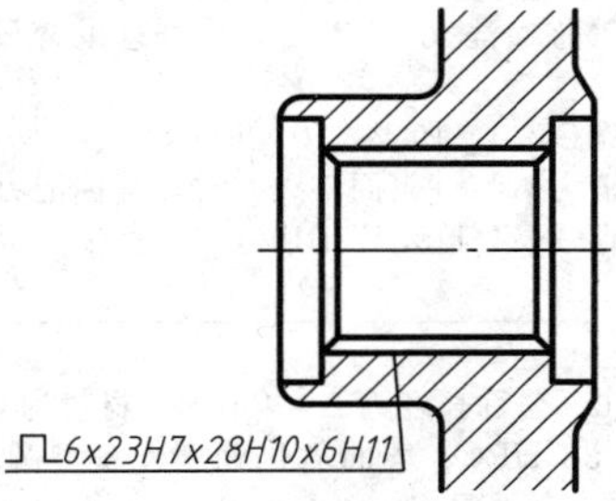


图 10－56　内花键代号标注

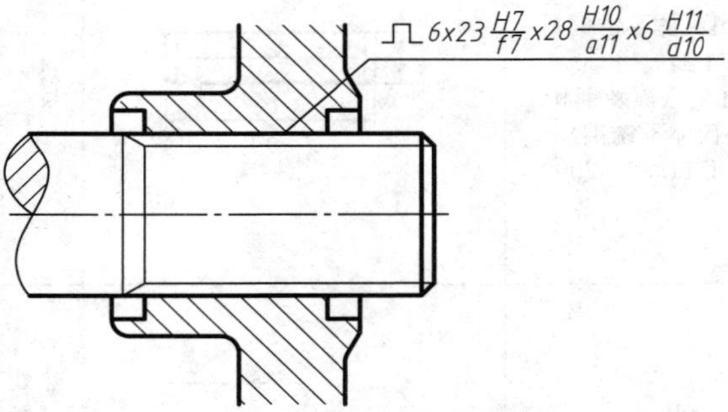


图 10－57　花键副代号标注

## 第四节　销

### 一、销的作用和种类

销是标准件，通常用于零件间的连接或定位。常用的销有圆柱销、圆锥销、开口销等，如图 10－58 所示。其中，开口销是在用带孔螺栓和槽形螺母时，将它穿过槽形螺母的槽口和带孔螺栓的孔，并在销的尾部叉开，防止螺母与螺栓松脱。

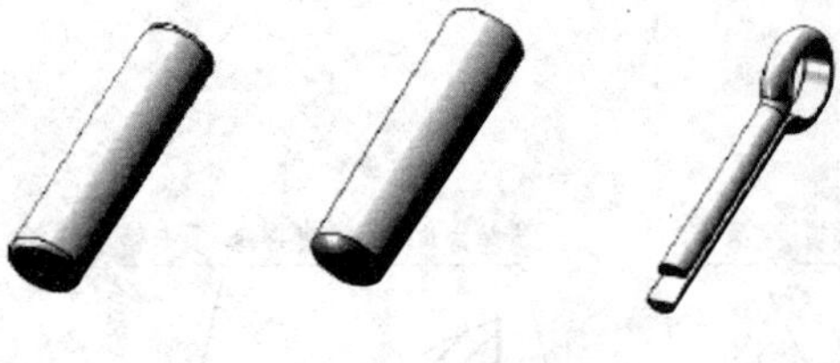

(a)　(b)　(c)

图 10－58　常用销

(a) 圆柱销；(b) 圆锥销；(c) 开口销

销连接两个零件上的销孔通常需要一起加工，因此在零件图上标注销孔尺寸时一般要注写“配作”。圆锥销的公称直径是小端直径，故圆锥孔的直径尺寸需要用引出线标注，如图 10－59 所示。

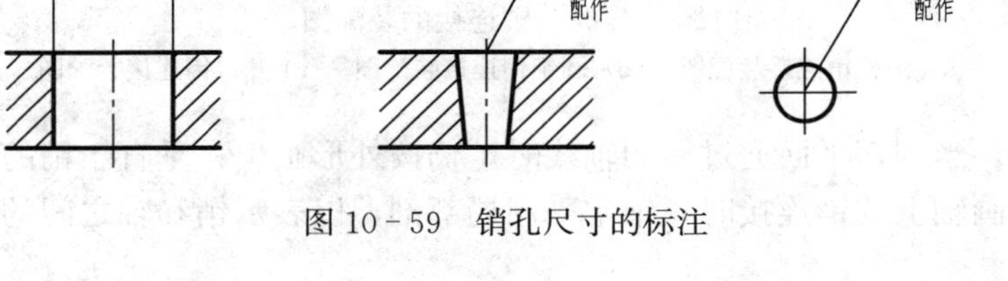


图 10－59　销孔尺寸的标注

## 二、销的画法和标记

作为标准件，国家标准对销的结构形式、大小和标记都做了相应的规定，见表 10－5。销各部分的尺寸可根据其公称直径和国家标准代号，从有关标准中直接查出。

**表 10－5　　常用销的形式、规定标记**

| 名称及标准编号 | 图例 | 规定标记示例 |
|---|---|---|
| 圆柱销（不淬硬钢和奥氏体不锈钢）<br>GB/T 119.1—2000<br>圆柱销（淬硬钢和马氏体不锈钢）<br>GB/T 119.2—2000 | 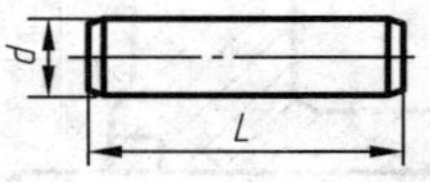 | 公称直径 $d$＝10、公差为 m6、公称长度为 $L$＝40mm、材料为钢、不经淬火、不经表面处理的圆柱销，其标记为<br>销 GB/T 119.1　10m6×40<br>公称直径 $d$＝10、公差为 m6、公称长度为 $L$＝40mm、材料为钢、A 型（普通淬火）、表面氧化处理的淬硬圆柱销，其标记为<br>销 GB/T 119.2　10×40<br>当淬硬钢圆柱销为 B 型（表面淬火）时，其标记为<br>销 GB/T 119.2　B10×40 |
| 圆锥销<br>GB/T 117—2000 | 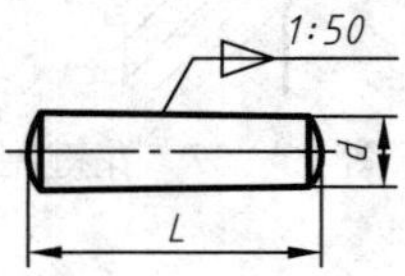 | 公称直径 $d$＝10、公称长度为 $L$＝40mm、材料为 35 钢、热处理硬度 28～38 HRC、表面氧化处理、A 型圆锥销，其标记为<br>销 GB/T 117　10×40<br>当销为 B 型时，其标记为<br>销 GB/T 117　B10×40 |
| 开口销<br>GB/T 91—2000 | 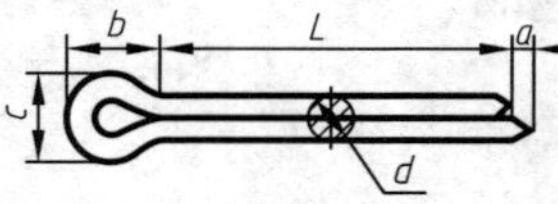 | 公称直径 $d$＝8mm、公称长度为 $L$＝60mm、材料为 Q215 或 Q235，不经表面处理的开口销，其标记为<br>销 GB/T 91　8×60 |

**注**　开口销的公称尺寸是指开口销孔的尺寸，不是开口销的尺寸。

## 三、销连接装配图的画法

销连接装配图的画法如图 10－60 所示。

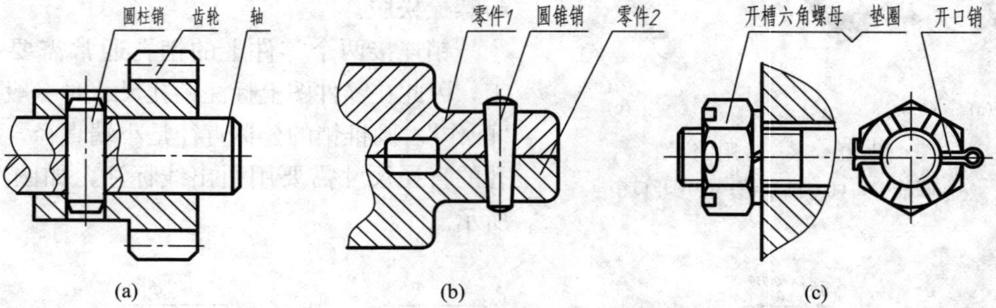


图 10－60　销连接的装配图

（a）圆柱销连接装配图；（b）圆锥销连接装配图；（c）开口销连接装配图

作为实心件，当剖切平面通过销的轴线时，仍按外形画出；垂直于销的轴线剖切时，应画上剖面符号。画轴上的销连接时，轴常采用局部剖，以表示销和轴之间的配合关系。

# 第五节 滚 动 轴 承

## 一、滚动轴承的结构、类型及代号

1. 滚动轴承的结构

如图 10-61 所示，滚动轴承是一种标准组件，一般由内圈、外圈、滚动体和保持架组成。内、外圈上有凹槽，以形成滚动体圆周运动时的滚动道。保持架将滚动体彼此隔开，避免滚动体相互接触，以减小摩擦与磨损。滚动体有球、圆柱滚子、圆锥滚子等。

使用时，一般内圈套在轴颈上随轴一起转动，外圈安装固定在轴承座孔中。

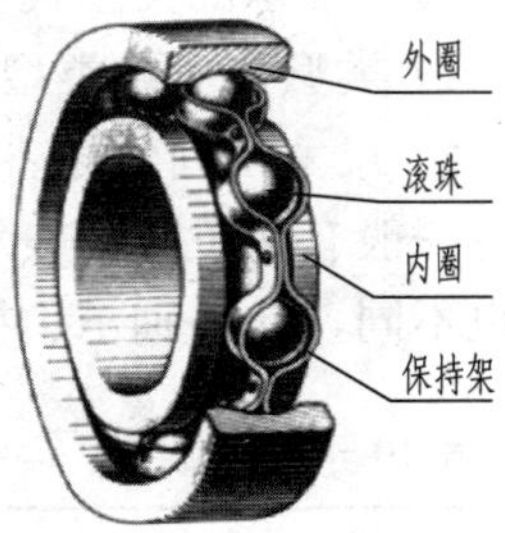

图 10-61 滚动轴承结构

2. 滚动轴承的类型

滚动轴承按其所能承受的载荷方向分为以下几种（见图 10-62）：

（1）向心轴承：主要用于承受径向载荷，如图 10-62（a）和表 10-6 所示的深沟球轴承。

（2）推力轴承：只承受轴向载荷，如图 10-62（c）和表 10-6 所示的推力球轴承。

（3）向心推力轴承：能同时承受径向载荷和轴向载荷，如图 10-62（b）和表 10-6 所示的圆锥滚子轴承。

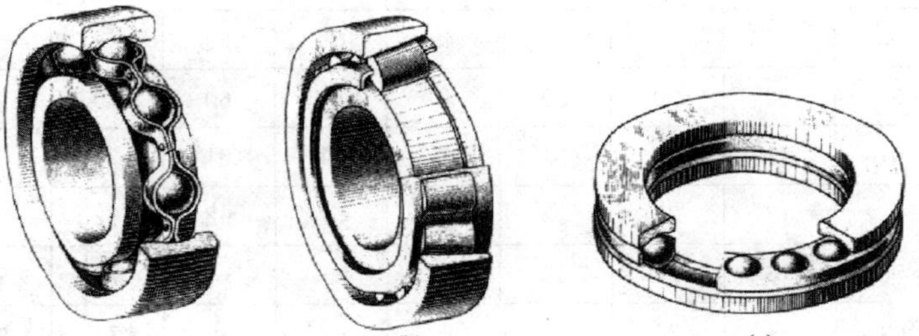

图 10-62 滚动轴承类型

(a) 深沟球轴承；(b) 圆锥滚子轴承；(c) 推力球轴承

**表 10-6** **滚动轴承的类型代号**

| 代号 | 轴承类型 | 代号 | 轴承类型 |
|---|---|---|---|
| 0 | 双列角接触球轴承 | 6 | 深沟球轴承 |
| 1 | 调心球轴承 | 7 | 角接触球轴承 |
| 2 | 调心滚子轴承和推力调心滚子轴承 | 8 | 推力圆柱滚子球轴承 |
| 3 | 圆锥滚子轴承 | N | 圆柱滚子轴承（双列或多列用字母 NN 表示） |
| 4 | 双列深沟球轴承 | U | 外球面球轴承 |
| 5 | 推力球轴承 | QJ | 四点接触球轴承 |

3. 滚动轴承的代号

按照国家标准规定，滚动轴承的结构尺寸、公差等级、技术性能等特性由滚动轴承代号来表示。代号由前置代号、基本代号和后置代号组成。其排列顺序为

前置代号　基本代号　后置代号

(1) 基本代号表示滚动轴承的基本类型、结构和尺寸，是滚动轴承代号的基础。基本代号由滚动轴承的类型代号、尺寸系列代号和内径代号组成。

1) 类型代号。类型代号用阿拉伯数字或大写拉丁字母表示，见表 10－6。

2) 尺寸系列代号。尺寸系列代号由轴承的宽（高）度系列代号和直径系列代号组合而成，一般有两位数字表示。它表示同一内径的轴承，其内、外圈的宽度和厚度不同，承载能力也不同，向心轴承、推力轴承的尺寸系列代号见表 10－7。

**表 10－7　　滚动轴承的尺寸系列代号**

| 直径系列代号 | 向心轴承 | | | | | | | | 推力轴承 | | | |
|---|---|---|---|---|---|---|---|---|---|---|---|---|
| | 宽度系列代号 | | | | | | | | 高度系列代号 | | | |
| | 8 | 0 | 1 | 2 | 3 | 4 | 5 | 6 | 7 | 9 | 1 | 2 |
| | 尺寸系列代号 | | | | | | | | | | | |
| 7 | — | — | 17 | — | 37 | — | — | — | — | — | — | — |
| 8 | — | 08 | 18 | 28 | 38 | 48 | 58 | 68 | — | — | — | — |
| 9 | — | 09 | 19 | 29 | 39 | 49 | 59 | 69 | — | — | — | — |
| 0 | — | 00 | 10 | 20 | 30 | 40 | 50 | 60 | 70 | 90 | 10 | — |
| 1 | — | 01 | 11 | 21 | 31 | 41 | 51 | 61 | 71 | 91 | 11 | — |
| 2 | 82 | 02 | 12 | 22 | 32 | 42 | 52 | 62 | 72 | 92 | 12 | 22 |
| 3 | 83 | 03 | 13 | 23 | 33 | — | — | — | 73 | 93 | 13 | 23 |
| 4 | — | 04 | — | 24 | — | — | — | — | 74 | 94 | 14 | 24 |
| 5 | — | — | — | — | — | — | — | — | — | 95 | — | — |

3) 内径代号。内径代号表示轴承的公称内径（轴承内圈的孔径），一般也由两位数字组成。当内径尺寸在 20～480mm（22、28、32 除外）的范围内时，内径尺寸＝内径代号×5。

例如，轴承代号 6206：

6——类型代号，表示深沟球轴承；

2——尺寸系列代号，原为 02，对此种轴承首位 0 省略；

06——内径代号（内径尺寸＝6×5＝30mm）。

(2) 滚动轴承代号中的前置代号和后置代号是轴承在结构形状、尺寸、公差、技术要求等有改变时，在其基本代号的左、右添加的补充代号。需要时查阅有关国家标准。

滚动轴承的标记内容：名称、代号和国标号。

例如，滚动轴承 6206 GB/T 276—2013。

常用滚动轴承的类型和基本代号见表 10－8。

**表 10-8　　常见滚动轴承的类型和基本代号**

<table>
<tr><th rowspan="2">轴承名称、类型<br>及标准号</th><th rowspan="2">类型<br>代号</th><th colspan="2">尺寸系列代号</th><th rowspan="2">基本代号</th></tr>
<tr><th>宽（度）度<br>系列代号</th><th>直径系列<br>代号</th></tr>
<tr><td><br>深沟球轴 60000 型<br>GB/T 276—2013</td><td>6</td><td colspan="2">17<br>37<br>18<br>19<br>(1) 0<br>(0) 2<br>(0) 3<br>(0) 4</td><td>61700<br>63700<br>61800<br>61900<br>6000<br>6200<br>6300<br>6400</td></tr>
<tr><td>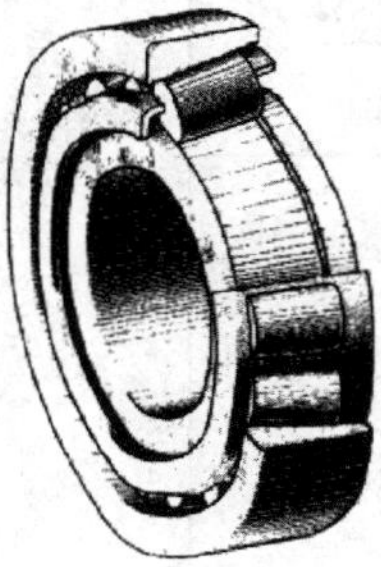<br>圆锥滚子轴承 30000 型<br>GB/T 297—2015</td><td>3</td><td colspan="2">02<br>03<br>13<br>20<br>22<br>23<br>29<br>30<br>31<br>32</td><td>30200<br>30300<br>31300<br>32000<br>32200<br>32300<br>32900<br>33000<br>33100<br>33200</td></tr>
<tr><td>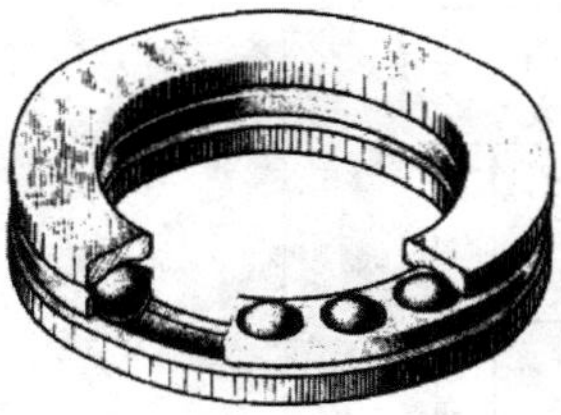<br>推力球轴承 50000 型<br>GB/T 301—2015</td><td>5</td><td colspan="2">11<br>12<br>13<br>14<br>22<br>23<br>24</td><td>51100<br>51200<br>51300<br>51400<br>52200<br>52300<br>52400</td></tr>
</table>

**注** 1. 表中（）内的数字表示在基本代号中省略。

2. 尺寸系列代号：十位数字是宽度系列代号，个位数字是直径系列代号。

3. 基本代号中个位和十位数为内径代号，暂用 00 表示，实际代号视轴承的公称内径而定。当内径在 20～480mm（22、28、32 除外）时，内径代号为公称内径除以 5 的商数，商数为个位数，需在商数左边加“0”，如 08。内径代号为其他尺寸时，可查有关标准。

## 二、滚动轴承的画法

滚动轴承通常可采用三种画法绘制，即通用画法、特征画法和规定画法。一般在画图前，根据轴承代号从其标准中查出外径 $D$，内径 $d$，宽度 $B$、$T$ 后，按表 10－9 所示的比例画图。

**表 10－9　　　　轴 承 的 画 法**

| 名称 | 规定画法 | 简化画法 | |
|---|---|---|---|
| | | 特征画法 | 通用画法 |
| 深沟球轴承 | 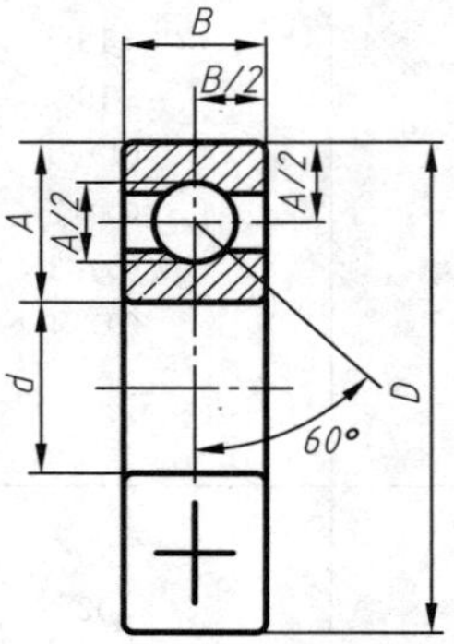 | 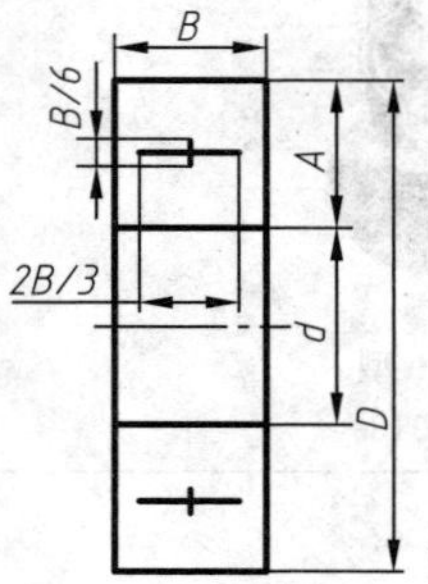 | 当不需要确切表示外形轮廓、载荷特结构特征时<br>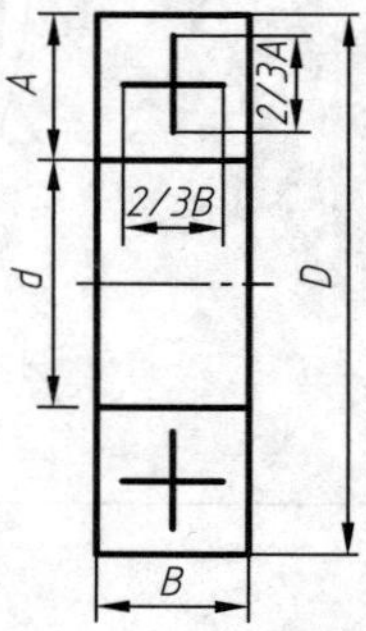 |
| 推力球轴承 | 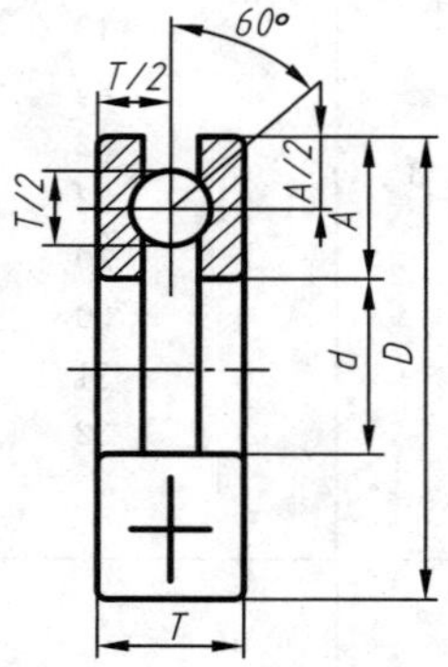 | 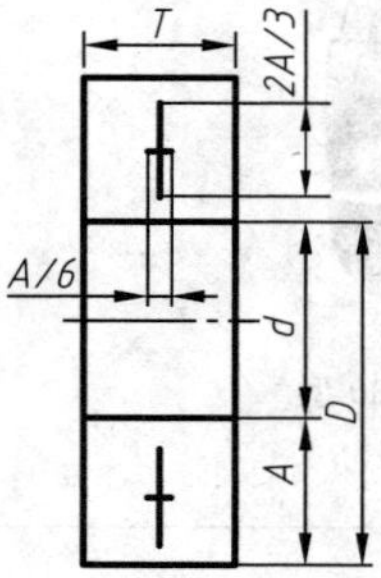 | |
| 圆锥滚子轴承 | 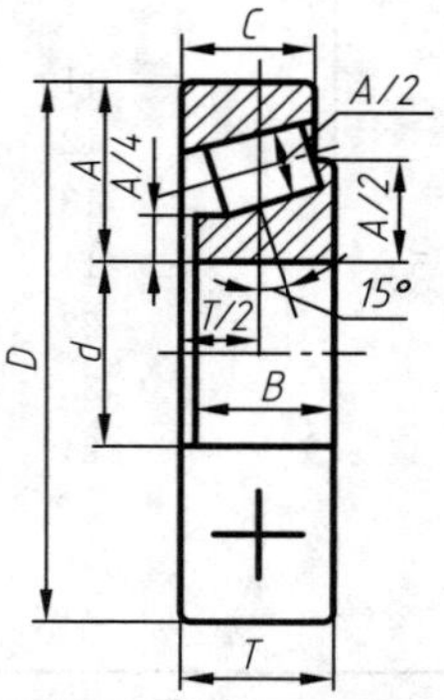 | 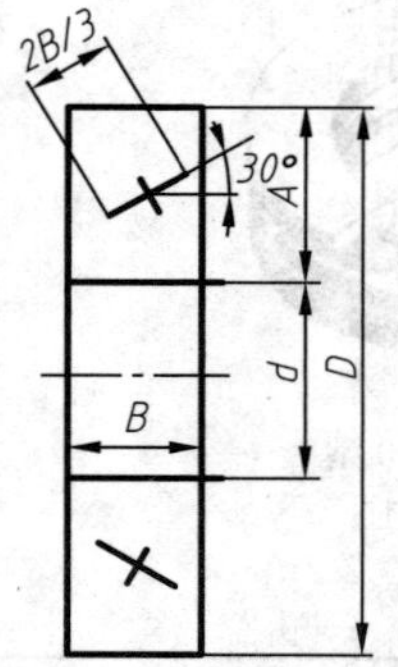 | |

**注**　表中图样以轴线为界，上半部分采用规定画法，下半部分采用通用画法。

## 第六节　齿　　　轮

齿轮是广泛用于机器或部件中的传动零件。齿轮的参数中只有模数、压力角已经标准化，因此，它属于常用件。齿轮不仅可以用来传递动力，并且还能改变转速和回转方向。

图 10－63 所示为三种常见的齿轮传动形式：圆柱齿轮通常用于平行两轴之间的传动；锥齿轮用于相交两轴之间的传动；蜗杆与蜗轮则用于交叉两轴之间的传动。

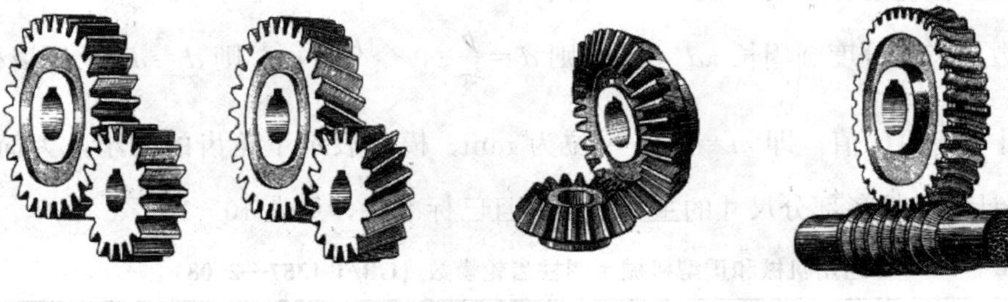

(a) (b) (c)

图 10－63 常见的齿轮传动

（a）直齿圆柱齿轮和斜齿圆柱齿轮；（b）锥齿轮；（c）蜗轮蜗杆

## 一、圆柱齿轮

1．直齿圆柱齿轮

（1）直齿圆柱齿轮各部分的名称。齿轮各部分的名称及代号如图 10－64 所示。

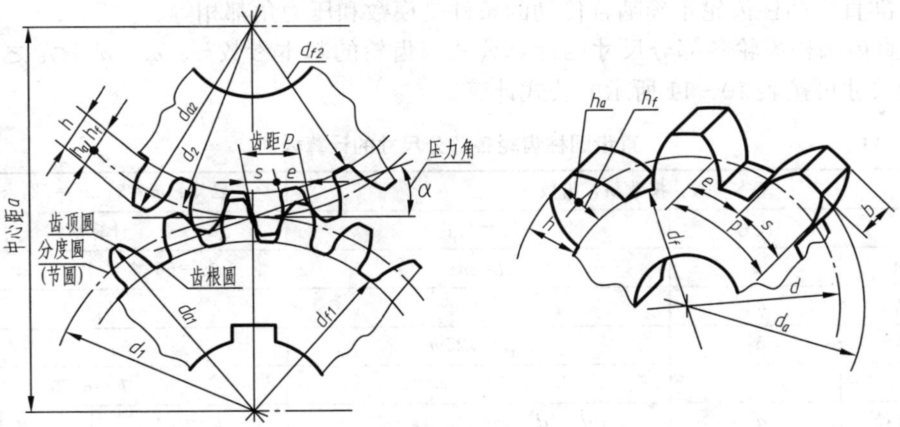


图 10－64 齿轮各部分的名称

1）齿顶圆。通过轮齿顶部的圆称为齿顶圆，其直径用 $d_a$ 表示。

2）齿根圆。通过轮齿根部的圆称为齿根圆，其直径用 $d_f$ 表示。

3）分度圆。标准齿轮的齿槽宽 $e$（相邻两齿廓在某圆周上的弧长）与齿厚 $s$（一个齿两侧齿廓在某圆周上的弧长）相等的圆称为分度圆，它是设计、制造齿轮时计算各部分尺寸的基准圆，其直径用 $d$ 表示。

4）齿距。分度圆上相邻两齿廓对应点之间的弧长称为齿距，用 $p$ 表示。

5）齿高。轮齿在齿顶圆和齿根圆之间的径向距离称为齿高，用 $h$ 表示。

齿顶高：齿顶圆与分度圆之间的径向距离称为齿顶高，用 $h_a$ 表示。

齿根高：齿根圆与分度圆之间的径向距离称为齿根高，用 $h_f$ 表示。

全齿高：齿顶高与齿根高之和，即 $h=h_a+h_f$。

6）中心距。两啮合齿轮轴线之间的距离，用 $a$ 表示。

（2）直齿圆柱齿轮的基本参数。

1）齿数。齿轮上轮齿的个数，用 $z$ 表示。

2）模数。齿轮分度圆周长 $\pi d=zp$，则 $d=\frac{p}{\pi}z$，令 $\frac{p}{\pi}=m$，则 $d=mz$，所以模数是齿距 $p$ 与圆周率 $\pi$ 的比值，即 $m=\frac{p}{\pi}$，单位为 mm。模数表示了轮齿的大小，为简化计算，规定模数是计算齿轮各部分尺寸的主要参数，且已标准化，见表 10－10。

**表 10－10　通用机械和重型机械用圆柱齿轮模数（GB/T 1357—2008）**

| | |
|---|---|
| 第一系列 | 1，1.25，1.5，2，2.5，3，4，5，6，8，10，12，16，20，25，32，40，50 |
| 第二系列 | 1.125，1.375，1.75，2.25，2.75，3.5，4.5，5.5，（6.5），7，9，11，14，18，22，28，36，45 |

**注**　优先采用第一系列，其次是第二系列，括号内的模数尽量不用。

3）压力角。压力角指两啮合齿轮的齿廓在接触点处的受力方向与运动方向之间的夹角。若接触点在分度圆上，则为两齿廓公法线与两分度圆分切线的夹角，用 $\alpha$ 表示。我国标准齿轮分度圆上的压力角为 20°，通常所说的压力角是指分度圆上的压力角。

两标准直齿圆柱齿轮正确啮合传动的条件是模数和压力角都相等。

（3）直齿圆柱齿轮各部分尺寸的计算公式。齿轮的基本参数 $z$、$m$、$\alpha$ 确定之后，齿轮各部分的尺寸可按表 10－11 所示的公式计算。

**表 10－11　直齿圆柱齿轮各部分尺寸的计算公式**

| 基本参数：模数 $m$，齿数 $z$ | | | 已知：$m=3$，$z_1=22$，$z_2=42$ | |
|---|---|---|---|---|
| 名称 | 代号 | 尺寸公式 | 计算举例 | |
| 分度圆 | $d$ | $d=mz$ | $d_1=66$ | $d_2=126$ |
| 齿顶高 | $h_a$ | $h_a=m$ | $h_a=3$ | |
| 齿根高 | $h_f$ | $h_f=1.25m$ | $h_f=3.75$ | |
| 齿高 | $h$ | $h=h_a+h_f=2.25m$ | $h=6.75$ | |
| 齿顶圆直径 | $d_a$ | $d_a=d+2h_a=m\ (z+2)$ | $d_a=72$ | $d_a=132$ |
| 齿根圆直径 | $d_f$ | $d_f=d-2h_f=\ (z-2.5)$ | $d_f=58.5$ | $d_f=118.5$ |
| 齿距 | $p$ | $p=\pi m$ | $p=9.42$ | |
| 齿厚 | $s$ | $s=p/2$ | $s=4.71$ | |
| 中心距 | $a$ | $a=(d_1+d_2)/2=m\ (z_1+z_2)\ /2$ | $a=96$ | |

（4）直齿圆柱齿轮的画法。

1）单个直齿圆柱齿轮的画法。单个齿轮的画法，一般用全剖的非圆视图和端面视图两个视图表示（见图 10－65）。

在视图中，齿顶圆和齿顶线用粗实线表示，分度圆和分度线用细点画线表示（分度线应超出轮廓 2～3mm），齿根圆和齿根线画细实线或省略不画。

在剖视图中，齿根线用粗实线表示，轮齿部分不画剖面线。在端面视图中，齿根圆用细

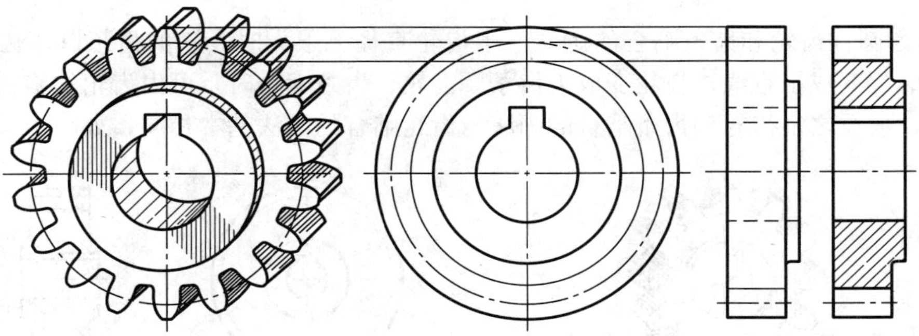


图 10－65 单个圆柱齿轮的画法

(a) 外形；(b) 全剖

实线表示或省略不画。

齿轮的其他结构按投影画出。

2) 两个直齿圆柱齿轮啮合的画法。两个标准齿轮相互啮合时，两齿轮分度圆处于相切的位置，此时分度圆又称为节圆。啮合区的规定画法如下：

在投影为圆的视图（端面视图）中，两齿轮的节圆相切。齿顶圆和齿根圆有两种画法：啮合区的齿顶圆省略不画，齿根圆可都不画，如图 10－66（a）所示；啮合区的齿顶圆画粗实线，齿根圆画细实线或省略不画，如图 10－66（b）所示。

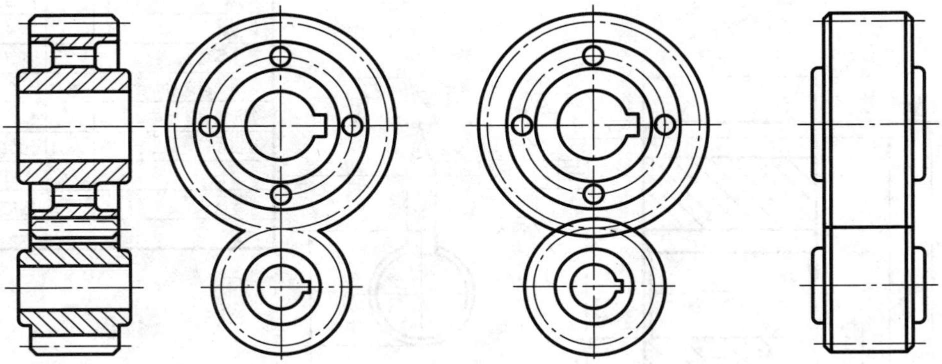


图 10－66 圆柱齿轮啮合的画法

(a) 全剖主视图及左视图；(b) 左视图的第二种画法；(c) 外形图

在非圆投影的剖视图中，两齿轮节线重合，画细点画线。齿根线画粗实线。齿顶线的画法是将一个轮的轮齿作为可见画成粗实线，另一个轮的轮齿被遮住部分画成细虚线，如图 10－66（a）和图 10－67 所示。

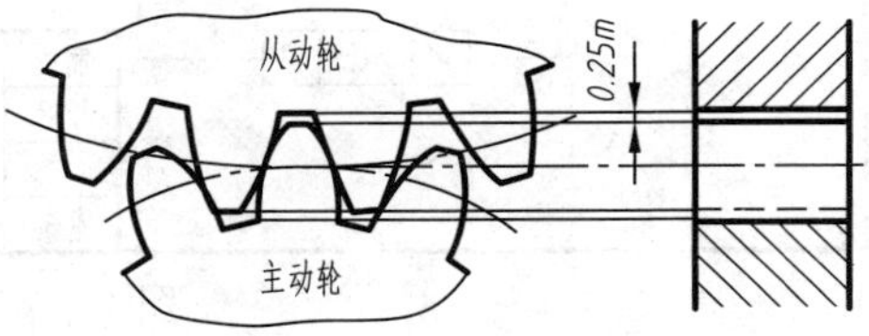


图 10－67 齿轮啮合区投影的画法

在非圆投影的外形图中，啮合区的齿顶线和齿根线不必画出，节圆画成粗实线，如图 10－66

(c) 所示。

3）直齿圆柱齿轮和齿条啮合的画法。当齿轮直径无限大时，它的齿顶圆、齿根圆、分度圆和齿廓都变成了直线，齿轮变成为齿条。齿轮、齿条啮合时，可由齿轮的旋转带动齿条直线移动，或反之。齿轮和齿条啮合的画法与齿轮啮合的画法基本相同，如图 10 - 68 所示。

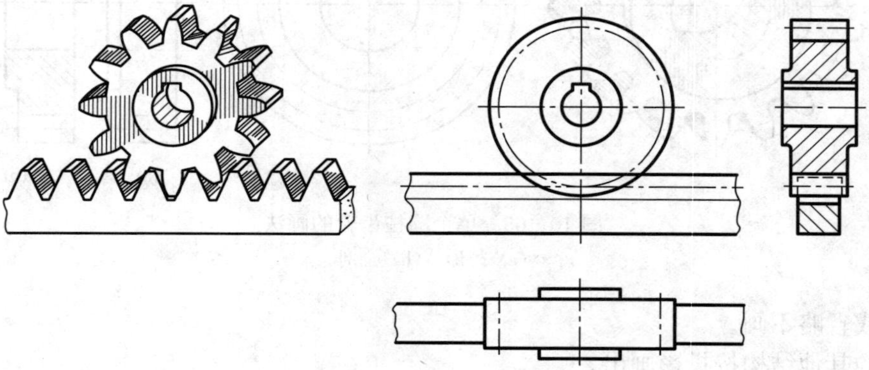

图 10 - 68　齿轮、齿条啮合的画法

4）直齿圆柱齿轮零件图的画法。图 10 - 69 所示为齿轮的零件图，与其他零件图不同的是，除了要表示出齿轮的形状、尺寸和技术要求外，还要注明制造齿轮所需要的基本参数。

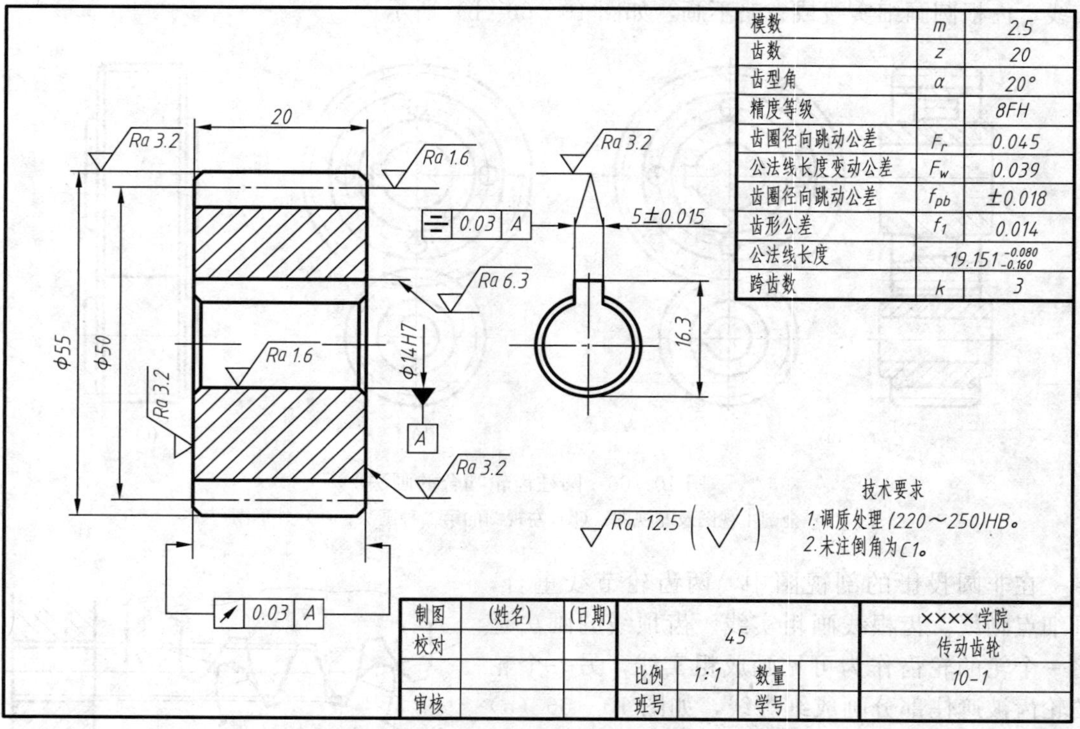

| 模数 | $m$ | 2.5 |
|---|---|---|
| 齿数 | $z$ | 20 |
| 齿型角 | $\alpha$ | 20° |
| 精度等级 | | 8FH |
| 齿圈径向跳动公差 | $F_r$ | 0.045 |
| 公法线长度变动公差 | $F_w$ | 0.039 |
| 齿圈径向跳动公差 | $f_{pb}$ | ±0.018 |
| 齿形公差 | $f_1$ | 0.014 |
| 公法线长度 | | $19.151^{-0.080}_{-0.160}$ |
| 跨齿数 | $k$ | 3 |

1. 调质处理 (220～250)HB。

2. 未注倒角为C1。

| 制图 | (姓名) | (日期) | | | ××××学院 |
|---|---|---|---|---|---|
| 校对 | | | 45 | | 传动齿轮 |
| | | | 比例 1:1 | 数量 | 10-1 |
| 审核 | | | 班号 | 学号 | |

图 10 - 69　直齿圆柱齿轮零件图

2. 斜齿圆柱齿轮

斜齿轮与直齿轮相比具有如下优点：承载能力大，用于大功率传动；传动平稳，冲击、噪声和振动大为减小，可用于高速传动；使用寿命长。

（1）斜齿圆柱齿轮参数。斜齿圆柱齿轮的分度圆上轮齿方向与齿轮轴线间的夹角 $\beta$ 称为螺旋角，如图 10－70 所示。由于其端面（垂直于轴线）的齿形与法面（垂直于齿形）的齿形不同，产生如下参数：端面齿距 $p_t$、法向齿距 $p_n$、端面模数 $m_t$、法向模数 $m_n$。设计时法向模数为标准值，在设计、制造时要从国家标准中选取。法向压力角 $\alpha_n$ 为标准值，$\alpha_n=20°$。

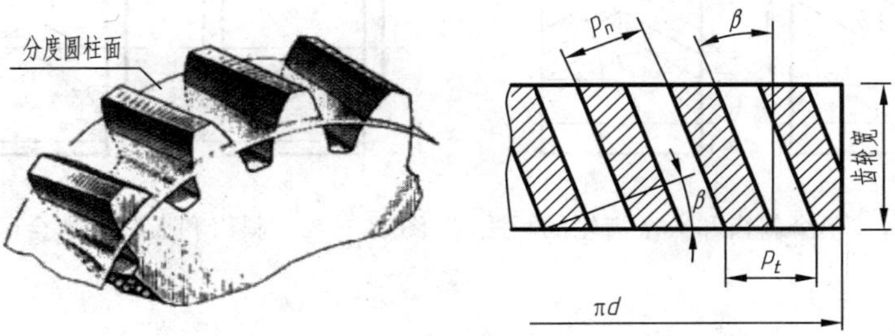


图 10－70　斜齿圆柱齿轮分度圆柱展开图

从图 10－70 中可知：

$$p_n=p_t\cos\beta,\ m_n=m_t\cos\beta$$

（2）斜齿圆柱齿轮各部分尺寸的计算公式。斜齿圆柱齿轮与直齿圆柱齿轮的计算方法基本相同，计算公式见表 10－12。

**表 10－12　　斜齿圆柱齿轮各部分尺寸的计算公式**

| 名称 | 代号 | 计算公式 |
|---|---|---|
| 法向模数 | $m_n$ | 从国家标准中查取 |
| 端面模数 | $m_t$ | $m_t=m_n/\cos\beta$ |
| 分度圆 | $d$ | $d=m_tz=m_nz/\cos\beta$ |
| 齿顶高 | $h_a$ | $h_a=m_n$ |
| 齿根高 | $h_f$ | $h_f=1.25m_n$ |
| 齿高 | $h$ | $h=h_f+h_a=2.25m_n$ |
| 齿顶圆直径 | $d_a$ | $d_a=d+2h_a=m_nz/\cos\beta+2m_n=m_n\ (z/\cos\beta+2)$ |
| 齿根圆直径 | $d_f$ | $d_f=d-2h_f=m_n\ (z/\cos\beta-2.5)$ |
| 中心距 | $a$ | $a=1/2\ (d_1+d_2)\ =m\ (z_1+z_2)/(2\cos\beta)$ |

（3）斜齿圆柱齿轮的画法。斜齿圆柱齿轮的画法与直齿圆柱齿轮的画法基本相同，只在非圆视图上画成局部剖，未剖外形图部分画三条相互平行的细实线表示齿形的方向。斜齿轮和人字齿轮的画法见图 10－71 和图 10－72。相互啮合的两个斜齿轮的螺旋角应大小相等，方向相反。

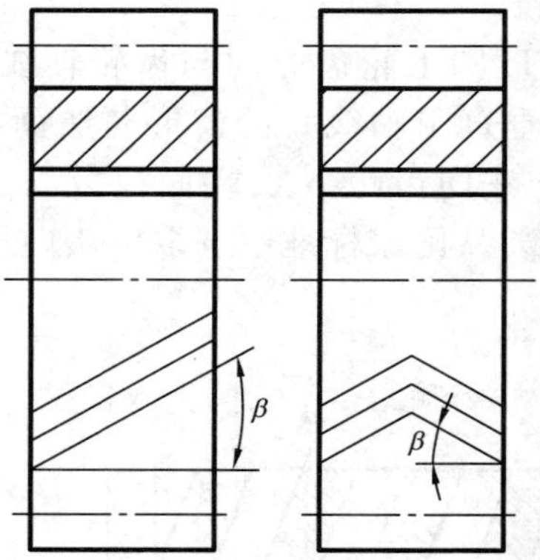


图 10－71 单个斜齿和人字齿轮的画法

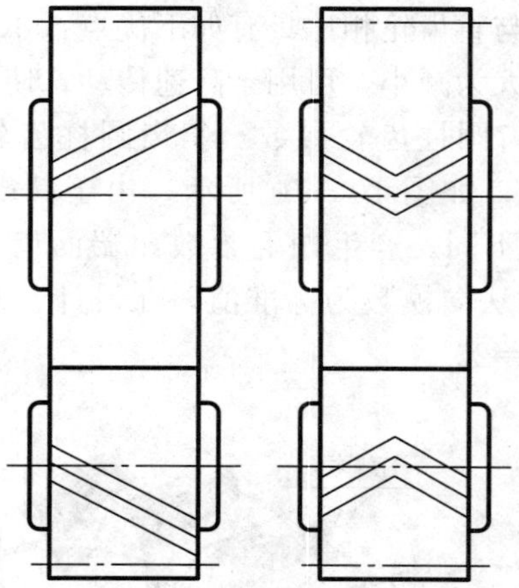

图 10－72 斜齿和人字齿啮合区的画法

## 二、圆锥齿轮

圆锥齿轮常用于相交轴的传动，两轴间的夹角一般为 90°，一对圆锥齿轮正确啮合需要有相同的模数和压力角。

1. 圆锥齿轮各部分的名称

圆锥齿轮各部分的名称及代号如图 10－73 所示。

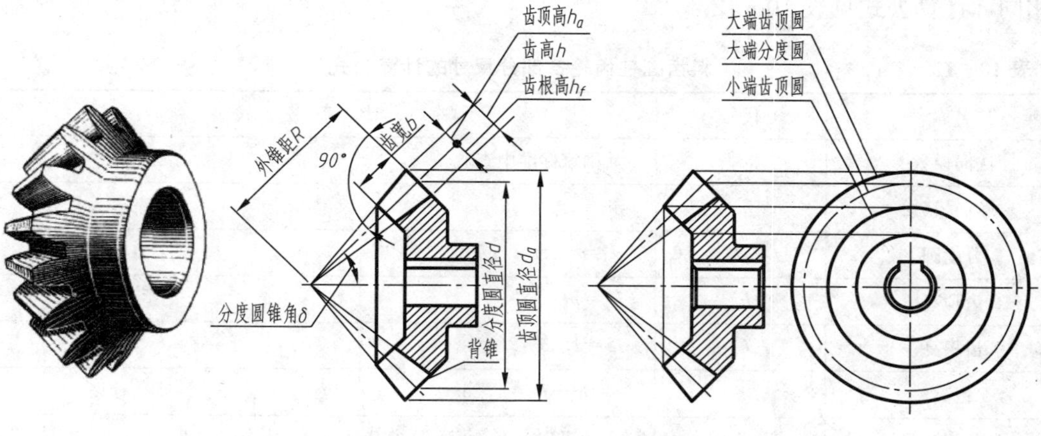


图 10－73 圆锥齿轮各部分的名称及代号

2. 圆锥齿轮的参数计算

圆锥齿轮的轮齿均匀地分布在圆锥面上，在轮齿的全长上模数、齿厚、齿高等参数均不相同。GB/T 12368—1990 规定大端端面模数为标准模数，用以计算大端轮齿各部分的尺寸。各部分尺寸按表 10－13 所列公式计算。

**表 10－13　　直齿圆锥齿轮计算公式**

| 名称 | 代号 | 计 算 公 式 |
|---|---|---|
| 分度圆锥角 | $\delta$ | $\delta_1=\operatorname{arccot}\dfrac{z_2}{z_1}$，$\delta_2=90°-\delta_1$ |
| 分度圆直径 | $D$ | $d_1=mz_1$，$d_2=mz_2$ |
| 锥距 | $R$ | $R=\dfrac{1}{2}\sqrt{d_1^2+d_2^2}=\dfrac{1}{2}m\sqrt{z_1^2+z_2^2}$ |
| 齿顶高 | $h_a$ | $h_a=h_a^* m$ |
| 齿根高 | $h_f$ | $h_f=(h_a^*+c^*)m$ |
| 齿顶圆直径 | $d_a$ | $d_{a1}=d_1+2h_a\cos\delta_1$，$d_{a2}=d_2+2h_a\cos\delta_2$ |
| 齿根圆直径 | $d_f$ | $d_{f1}=d_1-2h_f\cos\delta_1$，$d_{f2}=d_2-2h_f\cos\delta_2$ |
| 齿顶角 | $\theta_a$ | 正常收缩齿：$\theta_{a1}=\theta_{a2}=\arctan(h_a/R)$<br>等顶隙收缩齿：$\theta_{a1}=\theta_{f2}$，$\theta_{a2}=\theta_{f1}$ |
| 齿根角 | $\theta_f$ | $\theta_{f1}=\theta_{f2}=\arctan(h_f/R)$ |
| 齿顶圆锥角 | $\delta_a$ | 正常收缩齿：$\delta_{a1}=\delta_1+\theta_{a1}$，$\delta_{a2}=\delta_2+\theta_{a2}$<br>等顶隙收缩齿：$\delta_{a1}=\delta_1+\theta_{f2}$，$\delta_{a2}=\delta_2+\theta_{f_1}$ |
| 齿根圆锥角 | $\delta_f$ | $\delta_{f1}=\delta_1-\theta_{f1}$，$\delta_{f2}=\delta_2-\theta_{f2}$ |
| 当量齿数 | $z_v$ | $z_v=z/\cos\delta$ |
| 分度圆齿厚 | $s$ | $s=\pi m/2$ |
| 齿宽 | $B$ | $B\leqslant R/3$ |

**注**　1. 角标 1、2 分别代表小齿轮和大齿轮。

2. $m$、$d_a$、$h_a$、$h_f$ 等均指大端。

3. 圆锥齿轮画法

(1) 单个圆锥齿轮的画法。单个圆锥齿轮的主视图通常轴线水平放置，采用全剖视图；在投影为圆的视图上，只画大、小端的齿顶圆和大端的分度圆。斜齿圆锥齿轮用三条细实线表示齿的方向，细实线的方向与轮齿的倾斜方向相同，如图 10－74 (c) 所示。

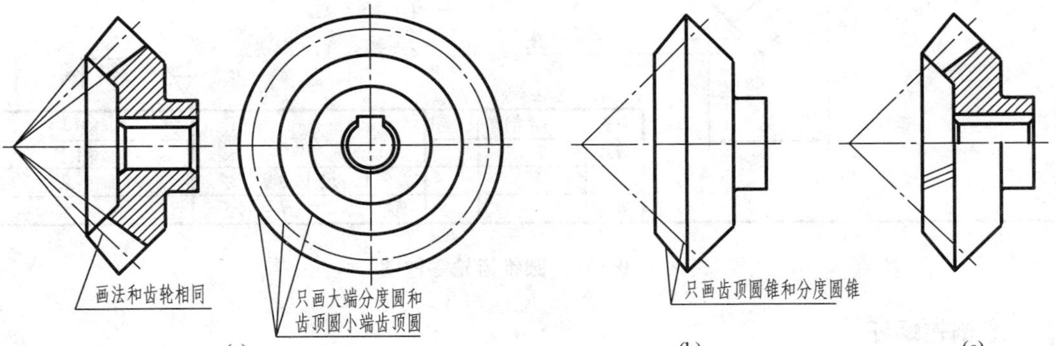


(a)　(b)　(c)

图 10－74　单个圆锥齿轮的画法

(a) 全剖的主视图、左视图；(b) 不剖的主视图；(c) 斜齿圆锥齿轮

(2) 圆锥齿轮啮合的画法。在圆锥齿轮啮合区内，其中一个齿轮的轮齿视为可见，画成粗实线；另一个齿轮的轮齿被遮挡部分画成虚线，也可省略不画，如图 10－75 所示。

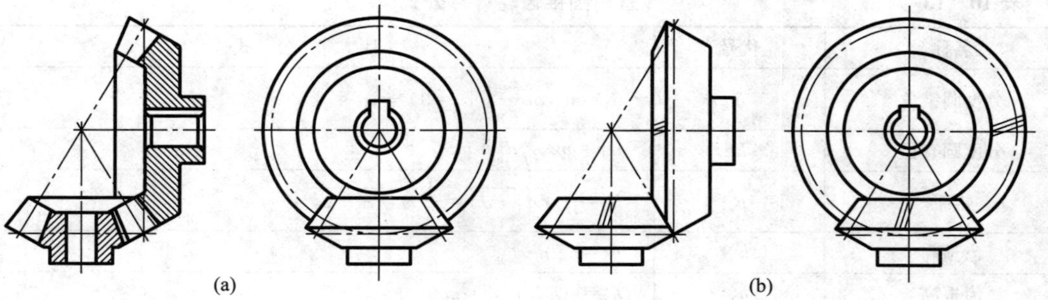

(a) (b)

图 10－75　圆锥齿轮啮合的画法

（a）直齿圆锥齿轮啮合（剖切）；（b）斜齿圆锥齿轮啮合（外形）

（3）圆锥齿轮零件图（见图 10－76）。

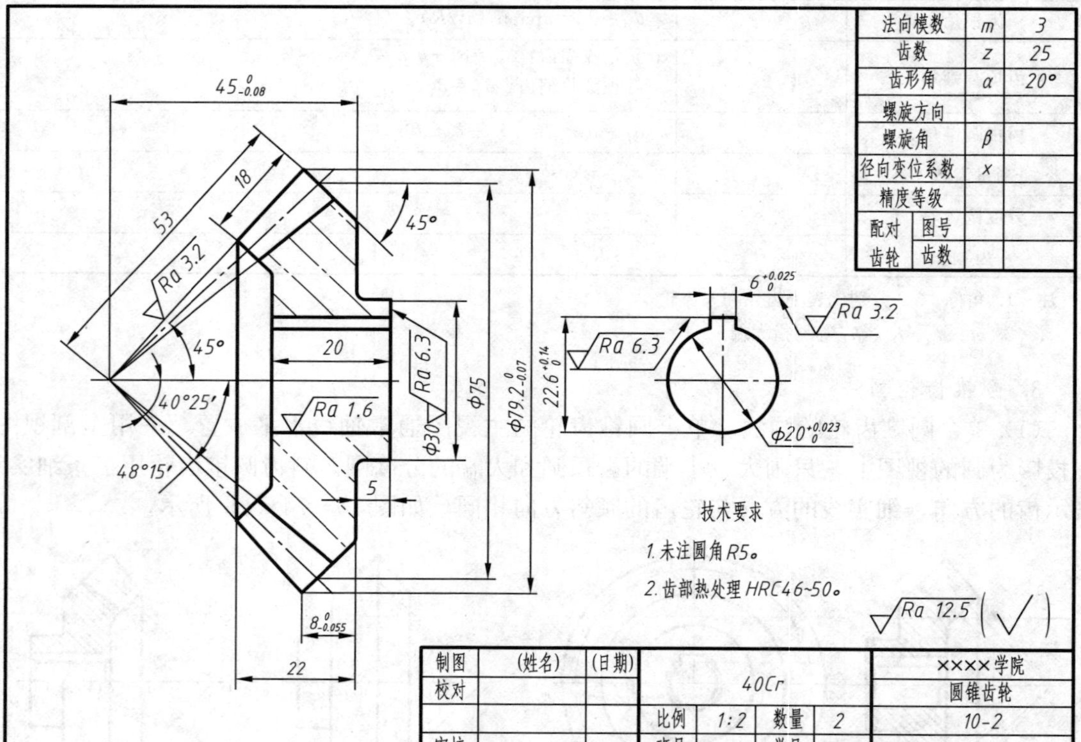


图 10－76　圆锥齿轮零件图

## 三、蜗轮蜗杆

蜗轮蜗杆用于交叉两轴的传动。蜗杆有单线、多线和右旋、左旋的区分；蜗轮实际上是斜齿的圆柱齿轮，为了增加与蜗杆啮合时的接触面积，提高使用寿命，蜗轮的齿顶和齿根加工成环面。在要求不高、受加工条件限制的情况下，蜗轮也可以用斜齿轮替代。

蜗轮蜗杆传动能获得较大的传动比，一般选择蜗杆传动蜗轮。相互啮合的蜗轮蜗杆要求模数、压力角相同，蜗轮的螺旋角 $\beta$ 和蜗杆的螺旋升角 $\lambda$ 相等、方向相反。

1. 蜗轮蜗杆各部分名称

蜗轮蜗杆各部分名称如图 10－77 所示。

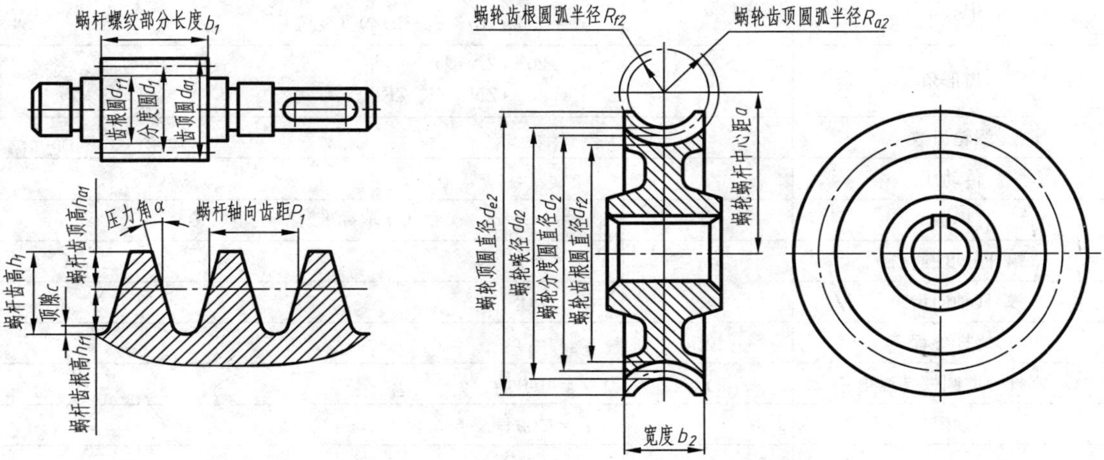


(a) (b)

图 10－77 蜗轮蜗杆各部分名称

(a) 蜗杆；(b) 蜗轮

2. 蜗轮蜗杆参数及尺寸计算

蜗轮蜗杆参数及尺寸计算见表 10－14～表 10－16。

**表 10－14** 蜗杆的直径系数

| 模数 $m$ | 1 | 1.5 | 2 | 2.5 | 3 (3.5) | 4 (4.5) | 5 | 6 | (7) | 8 | (9) | 10 | 12 |
|---|---|---|---|---|---|---|---|---|---|---|---|---|---|
| 蜗杆直径系数 $q$ | 14 | 14 | 13 | 12 | 12 | 11 | 10 (12) | 9 (11) | 9 (11) | 8 (11) | 8 (11) | 8 (11) | 8 (11) |

**注** 括号内数值尽可能不用（当用蜗轮滚刀加工时）。

**表 10－15** 标准模数及标准分度圆直径 mm

| $m$ | $d_1$ | $m$ | $d_1$ | $m$ | $d_1$ | $m$ | $d_1$ |
|---|---|---|---|---|---|---|---|
| 1 | 18 | 2.5 | (22.4) 28<br>(35.5) 45 | 6.3 | (50) 63<br>(80) 112 | 16 | (112) 140<br>(180) 250 |
| 1.25 | 20<br>22.4 | 3.15 | (28) 35.5<br>(45) 56 | 8 | (63) 80<br>(100) 140 | 20 | (140) 160<br>(224) 315 |
| 1.6 | 20<br>28 | 4 | (31.5) 40<br>(50) 71 | 10 | (71) 90<br>(112) 160 | 25 | (180) 200<br>(280) 400 |
| 2 | (18) 22.4<br>(28) 35.5 | 5 | (40) 50<br>(63) 90 | 12.5 | (90) 112<br>(140) 200 | | |

表 10－16 蜗轮蜗杆几何尺寸计算公式

| 名称 | 符号 | 普通圆柱蜗杆传动 |
|---|---|---|
| 中心距 | $a$ | $a=0.5m\ (q+z_2)$<br>$a'=0.5m\ (q+z_2+2x_2)$（变位） |
| 齿形角 | $\alpha$ | $\alpha_x=20°$（ZA 型）<br>$\alpha_n=20°$（ZN、ZI、ZK 型） |
| 蜗轮齿数 | $z_2$ | $z_2=z_1 i$ |
| 传动比 | $i$ | $i=z_2/z_1$ |
| 模数 | $m$ | $m=m_x=m_n/\cos\gamma$（$m$ 取标准） |
| 蜗杆分度圆直径 | $d_1$ | $d_1=mq$ |
| 蜗杆轴向齿距 | $p_x$ | $p_x=m\pi$ |
| 蜗杆导程 | $p_z$ | $p_z=z_1 p_x$ |
| 蜗杆分度圆柱导程角 | $\gamma$ | $\gamma=\arctan z_1/q$ |
| 顶隙 | $c$ | $c=c^* m$，$c^*=0.2$ |
| 蜗杆齿顶高 | $h_{a1}$ | $h_{a1}=h_a^* m$<br>一般 $h_a^*=1$，短齿，$h_a^*=0.8$ |
| 蜗杆齿根高 | $h_{f1}$ | $h_{f1}=h_a^* m+c$ |
| 蜗杆齿高 | $h_1$ | $h_1=h_{a1}+h_{f1}$ |
| 蜗杆齿顶圆直径 | $d_{a1}$ | $d_{a1}=d_1+2h_{a1}$ |
| 蜗杆齿根圆直径 | $d_{f1}$ | $d_{f1}=d_1-2h_{f1}$ |
| 蜗杆螺纹部分长度 | $b_1$ | $b_1\geqslant (11+0.06z_2)\ m$，当 $z_1=1$，2<br>$b_1\geqslant (12.5+0.09z_2)\ m$，当 $z_1=3$，4 |
| 蜗杆轴向齿厚 | $S_{x1}$ | $S_{x1}=0.5m\pi$ |
| 蜗杆法向齿厚 | $S_{n1}$ | $S_{n1}=S_{x1}\cos\gamma$ |
| 蜗轮分度圆直径 | $d_2$ | $d_2=z_2 m$ |
| 蜗轮齿顶高 | $h_{a2}$ | $h_{a2}=h_a^* m$<br>$h_{a2}=m\ (ha^*+x_2)$（变位） |
| 蜗轮齿根高 | $h_{f2}$ | $h_{f2}=m\ (h_a^*+c^*)$<br>$h_{f2}=m\ (h_a^*-x_2+c^*)$（变位） |
| 蜗轮喉圆直径 | $d_{a2}$ | $d_{a2}=d_2+2h_{a2}$ |
| 蜗轮齿根圆直径 | $d_{f2}$ | $d_{f2}=d_2-2h_{f2}$ |
| 蜗轮齿根圆弧半径 | $R_{f2}$ | $R_{f2}=0.5d_{a1}+c$ |
| 蜗轮齿顶圆弧半径 | $R_{a2}$ | $R_{a2}=0.5d_{f1}+c$ |
| 蜗轮顶圆直径 | $d_{e2}$ | 按标准选取 |
| 蜗轮轮缘宽度 | $B$ | 按标准选取 |

3. 蜗轮蜗杆画法

（1）单个蜗轮蜗杆的画法。蜗杆的画法与圆柱齿轮的画法相同，为表示蜗杆的齿形，一般采用局部剖视图或局部放大图，如图 10－78 所示。

蜗轮的画法也与圆柱齿轮基本相同，在投影为圆的视图中，只画分度圆和最大圆，齿根圆和齿顶圆不画，其他结构按原投影关系画出，如图 10－79 所示。

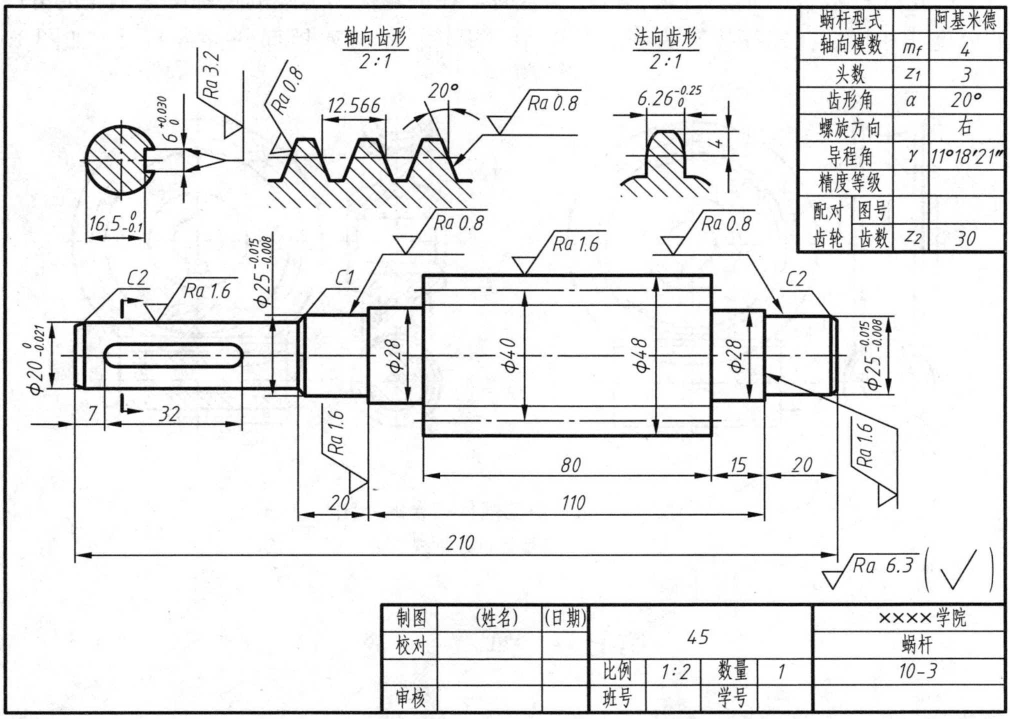


图 10-78 蜗杆零件图

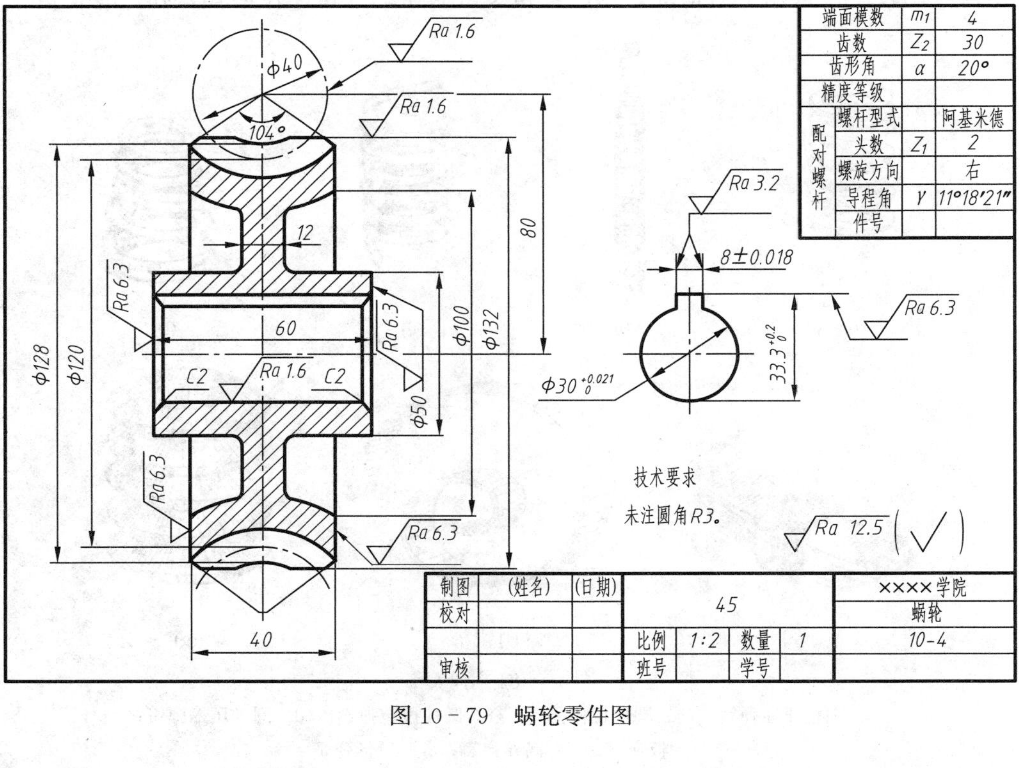


图 10-79 蜗轮零件图

（2）蜗轮蜗杆啮合的画法。蜗轮蜗杆啮合时，在蜗轮投影为圆的视图中，蜗轮的分度圆与蜗杆的分度线相切；在蜗杆投影为圆的视图中，蜗轮被蜗杆遮挡部分省略不画，如图 10－80 所示。

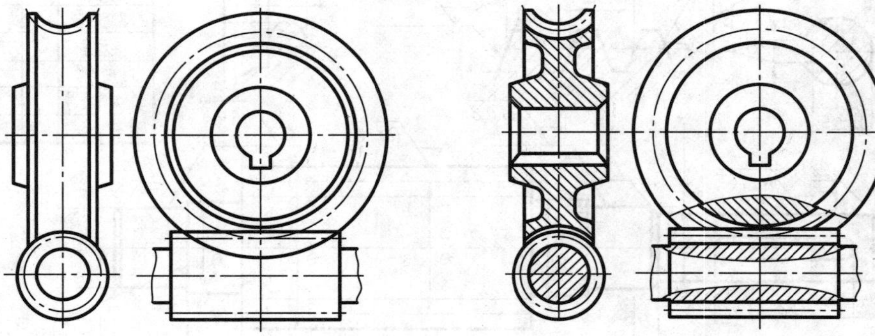

(a) (b)

图 10－80 蜗轮蜗杆啮合的画法

（a）外形；（b）剖视

## 第七节 弹 簧

弹簧的作用主要是减振、复位、夹紧、测力、储能等。

弹簧的种类很多，常用的有螺旋弹簧、涡卷弹簧、板弹簧等，如图 10－81 所示，其中，螺旋弹簧应用较广。根据受力情况，螺旋弹簧又分为压缩弹簧、拉伸弹簧和扭转弹簧。

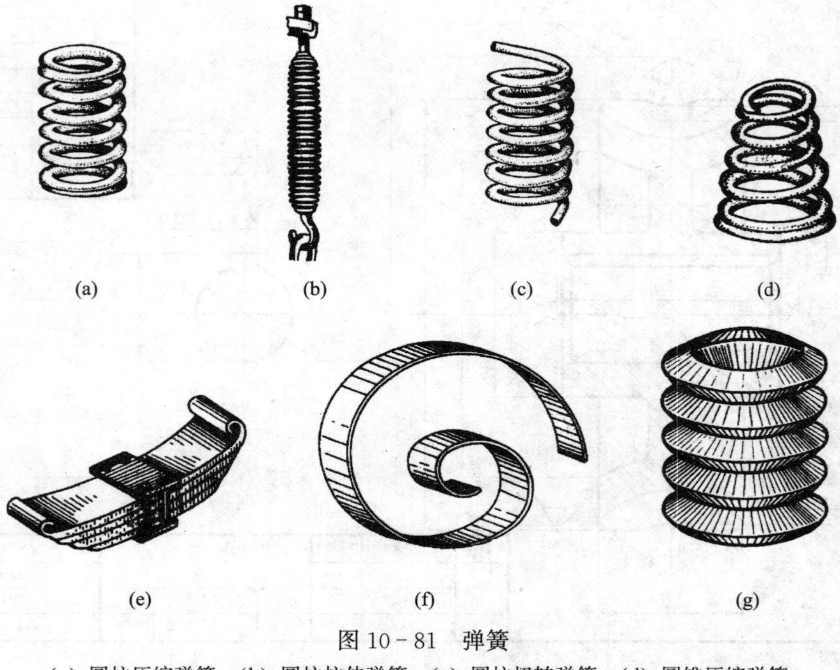

(a) (b) (c) (d) (e) (f) (g)

图 10－81 弹簧

（a）圆柱压缩弹簧；（b）圆柱拉伸弹簧；（c）圆柱扭转弹簧；（d）圆锥压缩弹簧；

（e）板弹簧；（f）涡卷弹簧；（g）碟形弹簧

这里主要介绍圆柱螺旋压缩弹簧的各部分名称及画法。

**一、圆柱螺旋压缩弹簧各部分的名称及尺寸关系**

弹簧各部分的名称及尺寸关系如图 10-82（a）所示。

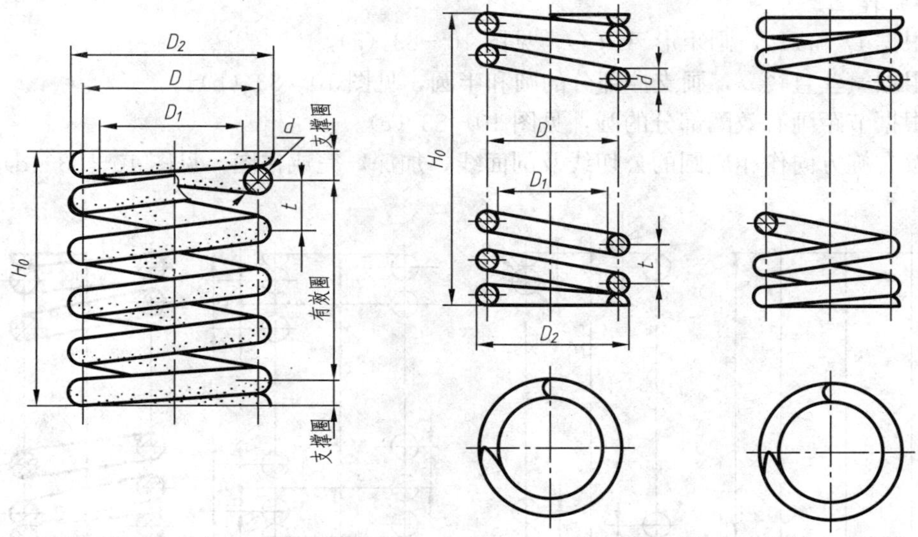


(a) (b)

图 10-82 圆柱螺旋压缩弹簧的画法

（1）簧丝直径 $d$。簧丝直径指制作弹簧的簧丝直径。

（2）弹簧中径 $D$。弹簧中径指弹簧的平均直径，按标准选取。

（3）弹簧内径 $D_1$。弹簧内径指弹簧的最小直径，$D_1=D-d$。

（4）弹簧外径 $D_2$。弹簧外径指弹簧的最大直径，$D_2=D+d$。

（5）弹簧节距 $t$。弹簧节距指两相邻有效圈截面中心线的轴向距离。

（6）有效圈数 $n$。有效圈数是弹簧上能保持相同节距的圈数，是计算弹簧刚度时的圈数。

（7）支撑圈数 $n_z$。为使弹簧受力均匀，放置平稳，一般都将弹簧两端并紧磨平，工作时起支撑作用，这部分圈称为支撑圈。支撑圈有 1.5 圈、2 圈、2.5 圈三种，后两者较为常见。

（8）总圈数 $n_1$。弹簧的总圈数为有效圈与支撑圈之和，$n_1=n+n_2$。

（9）弹簧的自由高度 $H_0$。弹簧的自由高度为弹簧在未受力时的高度，$H_0=nt+(n_z-0.5)d$。

（10）展开长度 $L$。弹簧展开长度指弹簧制造时坯料的长度，$L=n_1\sqrt{(\pi D)^2+t^2}\approx\pi Dn_1$。

**二、圆柱螺旋压缩弹簧的规定画法**

1. 单个弹簧的画法

（1）在平行于弹簧轴线的投影面上的视图中，各圈的轮廓线画成直线，如图 10-82（b）所示。

（2）有效圈数在四圈以上的弹簧，中间各圈可省略不画，而用通过中径的点画线连接起来，这时弹簧的长度可适当缩短。弹簧两端的支撑圈不论有多少圈，均可按如图 10-82 所示的形式绘制。

（3）弹簧有左旋和右旋，画图时均可画成右旋，但左旋要加注“左”字。

（4）圆柱螺旋压缩弹簧的作图步骤。

若已知弹簧中径 $D$、簧丝直径 $d$、节距 $t$ 和圈数（$n$、$n_2$），先算出自由高度 $H_0$，然后按下列步骤作图：

1）根据 $D$ 和 $H_0$，画矩形 $ABCO$，见图 10－83（a）。

2）根据簧丝直径 $d$，画支撑部分的圆和半圆，见图 10－83（b）。

3）根据节距画有效圈部分的圆，见图 10－83（c）。

4）按右旋方向作相应圆的公切线及剖面线，加深，完成作图，见图 10－83（d）。

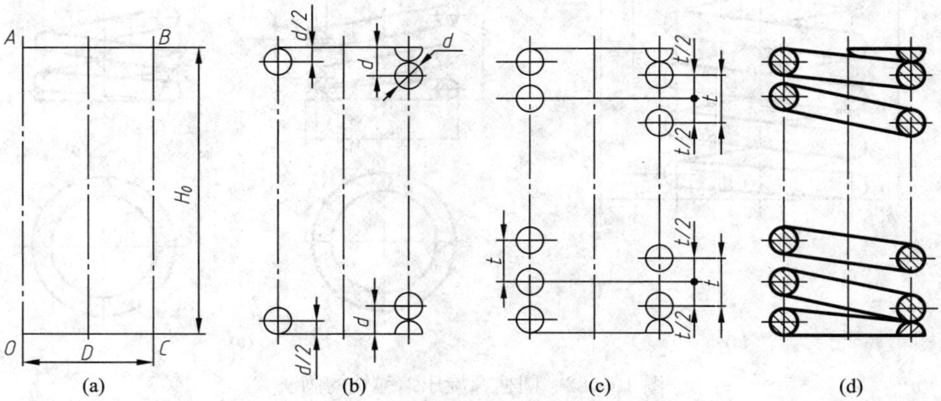


图 10－83 圆柱螺旋压缩弹簧的作图步骤

2. 圆柱螺旋压缩弹簧在装配图中的画法

（1）在装配图中，弹簧中间各圈采取省略画法后，被弹簧遮住的结构按不可见处理。可见轮廓线只画到弹簧钢丝的断面轮廓线或中心线上，见图 10－84（a）。

（2）簧丝直径 $d \leqslant 2$mm 的断面，允许用涂黑表示。

（3）簧丝直径 $d \leqslant 1$mm 时，可采用示意画法，见图 10－84（b）。

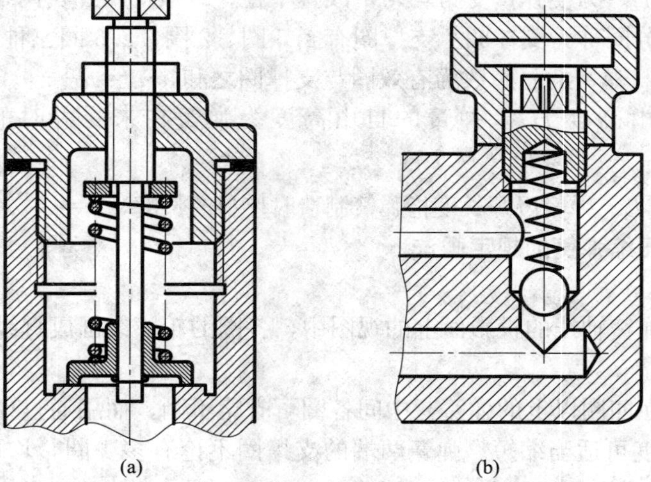


图 10－84 圆柱螺旋压缩弹簧在装配图中的画法

## 三、圆柱螺旋压缩弹簧的零件图

图 10－85 所示为圆柱螺旋压缩弹簧的零件图，画图时应注意以下两点：

（1）弹簧的参数应直接注在图形上，若有困难，可在技术要求中说明。

（2）当需要说明弹簧的负荷与高度之间的变化关系时，必须用图解表示。螺旋压缩弹簧的机械性能曲线为直线。其中，$F_1$ 为弹簧的预加负荷；$F_2$ 为弹簧的最大负荷；$F_3$ 为弹簧的极限负荷。

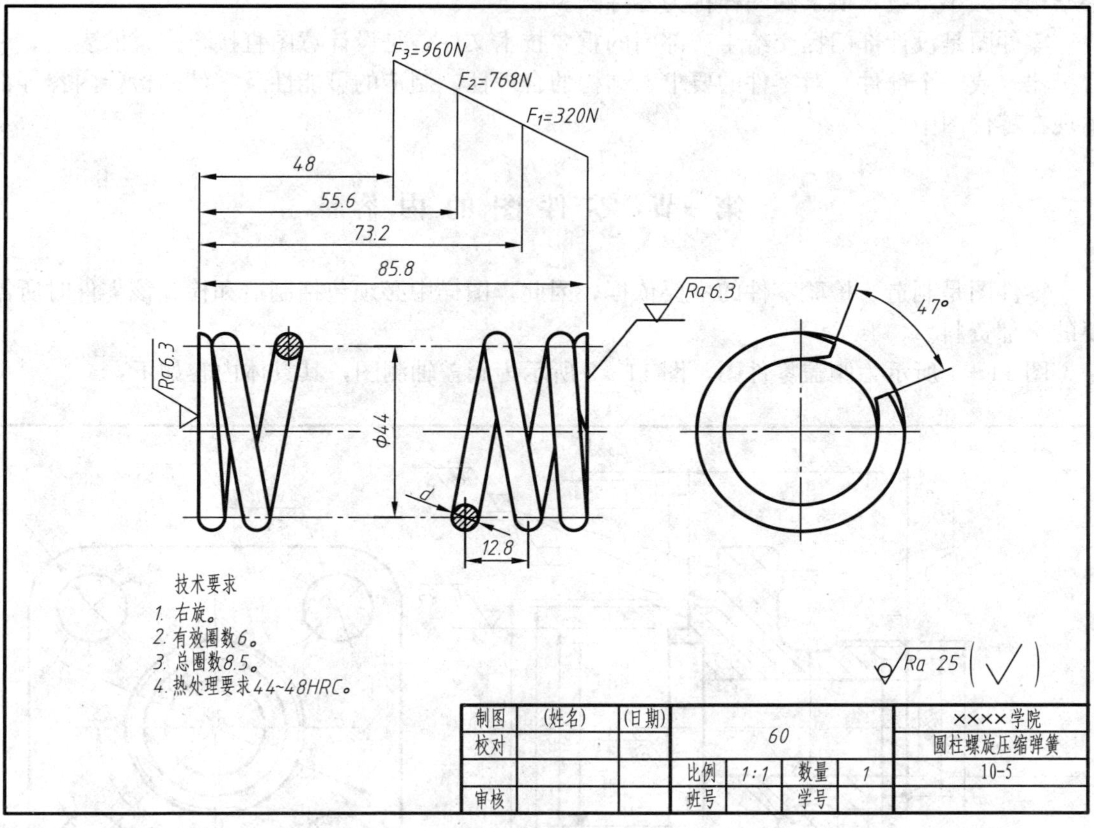


| | | | | | | | |
|---|---|---|---|---|---|---|---|
| 制图 | (姓名) | (日期) | 60 | | | | ××××学院 |
| 校对 | | | | | | | 圆柱螺旋压缩弹簧 |
| | | | 比例 | 1:1 | 数量 | 1 | 10-5 |
| 审核 | | | 班号 | | 学号 | | |

图 10－85　圆柱螺旋压缩弹簧零件图

# 第十一章　零　　件　　图

一台机器或一个部件都是由若干零件按照装配关系和技术要求装配而成的。表达单个零件结构、大小及技术要求的图样称为零件图。

零件图是设计部门提交给生产部门的重要技术文件，是设计意图直接、完整的表达。一台机器（或一个部件）对零件的要求、结构的合理性、制造的可能性及零件的检验内容等都体现在零件图中。

## 第一节　零件图的内容

零件图是制造、检验零件的主要依据，因此，图样中必须包括制造和检验该零件时所需要的全部资料。

图 11－1 所示为阀盖零件图，图 11－2 所示为阀盖轴测图，其具体内容如下：

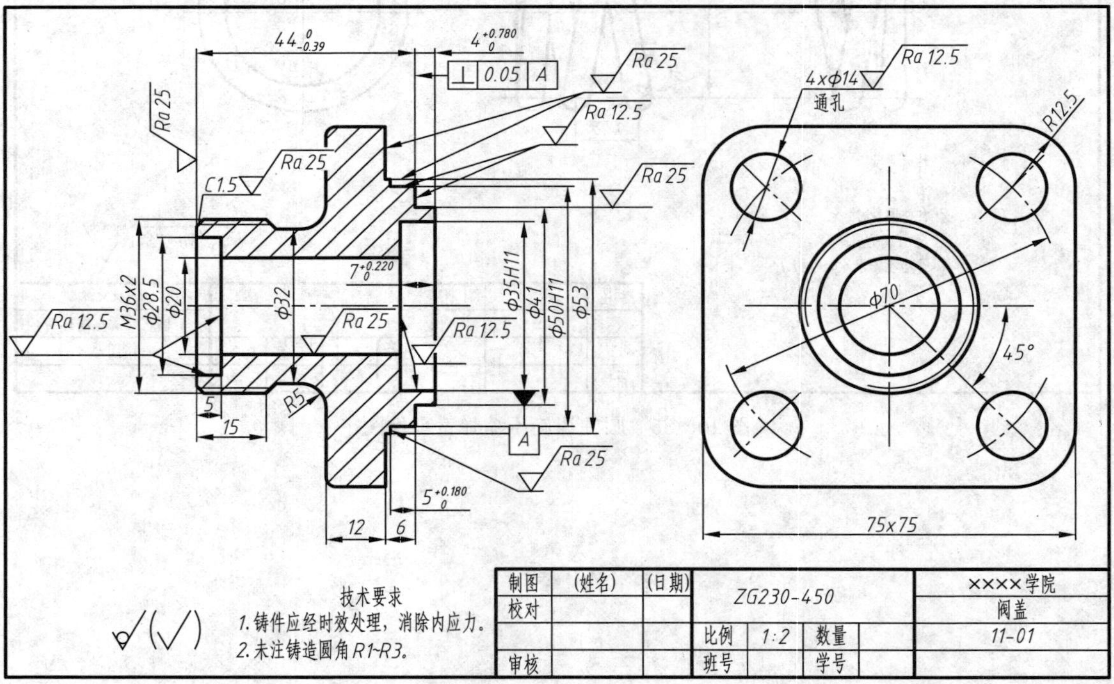


图 11－1　阀盖零件图

### 一、一组图形

用一组视图（其中包括视图、剖视图、断面图、局部放大图等），正确、完整、清晰和简便的表达零件的形状和结构。图 11－1 所示零件图中使用了主视图、左视图两个基本视图，其中，主视图采用全剖视图、左视图采用外形视图。

**二、完整的尺寸**

用一组尺寸，正确、完整、清晰和合理地标注出零件的结构形状及其相互位置。

**三、技术要求**

用一些规定的符号、数字、字母和文字注解，简明、准确地给出零件在使用、制造和检验时应达到的一些技术要求（包括表面粗糙度、尺寸公差、形状和位置公差、表面处理和材料热处理的要求等）。

如图 11 - 1 所示，有尺寸公差 $\phi$50H11、$\phi$35H11、$5^{+0.180}_{0}$，几何公差|⊥|0.05|A|，对表面结构要求的代号 $\sqrt{Ra\ 12.5}$，热处理和工艺要求（用文字在技术要求中表述的内容）等。

图 11 - 2 阀盖轴测图

**四、标题栏**

在标题栏中一般应填写出零件的名称、材料、图样编号、比例、数量、重量、制图人与校核人的姓名和日期等。

## 第二节 零件的表达方案

画零件图时，要灵活运用第九章机件的图样画法中介绍的多种方法，选取一组合适的视图，完整、清晰、正确地表达零件的结构形状，在方便看图的前提下，力求视图精炼、制图简便。为达到上述要求，首先应了解零件的用途，然后对该零件进行结构分析，在此基础上形成较合理的表达方案。

**一、零件表达方案的选择**

1. 主视图的选择

主视图是反映零件信息量最多的一个视图，应首先选择。主视图的选择包括零件的安放位置和选择投射方向两方面的内容。

(1) 零件的安放位置。零件的安放位置应符合两个原则，即零件的工作位置原则或加工位置原则。

零件图是用来加工零件的图样，对加工方法单一的零件，主视图所表示的零件安放位置应和零件的加工位置保持一致，以使加工人加工和测量尺寸时看图方便。对于形状复杂的零件，加工工序较长，需要在不同的机床上加工，且加工状态各不相同，不便于按加工位置放置零件，其主视图一般按零件的工作位置放置。

(2) 主视图的投射方向。应以最能反映零件形体特征的方向作为主视图的投射方向，在主视图上尽可能多地展现零件的内、外结构形状及各组成形体之间的相对位置关系。

2. 其他视图的选择

主视图确定后，其他视图及表达方法的选择，要根据零件的复杂程度和内、外结构形状等进行综合考虑，用以补充表达主视图尚未表达清楚的结构。可以考虑以下几点内容选择其他视图：

(1) 在表达清楚的前提下，采用的视图数量尽量少。

(2) 优先选用基本视图以及在基本视图上作剖视或断面。

选择零件视图后，应按视图选择要求，分析、比较、调整，形成较好的视图表达方案。

## 二、表达方案选择举例

选择零件图的视图表达方案时，一般应按下述步骤进行：

(1) 了解零件。对零件的用途、材料及相应的加工方法进行分析，了解零件的工作位置、加工位置及结构特点。

(2) 选择主视图。根据零件的结构、形状，按照主视图的选取原则，确定零件的安放位置和主视图的投射方向。

(3) 选择其他视图。在选择其他视图时，以主视图的选择为基础，对没有表达清楚的结构进行补充表达，对已经表达清楚的结构不重复表达。

下面以阀体为例，介绍选择零件表达方案的过程。

(1) 了解零件。阀体用来包容阀芯、安装和固定密封圈、阀盖、填料压紧套等零件。这一类零件内、外形都比较复杂，其毛坯经铸造而成。

(2) 选择主视图。阀体的形状较为复杂，加工工序较多，各工序的加工位置不尽相同，因而按形状特征和工作位置摆放。投射方向以较多反映零件几何形状、相对位置及连接关系为原则。阀体安放位置和投射方向见图 11－3，由于阀体左右不对称，主视图选择全剖视图，完整表达了阀体的内部结构形状。

(3) 选择其他视图。由于零件形状较复杂，一般需用三个或三个以上的基本视图。首先选择表达主要形体的其他视图，选用左视图，根据阀体前后对称的特点，左视图采用半剖视图，既表达阀体的内部结构形状，又表达安装板及上圆柱部分的外形特点；主视图和左视图在外形方面的表达还不够完善，选择俯视图对阀体的整体外观形状进行补全，如图 11－4 所示。

图 11－3　阀体轴测图

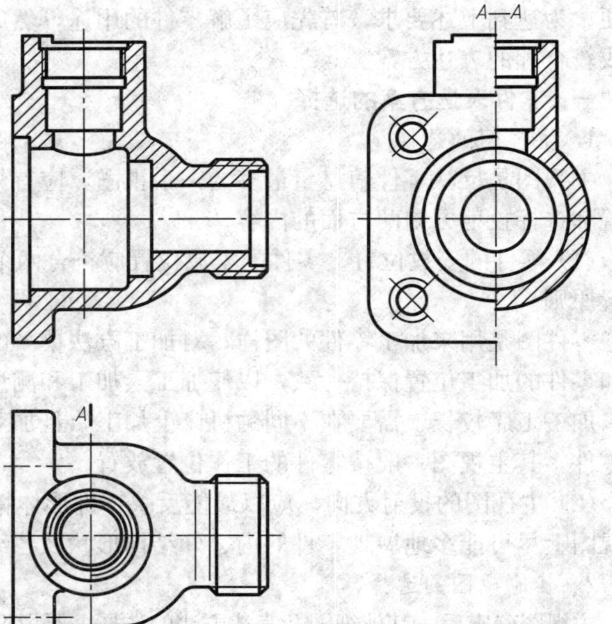

图 11－4　阀体视图表达方案

## 第三节　零件图的尺寸标注

零件图中尺寸的标注，既要满足零件在机器中能很好地承担工作的要求，又要能满足零件的制造加工、测量和检验的要求。标注零件尺寸时，应力求做到：

正确——尺寸的标注要符合机械制图国家标准。

完整——注全零件各部分结构的定形尺寸、定位尺寸及必要的总体尺寸。

清晰——尺寸的布置要便于看图查找。

合理——尺寸标注既要符合零件的设计要求，又要便于加工和测量。

尺寸标注的合理性体现在以下方面：

(1) 满足设计要求，保证零件的使用性能。

(2) 满足工艺要求，便于加工、测量。

要达到合理标注尺寸的水平，需要掌握相关的设计、工艺知识和一定的实践经验。

### 一、尺寸基准的选择

基准是指零件在机器中或在加工及测量时，用以确定其位置的一些面、线或点。零件的长、宽、高三个方向都至少要有一个尺寸基准，当同一方向有几个基准时，其中之一为主要基准，其余为辅助基准。

1. 设计基准

设计基准是根据零件在机器中的作用和结构特点，为保证零件的设计要求而选定的一些基准。在图 11－5 中，40±0.02 是轴承孔的中心高，应以底面Ⅰ（高度方向的基准）为基准注出。为保证 2×$\phi$7 孔与轴孔的对称关系，长度方向以对称面Ⅱ（长度方向的基准）为基准，前后方向以轴承孔的后面Ⅲ为基准。

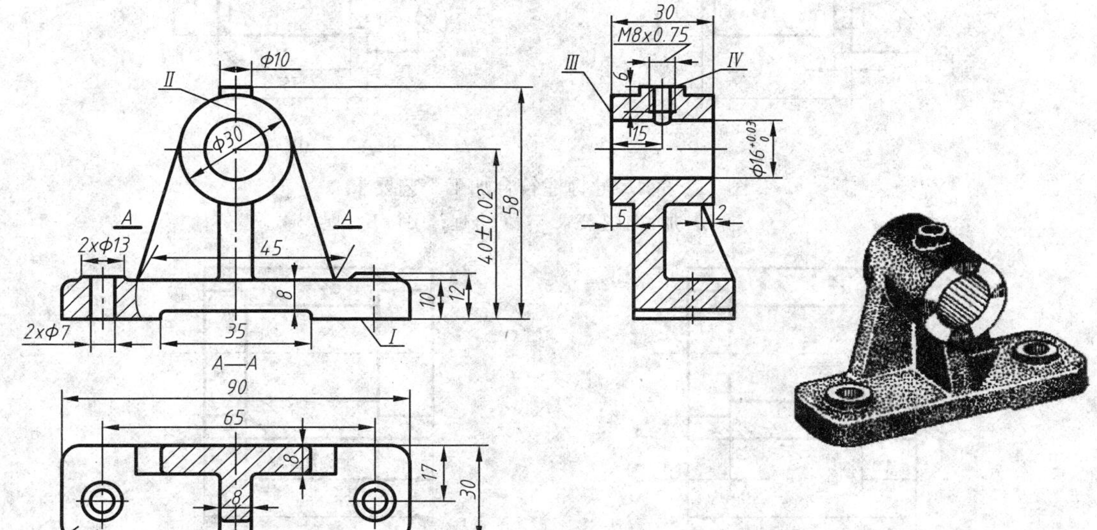


图 11－5　轴承座的基准

2. 工艺基准

工艺基准是零件在加工、检验时的基准。图 11－5 中凸台的顶面Ⅳ是工艺基准，以此为基准测量螺孔的深度比较方便。

从设计基准标注尺寸，可以直接反映设计要求，能保证零件在机器或部件中的功能；从工艺基准标注尺寸，便于零件的加工和测量。当工艺基准与设计基准重合时，能同时满足设计和工艺的要求。如果两者不能统一，应以保证设计要求为主。

**二、合理标注尺寸的一些原则**

（1）功能尺寸必须直接注出。影响产品工作性能和装配技术要求的尺寸，称为功能尺寸。在零件加工制造时为保证零件质量，又不增加必要的产品成本，在加工时，必须保证图样中直接标注出的尺寸。图 11－5 中的 40±0.02、65 就需要直接标注。

（2）非功能尺寸的注法要符合制造工艺和测量的要求：①标注尺寸要符合加工顺序，如图 11－6 所示；②标注尺寸要便于测量，如图 11－7 所示。

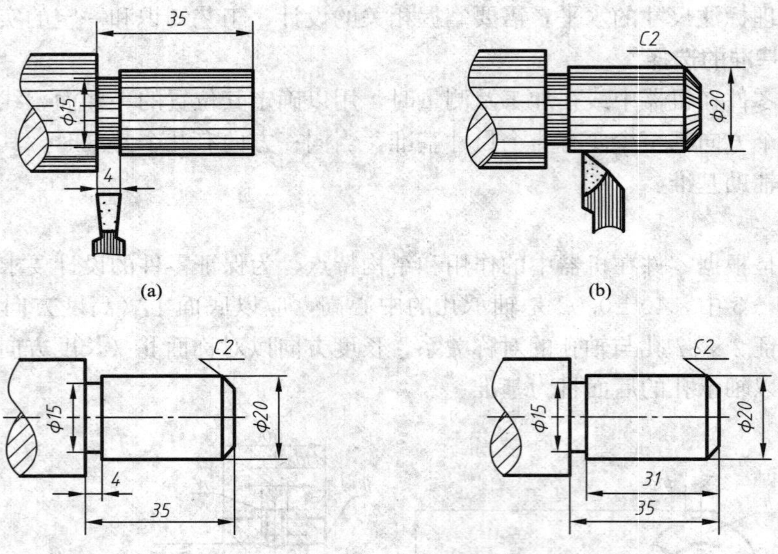


图 11－6　尺寸标注符合加工工艺要求

（a）、（b）加工工艺要求；（c）合理；（d）不合理

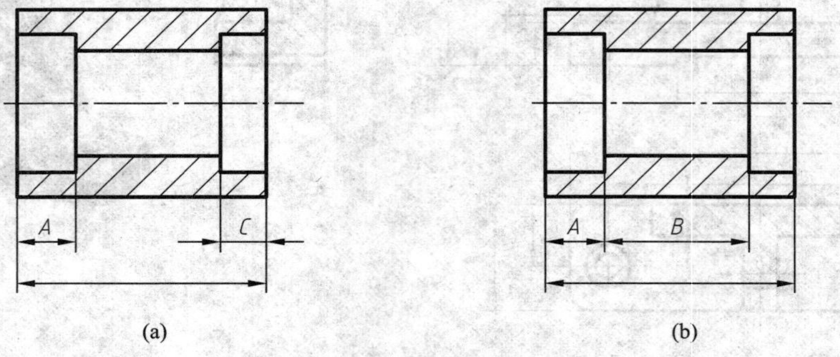


图 11－7　标注尺寸要便于测量

（a）合理；（b）不合理

（3）不能形成封闭尺寸链。尺寸首尾相接，形成整圈的一组尺寸，称为封闭尺寸链。图 11－8（a）中的 $a$、$b$、$c$、$d$ 就是一组封闭尺寸链。

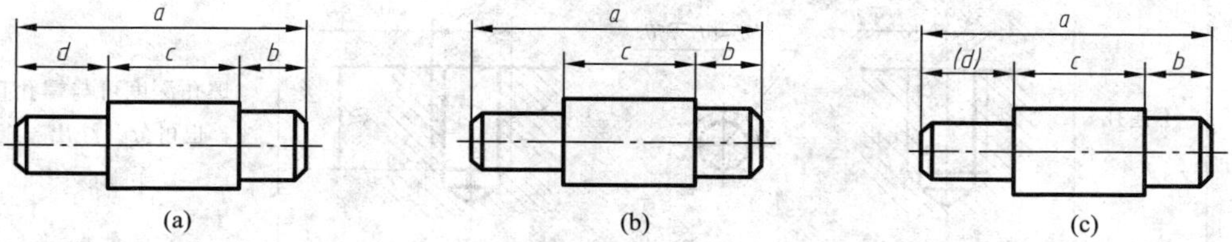


图 11－8　封闭尺寸链

（a）封闭尺寸链；（b）有开环的尺寸链；（c）参考尺寸注法

常见工艺结构的标注方法见表 11－1～表 11－3。

**表 11－1　　倒角、退刀槽的尺寸标注**

| 结构类型 | 标注方法 | 说　明 |
| --- | --- | --- |
| 倒角 | 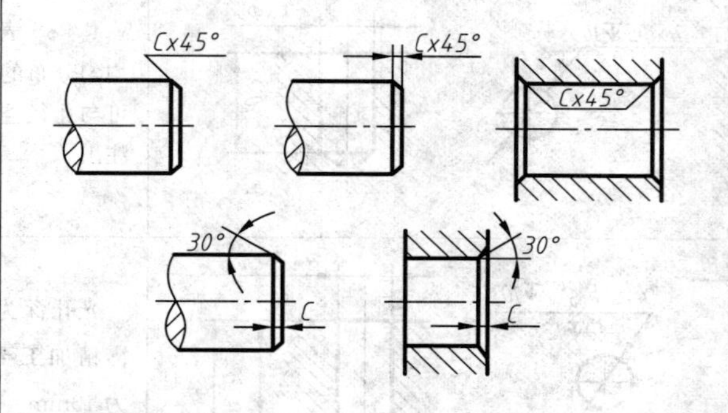 | 倒角 45°时，可与倒角的轴向尺寸 $C$ 连注。倒角不是 45°时，要分开标注<br>若图样中倒角的尺寸全部相同或某个尺寸占多数时，可在图样空白处做总的说明，如“全部倒角 $C1.5$”“其余倒角 $C1$”等 |
| 退刀槽或砂轮越程槽 | 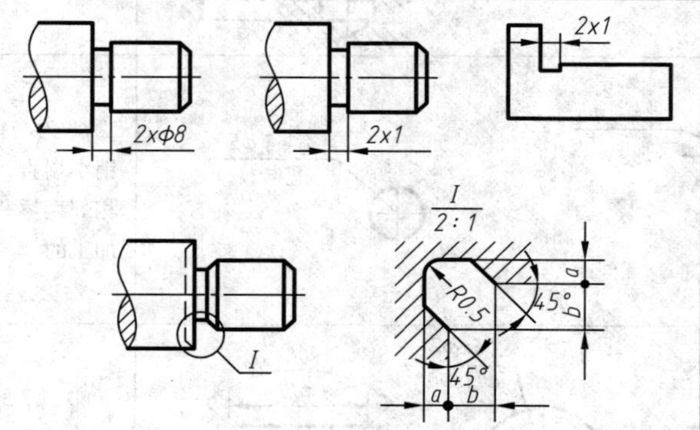 | 一般的退刀槽可按“槽宽×直径”或“槽宽×槽深”的形式标注。这样标注，便于选择割槽刀。砂轮越程槽常用局部放大图表示，并在其中标注尺寸 |

**表 11－2　　各种孔的旁注法举例**

| 零件结构类型 | | 标注方法 | 说　明 |
| --- | --- | --- | --- |
| 螺孔 | 通孔 | 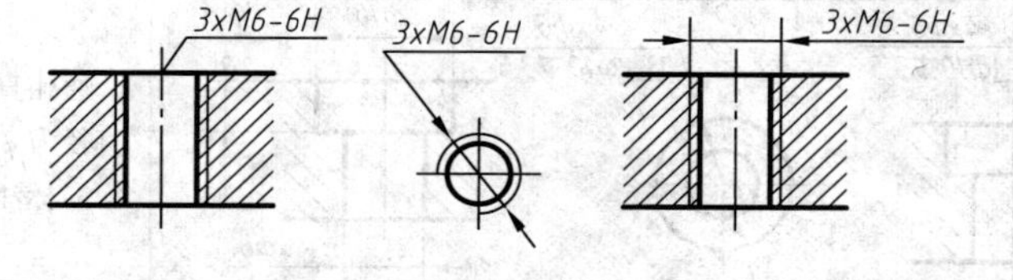 | 3×M6 表示公称直径 6mm，均匀分布的 3 个螺纹孔，可以旁注，也可以直接注出 |

续表

| 零件结构类型 | | 标注方法 | 说　明 |
|---|---|---|---|
| 螺孔 | 不通孔 | 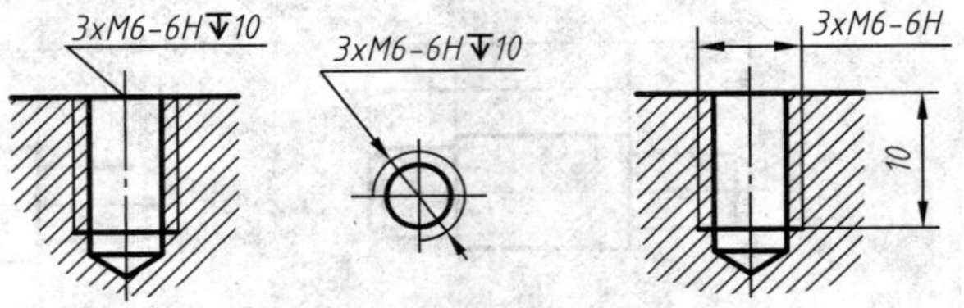  | 螺孔深度可与螺孔直径连注，也可分开注出 |
| | 一般孔 | 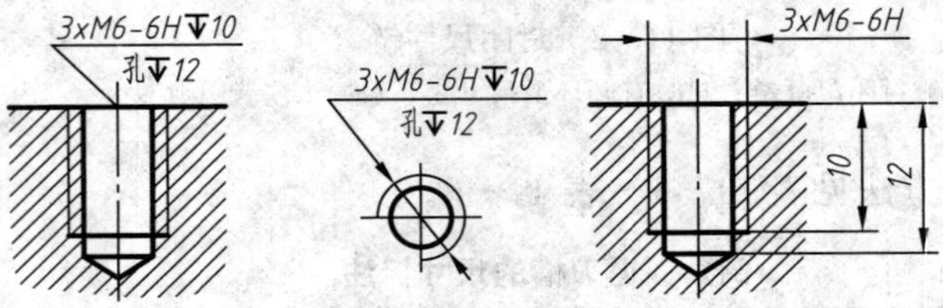  | 需要注出孔深时，应明确标注孔深尺寸 |
| 光孔 | 一般孔 | 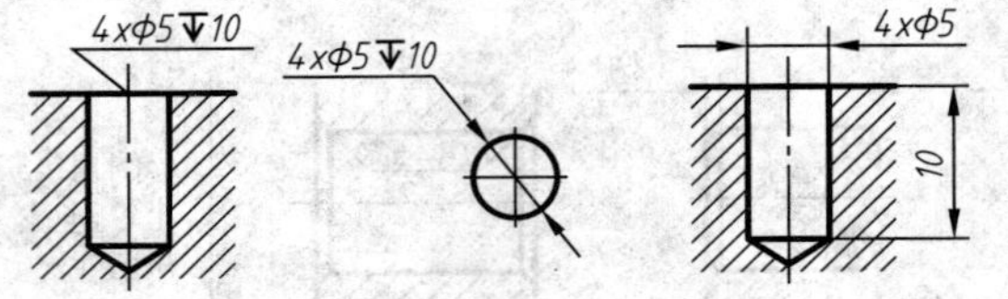  | 4×$\phi$5 表示直径为 5mm，均匀分布的 4 个光孔。孔深可与孔径连注，也可以分开注出 |
| | 精加工孔 | 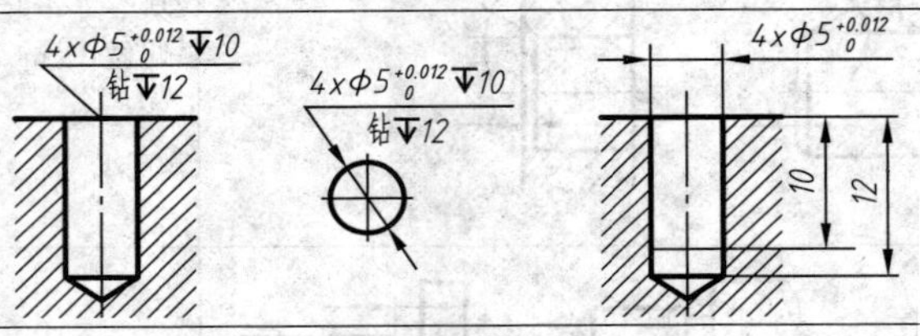  | 光孔深为 12mm，钻孔后需精加工至 $\phi 5^{+0.012}_{0}$，深度为 10mm |
| | 锥销孔 | 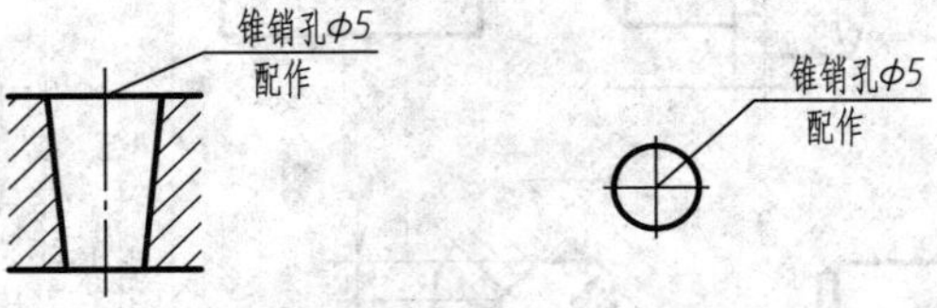  | $\phi$5 为与锥销孔相配的圆锥销小端直径。锥销孔通常是相邻两零件装在一起时配作加工的 |
| 沉孔 | 锥形沉孔 | 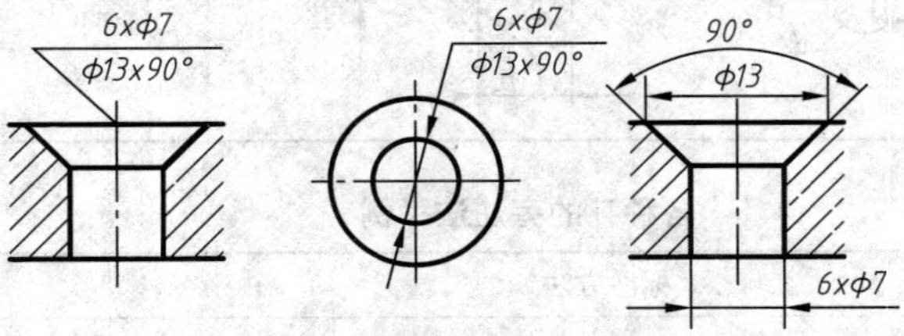  | 6×$\phi$7 表示直径 7mm 均匀分布的 6 个孔。锥形部分尺寸可以旁注，也可直接注出 |
| | 柱形沉孔 | 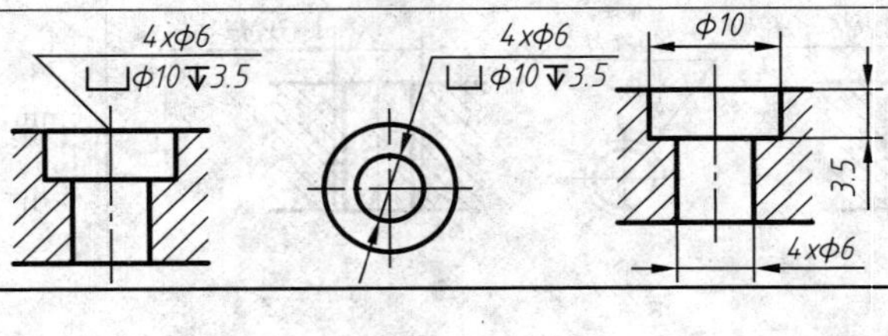  | 通孔直径为 $\phi$6，柱形沉孔直径为 $\phi$10，深度为 3.5mm，均需标注 |

续表

| 零件结构类型 | | 标注方法 | 说　明 |
|---|---|---|---|
| 沉孔 | 锪平面 | 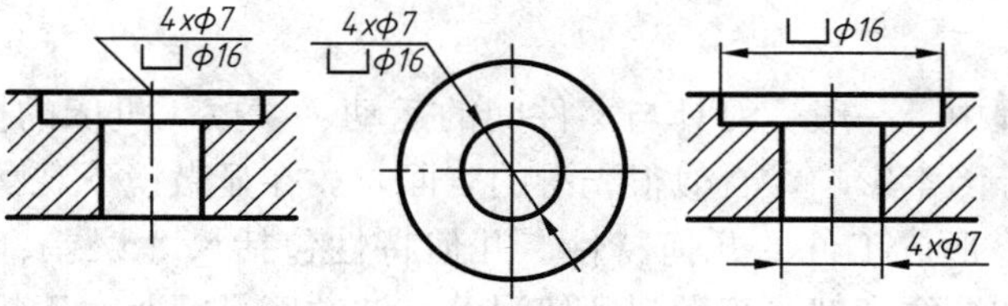 | 锪平面 $\phi$16 处的深度不需标注，一般锪平到不出现毛面为止 |

**表 11-3　键、中心孔、圆角的标注**

| 结构类型 | | 标注方法 | 说　明 |
|---|---|---|---|
| 键槽 | 平键键槽 | 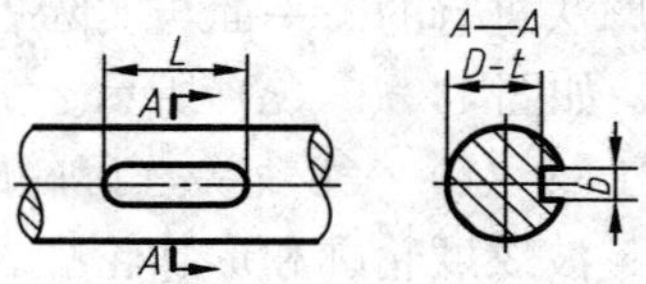 | 这样标注便于测量 |
| 键槽 | 半圆键键槽 | 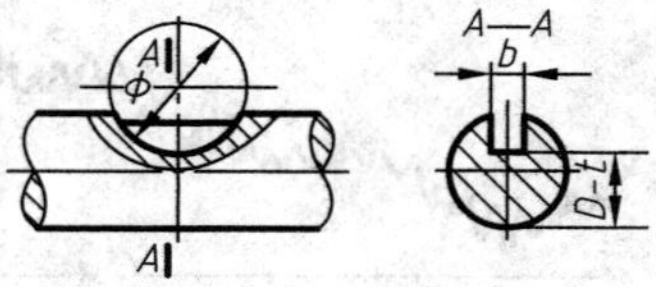 | 这样标注便于选择铣刀（铣刀直径为 $\phi$）及测量 |
| 中心孔 | | 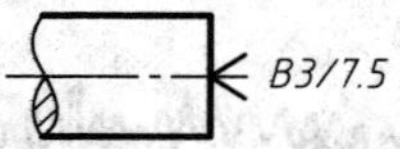 | 要求作出 B 型中心孔，$d=3$，$D_{max}=7.5$，在完工的零件上要求保留 |
| 中心孔 | | 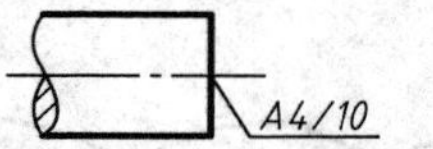 | 用 A 型中心孔，$d=4$，$D_{max}=10$，在完工的零件上是否保留都可以 |
| 中心孔 | | 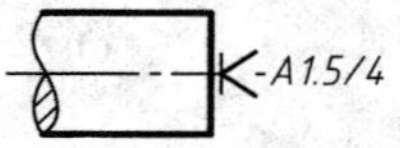 | 用 A 型中心孔，$d=1.5$，$D_{max}=4$，在完工的零件上不允许保留 |
| 圆角 | | 若图样中圆角的尺寸全部相同或某个尺寸占多数时，可在图样空白处做总的说明，如“全部圆角 $R4$”“其余圆角 $R4$”等 | |

## 第四节　零件图上的技术要求

任何机械零件其几何特征都是由若干点、线、面所构成。在机械加工中，由于机床、夹具、刀具和被加工零件构成的工艺系统存在多种误差，使被加工零件的各几何要素不可避免地存在加工误差。为了保证零件达到预定的设计要求和使用要求，零件图除了表达零件的形状和标注尺寸外，还必须标注或说明零件在加工、制造过程中的技术要求，如表面结构、尺寸公差、材料热处理及表面处理、零件加工、检验等内容。技术要求一般应尽量用技术标准规定的代（符）号标注在零件图中，没有规定的可用简明的文字逐项注写在标题栏附近的适当位置。

## 一、表面结构

### （一）表面结构的表示法

1. 基本概念

零件在加工制造过程中，一般受刀具与零件间的运动、摩擦、机床的振动及刀具形状、切屑分裂时的塑性变形等因素影响，看似很光滑的表面，放在显微镜下观察，零件表面存在着高低不平的微小峰谷，形成工件的几何特性。几何特性包括尺寸误差、形状误差、粗糙度、波纹度等；粗糙度和波纹度都属于微观几何误差，波纹度是间距大于粗糙度但小于形状误差的表面几何不平度。它们严重影响产品的质量和使用寿命，在技术产品文件中必须对微观表面特征提出要求。

2. 表面结构术语及定义

对实际表面微观几何特征的研究是用轮廓法进行的。平面与实际表面相交的交线称为实际表面的轮廓，也称为实际轮廓或表面轮廓，如图 11－9（a）所示。实际轮廓是由无数大小不同的波形叠加在一起形成的复杂曲线，图 11－9（b）表示某一实际轮廓，图 11－9（c）～(e) 表示从该实际轮廓中分离出来的粗糙度轮廓、波纹度轮廓和形状轮廓。

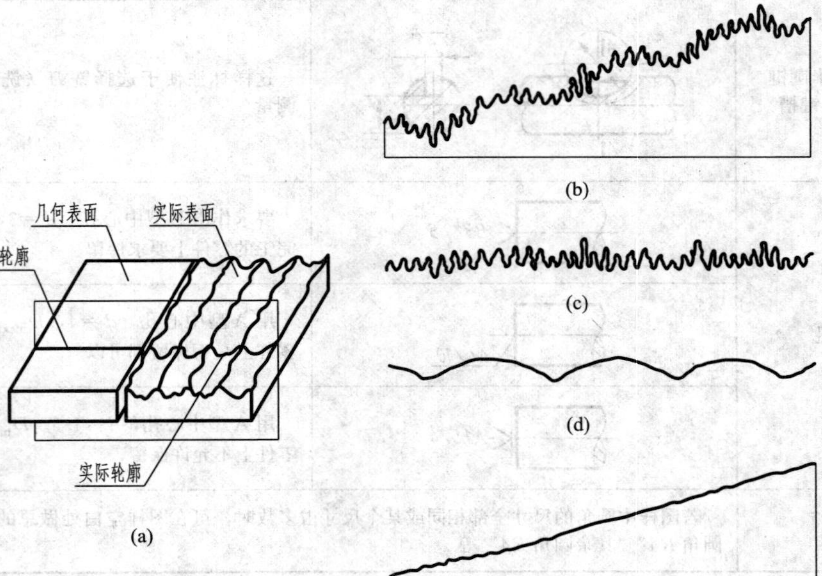


图 11－9　表面轮廓示意图

（a）表面和轮廓；（b）实际轮廓；（c）粗糙度轮廓；（d）波纹度轮廓；（e）形状轮廓

粗糙度轮廓、波纹度轮廓和原始轮廓构成零件的表面特征，称为表面结构。国家标准以这三种轮廓为基础，建立了一系列参数，定量地描述对表面结构的要求，并能用仪器检测有关参数数值，以评定实际表面是否合格。下面介绍有关轮廓的术语和定义。

（1）一般术语及定义。

1）三种轮廓和传输带。划分三种轮廓的基础是波长，每种轮廓都定义于一定的波长范围内，这个波长范围称为该轮廓的传输带；传输带用截止短波波长值和截止长波波长值表示，例如 0.0025～0.8（单位为 mm）。

在实际表面上测量粗糙度、波纹度和原始轮廓参数数值时用的仪器为轮廓滤波器。传输带的截止长、短波波长值分别由长波滤波器和短波滤波器限定。短波滤波器能排除实际轮廓中所有比短波波长更短的短波成分，长波滤波器能排除所有比长波波长更长的长波成分；连续应用长、短两个滤波器以后，所形成的轮廓就是被定义的那种轮廓。

供测量用的滤波器有三种，其截止波长值代号分别用 $\lambda_s$、$\lambda_c$ 和 $\lambda_f$ 表示（$\lambda_s<\lambda_c<\lambda_f$），定义如下：

原始轮廓：是对实际轮廓应用短波长滤波器 $\lambda_s$ 之后的总的轮廓。

粗糙度轮廓：是对原始轮廓应用 $\lambda_c$ 滤波器抑制长波成分以后形成的轮廓。

波纹度轮廓：是对原始轮廓连续应用 $\lambda_f$ 和 $\lambda_c$ 以后形成的轮廓，$\lambda_f$ 滤波器抑制长波成分，$\lambda_c$ 滤波器抑制短波成分。

2）中线。中线是具有几何轮廓形状，并划分轮廓的基准线（见图 11－10）。中线就是轮廓坐标系的 $X$ 坐标轴，与之垂直的为 $Z$ 轴方向。三种轮廓都有各自的中线。

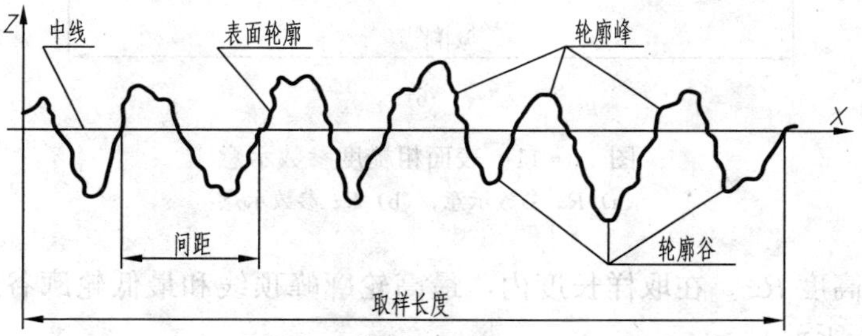


图 11－10 轮廓部分几何参数术语示意

3）取样长度。取样长度是用于判别被评定轮廓的不规则特征的 $X$ 轴向上的长度。评定粗糙度和波纹度轮廓的取样长度，在数值上分别与它们的长波滤波器 $\lambda_c$ 和 $\lambda_f$ 的标志波长相等；原始轮廓的取样长度与评定长度相等。

4）评定长度。评定长度是用于判定被判定轮廓的 $X$ 轴向上的长度。评定长度包含一个或几个取样长度。

(2) 表面轮廓参数术语及定义。表示表面微观几何特性时要用表面结构参数。国家标准把三种轮廓分别称为 $R$ 轮廓、$W$ 轮廓和 $P$ 轮廓，从这三种轮廓上计算所得的参数分别称为 $R$ 参数、$W$ 参数和 $P$ 参数。

$R$ 参数（粗糙度参数）：从粗糙度轮廓上计算所得的参数。

$W$ 参数（波纹度参数）：从波纹度轮廓上计算所得的参数。

$P$ 参数（原始轮廓参数）：从原始轮廓上计算所得的参数。

三种表面结构轮廓构成几乎所有表面结构参数的基础。表面参数分为三类：轮廓参数、图形参数和支承率曲线参数。表示表面结构类型的代号称为参数代号。在轮廓参数中，$R$、$W$、$P$ 三种轮廓都定义了参数。

GB/T 1031—2009 中规定了评定表面粗糙度的两个参数：轮廓算术平均偏差（$Ra$）和轮廓最大高度（$Rz$）。使用时优先选用 $Ra$（单位：$\mu$m）。

1）轮廓算术平均偏差 *Ra*。在取样长度（用于判别具有表面粗糙度特征的一段基准线长度）内，被测轮廓线上各点至基准线的距离的算术平均值，称为轮廓算术平均偏差，如图 11-11（a）所示。

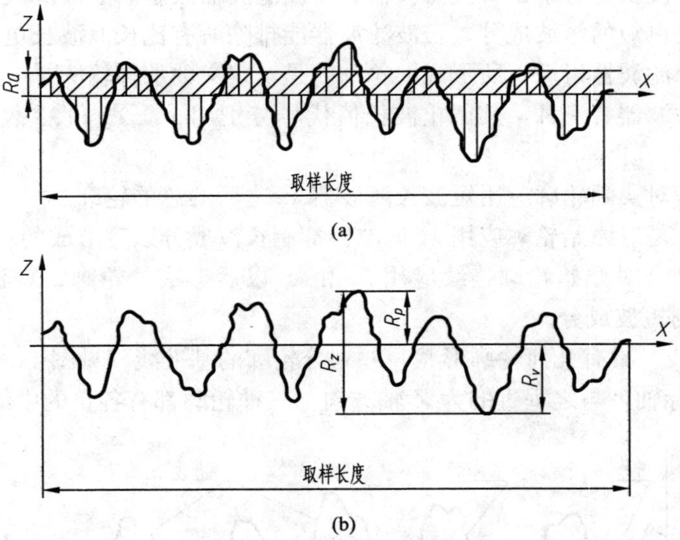


图 11-11　表面粗糙度参数示意

（a）*Ra* 参数示意；（b）*Rz* 参数示意

2）轮廓最大高度 *Rz*。在取样长度内，最高轮廓峰顶线和最低轮廓谷底线之间的距离，如图 11-11（b）所示。

*Ra* 的数值越小，零件表面越平整光滑；*Ra* 的数值越大，零件表面越粗糙。*Ra* 能较充分反映零件表面微观形状高度方向的特性，且测量方便、应用广泛。*Ra* 的系列值按表 11-4 选取。*Ra* 的取样长度值见表 11-5。

**表 11-4　　*Ra* 系 列 值**

| | | | | |
|---|---|---|---|---|
| *Ra* | 0.012<br>0.025<br>0.05<br>0.1 | 0.2<br>0.4<br>0.8<br>1.6 | 3.2<br>6.3<br>12.5<br>25 | 50<br>100 |

**表 11-5　　*Ra* 的取样长度值**

| *Ra*（μm） | *lr*（μm） | *Ra*（μm） | *lr*（μm） |
|---|---|---|---|
| ⩾0.008～0.02 | 0.08 | ＞2.0～10.0 | 2.5 |
| 0.02～0.1 | 0.25 | ＞10.0～80.0 | 8.0 |
| ＞0.1～2.0 | 0.8 | | |

（二）标注表面结构的图形符号和代号

1. 标注表面图形符号及其含义

表面结构符号及含义见表 11-6。

**表 11－6　　表面结构符号及含义**

| 符　号 | 含　义 |
|---|---|
|  | 基本图形符号，未指定工艺方法的表面，当通过一个注释解释时可单独使用 |
|  | 扩展图形符号，用去除材料方法获得的表面；仅当其含义是“被加工表面”时可单独使用 |
|  | 扩展图形符号，用不去除材料获得的表面，也可用于保持上道工序形成的表面，不管这种状况是通过去除材料或不去除材料形成的 |
|  | 完整图形符号，当要求标注表面结构特征的补充信息时，应在基本图形符号或扩展图形符号的长边上加一横线 |
| 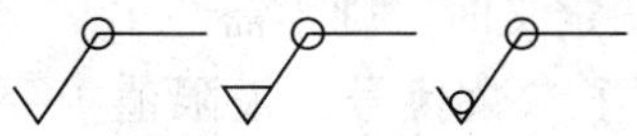 | 工件轮廓各表面的图形符号，当在某个视图上组成封闭轮廓的各表面有相同的表面结构要求时，应在完整图形符号上加一圆圈，标注在图样中工件的封闭轮廓线上。如果标注会引起歧义时，各表面应分别标注 |

标准规定的图形符号形状与表面结构要求的注写位置如图 11－12 所示，表面结构符号的尺寸见表 11－7。

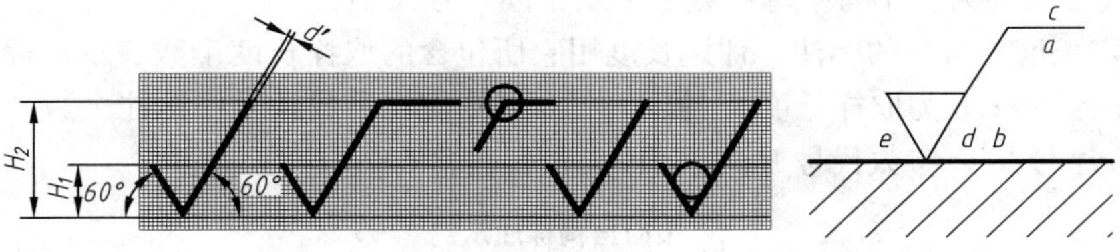


(a)　　(b)

图 11－12　图形符号形状与表面结构

(a) 图形符号形状；(b) 表面结构要求的注写位置（a～e）

**表 11－7　　表面结构符号的尺寸**　　mm

| | | | | | | | |
|---|---|---|---|---|---|---|---|
| 数字与字母的高度 $h$ | 2.5 | 3.5 | 5 | 7 | 10 | 14 | 20 |
| 符号的线宽 $d'$<br>数字与字母的笔画宽度 $d$ | 0.25 | 0.35 | 0.5 | 0.7 | 1 | 1.4 | 2 |
| 高度 $H_1$ | 3.5 | 5 | 7 | 10 | 14 | 20 | 28 |
| 高度 $H_2$（最小值）① | 7.5 | 10.5 | 15 | 21 | 30 | 42 | 60 |

① $H_2$ 取决于注写内容。

2. 表面结构完整图形符号的组成

为了明确表面结构要求，除了标注表面结构参数和数值外，必要时应标注补充要求。补充要求包括传输带、取样长度、加工工艺、表面纹理方向、加工余量等。为了保证表面的功能特征，应对表面结构参数规定不同的要求。

在完整图形符号中，对表面结构的单一要求和补充要求应注写在图 11－12（b）所示的指定位置。

位置 $a$ 注写表面结构单一要求，包括参数代号和极限值，必要时，注写传输带或取样长度等。例如，0.0025－0.8/$Rz$ 6.3（传输带标注）、－0.8/$Rz$6.3（取样长度标注）。

为了避免误解，对注写有如下规定：传输带或取样长度后应有一斜线“/”，之后是参数代号，空一格之后注写极限值。

位置 *a* 和 *b*：注写两个或多个表面结构要求，每个要求写成一行。

位置 *c*：注写加工方法、表面处理、涂层或其他加工工艺要求等，如车、磨、镀等加工表面。

位置 *d*：注写表面纹理和方向。

位置 *e*：注写加工余量。

3. GB/T 3505—2009 定义的 *R* 轮廓参数的标注

给出表面结构要求时，应标注其参数代号和极限值，并包括要求解释这两项元素所涉及的重要信息：传输带、评定长度或满足评定长度要求的取样长度个数和极限值判断规则。为了简化标注，对这些信息定义了默认值；当其中某一项采用默认定义时，则不需注出。

标注表面结构参数时应使用完整符号；在完整符号中注写了参数代号、极限值等要求后，称为表面结构代号。下面举例说明 *R* 轮廓参数的标注（见表 11－8）；其他类型参数的标注与之大同小异。

（1）参数代号的标注。参数代号由字母和数字组成，例如，*Ra*、*Ra*3、*Ra*max、*Ra*3max。代号中的大、小写字母和数字都属于同一号大小。

（2）评定长度（*ln*）的标注。评定长度用它所包含的取样长度个数表示。标准中默认的评定长度 *ln*=5*lr*（*lr* 为取样长度）；若 *ln*=3*lr*，则应在参数代号中标注个数“3”，如 *Ra*3（见表 11－8 序号 3），参数代号 *Ra* 表示评定长度包含 5 个取样长度。

表 11－8 表面结构标注示例

| 序 号 | 代 号 | 含义/解释 |
| --- | --- | --- |
| 1 | 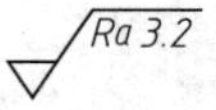 | 表示去除材料，单向上限值（默认），默认传输带，*R* 轮廓，粗糙度算术平均偏差极限值 3.2μm，评定长度为 5 个取样长度（默认），“16％规则”（默认）；表面纹理没有要求（以下同） |
| 2 |  | 表示不允许去除材料，单向上限值（默认），粗糙度最大高度，极限值 6.3μm，“最大规则”，其余元素均采用默认定义 |
| 3 | 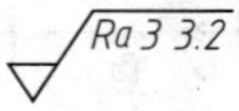 | 表示去除材料，评定长度为 3 个取样长度，其余元素的含义与序号 1 代号相同 |
| 4 | 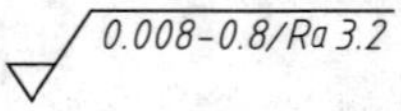 | 表示去除材料，单向上限值（默认）传输带 0.008－0.8mm，粗糙度算术平均偏差，极限值 3.2μm，其余元素均采用默认定义 |
| 5 | 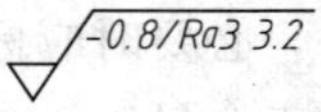 | 表示去除材料，单向上限值，取样长度（等于传输带的长波波长值）为 0.8mm，传输带的短波波长为默认值（0.0025mm），其余元素与序号 3 相同 |
| 6 | 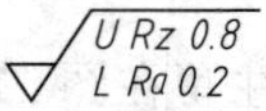 | 表示去除材料，双向极限值，上限值为 *Rz* 0.8，下限值为 *Ra* 0.2。极限值都是“16％规则” |
| 7 |  | 表示用磨削加工获得的表面，两个单向上限值：<br>（1）*Ra* 1.6<br>（2）－2.5/*Rz*max 6.3 |

(3) 极限值判断规则。表面结构要求给定极限值的判断规则有两个：16%规则和最大规则。16%规则是测量某个表面结构参数的数值时，所有实测值中超过极限值的个数少于16%为合格；最大规则就是所有实测值都不得超过极限值。

16%规则为默认规则；采用最大规则时参数代号中应加注“max”，例如 $Ra\,\mathrm{max}$、$Ra\,3\mathrm{max}$。

(4) 传输带和取样长度的标注。传输带的标注用长、短滤波器的截止波长（mm）表示，短波波长在前，长波波长在后，并用连字号“-”隔开，例如 0.008 - 0.8。

如果采用默认的传输带（默认传输带定义在有关标准中），则在参数代号前不注传输带。如果两个截止波长中有一个为默认值，则只注另一个，应保留连字号，例如 - 0.8，表示短波波长为默认值。

(5) 单向极限或双向极限的标注。标注表面结构要求时，必须明确所标注的表面结构参数是上限值还是下限值；上、下极限值都标注的称为双向极限；只标注上限值或下限值的称为单向极限。

1) 表面结构参数的双向极限。在完整符号中表示双向极限时应在参数代号前注上极限代号，上限值在上方用 U 表示，下限值在下方用 L 表示，上、下极限值为 16%规则或最大规则的极限值。如果同一参数具有双向极限要求，在不引起歧义的情况下，可以不加 U、L。

上、下极限值可以用不同的参数代号和传输带表达。

2) 表面结构参数的单向极限。当只标注参数代号、参数值和传输带时，它们应默认为参数的上限值（16%规则或最大规则的极限值）；如果是单向下限值（16%规则或最大规则的极限值），则参数代号前应加 L。

（三）表面结构要求在图样和其他技术产品文件中的标注

表面结构要求对每一个表面一般只标注一次，并尽可能注在相应的尺寸及其公差的同一视图上，除非另有说明，所标注的表面结构要求是对完工零件表面的要求。

总的标注原则根据 GB/T 4458.4—2003 尺寸注法的规定，使表面结构的注写和读取方向与尺寸的注写和读取方向一致，见表 11 - 9。

**表 11 - 9　　　　表面结构代（符）号在图样上的标注**

| 注　　法 | 示　　例 |
|---|---|
| 用带字母的完整符号对有相同表面结构要求的表面采用简化注法 | 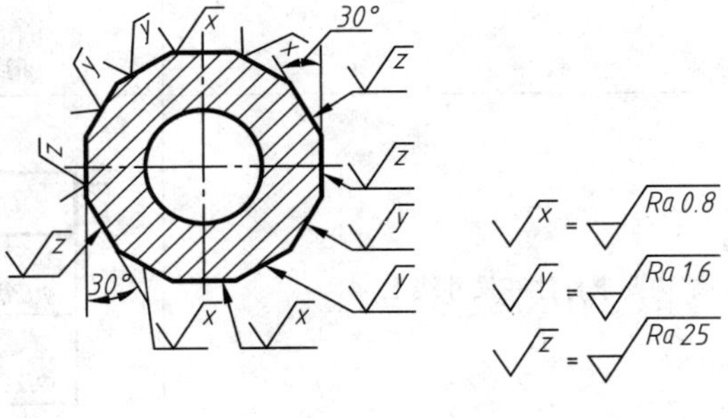 |

续表

| 注　　法 | 示　　例 |
| --- | --- |
| 只用基本图形符号和扩展图形符号的简化标注 | 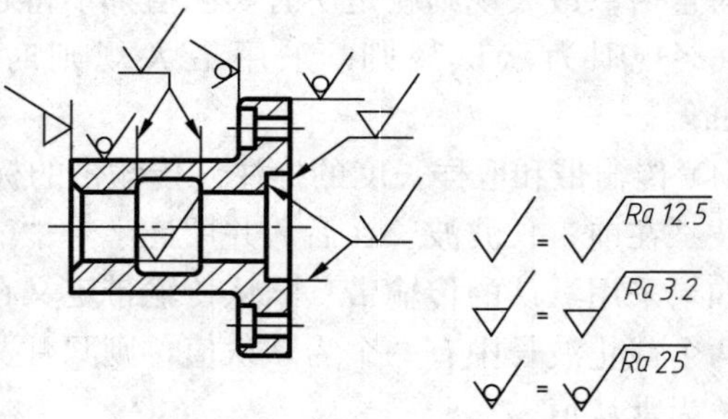 |
| 表面结构要求的注写方向 | 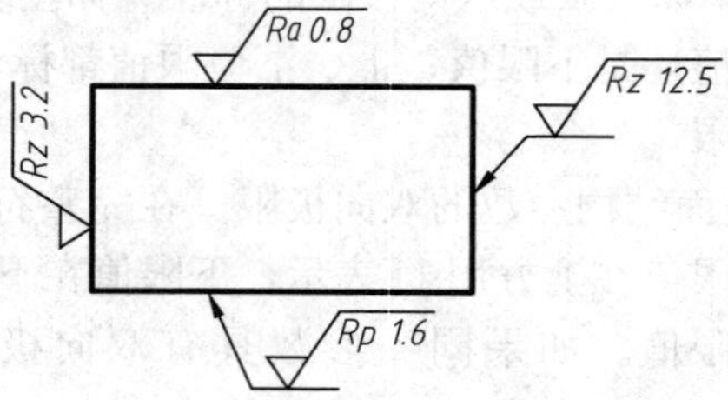 |
| 表面结构要求在轮廓线上的标注 | 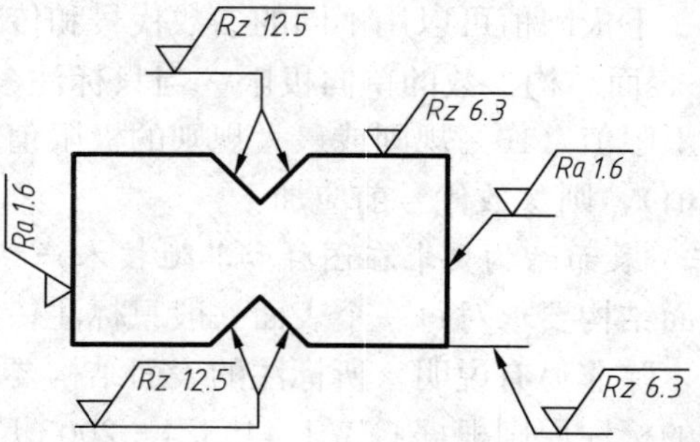 |
| 用指引线引出标注 | 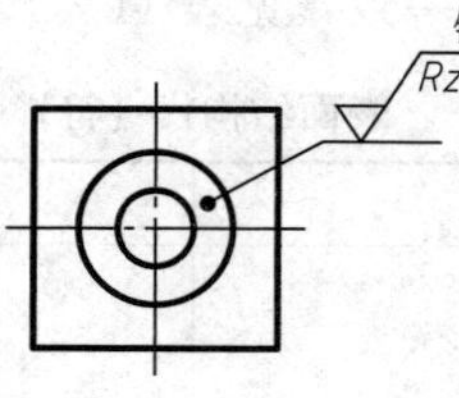(a) 用带黑点的指引线引出标注<br>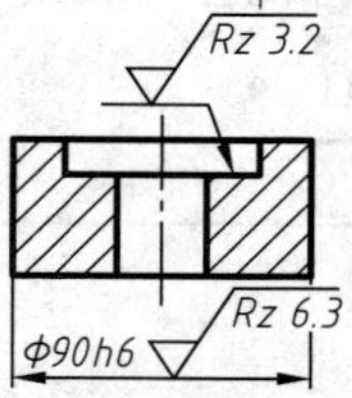(b) 用带箭头的指引线引出标注 |
| 表面结构要求标注在尺寸线上 | 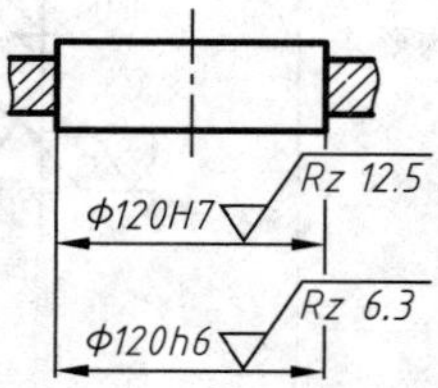(a)<br>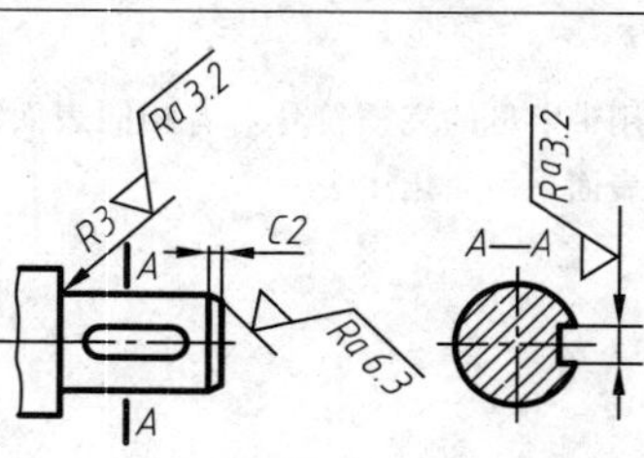(b) |

续表

| 注　法 | 示　例 |
|---|---|
| 表面结构要求标注在几何公差框格的上方 | 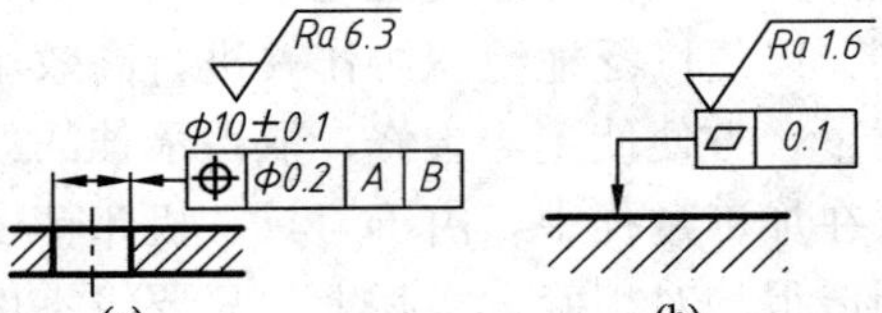<br>(a)　(b) |
| 圆柱表面结构要求的注法 | 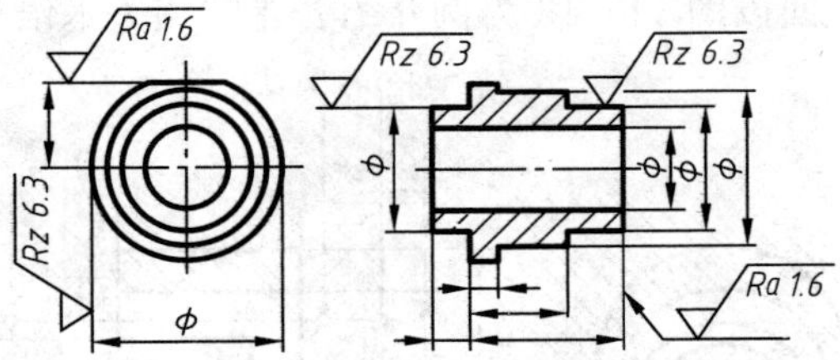 |
| 棱柱表面结构要求的注法 | 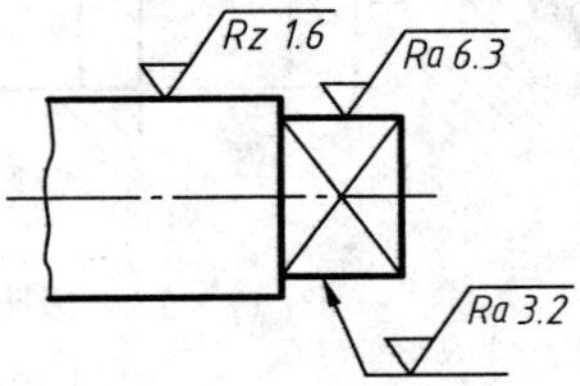 |
| 大多数表面有相同表面结构要求的简化注法（一） | 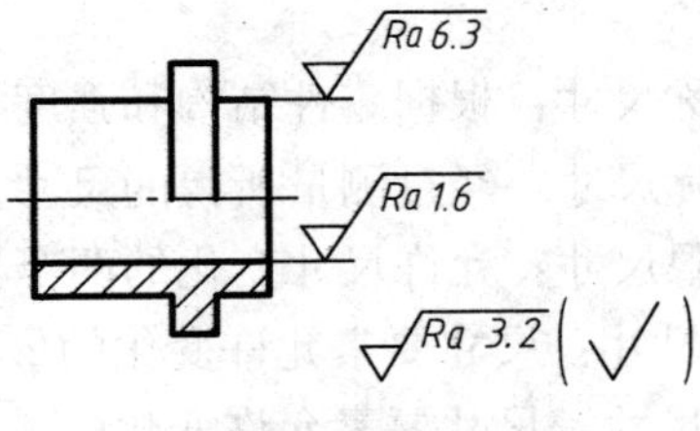 |
| 大多数表面有相同表面结构要求的简化注法（二） | 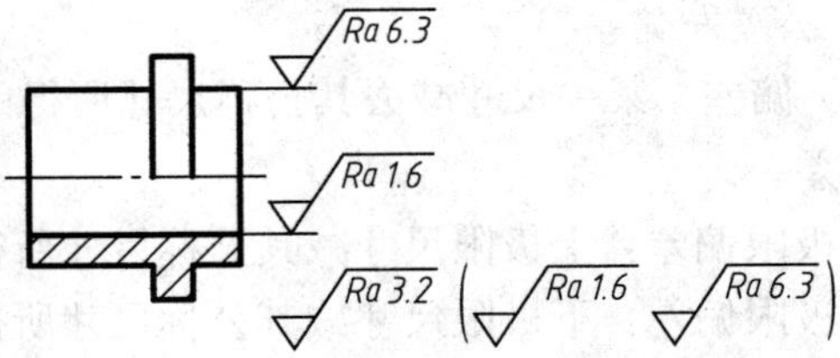 |
| 同时给出镀覆前后的表面结构要求的注法 | 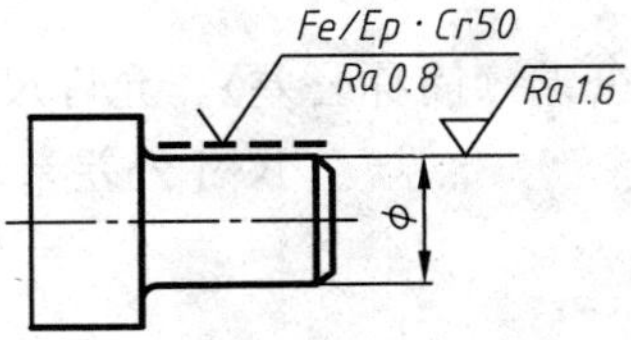 |

## 二、极限与配合的概念及其注法

互换性是指在同一规格的一批零、部件中，任取其一，不经任何选择或修配就能装配到机器（或部件）上，并达到规定的使用要求。机器现代化大生产中，机器的零、部件应当具有互换性，以便广泛地组织协作，进行高效率的专业化生产，从而降低产品的生产成本，提高产品质量，方便使用与维修，取得最佳的经济效益。

零件在加工过程中，由于刀具、机床精度等多种因素的影响，不可能也没有必要把零件的尺寸制造得绝对精确。实际上，只要将零件尺寸等几何参数限定在一定的范围内，就能保证零件的互换性。

下面以图 11－13 为例介绍公差的相关术语。

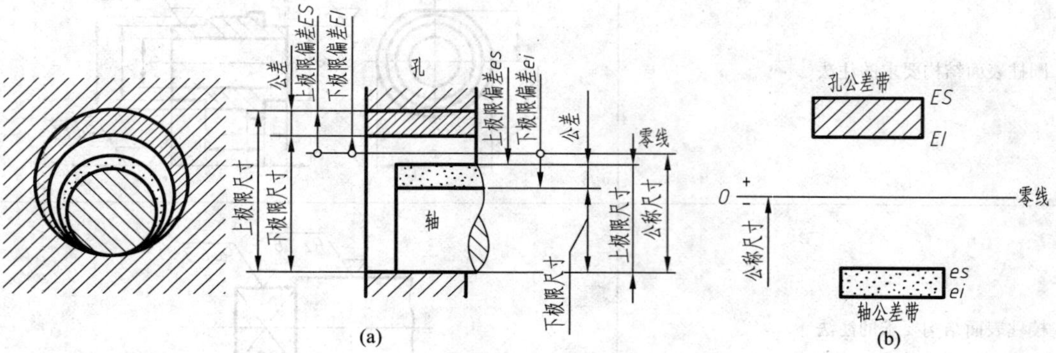


图 11－13 极限与配合示意图及孔、轴公差带图

(a) 示意图；(b) 孔、轴公差带

1. 尺寸

(1) 公称尺寸：根据零件结构和强度要求，设计给定的尺寸。

(2) 实际尺寸：经过测量所得的尺寸。

(3) 极限尺寸：允许尺寸变化的两个界限值。实际尺寸位于其中，也可达到极限尺寸。

上极限尺寸：尺寸要素允许变化的最大尺寸。

下极限尺寸：尺寸要素允许变化的最小尺寸。

2. 公差与偏差

(1) 偏差。某一尺寸减去其公称尺寸所得的代数差，称为偏差。上、下极限偏差统称为极限偏差。

上极限偏差：上极限尺寸减其公称尺寸所得的代数差。

下极限偏差：下极限尺寸减其公称尺寸所得的代数差。

轴的上、下极限偏差代号用小写字母 *es*、*ei* 表示，孔的上、下极限偏差用大写字母 *ES*、*EI* 表示。

(2) 尺寸公差（简称公差）。允许尺寸的变动量称为尺寸公差。

$$\text{尺寸公差}=\text{上极限尺寸}-\text{下极限尺寸}$$
$$=\text{上极限偏差}-\text{下极限偏差}$$

3. 公差带

(1) 公差带。代表上、下极限偏差或上极限尺寸和下极限尺寸的两条直线所限定的一个区域，称为公差带，如图 11－13（b）所示。

（2）公差带图。表示公称尺寸和尺寸公差大小、位置的图形，称为公差带图，如图 11－13（b）所示。

（3）零线。在极限与配合图解中，表示公称尺寸的一条直线，称为零线，以其为基准确定偏差和公差。在零线左端标上“0”和“＋”“－”号，如图 11－13（b）所示。

4．标准公差和基本偏差

（1）标准公差是指在 GB/T 1800 系列标准公差与配合制中所规定的任一公差值。标准公差等级代号用符号“IT”和数字组成，分为 IT01、IT0、IT1、IT2、…、IT18，共 20 个等级。从 IT01 到 IT18 等级依次降低。精度越高，公差值越小。同一公差等级（例如 IT7）对所有公称尺寸的一组公差被认为具有相同精确程度。IT01～IT11 用于配合尺寸，IT12～IT18 用于非配合尺寸。

（2）基本偏差。基本偏差是确定公差带相对于零线位置的上极限偏差或下极限偏差，一般指靠近零线的那个偏差。当公差带位于零线上方时，其基本偏差为下极限偏差；当公差带位于零线下方时，其基本偏差为上极限偏差，如图 11－14 所示。

（3）基本偏差系列。根据实际需要，国家标准规定了基本偏差系列，孔和轴各有 28 种基本偏差代号，如图 11－14 所示，大写字母表示孔的基本偏差代号，小写字母表示轴的基

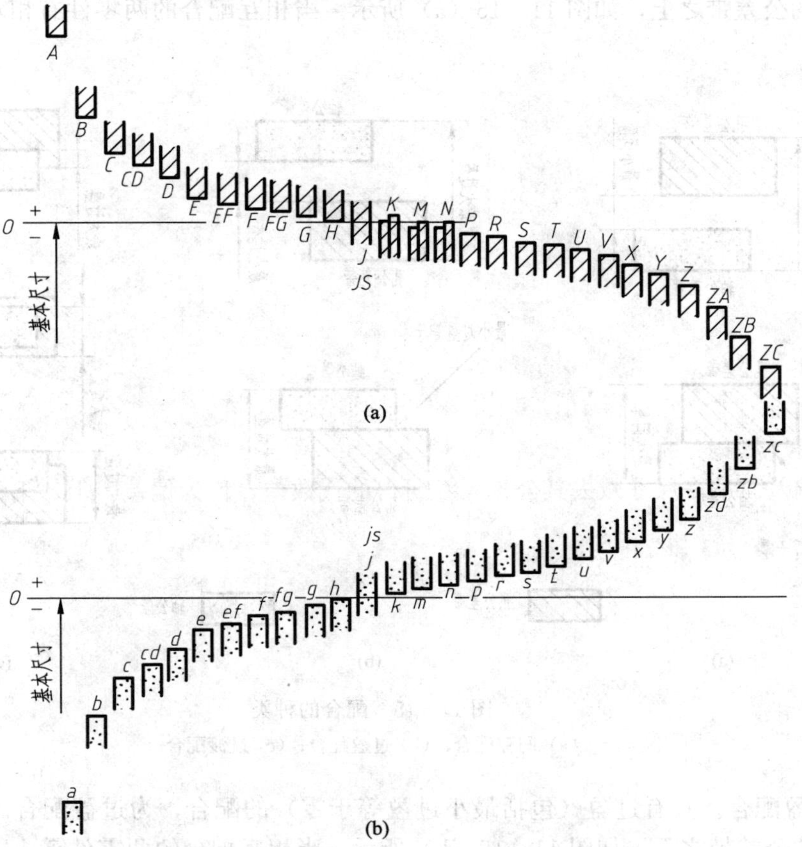


图 11－14 基本偏差系列

（a）孔；（b）轴

本偏差代号。

从图 11－14 可见，孔 A～H 基准偏差为下极限偏差（正值），轴 a～h 的基本偏差为上极限偏差（负值），它们的绝对值依次减小，其中，h、H 的基本偏差为零。

孔 J～ZC 基本偏差为上极限偏差（负值，J 例外），轴 j～zc 基本偏差为下极限偏差（正值，j 例外），其绝对值依次增大。

图中基本偏差只表示公差带的位置，不表示公差带的大小，故公差带一端画成开口。国家标准对不同的基本尺寸和基本偏差规定了轴和孔的基本偏差数值。

(4) 公差带代号。公差带用基本偏差的字母和公差等级的数字表示。例如，H8 表示基本偏差代号 H、公差等级为 8 级的孔公差带代号；f7 表示基本偏差代号 f、公差等级为 7 级的轴公差带代号。

5. 配合

公称尺寸相同且互相结合的孔和轴公差带之间的关系称为配合。

(1) 配合的种类。当孔、轴配合时，若孔的尺寸减去相配合的轴的尺寸为正，孔、轴之间存在着间隙；若孔的尺寸减去相配合的轴的尺寸为负，孔、轴之间存在着过盈。根据不同的工作要求，孔、轴之间的配合分为三类。

1) 间隙配合。具有间隙（包括最小间隙等于零）的配合，为间隙配合。此时，孔的公差带在轴的公差带之上，如图 11－15 (a) 所示。当相互配合的两零件有相对运动时，采用间隙配合。

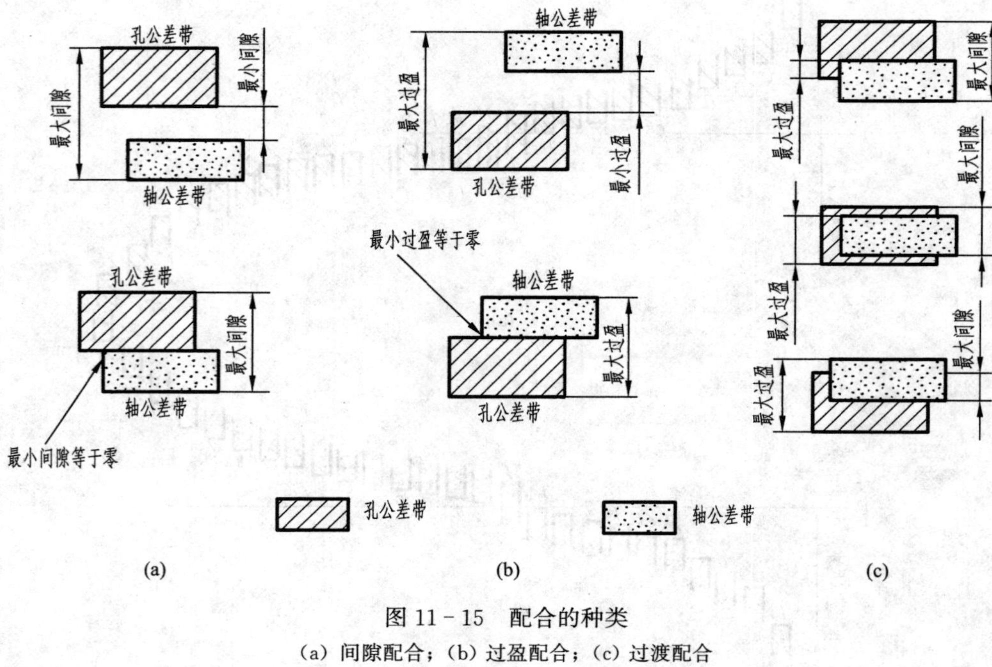


图 11－15 配合的种类

(a) 间隙配合；(b) 过盈配合；(c) 过渡配合

2) 过盈配合。具有过盈（包括最小过盈等于零）的配合，为过盈配合。此时，孔的公差带在轴的公差带之下，如图 11－15 (b) 所示。当相互配合的两零件需要牢固连接时，采用过盈配合。

3）过渡配合。可能具有间隙或过盈（一般间隙和过盈量都不大）的配合，为过渡配合。此时，孔和轴的公差带相互交叠，如图 11－15（c）所示。对于不允许有相对运动、孔与轴的对中性要求比较高、又需要拆卸的两零件的配合，采用过渡配合。

（2）配合制。同一极限制的孔和轴组成的一种配合制度，称为配合制。为了使两零件达到不同的配合要求，国家标准规定了两种配合制度。

1）基孔制配合：基本偏差为一定的孔的公差带，与不同基本偏差的轴的公差带形成各种配合的一种制度，如图 11－16 所示。基孔制的孔为基准孔，其基本偏差代号为 H，孔的公差带在零线之上，国家标准规定基准孔的基本偏差（下偏差）为零。

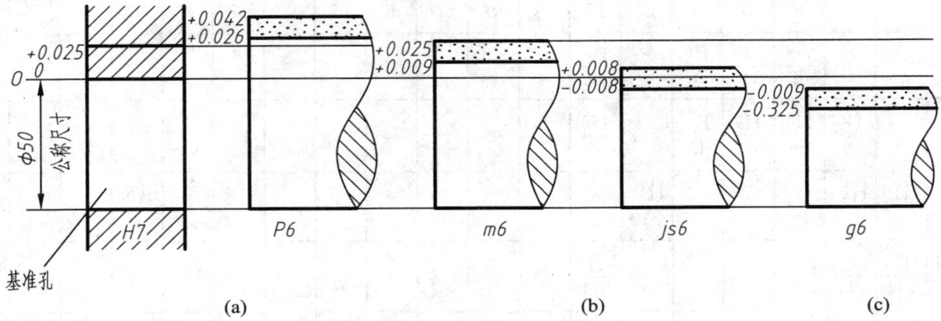


图 11－16　基孔制配合示意

（a）过盈配合；（b）过渡配合；（c）间隙配合

2）基轴制配合：基本偏差为一定的轴的公差带，与不同基本偏差的孔的公差带形成各种配合的一种制度，如图 11－17 所示。基轴制的轴为基准轴，其基本偏差代号为 h，轴的公差带在零线之下，国家标准规定基准轴的基本偏差（上偏差）为零。

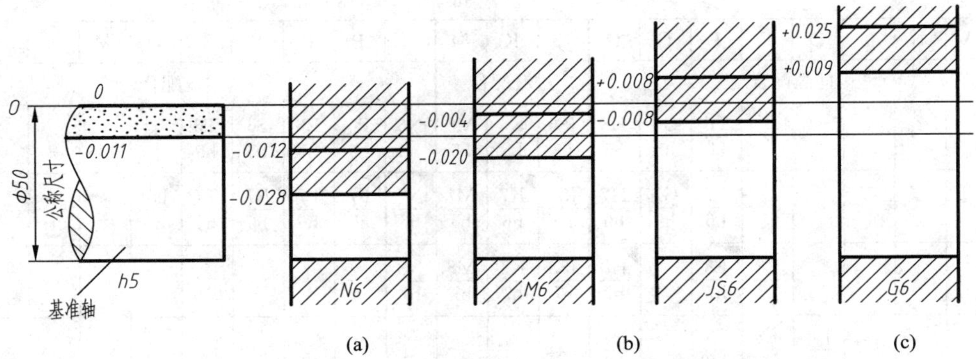


图 11－17　基轴制配合示意图

（a）过盈配合；（b）过渡配合；（c）间隙配合

根据孔（轴）基本偏差代号可确定配合种类。在基孔制（基轴制）配合中，基本偏差 a～h（A～H）用于间隙配合，基本偏差 j～n（J～N）一般用于过渡配合，p～zc（P～ZC）用于过盈配合。

（3）配合的选择。设计中应根据使用要求，尽可能选用优先和常用配合。优先、常用配合见表 11－10 和表 11－11。

**表 11－10　　公称尺寸≤500 基孔制优先选用和常用配合**

| 基准孔 | 轴 | | | | | | | | | | | | | | | | | | | | |
|---|---|---|---|---|---|---|---|---|---|---|---|---|---|---|---|---|---|---|---|---|---|
| | a | b | c | d | e | f | g | h | js | k | m | n | p | r | s | t | u | v | x | y | z |
| | 间隙配合 | | | | | | | | 过渡配合 | | | 过盈配合 | | | | | | | | | |
| H6 | | | | | | H6/f5 | H6/g5 | H6/h5 | H6/js5 | H6/k5 | H6/m5 | H6/n5 | H6/p5 | H6/r5 | H6/s5 | H6/t5 | | | | | |
| H7 | | | | | | H7/f6 | ◤H7/g6 | ◤H7/h6 | H7/js6 | ◤H7/k6 | H7/m6 | ◤H7/n6 | ◤H7/p6 | H7/r6 | ◤H7/s6 | H7/t6 | ◤H7/u6 | H7/v6 | H7/x6 | H7/y6 | H7/z6 |
| H8 | | | | | H8/e7 | ◤H8/f7 | H8/g7 | ◤H8/h7 | H8/js7 | H8/k7 | H8/m7 | H8/n7 | H8/p7 | H8/r7 | H8/s7 | H8/t7 | H8/u7 | | | | |
| | | | | H8/d8 | H8/e8 | H8/f8 | | H8/h8 | | | | | | | | | | | | | |
| H9 | | | H9/c9 | ◤H9/d9 | H9/e9 | H9/f9 | | ◤H9/h9 | | | | | | | | | | | | | |
| H10 | | H10/c10 | H10/d10 | | | | H10/h10 | | | | | | | | | | | | | | |
| H11 | H11/a11 | H11/b11 | ◤H11/c11 | H11/d11 | | | | ◤H11/h11 | | | | | | | | | | | | | |
| H12 | | H12/b12 | | | | | | H12/h12 | | | | | | | | | | | | | |

注　1. $\frac{H6}{n5}$、$\frac{H7}{p6}$在公称尺寸小于或等于 3mm 和$\frac{H8}{r7}$在小于或等于 100mm 时，为过渡配合。

2. 标注◤的配合为优先配合。

**表 11－11　　公称尺寸≤500 基轴制优先选用和常用配合**

| 基准轴 | 孔 | | | | | | | | | | | | | | | | | | | | |
|---|---|---|---|---|---|---|---|---|---|---|---|---|---|---|---|---|---|---|---|---|---|
| | A | B | C | D | E | F | G | H | JS | K | M | N | P | R | S | T | U | V | X | Y | Z |
| | 间隙配合 | | | | | | | | 过渡配合 | | | 过盈配合 | | | | | | | | | |
| h5 | | | | | | F6/h5 | G6/h5 | H6/h5 | JS6/h5 | K6/h5 | M6/h5 | N6/h5 | P6/h5 | R6/h5 | S6/h5 | T6/h5 | | | | | |
| h6 | | | | | | F7/h6 | ◤G7/h6 | H7/h6 | JS7/h6 | ◤K7/h6 | M7/h6 | ◤N7/h6 | ◤P7/h6 | P7/h6 | ◤R7/h6 | T7/h6 | ◤U7/h6 | | | | |
| h7 | | | | | E8/h7 | ◤E8/h7 | | ◤H8/h7 | JS8/h7 | K8/h7 | M8/h7 | N8/h7 | | | | | | | | | |
| h8 | | | | D8/h8 | E8/h8 | F8/h8 | | H8/h8 | | | | | | | | | | | | | |
| h9 | | | | ◤D9/h9 | E9/h9 | F9/h9 | | ◤H9/h9 | | | | | | | | | | | | | |
| h10 | | | | D10/h10 | | | | H10/h10 | | | | | | | | | | | | | |
| h11 | A11/h11 | B11/h11 | C11/h11 | ◤D11/h11 | | | | ◤H11/h11 | | | | | | | | | | | | | |
| h12 | | B12/h12 | | | | | | H12/h12 | | | | | | | | | | | | | |

由于孔比轴更难加工一些，在一般情况下优先采用基孔制。与标准件（如轴承）配合或同一轴与几个具有不同公差带的孔配合时，应选择基轴制，如图 11－18 所示。

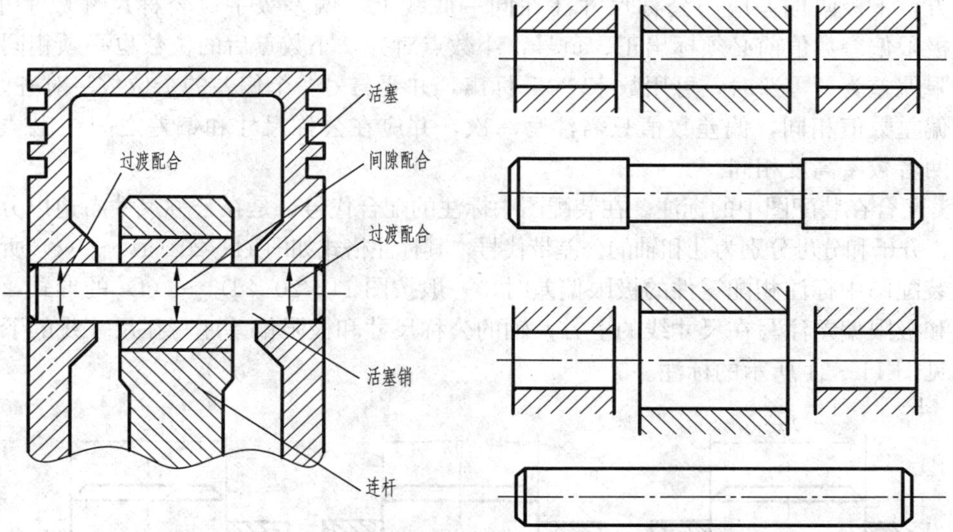


图 11－18　基轴制的选择

6. 公差与配合在图样上的标注

(1) 公差在零件图上的标注。零件的主要尺寸在图样上一般都要注出公差要求，不重要尺寸的公差（IT12～IT18），一般不在图样上标注。零件图上公差的标注有三种形式：

1) 在公称尺寸后直接注出上、下极限偏差，是零件图公差标注的基本形式，如图 11－19（a）所示。

2) 在公称尺寸后同时注出公差带代号和上、下极限偏差，这时上、下极限偏差必须加上括号，如图 11－19（b）所示。

3) 在公称尺寸后直接注出公差带代号，如图 11－19（c）所示。

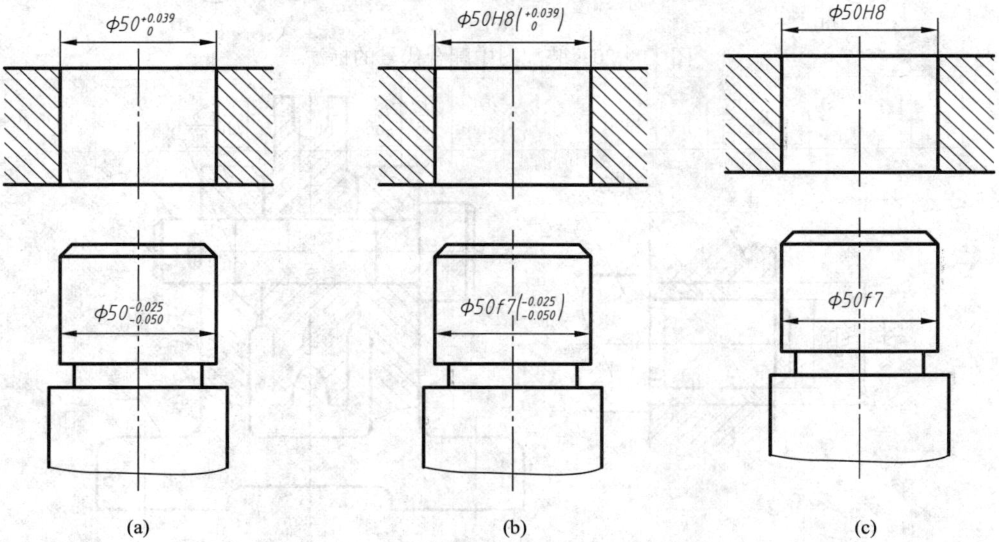


图 11－19　零件图上尺寸公差的标注

注意在标注时，基本偏差代号与公差等级数字等高；用上、下极限偏差数值标注尺寸公差时，偏差数值应与公称尺寸单位相同，用 mm（毫米）为单位，上极限偏差写在公称尺寸的右上方，下极限偏差应与公称尺寸注在同一底线上，偏差数字比公称尺寸数字小一号。上、下极限偏差数值前必须标出正、负号，小数点对齐，小数点后的位数也必须相同。当上或下极限偏差为“零”时，可用数字“0”标出，并要与另一个偏差的个位数字对齐。当上、下极限偏差数值相同，偏差数值只需注写一次，并应在公称尺寸和偏差之间注出“±”符号，且两者数字高度相同。

（2）配合在装配图中的标注。在装配图中标注的配合代号，是在公称尺寸右边以分式的形式注出。分子和分母分别为孔和轴的公差带代号，其标注格式如图 11－20（a）～（c）所示。

在装配图中标注相配零件的极限偏差时，一般按图 11－20（d）～（f）的形式，孔的公称尺寸和极限偏差注写在尺寸线的上方，轴的公称尺寸和极限偏差注写在尺寸线的下方。标注示例见图 11－21 所示的标注。

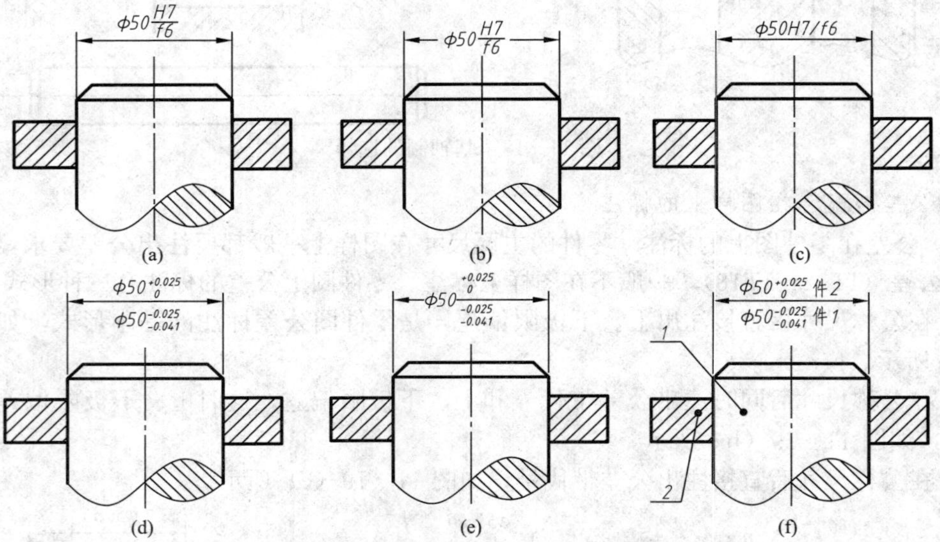


图 11－20　装配图中配合代号的标注

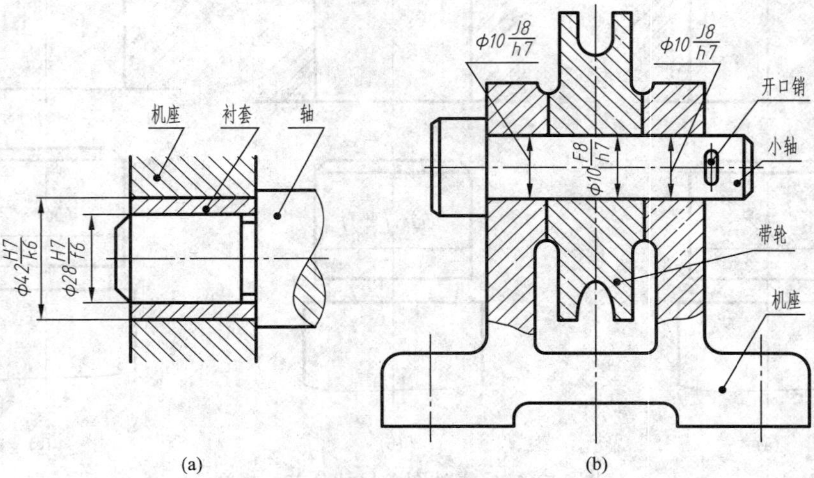


图 11－21　装配图中配合代号的标注示例

根据配合代号的标注可确定配合制。若分子中的基本偏差代号为 H，则孔为基准孔，孔、轴的配合一般为基孔制配合。若分母中的基本偏差代号为 h，则轴为基准轴，孔、轴的配合一般为基轴制配合。如果分子为 H，分母也为 h 时，既可视为基孔制配合，也可视为基轴制配合。

标注标准件与零件的配合时，仅标注配合零件的公差带，如图 11－22 所示。

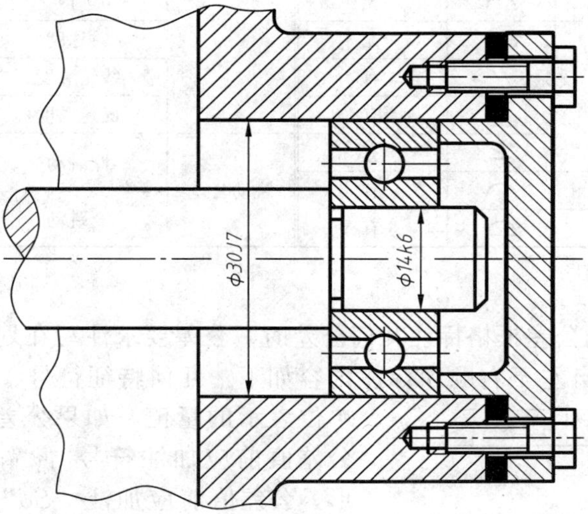


图 11－22 标准件与零件装配时配合代号的标注

**三、几何公差**

在生产过程中，工件不仅会产生尺寸误差，还会产生几何要素的误差。零件的几何要素特征是决定零件功能的因素之一，为了保证工件的质量，应该按照工件的功能特征给定几何公差。国家标准对几何公差的基本概念、术语及定义、符号及标注方法、公差值做了规定。GB/T 1182—2008/ISO 1101：2004 中规定了几何公差（包括形状、方向、位置和跳动的公差）的标注方法。

1. 术语及定义

（1）要素：工件上的特征部分如点、线、面。要素可以是实际存在的组成要素，也可以是由一个或几个组成要素得到的中心点、中心线或中心面（如球心、圆柱的中心线）。

（2）被测要素：给出几何公差要求的要素。

（3）基准要素：用来确定被测要素的方向或（和）位置的要素。

（4）实际要素：零件上实际存在的要素，由无限个点组成，分为实际轮廓要素和实际中心要素。

（5）公差带：由一个或几个理想的几何线或面所限定的、由线性公差值表示其大小的区域。

2. 几何公差的特征符号

几何特征符号见表 11－12。

**表 11-12　　几何特征符号**

| 公差类型 | 几何特征 | 符号 | 有无基准 | 公差类型 | 几何特征 | 符号 | 有无基准 |
|---|---|---|---|---|---|---|---|
| 形状公差 | 直线度 | — | 无 | 位置公差 | 位置度 | ⌖ | 有或无 |
| | 平面度 | ▱ | 无 | | 同心度（用于中心点） | ◎ | 有 |
| | 圆度 | ○ | 无 | | | | |
| | 圆柱度 | ⌭ | 无 | | 同轴度（用于轴线） | ◎ | 有 |
| | 线轮廓度 | ⌒ | 无 | | | | |
| | 面轮廓度 | ⌓ | 无 | | 对称度 | ⌯ | 有 |
| 方向公差 | 平行度 | // | 有 | | 线轮廓度 | ⌒ | 有 |
| | 垂直度 | ⊥ | 有 | | 面轮廓度 | ⌓ | 有 |
| | 倾斜度 | ∠ | 有 | 跳动公差 | 圆跳动 | ↗ | 有 |
| | 线轮廓度 | ⌒ | 有 | | | | |
| | 面轮廓度 | ⌓ | 有 | | 全跳动 | ⌰ | 有 |

3. 几何公差的标注

（1）公差框格。用公差框格标注几何公差时，公差要求注写在划分成两格或多格的矩形框格内。各个框格自左至右顺序标注内容如下：几何特征符号、公差值（以线性尺寸单位表示的量值。如果公差带为圆形或圆柱形，公差值前应加注符号“$\phi$”；如果公差带为圆球形，公差值前应加注“$S\phi$”）、基准（用一个字母表示基准或用几个字母表示基准体系或公共基准），如图 11-23 所示。

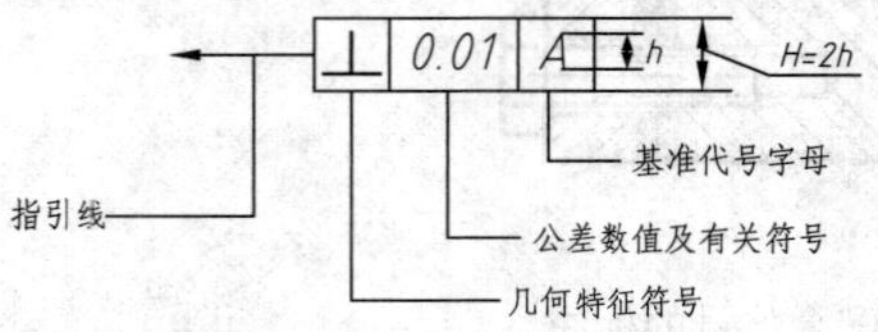

图 11-23　几何公差代号

（2）指引线。指引线用来连接被测要素和公差框格。指引线引自框格的任意一侧，终端带一箭头。指引线的箭头应指向公差带的宽度方向或直径。指引线从框格引出时必须垂直于框格，在引向被测要素时允许弯折，但不多于两次。当被测要素为中心要素时，指引线的箭头应与其相应的轮廓要素尺寸线对齐，见图 11-24（a）～（c）；否则，应与尺寸线明显错开，见图 11-24（d）～（f）。

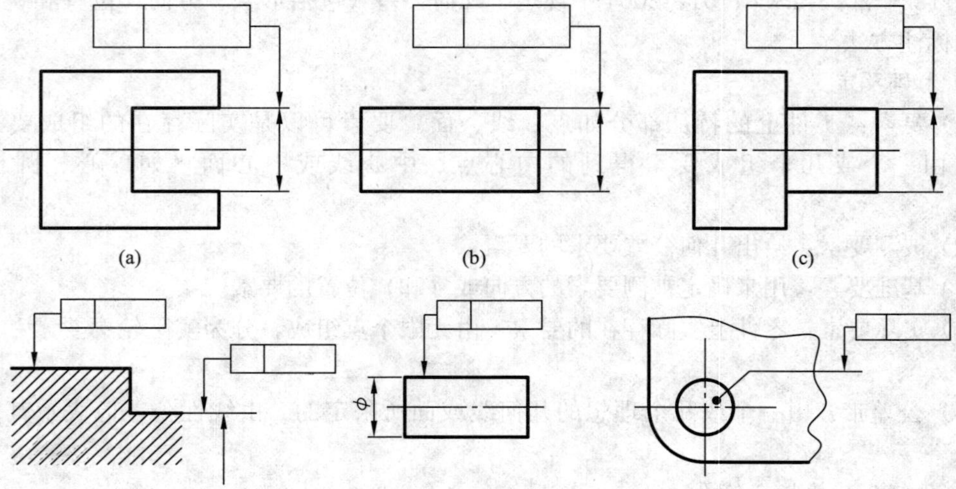

图 11-24　指引线注法

(3) 基准。基准是确定要素间几何关系的依据，在零件图中往往以一些直线或轴线、平面作为基准，分别称为基准直线或轴线、基准平面。与被测要素相关的基准用一个大写字母表示。字母标注在基准的方格内，与一个涂黑的或空白的三角形相连以表示基准，见图 11－25 (a)、(b)，涂黑或空白的基准三角形含义相同。

当基准要素是轮廓线或轮廓面时，基准三角形放置在要素的轮廓线或其延长线上（与尺寸线明显错开），见图 11－25 (c)；基准三角形也可放置在该轮廓面引出线的水平线上，见图 11－25 (d)。

当基准是尺寸要素确定的轴线、中心平面或中心点时，基准三角形应放置在该尺寸线的延长线上，见图 11－25 (e)、(f)。如果没有足够的位置标注基准要素尺寸的两个箭头，则其中一个箭头可用基准三角形代替，见图 11－25 (f)、(g)。

如果只以要素的某一局部作基准，则应用粗点画线示出该部分并加注尺寸，见图 11－25 (h)。

以单个要素作基准时，用一个大写字母表示，见图 11－25 (i)。以两个要素建立公共基准时，用中间加连字符的两个大写字母表示，见图 11－25 (j)。以两个或三个基准建立基准体系（即采用多基准）时，表示基准的大写字母按基准的优先顺序自左至右填写在各框格内，见图 11－25 (k)。

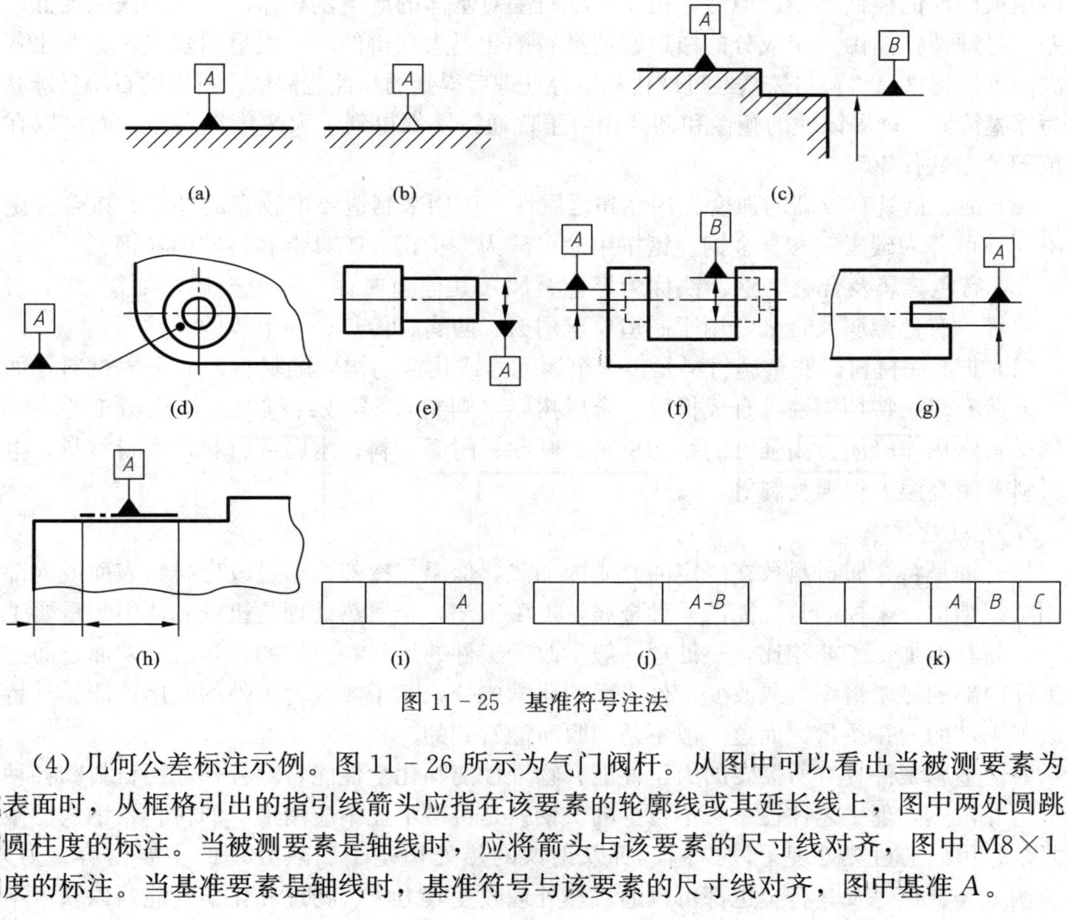


图 11－25　基准符号注法

(4) 几何公差标注示例。图 11－26 所示为气门阀杆。从图中可以看出当被测要素为线或表面时，从框格引出的指引线箭头应指在该要素的轮廓线或其延长线上，图中两处圆跳动和圆柱度的标注。当被测要素是轴线时，应将箭头与该要素的尺寸线对齐，图中 M8×1 同轴度的标注。当基准要素是轴线时，基准符号与该要素的尺寸线对齐，图中基准 $A$。

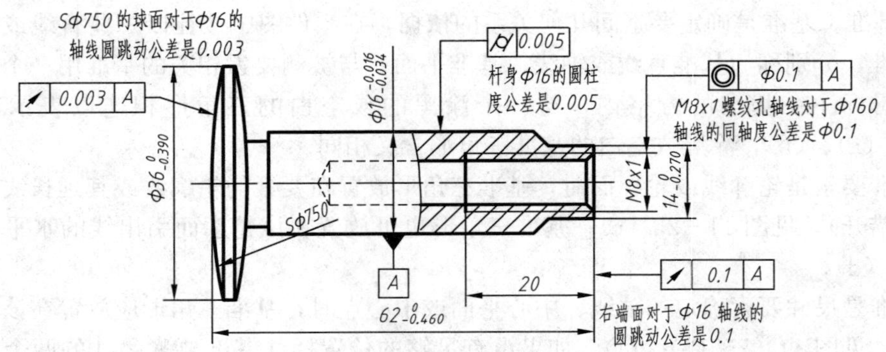


图 11－26　几何公差标注示例

## 四、常用材料、热处理与表面处理

1. 常用金属材料

金属材料被广泛应用于各种机械设备及家用产品的设计中。

（1）铸铁。铸铁是指含碳量在2%以上的铸造铁碳合金的总称，主要元素除铁、碳以外还有硅、锰和少量的磷与硫等元素，一般可分为灰铸铁、可锻铸铁及球墨铸铁。灰铸铁中石墨呈片状，其成本低廉，铸造性、加工性、减振性及金属间摩擦性均优良，至今仍然是工业中应用最广泛的铸铁类型。但是，由于片状石墨对基体的严重割裂作用，灰铸铁强度低、塑性差。可锻铸铁是由一定成分的白口铸铁经石墨化退火获得的，石墨呈团絮状，塑性比灰铸铁高。球墨铸铁是将灰口铸铁经过球化和孕育处理后得到的高性能铸铁，析出的石墨呈球状故称为球墨铸铁。球墨铸铁的塑性和韧性相对于普通铸铁都得到了大幅度提高，故而可以在一定范围“以铁代钢”。

（2）钢。钢具有较高的强度、韧性和延展性，可用来制造要求较高的零件。按含合金量的不同，可分为碳素钢和合金钢。钢按用途可分为结构钢、工具钢和特殊用途钢。

（3）有色金属及合金。钢、铁称为黑色金属，其他金属称为有色金属，如铜、铝、锌、锡、铅等。有色金属及合金常用于制造要求耐磨、防腐、传热、导电等的零件。

（4）非金属材料。非金属材料是由非金属元素或化合物构成的材料。非金属材料，如水泥、人造石墨、特种陶瓷、合成橡胶、合成树脂（塑料）、合成纤维等。在机械工业中，非金属材料常用作轻质、高强度的结构材料，减摩、耐磨材料，耐腐蚀材料，密封材料，电绝缘材料，耐高温、保温材料等。

2. 热处理要求

热处理是将金属材料放在一定的介质内加热、保温、冷却，通过改变材料表面或内部的金相组织结构，来控制其性能的一种金属热加工工艺。金属热处理是机械制造中的重要工艺之一，与其他加工工艺相比，热处理一般不改变工件的形状和整体的化学成分，而是通过改变工件内部的显微组织，或改变工件表面的化学成分，赋予或改善工件的使用性能。其特点是改善工件的内在质量，而这一般不是肉眼所能看到的。

为使金属工件具有所需要的力学性能、物理性能和化学性能，除合理选用材料和各种成形工艺外，热处理工艺往往是必不可少的。钢铁是机械工业中应用最广的材料，钢铁显微组织复杂，可以通过热处理予以控制，所以钢铁的热处理是金属热处理的主要内容。另外，铝、铜、镁、钛等及其合金也都可以通过热处理改变其力学、物理和化学性能，以获得不同的使用性能。

3. 表面处理

表面处理是在基体材料表面上人工形成一层与基体的机械、物理和化学性能不同的表层的工艺方法。表面处理的目的是满足产品的耐蚀性、耐磨性、装饰或其他特种功能要求。常用的方法有机械抛光、化学抛光、磷化涂装、喷漆喷塑、电镀电泳、氧化发黑、着色染色、阳极氧化等。

4. 对检测、试验条件及方法等的要求

对检测、试验条件与方法等的要求注写在图样空白处（一般为标题栏的上方），第一行为“技术要求”字样，字号比下列各行正文字号大一号。注写文字要准确、简明，所用代号和表示方法要符合国家标准规定。

## 第五节 零件的工艺结构

零件的结构，在满足设计要求的前提下，还要考虑零件在加工、测量、装配等制造过程中所需要的一系列工艺要求。零件结构的工艺性是指所设计零件的结构，在一定的生产条件下，适合制造、工艺的一系列特点，能质量好、成本低地制造出来，以获得较好的经济效益。我们经常碰到的一些零件结构，多数是通过铸造和机械加工获得的。

### 一、零件上的铸造结构

1. 拔模斜度

为了铸造时，便于将铸造模型从型砂中取出，零件的内、外壁上沿起模方向应有一定的拔模斜度，如图 11－27 所示。

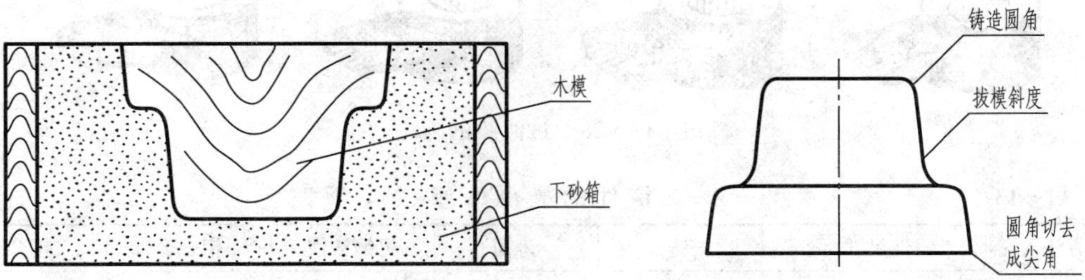


图 11－27 拔模斜度与铸造圆角

2. 铸造圆角

在铸造零件毛坯时，为防止砂型落砂、铸件产生裂纹和缩孔，在铸件各表面的相交处都做成圆角称为铸造圆角，如图 11－27 所示。

由于铸造圆角的存在，两铸造表面的相贯线不很明显，为了区分不同形体的表面，仍要画出这条相贯线，这种相贯线称为过渡线，过渡线用细实线画出如图 11－28 所示。

3. 铸件壁厚

在铸造时，为防止产生缩孔和裂纹，铸件壁厚要均匀，并避免突然改变壁厚和局部肥大现象。

(1) 最小壁厚。保证铸件成品率的条件，一是保持液态金属的流动性，可使液体在充满型腔后开始凝固；二是铸件的壁厚要大于铸件壁厚的最小值，见表 11－13。

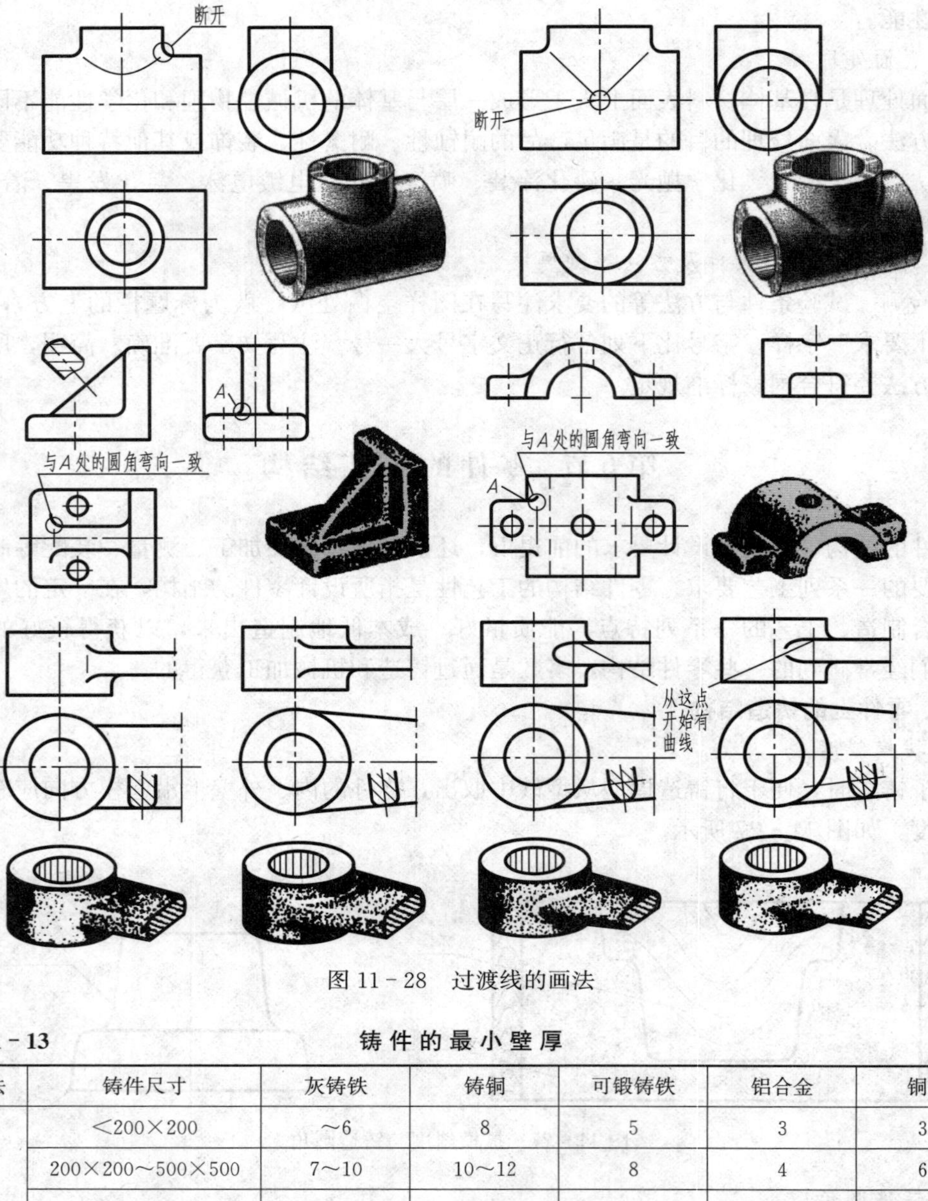


图 11－28　过渡线的画法

表 11－13　　铸件的最小壁厚

| 铸造方法 | 铸件尺寸 | 灰铸铁 | 铸铜 | 可锻铸铁 | 铝合金 | 铜合金 |
| --- | --- | --- | --- | --- | --- | --- |
| 砂型 | <200×200 | ~6 | 8 | 5 | 3 | 3~5 |
| | 200×200~500×500 | 7~10 | 10~12 | 8 | 4 | 6~8 |
| | >500×500 | 15~20 | 15~20 | | 6 | |

（2）壁厚均匀。铸件壁厚不均匀会造成冷却速度不同。后凝固的厚壁部分受先凝固的薄壁部分影响容易造成缩孔或裂纹。在对铸件进行构型设计时，应尽量使壁厚均匀。

1）各处厚度尽量一致，防止局部肥大，如图 11－29（a）、（b）所示。

2）如确需不同厚度时，采取逐渐过渡，如图 11－29（c）所示。

3）当需要增加铸件强度和刚度时，采用增加肋板的方法。单纯增加局部壁厚容易造成铸造缺陷，无法到达增加强度的目的。肋板的厚度通常为 0.7~0.9 普通壁板的厚度，高度≤5 倍的肋板壁厚，如图 11－30（a）、（b）所示。

4）零件内部的壁厚应适当减小，保证铸件冷却的均匀，如图 11－30（c）所示。

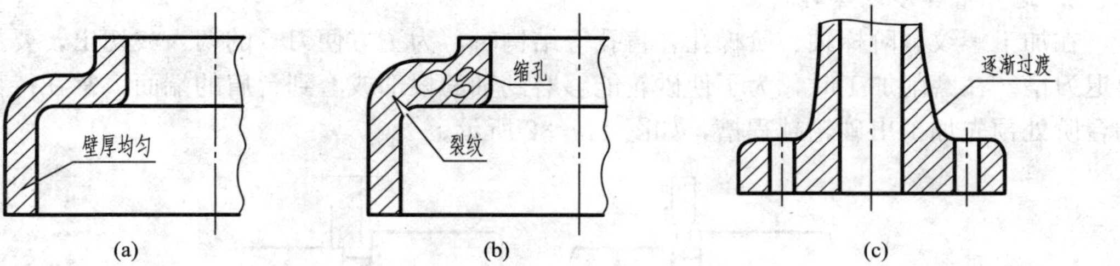


图 11－29　壁厚与缺陷

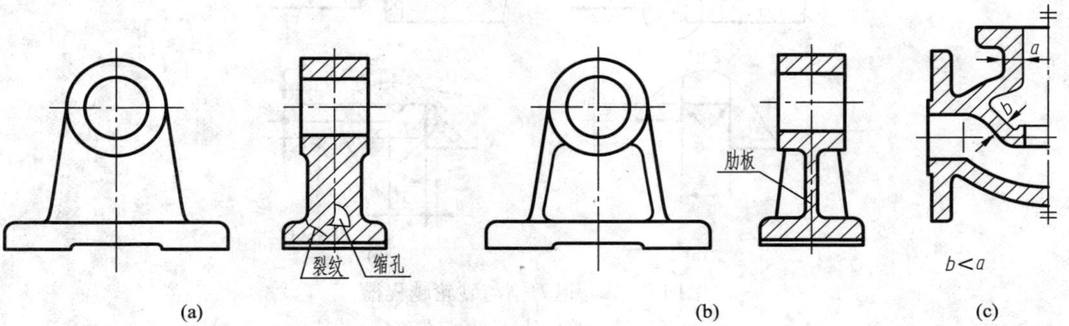


图 11－30　铸件肋板和内部壁厚

（a）增加壁厚；（b）设计肋板；（c）内部壁厚

## 二、零件上的机械加工结构

在零件的加工过程中，常用的机械加工方法有车、铣、刨、磨、钳等，这些加工方法有各自的特点和要求，对零件的结构要求也有不同。设计人员在进行零件结构设计时要考虑到不同加工方法的工艺特点，以增加零件结构设计的工艺适应性，方便加工。

1. 倒角和圆角

一般零件经切削加工后都会形成毛刺、锐边，为了便于装配和操作安全，常将轴的端部和孔口加工成一个小圆锥面，称为倒角；为了避免因应力集中而产生裂纹，在轴肩处用圆角过渡，称为圆角，如图 11－31 所示。倒角和圆角的国家标准可查阅附录。

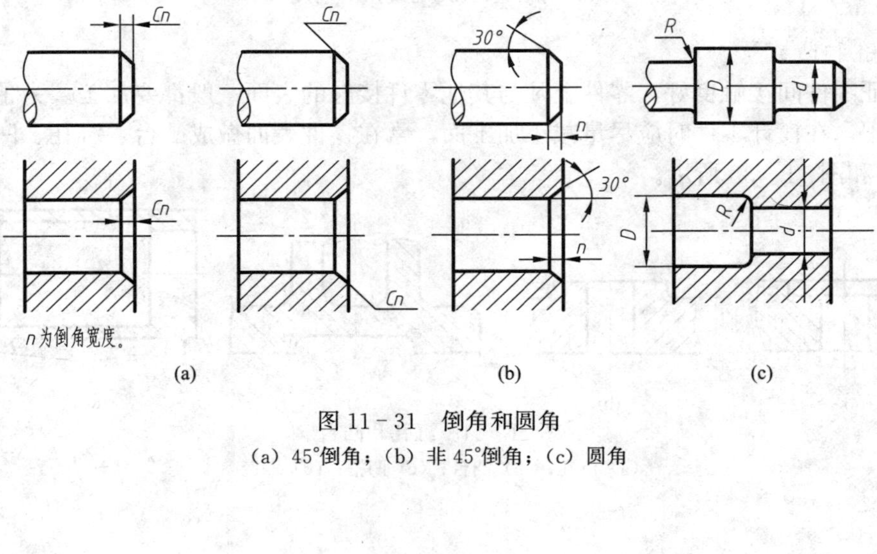


图 11－31　倒角和圆角

（a）45°倒角；（b）非 45°倒角；（c）圆角

2. 退刀槽和砂轮越程槽

在加工螺纹、阶梯轴、阶梯孔、盲孔等结构时，为了方便刀具的切入或切出，要预先车出退刀槽。在磨削加工时，为了使砂轮能够磨到轴的根部或磨到台肩的端面，常在待加工面的台阶处预先加工出砂轮越程槽，如图 11-32 所示。

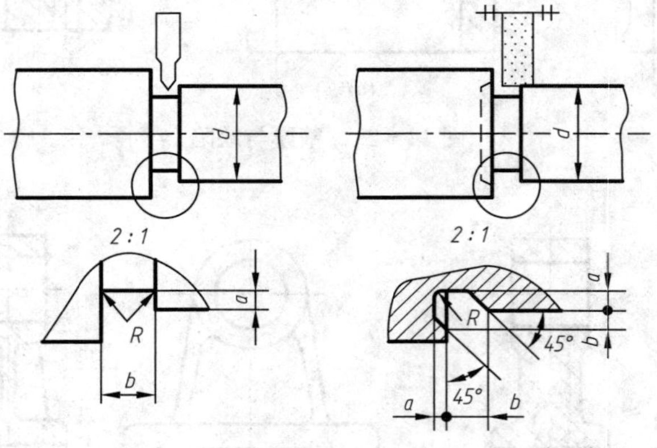


(a) (b)

图 11-32　退刀槽与砂轮越程槽

(a) 退刀槽；(b) 砂轮越程槽

3. 钻孔的端面结构

用钻头钻孔时，因钻头的头部是倒锥结构，为避免钻头单边受力折断钻头，要尽量保持钻头轴线与被钻孔的零件表面垂直，如图 11-33 所示。

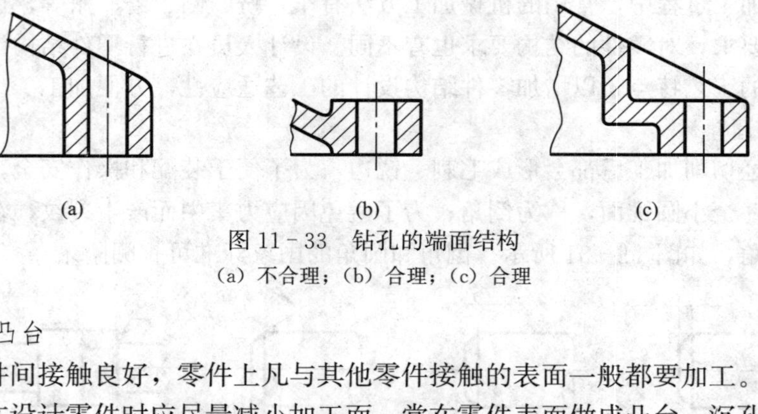

(a) (b) (c)

图 11-33　钻孔的端面结构

(a) 不合理；(b) 合理；(c) 合理

4. 沉孔和凸台

为保证零件间接触良好，零件上凡与其他零件接触的表面一般都要加工。为了降低零件的制造费用，在设计零件时应尽量减小加工面，常在零件表面做成凸台、沉孔、凹槽等，如图 11-34 和图 11-35 所示。

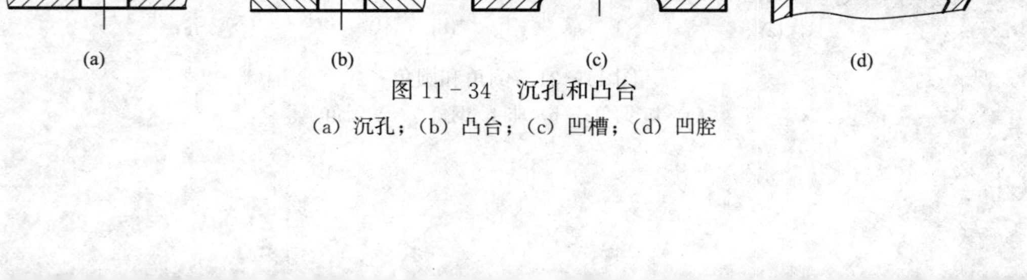

(a) (b) (c) (d)

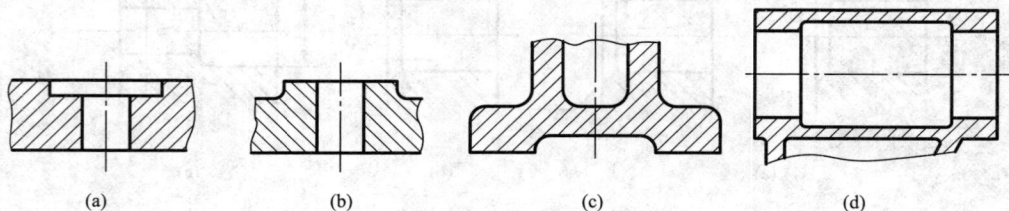

图 11-34　沉孔和凸台

(a) 沉孔；(b) 凸台；(c) 凹槽；(d) 凹腔

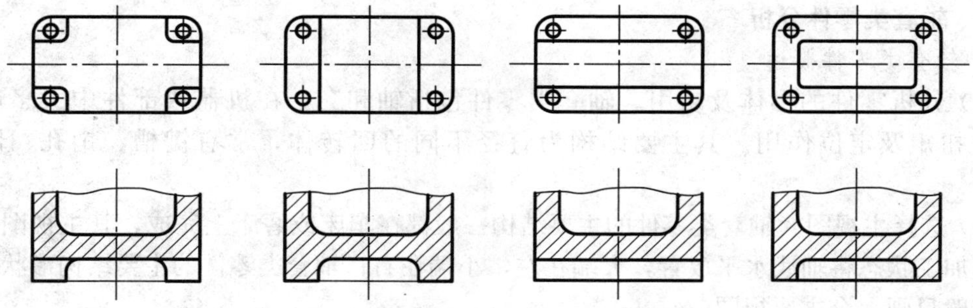

图 11－35 常用减小加工面积的形式

## 第六节 典型零件的零件图分析

生产实际中的零件种类繁多，形状和作用各不相同，为了便于分析和掌握，根据它们的结构形状及作用，大致可以分为轴套类、盘盖类、叉架类和箱体类，如图 11－36 所示。

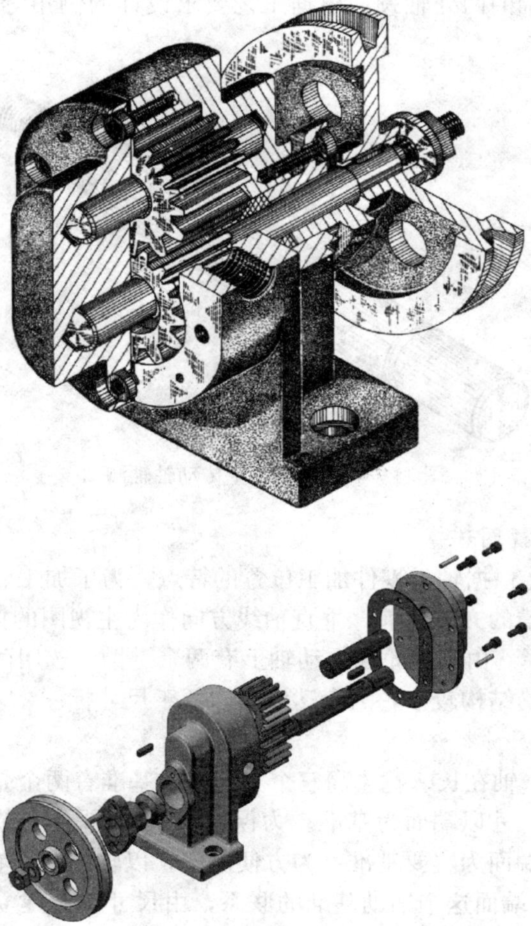

图 11－36 齿轮泵示意图

## 一、轴套类零件分析

1. 轴套类零件概述

(1) 分析零件的形体及功用。轴套类零件包括轴和套，在机器或部件中大多起传递运动、扭矩及定位作用。其主要结构为直径不同的回转体，常有键槽、销孔、凹坑等结构。

(2) 选择主视图。轴套类零件的主要结构一般都在车床或磨床上完成，其主视图按车床和磨床加工状态将轴线水平放置，大端在左，小端在右；轴套类零件的主要结构形状是回转体，一般只画一个主要视图。

(3) 选择其他视图。实心轴不必剖切，对轴上的键槽、销孔、凹坑等结构，常用断面、局部剖视、局部放大图等表达方法表示，较长的轴还可采用断开画法。对空心轴或套，则采用全剖或局部剖表示。

2. 齿轮泵主动轴的分析

齿轮泵主动轴根据功能要求设计有安装动力输入带轮的轴颈和连接用键槽、固定带轮用的螺纹和轴肩；安装传动齿轮的轴颈和连接用键槽、固定齿轮用的挡圈槽和轴肩，以及安装在泵体和泵盖用于支撑轴的两处轴颈。根据工艺要求设计的倒角等工艺结构，如图 11-37 所示。

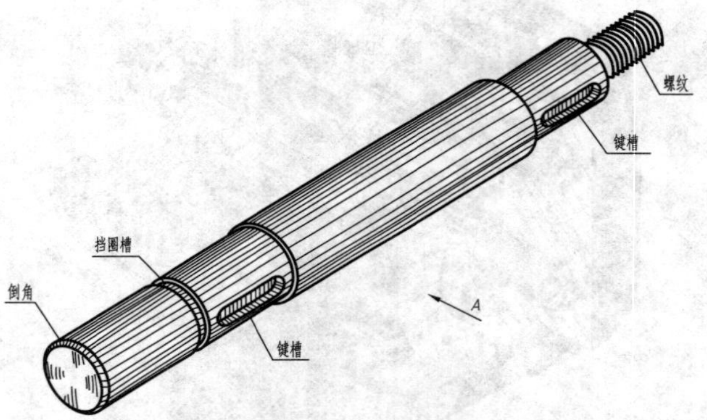


图 11-37　齿轮泵主传动轴轴测图

3. 齿轮泵主动轴的视图选择

(1) 主视图的选择。根据轴类零件加工位置的特点，为了加工、检验时看图方便，选择将轴线水平放置，有键槽的方向在前，垂直轴线方向作为主视图的投射方向。

(2) 其他视图的选择。由于齿轮泵主动轴上有两个键槽，选用两个移出端面图对键槽结构详细表达；由于挡圈槽结构较小，为表达清晰、便于尺寸标注，采用局部放大图。

4. 齿轮泵主动轴的尺寸标注

(1) 选择尺寸基准。轴在长、宽、高三个方向上的基准有两个是直径方向的，这两个方向以轴线为基准；轴向尺寸以端面为基准。为保证在 $\phi 18m6$ 处安装的齿轮能正确地与相配齿轮啮合，以此处的右端面为主要基准；为方便测量，以轴的左、右端面为辅助基准。由尺寸 57 建立主要基准与左端面这个辅助基准的联系，由尺寸 172 建立左端面与右端面两个辅助基准的联系，如图 11-38 所示。

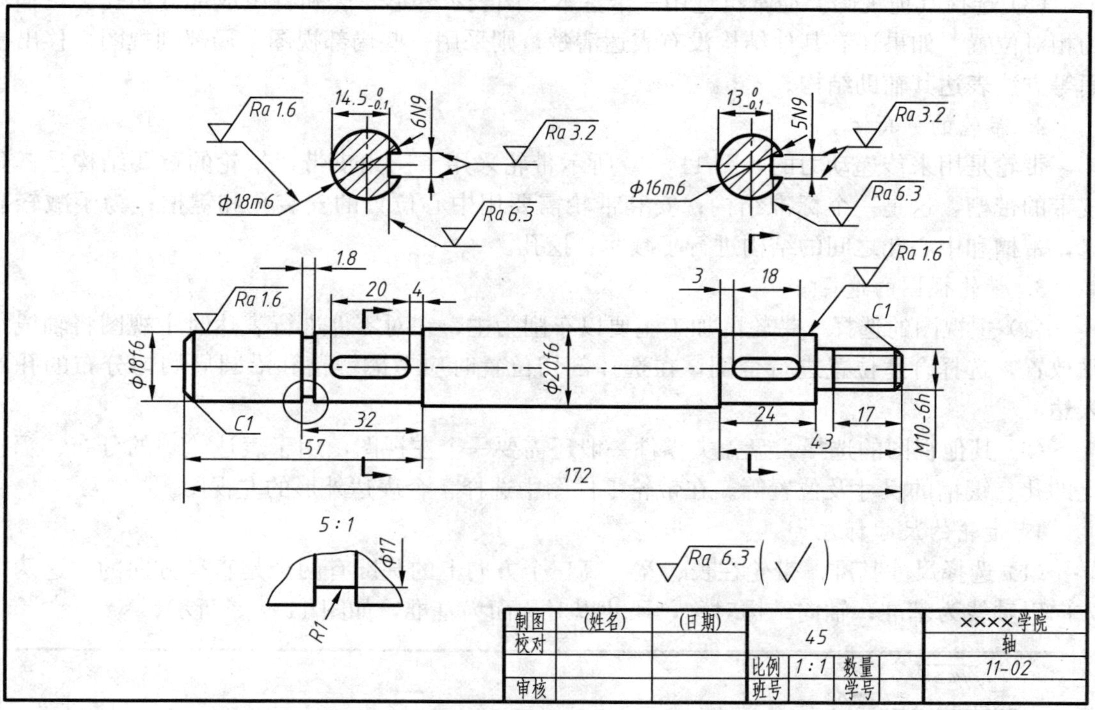

图 11-38 齿轮轴的视图表达

(2) 尺寸标注。

1) 功能尺寸。轴的配合尺寸 ϕ18f6、ϕ18m6、ϕ20f6、ϕ16m6，保证齿轮、带轮装配位置的定位尺寸 57、32、43、24 及键槽尺寸都是功能尺寸，需直接注出。ϕ20f6 处的轴向尺寸对齿轮泵的整体性能影响较小，所以不标注，作为轴向尺寸中的开环，避免出现封闭的尺寸链。

2) 其余尺寸。为保证尺寸标注的完整，用形体分析法对各个形体结构的定形和定位尺寸进行标注和分析。在标注的过程中要充分考虑在零件加工时对尺寸的需要及检测的方便。例如两处键槽，国家标准中给出的尺寸是键槽的深度，在键槽加工后测量的一个基准要素已经不存在了，要实现准确的测量有一定的难度，在零件图的标注中对尺寸进行了转换，标注的是直径减去槽深的尺寸。再如，两个键槽长度尺寸 20 和 18 的标注，图示的标注方法对检测更有利，如果标注两个半圆中心的尺寸则对加工过程有利。

## 二、盘盖类零件

1. 盘盖类零件概述

(1) 分析零件的形体及功用。盘盖类零件包括各种手轮、带轮、法兰盘、轴承盖等。主体部分常由回转体组成，轴向尺寸小，径向尺寸大，一般有一个端面是与其他零件连接的重要接触面。还有轴孔、均匀分布的肋、螺栓孔等辅助结构，它在机器或部件中主要起传动、支撑或密封作用。

(2) 选择主视图。圆盘类零件主要在车床上加工，选择主视图时一般按加工位置原则将轴线水平放置。对于加工时并不以车削为主的箱盖，可按工作位置放置。主视图一般选择基本视图，并进行合理的剖切，表示孔槽等结构。

（3）选择其他视图。通常再选用一个基本视图表示外形轮廓和各组成部分如孔、轮辐等的相对位置。如果还有其他结构没有表达清楚，则采用一些局部视图、局部剖视图、移出断面等方法表达其辅助结构。

2. 带轮的分析

带轮是用来传递动力的，图 11－40 所示带轮采用了三角皮带，带轮的重要结构是三角皮带的带槽，这是一个标准结构；安装带轮需要用中心位置的安装孔和键槽；为了减轻质量，带槽和中心孔之间的结构进行了减薄、挖孔。

3. 带轮视图的选择

（1）主视图的选择。带轮的加工主要以车削为主，在对零件进行表达时主视图将轴线水平放置，选择合适位置进行全剖，在选择剖切位置时应考虑键槽和沿圆周均匀分布的孔的表达。

（2）其他视图的选择。盘盖类零件一般还需要一个左视图，用于表达轮辐的分布、辐板上的孔、键槽的尺寸及位置等。在带轮零件图中选择一个表达外形的左视图。

4. 带轮的尺寸标注

（1）选择尺寸基准。带轮在长、宽、高三个方向上的基准有两个是直径方向的，这两个方向以轴线为基准；轴向结构对称，尺寸以对称面为基准，如图 11－39 所示。

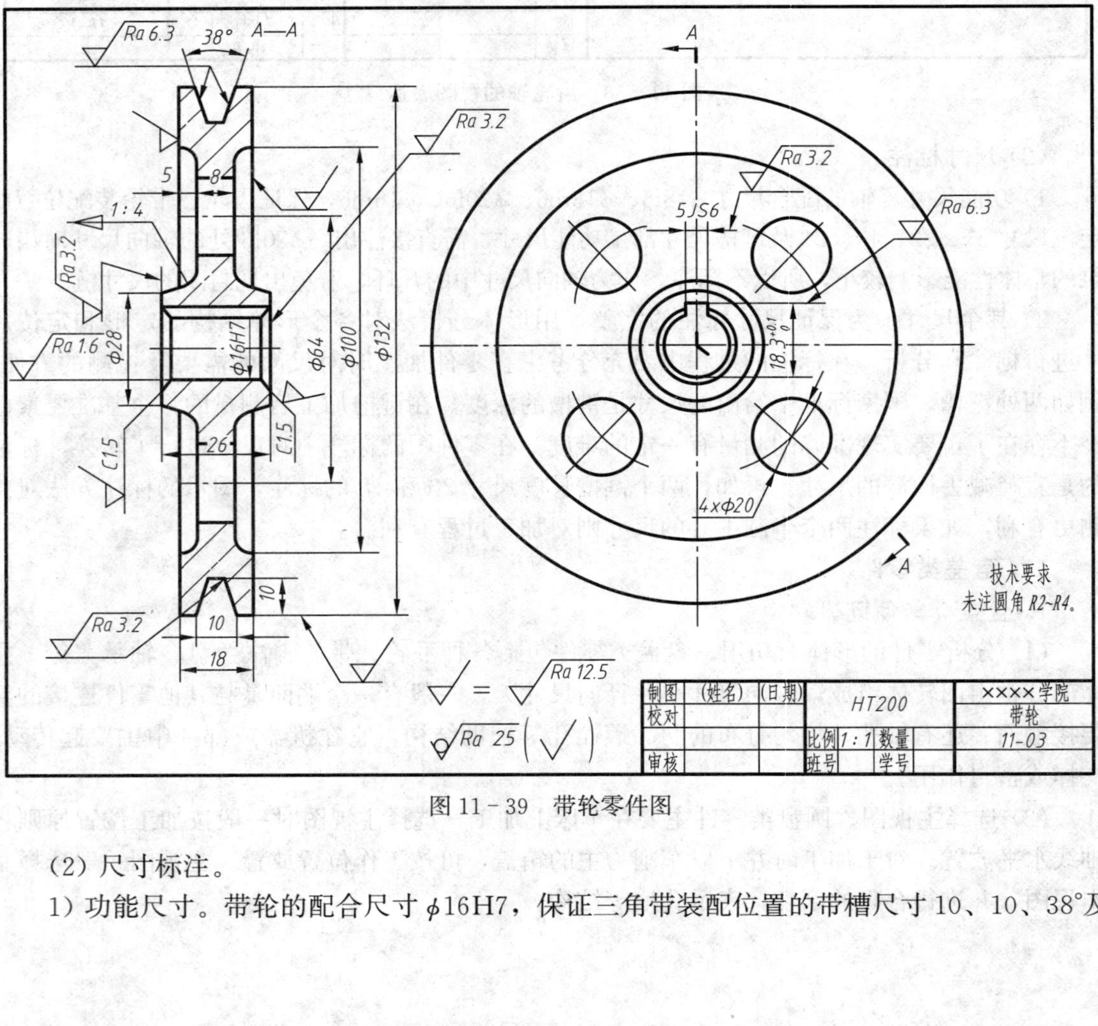


图 11－39 带轮零件图

（2）尺寸标注。

1）功能尺寸。带轮的配合尺寸 $\phi$16H7，保证三角带装配位置的带槽尺寸 10、10、38°及键槽尺寸都是功能尺寸，需直接注出。为减重设置的两边各减厚5mm处的轴向尺寸对带轮的整体性能影响较小，所以选择一边不标注，作为轴向尺寸中的开环，避免出现封闭的尺寸链。

2) 其余尺寸。为保证尺寸标注的完整，用形体分析法对各个形体结构的定形和定位尺寸进行标注和分析。在标注过程中要充分考虑在零件加工时对尺寸的需求及检测的方便。例如键槽，国家标准中给出的尺寸是键槽的深度，在键槽加工后测量的一个基准要素已经不存在了，要实现准确的测量有一定的难度，在零件图的标注中对尺寸进行了转换，标注的是直径加上槽深的尺寸，如图 11-39 所示。带轮轴测图如图 11-40 所示。

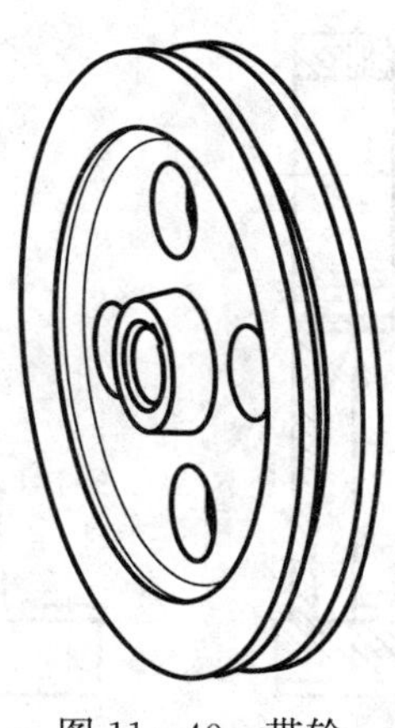

图 11-40 带轮

### 三、叉架类零件

1. 叉架类零件概述

(1) 分析零件的形体及功用。叉架类零件包括拨叉、支架、连杆、支座等。按其形状与功能这类零件一般有支撑、安装和连接三部分组成，形状比较复杂，常为铸件。

(2) 选择主视图。由于它们的形状较为复杂，且不规则，其加工工序较多往往没有不变的加工位置，所以常以工作位置摆放。投射方向以较多反映零件几何形状、相对位置及连接关系为原则。

(3) 选择其他视图。首先选择表达主要形体的其他视图，然后检查、补全次要形体的视图。

2. 轴承座的分析

轴承座是用来对传递运动或动力的轴起支撑作用的零件，其作用见图 11-41。图 11-42 所示的轴承座由支撑部分的安装底板、工作部分轴的安装孔及连接部分的支撑板等主要结构组成；次要结构有加油孔、轴承压盖的连接孔和轴承安装孔的支撑肋板；工艺结构有加油孔处的凸台、安装板下面的凹槽及安装板上面的两个凸台。

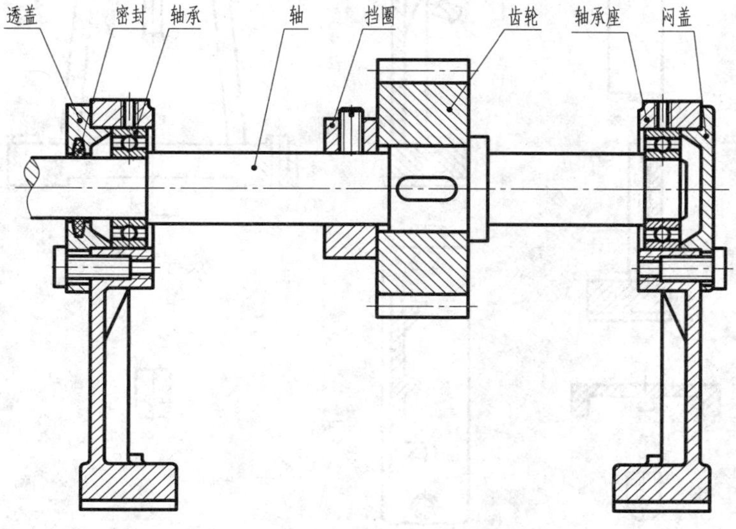


图 11-41 轴承座功能图

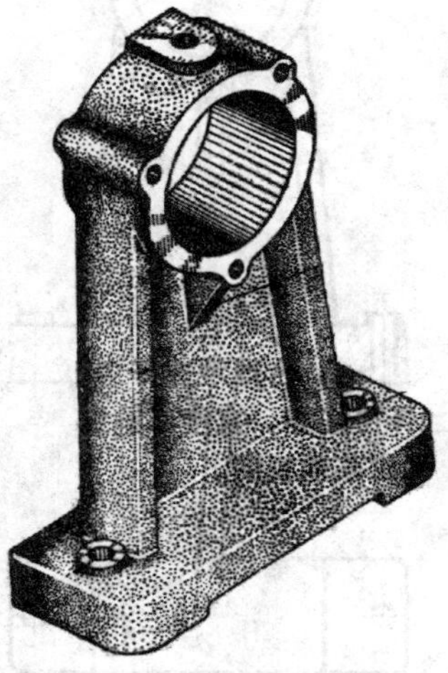

图 11-42 轴承座轴测图

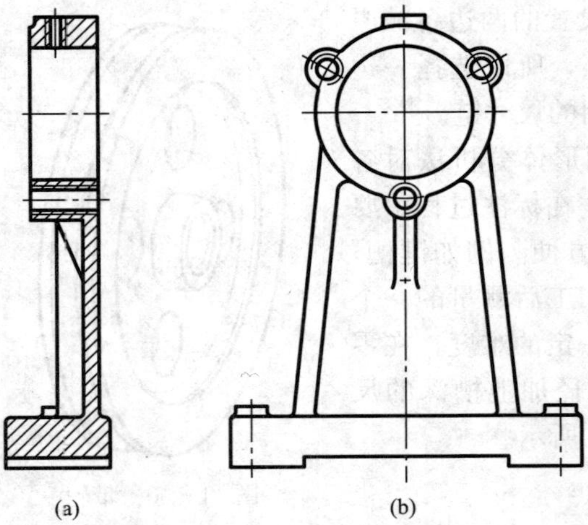


图 11－43　主视图

（a）主视图轴线水平；（b）主视图轴线正垂

3. 轴承座视图的选择

（1）主视图的选择。轴承座的加工需要用到不同的加工方法，零件放置位置选择工作位置，投射方向暂定两种选择：一种是轴的安装孔轴线水平放置，这时主视图选为全剖视图；另一种是轴的安装孔轴线正垂放置，主视图基本为外形图，只在安装底板处采用局部剖，如图 11－43 所示。

（2）其他视图的选择。根据主视图选择时的投射方向，共选择了三种表达方案，通过对比分析，从中选出最好的方案，见图 11－44～图 11－46。三种方案都选择了主视图和左视图，都对轴的安装孔轴线水平放置的视图进行了全剖，对细节的表达采用了局部视图、移出断面图、局部剖等。方案一对安装底板的表达采用的是局部视图、对连接部分的表达采用了断面图，方案二和方案三对这两个部分的表达采用了全剖视图。三种表达方案中，方案一用了较多的图形，方案二图纸空间利用不合理，方案三较理想。

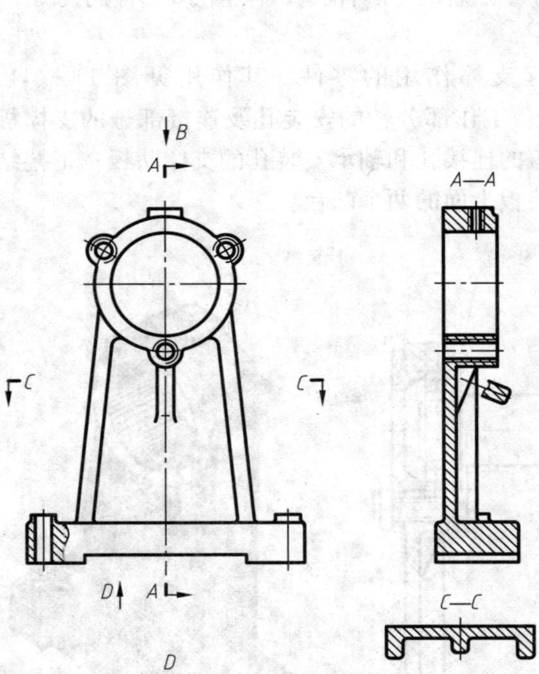


图 11－44　视图方案一

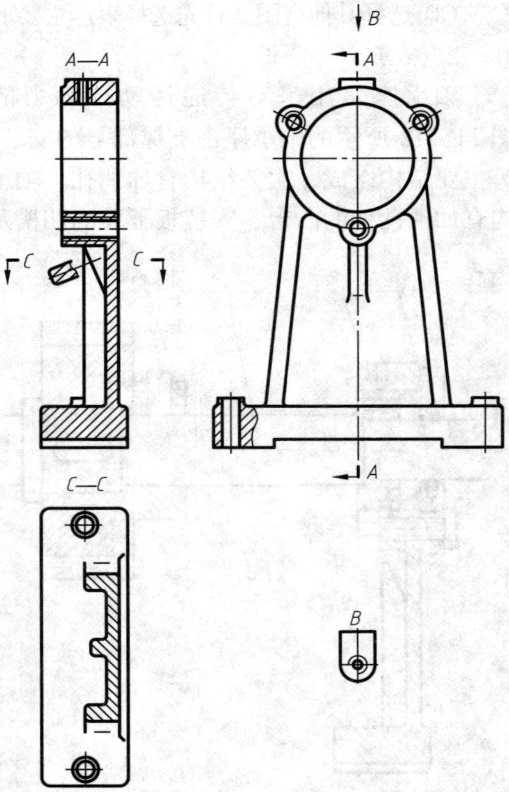


图 11－45　视图方案二

4. 轴承座的尺寸标注

(1) 选择尺寸基准。轴承座在三个方向上的基准分别为对称面 $F$、底面 $E$、后面 $G$，如图 11-47 所示。

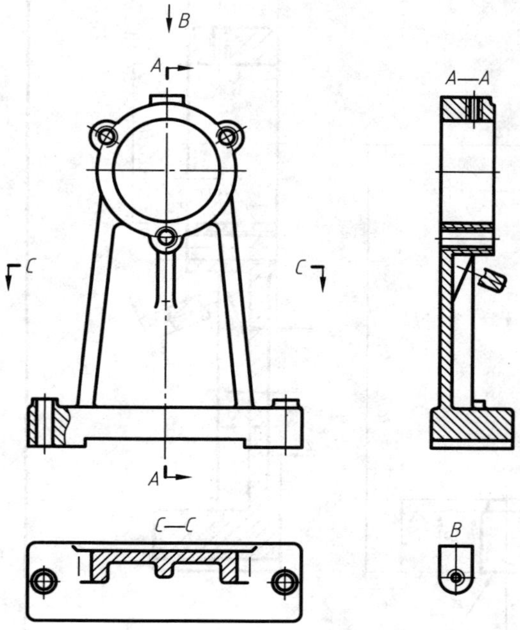

图 11-46 视图方案三

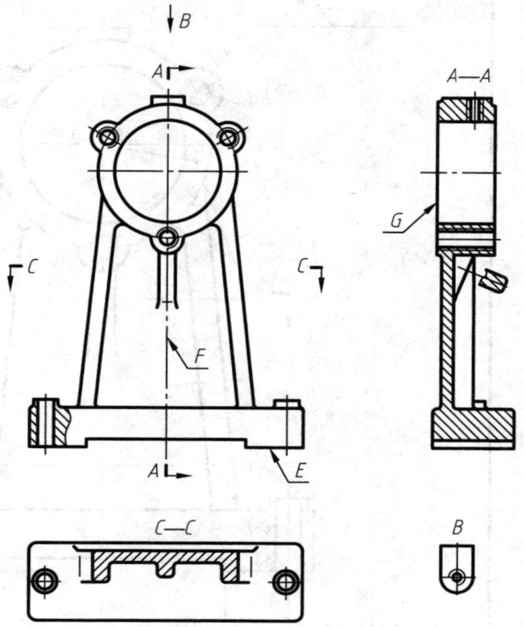

图 11-47 基准面的选择

(2) 尺寸标注。

1) 功能尺寸。轴承座的配合尺寸 $\phi 52H6$、保证中心高度的尺寸 $140 \pm 0.1$ 都是功能尺寸，需直接注出。

2) 其余尺寸。为保证尺寸标注的完整，用形体分析法对各个形体结构的定形和定位尺寸进行标注和分析。在标注的过程中要充分考虑在零件加工时对尺寸的需要及检测的方便。例如，$B$ 向的凸台与 $\phi 52H6$ 中心尺寸是以上面为工艺基准的标注，便于测量。

轴承座的尺寸标注见图 11-48。

**四、箱体类零件**

1. 箱体类零件概述

(1) 分析零件的形体及功用。箱体类零件一般用来支撑、包容、安装和固定其他零件。这类零件内、外形都比较复杂，其毛坯多经铸造而成。

(2) 选择主视图。箱体类零件的形状较为复杂，加工工序较多，各工序的加工位置不尽相同，因而按形状特征和工作位置摆放。投射方向以较多反映零件几何形状、相对位置及连接关系为原则。

(3) 选择其他视图。箱体类零件一般都较复杂，常需用三个以上的基本视图。首先选择表达主要形体的其他视图，然后检查、补全表达次要形体的视图。

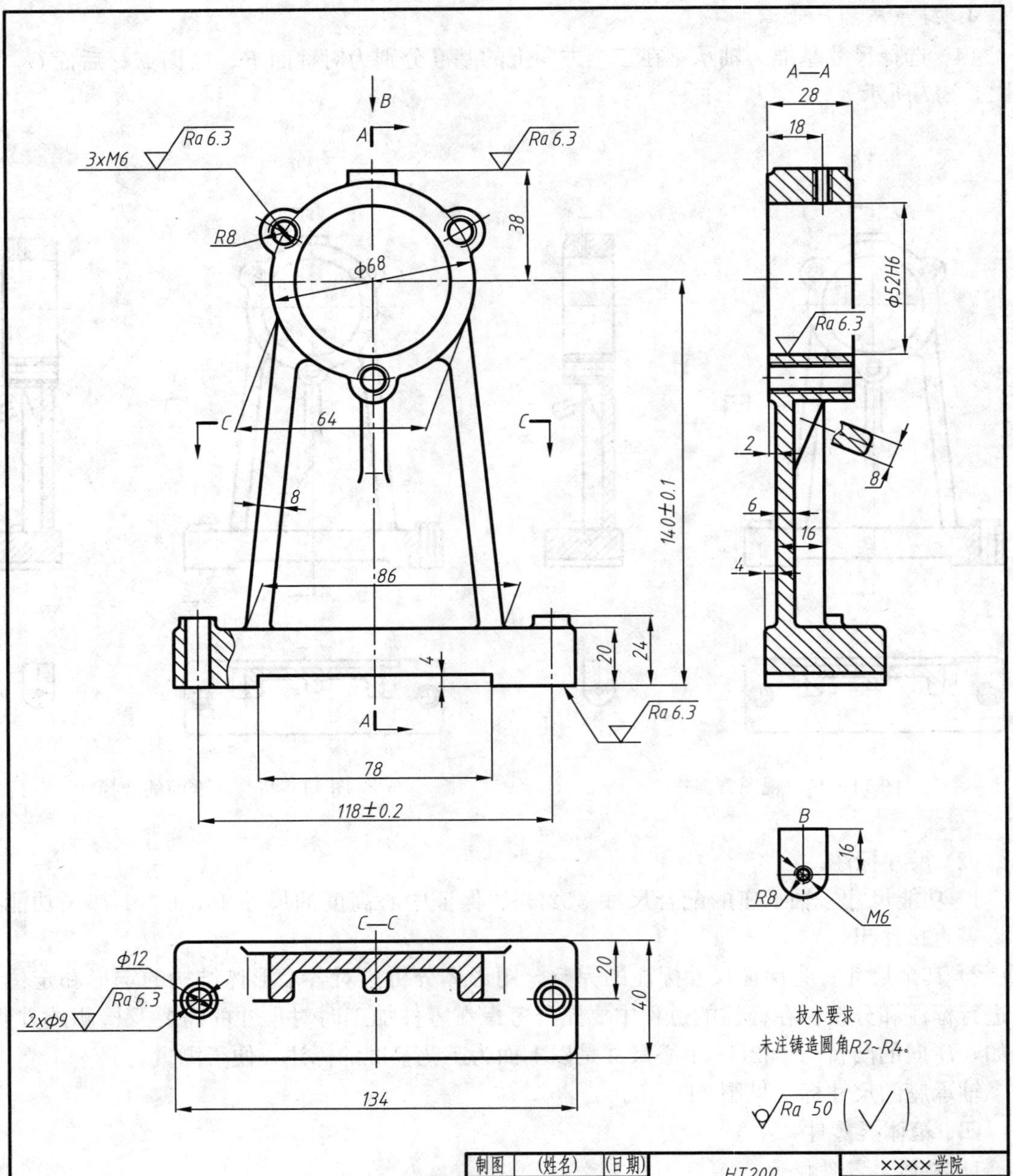


图 11－48　轴承座零件图

2. 齿轮泵泵体的分析

齿轮泵泵体是齿轮泵中用来容纳齿轮、支撑齿轮轴、齿轮泵安装，以及密封、端盖安装等作用的零件。从图 11－49 可见，泵体主体部分由内腔、齿轮轴安装孔等组成；次要部分包括安装板、支撑板。内腔能容纳一对相互啮合的齿轮，齿轮轴孔用于安装支撑齿轮的齿轮轴，上面的孔安装从动轴，下面的孔安装主动轴；泵体一端设计成开放式的腔体，方便腔内零件的安装和调整；为了防尘和密封，泵体开放处设计有与泵盖连接的螺纹孔和定位销孔；为保证主传动轴处的防尘与密封，此处设计有密封用凸台用于与密封用压盖的连接和调整；安装板为长方形，有两个带有沉孔的安装用孔；支撑板设计成T字形，增强安装板与主体结构的连接。

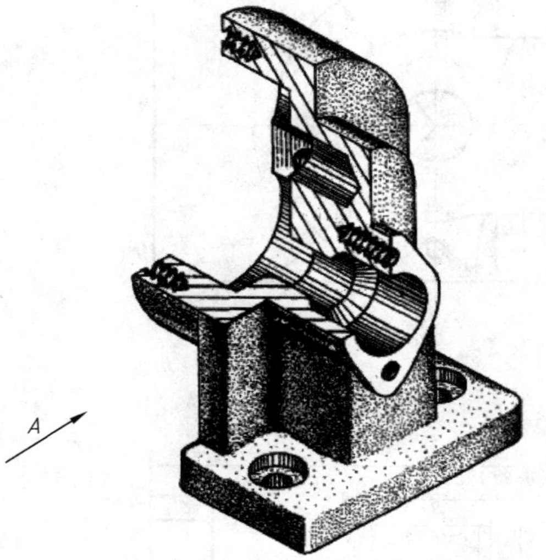


图 11-49 齿轮泵体轴测图

3. 齿轮泵体视图的选择

(1) 主视图的选择。由于齿轮泵体的结构复杂，加工工序较多，各工序的加工位置也不尽相同，因此不能按照加工位置摆放，只能按照工作位置摆放。投射方向按照图示的 $A$ 向。为了清晰表达泵体的内部结构，主视图采用局部剖。这种表达方式不仅主体结构层次分明，对一些细节也进行了表达，如图示中的定位销孔、连接用螺孔等。

(2) 其他视图的选择。其他视图选择时首先考虑补充主视图的不足，采用一个局部剖的左视图表达外形、与齿轮泵盖连接处螺孔和定位销孔的分布，局部剖用以表达进油口与出油口；采用一个局部剖的右视图用于表达泵体后面的外形、与压盖连接处的形状，局部剖用于表达安装孔的细节；$A$—$A$ 剖视图表达安装板的形状、沉孔位置及T形支撑板的断面形状，$A$—$A$ 摆放在右视图下方，合理利用了图纸空间。这组图形完整、清晰地表达了泵体的主要结构、次要结构和各部分的细节。

4. 齿轮泵体的尺寸标注

(1) 选择尺寸基准。齿轮泵体在长、宽、高三个方向上的基准分别为端盖结合面、前后对称面和底面，如图 11-50 所示。

(2) 尺寸标注。

1) 功能尺寸。齿轮泵体的配合尺寸 $\phi$32H9、$\phi$20H7、$\phi$54H7，中心高 76、齿轮中心距 48±0.5 是功能尺寸，需直接注出。

2) 其余尺寸。为保证尺寸标注的完整，用形体分析法对各个形体结构的定形和定位尺寸进行标注和分析。在标注的过程中要充分考虑在零件加工时对尺寸的需求及检测的方便；同时需注意尺寸标注要清晰、合理，如图 11-50 所示。

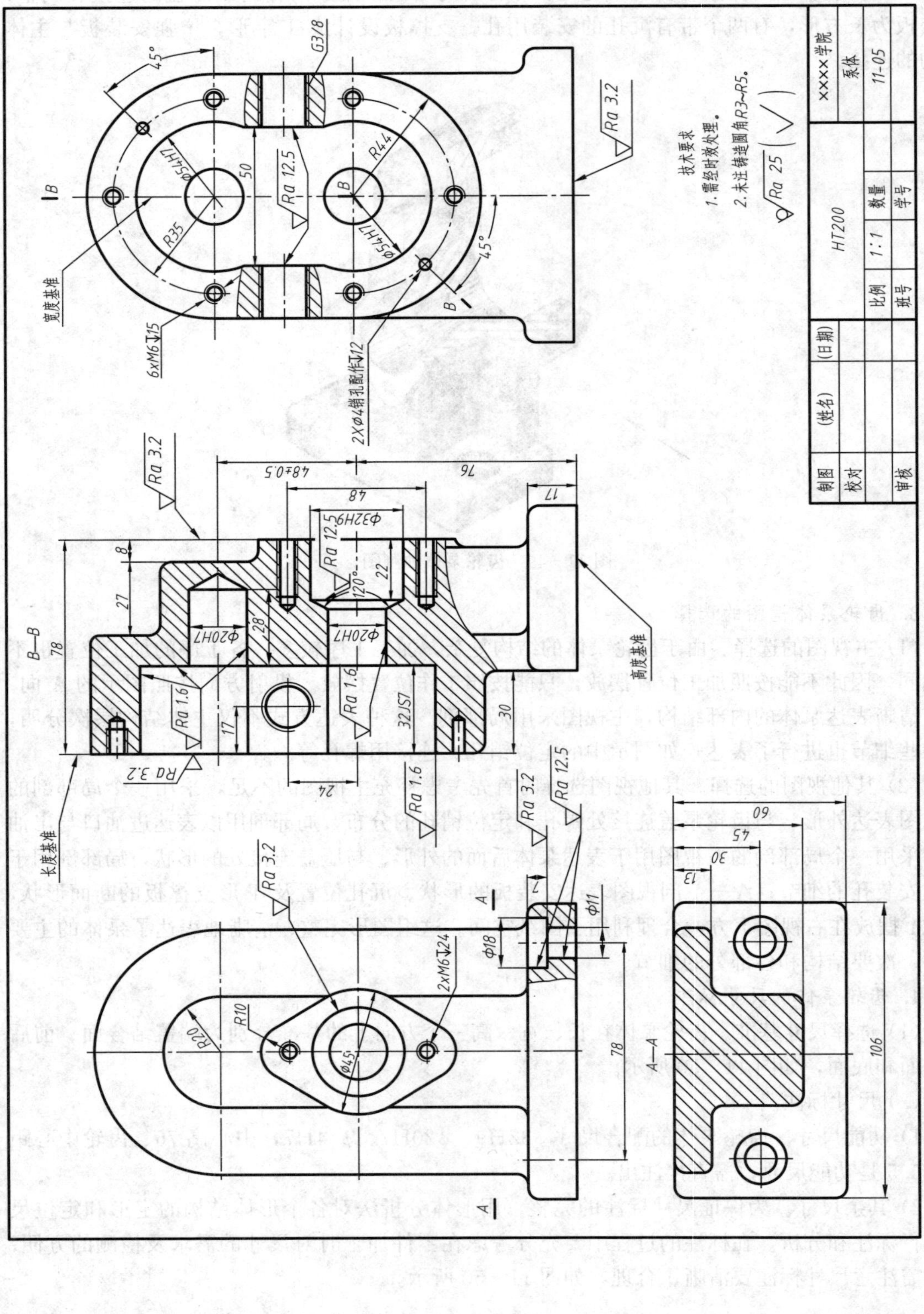


图 11－50 齿轮泵体视图表达方案

## 第七节 读零件图的方法

在设计、制造、检验零件等项活动中，读零件图是一项非常重要的工作。读零件图的目的是在了解零件在机器中装配关系和作用的基础上，根据零件图想象出该零件的结构形状，了解零件全部尺寸和技术要求等，评价零件设计的合理性，并根据情况给出适当的建议。因此，工程技术人员必须具备读零件图的能力。

### 一、读零件图的要求

（1）了解零件图的名称、材料和用途。

（2）读懂组成零件各部分的结构、形状和它们之间的相对位置。

（3）能基本理解图上的尺寸注法，了解零件的技术要求和制造方法。

### 二、读零件图的方法和步骤

现以图 11－51 泵盖零件图为例，说明读零件图的方法、步骤。

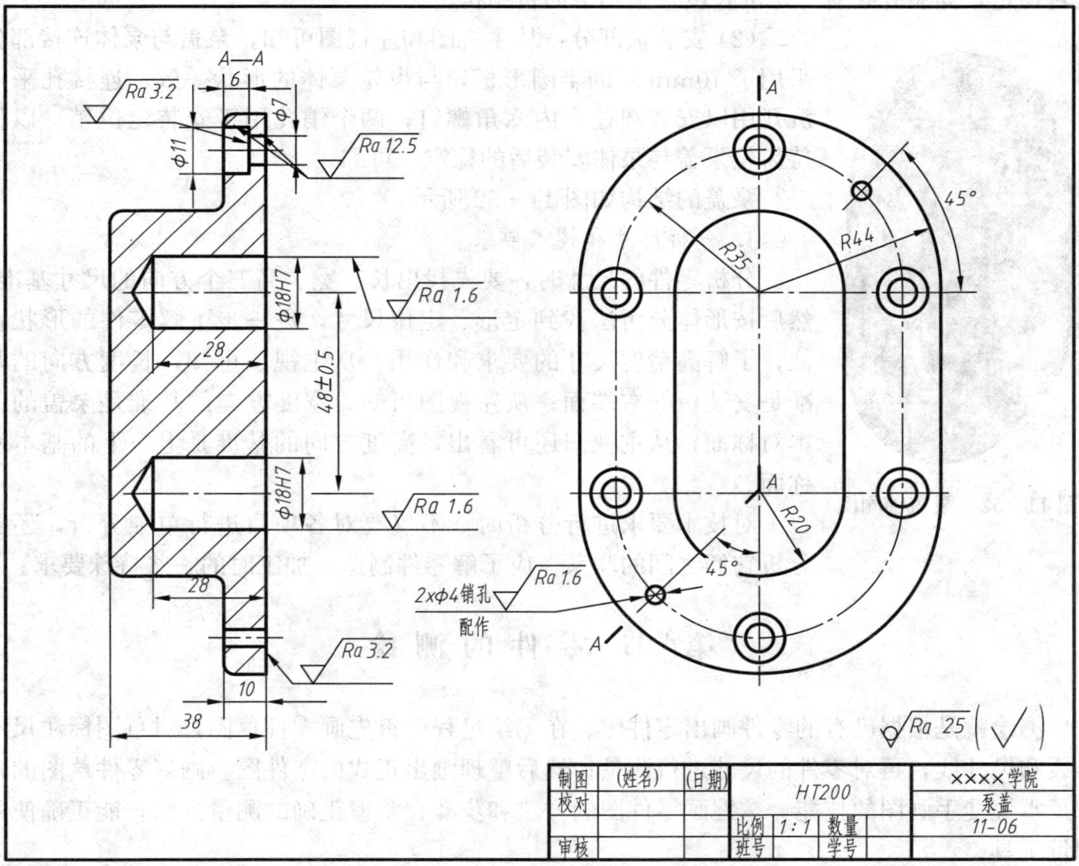


图 11－51 泵盖零件图

1. 看标题栏

从标题栏可以了解到零件的名称、材料、数量、比例等内容。

由图 11－51 可以了解到，零件的名称是泵盖，属于盘盖类零件，它应该是轴向尺寸小径向尺寸大的零件。材料是灰铸铁，零件毛坯是铸造而成，结构稍显复杂，加工工序较多，由于不是圆盘类零件加工位置不确定。

2. 进行表达方案的分析

开始看图时，必须先找出主视图，然后看采用几个视图和表达方法，以及各视图间的关系，弄清表达方案。

泵盖零件图是由两个基本视图（主视图和左视图）组成。主视图采用全剖视图，在剖切面选择时为同时清楚表达对称结构与不在对称位置上的定位销孔，采用了两个相交的剖切平面。左视图采用基本视图用于表达泵盖的外形。

3. 进行形体分析、线面分析，想象零件的结构形状

进行形体和线面分析是为了搞清楚投影关系和便于综合想象出整个零件的形状。读图的基本方法是先主后次，先整体后细节，先易后难。

（1）泵盖主体部分：两个中心距为 48±0.5 的圆孔，圆孔直径为 $\phi$18H7，为保证齿轮轴运转稳定，安装孔要有一定的长度，采用了凸台结构。

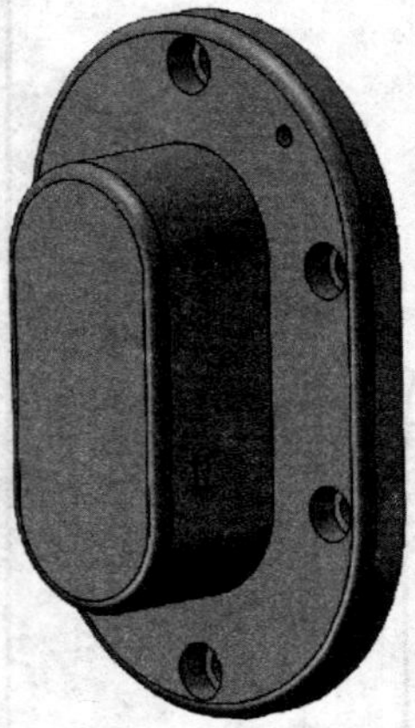

图 11－52　泵盖轴测图

（2）安装板部分：从主视图和左视图可知，泵盖与泵体连接部分采用了 10mm 厚的半圆形板，与齿轮泵体的形状一致，连接孔采用沉孔用以安装圆柱头内六角螺钉；两个销孔用于安装定位销，以保持齿轮泵盖与泵体安装后的稳定、可靠。

泵盖的结构如图 11－52 所示。

4. 分析尺寸和技术要求

分析零件的尺寸时，要先找出长、宽、高三个方向的尺寸基准，然后按形体分析法找到定形、定位尺寸，进一步了解零件的形状特征，了解高精度尺寸的要求和作用。从主视图可知，长度方向的基准是安装板的右端面；从左视图可知，宽度方向的基准是泵盖的基本对称面；从主视图还可看出，高度方向的基准是上、下的基本对称面。

对技术要求进行分析时，不仅要对各项目进行单独分析，还要分析它们之间的联系。应了解零件制造、加工时的一些特殊要求。

## 第八节　零件的测绘

测绘就是根据已有的零件画出零件图。在测绘过程中首先画零件草图，对草图标注尺寸界线和尺寸线，再对零件的尺寸进行测量；然后整理画出正式的零件图。画好零件草图的条件是掌握徒手画图的技能，掌握画零件图的方法和步骤，掌握正确的测量方法，能正确使用测量工具。

### 一、常用零件测量工具

测量零件尺寸时，由于零件的复杂程度和精度要求不同，需要使用多种不同的测量工具和仪器，才能比较准确地确定零件上各部分的尺寸。这里仅介绍几种常见的测量工具——直尺、内卡钳、外卡钳、游标卡尺等，如图 11－53 所示。

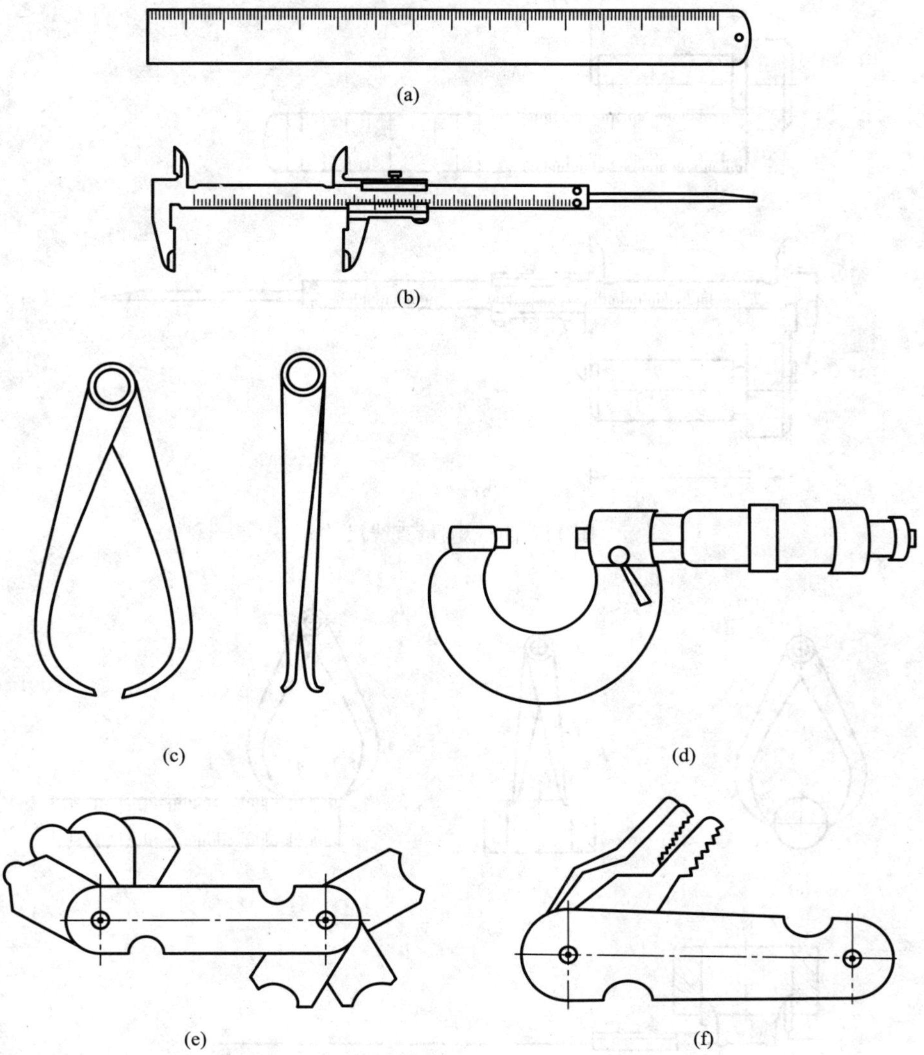


图 11－53　常用测量工具

(a) 直尺；(b) 游标卡尺；(c) 内、外卡钳；(d) 千分尺；(e) 圆角规；(f) 螺纹规

## 二、测量尺寸的方法

1. 测量直线尺寸

对于直线尺寸，通常用直尺或游标卡尺直接量取，如图 11－54 所示。

2. 测量回转体的直径

外卡钳主要用于测量回转体的外径，图 11－55 (a) 所示为用外卡钳测量外径，量取后在直尺上读取数据，如图 11－55 (c) 所示。内卡钳主要用于测量孔的直径，图 11－55 (b) 所示为用内卡钳测量孔的直径，同图 11－55 (c) 一样量取后在直尺上读取数据。内、外卡钳的测量精度较低，测量人对测量精度影响较大。

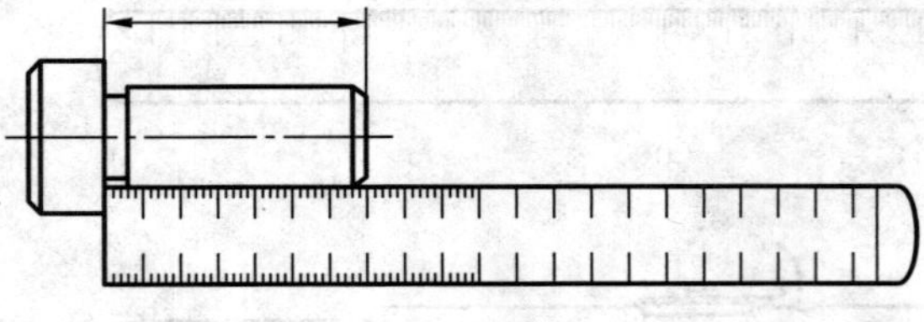

(a)

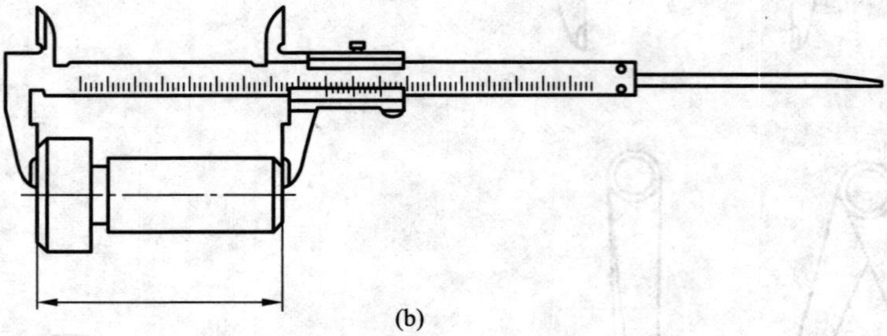

(b)

图 11－54　测量直线尺寸

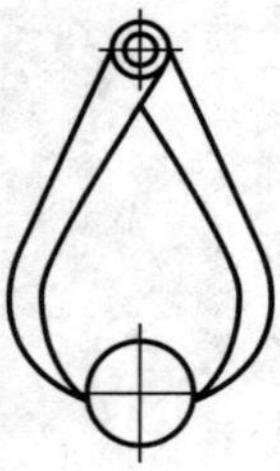

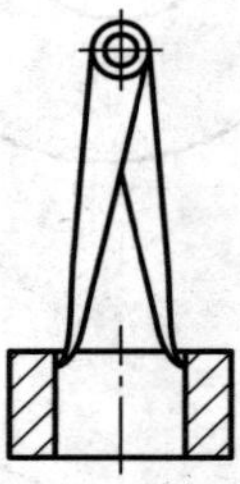

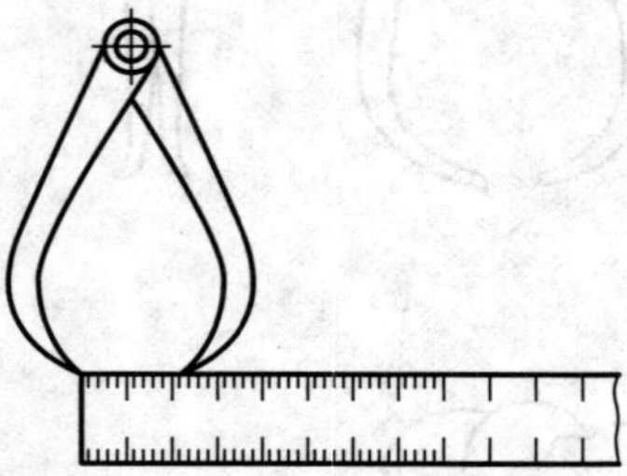

(a)　(b)　(c)

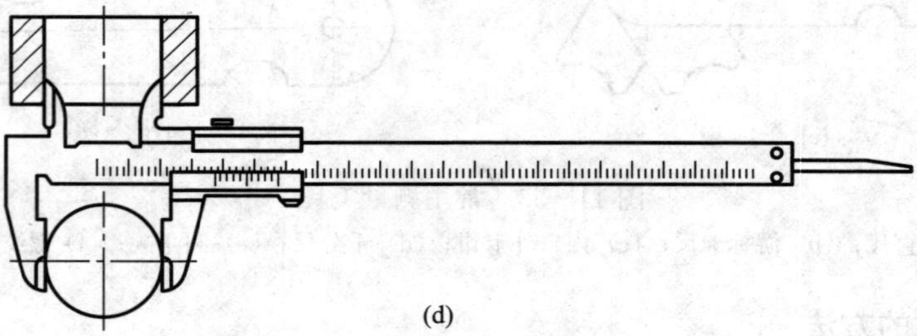

(d)

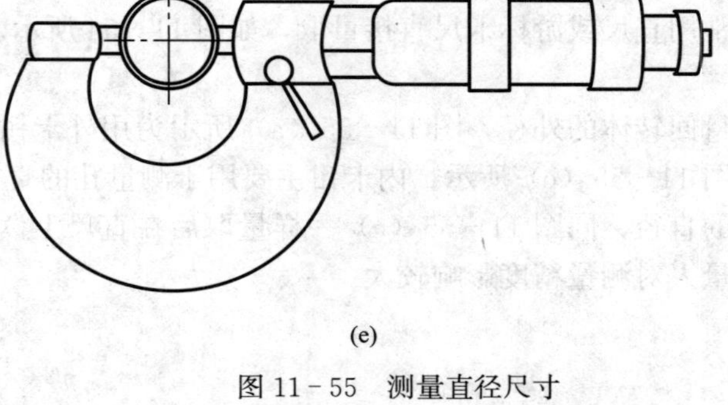

(e)

图 11－55　测量直径尺寸

用游标卡尺可以直接测量外径和内径的数值，并可利用尺背面的移动杆测量出深度尺寸。游标卡尺测量精度为 0.02mm，测量人对测量精度有一定的影响，如图 11－55（d）所示。

用千分尺可以直接测量外径和内径的数值，测量精度较高，但不同品牌测量精度有差异，测量人对测量精度没有影响，如图 11－55（e）所示。

3. 测量壁厚

如果被测零件的壁厚可以直接量取，采用直尺或游标卡尺测量；如果不能直接量取，可采用直尺与外卡钳配合测量，如图 11－56 所示。

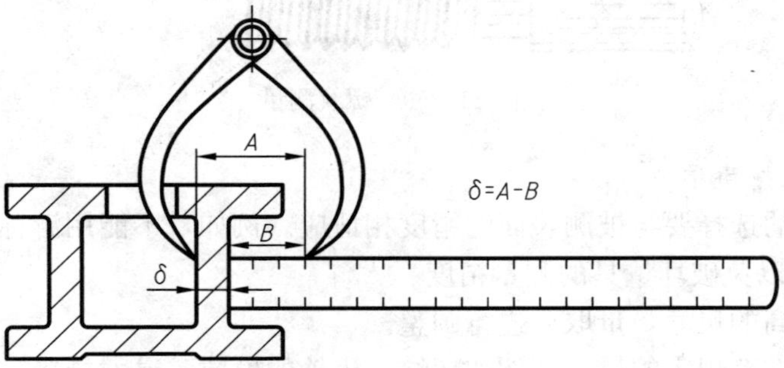


图 11－56　壁厚测量

4. 测量中心距和中心高

可以利用直尺和内、外卡钳或游标卡尺测量孔的中心高，如图 11－57 所示。

可以利用内、外卡钳或游标卡尺测量中心距，如图 11－58 所示。

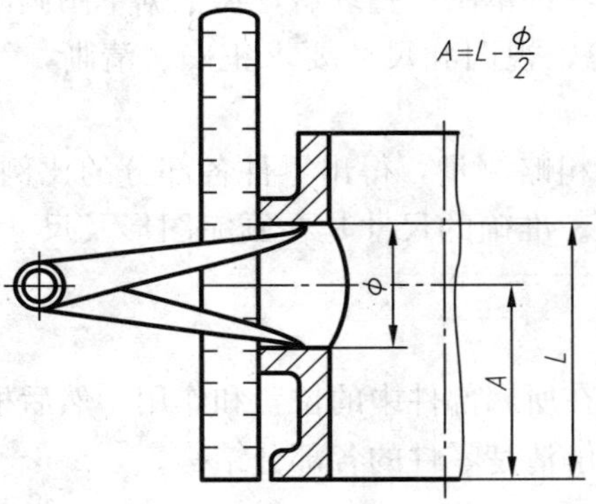


图 11－57　测量中心高

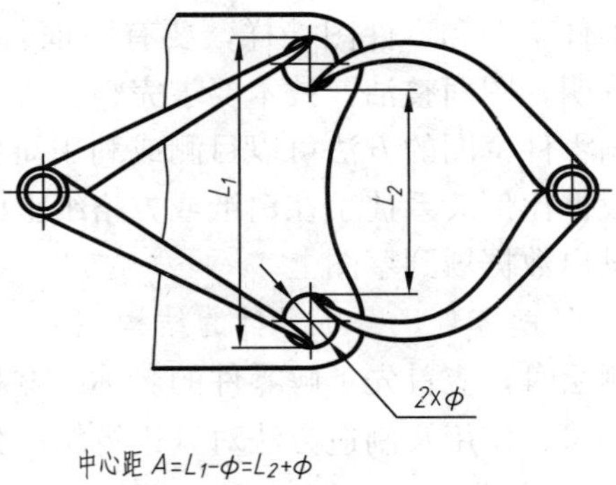


图 11－58　测量中心距

5. 测量圆角

测量圆角可以使用圆角规。测量规由多片组成，一半测量内圆角，另一半测量外圆角，每一片有圆角半径的标识，如图 11－53（e）所示。测量时找出与被测零件相吻合的样板，可得知被测圆角的半径。

6. 测量螺纹

测量螺纹时需要测出螺纹的直径和螺距的大小。对外螺纹需要测量大径和螺距；对内螺纹需要测量小径和螺距。螺距测量时使用螺纹规测量，螺纹规由一组带螺纹牙型的钢片组成，如图 11－53（f）所示。测量时先在螺纹规上找出与被测螺蚊牙型完全吻合的测片，从该片的标记可得知被测螺距的大小；再将测得的螺距和内径或外径数值与螺纹标准对照，得到符合标准要求的螺纹参数，如图 11－59 所示。

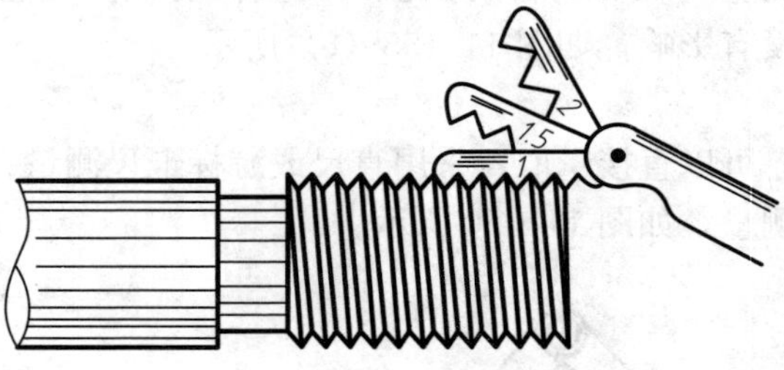


图 11－59　螺纹测量

7. 测量时的注意事项

（1）测量工具的选择要与被测表面的精度相适应。例如，不能用游标卡尺、千分尺等仪器测量毛坯表面，以免破坏量具的测量精度。

（2）对要求不高的尺寸，量取后进行圆整。

（3）对国家标准有规定的尺寸，例如螺纹、齿轮的模数、退刀槽等，测量后应根据测量数值与国家标准校对后选取。

（4）为提高测量效率，测量前应将相关的零件草图画好并集中，测量一个尺寸后，对有关联的零件统一标注，高效的同时避免差错。

**三、零件测绘的方法和步骤**

测绘时受时间和工作场地的限制，一般应先画零件草图，整理后，再根据草图画出零件图。零件草图和零件图一样，要有图框、标题栏等，视图和尺寸要求正确、清晰，线型准确、分明，图面整洁，技术要求完整。

画零件草图的方法可以目测或利用简单的工具粗略测量，得出零件各部分的比例关系；然后根据比例关系徒手在白纸或方格纸上画出草图。准确的尺寸是在画完图形及尺寸线后，再测量出数据填到草图上。

1. 了解零件，分析零件的结构

测绘时，应首先了解零件的名称、材料及零件在所属部件中的位置和作用，然后根据零件的形状、作用及制造方法对其进行结构分析，了解清楚零件的各部分结构。

2. 确定表达方案

根据对零件的了解和分析，确定零件的摆放位置和投射方向得到主视图，然后根据完整、清晰表达零件的要求，选用其他视图。

3. 绘制零件草图

（1）定出各视图的位置，画出各视图的对称线、中心线和基准线。

（2）采用一定的表达方法，完整、清晰地画出零件的内外结构形状。

（3）确定尺寸基准，绘制出全部尺寸界限、尺寸线，标注箭头；检查校对后，加深所有轮廓线。

（4）逐个测量、标注尺寸，标注拟订的技术要求。

(5) 填写标题栏，全面检查并修正草图中的错误。

4. 画零件图

草图画好后整理成零件图。草图的表达方案不一定是最佳表达方案，在画零件图时必须对草图的表达方案进行调整、综合，在画零件图时应使零件图的视图数量适当，每个视图都有表达重点，各视图相互补充。

# 第十二章　装　配　图

一台机器或一个部件都是由若干个零件按一定的装配关系和技术要求装配而成，表达机器或部件的图样称为装配图。在对机器进行设计、装配、调整、检验和维修时都需要装配图，因此装配图必须清晰、准确地表达出机器或部件的工作原理、性能要求、各组成零件间的装配关系、连接关系和关键零件的主要结构、形状，明确表达出装配、检验及安装时的技术要求。

对一般机器而言，根据总装配体结构将其划分为若干单元，每一个单元称为一个部件，因此装配图可分为机器总装配图和部件装配图。用于表示一个部件（或单元）的装配图称为部件装配图，用于表示一台完整机器的装配图称为总装配图。在进行产品设计时，一般先画出装配草图，然后根据装配草图绘制出零件图，最后根据零件图画出正式装配图。

## 第一节　装配图的内容

下面以图 12－1 所示的卧式柱塞泵为例，说明装配图的具体内容如下（见图 12－2）。

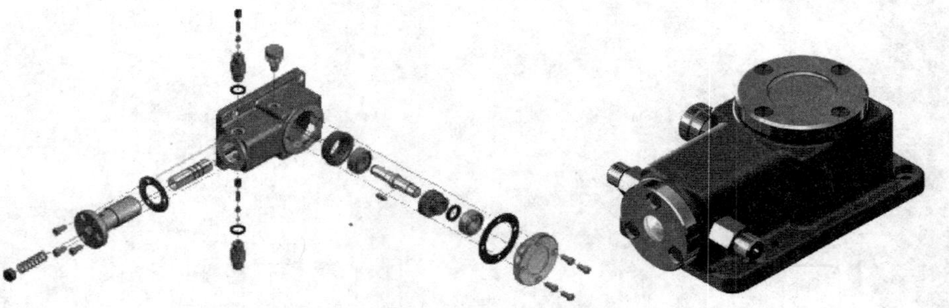

图 12－1　卧式柱塞泵示意图

（1）一组视图。选择一组视图并用恰当的表达方法，表达出部件（机器）的工作原理、性能、零件之间的装配关系和连接方法，零件的主要结构形状。

（2）必要的尺寸。根据装配、调整、检验、使用和维修的要求，在部件（机器）装配图中，一般应注出反映部件（机器）的性能、规格、零件之间的配合和相互之间位置的尺寸，以及总体尺寸和安装时所需要的尺寸。

（3）技术要求。用文字或符号注写出部件（机器）在装配、检验、调整、使用等方面的要求。

（4）标题栏、序号和明细栏。根据生产组织和管理工作的需要，按一定的格式，将零、部件进行编号，在明细栏中填写各零件的编号、名称、材料、数量、规格等，并填写标题栏。

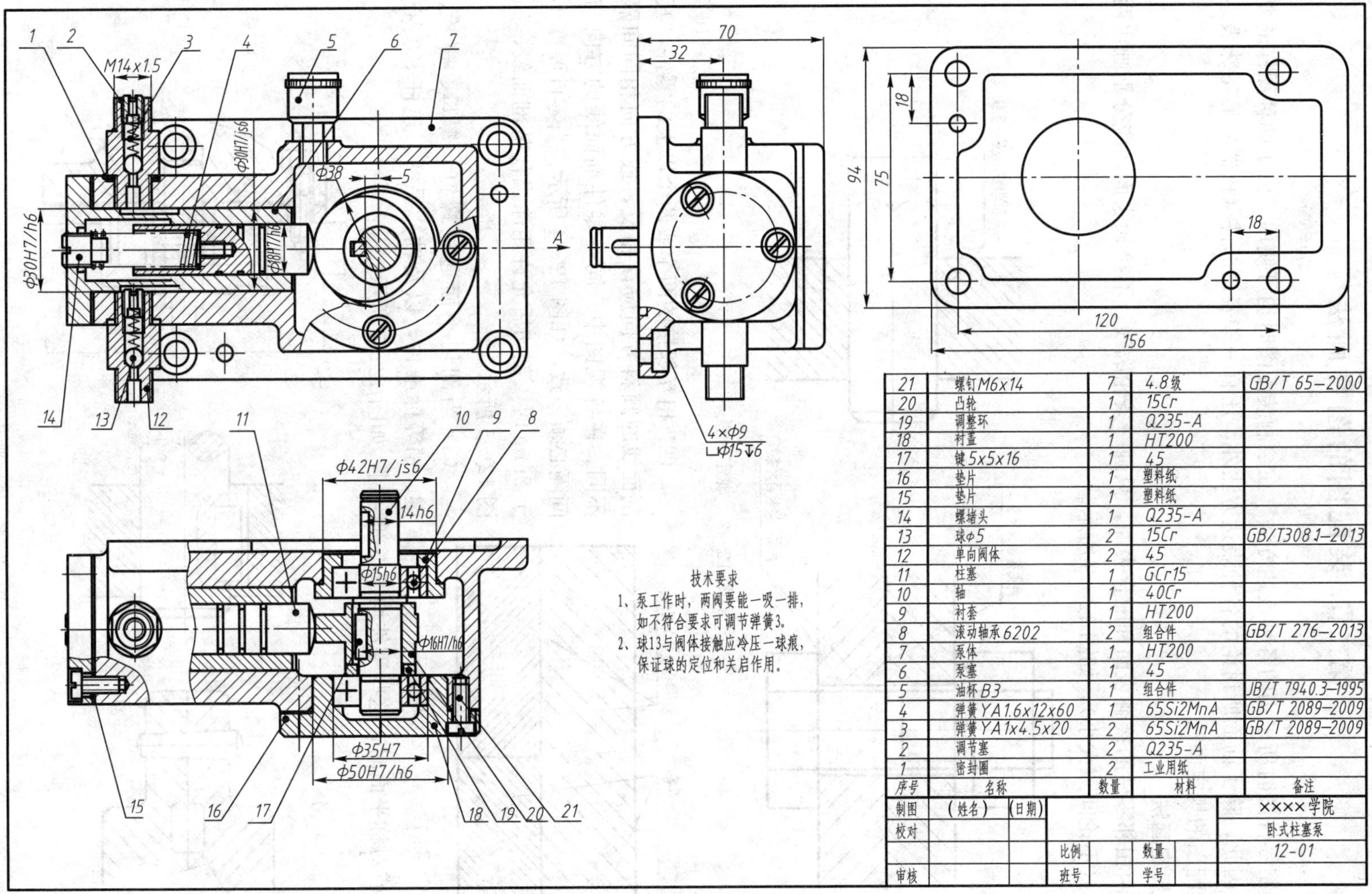


| 序号 | 名称 | 数量 | 材料 | 备注 |
|---|---|---|---|---|
| 21 | 螺钉M6x14 | 7 | 4.8级 | GB/T 65—2000 |
| 20 | 凸轮 | 1 | 15Cr | |
| 19 | 调整环 | 1 | Q235-A | |
| 18 | 衬盖 | 1 | HT200 | |
| 17 | 键 5x5x16 | 1 | 45 | |
| 16 | 垫片 | 1 | 塑料纸 | |
| 15 | 垫片 | 1 | 塑料纸 | |
| 14 | 螺堵头 | 1 | Q235-A | |
| 13 | 球φ5 | 2 | 15Cr | GB/T308.1—2013 |
| 12 | 单向阀体 | 2 | 45 | |
| 11 | 柱塞 | 1 | GCr15 | |
| 10 | 轴 | 1 | 40Cr | |
| 9 | 衬套 | 1 | HT200 | |
| 8 | 滚动轴承6202 | 2 | 组合件 | GB/T 276—2013 |
| 7 | 泵体 | 1 | HT200 | |
| 6 | 泵塞 | 1 | 45 | |
| 5 | 油杯 B3 | 1 | 组合件 | JB/T 7940.3—1995 |
| 4 | 弹簧 YA1.6x12x60 | 1 | 65Si2MnA | GB/T 2089—2009 |
| 3 | 弹簧 YA1x4.5x20 | 2 | 65Si2MnA | GB/T 2089—2009 |
| 2 | 调节塞 | 2 | Q235-A | |
| 1 | 密封圈 | 2 | 工业用纸 | |

| | | | | | | | |
|---|---|---|---|---|---|---|---|
| 制图 | （姓名） | （日期） | | | | | ××××学院 |
| 校对 | | | | | | | 卧式柱塞泵 |
| | | | 比例 | | 数量 | | 12-01 |
| 审核 | | | 班号 | | 学号 | | |

图 12－2 卧式柱塞泵装配图

## 第二节　装配图的图样画法

在绘制零件图时所采用的各种表达方法，在绘制装配图时均可使用。由于两种图样的要求不同，因此，除了前面所讨论的各种表达方法外，还有一些表达部件（机器）的特殊表达方法和装配图的规定画法。

**一、规定画法**

（1）两相邻零件的接触表面和配合表面，只画一条轮廓线；不接触表面，应分别画出两条轮廓线（不论间隙大小），如图 12-3 所示。

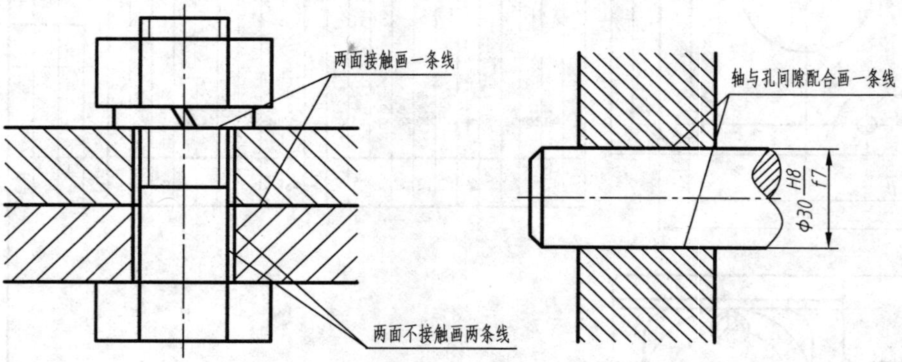


图 12-3　规定画法一

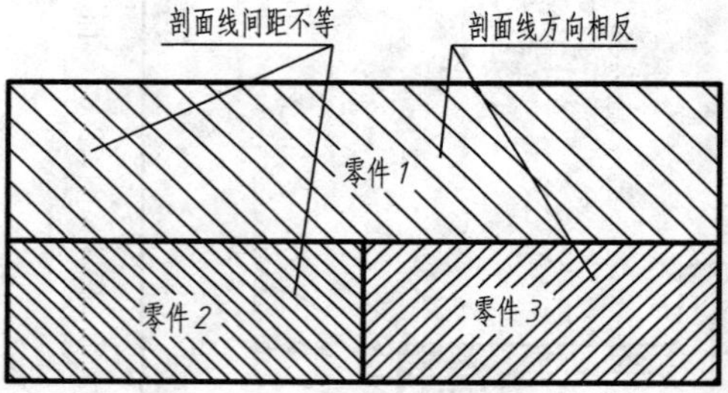


图 12-4　规定画法二

（2）相互邻接的两个或两个以上的零件，其剖面线的倾斜方向应该相反，或方向相同间隔不同。在各视图中，同一零件剖面线的方向与间隔必须一致，如图 12-4 所示。当零件厚度小于 2mm 时，剖切后允许用涂黑代替剖面线，如图 12-5 所示。

（3）当剖切平面通过螺钉、螺母、螺栓、键、销等标准件，以及轴、手柄、连杆等实心件的轴线或对称平面时，这些零件均按不剖绘制，如图 12-5 所示。

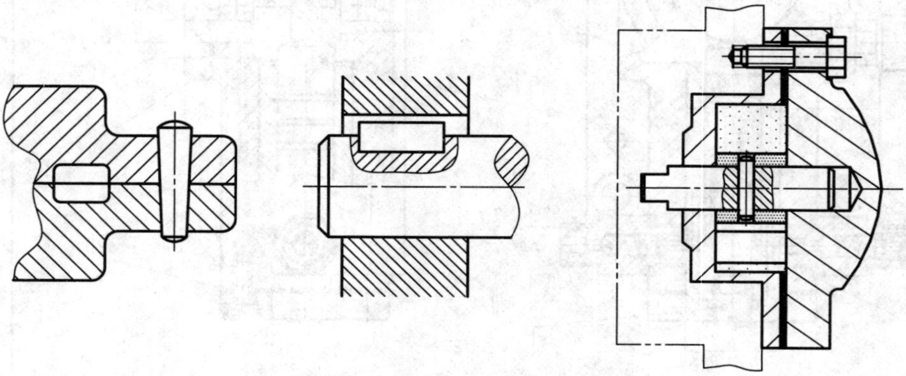

图 12-5　规定画法三

## 二、特殊画法

1. 沿零件接合面剖切

为了表达部件的内部结构或被某些零件遮挡的部分结构，可假想沿着两个零件的结合面进行剖切。沿零件结合面剖切时，零件的结合面不画剖面线，其他被剖切的零件则要画剖面线。图 12－6 所示滑动轴承的俯视图是假想用剖切平面沿轴承盖和轴承底座的空隙及上、下轴衬的接触面作剖切，形成的半剖视图。

2. 拆卸画法

有时为了在某个视图上把装配关系或某个零件的形状表达清楚，或为了简化图形，可将某些零件在该视图上拆去不画，但要在视图的上方注写清楚。拆卸画法只能用于所要拆卸零件的结构、位置在其他视图中已经表达清楚的情况，所拆零件多为标准件、常用件或形状简单的零件。采用拆卸画法时，要坚持拆卸后能更清楚表达机器（或部件）的装配关系或主要零件结构。拆卸某一个零件时要考虑到零件之间的连接关系，需要先拆去的零件要一起标注，如图 12－7 所示。

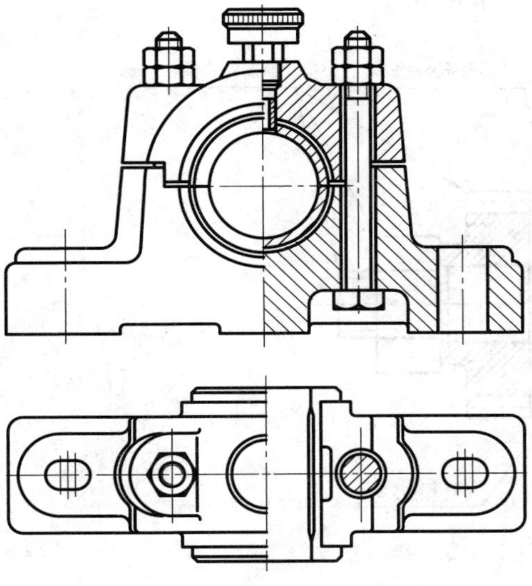

图 12－6　沿接合面剖切

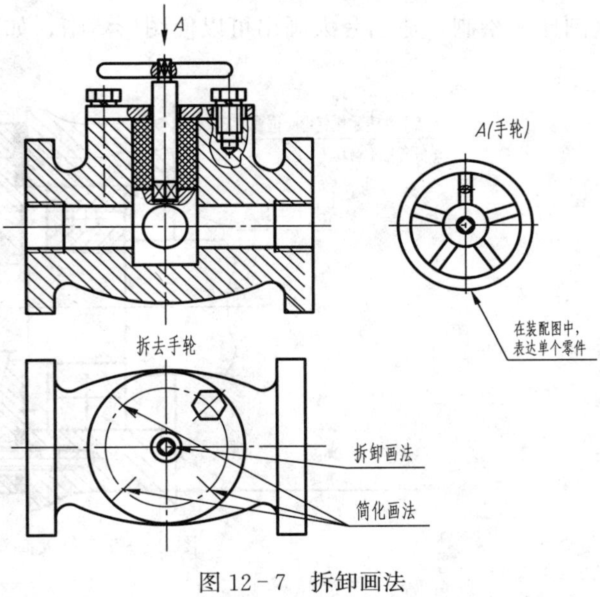


图 12－7　拆卸画法

3. 单独表示某个零件

在装配图中，当某一零件的结构未表达清楚并影响部件工作原理、装配关系，或某主要零件的主要结构在已有的视图中没有得到清楚表达时，可单独画出该零件的视图。单独表达某一个零件时，需要在所画视图上方标注字母，在相应视图的附近用箭头指明投射方向，标注相应字母，如图 12－7 所示。

4. 假想画法

在装配图中当需要表示某些零件的运动范围或极限位置时，可用细双点画线画出零件的轮廓表示该运动零件的极限位置；当需要表达本部件（机器）与其他零件或部件的关系时，可用细双点画线画出这些与本部件有密切关系的零件或部件，如图 12－8 所示。

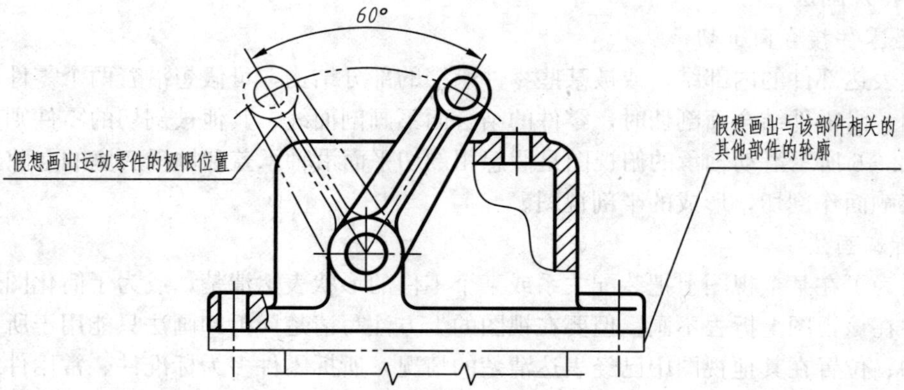


图 12-8　假想画法

5. 夸大画法

在装配图中，对薄片零件、细丝弹簧、较小间隙及较小的斜度、锥度等，允许不按原绘图比例绘制，适当夸大画出可以使图形清晰，如图 12-9 所示。

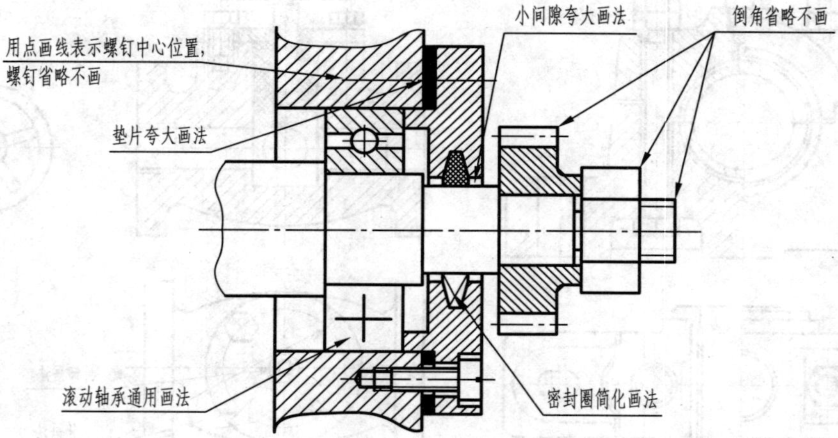


图 12-9　夸大画法与简化画法

6. 展开画法

画传动系统装配图是为了表达不同平面内相互平行的轴系零件、轴与轴之间的传动关系，常按传动顺序在多个轴心处用相交的剖切平面进行剖切，然后将所得剖面按剖切顺序依次将轴线展开在同一平面内画出，这种表达方法为展开画法，如图 12-10 所示。

7. 简化画法

(1) 在装配图中，对零件的工艺结构，如圆角、倒角、退刀槽等可省略不画。

(2) 对于装配图中若干相同零件组，如螺栓连接组件等，可详细地画出一组或几组，其余仅以细点画线表示其中心位置。

(3) 滚动轴承在装配图中可以一半画成剖视图表示具体结构，另一半用简化画法，如图 12-9 所示。

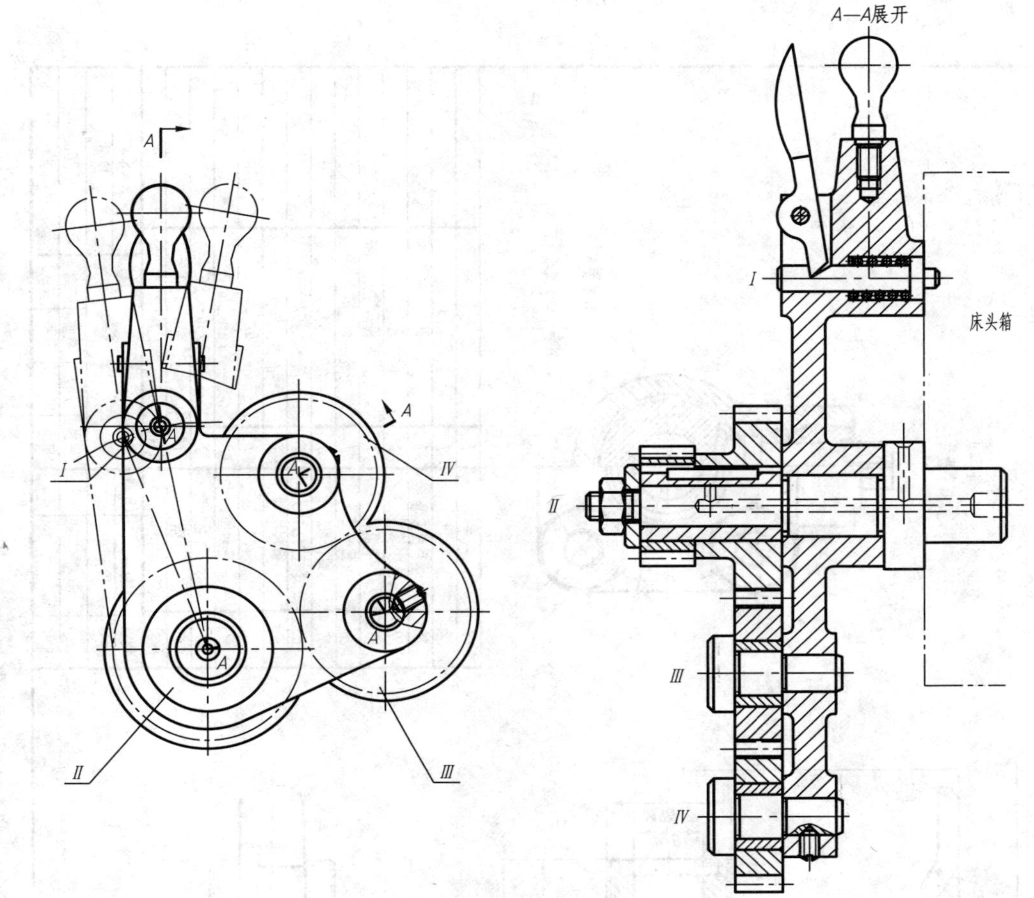


图 12-10 展开画法

## 第三节 装配图的尺寸标注和技术要求

### 一、装配图的尺寸标注

装配图主要用于机器或部件装配、调试、维修。装配图中标注尺寸是为了说明部件的性能、工作原理、装配关系和装配时的安装要求，只需要标注必要的尺寸。一般装配图上应标注下列几类尺寸：

(1) 性能（规格）尺寸。性能（规格）尺寸是表示机器或部件性能和规格的尺寸，这些尺寸在设计时就已确定。如图 12-11 中齿轮油泵的公称直径 $\phi$20。

(2) 装配尺寸。装配尺寸表示零件之间装配关系的尺寸，如配合尺寸和重要的相对位置尺寸。如图 12-11 中 $\phi$14H11/d11、$\phi$18H11/d11、$\phi$50H11/d11。

(3) 外形尺寸。外形尺寸是表示机器或部件外形轮廓的尺寸，即总长、总宽、总高，可以反映机器或部件包装、运输、安装、工作时所需的面积和空间。如图 12-11 中 115±1.10、75 和 121.5。

(4) 安装尺寸。机器或部件安装到基座上所需要的尺寸，就是安装尺寸。如图 12-11 中左、右两端连接用的螺纹 M36×2 等。

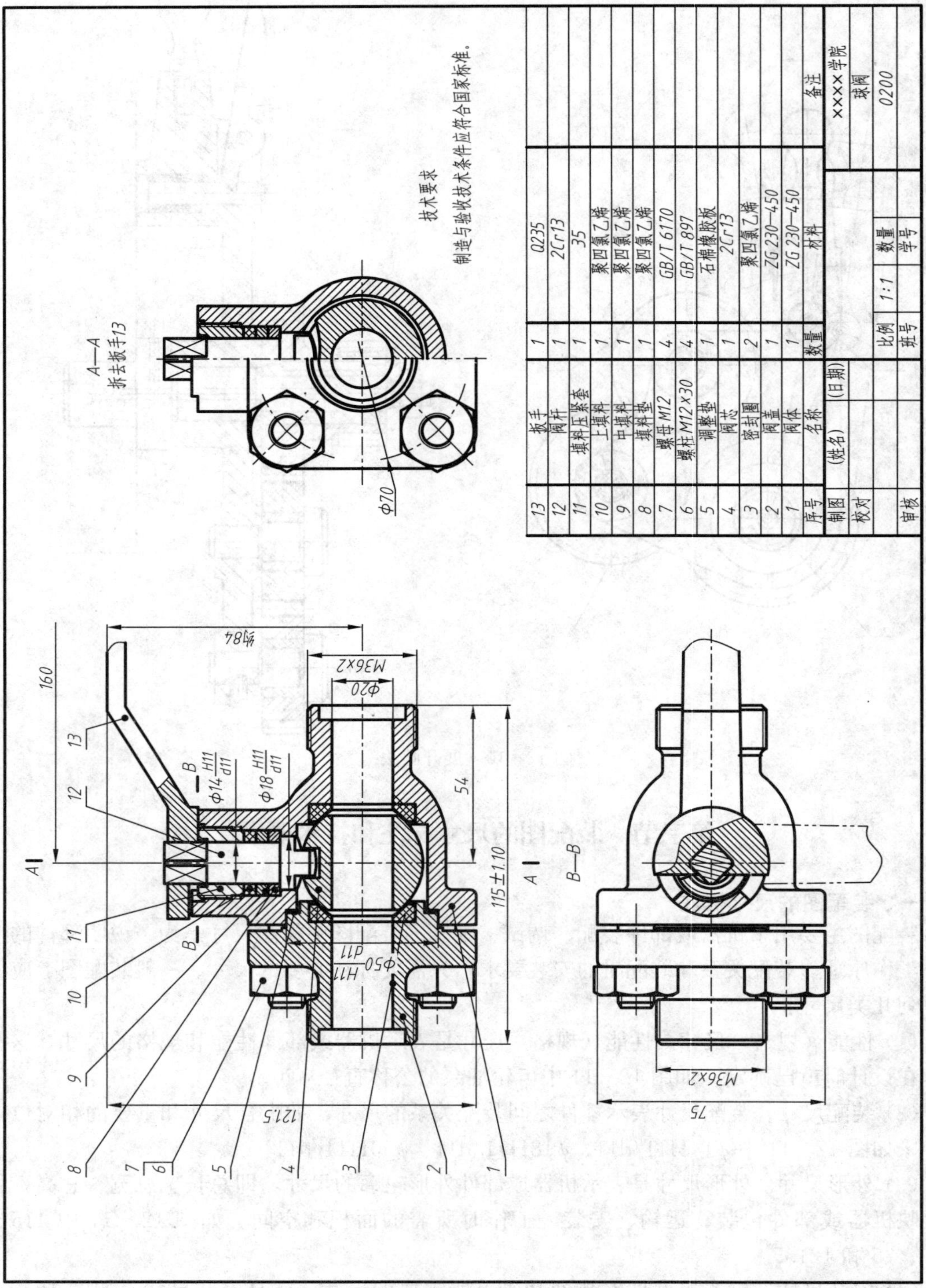


| 序号 | 名称 | 数量 | 材料 | 备注 |
|---|---|---|---|---|
| 13 | 扳手 | 1 | Q235 | |
| 12 | 阀杆 | 1 | 2Cr13 | |
| 11 | 填料压紧套 | 1 | 35 | |
| 10 | 上填料 | 1 | 聚四氟乙烯 | |
| 9 | 中填料 | 1 | 聚四氟乙烯 | |
| 8 | 填料垫 | 1 | 聚四氟乙烯 | |
| 7 | 螺母 M12 | 4 | GB/T 6170 | |
| 6 | 螺柱 M12×30 | 4 | GB/T 897 | |
| 5 | 调整垫 | 1 | 石棉橡胶板 | |
| 4 | 阀芯 | 1 | 2Cr13 | |
| 3 | 密封圈 | 2 | 聚四氟乙烯 | |
| 2 | 阀盖 | 1 | ZG 230—450 | |
| 1 | 阀体 | 1 | ZG 230—450 | |

| | | | | | |
|---|---|---|---|---|---|
| 制图 | （姓名） | （日期） | | | ××××学院 |
| 校对 | | | | | 球阀 |
| 审核 | | | 比例 1:1 | 数量 | 0200 |
| | | | 班号 | 学号 | |

图 12－11 球阀装配图

(5) 其他重要尺寸。它是在设计中经过计算确定或选定的尺寸，未包括在上述尺寸中。这种尺寸在拆画零件图时，不能改变。

**二、装配图的技术要求**

技术要求是对机器或部件装配、检验、安装和使用时所必须达到的技术指标、性能指标及外观等方面的要求。技术要求一般注写在右下角或图纸空白处。装配图的技术要求涉及相关专业知识，需要继续学习后续知识，目前可参考同类产品进行编制。

## 第四节　装配图的零、部件序号和明细栏

为了便于生产和管理，在装配图中需对每个零件或部件进行编号，并在标题栏上方画出明细栏，填写零件的编号、名称、材料、数量等有关内容。

**一、零、部件序号**

1. 零件编号原则

装配图中每种零件或部件要分别编上序号。相同零件只能有一个编号，数量写在明细栏中；滚动轴承、油封等标准部件只需一个编号。

2. 序号的表达

(1) 序号应注在需编号零、部件的轮廓线外，并填写在指引线的横线上或圆内，指引线、横线或圆用细实线画出。指引线应从所指零件的可见轮廓内引出，并在末端画一圆点，如图 12－12 (a) 所示。序号字体要比尺寸数字大一号或两号，如图 12－12 (b) 所示，也允许采用图 12－12 (c)。若所指部分是很薄的零件或涂黑的剖面不便画圆点时，可在指引线的末端画出箭头指向该部分的轮廓，见图 12－13。

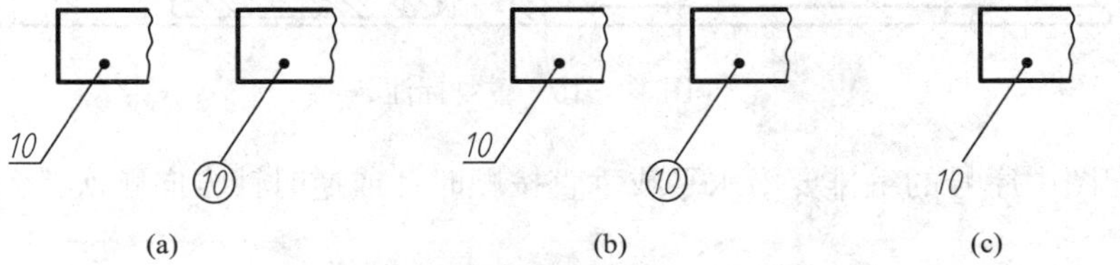


图 12－12　零件的编号形式

(2) 指引线不能相交。指引线通过有剖面线的区域时，不能与剖面线平行（见图 12－13)，必要时可画成折线，但只可曲折一次，如图 12－14 所示。

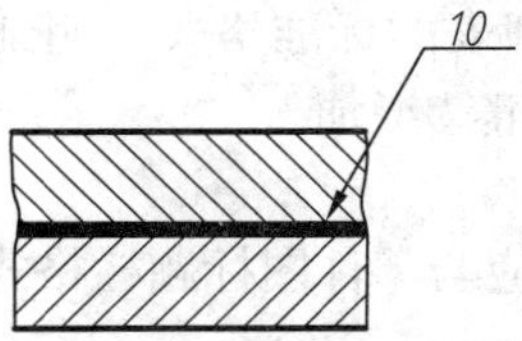


图 12－13　零件的特殊编号形式

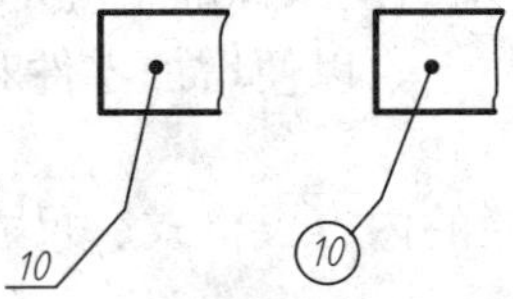


图 12－14　指引线的允许形式

(3) 一组紧固件或装配关系清楚的零件组，可以采用公共指引线，序号标注的形式见图 12－15。对同一装配图，标注序号的形式应一致。

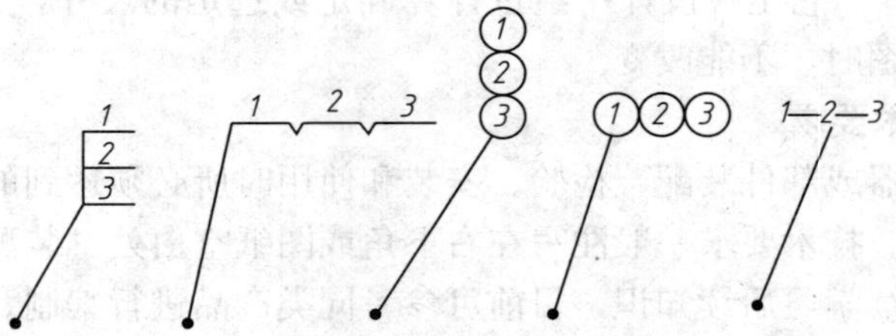


图 12-15　公共指引线的编注形式

（4）相同的零、部件用同一个序号，而且一般只标注一次，当这些相同的零、部件在同一张图样上多处出现，如有必要，也可用同一个序号在各处重复标注，如图 12-16 所示。

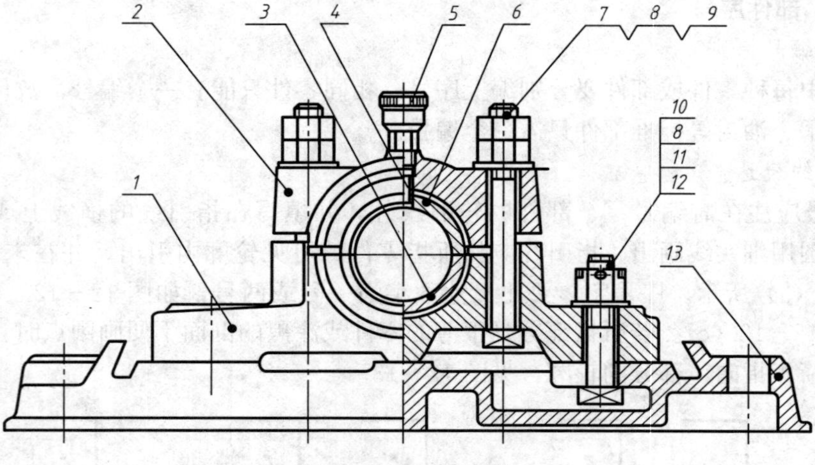


图 12-16　重复标注

（5）装配图中序号的编排要沿水平或垂直按顺时针或逆时针方向顺次排列，如图 12-16 所示。

**二、零件明细栏**

装配图的明细栏画在标题栏上方，假如地方不够，可在标题栏的左方继续填写。明细栏的内容一般包括序号（或零件编号）、名称、数量、材料、备注等。图 12-17 所示可供学习时使用。

图 12-18 所示为国家标准中规定的标题栏与明细表的标准格式。明细栏中，零件序号编写顺序是从下往上，以便增加零件时，明细栏可以继续增加。

**三、标题栏**

装配图标题栏的内容、格式、尺寸等已标准化，应与零件图标题栏格式一致（取消材料一栏）。

## 第五节　装　配　结　构

为使零件装配成部件（机器）后能达到使用要求并考虑到拆、装方便，对装配结构要求

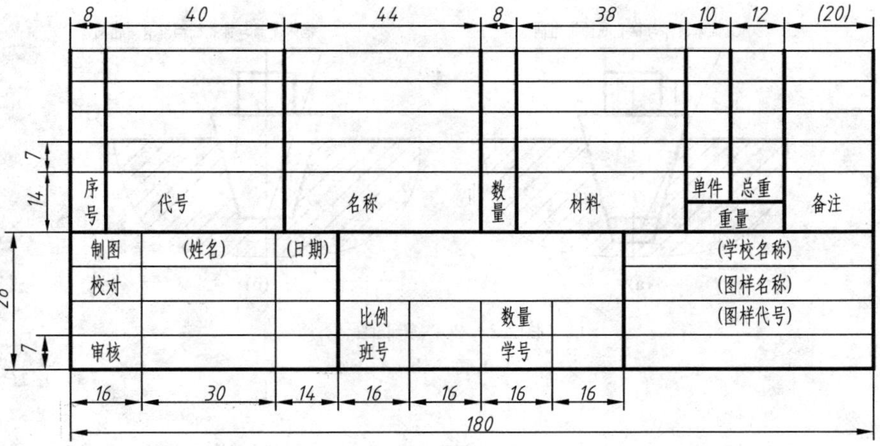


图 12－17 装配图标题栏、明细栏一

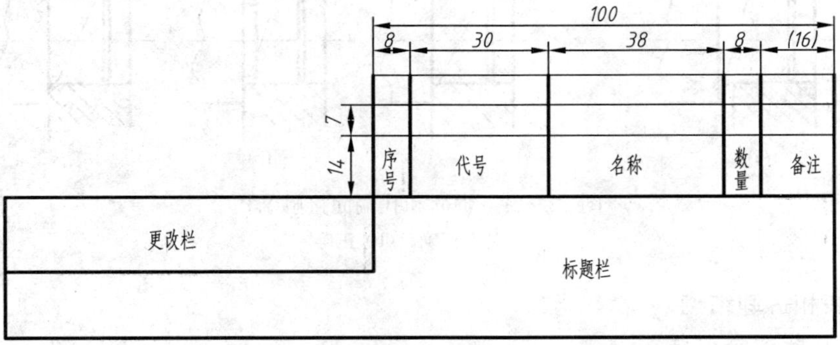


图 12－18 装配图标题栏、明细栏二

有一定的合理性。本节介绍几种常见装配结构。

**一、接触面和配合面的结构**

(1) 两零件在同一个方向上，只能有一个接触面和配合面，见图 12－19。对于锥面配合，锥体顶部与锥孔底部之间必须留有间隙，见图 12－20。

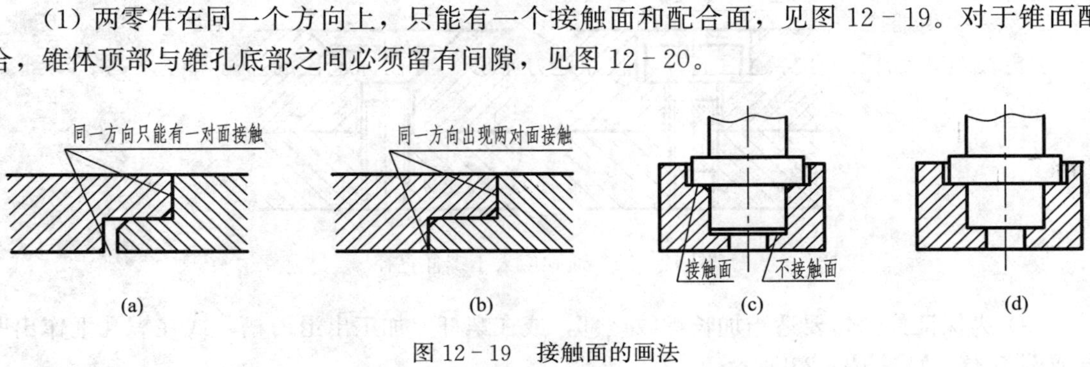


图 12－19 接触面的画法

(a) 正确；(b) 不正确；(c) 正确；(d) 不正确

(2) 为保证轴肩端面和孔端面接触，可在轴肩处加工出退刀槽，或在孔的端面加工出倒角，如图 12－21 所示。

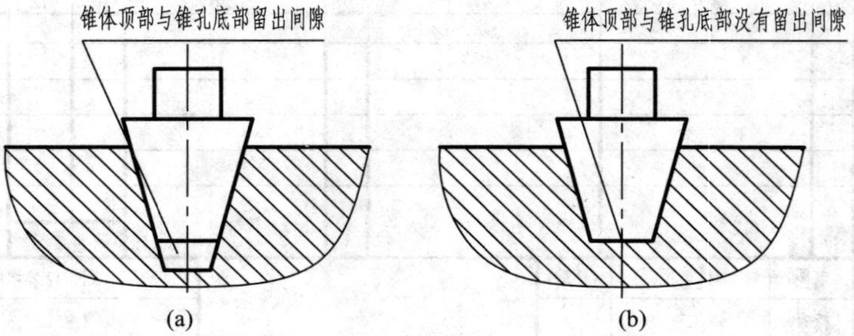


图 12-20　锥面配合
(a) 正确；(b) 不正确

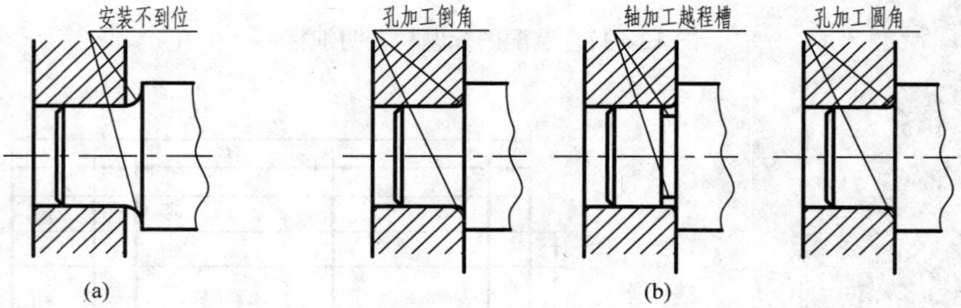


图 12-21　轴肩和孔端面接触结构
(a) 不正确；(b) 正确

**二、安装和拆卸结构**

1. 螺纹连接的合理结构

(1) 被连接件通孔的尺寸应比螺纹大径或螺杆直径稍大，以便装配，如图 12-22 所示。

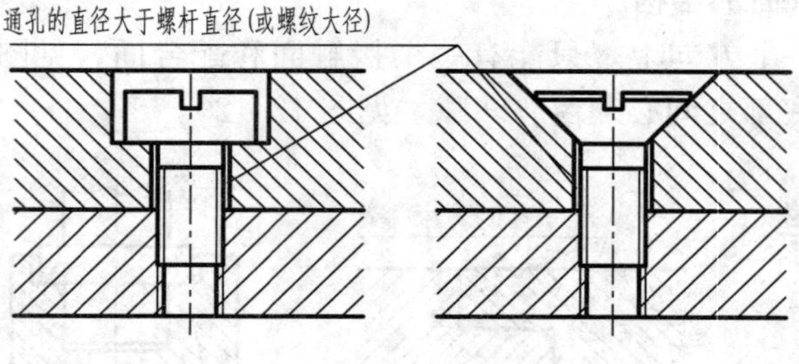


图 12-22　通孔应大于螺杆直径

(2) 为保证拧紧，要适当加长螺纹尾部，或在螺杆上加工出退刀槽，或在螺孔上作出凹坑或倒角等，如图 12-23 所示。

(3) 为了便于拆装，必须留出扳手的活动空间（见图 12-24），装、拆螺钉的空间（见图 12-25、图 12-26）。

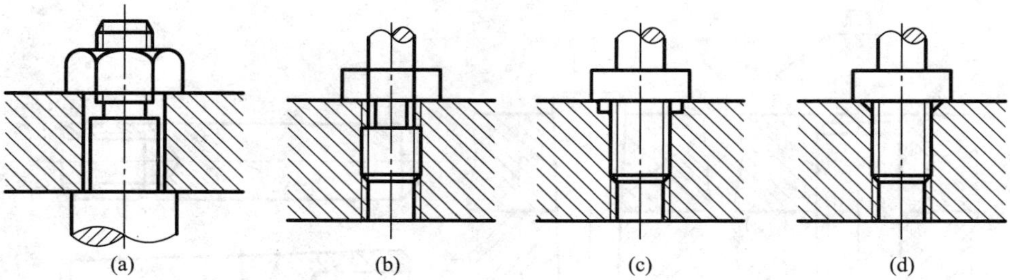


图 12－23　螺纹结构合理连接

(a) 局部加长；(b) 退刀槽；(c) 凹坑；(d) 倒角

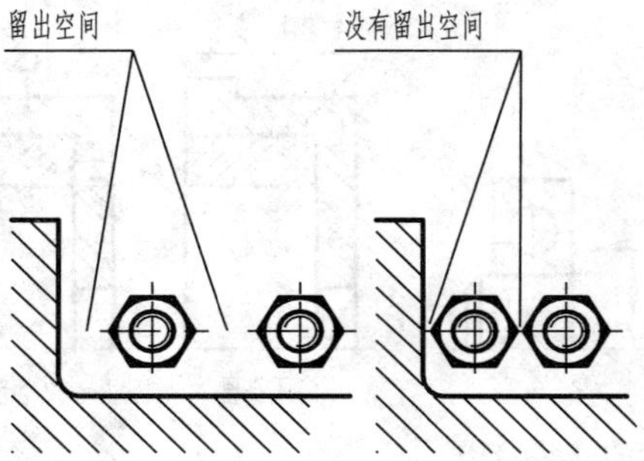


图 12－24　要留出扳手活动空间

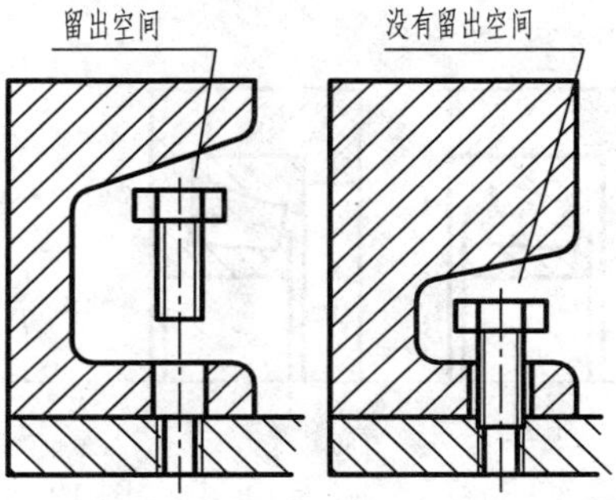


图 12－25　要留出螺钉装、拆空间

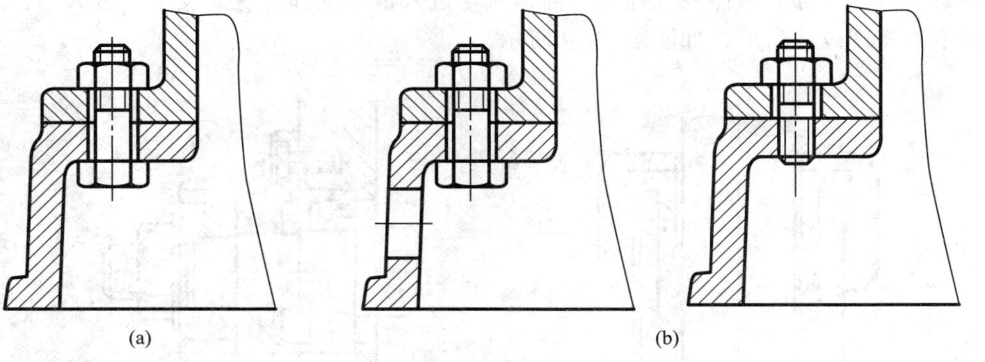


图 12－26　具有可操作空间

(a) 不合理；(b) 合理

2. 定位销

使用销定位时，在可能的情况下应将销孔设计成通孔，以便在拆卸时方便定位销的取出。若结构不允许设计通孔或有其他零件影响定位销的取出时，可采用带内螺孔的定位销，如图 12－27 所示。

3. 滚动轴承

滚动轴承安装时，与外圈结合零件的孔直径及与内圈结合的轴肩直径应取合适的尺寸(查国家相关标准)，便于拆卸，如图 12－28 所示。

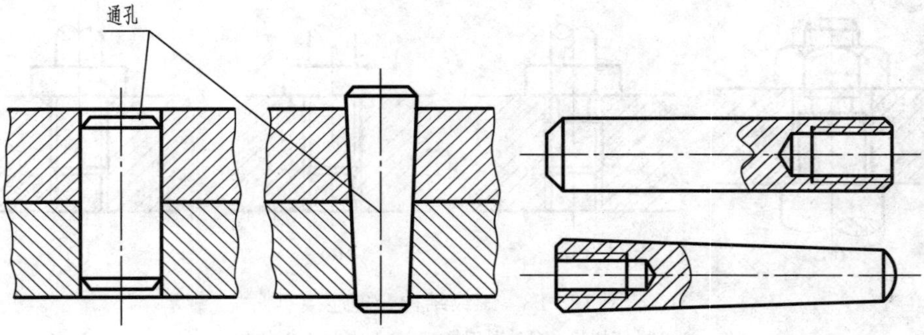


图 12－27　定位销的安装结构

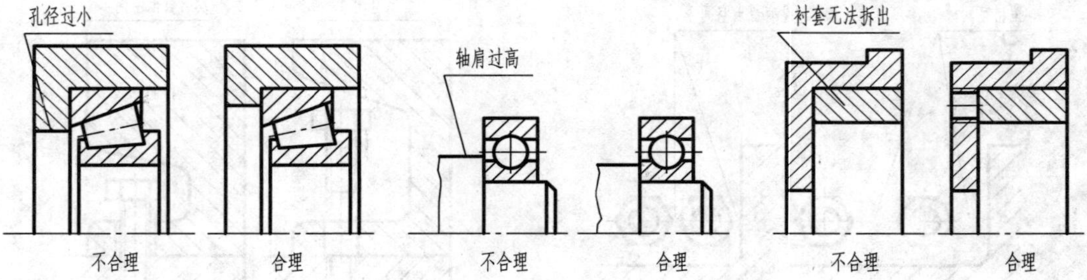


图 12－28　滚动轴承的安装结构

### 三、密封结构

为防止机器内部的液体或气体的渗漏、灰尘进入机器内部等现象发生，常采用密封装置或密封零件实现设计目的，如图 12－29 所示。

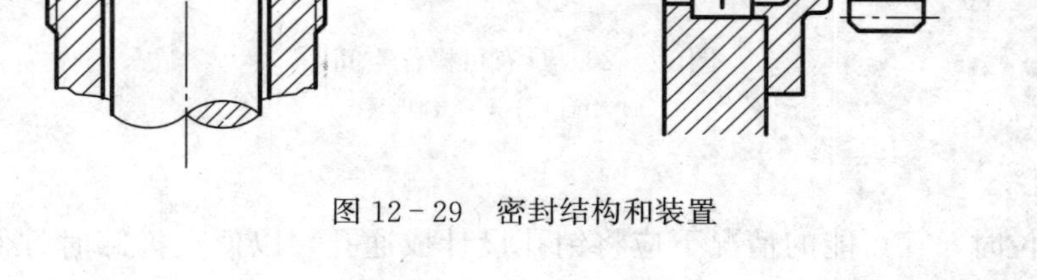

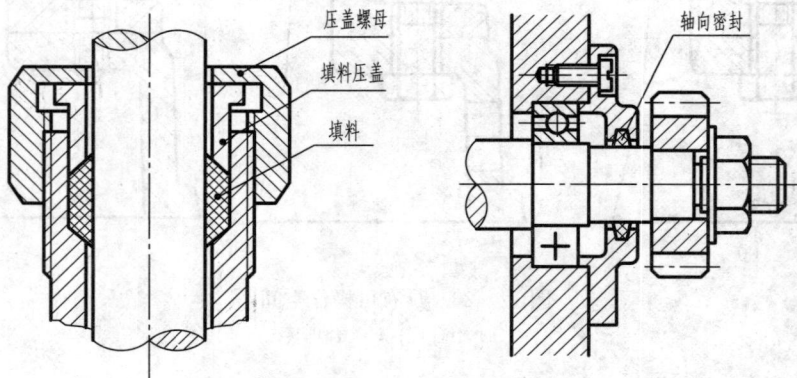

图 12－29　密封结构和装置

## 第六节　部件测绘和装配图画法

### 一、部件测绘

在工程实践中对已有机器或部件进行测绘、整理出装配图和整套零件图的过程称为测绘。测绘过程中首先观察机器或部件的外形、工作情况，然后在拆卸装配体时画出装配示意图、零件草图、装配图，最后由装配图拆画零件图。在新产品设计或对原有机器设备进行维修或技术改造时，有时需要通过测绘来获得它们的装配图和零件图。对工程技术人员来说，掌握部件测绘技巧在工程实践中有较重要的实际意义。

下面以滑动轴承为例，介绍测绘的方法和步骤。

1. 了解、分析测绘对象

实施测绘工作前，查阅相关技术资料（如产品说明书、产品安装调试手册等），全面分析了解机器或部件的工作原理、装配关系、结构特点；观察机器或部件的静态形状、位置特征，慢速转动机器或部件了解动态时机器或部件的运动特征和极限位置状态；对机器或部件进行动态指标测试、关键位置尺寸测量及一些基本分析，以便测绘、生产工作完成后进行对比分析。

(1) 滑动轴承的作用。在滑动摩擦下工作的轴承，用于支撑轴类零件。滑动轴承工作平稳、可靠、无噪声。图 12－30 所示为带轮轴系装配轴测图，两个滑动轴承支撑带轮轴。滑动轴承孔的直径决定了支撑轴颈的尺寸，从而也决定了轴的承载能力。

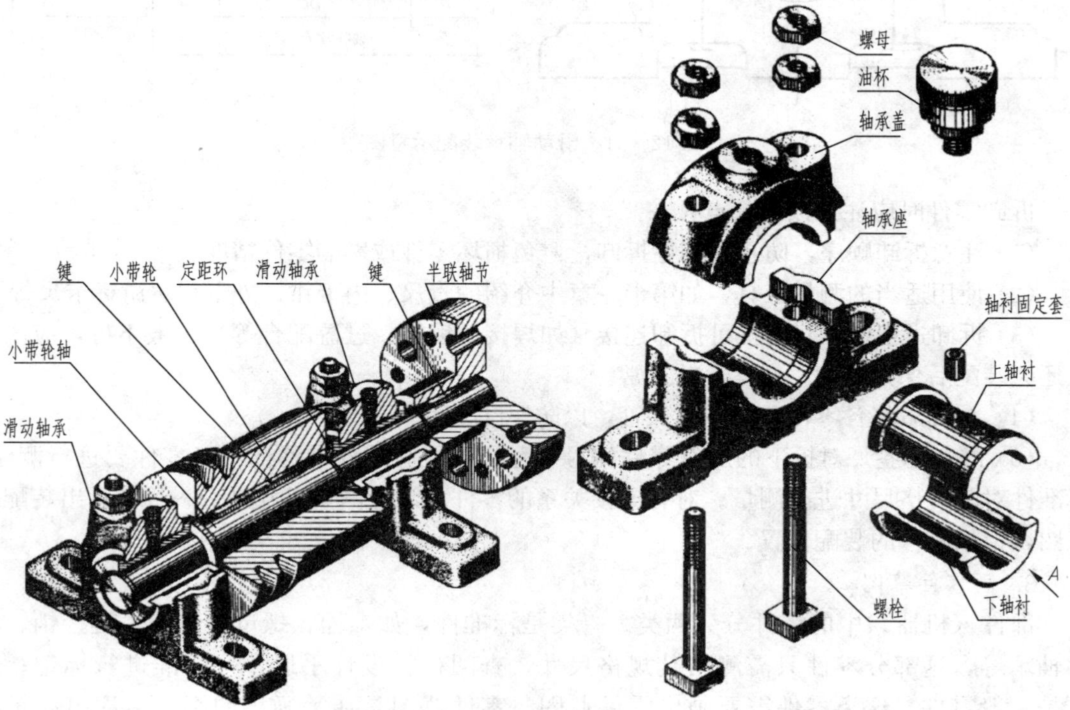


图 12－30　带轮轴系装配轴测图和轴承座轴测图

(2) 滑动轴承组成。滑动轴承由轴承座、轴承盖、上轴衬、下轴衬、螺栓、螺母、油杯和轴衬固定套组成，如图 12－30 所示。其中，螺栓、螺母、垫圈、油杯为标准件；上、下轴衬也可设计成一个零件，上下式设计方便安装和维修，轴衬两端设计有凸缘用来实现轴衬在轴承座和轴承盖内的轴向定位，轴衬固定套限制轴衬圆周方向的转动，轴衬的内孔与轴颈配合、轴衬的外圆与轴承座和轴承盖形成的完整内孔配合。轴承座与轴承盖之间由凸台与凹槽部分（也称为止口）的配合实现定位；用方头螺栓连接，采用双螺母防松结构，达到防止松动的目的；油杯中填充油脂起润滑作用。

2. 拆卸零件、画装配示意图

在了解测绘对象的基础上，为绘制装配图，需要记录零件间的相对位置、工作原理和装配关系，应先画出装配示意图，如图 12 - 31 所示。

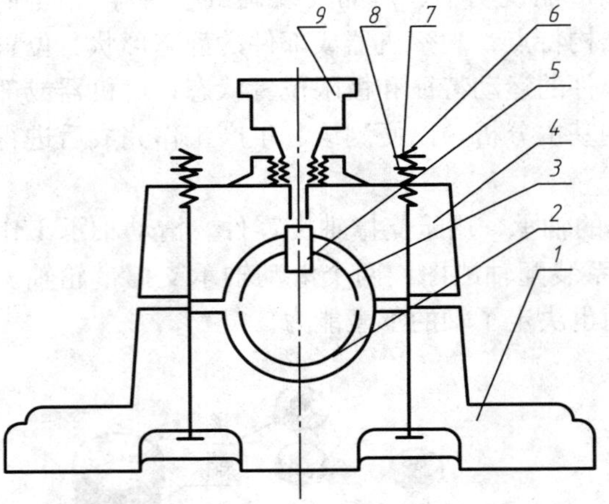


| 序号 | 名称 | 数量 | 材料 |
|---|---|---|---|
| 1 | 轴承座 | 1 | HT150 |
| 2 | 下轴衬 | 1 | 青铜 |
| 3 | 上轴衬 | 1 | 青铜 |
| 4 | 轴承盖 | 1 | HT150 |
| 5 | 轴衬固定套 | 1 | Q235 |
| 6 | 螺栓M12x120 GB/T8 | 2 | |
| 7 | 螺母M12 GB/T6170 | 2 | |
| 8 | 螺母M12 GB/T6170 | 2 | |
| 9 | 油杯12JB 275 | 1 | |

图 12 - 31　滑动轴承装配示意图

拆卸零件时应注意以下几点：

(1) 注意拆卸顺序，防止破坏性拆卸，避免损坏零件或影响零件精度。

(2) 使用适当的测量工具，如第十一章中介绍的直尺、内卡钳、外卡钳、游标卡尺等。

(3) 拆卸过程中，对于不可拆卸连接（如焊接、铆接、过盈配合等）一般不拆，应注意在还原装配后保持精度不变，运转正常。

(4) 拆卸后将各零件分类妥善保管，以防混乱、丢失。

(5) 准备标签，对拆下的所有零件编号、登记、注写零件名称。一般零件要进行测绘，标准件对其规格尺寸进行测量。对有连接关系的零件要注意测量尺寸是否一致，画出装配示意图，记录零件的装配位置。

3. 画零件草图

部件（机器）中的零件分为两类。一类是标准件，如螺栓、螺母、垫圈、键、销、滚动轴承等，这部分零件只需测出其规格尺寸，查阅机械设计手册，按标准进行标记；一类是一般零件，这类零件需要画出零件草图。零件草图是徒手画出的图，标注出测量到的尺寸，是零件图的基础；零件图是由零件草图用尺规或计算机绘制出的图纸，具有完整的零件图内容。

画零件草图时应注意以下几点：

(1) 零件上的工艺结构、标准结构要素可只做记录暂不画出，画零件图时查阅相关标准后，按标准规定的形状和尺寸表示。

(2) 关联尺寸或配合尺寸，需根据配合性质对标准代号按国家标准规定选取。

(3) 徒手画图时，应注意各表面的定位要尽量准确，保证零件的组成结构在整个图形中的位置与实物一致，不致造成比例失调。

(4) 零件若有缺陷，如歪斜、铸造缺陷、对称形状不对称、磨损、修补等，在画草图时应予以修正。

(5) 对于零件的表面粗糙度、热处理等技术要求，可根据零件的作用，参照同类产品的图样或资料。要求较高的部位可用专用设备进行检测。

**二、装配图画法**

1. 分析部件（机器），拟订表达方案

(1) 分析部件（机器），了解部件（机器）的用途、工作原理、装配关系、结构特点和使用性能等。

(2) 拟订表达方案。在分析部件（机器）的基础上，按视图选择的原则和方法，拟订视图表达方案。

1) 主视图的选择。一般按部件的工作位置选择，并使主视图能够较多地表达出部件（机器）的工作原理、性能、零件间的装配关系及主要零件结构形状和特征。

图 12－30 所示为滑动轴承的轴测图。选择图中 $A$ 向为主视图的投射方向，通过螺栓轴线剖切画出的半剖视图，既表达了轴承盖、轴承座和轴衬的定位及连接固定关系，又反映了滑动轴承的功用和结构。

2) 其他视图的选择。选择其他视图时，首先应分析部件中还有哪些工作原理、装配关系和主要零件的主要结构没有表达清楚，然后选用适当的其他视图。

滑动轴承的主视图，在沿轴线的装配线上，轴衬和轴承孔的装配关系还未表达清楚，用局部剖的左视图表示。为使滑动轴承的外形特征更清楚，分散尺寸标注，便于看图，选用沿轴承盖与轴承座接合面剖切的方法，画出半剖的俯视图。

2. 画装配图的方法和步骤

(1) 定比例，定图幅，画出图框。根据部件（机器）的大小、拟订的表达方案，确定图样的比例，选择标准图幅，画好图框和标题栏，留出明细栏的位置。

(2) 合理布图。根据拟订的表达方案，合理的布置各个视图，注意留出标注尺寸、零件序号的位置，画出各个视图的主要基准线，如图 12－32 (a) 所示。

(3) 画各视图底稿。围绕着装配线，一般从主视图开始，几个基本视图同时进行。在画每个视图时，要考虑从内向外画，或从外向内画。掌握先主后次、先定位后定形的原则。

画滑动轴承的装配图，例如用从内向外画的方法，则先画下轴衬 2 和轴承底座 1 的主要轮廓，见图 12－32 (b)；再画上轴衬 3 和轴承盖 4，见图 12－32 (c)；检查无误后，再画标准件或其他细节，见图 12－32 (d)。

(4) 标注尺寸。

(5) 编序号、填写明细栏、标题栏和技术要求。

(6) 检查、描深，完成装配图（见图 12－33）。

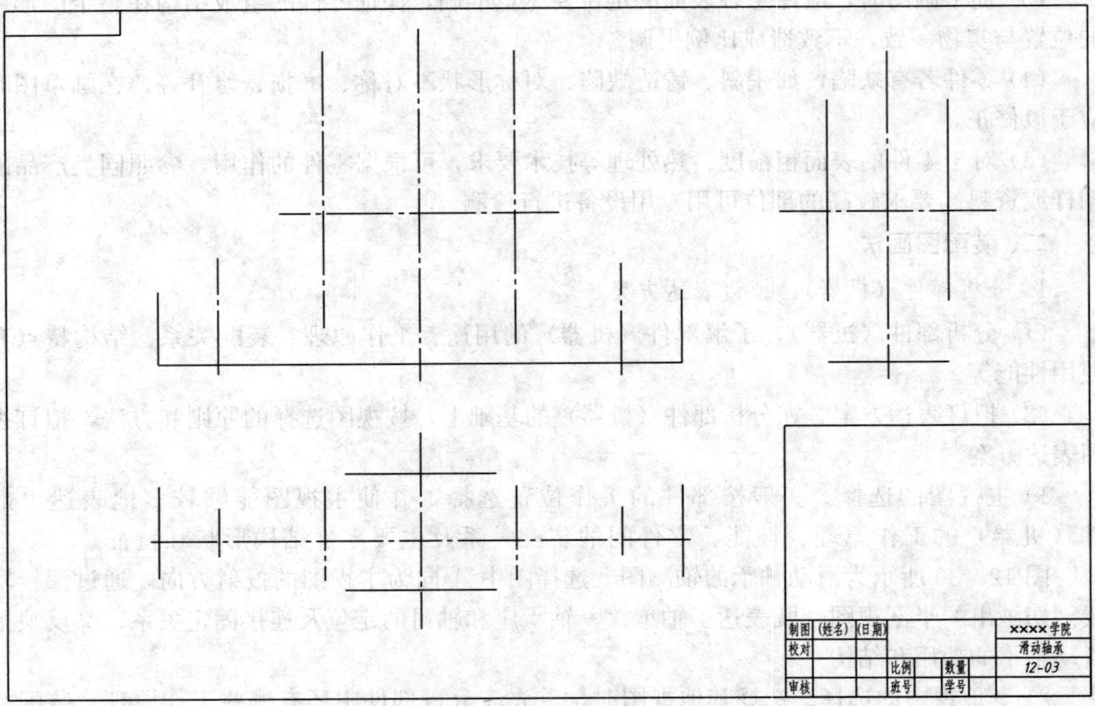


(a)

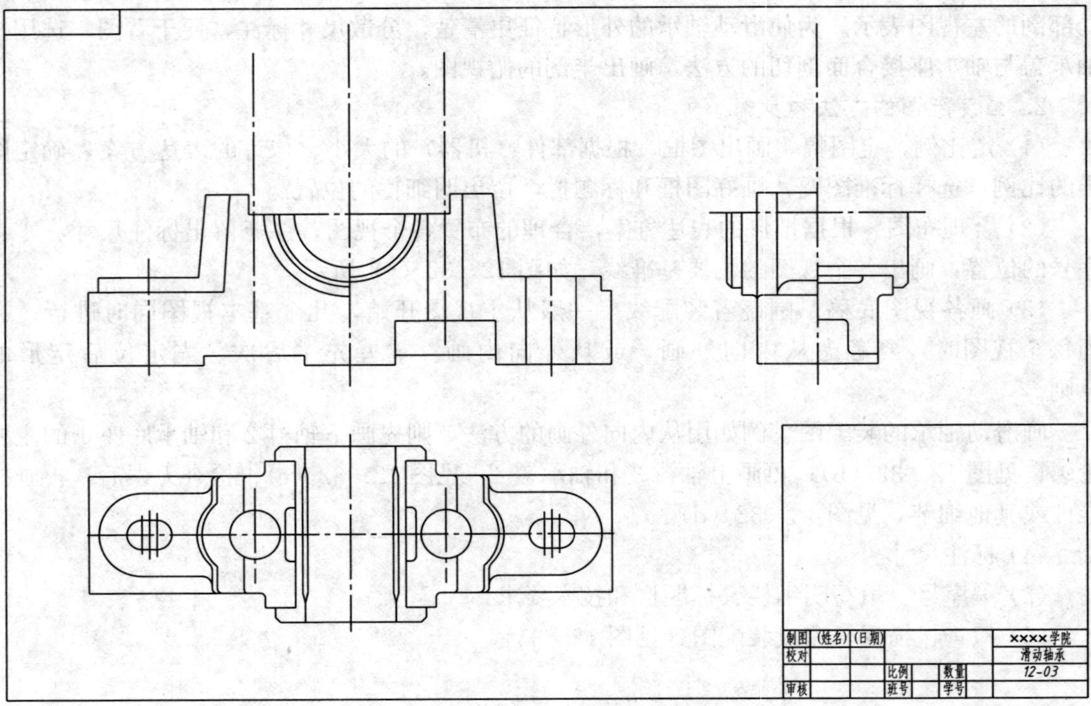


(b)

图 12-32　滑动轴承装配图画图步骤（一）

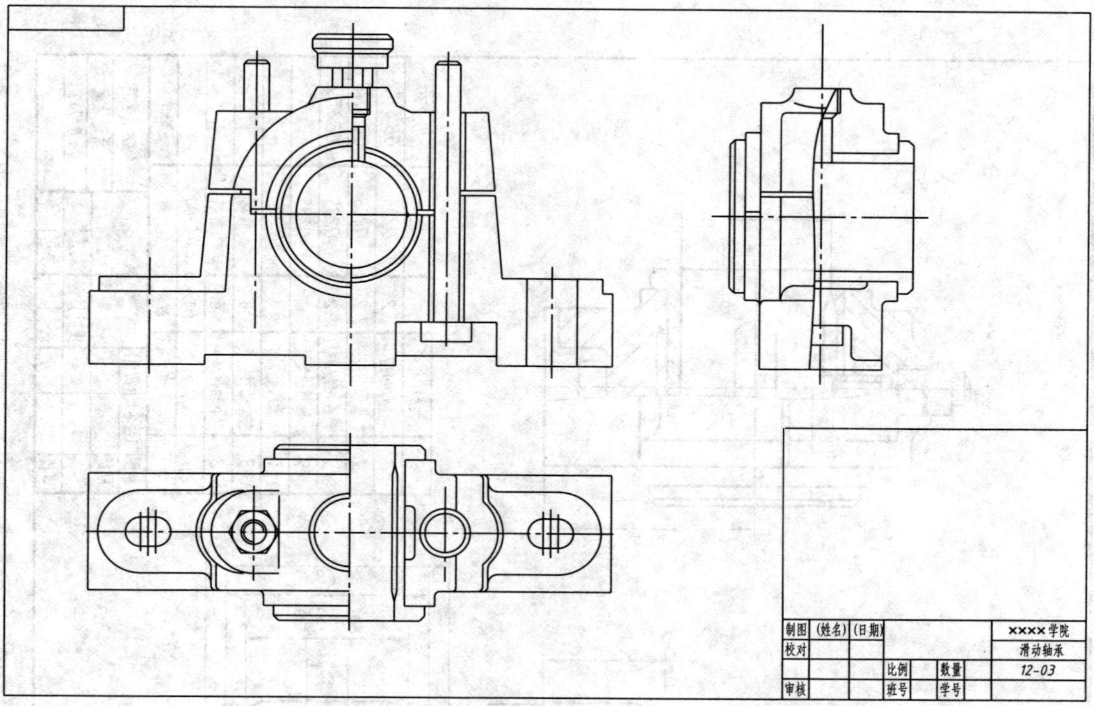


(c)

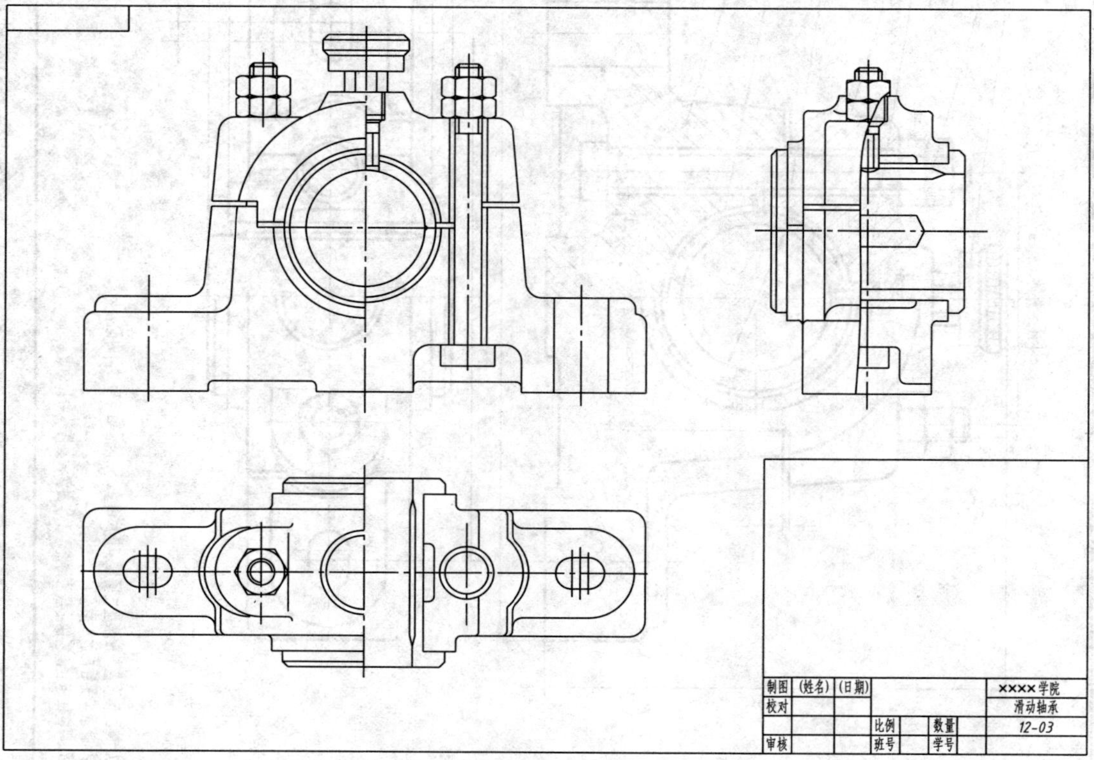


(d)

图 12-32 滑动轴承装配图画图步骤（二）

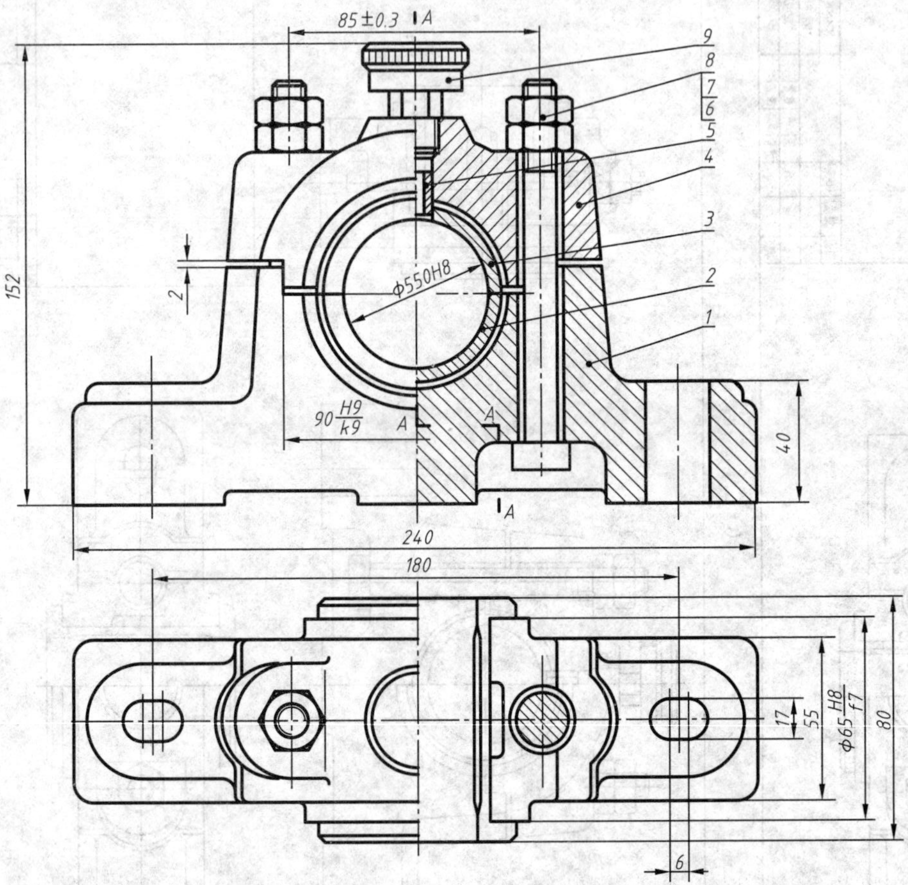


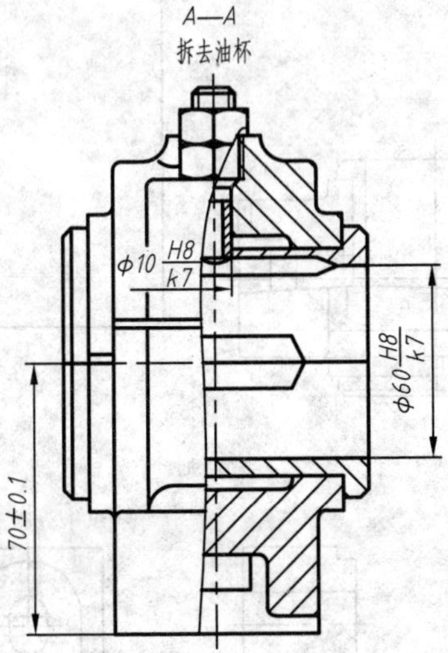


技术要求

1. 装配轴承盖与轴承座之间应加垫片调整，以保证轴与轴衬间的配合要求。
2. 轴承装配后再加工油孔。
3. 调整试转后，零件用煤油清洗，工作面涂一层防锈油。

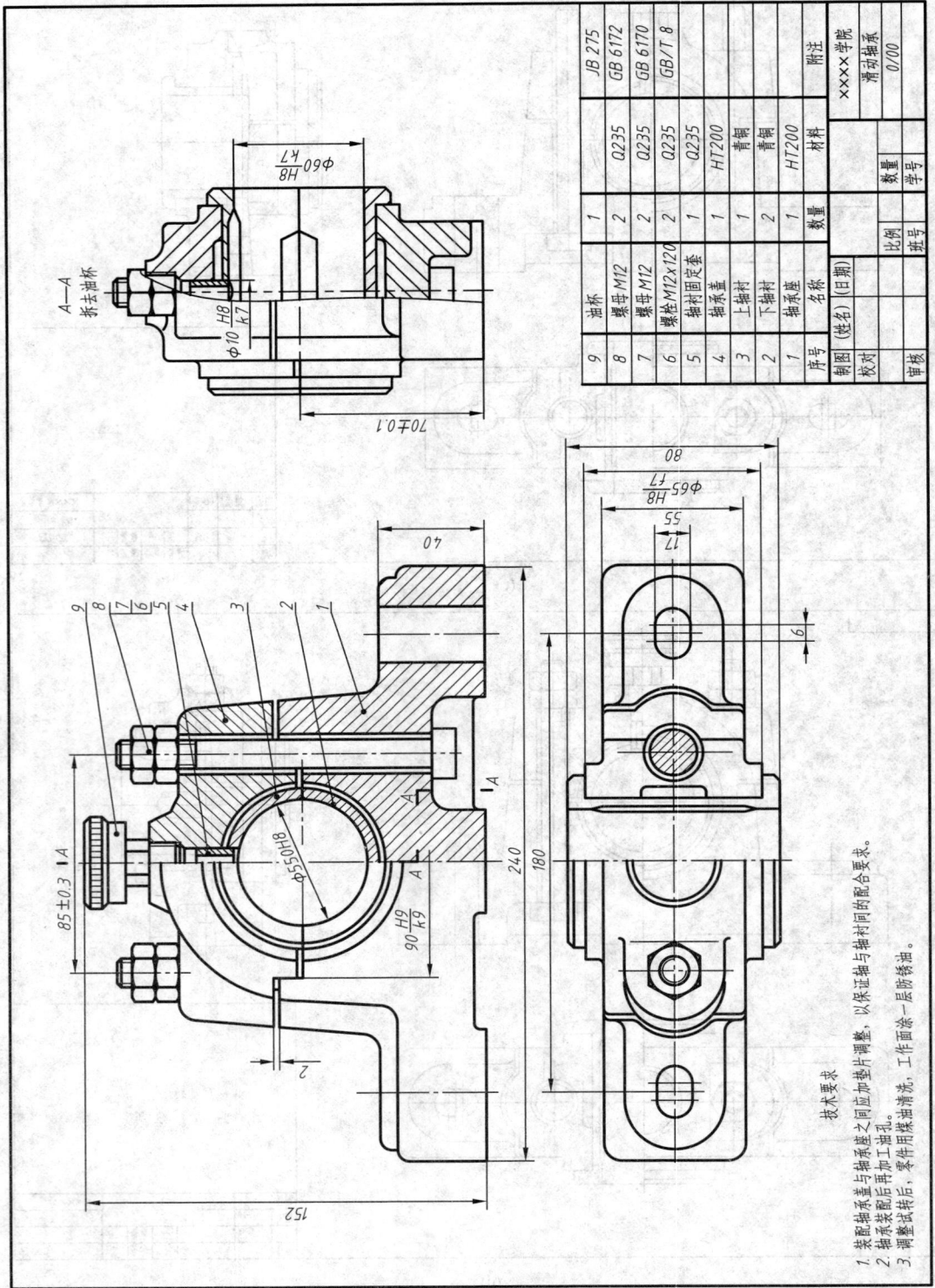

| 序号 | 名称 | 数量 | 材料 | 附注 |
|---|---|---|---|---|
| 9 | 油杯 | 1 | | JB 275 |
| 8 | 螺母M12 | 2 | Q235 | GB 6172 |
| 7 | 螺母M12 | 2 | Q235 | GB 6170 |
| 6 | 螺栓M12x120 | 2 | Q235 | GB/T 8 |
| 5 | 轴衬固定套 | 1 | Q235 | |
| 4 | 轴承盖 | 1 | HT200 | |
| 3 | 上轴衬 | 1 | 青铜 | |
| 2 | 下轴衬 | 2 | 青铜 | |
| 1 | 轴承座 | 1 | HT200 | |

| | | | | | |
|---|---|---|---|---|---|
| 制图 | (姓名) | (日期) | | | ××××学院 |
| 校对 | | | | | 滑动轴承 |
| | | | 比例 | 数量 | 0/00 |
| 审核 | | | 班号 | 学号 | |

图 12-33 滑动轴承装配图

## 第七节　读装配图和由装配图拆画零件图

在设计、制造、检验、使用、维修和技术交流等生产活动中，都需要看装配图。为此，工程技术人员需要具有读装配图的能力。

### 一、读装配图

识读装配图有以下几点要求：

(1) 了解部件（机器）的性能、功用、和工作原理。

(2) 弄清各零件间的装配关系及各零件的拆装顺序。

(3) 看懂各零件的主要结构、形状和作用。

(4) 弄清辅助结构的原理和构造。

(5) 了解尺寸和技术要求。

### 二、读装配图的方法和步骤

下面以图 12-34 所示的虎钳为例，介绍看装配图（见图 12-35）的方法和步骤。

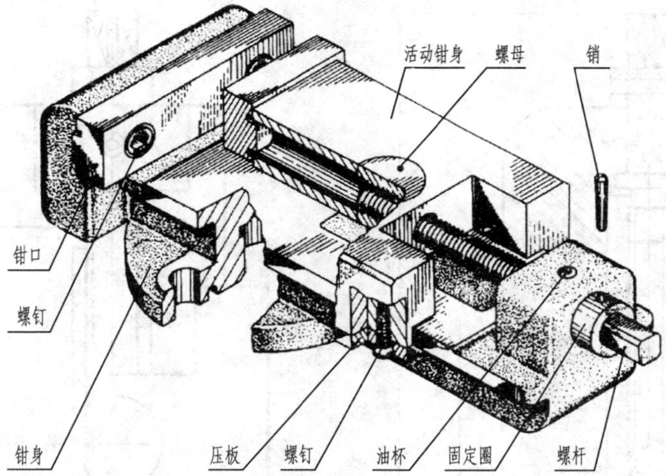


图 12-34　虎钳轴测图

1. 概括了解

(1) 看标题栏、明细栏和相关资料。首先阅读有关说明书，然后从标题栏和明细栏了解它的名称、用途及组成装配体零件的各种信息。从图 12-35 可知，部件名称为虎钳，是机械加工中用来夹持工件的夹具，它的工作原理如下：将扳手套在螺杆 5 右端的方头处，转动螺杆时，螺母 4 带动活动钳身 3 左右移动，以夹紧或松开工件。该部件共有 11 个零件组成。

(2) 分析视图。要了解装配图采用了哪些视图、剖视图、断面图，为什么采用它们，各视图之间的关系，剖切平面的位置及每个视图要表达的意图。

虎钳装配图采用了三个基本视图。主视图为通过螺杆轴线的局部剖视图，表达了钳身 1、螺杆 5、螺母 4、活动钳身 3、钳口 2 等零件间的装配关系，并较好地反映了虎钳的形状特征。

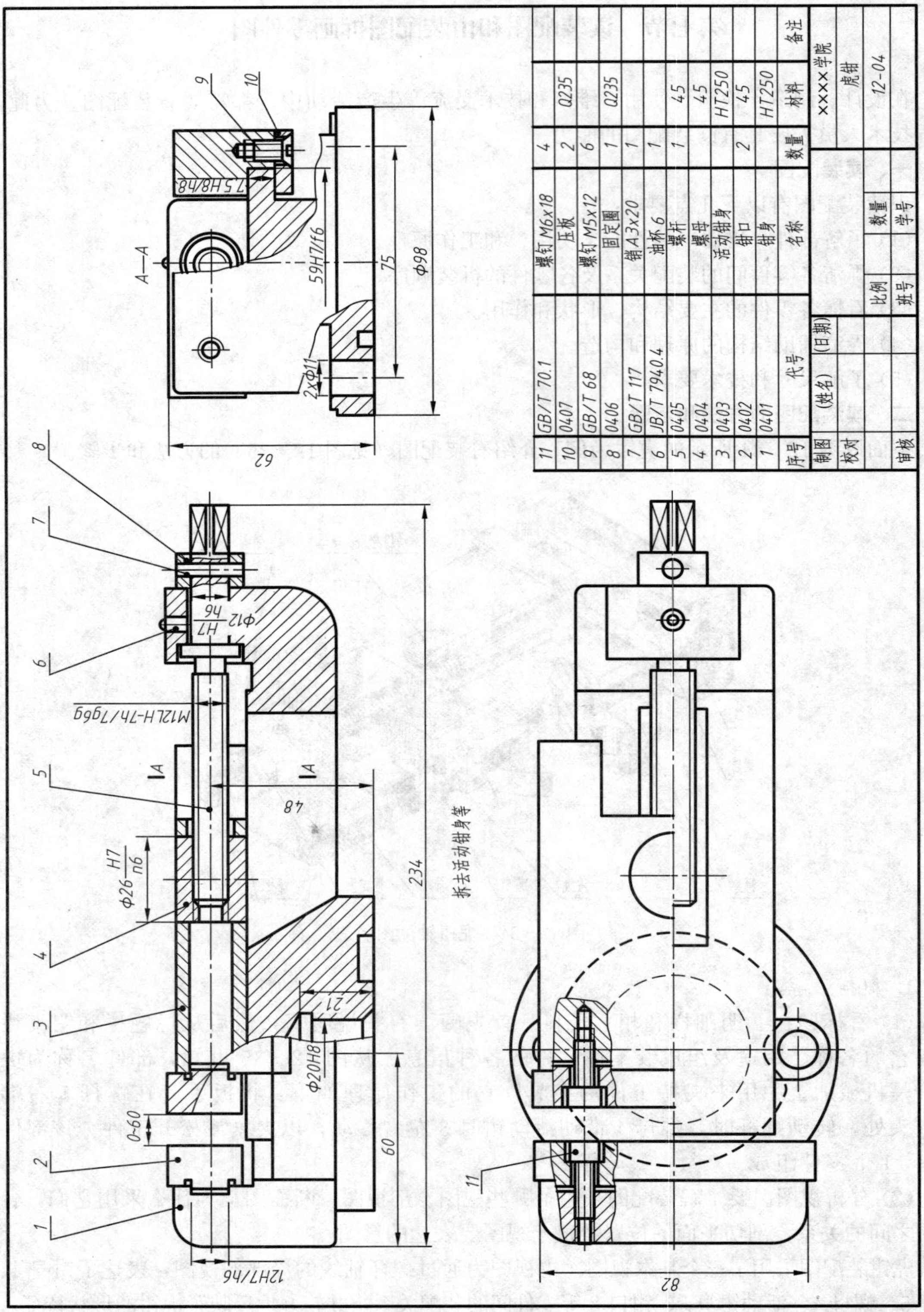


| | | | | | |
|---|---|---|---|---|---|
| 11 | GB/T 70.1 | 螺钉 M6x18 | 4 | | |
| 10 | 0407 | 压板 | 2 | Q235 | |
| 9 | GB/T 68 | 螺钉 M5x12 | 6 | | |
| 8 | 0406 | 固定圈 | 1 | Q235 | |
| 7 | GB/T 117 | 销 A3x20 | 1 | | |
| 6 | JB/T 7940.4 | 油杯 6 | 1 | | |
| 5 | 0405 | 螺杆 | 1 | 45 | |
| 4 | 0404 | 螺母 | | 45 | |
| 3 | 0403 | 活动钳身 | | HT250 | |
| 2 | 0402 | 钳口 | 2 | 45 | |
| 1 | 0401 | 钳身 | | HT250 | |
| 序号 | 代号 | 名称 | 数量 | 材料 | 备注 |

| | | | | | |
|---|---|---|---|---|---|
| 制图 | （姓名） | （日期） | | | ××××学院 |
| 校对 | | | | | 虎钳 |
| | | | 比例 | 数量 | 12-04 |
| 审核 | | | 班号 | 学号 | |

图 12-35 虎钳装配图

俯视图中的前半部采用拆卸画法，整个图形主要表达钳身、活动钳身的外形，两处局部剖表示钳口与钳身、活动钳身的连接关系。

左视图有两处局部剖，分别表达了钳身、活动钳身、压板 10 之间的装配连接关系，钳身左端的形状及钳身下部的形状和安装孔。

2. 深入了解零、部件的工作原理和装配关系

从主视图入手，根据各装配干线，对照零件在各视图中的投影关系及剖面线的方向和间隔，分离零件。由装配图上所标注的配合代号，了解零件间的配合关系。

虎钳中螺杆轴线是一条主要的装配干线。从主视图可以看出，螺杆左端与活动钳身采用过盈配合（$\phi$26H7/n6）连接在一起的螺母旋合在一起，其右端装在钳身的孔中，并采用间隙配合（$\phi$12H7/h6），保证螺杆转动灵活。钳身孔的上部装有油杯 6，用于润滑配合面。为防止螺杆向左移动，在螺杆右端装有一个固定圈 8，用圆锥销 7 将固定圈与螺杆相连。钳身中部有一个从上到下穿通的槽，用来排除铁屑。通过底部 $\phi$20H8 的孔，可以将钳身装在一个底盘上，增加虎钳的功能。

从俯视图可以看出，钳口上的凸出部分与钳身、活动钳身上的凹槽相配合（12H7/h6），并用螺钉将它们固定在一起；活动钳身上的方槽，可以保证两钳口之间的最大距离达到 60mm。

从左视图的 $A$—$A$ 局部剖中可以看出，活动钳身与钳身之间采用间隙配合（59H7/f6），活动钳身用螺钉 9 与压板 10 连接起来，形成与钳身成间隙配合的凹槽，使活动钳身能沿着钳身上的导轨灵活、平稳的移动。两个 $\phi$11 的孔，用于安装虎钳。

3. 分析尺寸

分析装配图上的尺寸，有助于进一步了解部件的规格、外形大小、零件间的装配要求、装配方法等。图中 0～60、82、48 是虎钳的规格尺寸，234、62、$\phi$98 是外形尺寸，2×$\phi$11、75、60、$\phi$20H8、21 为安装尺寸，其余是装配尺寸。

4. 归纳总结

在对装配关系和主要零件的结构进行分析的基础上，还要对技术要求、全部尺寸进行研究，进一步了解部件的设计意图和装配工艺性。以便对部件有一个完整的、全面的认识。

### 三、由装配图拆画零件图

根据装配图画出零件图是一项重要的生产准备工作。在拆画零件图时，要在全面看懂装配图的基础上，根据该零件的作用和与其他零件的装配关系，确定零件的结构形状、尺寸、技术要求等内容。画图时，不但要从设计方面考虑零件的作用和要求，而且还要从工艺方面考虑零件的制造和装配，使所画零件图符合设计和工艺要求。图 12－36 所示为图 12－35 所示的虎钳装配图拆画的钳身零件图。由装配图拆画零件图时，应注意以下问题：

1. 零件表达方案的选择

装配图用来表达部件（机器）的工作原理、零件间的相对位置和装配关系，不会把每一个零件的结构形状都表达完全。在拆画零件图时，对那些未表达完全的结构，要根据零件的作用和装配关系进行设计。零件图的表达方案与装配图的表达方案有很大的不同，不能机械地从装配图上照搬。装配图上省略的工艺结构，如拔模斜度、圆角、倒角、退刀槽等，在零件图中都应该表达清楚。

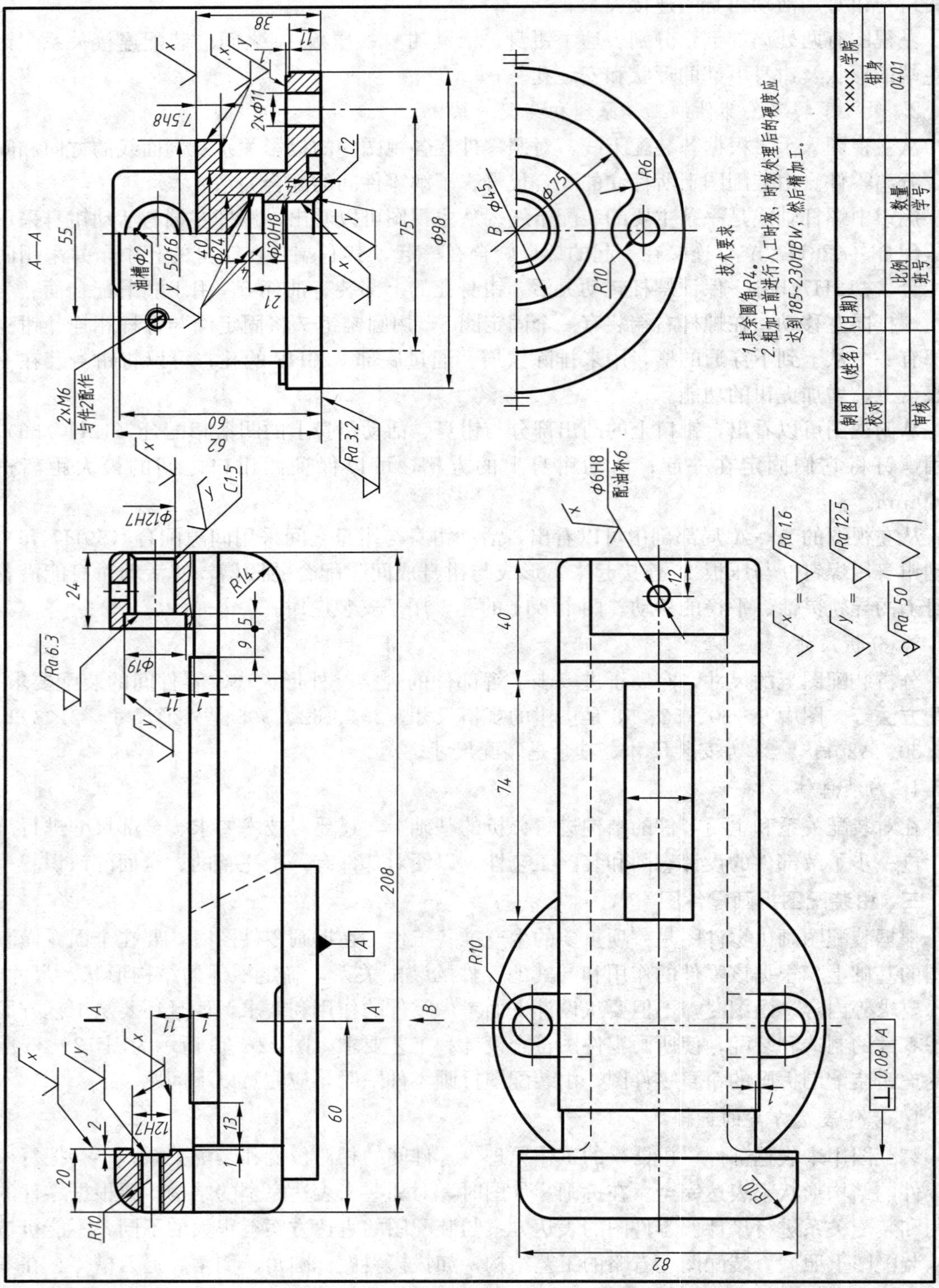
A—A
技术要求
1.其余圆角R4。
2.粗加工前进行人工时效，时效处理后的硬度应达到185-230HBW，然后精加工。
2×M6
与件2配件
油槽Φ2
Φ6H8
配油杯6
制图 (姓名) (日期)
校对
审核
比例
数量
班号
学号
××××学院
钳身
0401

图 12-36 钳身零件图

2. 零件图中的尺寸

零件图的尺寸应按“正确、完整、清晰、合理”的要求进行标注。零件的尺寸必须根据不同情况分别处理：

(1) 装配图上已经注出的尺寸，在有关的零件图上直接注出。对于配合尺寸，要注出偏差数值。

(2) 与标准件相连接或配合的有关尺寸或与标准规定有关的尺寸，如螺纹的有关尺寸、销孔直径、倒角、退刀槽、砂轮越程槽等，要从相应标准或手册中查取。

(3) 某些零件，在明细栏中给定了尺寸，如弹簧尺寸、垫片厚度等，要按给定尺寸注写。

(4) 需要根据装配图给的数据进行计算的尺寸，如齿轮的分度圆、齿顶圆等，要经过计算进行注写。

3. 零件表面粗糙度和技术要求

零件上各表面的粗糙度是根据其作用和要求确定的。一般接触面与配合面的粗糙度数值应较小，自由表面的粗糙度数值一般较大。但是有密封、耐蚀、美观等要求的表面粗糙度数值应较小。可参考有关资料或向有经验的工人和技术人员请教。

技术要求在零件图中占有重要地位，它直接影响零件的加工质量。由于正确制订技术要求，涉及许多专业知识和工作经验，在这里不进行介绍。

# 第十三章　展　开　图

在工业生产中，有一些零部件或设备是由平面板料通过弯曲加工来得到设计形状，制造时需先画出展开图（也称放样），然后下料成型，再用咬缝或焊缝连接。

把立体的表面按其实际形状和大小，依次连续地摊平在一个平面上，称为立体的表面展开。展开所得的图形，称为展开图。展开图在造船、机械、电子、化工、建筑等行业中有着广泛的应用。画立体表面的展开图，实质上是一个求立体表面实形的问题，就是通过图解法或计算法画出立体表面摊平后的图形。图 13-1 所示为圆管的展开，把圆管看作正圆柱面，就是正圆柱面的展开。

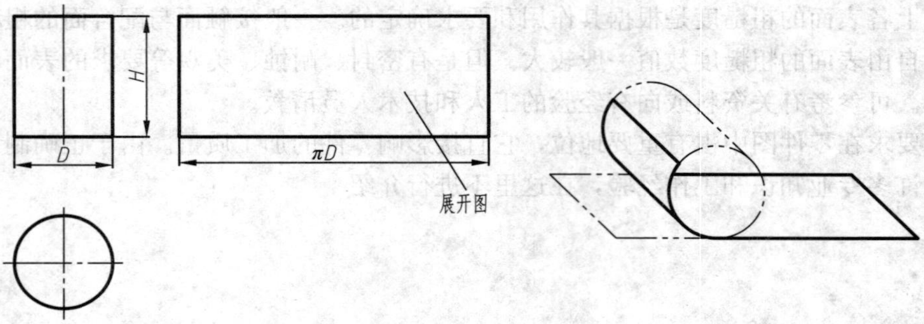


(a)　　(b)　　(c)

图 13-1　圆管的展开

(a) 两面投影；(b) 展开图；(c) 展开情况

立体表面按其几何性质可分为可展表面与不可展表面两大类。

平面立体的表面是由若干平面多边形组成，所以平面立体的表面都是可展的。

曲面立体的表面是否可展，要根据表面展开的定义及曲面性质确定，只有直纹面中的单曲面为可展曲面，其他曲面均为不可展曲面。例如曲面立体中的圆柱面、圆锥面属于可展曲面，而球面、环面、螺旋面等都属于不可展曲面。不可展曲面常用近似展开的方法来绘制其展开图。本章主要介绍平面立体表面展开、可展曲面展开、不可展曲面近似展开的基本原理和方法。

## 第一节　平面立体的表面展开

平面立体的表面是由若干个平面多边形组成，故其表面展开图就是分别作出组成平面立体表面的各个平面的实形，依次排列在一个平面上。

### 一、棱柱表面的展开

**【例 13-1】** 图 13-2（a）所示为斜口四棱柱管的两面投影，求其表面展开图。

**解**　展开图的作图过程如图 13-2（b）所示。

(1) 按各底边的实长展成一条水平线，标出 $E$、$F$、$G$、$H$、$E$ 等点。

(2) 由这些点作铅垂线，在其上量取各棱线的实长，即得诸端点 $A$、$B$、$C$、$D$、$A$。

(3) 顺次连接这些端点，就画出了这个棱柱管的展开图。

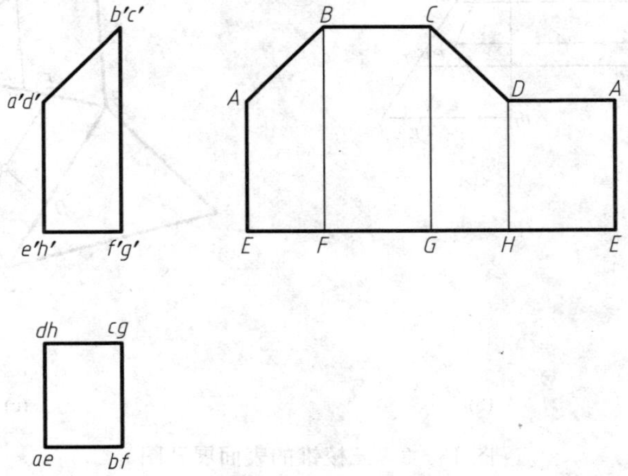


(a)　　(b)

图 13－2　斜口四棱柱管的展开图

(a) 两面投影；(b) 展开图

## 二、棱锥表面的展开

棱锥的侧面都是三角形，因此，只要求出各棱线的实长和底面的实形，就可以画出其展开图。

**【例 13－2】** 绘出图 13－3 (a) 所示三棱锥 $S-ABC$ 的表面展开图，并在展开图上画出属于棱锥表面的封闭折线ⅠⅡⅢⅠ和点Ⅳ。

**解** 根据展开图的定义，欲求三棱锥 $S-ABC$ 的表面展开图，只需把三个棱面和底面的实形依次画在一个平面上即可。底面 $ABC$ 是水平面，$ab$、$bc$、$ca$ 为底面各边的实长，$abc$ 反映了底面的实形。而各棱面都是一般位置平面都不反映实形，现要求出棱线 $SA$、$SB$、$SC$ 的实长，才能与相关底边组合，画出每个棱面的实形。

棱线 $SA$ 是正平线，$s'a'$反映实长。棱线 $SB$、$SC$ 是一般位置直线，各个投影皆不反映实长，可用直角三角形方法求得。方法如图 13－3 (b) 所示：先作 $s_1o_1$ 为一直角边（$s_1o_1$ 等于锥顶 $S$ 到底面的垂直距离），并取 $o_1b_1=sb$，$o_1c_1=sc$ 各为另一直角边，斜边 $s_1b_1$ 和 $s_1c_1$ 即为所求棱线的实长。

画展开图时可从任意取定的一条棱线开始。例如，从 $SA$ 开始按已知三棱及各底边的实长依次画出各棱面 $SAB$、$SBC$、$SAC$ 和底面 $ABC$ 的实形，即得到如图 13－3 (c) 所示的展开图。

在展开图上确定棱锥面上封闭折线ⅠⅡⅢⅠ和点Ⅳ的位置，作图过程如下：

(1) 由于点Ⅰ、Ⅱ、Ⅲ分别在各个棱线上，可在展开图的各棱线上截得相应点的位置。图中 $s'1'$反映 $S$Ⅰ的实长，$S$Ⅱ和 $S$Ⅲ的实长可用分割线段成定比的原理求出，然后根据所求实长定出展开图上折线ⅠⅡⅢⅠ的位置，如图 13－3 (c) 所示。

(2) 由于点Ⅳ在△$SBC$ 上，可先在△$SBC$ 上过该点作两条任意的辅助线 $SD$ 和 $EF$，同时在展开图上确定 $SD$ 和 $EF$ 的相应位置，则它们的交点即为点Ⅳ。

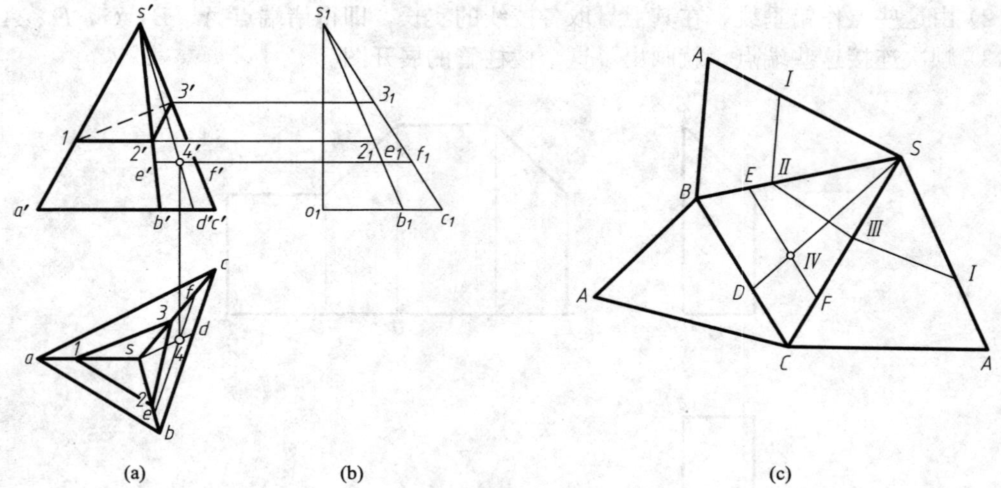


图 13-3　三棱锥的表面展开图

(a) 两面投影；(b) 求实长；(c) 展开图

**【例 13-3】** 求作矩形渐缩管的表面展开图。

**解**　图 13-4（a）所示为矩形渐缩管的两面投影。棱线延长后交于一点 $S$，形成一个四棱锥，可见此渐缩管是四棱台。四棱锥四条棱线的实长相同，可用直角三角形法求实长，然后按已知边长作三角形的方法，顺次作出各三角形棱面的实形，拼得四棱锥的展开图。截去延长的上段棱锥的各棱面，就是渐缩管的展开图。

作展开图的过程如下：

(1) 求棱线实长。如图 13-4（b）所示，以 $sa$ 之长作水平线 $O_1A_1$。作铅垂线 $O_1S_1$ 等于四棱锥之高 $H$，$S_1A_1$ 即为棱线 $SA$ 的实长。在 $O_1S_1$ 上，量渐缩管的高 $H_1$，并作水平线，与 $S_1A_1$ 交得 $E_1$，则 $S_1E_1$ 即为延长的棱线实长。

(2) 作展开图。如图 13-4（c）所示，以棱线和底边的实长依次作出△$SAB$、△$SBC$、△$SCD$、△$SDA$ 得四棱锥的展开图。再在各棱线上，截去延长的棱线的实长，得 $E$、$F$、$G$、$H$、$E$ 等各点，顺次连接，即得这个矩形渐缩管的展开图。

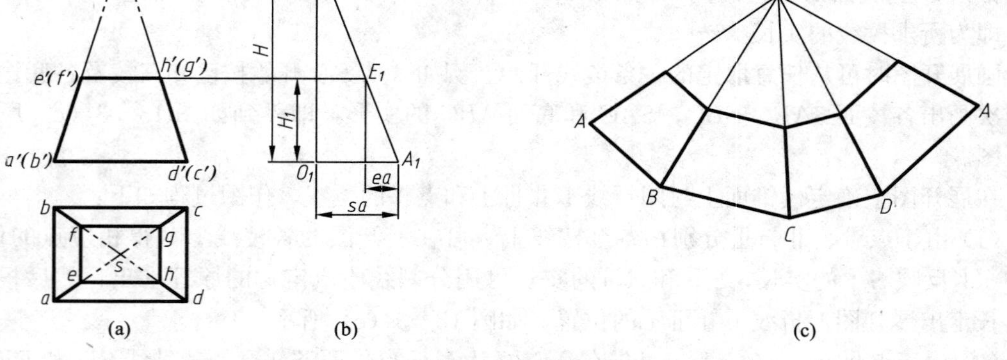


图 13-4　矩形渐缩管的展开图

(a) 两面投影；(b) 求实长；(c) 展开图

**三、矩形吸气罩的展开**

图 13－5（a）所示为矩形吸气罩的两面投影。四条棱线的长度相等，但延长后不交于一点，因此，这个矩形吸气罩不是四棱台。

作展开图的过程如下：

（1）如图 13－5（a）所示，把前面和右面的梯形用对角线划分成两个三角形。

（2）如图 13－5（b）所示，用直角三角形法求出 $BD$、$BC$、$BE$ 的实长。为了图形清晰且节省地位，把各线段实长的实长图，集中画在一起。

（3）如图 13－5（c）所示按已知边长拼画三角形，作出前面和右面两个梯形。由于后面和左面两个梯形分别是它们的全等图形，便可同样作出，即得这个矩形吸气罩的展开图。

将平面立体表面分解为若干三角形展开的方法称为三角形法。三角形法在工程上常用于棱锥面的展开。

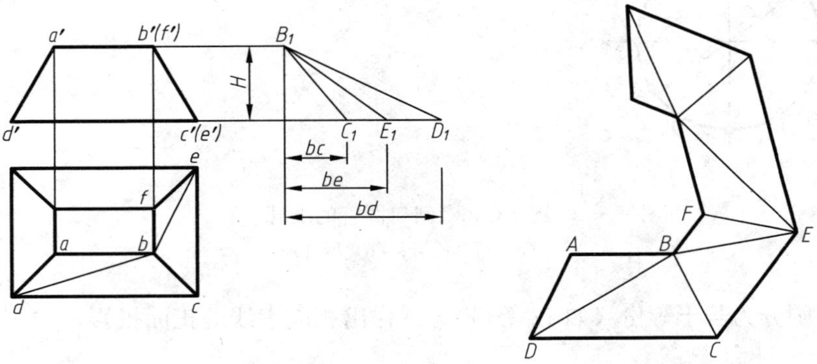


(a)　(b)　(c)

图 13－5　矩形吸气罩的展开

（a）两面投影；（b）求实长；（c）展开图

## 第二节　可展曲面的展开

当曲面上相邻两素线为相交或平行的两直线，即两素线可构成一平面时，曲面是可展的。因此，直纹单曲面均为可展曲面。本节着重讲述柱面和锥面的展开图画法。

**一、柱面的展开**

柱面的展开方法与棱柱的展开方法相似，它们的素线都是相互平行的，柱面可看成是棱线无穷多的棱柱。柱面展开时，可先在柱面上引若干条互相平行的素线，然后将相邻两素线间的表面近似地作为一个四边形平面画柱面的展开图，最后将各素线的端点依次连成直线或光滑曲线。因为柱面的素线展开后仍然相互平行，作展开图时可利用这个特性，柱面的展开方法称为平行线法。

图 13－1 所示为正圆柱面的展开图，由图可知，正圆柱面的展开图是一个矩形，矩形的长为 $\pi D$（$D$ 为圆柱底圆直径），高为圆柱的高度 $H$。

**【例 13－4】**　求图 13－6 所示斜口圆管的展开图。

**解**　斜口圆管的展开过程与正圆柱面展开相同，只是各素线的长度因斜口而长度不同，但其表面上每条素线均为铅垂线，其正面投影反映实长，因此被截切斜口圆管的展开方法就是在圆柱管面上取若干素线，然后在展开图上依次求出这些素线的位置和长度，过程如图 13-6 所示。

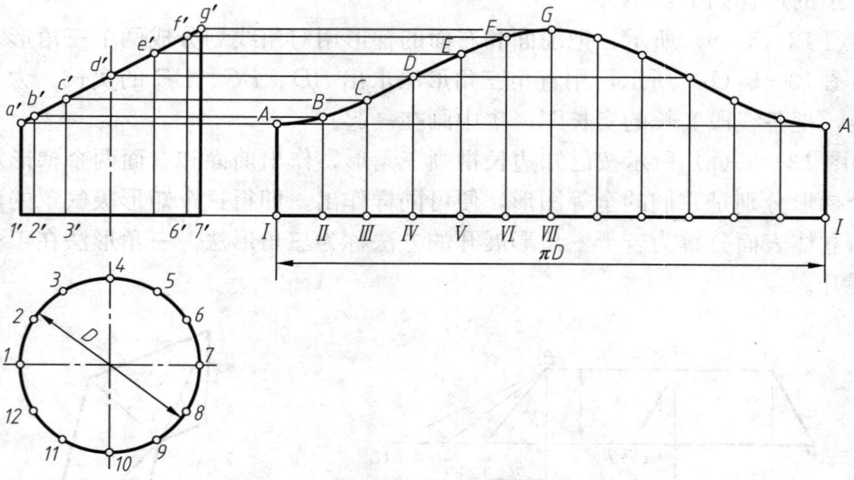

(a) (b)

图 13-6 斜口圆管的展开

(a) 两面投影；(b) 展开图

(1) 把底圆分为若干等份（如 12 等份），并作出相应素线的正面投影，如 $2'b'$、$3'c'$、…、$6'f'$等。

(2) 展开底圆得一水平线，其长度为 $\pi D$。在水平线上从 1 起按分段数目计算各分段长度，量得点 2、3、…。准确程度要求不高时，则可按底圆分段各弧的弦长量取，即直线上各等分点的间距近似等于底圆上两等分点间的弦长。由各点 1、2、…作铅垂线，在其上量取各素线的实长，得端点 $A$、$B$、…。

(3) 以光滑曲线连点 $A$、$B$、…，即得斜口圆管的展开图。

## 二、相贯体的表面展开

如果所作展开图的薄壁构件是由两个以上曲面组成，并且有相贯线时，首先要在投影图上正确画出相贯线，然后分别画出两曲面的展开图。由于相贯线是两曲面的分界线，也是制件焊缝的位置，因此相贯线应尽量精确绘制。

**【例 13-5】** 求图 13-7 (a) 所示圆柱正三通管（两圆柱正交相贯）的展开图。

**解** 如图 13-7 所示，圆柱正三通管是由两异径圆柱管正交形成的，每个圆管展开图的画法与图 13-6 所示方法相同，关键是正确量取各条素线的实长。图中画出了两个圆管的正面投影，但省略了大圆管的下半部。

1. 作两圆管的相贯线

这里介绍一种在正面投影中求作正三通管相贯线的方法，实质上也是用辅助平面法的原理作出的。由于这种方法作图紧凑，常用于实际工作中，作图的原理和过程如下：

(1) 把小圆管顶端的前半圆绕直径旋转至平行于正面，并六等分。作出小圆管上诸等分素线，把它们想象为一系列平行于正面的辅助平面与小圆管相截或相切所得到的截交线或切线。

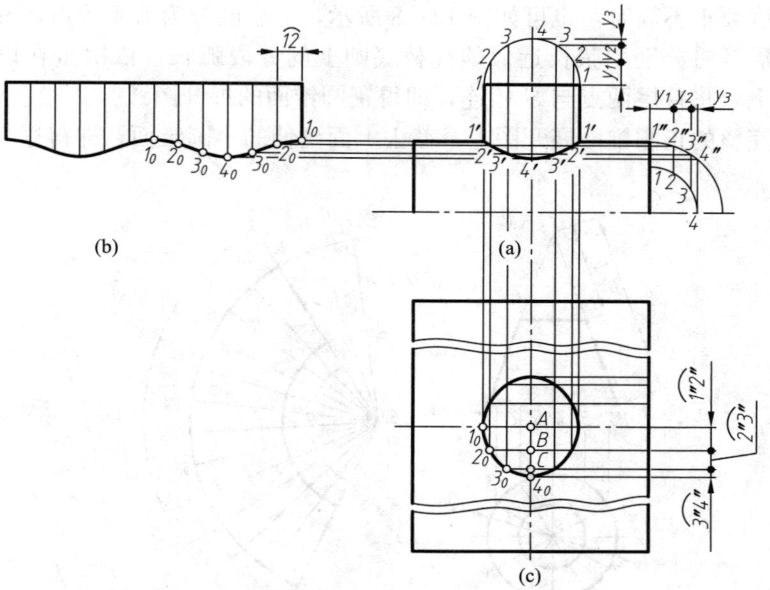

图 13-7 圆柱正三通管的展开

(a) 正面投影；(b) 小圆管的展开图；(c) 大圆管的展开图

(2) 把大圆管右端前上方 1/4 圆旋转至平行于正面。再如图 13-7 所示，用小圆管的半径作出 1/4 圆，进行三等分，由这些分点 1、2、3、4 作铅垂线与表示大圆管口的 1/4 圆交得点 1″、2″、3″、4″。再由点 1′、2′、3′、4′作出大圆管上的诸素线。可以想象出这些素线就是上述一系列相应的辅助平面（正平面）与大圆管上部所截得的截交线。

(3) 大、小圆管相同编号的素线的交点 1′、2′、3′、4′，就是相同的辅助平面与大、小圆管截交线或切线的交点，即为相贯线上的点。顺序连接这些点的正面投影，就是相贯线的正面投影。

2. 作展开图

(1) 作小圆管展开图的作法与作斜口圆管展开图相同，如图 13-7 (b) 所示。

(2) 作大圆管展开图如图 13-7 (c) 所示，先作出整个大圆管的展开图。然后在铅垂的对称线上，由点 $A$ 分别按 1″2″、2″3″、3″4″量得 $B$、$C$、$4_0$ 各点，由这些点作水平的素线，相应地从正面投影 1′、2′、3′、4′各点引铅垂线，与这些素线相交得 $1_0$、$2_0$、$3_0$、$4_0$ 等点。同样地可作出后面对称部分的各点。连接这些点，就得到相贯线的展开图。

在实际工作中，也常常只将小圆管放样，弯成圆管后，凑在大圆管上划线开口，最后把两管焊接起来。

**三、锥面的展开**

锥面的素线均相交于锥顶，因此，锥面的展开方法与棱锥相同，即自锥顶引若干条素线，将锥面分成若干小三角形平面，然后分别求出其实形。

**【例 13-6】** 求图 13-8 (a) 所示平截口正圆锥管的展开图。

**解** 图 13-8 (a) 所示的正圆锥管是一种常见的圆台形连接管。展开时，常将圆台延伸成正圆锥，即延伸至顶点 $S$。

先展开正圆锥面。如图 13-8 (b) 所示，以 $S$ 为圆心，正圆锥面素线的实长 $L$ 为半径作弧，圆心角 $\theta=\dfrac{360°\times\pi D}{2\pi R}=180°\dfrac{D}{R}$（这时弧长等于 $\pi D$），得到正圆锥面的展开图为一扇形。若准确程度要求不高时，也可如图 13－8 所示，把底圆分为若干等份，并在圆锥面上作一系列素线。展开时分别用弦长近似地代替底圆上的分段弧长，依次量在以 $S$ 为圆心、$L$ 为半径的圆弧上，将首尾两点与 $S$ 相连，即得正圆锥面的展开图。

然后，在完整的正圆锥面展开图上，截去上面延伸的小圆锥面，即得这个平截口正圆锥管的展开图。

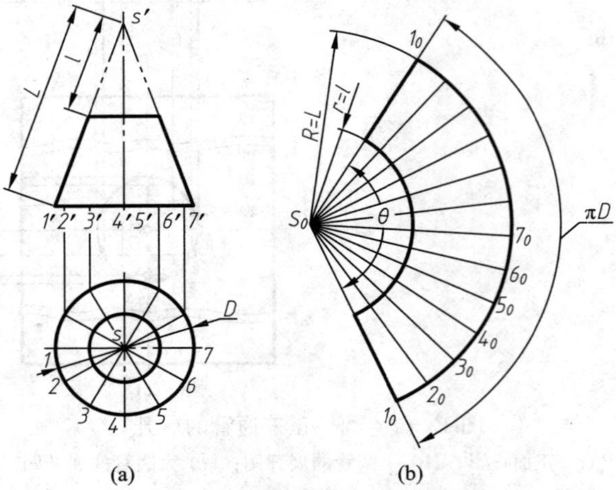


图 13－8　平截口正圆锥管的展开

**【例 13－7】** 求图 13－9（a）所示斜截口正圆锥管的展开图。

**解**　图 13－9（a）所示的正面投影表示一个斜截口正圆锥管。先按展开正圆锥管的方法画出延伸后完整的正圆锥面的展开图，再减去上面延伸的部分。延伸部分的素线除 $s'1'$ 和 $s'7'$ 是正平线的正面投影而反映实长外，其余 $s'2'$、$s'3'$、…、$s'6'$ 等都不反映实长，自 $2'$、$3'$、…、$6'$ 等点作水平线，与 $s'1'$ 相交得 $2_1'$、$3_1'$、…、$6_1'$ 等点，则 $s'2_1'$、$s'3_1'$、…、$s'6_1'$ 等就是对应延伸部分素线的实长，把它们量到完整的正圆锥面展开图中的相应素线上去，从而得出斜截口展开图上的点 $1_0$、$2_0$、…，用曲线板连得斜截口的展开曲线，就画出了这个斜截口正圆锥管的展开图，如图 13－9（b）所示。

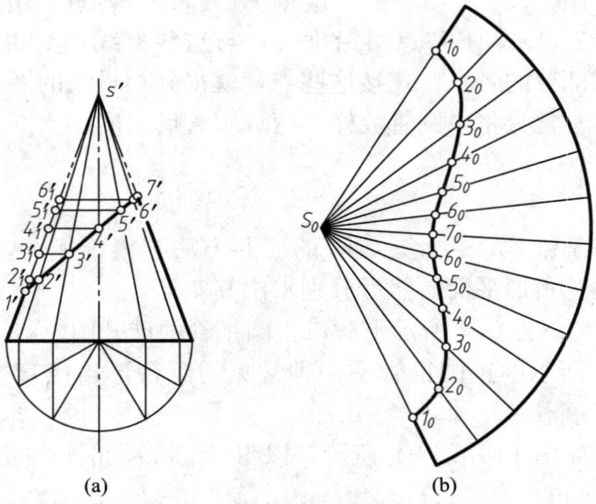


图 13－9　斜截口正圆锥管的展开

## 第三节　不可展曲面的近似展开

当相邻两素线为交叉两直线或为曲线，不能构成一平面，其空间曲面为不可展开的曲面。在实际生产中经常需要画出不可展曲面的展开图，只能采用近似展开，即将不可展曲面划分为若干小部分（有时同一曲面可有几种不同划分方法），使每一部分的形状接近于某一可展曲面（如柱面或锥面），再画出其展开图。

### 一、圆球面的近似展开

圆球面是不可展曲面，只能采用近似展开。球面的近似展开有多种方法，下面介绍常见的两种展开方式。

1. 按柱面展开

如图 13－10（a）所示，过球心作一系列铅垂面切割球面为若干等份，则每等份均呈柳叶形。把每一等份近似看作切于圆球面的圆柱面的一部分，然后按柱面展开。即把每个柳叶片从球面上“剥”下来，近似地当作圆柱面摊平在一个平面上，连接起来，就得到球面的近似展开图。展开图做法如下：

（1）在圆球的水平投影上过球心十二等分圆球面，作出每一等分圆球面的外切圆柱面，如 $mabs$。

（2）将圆球的正面转向轮廓线的正面投影 $m'n's'$ 分成 6 等份，如图 13－10（b）所示，并将其展成直线 $MS=\pi R$，同时确定各分点 $M$、Ⅰ、Ⅱ、$N$。或使用图解法，量取 $m'1'$ 弦长代替弧长等于 $M1$，如图 13－10（c）所示。

（3）过各分点作直线 $MS$ 的垂直线，并在其上面截取柳叶片的宽度。在点 $N$ 上截取 $NA=NB=na$（或等于切线长 $na$），同理，在分点Ⅰ、Ⅱ上截取对应宽度，最终取得柳叶片各分点位置宽度。然后用曲线光滑连接 $MECA$ 和 $MFDB$ 得到上半柳叶形。下半柳叶形与上半柳叶形对称。

（4）按照同样的方法依次连续画出 12 片柳叶形，即得到整个球面的近似展开图（图中画出一半）。

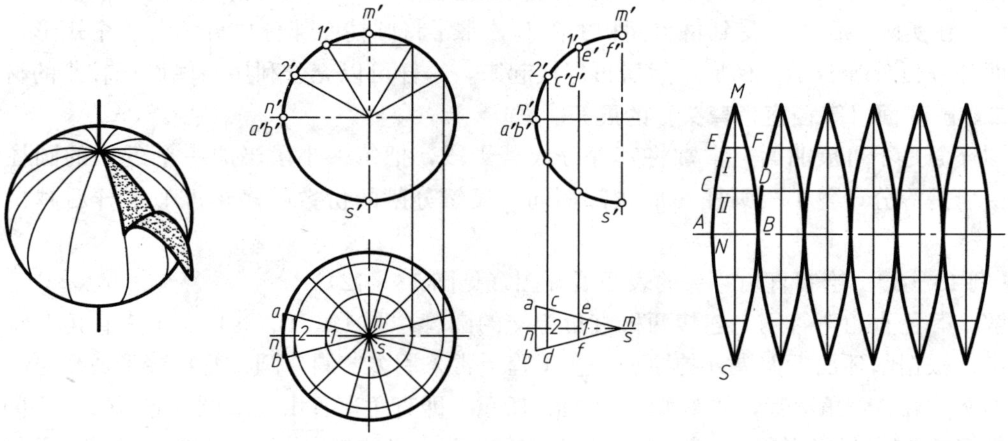

(a)　(b)　(c)　(d)

图 13－10　按柱面展开圆球面

2. 按锥面和柱面展开

用水平剖切面将圆球面切割成两个球冠和五个球带，如图 13-11（a）所示，共把球面分成七个部分。把中间的部分Ⅰ近似地当作圆柱面展开，把Ⅳ、Ⅷ部分按照正圆锥面展开，其余Ⅱ、Ⅲ、Ⅴ、Ⅵ四个部分按照截头正圆锥面来展开。各个圆锥面部分的顶点分别为点 $S_2$、$S_3$、$S_4$ 等。近似展开各球带就得到如图 13-11（b）所示的球面展开图。

本展开方法中球冠Ⅳ、Ⅶ部分也可近似展开为一个圆，如图 13-11（c）所示，其半径 $R_4$ 可根据加工成形的方法来确定。当加热成形时，$R_4$ 等于 $\overset{\frown}{3'4'}$ 之长 $l_0$；当用锤击成形时，$R_4=\sqrt{2R_1h}$，其中，$R_1$ 值应取圆球外表面的半径 $R$ 减去板厚 $\delta$ 的一半，即 $R_1=R-\delta/2$。

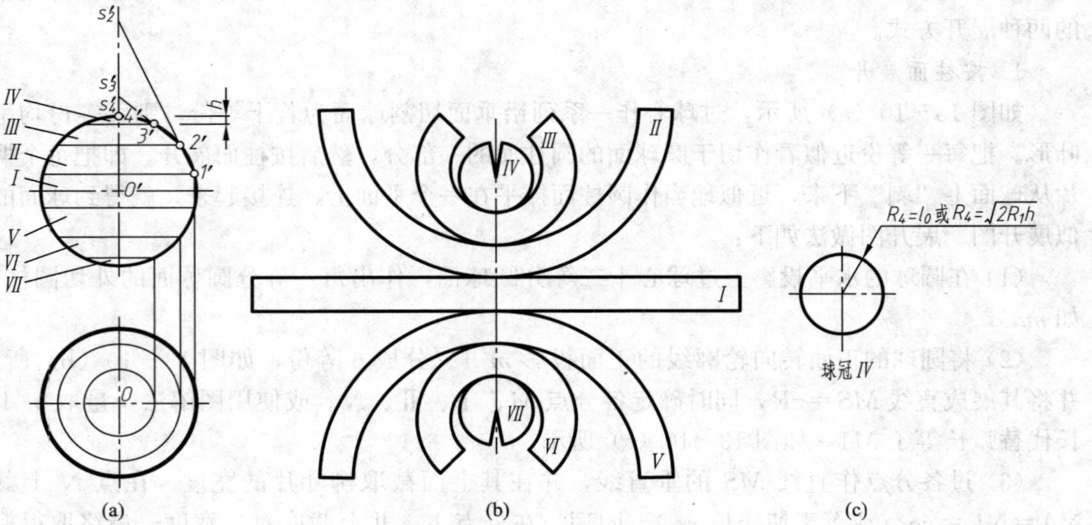


图 13-11　按锥面和柱面展开圆球面

用这种方法展开球面时，应注意以下两点：

(1) 如图 13-11（a）所示，内接圆锥面顶点 $S_2$、$S_3$、$S_4$ 的确定是通过延长相关圆弧的弦长与中心线相交产生的，显然，划分的块数越多，展开图就越精确。

(2) 在实际工作中，受到材料面积的限制，常常将圆柱面部分再分为若干个矩形，而把圆锥面部分再分为若干个梯形，然后再焊接起来，这样可以充分利用一些面积较小的材料。

## 二、圆环面（等径直角弯头）的展开

圆环面是不可展曲面，常常将其等分成若干段，把每一小段当成一个近似的圆柱面展开。由于是等分，各小段圆柱面形状都相同。显然分割的份数越多，近似展开后越接近于环面。

**【例 13-8】** 绘制直角弯头的表面展开图（见图 13-12）。

**解**　等径直角弯管用来连接两根直角相交的圆管，图 13-12（a）所示为直角弯管的正面投影。根据圆环面近似展开的原理，在工程上常采用多节斜口圆柱管拼接形成。

本例为五节直角弯管，如图 13-12（a）所示，即直角弯管由五节圆柱管组成，中间三节是两口都对圆柱轴线倾斜的全节；将一个全节分为两个半节，作为两节，置于两端，并把与圆柱轴线垂直的平口放在外端。已知五节直角弯管的管径 $D$、弯曲半径 $R$、作弯管的正面投影：

(1) 过任意点 $O$ 作水平线和铅垂线，以 $O$ 为圆心、$R$ 为半径、在这两直线间作圆弧。

(2) 分别以 $(R-D)/2$ 和 $(R+D)/2$ 为半径画内、外两圆弧。

(3) 由于整个弯管由三个全节和两个半节组成，因此，半节的中心角 $\alpha=90°/8=11°15'$，按 $11°15'$ 将直角分成八等份，画出弯管各节的分界线。

(4) 作出外切于各弧段的切线，即完成五节直角弯管的正面投影。

把弯管的Ⅱ、Ⅳ两节分别绕其轴线转 180°，各节就可拼成一个圆柱管，如图 13-12（b）所示。因此，也可将现成的圆柱管截割成所需节数，再焊接成所要的弯管。若用钢板制作弯管，只要按照斜口圆管展开的方法展开半节，并把半节的展开图作为样板，在钢板上划线下料，不但放样简捷，而且还能充分利用材料，如图 13-12（c）所示。

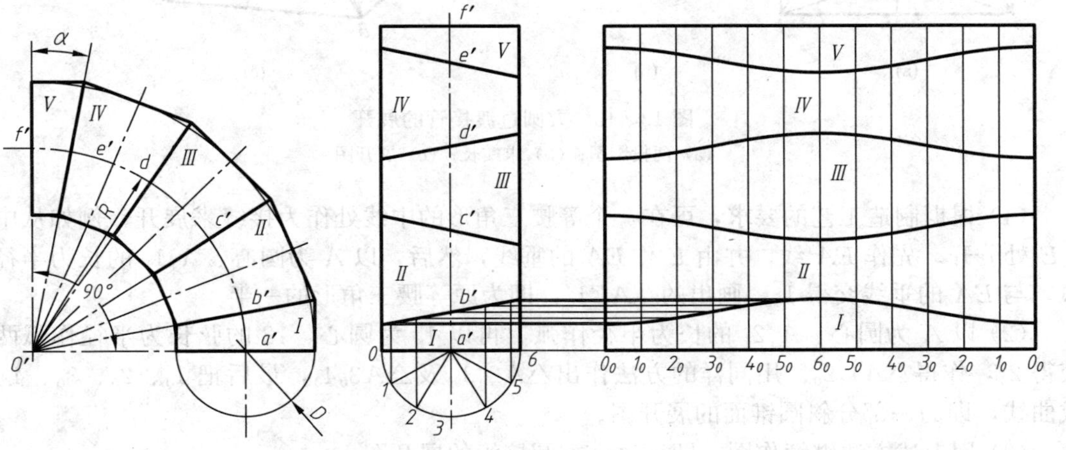


(a)　(b)　(c)

图 13-12　直角弯管的展开

（a）五节直角弯管的正面投影；（b）截割圆管成五节；（c）展开图

在实际工作中，不必画出完整的弯管正面投影，只要求出半节的中心角，作出半节的正面投影，即可进行展开。

## 第四节　变形接头的展开

变形接头一般都属于不可展曲面，求此类接头的展开图时需要根据具体形状把它们划分成许多平面及可展曲面，包括柱面和锥面，然后依次画出其展开图，即可得整个变形接头的展开图。下面举例说明。

### 一、方圆过渡接管的展开

图 13-13（a）所示为上圆下方的变形接管的两面投影。此变形接管由四个等腰三角形和四部分斜圆锥面所组成。等腰三角形的两腰为一般位置直线，需求出实长。对于斜圆锥面，可等分底圆。并作出过等分点的素线，求出各素线的实长，以底圆的弦长代替弧长，用几个三角形近似地代替这个斜圆锥面进行展开。

如图 13-13（b）所示，用直角三角形法求出各线段的实长。

具体的展开图的画法如图 13-13（c）所示：

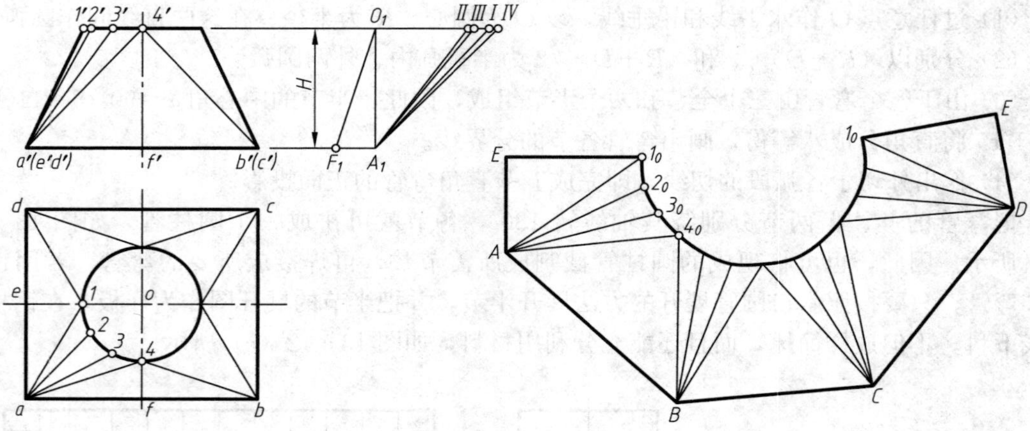


(a) (b) (c)

图 13-13 方圆过渡接管的展开

(a) 两投影图；(b) 求实长；(c) 展开图

(1) 根据制造工艺的要求，可在一个等腰三角形的中线处作为接缝来展开，例如从中线 $1_0E$ 处分开。先作 $EA$ 线，并由 $E$ 作 $EA$ 的垂线，然后，以 $A$ 为圆心、$A_11_1$ 的长为半径作弧，与 $EA$ 的垂线交得 $1_0$，画出的$\triangle AE1_0$，即为原等腰三角形的一半。

(2) 以 $A$ 为圆心、$A_12_1$ 的长为半径作弧，再以 $1_0$ 为圆心、12 的弦长为半径作弧两弧交得 $2_0$，作得$\triangle A1_02_0$。用同样的方法作出$\triangle A2_03_0$ 及$\triangle A3_04_0$，最后把 $1_0$、$2_0$、$3_0$、$4_0$ 连成曲线，即为一部分斜圆锥面的展开图。

(3) 用上述方法继续作图，即得这个方圆接管的展开图。

## 二、斜口异径管的展开

图 13-14（a）所示为斜口异径管（通常称为马蹄形管接头）的主视图，它的上、下口都是圆，可采用把表面划分成若干三角形小块的方法来近似地展开。作展开图的步骤如下：

### 1. 划分小块

先将上、下口的前半圆分别绕平行于正面的直径而旋转到平行于正面的位置，画出旋转后反映实形的正面投影半圆。把上、下两个前半圆作相同数目的等分，并作出各分点的正面投影 0′、2′、…、12′，以及 1′、3′、…、13′，在主视图中用细实线画出上、下口相应分点的连线 2′3′、4′5′、…、10′11′等，用细虚线画出 1′2′、3′4′、…、11′12′等，连得的这些细实线和细虚线，都作为上、下口各分点相应连线的正面投影。把上、下口相邻分点间的圆弧近似地当作三角形的一边，得到若干小块的三角形，并假定这个斜口异径管的前半表面就是由这些三角形拼成的。

### 2. 求各线段的实长

由于图 13-14（a）中省略了俯视图，故不能用直角三角形求实长的方法，但图中画出了上、下口前半圆的实形，便可采用直角梯形法求实长。

直角梯形法求实长的原理如图 13-14（b）所示。设以该管的前后对称面为正平面，管表面上各线段向对称面作正投影，以线段 $6_17_1$ 的投影为例，过点 $6_1$ 的投影线 $6_16'$垂直于 $6_17_1$ 的正面投影 $6'7'$，过点 $7_1$ 的投影线也垂直于 $6'7'$，于是 $6_16'7'7_1$ 构成一个直角梯形。在求实长的图解中，以各线段的正面投影的长度为底边，以两实形半圆上的分点到对称面的

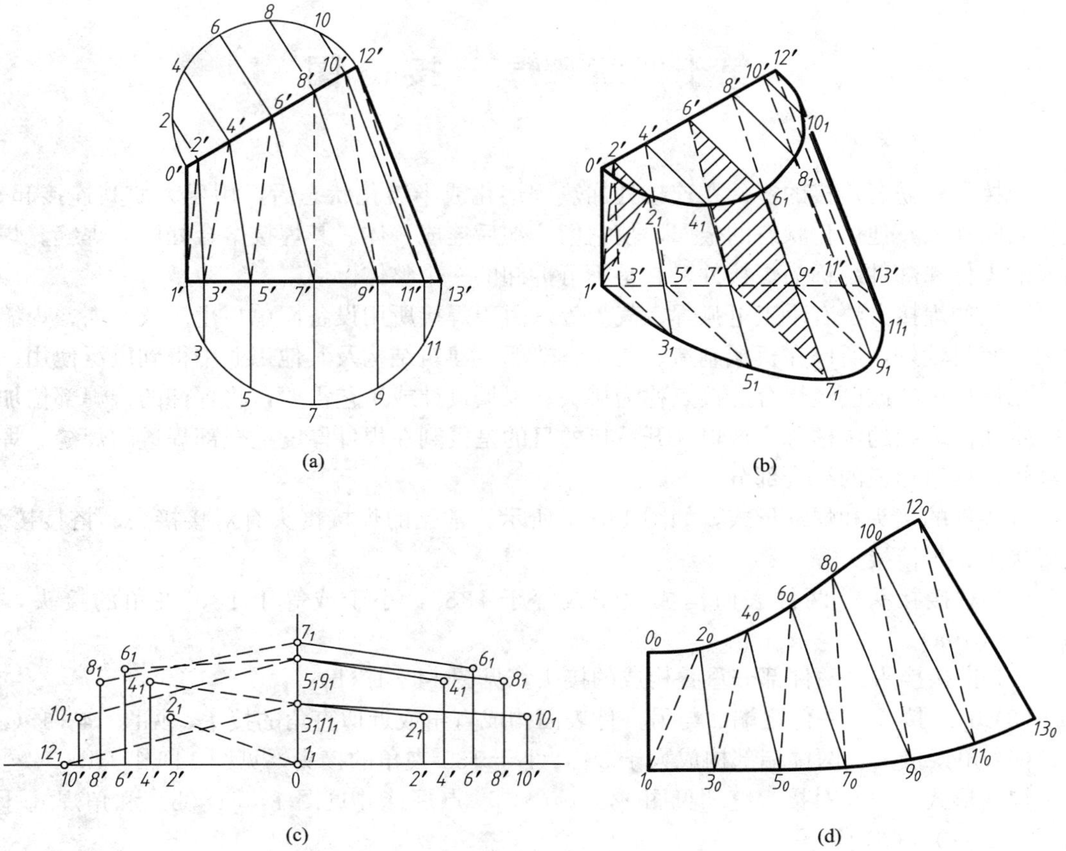


图 13－14　斜口异径管展开

距离为两直角边，则两端点连成的斜线，即是该线段的实长。

集中实长图如图 13－14（c）所示。为清晰起见，把实线及虚线分别集中在一边作出。现以求线段 $6_0 7_0$ 的实长为例，说明求线段实长的作图过程如下：

(1) 任作一水平线，在中间适当位置 0 处作一垂线为集中用的一条梯形直角边，把下口圆分点 7 到对称面的距离 $77'$ 自 0 点向上量在垂线上，得 $7_1$ 点。

(2) 自 0 向右在水平线上量取 $6'7'$ 之长得 $6'$ 点，于 $6'$ 点作垂线，把上口圆分点 $6_1$ 到对称面的距离 $66'$ 自 $6'$ 向上量在垂线上，得 $6_1$ 点。

(3) 连接点 $6_1 7_1$ 即得 $6_0 7_0$ 线段的实长。

用同样方法作出其他各线段的实长。其中，$1_1$ 和 $12_1$ 两点因投影时就在对称面上，因此在实长图中记在水平线上，作得的实长图为 $\triangle 1_1 2_1 2'$ 和 $\triangle 12_1 11_1 11'$（图中的 0 代表 $11'$），这与用直角三角形法求实长相同，可看作是直角梯形中一条直角边为零时的特殊情况。

3. 作展开图

用已知三边实长作三角形的方法，顺次拼画各三角形，就得到斜口异径管前面一半的展开图，如图 13－14（d）所示。由于作图时实线和虚线一来一回，这种作展开图的方法，又称为来回线法。

# 第十四章　焊　接　图

焊接是将需要连接的零件在连接处加热到熔化或半熔化状态后，用压力使其连接起来，或在其间加入其他熔化状态的金属，使它们冷却后连成一体。其焊接熔合处即为焊缝。焊接而成的零件和部件统称为焊接件，它是不可拆卸的一个整体。

常用的焊接方法有手工电弧焊、气焊等。由于焊接所用设备简单，生产效率高，焊缝强度大，密封性好，所以在机械制造、化工、造船、建筑结构及其他工业中得到广泛使用。

用焊接组合或已经焊合的接点称为接头。根据设计或工艺需要，将焊件的待焊部位加工成一定几何形状的沟槽称为坡口。开坡口的目的是得到在焊件厚度上全部焊透的焊缝。焊缝是经焊接后所形成的结合部分。

焊接件的接头和焊缝形式，如图 14－1 所示。常见的焊接接头有对接接头、搭接接头、T 形接头、角接接头等。

(1) 对接接头：两件表面构成大于或等于 135°，小于或等于 180°夹角的接头，见图 14－1（a）。

(2) 搭接接头：两件部分重叠构成的接头，见图 14－1（b）。

(3) T 形接头：一件之端面与另一件表面构成直角或近似直角的接头，见图 14－1（c）。

(4) 角接接头：两件端部构成大于 30°，小于 135°夹角的接头，见图 14－1（d）。

焊缝形式主要有对接焊缝［见图 14－1（a)］、点焊缝［见图 14－1（b)］和角焊缝［见图 14－1（c)、(d)］等。

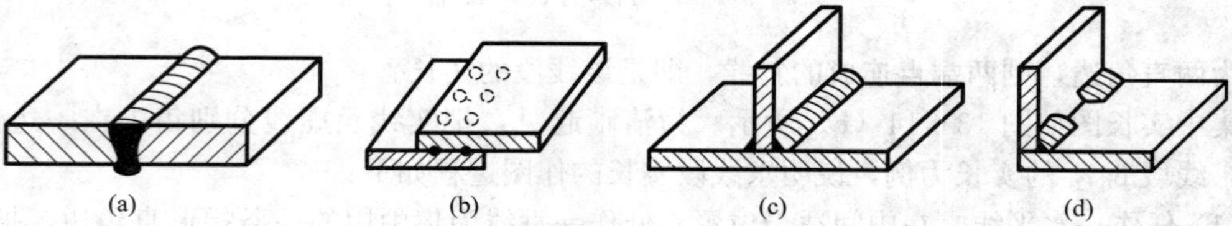

图 14－1　焊接接头和焊缝形式

焊接图是焊接施工所用的一种图样。前面所介绍的图样方法、尺寸标注等均适用于焊接图。在焊接图中，除了应把焊接件的形状、尺寸和一般技术要求表达清楚外，还必须将与焊接有关的内容表达清楚，如焊缝。

焊缝可采用技术制图中通常采用的图示法表示或用轴测图表示，如图 14－2 所示。

焊缝用一系列细实线段示意绘制，见图 14－2（a）。也允许用加粗线表示焊缝，该粗实线的宽度是可见轮廓线宽度的 2～3 倍，见图 14－2（b）。在同一图样上，只允许采用上述两种表示法中的一种。在表示焊缝的端面视图中，用粗实线画出焊缝的轮廓。必要时，可用细实线画出焊接前焊缝坡口的形状，见图 14－2（c）。用图示法表示焊缝，也应加注相应的标注，或者另有说明，见图 14－2（d）。在剖视图或断面图中，焊缝的金属熔焊区通常应涂黑表示，见图 14－2（e）。

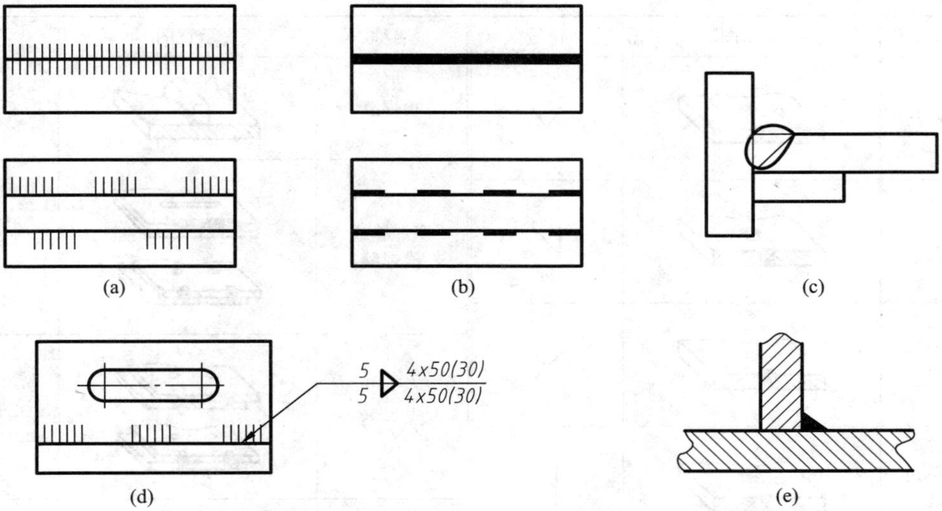


图 14-2　焊缝图示表示法

为了使图样清晰和减小绘图工作量，一般不按图示法画出焊缝，而是采用焊缝符号进行标注，来表明它的特征。

## 第一节　焊　缝　符　号

《焊缝符号表示法》（GB/T 324—2008）规定了在图样上标注焊缝符号的规则。焊缝符号一般由基本符号和指引线组成。必要时还可以加上补充符号和焊缝尺寸符号。

《焊缝符号的尺寸、比例及简化表示法》（GB/T 12212—2012）规定了焊缝画法的一般要求和焊缝符号的尺寸、比例及简化表示法。在图样中，焊缝图形符号的线宽、焊缝符号中字体的字形、字高和字体笔画宽度应与图样中其他符号（如尺寸符号、表面粗糙度符号、几何公差符号）的线宽、尺寸字体的字形、字高和字体笔画宽度相同。

### 一、基本符号

基本符号是表示焊缝横截面形状的符号，见表 14-1。标注双面焊焊缝或接头时，基本符号可以组合使用，见表 14-2。

表 14-1　焊缝基本符号

| 名称 | 示意图 | 符号 | 名称 | 示意图 | 符号 |
|---|---|---|---|---|---|
| 卷边焊缝（卷边完全融化） |  | 八 | 带钝边单边J形焊缝 |  |  |
| I形焊缝 |  | \|\| | 封底焊缝 | 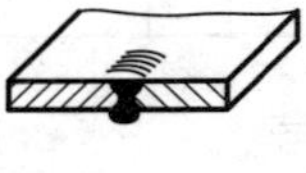 |  |

续表

| 名称 | 示意图 | 符号 |
|---|---|---|
| V 形焊缝 |  |  |
| 单边 V 形焊缝 |  |  |
| 带钝边 V 形焊缝 |  |  |
| 带钝边单边 V 形焊缝 |  |  |
| 带钝边单边 U 形焊缝 |  |  |

| 名称 | 示意图 | 符号 |
|---|---|---|
| 角焊缝 | 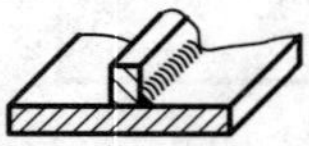 |  |
| 塞焊缝或槽焊缝 | 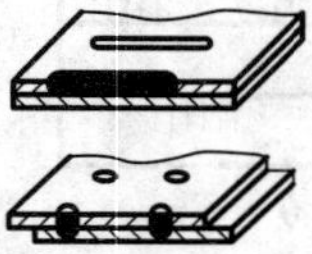 |  |
| 点焊缝 | 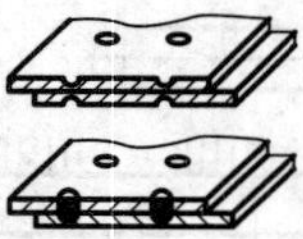 |  |
| 缝焊接 | 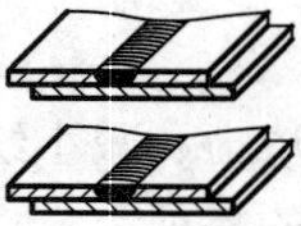 | 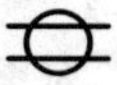 |

**表 14-2　　焊缝基本符号的组合**

| 名称 | 示意图 | 符号 |
|---|---|---|
| 双面 V 形焊缝（X 焊缝） |  |  |
| 双面单 V 形焊缝（K 焊缝） | 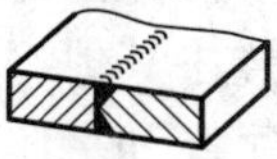 |  |
| 带钝边双面 V 形焊缝 |  |  |
| 带钝边双面 V 形焊缝 | 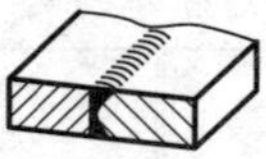 |  |
| 双面 U 形焊缝 |  |  |

## 二、补充符号

补充符号是为了补充说明有关焊缝或接头的某些特征而采用的符号，见表 14-3。补充符号的标注示例见表 14-4。

表 14－3　　**补　充　符　号**

| 名称 | 符号 | 说明 |
|---|---|---|
| 平面 |  | 焊缝表面通常经过加工后平整 |
| 凹面 |  | 焊缝表面凹陷 |
| 凸面 |  | 焊缝表面凸起 |
| 圆滑过渡 |  | 焊趾处过渡圆滑 |
| 永久衬垫 | 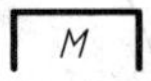  | 衬垫永久保留 |
| 临时衬垫 | 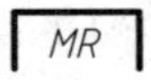  | 衬垫在焊接完成后拆除 |
| 三面焊缝 |  | 三面带有焊缝 |
| 周围焊缝 |  | 沿着工件周边施焊的焊缝<br>标注位置为基准线与箭头线的交点处 |
| 现场焊缝 |  | 在现场焊接的焊缝 |
| 尾部 |  | 可以表示所需的信息 |

表 14－4　　**补充符号的标注示例**

| 名称 | 符号 | 示意图 | 标注示例 |
|---|---|---|---|
| 平齐的 V 形焊缝和封底焊缝 |  | 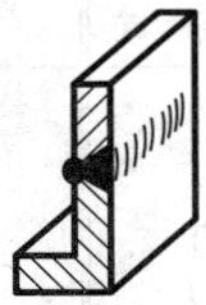 | 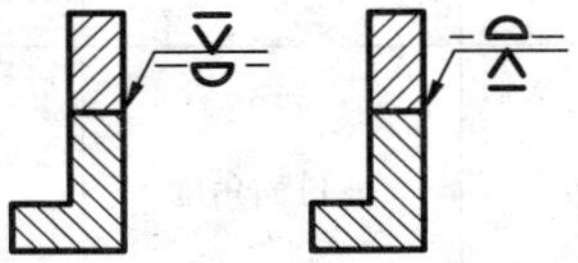 |
| 凸起的双面 V 形焊缝 |  | 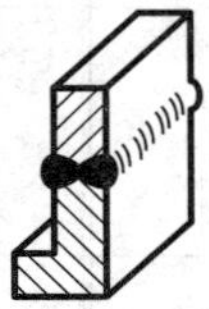 | 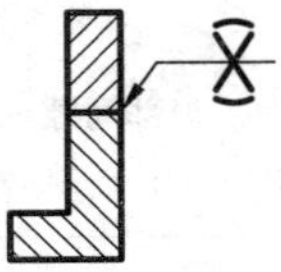 |
| 凹陷的角焊缝 |  | 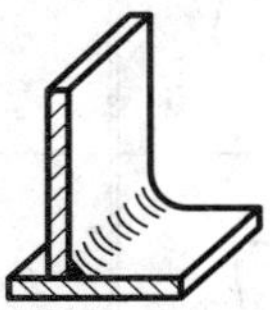 | 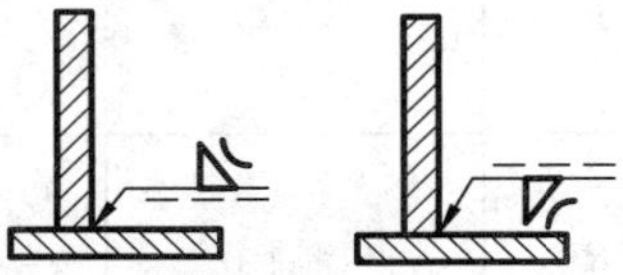 |

## 三、指引线

指引线由带有箭头的箭头线和两条互相平行的基准线（一条为细实线，另一条为细虚线）两部分组成，如图 14－3 所示。

箭头线为细实线，必要时允许箭头线弯折一次，用来将整个符号指到图样上的有关焊缝处。需要时可在基准线（实线）末端加一尾部，做其他说明之用（如焊接方法、相同焊缝数量等）。

基准线的上面和下面用来标注有关的焊缝符号。基准线的虚线可以画在基准线的细实线下侧或上侧。基准线一般应与图样标题栏的长边相平行，特殊情况下也可与长边相垂直。

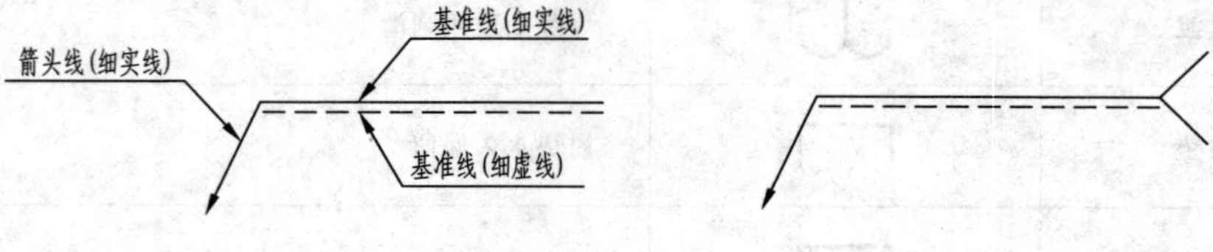


(a)　(b)

图 14－3　指引线

## 四、焊缝尺寸符号

焊缝尺寸指的是工件厚度、坡口角度、根部间隙等数据的数值。每个尺寸用一个符号来表示，常用的焊缝尺寸符号见表 14－5。焊缝尺寸的标注示例见表 14－6。

**表 14－5　常用的焊缝尺寸符号**

| 符号 | 名称 | 示意图 | 符号 | 名称 | 示意图 |
|---|---|---|---|---|---|
| $\delta$ | 工件厚度 | 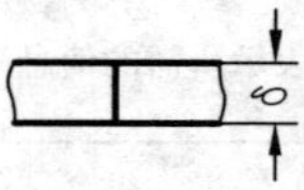 | $c$ | 焊缝宽度 | 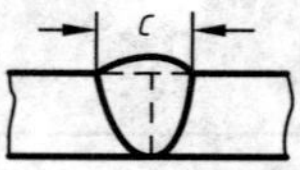 |
| $\alpha$ | 坡口角度 | 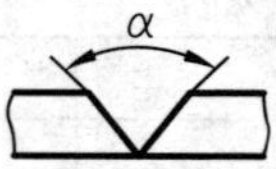 | $K$ | 焊脚尺寸 | 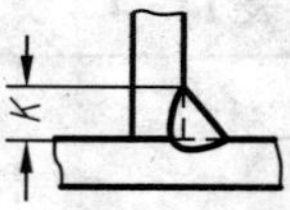 |
| $\beta$ | 坡口面角度 | 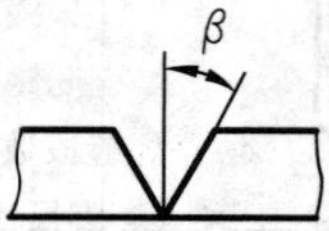 | $d$ | 点焊：熔核直径<br>塞焊：孔径 | 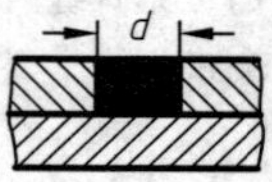 |
| $b$ | 根部间隙 | 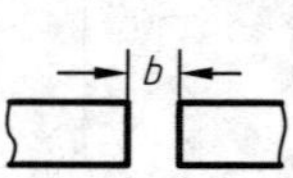 | $n$ | 焊缝段数 | 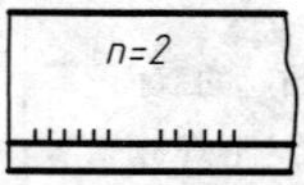 |
| $p$ | 钝边 | 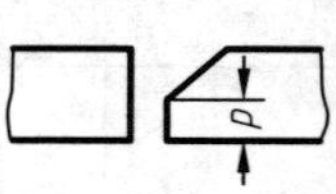 | $l$ | 焊缝长度 | 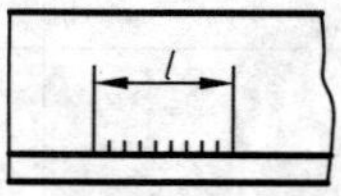 |
| $R$ | 根部半径 | 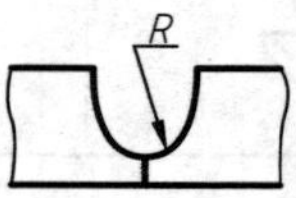 | $e$ | 焊缝间距 | 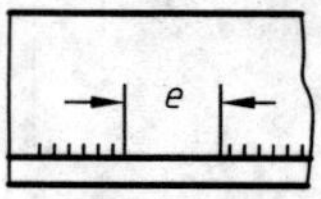 |

续表

| 符号 | 名称 | 示意图 | 符号 | 名称 | 示意图 |
|---|---|---|---|---|---|
| $H$ | 坡口深度 | 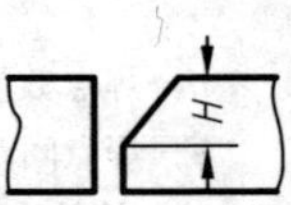 | $N$ | 相同焊缝数量 | 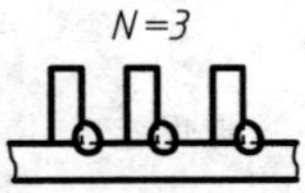 |
| $S$ | 焊缝有效厚度 | 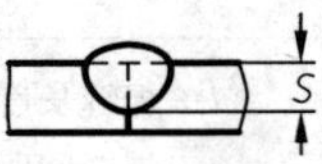 | $h$ | 余高 | 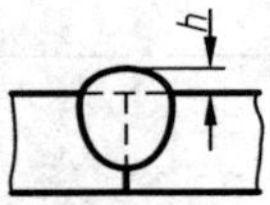 |

**表 14-6　焊缝尺寸的标注示例**

| 名称 | 示意图 | 焊缝尺寸符号 | 示例 |
|---|---|---|---|
| 对接焊缝 | 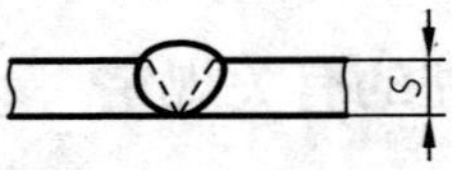 | $S$—焊缝有效厚度 | $S$ V |
| | 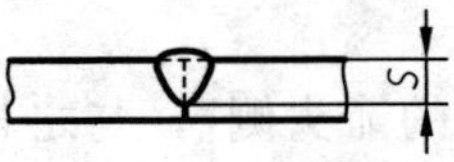 | | $S$ ‖ |
| | 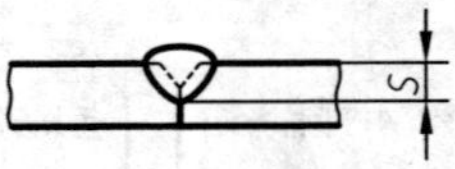 | | $S$ Y |
| 连续角焊缝 | 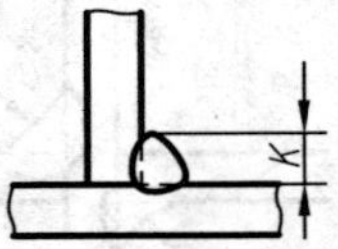 | $K$—焊脚尺寸 | $K$◣ |
| 断续角焊缝 | 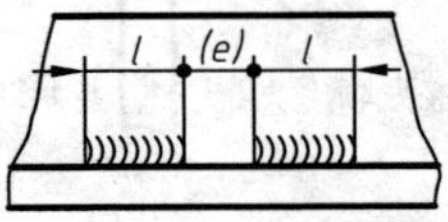 | $l$—焊缝长度；<br>$e$—焊缝间距；<br>$n$—焊缝段数；<br>$K$—焊脚尺寸 | $K$◣$n\times l$ ($e$) |
| 交错断续角焊缝 | 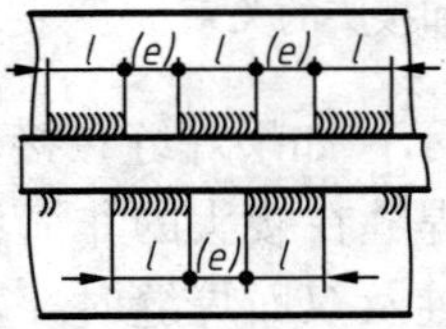 | $l$—焊缝长度；<br>$e$—焊缝间距；<br>$n$—焊缝段数；<br>$K$—焊脚尺寸 | $K$ ▷ n×1 (e)<br>$K$ n×1 (e) |
| 塞焊缝或槽焊缝 | 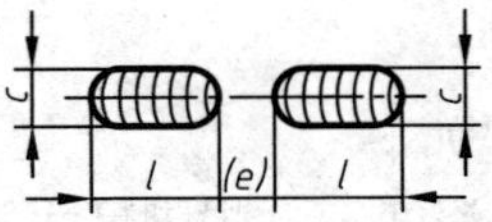 | $l$—焊缝长度；<br>$e$—焊缝间距；<br>$n$—焊缝段数；<br>$c$—焊缝宽度 | $d$ ⊓ $n\times l(e)$ |
| | 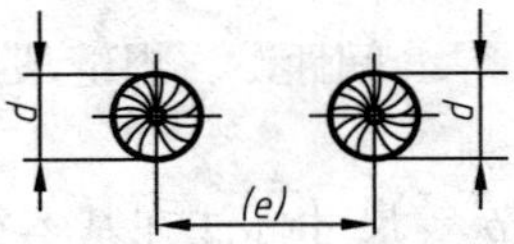 | $e$—焊缝间距；<br>$n$—焊缝段数；<br>$d$—孔径 | $d$ ⊓ $n\times(e)$ |

续表

| 名称 | 示意图 | 焊缝尺寸符号 | 示例 |
|---|---|---|---|
| 点焊缝 | 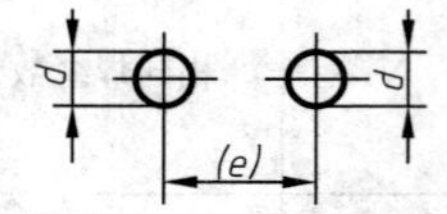 | $n$—焊点数量；<br>$e$—焊点间距；<br>$d$—熔核直径 | 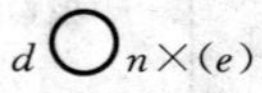 |
| 缝焊缝 | 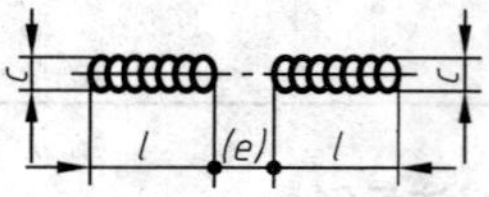 | $l$—焊缝长度；<br>$e$—焊缝间距；<br>$n$—焊缝段数；<br>$C$—焊缝宽度 | 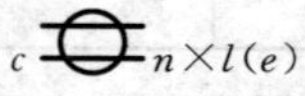 |

## 第二节　焊缝标注的有关规定

### 一、基本符号相对基准线的位置

基本符号中箭头直接指向的接头侧为“接头的箭头侧”，与之相对的则为“接头的非箭头侧”，如图 14－4 所示。

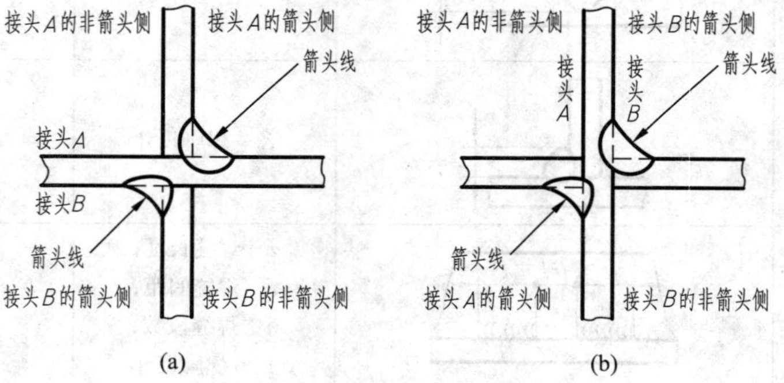


图 14－4　箭头线和接头的关系

基本符号与基准线的相对位置如图 14－5 所示。如果焊缝在接头的箭头侧，则将基本符号标注基准线的实线侧，见图 14－5（a）。如果焊缝在接头的非箭头侧，则将基本符号标注基准线的虚线侧，见图 14－5（b）。标注对称焊缝及双面焊缝时，基准线可以不加虚线，见图 14－5（c）、（d）。

### 二、焊缝尺寸的标注位置

如图 14－6 所示，焊缝尺寸的标注方法规定如下：

（1）焊缝横剖面上的尺寸，如钝边 $p$、坡口深度 $H$、焊脚尺寸 $K$、焊缝宽度 $c$ 等标注在基本符号左侧。

（2）焊缝长度方向的尺寸，如焊缝长度 $l$、焊缝间距 $e$、焊缝段数 $n$ 等标注在基本符号右侧。

（3）坡口角度 $\alpha$、坡口面角度 $\beta$、根部间隙 $b$ 等尺寸标注在基本符号的上侧或下侧。

（4）相同焊缝数量 $N$ 标在尾部。

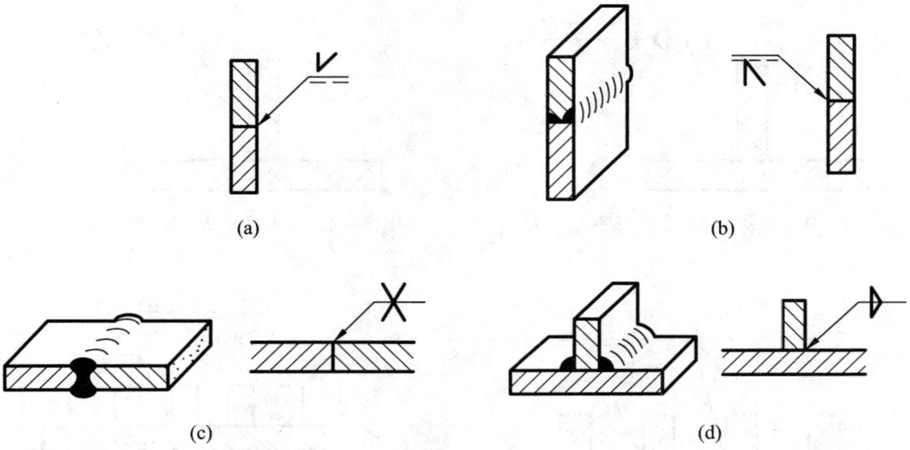


图 14-5 基本符号与基准线的相对位置

(a) 箭头指向绝焊面；(b) 箭头指向施焊背面；(c) 对称焊缝；(d) 双面焊缝

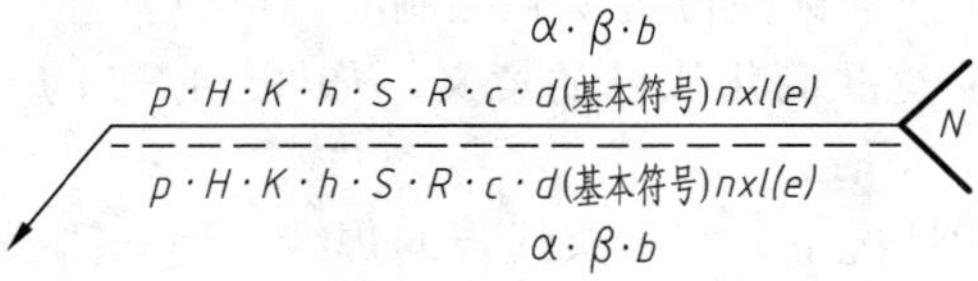


图 14-6 焊缝尺寸标注原则

(5) 当需要标注的尺寸数据较多又不易分辨时，可在数据前面增加相应的尺寸符号。

当箭头线方向变化时，上述原则不变。

**三、焊缝的简化标注**

在不会引起误解的情况下，可以简化焊缝的标注。

(1) 当同一图样上全部焊缝的焊接方法完全相同时，焊缝符号尾部表示焊接方法的代号可省略不注，但必须在技术要求或其他技术文件中注明“全部焊缝均采用××焊”等字样；当大部分焊接方法相同时，可在技术要求或其他技术文件中注明“除图中注明的焊接方法外，其余焊缝采用××焊”字样。

(2) 同一图样中的全部焊缝相同而且已在图上明确表明其位置时，可统一在技术要求中用符号表示或文字说明，如“全部焊缝为 5◺”；当部分焊缝相同时，也可采用同样的方法表示，但其余焊缝应在图样中明确标注。

(3) 标注交错对称焊缝的尺寸时，允许在基准线上只标注一次。如图 14-7 所示，35×50、(30) 没有在基准线下侧重复标注。

(4) 当断续焊缝、对称断续焊缝及交错断续焊缝的段数无严格要求时，允许省略焊缝段数的标注，如图 14-8 所示，即省略了焊缝段数 35。

(5) 当若干条焊缝的坡口尺寸和焊缝符号均相同时，可采用图 14-9 的方法集中标注；若这些焊缝在接头中的位置均相同时，也可采用在焊缝符号的尾部加注相同焊缝数量的方法简化标注，但其他型式的焊缝仍需分别标注，如图 14-10 所示。

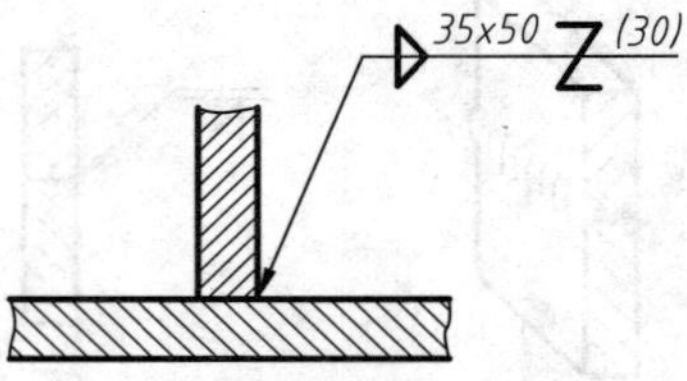


图 14－7　对称焊缝尺寸可不重复标注

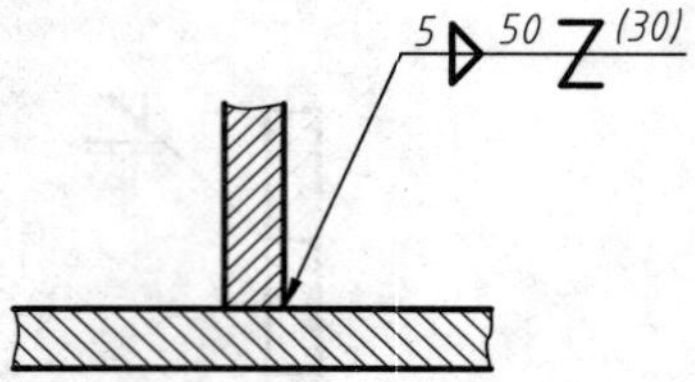


图 14－8　省略焊缝段数的标注

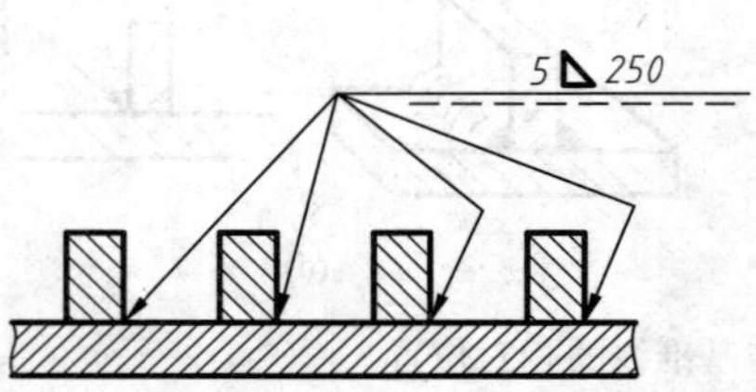


图 14－9　坡口尺寸相同焊缝集中标注

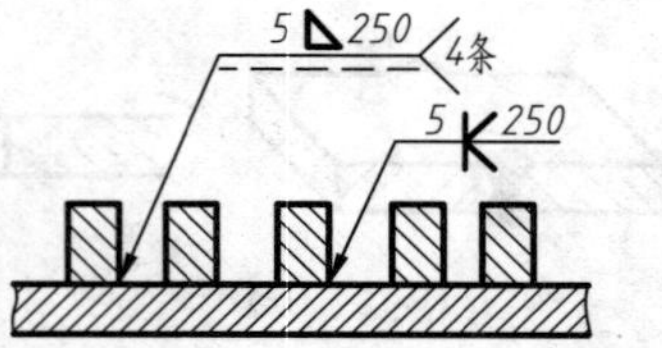


图 14－10　坡口尺寸相同焊缝在尾部符号内注出数量

（6）为了简化标注方法或当标注位置受到限制时，可以标注焊缝简化代号，但必须在该图的下方或标题栏附近说明这些简化代号的意义，如图 14－11 所示，这时，简化代号的大小应是图样中所注符号的 1.4 倍。

（7）在不致引起误解的情况下，当箭头线指向焊缝，而非箭头侧又无焊缝要求时，可省略非箭头侧的基准线（虚线），如图 14－12 所示。

（8）当焊缝长度的起始和终止位置明确（已由构件的尺寸等确定）时，允许在焊缝标注中省略焊缝长度尺寸，如图 14－11 所示。

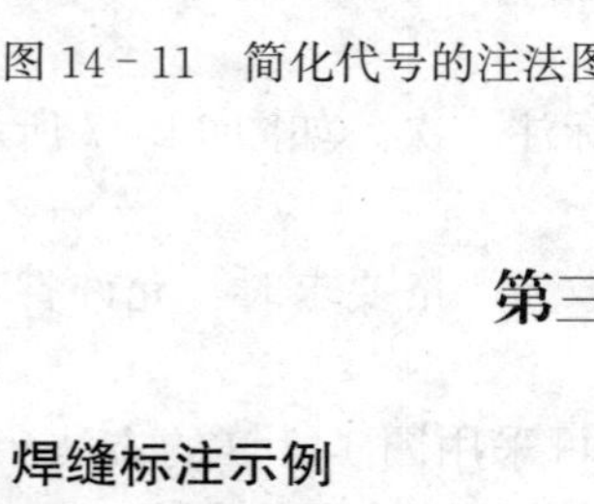

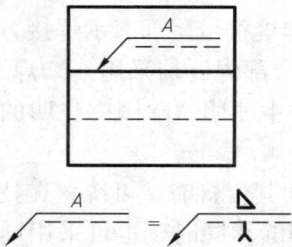

图 14－11　简化代号的注法图

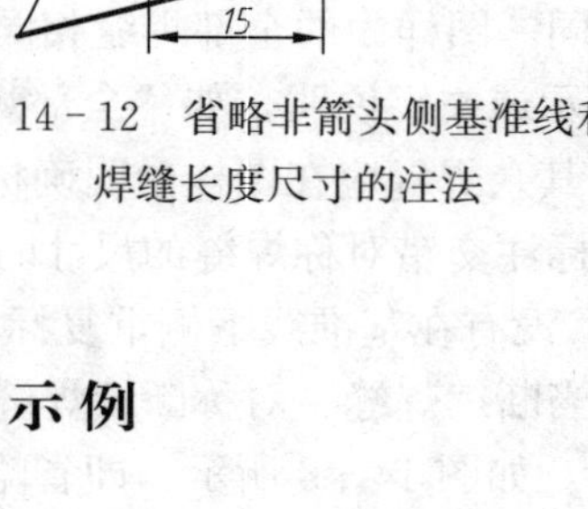

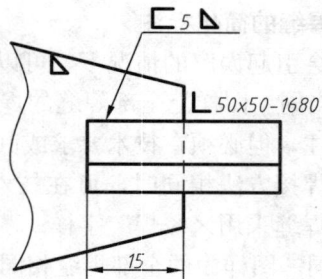

图 14－12　省略非箭头侧基准线和焊缝长度尺寸的注法

# 第三节　焊缝标注的示例

## 一、焊缝标注示例

常见焊缝标注见表 14－7。

表 14－7　**常见焊缝标注示例**

| 接头形式 | 焊缝形式 | 标注示例 | 说明 |
|---|---|---|---|
| 对接接头 | 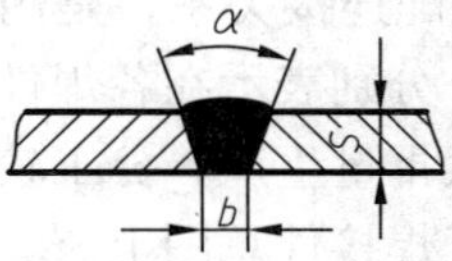  | 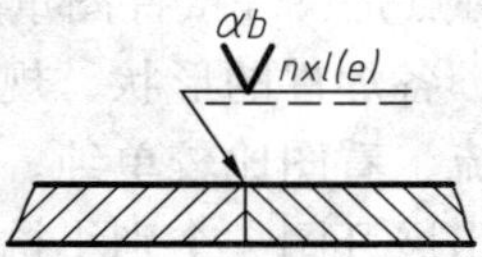  | V 形焊缝，坡口角度为 $\alpha$，根部间隙为 $b$，焊缝长度为 $l$，焊缝间距为 $e$ |
| | 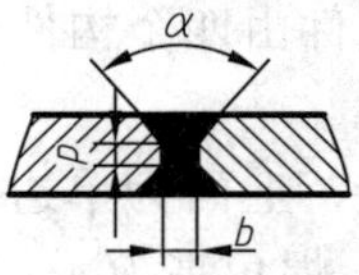  | 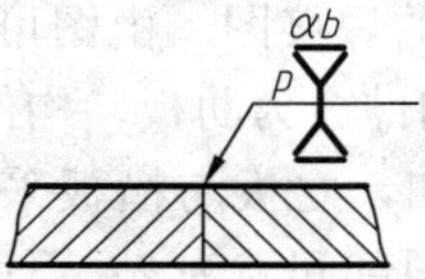  | 带钝边的 X 形焊缝，钝边高度为 $p$，坡口角度为 $\alpha$，根部间隙为 $b$，焊缝表面平齐 |
| T 形接头 | 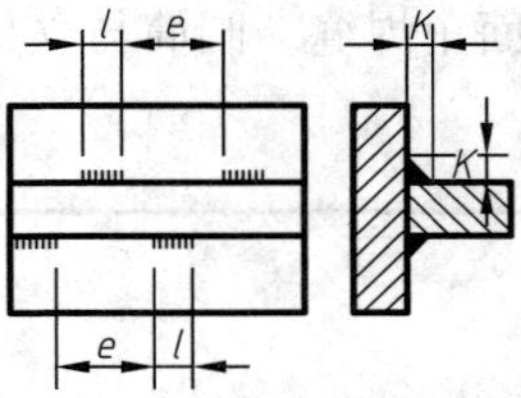  | 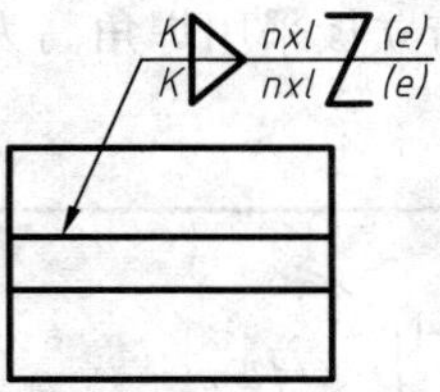  | 有 $n$ 条交错断续角焊缝，焊缝长度为 $l$，焊缝间距为 $e$，焊角高度为 $K$ |
| | 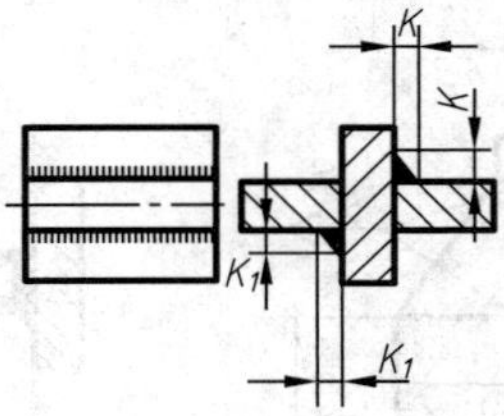  | 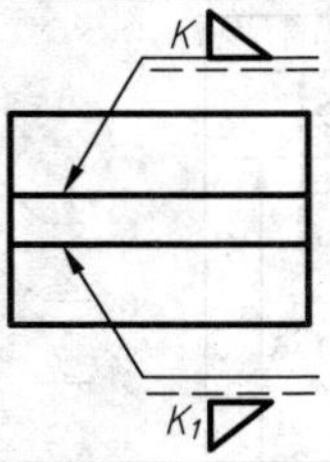  | 有对角的双面角焊缝，焊角高度为 $K$ 和 $K_1$ |
| 角接接头 | 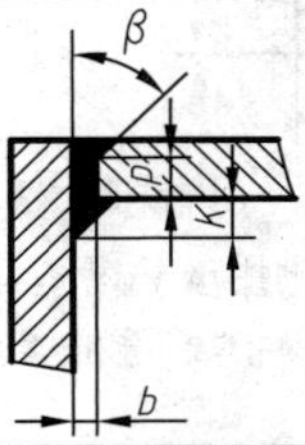  |   | 双面焊缝，上面为单边 V 形焊缝，下面为角焊缝 |

## 二、焊接图

焊接件图样应能清晰地表示出各焊件的相互位置、焊接要求、焊缝尺寸等。如果不附焊件详图，还应表示出各焊件的形状、规格大小及数量。

焊接图应具有以下内容：

(1) 表达焊接件结构形状的一组视图。

(2) 焊接件的规格尺寸、各焊件的装配位置尺寸及焊后加工尺寸。

(3) 各焊件连接处的接头形式、焊缝符号及焊缝尺寸。

(4) 构件装配、焊接及焊后处理，加工的技术要求。

(5) 说明焊件型号、规格、材料、重量的明细栏及焊件相应的编号。

(6) 标题栏。注意：标题栏的“材料标记”栏中填写“焊接件”。

根据焊接件结构复杂程度的不同，焊接图有两种画法。

(1) 整件式。这种画法的特点是：在一张图上，不仅表达了各焊件的装配、焊接要求，而且还表达每一焊件的形状和大小，除了较复杂的焊件和特殊要求的焊件外，不再另绘焊接图。这种图样形式表达集中，出图快，适用于修配或小批量生产。

(2) 分件式。这种画法的特点是：焊接件图重点表达装配连接关系，是用来指导焊件的装配、施焊及焊后处理的依据。各焊件的形状、规格、大小分别表示在各焊件图上。这种图样形式完整、清晰、方便，交流、看图比较单纯。适用于大批量生产，分工较细的情况。由板料弯曲卷成的构件，可以画出展开图。个别小构件可附于焊接件总图上。

图 14－13 所示为轴承挂架的焊接图。由图可知，该焊接件由四个构件经焊接而成，构件 1 为立板，构件 2 为横板，构件 3 为肋板，构件 4 为圆筒。

从图上所标的焊接符号可知，立板与横板采用双面焊接，上面为单边 V 形平口焊缝，钝边高为 4，坡口角度为 45°，根部间隙为 2；下面为角焊缝，焊角高为 4。肋板与横板及圆筒采用焊角高为 5 的角焊缝，与立板采用焊角高为 4 的双面角焊缝。圆筒与立板采用焊角高为 4 的周围角焊缝。

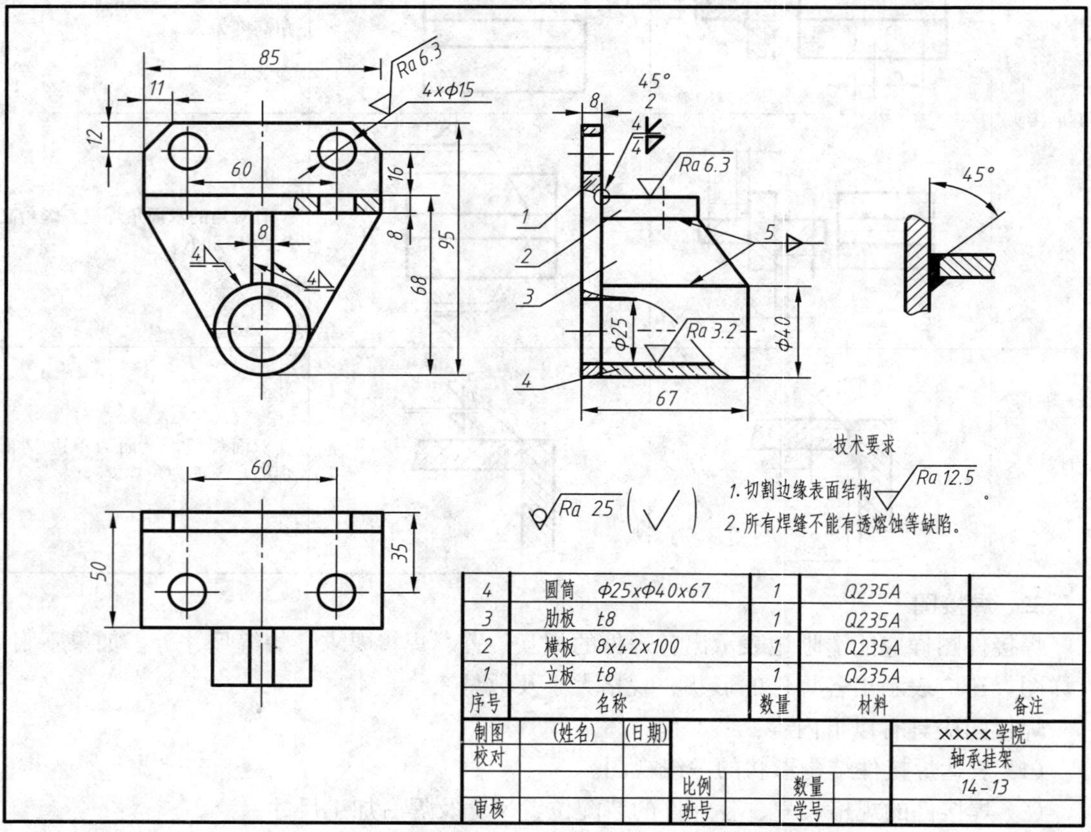

| 4 | 圆筒 | Φ25×Φ40×67 | 1 | Q235A | |
| 3 | 肋板 | t8 | 1 | Q235A | |
| 2 | 横板 | 8×42×100 | 1 | Q235A | |
| 1 | 立板 | t8 | 1 | Q235A | |
| 序号 | 名称 | | 数量 | 材料 | 备注 |
| 制图 | (姓名) | (日期) | | ××××学院 | |
| 校对 | | | | 轴承挂架 | |
| 审核 | | 比例 | 数量 | 14-13 | |
| | | 班号 | 学号 | | |

1. 切割边缘表面结构 $\sqrt{Ra\,12.5}$

2. 所有焊缝不能有透熔蚀等缺陷。

$\sqrt{Ra\,25}$ ( $\sqrt{}$ )

图 14－13　轴承挂架焊接图

# 附　　录

## 一、螺纹结构

**附表 1**　　普通螺纹（GB/T 193—2003、GB/T 196—2003）　　mm

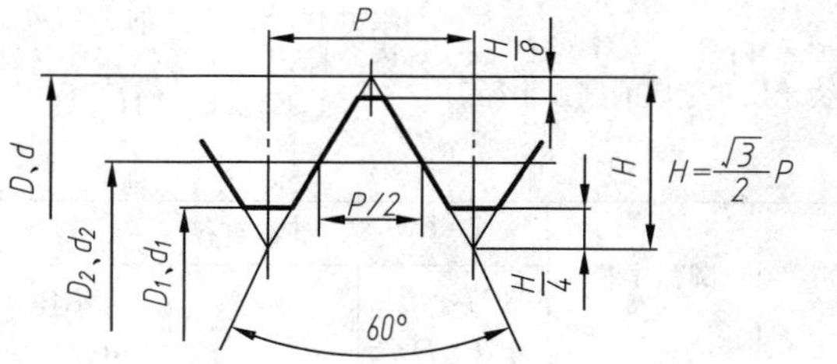


标记示例

公称直径 24mm，螺距 3mm，右旋粗牙普通螺纹，公差代号 6g，其标记为

M24 - 6g

公称直径 24mm，螺距 1.5mm，左旋细牙普通螺纹，公差代号 7H，其标记为

M24×1.5LH—7H

内外螺纹旋合的标记为 M16—7H/6g

| 公称直径 $D$、$d$ | | 螺距 $P$ | | 粗牙小径 $D_1$、$d_1$ |
|---|---|---|---|---|
| 第一系列 | 第二系列 | 粗牙 | 细牙 | |
| 3 | | 0.5 | 0.35 | 2.459 |
| | 3.5 | (0.6) | | 2.850 |
| 4 | | 0.7 | 0.5 | 3.242 |
| | 4.5 | (0.75) | | 3.688 |
| 5 | | 0.8 | | 4.134 |
| 6 | | 1 | 0.75，(0.5) | 4.917 |
| 8 | | 1.25 | 1，0.75，(0.5) | 6.647 |
| 10 | | 1.5 | 1.25，1<br>0.75，(0.5) | 8.376 |
| 12 | | 1.75 | 1.5，1.25，1<br>(0.75)，(0.5) | 10.106 |
| | 14 | 2 | 1.5，1.25，1<br>(0.75)，(0.5) | 11.835 |
| 16 | | 2 | 1.5，1<br>(0.75)，(0.5) | 13.835 |
| | 18 | 2.5 | 2，1.5，1<br>(0.75)，(0.5) | 15.294 |
| 20 | | 2.5 | | 17.294 |

| 公称直径 $D$、$d$ | | 螺距 $P$ | | 粗牙小径 $D_1$、$d_1$ |
|---|---|---|---|---|
| 第一系列 | 第二系列 | 粗牙 | 细牙 | |
| | 22 | 2.5 | 2，1.5，1<br>(0.75)，(0.5) | 19.294 |
| 24 | | 3 | 2，1.5，1，(0.75) | 20.751 2 |
| | 27 | 3 | 2，1.5，1，(0.75) | 23.752 |
| 30 | | 3.5 | 3，2，1.5，1，(0.75) | 26.211 |
| | 33 | 3.5 | 3，2，1.5，1，(0.75) | 29.211 |
| 36 | | 4 | 3，2，1.5，(1) | 31.670 9 |
| | 39 | 4 | | 34.670 |
| 42 | | 4.5 | (4)，3，2，1.5，(1) | 37.129 |
| | 45 | 4.5 | | 40.129 |
| 48 | | 5 | | 42.587 |
| | 52 | 5 | | 46.587 |
| 56 | | 5.5 | 4，3，2，1.5，(1) | 50.046 |

**注**　1. 应优先选用第一系列，括号内尺寸尽可能不用。

2. 螺纹公差带代号：外螺纹有 6e、6f、6g、8g、4h、6h、8h 等；内螺纹有 4H、5H、6H、7H、5G、6G、7G 等。

**附表 2** **55°非密封管螺纹（GB/T 7307—2001）** mm

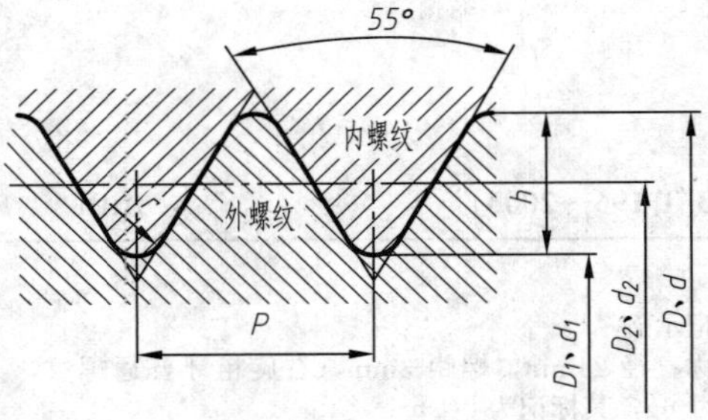


$d$—外螺纹大径；
$D$—内螺纹大径；
$d_2$—外螺纹中径；
$D_2$—内螺纹中径；
$d_1$—外螺纹小径；
$D_1$—内螺纹小径；
$P$—螺距；
$h$—螺纹牙高；
$r$—螺纹牙顶和牙底的圆弧半径

标记示例

尺寸代号为 3/4 的左旋内螺纹标记为

G3/4LH（右旋螺纹不注旋向）

尺寸代号为 1/2 的 A 级右旋外螺纹标记为

G1/2A

尺寸代号为 1/2 的 B 级左旋外螺纹标记为

G1/2B—LH

| 尺寸代号 | 每 25.4mm 内所包含的牙数 $n$ | 螺距 $P$ | 牙高 $h$ | 圆弧半径 $r\approx$ | 基本直径 | | |
|---|---|---|---|---|---|---|---|
| | | | | | 大径 $d=D$ | 中径 $d_2=D_2$ | 小径 $d_1=D_1$ |
| 1/16 | 28 | 0.907 | 0.581 | 0.125 | 7.723 | 7.142 | 6.561 |
| 1/8 | 28 | 0.907 | 0.581 | 0.125 | 9.728 | 9.147 | 8.566 |
| 1/4 | 19 | 1.337 | 0.856 | 0.184 | 13.157 | 12.301 | 11.445 |
| 3/8 | 19 | 1.337 | 0.856 | 0.184 | 16.662 | 15.806 | 14.950 |
| 1/2 | 14 | 1.814 | 1.162 | 0.249 | 20.955 | 19.793 | 18.631 |
| 5/8 | 14 | 1.814 | 1.162 | 0.249 | 22.911 | 21.749 | 20.587 |
| 3/4 | 14 | 1.814 | 1.162 | 0.249 | 26.441 | 25.279 | 24.117 |
| 7/8 | 14 | 1.814 | 1.162 | 0.249 | 30.201 | 29.039 | 27.877 |
| 1 | 11 | 2.309 | 1.479 | 0.317 | 33.249 | 31.770 | 30.291 |
| $1^1/_8$ | 11 | 2.309 | 1.479 | 0.317 | 37.897 | 36.418 | 34.939 |
| $1^1/_4$ | 11 | 2.309 | 1.479 | 0.317 | 41.910 | 40.431 | 38.952 |
| $1^1/_2$ | 11 | 2.309 | 1.479 | 0.317 | 47.803 | 46.324 | 44.845 |
| $1^3/_4$ | 11 | 2.309 | 1.479 | 0.317 | 53.746 | 52.267 | 50.788 |
| 2 | 11 | 2.309 | 1.479 | 0.317 | 59.614 | 58.135 | 56.656 |
| $2^1/_4$ | 11 | 2.309 | 1.479 | 0.317 | 65.710 | 64.231 | 62.752 |
| $2^1/_2$ | 11 | 2.309 | 1.479 | 0.317 | 75.184 | 73.705 | 72.226 |
| $2^3/_4$ | 11 | 2.309 | 1.479 | 0.317 | 81.534 | 80.055 | 78.576 |
| 3 | 11 | 2.309 | 1.479 | 0.317 | 87.884 | 86.405 | 84.926 |
| $3^1/_2$ | 11 | 2.309 | 1.479 | 0.317 | 100.330 | 98.851 | 97.372 |
| 4 | 11 | 2.309 | 1.479 | 0.317 | 113.030 | 111.551 | 110.072 |
| $4^1/_2$ | 11 | 2.309 | 1.479 | 0.317 | 125.730 | 124.251 | 122.772 |
| 5 | 11 | 2.309 | 1.479 | 0.317 | 138.430 | 136.951 | 135.472 |
| $5^1/_2$ | 11 | 2.309 | 1.479 | 0.317 | 151.130 | 149.651 | 148.172 |
| 6 | 11 | 2.309 | 1.479 | 0.317 | 163.830 | 162.351 | 160.872 |

**注** 圆弧半径 $r$ 由公式 $r=0.137\ 329P$ 计算得出。

## 二、标准件

### 1. 螺栓

**附表 3　　螺　栓**

六角头螺栓 C 级（GB/T 5780—2016）　　六角头螺栓 A 和 B 级（GB/T 5782—2016）

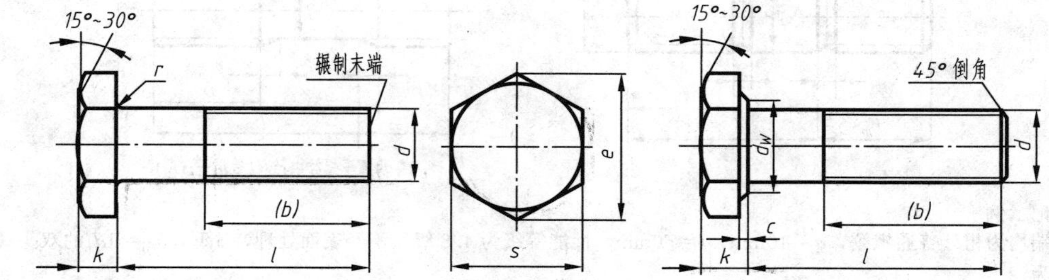


标记示例

螺纹规格 $d$=M12、公称长度 $l$=80mm、性能等级为 8.8 级，表面氧化、A 级的六角头螺栓，其标记为

螺栓 GB/T 5782—2016　M12×80

| 螺纹规格 $d$ | | | M3 | M4 | M5 | M6 | M8 | M10 | M12 | M16 | M20 | M24 | M30 | M36 | M42 |
|---|---|---|---|---|---|---|---|---|---|---|---|---|---|---|---|
| $b$ 参考 | $l \leqslant 125$ | | 12 | 14 | 16 | 18 | 22 | 26 | 30 | 38 | 46 | 54 | 66 | — | — |
| | $125 < l \leqslant 200$ | | 18 | 20 | 22 | 24 | 28 | 32 | 36 | 44 | 52 | 60 | 72 | 84 | 96 |
| | $l > 200$ | | 31 | 33 | 35 | 37 | 41 | 45 | 49 | 57 | 65 | 73 | 85 | 97 | 109 |
| $c_{max}$ | | | 0.4 | 0.4 | 0.5 | 0.5 | 0.6 | 0.6 | 0.6 | 0.8 | 0.8 | 0.8 | 0.8 | 0.8 | 1 |
| $d_{wmin}$ | 产品等级 | A | 4.57 | 5.88 | 6.88 | 8.88 | 11.63 | 14.63 | 16.63 | 22.49 | 28.19 | 33.61 | — | — | — |
| | | B、C | 4.45 | 5.74 | 6.74 | 8.74 | 11.47 | 14.47 | 16.47 | 22 | 27.7 | 33.25 | 42.75 | 51.11 | 59.95 |
| $e_{min}$ | 产品等级 | A | 6.01 | 7.66 | 8.79 | 11.05 | 14.38 | 17.77 | 20.03 | 26.75 | 33.53 | 39.98 | — | — | — |
| | | B、C | 5.88 | 7.50 | 8.63 | 10.89 | 14.20 | 17.59 | 19.85 | 26.17 | 32.95 | 39.55 | 50.85 | 60.79 | 72.02 |
| $k$ 公称 | | | 2 | 2.8 | 3.5 | 4 | 5.3 | 6.4 | 7.5 | 10 | 12.5 | 15 | 18.7 | 22.5 | 26 |
| $r$ | | | 0.1 | 0.2 | 0.2 | 0.25 | 0.4 | 0.4 | 0.6 | 0.6 | 0.8 | 0.8 | 1 | 1 | 1.2 |
| $s$ 公称=max | | | 5.5 | 7 | 8 | 10 | 13 | 16 | 18 | 24 | 30 | 36 | 46 | 55 | 65 |
| $l$（商品规格范围） | | | 20～30 | 25～40 | 25～50 | 30～60 | 40～80 | 45～100 | 50～120 | 65～160 | 80～200 | 90～240 | 110～300 | 140～340 | 160～440 |
| $l$ 系列 | | | 12，16，20，25，30，35，40，45，50，55，60，65，70，80，90，100，110，120，130，140，150，160，180，200，220，240，260，280，300，320，340，360，380，400，420，440，460，480，500 | | | | | | | | | | | | |

**注**　1. A 级用于 $d \leqslant 24$ 和 $l \leqslant 10d$ 或 $\leqslant 150$ 的螺栓；B 级用于 $d > 24$ 和 $l > 10d$ 或 $> 150$ 的螺栓。

2. 螺纹规格 $d$ 范围：GB/T 5780 为 M5～M64；GB/T 5782 为 M1.6－M64。

3. 公称长度范围：GB/T 5780 为 25～500；GB/T 5782 为 12～500。

2. 螺柱

**附表 4** **双 头 螺 柱** mm

GB/T 897—1988（$b_m=1d$），GB/T 898—1988（$b_m=1.25d$），GB/T 899—1988（$b_m=1.5d$），GB/T 900—1988（$b_m=2d$）

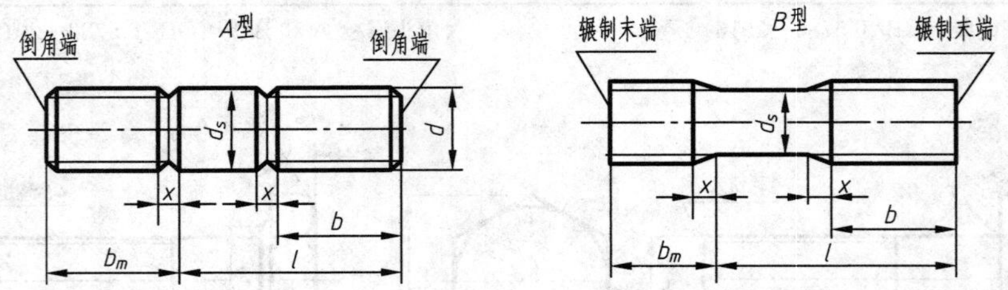


$d_s$ 约等于螺纹中径(仅适用于B型)

标记示例

两端均为粗牙普通螺纹，$d=10$mm，$l=50$mm，性能等级为 4.8 级，不经表面处理，B 型，$b_m=1d$ 的双头螺柱，其标记为

螺柱 GB/T 897 M10×50

若为 A 型，其标记为

螺柱 GB/T 897 AM10×50

| 螺纹规格 $d$ | $b_m$ 公称 | | | | $d_s$ | $x$ | $b$ | $l$ 范围公称 |
|---|---|---|---|---|---|---|---|---|
| | GB/T 897 | GB/T 898 | GB/T 899 | GB/T 900 | max | max | | |
| M5 | 5 | 6 | 8 | 10 | 5 | | 10 | 16～（22） |
| | | | | | | | 16 | 25～50 |
| M6 | 6 | 8 | 10 | 12 | 6 | | 10 | 20，（22） |
| | | | | | | | 14 | 25，（28），30 |
| | | | | | | | 18 | （32）～（75） |
| M8 | 8 | 10 | 12 | 16 | 8 | | 12 | 20，（22） |
| | | | | | | | 16 | 25，（28），30 |
| | | | | | | | 22 | （32）～90 |
| M10 | 10 | 12 | 15 | 20 | 10 | | 14 | 25，（28） |
| | | | | | | | 16 | 30，（38） |
| | | | | | | 2.5$P$ | 26 | 40～120 |
| | | | | | | | 32 | 130 |
| M12 | 12 | 15 | 18 | 24 | 12 | | 16 | 25～30 |
| | | | | | | | 20 | （32）～40 |
| | | | | | | | 30 | 45～120 |
| | | | | | | | 36 | 130～180 |
| M16 | 16 | 20 | 24 | 32 | 16 | | 20 | 30～（38） |
| | | | | | | | 30 | 40～50 |
| | | | | | | | 38 | 60～120 |
| | | | | | | | 44 | 130～200 |
| M20 | 20 | 25 | 30 | 40 | 20 | | 25 | 35～40 |
| | | | | | | | 35 | 45～60 |

续表

| 螺纹规格 $d$ | $b_m$ 公称 | | | | $d_s$ | $x$ | $b$ | $l$ 范围公称 |
|---|---|---|---|---|---|---|---|---|
| | GB/T 897 | GB/T 898 | GB/T 899 | GB/T 900 | max | max | | |
| M20 | 20 | 25 | 30 | 40 | 20 | 2.5$P$ | 46 | (65) ～120 |
| | | | | | | | 52 | 130～200 |

**注**　1. $P$ 表示粗牙螺纹的螺距。

2. $l$ 的长度系列：12、(14)、16、(18)、20、(22)、25、(28)、30、(32)、35、(38)、40、45、50、(55)、60、(65)、70、(75)、80、(85)、90、(95)、100～260（十进位），括号内数值尽可能不采用。

3. 材料为钢的性能等级有 4.8、5.8、6.8、8.8、10.9、12.9 级，其中，4.8 级为常用。

## 3. 螺钉

**附表 5　　开槽圆柱头螺钉（GB/T 65—2016）、开槽盘头螺钉（GB/T 67—2016）**　　mm

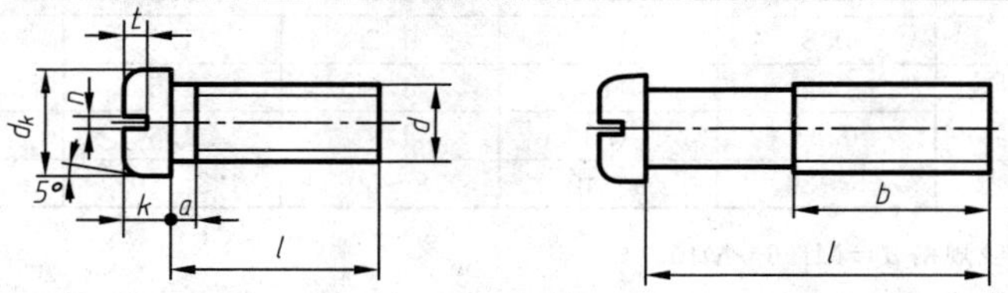


标记示例

螺纹规格 $d$=M5，公称长度 $l$=20mm，性能等级为 4.8 级，不经表面处理的 A 级开槽圆柱头螺钉：

螺钉　GB/T 65 M5×20

| 螺纹规格 $d$ | | | M3 | M4 | M5 | M6 | M8 | M10 |
|---|---|---|---|---|---|---|---|---|
| $a$ max | | | 1 | 1.4 | 1.6 | 2 | 2.5 | 3 |
| $b$ min | | | 25 | 38 | 38 | 38 | 38 | 38 |
| $x$ max | | | 1.25 | 1.75 | 2 | 2.5 | 3.2 | 3.8 |
| $n$ 公称 | | | 0.8 | 1.2 | 1.2 | 1.6 | 2 | 2.5 |
| GB/T 65—2016 | $d_k$ | max | 5.5 | 7 | 8.5 | 10 | 13 | 16 |
| | | min | — | 6.78 | 8.28 | 9.78 | 12.73 | 15.73 |
| | $k$ | max | 2 | 2.6 | 3.3 | 3.9 | 5 | 6 |
| | | min | — | 2.45 | 3.1 | 3.6 | 4.7 | 5.7 |
| | $t$ min | | 0.85 | 1.1 | 1.3 | 1.6 | 2 | 2.4 |
| GB/T 67—2016 | $d_k$ | max | 5.6 | 8 | 9.5 | 12 | 16 | 20 |
| | | min | 5.3 | 7.64 | 9.14 | 11.57 | 15.57 | 19.48 |
| | $k$ | max | 1.8 | 2.4 | 3 | 3.6 | 4.8 | 6 |
| | | min | 1.6 | 2.2 | 2.8 | 3.3 | 4.5 | 5.7 |
| | $t$ min | | 0.7 | 1 | 1.2 | 1.4 | 1.9 | 2.4 |
| GB/T 65—2016<br>GB/T 67—2016 | $\frac{l}{b}$ | | $\frac{4\sim30}{l-a}$ | $\frac{5\sim40}{l-a}$ | $\frac{6\sim40}{l-a}$<br>$\frac{45\sim50}{b}$ | $\frac{8\sim40}{l-a}$<br>$\frac{45\sim60}{b}$ | $\frac{10\sim40}{l-a}$<br>$\frac{45\sim80}{b}$ | $\frac{12\sim40}{l-a}$<br>$\frac{45\sim80}{b}$ |

**注**　1. 表中形式 (4～30) / ($l-a$) 表示全螺纹，其余同。

2. 螺钉的长度系列 $l$ 为 2、2.5、3、4、5、6、8、10、12、(14)、16、20、25、30、35、40、45、50、(55)、60、(65)、70、(75)、80，尽可能不采用括号内的规格。

**附表 6**　　**开槽沉头螺钉（GB/T 68—2016）**　　mm

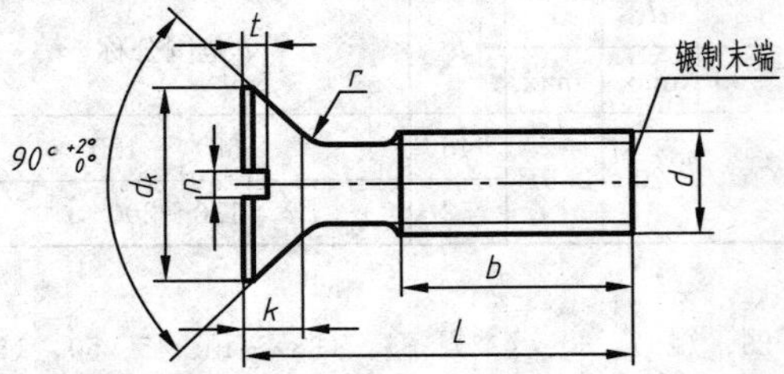


标记示例

螺纹规格 $d$＝M5，公称长度 $L$＝20mm，性能等级为 4.8 级，不经表面处理的 A 级开槽沉头螺钉，其标记为

螺钉　GB/T 68　M5×20

| 螺纹规格 $d$ | M2 | M3 | M4 | M5 | M6 | M8 | M10 |
|---|---|---|---|---|---|---|---|
| $P$（螺距） | 0.4 | 0.5 | 0.7 | 0.8 | 1 | 1.25 | 1.5 |
| $b$ min | 25 | 25 | 38 | 38 | 38 | 38 | 38 |
| $d_k$ max | 4.4 | 6.3 | 9.4 | 10.4 | 12.6 | 17.3 | 20 |
| $k$ max | 1.2 | 1.65 | 2.7 | 2.7 | 3.3 | 4.65 | 5 |
| $n$ | 0.5 | 0.8 | 1.2 | 1.2 | 1.6 | 2 | 2.5 |
| $r$ | 0.5 | 0.8 | 1 | 1.3 | 1.5 | 2 | 2.5 |
| $t$ | 0.6 | 0.85 | 1.3 | 1.4 | 1.6 | 2.3 | 2.6 |
| 公称长度 $L$ | 3～20 | 5～30 | 6～40 | 8～50 | 8～60 | 10～80 | 12～80 |

**注**　1. 标准规定螺纹规格 $d$＝M1.6～M10。

2. 螺钉的公称长度系列 $L$：2，2.5，3，4，5，6，8，10，12，（14），16，20，25，30，35，40，45，50，（55），60，（65），70，（75），80mm，尽可能不采用括号内的数值。

3. 无螺纹部分杆径 ≈中径，或＝螺纹大径。

4. 材料为钢的螺钉性能等级有 4.8，5.9 级，其中，4.8 级为常用。

**附表 7**　　**内六角圆柱头螺钉（GB/T 70.1—2008）**　　mm

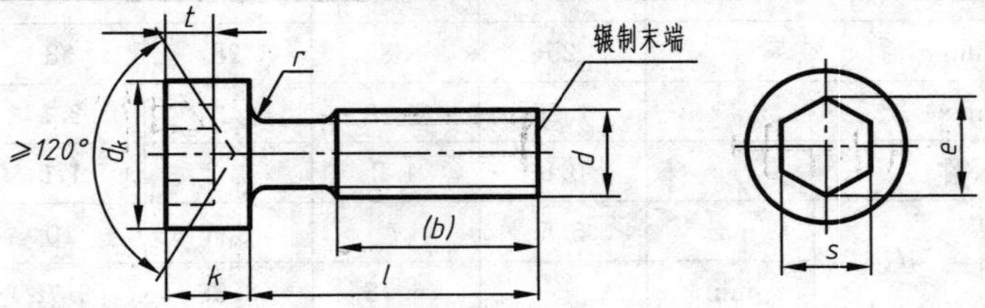


标记示例

螺纹规格 $d$＝M5，公称长度 $l$＝20mm，性能等级为 8.8 级，表面氧化的内六角圆柱头螺钉，其标记为

螺钉　GB/T 70.1　M5×20

| 螺纹规格 $d$ | M3 | M4 | M5 | M6 | M8 | M10 | M12 | M14 | M16 | M20 |
|---|---|---|---|---|---|---|---|---|---|---|
| $P$（螺距） | 0.5 | 0.7 | 0.8 | 1 | 1.25 | 1.5 | 1.75 | 2 | 2 | 2.5 |
| $b$ 参考 | 18 | 20 | 22 | 24 | 28 | 32 | 36 | 40 | 44 | 52 |
| $d_k$ max | 5.5 | 7 | 8.5 | 10 | 13 | 16 | 18 | 21 | 24 | 30 |
| $k$ max | 3 | 4 | 5 | 6 | 8 | 10 | 12 | 14 | 16 | 20 |
| $t$ min | 1.3 | 2 | 2.5 | 3 | 4 | 5 | 6 | 7 | 8 | 10 |
| $s$ 公称 | 2.5 | 3 | 4 | 5 | 6 | 8 | 10 | 12 | 14 | 17 |
| $e$ min | 2.87 | 3.44 | 4.58 | 5.72 | 6.86 | 9.15 | 11.43 | 13.72 | 16 | 29.44 |
| $r$ min | 0.1 | 0.2 | 0.2 | 0.25 | 0.4 | 0.4 | 0.6 | 0.6 | 0.6 | 0.8 |
| 公称长度 $l$ | 3～20 | 5～30 | 6～40 | 8～50 | 8～60 | 10～80 | 12～80 | | | |
| $l$ 系列 | 2.5，3，4，5，6，8，10，12，16，20，25，30，35，40，45，50，55，60，65，70，80，90，100，110，120，130，140，150，160，170，180，200，220，240，260，280，300 | | | | | | | | | |

**注**　1. 标准规定螺纹规格 $d$＝M1.6～M64。

2. 材料为钢的性能等级有 8.8、10.9、12.9 级，其中 8.8 级为常用。

**附表 8**　　**紧　定　螺　钉**　　mm

开槽锥端紧定螺钉
GB/T 71—2018

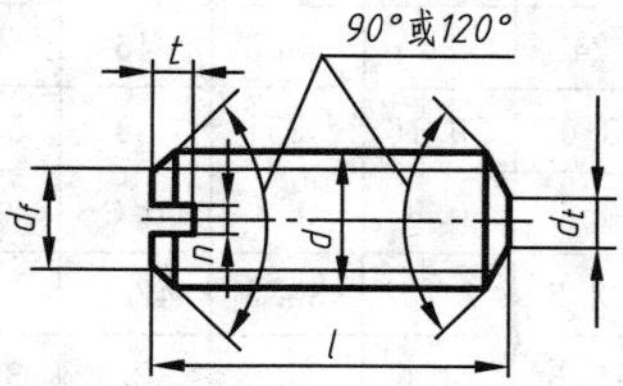


开槽平端紧定螺钉
GB/T 73—2017

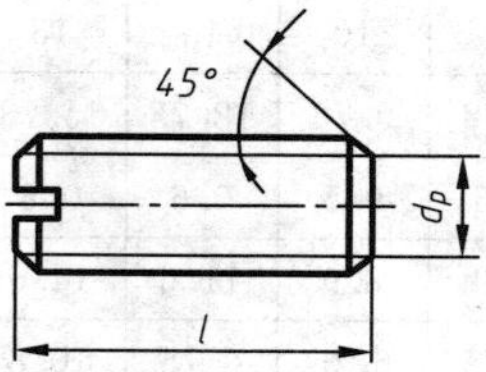


开槽长圆柱端紧定螺钉
GB/T 75—2018

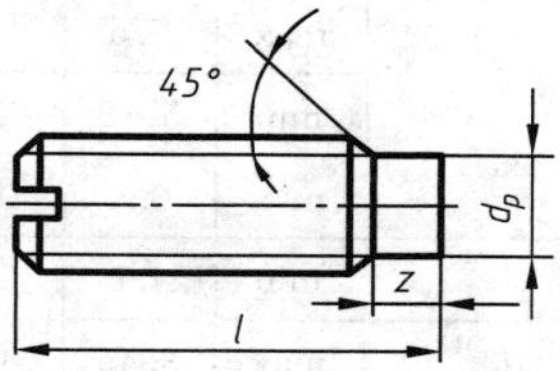


标记示例

螺纹规格 $d$＝M5、公称长度 $l$＝12mm、性能等级为 14H 级，表面氧化的开槽平端紧定螺钉：

螺钉　GB/T 73　M5×12－14H

| 螺纹规格 $d$ | | | M2 | M2.5 | M3 | M4 | M5 | M6 | M8 | M10 | M12 |
|---|---|---|---|---|---|---|---|---|---|---|---|
| $d_f \leqslant$ | | | 螺纹小径 | | | | | | | | |
| $n$ | | | 0.25 | 0.4 | 0.4 | 0.6 | 0.8 | 1 | 1.2 | 1.6 | 2 |
| $t$ | max | | 0.84 | 0.95 | 1.05 | 1.42 | 1.63 | 2 | 2.5 | 3 | 3.6 |
| GB/T 71—1985 | $d_t$ | max | 0.2 | 0.25 | 0.3 | 0.4 | 0.5 | 1.5 | 2 | 2.5 | 3 |
| | $l$ | 120° | — | 3 | — | — | — | — | — | — | — |
| | | 90° | 3～10 | 4～12 | 4～16 | 6～20 | 8～25 | 8～30 | 10～40 | 12～50 | 14～60 |
| GB/T 73—1985<br>GB/T 75—1985 | $d_p$ | max | 1 | 1.5 | 2 | 2.5 | 3.5 | 4 | 5.5 | 7 | 8.5 |
| GB/T 73—1985 | $l$ | 120° | 2～2.5 | 2.5～3 | 3 | 4 | 5 | 6 | — | — | — |
| | | 90° | 3～10 | 4～12 | 4～16 | 5～20 | 6～25 | 8～30 | 8～40 | 10～50 | 12～60 |
| GB/T 75—1985 | $z$ | max | 1.25 | 1.5 | 1.75 | 2.25 | 2.75 | 3.25 | 4.3 | 5.3 | 6.3 |
| | $l$ | 120° | 3 | 4 | 5 | 6 | 8 | 8～10 | 10～14 | 12～16 | 14～20 |
| | | 90° | 4～10 | 5～12 | 6～16 | 8～20 | 10～25 | 12～30 | 16～40 | 20～50 | 25～60 |

**注**　1. GB/T 71—1985 和 GB/T 73—1985 规定螺钉的螺纹规格 $d$＝M1.2～M12，公称长度 $L$＝2～60mm；GB/T 75—1985 规定螺钉的螺纹规格 $d$＝M1.6～M12，公称长度 $L$＝2.5～60mm。

2. 公称长度 $L$（系列）：2、2.5、3、4、5、6、8、10、12、(14)、16、20、25、30、35、40、45、50、(55)、60mm。

## 4. 六角螺母

**附表 9**　　**六　角　螺　母**

1 型六角螺角—A 级和 B 级
(GB/T 6170—2015)

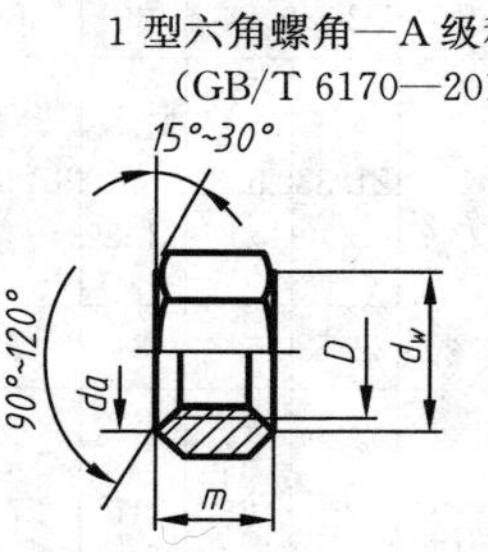


2 型六角螺母—A 级和 B 级
(GB/T 6175—2016)

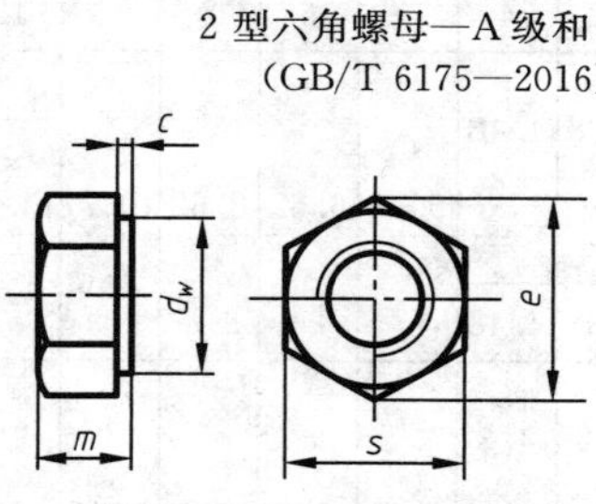


六角薄螺母—A 级和 B 级—倒角
(GB/T 6172.1—2016)

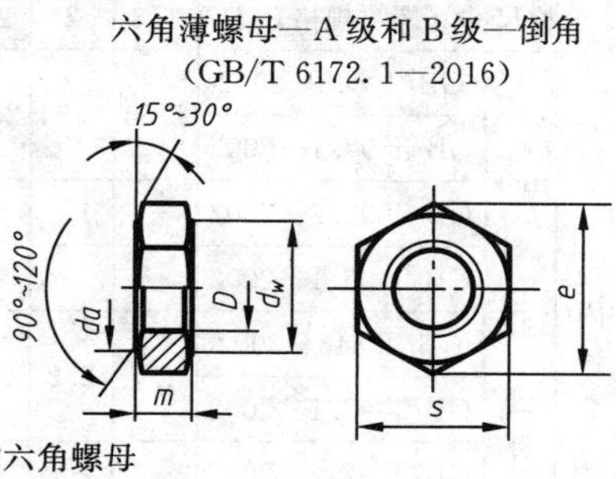


标记示例：螺纹规格 D＝M12，性能等级为 10 级，不经表面处理，A 级的六角螺母

| 1 型 | 2 型 | 薄螺母，倒角 |
|---|---|---|
| 螺母　GB/T 6170—2015 M12 | 螺母　GB/T 6175—2016 M12 | 螺母　GB/T 6172—2016 M12 |

续表

| 螺纹规格 $D$ | | M3 | M4 | M5 | M6 | M8 | M10 | M12 | M16 | M20 | M24 | M30 | M36 |
|---|---|---|---|---|---|---|---|---|---|---|---|---|---|
| $e$ | min | 6.01 | 7.66 | 8.79 | 11.05 | 14.38 * | 17.77 | 20.03 | 26.75 | 32.95 | 39.55 | 50.85 | 60.79 |
| $s$ | max | 5.5 | 7 | 8 | 10 | 13 | 16 | 18 | 24 | 30 | 36 | 46 | 55 |
| | min | 5.32 | 6.78 | 7.78 | 9.78 | 12.73 | 15.73 | 17.73 | 23.67 | 29.16 | 35 | 45 | 53.8 |
| $c$ | max | 0.4 | 0.4 | 0.5 | 0.5 | 0.6 | 0.6 | 0.6 | 0.8 | 0.8 | 0.8 | 0.8 | 0.8 |
| $d_w$ | min | 4.6 | 5.9 | 6.9 | 8.9 | 11.6 | 14.6 | 16.6 | 22.5 | 27.7 | 33.2 | 42.7 | 51.1 |
| $d_a$ | max | 3.45 | 4.6 | 5.75 | 6.75 | 8.75 | 10.8 | 13 | 17.3 | 21.6 | 25.9 | 32.4 | 38.9 |
| GB/T 6170—2000 $m$ | max | 2.4 | 3.2 | 4.7 | 5.2 | 6.8 | 8.4 | 10.8 | 14.8 | 18 | 21.5 | 25.6 | 31 |
| | min | 2.15 | 2.9 | 4.4 | 4.9 | 6.44 | 8.04 | 10.37 | 14.1 | 16.9 | 20.2 | 24.3 | 29.4 |
| GB/T 6172.1—2000 $m$ | max | 1.8 | 2.2 | 2.7 | 3.2 | 4 | 5 | 6 | 8 | 10 | 12 | 15 | 18 |
| | min | 1.55 | 1.95 | 2.45 | 2.9 | 3.7 | 4.7 | 5.7 | 7.42 | 9.10 | 10.9 | 13.9 | 16.9 |
| GB/T 6175—2000 $m$ | max | — | — | 5.1 | 5.7 | 7.5 | 9.3 | 12 | 16.4 | 20.3 | 23.9 | 28.6 | 34.7 |
| | min | — | — | 4.8 | 5.4 | 7.14 | 8.94 | 11.57 | 15.7 | 19 | 22.6 | 27.3 | 33.1 |

* 14.38 在 GB/T 6172—2000 中为 14.28。

## 5. 垫圈

**附表 10** 垫 圈 mm

小垫圈（GB/T 848—2002）、平垫圈（GB/T 97.1—2002）

大垫圈（A 级）（GB/T 96.1—2002）、平垫圈-倒角型（GB/T 97.2—2002）

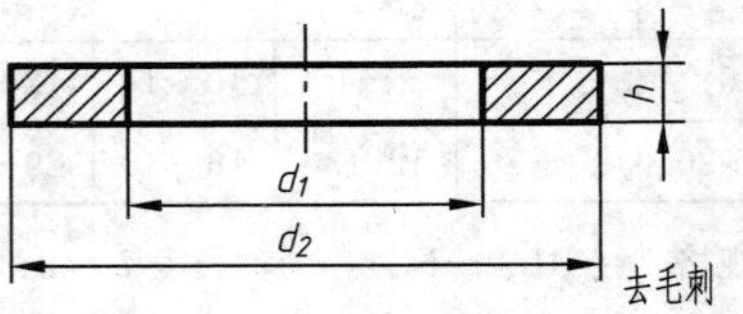


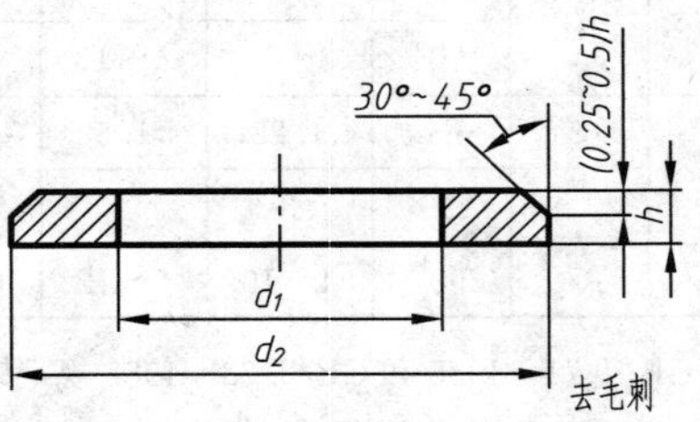


标记示例

标准系列、公称尺寸 $d$=8mm、性能等级为 140HV 级、不经表面处理的平垫圈

垫圈 GB/T 97.1—2002 8—140HV

<table>
<tr><th colspan="3">公称尺寸（螺纹规格）d</th><th>1.6</th><th>2</th><th>2.5</th><th>3</th><th>4</th><th>5</th><th>6</th><th>8</th><th>10</th><th>12</th><th>14</th><th>16</th><th>20</th><th>24</th><th>30</th><th>36</th></tr>
<tr><td rowspan="8">d<sub>1</sub><br>内径</td><td rowspan="4">max</td><td>GB/T 848—2002</td><td rowspan="2">1.84</td><td rowspan="2">2.34</td><td rowspan="2">2.84</td><td rowspan="2">3.38</td><td rowspan="2">4.48</td><td rowspan="4">5.48</td><td rowspan="4">6.62</td><td rowspan="4">8.62</td><td rowspan="4">10.77</td><td rowspan="4">13.27</td><td rowspan="4">15.27</td><td rowspan="4">17.27</td><td rowspan="3">21.33</td><td rowspan="3">25.33</td><td rowspan="3">31.33<br>31.39</td><td rowspan="3">37.62</td></tr>
<tr><td>GB/T 97.1—2002</td></tr>
<tr><td>GB/T 97.2—2002</td><td>—</td><td>—</td><td>—</td><td>—</td><td>—</td></tr>
<tr><td>GB/T 96.1—2002</td><td>—</td><td>—</td><td>—</td><td>3.38</td><td>4.48</td><td>22.52</td><td>26.84</td><td>34</td><td>40</td></tr>
<tr><td rowspan="4">公称<br>min</td><td>GB/T 848—2002</td><td rowspan="2">1.7</td><td rowspan="2">2.2</td><td rowspan="2">2.7</td><td rowspan="2">3.2</td><td rowspan="2">4.3</td><td rowspan="4">5.3</td><td rowspan="4">6.4</td><td rowspan="4">8.4</td><td rowspan="4">10.5</td><td rowspan="4">13</td><td rowspan="4">15</td><td rowspan="4">17</td><td rowspan="3">21</td><td rowspan="3">25</td><td rowspan="3">31</td><td rowspan="3">37</td></tr>
<tr><td>GB/T 97.1—2002</td></tr>
<tr><td>GB/T 97.2—2002</td><td>—</td><td>—</td><td>—</td><td>—</td><td>—</td></tr>
<tr><td>GB/T 96.1—2002</td><td>—</td><td>—</td><td>—</td><td>3.2</td><td>4.3</td><td>22</td><td>26</td><td>33</td><td>39</td></tr>
</table>

续表

| 公称尺寸（螺纹规格）$d$ | | | 1.6 | 2 | 2.5 | 3 | 4 | 5 | 6 | 8 | 10 | 12 | 14 | 16 | 20 | 24 | 30 | 36 |
|---|---|---|---|---|---|---|---|---|---|---|---|---|---|---|---|---|---|---|
| $d_2$ 外径 | 公称 max | GB/T 848—2002 | 3.5 | 4.5 | 5 | 6 | 8 | 9 | 11 | 15 | 18 | 20 | 24 | 28 | 34 | 39 | 50 | 60 |
| | | GB/T 97.1—2002 | 4 | 5 | 6 | 7 | 9 | 10 | 12 | 16 | 20 | 24 | 28 | 30 | 37 | 44 | 56 | 66 |
| | | GB/T 97.2—2002 | — | — | — | — | — | | | | | | | | | | | |
| | | GB/T 96.1—2002 | — | — | — | 9 | 12 | 15 | 18 | 24 | 30 | 37 | 44 | 50 | 60 | 72 | 92 | 110 |
| | min | GB/T 848—2002 | 3.2 | 4.2 | 4.7 | 5.7 | 7.64 | 8.64 | 10.57 | 14.57 | 17.57 | 19.48 | 23.48 | 27.48 | 33.38 | 38.38 | 49.38 | 58.8 |
| | | GB/T 97.1—2002 | 3.7 | 4.7 | 5.7 | 6.64 | 8.64 | 9.46 | 11.57 | 15.57 | 19.48 | 23.48 | 27.48 | 29.48 | 36.38 | 43.38 | 55.26 | 64.8 |
| | | GB/T 97.2—2002 | — | — | — | — | — | | | | | | | | | | | |
| | | GB/T 96.1—2002 | — | — | — | 8.64 | 11.57 | 14.57 | 17.57 | 23.48 | 29.48 | 36.38 | 43.38 | 49.38 | 58.1 | 70.1 | 89.8 | 107.8 |
| $h$ 厚度 | 公称 | GB/T 848—2002 | 0.3 | 0.3 | 0.5 | 0.5 | 0.5 | 1 | 1.6 | 1.6 | 1.6 | 2 | 2.5 | 2.5 | 3 | 4 | 4 | 5 |
| | | GB/T 97.1—2002 | | | | | 0.8 | | | | 2 | 2.5 | | 3 | | | | |
| | | GB/T 97.2—2002 | — | — | — | — | — | | | | | | | | | | | |
| | | GB/T 96.1—2002 | — | — | — | 0.8 | 1 | 1.2 | 1.6 | 2 | 2.5 | 3 | 3 | 3 | 4 | 5 | 6 | 8 |
| | max | GB/T 848—2002 | 0.35 | 0.35 | 0.55 | 0.55 | 0.55 | 1.1 | 1.8 | 1.8 | 1.8 | 2.2 | 2.7 | 2.7 | 3.3 | 4.3 | 4.3 | 5.6 |
| | | GB/T 97.1—2002 | | | | | 0.9 | | | | 2.2 | 2.7 | | 3.3 | | | | |
| | | GB/T 97.2—2002 | — | — | — | — | — | | | | | | | | | | | |
| | | GB/T 96.1—2002 | — | — | — | 0.9 | 1.1 | 1.4 | 1.8 | 2.2 | 2.7 | 3.3 | 3.3 | 3.3 | 46 | 6 | 7 | 9.2 |
| | min | GB/T 848—2002 | 0.25 | 0.25 | 0.45 | 0.45 | 0.45 | 0.9 | 1.4 | 1.4 | 1.4 | 1.8 | 2.3 | 2.3 | 2.7 | 3.7 | 3.7 | 4.4 |
| | | GB/T 97.1—2002 | | | | | 0.7 | | | | 1.8 | 2.3 | | 2.7 | | | | |
| | | GB/T 97.2—2002 | — | — | — | — | — | | | | | | | | | | | |
| | | GB/T 96.1—2002 | — | — | — | 0.7 | 0.9 | 1.0 | 1.4 | 1.8 | 2.3 | 2.7 | 2.7 | 2.7 | 3.4 | 4 | 5 | 6.8 |

## 6. 弹簧垫圈

**附表 11　　标准型弹簧垫圈（GB/T 93—1987）、轻型弹簧垫圈（GB/T 859—1987）**　　mm

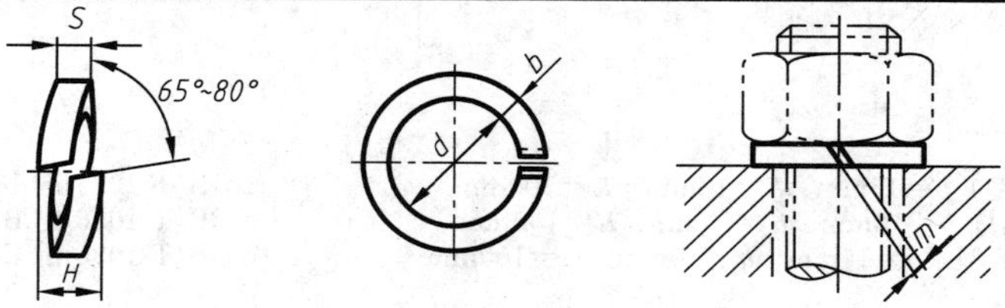


标记示例

规格 16mm、材料为 65Mn、表面氧化的标准型弹簧垫圈：垫圈 GB/T 93—1987 16

规格 16mm、材料为 65Mn、表面氧化的轻型弹簧垫圈：垫圈 GB/T 859—1987 16

| 规格（螺纹大径） | | 2 | 2.5 | 3 | 4 | 5 | 6 | 8 | 10 | 12 | 16 | 20 | 24 | 30 | 36 | 42 | 48 |
|---|---|---|---|---|---|---|---|---|---|---|---|---|---|---|---|---|---|
| $d$ | min | 2.1 | 2.6 | 3.1 | 4.1 | 5.1 | 6.1 | 8.1 | 10.2 | 12.2 | 16.2 | 20.2 | 24.5 | 30.5 | 36.5 | 42.5 | 48.5 |
| | max | 2.35 | 2.85 | 3.4 | 4.4 | 5.4 | 6.68 | 8.68 | 10.9 | 12.9 | 16.9 | 21.04 | 25.5 | 31.5 | 37.7 | 43.7 | 49.7 |
| $S(b)$ 公称 | GB/T 93 | 0.5 | 0.65 | 0.8 | 1.1 | 1.3 | 1.6 | 2.1 | 2.6 | 3.1 | 4.1 | 5 | 6 | 7.5 | 9 | 10.5 | 12 |
| $S$ 公称 | GB/T 859 | — | — | 0.6 | 0.8 | 1.1 | 1.3 | 1.6 | 2 | 2.5 | 3.2 | 4 | 5 | 6 | — | — | — |

续表

| 规格（螺纹大径） | | | 2 | 2.5 | 3 | 4 | 5 | 6 | 8 | 10 | 12 | 16 | 20 | 24 | 30 | 36 | 42 | 48 |
|---|---|---|---|---|---|---|---|---|---|---|---|---|---|---|---|---|---|---|
| $b$ 公称 | GB/T 859 | | — | — | 1 | 1.2 | 1.5 | 2 | 2.5 | 3 | 3.5 | 4.5 | 5.5 | 7 | 9 | — | — | — |
| $H$ | GB/T 93 | min | 1 | 1.3 | 1.6 | 2.2 | 2.6 | 3.2 | 4.2 | 5.2 | 6.2 | 8.2 | 10 | 12 | 15 | 18 | 21 | 24 |
| | | max | 1.25 | 1.63 | 2 | 2.75 | 3.25 | 4 | 5.25 | 6.5 | 7.75 | 10.25 | 12.5 | 15 | 18.75 | 22.5 | 26.25 | 30 |
| | GB/T 859 | min | — | — | 1.2 | 1.6 | 2.2 | 2.6 | 3.2 | 4 | 5 | 6.4 | 8 | 10 | 12 | — | — | — |
| | | max | — | — | 1.5 | 2 | 2.75 | 3.25 | 4 | 5 | 6.25 | 8 | 10 | 10.2 | 15 | — | — | — |
| $m\leqslant$ | GB/T 93 | | 0.25 | 0.33 | 0.4 | 0.55 | 0.65 | 0.8 | 1.05 | 1.3 | 1.55 | 2.05 | 2.5 | 3 | 3.75 | 4.5 | 5.25 | 6 |
| | GB/T 859 | | — | — | 0.3 | 0.4 | 0.55 | 0.65 | 0.8 | 1 | 1.25 | 1.6 | 2 | 2.5 | 3 | — | — | — |

**注** $m$ 应大于零。

## 7. 键

**附表 12　　普通平键的形式和尺寸（GB/T 1096—2003、GB/T 1095—2003）**　　mm

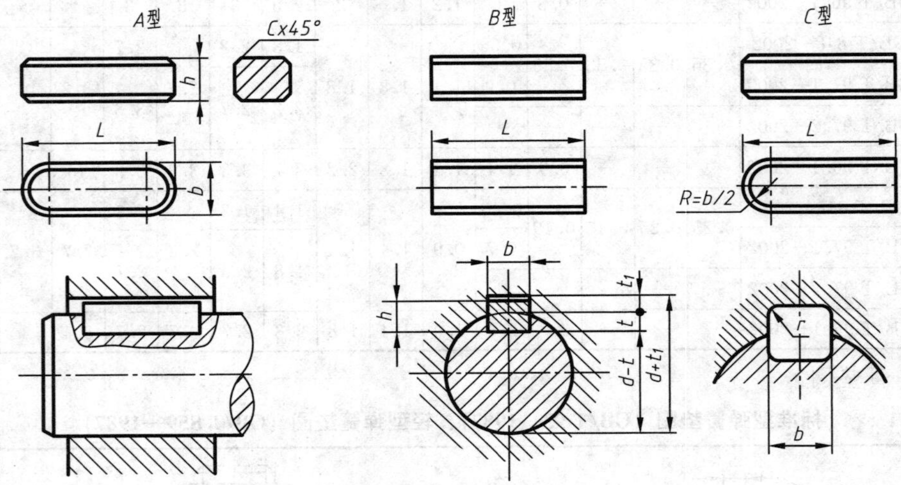


标记示例

| | |
|---|---|
| 圆头普通平键（A 型）$b=16$mm、$h=10$mm、$L=100$mm | GB/T 1096 键 16×10×100 |
| 平头普通平键（B 型）$b=16$mm、$h=10$mm、$L=100$mm | GB/T 1096 键 B16×10×100 |
| 单圆头普通平键（C 型）$b=16$mm、$h=10$mm、$L=100$mm | GB/T 1096 键 C16×10×100 |

| 轴 | 键 | | 键槽 | | | | | | | | | |
|---|---|---|---|---|---|---|---|---|---|---|---|---|
| | | | | 宽度 $b$ | | | | | 深度 | | | |
| 公称直径 $d$ | $b\times h$ | $L$ 范围 | 公称尺寸 $b$ | 偏差 | | | | | 轴 $t$ | | 毂 $t_1$ | |
| | | | | 较松键连接 | | 一般键连接 | | 较紧键连接 | | | | |
| | | | | 轴 H9 | 毂 D10 | 轴 N9 | 毂 JS9 | 轴和毂 P9 | 公称 | 偏差 | 公称 | 偏差 |
| 自 6～8 | 2×2 | 6～20 | 2 | +0.0250 | +0.060<br>+0.020 | −0.004<br>−0.029 | +0.0125 | −0.006<br>−0.031 | 1.2 | +0.1<br>0 | 1.0 | +0.1<br>0 |
| >8～10 | 3×3 | 6～36 | 3 | | | | | | 1.8 | | 1.4 | |
| >10～12 | 4×4 | 8～45 | 4 | +0.0300 | +0.078<br>+0.030 | 0<br>−0.030 | ±0.015 | −0.012<br>−0.042 | 2.5 | | 1.8 | |
| >12～17 | 5×5 | 10～56 | 5 | | | | | | 3.0 | | 2.3 | |
| >17～22 | 6×6 | 14～70 | 6 | | | | | | 3.5 | | 2.8 | |

续表

| 轴 | 键 | | 键槽 | | | | | | | | | |
|---|---|---|---|---|---|---|---|---|---|---|---|---|
| | | | | 宽度 $b$ | | | | | 深度 | | | |
| 公称直径 $d$ | $b\times h$ | $L$ 范围 | 公称尺寸 $b$ | 偏差 | | | | | 轴 $t$ | | 毂 $t_1$ | |
| | | | | 较松键连接 | | 一般键连接 | | 较紧键连接 | | | | |
| | | | | 轴 H9 | 毂 D10 | 轴 N9 | 毂 Js9 | 轴和毂 P9 | 公称 | 偏差 | 公称 | 偏差 |
| >22～30 | 8×7 | 18～90 | 8 | +0.0360 | +0.098<br>+0.040 | 0<br>−0.036 | ±0.018 | −0.015<br>−0.051 | 4.0 | +0.2<br>0 | 3.3 | +0.2<br>0 |
| >30～38 | 10×8 | 22～110 | 10 | | | | | | 5.0 | | 3.3 | |
| >38～44 | 12×8 | 28～140 | 12 | +0.0430 | +0.120<br>+0.050 | 0<br>−0.043 | ±0.0215 | −0.018<br>−0.061 | 5.0 | | 3.3 | |
| >44～50 | 14×9 | 36～160 | 14 | | | | | | 5.5 | | 3.8 | |
| >50～58 | 16×10 | 45～180 | 16 | | | | | | 6.0 | | 4.3 | |
| >58～65 | 18×11 | 50～200 | 18 | | | | | | 7.0 | | 4.4 | |
| >65～75 | 20×12 | 56～220 | 20 | +0.0520 | +0.149<br>+0.065 | 0<br>−0.052 | ±0.026 | −0.022<br>−0.074 | 7.5 | | 4.9 | |
| >75～85 | 22×14 | 63～250 | 22 | | | | | | 9.0 | | 5.4 | |
| >85～95 | 25×14 | 70～280 | 25 | | | | | | 9.0 | | 5.4 | |
| >95～110 | 28×16 | 80～320 | 28 | | | | | | 10.0 | | 6.4 | |
| $L$ 的系列 | 6，8，10，12，14，16，18，20，22，25，28，32，36，40，45，50，56，63，70，80，90，100，110，125，140，160，180，200，220，250，280，320，360，400，450，500 | | | | | | | | | | | |

**注** 1. 标准规定键宽 $b$=2～50mm，公称长度 $L$=6～500mm。

2. 在零件图中轴槽深 $d-t$ 标注，轮毂槽深用 $d+t_1$ 标注。键槽的极限偏差按 $t$（轴）和 $t_1$（毂）的极限偏差选取，但轴槽深（$d-t$）的极限偏差应取负号（−）。

3. 键的材料常用 45 钢。

## 8. 销

**附表 13** **圆 柱 销** mm

不淬硬钢和奥氏体不锈钢圆柱销（GB/T 119.1—2000）

淬硬钢和马氏体不锈钢圆柱销（GB/T 119.2—2000）

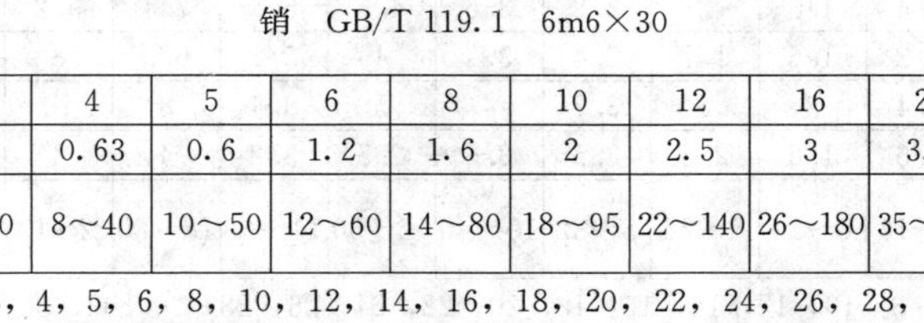

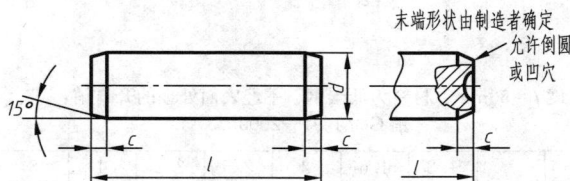

标记示例

公称直径 $d$=6mm、公差为 m6、公称长度 $l$=30mm、材料为钢、不经淬火、不经表面处理的圆柱销的标记：

销 GB/T 119.1 6m6×30

| $d$ m6/h8① | 3 | 4 | 5 | 6 | 8 | 10 | 12 | 16 | 20 | 25 | 30 | 40 |
|---|---|---|---|---|---|---|---|---|---|---|---|---|
| $c\approx$ | 0.5 | 0.63 | 0.6 | 1.2 | 1.6 | 2 | 2.5 | 3 | 3.5 | 4 | 5 | 6.3 |
| $l$（商品规格范围公称长度） | 8～30 | 8～40 | 10～50 | 12～60 | 14～80 | 18～95 | 22～140 | 26～180 | 35～200 | 50～200 | 60～200 | 80～200 |
| $l$ 系列② | 2，3，4，5，6，8，10，12，14，16，18，20，22，24，26，28，30，32，35，40，45，50，55，60，65，70，75，80，85，90，95，100，120，140，160，180，200 | | | | | | | | | | | |

① 其他公差由供需双方协议。

② 公称长度大于 200mm，按 20mm 递增。

**附表 14**　　**圆锥销（GB/T 117—2000）**　　mm

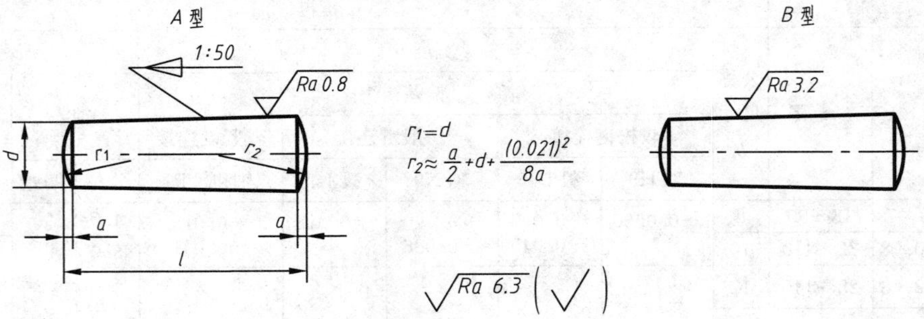


标记示例

公称直径 $d$＝10mm，长度 $L$＝60mm，材料为 35 钢，热处理硬度 HRC28～38，表面氧化处理的 A 型圆锥销：

销 GB/T 117　A10×60

| $d$（公称） | 0.6 | 0.8 | 1 | 1.2 | 1.5 | 2 | 2.5 | 3 | 4 | 5 |
|---|---|---|---|---|---|---|---|---|---|---|
| $a\approx$ | 0.08 | 0.1 | 0.12 | 0.16 | 0.2 | 0.25 | 0.3 | 0.4 | 0.5 | 0.63 |
| $l$（商品规格范围公称长度） | 4～8 | 5～12 | 6～16 | 6～20 | 8～24 | 10～35 | 10～35 | 12～45 | 14～55 | 18～60 |
| $d$（公称） | 6 | 8 | 10 | 12 | 16 | 20 | 25 | 30 | 40 | 50 |
| $a\approx$ | 0.8 | 1 | 1.2 | 1.6 | 2 | 2.5 | 3 | 4 | 5 | 6.3 |
| $l$（商品规格范围公称长度） | 22～90 | 22～120 | 26～160 | 32～180 | 40～200 | 45～200 | 50～200 | 55～200 | 60～200 | 65～200 |
| $l$（系列） | 2，3，4，5，6，8，10，12，14，16，18，20，22，24，26，28，30，32，35，40，45，50，55，60，65，70，75，80，85，90，95，100，120，140，160，180，200 | | | | | | | | | |

**附表 15**　　**开口销（GB/T 91—2000）**　　mm

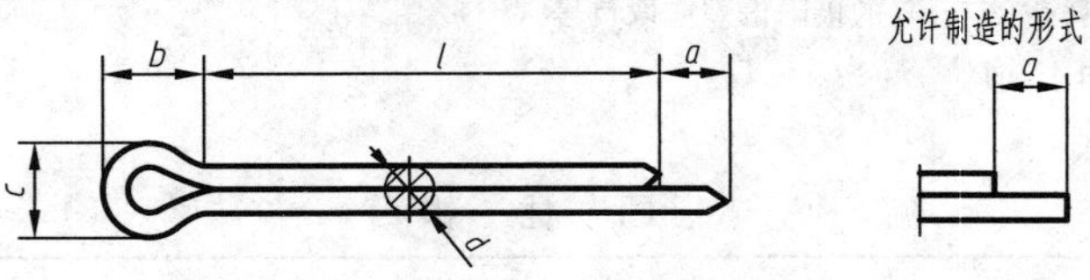


$$a_{\min}=\frac{1}{2}a_{\max}$$

标记示例

公称直径 $d$＝50mm、长度 $l$＝50mm、材料为低碳钢、不经表面处理的开口销：

销 GB/T 91—2000　5×50

| | | | | | | | | | | | | | | | |
|---|---|---|---|---|---|---|---|---|---|---|---|---|---|---|---|
| $d$ | 公称 | 0.6 | 0.8 | 1 | 1.2 | 1.6 | 2 | 2.5 | 3.2 | 4 | 5 | 6.3 | 8 | 10 | 12 |
| | min | 0.4 | 0.6 | 0.8 | 0.9 | 1.3 | 1.7 | 2.1 | 2.7 | 3.5 | 4.4 | 5.7 | 7.3 | 9.3 | 11.1 |
| | max | 0.5 | 0.7 | 0.9 | 1 | 1.4 | 1.8 | 2.3 | 2.9 | 3.7 | 4.6 | 5.9 | 7.5 | 9.5 | 11.4 |
| $c$ | max | 1 | 1.4 | 1.8 | 2 | 2.8 | 3.6 | 4.6 | 5.8 | 7.4 | 9.2 | 11.8 | 15 | 19 | 24.8 |
| | min | 0.9 | 1.2 | 1.6 | 1.7 | 2.4 | 3.2 | 4 | 5.1 | 6.5 | 8 | 10.3 | 13.4 | 16.6 | 21.7 |
| $b\approx$ | | 2 | 2.4 | 3 | 3 | 3.2 | 4 | 5 | 6.4 | 8 | 10 | 12.6 | 16 | 20 | 26 |
| $a_{\max}$ | | 1.6 | 1.6 | 1.6 | 2.5 | 2.5 | 2.5 | 2.5 | 3.2 | 4 | 4 | 4 | 4 | 6.3 | 6.3 |
| $l$(商品规格范围公称长度) | | 4～12 | 5～16 | 6～20 | 8～26 | 8～32 | 10～40 | 12～50 | 14～65 | 18～80 | 22～100 | 30～120 | 40～160 | 45～200 | 70～200 |
| $l$(系列) | | 4，5，6，8，10，12，14，16，18，20，22，24，26，28，30，32，36，40，45，50，55，60，65，70，75，80，85，90，95，100，120，140，160，180，200 | | | | | | | | | | | | | |

**注**　公称规格为销孔的公称直径，标准规定公称规格为 0.6～20mm，根据供需双方的协议，可采用公称规格为 3、6、12mm 的开口销。

9. 滚动轴承

**附表 16　　深沟球轴承（GB/T 276—2013）　　mm**

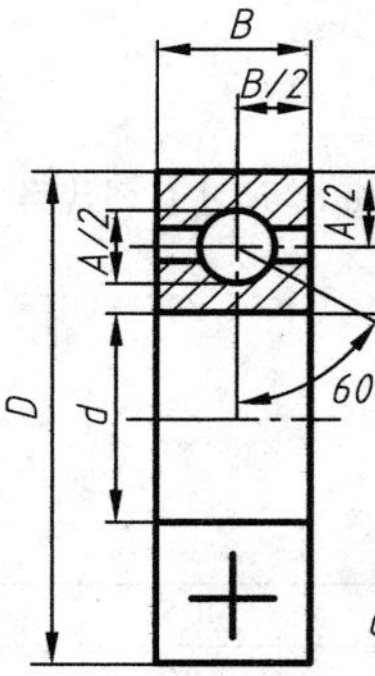


60000型

标记示例

内圈孔径 $d$=60mm、尺寸系列代号为（0）2 的深沟球轴承：

滚动轴承　6212　GB/T 276—2013

| 轴承型号 | 尺寸 | | | 轴承型号 | 尺寸 | | |
|---|---|---|---|---|---|---|---|
| | $d$ | $D$ | $B$ | | $d$ | $D$ | $B$ |
| （0）系列 | | | | （3）窄系列 | | | |
| 606 | 6 | 17 | 6 | 634 | 4 | 16 | 5 |
| 607 | 7 | 19 | 6 | 635 | 5 | 19 | 6 |
| 608 | 8 | 22 | 7 | 6300 | 10 | 35 | 11 |
| 609 | 9 | 24 | 7 | 6301 | 12 | 37 | 12 |
| 6000 | 10 | 26 | 8 | 6302 | 15 | 42 | 13 |
| 6001 | 12 | 28 | 8 | 6303 | 17 | 47 | 14 |
| 6002 | 15 | 32 | 9 | 6304 | 20 | 52 | 15 |
| 6003 | 17 | 35 | 10 | 6305 | 25 | 62 | 17 |
| 6004 | 20 | 42 | 12 | 6306 | 30 | 72 | 19 |
| 6005 | 25 | 47 | 12 | 6307 | 35 | 80 | 21 |
| 6006 | 30 | 55 | 13 | 6308 | 40 | 90 | 23 |
| 6007 | 35 | 62 | 14 | 6309 | 45 | 100 | 25 |
| 6008 | 40 | 68 | 15 | 6310 | 50 | 110 | 27 |
| 6009 | 45 | 75 | 16 | 6311 | 55 | 120 | 29 |
| 6010 | 50 | 80 | 16 | 6312 | 60 | 130 | 31 |
| 6011 | 55 | 90 | 18 | | | | |
| 6012 | 60 | 95 | 18 | | | | |
| （2）窄系列 | | | | （4）窄系列 | | | |
| 623 | 3 | 10 | 4 | 6403 | 17 | 62 | 17 |
| 624 | 4 | 13 | 5 | 6404 | 20 | 72 | 19 |
| 625 | 5 | 16 | 5 | 6405 | 25 | 80 | 21 |
| 626 | 6 | 19 | 6 | 6406 | 30 | 90 | 23 |
| 627 | 7 | 22 | 7 | 6407 | 35 | 100 | 25 |
| 628 | 8 | 24 | 8 | 6408 | 40 | 110 | 27 |
| 629 | 9 | 26 | 8 | 6409 | 45 | 120 | 29 |
| 6200 | 10 | 30 | 9 | 6410 | 50 | 130 | 31 |
| 6201 | 12 | 32 | 10 | 6411 | 55 | 140 | 33 |
| 6202 | 15 | 35 | 11 | 6412 | 60 | 150 | 35 |
| 6203 | 17 | 40 | 12 | 6413 | 65 | 160 | 37 |
| 6204 | 20 | 47 | 14 | 6414 | 70 | 180 | 42 |
| 6205 | 25 | 52 | 15 | 6415 | 75 | 190 | 45 |
| 6206 | 30 | 62 | 16 | 6416 | 80 | 200 | 48 |
| 6207 | 35 | 72 | 17 | 6417 | 85 | 210 | 52 |
| 6208 | 40 | 80 | 18 | 6418 | 90 | 225 | 54 |
| 6209 | 45 | 85 | 19 | 6419 | 95 | 240 | 56 |
| 6210 | 50 | 90 | 20 | | | | |
| 6211 | 55 | 100 | 21 | | | | |
| 6212 | 60 | 110 | 22 | | | | |

**附表 17**　　**圆锥滚子轴承（GB/T 297—2015）**　　mm

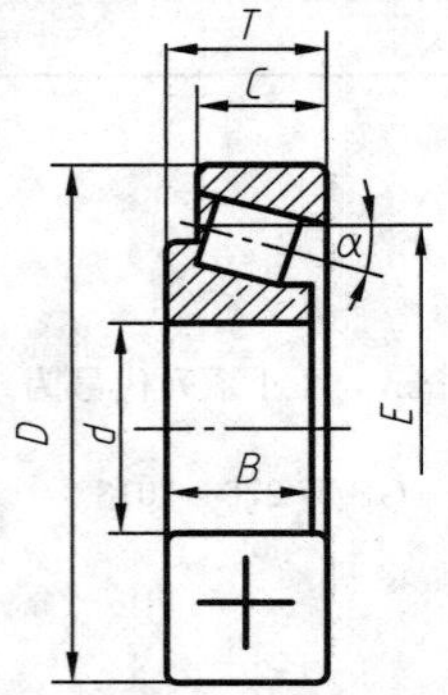


30000 型

标记示例

内圈孔径 $d=35$mm、尺寸系列代号为 03 的圆锥滚子轴承：

滚动轴承　30307　GB/T 297—2015

| 轴承型号 | 尺寸 | | | | | | | 轴承型号 | 尺寸 | | | | | | |
|---|---|---|---|---|---|---|---|---|---|---|---|---|---|---|---|
| | $d$ | $D$ | $T$ | $B$ | $C$ | $E\approx$ | $a\approx$ | | $d$ | $D$ | $T$ | $B$ | $C$ | $E\approx$ | $a\approx$ |
| 02 尺寸系列 | | | | | | | | 22 尺寸系列 | | | | | | | |
| 30204 | 20 | 47 | 15.25 | 14 | 12 | 37.3 | 11.2 | 32206 | 30 | 62 | 21.5 | 20 | 17 | 48.9 | 15.4 |
| 30205 | 25 | 52 | 16.25 | 15 | 13 | 41.1 | 12.6 | 32207 | 35 | 72 | 24.25 | 23 | 19 | 57 | 17.6 |
| 30206 | 30 | 62 | 17.25 | 16 | 14 | 49.9 | 13.8 | 32208 | 40 | 80 | 24.75 | 23 | 19 | 64.7 | 19 |
| 30207 | 35 | 72 | 18.25 | 17 | 15 | 58.8 | 15.3 | 32209 | 45 | 85 | 24.75 | 23 | 19 | 69.6 | 20 |
| 30208 | 40 | 80 | 19.75 | 18 | 16 | 65.7 | 16.9 | 32210 | 50 | 90 | 24.75 | 23 | 19 | 74.2 | 21 |
| 30209 | 45 | 85 | 20.75 | 19 | 16 | 70.4 | 18.6 | 32211 | 55 | 100 | 26.75 | 25 | 21 | 82.8 | 22.5 |
| 30210 | 50 | 90 | 21.75 | 20 | 17 | 75 | 20 | 32212 | 60 | 110 | 29.75 | 28 | 24 | 90.2 | 24.9 |
| 30211 | 55 | 100 | 22.75 | 21 | 18 | 84.1 | 21 | 32213 | 65 | 120 | 32.75 | 31 | 27 | 99.4 | 27.2 |
| 30212 | 60 | 110 | 23.75 | 22 | 19 | 91.8 | 22.4 | 32214 | 70 | 125 | 33.25 | 31 | 27 | 103.7 | 28.6 |
| 30213 | 65 | 120 | 24.75 | 23 | 20 | 101.9 | 24 | 32215 | 75 | 130 | 33.25 | 31 | 27 | 108.9 | 30.2 |
| 30214 | 70 | 125 | 26.25 | 24 | 21 | 105.7 | 25.9 | 32216 | 80 | 140 | 35.25 | 33 | 28 | 117.4 | 31.3 |
| 30215 | 75 | 130 | 27.25 | 25 | 22 | 110.4 | 27.4 | 32217 | 85 | 150 | 38.5 | 36 | 30 | 124.9 | 34 |
| 30216 | 80 | 140 | 28.25 | 26 | 22 | 119.1 | 28 | 32218 | 90 | 160 | 42.5 | 40 | 34 | 132.6 | 36.7 |
| 30217 | 85 | 150 | 30.5 | 28 | 24 | 126.6 | 29.9 | 32219 | 95 | 170 | 45.5 | 43 | 37 | 140.2 | 39 |
| 30218 | 90 | 160 | 32.5 | 30 | 26 | 134.9 | 32.4 | 32220 | 100 | 180 | 49 | 46 | 39 | 148.1 | 41.8 |
| 30219 | 95 | 170 | 34.5 | 32 | 27 | 143.3 | 35.1 | | | | | | | | |
| 30220 | 100 | 180 | 37 | 34 | 29 | 151.3 | 36.5 | | | | | | | | |
| 03 尺寸系列 | | | | | | | | 23 尺寸系列 | | | | | | | |
| 30304 | 20 | 52 | 16.25 | 15 | 13 | 41.3 | 11 | 32304 | 20 | 52 | 22.25 | 21 | 18 | 39.5 | 13.4 |
| 30305 | 25 | 62 | 18.25 | 17 | 15 | 50.6 | 13 | 32305 | 25 | 62 | 25.25 | 24 | 20 | 48.6 | 15.5 |
| 30306 | 30 | 72 | 20.75 | 19 | 16 | 58.2 | 15 | 32306 | 30 | 72 | 28.75 | 27 | 23 | 55.7 | 18.8 |
| 30307 | 35 | 80 | 22.75 | 21 | 18 | 65.7 | 17 | 32307 | 35 | 80 | 32.75 | 31 | 25 | 62.8 | 20.5 |
| 30308 | 40 | 90 | 25.25 | 23 | 20 | 72.7 | 19.5 | 32308 | 40 | 90 | 25.25 | 33 | 27 | 99.2 | 23.4 |
| 30309 | 45 | 100 | 27.75 | 25 | 22 | 81.7 | 21.5 | 32309 | 45 | 100 | 38.25 | 36 | 30 | 78.3 | 25.6 |
| 30310 | 50 | 110 | 29.25 | 27 | 23 | 90.6 | 23 | 32310 | 50 | 110 | 42.25 | 40 | 33 | 86.2 | 28 |
| 30311 | 55 | 120 | 31.5 | 29 | 25 | 99.1 | 25 | 32311 | 55 | 120 | 45.5 | 43 | 35 | 94.3 | 30.6 |
| 30312 | 60 | 130 | 33.5 | 31 | 26 | 107.7 | 26.5 | 32312 | 60 | 130 | 48.5 | 46 | 37 | 102.9 | 32 |
| 30313 | 65 | 140 | 36 | 33 | 28 | 116.8 | 29 | 32313 | 65 | 140 | 51 | 48 | 39 | 111.7 | 34 |
| 30314 | 70 | 150 | 38 | 35 | 30 | 125.2 | 30.6 | 32314 | 70 | 150 | 54 | 51 | 42 | 119.7 | 36.5 |
| 30315 | 75 | 160 | 40 | 37 | 31 | 134 | 32 | 32315 | 75 | 160 | 58 | 55 | 45 | 127.8 | 39 |
| 30316 | 80 | 170 | 42.5 | 39 | 33 | 143.1 | 34 | 32316 | 80 | 170 | 61.5 | 58 | 48 | 136.5 | 42 |
| 30317 | 85 | 180 | 44.5 | 41 | 34 | 150.4 | 36 | 32317 | 85 | 180 | 63.5 | 60 | 49 | 144.2 | 43.6 |
| 30318 | 90 | 190 | 46.5 | 43 | 36 | 159 | 37.5 | 32318 | 90 | 190 | 67.5 | 64 | 53 | 151.7 | 46 |
| 30319 | 95 | 200 | 49.5 | 45 | 38 | 165.8 | 40 | 32319 | 95 | 200 | 71.5 | 67 | 55 | 160.3 | 49 |
| 30320 | 100 | 215 | 51.5 | 47 | 39 | 178.5 | 42 | 32320 | 100 | 215 | 77.5 | 73 | 60 | 171.6 | 53 |

**附表 18**　**推力球轴承（GB/T 301—2015）**　mm

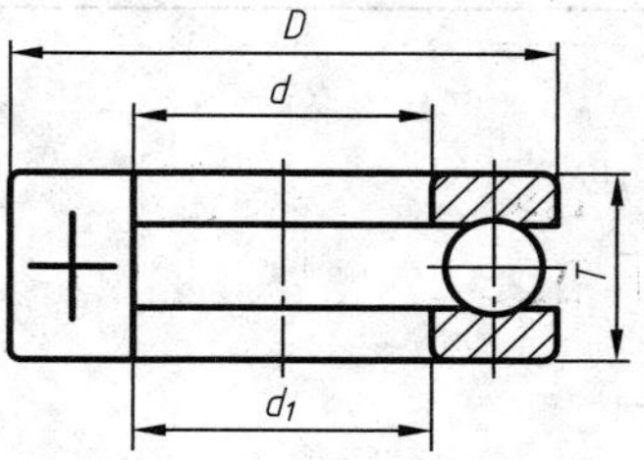


51000型

标记示例

内圈孔径 $d=30$mm、尺寸系列代号为 13 的圆锥滚子轴承：

滚动轴承　51306　GB/T 301—2015

| 轴承代号 | 尺寸 | | | | | 轴承代号 | 尺寸 | | | | |
|---|---|---|---|---|---|---|---|---|---|---|---|
| | $d$ | $D$ | $T$ | $d_1$ | $D_1$ | | $d$ | $D$ | $T$ | $d_1$ | $D_1$ |
| 尺寸系列代号 11 | | | | | | 尺寸系列代号 13 | | | | | |
| 51104 | 20 | 35 | 10 | 21 | 35 | 51304 | 20 | 47 | 18 | 22 | 47 |
| 51105 | 25 | 42 | 11 | 26 | 42 | 51305 | 25 | 52 | 18 | 27 | 52 |
| 51106 | 30 | 47 | 11 | 32 | 47 | 51306 | 30 | 60 | 21 | 32 | 60 |
| 51107 | 35 | 52 | 12 | 37 | 52 | 51307 | 35 | 68 | 24 | 37 | 68 |
| 51108 | 40 | 60 | 13 | 42 | 60 | 51308 | 40 | 78 | 26 | 42 | 78 |
| 51109 | 45 | 65 | 14 | 47 | 65 | 51309 | 45 | 85 | 28 | 47 | 85 |
| 51110 | 50 | 70 | 14 | 52 | 70 | 51310 | 50 | 95 | 31 | 52 | 95 |
| 51111 | 55 | 78 | 16 | 57 | 78 | 51311 | 55 | 105 | 35 | 57 | 105 |
| 51112 | 60 | 85 | 17 | 62 | 85 | 51312 | 60 | 110 | 35 | 62 | 110 |
| 51113 | 65 | 90 | 18 | 67 | 90 | 51313 | 65 | 115 | 36 | 67 | 115 |
| 51114 | 70 | 95 | 18 | 72 | 95 | 51314 | 70 | 125 | 40 | 72 | 125 |
| 51115 | 75 | 100 | 19 | 77 | 100 | 51315 | 75 | 135 | 44 | 77 | 135 |
| 51116 | 80 | 105 | 19 | 82 | 105 | 51316 | 80 | 140 | 44 | 82 | 140 |
| 51117 | 85 | 110 | 19 | 87 | 110 | 51317 | 85 | 150 | 49 | 88 | 150 |
| 51118 | 90 | 120 | 22 | 92 | 120 | 51318 | 90 | 155 | 50 | 93 | 155 |
| 51120 | 100 | 135 | 25 | 102 | 135 | 51320 | 100 | 170 | 55 | 103 | 170 |
| 尺寸系列代号 12 | | | | | | 尺寸系列代号 14 | | | | | |
| 51204 | 20 | 40 | 14 | 22 | 40 | 51405 | 25 | 60 | 24 | 27 | 60 |
| 51205 | 25 | 47 | 15 | 27 | 47 | 51406 | 30 | 70 | 28 | 32 | 70 |
| 51206 | 30 | 52 | 16 | 32 | 52 | 51407 | 35 | 80 | 32 | 37 | 80 |
| 51207 | 35 | 62 | 18 | 37 | 62 | 51408 | 40 | 90 | 36 | 42 | 90 |
| 51208 | 40 | 68 | 19 | 42 | 68 | 51409 | 45 | 100 | 39 | 47 | 100 |
| 51209 | 45 | 73 | 20 | 47 | 73 | 51410 | 50 | 110 | 43 | 52 | 110 |
| 51210 | 50 | 78 | 22 | 52 | 78 | 51411 | 55 | 120 | 48 | 57 | 120 |
| 51211 | 55 | 90 | 25 | 57 | 90 | 51412 | 60 | 130 | 51 | 62 | 130 |
| 51212 | 60 | 95 | 26 | 62 | 95 | 51413 | 65 | 140 | 56 | 68 | 140 |
| 51213 | 65 | 100 | 27 | 67 | 100 | 51414 | 70 | 150 | 60 | 73 | 150 |
| 51214 | 70 | 105 | 27 | 72 | 105 | 51415 | 75 | 160 | 65 | 78 | 160 |
| 51215 | 75 | 110 | 27 | 77 | 110 | 51416 | 80 | 170 | 68 | 83 | 170 |
| 51216 | 80 | 115 | 28 | 82 | 115 | 51417 | 85 | 180 | 72 | 88 | 177 |
| 51217 | 85 | 125 | 31 | 88 | 125 | 51418 | 90 | 190 | 77 | 93 | 187 |
| 51218 | 90 | 135 | 35 | 93 | 135 | 51420 | 100 | 210 | 85 | 103 | 205 |
| 51220 | 100 | 150 | 38 | 103 | 150 | 51422 | 110 | 230 | 95 | 113 | 225 |

**注**　推力球轴承有 51000 型和 52000 型，类型代号都是 5，尺寸系列代号分别为 11、12、13、14 和 21、22、23、24。52000 型推力球轴承的形式、尺寸可查阅 GB/T 301—1995。

## 10. 圆柱螺旋压缩弹簧（GB/T 2089—2009）

**附表 19　　圆柱螺旋压缩弹簧（GB/T 2089—2009）**　　mm

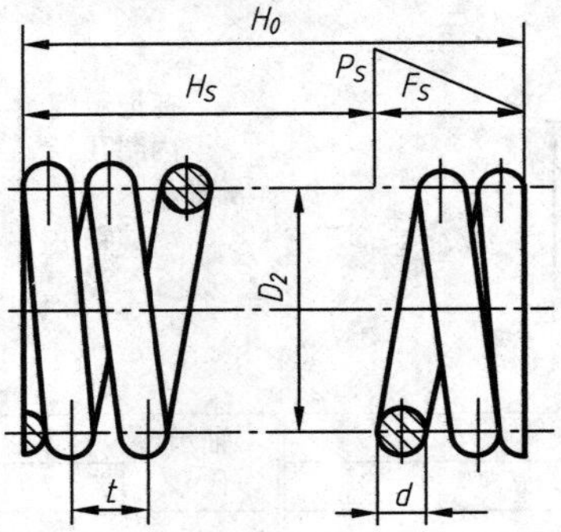


标记示例

A 型、线径 6mm、弹簧中径 38mm、自由高度 60mm、材料为 60Si2MnA、表面涂漆处理的右旋圆柱螺旋压缩弹簧，其标记为

YA　6×38×60　GB/T 2089

| 线径 $d$（mm） | 弹簧中径 $D_2$（mm） | 节距≈ $t$（mm） | 自由高度 $H_0$（mm） | 有效圈数 $n$（圈） | 试验负荷 $P_s$（N） | 试验负荷变形量 $F_s$（mm） | 展开长度 $L$（mm） |
|---|---|---|---|---|---|---|---|
| 0.6 | 4 | 1.54 | 20 | 12.5 | 18.7 | 11.7 | 182 |
| 1 | 4.5 | 1.67 | 20 | 10.5 | 72.7 | 7.04 | 177 |
| 1.2 | 8 | 2.92 | 40 | 12.5 | 68.6 | 21.4 | 364 |
| 1.6 | 12 | 4.41 | 60 | 12.5 | 105 | 35.1 | 547 |
| 2 | 16 | 5.72 | 42 | 6.5 | 144 | 24.3 | 427 |
| | 20 | 7.85 | 55 | 6.5 | 115 | 38 | 534 |
| 2.5 | 20 | 7.02 | 38 | 4.5 | 218 | 20.4 | 408 |
| | | | 80 | 10.5 | | 47.5 | 785 |
| | 25 | 9.57 | 58 | 5.5 | 174 | 38.9 | 589 |
| | | | 70 | 6.5 | | 45.9 | 668 |
| 4.5 | 32 | 10.5 | 65 | 5.5 | 740 | 32.9 | 754 |
| | | | 90 | 7.5 | | 44.9 | 955 |
| | 50 | 19.1 | 80 | 3.5 | 474 | 51.2 | 864 |
| | | | 220 | 10.5 | | 153 | 1964 |
| 6 | 38 | 11.9 | 60 | 4 | 368 | 23.5 | 714 |
| | | | 100 | 7.5 | | 44.0 | 1134 |
| | 45 | 14.2 | 90 | 5.5 | 1155 | 45.2 | 1060 |
| | | | 120 | 7.5 | | 61.7 | 1343 |
| 10 | 45 | 14.6 | 115 | 6.5 | 4919 | 29.5 | 1131 |
| | | | 130 | 7.5 | | 34.1 | 1272 |
| | 50 | 15.6 | 80 | 4 | 4427 | 22.4 | 864 |
| | | | 150 | 8.5 | | 47.6 | 1571 |

续表

| 线径 $d$（mm） | 弹簧中径 $D_2$（mm） | 节距≈ $t$（mm） | 自由高度 $H_0$（mm） | 有效圈数 $n$（圈） | 试验负荷 $P_s$（N） | 试验负荷变形量 $F_s$（mm） | 展开长度 $L$（mm） |
|---|---|---|---|---|---|---|---|
| 12 | 80 | 27.9 | 180 | 5.5 | 6274 | 87.4 | 1759 |
| 30 | 150 | 52.4 | 300 | 4.5 | 52281 | 101 | 2827 |

**注** 1. 线径系列：0.5～1（0.1 进位），1.2～2（0.2 进位），2.5～5（0.5 进位），6～20（2 进位），25～50（5 进位）mm。

2. 弹簧中径系列：3～4.5（0.5 进位），6～10（1 进位），12～22（2 进位），25，28，30，32，35，38，40～100（5 进位），110～200（10 进位），220～340（20 进位）mm。

## 三、常用的机械加工一般规范和零件结构要素

### 1. 砂轮越程槽

**附表 20　　砂轮越程槽（GB/T 6403.5—2008）**　　mm

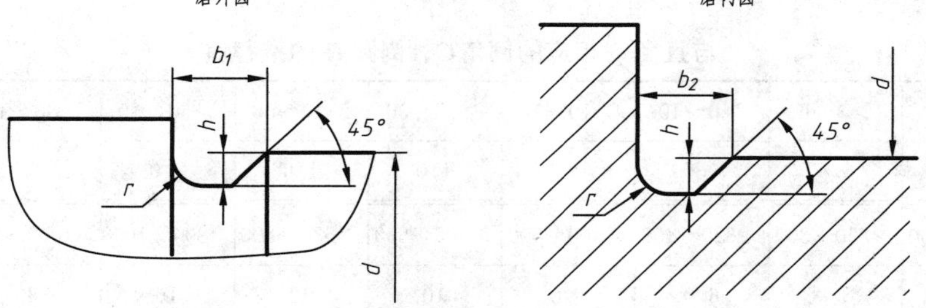


| | | | | | | | | | |
|---|---|---|---|---|---|---|---|---|---|
| $b_1$ | 0.6 | 1.0 | 1.6 | 2.0 | 3.0 | 4.0 | 5.0 | 8.0 | 10 |
| $b_2$ | 2.0 | 3.0 | | 4.0 | | 5.0 | | 8.0 | 10 |
| $h$ | 0.1 | 0.2 | | 0.3 | 0.4 | | 0.6 | 0.8 | 1.2 |
| $r$ | 0.2 | 0.5 | | 0.8 | 1.0 | | 1.6 | 2.0 | 3.0 |
| $d$ | —10 | | | ＞10～50 | | ＞50～100 | | ＞100 | |

**注** 1. 越程槽内二直线相交处，不允许产生尖角。

2. 越程槽深度 $h$ 与圆弧半径 $r$，要满足 $r \leqslant 3h$。

3. 磨削具有数个直径的工件时，可使用同一规格的越程槽。

4. 直径 $d$ 值大的零件，允许选择小规格的砂轮越程槽。

5. 砂轮越程槽的尺寸公差和表面结构要求根据该零件的结构、性能确定。

### 2. 零件倒圆与倒角（GB/T 6403.4—2008）

**附表 21　　倒圆与倒角，内角倒角、外角倒圆装配时 $C_{max}$ 与 $R_1$ 的关系**　　mm

型式

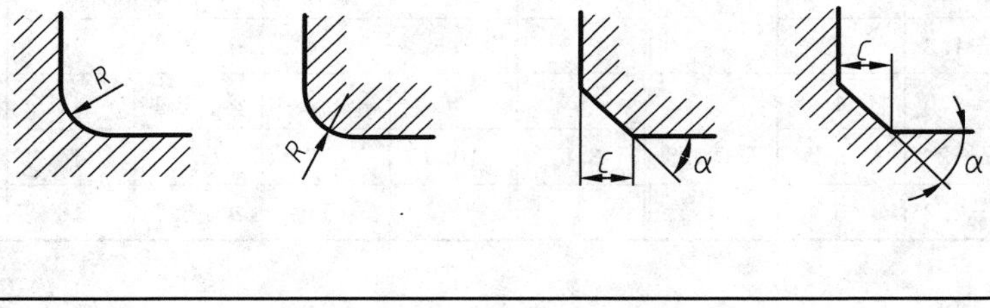


1. $R$、$C$ 尺寸系列：0.1，0.2，0.3，0.4，0.5，0.6，0.8，1.0，1.2，1.6，2.0，2.5，3.0，4.0，5.0，6.0，8.0，10，12，16，20，25，32，40，50。

2. $\alpha$ 一般用 45°，也可用 30°或 60°。

续表

装配方式

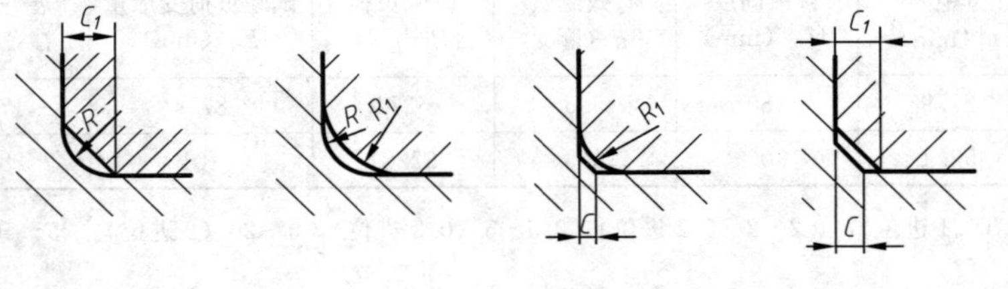


$C_1>R$　　$R_1>R$　　$C_1<0.58R_1$　　$C_1>C$

1. 倒角为 45°。
2. $R_1$、$C_1$ 的偏差为正；$R$、$C$ 的偏差为负。
3. 左起第三种装配方式，$C$ 的最大值 $C_{max}$ 与 $R_1$ 的关系如下。

| $R_1$ | 0.1 | 0.2 | 0.3 | 0.4 | 0.5 | 0.6 | 0.8 | 1.0 | 1.2 | 1.6 | 2.0 | 2.5 | 3.0 | 4.0 | 5.0 | 6.0 | 8.0 | 10 | 12 | 16 | 20 | 25 |
|---|---|---|---|---|---|---|---|---|---|---|---|---|---|---|---|---|---|---|---|---|---|---|
| $C_{max}$ | — | 0.1 | 0.1 | 0.2 | 0.2 | 0.3 | 0.4 | 0.5 | 0.6 | 0.8 | 1.0 | 1.2 | 1.6 | 2.0 | 2.5 | 3.0 | 4.0 | 5.0 | 6.0 | 8.0 | 10 | 12 |

注　按上述关系装配时，内角与外角取值要适当，外角的倒圆或倒角过大会影响零件工作面；内角的倒圆或倒角过小会产生应力集中。

**附表 22　　与直径 $\phi$ 相应的倒角 $C$、倒圆 $R$ 的推荐值**　　mm

| $\phi$ | ~3 | >3~6 | >6~10 | >10~18 | >18~30 | >30~50 | >50~80 | >80~120 | >120~180 |
|---|---|---|---|---|---|---|---|---|---|
| $C$ 或 $R$ | 0.2 | 0.4 | 0.6 | 0.8 | 1.0 | 1.6 | 2.0 | 2.5 | 3.0 |
| $\phi$ | >180~250 | >250~300 | >320~400 | >400~500 | >500~630 | >630~800 | >800~1000 | >1000~1250 | >1250~1600 |
| $C$ 或 $R$ | 4.0 | 5.0 | 6.0 | 8.0 | 10 | 12 | 16 | 20 | 25 |

注　倒角一般用 45°，也允许用 30°、60°。

## 3. 普通螺纹倒角和退刀槽（GB/T 3—1997）

**附表 23　　普通螺纹倒角和退刀槽（GB/T 3—1997）**　　mm

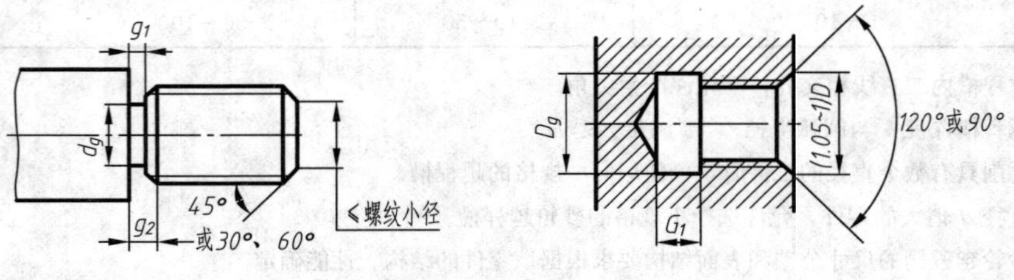


| 螺距 | 外螺纹 | | | 内螺纹 | | 螺距 | 外螺纹 | | | 内螺纹 | |
|---|---|---|---|---|---|---|---|---|---|---|---|
| | $g_{2max}$ | $g_{1min}$ | $d_g$ | $G_1$ | $D_g$ | | $g_{2max}$ | $g_{1min}$ | $d_g$ | $G_1$ | $D_g$ |
| 0.5 | 1.5 | 0.8 | $d-0.8$ | 2 | $D+0.3$ | 1.75 | 5.25 | 3 | $d-2.6$ | 7 | $D+0.5$ |
| 0.7 | 2.1 | 1.1 | $d-1.1$ | 2.8 | | 2 | 6 | 3.4 | $d-3$ | 8 | |
| 0.8 | 2.4 | 1.3 | $d-1.3$ | 3.2 | | 2.5 | 7.5 | 4.4 | $d-3.6$ | 10 | |
| 1 | 3 | 1.6 | $d-1.6$ | 4 | $D+0.5$ | 3 | 9 | 5.2 | $d-4.4$ | 12 | |
| 1.25 | 3.75 | 2 | $d-2$ | 5 | | 3.5 | 10.5 | 6.2 | $d-5$ | 14 | |
| 1.5 | 4.5 | 2.5 | $d-2.3$ | 6 | | 4 | 12 | 7 | $d-5.7$ | 16 | |

4. 紧固件通孔（GB/T 5277—1985）及沉头座尺寸

**附表 24　　紧固件通孔（摘自 GB/T 5277—1985）及沉头座尺寸　　mm**

| 螺纹规格 $d$ | | | | 2 | 2.5 | 3 | 4 | 5 | 6 | 8 | 10 | 12 | 14 | 16 | 18 | 20 | 22 | 24 |
|---|---|---|---|---|---|---|---|---|---|---|---|---|---|---|---|---|---|---|
| 通孔直径 | | 精装配 | | 2.2 | 2.7 | 3.2 | 4.3 | 5.3 | 6.4 | 8.4 | 10.5 | 13 | 15 | 17 | 19 | 21 | 23 | 25 |
| | | 中等装配 | | 2.4 | 2.9 | 3.4 | 4.5 | 5.5 | 6.6 | 9 | 11 | 13.5 | 15.5 | 17.5 | 20 | 22 | 24 | 26 |
| | | 粗装配 | | 2.6 | 3.1 | 3.6 | 4.8 | 5.8 | 7 | 10 | 12 | 14.5 | 16.5 | 18.5 | 21 | 24 | 26 | 28 |
| 六角头螺栓和螺母用沉孔 | 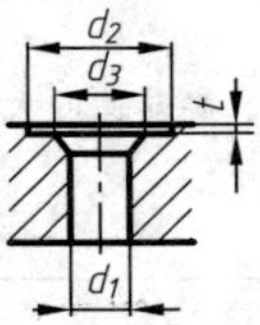<br>$t$—刮平为止<br>GB 152.4—1988 | 用于标准对边宽度六角头螺栓及六角螺母 | $d_2$ (H15) | 6 | 8 | 9 | 10 | 11 | 13 | 18 | 22 | 26 | 30 | 33 | 36 | 40 | 43 | 48 |
| | | | $d_3$ | — | — | — | — | — | — | — | — | 16 | 18 | 20 | 22 | 24 | 26 | 28 |
| | | | $d_1$ (H13) | 2.4 | 2.9 | 3.4 | 4.5 | 5.5 | 6.6 | 9 | 11 | 13.5 | 15.5 | 17.5 | 20 | 22 | 24 | 26 |
| 圆柱头用沉孔 | 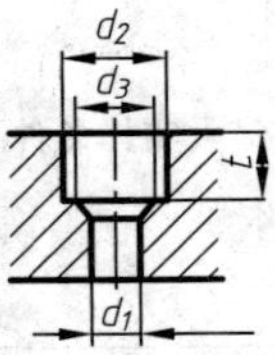<br>GB 152.3—1988 | 用于 GB/T 70 | $d_2$ (H13) | 4.3 | 5.0 | 6.0 | 8.0 | 10 | 11 | 15 | 18 | 20 | 24 | 26 | — | 33 | — | 40 |
| | | | $t$ (H13) | 2.3 | 2.9 | 3.4 | 4.6 | 5.7 | 6.8 | 9 | 11 | 13 | 15 | 17.5 | — | 21.5 | — | 25.5 |
| | | | $d_3$ | — | — | — | — | — | — | — | — | 16 | 18 | 20 | — | 24 | — | 28 |
| | | | $d_1$ (H13) | 2.4 | 2.9 | 3.4 | 4.5 | 5.5 | 6.6 | 9 | 11 | 13.5 | 15.5 | 17.5 | — | 22 | — | 26 |
| | | 用于 GB/T 65 及 GB/T 67 | $d_2$ (H13) | — | — | — | 8 | 10 | 11 | 15 | 18 | 20 | 24 | 26 | — | 33 | — | — |
| | | | $t$ (H13) | — | — | — | 3.2 | 4 | 4.7 | 6 | 7 | 8 | 9 | 10.5 | — | 12.5 | — | — |
| | | | $d_3$ | — | — | — | — | — | — | — | — | 16 | 18 | 20 | — | 24 | — | — |
| | | | $d_1$ (H13) | — | — | — | 4.5 | 5.5 | 6.6 | 9 | 11 | 13.5 | 15.5 | 17.5 | — | 22 | — | — |
| 沉头用沉孔 | 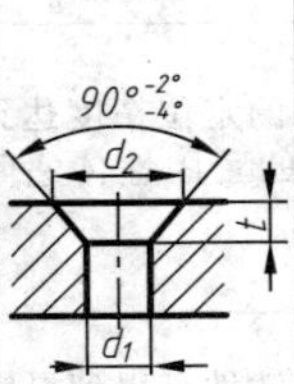<br>GB/T 152.2—2014 | 用于沉头及半沉头螺钉 | $d_2$ (H13) | 4.5 | 5.6 | 6.4 | 9.6 | 10.6 | 12.8 | 17.6 | 20.3 | 24.4 | 28.4 | 32.4 | — | 40.4 | | |
| | | | $t\approx$ | 1.2 | 1.5 | 1.6 | 2.7 | 2.7 | 3.3 | 4.6 | 5 | 6 | 7 | 8 | — | 10 | | |
| | | | $d_1$ (H13) | 2.4 | 2.9 | 3.4 | 4.5 | 5.5 | 6.6 | 9 | 11 | 13.5 | 15.5 | 17.5 | — | 22 | | |

**注**　尺寸下带括弧的为其公差带。

## 四、极限与配合

附表 25　　优先配合特性及应用（GB/T 1801—2009）

| 基孔制 | 基轴制 | 优先配合特性及应用 |
|---|---|---|
| $\frac{H11}{c11}$ | $\frac{C11}{h11}$ | 间隙非常大，用于很松的、转动很慢的动配合，或要求大公差与大间隙的外露组件，或要求装配方便的很松的配合 |
| $\frac{H9}{d9}$ | $\frac{D9}{h9}$ | 间隙很大的自由转动配合，用于精度为非主要要求，或有大的温度变动、高转速或大的轴颈压力时 |
| $\frac{H8}{f7}$ | $\frac{F8}{h7}$ | 间隙不大的转动配合，用于中等转速与中等轴颈压力的精确转动，也用于装配较易的中等定位配合 |
| $\frac{H7}{g6}$ | $\frac{G7}{h6}$ | 间隙很小的滑动配合，用于不希望自由转动，但可自由移动和滑动并精密定位时，也可用于要求明确的定位配合 |
| $\frac{H7}{h6}$ $\frac{H8}{h7}$ $\frac{H9}{h9}$ $\frac{H11}{h11}$ | $\frac{H7}{h6}$ $\frac{H8}{h7}$ $\frac{H9}{h9}$ $\frac{H11}{h11}$ | 均为间隙定位配合，零件可自由装拆，而工作时一般相对静止不动。在最大实体条件下的间隙为零，在最小实体条件下的间隙由公差等级决定 |
| $\frac{H7}{k6}$ | $\frac{K7}{h6}$ | 过渡配合，用于精密定位 |
| $\frac{H7}{n6}$ | $\frac{N7}{h6}$ | 过渡配合，允许有较大过盈的更精密定位 |
| $\frac{H7}{p6}$ * | $\frac{P7}{h6}$ | 过盈定位配合，即小过盈配合，用于定位精度特别重要时，能以最好的定位精度达到部件的刚性及对中性要求，而对内孔承受压力无特殊要求，不依靠配合的紧固性传递摩擦负荷 |
| $\frac{H7}{s6}$ | $\frac{S7}{h6}$ | 中等压入配合，适用于一般钢件，或用于薄壁件的冷缩配合，用于铸铁件可得到最紧的配合 |
| $\frac{H7}{u6}$ | $\frac{U7}{h6}$ | 压入配合，适用于可以承受大压入力的零件或不宜承受大压入力的冷缩配合 |

*　公称尺寸≤3mm 时为过渡配合。

**附表 26　　标准公差数值（GB/T 1800.1—2009）**

| 公称尺寸（mm） | | 标准公差等级 | | | | | | | | | | | | | | | | | |
|---|---|---|---|---|---|---|---|---|---|---|---|---|---|---|---|---|---|---|---|
| | | IT1 | IT2 | 1T3 | IT4 | 1T5 | IT6 | 1T7 | IT8 | IT9 | IT10 | IT11 | IT12 | IT13 | IT14 | IT15 | IT16 | IT17 | IT18 |
| 大于 | 至 | μm | | | | | | | | | | | mm | | | | | | |
| — | 3 | 0.8 | 1.2 | 2 | 3 | 4 | 6 | 10 | 14 | 25 | 40 | 60 | 0.1 | 0.14 | 0.25 | 0.4 | 0.6 | 1 | 1.4 |
| 3 | 6 | 1 | 1.5 | 2.5 | 4 | 5 | 8 | 12 | 18 | 30 | 48 | 75 | 0.12 | 0.18 | 0.3 | 0.48 | 0.75 | 1.2 | 1.8 |
| 6 | 10 | 1 | 1.5 | 2.5 | 4 | 6 | 9 | 15 | 22 | 36 | 58 | 90 | 0.15 | 0.22 | 0.36 | 0.58 | 0.9 | 1.5 | 2.2 |
| 10 | 18 | 1.2 | 2 | 3 | 5 | 8 | 11 | 18 | 27 | 43 | 70 | 110 | 0.18 | 0.27 | 0.43 | 0.7 | 1.1 | 1.8 | 2.7 |
| 18 | 30 | 1.5 | 2.5 | 4 | 6 | 9 | 13 | 21 | 33 | 52 | 84 | 130 | 0.21 | 0.33 | 0.52 | 0.84 | 1.3 | 2.1 | 3.3 |
| 30 | 50 | 1.5 | 2.5 | 4 | 7 | 11 | 16 | 25 | 39 | 62 | 100 | 160 | 0.25 | 0.39 | 0.62 | 1 | 1.6 | 2.5 | 3.9 |
| 50 | 80 | 2 | 3 | 5 | 8 | 13 | 19 | 30 | 46 | 74 | 120 | 190 | 0.3 | 0.46 | 0.74 | 1.2 | 1.9 | 3 | 4.6 |
| 80 | 120 | 2.5 | 4 | 6 | 10 | 15 | 22 | 35 | 54 | 87 | 140 | 220 | 0.35 | 0.54 | 0.87 | 1.4 | 2.2 | 3.5 | 5.4 |
| 120 | 180 | 3.5 | 5 | 8 | 12 | 18 | 25 | 40 | 63 | 100 | 160 | 250 | 0.4 | 0.63 | 1 | 1.6 | 2.5 | 4 | 6.3 |
| 180 | 250 | 4.5 | 7 | 10 | 14 | 20 | 29 | 46 | 72 | 115 | 185 | 290 | 0.46 | 0.72 | 1.15 | 1.85 | 2.9 | 4.6 | 7.2 |
| 250 | 315 | 6 | 8 | 12 | 16 | 23 | 32 | 52 | 81 | 130 | 210 | 320 | 0.52 | 0.81 | 1.3 | 2.1 | 3.2 | 5.2 | 8.1 |
| 315 | 400 | 7 | 9 | 13 | 18 | 25 | 36 | 57 | 89 | 140 | 230 | 360 | 0.57 | 0.89 | 1.4 | 2.3 | 3.6 | 5.7 | 8.9 |
| 400 | 500 | 8 | 10 | 15 | 20 | 27 | 40 | 63 | 97 | 155 | 250 | 400 | 0.63 | 0.97 | 1.55 | 2.5 | 4 | 6.3 | 9.7 |
| 500 | 630 | 9 | 11 | 16 | 22 | 32 | 44 | 70 | 110 | 175 | 280 | 440 | 0.7 | 1.1 | 1.75 | 2.8 | 4.4 | 7 | 11 |
| 630 | 800 | 10 | 13 | 18 | 25 | 36 | 50 | 80 | 125 | 200 | 320 | 500 | 0.8 | 1.25 | 2 | 3.2 | 5 | 8 | 12.5 |
| 800 | 1000 | 11 | 15 | 21 | 28 | 40 | 56 | 90 | 140 | 230 | 360 | 560 | 0.9 | 1.4 | 2.3 | 3.6 | 5.6 | 9 | 14 |
| 1000 | 1250 | 13 | 18 | 24 | 33 | 47 | 66 | 105 | 165 | 260 | 420 | 660 | 1.05 | 1.65 | 2.6 | 4.2 | 6.6 | 10.5 | 16.5 |
| 1250 | 1600 | 15 | 21 | 29 | 39 | 55 | 78 | 125 | 195 | 310 | 500 | 780 | 1.25 | 1.95 | 3.1 | 5 | 7.8 | 12.5 | 19.5 |
| 1600 | 2000 | 18 | 25 | 35 | 46 | 65 | 92 | 150 | 230 | 370 | 600 | 920 | 1.5 | 2.3 | 3.7 | 6 | 9.2 | 15 | 23 |
| 2000 | 2500 | 22 | 30 | 41 | 55 | 78 | 110 | 175 | 280 | 440 | 700 | 1100 | 1.75 | 2.8 | 4.4 | 7 | 11 | 17.5 | 28 |
| 2500 | 3150 | 26 | 36 | 50 | 68 | 96 | 135 | 210 | 330 | 540 | 860 | 1350 | 2.1 | 3.3 | 5.4 | 8.6 | 13.5 | 21 | 33 |

**注** 1. 公称尺寸大于 500mm 的 IT1 至 IT5 的标准公差数值为试行的。

2. 公称尺寸小于或等于 1mm 时，无 IT14 至 IT18。

**附表 27** **轴的极限偏差数值**

| 公称尺寸（mm）＼公差带代号 | c | d | f | | | g | | h | | | | |
|---|---|---|---|---|---|---|---|---|---|---|---|---|
| | 11 | 9 | 6 | 7 | 8 | 6 | 7 | 6 | 7 | 8 | 9 | 10 |
| >0～3 | −60<br>−120 | −20<br>−45 | −6<br>−12 | −6<br>−16 | −6<br>−20 | −2<br>−8 | −2<br>−12 | 0<br>−6 | 0<br>−10 | 0<br>−14 | 0<br>−25 | 0<br>−40 |
| >3～6 | −70<br>−145 | −30<br>−60 | −10<br>−18 | −10<br>−22 | −10<br>−28 | −4<br>−12 | −4<br>−16 | 0<br>−8 | 0<br>−12 | 0<br>−18 | 0<br>−30 | 0<br>−48 |
| >6～10 | −80<br>−170 | −40<br>−76 | −13<br>−22 | −13<br>−28 | −13<br>−35 | −5<br>−14 | −5<br>−20 | 0<br>−9 | 0<br>−15 | 0<br>−22 | 0<br>−36 | 0<br>−58 |
| >10～18 | −95<br>−205 | −50<br>−93 | −16<br>−27 | −16<br>−34 | −16<br>−43 | −6<br>−17 | −6<br>−24 | 0<br>−11 | 0<br>−18 | 0<br>−27 | 0<br>−43 | 0<br>−70 |
| >18～30 | −110<br>−240 | −65<br>−117 | −20<br>−33 | −20<br>−41 | −20<br>−53 | −7<br>−20 | −7<br>−28 | 0<br>−13 | 0<br>−21 | 0<br>−33 | 0<br>−52 | 0<br>−84 |
| >30～40 | −120<br>−280 | −80<br>−142 | −25<br>−41 | −25<br>−50 | −25<br>−64 | −9<br>−25 | −9<br>−34 | 0<br>−16 | 0<br>−25 | 0<br>−39 | 0<br>−62 | 0<br>−100 |
| >40～50 | −130<br>−290 | | | | | | | | | | | |
| >50～65 | −140<br>−330 | −100<br>−174 | −30<br>−49 | −30<br>−60 | −30<br>−76 | −10<br>−29 | −10<br>−40 | 0<br>−19 | 0<br>−30 | 0<br>46 | 0<br>−74 | 0<br>−120 |
| >65～80 | −150<br>−340 | | | | | | | | | | | |
| >80～100 | −170<br>−390 | −120<br>−207 | −36<br>−58 | −36<br>−71 | −36<br>−90 | −12<br>−34 | −12<br>−47 | 0<br>−22 | 0<br>−35 | 0<br>−54 | 0<br>−87 | 0<br>−140 |
| >100～120 | −180<br>−400 | | | | | | | | | | | |
| >120～140 | −200<br>−450 | | | | | | | | | | | |
| >140～160 | −210<br>−460 | −145<br>−245 | −43<br>−68 | −43<br>−83 | −43<br>−106 | −14<br>−39 | −14<br>−54 | −0<br>−25 | 0<br>−40 | 0<br>−63 | 0<br>−100 | 0<br>−160 |
| >160～180 | −230<br>−480 | | | | | | | | | | | |
| >180～200 | −240<br>−530 | | | | | | | | | | | |
| >200～225 | −260<br>−550 | −170<br>−285 | −50<br>−79 | −50<br>−96 | −50<br>−122 | −15<br>−44 | −15<br>−61 | 0<br>−29 | 0<br>−46 | 0<br>−72 | 0<br>−115 | 0<br>−185 |
| >225～250 | −280<br>−570 | | | | | | | | | | | |
| >250～280 | −300<br>−620 | −190<br>−320 | −56<br>−88 | −56<br>−108 | −56<br>−137 | −17<br>−49 | −17<br>−69 | 0<br>−32 | 0<br>−52 | 0<br>−81 | 0<br>−130 | 0<br>−210 |
| >280～315 | −330<br>−650 | | | | | | | | | | | |
| >315～355 | −360<br>−720 | −210<br>−350 | −62<br>−98 | −62<br>−119 | −62<br>−151 | −18<br>−54 | −18<br>−75 | 0<br>−36 | 0<br>−57 | 0<br>−89 | 0<br>−140 | 0<br>−230 |
| >355～400 | −400<br>−760 | | | | | | | | | | | |
| >400～450 | −440<br>−840 | −230<br>−385 | −68<br>−108 | −68<br>−131 | −68<br>−165 | −20<br>−60 | −20<br>−83 | 0<br>−40 | 0<br>−63 | 0<br>−97 | 0<br>−155 | 0<br>−250 |
| >450～500 | −480<br>−880 | | | | | | | | | | | |

**（根据 GB/T 1800.2—2009）**　　μm

| | | j | js | k | | m | | n | | p | | r | s | t | u |
|---|---|---|---|---|---|---|---|---|---|---|---|---|---|---|---|
| 11 | 12 | 7 | 6 | 6 | 7 | 6 | 7 | 6 | 7 | 6 | 7 | 6 | 6 | 6 | 6 |
| 0<br>−60 | 0<br>−100 | +6<br>−4 | ±3 | +6<br>0 | +10<br>0 | +8<br>+2 | +12<br>+2 | +10<br>+4 | +14<br>+4 | +12<br>+6 | +16<br>+6 | +16<br>+10 | +20<br>+14 | | +24<br>+18 |
| 0<br>−75 | 0<br>−120 | +8<br>−4 | ±4 | +9<br>+1 | +13<br>+1 | +12<br>+4 | +16<br>+4 | +16<br>+8 | +20<br>+8 | +20<br>+12 | +24<br>+12 | +23<br>+15 | +27<br>+19 | | +31<br>+23 |
| 0<br>−90 | 0<br>−150 | +10<br>−5 | ±4.5 | +10<br>+1 | +16<br>+1 | +15<br>+6 | +21<br>+6 | +19<br>+10 | +25<br>+10 | +24<br>+15 | +30<br>+15 | +28<br>+19 | +32<br>+23 | | +37<br>+28 |
| 0<br>−110 | 0<br>−180 | +12<br>−6 | ±5.5 | +12<br>+1 | +19<br>+1 | +18<br>+7 | +25<br>+7 | +23<br>+12 | +30<br>+12 | +29<br>+18 | +36<br>+18 | +34<br>+23 | +39<br>+28 | | +44<br>+33 |
| 0<br>−130 | 0<br>−210 | +13<br>−8 | ±6.5 | +15<br>+2 | +23<br>+2 | +21<br>+8 | +29<br>+8 | +28<br>+15 | +36<br>+15 | +35<br>+22 | +43<br>+22 | +41<br>+28 | +48<br>+35 | | +54<br>+41 |
| | | | | | | | | | | | | | | +54<br>+41 | +61<br>+48 |
| 0<br>−160 | 0<br>−250 | +15<br>−10 | ±8 | +18<br>+2 | +27<br>+2 | +25<br>+9 | +34<br>+9 | +33<br>+17 | +42<br>+17 | +42<br>+26 | +51<br>+26 | +50<br>+34 | +59<br>+43 | +64<br>+48 | +76<br>+60 |
| | | | | | | | | | | | | | | +70<br>+54 | +86<br>+70 |
| 0<br>−190 | 0<br>−300 | +18<br>−12 | ±9.5 | +21<br>+2 | +32<br>+2 | +30<br>+11 | +41<br>+11 | +39<br>+20 | +50<br>+20 | +51<br>+32 | +62<br>+32 | +60<br>+41 | +72<br>+53 | +85<br>+66 | +106<br>+87 |
| | | | | | | | | | | | | +62<br>+43 | +78<br>+59 | +94<br>+75 | +121<br>+102 |
| 0<br>−220 | 0<br>−350 | +20<br>−15 | ±11 | +25<br>+3 | +38<br>+3 | +35<br>+13 | +48<br>+13 | +45<br>+23 | +58<br>+23 | +59<br>+37 | +72<br>+37 | +73<br>+51 | +93<br>+71 | +113<br>+91 | +146<br>+124 |
| | | | | | | | | | | | | +76<br>+54 | +101<br>+79 | +126<br>+104 | +166<br>+144 |
| 0<br>−250 | 0<br>−400 | +22<br>−18 | ±12.5 | +28<br>+3 | +43<br>+3 | +40<br>+15 | +55<br>+15 | +52<br>+27 | +67<br>+27 | +68<br>+43 | +83<br>+43 | +88<br>+63 | +117<br>+92 | +147<br>+122 | +195<br>+170 |
| | | | | | | | | | | | | +90<br>+65 | +125<br>+100 | +159<br>+134 | +215<br>+190 |
| | | | | | | | | | | | | +93<br>+68 | +133<br>+108 | +171<br>+146 | +235<br>+210 |
| 0<br>−290 | 0<br>−460 | +25<br>−21 | ±14.5 | +33<br>+4 | +50<br>+4 | +46<br>+17 | +63<br>+17 | +60<br>+31 | +77<br>+31 | +79<br>+50 | +96<br>+50 | +106<br>+77 | +151<br>+122 | +195<br>+166 | +265<br>+236 |
| | | | | | | | | | | | | +109<br>+80 | +159<br>+130 | +209<br>+180 | +287<br>+258 |
| | | | | | | | | | | | | +113<br>+84 | +169<br>+140 | +225<br>+196 | +313<br>+284 |
| 0<br>−320 | 0<br>−520 | +26 | ±16 | +36<br>+4 | +56<br>+4 | +52<br>+20 | +72<br>+20 | +66<br>+34 | +86<br>+34 | +88<br>+56 | +108<br>+56 | +126<br>+94 | +190<br>+158 | +250<br>+218 | +347<br>+315 |
| | | | | | | | | | | | | +130<br>+98 | +202<br>+170 | +272<br>+240 | +382<br>+350 |
| 0<br>−360 | 0<br>−570 | +29<br>−28 | ±18 | +40<br>+4 | +61<br>+4 | +57<br>+21 | +78<br>+21 | +73<br>+37 | +94<br>+37 | +98<br>+62 | +119<br>+62 | +144<br>+108 | +226<br>+190 | +304<br>+268 | +426<br>+390 |
| | | | | | | | | | | | | +150<br>+114 | +244<br>+208 | +330<br>+294 | +471<br>+435 |
| 0<br>−400 | 0<br>−630 | +31<br>−32 | ±20 | +45<br>+5 | +68<br>+5 | +63<br>+23 | +86<br>+23 | +80<br>+40 | +103<br>+40 | +108<br>+68 | +131<br>+68 | +166<br>+126 | +272<br>+232 | +370<br>+330 | +530<br>+490 |
| | | | | | | | | | | | | +172<br>+132 | +292<br>+252 | +400<br>+360 | +580<br>+540 |

**附表 28**　　**孔的极限偏差数值**

| 公称尺寸（mm）＼公差带代号 | A | B | C | D | E | F | | G | H | | | |
|---|---|---|---|---|---|---|---|---|---|---|---|---|
| | 11 | 12 | 11 | 9 | 8 | 8 | 9 | 7 | 6 | 7 | 8 | 9 |
| >0～3 | +330<br>+270 | +240<br>+140 | +120<br>+60 | +45<br>+20 | +28<br>+14 | +20<br>+6 | +31<br>+6 | +12<br>+2 | +6<br>0 | +10<br>0 | +14<br>0 | +25<br>0 |
| >3～6 | +345<br>+270 | +260<br>+140 | +145<br>+70 | +60<br>+30 | +38<br>+20 | +28<br>+10 | +40<br>+10 | +16<br>+4 | +8<br>0 | +12<br>0 | +18<br>0 | +30<br>0 |
| >6～10 | +370<br>+280 | +300<br>+150 | +170<br>+80 | +76<br>+40 | +47<br>+25 | +35<br>+13 | +49<br>+13 | +20<br>+5 | +9<br>0 | +15<br>0 | +22<br>0 | +36<br>0 |
| >10～18 | +400<br>+290 | +330<br>+160 | +205<br>+95 | +93<br>+50 | +59<br>+32 | +43<br>+16 | +59<br>+19 | +24<br>+6 | +11<br>0 | +18<br>0 | +27<br>0 | +43<br>0 |
| >18～24 | +430<br>+300 | +370<br>+160 | +240<br>+110 | +117<br>+65 | +73<br>+40 | +53<br>+20 | +72<br>+20 | +28<br>+7 | +13<br>0 | +21<br>0 | +33<br>0 | +52<br>0 |
| >24～30 | | | | | | | | | | | | |
| >30～40 | +470<br>+310 | +420<br>+170 | +280<br>+120 | +142<br>+80 | +89<br>+50 | +64<br>+25 | +87<br>+25 | +34<br>+9 | +16<br>0 | +25<br>0 | +39<br>0 | +62<br>0 |
| >40～50 | +480<br>+320 | +430<br>+180 | +290<br>+130 | | | | | | | | | |
| >50～65 | +530<br>+340 | +490<br>+190 | +330<br>+140 | +174<br>+100 | +106<br>+60 | +76<br>+30 | +104<br>+30 | +40<br>+10 | +19<br>0 | +30<br>0 | +46<br>0 | +74<br>0 |
| >65～80 | +550<br>+360 | +500<br>+200 | +340<br>+150 | | | | | | | | | |
| >80～100 | +600<br>+380 | +570<br>+220 | +390<br>+170 | +207<br>+120 | +126<br>+72 | +90<br>+36 | +123<br>+36 | +47<br>+12 | +22<br>0 | +35<br>0 | +54<br>0 | +87<br>0 |
| >100～120 | +630<br>+410 | +590<br>+240 | +400<br>+180 | | | | | | | | | |
| >120～140 | +710<br>+460 | +660<br>+260 | +450<br>+200 | +245<br>+145 | +148<br>+85 | +106<br>+43 | +143<br>+43 | +54<br>+14 | +25<br>0 | +40<br>0 | +63<br>0 | +100<br>0 |
| >140～160 | +770<br>+520 | +680<br>+280 | +460<br>+210 | | | | | | | | | |
| >160～180 | +830<br>+580 | +710<br>+310 | +480<br>+230 | | | | | | | | | |
| >180～200 | +950<br>+660 | +800<br>+340 | +530<br>+240 | +285<br>+170 | +172<br>+100 | +122<br>+50 | +165<br>+50 | +61<br>+15 | +29<br>0 | +46<br>0 | +72<br>0 | +115<br>0 |
| >200～225 | +1030<br>+740 | +840<br>+380 | +550<br>+260 | | | | | | | | | |
| >225～250 | +1110<br>+820 | +880<br>+420 | +570<br>+280 | | | | | | | | | |
| >250～280 | +1240<br>+920 | +1000<br>+480 | +620<br>+300 | +320<br>+190 | +191<br>+110 | +137<br>+56 | +186<br>+56 | +69<br>+17 | +32<br>0 | +52<br>0 | +81<br>0 | +130<br>0 |
| >280～315 | +1370<br>+1050 | +1060<br>+540 | +650<br>+330 | | | | | | | | | |
| >315～355 | +1560<br>+1200 | +1170<br>+600 | +720<br>+360 | +350<br>+210 | +214<br>+125 | +151<br>+62 | +202<br>+62 | +75<br>+18 | +36<br>0 | +57<br>0 | +89<br>0 | +140<br>0 |
| >355～400 | +1710<br>+1350 | +1250<br>+680 | +760<br>+400 | | | | | | | | | |
| >400～450 | +1900<br>+1500 | +1390<br>+760 | +840<br>+440 | +385<br>+230 | +232<br>+135 | +165<br>+68 | +223<br>+68 | +83<br>+20 | +40<br>0 | +63<br>0 | +97<br>0 | +155<br>0 |
| >450～500 | +2050<br>+1650 | +1470<br>+840 | +880<br>+480 | | | | | | | | | |

（根据 GB/T 1800.2—2009）　μm

| | | | JS | | K | | M | | N | | P | R | S | T | U |
|---|---|---|---|---|---|---|---|---|---|---|---|---|---|---|---|
| 10 | 11 | 12 | 7 | 8 | 7 | 8 | 7 | 8 | 7 | 8 | 7 | 7 | 7 | 7 | 7 |
| +40<br>0 | +60<br>0 | +100<br>0 | ±6 | ±7 | 0<br>-10 | 0<br>-14 | -2<br>-12 | -2<br>-16 | -4<br>-14 | -4<br>-18 | -6<br>-16 | -10<br>-20 | -14<br>-24 | | -18<br>-28 |
| +48<br>0 | +75<br>0 | +120<br>0 | ±6 | ±9 | +3<br>-9 | +5<br>-13 | 0<br>-12 | +2<br>-16 | -4<br>-16 | -2<br>-20 | -8<br>-20 | -11<br>-23 | -15<br>-27 | | -19<br>-31 |
| +58<br>0 | +90<br>0 | +150<br>0 | ±7 | ±11 | +5<br>-10 | +6<br>-16 | 0<br>-15 | +1<br>-21 | -4<br>-19 | -3<br>-25 | -9<br>-24 | -13<br>-28 | -17<br>-32 | | -22<br>-37 |
| +70<br>0 | +110<br>0 | +180<br>0 | ±9 | ±13 | +6<br>-12 | +8<br>-19 | 0<br>-18 | +2<br>-25 | -5<br>-23 | -3<br>-30 | -11<br>-29 | -16<br>-34 | -21<br>-39 | | -26<br>-44 |
| +84<br>0 | +130<br>0 | +210<br>0 | ±10 | ±16 | +6<br>-15 | +10<br>-23 | 0<br>-21 | +4<br>-29 | -7<br>-28 | -3<br>-36 | -14<br>-35 | -20<br>-41 | -27<br>-48 | | -33<br>-54 |
| | | | | | | | | | | | | | | -33<br>-54 | -40<br>-61 |
| +100<br>0 | +160<br>0 | +250<br>0 | ±12 | ±19 | +7<br>-18 | +12<br>-27 | 0<br>-25 | +5<br>-34 | -8<br>-33 | -3<br>-42 | -17<br>-42 | -25<br>-50 | -34<br>-59 | -39<br>-64 | -51<br>-76 |
| | | | | | | | | | | | | | | -45<br>-70 | -61<br>-86 |
| +120<br>0 | +190<br>0 | +300<br>0 | ±15 | ±23 | +9<br>-21 | +14<br>-32 | 0<br>-30 | +5<br>-41 | -9<br>-39 | -4<br>-50 | -21<br>-51 | -30<br>-60 | -42<br>-72 | -55<br>-85 | -76<br>-106 |
| | | | | | | | | | | | | -32<br>-62 | -48<br>-78 | -64<br>-94 | -91<br>-121 |
| +140<br>0 | +220<br>0 | +350<br>0 | ±17 | ±27 | +10<br>-25 | +16<br>-38 | 0<br>-35 | +6<br>-48 | -10<br>-45 | -4<br>-58 | -24<br>-59 | -38<br>-73 | -58<br>-93 | -78<br>-113 | -111<br>-146 |
| | | | | | | | | | | | | -41<br>-76 | -66<br>-101 | -91<br>-126 | -131<br>-166 |
| +160<br>0 | +250<br>0 | +400<br>0 | ±20 | ±31 | +12<br>-28 | +20<br>-43 | 0<br>-40 | +8<br>-55 | -12<br>-52 | -4<br>-67 | -28<br>-68 | -48<br>-88 | -77<br>-117 | -107<br>-147 | -155<br>-195 |
| | | | | | | | | | | | | -50<br>-90 | -85<br>-125 | -119<br>-159 | -175<br>-215 |
| | | | | | | | | | | | | -53<br>-93 | -93<br>-133 | -131<br>-171 | -195<br>-235 |
| +185<br>0 | +290<br>0 | +460<br>0 | ±23 | ±36 | +13<br>-33 | +22<br>-50 | 0<br>-46 | +9<br>-63 | -14<br>-60 | -5<br>-77 | -33<br>-79 | -60<br>-106 | -105<br>-151 | -149<br>-195 | -219<br>-265 |
| | | | | | | | | | | | | -63<br>-109 | -113<br>-159 | -163<br>-209 | -241<br>-287 |
| | | | | | | | | | | | | -67<br>-113 | -123<br>-169 | -179<br>-225 | -267<br>-313 |
| +210<br>0 | +320<br>0 | +520<br>0 | ±26 | ±40 | +16<br>-36 | +25<br>-56 | 0<br>-52 | +9<br>-72 | -14<br>-66 | -5<br>-86 | -36<br>-88 | -74<br>-126 | -138<br>-190 | -198<br>-250 | -295<br>-347 |
| | | | | | | | | | | | | -78<br>-130 | -150<br>-202 | -220<br>-272 | -330<br>-382 |
| +230<br>0 | +360<br>0 | +570<br>0 | ±28 | ±44 | +17<br>-40 | +28<br>-61 | 0<br>-57 | +11<br>-78 | -16<br>-73 | -5<br>-94 | -41<br>-98 | -87<br>-144 | -169<br>-226 | -247<br>-304 | -369<br>-426 |
| | | | | | | | | | | | | -93<br>-150 | -187<br>-244 | -273<br>-330 | -414<br>-471 |
| +250<br>0 | +400<br>0 | +630<br>0 | ±31 | ±48 | +18<br>-45 | +29<br>-68 | 0<br>-63 | +11<br>-86 | -17<br>-80 | -6<br>-103 | -45<br>-108 | -103<br>-166 | -209<br>-272 | -307<br>-370 | -467<br>-530 |
| | | | | | | | | | | | | -109<br>-172 | -229<br>-292 | -337<br>-400 | -517<br>-580 |

## 五、常用材料

**附表 29　　常用钢材牌号及用途**

| 名称 | 牌号 | 应用举例 |
|---|---|---|
| 碳素结构钢（GB/T 700—2006） | Q215<br>Q235 | 塑性较高，强度较低，焊接性好，常用作各种板材及型钢，制作工程结构或机器中受力不大的零件，如螺钉、螺母、垫圈、吊钩、拉杆等；也可渗碳，制作不重要的渗碳零件 |
| | Q275 | 强度较高，可制作承受中等应力的普通零件，如紧固件、吊钩、拉杆等；也可经热处理后制造不重要的轴 |
| 优质碳素结构钢（GB/T 699—1999） | 15<br>20 | 塑性、韧性、焊接性和冷冲性很好，但强度较低。用于制造受力不大、韧性要求较高的零件、紧固件、渗碳零件及不要求热处理的低负荷零件，如螺栓、螺钉、拉条、法兰盘等 |
| | 35 | 有较好的塑性和适当的强度，用于制造曲轴、转轴、轴销、杠杆、连杆、横梁、链轮、垫圈、螺钉、螺母等。这种钢多在正火和调质状态下使用，一般不作焊接作用 |
| | 40<br>45 | 用于要求强度较高、韧性要求中等的零件，通常进行调质或正火处理。用于制造齿轮、齿条、链轮、轴、曲轴等；经高频表面淬火后可替代渗碳钢制作齿轮、轴、活塞销等零件 |
| | 55 | 经热处理后有较高的表面硬度和强度，具有较好韧性，一般经正火或淬火、回火后使用。用于制造齿轮、连杆、轮圈及轧辊等。焊接性及冷变形性均低 |
| | 65 | 一般经淬火中温回火，具有较高弹性，适用于制作小尺寸弹簧 |
| | 15Mn | 性能与 15 钢相似，但其淬透性、强度和塑性均稍高于 15 钢。用于制作中心部分的力学性能要求较高且需渗碳的零件。这种钢焊接性好 |
| | 65Mn | 性能与 65 钢相似，适于制造弹簧、弹簧垫圈、弹簧环和片，以及冷拔钢丝（≤7 mm）和发条 |
| 合金结构钢（GB/T 3077—1999） | 20Cr | 用于渗碳零件，制作受力不太大、不需要强度很高的耐磨零件，如机床齿轮、齿轮轴、蜗杆、凸轮、活塞销等 |
| | 40Cr | 调质后强度比碳钢高，常用作中等截面、要求力学性能比碳钢高的重要调质零件，如齿轮、轴、曲轴、连杆螺栓等 |
| | 20CrMnTi | 强度、韧性均高，是铬镍钢的代用材料。经热处理后，用于承受高速、中等或重载荷以及冲击、磨损等的重要零件，如渗碳齿轮、凸轮等 |
| | 38CrMoAl | 是渗氮专用钢种，经热处理后用于要求高耐磨性、高疲劳强度和相当高的强度且热处理变形小的零件，如镗杆、主轴、齿轮、蜗杆、套筒、套环等 |
| | 35SiMn | 除了要求低温（−20 ℃以下）及冲击韧性很高的情况外，可全面替代 40Cr 作调质钢；亦可部分替代 40CrNi，制作中小型轴类、齿轮等零件 |
| | 50CrV | 用于（$\phi$30～$\phi$50）mm 重要的承受大应力的各种弹簧；也可用作大截面的温度低于 400 ℃的气阀弹簧、喷油嘴弹簧等 |
| 铸钢（GB/T 11352—2009） | ZG200−400 | 用于各种形状的零件，如机座、变速箱壳等 |
| | ZG230−450 | 用于铸造平坦的零件，如机座、机盖、箱体等 |
| | ZG270−500 | 用于各种形状的零件，如飞轮、机架、水压机工作缸、横梁等 |

**附表 30**　　常用铸铁牌号及用途

| 名称 | 牌号 | 应用举例 | 说明 |
|---|---|---|---|
| 灰铸铁（GB/T 9439—2010） | HT100 | 低载荷和不重要零件，如盖、外罩、手轮、支架、重锤等 | 牌号中“HT”是“灰铁”二字汉语拼音的第一个字母，其后的数字表示最低抗拉强度（MPa），但这一力学性能与铸件壁厚有关 |
| | HT150 | 承受中等应力的零件，如支柱、底座、齿轮箱、工作台、刀架、端盖、阀体、管路附件及一般无工作条件要求的零件 | |
| | HT200<br>HT250 | 承受较大应力和较重要零件，如汽缸体、齿轮、机座、飞轮、床身、缸套、活塞、刹车轮、联轴器、齿轮箱、轴承座、油缸等 | |
| | HT300<br>HT350 | 承受高弯曲应力及抗拉应力的重要零件，如齿轮、凸轮、车床卡盘、剪床和压力机的机身、床身、高压油缸、滑阀壳体等 | |
| 球墨铸铁（GB/T 1348—2009） | QT400—15<br>QT450—10<br>QT500—7<br>QT600—3<br>QT700—2 | 球墨铸铁可替代部分碳钢、合金钢，用来制造一些受力复杂，强度、韧性和耐磨性要求高的零件。前两种牌号的球墨铸铁，具有较高的韧性与塑性，常用来制造受压阀门、机器底座、汽车后桥壳等；后两种牌号的球墨铸铁，具有较高的强度与耐磨性，常用来制造拖拉机或柴油机中的曲轴、连杆、凸轮轴，各种齿轮，机床的主轴、蜗杆、蜗轮，轧钢机的轧辊、大齿轮，大型水压机的工作缸、缸套、活塞等 | 牌号中“QT”是“球铁”二字汉语拼音的第一个字母，后面两组数字分别表示其最低抗拉强度（MPa）和最小伸长率（$\delta\times100$） |

**附表 31**　　常用有色金属材料

| 合金牌号 | 合金名称（或代号） | 铸造方法 | 应用举例 | 说明 |
|---|---|---|---|---|
| 普通黄铜（GB/T 5232—2001）及铸造铜合金（GB/T 1176—2013） | | | | |
| H62 | 普通黄铜 | | 散热器、垫圈、弹簧、各种网、螺钉等 | “H”表示黄铜，后面数字表示平均含铜量的百分数 |
| ZCuSn5Pb5Zn5 | 5—5—5<br>锡青铜 | S、J<br>Li、Ja | 高负荷、中速下工作的耐磨耐蚀件，如轴瓦、衬套、缸套及蜗轮等 | “Z”为铸造汉语拼音的首位字母、各化学元素后面的数字表示该元素含量的百分数 |
| ZCuSn10P1 | 10—1<br>锡青铜 | S<br>J<br>Li<br>La | 较高负荷（20MPa 以下）和高滑动速度（8m/s）下工作的耐磨件，如连杆、衬套、轴瓦、蜗轮等 | |
| ZCuSn10Pb5 | 10—5<br>锡青铜 | S<br>J | 耐蚀、耐酸件及破碎机衬套、轴瓦等 | |
| ZCuPb17Sn4Zn4 | 17—4—4<br>铅青铜 | S<br>J | 一般耐磨件、轴承等 | |
| ZCuAl10Fe3 | 10—3<br>铝青铜 | S<br>J<br>Li，La | 要求强度高、耐磨、耐蚀的零件，如轴套、螺母、蜗轮、齿轮等 | |
| ZCuAl10Fe3Mn2 | 10—3—2<br>铝青铜 | S<br>J | | |
| ZCuZn38 | 38 黄铜 | S<br>J | 一般结构件和耐蚀件，如法兰、阀座、螺母等 | |

续表

| 合金牌号 | 合金名称（或代号） | 铸造方法 | 应用举例 | 说明 |
|---|---|---|---|---|
| 普通黄铜（GB/T 5232—2001）及铸造铜合金（GB/T 1176—2013） | | | | |
| ZCuZn40Pb2 | 40—2<br>铅黄铜 | S<br>J | 一般用途的耐磨、耐蚀件，如轴套、齿轮等 | “Z”为铸造汉语拼音的首位字母、各化学元素后面的数字表示该元素含量的百分数 |
| ZCuZn38Mn2Pb2 | 38—2—2<br>锰黄铜 | S<br>J | 一般用途的结构件，如套筒、衬套、轴瓦、滑块等耐磨零件 | |
| ZCuZn16Si4 | 16—4<br>硅黄铜 | S<br>J | 接触海水工作的管配件以及水泵、叶轮等 | |
| 铸造铝合金（GB/T 1173—2013） | | | | |
| ZAlSi12 | ZL102<br>铝硅合金 | SB、JB、RB、KB<br>J | 气缸活塞及高温工作的承受冲击载荷的复杂薄壁零件 | ZL102 表示含硅（10～13）%、余量为铝的铝硅合金 |
| ZAlSi9Mg | ZL104<br>铝硅合金 | S、J、R、K、J<br>SB、RB、KB、J、JB | 形状复杂的高温静载荷或受冲击作用的大型零件，如扇风机叶片、水冷气缸头 | |
| ZAlMg5Si1 | ZL303<br>铝镁合金 | S、J、R、K | 高耐蚀性或在高温度下工作的零件 | |
| ZAlZn11Si7 | ZIA01<br>铝锌合金 | S、R、K、J | 铸造性能较好，可不热处理，用于形状复杂的大型薄壁零件，耐蚀性差 | |
| 铸造轴承合金（GB/T 1174—1992） | | | | |
| ZSnSb12Pb10Cu4<br>ZSnSb11Cu6<br>ZSnSb8Cu4 | 锡基轴承合金 | J<br>J<br>J | 汽轮机、压缩机、机车、发电机、球磨机、轧机减速器、发动机等各种机器的滑动轴承衬 | 各化学元素后面的数字表示该元素含量的百分数 |
| ZPbSb16Sn16Cu2<br>ZPbSb15Sn10<br>ZPbSb15Sn5 | 锡基轴承合金 | J<br>J<br>J | | |
| 硬铝（GB/T 3190—2008） | | | | |
| LY13 | 硬铝 | | 适用于中等强度的零件，焊接性能好 | 含铜、镁和锰的合金 |

**注** 铸造方法代号：S—砂型铸造；J—金属型铸造；Li—离心铸造；La—连续铸造；R 一熔模铸造；K—壳型铸造；B—变质处理。

**附表 32　　常用的非金属材料**

<table>
<tr><th>类别</th><th>名称</th><th>代号</th><th colspan="2">说明及规格</th><th>应用举例</th></tr>
<tr><td rowspan="7">工业用橡胶板</td><td rowspan="3">普通橡胶板</td><td>1608</td><td>厚度（mm）</td><td>宽度（mm）</td><td rowspan="3">能在于30～60℃的空气中工作，适于冲制各种密封、缓冲胶圈、垫板及铺设工作台、地板</td></tr>
<tr><td>1708</td><td rowspan="6">0.5、1、1.5、2、2.5、3、4、5、6、8、10、12、14、16、18、20、22、25、30、40、50</td><td rowspan="6">500～2000</td></tr>
<tr><td>1613</td></tr>
<tr><td rowspan="4">耐油橡胶板</td><td>3707</td><td rowspan="4">可在温度－30～80℃之间的机油、汽油、变压器油等介质中工作，适于冲制各种形状的垫圈</td></tr>
<tr><td>3807</td></tr>
<tr><td>3709</td></tr>
<tr><td>3809</td></tr>
<tr><td>尼龙</td><td>尼龙 66<br>尼龙 1010</td><td></td><td colspan="2">有高的抗拉强度和良好的冲击韧性，一定的耐热性（可在100℃以下使用），能耐弱酸、弱碱，耐油性良好</td><td>用以制作机械传动零件，有良好的吸声性，运转时噪声小，常用来做齿轮等零件</td></tr>
<tr><td rowspan="3">石棉制品</td><td>耐油橡胶石棉板</td><td></td><td colspan="2">有厚度为0.4～3.0mm的十种规格</td><td>供航空发动机的煤油、润滑油及冷气系统接合处的密封衬垫材料</td></tr>
<tr><td>油浸石棉盘根</td><td>YS350</td><td colspan="2">盘根形状分F（方形）、Y（圆形）、N（扭制）三种，按需选用</td><td>适用于回转轴、往复活塞或阀门杆上作密封材料，介质为蒸汽、空气、工业用水、重质石油产品</td></tr>
<tr><td>橡胶石棉盘根</td><td>XS450</td><td colspan="2">该牌号盘根只有F（方形）形</td><td>适用于作蒸汽机、往复泵的活塞，以及阀门杆上作密封材料</td></tr>
<tr><td rowspan="4">其他常用材料</td><td>毛毡</td><td>112－32～44（细毛）<br>122－30～38（半粗毛）<br>132－32～36（粗毛）</td><td colspan="2">厚度为1.5～25mm</td><td>用作密封、防漏油、防振、缓冲衬垫等。按需要选用细毛、半粗毛、粗毛</td></tr>
<tr><td>软钢板纸</td><td></td><td colspan="2">厚度为0.5～3.0mm</td><td>用做密封连接处垫片</td></tr>
<tr><td>聚四氟乙烯<br>HG/T 2899—1997</td><td>PTEE<br>DE 241</td><td colspan="2">耐蚀、耐高温（＋250℃），并具有一定的强度，能切削加工成各种零件</td><td>用于腐蚀介质中，起密封和减摩作用，用做垫圈等</td></tr>
<tr><td>有机玻璃板</td><td></td><td colspan="2">耐盐酸、硫酸、草酸、烧碱和纯碱等一般酸碱以及二氧化硫、臭氧等气体腐蚀</td><td>适用于耐蚀和需要透明的零件</td></tr>
</table>

**附表 33　　常用热处理和表面处理（根据 GB/T 7232—2012 和 JB/T 8555—2008）**

| 名称 | 有效硬化层深度和硬度标注举例 | 说明 | 目的 |
|---|---|---|---|
| 退火 | 退火（163～197）HBW 或退火 | 加热—保温—缓慢冷却 | 用来消除铸、锻、焊零件的内应力，降低硬度，以利于切削加工，细化晶粒，改善组织，增加韧性 |

续表

| 名称 | 有效硬化层深度和硬度标注举例 | 说明 | 目的 |
| --- | --- | --- | --- |
| 正火 | 正火（170～217）HBW或正火 | 加热—保温—空气冷却 | 用于处理低碳钢、中碳结构钢及渗碳零件，细化晶粒，增加强度与韧性，减少内应力，改善切削性能 |
| 淬火 | 淬火（42～47）HRC | 加热—保温—急冷<br>工件加热奥氏体化后以适当方式冷却获得马氏体或（和）贝氏体的热处理工艺 | 提高机件强度及耐磨性。但淬火后引起内应力，使钢变脆，所以淬火后必须回火 |
| 回火 | 回火 | 回火是将淬硬的钢件加热到临界点（$A_{c1}$）以下的某一温度，保温一段时间，然后冷却到室温 | 用来消除淬火后的脆性和内应力，提高钢的塑性和冲击韧性 |
| 调质 | 调质（200～230）HBW | 淬火—高温回火 | 提高韧性及强度、重要的齿轮、轴及丝杠等零件需调质 |
| 感应淬火 | 感应淬火 DS=0.8～1.6，（48～52）HRC | 用感应电流将零件表面加热—急速冷却 | 提高机件表面的硬度及耐磨性，而心部保持一定的韧性，使零件既耐磨又能承受冲压，常用来处理齿轮 |
| 渗碳淬火 | 渗碳淬火 DC=0.8～1.2，（58～63）HRC | 将零件在渗碳介质中加热，保温，使碳原子渗入钢的表面后，再淬火回火<br>渗碳深度（0.8～1.2）mm | 提高机件表面的硬度、耐磨性、抗拉强度等适用于低碳、中碳（$w_C$<0.40%）结构钢的中小型零件 |
| 渗氮 | 渗氮 DN=0.25～0.4，≥850HRC | 将零件放入氨气内加热，使氮原子渗入钢表面。氮化层0.25～0.4mm，氮化时间40～50h | 提高机件的表面硬度、耐磨性、疲劳强度和抗蚀能力。适用于合金钢、碳钢、铸铁件，如机床主轴、丝杠、重要液压元件中的零件 |
| 碳氮共渗淬火 | 碳氮共渗淬火 DC=0.5～0.8（58～63）HRC | 钢件在含碳、氮的介质中加热，使碳、氮原子同时渗入钢表面。可得到0.5～0.8mm硬化层 | 提高表面硬度、耐磨性、疲劳强度和耐蚀性，用于要求硬度高、耐磨的中小型、薄片零件及刀具等 |
| 时效 | 自然时效<br>人工时效 | 机件精加工前，加热到100～150℃后，保温5～20h，空气冷却，铸件也可自然时效（露天放一年以上） | 消除内应力，稳定机件形状和尺寸，常用于处理精密机件，如精密轴承、精密丝杠等 |
| 发蓝、发黑 | — | 将零件置于氧化剂内加热氧化，使表面形成一层氧化铁保护膜 | 防腐蚀、美化，如用于螺纹紧固件 |
| 镀镍 | | 用电解方法，在钢件表面镀一层镍 | 防腐蚀、美化 |
| 镀铬 | | 用电解方法，在钢件表面镀一层铬 | 提高表面硬度、耐磨性和耐蚀能力，也用于修复零件上磨损了的表面 |

续表

| 名称 | 有效硬化层深度和硬度标注举例 | 说明 | 目的 |
| --- | --- | --- | --- |
| 硬度 | HBW（布氏硬度见 GB/T 231.1—2009）<br>HRC（洛氏硬度见 GB/T 230.1—2009）<br>HV（维氏硬度见 GB/T 4340.1—2009） | 材料抵抗硬物压入其表面的能力<br>依测定方法不同而有布氏、洛氏、维氏等几种 | 检验材料经热处理后的力学性能<br>——硬度 HBW 用于退火、正火、调质的零件及铸件<br>——HRC 用于经淬火、回火及表面渗碳、渗氮等处理的零件<br>——HV 用于薄层硬化零件 |

**注** JB/T 为推荐性机械工业行业标准的代号。

# 参 考 文 献

[1] 大连理工大学工程图学教研室. 画法几何学. 7版. 北京：高等教育出版社，2011.
[2] 大连理工大学工程图学教研室. 画法几何学习题集. 5版. 北京：高等教育出版社，2011.
[3] 大连理工大学工程图学教研室. 机械制图. 6版. 北京：高等教育出版社，2013.
[4] 大连理工大学工程图学教研室. 机械制图习题集. 6版. 北京：高等教育出版社，2013.
[5] 何铭新，钱可强，徐祖茂. 机械制图. 6版. 北京：高等教育出版社，2010.
[6] 钱可强，何铭新. 机械制图习题集. 6版. 北京：高等教育出版社，2010.
[7] 杨惠英，王玉坤. 机械制图. 3版. 北京：清华大学出版社，2011.
[8] 蒋知民，张洪镱. 怎样识读《机械制图》新标准. 5版. 北京：机械工业出版社，2010.

“十三五”普通高等教育本科系列教材

# 画法几何及机械制图（附习题集）

· 习题集 ·

主　编　张　洪
副主编　倪　莉
编　写　梁　颖　陈剑勇
主　审　赵建国

中国电力出版社
CHINA ELECTRIC POWER PRESS

# 目　录



手机扫码

查看

习题集轴测图
和动画视频

1—1　字体练习：数字、字母练习。

1234567890

*1234567890*

ABCDEFGHIJKLM

NOPQRSTUVWXYZ

*ABCDEFGHIJKLM*

*NOPQRSTUVWXYZ*

abcdefghijklmnopqrstuvwxyz

*abcdefghijklmnopqrstuvwxyz*

1234567890　*1234567890*

abcdefghijklmnopqrstuvwxyz

*abcdefghijklmnopqrstuvwxyz*

Φ　Φ

| 班　级 | | 姓　名 | | 学　号 | | 审　阅 | | 1 |
|---|---|---|---|---|---|---|---|---|

1—2 字体练习：长仿宋体练习。

上下左右大小为工十半手厂皮角支正专业外内法兰壳体双头末注明中心沉孔设计前后平面

机械制图名称比例材料日期序号数量班级备注技术要求全部总共

螺栓垫圈键销齿轮蜗杆套滚动轴承端盖箱铸铁



| | | | | | | | |
|---|---|---|---|---|---|---|---|
| 班级 | | 姓名 | | 学号 | | 审阅 | |

1—3 图线练习。在指定位置，仿照示例画出直线、圆、斜线。

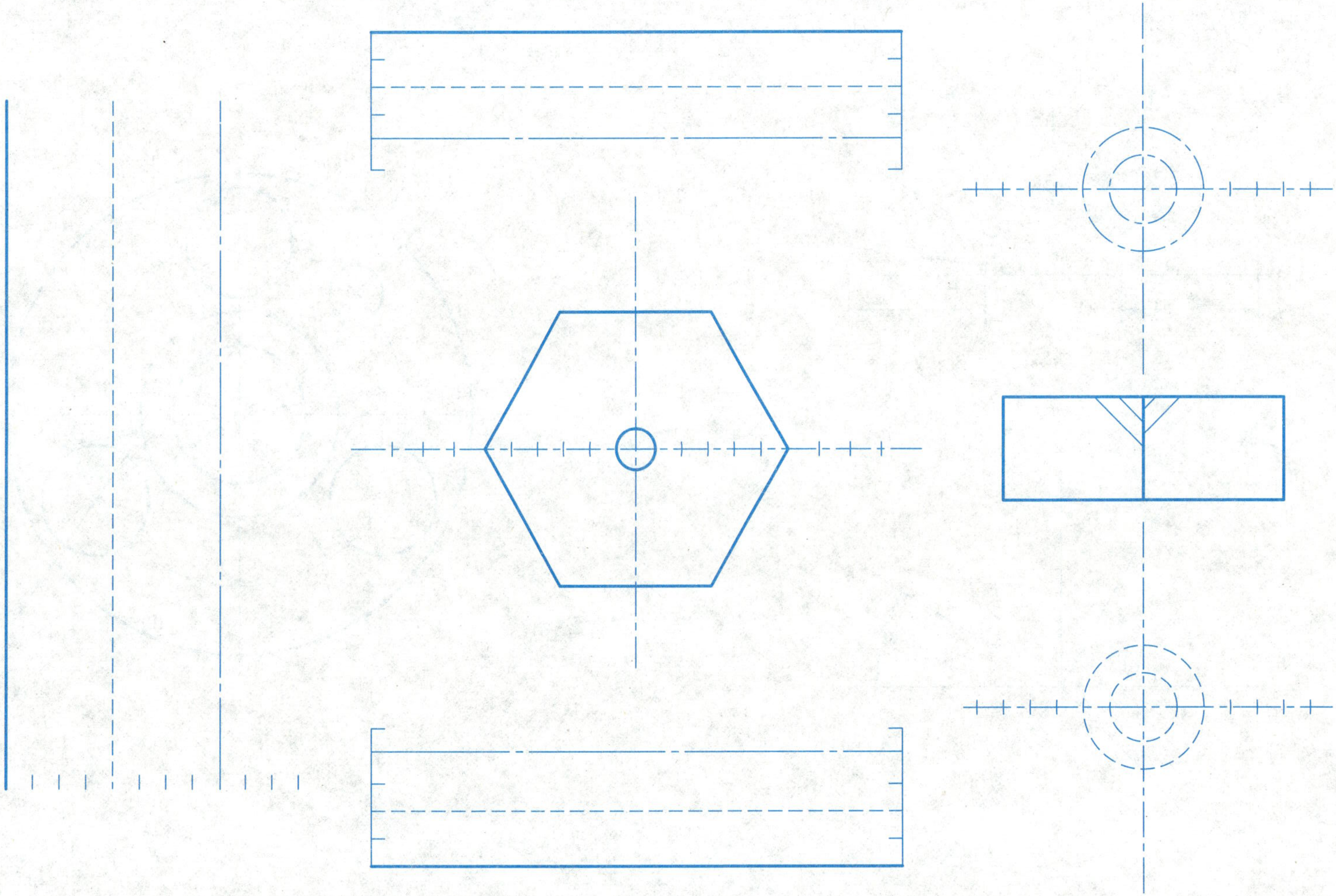

| 班 级 | | 姓 名 | | 学 号 | | 审 阅 | | 3 |
|---|---|---|---|---|---|---|---|---|

1—4　注写尺寸。在给定的尺寸线上画出箭头，注写尺寸数字或角度数字（数值按1∶1从图上量取，取整数）。

（1）标注线性尺寸。

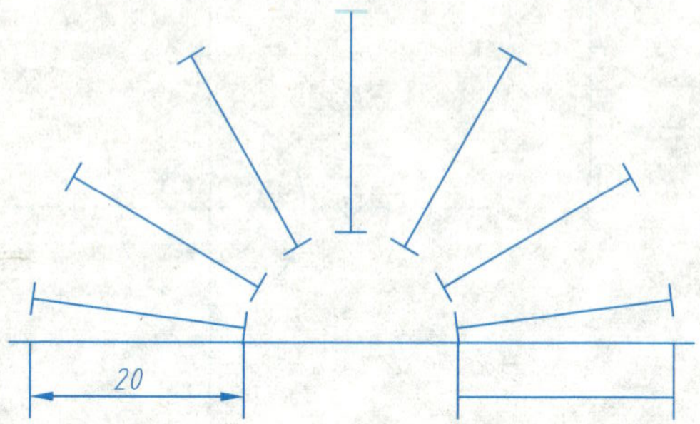


（2）标注角度。

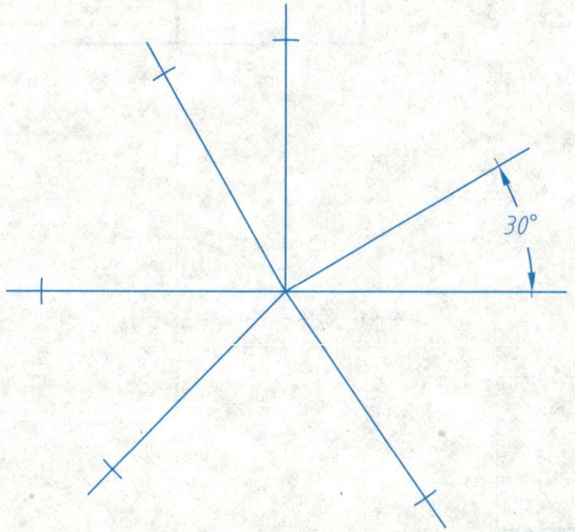


（3）注全尺寸。

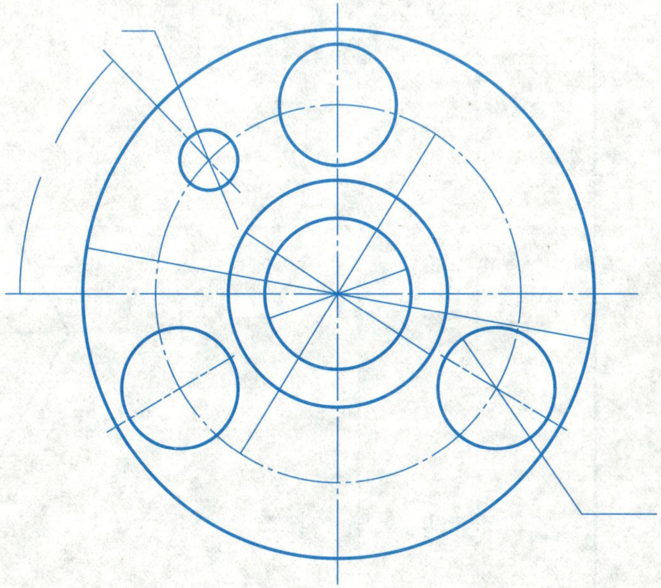

| 4 | 班　级 | | 姓　名 | | 学　号 | | 审　阅 | |
|---|---|---|---|---|---|---|---|---|

1-5 左图尺寸注法有错，在右图中重新标注所有尺寸。

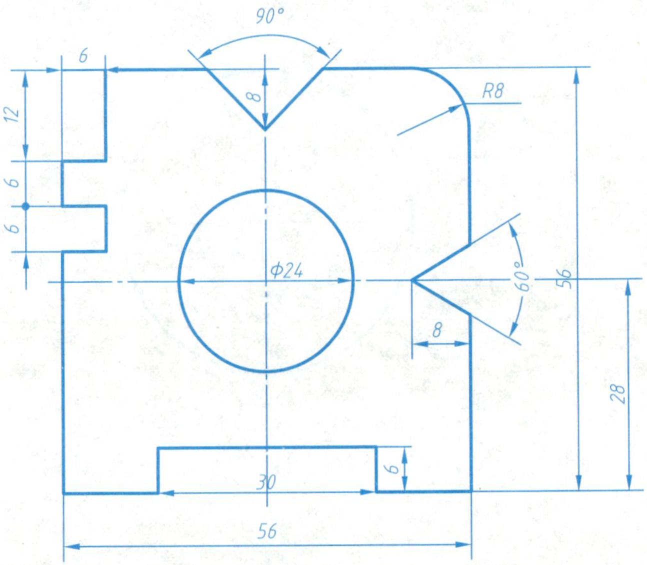


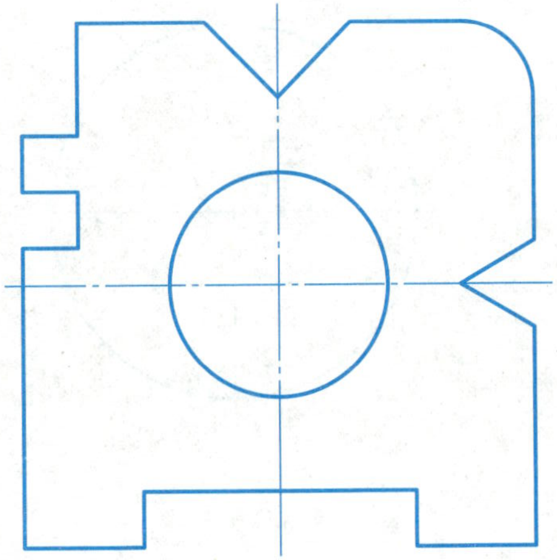

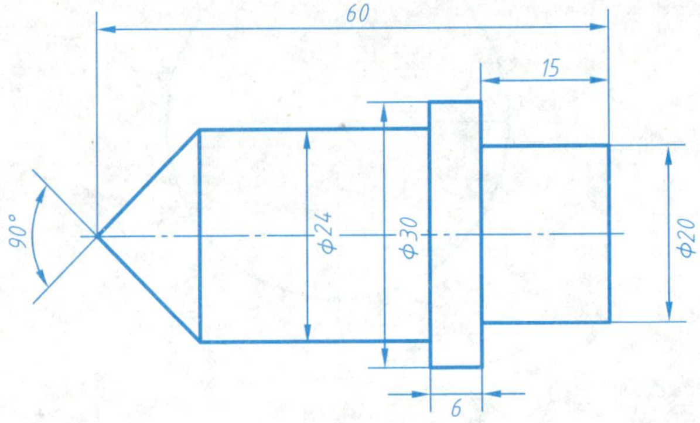


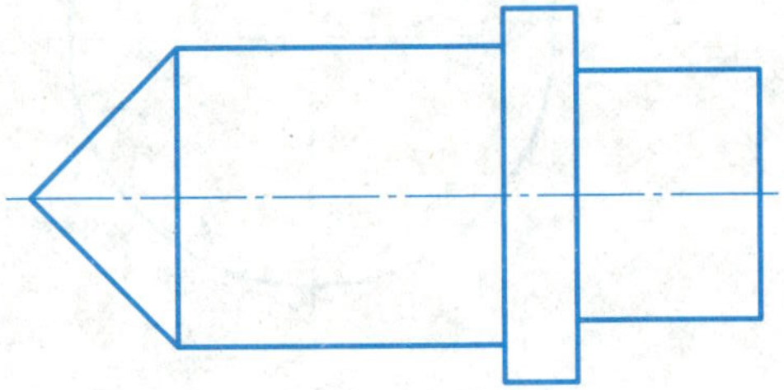

| 班 级 | | 姓 名 | | 学 号 | | 审 阅 | | 5 |
|---|---|---|---|---|---|---|---|---|

1—6 用作图法作圆的内接等边三角形、正五边形、正六边形和正七边形。

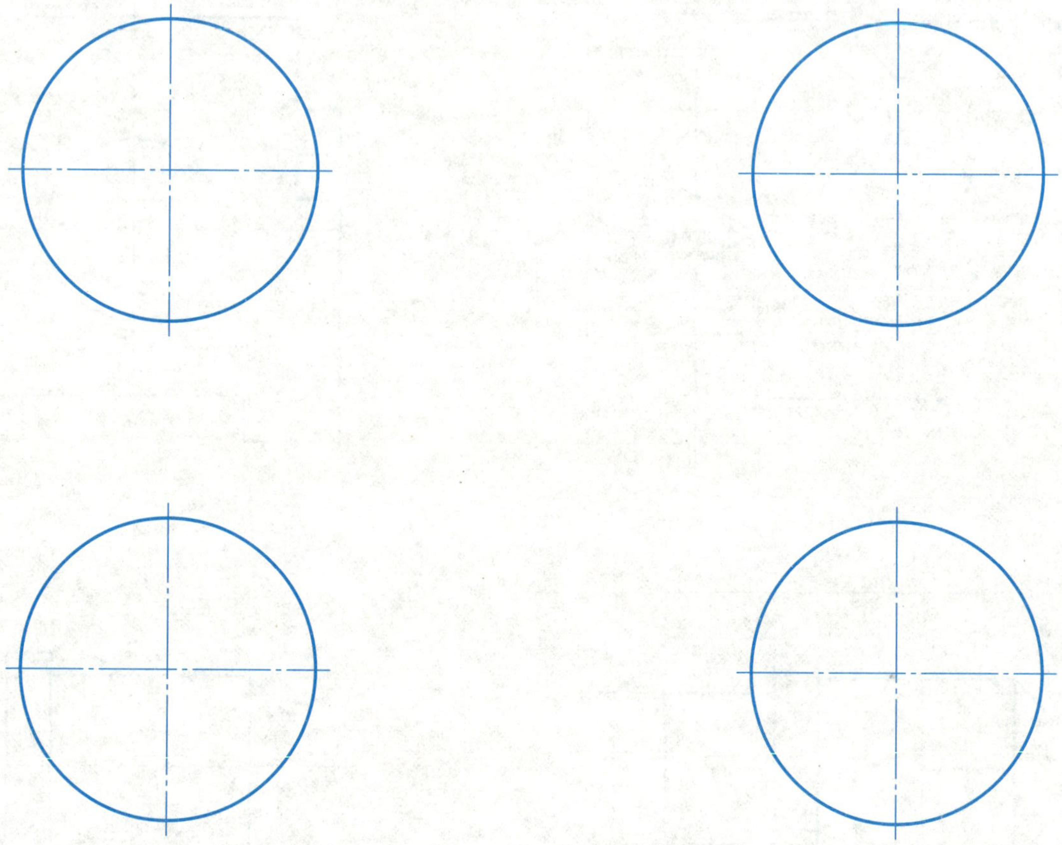

| 6 | 班 级 | | 姓 名 | | 学 号 | | 审 阅 | |
|---|---|---|---|---|---|---|---|---|

1—7　分别用同心圆法、四心法画椭圆，其长轴为 60mm、短轴为 40mm。

| 班　级 | | 姓　名 | | 学　号 | | 审　阅 | | 7 |
|---|---|---|---|---|---|---|---|---|

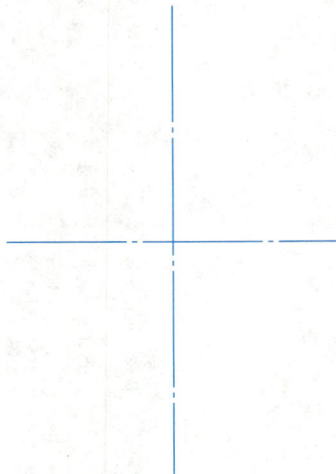

1—8 用1∶1在指定位置处画出所示图形，并标注尺寸。

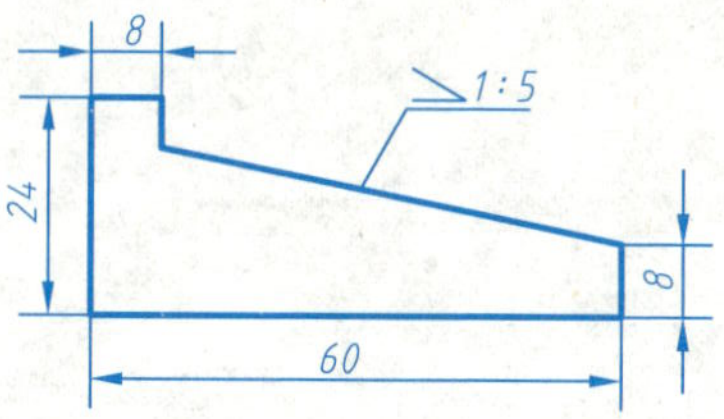


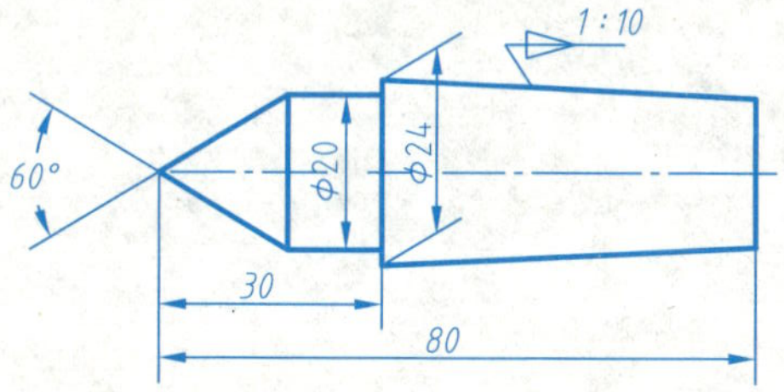

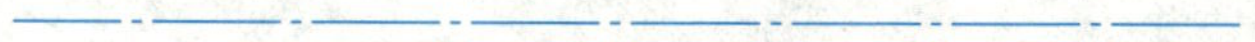

| 8 | 班 级 | | 姓 名 | | 学 号 | | 审 阅 | |
|---|---|---|---|---|---|---|---|---|

1—9 参照左方所示图形的尺寸，用比例1∶1在指定位置画全图形的轮廓。

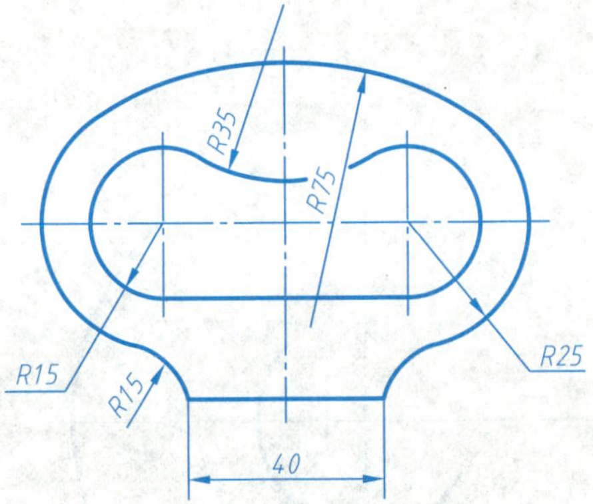


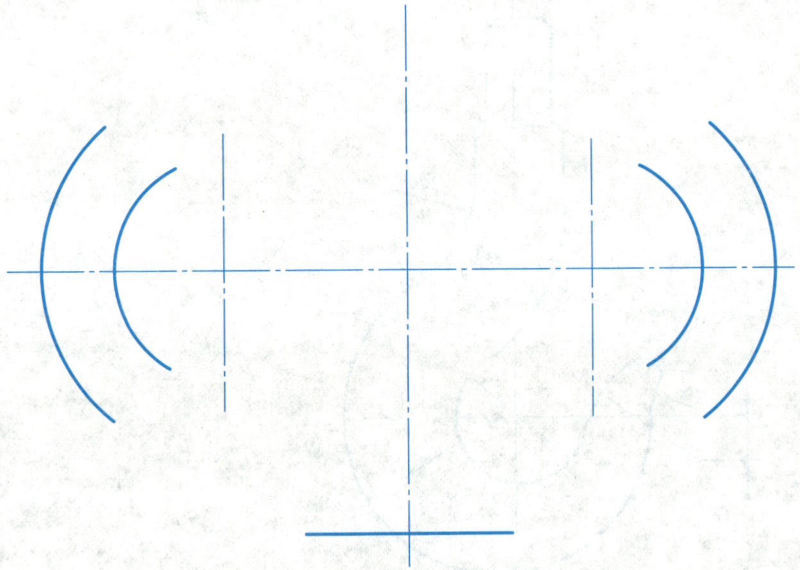

| 班 级 | | 姓 名 | | 学 号 | | 审 阅 | | 9 |
|---|---|---|---|---|---|---|---|---|

1—10 参照左方所示图形的尺寸，用比例 1∶1 在指定位置画全图形的轮廓。

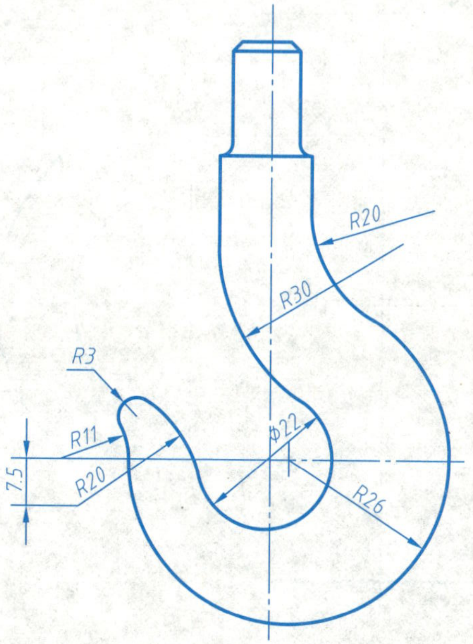


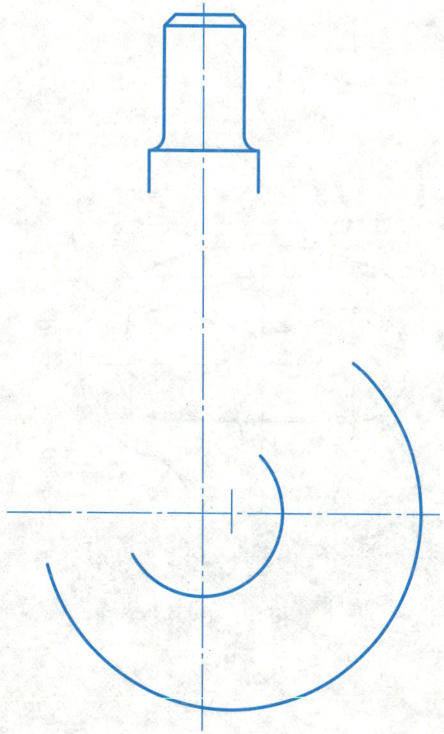

| 10 | 班 级 | | 姓 名 | | 学 号 | | 审 阅 | |
|---|---|---|---|---|---|---|---|---|

1—11 用尺规将下面的图形1∶1抄绘在右边（包括尺寸）。

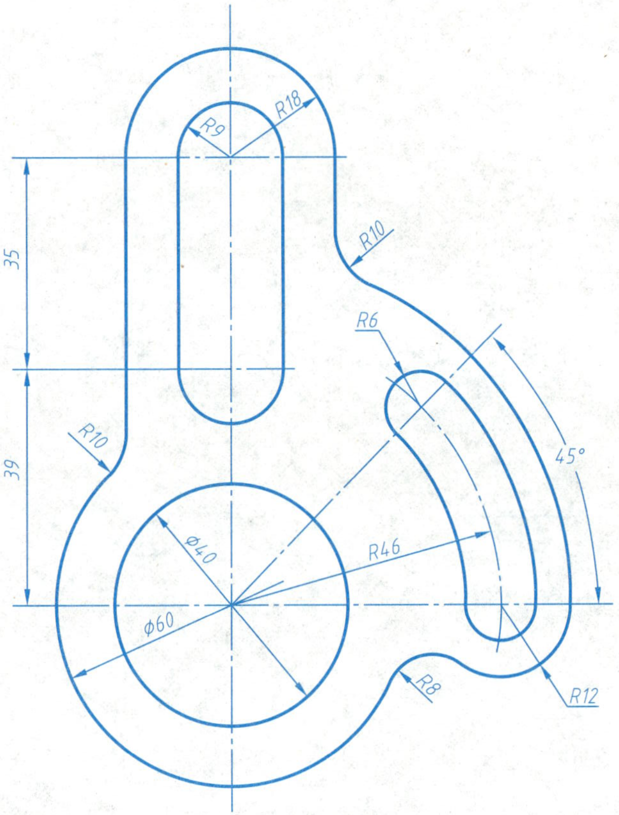


| 班 级 | | 姓 名 | | 学 号 | | 审 阅 | | 11 |
|---|---|---|---|---|---|---|---|---|

1—12　用尺规将下面的图形1∶1抄绘在右边（包括尺寸）。

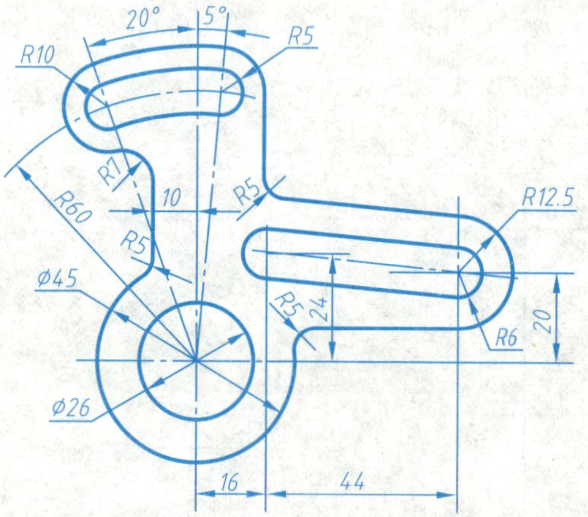


| 12 | 班　级 | | 姓　名 | | 学　号 | | 审　阅 | |
|---|---|---|---|---|---|---|---|---|

1—13 第一次制图作业——基本练习。

一、作图内容

抄画图形，并注全尺寸。

图名：基本练习。

图幅：A3。

比例：1∶1。

二、作图目的及要求

目的：熟悉《机械制图》国家标准中的图纸幅面及格式、比例、字体、图线及尺寸注法；掌握常用几何图形的画法及平面图形的作图方法；掌握绘图仪器及工具的正确使用方法，培养绘图技能。

要求：作图正确，线型粗细分明，细虚线、细点画线长短基本一致，字体端正；圆弧连接光滑，作图步骤正确；图面整洁。

三、作图步骤与注意事项

(1) 用透明胶带将图纸固定在图板上。

(2) 在图纸上画出标准图幅、图框线、标题栏。

(3) 布置图纸。根据各图的大小，将图形合理布置在图纸上，先画基准线确定各图位置。

(4) 用细线完成底稿。随时保持图面整洁，绘图工具、仪器均应擦拭干净。

(5) 仔细检查并加深。粗实线宽度为0.7mm，细线宽度为粗实线的1/2，即0.35mm；细虚线画长约4mm，间隔约1mm；细点画线长15～20mm，两间隔加点的长度共约3mm。加深粗实线用B型铅笔，加深细虚线、细实线、细点画线可用H型铅笔，加深粗实线圆及圆弧用2B型铅芯。

(6) 标注尺寸数字，填写标题栏。图中汉字均写长仿宋体，并按指定的字体大小先画出格子，然后写字；标题栏中图名为10号字，其余为5号字，姓名写在“制图”栏中；图中尺寸数字为3.5号字。全图用铅笔完成。

| 班 级 | | 姓 名 | | 学 号 | | 审 阅 | | 13 |
| --- | --- | --- | --- | --- | --- | --- | --- | --- |

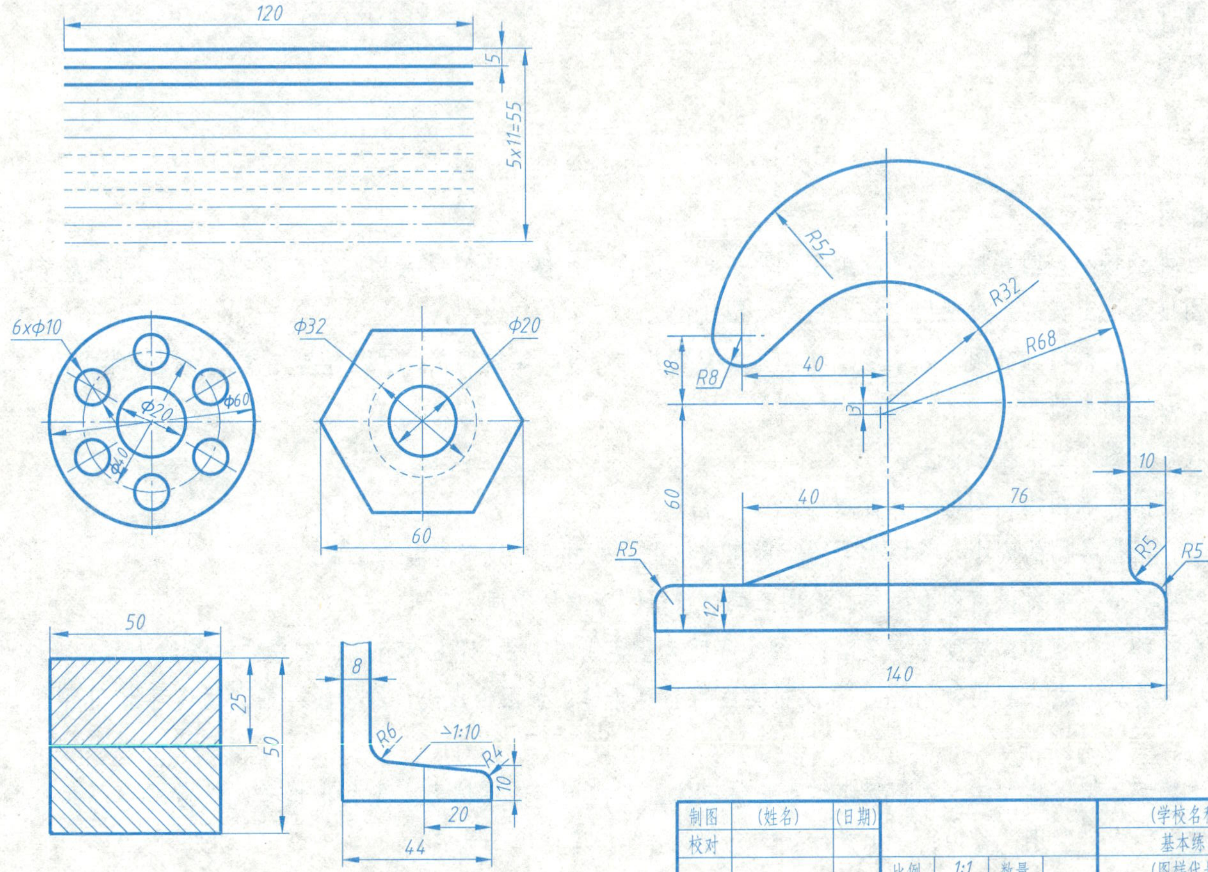


| | | | | | | |
|---|---|---|---|---|---|---|
| 制图 | (姓名) | (日期) | | | | (学校名称) |
| 校对 | | | | | | 基本练习 |
| | | | 比例 | 1:1 | 数量 | (图样代号) |
| 审核 | | | 班号 | | 学号 | |

| | | | | | | | | |
|---|---|---|---|---|---|---|---|---|
| 14 | 班 级 | | 姓 名 | | 学 号 | | 审 阅 | |

# 第二章　点、直线、平面的投影

2－1　根据立体图作各点的两面投影（点的坐标从图中直接量取）。

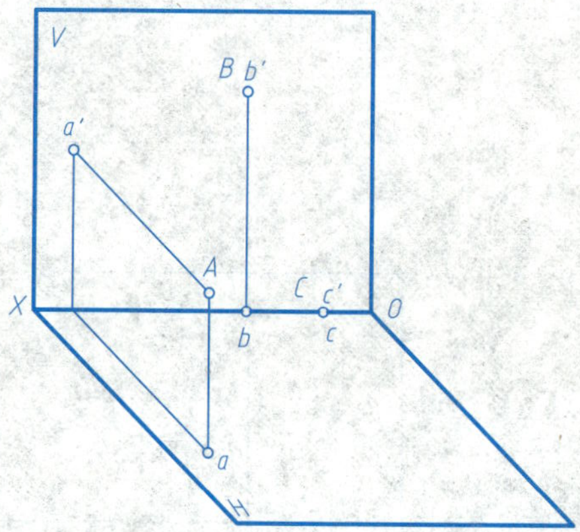

2－2　补全各点的三面投影。

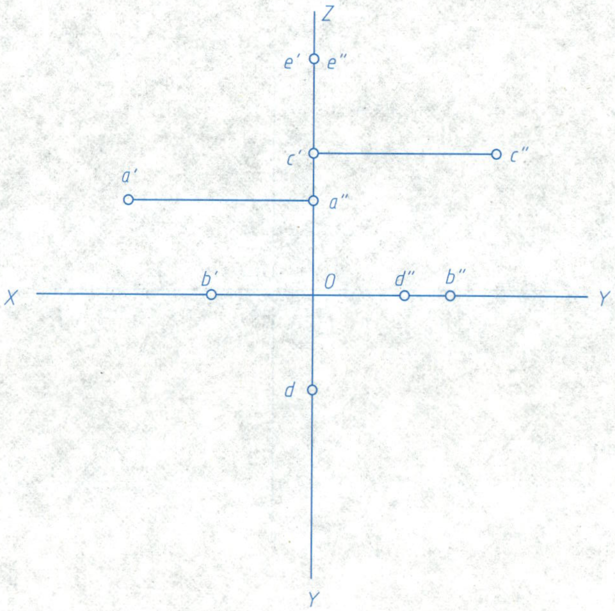


| 班　级 | | 姓　名 | | 学　号 | | 审　阅 | | 15 |
|---|---|---|---|---|---|---|---|---|

2—3　作出各点的三面投影，点 $A$(25，20，15)，点 $B$ 在 $A$ 之右 10mm，$A$ 之前 5mm，$A$ 之上 12mm，点 $C$ 在 $B$ 之左 15mm，$B$ 之后、$B$ 之下 20mm，则 $B$、$C$ 的坐标各为多少？

$B$(　　　　　　　)　$C$(　　　　　　　)

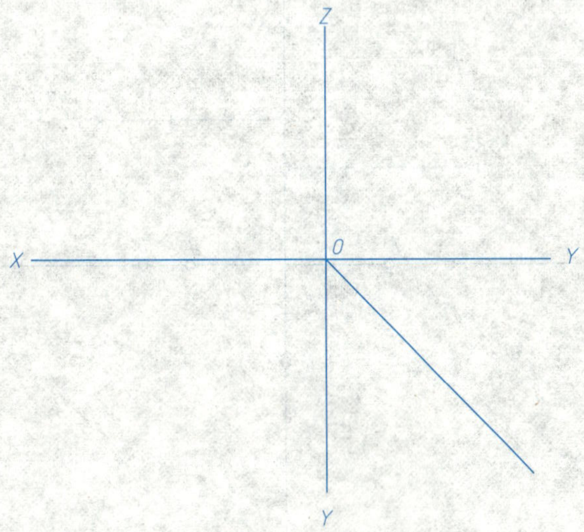


2—4　已知点 $B$ 距点 $A$ 为 15mm，点 $C$ 与点 $A$ 是对 $V$ 面的重影点，点 $D$ 在点 $A$ 的正下方 15mm。求各点的三面投影。

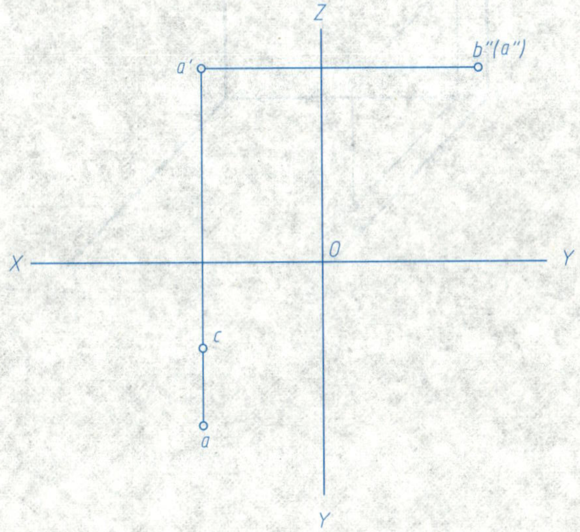




| 16 | 班　级 | | 姓　名 | | 学　号 | | 审　阅 | |
|---|---|---|---|---|---|---|---|---|

2—5　求下列各直线的第三投影，并判别直线的空间位置。

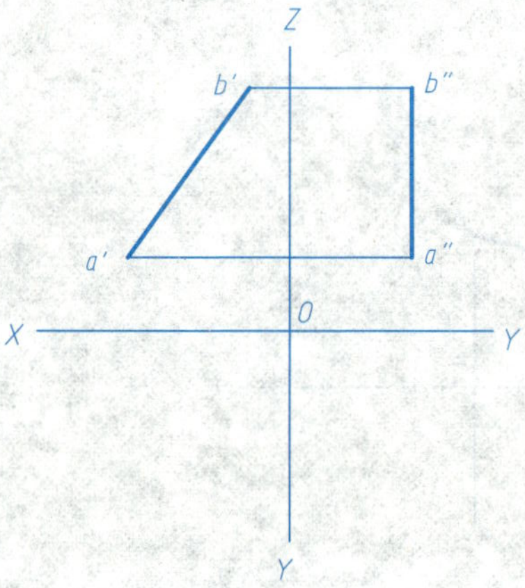


AB 是 ________ 线

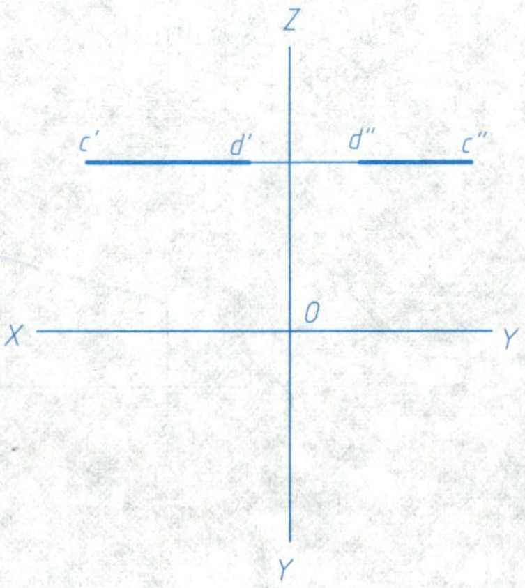


CD 是 ________ 线

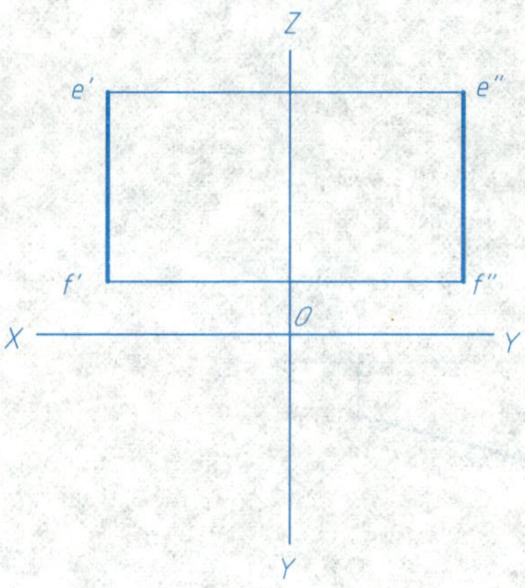


EF 是 ________ 线

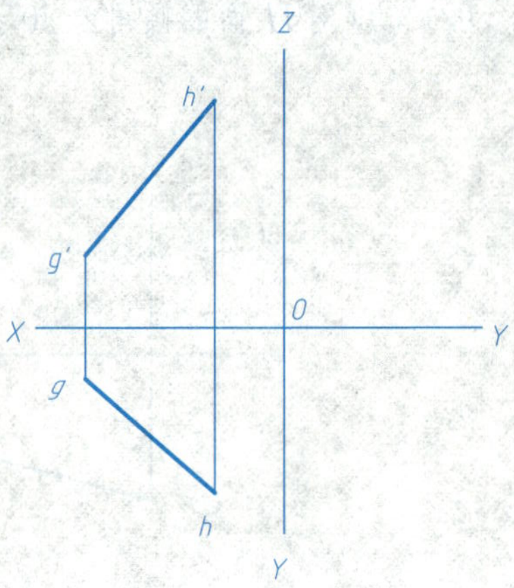


GH 是 ________ 线

2—6　已知直线 $AB$ 的实长为 15mm，求作其三面投影。

(1) $AB$//$W$ 面，$\beta=30°$，点 $B$ 在点 $A$ 之下、之前。

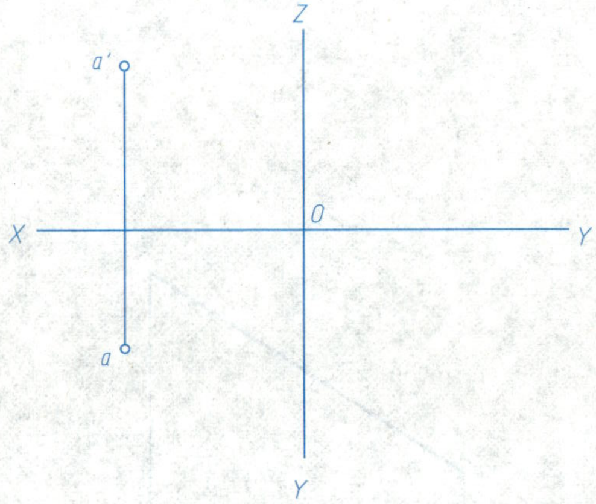


(2) $AB$//$V$ 面，$\gamma=60°$，点 $B$ 在点 $A$ 之下、之右。

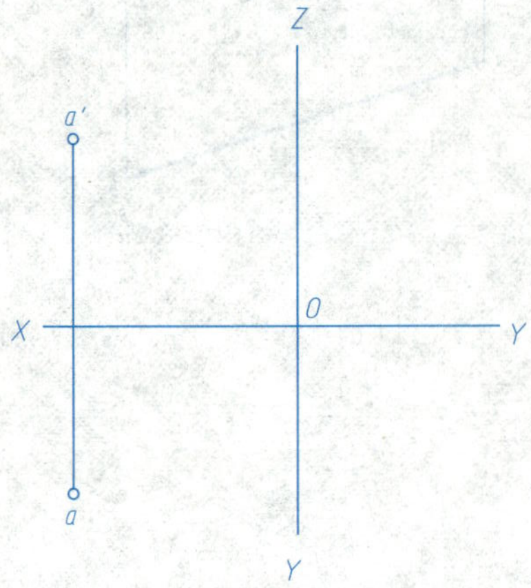

2—7　试求直线 $AB$ 的实长和它与 $V$ 面的倾角 $\beta$。

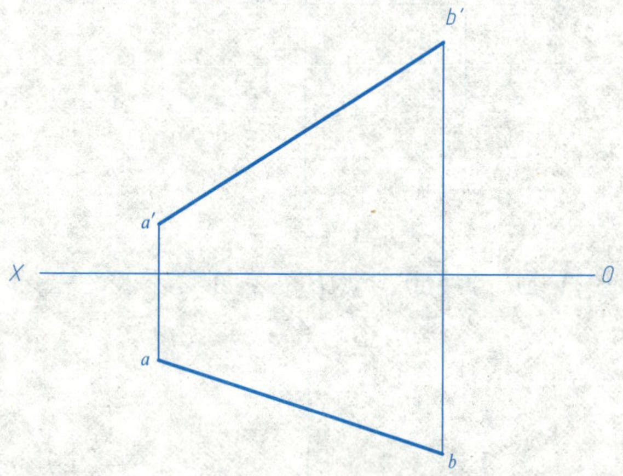


2—8　已知直线的一个投影，作出另一个投影。

（1）$AB$ 实长为 32mm。

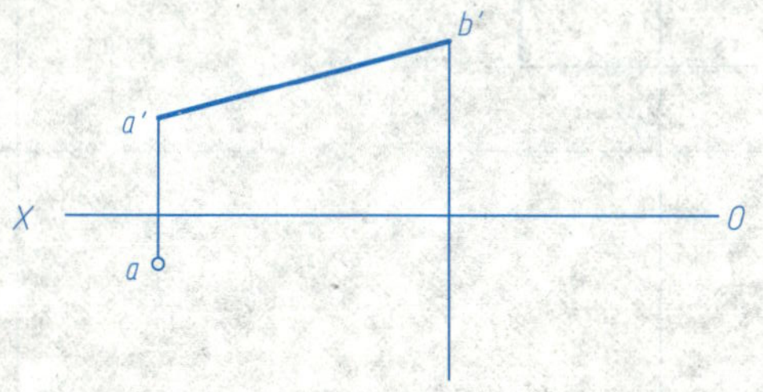


（2）$CD$ 对 $H$ 面的倾角为 30°。

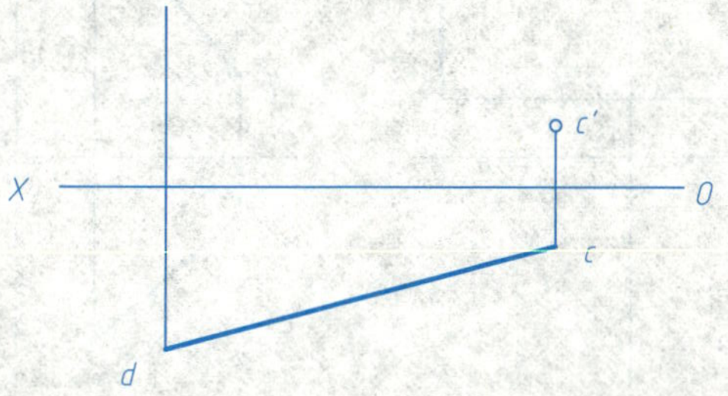




| 班　级 | | 姓　名 | | 学　号 | | 审　阅 | |
|---|---|---|---|---|---|---|---|

2—9　已知直线 $AB$、$AC$ 长度相等，试作 $AC$ 的水平投影。

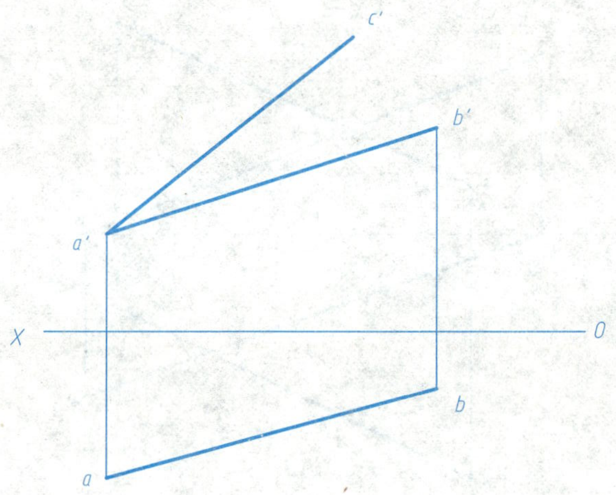


2—10　求直线 $AB$ 上点 $K$ 的正面投影。

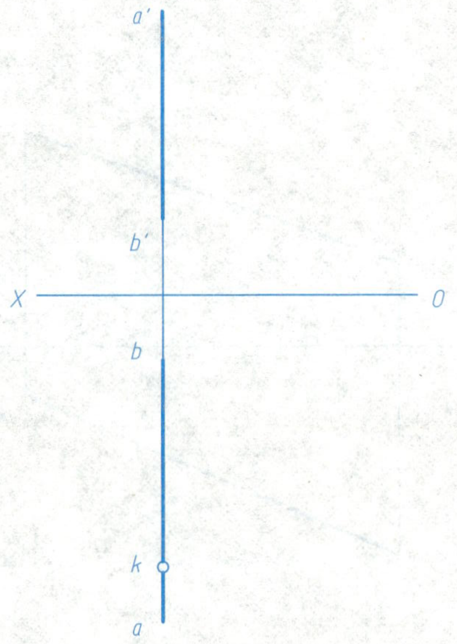


| 班　级 | | 姓　名 | | 学　号 | | 审　阅 | | 19 |
|---|---|---|---|---|---|---|---|---|

2—11 已知正平线 $CD$ 与直线 $AB$ 相交于点 $K$，$AK$ 的长度为 20mm，且 $CD$ 与 $H$ 面的夹角为 60°，求 $CD$ 的投影。

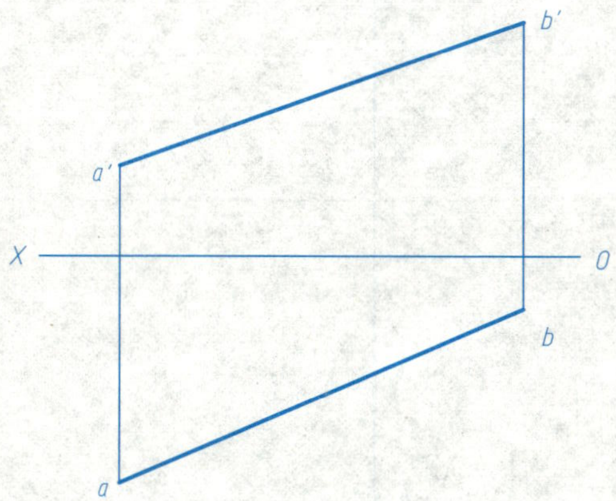


2—12 标出交叉两直线上的重影点，并判别可见性。

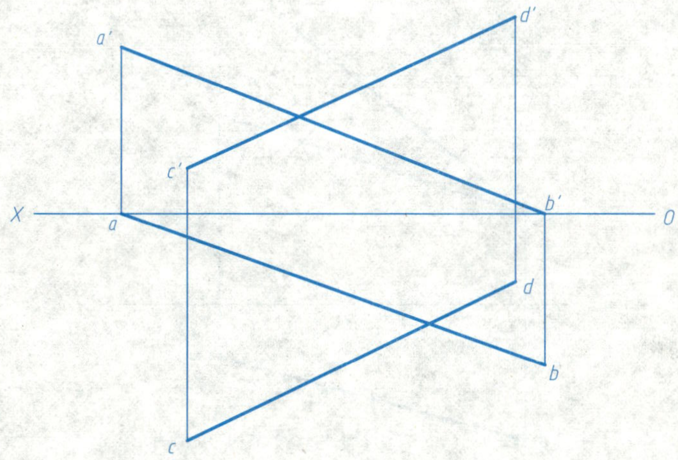




| 20 | 班 级 | | 姓 名 | | 学 号 | | 审 阅 | |
|---|---|---|---|---|---|---|---|---|

2—13 判断下列两直线的相对位置（平行、相交、交叉）。

(1)

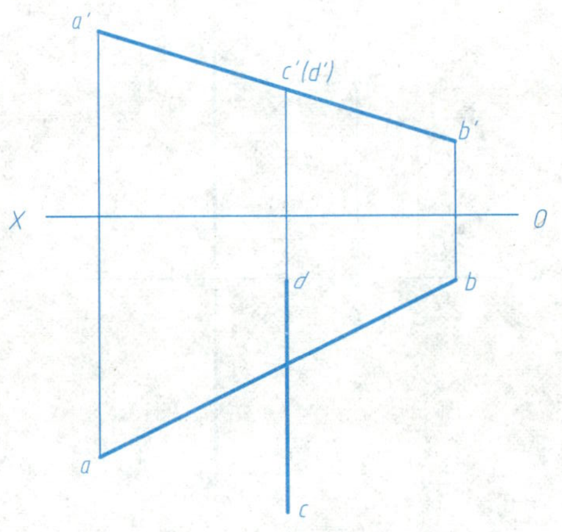


______

(2)

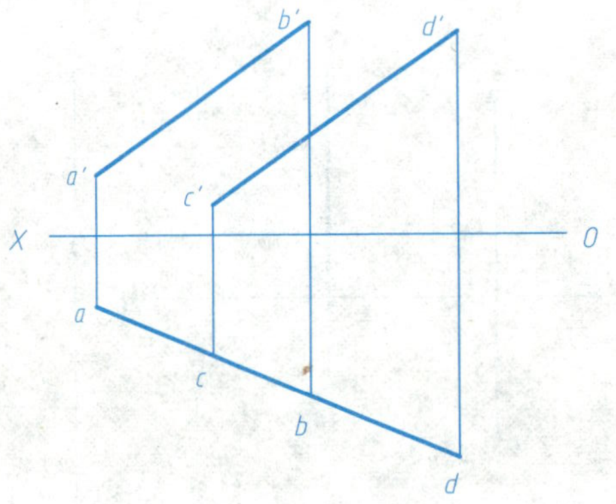


______

(3)

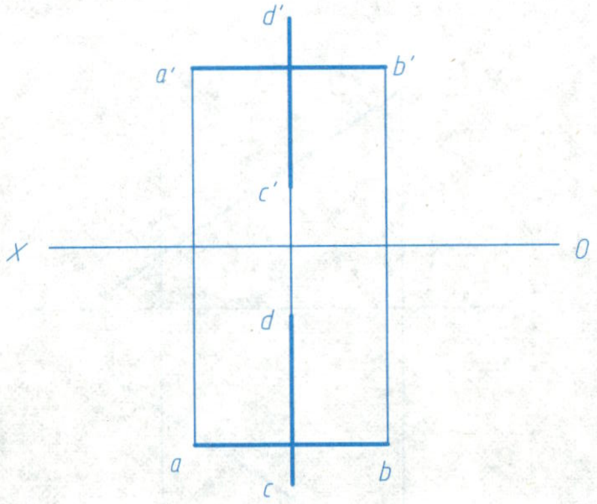


______

(4)

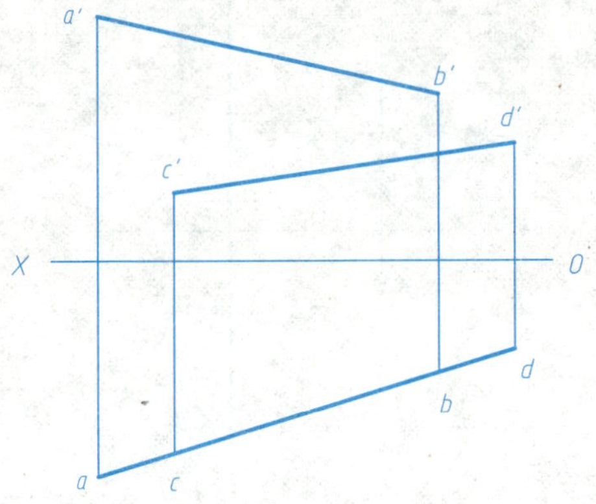


______

(5)

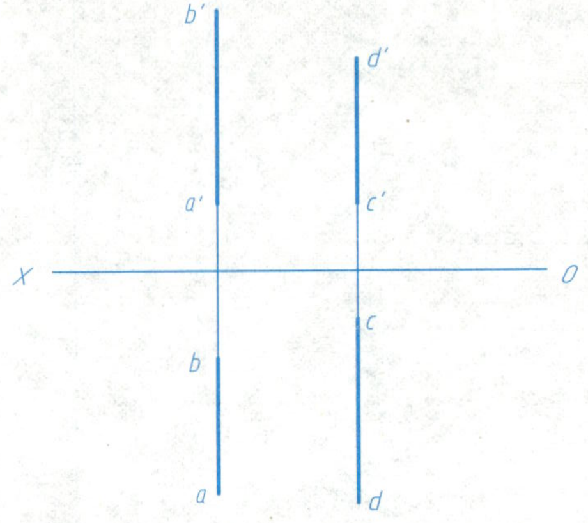


______

(6)

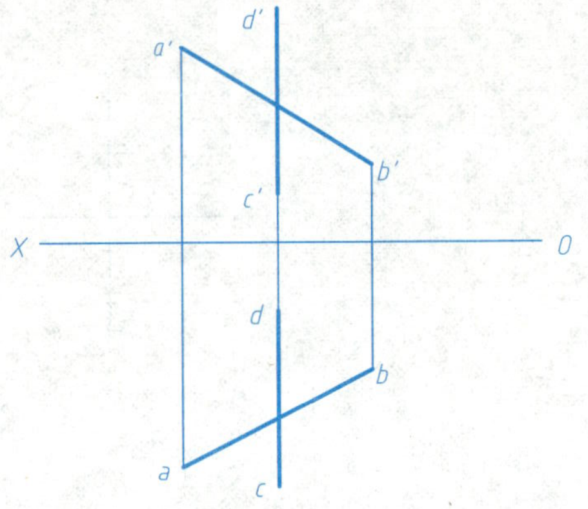


______

| 班 级 | | 姓 名 | | 学 号 | | 审 阅 | | 21 |
|---|---|---|---|---|---|---|---|---|

2—14 由点 $A$ 作直线 $AB$ 与直线 $CD$ 相交，并使交点距 $H$ 面 12mm。

(1)

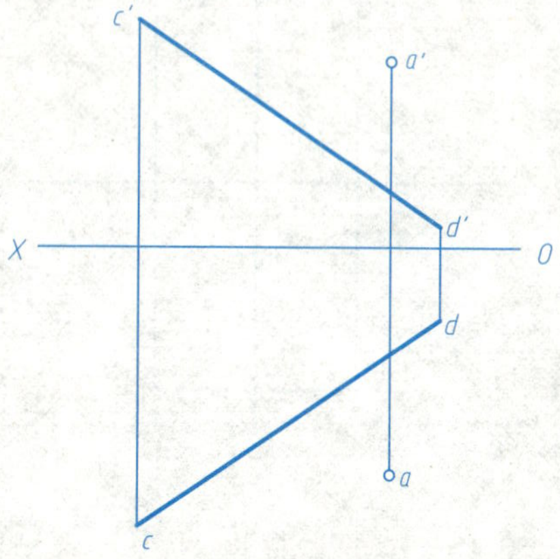


(2)

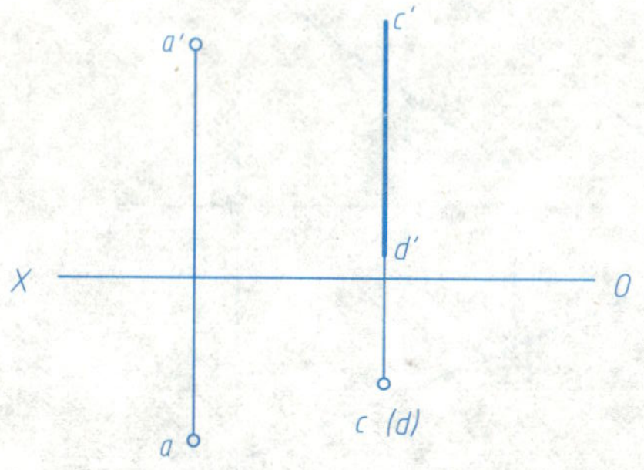


(3)

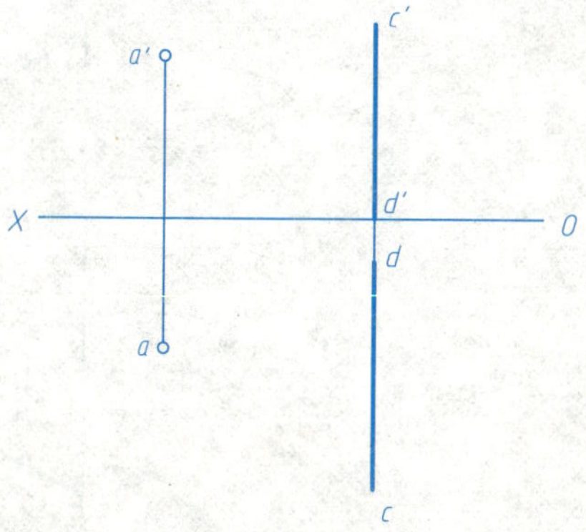


2—15 试用两种方法过点 $C$ 作直线 $CD$ 与已知直线 $AB$ 平行。

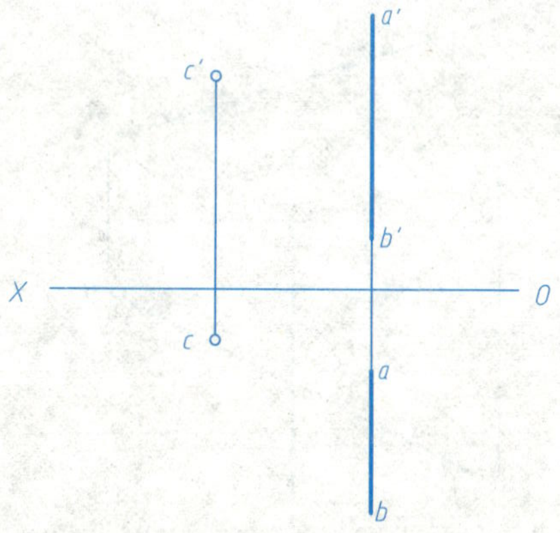


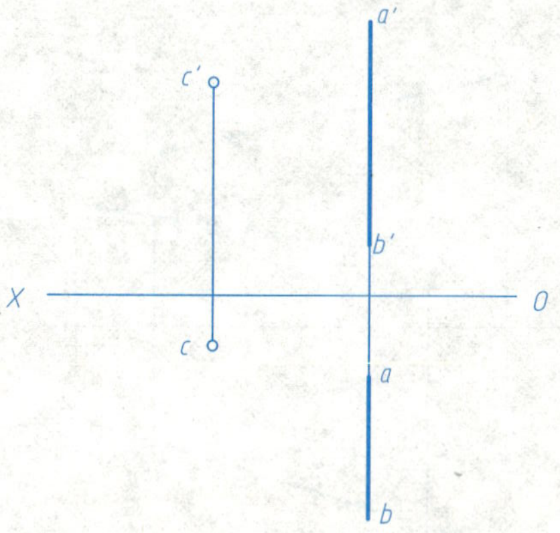


 班 级 姓 名 学 号 审 阅

2—16 作正平线 $EF$ 距 $V$ 面为 15mm，并与直线 $AB$、$CD$ 相交，交点分别为 $E$、$F$。

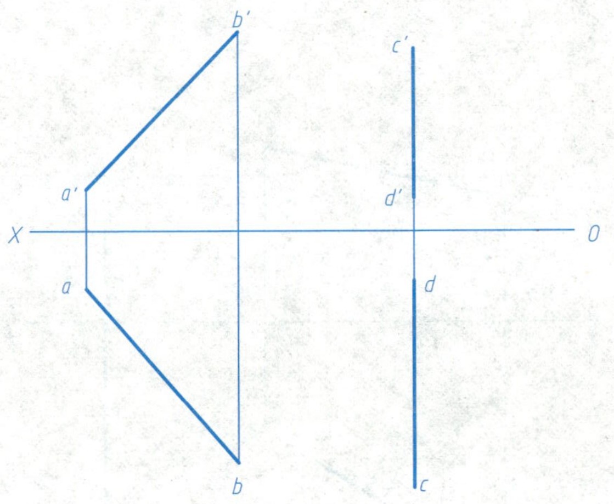


2—17 作直线 $EF$ 平行于 $OX$ 轴，并与直线 $AB$、$CD$ 相交，交点分别为 $E$、$F$。

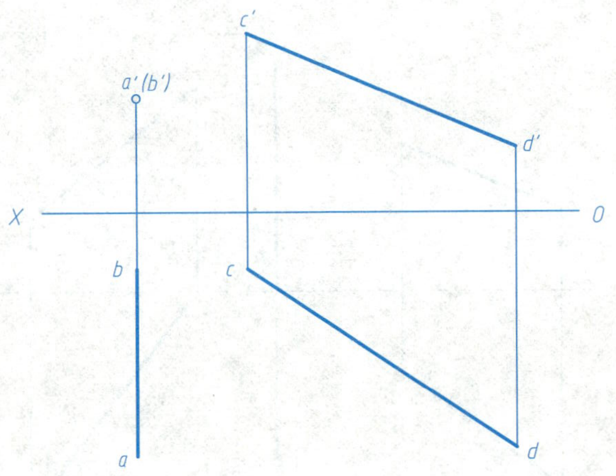


| 班 级 | | 姓 名 | | 学 号 | | 审 阅 | | 23 |
|---|---|---|---|---|---|---|---|---|

2—18 作一直线 $GH$ 平行于直线 $AB$，且与直线 $CD$、$EF$ 相交，交点分别为 $G$、$H$。

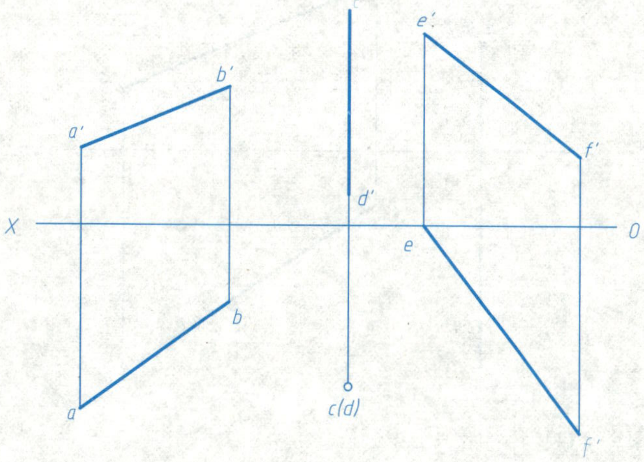


2—19 求作一直线 $MN$，使它与直线 $AB$ 平行，并与直线 $CD$ 相交于点 $K$，且 $CK:KD=1:2$。

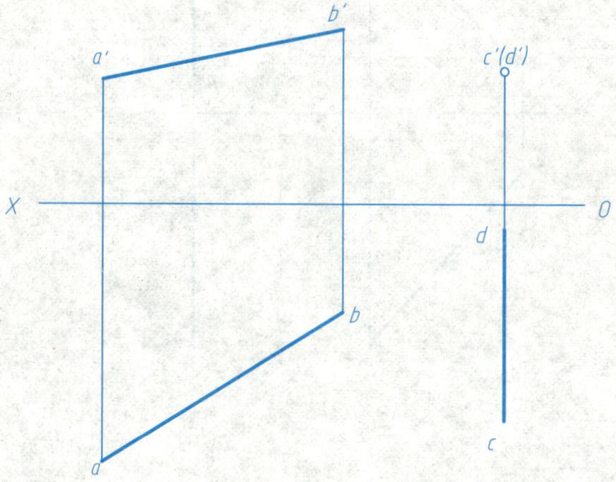




| 24 | 班 级 | | 姓 名 | | 学 号 | | 审 阅 | |
|---|---|---|---|---|---|---|---|---|

2—20 过点 $C$ 作直线 $CD$ 与直线 $AB$ 垂直相交。

(1)

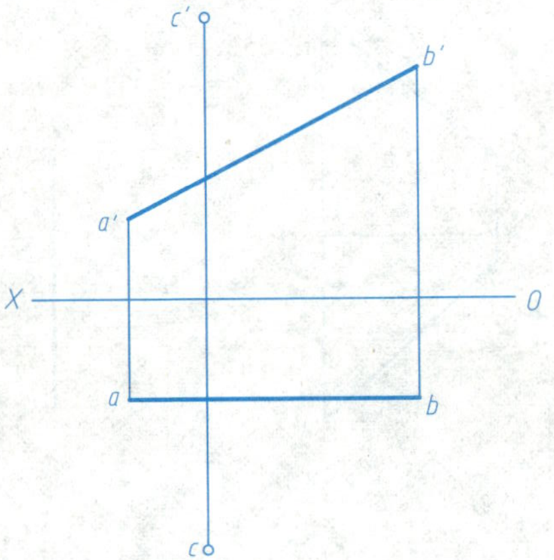


(2)

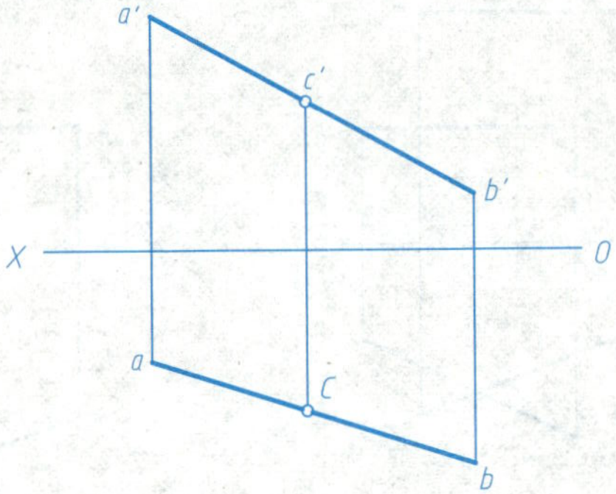


2—21 判别两直线是否垂直。

(1)

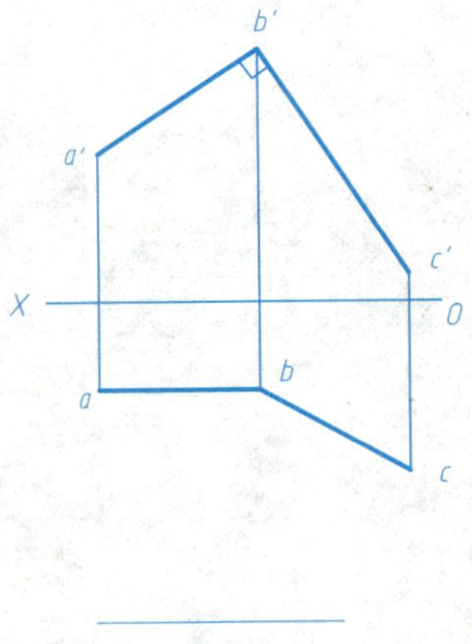


(2)

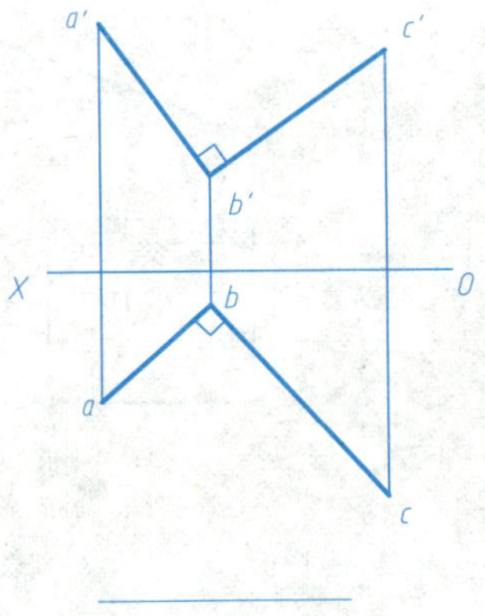


(3)

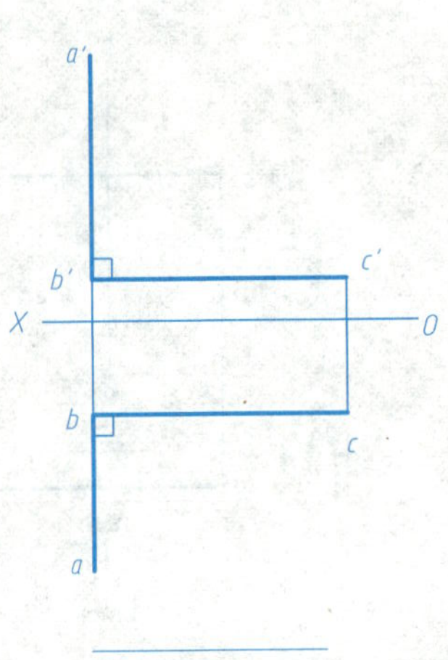


(4)

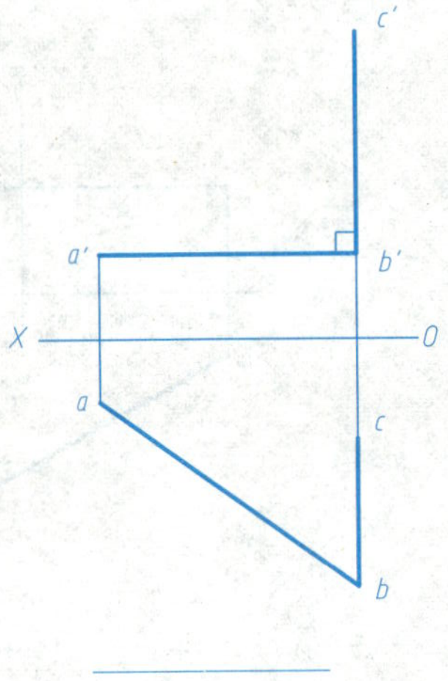


| 班 级 | | 姓 名 | | 学 号 | | 审 阅 | | 25 |
|---|---|---|---|---|---|---|---|---|

2—22 求点 $C$ 到直线 $AB$ 的距离。

(1)

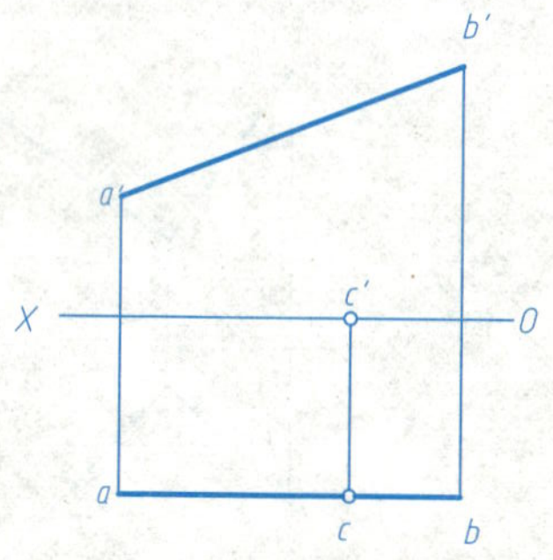


(2)

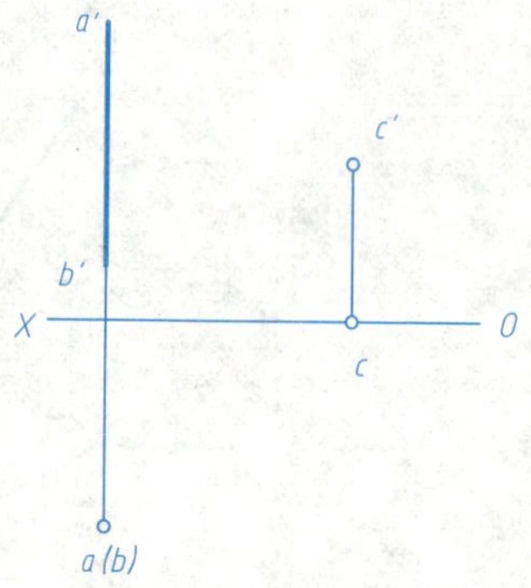


(3)

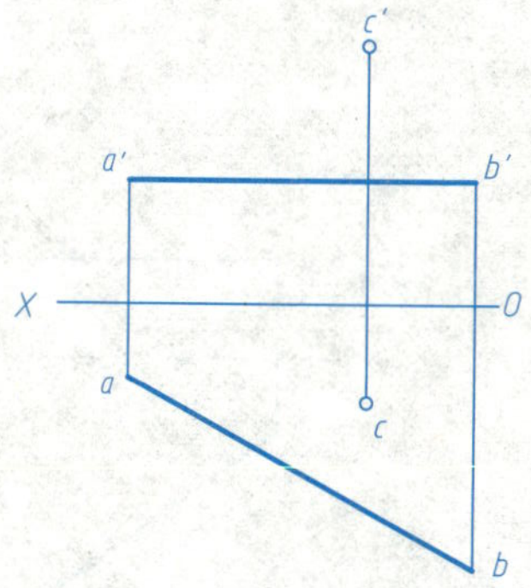


(4)

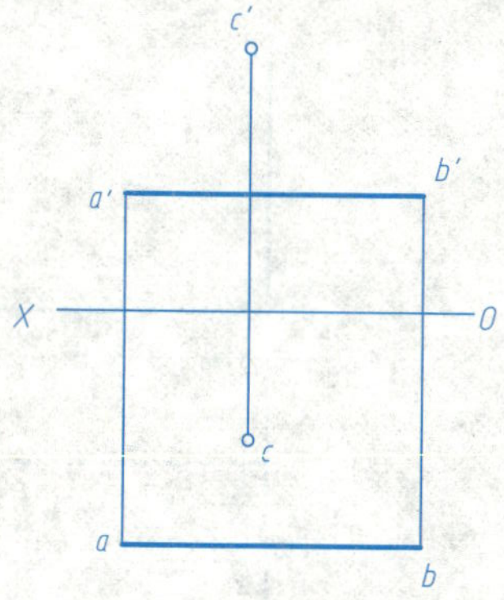


2—23 求 $AB$、$CD$ 两直线的距离。

(1)

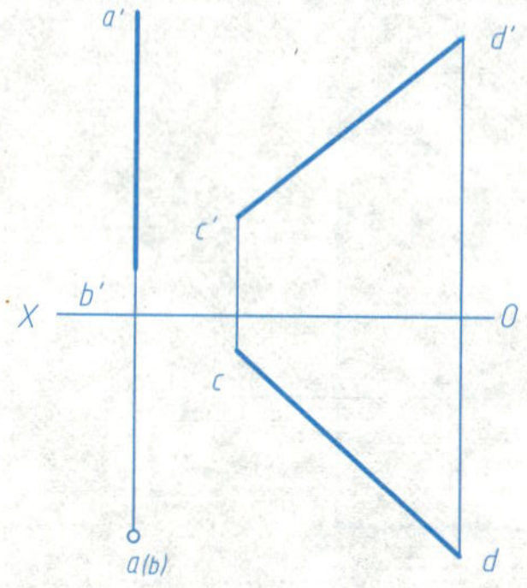


(2)

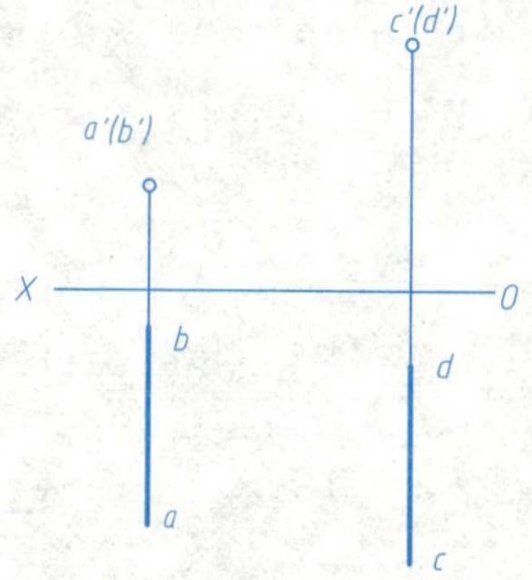


(3)

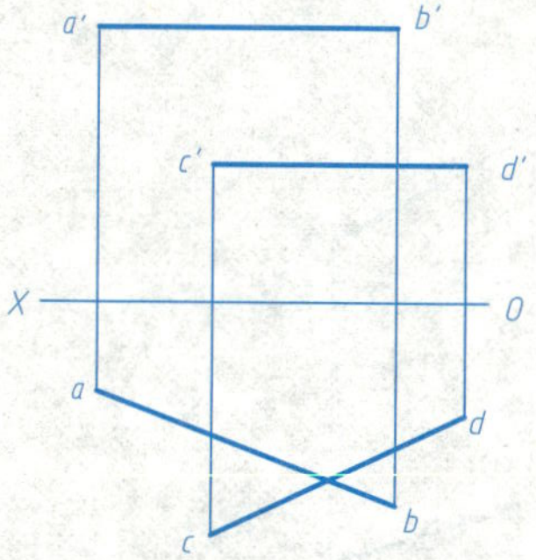


(4)

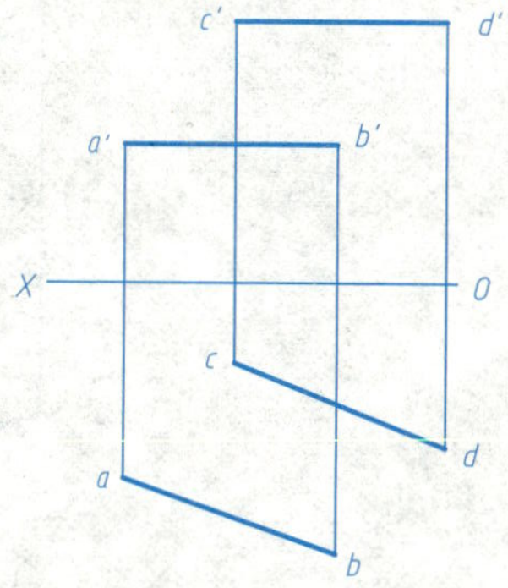




| 26 | 班 级 | | 姓 名 | | 学 号 | | 审 阅 | |
|---|---|---|---|---|---|---|---|---|

2—24 已知菱形 *ABCD* 对角线 *BD* 的投影和点 *A* 的水平投影 *a*，完成菱形的两面投影。

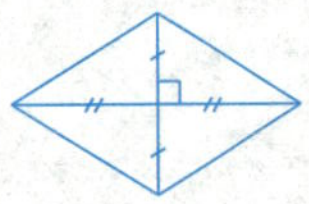

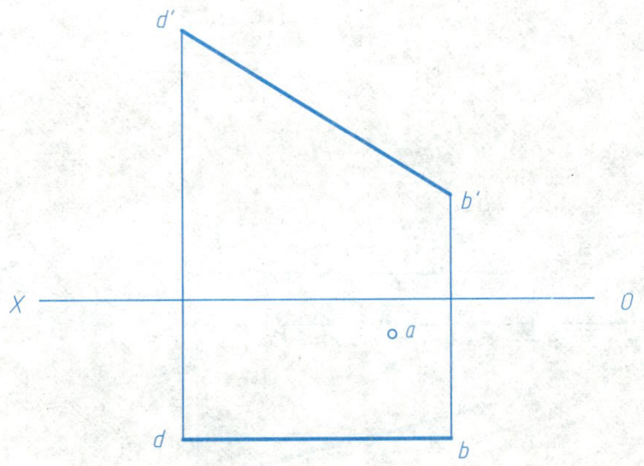


2—25 已知矩形 *ABCD* 的一边 *AB*//*H* 面，点 *D* 在直线 *EF* 上，求作矩形的投影。

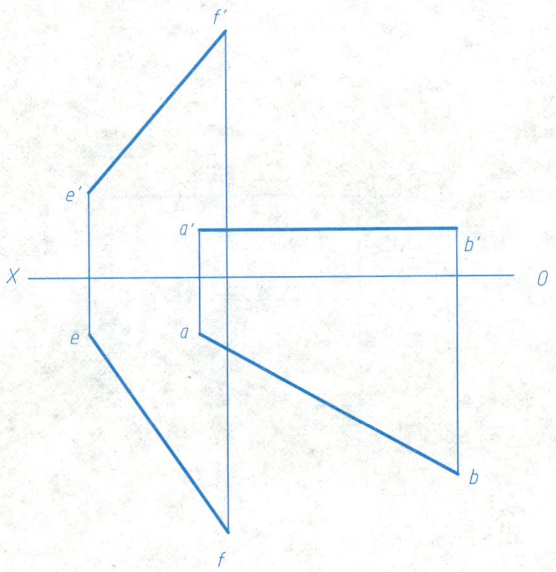


| 班 级 | | 姓 名 | | 学 号 | | 审 阅 | | 27 |
|---|---|---|---|---|---|---|---|---|

2—26 已知 $CD$ 为等腰$\triangle ABC$（$AC=BC$）的高，点 $A$ 属于 $V$ 面，点 $B$ 属于 $H$ 面，$c'd'//OX$，试完成$\triangle ABC$ 的投影。

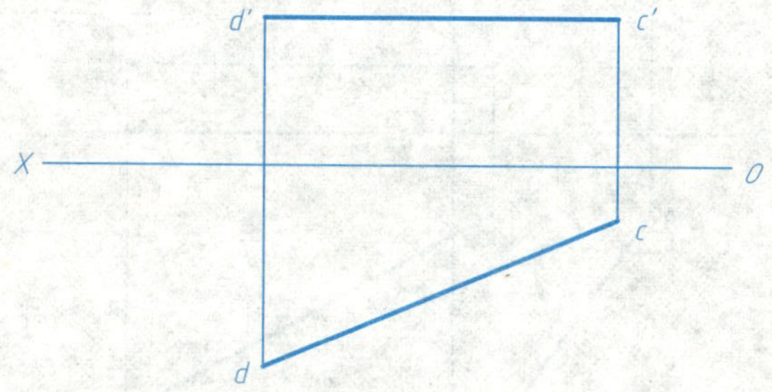


2—27 作等腰直角三角形 $ABC$，已知 $AC$ 为斜边，顶点 $B$ 在直线 $NC$ 上。

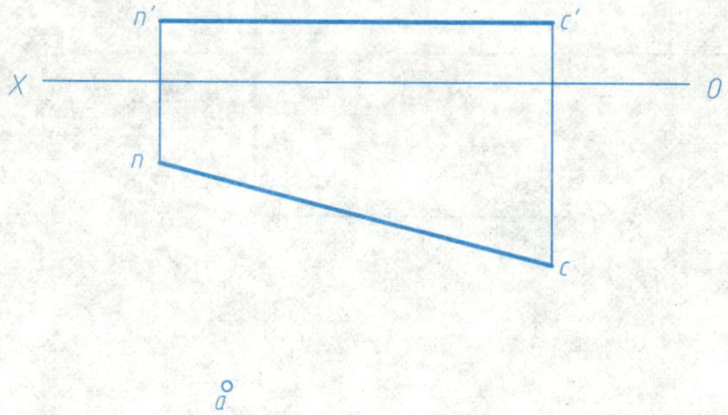


 班级 姓名 学号 审阅

2—28 判断下列平面与投影面的相对位置。

(1)

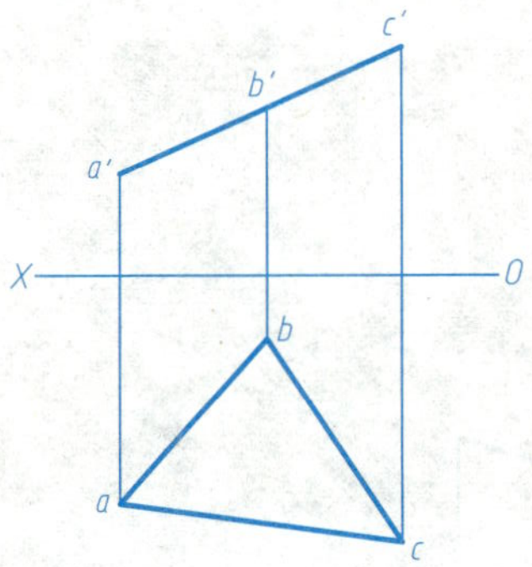


△$ABC$ 是＿＿＿＿＿＿面

(2)

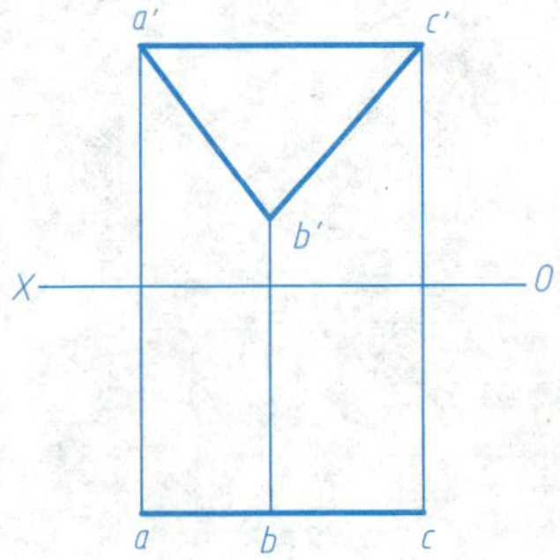


△$ABC$ 是＿＿＿＿＿＿面

(3)

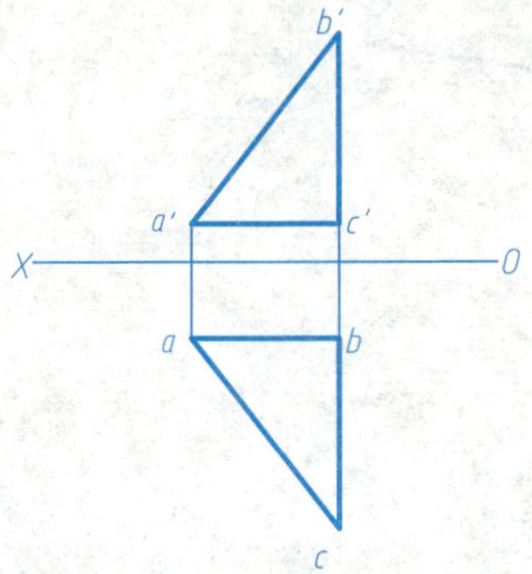


△$ABC$ 是＿＿＿＿＿＿面

(4)

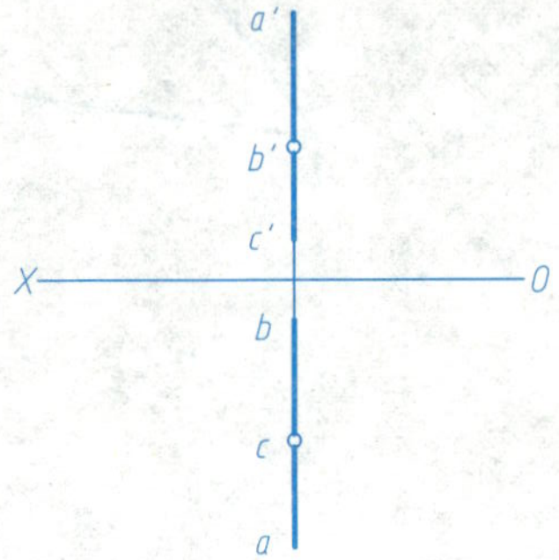


△$ABC$ 是＿＿＿＿＿＿面

2—29 求平面上点 $K$ 与点 $N$ 的另一投影。

(1)

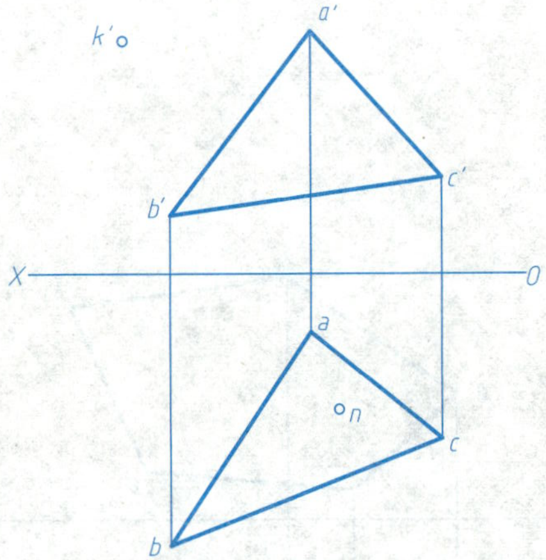


(2)

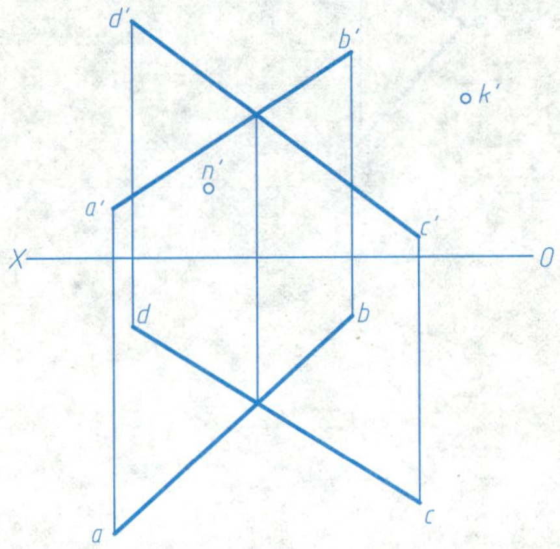


| 班 级 | | 姓 名 | | 学 号 | | 审 阅 | | 29 |
|---|---|---|---|---|---|---|---|---|

2—30　完成平面图形 *ABCDE* 的水平投影。

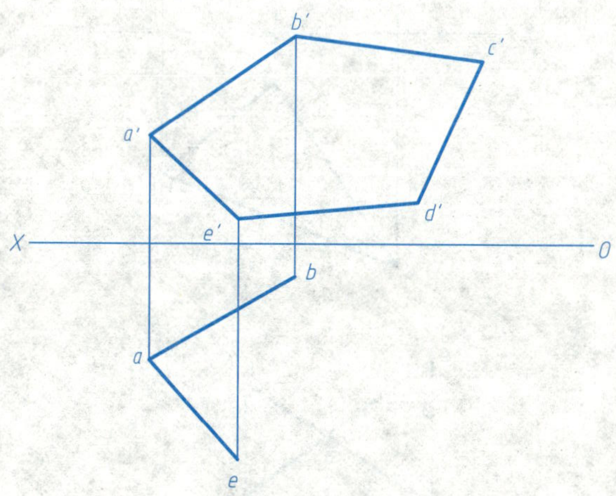


2—31　*CD* 为水平线，完成平面 *ABCD* 的正面投影。

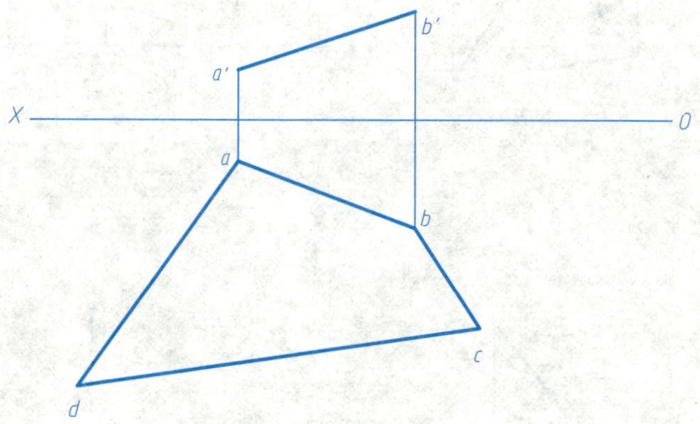




| 30 | 班　级 | | 姓　名 | | 学　号 | | 审　阅 | |
|---|---|---|---|---|---|---|---|---|

2—32　已知△*ABC* 平面的两面投影，求其侧面投影，并在△*ABC* 内取一点 *K*，使其距 *V* 面 15mm，距 *H* 面 18mm。

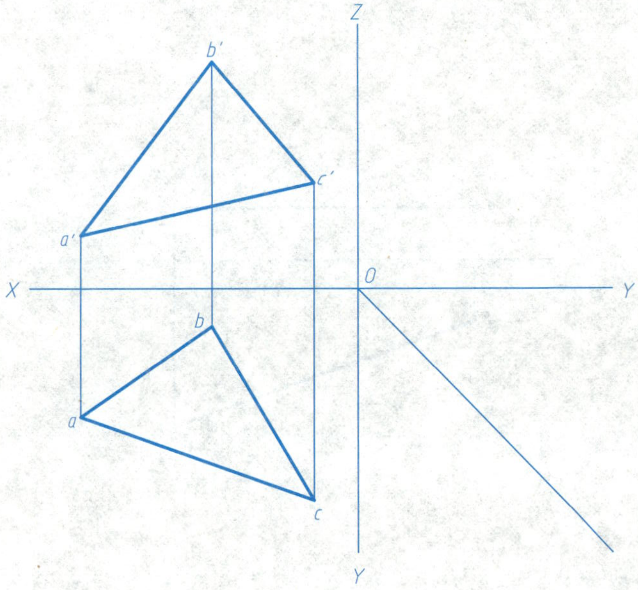


2—33　求△*ABC* 与 *V* 面的倾角。

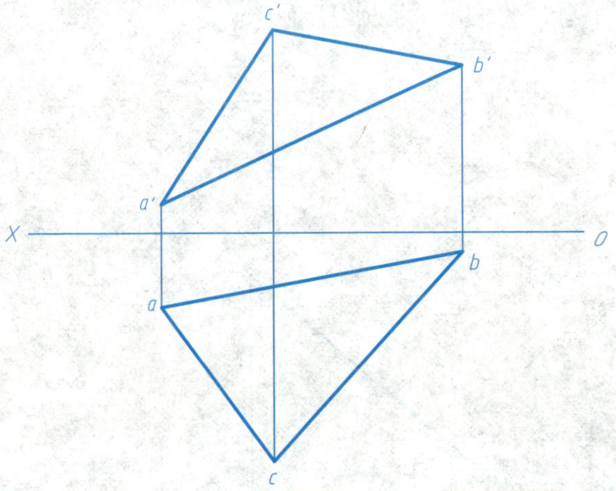


2—34　△*ABC* 对 *V* 面倾角 $\beta$=45°，试补全△*ABC* 的投影（*AB* 为正平线）。

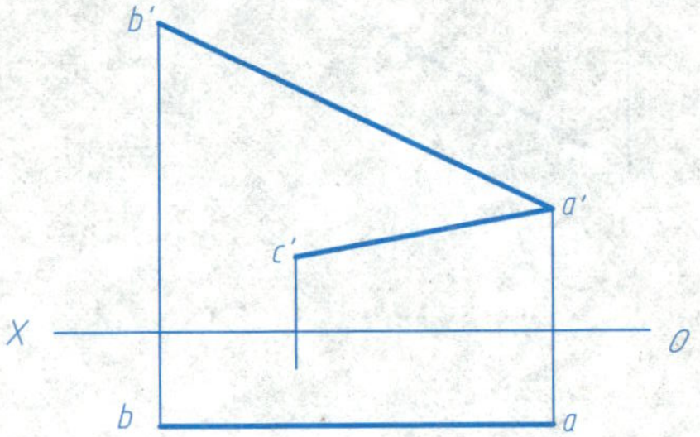


| 班　级 | | 姓　名 | | 学　号 | | 审　阅 | | 31 |
|---|---|---|---|---|---|---|---|---|

2—35　已知 $AB$ 为一平面对 $H$ 面的最大斜度线，试用相交两直线表示该平面，并求出平面对 $H$ 面的倾角。

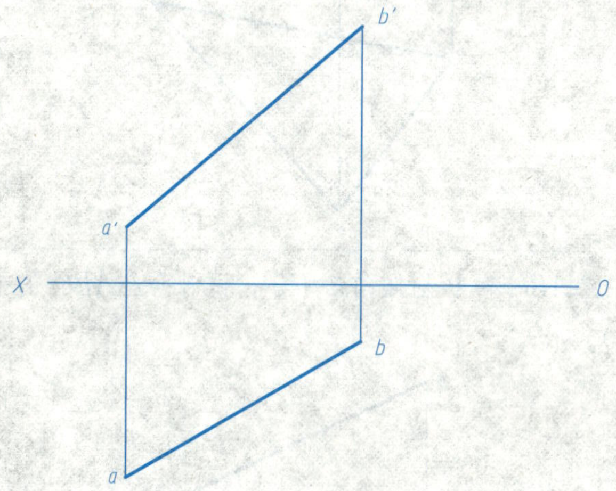


2—36　已知等腰三角形 $ABC$ 与 $H$ 面倾角为 60°，且 $AB$ 为底边，顶点 $C$ 在 $V$ 面上，完成其两投影。

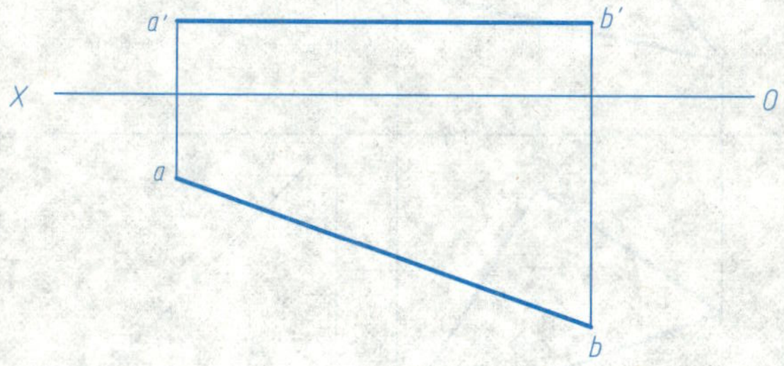


| 32 | 班　级 | | 姓　名 | | 学　号 | | 审　阅 | |
| --- | --- | --- | --- | --- | --- | --- | --- | --- |

# 第三章　直线与平面、平面与平面的相对位置

3—1　判断下列各图中的直线与平面是否平行。

(1)

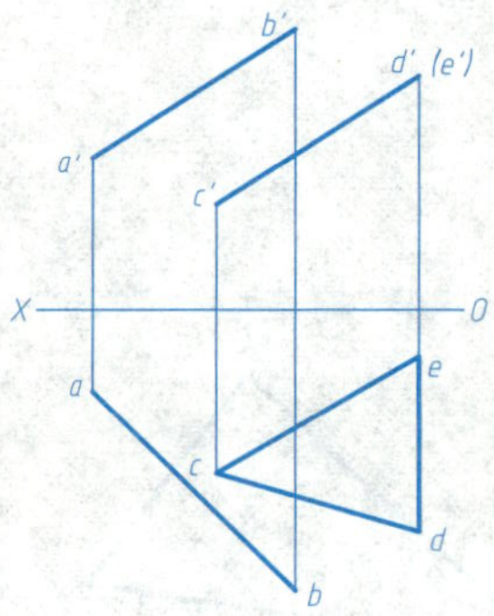

(2)

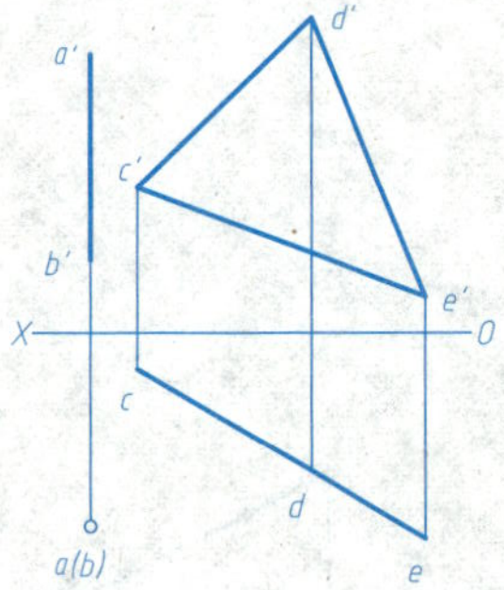

(3)

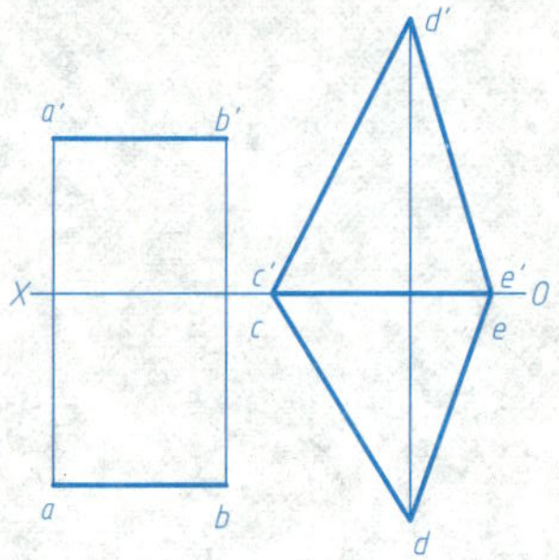

(4)

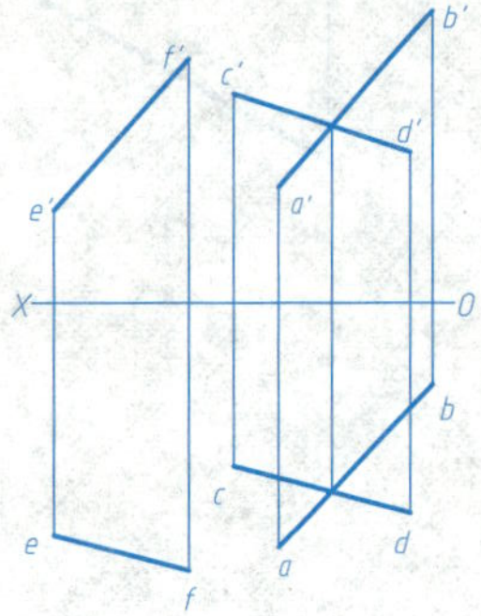

3—2　判断下列各图中的两平面是否平行。

(1)

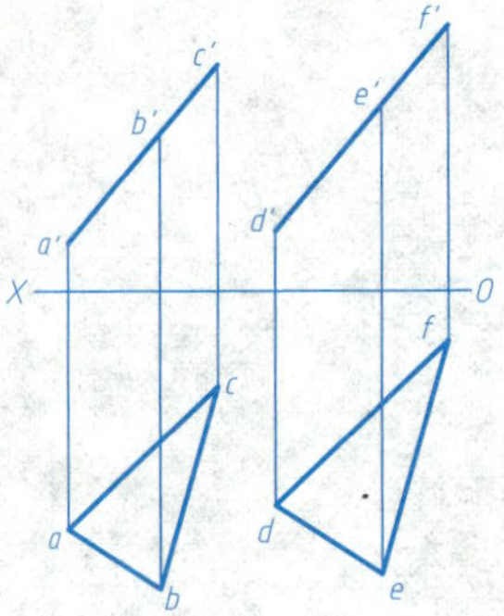

(2)

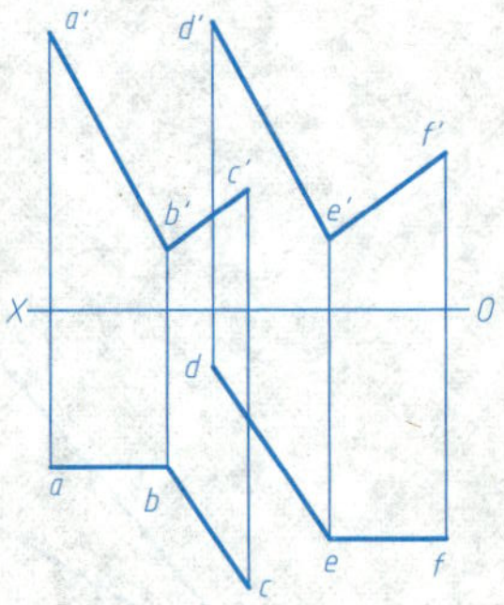

(3)

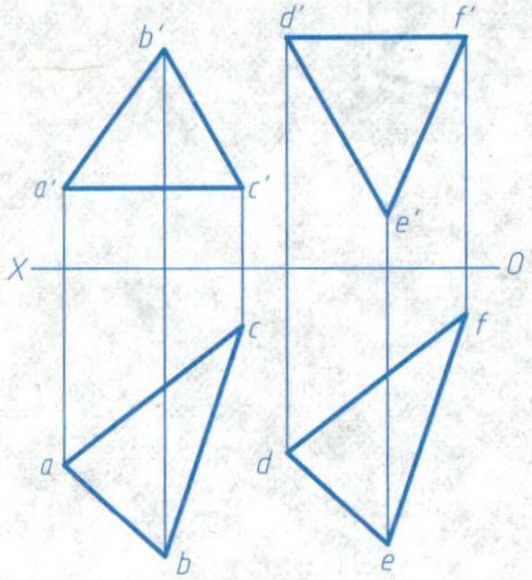

(4)

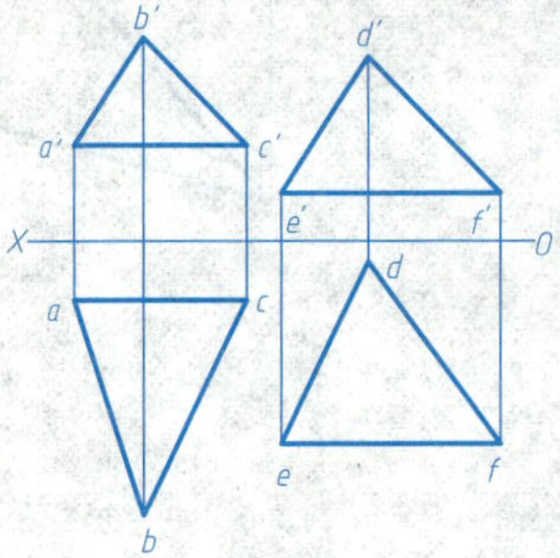

3—3　过点 $E$ 作正平线 $EF$ 平行于 $\triangle ABC$，且 $EF=15$mm。

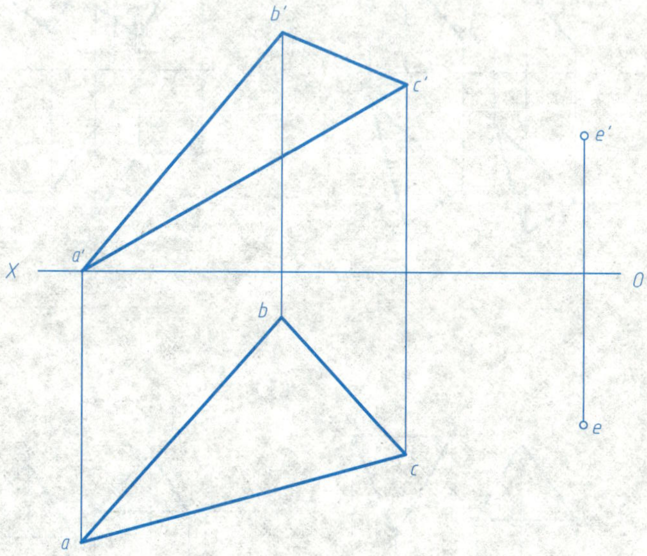


3—4　已知直线 $MN$ 平行于平面 $ABC$，补全平面 $ABC$ 的水平投影。

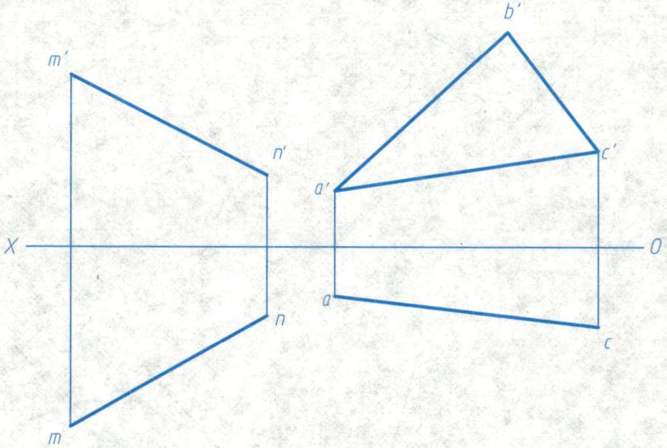




| 34 | 班　级 | | 姓　名 | | 学　号 | | 审　阅 | |
|---|---|---|---|---|---|---|---|---|

3—5 求直线 $EF$ 与△$ABC$ 的交点，并判别可见性。

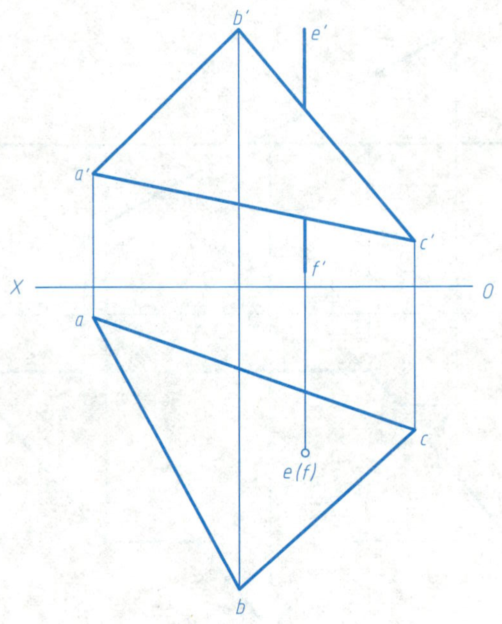


3—6 求直线 $EF$ 与△$ABC$ 的交点，并判别可见性。

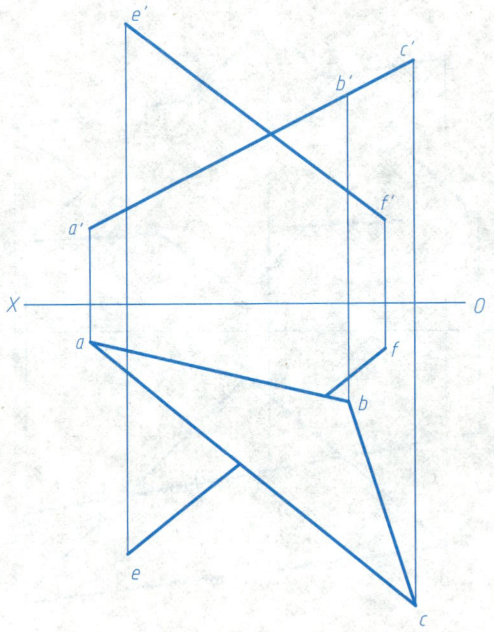


| 班 级 | | 姓 名 | | 学 号 | | 审 阅 | | 35 |
|---|---|---|---|---|---|---|---|---|

3—7　求两平面的交线 $MN$，交判别可见性。

(1)

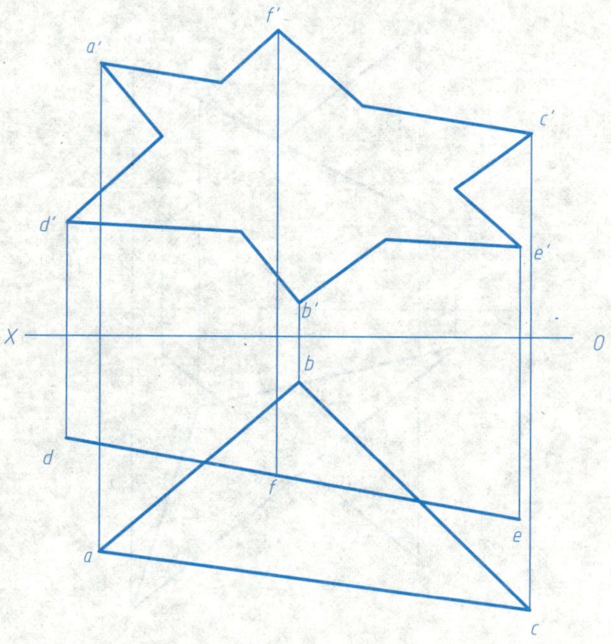


(2)

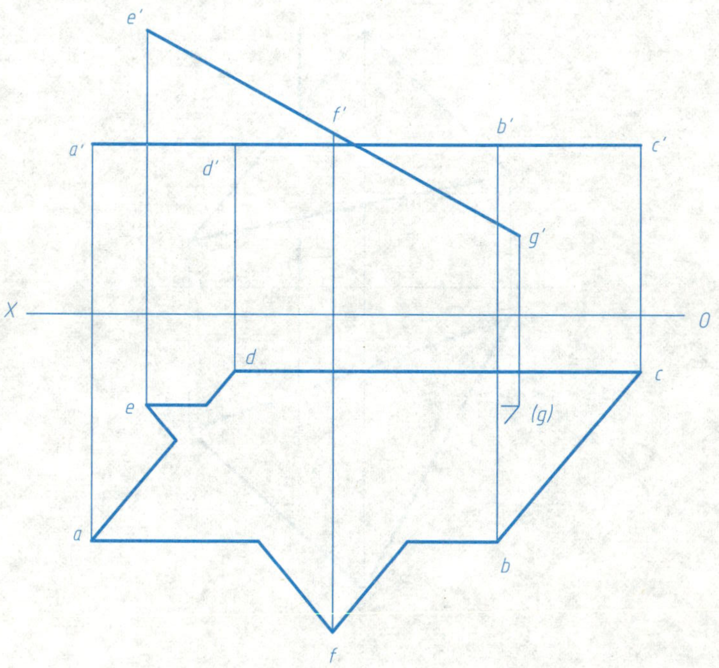

3-8　求 $P$ 点到△$ABC$ 的距离 $PK$。

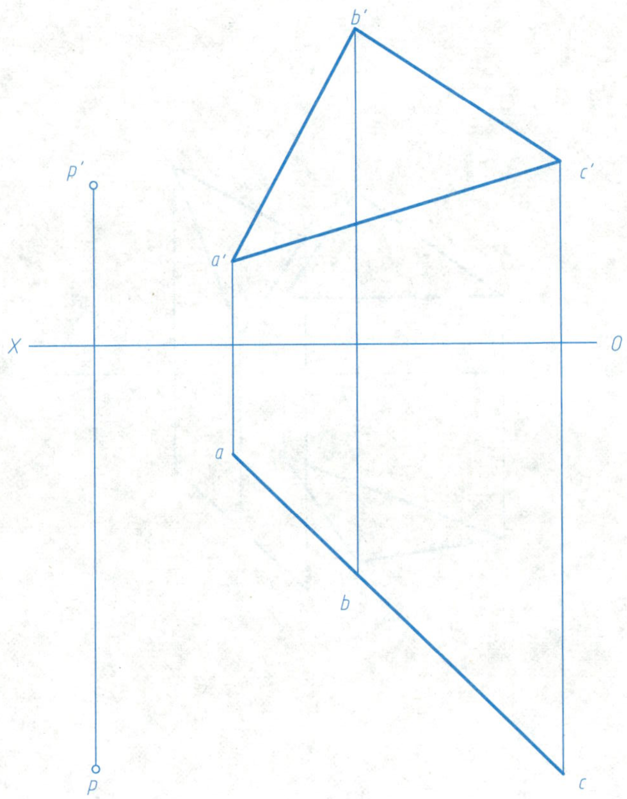


3-9　过线段 $AB$ 作一平面垂直于△$DEF$ 所决定的平面。

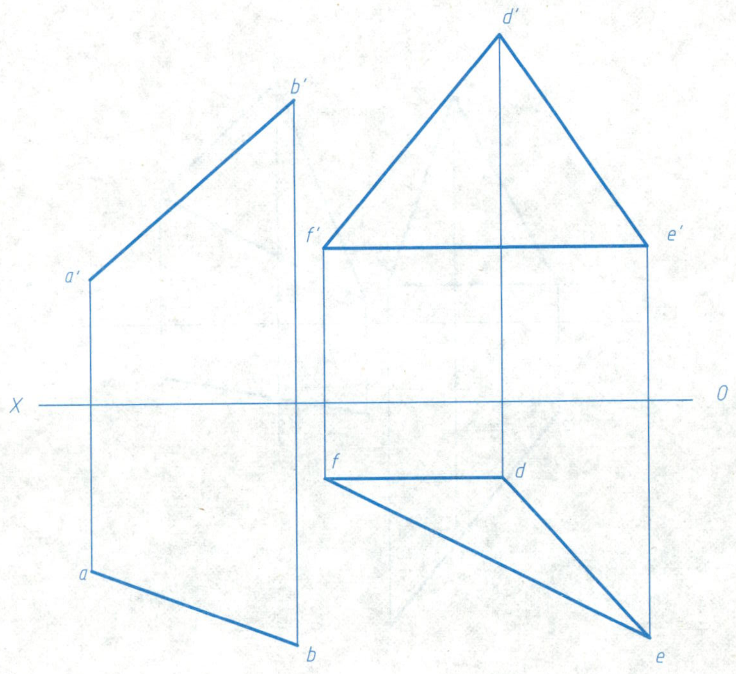


| 班　级 | | 姓　名 | | 学　号 | | 审　阅 | | 37 |
|---|---|---|---|---|---|---|---|---|

3－10　已知平面△*ABC* 与平面 *EFG* 垂直，画全平面△*ABC* 的水平投影。

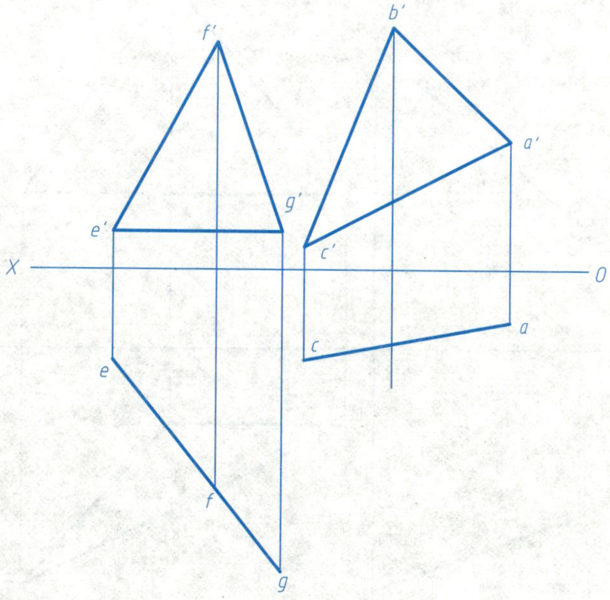


3－11　过点 *K* 作直线 *KL* 平行于△*ABC* 和△*DEF*。

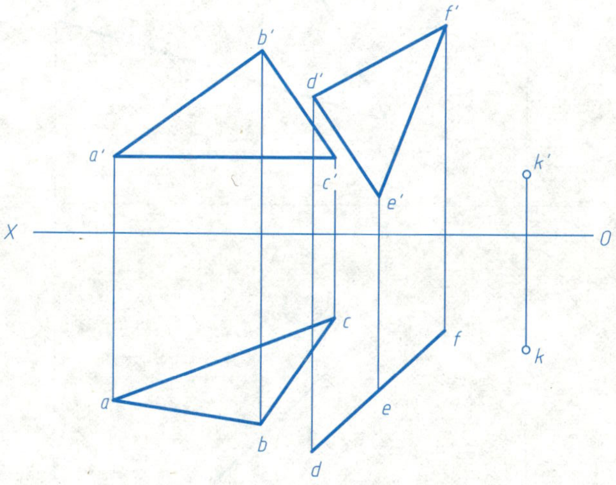




| 班　级 | | 姓　名 | | 学　号 | | 审　阅 | |
|---|---|---|---|---|---|---|---|

4—1　用换面法求线段 $AB$ 的实长和对 $H$ 面、$V$ 面的夹角 $\alpha$、$\beta$。

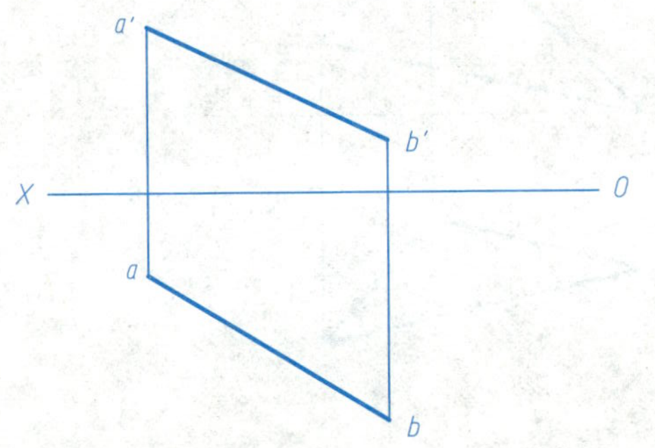


4—2　已知直线 $AB$ 在 $V$ 面上，点 $C$ 在 $EF$ 直线上，完成直线 $AB$ 和点 $C$ 的两面投影。

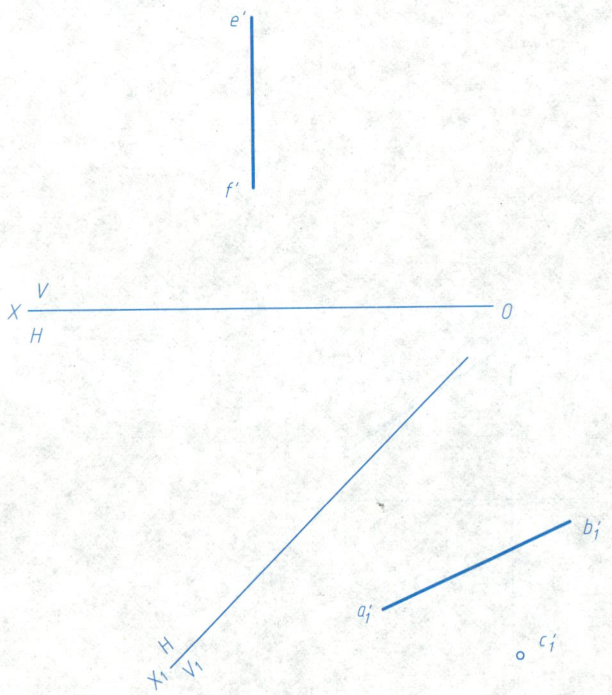


| 班　级 | | 姓　名 | | 学　号 | | 审　阅 | | 39 |
| --- | --- | --- | --- | --- | --- | --- | --- | --- |

4—3 已知线段 $AB$ 的实长，用换面法求其水平投影，画出所有解。

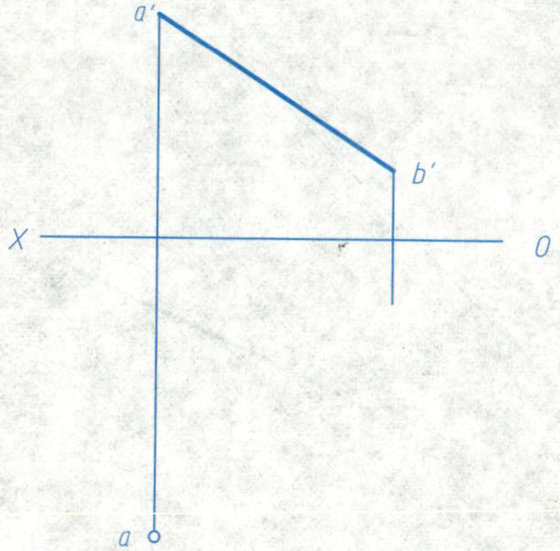


4—4 求$\triangle ABC$中$\angle BAC$的真实大小。

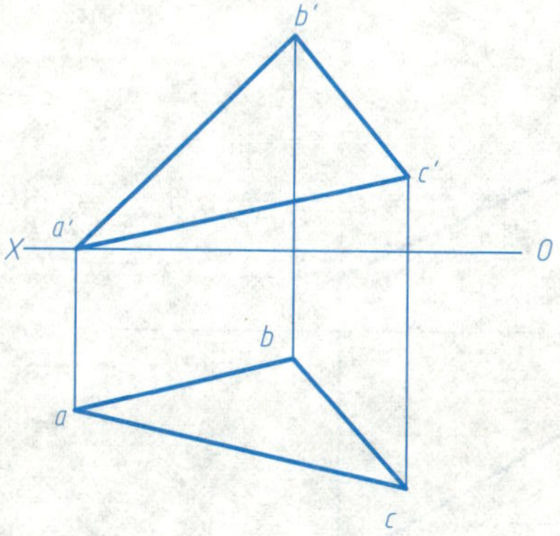


 班 级 ＿＿ 姓 名 ＿＿ 学 号 ＿＿ 审 阅 ＿＿

4-5 求平面 $P$ 的实形。

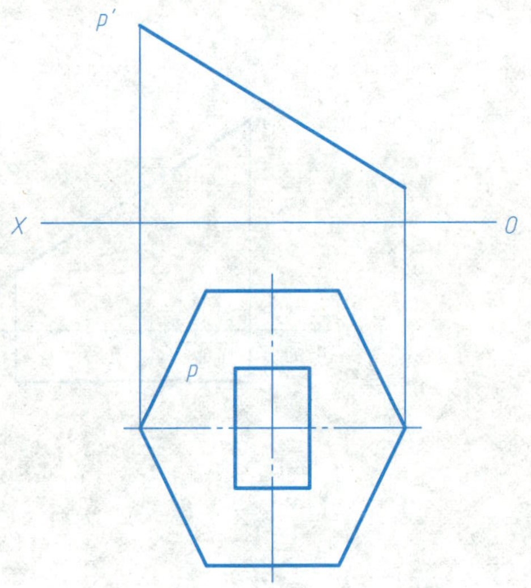


4-6 已知点 $K$ 到平面 $\triangle ABC$ 的距离为 15mm，求作点 $K$ 的水平投影。

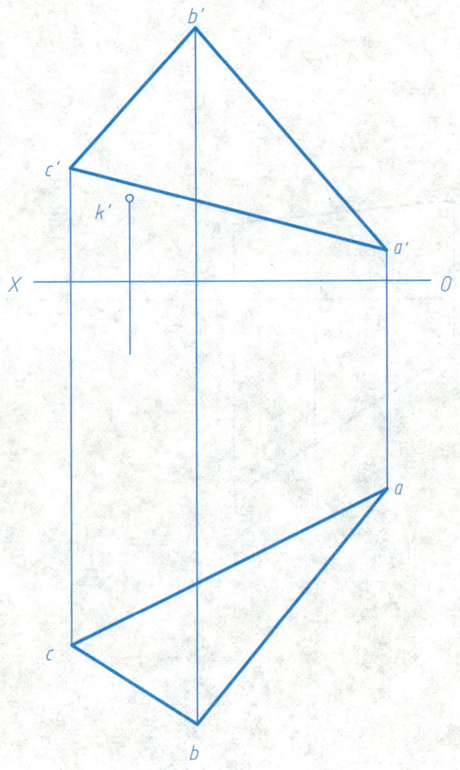

4—7　已知$\angle BAC$为60°，求作$AC$的正面投影。

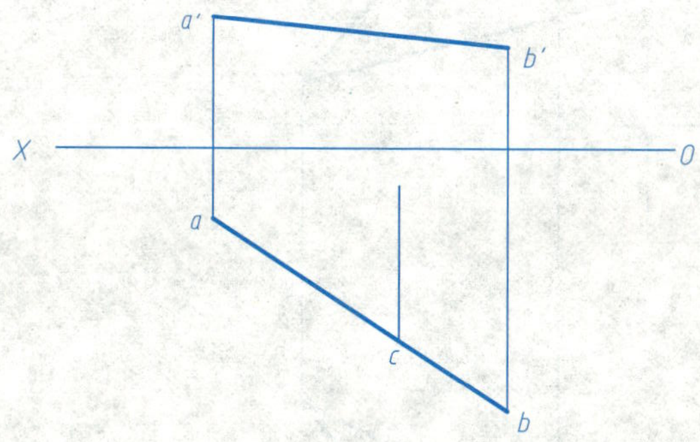


4—8　正平线$AB$是正方形$ABCD$的边，点$C$在点$B$的前上方，正方形对$V$面的倾角$\beta=45°$，补全正方形的两面投影。

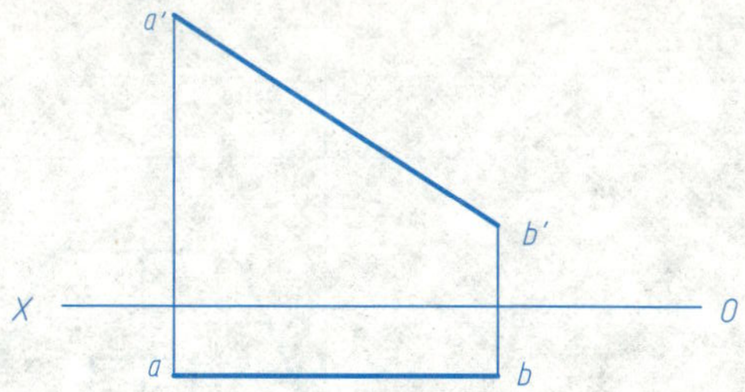

4－9　已知直线 $AB$ 垂直于平面△$EFG$，且点 $A$ 距平面为 30mm，求作△$EFG$ 的正面投影。

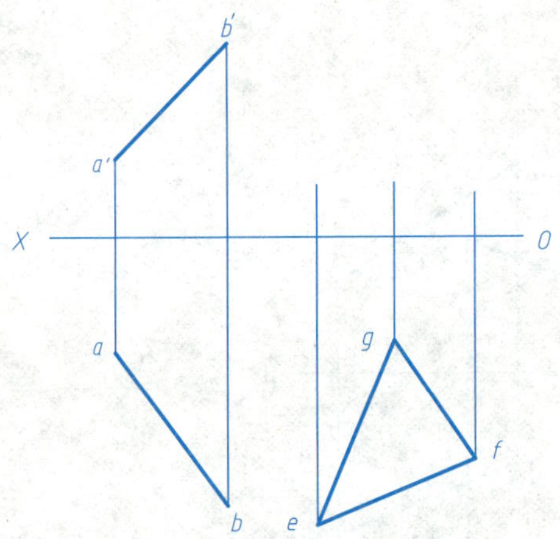


4－10　补全等腰三角形 $CDE$ 的两面投影，边 $CD=CE$，顶点 $C$ 在直线 $AB$ 上。

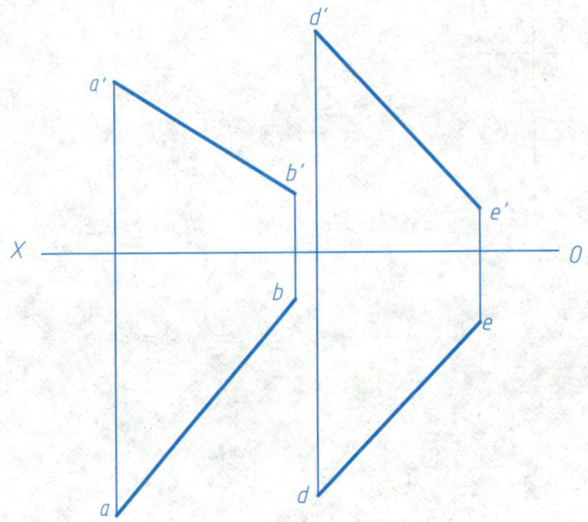


| 班　级 | | 姓　名 | | 学　号 | | 审　阅 | | 43 |
|---|---|---|---|---|---|---|---|---|

4—11 求水平线 $AB$、$CD$ 间的距离，以及它们在 $V$、$H$ 面上的投影。

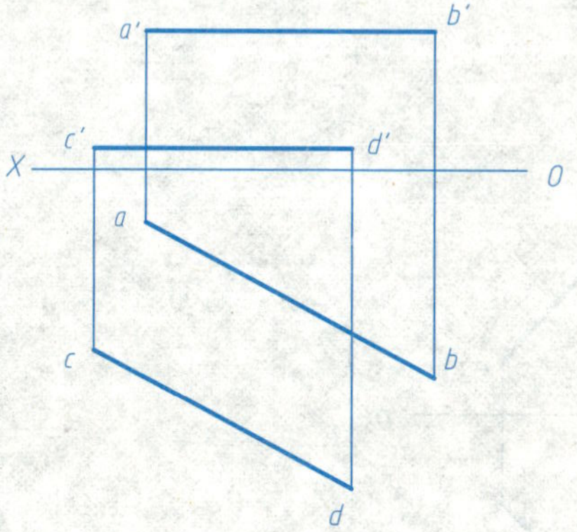


4—12 求两交叉管路 $AB$ 和 $CD$ 之间最短连接管的实长及两面投影。

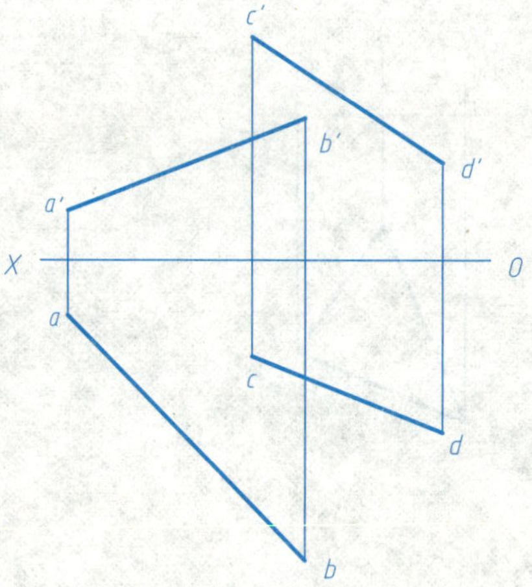


 班级　　姓名　　学号　　审阅

4—13 求作两平行平面间的距离。

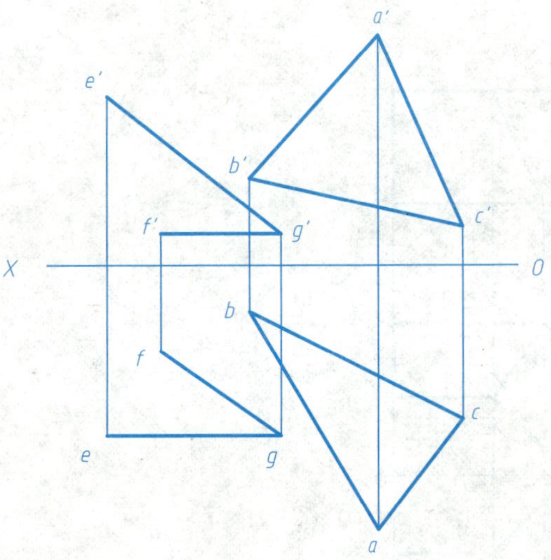


4—14 在由一对平行线段 $AB$、$CD$ 确定的平面上，找出与点 $M$ 和点 $N$ 等距的点的轨迹。

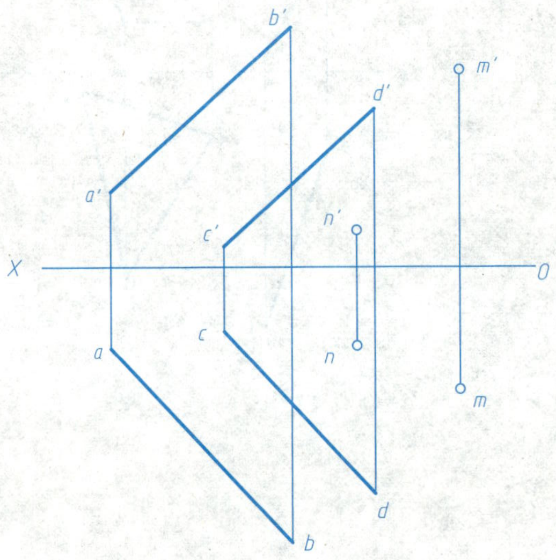


| 班 级 | | 姓 名 | | 学 号 | | 审 阅 | | 45 |
|---|---|---|---|---|---|---|---|---|

4—15 求作直线与平面的夹角。

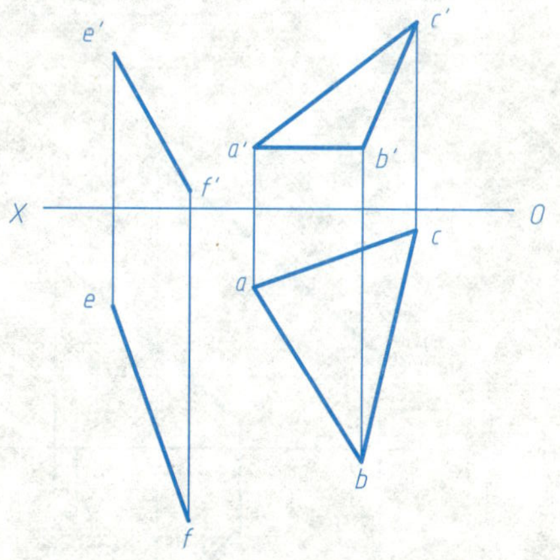


4—16 求作飞机挡风屏 $ABCD$ 和玻璃面 $CDEF$ 的夹角 $\theta$ 的真实大小。

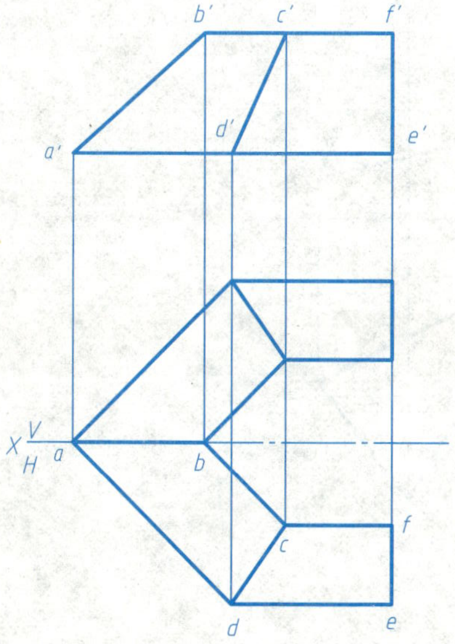




| 46 | 班 级 | | 姓 名 | | 学 号 | | 审 阅 | |
|---|---|---|---|---|---|---|---|---|

# 第五章　基本立体

5—1　画出正六棱柱的侧面投影。

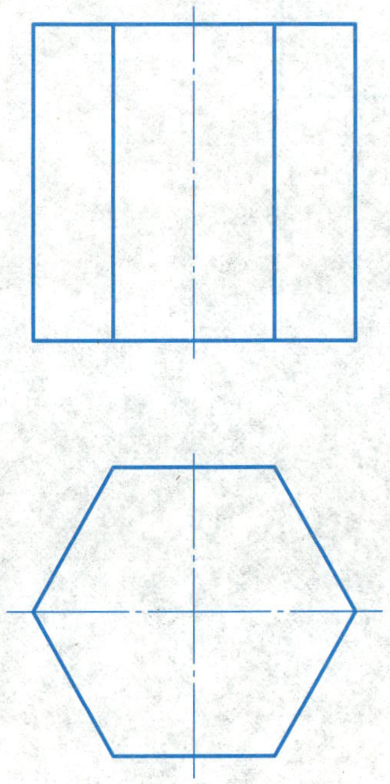

5—2　画出四棱锥的水平投影。

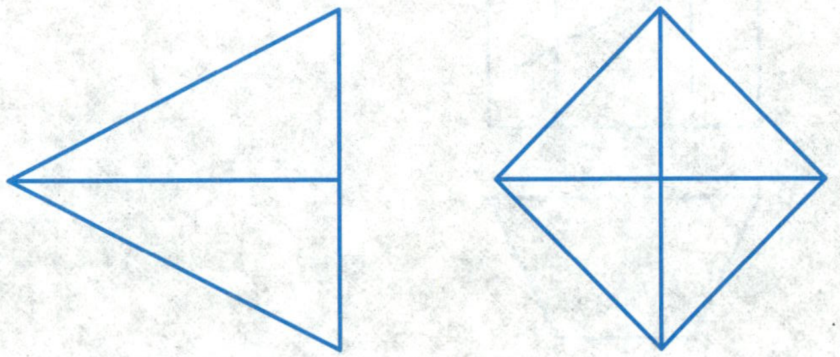

| 班　级 | | 姓　名 | | 学　号 | | 审　阅 | |
| --- | --- | --- | --- | --- | --- | --- | --- |

5—3　求作立体的第三面投影，并补全立体表面上点 $A$、线 $BC$ 的其他投影。

(1)

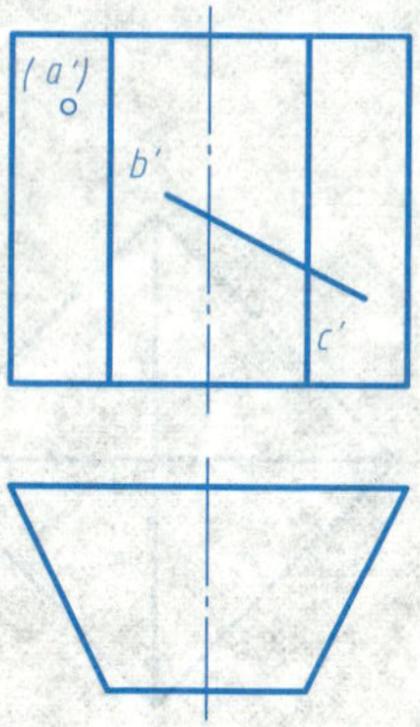


(2)

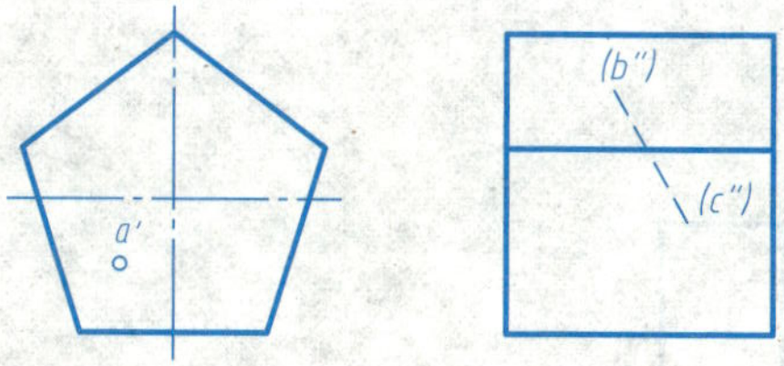


(3)

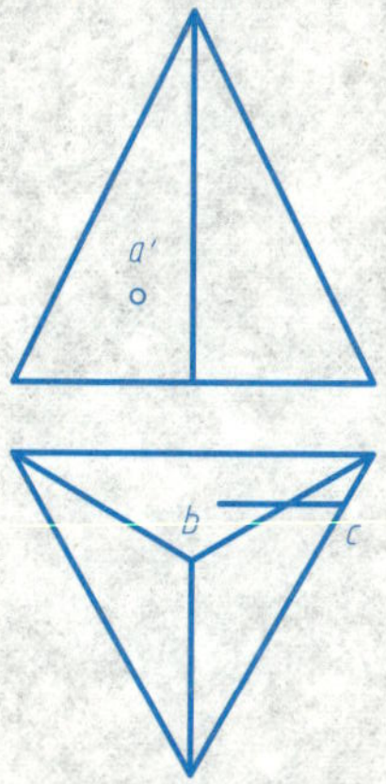


(4)

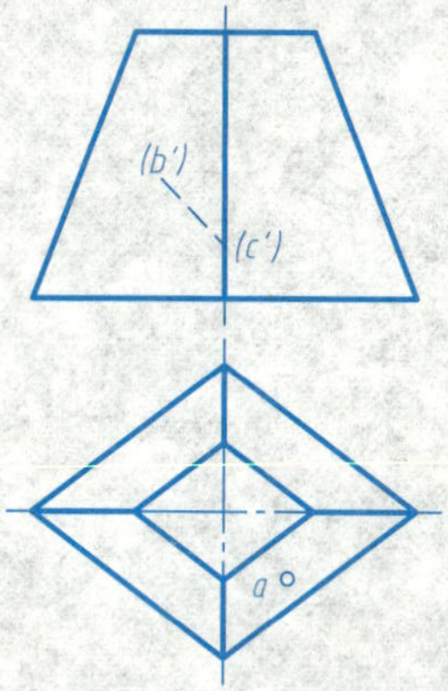




| 班　级 | | 姓　名 | | 学　号 | | 审　阅 | |
| --- | --- | --- | --- | --- | --- | --- | --- |

5—4　已知一空心圆柱的正面投影，画出另两面投影，并补全立体表面上线 $AB$、$CD$ 的其他投影。

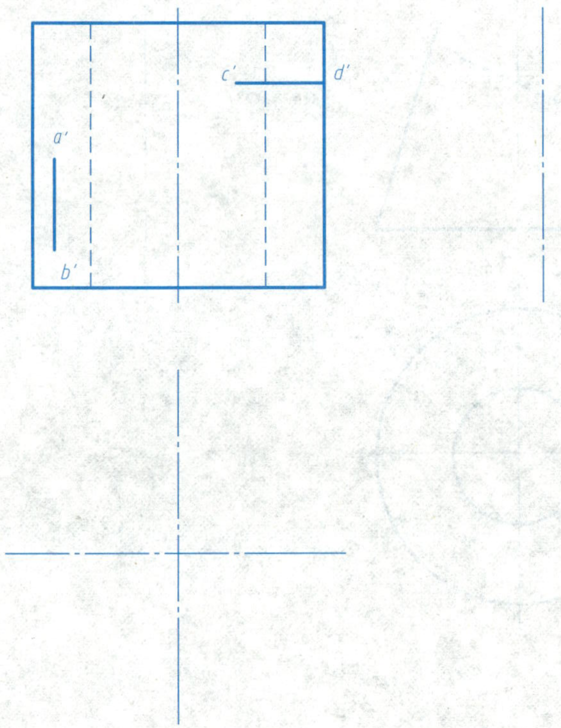


5—5　求作立体的第三投影，并补全立体表面上点、线的其他投影。

| 班　级 | | 姓　名 | | 学　号 | | 审　阅 | | 49 |
|---|---|---|---|---|---|---|---|---|

5—6　已知圆锥的正面投影，画出另两面投影，并补全立体表面上线 $AB$、$CD$ 的其他投影。

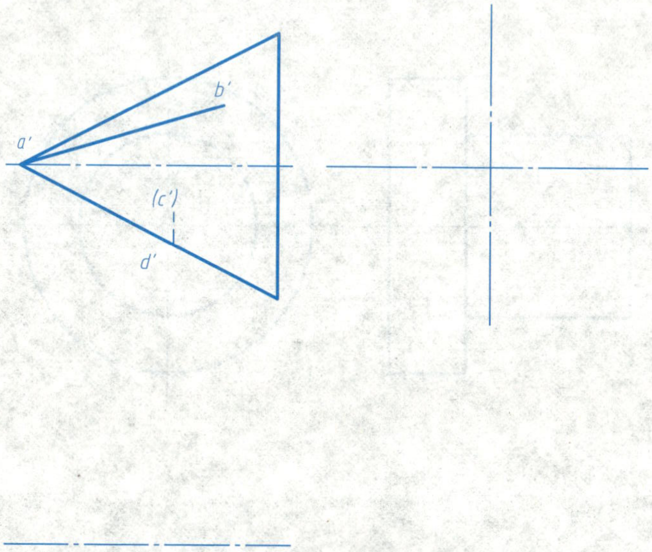


5—7　求作立体的第三投影，并补全立体表面上点、线的其他投影。

5—8 已知四分之一圆球的水平投影，画出另两面投影，并补全立体表面上点 A、B 的其他投影。

解一

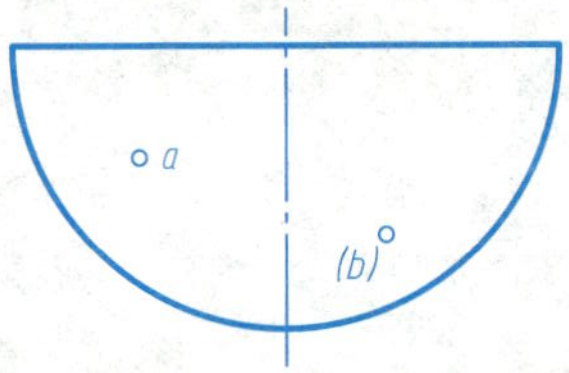


解二

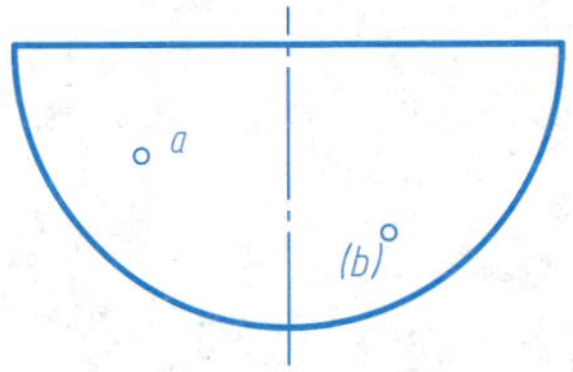


5—9 求作半球的侧面投影，并补全立体表面上线 AB、BC、CD 的水平投影和侧面投影。

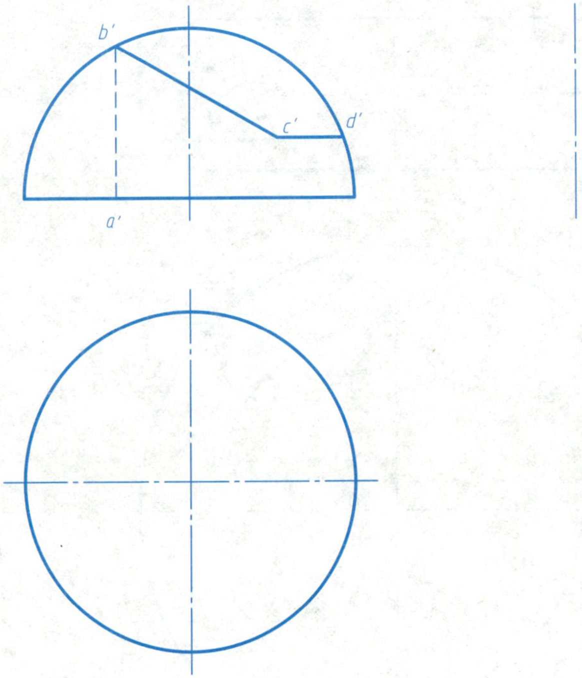


| 班 级 | | 姓 名 | | 学 号 | | 审 阅 | | 51 |
|---|---|---|---|---|---|---|---|---|

5—10 补全圆环的水平投影，并作立体表面上点、线的两面投影。

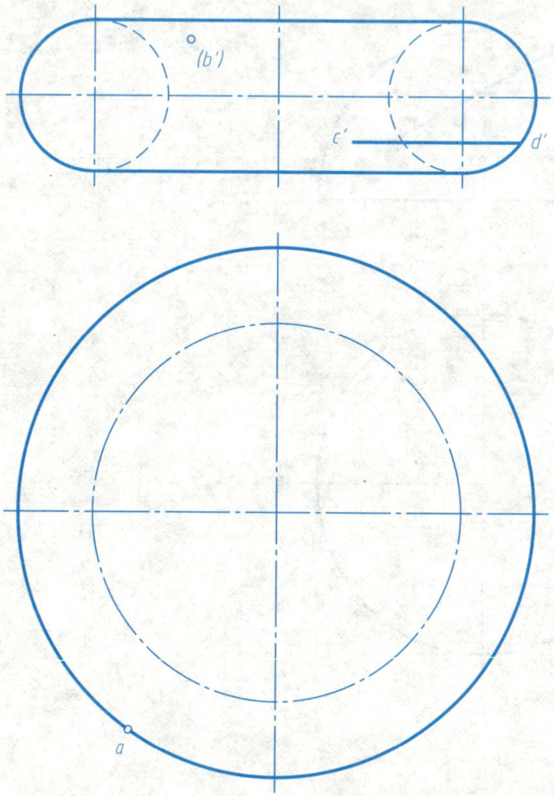


5—11 已知圆柱轴线的两面投影和圆柱的正面投影，作圆柱及表面上点 $A$、$B$ 的水平投影。

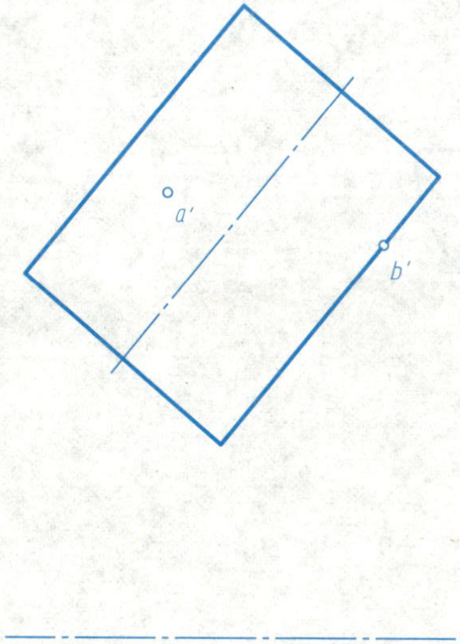




| 班 级 | | 姓 名 | | 学 号 | | 审 阅 | |
|---|---|---|---|---|---|---|---|

6—1　补画立体的侧面投影。

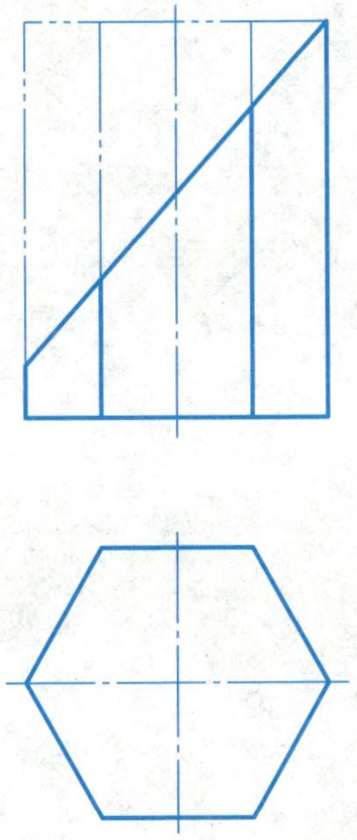

6—2　画出立体被平面截切后的侧面投影。

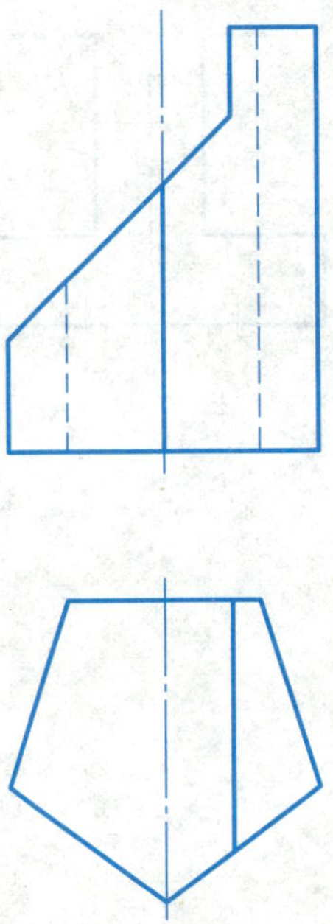

| | | | | | | | | |
|---|---|---|---|---|---|---|---|---|
| 班　级 | | 姓　名 | | 学　号 | | 审　阅 | | 53 |

6—3　完成立体的水平投影。

6—4　求作被穿孔三棱柱的侧面投影。

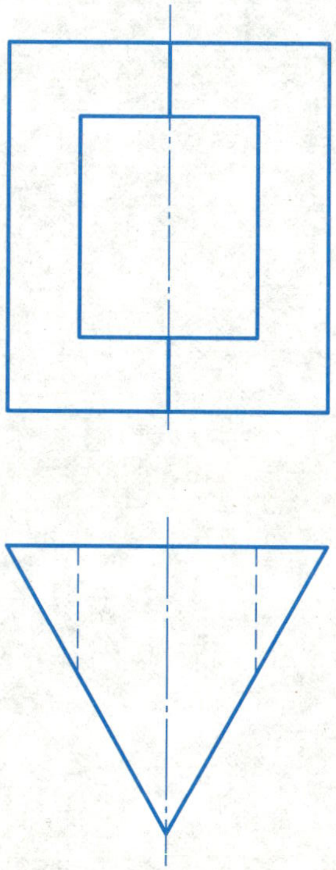



| 班　级 | | 姓　名 | | 学　号 | | 审　阅 | |
|---|---|---|---|---|---|---|---|

6—5　补全立体被平面截切后的水平投影，并画出侧面投影。

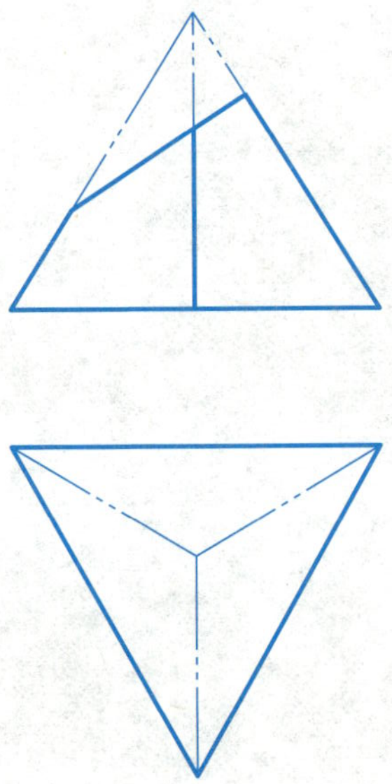

6—6　补全三棱锥被截切后的水平投影，并画出侧面投影。

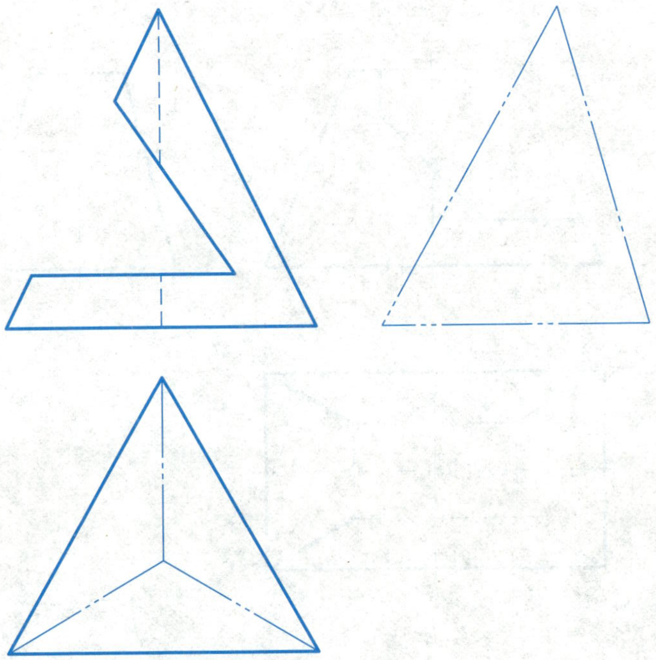

| 班　级 | | 姓　名 | | 学　号 | | 审　阅 | |  |
|---|---|---|---|---|---|---|---|---|

6—7 补全四棱台被截切后的水平投影和侧面投影。

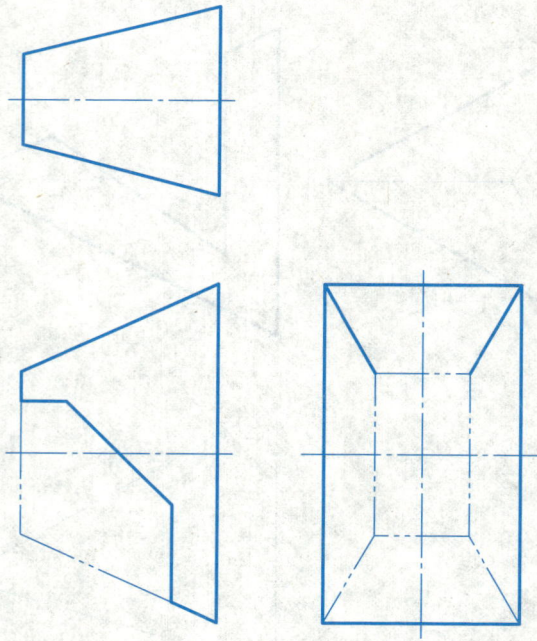

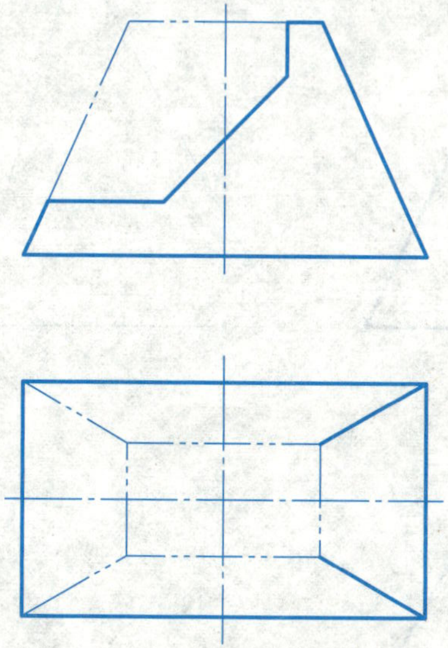

6—8 补全被穿孔四棱锥的水平投影，并画出侧面投影。

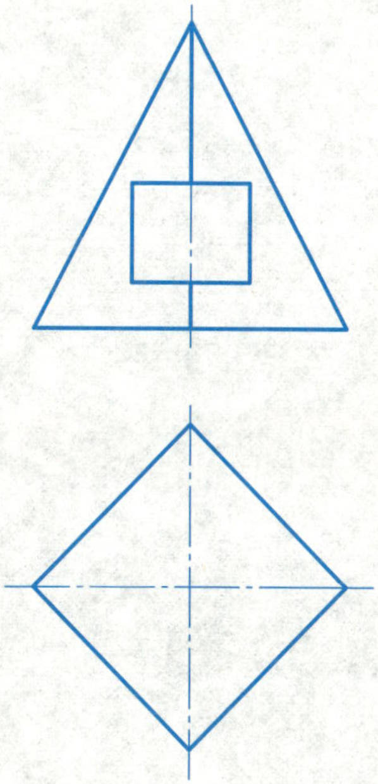

6—9 补画立体的侧面投影。

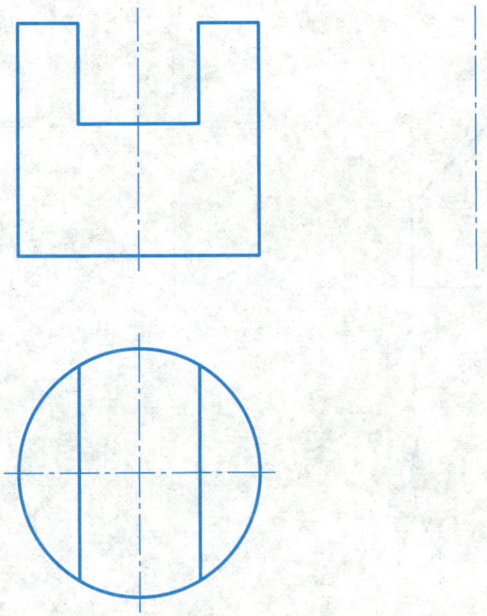

6—10 补画立体的水平投影。

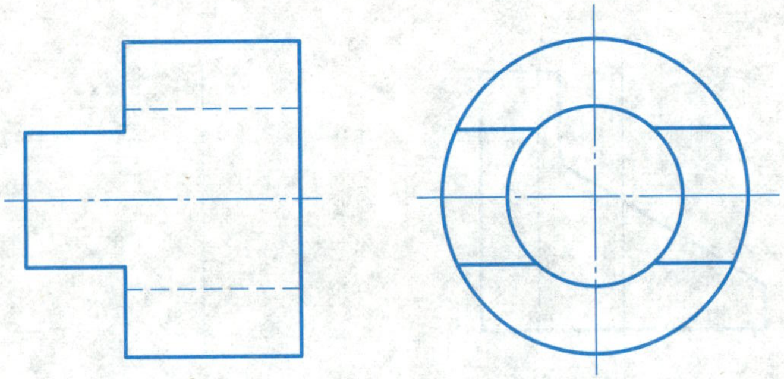

| 班 级 | | 姓 名 | | 学 号 | | 审 阅 | | 57 |
|---|---|---|---|---|---|---|---|---|

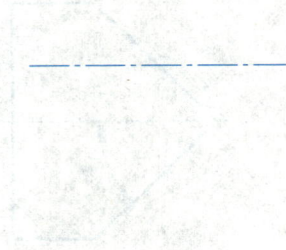

6—11 补画立体的侧面投影。

6—12 补全立体的正面投影，并画出侧面投影。

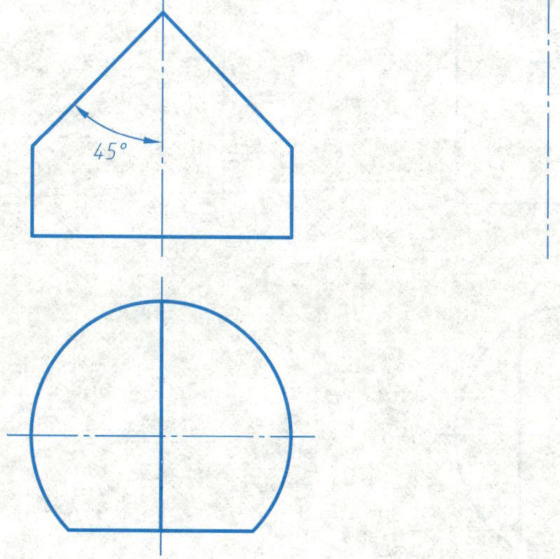




| | | | | | | | |
|---|---|---|---|---|---|---|---|
| 班 级 | | 姓 名 | | 学 号 | | 审 阅 | |

6—13　补全立体的水平投影，并画出侧面投影。

6—14　补全立体的侧面投影，并画出水平投影。

| 班　级 | | 姓　名 | | 学　号 | | 审　阅 | | 59 |
| --- | --- | --- | --- | --- | --- | --- | --- | --- |

6—15　补画圆锥被穿通孔后的水平投影，并画出侧面投影。

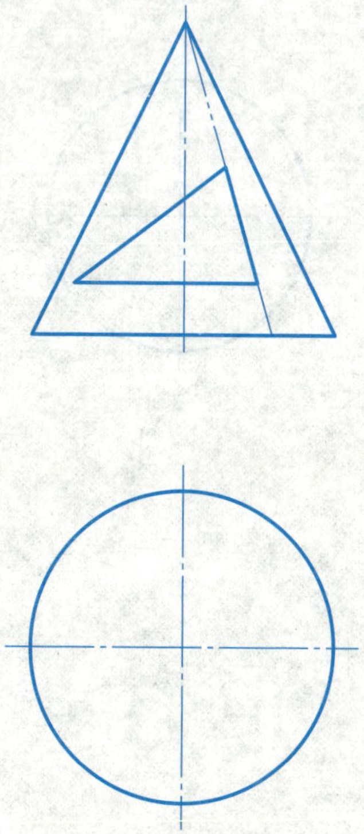

6—16　补全圆球被截切后的水平投影，并画出侧面投影。

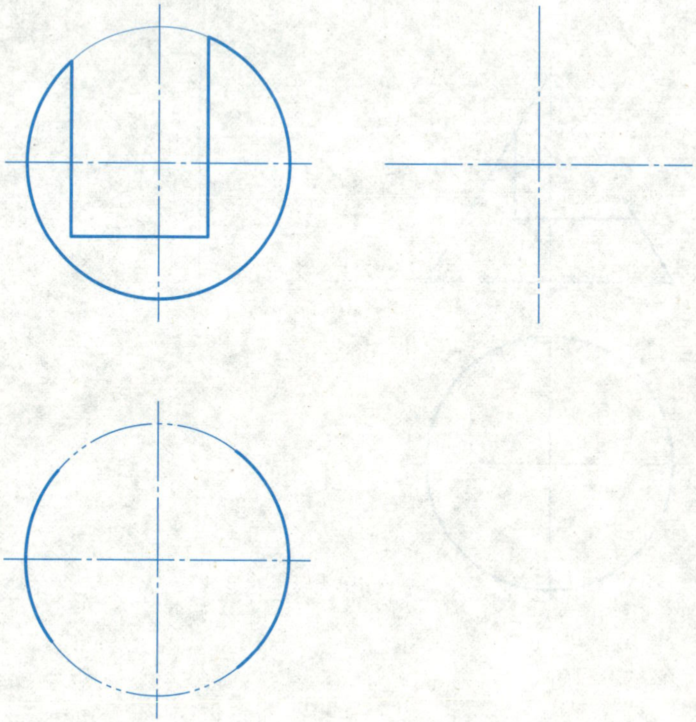



| 班　级 | | 姓　名 | | 学　号 | | 审　阅 | |
|---|---|---|---|---|---|---|---|

6—17　补画圆球被穿通孔后的水平投影，并画出侧面投影。

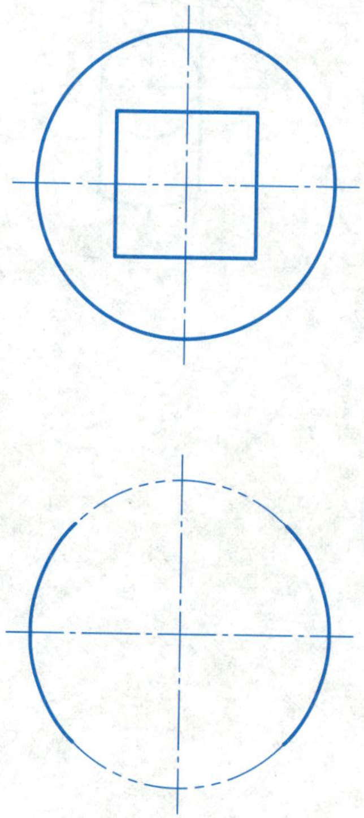

6—18　补全圆环被截切后的侧面投影。

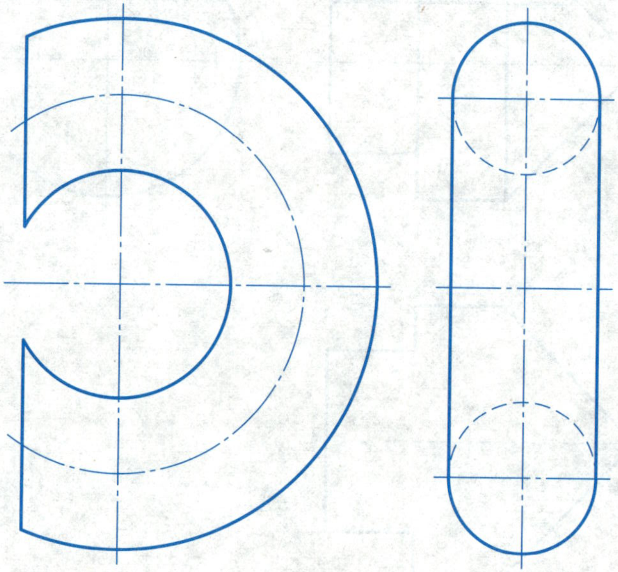

| 班　级 | | 姓　名 | | 学　号 | | 审　阅 | | 61 |
|---|---|---|---|---|---|---|---|---|

6—19　补全立体被截切后的水平投影。

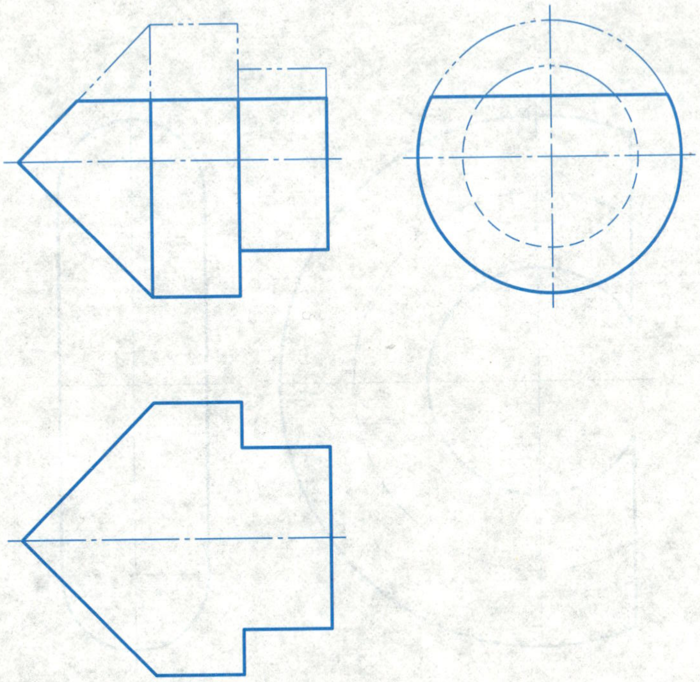

6—20　补全立体被截切后的正面投影。

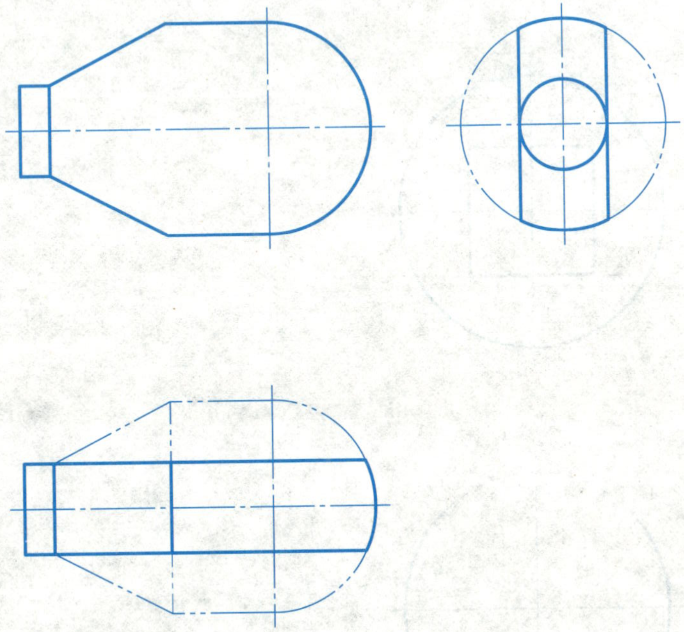



| 班　级 | | 姓　名 | | 学　号 | | 审　阅 | |
|---|---|---|---|---|---|---|---|

6—21 求作立体交线的投影。

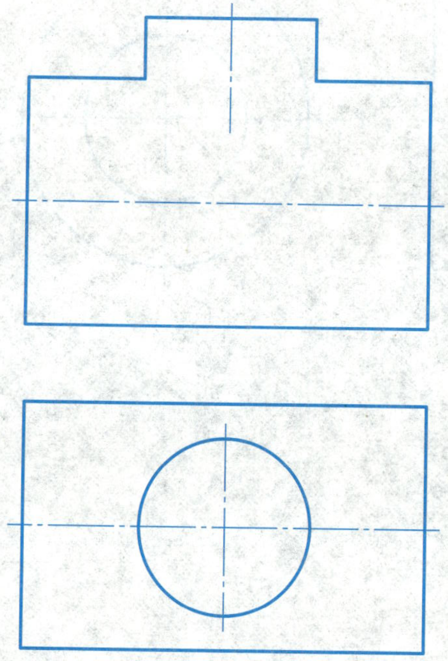

6—22 补全立体的水平投影。

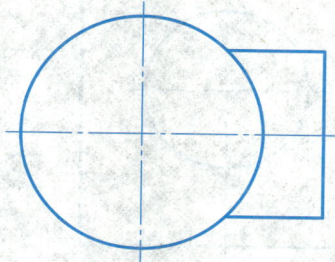

| 班 级 | | 姓 名 | | 学 号 | | 审 阅 | | 63 |
|---|---|---|---|---|---|---|---|---|

6—23　求作立体的正面投影。

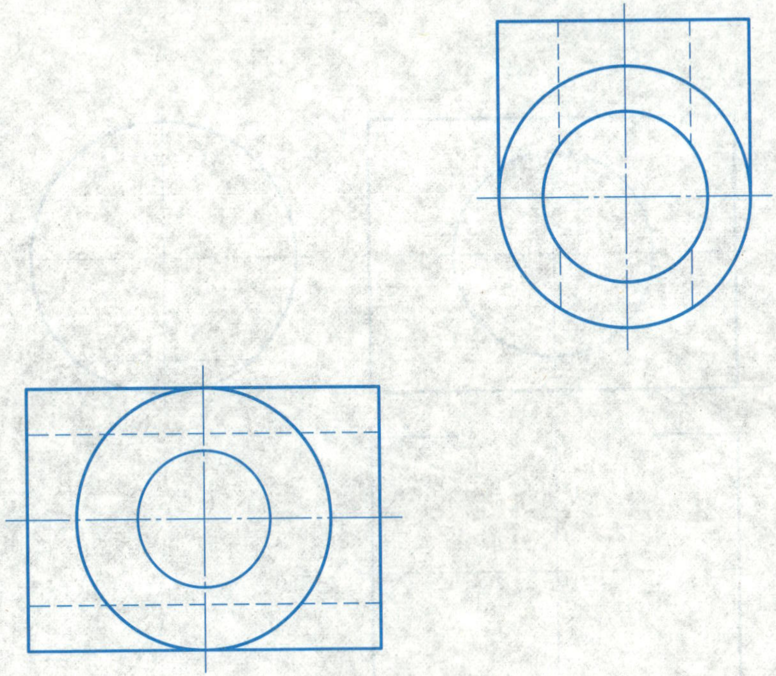

6—24　求作立体的水平投影。

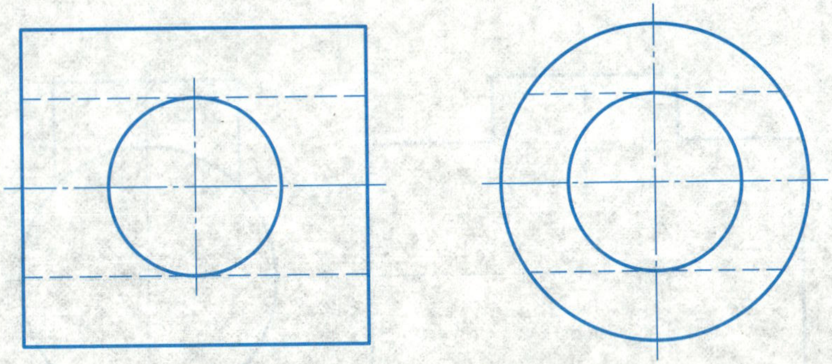



| 班　级 | | 姓　名 | | 学　号 | | 审　阅 | |
|---|---|---|---|---|---|---|---|

6—25 完成立体的侧面投影。

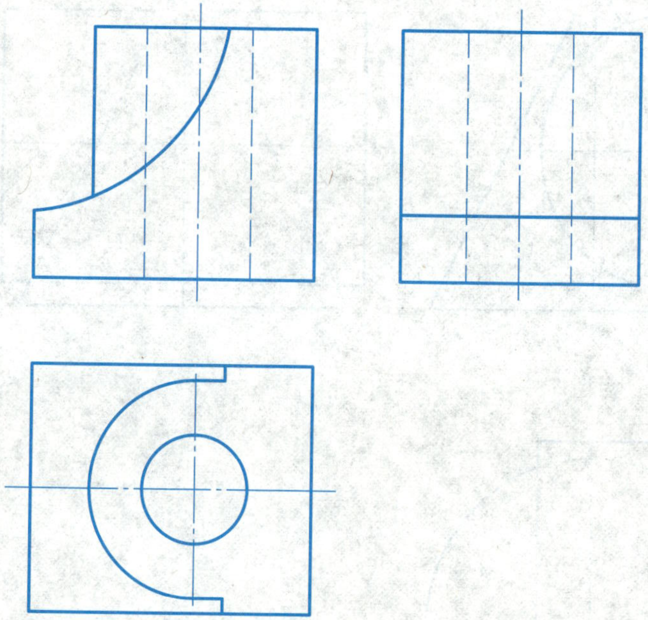

6—26 完成立体的侧面投影。

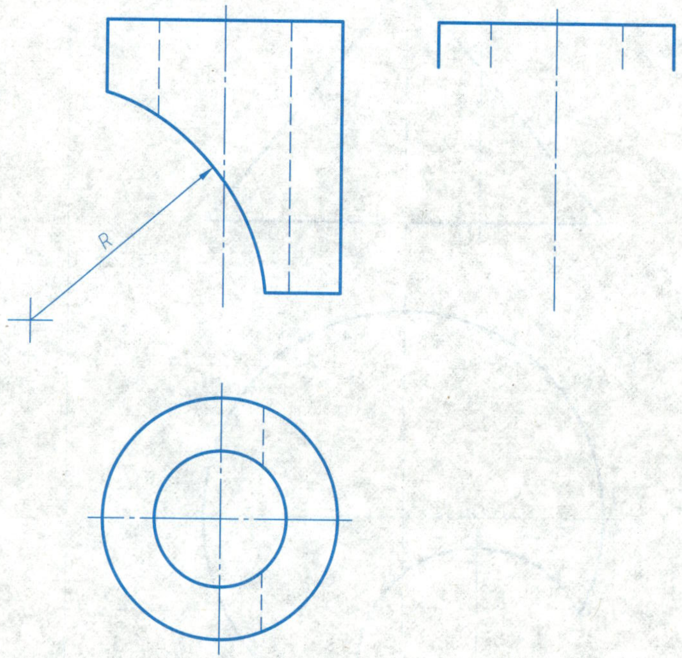


| 班级 | | 姓名 | | 学号 | | 审阅 | | 65 |
|---|---|---|---|---|---|---|---|---|

6—27　完成柱形缺口圆锥的正面投影。

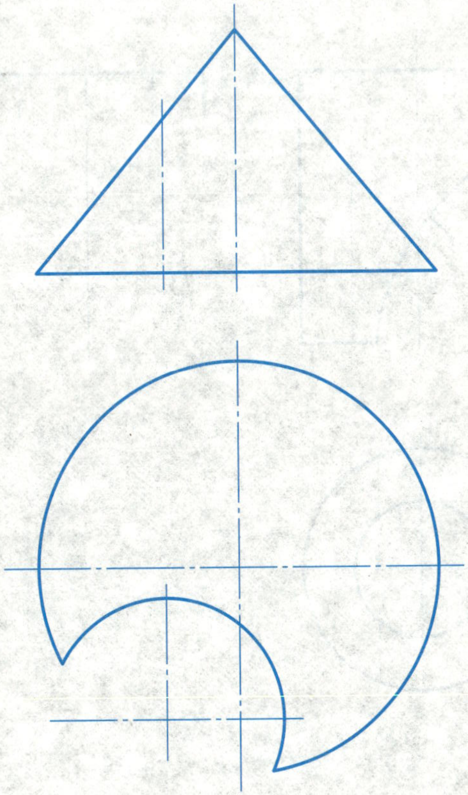

6—28　完成圆柱和圆锥相交的水平投影和侧面投影。

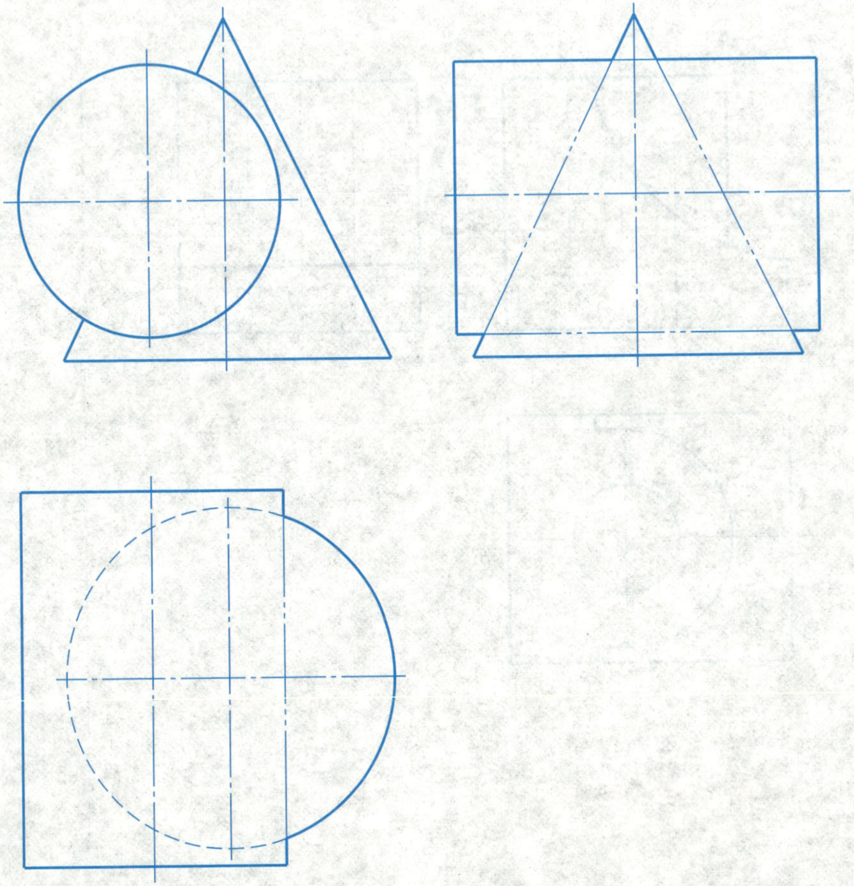



| 班　级 | | 姓　名 | | 学　号 | | 审　阅 | |
|---|---|---|---|---|---|---|---|

6—29　完成立体的水平投影。

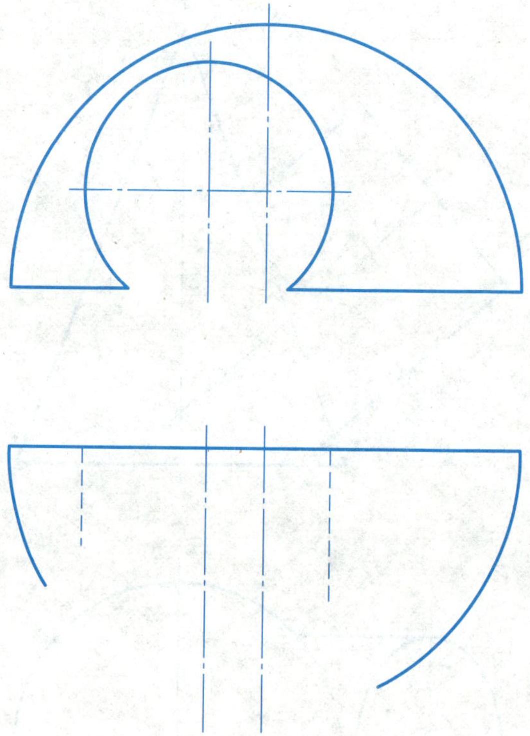

6—30　完成圆球和圆锥相交的正面投影和水平投影。

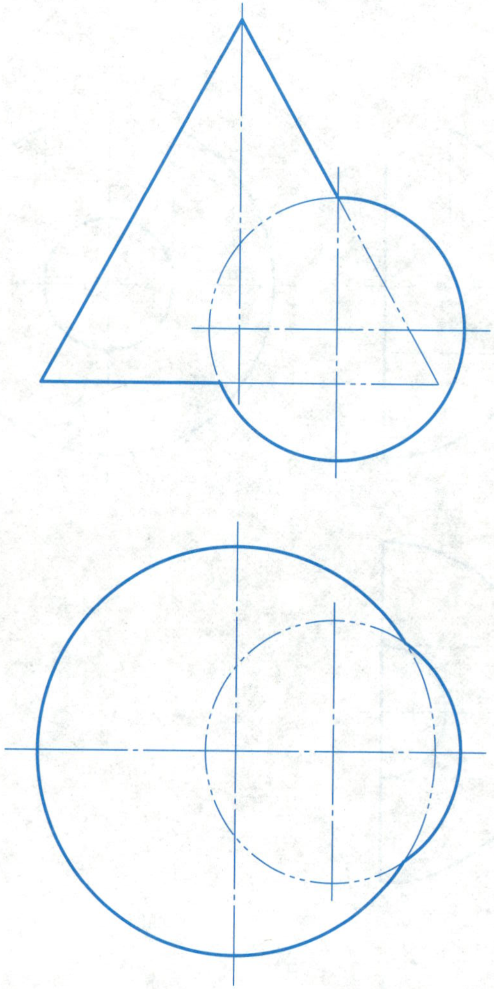

| 班　级 | | 姓　名 | | 学　号 | | 审　阅 | | 67 |
| --- | --- | --- | --- | --- | --- | --- | --- | --- |

6—31 分析立体表面的交线，补全投影中的图线。

6—32 画全圆柱和圆锥相交的正面投影和水平投影。

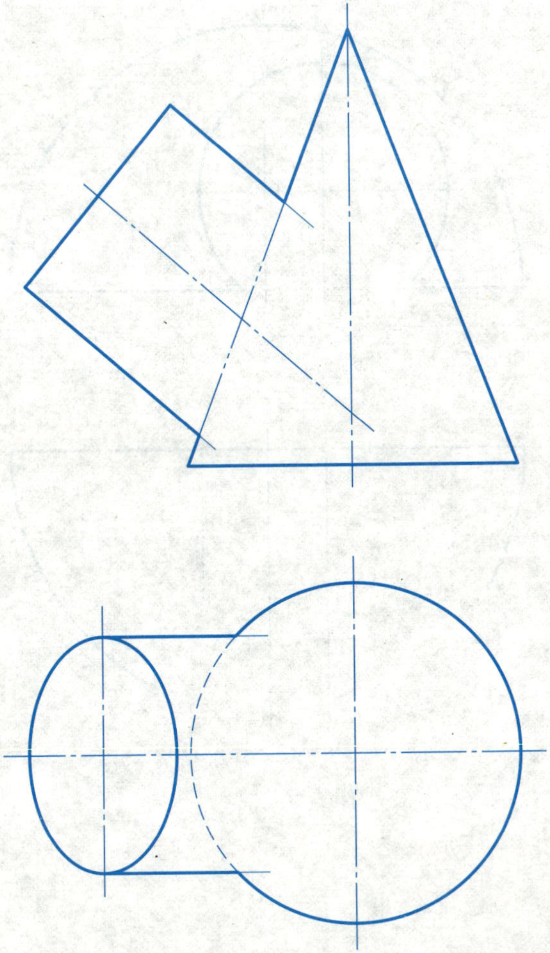

| 68 | 班　级 | | 姓　名 | | 学　号 | | 审　阅 | |
|---|---|---|---|---|---|---|---|---|

6—33　补全立体的正面投影。

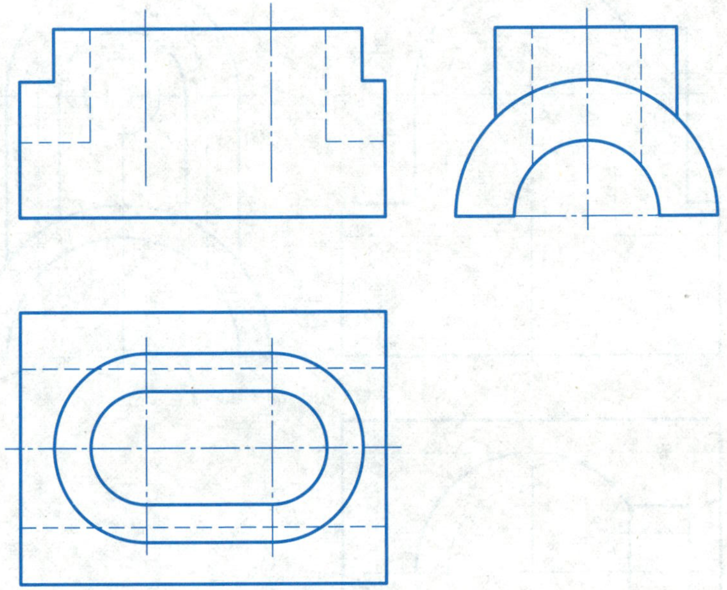

6—34　画出立体的侧面投影。

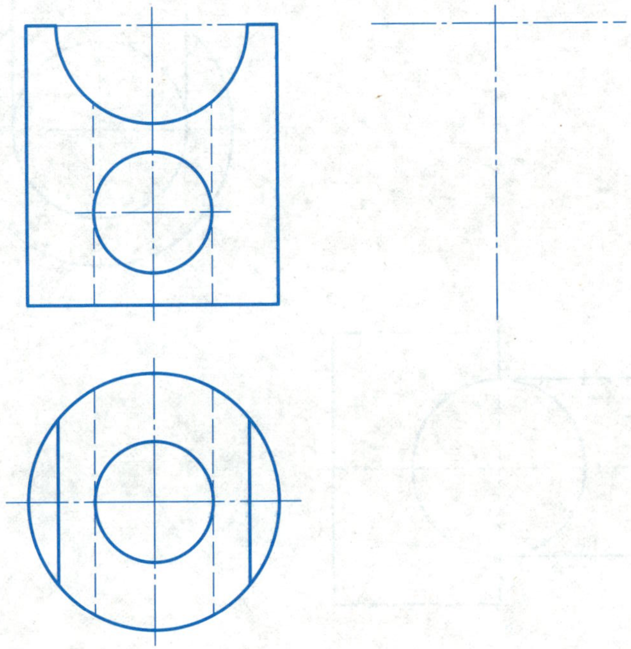

| 班　级 | | 姓　名 | | 学　号 | | 审　阅 | | 69 |
|---|---|---|---|---|---|---|---|---|

6—35　求作立体的正面投影。

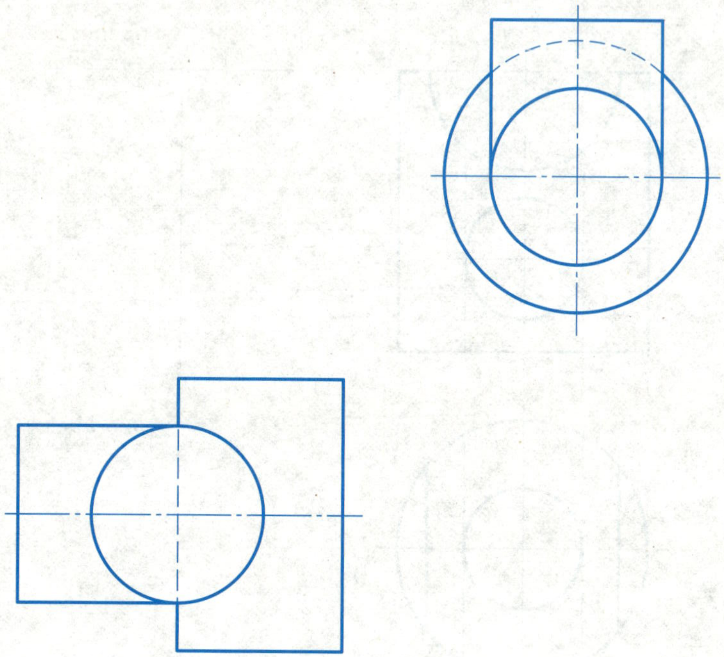

6—36　补全立体的正面投影。

| 班　级 | | 姓　名 | | 学　号 | | 审　阅 | |
|---|---|---|---|---|---|---|---|

6—37 完成立体相贯线的投影。

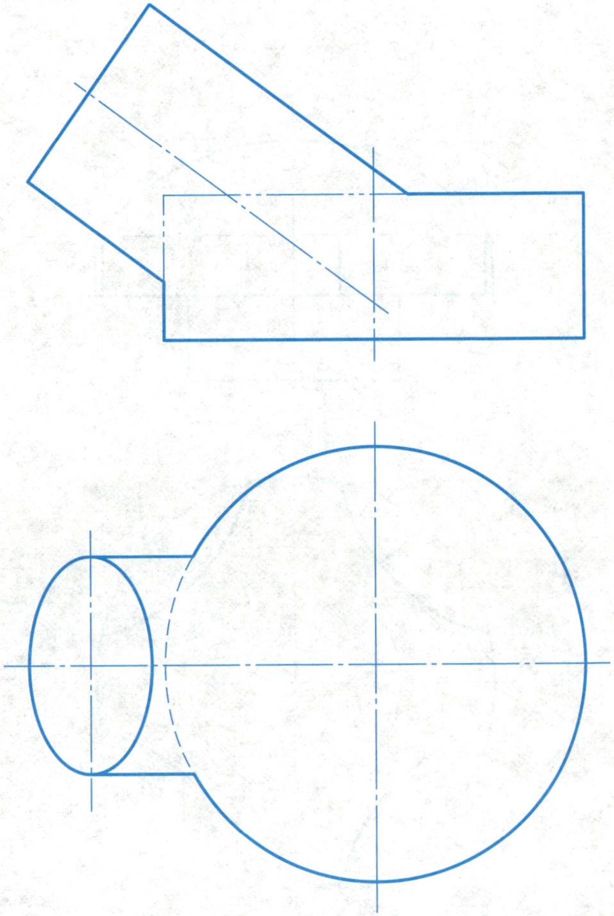

6—38 完成圆柱与圆环偏交的相贯线的投影。

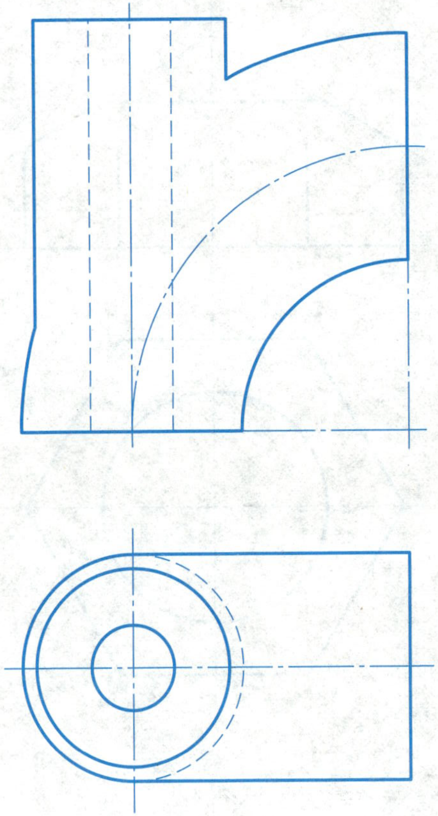

| 班　级 | | 姓　名 | | 学　号 | | 审　阅 | | 71 |
|---|---|---|---|---|---|---|---|---|

6—39 完成立体相贯线的投影。

(1)

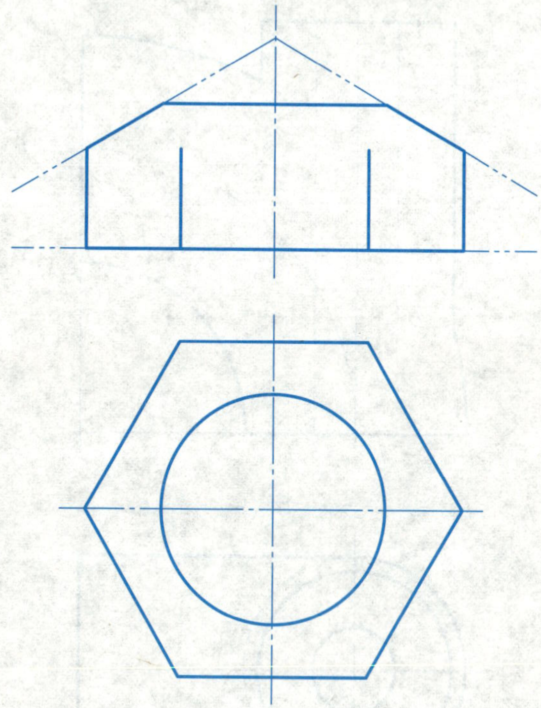

(2)

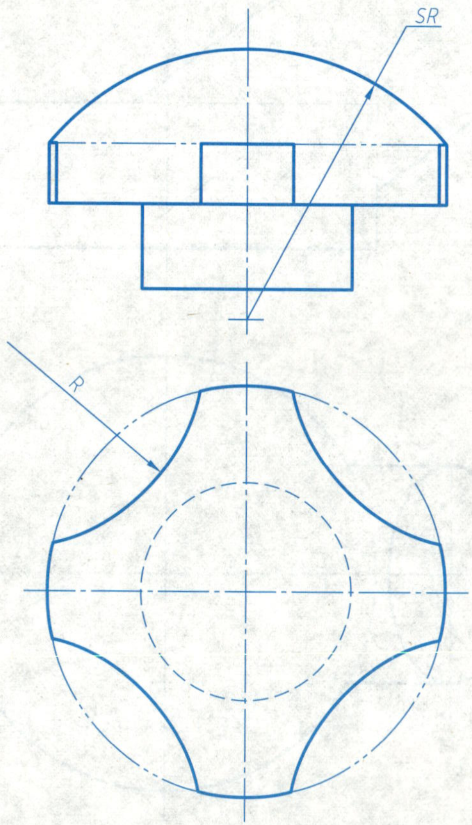


 班 级 姓 名 学 号 审 阅

7—1　参照立体图画出三视图（未定尺寸从立体图上量取）。

(1)

(2)

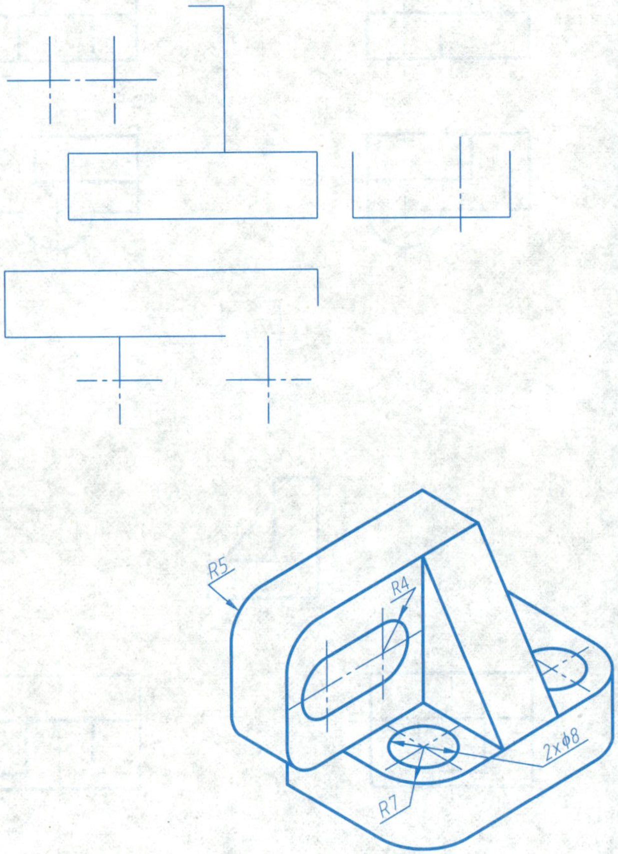


| 班　级 | | 姓　名 | | 学　号 | | 审　阅 | | 73 |
|---|---|---|---|---|---|---|---|---|

7—2 看懂所给视图，分别找出它的立体图（见下页），填写对应序号，并画出第三视图。

(1)

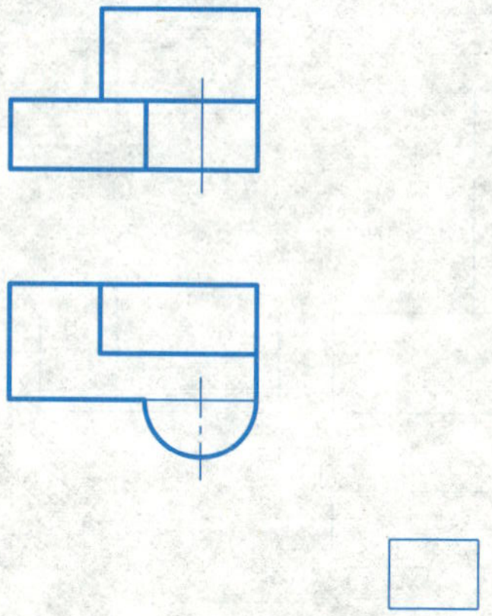

(2)

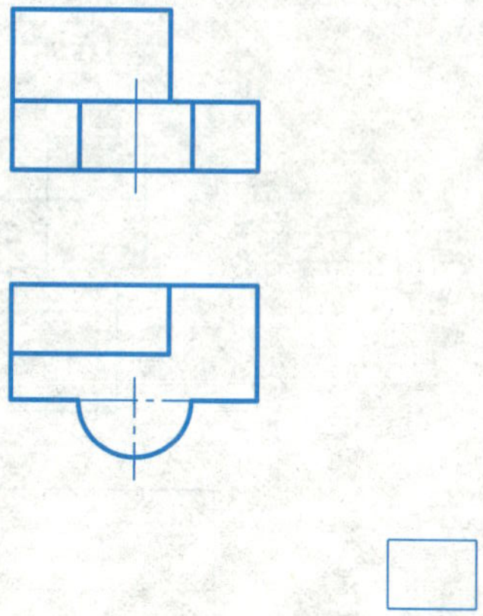

(3)

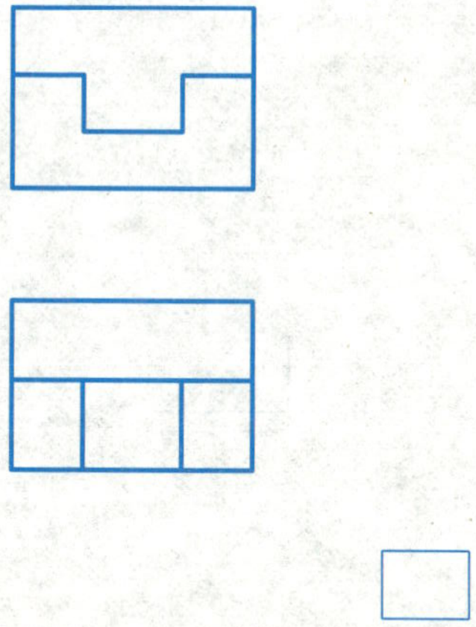

(4)

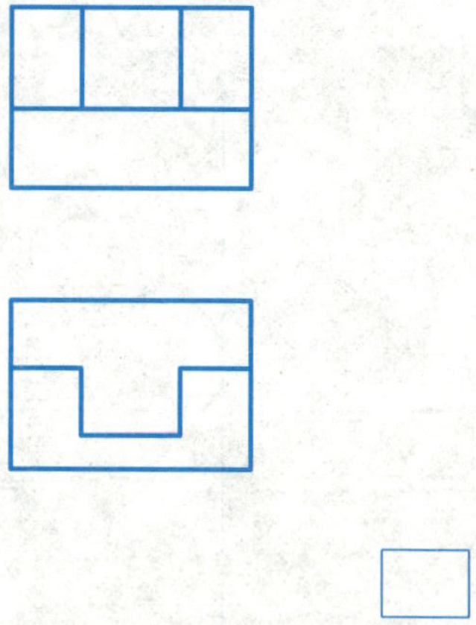

(5)

(6)

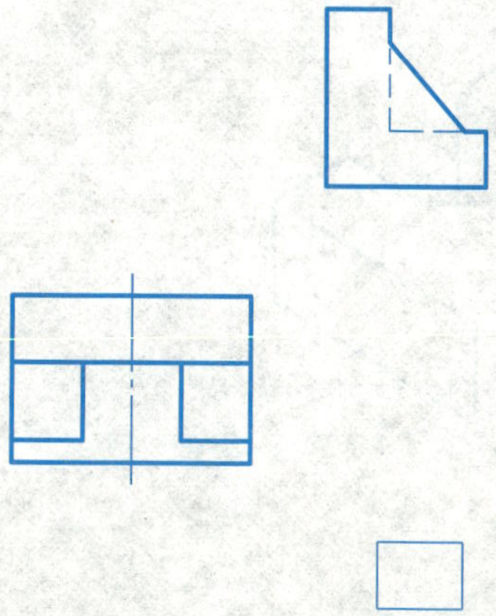

(7)

(8)

| 班级 | | 姓名 | | 学号 | | 审阅 | |
|---|---|---|---|---|---|---|---|

①

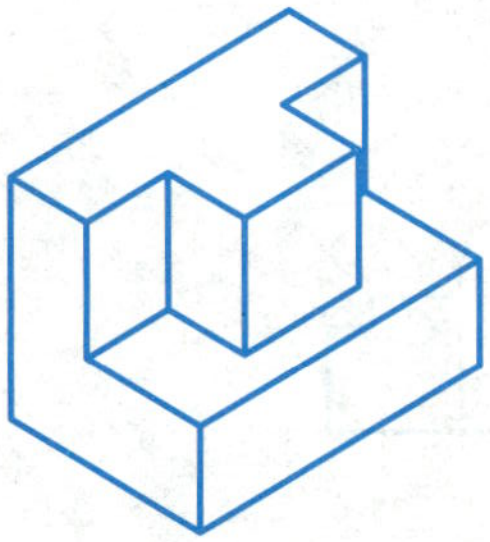

②

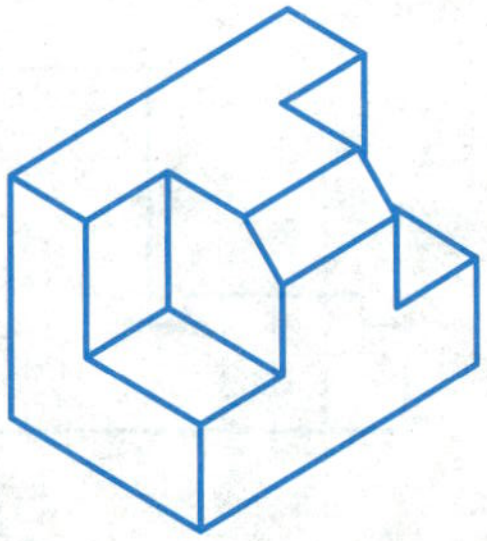

③

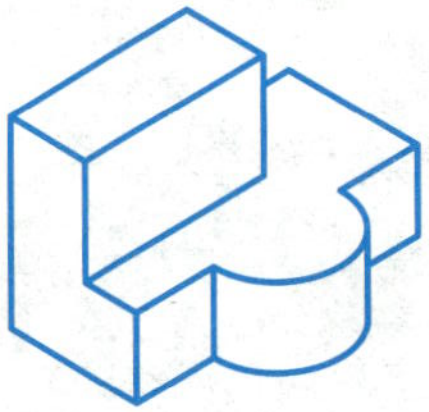

④

⑤

⑥

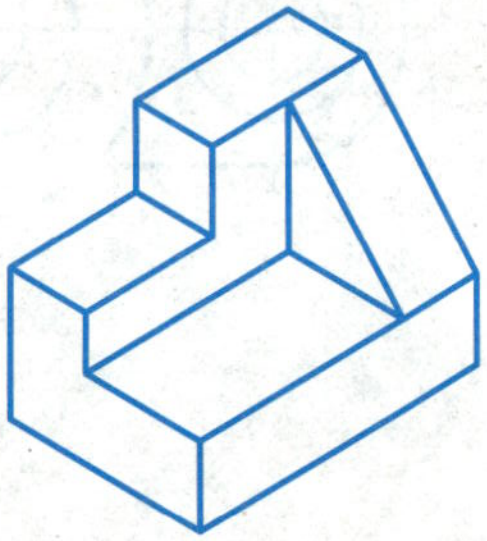

⑦

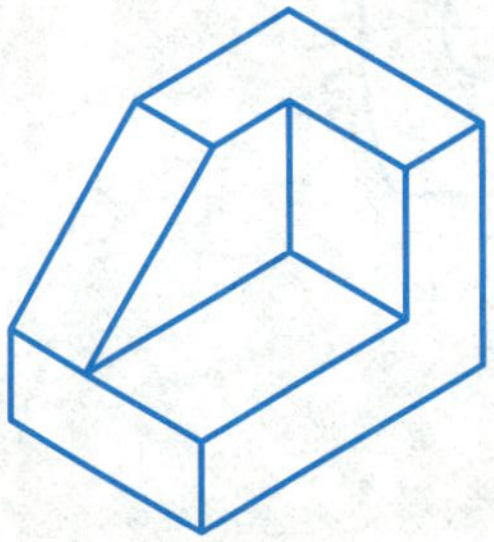

⑧

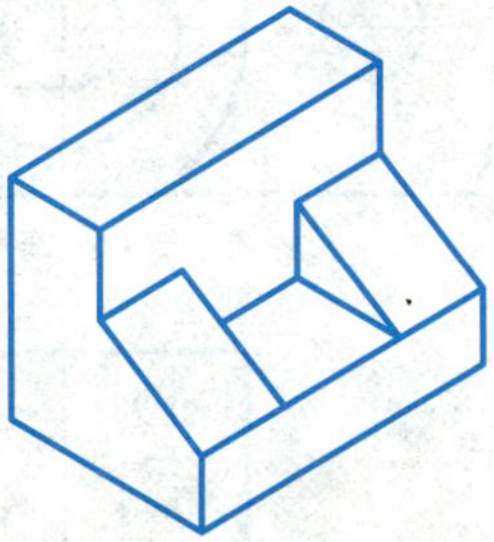

⑨

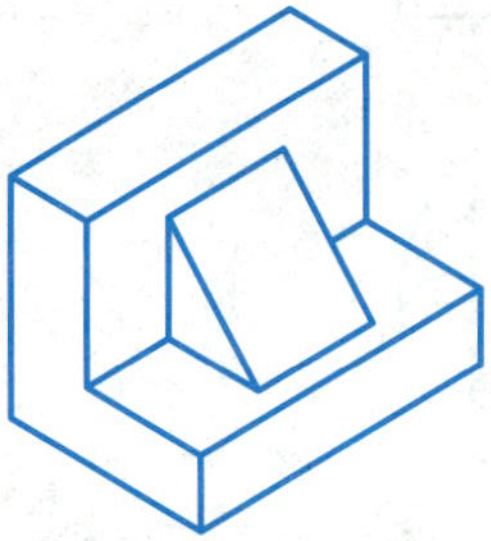

⑩

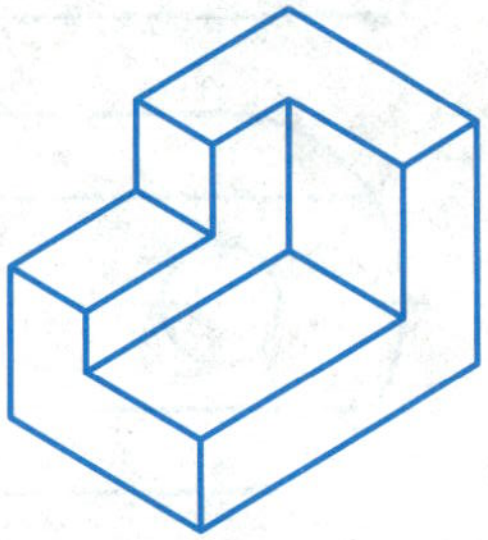

⑪

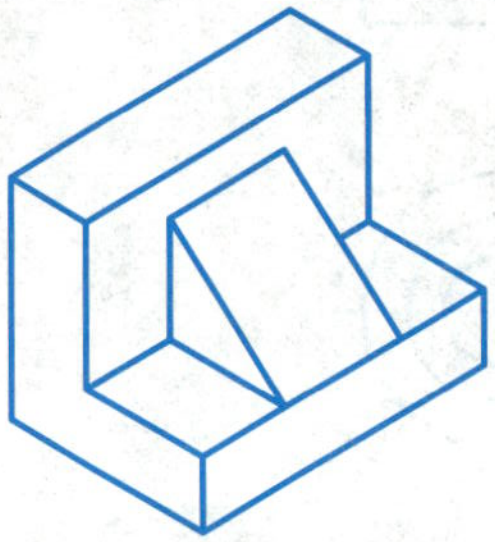

⑫

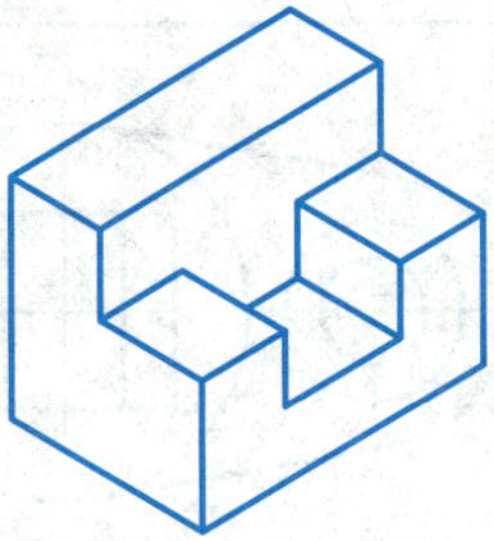

| 班 级 | | 姓 名 | | 学 号 | | 审 阅 | | 75 |
|---|---|---|---|---|---|---|---|---|

7—3 补全组合体的主视图（包括细虚线）。

(1)

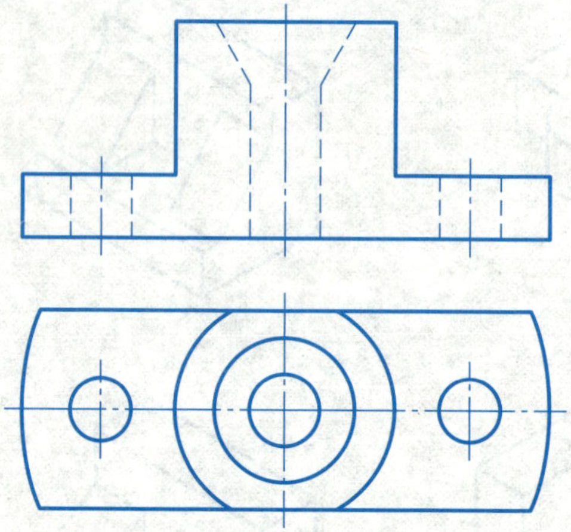

(2)

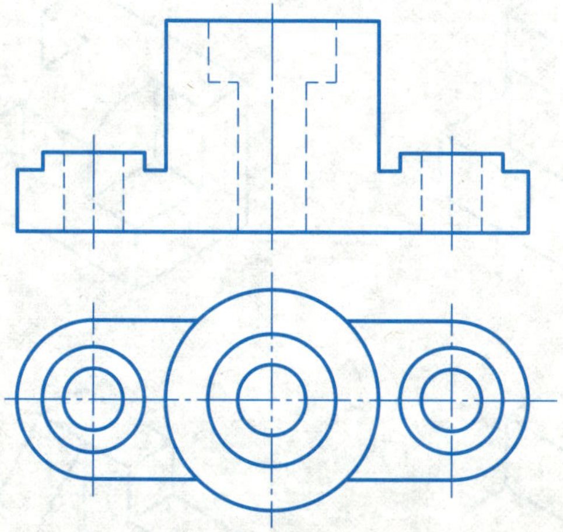

(3)

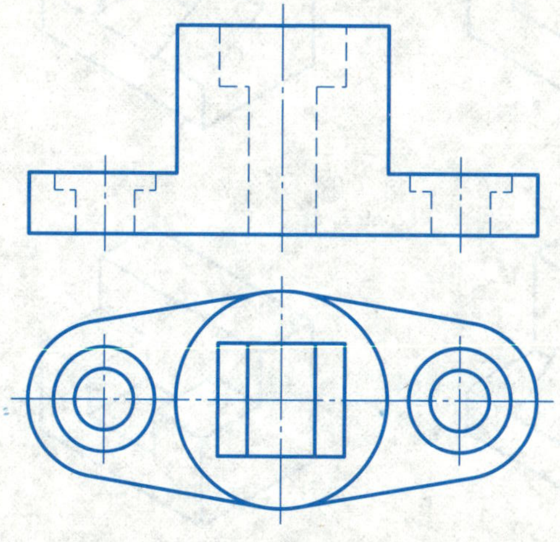

(4)

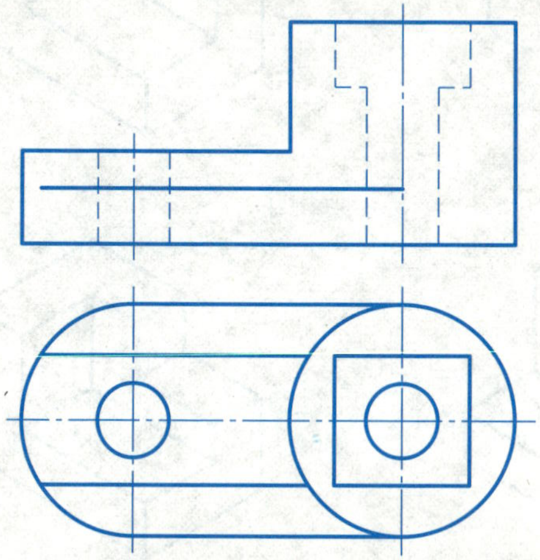



| | | | | | | | |
|---|---|---|---|---|---|---|---|
| 班 级 | | 姓 名 | | 学 号 | | 审 阅 | |

7—4 画出组合体的左视图。

(1)

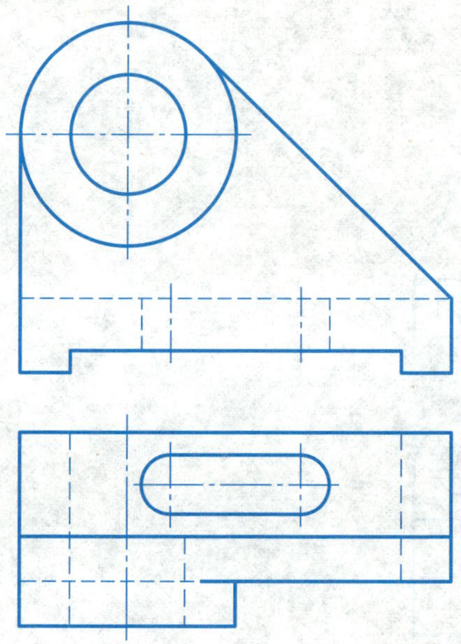

(2)

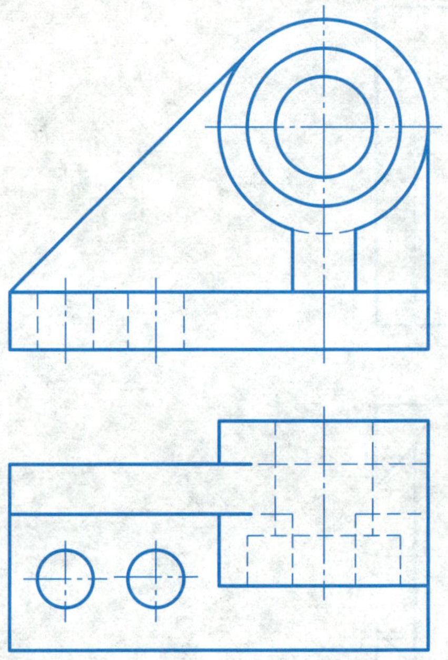

| 班 级 | | 姓 名 | | 学 号 | | 审 阅 | | 77 |
|---|---|---|---|---|---|---|---|---|

7—5 画出组合体的左视图。

(1)

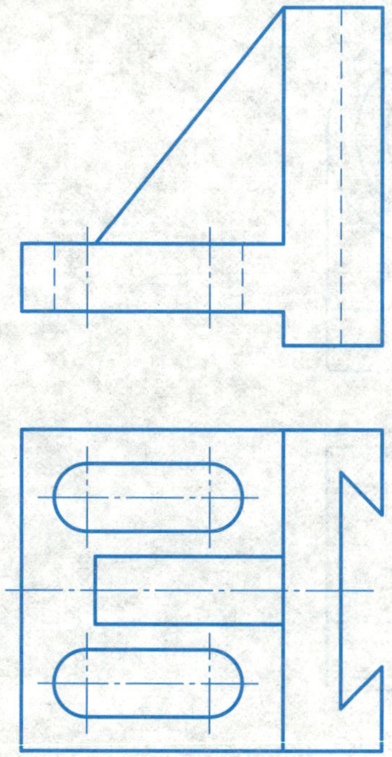

(2)

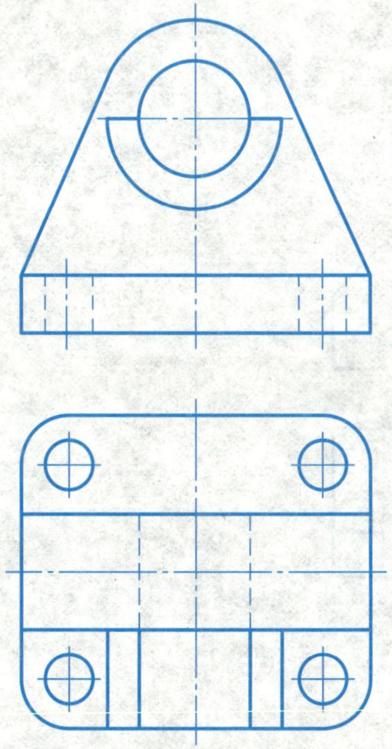



| 班 级 | | 姓 名 | | 学 号 | | 审 阅 | |
|---|---|---|---|---|---|---|---|

7—6 画出组合体的主视图。

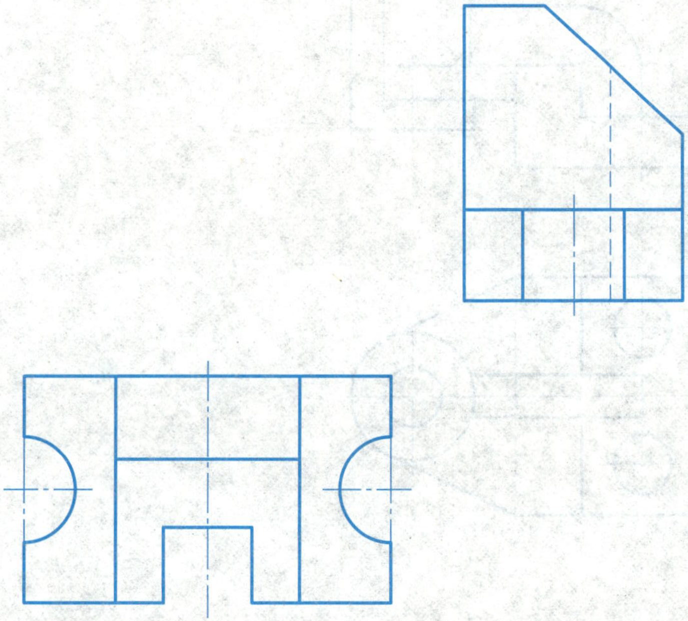

7—7 画出组合体的左视图。

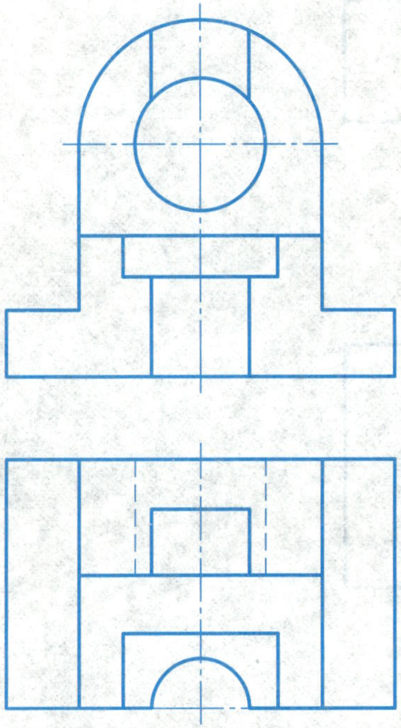

| 班 级 | | 姓 名 | | 学 号 | | 审 阅 | | 79 |
|---|---|---|---|---|---|---|---|---|

7—8　画出组合体的左视图。

(1)

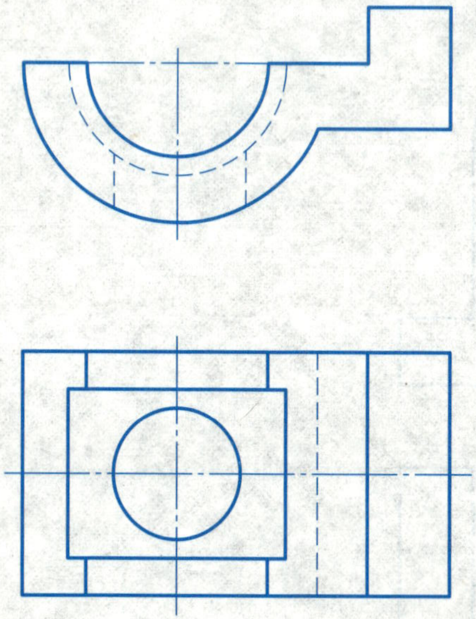

(2)

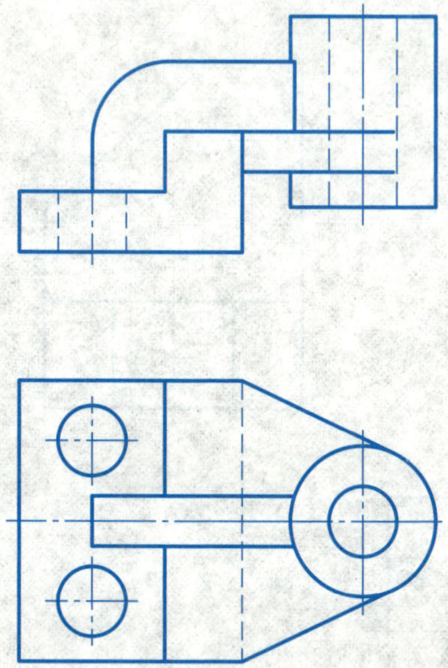

7—9 根据轴测图补全视图中的漏线（包括细虚线）。

（1）

（2）

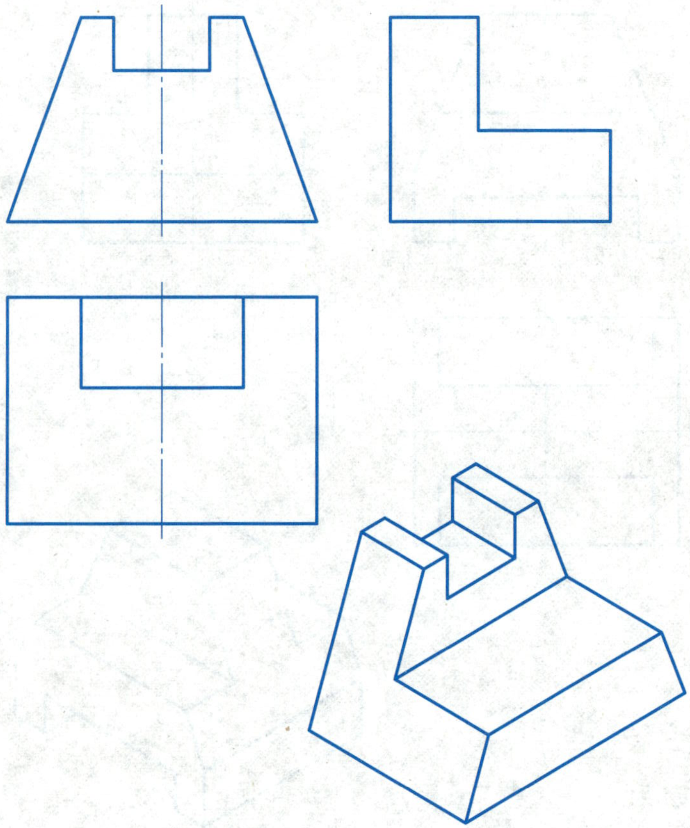

| 班 级 | | 姓 名 | | 学 号 | | 审 阅 | | 81 |
| --- | --- | --- | --- | --- | --- | --- | --- | --- |

7—10 根据轴测图补全视图中的漏线（包括细虚线）。

(1)

(2)

| | | | | | | | |
|---|---|---|---|---|---|---|---|
| 班　级 | | 姓　名 | | 学　号 | | 审　阅 | |

7—11 已知组合体的两个视图，补画第三视图。

(1)

(2)

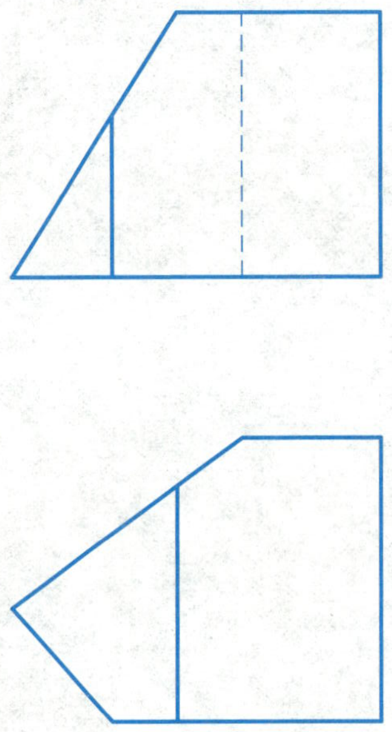

| 班 级 | | 姓 名 | | 学 号 | | 审 阅 | | 83 |
|---|---|---|---|---|---|---|---|---|

7—12 已知组合体的两个视图，补画第三视图。

(1)

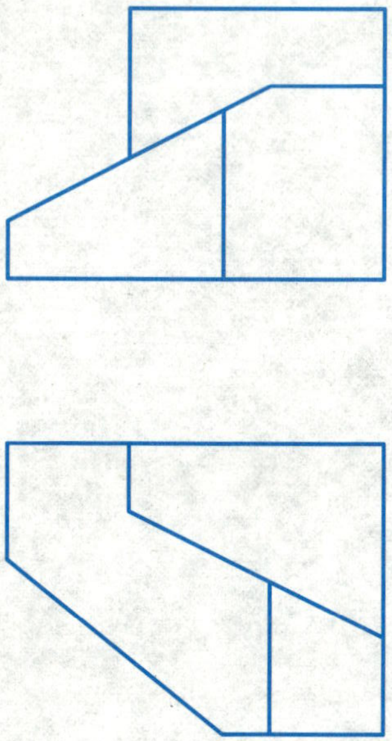

(2)

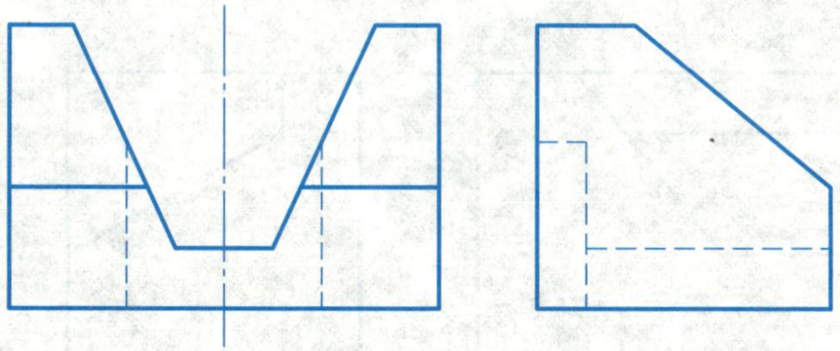

| 84 | 班 级 | | 姓 名 | | 学 号 | | 审 阅 | |
|---|---|---|---|---|---|---|---|---|

7—13 补画组合体的第三视图。

(1)

(2)

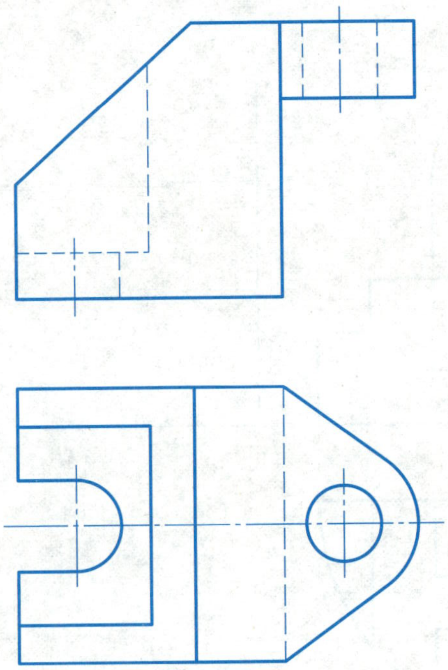

| 班 级 | | 姓 名 | | 学 号 | | 审 阅 | | 85 |
|---|---|---|---|---|---|---|---|---|

7—14 画出组合体的左视图。

(1)

(2)

| 86 | 班 级 | | 姓 名 | | 学 号 | | 审 阅 | |
|---|---|---|---|---|---|---|---|---|

7—15 补画组合体的第三视图。

(1)

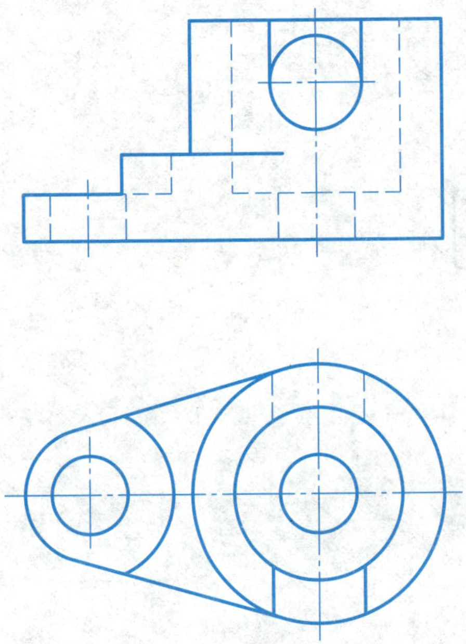

(2)

| 班 级 | | 姓 名 | | 学 号 | | 审 阅 | | 87 |
|---|---|---|---|---|---|---|---|---|

7—16 根据给定的主视图，构思不同形状的组合体，并补画其俯视图和左视图。

(1)

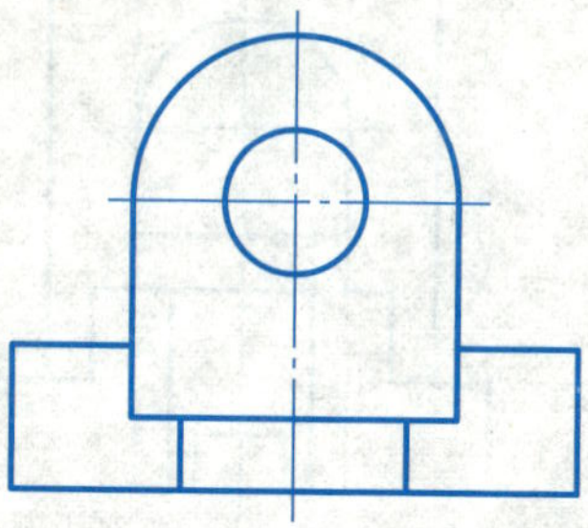

(2)

| 88 | 班 级 | | 姓 名 | | 学 号 | | 审 阅 | |
|---|---|---|---|---|---|---|---|---|

7—17 已知组合体的两个视图，选择正确的第三视图（在括号内画√）。

(1)

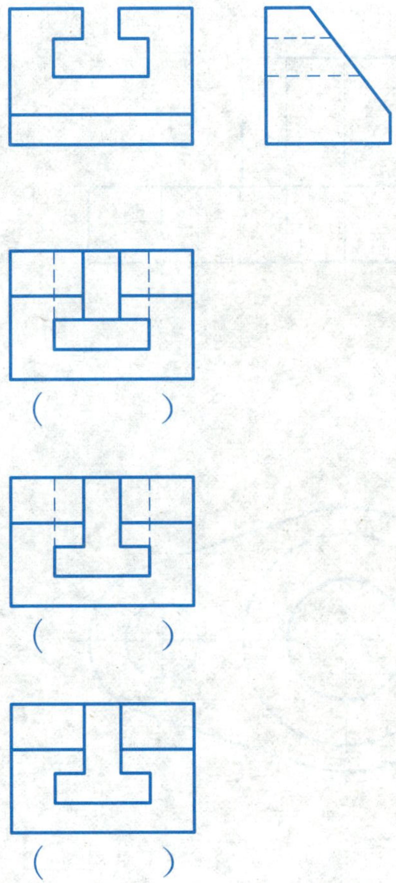

(2)

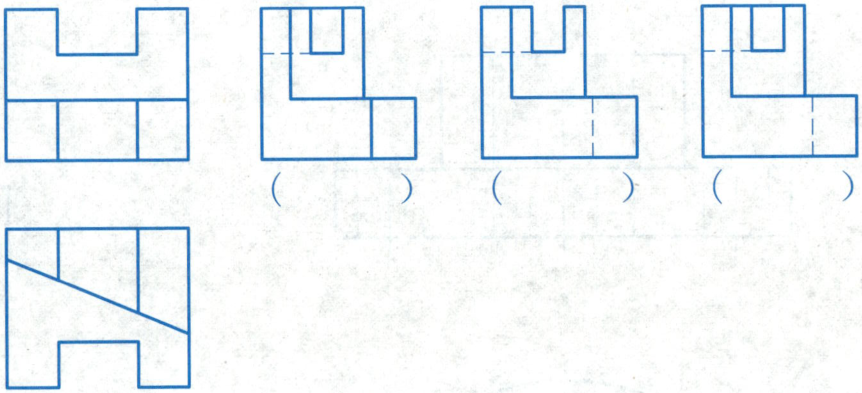

(3)

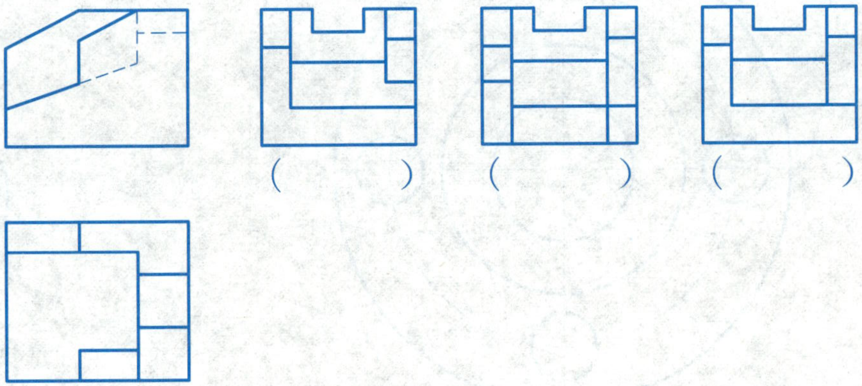

7—18 标注组合体的尺寸（数值按1∶1由图中量取，取整数）。

(1)

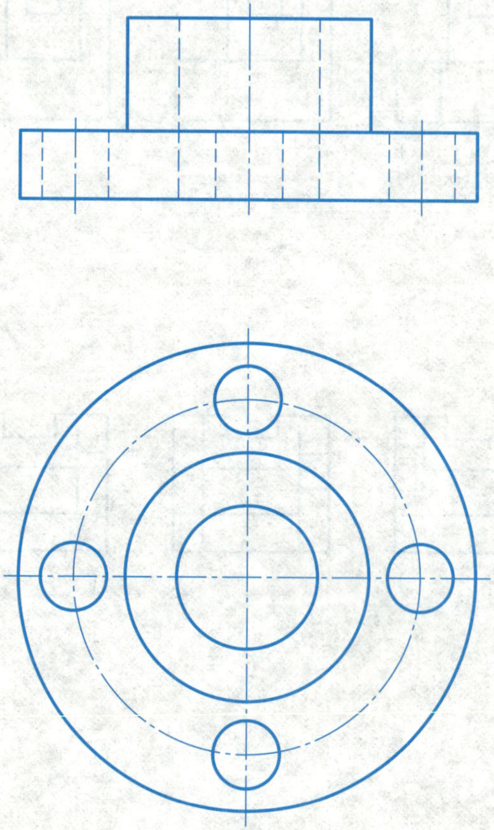

(2)

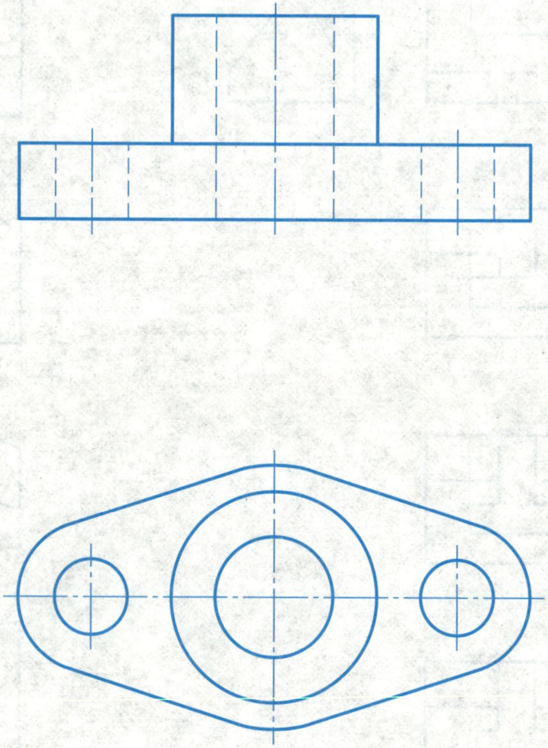

7—19 标注组合体的尺寸（数值按1∶1由图中量取，取整数）。

(1)

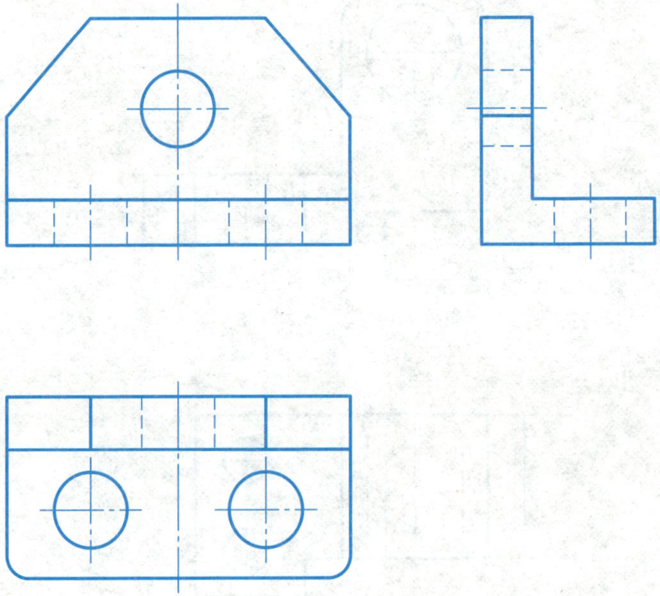

(2)

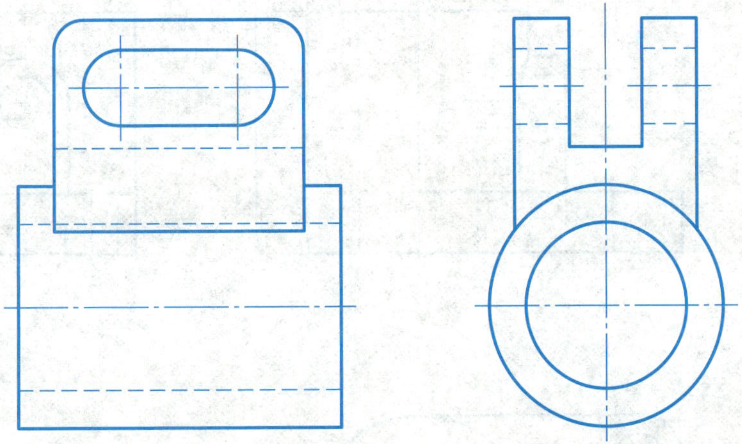

| 班　级 | | 姓　名 | | 学　号 | | 审　阅 | | 91 |
|---|---|---|---|---|---|---|---|---|

7—20 已知组合体的视图，注全所缺尺寸（数值按1∶1由图中量取，取整数）。

(1)

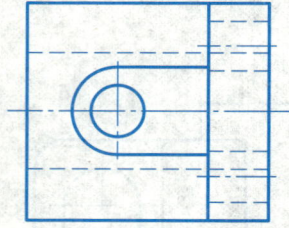

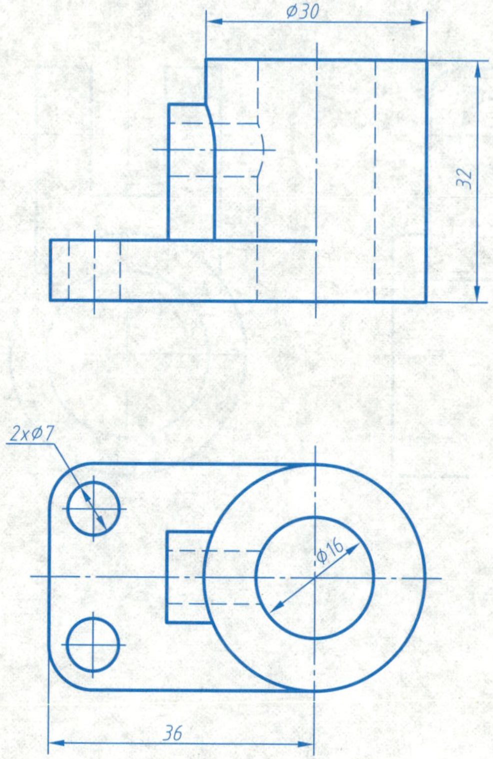


(2)

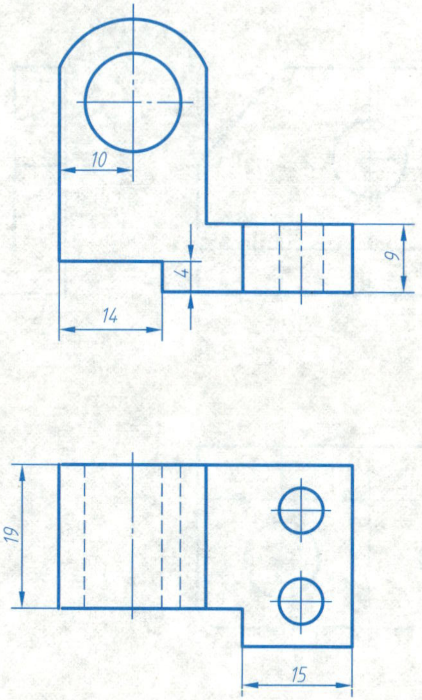


 班级 姓名 学号 审阅

7—21 第二次制图作业——组合体的三视图。

一、作图内容

根据轴测图（选择其中一题）用适当的比例画组合体的三视图，并注全尺寸。

图名：组合体的三视图。

图幅：A3。

比例：自定。

二、作图目的及要求

目的：运用形体分析法，根据轴测图绘制组合体的三视图，并标注尺寸。

要求：完整地表达组合体的内外形状。标注尺寸要完整、正确、清晰，并符合国家标准。

三、作图步骤与注意事项

(1) 对组合体进行形体分析，选择主视图，按轴测图所标尺寸（或模型实际大小）布置三个视图的位置（注意视图之间预留标注尺寸的位置），画出各视图的对称中心线、轴线和底面（顶面）位置线。

(2) 逐步画出组合体各部分的三视图（注意表面相切或相贯时的画法）。

(3) 标注尺寸时应重新考虑视图上尺寸的配置，以尺寸完整、注法符合标准、配置适当为原则。

(4) 完成底稿，经仔细校核后用铅笔加深。

(5) 图面质量与标题栏填写的要求同第一次制图作业。

| 班 级 | | 姓 名 | | 学 号 | | 审 阅 | | 93 |
|---|---|---|---|---|---|---|---|---|

(1)

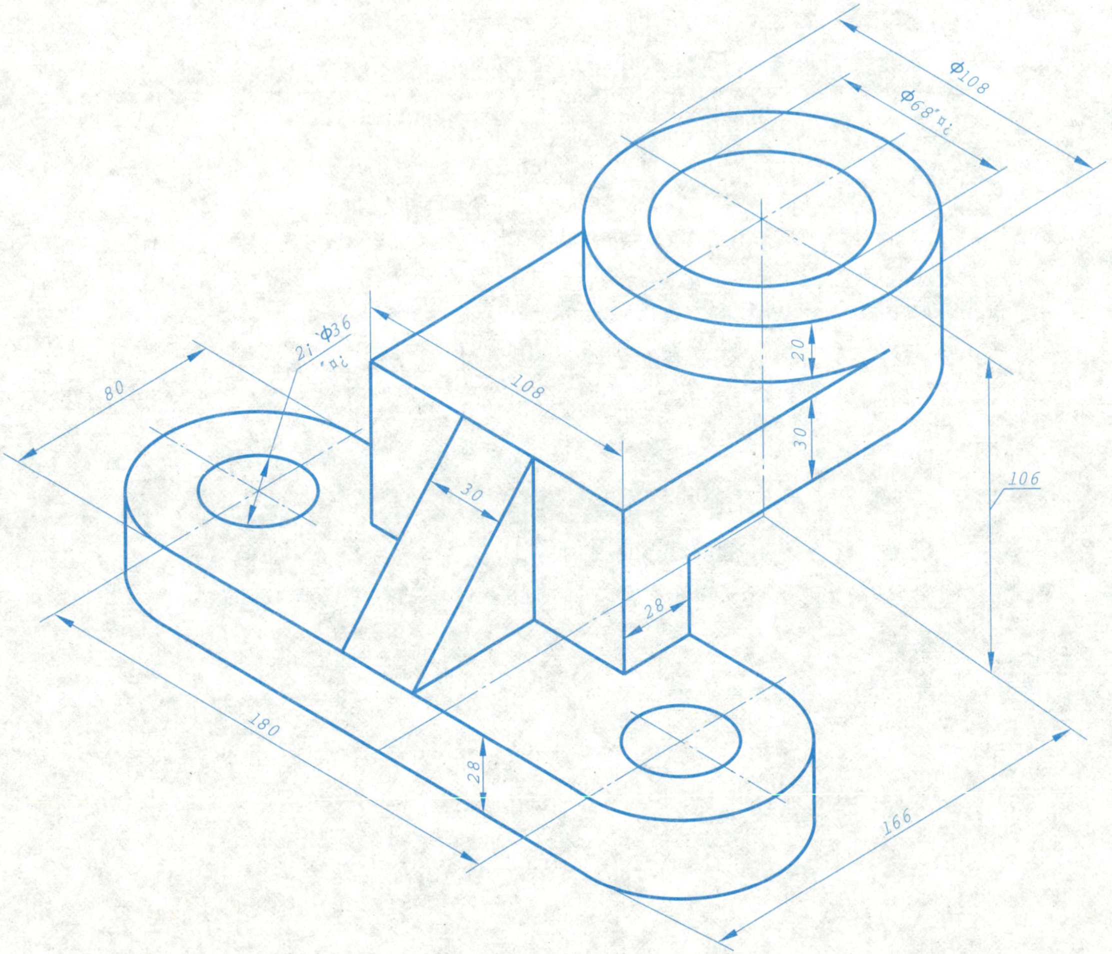

(2)

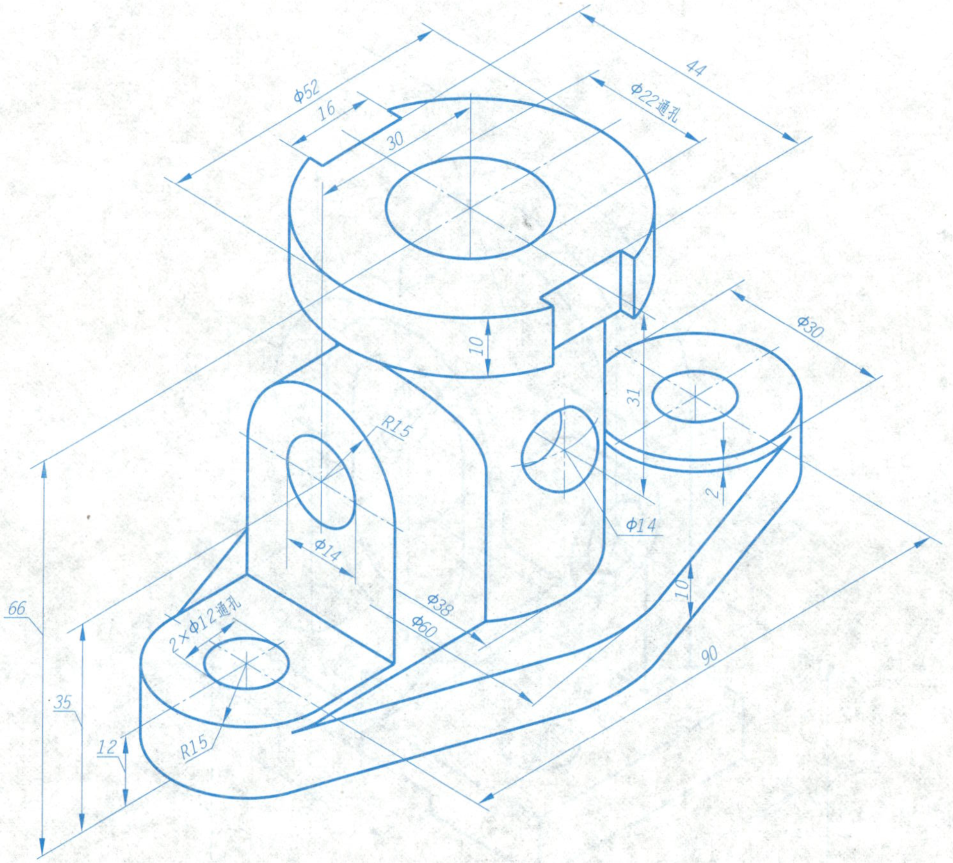

Φ52
16
30
44
Φ22通孔
10
Φ30
31
2
R15
Φ14
Φ14
Φ38
Φ60
10
90
66
35
12
2×Φ12通孔
R15

(3)

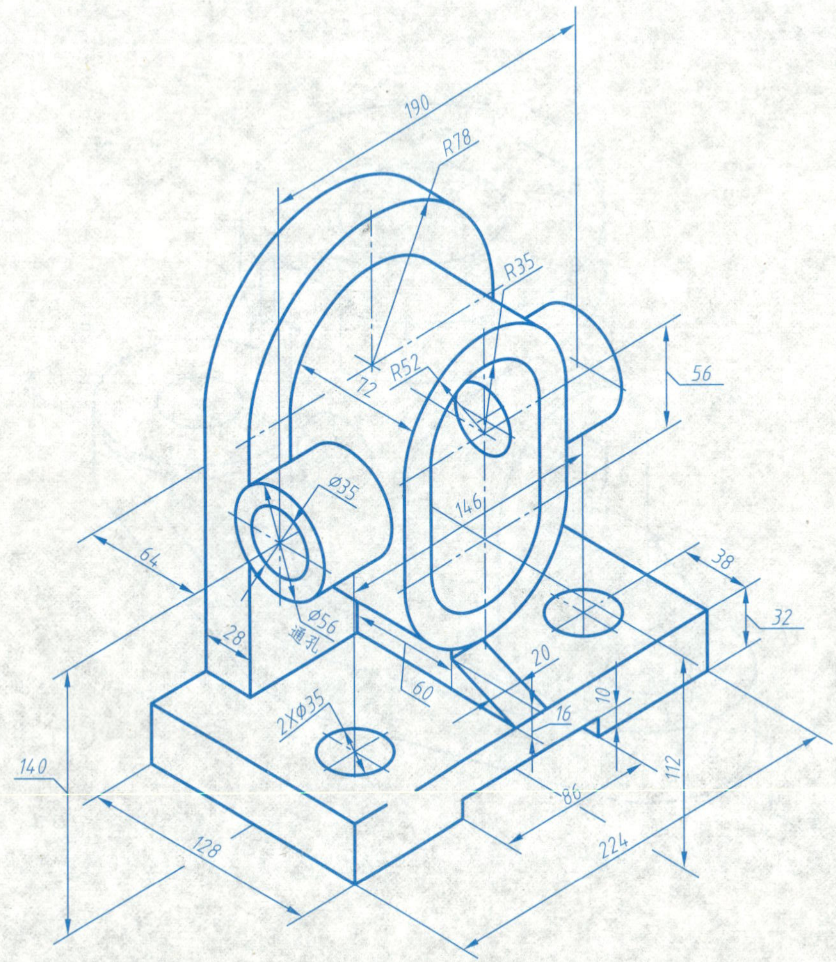


| 96 | 班 级 | | 姓 名 | | 学 号 | | 审 阅 | |
|---|---|---|---|---|---|---|---|---|

8—1　徒手画体的正等轴测图。

(1)

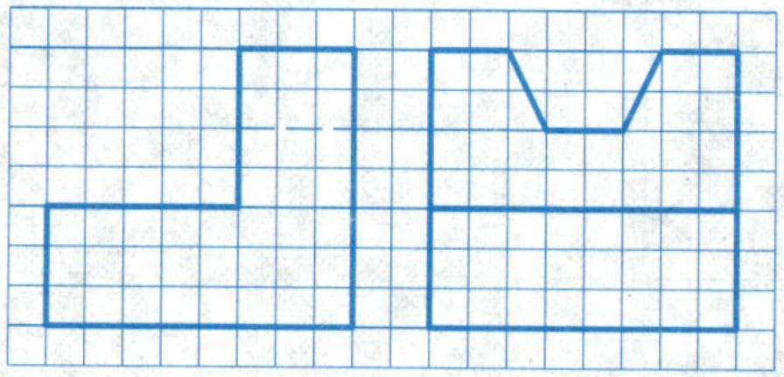

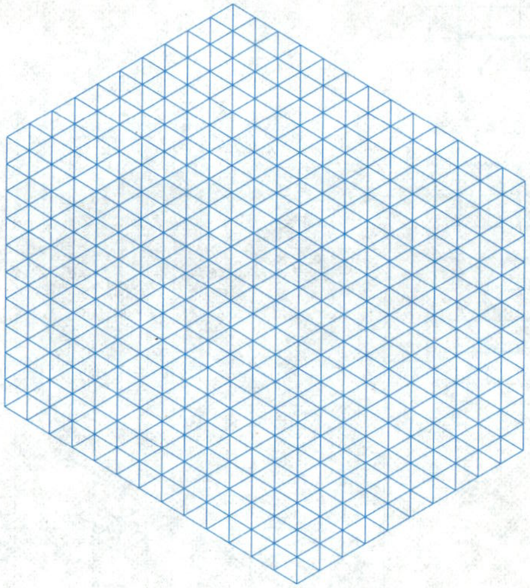

(2)

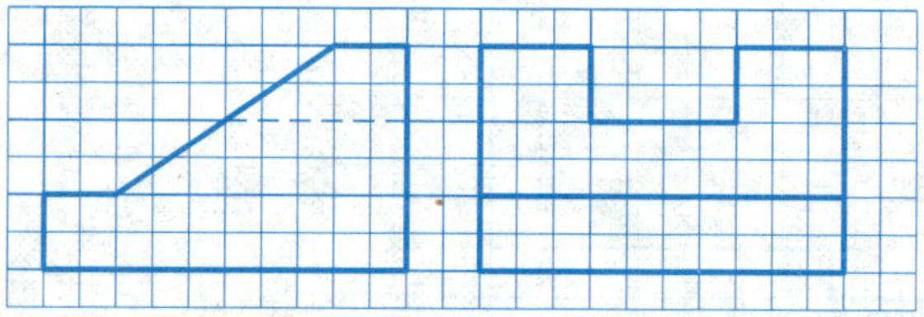

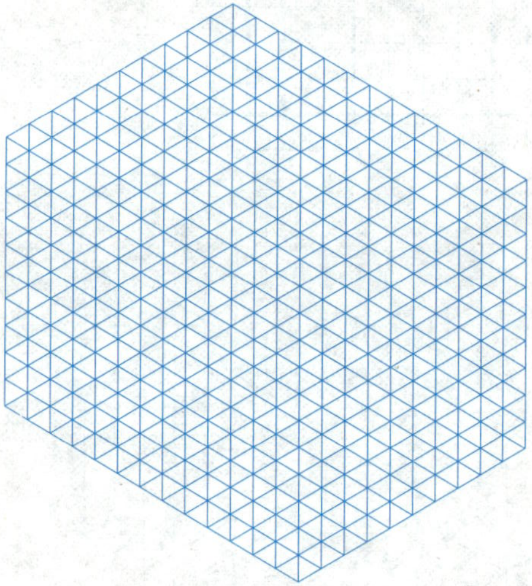

| 班　级 | | 姓　名 | | 学　号 | | 审　阅 | | 97 |
|---|---|---|---|---|---|---|---|---|

8—2　徒手画立体的正等轴测图。

(1)

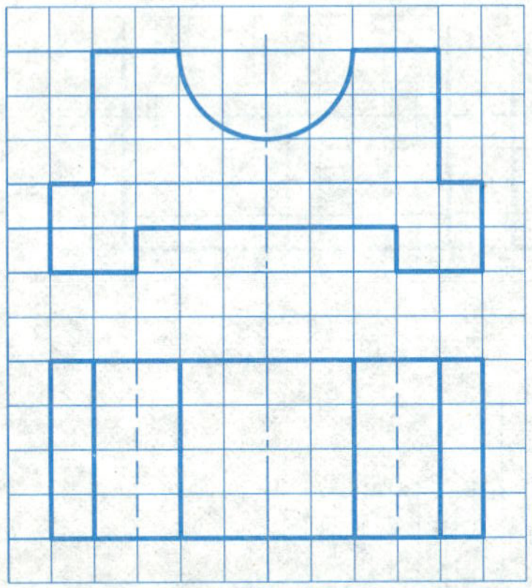

(2)

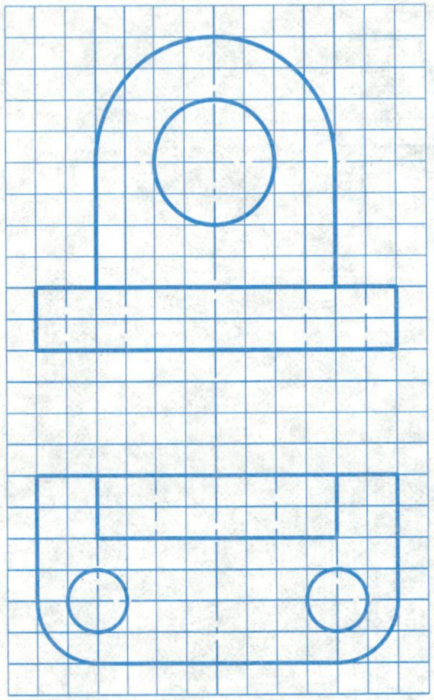

| 班　级 | | 姓　名 | | 学　号 | | 审　阅 | |
|---|---|---|---|---|---|---|---|

8—3　画出物体的正等轴测图（采用简化轴向伸缩系数）。

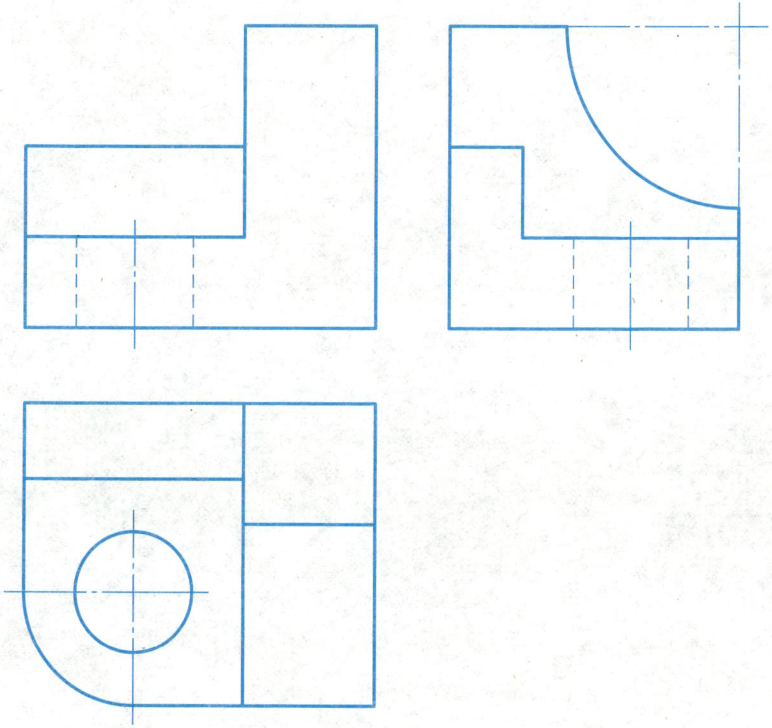

| 班　级 | | 姓　名 | | 学　号 | | 审　阅 | |  |
|---|---|---|---|---|---|---|---|---|

8—4 画出物体的正等轴测图（采用简化轴向伸缩系数）。

| 100 | 班 级 | | 姓 名 | | 学 号 | | 审 阅 | |
|---|---|---|---|---|---|---|---|---|

8—5 画出立体的正等轴测图。

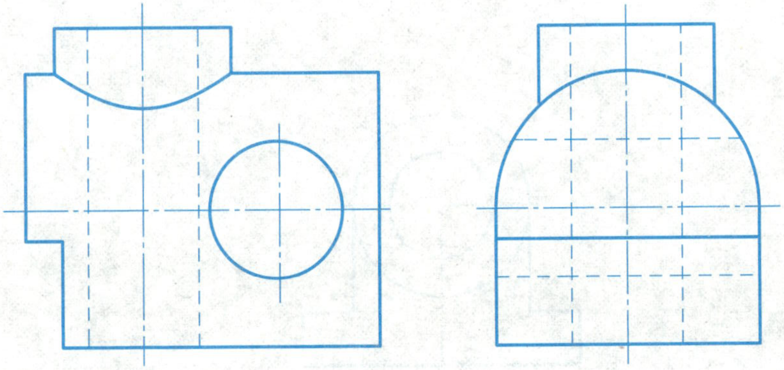

| 班　级 | | 姓　名 | | 学　号 | | 审　阅 | | 101 |
| --- | --- | --- | --- | --- | --- | --- | --- | --- |

8—6 画出立体的斜二轴测图。

(1)

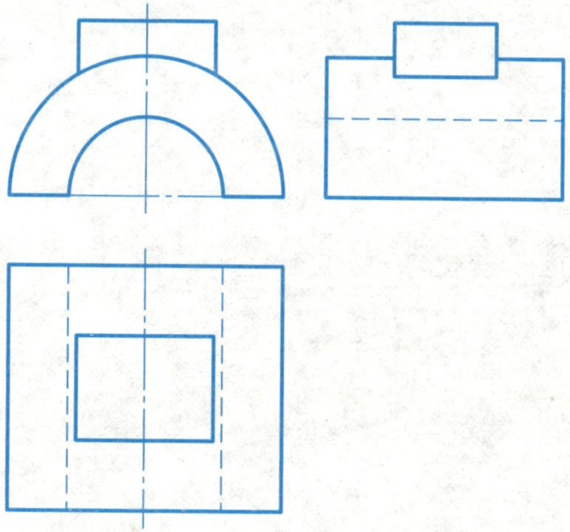

(2)

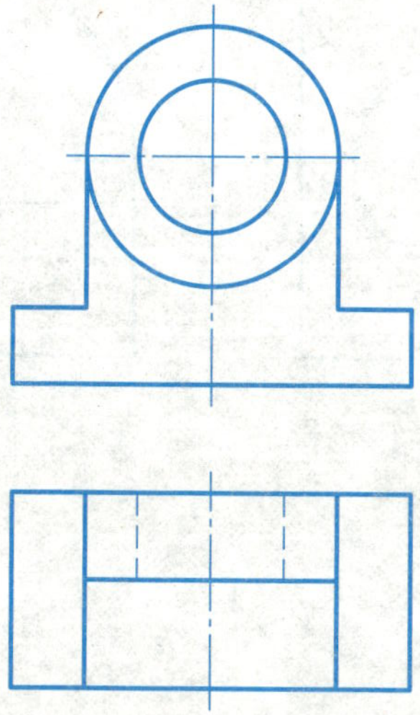

| 102 | 班 级 | | 姓 名 | | 学 号 | | 审 阅 | |
|---|---|---|---|---|---|---|---|---|

8—7 画出立体的斜二轴测图。

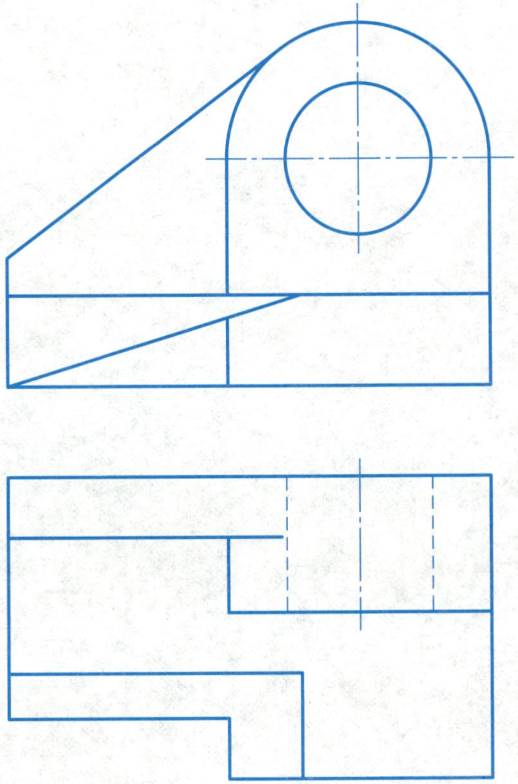

| 班 级 | | 姓 名 | | 学 号 | | 审 阅 | | 103 |
|---|---|---|---|---|---|---|---|---|

8—8 画出立体的正等轴测图和斜二轴测图，并比较哪个效果好。

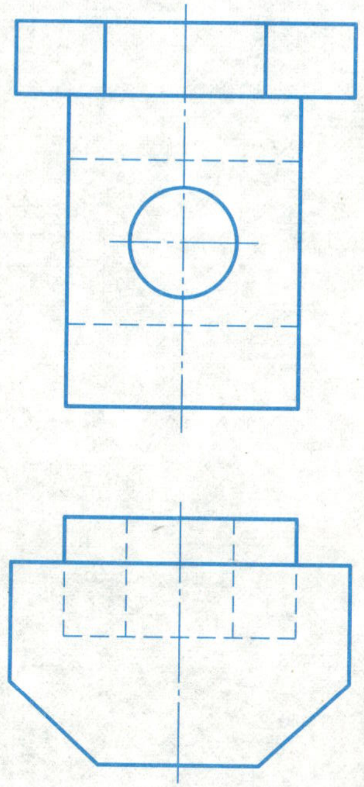

| 104 | 班级 | | 姓名 | | 学号 | | 审阅 | |
|---|---|---|---|---|---|---|---|---|

9—1 画出机件的其余三个基本视图。

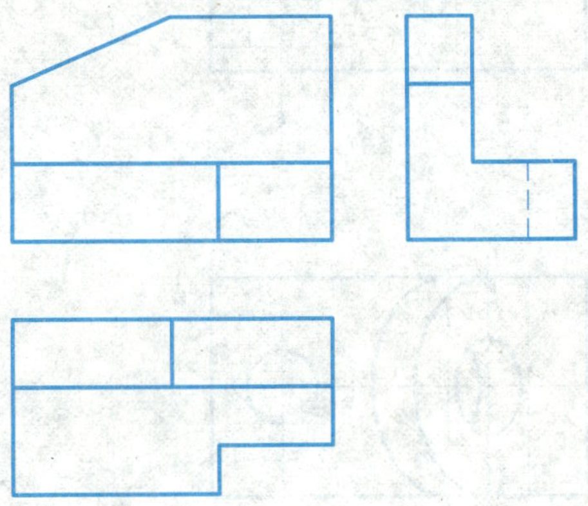

9—2 在指定位置作出仰视图。

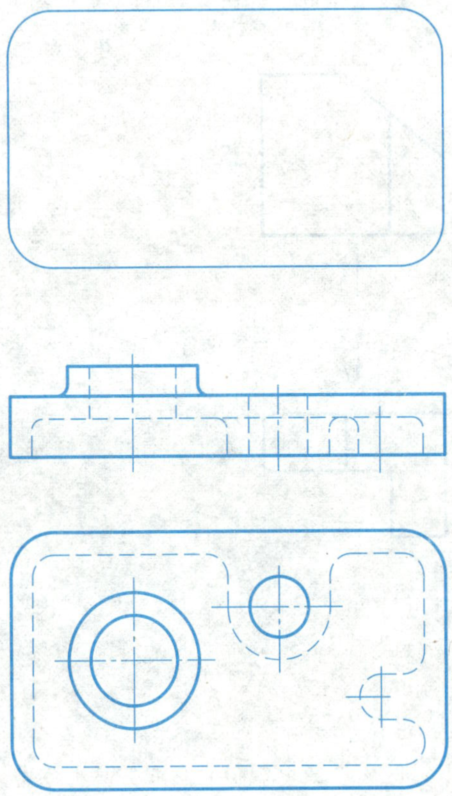

| 班 级 | | 姓 名 | | 学 号 | | 审 阅 | | 105 |
|---|---|---|---|---|---|---|---|---|

9—3　在指定位置作出各个向视图。

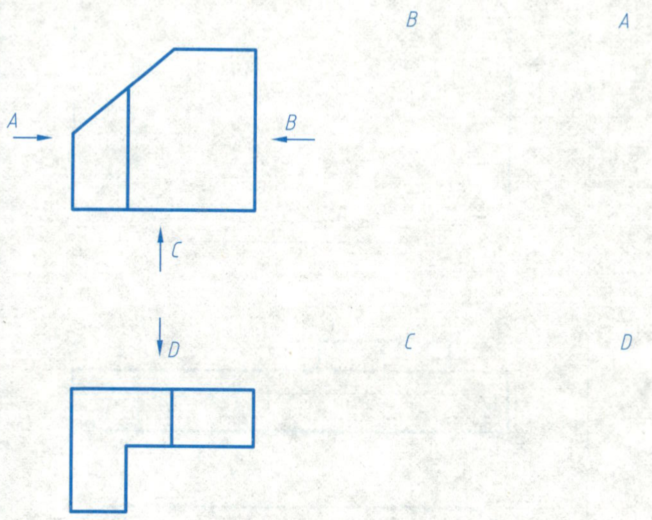


9—4　根据主、俯视图，画出 $A$ 向斜视图和 $B$ 向局部视图。

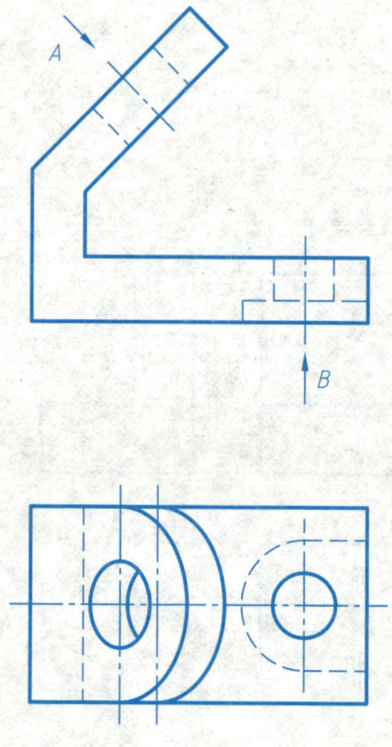




| 班　级 | | 姓　名 | | 学　号 | | 审　阅 | |
|---|---|---|---|---|---|---|---|

9—5 改正剖视图中的错误（将缺的线补上，在多余的线上画“×”）。

(1)

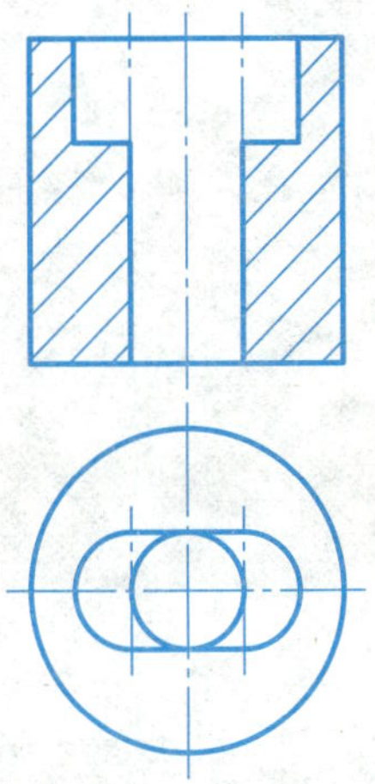

(2)

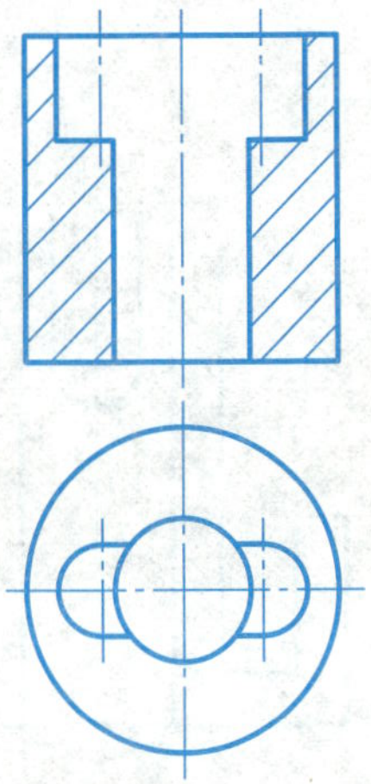

(3)

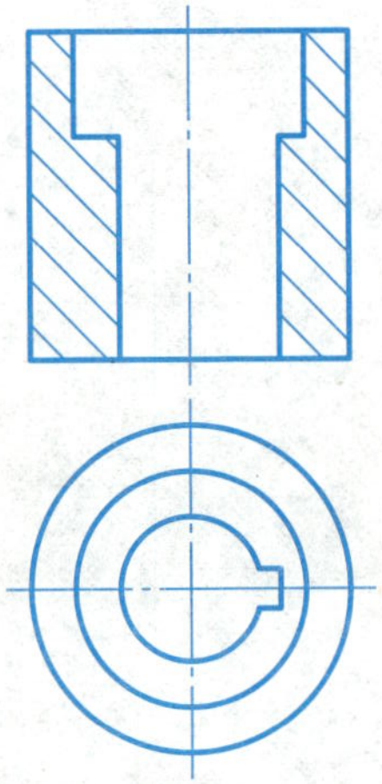

(4)

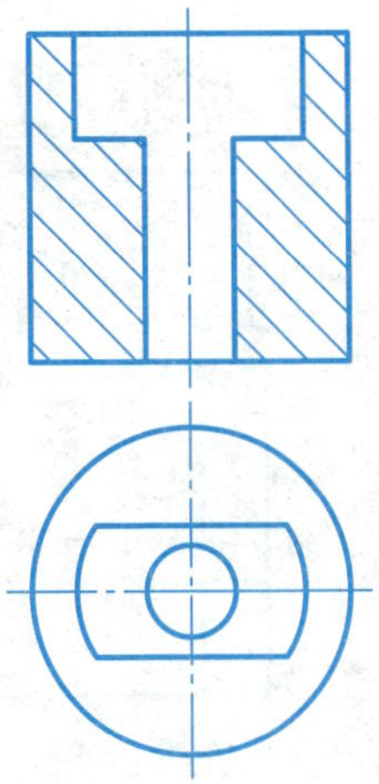

(5)

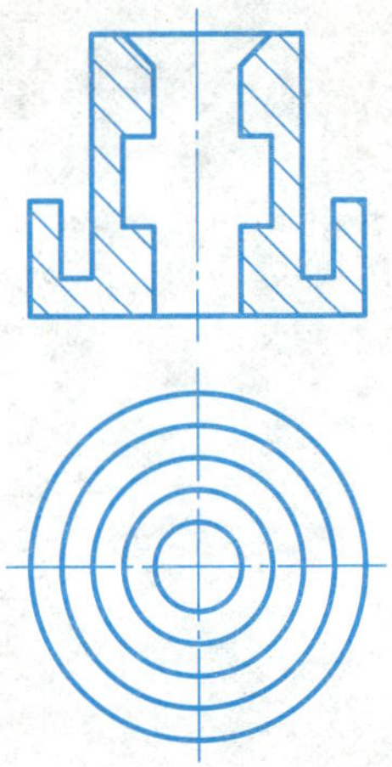

(6)

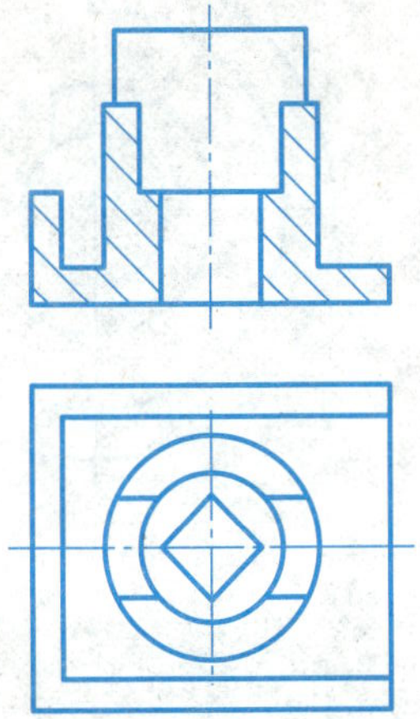

(7)

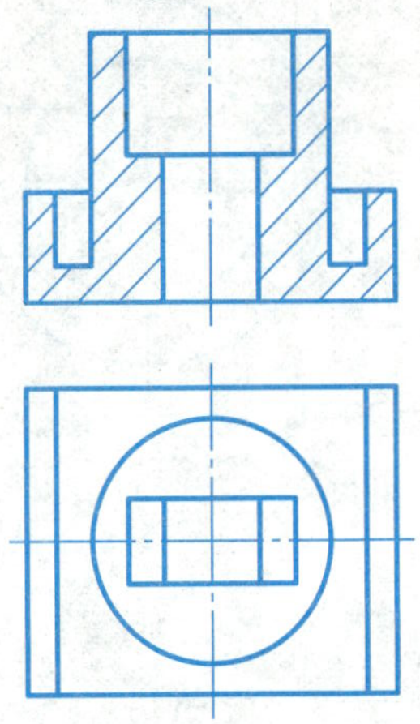

(8)

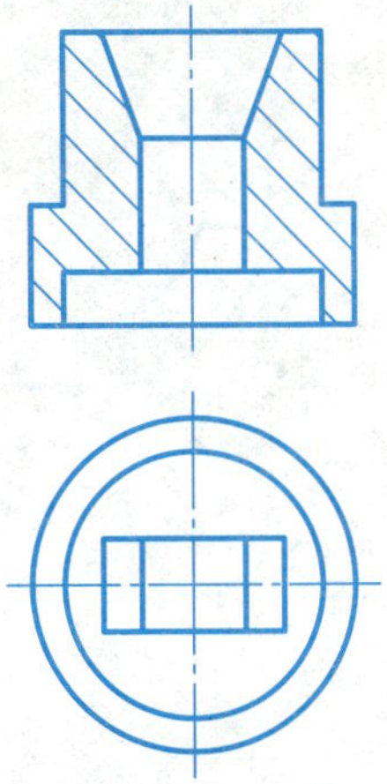

| 班 级 | | 姓 名 | | 学 号 | | 审 阅 | | 107 |
|---|---|---|---|---|---|---|---|---|

9—6　分析图中错误，在指定位置作正确的剖视图。

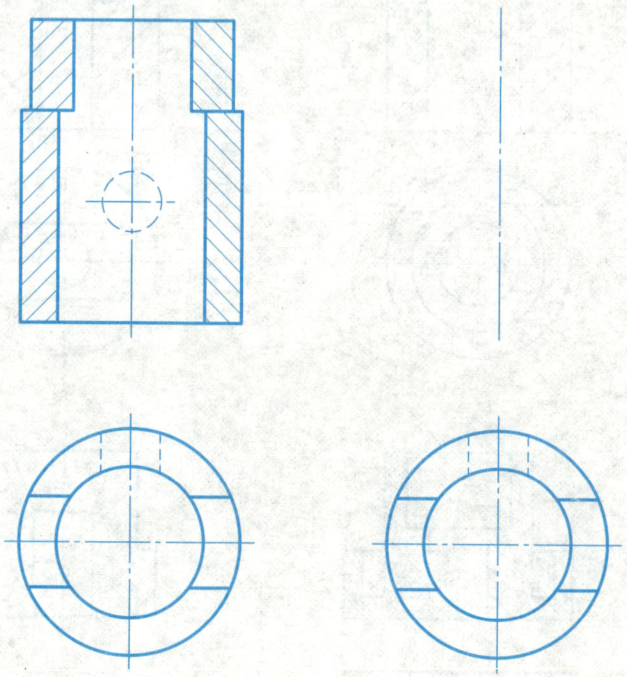

9—7　补全主视图中漏画的图线，在指定位置将左视图画成全剖视图。

 班　级　　　姓　名　　　学　号　　　审　阅

9—8 将机件的主视图改画成全剖视图。

(1)

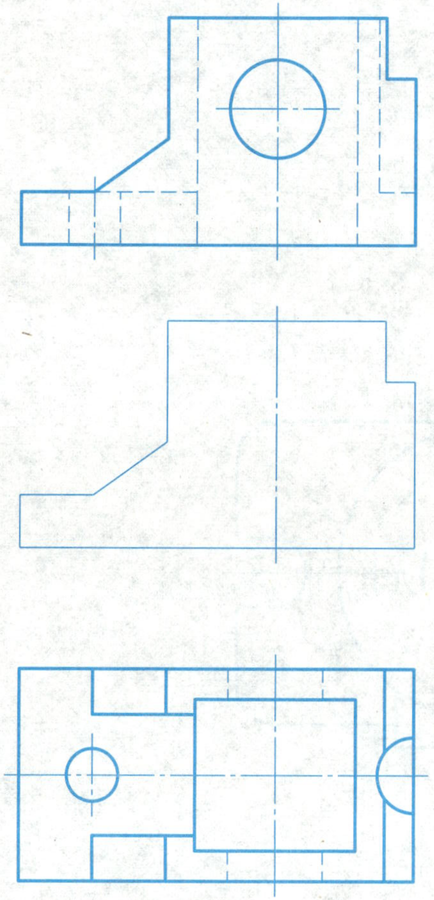

(2)

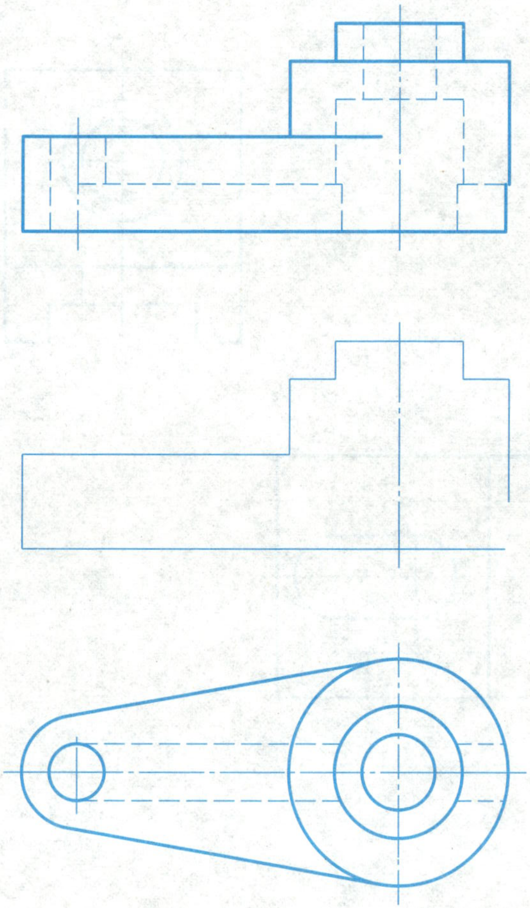

9—9 将主视图画成全剖视图。

9—10 将主视图画成半剖视图，左视图画成全剖视图。

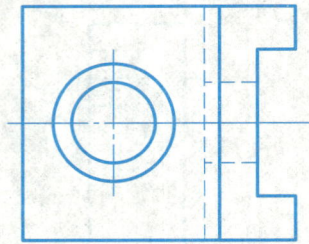

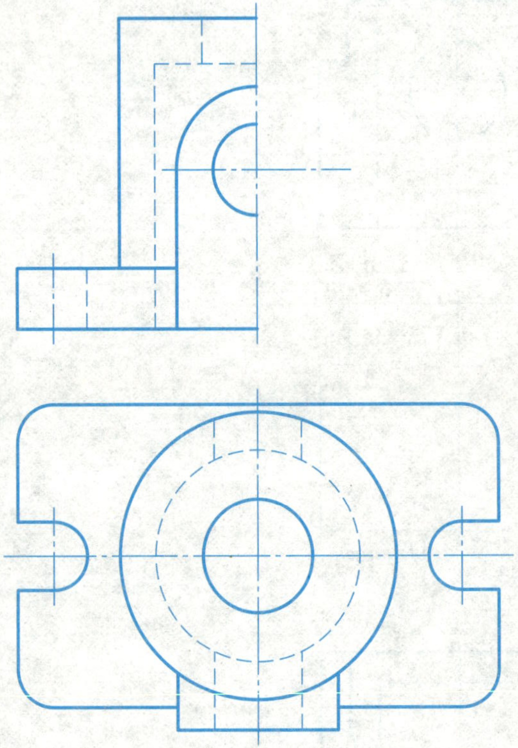



| 班级 | | 姓名 | | 学号 | | 审阅 | |
| --- | --- | --- | --- | --- | --- | --- | --- |

9—11 作 C—C 全剖视图。

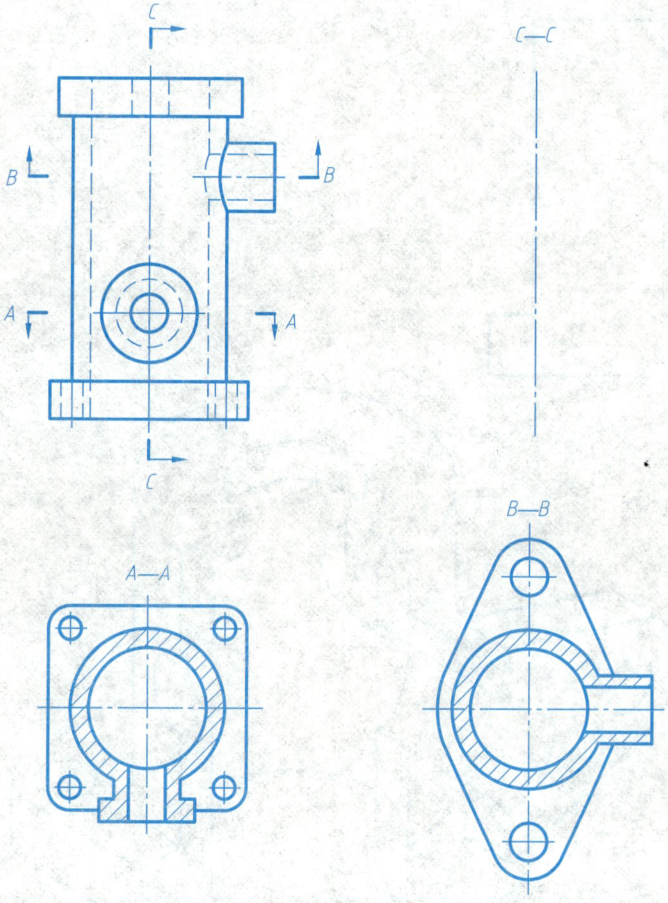


9—12 作 A—A、B—B 全剖视图。

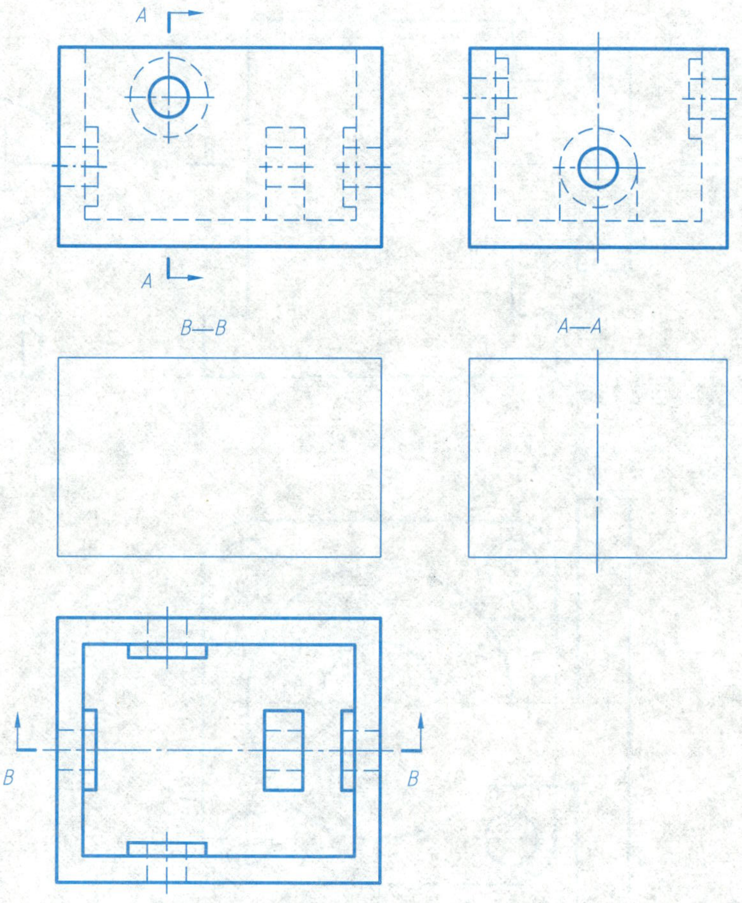

9—13 对照机件的轴测图，将主视图画成全剖视图，俯、左视图画成半剖视图。

 班级 　　 姓名 　　 学号 　　 审阅

9—14 在指定位置将主视图画成半剖视图。

(1)

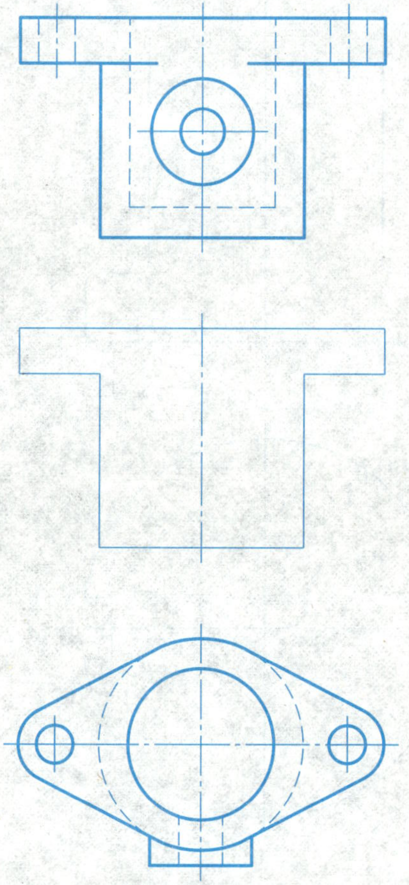

(2)

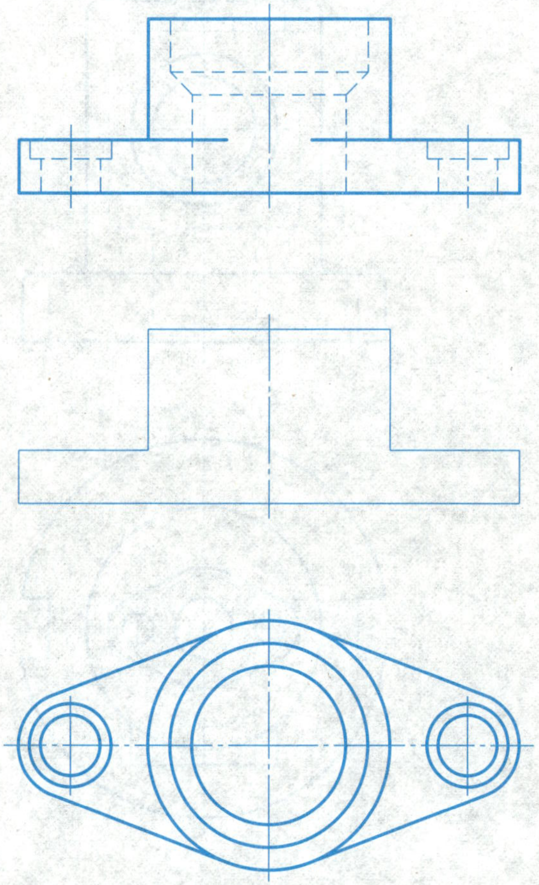

| 班 级 | | 姓 名 | | 学 号 | | 审 阅 | | 113 |
|---|---|---|---|---|---|---|---|---|

9—15 在指定位置将主、俯视图画成半剖视图。

| 114 | 班 级 | | 姓 名 | | 学 号 | | 审 阅 | |
|---|---|---|---|---|---|---|---|---|

9—16 分析视图中的错误，并在指定位置画出正确的剖视图。

(1)

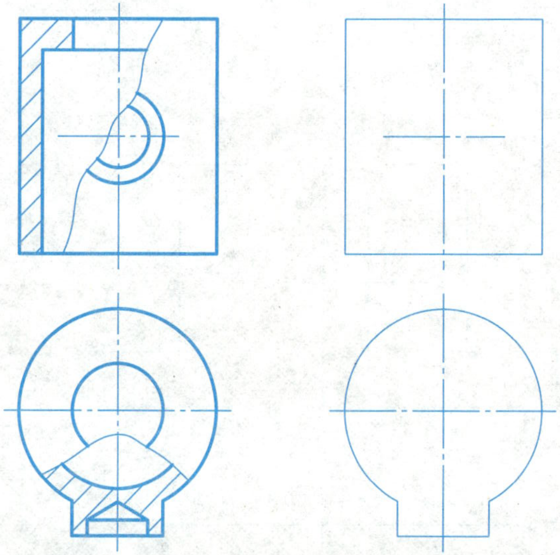

(2)

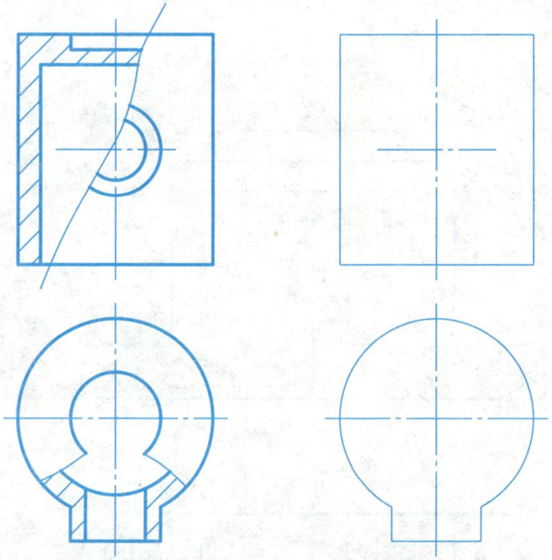

(3)

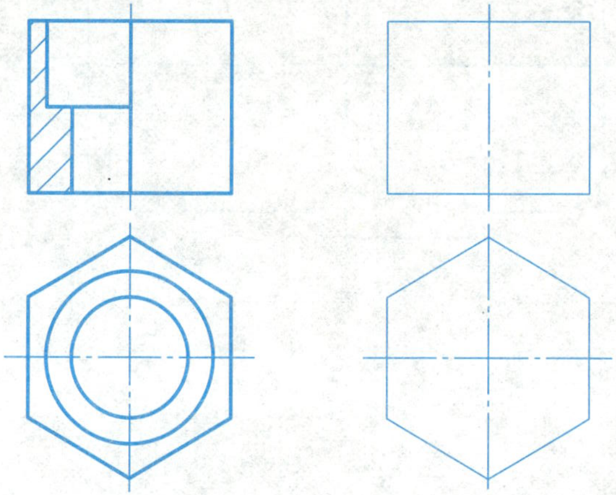

(4)

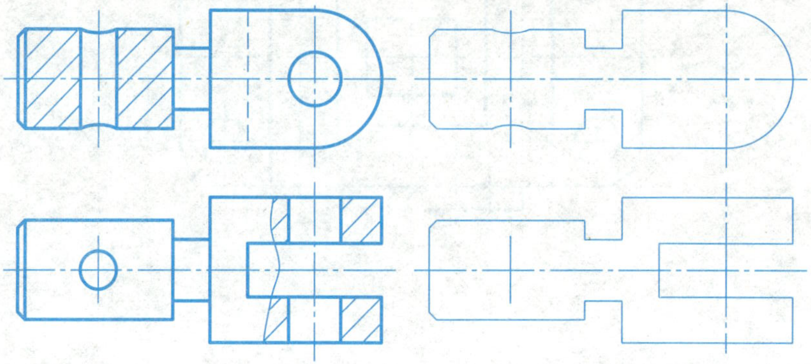

9—17 在指定位置将主、俯视图改画成局部剖视图。

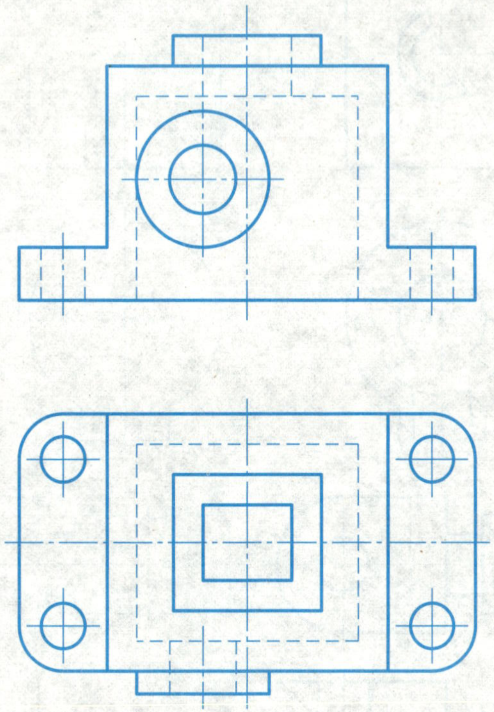

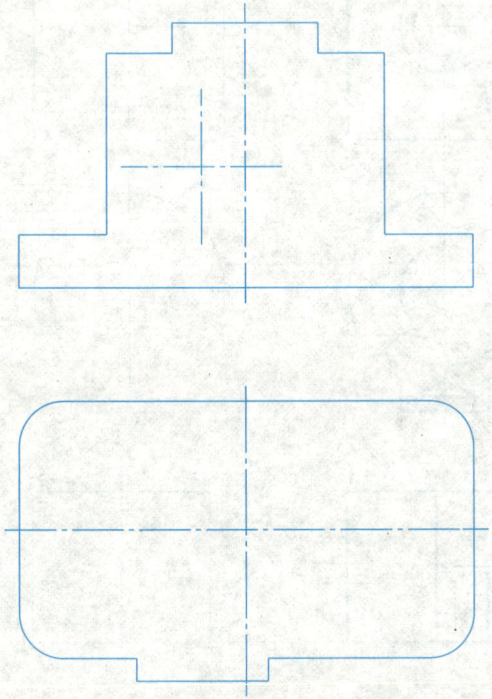



| 班　级 | | 姓　名 | | 学　号 | | 审　阅 | |
|---|---|---|---|---|---|---|---|

9—18 在指定位置将主、俯视图改画成局部剖视图。

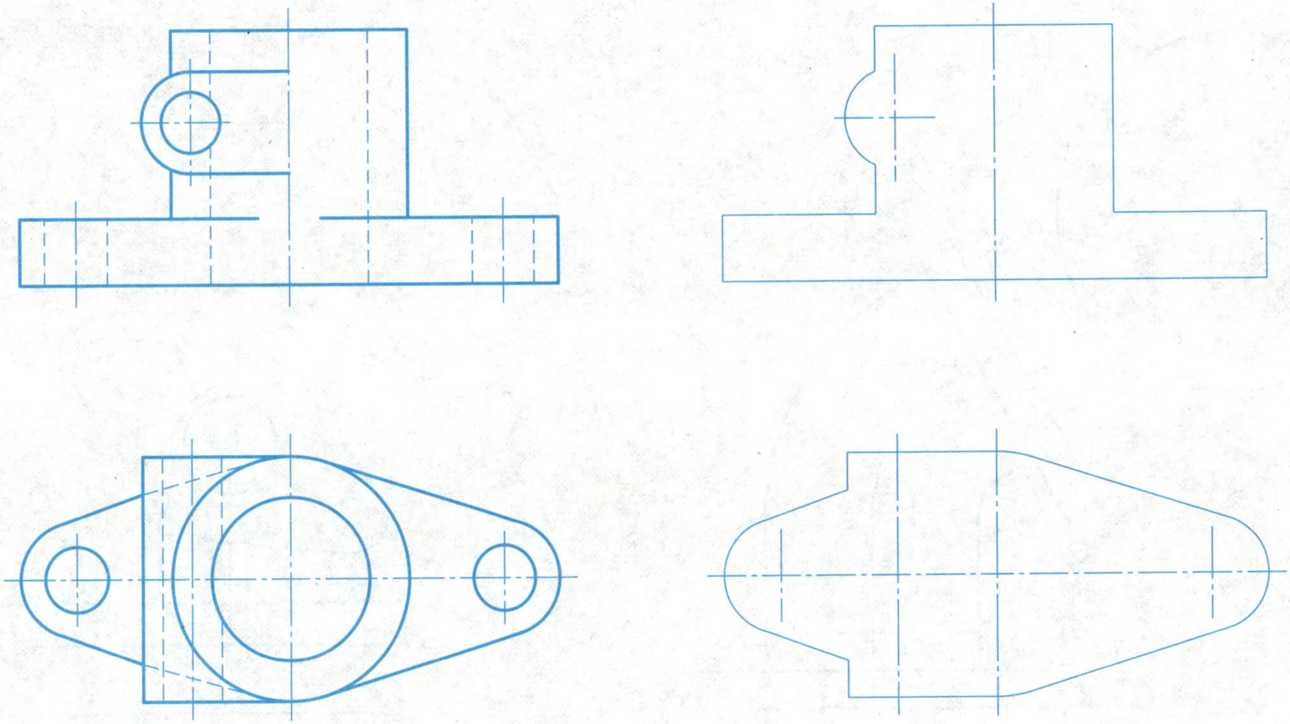

| 班　级 | | 姓　名 | | 学　号 | | 审　阅 | | 117 |
|---|---|---|---|---|---|---|---|---|

9—19 作出 A—A 剖视图。

(1)

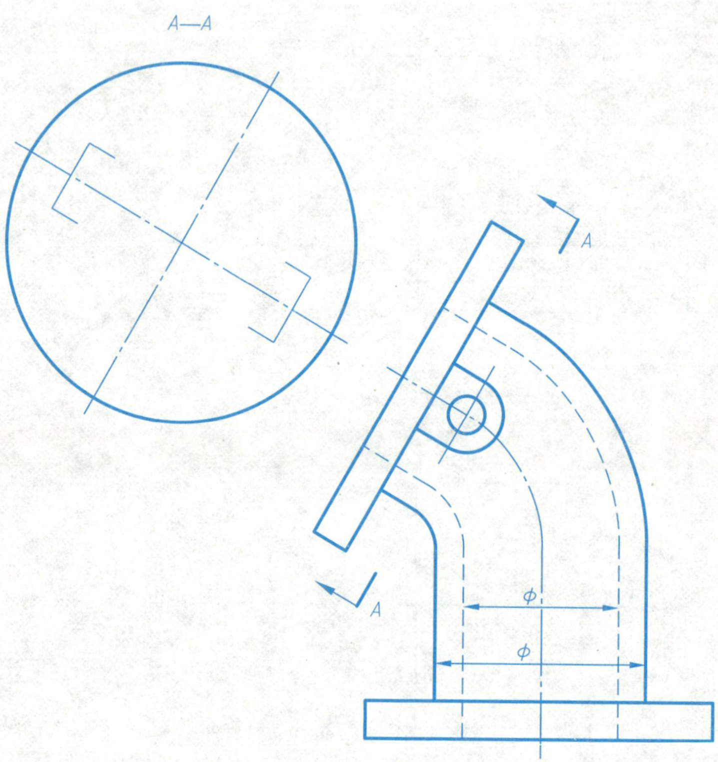


(2)

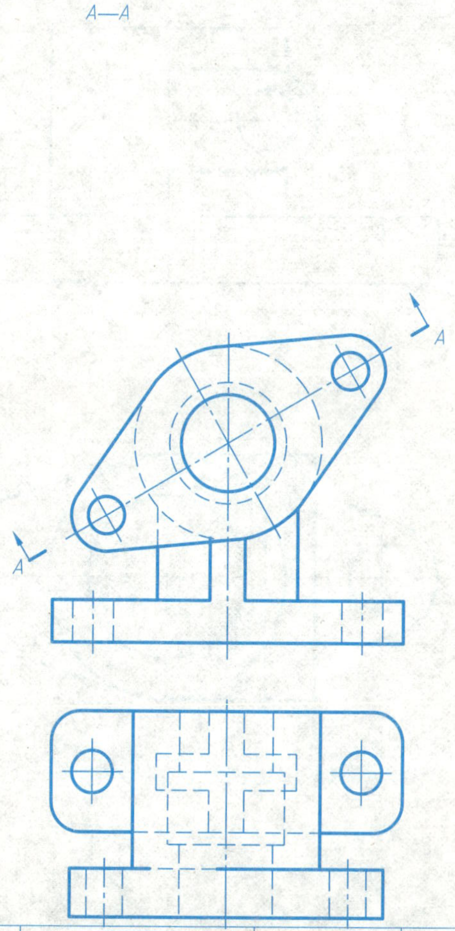




| 班级 | | 姓名 | | 学号 | | 审阅 | |
| --- | --- | --- | --- | --- | --- | --- | --- |

9—20 在指定位置将主视图画成全剖视图（用平行的剖切平面剖切）。

（1）

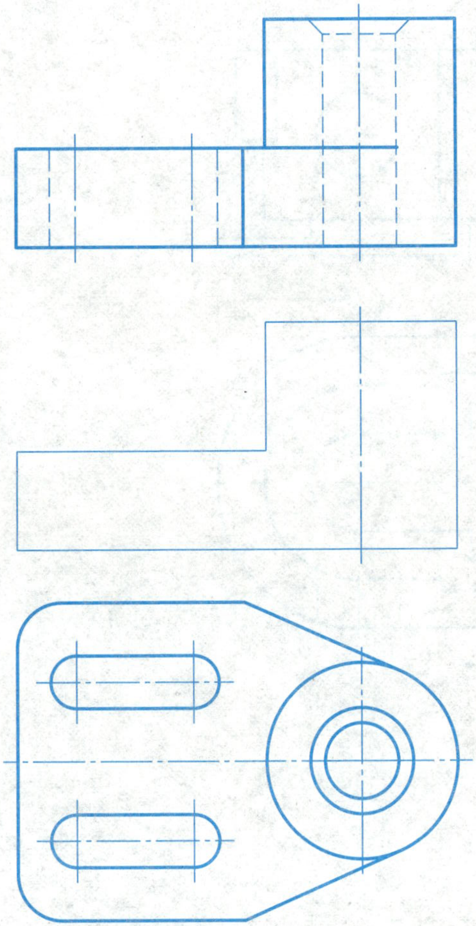

（2）

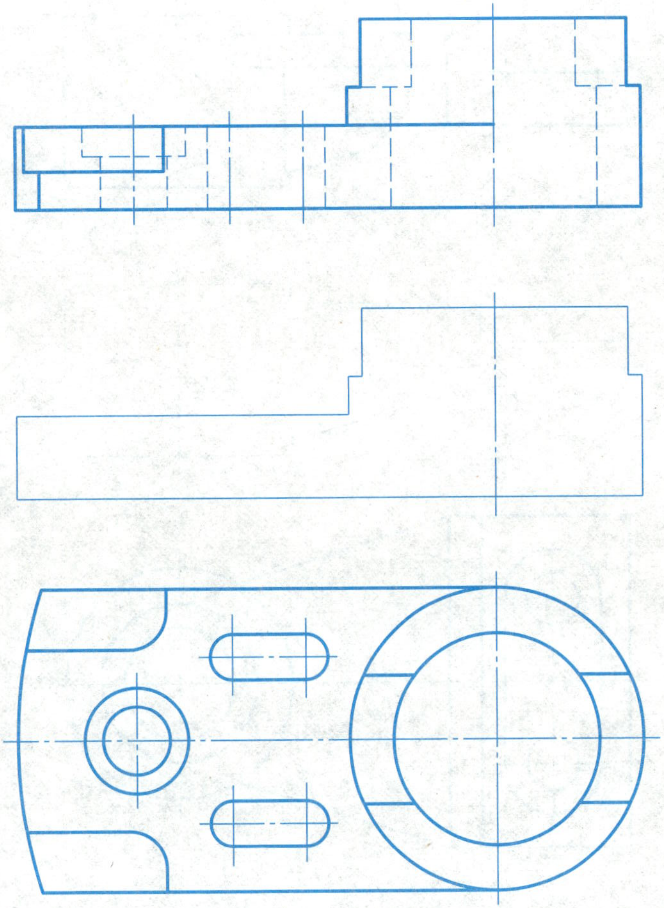

9—21 在指定位置将主视图画成全剖视图（用平行的剖切平面剖切）。

9—22 作 $A$—$A$ 全剖视图。

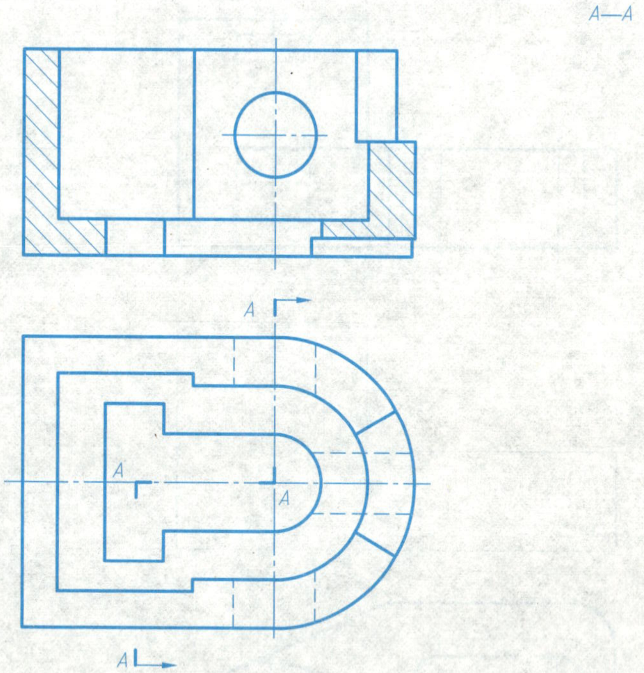


 班 级 姓 名 学 号 审 阅

9—23　在指定位置将主视图画成全剖视图（用相交的剖切平面剖切）。

(1)

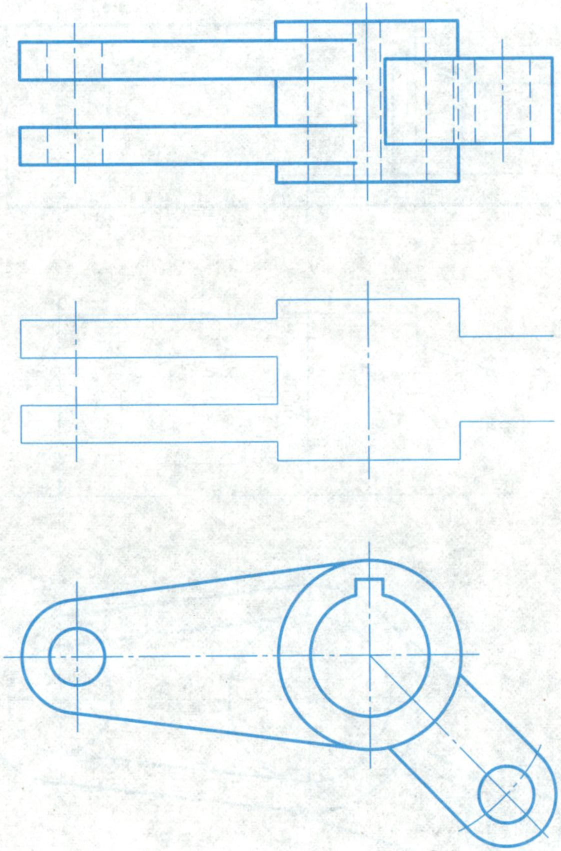

(2)

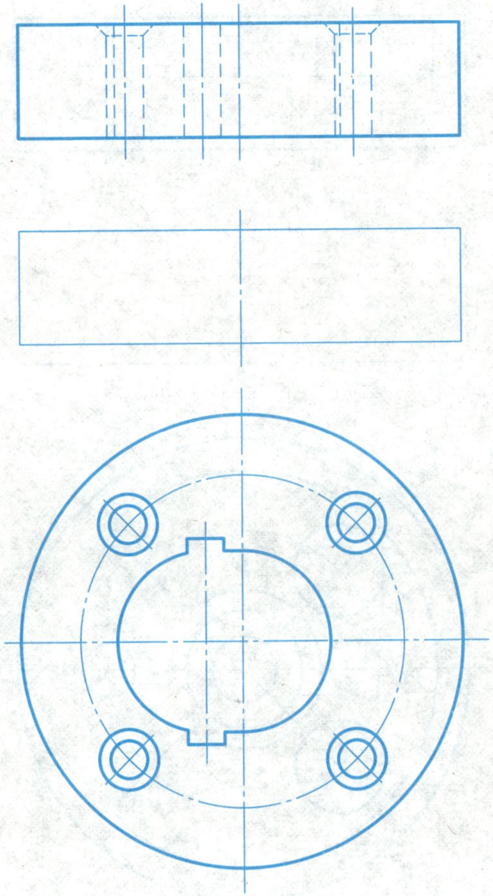

9—24 在指定位置将主视图画成全剖视图（用相交的剖切平面剖切）。

（1）

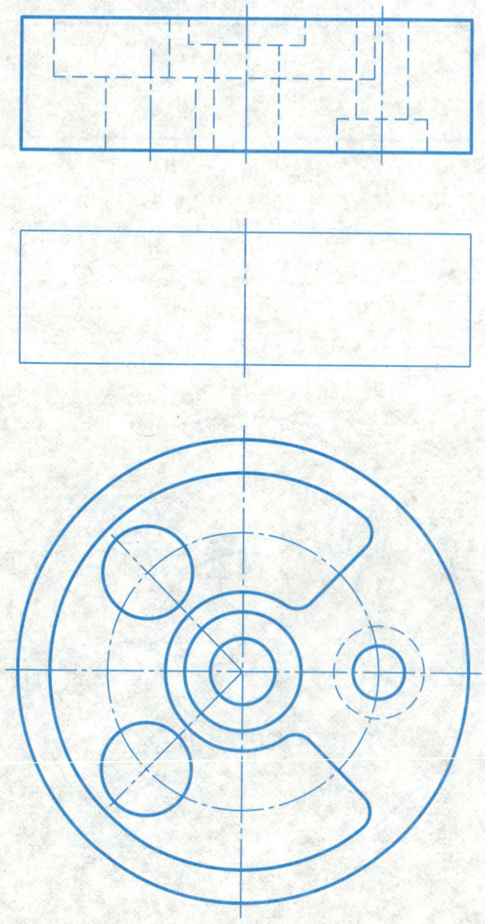

（2）

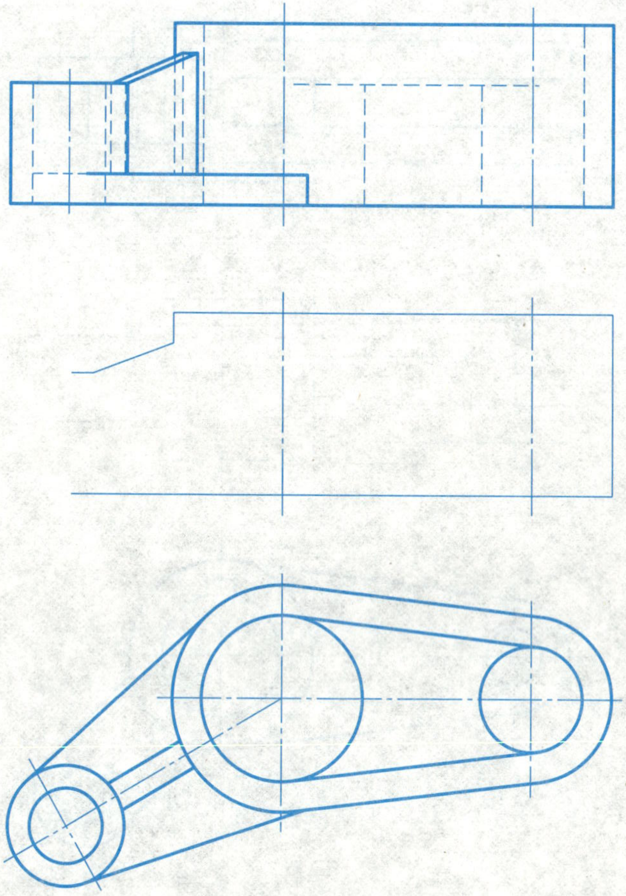



| 班 级 | | 姓 名 | | 学 号 | | 审 阅 | |
|---|---|---|---|---|---|---|---|

9—25 根据机件的轴测图，读懂所给视图，标全相应的标记和图名。

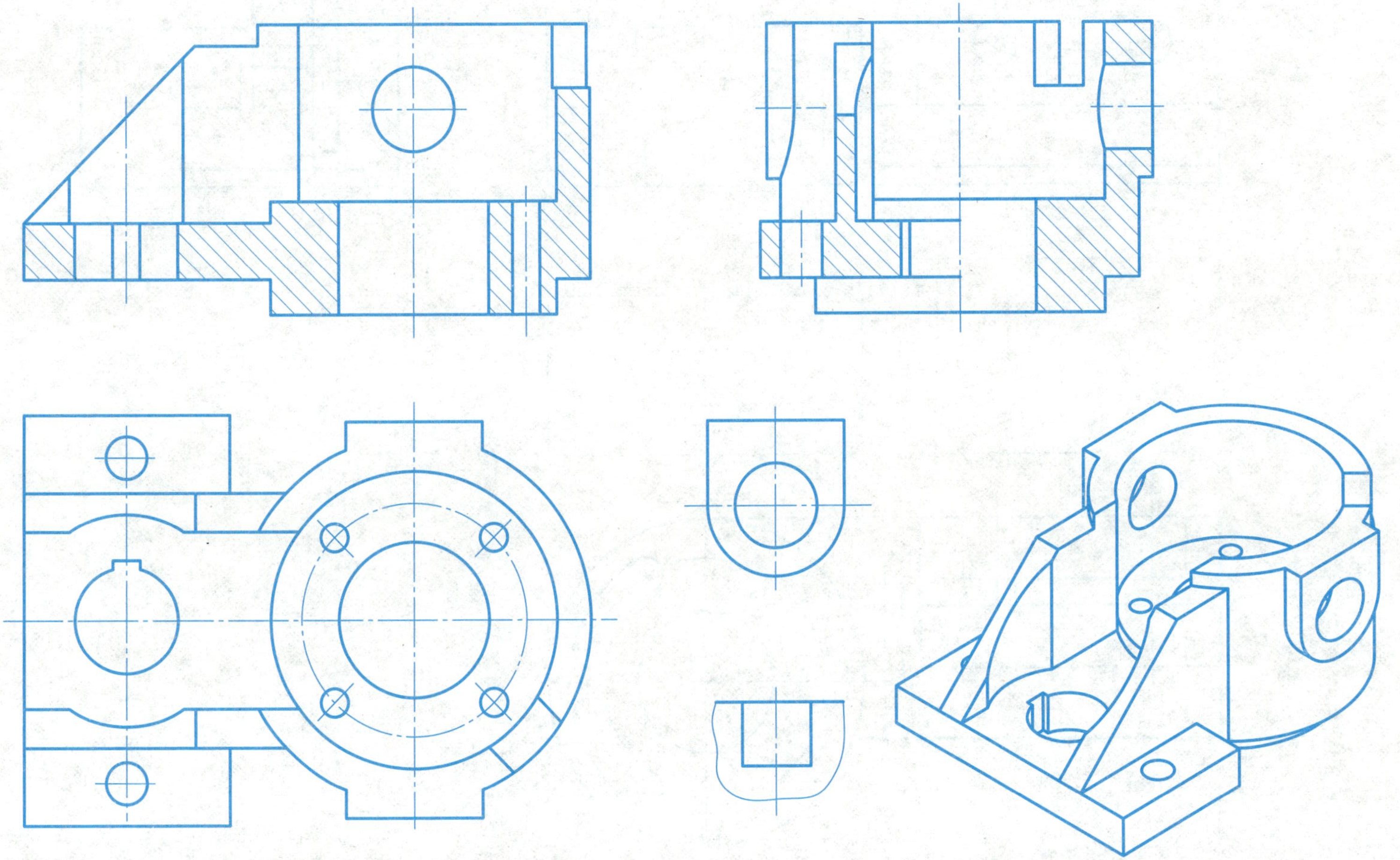

9—26 用几种剖切平面组合剖切机件，画 $A—A$ 全剖视图。

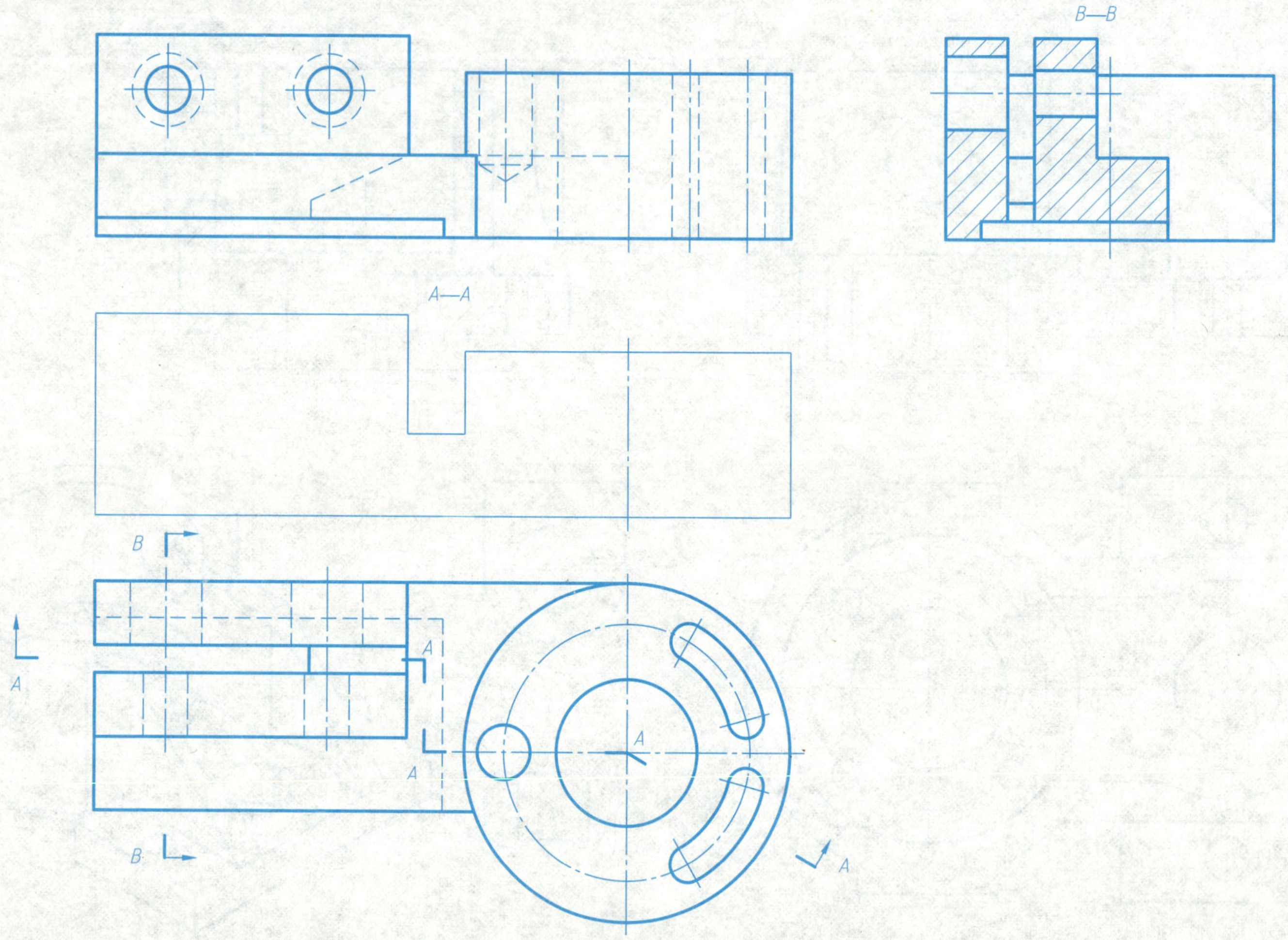


 班 级 姓 名 学 号 审 阅

9—27 分析各组图中的 $A—A$ 断面图，在正确的答案下方画√。

(1)

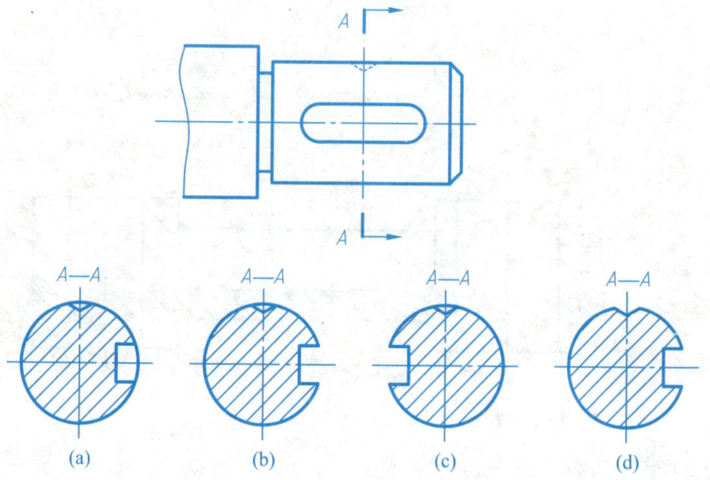


(2)

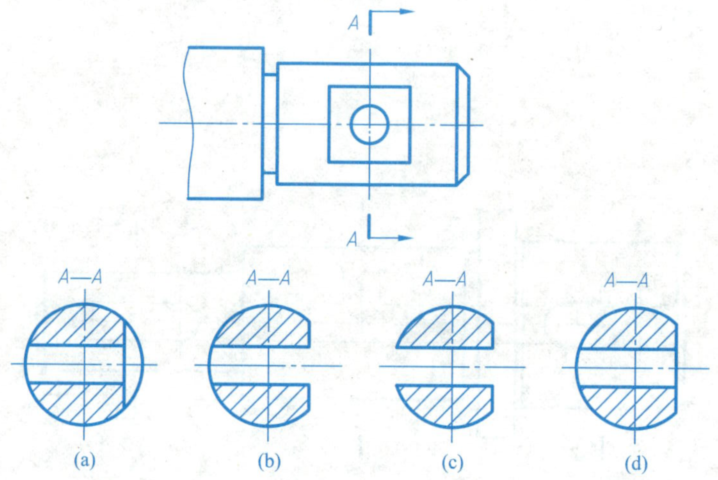


(3)

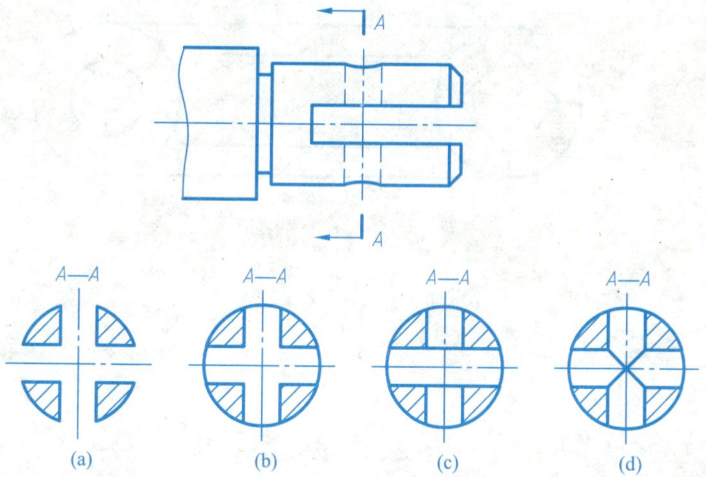


(4)

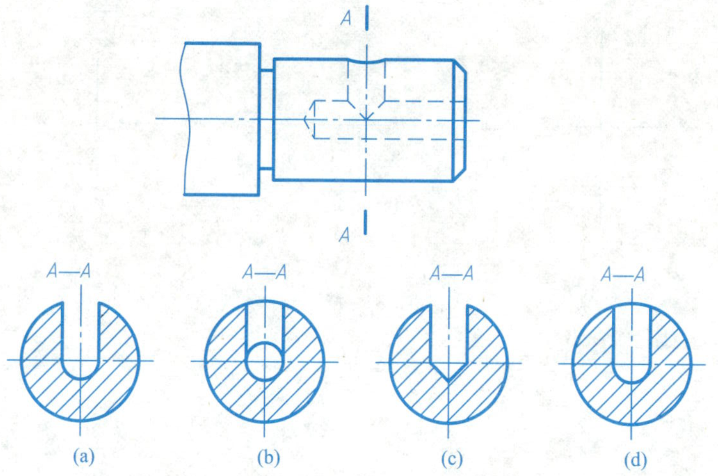


| 班 级 | | 姓 名 | | 学 号 | | 审 阅 | |
|---|---|---|---|---|---|---|---|

9—28　画出指定位置的断面图（左侧键槽深 3.5mm，右侧键槽深 3mm）。

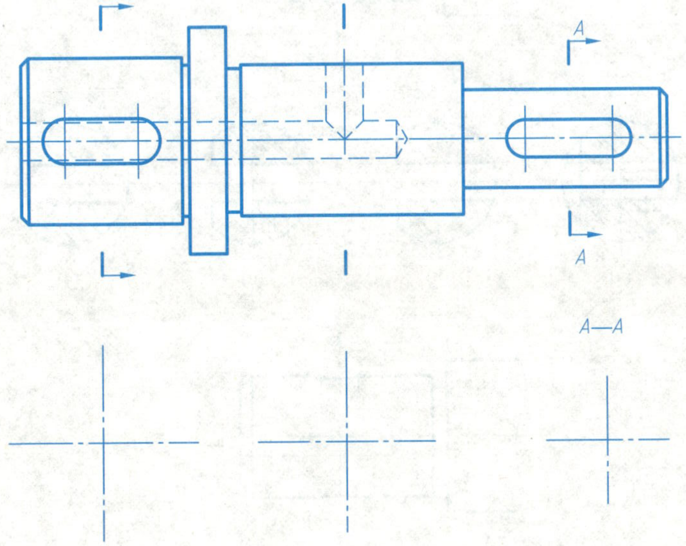


9—29　在指定剖切位置上画出重合断面图。

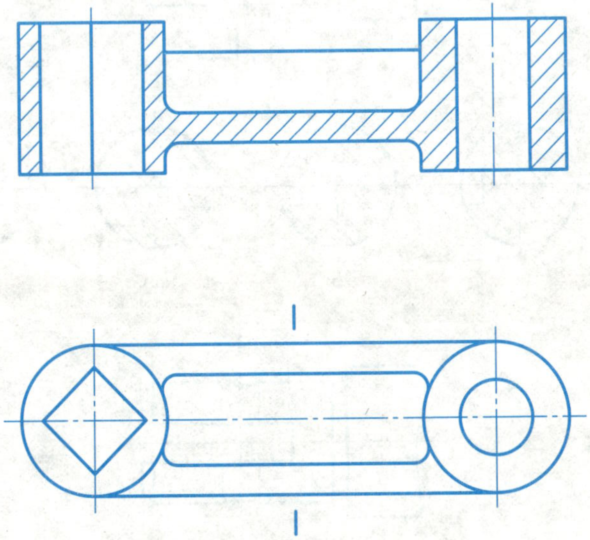



| 班　级 | | 姓　名 | | 学　号 | | 审　阅 | |
|---|---|---|---|---|---|---|---|

9—30 改正剖视图中错误的画法，在指定位置画出正确的剖视图。

(1)

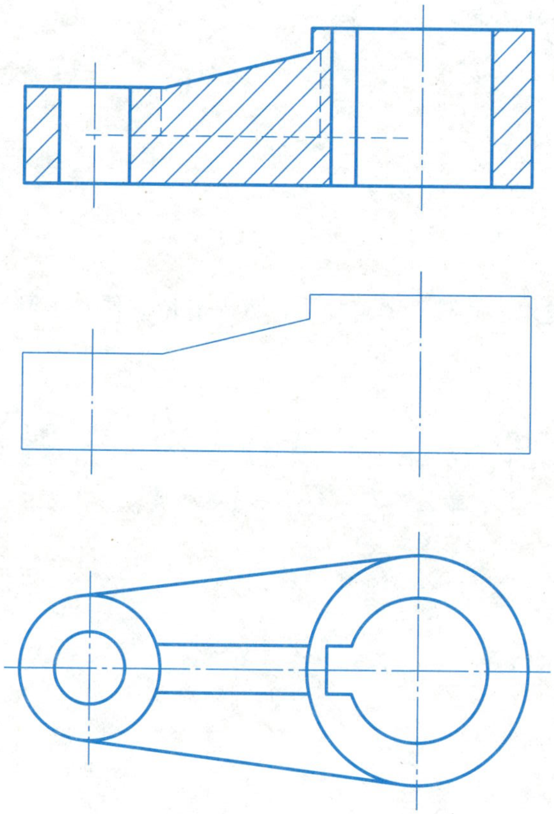

(2)

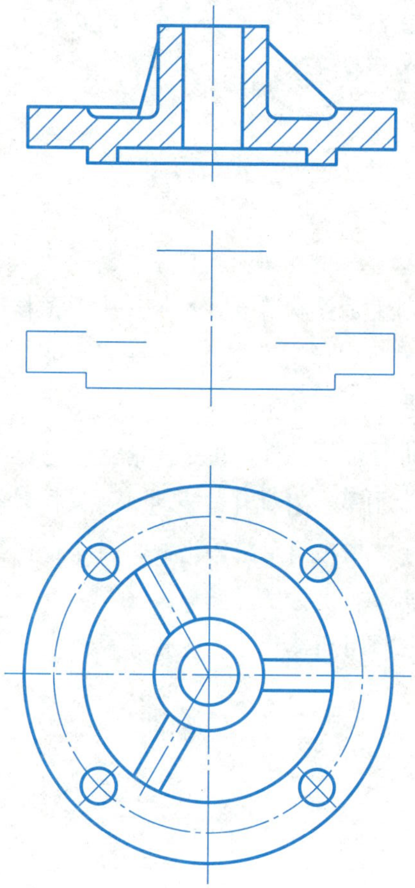

| 班 级 | | 姓 名 | | 学 号 | | 审 阅 | | 127 |
|---|---|---|---|---|---|---|---|---|

9—31　第三次制图作业——机件的图样画法。

一、作图内容

根据机件的视图或轴测图，选择适当的图样画法，将机件的内外形状表达清楚，并注全尺寸。

图名：机件的图样画法。

图幅：A3。

比例：自定。

二、作图目的及要求

目的：培养综合运用视图、剖视图、断面图等各种图样画法表达机件的能力。

要求：根据机件的结构特点，选择适当的图样画法表达机件。在完整、清楚地表达机件的前提下，力求看图方便，作图简单；各种图样画法的图形准确，标记正确，符合投影关系。

三、作图步骤与注意事项

(1) 对机件进行形体分析，在此基础上确定表达方案。先确定主视图，然后选择其他视图。应优先选用基本视图，并尽量在基本视图上作各种剖视、断面等。对机件的表达，可以同时拟订几种表达方案，然后通过分析比较，确定一个最佳表达方案。

(2) 根据规定的图幅确定绘图比例，合理布置各视图的位置。

(3) 逐步画出各视图，完成底稿。

(4) 仔细检查后用铅笔加深。注意各视图应标记正确。



| 128 | 班级 | | 姓名 | | 学号 | | 审阅 | |
|---|---|---|---|---|---|---|---|---|

(1)

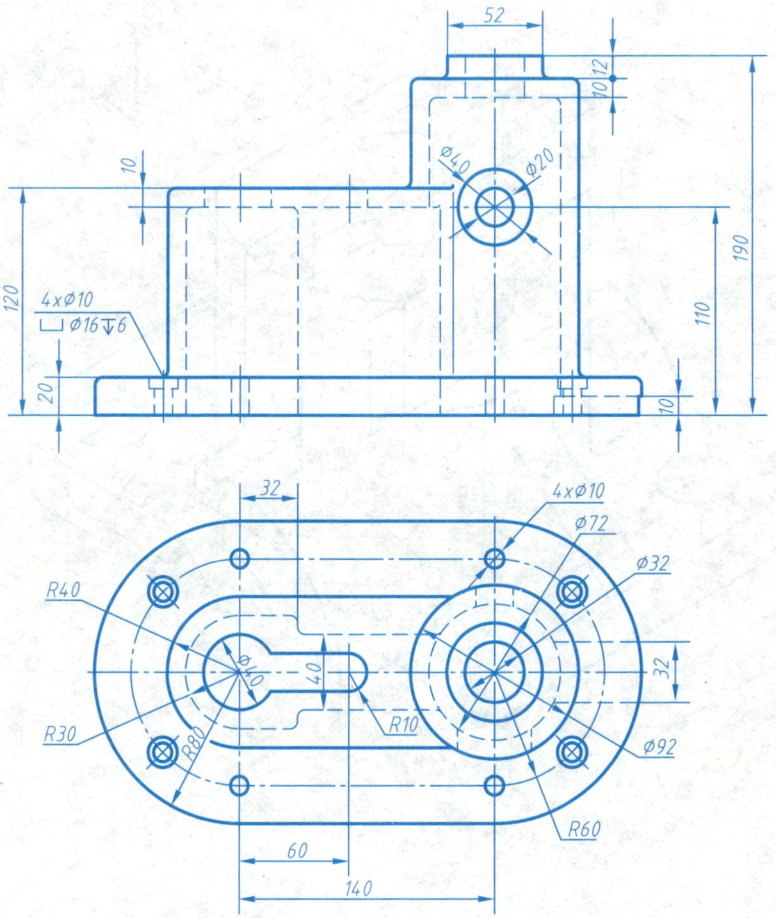


| 班 级 | | 姓 名 | | 学 号 | | 审 阅 | | 129 |
|---|---|---|---|---|---|---|---|---|

(2)

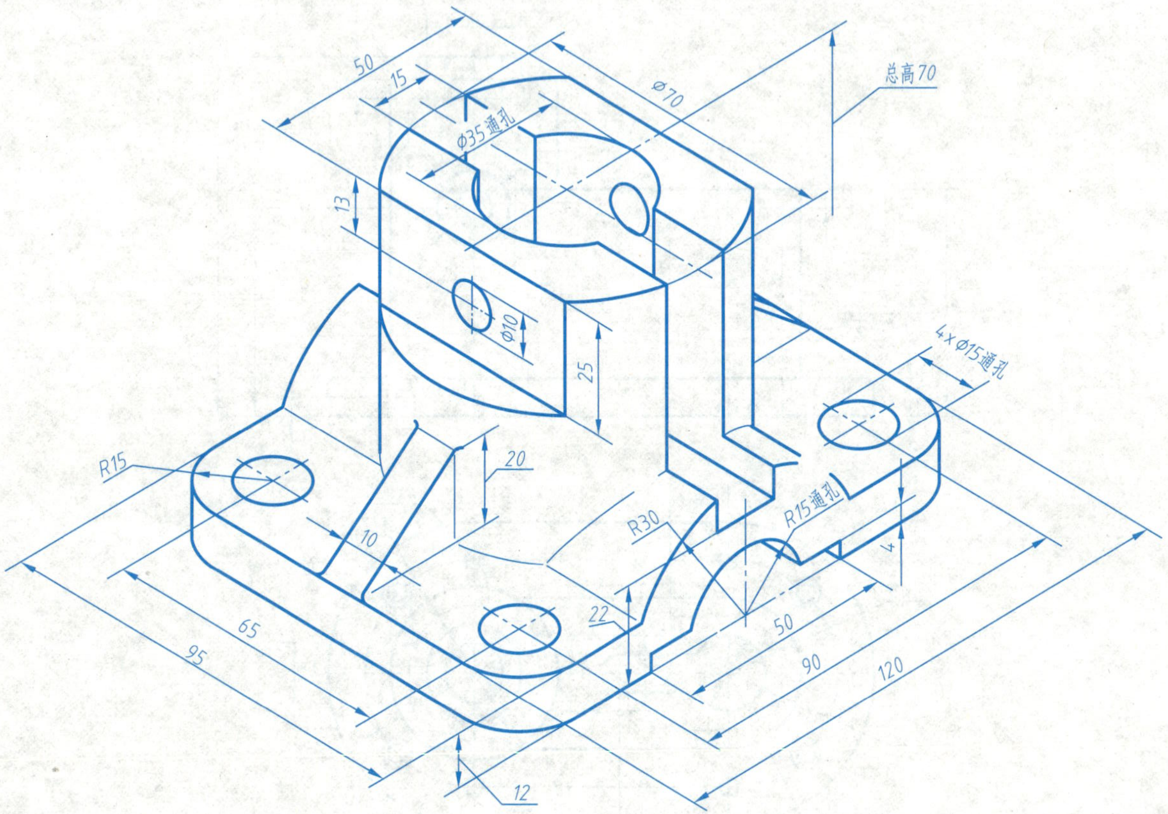


| 130 | 班 级 | | 姓 名 | | 学 号 | | 审 阅 | |
|---|---|---|---|---|---|---|---|---|

10—1　分析螺纹画法中的错误，按正确画法画在指定位置。

(1)

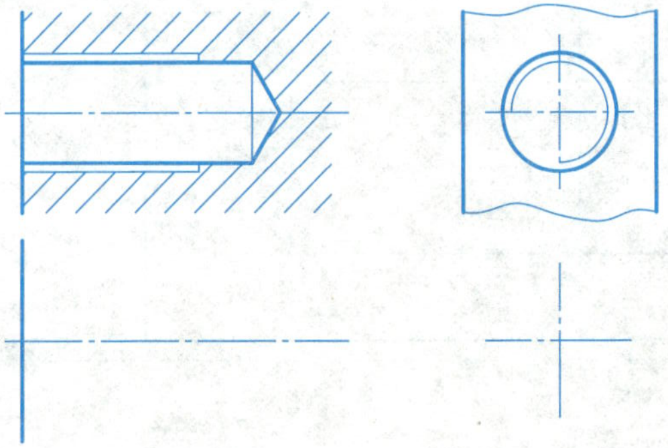

(2)

(3)

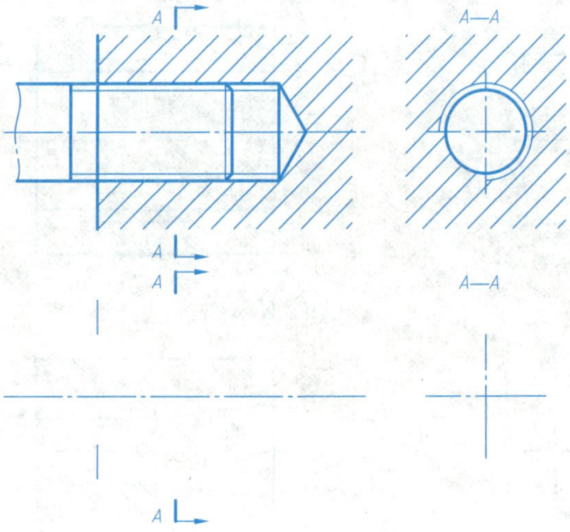


(4)

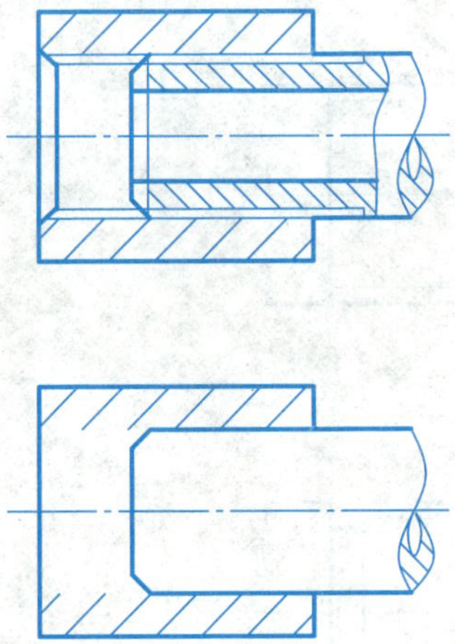

| 班　级 | | 姓　名 | | 学　号 | | 审　阅 | | 131 |
|---|---|---|---|---|---|---|---|---|

10－2　根据螺纹标记查表，将所要求的内容填入表内。

| 螺纹标记 | 螺纹种类 | 螺纹大径 | 导程 | 螺距 | 线数 | 中径公差带代号 | 旋向 |
|---|---|---|---|---|---|---|---|
| M20－7H－LH | | | | | | | |
| M20×1.5－6g7g | | | | | | | |
| Tr40×14(P7)－8e | | | | | | | |
| G3/8 | | | | | | | |

10－3　标注下列螺纹。

(1) M20－5g

(2) G1/2

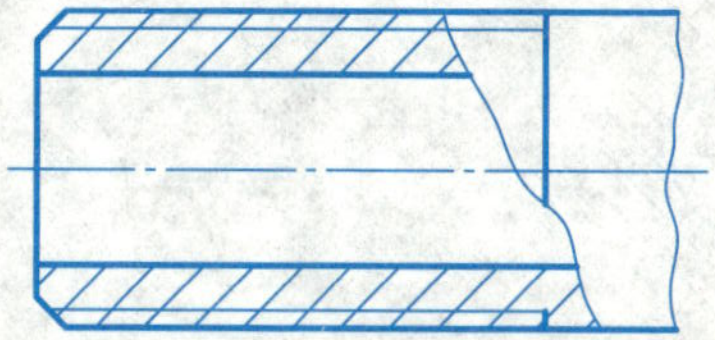

(3) M20－7H

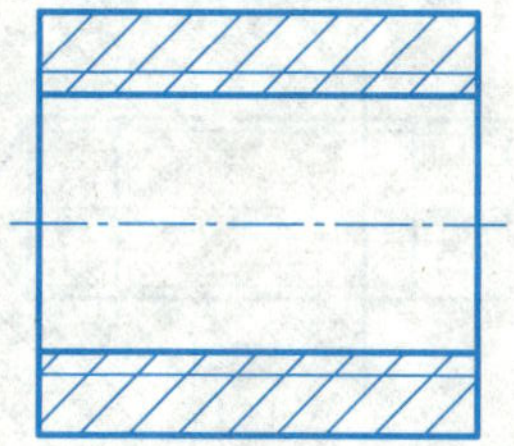

(4) Tr20×8 (P4) －6g

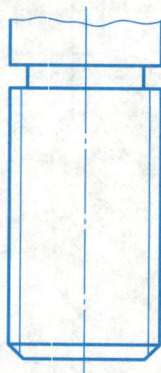

(5) B20×8 (P4) －6h

(6) Rc3/8

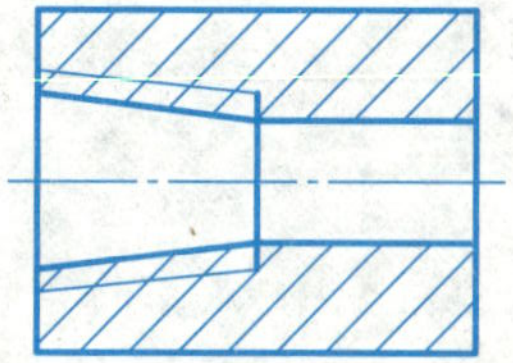



| 班　级 | | 姓　名 | | 学　号 | | 审　阅 | |
|---|---|---|---|---|---|---|---|

10—4 查表填写下列标准件的尺寸数值，并写出其规定标记。

(1) 双头螺柱，A 型，GB/T 898—1988，螺纹规格 $d$=M16，公称长度 $l$=45。

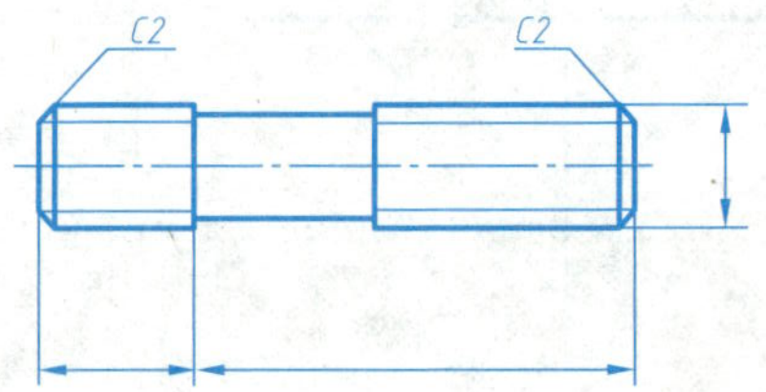


标记________________

(2) 六角螺母，B 级，GB/T 6170—2015，螺纹规格 $D$=M20。

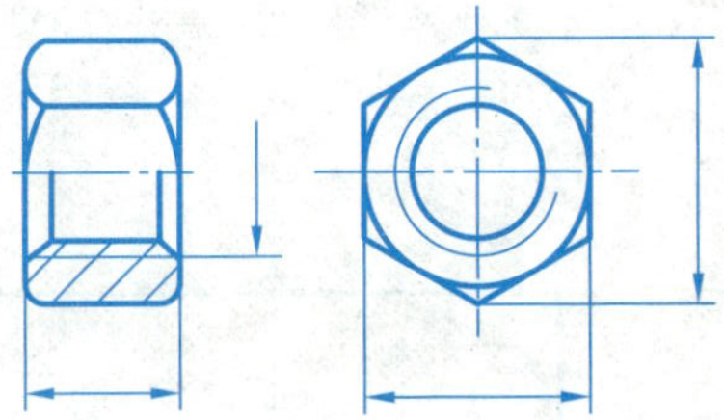

标记________________

(3) 六角头螺栓，A 级，GB/T 5782—2016，螺纹规格 $d$=M12，公称长度 $l$=45。

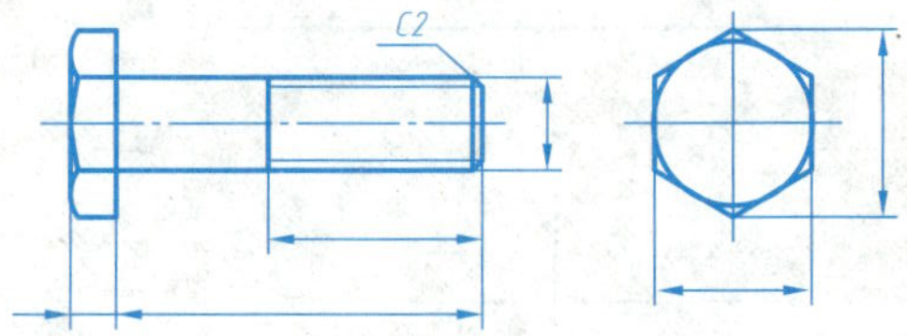


标记________________

(4) 垫圈 A 级，GB/T 97.1—2002，公称尺寸为 12。

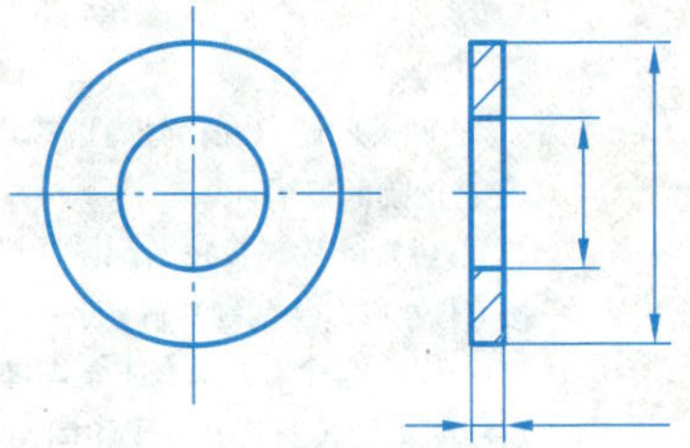

标记________________

| 班 级 | | 姓 名 | | 学 号 | | 审 阅 | | 133 |
|---|---|---|---|---|---|---|---|---|

10—5　用螺栓 GB/T 5780 M16×$l$ 连接两块钢板。已知板厚 $t_1=t_2=16$mm，螺母 GB/T 6170 M16，垫圈 GB/T 97.1 16。用比例画法画螺栓连接装配图（画图比例 1∶1）。主视图取全剖，俯视图和左视图画外形。写出螺栓的正确标记（$l$ 计算后取标准值）。

标记：________________

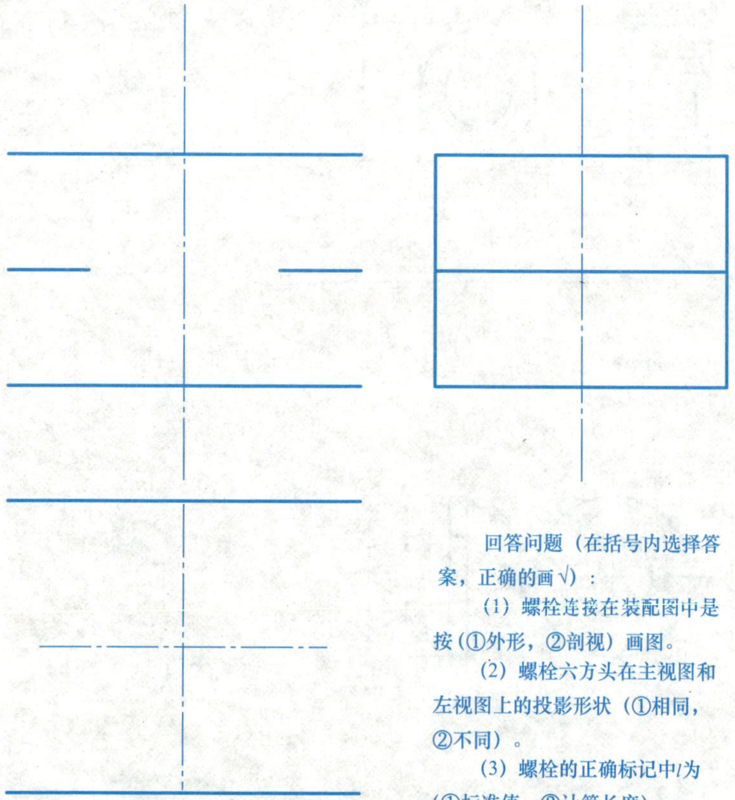

回答问题（在括号内选择答案，正确的画√）：

（1）螺栓连接在装配图中是按（①外形，②剖视）画图。

（2）螺栓六方头在主视图和左视图上的投影形状（①相同，②不同）。

（3）螺栓的正确标记中$l$为（①标准值，②计算长度）。

10—6　用开槽沉头螺钉 GB/T 68 M8×$l$ 连接零件 1（板厚 $t=12$）和零件 2（材料为铸钢）。用比例画法画螺钉连接装配图。主视图取全剖，俯视图画外形（画图比例 2∶1）。写出螺钉的正确标记（$l$ 计算后取标准值）。

标记：________________

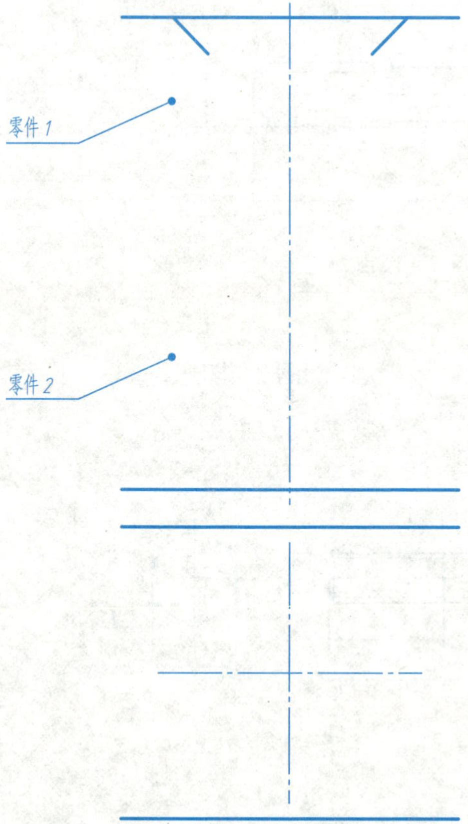

10—7 画出下面各题中的断面图。

(1)

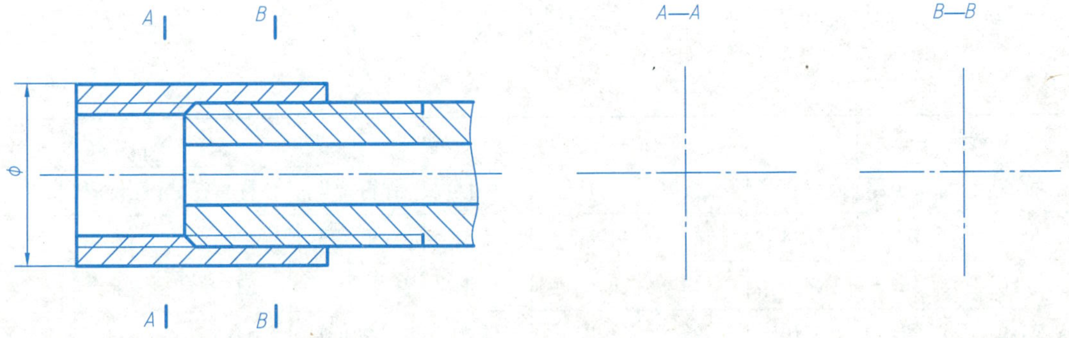


(2)

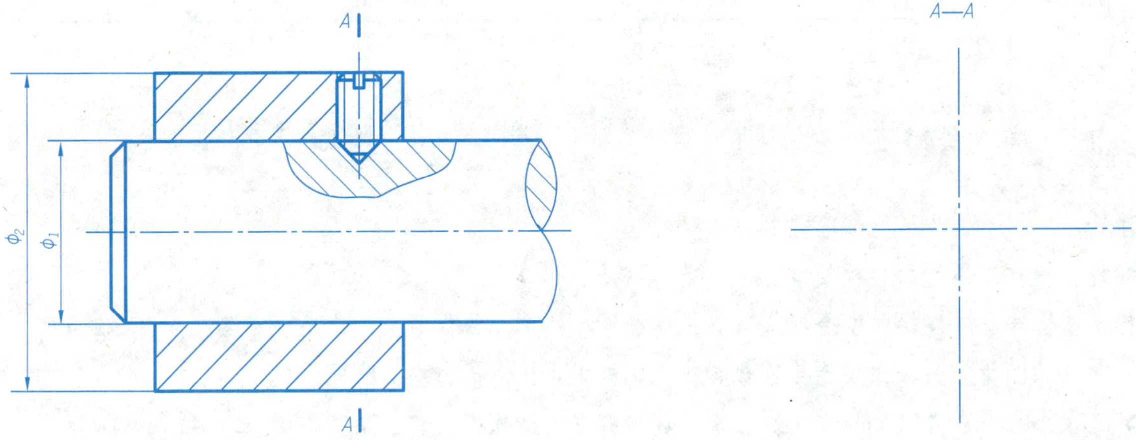


| 班 级 | | 姓 名 | | 学 号 | | 审 阅 | | 135 |
|---|---|---|---|---|---|---|---|---|

10—8 第四次制图作业——螺纹紧固件连接。

一、作图内容

用比例画法画螺栓、螺柱、螺钉连接图（从下表中选一组，画图时可参见所给的“螺纹紧固件连接”图）。图名：螺纹紧固件连接。图幅：A3。比例：见下表。

| 组别 | 比例 | 螺栓连接 | | 螺柱连接 | | | | 螺钉连接 | | | | |
|---|---|---|---|---|---|---|---|---|---|---|---|---|
| | | 公称直径 | 每块板厚 | 公称直径 | 盖板厚 | 机体厚 | 机件材料 | 螺钉种类 | 公称直径 | 光孔件厚 | 盲孔件厚 | 盲孔件材料 |
| 1 | 1∶1 | M24 | 40 | M24 | 40 | 60 | 铸钢 | 开槽沉头 | M10 | 48 | 68 | 铸铁 |
| 2 | 1∶1 | M20 | 45 | M20 | 45 | 60 | 铸钢 | 开槽圆柱头 | M10 | 40 | 60 | 铸铁 |
| 3 | 2∶1 | M10 | 22 | M10 | 22 | 34 | 铸铁 | 开槽沉头 | M10 | 25 | 30 | 铸钢 |
| 4 | 2∶1 | M12 | 22 | M12 | 22 | 34 | 铸铁 | 开槽圆柱头 | M10 | 25 | 30 | 铸钢 |

二、作业目的及要求

掌握螺栓、螺柱、螺母、垫圈和螺钉的查表、选用方法。掌握螺纹紧固件连接的比例画法和标记的注法。

三、作业步骤与注意事项

(1) 采用 A3 幅面图纸，横放。

(2) 确定选用的螺栓、螺柱、螺钉的公称长度。

(3) 用选用的螺栓、垫圈和螺母连接两块金属板，画出螺栓连接的主、俯视图。

(4) 用选用的双头螺柱、弹簧垫圈、螺母连接盖板和机件，画出螺柱连接的主、俯视图。

(5) 用选用的螺钉连接光孔件、螺纹盲孔件，画出螺钉连接的主、俯视图。

(6) 写出所选用的螺纹紧固件的标记。

(7) 填写标题栏。



| | | | | | | | |
|---|---|---|---|---|---|---|---|
| 班级 | | 姓名 | | 学号 | | 审阅 | |

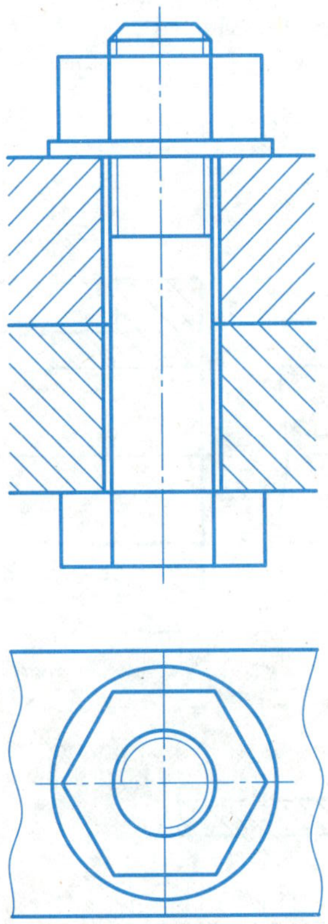

标记：

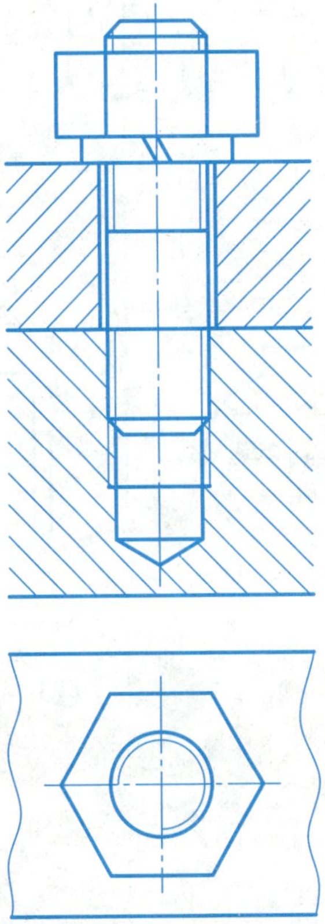

标记：

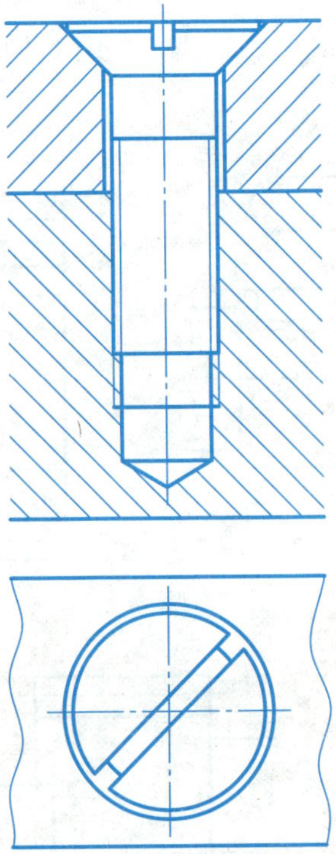

标记：

| 制图 | （姓名） | （日期） | | | （学校名称） |
|---|---|---|---|---|---|
| 校对 | | | | | 螺纹紧固件连接 |
| | | | 比例 | 数量 | （图样代号） |
| 审核 | | | 班号 | 学号 | （投影符号） |

| 班 级 | | 姓 名 | | 学 号 | | 审 阅 | | 137 |
|---|---|---|---|---|---|---|---|---|

10—9　图（1）为轴和齿轮的视图，已知轴的直径为 20mm，查表画出用长度 $L=14$mm 的 A 型圆头普通平键连接轴和齿轮的装配图，并写出键的标记。（键：GB/T 1096）

（1）

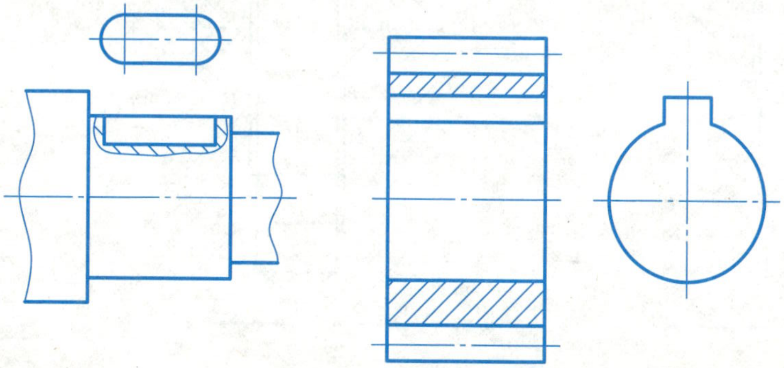

（2）

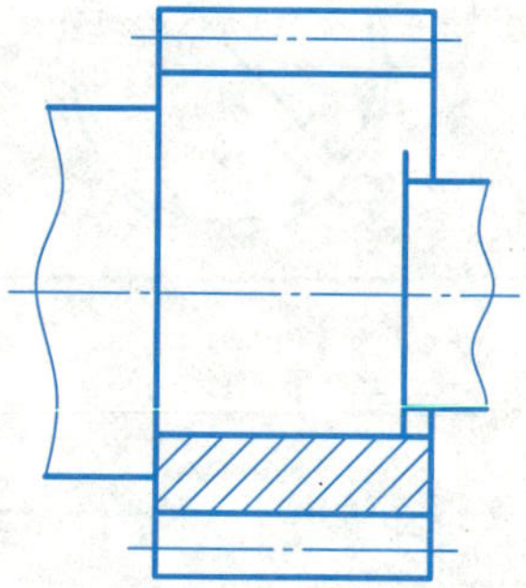

标记

10—10　图（1）为轴、轮和销的视图。画出用销连接轴和轮的装配图。已知圆柱销公称直径 5mm、公差 m6、公称长度 30mm，查表写出销的标记。（销：GB/T 119.1）

（1）

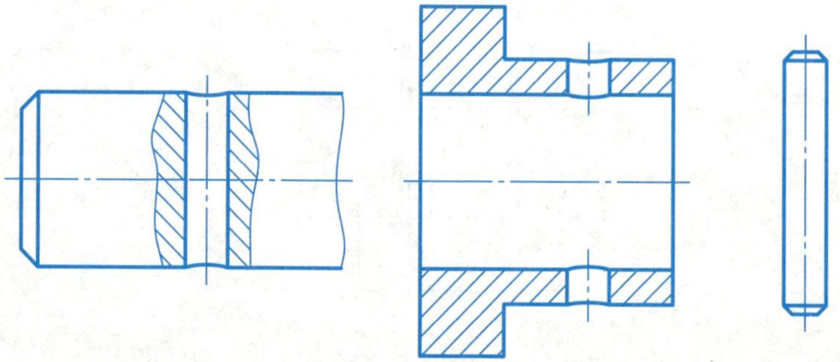

（2）

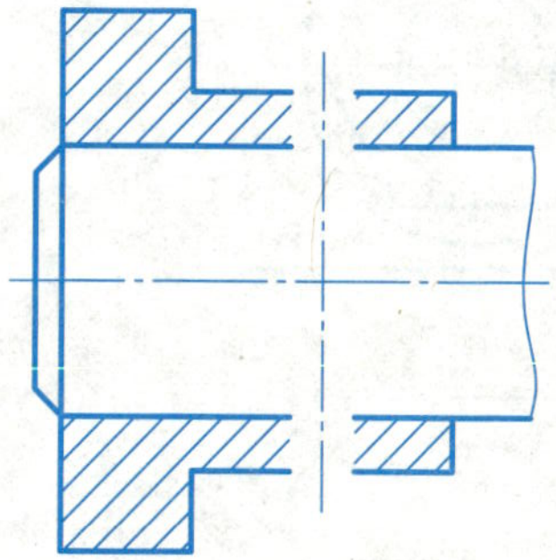

标记



| 班　级 | | 姓　名 | | 学　号 | | 审　阅 | |
|---|---|---|---|---|---|---|---|

10—11 查表并用规定画法画出指定的滚动轴承，并在图上标注尺寸。

(1) 深沟球轴承 6208　(2) 圆锥滚子轴承 30208　(3) 推力球轴承 51208

10—12 已知 YA 型圆柱螺旋压缩弹簧的簧丝直径为 10mm，弹簧中径为 45mm，自由高度为 85mm，有效圈为 4.5 圈，支撑圈为 2.5 圈，试画出该弹簧的剖视图。

| 班级 | | 姓名 | | 学号 | | 审阅 | | 139 |
|---|---|---|---|---|---|---|---|---|

10—13　已知一直齿圆柱齿轮，$m=3$，$z=17$，试按规定画法画全齿轮的两个视图（比例1∶1），并注全尺寸（其中倒角均为C1）。

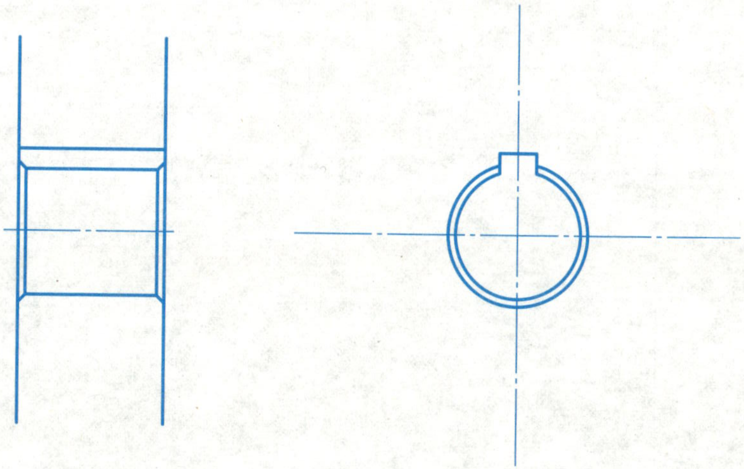

10—14　已知两平板直齿圆柱齿轮的主要参数为 $m=3$，$z_1=z_2=18$，试按规定画法完成两齿轮啮合的两个视图，比例1∶1。

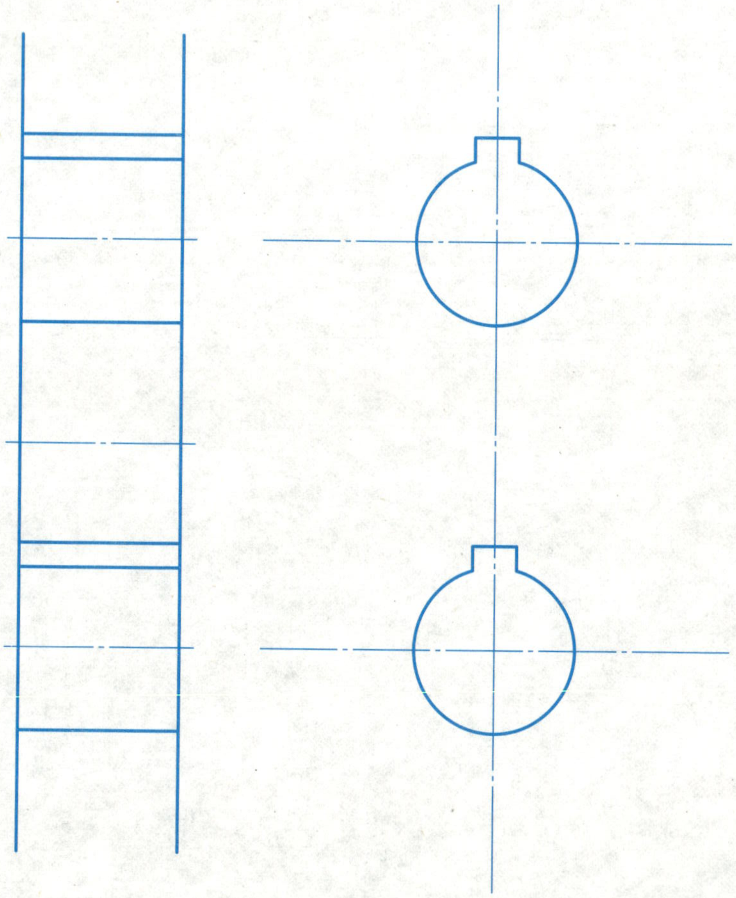



| 140 | 班　级 | | 姓　名 | | 学　号 | | 审　阅 | |
|---|---|---|---|---|---|---|---|---|

10—15　已知一标准直齿圆锥齿轮，$m=3.5$，$z=25$，试按规定画法画全齿轮的全剖视图（比例 1∶1）。

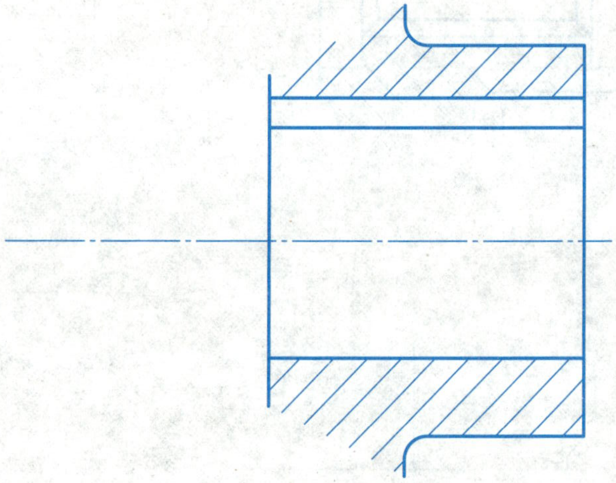

10—16　已知一对标准直齿圆锥齿轮，两个齿轮相同，$m=3.5$，$z=25$，试按规定画法画全齿轮啮合的全剖视图（比例 1∶1）。

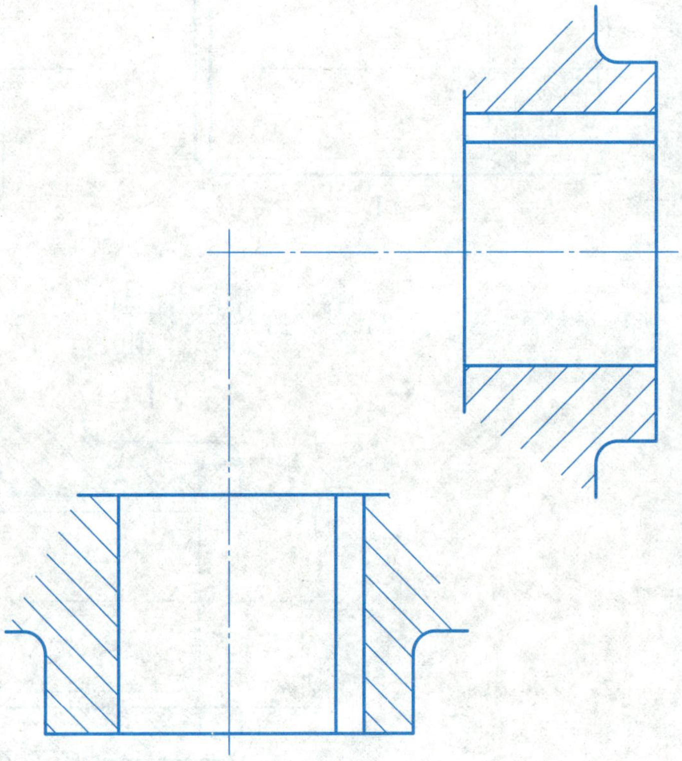

| 班　级 | | 姓　名 | | 学　号 | | 审　阅 | | 141 |
| --- | --- | --- | --- | --- | --- | --- | --- | --- |

10—17 根据下面的要求，完成矩形花键的各断面图。

（1）外花键代号：6×23f7×28a11×6d10。

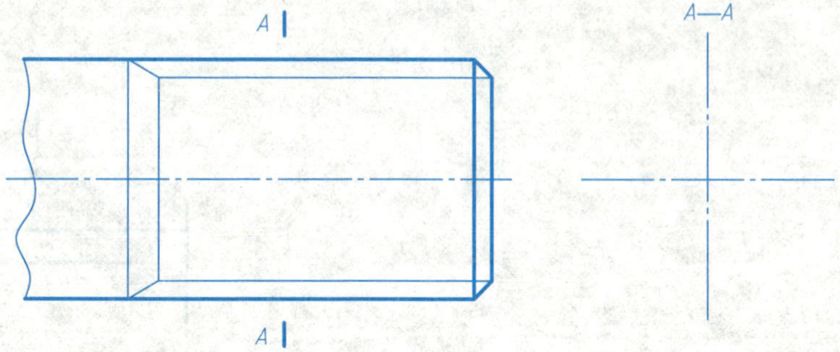


（2）内花键代号：6×23H7×28H10×6H11。

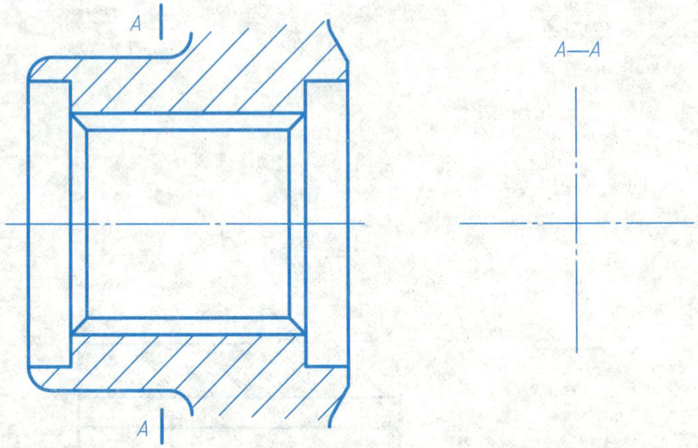


（3）花键副代号：$6\times23\dfrac{H7}{f7}\times28\dfrac{H10}{a11}\times6\dfrac{H11}{d10}$。

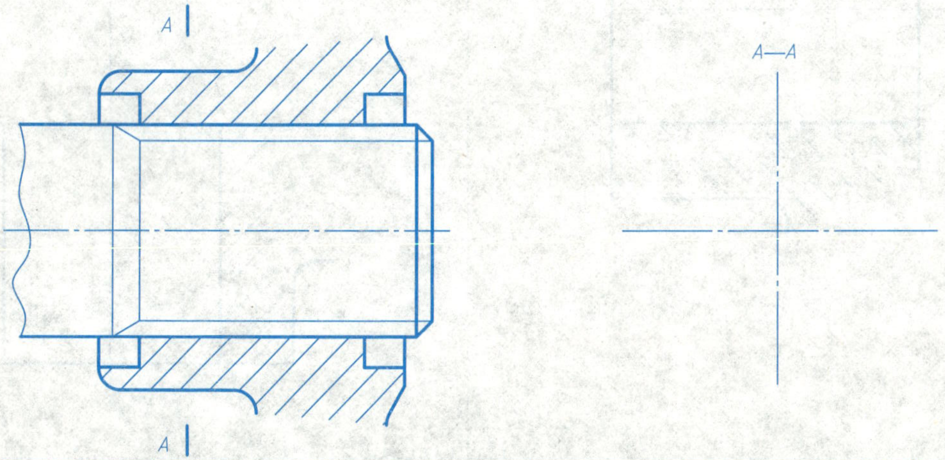


 班 级 | 姓 名 | 学 号 | 审 阅

# 第十一章　零件图

11—1　第五次制图作业。

一、作图内容

根据零件轴测图或实物，测绘零件草图，整理成零件图。

图名为零件名称。

图幅：A3。

比例：自定。

二、作图目的及要求

目的：了解零件图的内容、要求及其在生产中的作用。了解零件测绘方法和步骤。进一步培养根据零件结构特点和功用，确定零件表达方案的能力。熟悉零件尺寸与技术要求的标注方法。

要求：零件表达方案选择合理，视图表达完整、清楚。零件结构，特别是工艺结构合理、完整、准确。尺寸与技术要求（第1～3题的表面结构参数值自选）等标注完整、准确。

三、作图步骤与注意事项

(1) 仔细分析零件作用及结构特点，选择适当的表达方法，确定零件的表达方案。

(2) 凭目测按大致比例徒手绘制零件草图，注意零件草图绝非潦草之图，其内容、要求与零件图完全一样，只是不使用仪器工具作图而已。

(3) 选用合适的测量工具进行测量，并边测量边标注零件尺寸。注意，对零件上的标准结构要素（如工艺结构、螺纹、键槽、销孔等）的尺寸应查阅有关标准手册确定。

(4) 对零件草图进行认真检查、修改后，整理画出零件图。

| 班　级 | | 姓　名 | | 学　号 | | 审　阅 | | 143 |
|---|---|---|---|---|---|---|---|---|

(1) 零件名称：轴

材料：45

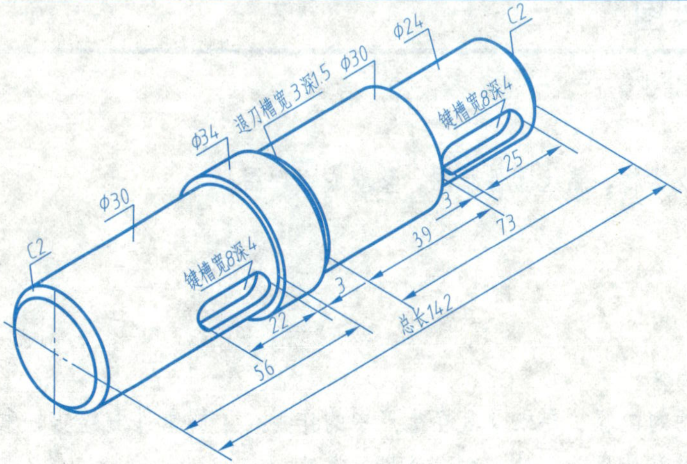


(2) 零件名称：轴承

材料：HT150

(3) 零件名称：支架

材料：HT200

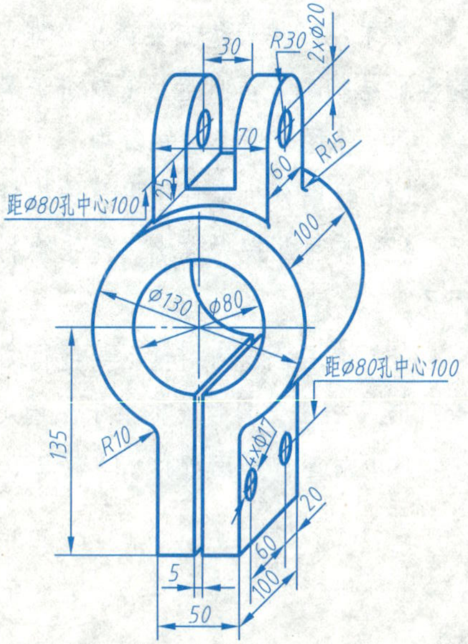


| 144 | 班级 | | 姓名 | | 学号 | | 审阅 | |
|---|---|---|---|---|---|---|---|---|

(4) 零件名称：支座

材料：HT150

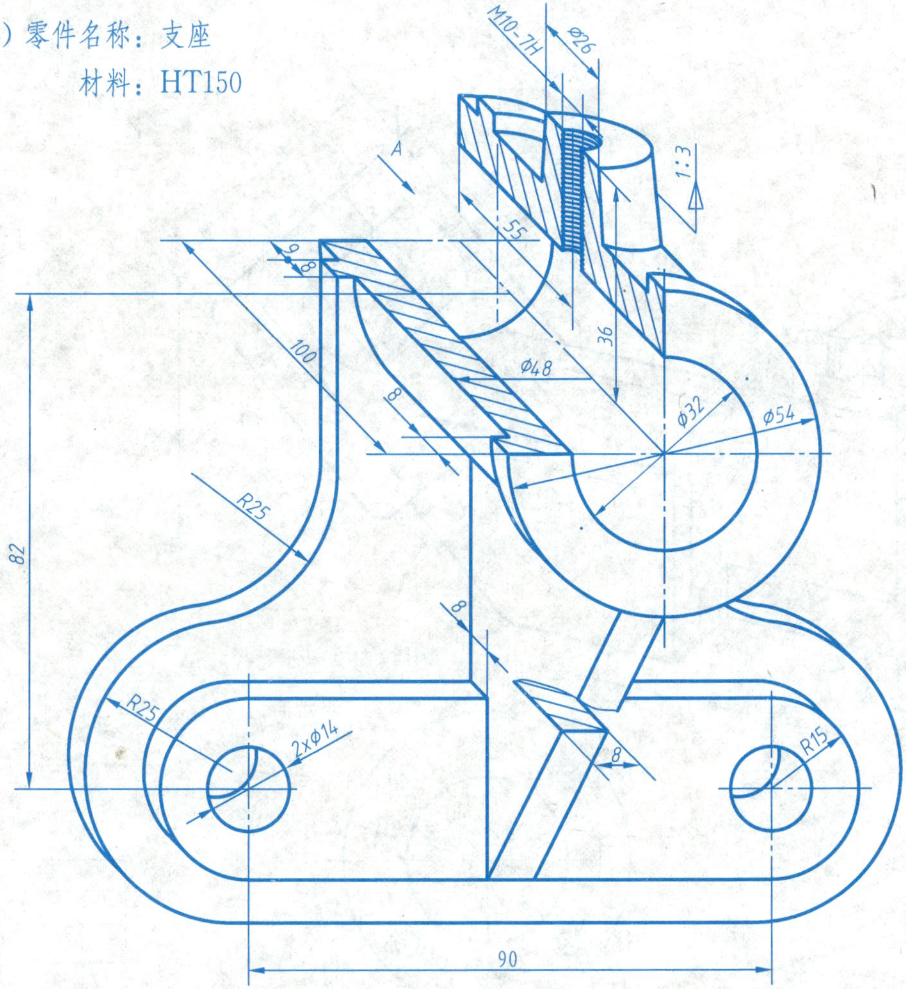


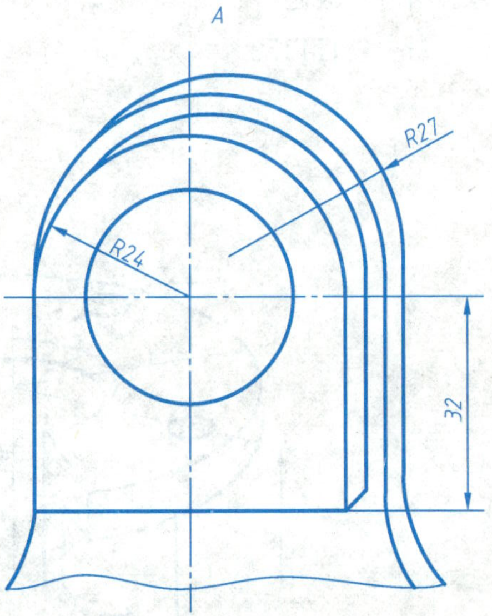


技术要求

未注铸造圆角R3。

| 表面 | Ra (μm) |
|---|---|
| Φ32孔 | 1.6 |
| 板后侧面及R24侧面 | 3.2 |
| M10螺纹孔及端面 | 6.3 |
| Φ54的两端面 | 6.3 |
| 两个Φ14孔 | 12.5 |
| 其余表面 | 铸造面 |

| 班　级 | | 姓　名 | | 学　号 | | 审　阅 | | 145 |
|---|---|---|---|---|---|---|---|---|

（5）零件名称：阀座

材料：HT150

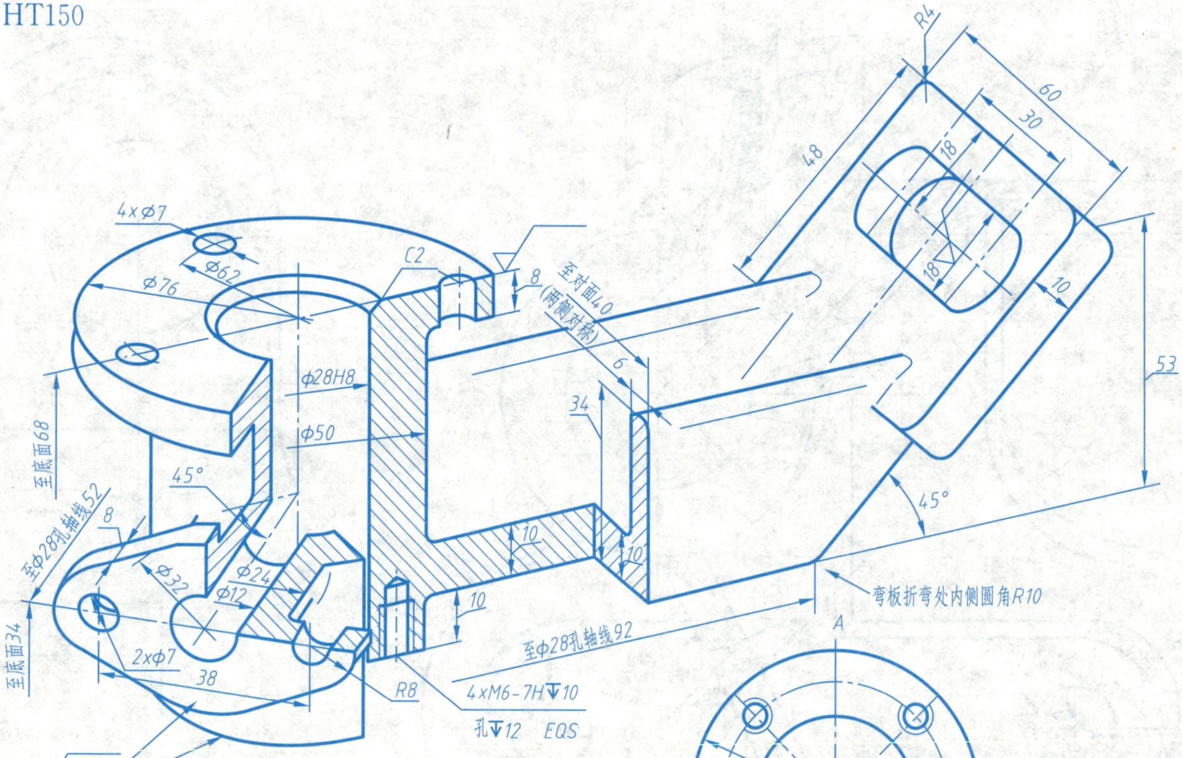


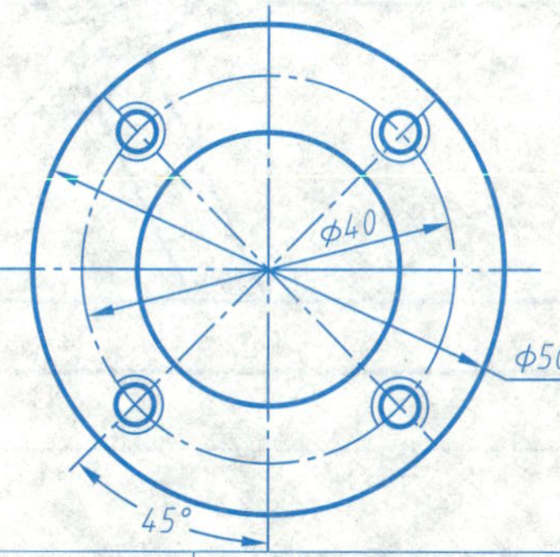


技术要求

未注铸造圆角R2~R3。

| 表 面 | Ra |
|---|---|
| Φ28H8 | 3.2 |
| C2 倒角 | 12.5 |
| Φ7、Φ12孔 | 12.5 |
| 其他加工面 | 6.3 |



| 班 级 | | 姓 名 | | 学 号 | | 审 阅 | |
|---|---|---|---|---|---|---|---|

(6) 零件名称：壳体

材料：HT150

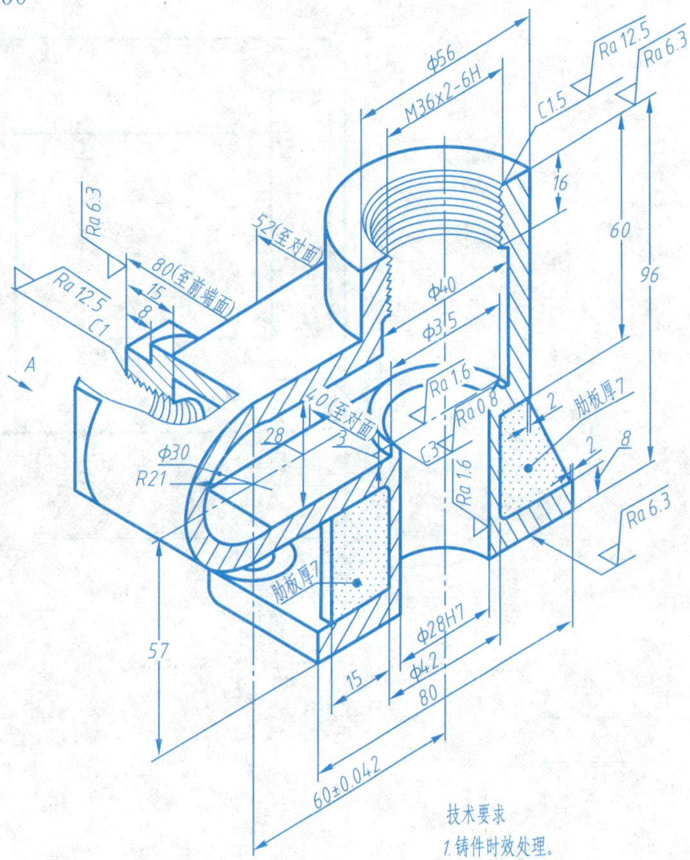


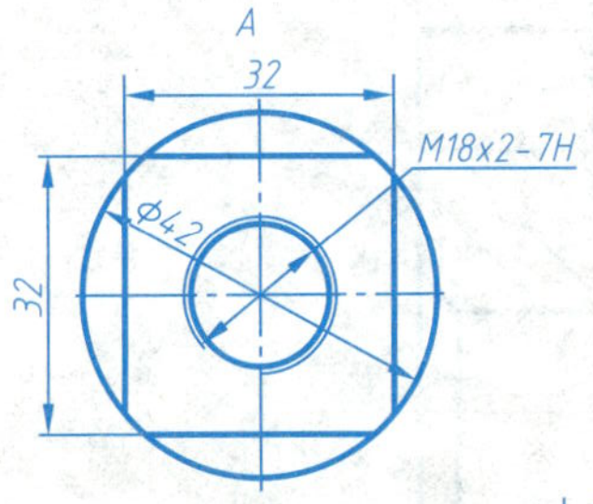


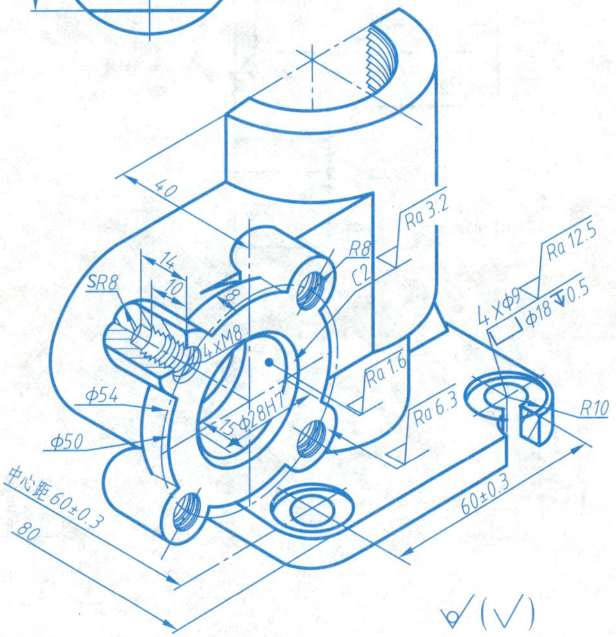


技术要求

1.铸件时效处理。

2.未注铸造圆角半径R2。

$\checkmark$ ( $\checkmark$ )

| 班　级 | | 姓　名 | | 学　号 | | 审　阅 | | 147 |
|---|---|---|---|---|---|---|---|---|

11—2 根据表中所给的表面结构要求，在图样中进行标注。

(1)

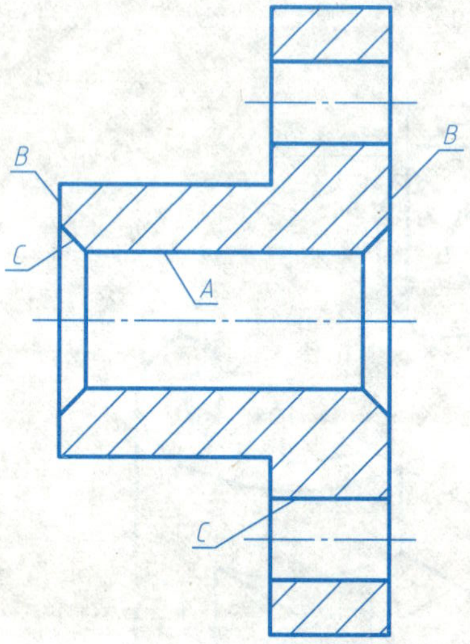


| 表面 | 表面结构要求 |
| --- | --- |
| A | √Ra1.6 |
| B | √Ra3.2 |
| C | √Ra12.5 |
| 其余 | √Ra6.3 |

(2)

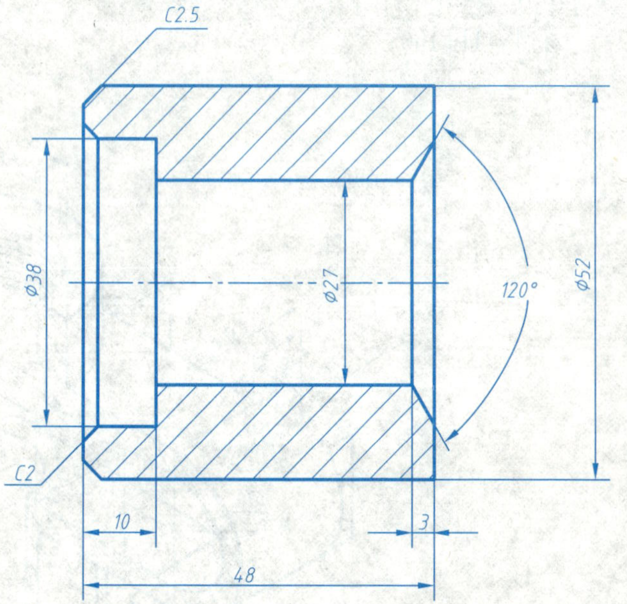


| 表面 | 表面结构要求 |
| --- | --- |
| ϕ27圆柱面 | √Ra 0.8 |
| ϕ52圆柱面 | √Ra1.6 |
| ϕ38圆柱面、左端面 | √Ra 3.2 |
| 120° 锥面、右端面 | √Ra 6.3 |
| 其余 | √Ra 12.5 |

 班 级 姓 名 学 号 审 阅

11—3 根据配合尺寸中各符号的含义填表。

(1) 根据配合尺寸 $\phi 20$ H8/k7 中各符号的具体含义填表。

| 配合尺寸 | 配合制 | 配合种类 | 基本偏差代号 | | 标准公差等级 | |
|---|---|---|---|---|---|---|
| $\phi 20\frac{H8}{k7}$ | | | 孔 | | 孔 | |
| | | | 轴 | | 轴 | |

(2) 说明配合尺寸 $\phi 20$H7/f6 中各符号的具体含义。

| | | | |
|---|---|---|---|
| $\phi 20\frac{H7}{f6}$ | $\phi 20$ | H7 | f6 |
| | | | |

11—4 根据零件图，标注装配图中的配合尺寸。

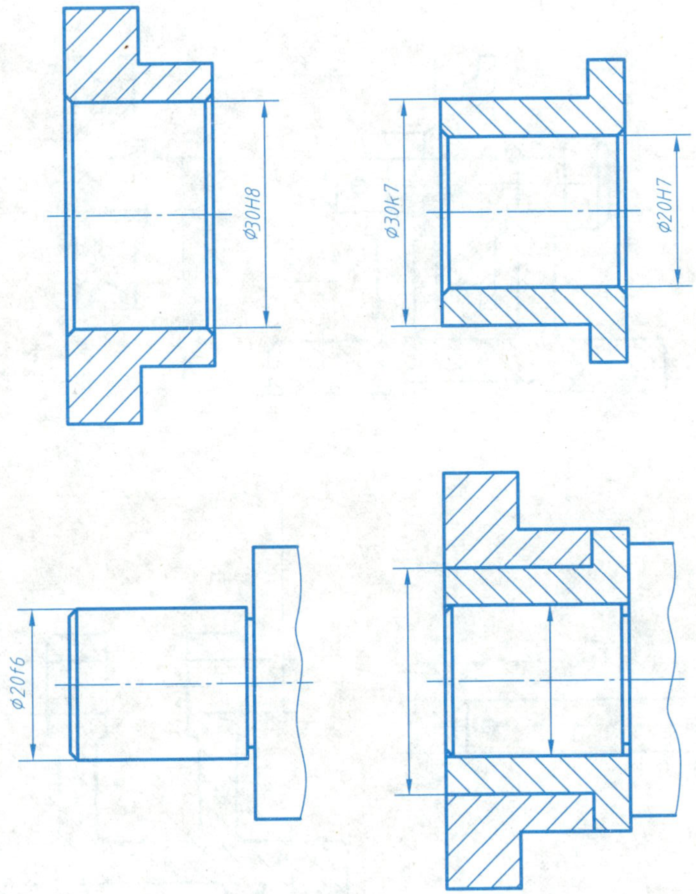

11－5　根据装配图（1）中的配合尺寸，分别在零件图（2）、（3）、（4）上标注其公称尺寸、公差带代号及极限偏差数值。

（1）

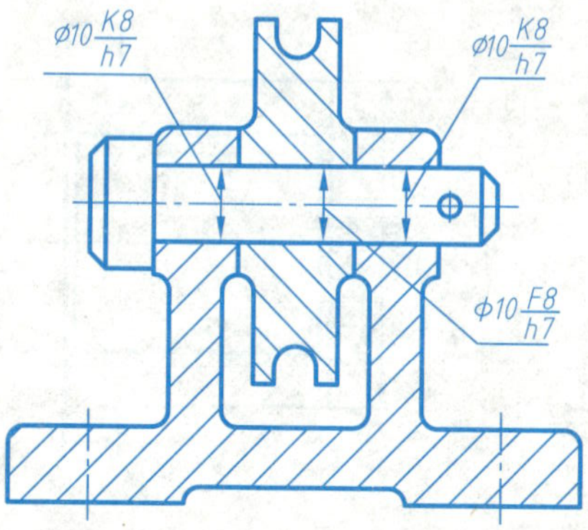


（2）

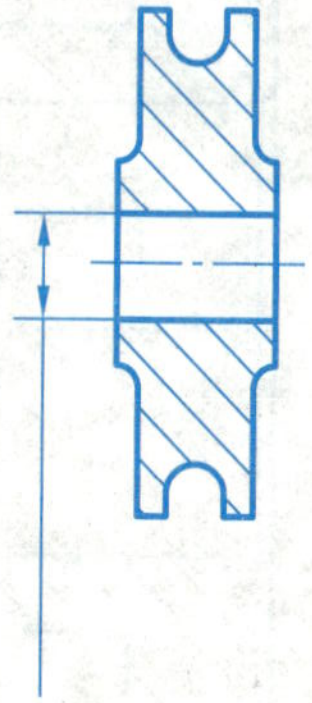

（3）

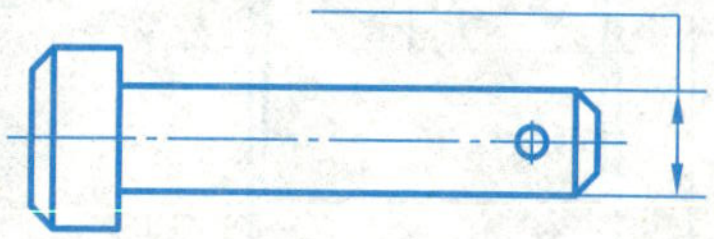

（4）

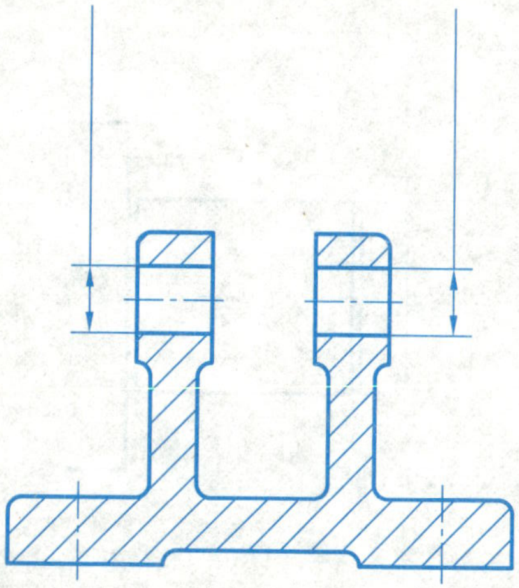

11－6　滑块与导轨的公称尺寸是24，采用基孔制间隙配合，标准公差等级均为IT8，滑块的基本偏差代号为e。在装配图（1）中标注滑块与导轨的配合尺寸，并分别在零件图（2）、（3）上标注公称尺寸、公差带代号及极限偏差数值。

（1）

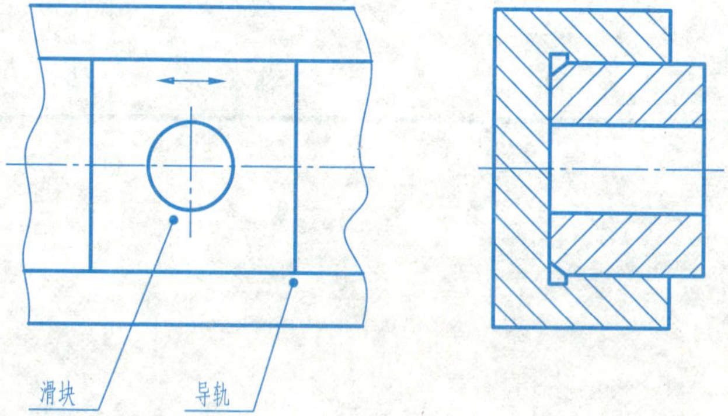


（2）

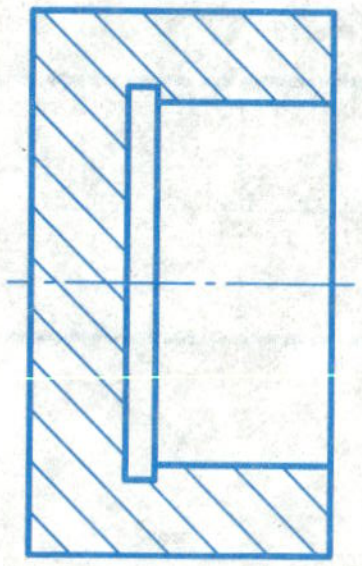

（3）

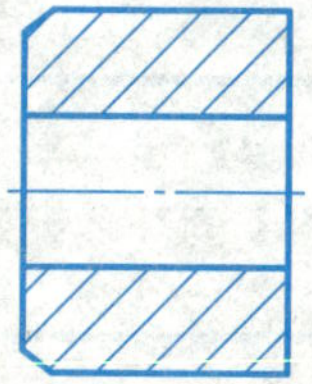

11—7　用文字说明图中几何公差的含义。

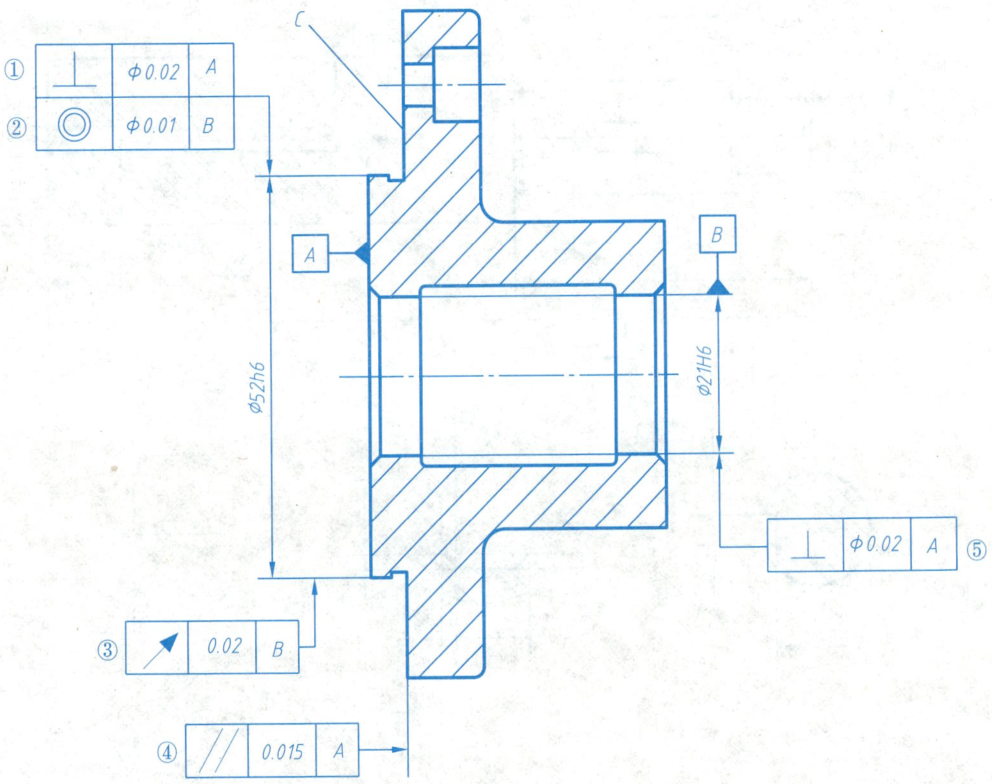


①

②

③

④

⑤

| 班　级 | | 姓　名 | | 学　号 | | 审　阅 | | 151 |
|---|---|---|---|---|---|---|---|---|

11-8 读主轴零件图。

一、读主轴零件图，想出形状，

要求：在指定位置画断面图 C—C。

二、问答：

(1) 该零件采用了哪些表示法？

主视图采用了＿＿＿＿＿＿＿＿＿＿，

还有＿＿＿＿＿＿＿＿＿＿＿＿＿＿。

(2) φ44h6 圆柱的长度为＿＿＿＿mm。

(3) 该零件有＿＿＿＿＿＿处螺纹，标记分别为＿＿＿＿＿＿＿＿＿＿。

(4) 该零件上的键槽深度是＿＿＿＿＿mm。

(5) 该零件哪个表面最光滑＿＿＿＿＿＿＿＿。

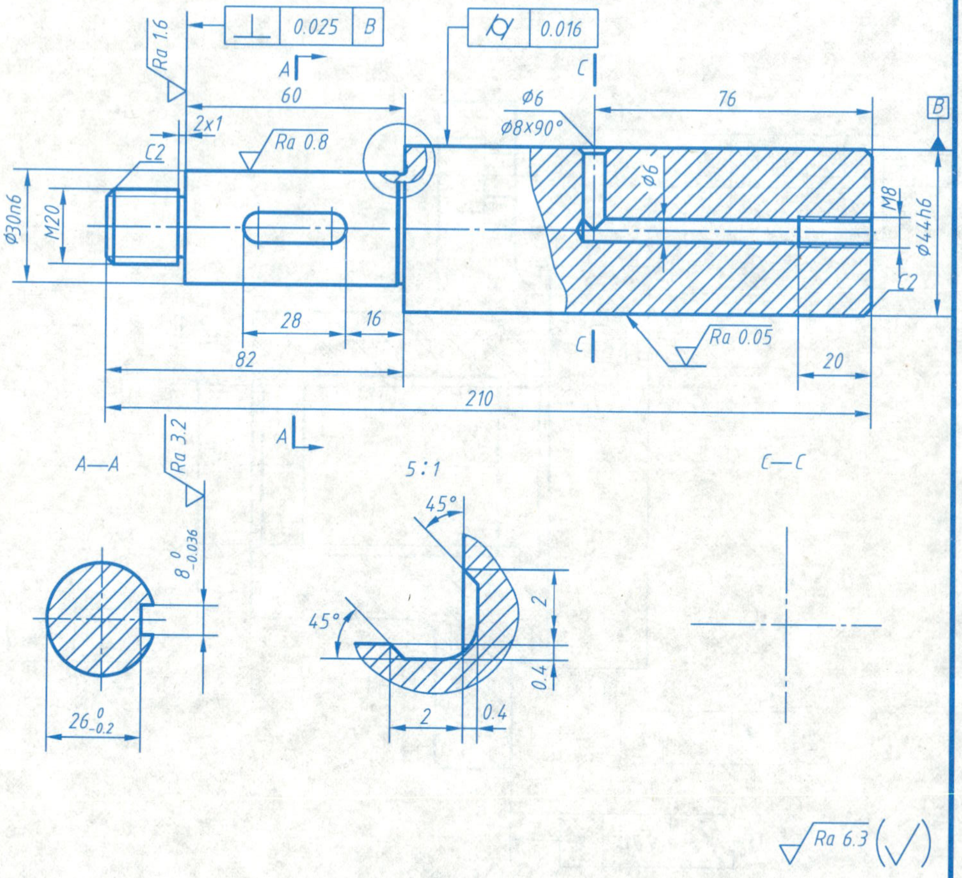


| 制图 | (姓名) | (日期) | 45 | | | (学校名称) |
|---|---|---|---|---|---|---|
| 校对 | | | | | | 主轴 |
| | | | 比例 | 1:2 | 数量 | (图样代号) |
| 审核 | | | 班号 | | 学号 | (投影符号) |

11-9 读端盖零件图，完成下列各题。

(1) 画 A—A 剖视图（对称机件剖视图画一半）。

(2) 表面Ⅰ粗糙度代号为________，表面Ⅱ粗糙度代号为________，表面Ⅲ粗糙度代号为________。

(3) 尺寸 $\phi$70d11，其公称尺寸为________，基本偏差代号为________，标准公差等级为________。

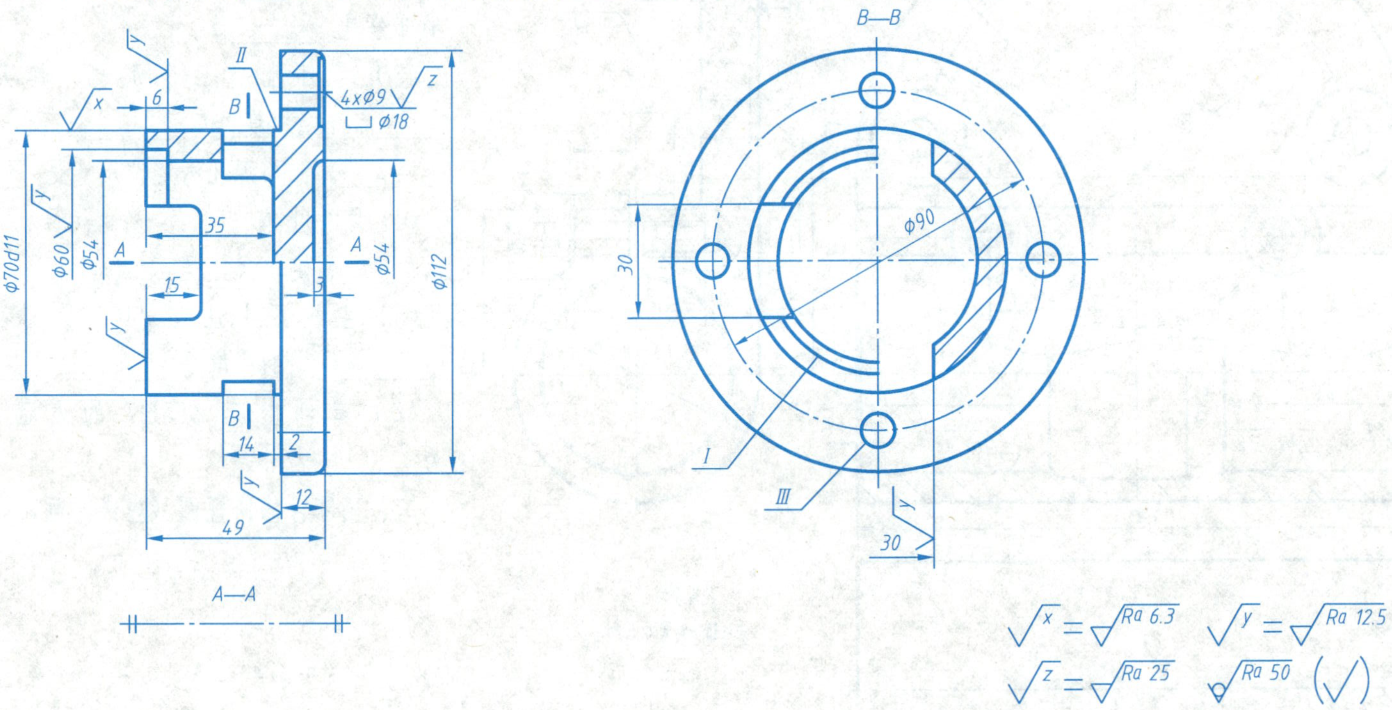


技术要求

铸造圆角R3。

| | | | | | | | |
|---|---|---|---|---|---|---|---|
| 制图 | （姓名） | （日期） | HT200 | | | | （学校名称） |
| 校对 | | | | | | | 端盖 |
| | | | 比例 | 1:2 | 数量 | | （图样代号） |
| 审核 | | | 班号 | | 学号 | | （投影符号） |

| | | | | | | | | |
|---|---|---|---|---|---|---|---|---|
| 班级 | | 姓名 | | 学号 | | 审阅 | | 153 |

11-10 读支架零件图。

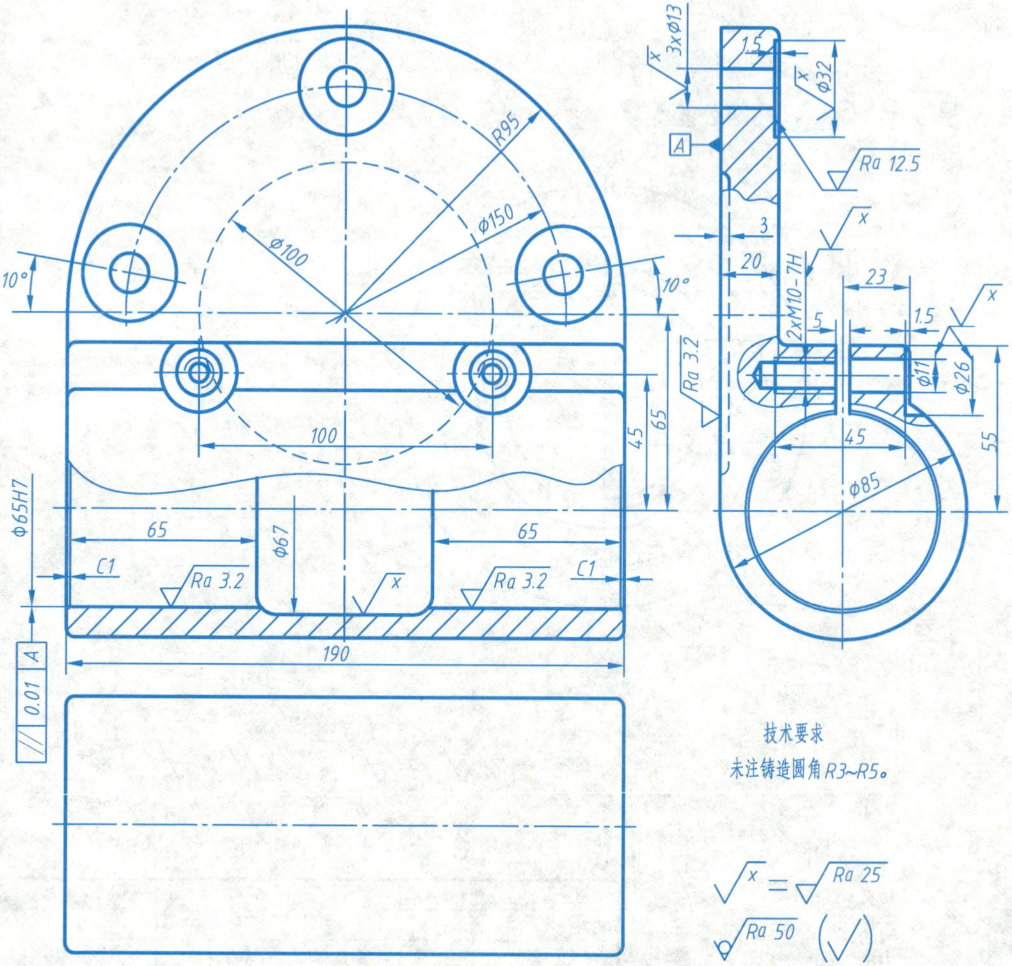


一、问答：

(1) 支架零件的主视图采用________剖，左视图采用________剖表达。

(2) 支架的上半部分基本形状是________体，下半部分是________体。

(3) 零件上有三个沉孔，其大圆直径为________，深度为________，小圆直径为________，三个沉孔的定位尺寸是________。

(4) 零件上有________个螺孔，其螺纹代号为________，定位尺寸是________。

(5) 主视图中注有 $\phi100$ 的圆孔是否通孔________，它的深度是________。

(6) 零件上孔 $\phi65H7$ 的表面粗糙度 $Ra$ 为________。

二、画零件的俯视图（虚线不画）。

| | | | | | | | |
|---|---|---|---|---|---|---|---|
| 制图 | （姓名） | （日期） | HT150 | | | | （学校名称） |
| 校对 | | | | | | | 支架 |
| | | | 比例 | 1:2.5 | 数量 | | （图样代号） |
| 审核 | | | | | | | （投影符号） |



| | | | | | | | |
|---|---|---|---|---|---|---|---|
| 班 级 | | 姓 名 | | 学 号 | | 审 阅 | |

11—11 读箱体零件图。

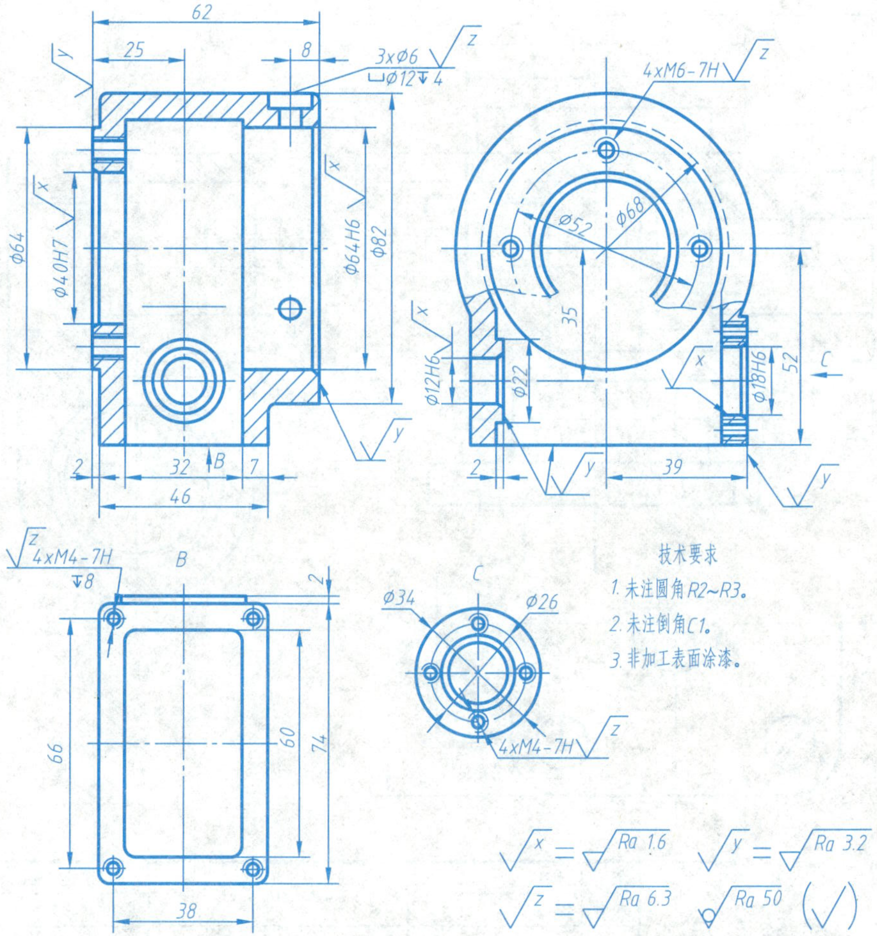


问答：

（1）零件的名称是________，所用的材料是________。

（2）主视图是________剖视图，左视图是________剖视图，B 向视图和 C 向视图是____________视图。

（3）解释尺寸 4×M6-7H 的含义：______________________________________________。

（4）图中有尺寸 $\phi$40H7，其中 $\phi$40 是________，H7 是____________，H 是____________，7 是____________，配合制度为____________。

（5）技术要求第一条所指的圆角是一种________工艺结构。

（6）在图中用▽注出零件沿长、宽、高方向的主要尺寸基准。

（7）零件的总长，总宽和总高分别是________、________、________。

（8）在全部切削加工表面中，最光滑的和最粗糙的表面粗糙度代号分别是____________。

| 制图 | （姓名） | （日期） | HT200 | | | | （学校名称） |
|---|---|---|---|---|---|---|---|
| 校对 | | | | | | | 箱体 |
| | | | 比例 | 1:2 | 数量 | 1 | （图样代号） |
| 审核 | | | 班号 | | 学号 | | （投影符号） |

11—12　画出下图中的 C—C。

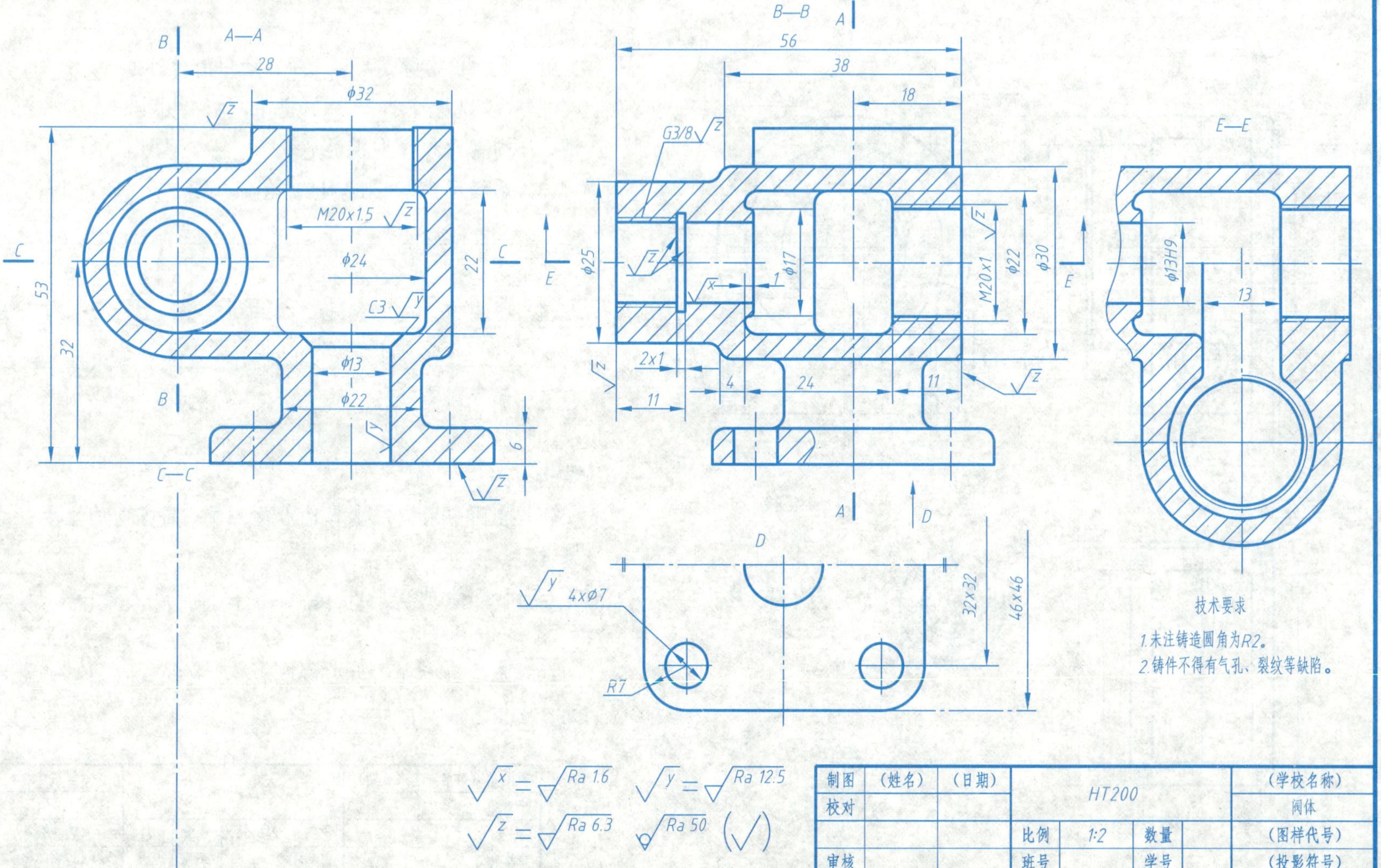


技术要求

1.未注铸造圆角为R2。

2.铸件不得有气孔、裂纹等缺陷。

| | | | | | | |
|---|---|---|---|---|---|---|
| 制图 | （姓名） | （日期） | HT200 | | | （学校名称） |
| 校对 | | | | | | 阀体 |
| | | | 比例 | 1:2 | 数量 | （图样代号） |
| 审核 | | | 班号 | | 学号 | （投影符号） |

 班　级　　姓　名　　学　号　　审　阅

12—1　根据下面轴系轴测图和轴零件图，试画出轴系组合图。

要求：(1) 用仪器按 2∶1 画在 A3 图纸上。

(2) 画一个全剖视图（主视图）。

(3) 计算出分度圆、齿顶圆和齿根圆直径，并标注分度圆直径和齿顶圆直径。轮齿宽度为 10mm，轮毂直径为 42mm，轮毂长度为 25mm，供画图用，但尺寸不标出。

(4) 只注轴的总长 140mm，轴径 $\phi$25mm，其余尺寸一律不注。表面粗糙度也不注。

(5) 轴上细小结构倒角、退刀槽等可省略不画。

(6) 编写明细栏。

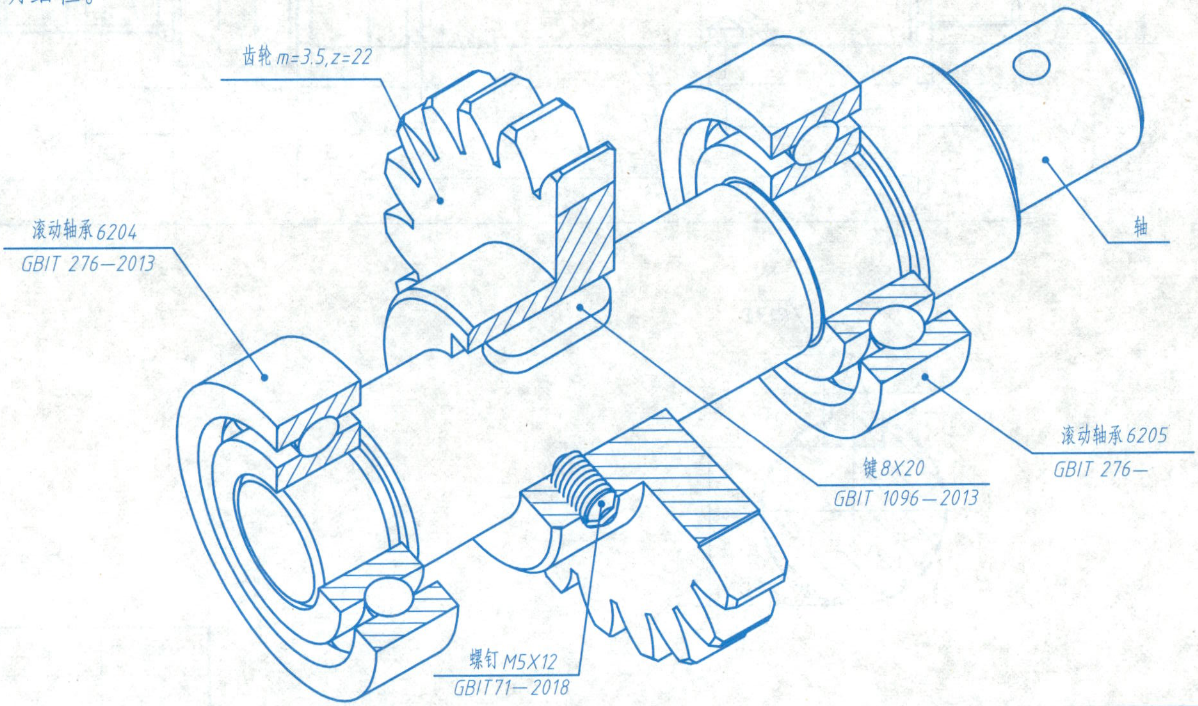


| 班　级 | | 姓　名 | | 学　号 | | 审　阅 | | 157 |
|---|---|---|---|---|---|---|---|---|

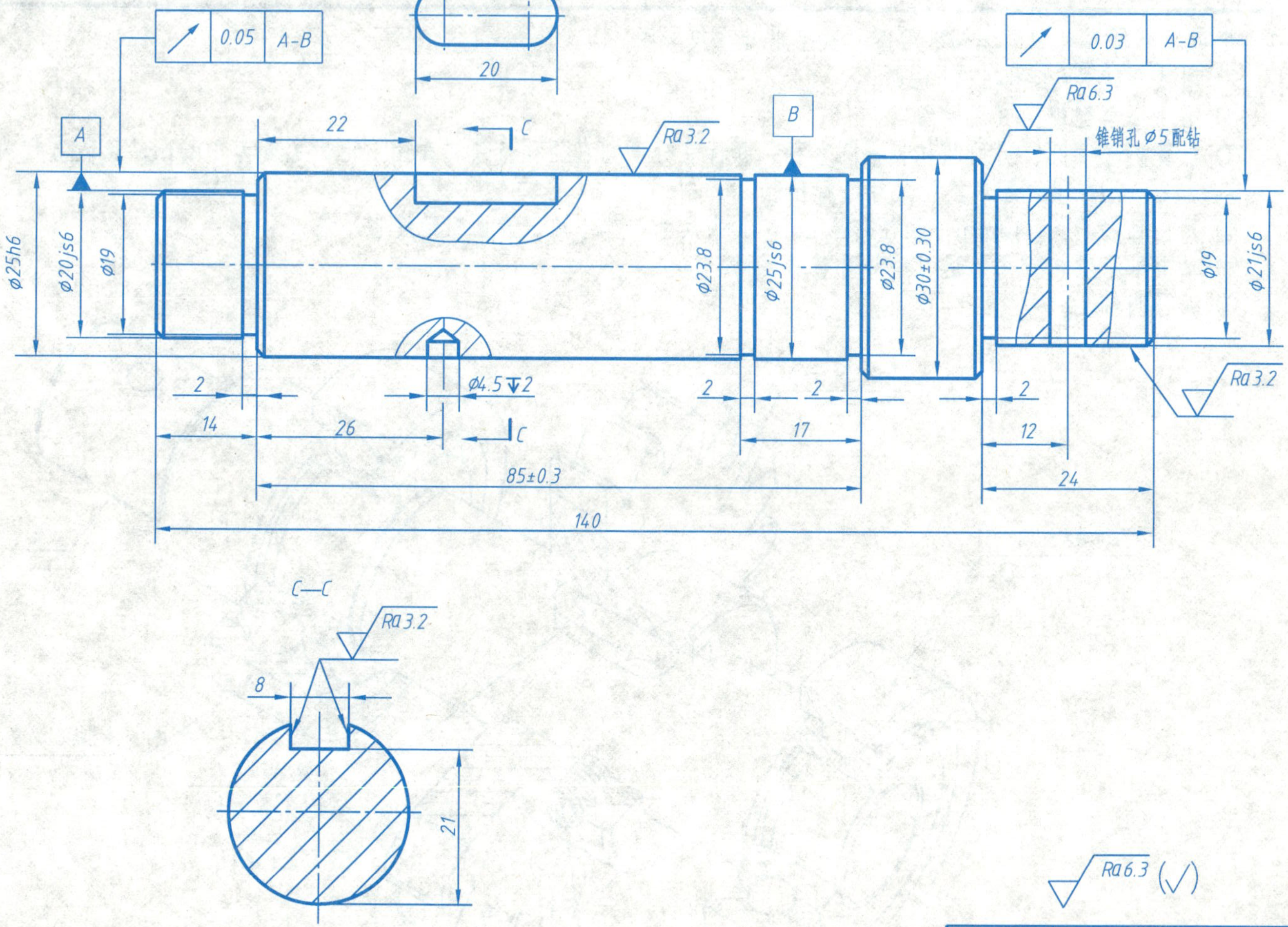


| | | | |
|---|---|---|---|
| 名称 | 轴 | 比例 | 1:1 |
| 材料 | 45 | | |

| | | | | | | | |
|---|---|---|---|---|---|---|---|
| 158 | 班 级 | | 姓 名 | | 学 号 | | 审 阅 |

12—2 在A3图纸上绘制千斤顶的装配图。

千斤顶工作原理：

千斤顶利用螺旋传动来顶举重物，是汽车修理和机械安装等常用的一种起重或顶压工具，但顶举的高度不能太大。工作时，绞杠穿在螺旋杆顶部的孔中，旋动绞杠，螺旋杆在螺套中靠螺纹做上下移动，顶垫上的重物靠螺旋杆的上升而顶起。螺套镶在底座里，并用螺钉定位，磨损后便于更换修配。螺旋杆的球形面顶部套一个顶垫，靠螺钉与螺旋杆连接而不固定，防止顶垫随螺旋杆一起旋转而且不脱落。

千斤顶零件明细表

| 序号 | 名　称 | 数量 | 材　料 | 附　注 |
|---|---|---|---|---|
| 1 | 顶垫 | 1 | Q275-A | |
| 2 | 螺钉 M8×12 | 1 | 14H 级 | GB/T 75—2018 |
| 3 | 螺旋杆 | 1 | Q255-A | |
| 4 | 绞杠 | 1 | Q215-A | |
| 5 | 螺钉 M10×12 | 1 | 14H 级 | GB/T 73—2017 |
| 6 | 螺套 | 1 | ZCuAl10Fe3 | |
| 7 | 底座 | 1 | HT200 | |

作业：

(1) 根据给定的一套千斤顶零件图，仔细阅读各零件图，想出零件形状，并根据轴测图（或实物）及工作原理简介，按尺寸找出零件之间相互关系，搞清千斤顶的原理和作用。

(2) 根据零件图画千斤顶装配图。

| 班　级 | | 姓　名 | | 学　号 | | 审　阅 | | 159 |
|---|---|---|---|---|---|---|---|---|

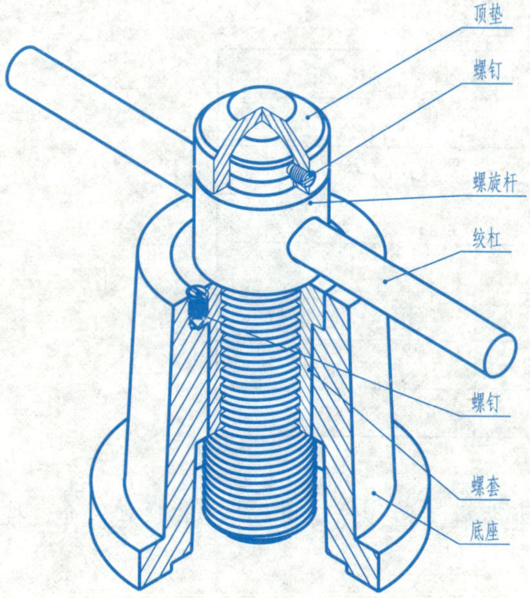


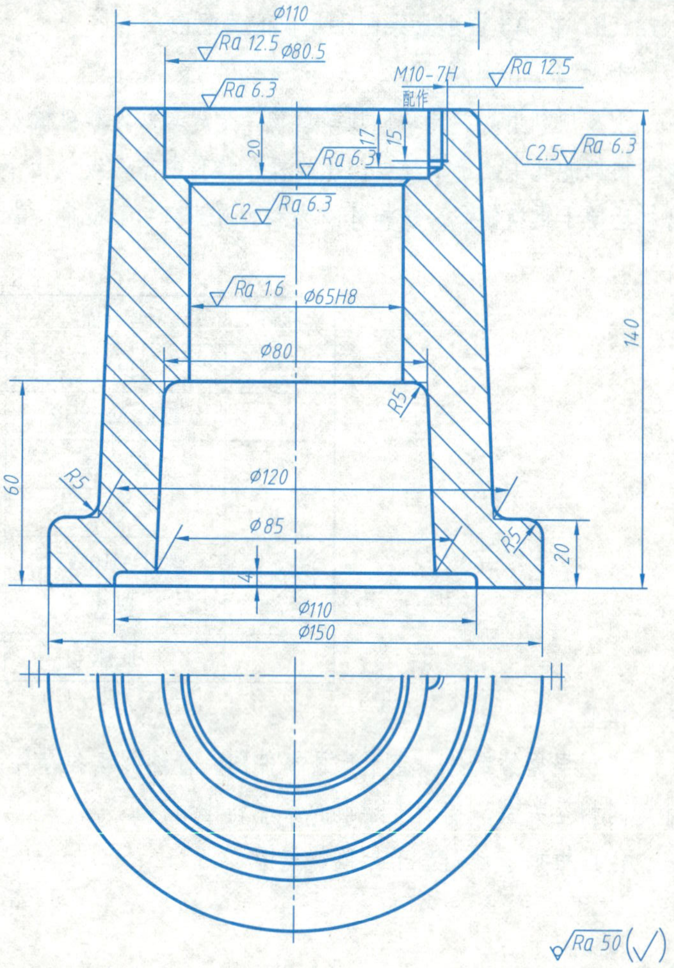


| 序号 | 7 | 名称 | 底座 |
|---|---|---|---|
| 材料 | HT200 | | |

| 160 | 班 级 | | 姓 名 | | 学 号 | | 审 阅 | |
|---|---|---|---|---|---|---|---|---|

| 序号 | 4 | 名称 | 绞杠 |
|---|---|---|---|
| 材料 | Q215-A | | |

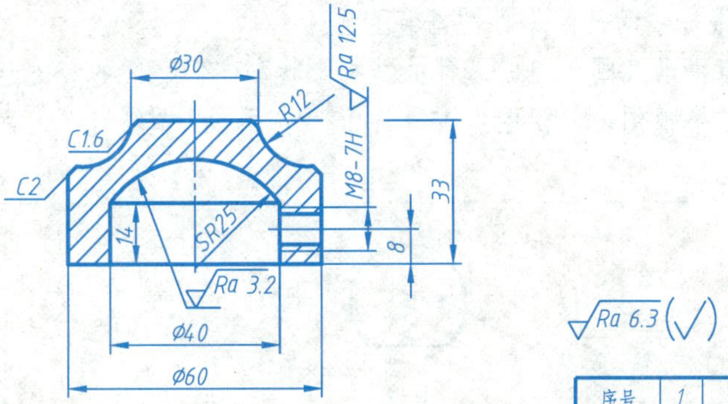


| 序号 | 1 | 名称 | 顶垫 |
|---|---|---|---|
| 材料 | Q275-A | | |

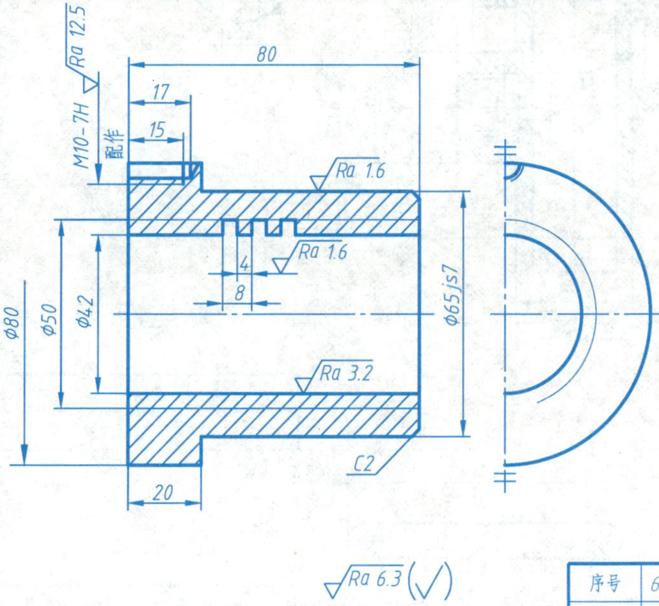


| 序号 | 6 | 名称 | 螺套 |
|---|---|---|---|
| 材料 | ZCuAl10Fe3 | | |

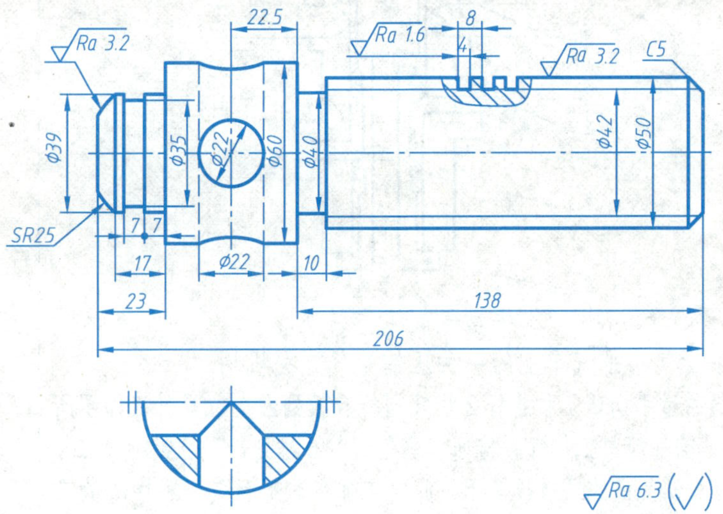


| 序号 | 3 | 名称 | 螺旋杆 |
|---|---|---|---|
| 材料 | Q255-A | | |

| 班级 | | 姓名 | | 学号 | | 审阅 | | 161 |
|---|---|---|---|---|---|---|---|---|

12-3 根据手动气阀零件图画装配图。

读懂手动气阀各组成零件的结构形状和它们之间的装配连接关系，根据装配示意图及零件图，用 2∶1 的比例绘制装配图（采用主、俯、左三个视图，俯视图拆去零件 1、2，用 A2 图纸）。

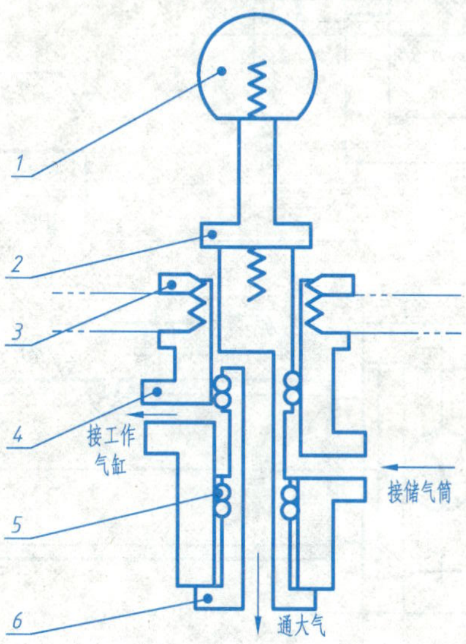


手动气阀工作原理

手动气阀是汽车上的一种压缩空气开关机构。

当通过手柄球 1 和芯杆 2 将气阀杆 6 拉到最上位置时（如图所示），储气筒与工作气缸接通。当气阀杆 6 推到最下位置时，工作气缸与储气筒的通道被关闭，此时工作气缸通过气阀杆中心的孔道与大气接通。气阀杆与阀体 4 的孔是间隙配合，装有 O 形密封圈 5，以防止压缩空气泄漏，螺母 3 是固定手动气阀位置用的。

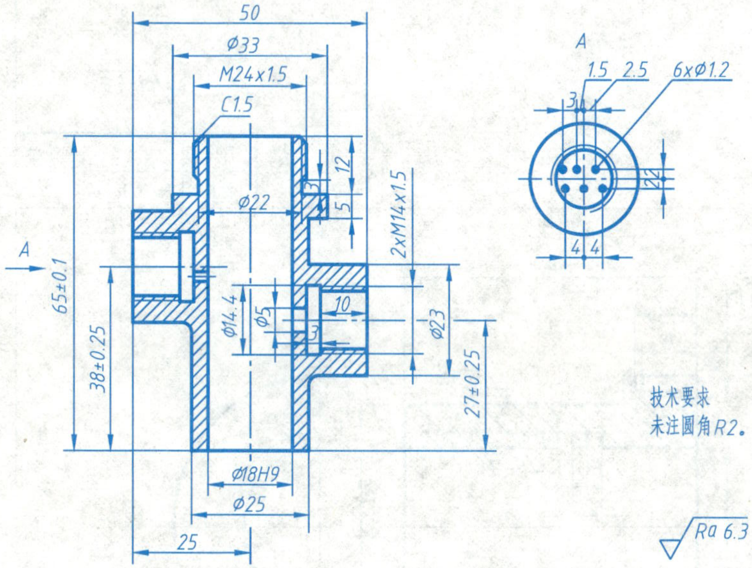


技术要求
未注圆角R2。

| 序号 | 4 | 名称 | 阀体 |
|---|---|---|---|
| 材料 | Q235 | | |

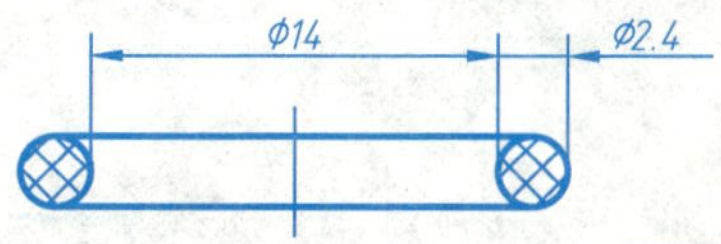


| 序号 | 5 | 名称 | O形密封圈 |
|---|---|---|---|
| 材料 | 橡胶 | | |

| 162 | 班 级 | | 姓 名 | | 学 号 | | 审 阅 | |
|---|---|---|---|---|---|---|---|---|

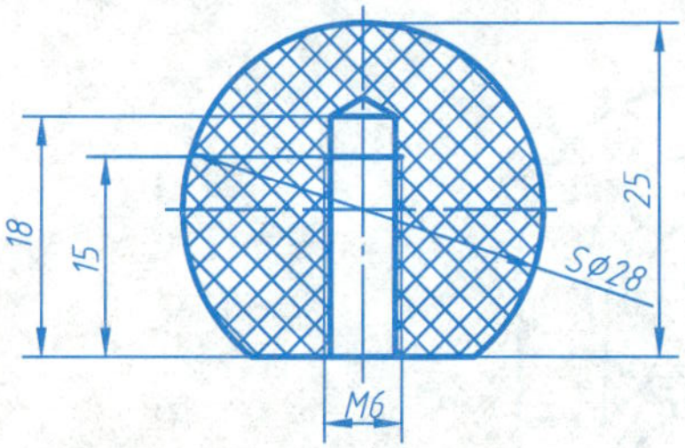


| | | | |
|---|---|---|---|
| 序号 | 1 | 名称 | 手柄球 |
| 材料 | 酚醛塑料 | | |

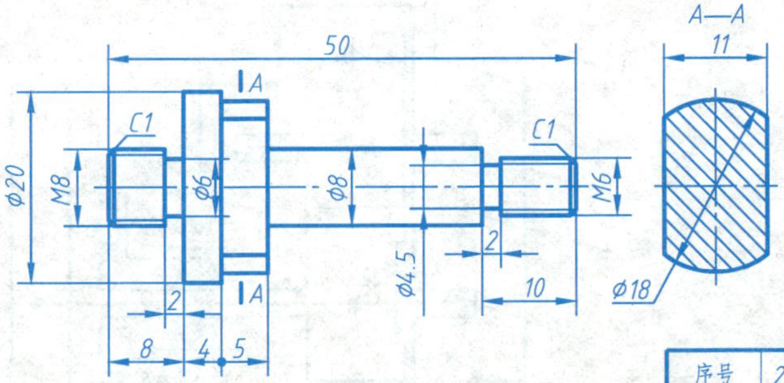


| | | | |
|---|---|---|---|
| 序号 | 2 | 名称 | 芯杆 |
| 材料 | Q235 | | |

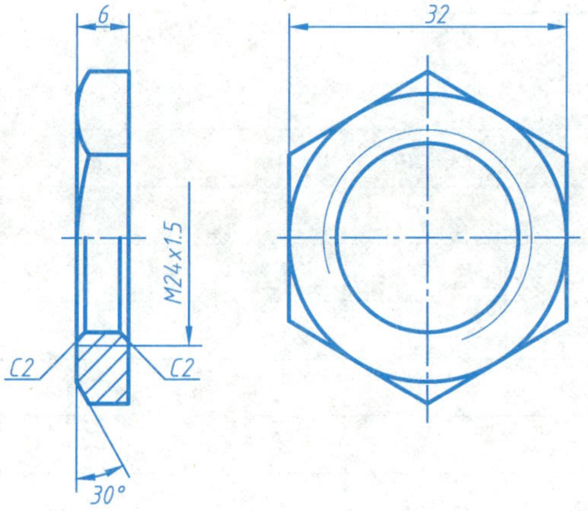


| | | | |
|---|---|---|---|
| 序号 | 3 | 名称 | 螺母 |
| 材料 | Q235 | | |

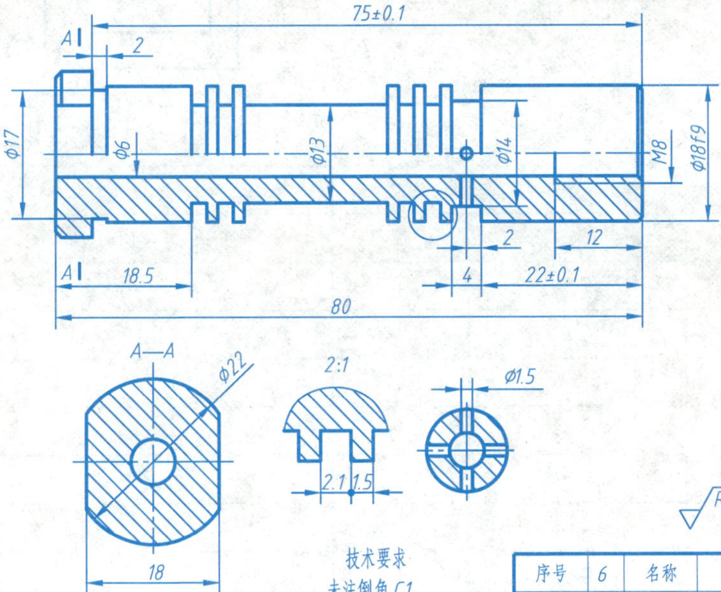


技术要求
未注倒角 C1。

| | | | |
|---|---|---|---|
| 序号 | 6 | 名称 | 气阀杆 |
| 材料 | 45 | | |

| | | | | | | | | |
|---|---|---|---|---|---|---|---|---|
| 班 级 | | 姓 名 | | 学 号 | | 审 阅 | | 163 |

12—4 参考齿轮泵示意图，读懂给出的零件图，画出齿轮泵的装配图。

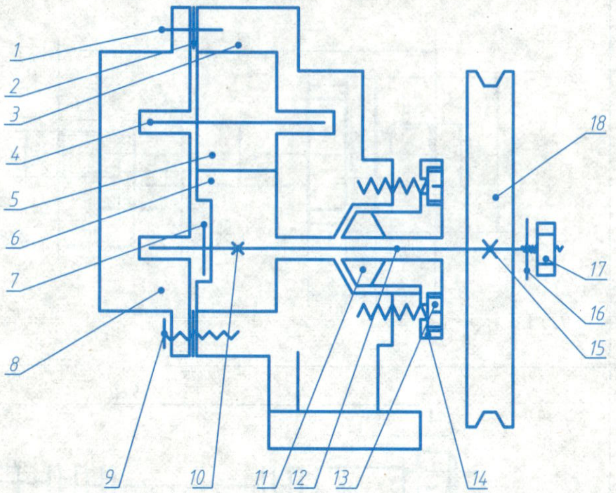


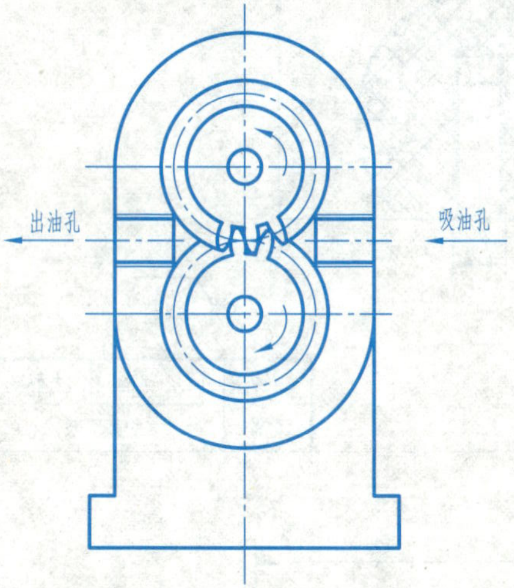


## 齿轮泵零件明细表

| 序号 | 名称 | 数量 | 材料 | 附注 | 序号 | 名称 | 数量 | 材料 | 附注 |
|---|---|---|---|---|---|---|---|---|---|
| 1 | 销 4m6×20 | 2 |  | GB/T 119. 1 | 10 | 键 6×6×20 | 1 |  | GB/T 1096 |
| 2 | 垫片 | 1 | 油纸 |  | 11 | 填料 | 1 | 棉麻绳 |  |
| 3 | 泵体 | 1 | HT200 |  | 12 | 主动轴 | 1 | 45 |  |
| 4 | 被动轴 | 1 | 45 |  | 13 | 螺钉 M6×25 | 2 |  | GB/T 65 |
| 5 | 被动齿轮 | 1 | 45 |  | 14 | 压盖 | 1 | HT200 |  |
| 6 | 主动齿轮 | 1 | 45 |  | 15 | 键 5×5×20 | 1 |  | GB/T 1096 |
| 7 | 挡圈 18 | 1 |  | GB/T 895 | 16 | 垫圈 10 | 1 |  | GB/T 97. 1 |
| 8 | 泵盖 | 1 | HT200 |  | 17 | 螺母 M10 | 1 |  | GB/T 6170 |
| 9 | 螺钉 M6×16 | 6 |  | GB/T 65 | 18 | 带轮 | 1 | HT200 |  |

 班级 姓名 学号 审阅

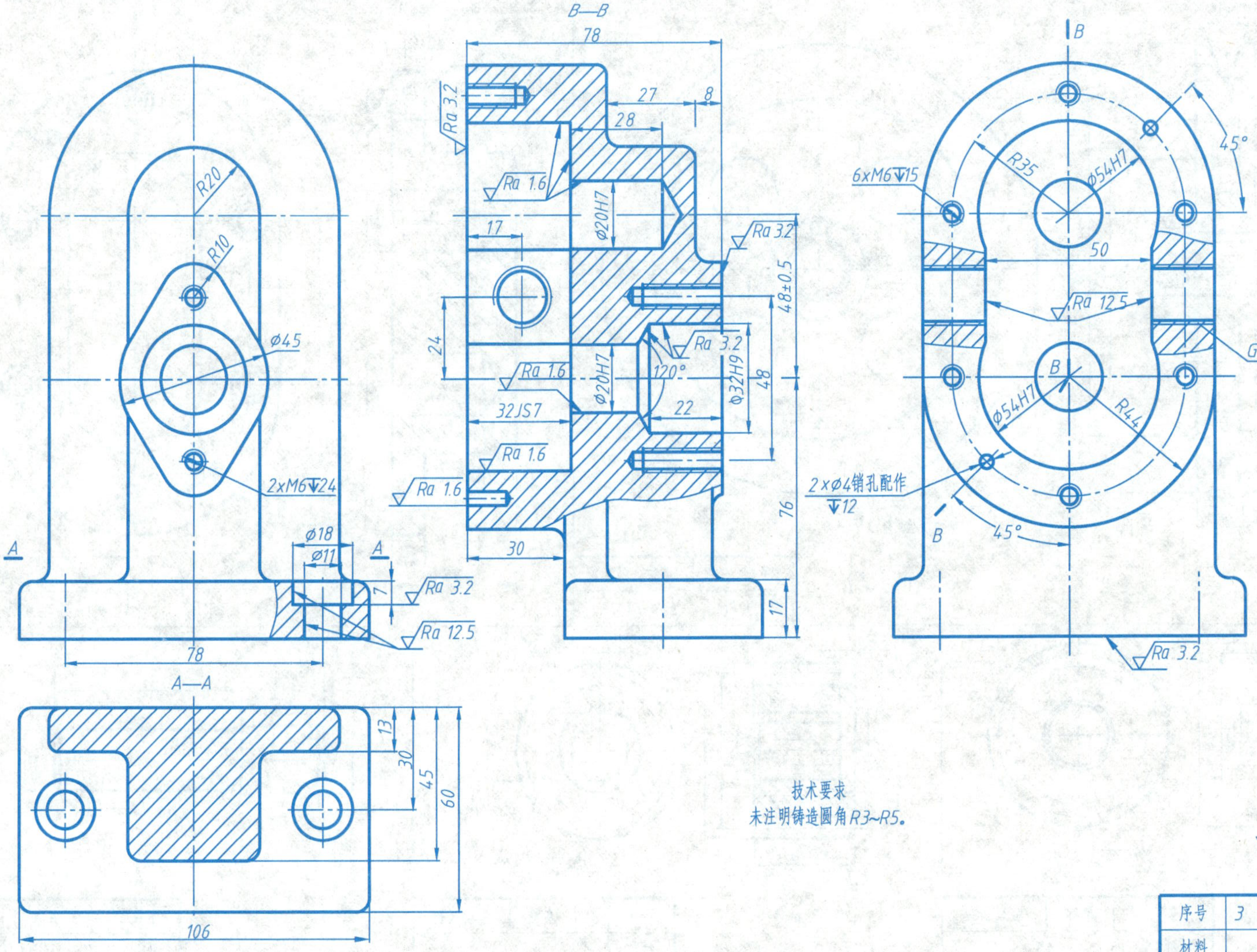

技术要求
未注明铸造圆角R3-R5。

班级　姓名　学号　审阅

材料　HT200
序号　3
名称　泵体
165

Ra 12.5　Ra 3.2

106　13　30　45　60

78　A—A　A　A
∅18　∅11　7
2×M6▽24　∅45　R10　R20

Ra 1.6　Ra 3.2
24　17　B—B　78
30　32JS7　Ra 1.6　Ra 1.6
∅20H7　∅20H7　28　27　8
120°
22　Ra 3.2
∅32H9　48　48±0.5
17　76
Ra 3.2

2×∅4配作▽12
6×M6▽15
45°
∅54H7　B　B
R35　R14　Ra 12.5
∅54H7　50
G3/8　45°
Ra 3.2

√Ra 25 (√)

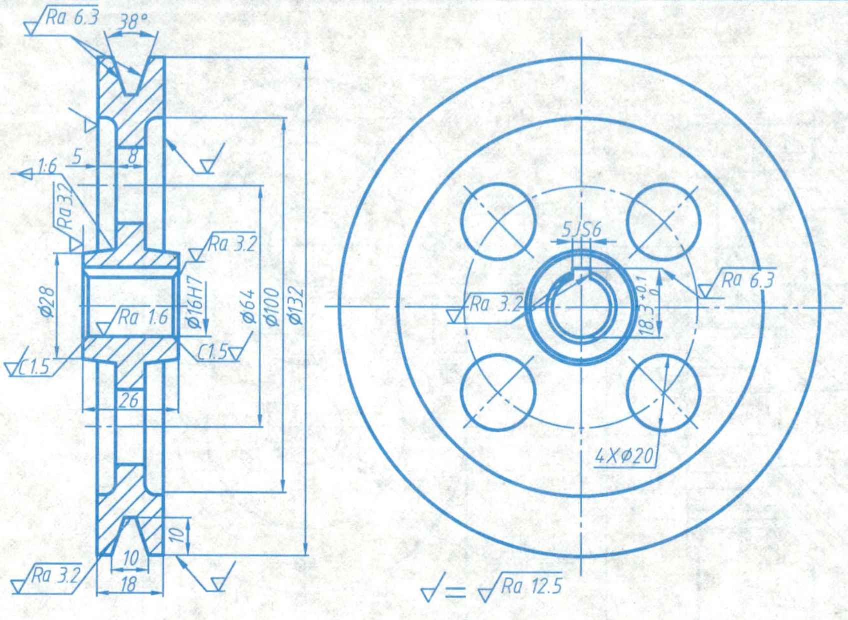


| 序号 | 18 | 名称 | 带轮 |
|---|---|---|---|
| 材料 | HT200 | | |

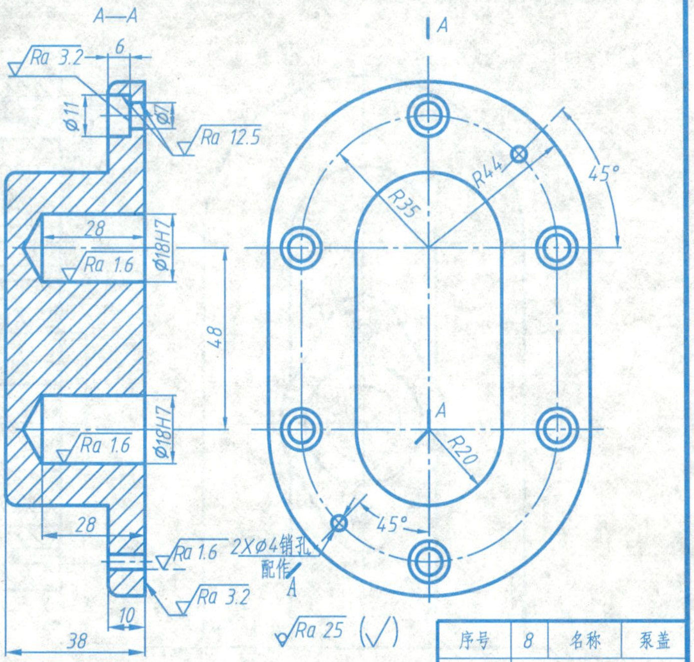


| 序号 | 8 | 名称 | 泵盖 |
|---|---|---|---|
| 材料 | HT200 | | |

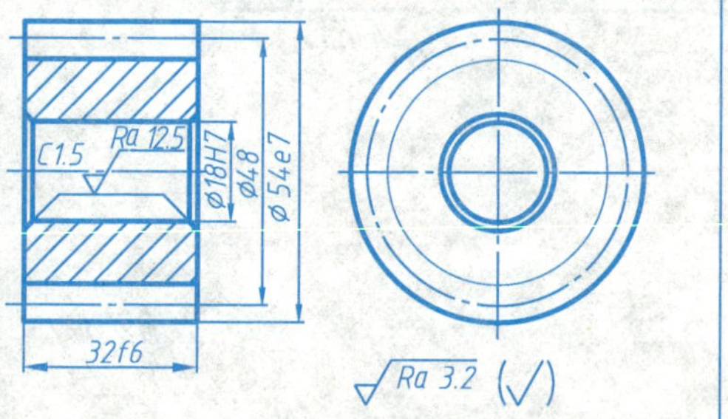


z=16, m=3

| 序号 | 5 | 名称 | 被动齿轮 |
|---|---|---|---|
| 材料 | 45 | | |

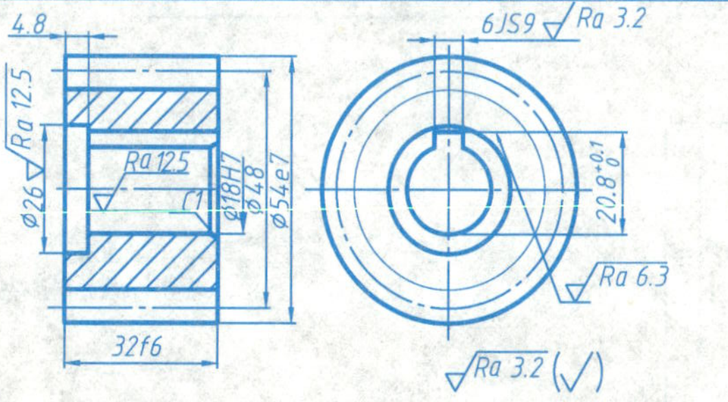


z=16, m=3

| 序号 | 6 | 名称 | 主动齿轮 |
|---|---|---|---|
| 材料 | 45 | | |

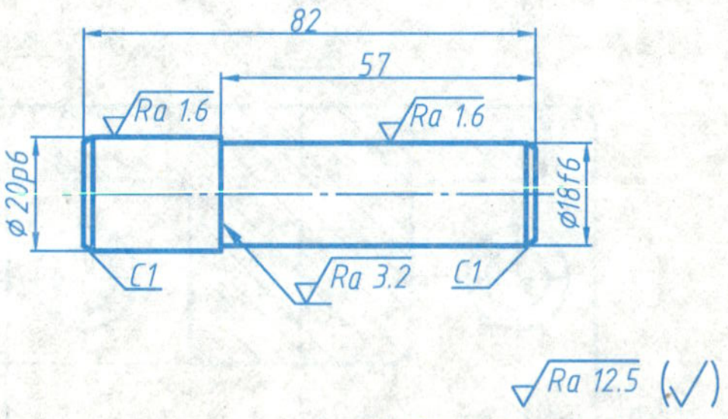


| 序号 | 4 | 名称 | 被动轴 |
|---|---|---|---|
| 材料 | HT200 | | |

| 166 | 班 级 | | 姓 名 | | 学 号 | | 审 阅 | |
|---|---|---|---|---|---|---|---|---|

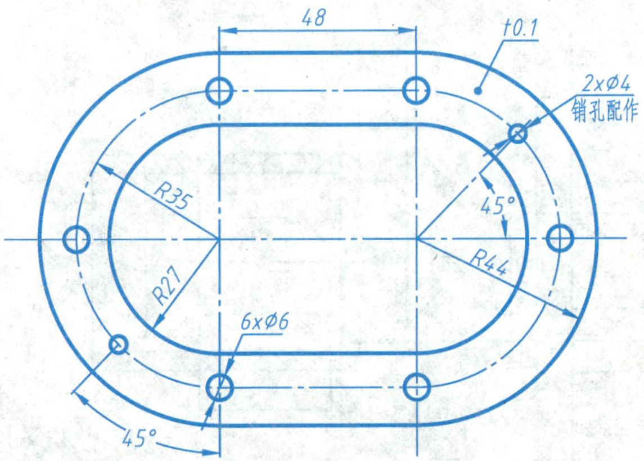


| 序号 | 2 | 名称 | 垫片 |
| --- | --- | --- | --- |
| 材料 | 油纸 | | |

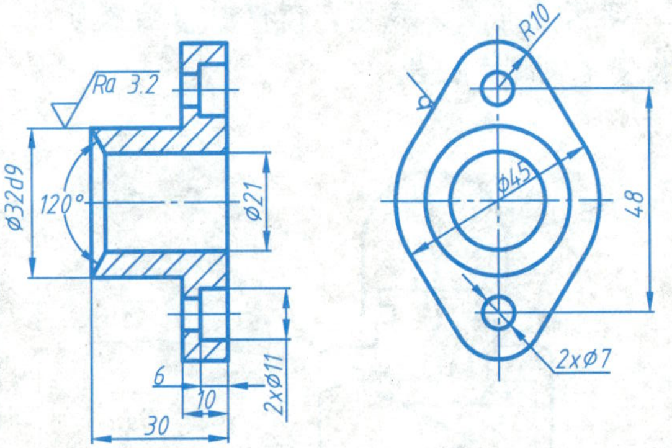


√Ra 6.3 (√)

| 序号 | 14 | 名称 | 压盖 |
| --- | --- | --- | --- |
| 材料 | HT200 | | |

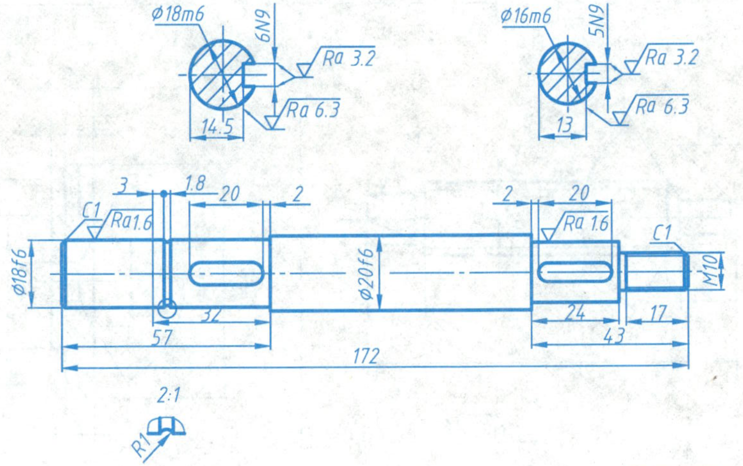


√Ra 6.3 (√)

| 序号 | 12 | 名称 | 主动轴 |
| --- | --- | --- | --- |
| 材料 | 45 | | |

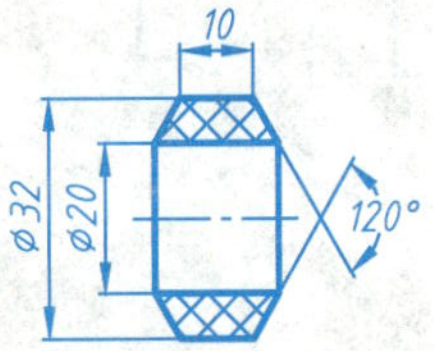


| 序号 | 11 | 名称 | 填料 |
| --- | --- | --- | --- |
| 材料 | 棉麻绳 | | |

| 班级 | | 姓名 | | 学号 | | 审阅 | | 167 |
| --- | --- | --- | --- | --- | --- | --- | --- | --- |

12-5 参考安全阀示意图，读懂给出的零件图，画出安全阀的装配图。

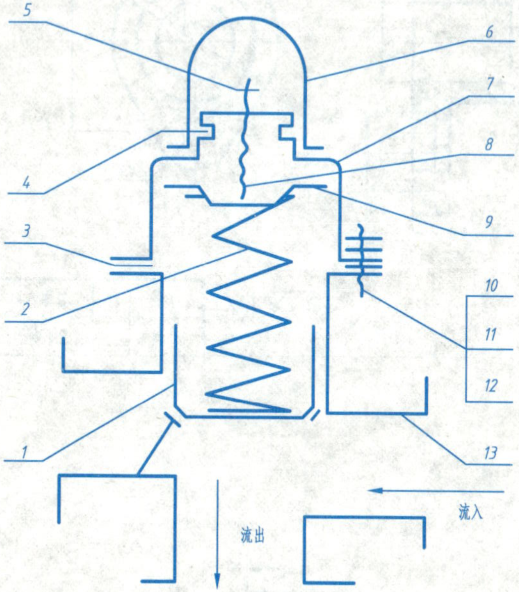


明细表

| 序号 | 名称 | 数量 | 材料 | 备注 |
|---|---|---|---|---|
| 1 | 阀门 | 1 | ZCuSn5Pb5Zn5 | |
| 2 | 弹簧 YA2.5×25×58 | 1 | 65Mn | GB/T 2089—2009 |
| 3 | 垫片 | 1 | 石棉橡胶板 | |
| 4 | 螺钉 M5×8 | 1 | 14H 级 | GB/T 75—2018 |
| 5 | 螺母 M10 | 1 | 8 级 | GB/T 6170—2015 |
| 6 | 罩 | 1 | HT200 | |
| 7 | 盖 | 1 | ZG310—570 | |
| 8 | 螺杆 | 1 | 35 | |
| 9 | 托盘 | 1 | H62 | |
| 10 | 螺柱 M6×16 | 4 | 4.8 级 | GB/T 899—1988 |
| 11 | 垫圈 6 | 4 | 65Mn | GB/T 93—1987 |
| 12 | 螺母 M6 | 4 | 8 级 | GB/T 6170—2015 |
| 13 | 阀体 | 1 | ZG310—570 | |

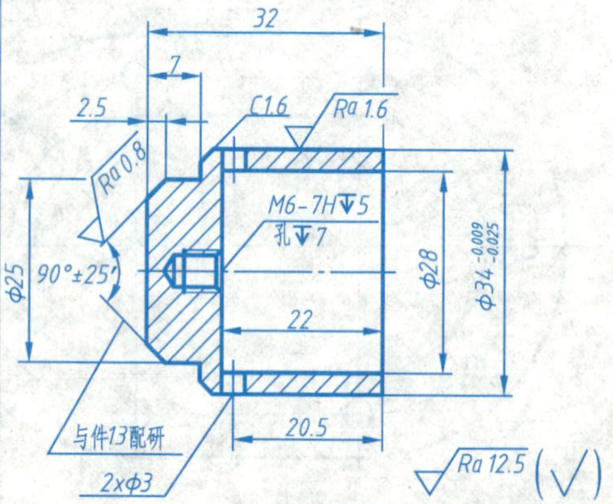


| 序号 | 1 | 名称 | 阀门 |
|---|---|---|---|
| 材料 | ZCuSn5Pb5Zn5 | | |

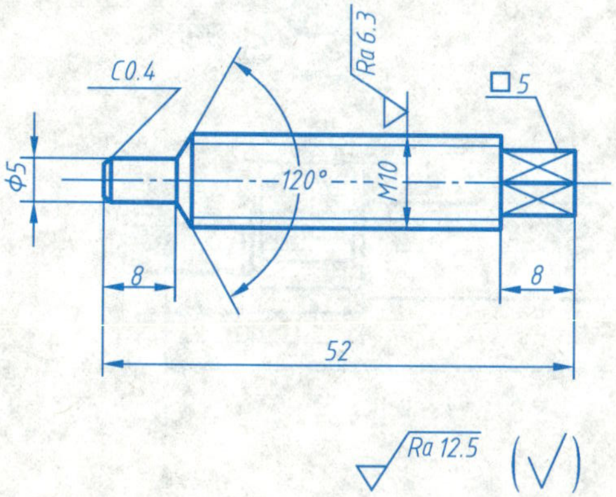


| 序号 | 8 | 名称 | 螺杆 |
|---|---|---|---|
| 材料 | 35 | | |

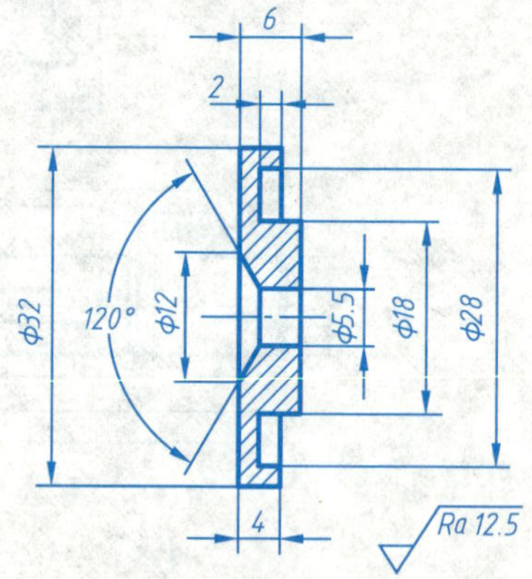


| 序号 | 9 | 名称 | 托盘 |
|---|---|---|---|
| 材料 | H62 | | |

 班级　　姓名　　学号　　审阅

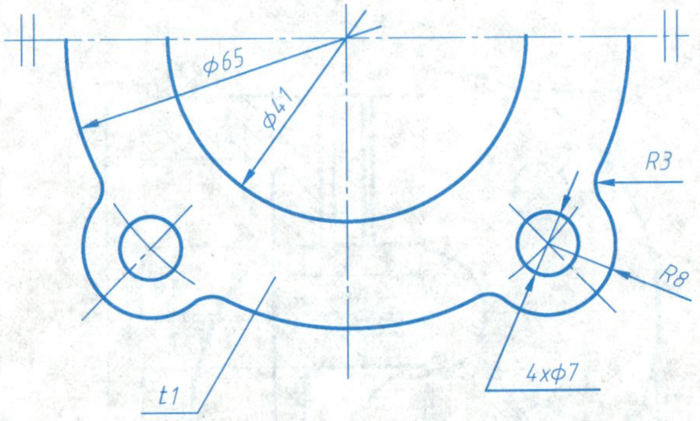


| 序号 | 3 | 名称 | 垫片 |
|---|---|---|---|
| 材料 | 石棉橡胶板 | | |

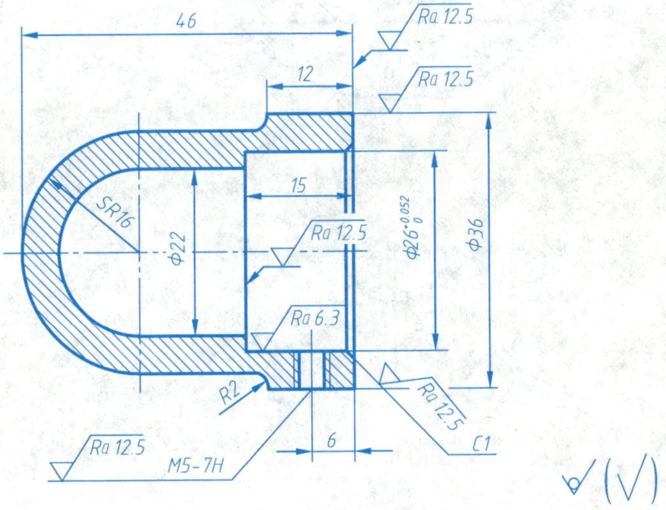


| 序号 | 6 | 名称 | 罩 |
|---|---|---|---|
| 材料 | HT200 | | |

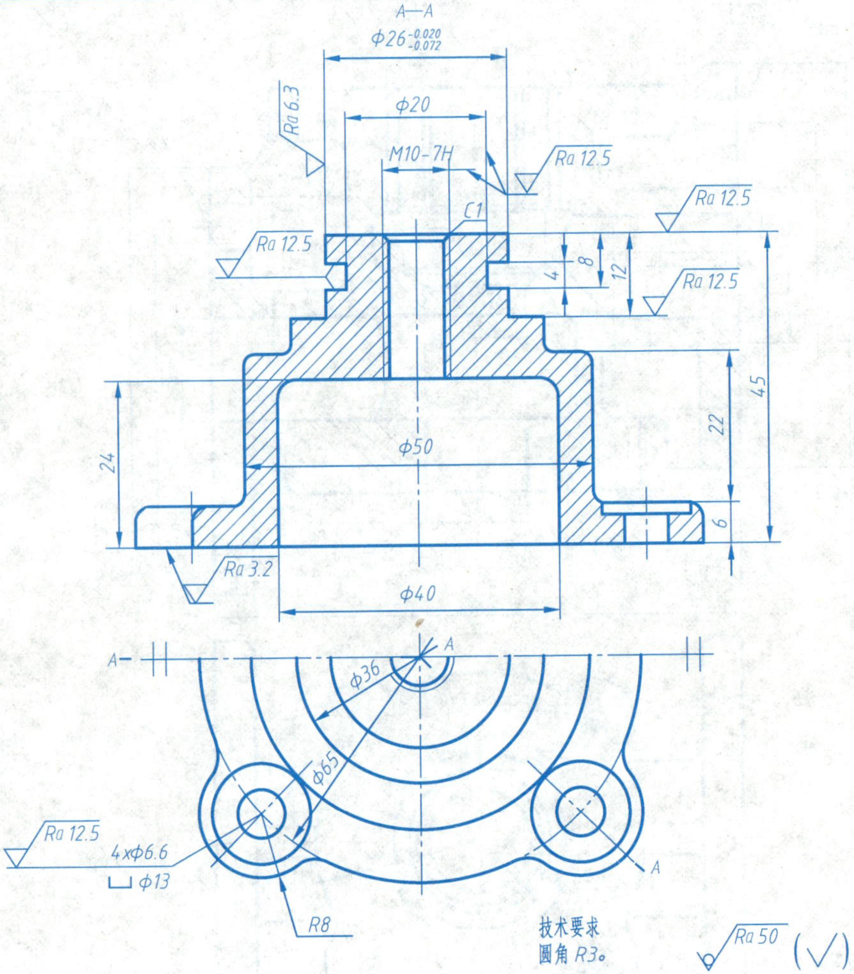


技术要求
圆角 R3。

| 序号 | 7 | 名称 | 盖 |
|---|---|---|---|
| 材料 | ZG310—570 | | |

| 班 级 | | 姓 名 | | 学 号 | | 审 阅 | | 169 |
|---|---|---|---|---|---|---|---|---|

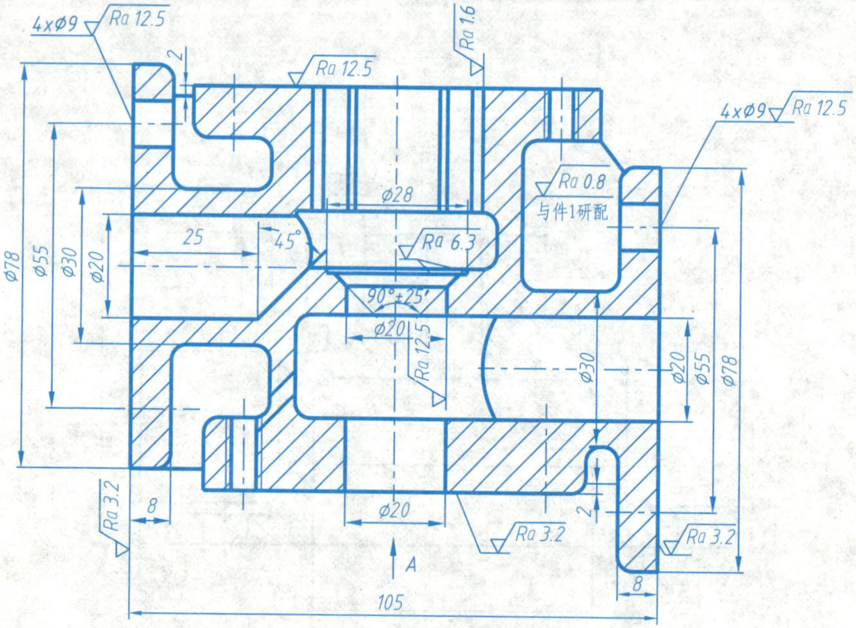


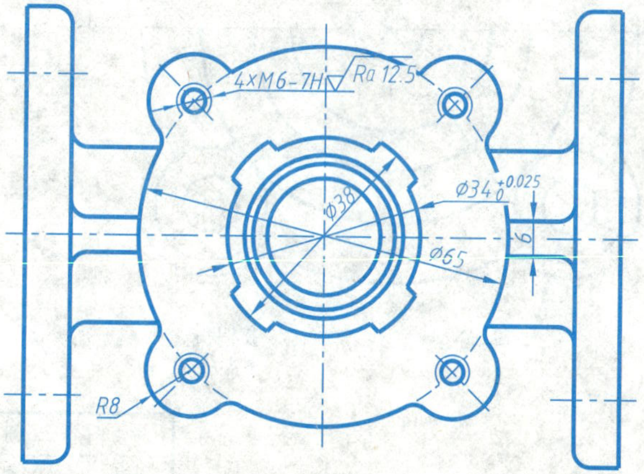


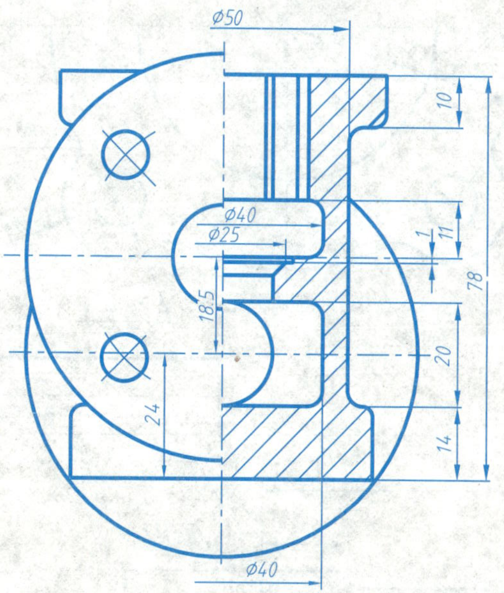


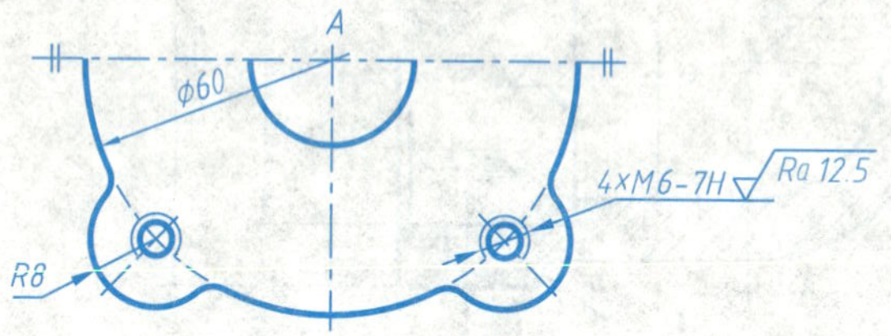


Ra 50 (√)

技术要求

1. 铸件无缩孔、砂眼。
2. 未注铸造圆角R3。

| 序号 | 13 | 名称 | 阀座 |
| --- | --- | --- | --- |
| 材料 | ZG310—570 | | |

170 班 级 姓 名 学 号 审 阅

12-6 参考机用虎钳示意图，读懂给出的零件图，画出机用虎钳的装配图。

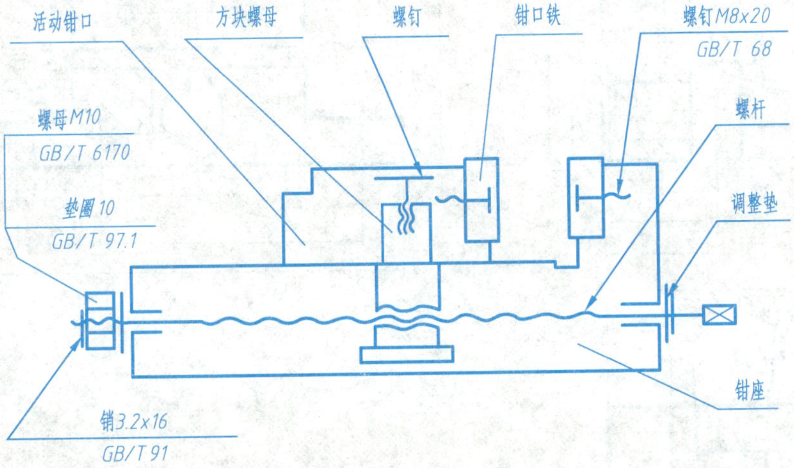


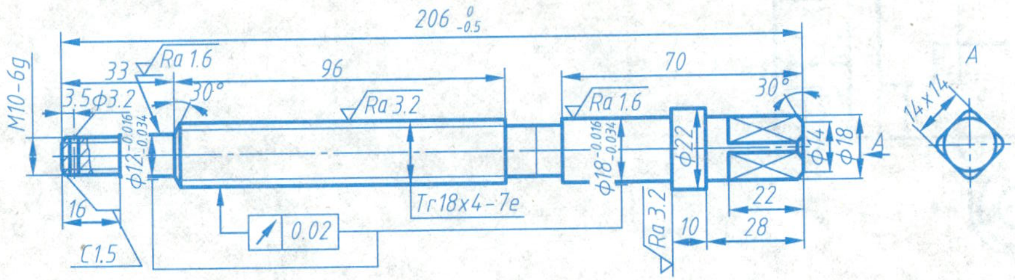


技术要求

调质处理250~280HB。

| 序号 | | 名称 | 螺杆 |
|---|---|---|---|
| 材料 | | 45 | |

| 班级 | | 姓名 | | 学号 | | 审阅 | | 171 |
|---|---|---|---|---|---|---|---|---|

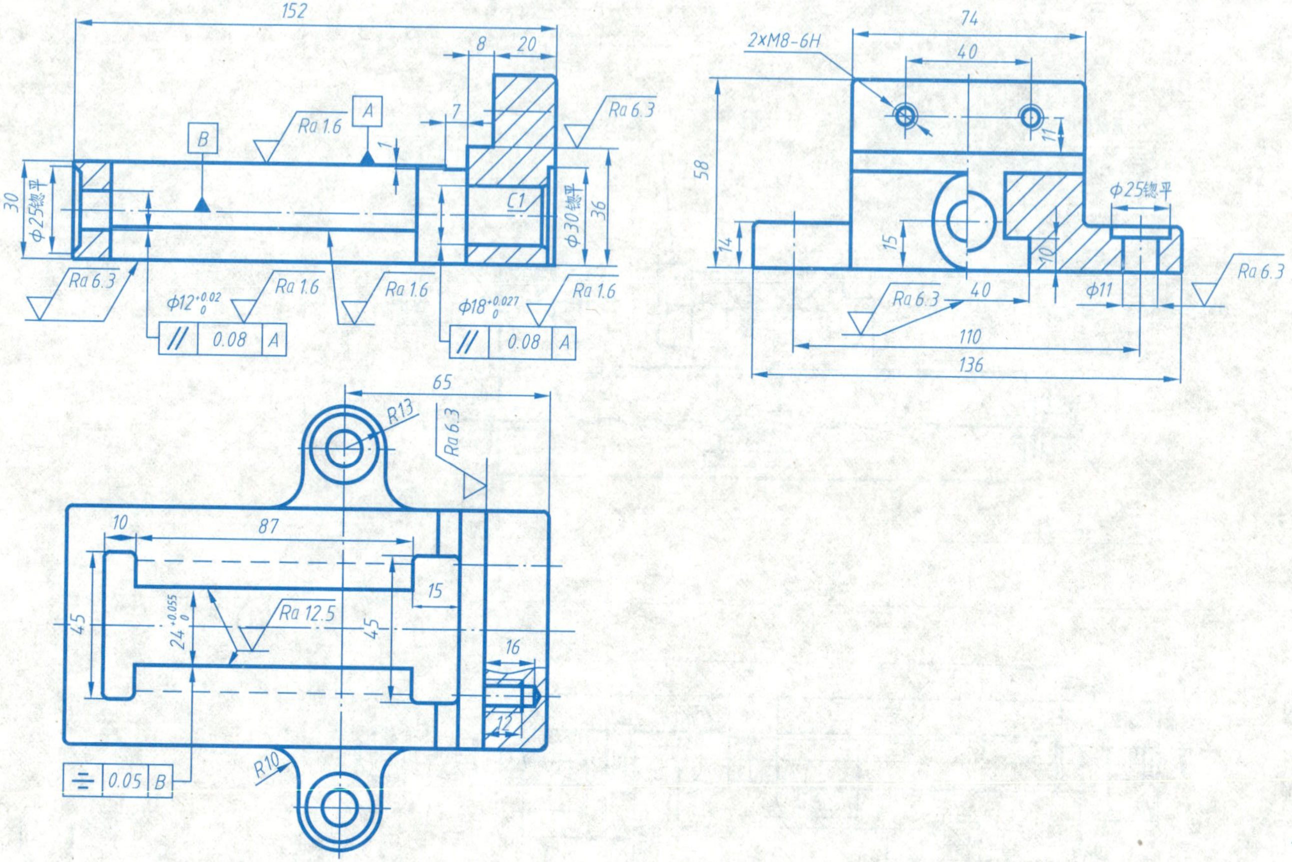


技术要求

1. 未注铸造圆角为R2~R3。
2. 进行时效处理。

$\sqrt{Ra\ 50}$ ($\sqrt{}$)

| 序号 | | 名称 | 钳座 |
|---|---|---|---|
| 材料 | HT200 | | |

 班 级 姓 名 学 号 审 阅

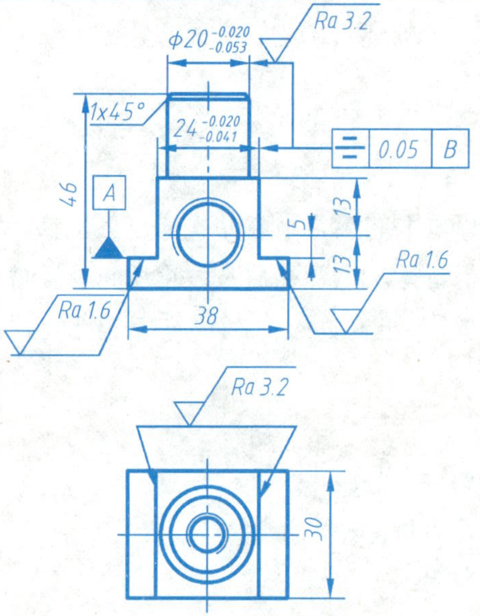


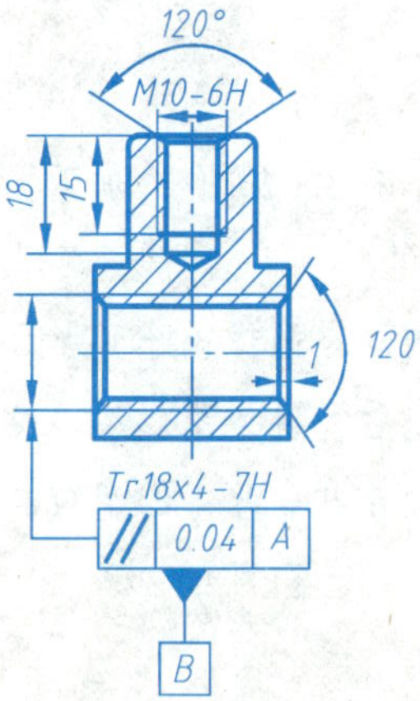


技术要求

1.调质处理220~250HB。

2锐边去毛刺。

Ra 6.3 (√)

| 序号 | | 名称 | 方块螺母 |
|---|---|---|---|
| 材料 | 45 | | |

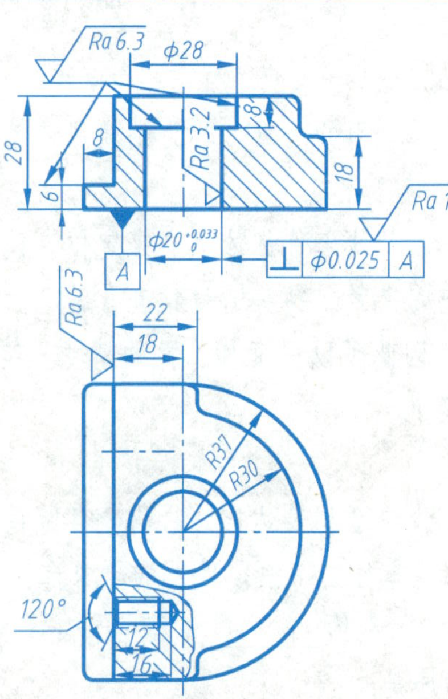


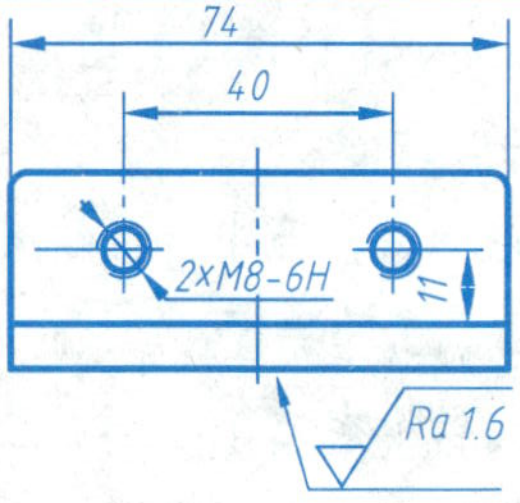


技术要求

1.未注铸造圆角为R2~R3。

2.进行时效处理。

Ra 50 (√)

| 序号 | | 名称 | 活动钳口 |
|---|---|---|---|
| 材料 | HT200 | | |

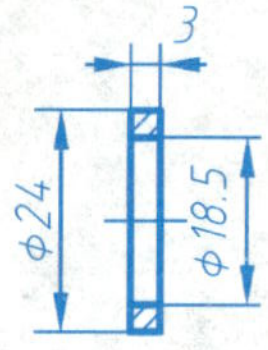


Ra 6.3

| 序号 | | 名称 | 调整垫 |
|---|---|---|---|
| 材料 | Q235 | | |

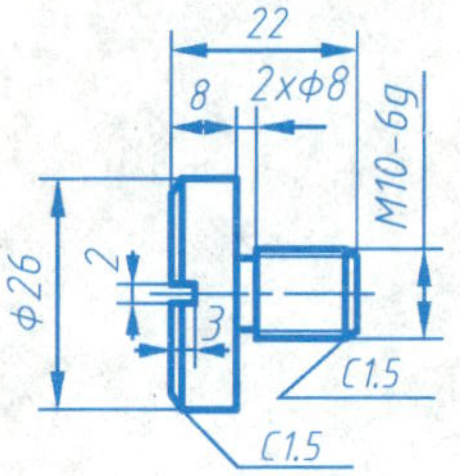


Ra 6.3

| 序号 | | 名称 | 螺钉 |
|---|---|---|---|
| 材料 | Q235 | | |

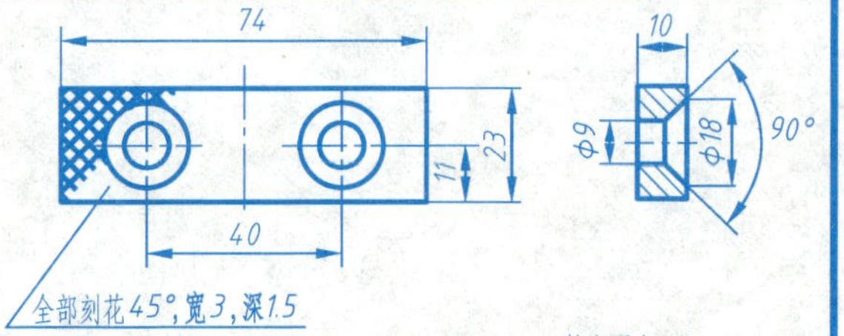


技术要求

热处理50~55HRC。

Ra 6.3

| 序号 | | 名称 | 钳口铁 |
|---|---|---|---|
| 材料 | 65Mn | | |

| 班 级 | | 姓 名 | | 学 号 | | 审 阅 | | 173 |
|---|---|---|---|---|---|---|---|---|

12—7　读钻模装配图。

一、用途

在批量生产中，在钻床上钻孔用的夹具，称为钻模。该钻模用于对工件中 $3\times\phi7$ 孔的加工。

二、工作原理

该钻模底座 1 是主要零件，其他零件都依据它来定位。被加工工件（细双点画线画出）$\phi40H7$ 孔和内侧端面在钻模底座上定位，装上钻模板 4 后用螺母和开口垫圈夹紧。钻头通过钻套 5 钻孔。当钻套 5 磨损后可再换新钻套。由于钻模 $3\times\phi7$ 孔的尺寸精度和位置精度比加工工件 $3\times\phi7$ 的精度高，因此可以保证加工件的精度。销 8 用于钻模板 4 和底座 1 的定位，方便钻套 5 放入孔 $\phi7F7$ 与底座 1 上的圆弧槽对准，避开钻头钻入底座 1。

三、读图要求

读懂钻模装配图，弄清工作原理和表达方法，看懂各零件间的装配关系及各个零件的结构形状。并完成：

(1) 画出零件 1 或零件 3 的零件图（按零件图的要求选择表达方案，比例自定），注全零件的尺寸和技术要求。

(2) $\phi14H7/k6$ 为________制的________配合，是零件________和零件________表面接触。

(3) 拆卸被加工工件的顺序是________________________。



| 班　级 | | 姓　名 | | 学　号 | | 审　阅 | |
|---|---|---|---|---|---|---|---|

班级

姓名

学号

审阅

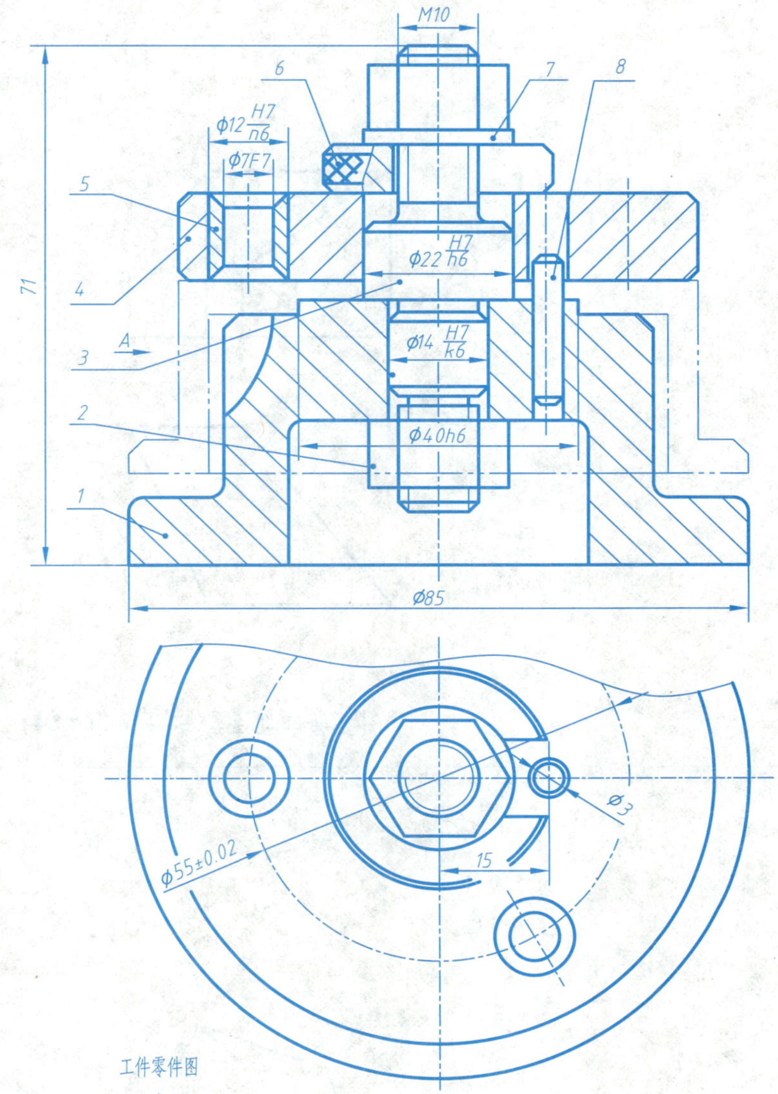


件1 A

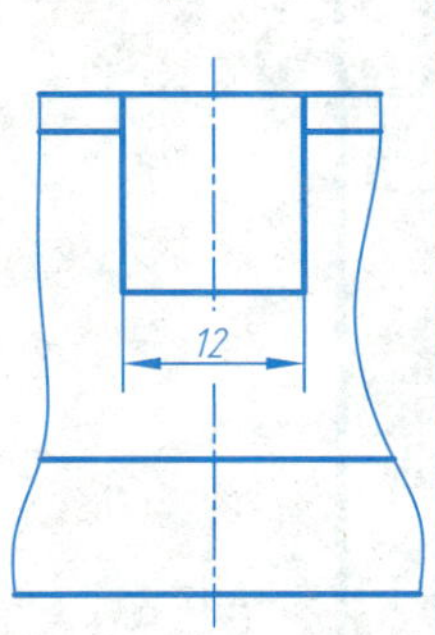


工件零件图

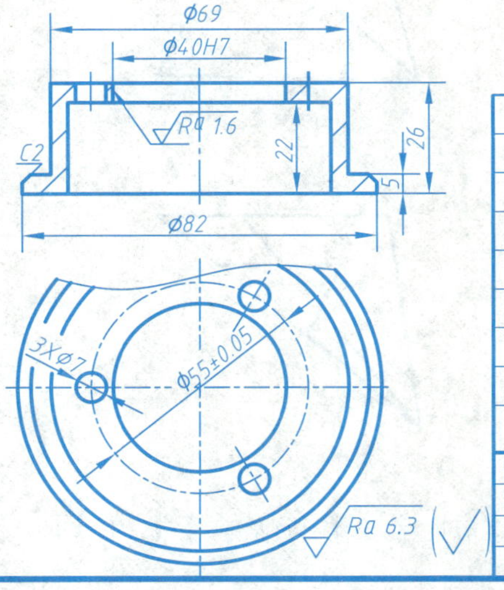


| 序号 | 名称 | 数量 | 材料 | 备注 |
|---|---|---|---|---|
| 8 | 圆柱销A3x28 | 1 | | GB/T 119.1 |
| 7 | 垫圈10 | 1 | | GB/T 97.1 |
| 6 | 开口垫圈10 | 1 | | GB/T 851 |
| 5 | 钻套 | 3 | T8 | |
| 4 | 钻模板 | 1 | 45 | |
| 3 | 轴 | 1 | 45 | |
| 2 | 螺母M10 | 2 | | GB/T 41 |
| 1 | 底座 | 1 | HT150 | |

| | | | | | | | |
|---|---|---|---|---|---|---|---|
| 制图 | (姓名) | (日期) | | | | | (学校名称) |
| 校对 | | | | | | | 钻模 |
| | | | 比例 | 1:1 | 数量 | | (图样代号) |
| 审核 | | | 班号 | | 学号 | | (投影符号) |

175

13-1　补全带切口三棱锥表面的水平投影，并作出其展开图。

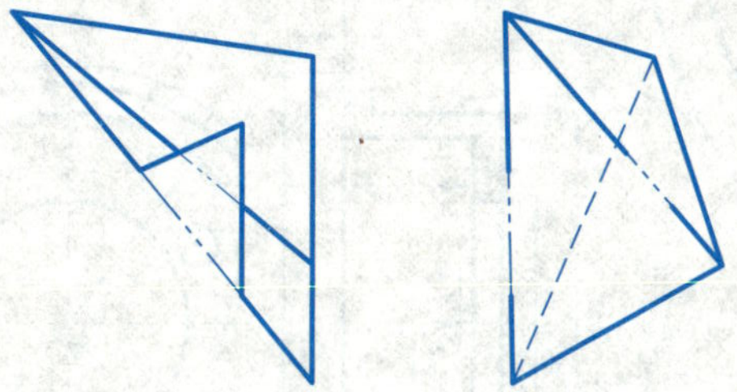

13-2　画出漏斗表面的展开图。

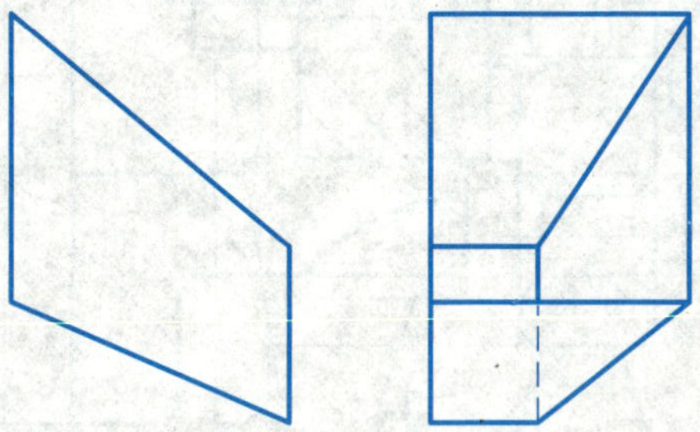



| 班　级 | | 姓　名 | | 学　号 | | 审　阅 | |
|---|---|---|---|---|---|---|---|

13—3 分别画出吸气罩的上部正四棱台和下部具有斜截口的正四棱柱的表面展开图。

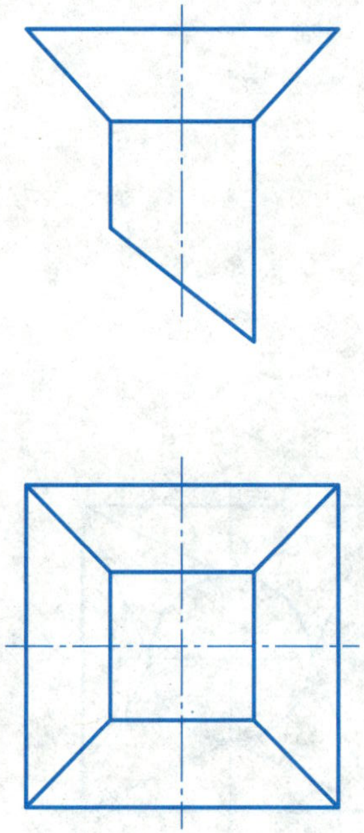

| 班 级 | | 姓 名 | | 学 号 | | 审 阅 | | 177 |
|---|---|---|---|---|---|---|---|---|

班级　　姓名　　学号　　审阅

13-4　补全斜截口正圆锥管的水平投影，并作出其展开图。

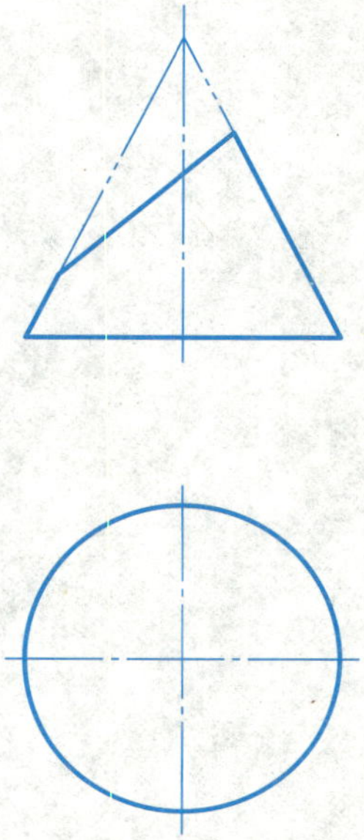

13-5　画出矩形口与圆口过渡接管的展开图。

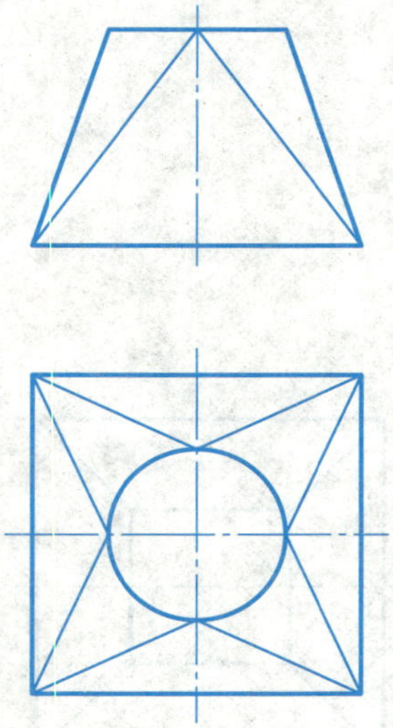

13—6　补全正交两圆柱相贯线，并分别画出两圆柱面的展开图。

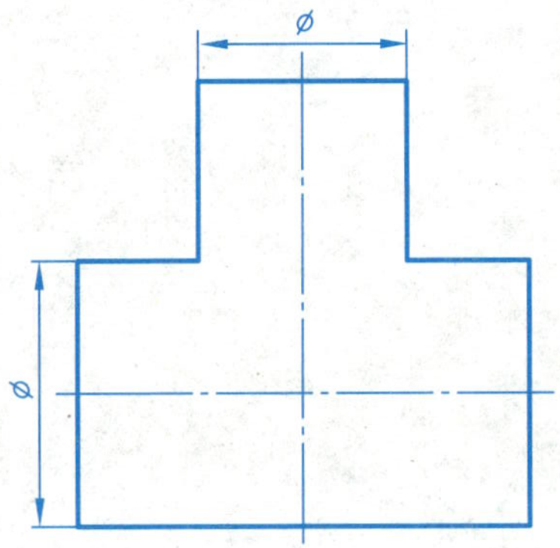


| 班　级 | | 姓　名 | | 学　号 | | 审　阅 | | 179 |
|---|---|---|---|---|---|---|---|---|

13—7　求作直角弯管的展开图。

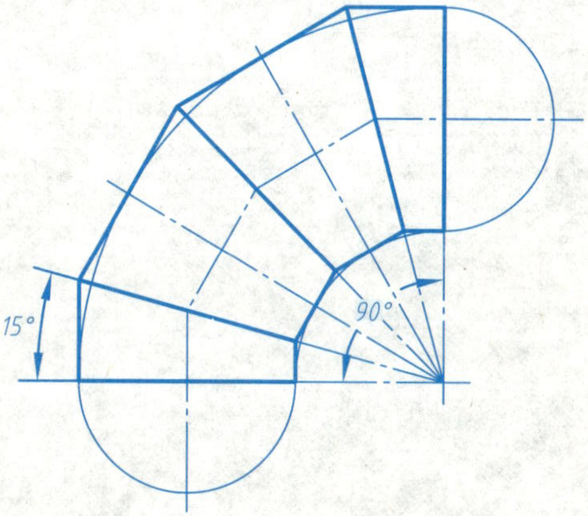


| 180 | 班　级 | | 姓　名 | | 学　号 | | 审　阅 | |
| --- | --- | --- | --- | --- | --- | --- | --- | --- |